常德年鉴
（2016）

CHANG DE NIAN JIAN

常德市人民政府地方志办公室　编

方志出版社
Publishing House of Local Records

图书在版编目（CIP）数据

常德年鉴. 2016 / 常德市人民政府地方志办公室编
-- 北京：方志出版社，2017.10
ISBN 978-7-5144-2577-2

Ⅰ. ①常… Ⅱ. ①常… Ⅲ. ①常德—2016—年鉴
Ⅳ. ①Z526.43

中国版本图书馆CIP数据核字（2017）第255701号

常德年鉴（2016）

编　　者：常德市人民政府地方志办公室
责任编辑：罗　滔

出 版 人：冀祥德
出 版 者：方志出版社
地址　北京市朝阳区潘家园东里9号（国家方志馆4层）
邮编　100021
网址　http://www.fzph.org
发　　行：方志出版社图书经销中心
电话（010）67110500
经　　销：各地新华书店
印　　刷：湖南省越来越好印务有限公司

开　　本：889×1194　1/16
印　　张：32.5
字　　数：1419千字
版　　次：2017年10月第1版　2017年10月第1次印刷
印　　数：0001～1500册

ISBN 978-7-5144-2577-2　定价：198.00元

《常德年鉴（2016）》编纂委员会

名誉主任委员：周德睿

主 任 委 员：曹立军

副主任委员：朱水平　李爱国　沈习淼　陈恢清　黄清宇　任　晨

李辉忠　胡丘陵　陈　华　梁　仲　罗先东　曾艳阳

委　　　员：周代惠　向才焰　胡祖国　张运华　王兴钊　鲁晓凤

朱　明　任克勤　吴兴国　董明辉　刘凡荣　唐汇诰

杨　帆　马　慧　唐子钧　李百艳　胡　文　唐恒忠

龚美爱　曾　勇　杨天生　马业文　吴德新　陈建国

邴滨辰　黄金陵　向美华　胡世满　关建锋　涂贤春

王　鳌　李长春　张克武　张国政　刘兴华　伍彩霞

陈爱喜　李红兵　郑家火　马麦秋　覃志云　程方山

向勇志　陈昌玉　刘李波　杨军武　周　波　梅亚利

娄建英

《常德年鉴（2016）》编辑人员

主　　　编：曾艳阳

副　主　编：胡祖国　娄远军　刘李波（专职）

总　　　纂：周　波

副　总　纂：王　静　陈大鹏

编　　　辑：（按姓氏笔画排列）

刘　飞　李宗柯　孟　韵　胡巧玲　赵振华　唐　铭

曾庆思　曾小玲　翦　甜

开放强市

产业立市

2016 常德数字

土地总面积	18177 平方千米	公共财政预算支出	463.1 亿元
年末常住人口	584.4 万人	农村公路提质改造	1074.3 千米
地区生产总值	2955.5 亿元	新增城镇就业人员	6.74 万人
第一产业增加值	383.2 亿元	城镇居民人均可支配收入	26532 元
第二产业增加值	1264.5 亿元	粮食作物种植面积	7240 平方千米
第三产业增加值	1307.8 亿元	粮食总产量	382 万吨
三次产业结构	13 ∶ 42.8 ∶ 44.2	工业增加值	1135.5 亿元
一般公共预算收入	226.6 亿元	建筑业增加值	129.8 亿元
地方财政收入	157.3 亿元	固定资产投资	2011.8 亿元

基础设施投资	523.6 亿元	进出口总值	7.3 亿美元
民生投资	164.3 亿元	本外币年末各项存款余额	2714 亿元
社会消费品零售总额	1058 亿元	本外币年末各项贷款余额	1283 亿元
交通运输、仓储和邮政业增加值	126.1 亿元	高新技术产品总产值	1037.4 亿元
汽车保有量	41.8 万辆	卫生机构	5447 个
接待海内外游客	4048.9 万人次	卫生技术人员	29548 人
旅游总收入	318.7 亿元	森林覆盖率	47.98%
实际引进内外资总额	696.2 亿元	全社会用电量	96.01 亿千瓦时

——数据统计摘自《常德市2016年国民经济和社会发展统计公报》

城市名片

中国优秀旅游城市（2001）

国家卫生城市（2002）

国家园林城市（2003）

中华诗词之市（2003）

中国魅力城市（2004）

国际花园城市（2005）

全国文明城市（2011）

国家节水型城市（2011）

全国首批海绵城市建设试点城市（2015）

全国无障碍建设示范市（2015）

全国绿化模范城市（2016）

全国双拥模范城（2016）

国家森林城市（2016）

2016年3月，常德市城区及澧县、汉寿县、津市市、桃源县漳江镇同时入选国家智慧城市试点。图为常德市城市管理监督指挥中心

2016年6月7日，城头山国家考古遗址公园开园仪式点亮水晶球

2016年8月10日，甲骨文公司与常德经开区签约仪式

2016年9月14日,中国常德唐诗墙“柳叶诗韵”大世界基尼斯之最颁证仪式在柳叶湖司马楼举行

2016年9月19日，在延安举办的森林城市建设座谈会上，常德市被国家林业局正式授予“国家森林城市”称号

2016年10月16日，全市重点建设项目集中开工暨常德沅江过江隧道建设工程开工仪式

2016年10月17日，副省长何报翔宣布2016常德旅游节开幕并启动领航司南

2016年10月17日，归来的武陵号拉开穿紫河水上巴士夜游帷幕

2016年10月18日，常德河街开街

2016年10月18日，德国风情街开街

2016年10月18日，华侨城卡乐世界开工仪式

2016年11月19日，常德柳叶湖国际马拉松赛开赛

2016年10月19日，常德三湘和达公用保税仓启动仪式

2016年10月21日，黄石水库水资源综合利用暨沅北水厂迁建工程在武陵区河洑镇举行开工仪式，市委副书记、市长周德睿致辞，市委书记王群宣布开工

编 辑 说 明

一、《常德年鉴》是系统记述常德自然、政治、经济、文化、社会的年度性资料文献，是公开出版的系列年刊，是由常德市人民政府主办、常德市人民政府地方志办公室主编的城市综合性年鉴。

二、《常德年鉴2016》主要记述2016年1月1日——12月31日常德市所发生的大事、新事和具有年度特色的事；作为背景材料，有个别条目内容或表格数据涉及到年度之前或之后的情况，为方便读者了解内容的完整性，本年鉴仍予以记载。

三、《常德年鉴2016》采用分类编辑法，设类目、分目、条目3个层次，条目为记述基本层次。全书共设31个类目，239个分目，710个条目。正文体例有概况、条目、附录、图表，正文前后插排彩色专版。

四、《常德年鉴2016》所载稿件内容和数据均由各部门、各单位提供，并经撰稿单位领导审核；凡涉及常德市经济和社会发展全局的数据，均以常德市统计局提供的资料为依据；市及市直单位领导名录由中共常德市委组织部提供，中央、省属及直管单位的领导名录由各相关单位提供，县市区领导名录由各县市区提供，名录均以2016年12月31日在职者为准。

五、《常德年鉴2016》“附录”栏目以实用、民生、补充为收录资料的主导思想，收录有省以上主要媒体对常德市报道重点篇目表、为民办实事统计表、地理标志保护产品统计表、非物质文化遗产项目统计表、湿地公园情况统计表、城市桥梁信息统计表、公交线路表、公共自行车站点分布表、价格明细表、精品城市旅游线路等等，以增强年鉴的实用性和资料的全面性。

六、本年鉴的编辑出版，得到全市各级各部门和驻市各单位的大力支持，在此谨向有关部门和单位表示感谢，并希望继续得到各方面的关心和支持。

编　者

2017年8月

目　录

特　载

专　题

专　文

大 事 记

概　况

中国共产党常德市委员会

常德市人民代表大会常务委员会

常德市人民政府

中国人民政治协商会议常德市委员会

民主党派·工商联·群众团体

法　治

武　装

交通·邮政·通信

旅 游

城市建设与管理

工　业

工业园区

农业·水利·林业

商　务

金　融

财政·税务·国有资产监管

经济执法与监督

科学技术

教　育

文化·新闻·体育

卫 生

社会·生活

县市区·管理区·开发区·度假区

人　物

文件选录

附 录

CONTENT

特 载

中国共产党常德市第七次代表大会

中国共产党常德市第七次代表大会

中国共产党常德市第七次代表大会于2016年9月27—29日召开。

9月27日上午，中国共产党常德市第七次代表大会在市工人文化宫开幕。大会应到代表430名，因事因病请假7名，实到423名。市委书记王群代表中共常德市第六届委员会作题为《深入推进新常德新创业，为建设现代化区域中心城市而努力奋斗》的报告，全面、深刻、实事求是地总结五年来的成绩和经验，客观分析存在的困难和问题，提出未来五年经济社会发展的奋斗目标和工作任务。市纪委书记陈恢清代表中共常德市纪律检查委员会作工作报告。

9月27日下午，市党代表分两组考察德国风情街、常德河街、湘雅常德医院、老西门、武陵阁步行城、江南沅江风光带等8个重点项目，实地感受近些年民生升温、园区攻坚、城市提质“三大战役”取得的显著成效。9月27日晚—28日，各代表团认真讨论市第七次党代会“两委”报告。

9月29下午，中国共产党常德市第七次代表大会在市工人文化宫举行全体会议，选举产生第七届市委委员、市委候补委员、市纪委委员和省党代会代表。随后，举行中国共产党常德市第七次代表大会闭幕式。大会通过《中国共产党常德市第七次代表大会关于中国共产党常德市第六届委员会工作报告的决议》《中国共产党常德市第七次代表大会关于中国共产党常德市第六届纪律检查委员会工作报告的决议》。

（杨志坚）

深入推进新常德新创业为建设现代化区域中心城市而努力奋斗

——在中国共产党常德市第七次代表大会上的报告

中共常德市委书记　王　群

（2016年9月27日）

同志们，朋友们：

现在，我代表中国共产党常德市第六届委员会向大会作报告。

中国共产党常德市第七次代表大会，是在我市适应引领经济发展新常态、决战决胜全面建成小康社会的关键时期，召开的一次十分重要的会议。就是要回顾总结市第六次党代会以来的发展成就，展望常德发展的光明前景，动员全市党员干部和全市人民更加充满信心地深入推进新常德新创业，为建设现代化区域中心城市而努力奋斗。

一、回顾与总结

市第六次党代会以来的五年，是我市发展历史上思路更加清晰、目标更加明确、举措更加务实的五年；是我市城乡统筹发展、区域协调发展、“五位一体”健康发展的五年；是我市人民群众获得感、归属感、幸福感不断增强的五年。五年来，在党中央和省委的坚强领导下，市委团结带领全市广大党员和干部群众，深入贯彻习近平总书记系列重要讲话精神，积极推进“五位一体”总体布局和“四个全面”战略布局在常德的实践，认真谋划“四化两型”和“三量齐升”在常德的突破，奋力开启新常德新创业的宏伟征程，胜利完成了市第六次党代会确定的目标任务。经济总量、财政收入、城乡居民收入总体实现比2010年翻一番。预计2016年实现地区生产总值2900亿元，是2010年的1.9倍；一般公共预算收入230亿元，是2010年的2.3倍；城乡居民人均可支配收入分别达到26500元和12800元，是2010年的1.7倍和2.3倍。

五年来，我们坚持解放思想谋划推动经济社会发展，形成了新常德新创业的常德共识。市委着眼发展面临的新形势新任务新要求，坚持以战略思维、宽阔视野、历史担当、大局情怀，集中全市人民的智慧，在市第六次党代会确定的建设“现代常德、幸福家园”总战略和实现“一个翻番、两个同步”总任务的基础上，科学提出了“新常德新创业”的总要求。具体就是打造“一个中心”、推进“两个转变”、实现“三个翻番”、建设“四个常德”。这就构成了我市加快全面建成小康社会并逐步迈向现代化的总体思路和完整蓝图。经过五年来的发展实践，新常德新创业成为一面旗帜，为常德发展提供了既一脉相承、又与时俱进的战略指导。“一个中心”明确了发展定位，引领全市人民朝着建设泛湘西北现代化区域中心城市的目标奋勇前进；“两个转变”明确了发展要求，引导全市上下更加注重推进新型工业化，更加注重提升发展质量和效益；“三个翻番”明确了发展目标，激励我们统筹推进经济增长、财政增效、群众增收，让人民群众更多更好地共享发展成果；“四个常德”明确了发展路径，推动常德发展进入全面、协调、可持续发展的良性轨道。新常德新创业的发展战略日益深入人心，必将深深根植于广大人民群众的宽厚大地，开出更加鲜艳的花朵，结出更加丰硕的果实。

五年来，我们大力推进变中求新、变中求进、变中突破，彰显了改革创新的常德担当。坚持把改革创新作为推进新常德新创业的最大红利，致力以革故鼎新的思路和举措寻求创新突破，不断为经济社会发展注入新的动力与活力。注重在重大改革上创新突破。完美社区建设创造常德经验，探索建立“3+N”治理模式，实现支部建在网格上、党旗飘扬在社区、邻里不再若天涯；海绵城市建设成为全国首批试点，逐步形成中国海绵城市建设的常德模式；工业园区体制改革稳步实施，“一权两制一司”的运行体制初步构建，园区发展活力不断增强；城市管理体制“一改四化”扎实推进，下放市级职权事权18项、管理机构13个、各类人员3000多名，城市管理水平进一步提升；行政审批制度改革强力推进，《政策清单》备受社会关注；乡镇区划调整全面完成，全市乡镇由204个合并到129个，行政村由3353个合并到1607个。注重在转型发展上创新突破。加快淘汰落后产能，积极发展新型产业，全市高新技术企业从54家增加到101家，高新技术产业增加值年均增长19.6%，创建国家级高新区进入候批程序，国家农业科技园区建设成效明显。注重在开放合作上创新突破。积极对接国家宏观政策和区域发展战略，着力引进战略投资，先后与中国医药集团、中国兵装集团、中国建材集团等10多家央企签订战略合作协议，成功引进华侨城、华电、万达、保利、浪潮等一批战略投资者。

五年来，我们集中打好民生升温、园区攻坚、城市提质“三大战役”，表现了攻坚克难的常德作为。坚持把打好“三大战役”作为新常德新创业的主战场，举全市之力打出了影响，打出了声势，打出了经济社会发展的新局面。项目投资取得重大突破。谋划建成一批重大基础设施项目、产业项目、城建项目和民生项目，桃花源机场扩建投入使用，常岳高速、东常高速、机场大道、桃花源大桥、汉寿大道、沧洲大桥、石长铁路复线建成通车，黔张常铁路、沅澧快速干线、沅水四桥、澧水二桥、陆家渡大桥开工建设，市城区80公里高速环线全线贯通，实现了城市与高速公路、空港“八进八出”的快速对接。“十二五”完成固定资产投资6300亿元，是“十一五”的3.6倍，年均增长29.8%。产业发展呈现良好势头。工业经济较快发展，全市规模工业企业达到971家，亿元企业达到505家，规模工业总产值实现翻番，“1115”工程企业挺起常德工业脊梁，常德烟厂易地技改有力推进，常德电厂并网发电，金健米业、溢多利、恒安纸业等一批骨干企业加快成长；农业现代化稳步推进，五个“双百亿”产业初步形成，大宗农产品生产保持稳定，西湖西洞庭和桃源国家现代农业示范区建设扎实有效；服务业发展提质增效，武陵阁步行城、桥南商圈改造升级，欢乐水世界、万达广场、友阿广场、和瑞欢乐城盛大开业，柳叶湖环湖景观整体面世，桃花源闭园改造顺利实施，穿紫河风光带建设有序推进，美丽经济成为一大亮点。城乡面貌发生显著变化。编制完成总体城市设计，中心城区路网骨架基本形成，建成区面积由70平方公里扩大到93平方公里，人口由70万增加到90万，成功跻身全国文明城市、国家森林城市、全国绿化模范城市，“三改四化”新建改造骨干道路和大街小巷310条280公里、改造地下管线1100公里、改造城市棚户区8.5万户，建成迎宾大道、“三馆三中心”、白马湖公园、丁玲公园、江南风光带、老西门、唐诗墙、德国风情街、常德河街等一批城市新亮点，改造提质滨湖公园、屈原公园，广大市民有了搬进新家的感觉；小城镇建设迈开大步，城镇体系进一步优化，特别是各县城强力推进提质扩容，县城的城市化迈出了坚实步伐，全市城镇化率由40.1%提高到47.6%；美丽乡村建设形成常德特色，硬化农村公路2800公里，全面完成水库除险，一线大堤普遍得到加固，广大农村的生产生活条件和公共服务设施进一步完善。民生事业实现全面进步。以“三保三就”为重点的民生幸福行动扎实推进，教育卫生攻坚、脱贫攻坚、饮水安全幸福常德一号工程和文体事业发展成效明显，新脱贫31.8万人，新解决17.5万户城乡困难家庭住房问题，287万农村人口喝上自来水，在全省率先实现农村饮水安全全覆盖，市一人民医院主楼等一批医疗卫生项目建成投入使用，湘雅常德医院即将运行，人口计生工作稳步健康发展，职业教育大学城初具规模，高考成绩稳居全省第二，里约残奥会荣获两金一银，实现我市残奥史上夺金零的突破。

五年来，我们积极化解矛盾维护社会稳定，展现了防控风险、破解难题的常德智慧。始终把稳定第一责任牢牢扛在肩上，深入推进平安建设，注重用法治的思维和科学的方法化解矛盾问题，确保了社会大局和谐稳定。突出推进全面依法治市，司法体制改革不断深化，“六五”普法有序实施，依法行政、公正司法得到较好落实，全社会尊法守法用法的氛围逐步增强。突出深化社会治理创新，社会治安防控体系进一步完善，创新城乡基层社会治理取得明显成效，推动形成了人民安居乐业、社会安定有序的良好局面。突出加强安全生产，建立落实“五级五覆盖、五落实五到位”的安全生产责任体系，安全生产事故和死亡人数稳步下降。突出抓好社会稳定隐患的大排查大化解大整治，一些信访积案得到彻底化解，产能过剩、房地产纠纷、政府债务、民间融资、征地拆迁等风险点得到有效防控，违法犯罪行为得到依法打击，人民群众安全感持续上升。突出提高防灾抗灾能力，成功迎战沅水流域特大洪水，以超历史的组织，应对超历史的洪水，取得了超历史的成效，有力保障了人民群众生命财产安全。

五年来，我们广泛调动各方面积极因素，凝聚了团结奋斗的常德力量。充分发挥党的领导核心作用，把全市党员干部和人民群众团结在党的周围，充分调动全社会的积极性、主动性、创造性，凝聚形成心往一处想、劲往一处使的强大合力。在加强宣传思想工作中凝心聚力，坚持弘扬主旋律、守住主阵地、打好主动仗，探索开展党的报告员工作，不断增强改革发展正能量。在加强民主政治建设中凝心聚力，支持各级人大及其常委会依法履职，人大工作制度化、规范化、科学化水平不断提高，推动实现党的领导、依法治国、人民当家做主的有机统一；支持各级政协发挥协商民主重要渠道作用，围绕影响常德发展的重大课题建言献策，促进了党委、政府科学决策；巩固壮大最广泛的爱国统一战线，与各民主党派、工商联、无党派人士合作共事取得扎实成效。在加强党管武装工作中凝心聚力，支持驻常部队和国防后备力量建设，荣获“全国双拥模范城”荣誉称号，形成了军民融合深度发展新格局。在加强党的群团工作中凝心聚力，充分发挥工会、共青团、妇联等群团组织的作用，认真做好团结群众、组织群众、发动群众的工作，汇聚起万众一心谋发展、齐心协力干事业的磅礴力量。

五年来，我们全面加强党的建设，塑造了风清气正的常德形象。认真落实全面从严治党的政治责任，大力推进党的建设新的伟大工程，激发了党员干部的新状态，提振了干事创业的精气神。深化党内经常性教育，党的群众路线教育实践活动、“三严三实”专题教育和“两学一做”学习教育深入开展，塑造了党性坚定的良好形象。深化干部作风建设，严格落实改进作风各项规定，整治“四风”有力有效，党风政风明显好转，塑造了求真务实的良好形象。深化领导班子和干部队伍建设，创新选人用人机制，扎实推进市县乡领导班子同步换届，各级领导班子和干部队伍的创造力、凝聚力、战斗力不断增强，塑造了团结有力的良好形象。深化服务型基层党组织建设，基层运转保障持续加强，基层党组织焕发新的活力，塑造了扎根群众的良好形象。深化反腐倡廉建设，全面落实“两个责任”，健全完善惩治和预防腐败体系，注重用好监督执纪“四种形态”，大力倡导“荷花品格、梅花精神”，塑造了清正廉洁的良好形象。广大人民群众在亲身感受全面从严治党的重大成果中，对各级领导班子和党员干部更加充满信心、充满期待。

回顾过去的五年，展现在我们面前的，是一段艰苦创业的难忘历程，是一幅波澜壮阔的生动画卷，是一片硕果累累的丰收景象。这些沉甸甸的收获和成就，离不开中央和省委、省政府的坚强领导，离不开历届市委、市政府的励精图治，离不开全市党员干部和人民群众的团结奋斗。在此，我代表中共常德市委，向全市广大党员干部群众，向所有关心支持常德发展的各界人士，表示衷心的感谢和崇高的敬意！

五年的发展成就，为我们继续前进奠定了坚实基础；五年的丰富实践，为我们开创未来积累了宝贵经验。我们深深地体会到，推动常德各项事业继往开来，不断创造新的辉煌，必须坚持战略思维，保持战略定力，强化常德共识，坚定不移推进新常德新创业；必须坚持弯道超越，强化常德作为，切实拿出攻坚克难的胆识和勇气，努力实现新常态下抢抓新机遇、善于新作为、敢于新突破；必须坚持改革创新，强化常德担当，注重以改革的办法破解难题，以创新的思维引领前进，使改革创新成为常德发展的活力源泉；必须坚持党要管党、从严治党，恪守为民务实清廉，以优良党风带动政风民风，维护好常德形象；必须坚持凝心聚力，贡献常德智慧，凝聚常德力量，始终以宽阔的胸怀和民主的精神增进团结，善于把各方面的积极因素充分调动起来，推动形成常德发展大合唱。

新常德新创业的成就令人振奋，新常德新创业的经验弥足珍贵，新常德新创业的事业任重道远。在充分肯定发展成就的同时，我们也要清醒地看到前进道路上还有不少困难和问题。主要表现在：经济发展总体水平不高，县域经济偏弱，既有总量不大的问题，又有结构不优的问题；产业园区实力不强，园区的整体形象欠佳，功能配套、产城互动、体制机制还有待进一步完善；城镇化步伐不快，城镇化率低于全国全省水平，小城镇管理水平低，以城带乡、城乡统筹还需进一步加大力度；影响和谐稳定的风险点不少，维护公平正义、创新社会治理、保障人民安居乐业的任务还很艰巨；全面从严治党存在不足，一些干部思想观念、工作作风、能力水平离党和人民的要求还有差距，“四风”问题和消极腐败现象还没有得到根治，等等。我们必须保持清醒头脑，坚持问题导向，努力在攻坚克难中开启新的篇章。

二、目标与任务

历史总是要前进的，历史从不等待一切犹豫者、观望者、懈怠者、软弱者。只有与历史同步伐、与时代共命运的人，才能赢得光明的未来。

我市1988年地改市，经过近30年的奋斗和积累，我们已经站在一个新的历史起点上。特别是党的十八大以来，我们审时度势，形成了新常德新创业的常德共识与强大合力，今天我们已经步入了发展的快车道，历史和时代把我们推向新的奋斗征程。

跨入“十三五”发展时期，我们面临中国经济发展进入新常态、世界经济发展进入转型期、世界科技发展酝酿新突破的发展格局，以习近平同志为总书记的党中央提出，要坚持以经济建设为中心，加快形成崇尚创新、注重协调、倡导绿色、厚植开放、推进共享的机制和环境。这就为我们深入推进新常德新创业指明了前进方向。

党的十八大以来，我们党和国家统筹推进“五位一体”总体布局，协调推进“四个全面”战略布局，全力推进全面建成小康社会进程，不断把实现“两个一百年”奋斗目标推向前进。特别是洞庭湖生态经济区正在融入国家“一带一路”和长江经济带发展战略，三湘大地“一核三极四带多点”的发展格局正在形成。这些都为我们深入推进新常德新创业创造了更加宽阔的天地。

未来五年，我们要不忘初心、继续前进，高举中国特色社会主义伟大旗帜，认真贯彻落实习近平总书记系列重要讲话精神，以“五位一体”总体布局和“四个全面”战略布局为引领，以提前全面建成小康社会为总揽，坚持创新、协调、绿色、开放、共享发展新理念，着力推进供给侧结构性改革，主动适应引领经济发展新常态，围绕“一三五”的发展战略目标，深入推进新常德新创业，为建设现代化区域中心城市而努力奋斗。

按照这一总体要求，今后五年我市经济社会发展的主要目标任务是，打造“一个中心”，实现“三个迈进”，建设“五个常德”，形成并推进“四大会战”，推动经济更有效率、更有质量、更加公平、更可持续地发展。地区生产总值年均增长8%左右，一般公共预算收入年均增长10%左右，规模工业增加值年均增长8.5%左右，固定资产投资年均增长15%左右，城乡居民收入年均增长9%左右，三次产业结构更趋合理，城镇化率突破55%，城乡基础设施更加完善，公共服务水平更高，社会保障更加有力，社会安定有序，人民安居乐业，确保提前全面建成小康社会。

打造“一个中心”，就是要努力把常德打造成为泛湘西北现代化区域中心城市。随着城市群在区域经济竞争中的崛起，区域经济的竞争正在演化为城市间的竞争。中国幅员辽阔，地区差异明显，决定了我国的城镇化将走一条区域中心城市+城镇群的路子。因此，将常德打造成为泛湘西北现代化区域中心城市是大势所趋，是历史的选择。我们要把握区域发展“和而不同”的机遇，发挥自身优势，加快形成现代化区域中心城市的基本框架。五年内，把常德建设成为泛湘西北交通枢纽城市、商贸金融中心城市、职业教育中心城市、医疗卫生中心城市、科技创新与产业集聚高地，打造为国内外知名的文化旅游、休闲度假目的地。

实现“三个迈进”，就是要迈进高铁时代、迈进大城市时代、迈进千亿产业时代。迈进高铁时代，就是要结束常德没有高铁的历史，让呼南、厦渝高铁在常德交汇，进而成为高铁“新贵”城市；迈进大城市时代，就是要建设建成区面积超过100平方公里、人口超过100万的“双百”城市，让城市功能更完善、品质更精美、品位更时尚，真正成为一座真善美的城市；迈进千亿产业时代，就是要把烟草、生物科技与健康食品、现代装备制造三大产业培育成过千亿的支柱产业，告别一烟独大的产业格局，形成现代产业体系。

建设“五个常德”，就是要坚持五大发展理念，把建设智慧、健康、美丽、现代、幸福常德作为深入推进新常德新创业的路径选择。智慧常德是新常德新创业的动力所在，必须把创新发展贯穿于全过程，走出一条创新驱动、教育支撑、信息集成的智慧增长路子。健康常德是新常德新创业的肌体所在，必须把协调发展贯穿于全过程，走出一条产业协调、城乡一体、社会文明的健康增长路子。美丽常德是新常德新创业的底色所在，必须把绿色发展贯穿于全过程，走出一条“两型”互动、“三生”协调、低碳循环的美丽增长路子。现代常德是新常德新创业的出路所在，必须把开放发展贯穿于全过程，走出一条流转通达、机制灵活、要素集聚的现代增长路子。幸福常德是新常德新创业的目的所在，必须把共享发展贯穿于全过程，走出一条社会和谐、保障有力、生活美好的幸福增长路子。

实现“一三五”的发展蓝图，不是喊出来的、等出来的，而是干出来的、拼出来的，更需要我们有问题导向、短板意识，找准切入点和薄弱环节，实施重点突破。今后五年，我们要努力形成并积极推进脱贫攻坚、交通跨越、园区攻坚、城镇带动“四大会战”，成立指挥部，排出时间表，制定路线图，下达任务书，以志在必得、每战必胜的魄力和豪情，加快把“一三五”的美好蓝图转变为新常德新创业的生动实践。

脱贫攻坚大会战。就是要顺应人民群众对美好生活的向往，坚持以人民为中心的发展思想，着眼保障和改善民生，把脱贫攻坚作为深入推进新常德新创业的首要之战。落实脱贫攻坚责任制，抓住精准脱贫主攻点，激发贫困群众战斗力，确保石门贫困县提前“摘帽”，确保342个贫困村分期分批全部出列，确保25.7万贫困人口全面脱贫，坚决打赢脱贫攻坚的人民战争，促进各项民生事业协调发展。

交通跨越大会战。就是要注重打基础、利长远，把交通跨越作为深入推进新常德新创业的先导之战。着力加强对外通道建设、市域路网建设、农村公路建设、智慧交通建设，基本形成高速、高铁、航空、水运一体化，国省干道和县乡村公路网络化的现代运输体系，基本建成泛湘西北交通枢纽城市，以交通会战掀起新一轮基础建设的热潮。

园区攻坚大会战。就是要突出产业支撑和产城融合，激活园区发展机制，把园区攻坚作为推进新常德新创业的核心之战。坚持以产业园区为主战场，以转型升级为主方向，以供给侧结构性改革为主线，确保建成德山千亿园区，确保桃花源、柳叶湖建成国家AAAAA景区，力争建成常德国家高新区和津澧国家经开区，推动三次产业加快发展、转型发展、跨越发展。

城镇带动大会战。就是要大力推进以人为核心的新型城镇化，把城镇带动作为深入推进新常德新创业的关键之战。围绕“双百”城市、津澧融城、常桃融合、沅澧一体，走出一条中心城市+副中心城市+城镇群的新型城镇化发展路子。

打造“一个中心”，实现“三个迈进”，建设“五个常德”，是在新的起点上推进新常德新创业的新内涵新要求，是在新的历史时期加快常德发展的新目标新任务。我们坚信，只要坚持一张好的蓝图干到底，不跑题、不走调，不动摇、不折腾，“一三五”的发展蓝图就一定能变成沅澧大地上的现实美景！特别能吃苦、特别能战斗、特别能理解的常德人民，就一定能创造出更加美好的新生活！

三、主要工作

深入推进新常德新创业，本质是加快发展，关键是转型升级，根本目的是造福人民群众。奋战今后五年，我们要围绕“一个中心”的发展定位、“三个迈进”的发展目标，在具体工作中突出践行五大发展理念，努力建设“五个常德”，奋力夺取新常德新创业更加辉煌的成就。

1. 坚持创新发展，努力建设智慧常德。抓创新就是抓发展，谋创新就是谋未来。坚持把创新摆在发展全局的核心位置，发挥创新第一动力作用，大力推动常德发展智慧增长。

积极推进科技创新。强化企业主体地位，增强自主创新能力，抓好科技成果转化，实施一批重点创新项目。加快建成国家级高新区、国家农业科技园区、国家农业高新技术产业示范区，支持区县(市)创建省级科技园区。大力推动大众创业万众创新，打造一批科技企业孵化器和众创空间，让创业创新成为时代潮流。今后五年，全市高新技术企业达到150家以上，高新技术产业增加值年均增长15%左右。

加快建设教育强市。继续把教育放在优先发展的战略位置，坚持快乐德育、人文智育、阳光体育的教育理念，促进义务教育均衡发展，普通高中教育优质发展，职业教育优先发展，高等教育重点发展，幼儿、成人、老年、特殊、社区等各类教育协调发展，确保2018年建成全省第一批教育强市。深化教育制度改革，推进教育集团化发展。积极培育教育品牌，实施名师、名校、名校长工程，加强师德师风建设，全面提升教育质量。

大力加强信息化建设。完善信息基础设施，推进“光网城市”建设，构建城乡一体的宽带网络体系。发展“互联网+”经济，推动互联网与工业、农业、服务业深度融合。优化智慧服务系统，促进数字防控、智能交通、智慧城管、智慧旅游等应用系统整合升级，提升教育、医疗、文化、公交等领域信息应用水平，让老百姓共享互联网发展成果。

2. 坚持协调发展，努力建设健康常德。协调是持续健康发展的内在要求。正确把握协调发展的科学内涵，增强发展的平衡性、包容性和可持续性，促进经济社会持续健康发展。

构建产业协调发展新格局。积极推进园区攻坚大会战，着力建设发展产业园区，不断提高三次产业发展水平。大力推进新型工业化。坚持把工业作为供给侧结构性改革主战场，全面对接“中国制造2025”和湖南建设制造强省五年行动计划，加快推动工业经济规模和质量的“双提升”。到2021年，规模工业企业达到1500户，规模工业增加值达到1700亿元。加强园区建设，建成德山千亿园区，力争建成津澧国家级经开区，推动西洞庭生物科技园等工业园区向特色化、专业化、集约化方向发展，实现园区工业总产值翻一番。加强产业引导，积极培育新材料、新能源、电子信息、生命科学、节能环保等战略性新兴产业，大力支持烟草、食品、装备制造、有色金属等传统产业改造升级，加快芙蓉王现代新城、高端新材料工业园、智慧产业园、新能源汽车产业园、生命科学与健康产业园等重大项目建设，推动产业格局由“单核支撑”向“多极发展”转变。加强企业培育，继续实施“1115”工程，推动常德烟厂、中联重科、创元铝业、金健米业、溢多利、常德烟机、金鹏印务、恒安纸业等骨干企业健康发展，进一步加大对实体经济特别是中小微企业的帮扶力度，打造一批“专精特新”中小微企业，形成中小微企业大有作为、大型企业顶天立地的生动局面。大力推进农业现代化。坚持跳出农字抓农业、跳出农业抓农村，推进农业向规模化、高端化、智能化、服务化方向发展，促进农业基础稳固、农村和谐稳定、农民安居乐业。夯实农业产业基础，加强耕地保护，提高粮食产能，加快发展生猪、水产、蔬菜、柑橘、茶叶、油茶等优势产业，让更多的人吃常德米、食洞庭鱼、品武陵茶。提升农业产业化水平，全面建立农业标准化体系，积极发展农业产业园区，大力实施农产品加工业振兴工程，不断提高农产品加工转化水平。培育新型农业经营主体，加强农民教育培训，发展农业合作社、家庭农场、农业专业服务公司，提高农业农民开拓市场、抵抗风险的能力。继续抓好农业现代化十大标志性工程建设。大力推进现代服务业发展。加快发展商贸业，建好白马湖、阳明湖商务商贸中心，支持各县城建设城市商业综合体和特色商业街。加快发展物流业，积极发展乡村物流，基本实现乡乡有网点、村村通快递。加快发展金融业，优化金融生态环境，激励银行扩大信贷投放，支持企业上市融资，促进保险、证券、担保、小贷等各类金融机构规范有序发展，推动产业和金融良性互动。加快发展电子商务、创意设计、信息咨询等新型服务业态和经营模式。促进房地产业平稳健康发展。

构建城乡协调发展新格局。积极推进城镇带动大会战，做大做强中心城市，完善城镇体系，着力推进农业转移人口市民化、户籍人口城镇化，加快推进城乡一体化发展，全市城镇化率达到55%以上，实现城市人口超过农村人口的跨越。突出抓好“双百”城市建设。城市是一个生命有机体。准确把握常德城市的经济属性、自然属性、人文属性，按照真、善、美的要求，努力建设现代化区域中心城市、绿色滨水城市、桃花源里的城市。进一步优化发展格局，按照“沿江发展、滨湖生活”的空间布局，把握“内提外拓、统筹发展”的建设原则，抓好城市设计和专项规划编制，优化城市地下空间布局，加快推进沅江隧道、北部新城、江南新城、德山新城、丹洲生态城等一批重点项目，构建形成“一江两岸”“一体三极”的城市发展新格局。进一步改善人居环境，以海绵城市建设为抓手，着力实施活水、净水、蓄水、排水、亲水“五大工程”，打造技术示范基地和国际论坛“两大品牌”。深入推进“三改四化”，突出抓好棚户区、城中村和老旧小区改造，提升城市绿化、亮化、美化、数字化水平，彰显城市生产、生活、生态协调美。进一步加强城市管理，深化城市管理“一改四化”，大力发展公共交通，着力解决停车难问题。统筹抓好县城和小城镇建设。坚持科学统筹、规划引领、改革促融的思路，积极构建津澧、桃源两个副中心，扎实开展国家中小城市综合改革试点和新型城镇化试点，实施一批标志性融城工程。围绕解决县城规划不优、品质不高、实力不强等突出问题，优化完善发展规划，全面加强建设管理，加快推进县城的城市化，大力支持和促进县域经济发展。深入实施“两西”发展战略，积极推动西湖西洞庭转型发展，努力建设独具魅力的常德卫星城。坚持把小城镇建设放在重要位置，巩固乡镇区划调整成果，继续实施扩权强镇，因地制宜建设一批工业强镇、商贸重镇、旅游名镇。全面抓好完美社区和美丽乡村建设。按照能力建设、体系重构、治理创新、回归自治的要求，巩固市城区“3+N”完美社区建设成果，加大各县城和小城镇完美社区建设力度，突出加强和创新社会治理，真正实现“我的社区我的家，我的社区我做主”。按照村庄美、村民富、村风好的标准，整市推进美丽乡村建设，发展特色产业，完善基础设施，推进环境整治，培育文明乡风，建设美丽庭院，创新社会治理，把广大农村建设成为具有乡土味道、田园乡愁的美好家园。着力抓好水利建设。推进除险加固、灌溉配套、节水改造、农田水利工程，完善山洪地质灾害防御体系，加强一线大堤和城市防洪建设，不断提高防洪抗灾和农业灌溉能力。

构建经济社会协调发展新格局。坚持物质文明和精神文明“两手抓、两手都要硬”，弘扬社会主义核心价值观，加快建设文化名城，不断增强文化自信。深入开展群众性道德实践活动，全面推进社会公德、职业道德、家庭美德和个人品德建设。深化推进文明城市、文明单位、文明村镇、文明校园、文明家庭“五大建设”活动，促进城乡群众共建共享文明成果。加快发展文化事业，完善公共文化设施，繁荣文化艺术创作，实施文化体育惠民工程，构建覆盖城乡的现代公共文化服务体系，让人民群众享受更加丰富、更高品位、更有营养的精神文化生活。

3. 坚持绿色发展，努力建设美丽常德。绿色是发展最美丽的底色。坚持绿色富市、绿色惠民，把生态文明建设放在更加突出位置，牢牢守住可持续发展的生命线，使沅澧大地青山常在、绿水长流、空气常新。

加强环境综合治理。深入开展蓝天碧水净土行动，引导全社会共同保护环境。扎实推进水污染防治，加强重要河流、湖泊保护，全面清除黑臭水体。扎实推进大气污染防治，降低面源污染，加强移动污染源治理，提升空气质量优良率。扎实推进土壤污染防治，加强土壤污染物源头控制，逐步减少化肥和农药使用量。突出抓好对环境保护的立法和执法监督，严密防控和严厉打击环境违法行为，用法治保护好常德的“绿水青山”。

构筑生态安全屏障。着力实施山、水、林、田、湖生态保护和修复，突出把市城区“三山三水”保护与开发结合起来，让人民群众既能享受“一城春色半城湖”的美丽景象，又能品味“万家烟树满晴川”的田园牧歌。加强水系疏浚，实施沅澧河湖连通工程，构建引排自如、多源互补的河湖生态水网体系。整治“两水四岸”生态环境，构建沿河沿湖生态坡岸体系。加强造林绿化，以建设生态园林城市为契机，开展大规模国土绿化行动，为城乡披上青翠的“绿装”。加强湿地保护，重点抓好西洞庭湖、珊泊湖、毛里湖、书院洲、柳叶湖等湿地的恢复治理，充分发挥湿地的生态调节功能。

促进集约节约发展。深入推进节能减排，进一步降低能源、水、土地消耗强度，减少污染物排放。加强资源循环利用，抓好城镇低效用地、闲置土地的回收和再开发，提高产业园区资源的共享共用和循环利用水平。倡导绿色低碳生活，引导合理消费，推动形成勤俭节约、节能环保、文明健康的社会风尚。

培育壮大美丽经济。发挥常德好山好水好风光的优势，努力把美丽变成财富、变成增长动力、变成老百姓的幸福指数。继续把文化旅游作为战略性产业来抓，打响“世外桃源”旅游品牌，塑造“亲亲常德”旅游形象，打造提升柳叶湖浪漫之旅、桃花源灵魂之旅、壶瓶山生态之旅、城头山历史之旅，积极培育乡村旅游、城市旅游、红色旅游、生态旅游新热点。把握大众旅游新趋势，提高旅游产品的供给质量和效益，深化文化旅游区域协作，完善旅游公共服务体系，推动“点上旅游”向“全域旅游”转变、“门票经济”向“产业经济”跨越。继续抓好文化创意产业十大精品工程，实现文化事业、文化产业、文化名城一体化发展。

4.坚持开放发展，努力建设现代常德。开放是走向繁荣发展的必由之路。大力推进改革开放，积极对接国家和省里的发展战略，着力打造环洞庭湖经济带的亮丽明珠，加快建设现代化的开放发展高地。

构建现代交通体系。坚持交通先行，积极推进交通跨越大会战，以迈进高铁时代为标志，加快构建立体化现代化的综合交通体系。打通高铁动脉，建成黔张常高铁，开工建设长益常、宜石常高铁，启动常岳九铁路建设，全面融入国家骨干铁路网。完善公路网络，建成益常高速复线、安慈高速、宜张高速、“四纵三横”沅澧干线及沅澧绿道，实现县域高速公路全覆盖、一级公路全连通，实施5000公里农村公路窄路加宽连通工程，修好养好管好老百姓门前的路。拓展水运通道，完成沅澧航道、淞虎航道系列整治工程，加快重点港口码头建设，复兴常德大航道、大水运的优势。优化立体交通，完善航空航线布局，规划沅澧轨道交通路网，构建智慧交通体系，以现代交通打开对外开放的通道。

加大招商引资力度。坚持把招商引资作为加快发展的重要抓手，力争今后五年引进内外资总额达到4500亿元。重点瞄准央企及世界500强、国内500强，着力引进更多的战略投资者。注重围绕产业抓招商，借助商会抓招商，依托乡情抓招商，提高招商引资的针对性和实效性。继续实行招商引资“一把手”工程，强化园区主体责任，推动形成招商引资的良好氛围。

推进全面深化改革。坚决完成中央、省委确定的改革任务，加快推进投融资体制、司法体制、国有企业、供销社等重点改革，不断提高改革精准化、精细化水平。积极探索推进一批与发展紧密相连、与群众切身相关的改革任务。强化对改革工作的跟踪问效，确保改革方向不偏离，改革任务不落空，改革进度不迟缓，让人民群众在改革中建功立业、在改革中多得实惠。

打造开放合作高地。着力对接开放战略，主动对接和融入“一带一路”、长江经济带、洞庭湖生态经济区等发展战略，加快构建全方位、宽领域、多层次的对外开放新格局。着力打造开放平台，加强开放口岸建设，建成常德保税物流中心。着力优化开放环境，扎实推进简政放权、放管结合、优化服务，进一步营造公平、开放、透明的环境，促进各类市场主体公平竞争，推动各种发展源泉充分涌流。

5.坚持共享发展，努力建设幸福常德。共享是发展最温暖的主题。坚持发展为了人民、发展依靠人民、发展成果由人民共享，让发展更有温度，让幸福更有质感，把人民幸福深深镌刻在新常德新创业宏伟事业的里程碑上。

强力推进脱贫攻坚。紧紧围绕“两不愁、三保障”“一高于、一接近”目标，积极推进脱贫攻坚大会战。按照“两个全覆盖”“五个精准到户”和办好新一轮“六件实事”的要求，抓住关键环节，实行挂图作战，认真落实脱贫攻坚责任制，在脱贫的路上不能落下一个贫困家庭、不能丢下一个贫困群众。突出强化领导责任和工作队责任，广泛发动社会力量，构建形成各方面踊跃参与的精准扶贫新常态。突出加强贫困村党组织建设，打造一支撤不走的“工作队”。突出唤醒群众的主体自觉，鼓励和引导贫困群众自力更生、自强不息，实现贫困户稳定脱贫、彻底脱贫。

优化医疗卫生服务。深化医药卫生体制改革，全面推进公立医院综合改革，推进城镇医保、农村医保、职工医保“三保合一”，建立覆盖城乡的基本药物制度和现代医院管理制度。完善医疗卫生布局，做大做强一批优质医院，建成城乡基层“15分钟医疗服务圈”，构建上下联动、衔接互补的医疗服务体系。促进基本公共卫生服务均等化，认真落实重大疾病防治措施，发展多层次养老服务，让广大人民群众享有公平可及、系统连续的全民健康服务。坚持计划生育基本国策，稳步实施“全面二孩”政策，推行人口优生促进计划，加强对失独家庭的关爱和帮扶。

提高社会保障水平。加强就业引导，鼓励以创业带就业，着力解决结构性就业矛盾。加大社会保险扩面征缴力度，基本实现法定人员全覆盖，认真落实各类保险待遇合理调整机制。扩大保障性住房供给，基本解决城乡中低收入家庭住房困难。统筹社会救助资源，认真抓好残疾人员、特困人员、受灾人员、大病人员等特殊群体救助，构建救助主体多元化、救助工作制度化、救助行为规范化的大救助格局。

全面推进依法治市。深入开展法治建设，加快推进社会治理体系和治理能力现代化，加强依法行政、公正司法，让人民群众在每一个案件中都感受到公平正义。强化社会治安防控，依法惩处违法犯罪行为，不断提高人民群众的安全感和满意度。

深化信访工作制度改革，打造阳光信访、责任信访、法治信访，切实把信访工作做到人民群众的心坎上。牢固树立安全发展理念，强化安全生产责任，建立完善隐患排查治理监督、安全风险分级管控、应急救援“三大体系”，严厉打击非法违法违规违章生产经营行为，有效遏制重特大事故发生。实施最严格的食品药品监管制度，织牢食品药品安全网，严把从农田到餐桌、从实验室到医院的每一道防线，确保人民群众的生命健康安全。

建设智慧健康美丽现代幸福常德，是推动沅澧腾飞的发展之路，是造福常德人民的希望之路。我们一定要坚持践行五大发展理念，强力推进“五个常德”建设，让新常德新创业的宏伟事业焕发新的蓬勃生机，绽放新的时代魅力。

四、着力提高党的执政能力和领导水平

坚持和完善党的领导，是常德发展的根本所在、命脉所在，是常德人民的利益所在、幸福所在。深入推进新常德新创业，带领人民创造幸福生活，必须认真落实全面从严治党的政治责任，牢牢扭住作风建设这个“牛鼻子”。党的作风是党的形象，是观察党群干群关系、人心向背的“晴雨表”。党的作风正，人民的心气顺,党和人民就能同甘共苦。作风建设永远在路上。“桃李不言，下自成蹊。”我们要从市委常委会、市委全委会抓起，从领导干部抓起，坚持改进作风、干事创业，更加奋发有为地推动今后五年的发展。

1. 坚持改进作风、干事创业，就是要坚决破除阻碍发展的陈旧观念，不断把解放思想推向前进。思想的问题是最大的问题，思想的差距是最大的差距。我市是一个传统农业大市，传统的思想观念在一些干部群众中印迹还比较深。我们要大力推进思想建党，切实强化理论武装，把思想建设的重点放在解放思想上，进一步掀起思想大解放的热潮，荡涤一切陈旧暮气，让新鲜的思想、空气和阳光涌进来，为深入推进新常德新创业扫除思想障碍。坚持以各级领导班子和领导干部为重点，坚决破除“伪现代、假开放、浅作为”的小农意识，坚决破除“老框框、老办法、老套路”的粗放思维，坚决破除“差不多、过得去、小日子”的安逸心态。教育和引导广大党员干部努力从坐而论道中走出来，真正把心思放在谋事业上，把劲头放在抓项目上，把精力放在促发展上；努力从墨守成规中走出来，以新思维解决新问题，以新要求落实新任务，以新举措开创新局面；努力从自我感觉良好中走出来，始终保持清醒头脑，不断增强忧患意识，勇于向着更高的目标奋勇前进。没有喜马拉雅，哪有珠穆朗玛？没有喜马拉雅山的宽度和厚度，哪来珠穆朗玛峰的高度？各级党员干部一定要有宽阔的胸怀、渊博的知识、先进的理念，始终站在思想的前沿，走在时代的前列，抢占发展的高地。

2. 坚持改进作风、干事创业，就是要努力建设现代化发展型好班子好队伍，不断把责任担当扛在肩上。当前，我市发展正处在爬坡过坎的关键时期，改革发展的每一步都是带着问题前行、迎着困难而上的艰辛攀爬。我们要按照新常德新创业的要求，努力建设敢于担当、敢于负责的领导班子和干部队伍。要把担当负责体现在维护大局上。推动党员干部进一步增强政治意识、大局意识、核心意识、看齐意识，进一步坚定道路自信、理论自信、制度自信、文化自信，切实做到对党忠诚、为党分忧、为党担责、为党尽责。要把担当负责体现在选人用人上。坚持德才兼备、以德为先，坚持五湖四海、任人唯贤，坚持事业为上、公道正派，真正把那些勇于负责、敢于担当的干部用起来。大力推进干部队伍提升工程、年轻干部成长工程、人才队伍建设工程，最大限度地激发各方面干部人才的工作潜力。要把担当负责体现在攻坚克难上。前进的道路向来不是一帆风顺的，面对矛盾要敢于迎难而上，面对危机要敢于挺身而出，面对失误要敢于承担责任，着力整治能力不足“不会为”、动力不足“不想为”、担当不足“不敢为”的问题，努力在发现问题、解决问题中推进事业发展。要把担当负责体现在狠抓落实上。各级党员干部要时刻认识到肩上有沉甸甸的担子，身后有群众期待的目光，自觉而坚定地担当起应尽责任，用抓落实、敢作为的实际行动交出精彩的答卷。没有比人更高的山,没有比脚更长的路。再高的山，再长的路，只要我们脚踏实地、砥砺前行，就有达到秀美高峰的那一天。

3. 坚持改进作风、干事创业，就是要大力推进服务型基层党组织建设，不断把固本强基抓出成效。党的根基在基层、血脉在基层、力量源泉在基层。我们要认真落实基层党建责任，深入研究乡镇区划调整改革后基层组织建设面临的新情况新问题，坚持不懈地抓基层、打基础、强根基，使新常德新创业的参天大树不断从肥沃的土壤中吸取营养、茁壮成长。统筹抓好各领域基层党组织建设，着力推进农村基层党建“八大建设”，着力推进城市基层“支部建在网格上、党旗飘扬在社区”，着力推进“两新”组织党的建设，着力推进机关和企事业单位党建工作标准化，不断增强党组织的吸引力和影响力，实现党的组织、党的工作和党员作用发挥“三个全覆盖”。重点抓好基层党组织带头人队伍和党员队伍建设,加强教育管理,提高整体素质，使每一个基层党组织成为一个坚强的战斗堡垒，每一名党员成为一面鲜艳的旗帜。扎实抓好基层基础保障，把工作精力和注意力更多地放到基层，把人力物力财力更多地投到基层，推动基层党建活动扎根基层、扎根群众，特别要关心关爱基层干部，多为基层干部担责任、搭平台、解难题，努力为他们干事创业创造良好的环境和条件。

4. 坚持改进作风、干事创业，就是要切实发挥党委总揽全局、协调各方的作用，不断把常德力量凝聚起来。新常德新创业的宏伟事业，是常德人民的共同事业。我们要充分发挥党的领导核心作用，突出牵头抓总重大责任，把各方面智慧力量凝聚到深入推进新常德新创业的宏伟实践中来。加强党对人大工作的领导，支持人大及其常委会依法履行职责，推动人民代表大会制度与时俱进，突出加强地方立法工作。加强党对政协工作的领导，支持政协围绕团结和民主两大主题履行职能，进一步提高政治协商、民主监督、参政议政的质量和成效。认真落实意识形态工作责任制，深入开展党的报告员工作，注重讲好常德故事、传播常德声音、维护常德形象，构筑起团结奋斗的思想

基础和社会氛围。加强和创新党的统战工作，支持各民主党派、工商联、无党派人士开展工作，认真做好民族宗教、外事侨务、港澳和对台工作，积极构建大统战工作格局。带着责任和感情做好老干部工作，发挥老干部的独特优势，为新常德新创业增添正能量。加强工会、共青团、妇联等人民团体建设，发挥教育引导联系服务群众的重要作用。青年是常德的未来，青年是沅澧的希望，新常德新创业需要朝气蓬勃的新青年。我们要关注青年、关心青年、关爱青年，倾听青年心声，做青年朋友的知心人、青年工作的热心人、青年群众的引路人。青年朋友要听党的话、跟党走，让青春在新常德新创业的宏伟实践中焕发出绚丽光彩！坚持党管武装，深化全民国防教育，推进军民融合深度发展，提高国防后备力量建设水平，巩固和发展军政军民团结的大好局面。

5. 坚持改进作风、干事创业，就是要始终做到挺纪在前、干净干事，不断把反腐败斗争引向深入。毛主席早就说过，加强纪律性，革命无不胜。邓小平同志曾经指出，一靠理想二靠纪律才能团结起来。我们要坚持把严明党的纪律特别是政治纪律和政治规矩摆在首位，严肃党内政治生活，坚决同一切管党不力、治党不严的行为做斗争，切实做到真管真严、敢管敢严、长管长严，为深入推进新常德新创业提供坚强的纪律保证。坚持反腐倡廉责任上肩。各级党组织要牢固树立不管党治党就是严重失职的观念，把党的领导体现在工作的方方面面。党委书记要认真履行管党治党第一责任人的责任，切实对党负责，对本地区本单位的政治生态负责，对干部健康成长负责。各级纪检组织要担负起监督责任，敢于瞪眼黑脸，勇于执纪问责，推动管党治党真正从宽松软走向严紧硬。坚持反腐倡廉教育先行。进一步深化党性党风党纪教育，深入开展以“荷花品格、梅花精神”为主题的系列廉洁文化活动，引导党员干部坚守共产党人的精神家园，筑牢拒腐防变的思想防线。各级领导干部要牢固树立正确权力观，敬畏人民、敬畏组织、敬畏法纪，做到公正用权、依法用权、为民用权、廉洁用权，永葆共产党人拒腐蚀、永不沾的政治本色。坚持反腐倡廉监督为要。强化对权力运行的监督制约，全面加强党内监督，大力推进用制度管权、管人、管事，加强和改进巡察工作，完善纪检派驻制度，准确把握运用监督执纪“四种形态”，深入开展落实“两个责任”谈心谈话，加强对重点人员、关键岗位、重要职能和重大事项的监督，确保权力在阳光下运行。坚持反腐倡廉“利剑高悬”。始终保持惩治腐败的高压态势，以“零容忍”的政治态度严查各类违纪案件，做到有案必查、有腐必惩，让腐败分子在党内没有任何藏身之地，让常德的政治生态风和日丽、晴空万里。

同志们、朋友们，历史车轮滚滚向前，沅澧大地生机勃发。我们是满怀常德担当的一代人，一定要肩负起时代赋予我们的庄严使命；我们是富有常德情怀的一代人，一定要回应好人民寄予我们的深切期盼。让我们更加紧密地团结在以习近平同志为总书记的党中央周围，坚持不忘初心、继续前进，深入推进新常德新创业，为建设现代化区域中心城市而努力奋斗！

在全市“两学一做”学习教育工作会议上的讲话

中共常德市委书记　王　群

（2016 年 4 月 29 日）

同志们：

在前年开展党的群众路线教育实践活动，去年开展“三严三实”专题教育的基础上，中央决定今年在全体党员中开展“学党章党规、学系列讲话，做合格党员”“两学一做”学习教育，这是深化党内教育的又一重要部署。中央和省委对这次学习教育高度重视，习总书记多次作出重要指示，深刻阐明了开展“两学一做”学习教育的重大意义，精辟阐述了学习教育的总体目标、基本要求、主要任务和责任主体，为开展学习教育指明了正确方向、提供了根本遵循；4 月 6 日，中央召开“两学一做”学习教育工作座谈会，对开展学习教育进行了安排部署；4 月 19 日，省委召开全省“两学一做”学习教育工作视频会议，守盛书记对全省学习教育提出了明确要求。今天，我们召开全市“两学一做”学习教育工作会议，目的就是学习贯彻中央和省委精神，部署安排我市的学习教育工作。

2016 年 4 月 29 日，召开全市“两学一做”学习教育工作会议

刚才，绍业同志就如何抓好学习教育做了具体部署，我完全赞同。希望同志们抓好贯彻落实。下面，我讲四点意见。

一、充分认识开展“两学一做”学习教育的重大意义，切实把思想和行动统一到中央省委的部署要求上来

在全体党员中开展“两学一做”学习教育，对于巩固拓展党的群众路线教育实践活动和“三严三实”专题教育成果，深入推进全面从严治党，保持发展党的先进性和纯洁性，具有重大而深远的意义。我们既要着眼全党全局，又要紧密联系实际，深刻认识开展“两学一做”学习教育的重大意义和现实针对性。

1．要着眼全面从严治党抓好学习教育。党的十八大以来，

党中央以强烈的历史责任感和深沉的使命忧患感，建立完善各项纪律规矩和制度，坚持以上率下、正本清源，强力肃贪反腐、正风肃纪，打出了一整套全面从严治党的“组合拳”。这几年，我们认真贯彻中央和省委决策部署，在推进全面从严治党方面取得了一定成效，但也要清醒地看到，目前的成效还是阶段性的，基础还不牢靠，任务还很艰巨。去年省委巡视组向我们反馈的巡视意见，以及最近几次省委督导组向我们反馈的督查意见，都指出了我们在全面从严治党方面存在的问题，有的问题十分突出，有的问题经常复发。这就充分说明，全面从严治党永远在路上，必须坚持不懈地抓下去。当前，全面从严治党正处于一个“不进则退”的关键节点，持续用力就能巩固和扩大成果，稍有松懈就可能出现反弹、前功尽弃。开展“两学一做”学习教育，就是要进一步巩固和拓展群众路线教育实践活动和“三严三实”专题教育成果，把全面从严治党的良好态势保持和发展下去，切实形成真管真严、长管长严的工作局面。

2. 要着眼思想建党抓好学习教育。注重从思想上建党，是我们党自身建设的显著特点和宝贵经验。近些年来，全市各级党组织持续加强党的思想政治建设，广大党员特别是党员领导干部的思想政治素质有了新提高，精神风貌呈现了新气象，但也依然存在一些不容忽视的不良倾向和突出问题。比如，有的党员理想信念模糊动摇，对共产主义心存怀疑；有的党员意识不强，不守政治纪律、政治规矩；有的口无遮拦，乱评妄议党的大政方针;有的宗旨观念淡薄，利己主义严重，漠视群众疾苦，损害群众利益，等等。这些问题深刻警醒我们，思想政治建设不可能一蹴而就、一劳永逸。只有驰而不息地抓好思想政治建设，才能永葆党的先进性和纯洁性。开展“两学一做”学习教育，就是要遵循思想政治建设的特点和规律，立足于抓常、抓细、抓长，推动党内教育由集中性教育向经常性教育延伸，促使广大党员始终在思想上政治上行动上与党中央和各级党组织保持高度一致。

3. 要着眼夯实基层基础抓好学习教育。全面从严治党，基础在全面。“全面”的内涵，就是管全党、治全党，面向全体党员、全部党组织、覆盖党的建设各个领域、各个部门。这些年，我们从严治党的重点是领导干部这个“关键少数”，但还有一个向基层延伸、向全体党员拓展的问题。我们经常讲，“基础不牢，地动山摇”。只有基层党组织坚强有力，全体党员发挥应有作用，党的根基才能牢固。我们常德现有基层党组织 1.26 万个、党员 33 万多名，这些党组织和党员的状态如何，直接关系到中央、省委和市委的决策部署能否在沅澧大地上落地生根，直接关系到全市改革发展稳定大局。开展“两学一做”学习教育，就是要贯彻“零容忍、全覆盖、无禁区”的要求，推动和促进全面从严治党落实到每名党员、每个支部，真正让党的每一个细胞都健康起来、每一个组织都坚强起来，不断巩固党的执政基础。

4. 要着眼新常德新创业抓好学习教育。推动各项事业，关键在党，关键在人。当前，我们处于深入推进新常德新创业、全面建成小康社会的关键时期，全市上下正朝着“十三五”“一三五”的宏伟目标奋力前行。越是关键时期，越是任务繁重，越需要提振党员干部的精气神，越需要全市上下齐心协力、勇于担当、攻坚克难。如果各级党组织和广大党员发挥不了应有作用，成为不了引领事业发展的主心骨，那还谈何弯道超越？谈何实现“一三五”的目标？谈何提前全面建成小康社会？开展“两学一做”学习教育，就是要进一步增强党的创造力、凝聚力和战斗力，使广大群众与党“心心相印”、对党的号召“一呼百应”，最大限度地把方方面面的智慧力量调动起来、凝聚起来，为深入推进新常德新创业、加快全面建成小康社会提供强大的原动力。

二、牢牢把握总体要求，用更严更实的标准推进学习教育

中央和省委关于学习教育的总体要求十分明确，“任务书”“路线图”“时间表”“责任人”都清楚了，现在关键是要结合实际，狠抓落实，确保实效。

1. 要深学笃学，打牢思想根基。“两学一做”，基础在学，要着力在真学真信真用上下功夫。尤其是党员领导干部，要学得更多一些、更深一些，要求更高一些、更严一些。要突出重点学。一方面，要通读熟读党章和廉洁自律准则、纪律处分条例及党员权利保障条例，搞清楚该做什么、不该做什么，能做什么、不能做什么，坚守共产党员为人做事的基准和底线，提升尊崇党章党规、敬畏党章党规、遵守党章党规的思想自觉。另一方面，要按照“三个基本”的要求学习习总书记系列重要讲话，就是要学习领会系列讲话的基本精神，学习领会党中央治国理政新理念新思想新战略的基本内容，理解掌握增强党性修养、践行宗旨观念、涵养道德品格等基本要求，切实做到学而信、学而用、学而行。要带头思考学。学习教育不能照本宣科、应付了事，关键要带头问题学、带头思考学。要结合单位和自身工作实际，深入领会党章党规和系列讲话的丰富内涵、核心要义，深入领会贯穿其中的马克思主义立场观点方法，切实把学习成果转化为科学发展的思路，转化为正确决策的措施，转化为推动工作的能力，使广大党员真正以战略思维、宽阔视野、大局情怀、历史担当谋划和推进常德发展。要融会贯通学。党章党规和系列讲话紧密联系、内在一致，既有先导性、又有时代性，一定要贯通起来学习、统一起来领会，在学系列讲话中加深对党章党规的理解，在学党章党规中深化对系列讲话的领会。总之，要通过打牢“学”这个基础，引导全体党员特别是党员领导干部拧紧思想“总开关”，补足“精神之钙”，点亮“信仰之灯”，熔铸“信念之魂”，厚植“信心之源”，永葆共产党人的政治本色。

2. 要真做实做，树立先锋形象。“两学一做”，学是做的基础，做是学的目的，着眼点和落脚点就是要做合格共产党员。做合格共产党员，最根本的是增强“四个意识”。就是要增强政治意识、大局意识、核心意识、看齐意识。“四个意识”集中体现了根本的政治方向、政治立场、政治要求，是检验党员政治素养的试金石。党章党规遵守得好不好，系列讲话学得好不好，最重要的就是看“四个意识”有没有牢固树立起来、能不能自觉

践行落实。要把增强“四个意识”作为学习教育的一个根本要求来贯彻，引导全市广大党员主动自觉地向党中央看齐，向习近平总书记看齐，向党的理论和路线方针政策看齐，坚持维护党中央权威，维护党的领导核心，始终做政治上的“明白人”。做合格共产党员，关键在践行“四讲四有”标准。合格党员的标准既是原则的，又是历史的、具体的。从延安时期良好共产党员的“六条标准”（终身为共产主义奋斗；革命的利益高于一切；遵守党的纪律，严守党的秘密；百折不挠地执行决议；做群众模范;学习），到改革开放之初合格党员的“五种精神”（革命和拼命的精神；严守纪律和自我牺牲的精神；大公无私和先人后已的精神；压倒一切敌人，压倒一切困难的精神；坚持革命的乐观主义、排除万难去争取胜利的精神），再到这次提出的“四讲四有”标准（讲政治、有信念；讲规矩、有纪律；讲道德、有品行;讲奉献、有作为），体现了共产党人的先进性既一脉相承、又与时俱进。讲政治、有信念，强调的是政治合格，就是要对党忠诚，挺起理想信念的“主心骨”，做到在党言党、在党忧党、在党为党、在党爱党。讲规矩、有纪律，强调的是执行纪律合格，就是要严守党的政治规矩，增强组织观念、服从组织决定，知敬畏、明底线、守规矩。讲道德、有品行，强调的是品德合格，就是要明大德、守公德、严私德，传承党的优良作风，弘扬中华传统美德，践行社会主义核心价值观，坚守共产党人的精神高地。讲奉献、有作为，强调的是发挥作用合格，就是要践行党的宗旨，保持为民本色，敢于担当、勇于负责，在推进改革发展稳定中当标兵、作模范。“四讲四有”是着眼党和国家事业的新发展对党员提出的新要求，集中体现了党章党规、习近平总书记系列重要讲话的基本精神，与好干部20字标准、“三严三实”、“四个铁一般”、忠诚干净担当等要求是内在一致的，每名党员、干部都要以此来衡量自己、检视自己、校正自己，切实把合格党员的标尺立起来，把做人做事的底线划出来，把共产党员的先锋形象树起来。

3. 要立行立改，解决突出问题。学习教育是为了解决问题，解决问题才是最好的学习教育。开展“两学一做”学习教育，要突出问题导向，把解决问题贯穿于学习教育全过程。要对照标准找出问题。普通党员重点是对照查找理想信念模糊动摇、党的意识淡化、宗旨观念淡薄、精神不振、道德行为不端等五个方面的突出问题；党员领导干部在查找这五个问题的基础上，还要查找带头坚定理想信念、带头严守政治纪律和政治规矩、带头树立和落实新发展理念、带头攻坚克难敢于担当、带头落实全面从严治党责任等方面的问题。广大党员、干部要对照查找标准，真正把自己摆进去，切实把问题找出来。要实事求是剖析根源。查找问题不能停在表面，要进行深刻剖析，找准问题症结。广大党员、干部要与自己进行心灵对话，让思想同群众见面，本着剖析自己不怕严、亮出问题不怕丑、触及灵魂不怕痛的精神，对存在的问题由表及里、由外到内、从现象到本质进行层层分析，对产生问题的原因、后果、危害进行逐一分析，真正抓住关键、戳到痛处。要想方设法改进提高。把学习教育与党的群众路线教育实践活动、“三严三实”专题教育的问题整改结合起来，有什么问题就整改什么问题，问题在哪个层面就抓好哪个层面的整改，切实让整改成果落地生根。要坚持标本兼治，在立足当前、立竿见影抓整改的同时，还要着眼长远、举一反三，加强建章立制，真正抓出常态、抓出习惯、抓出自觉。

4. 要精细精准，坚持分类指导。这次学习教育面向全部党组织、全体共产党员，要根据不同地方、不同类型党组织和党员的特点，明确不同目标、不同方法、不同措施，把学习教育任务具体化、精准化、差异化。在学习内容上，既要紧扣主题，又要接连地气。比如确定学习讨论题目，普通党员和党员领导干部主题一样，但是内容上要各有侧重、各有特点，切实做到对症下药、有的放矢，真正让党员学得进去、议得起来、受到教育、得到提高。在学习形式上，既要区别层次，又要灵活多样。对机关单位党员，可以与中心组学习结合起来；对农村、社区党员，可通过口头讲解、播放电教片等形象直观的方式；对学校教职工和学生党员，可采取集中与分散相结合的方式；对流动党员，以流入地党组织为主，可利用开放式组织生活等方式；对离退休党员及年老体弱党员，可以适当集中，也可以上门送学帮学；对非公有制企业和社会组织党员，要兼顾好学习教育和生产经营，可多采取小型、业余、分散等方式；对窗口单位和服务行业党员，可利用休息时间，采取分组、轮班和探索移动课堂等方式。在统筹指导上，既要保证共性，又要保留个性。学习教育既要有共性要求、规定动作，也要有个性需求、自选动作。市委制定下发的学习教育工作方案，在吸收借鉴以往经验做法的基础上，明确了十项主要措施，其中八项是省委的规定动作，开展党的报告员工作和“荷花品格、梅花精神”系列廉洁文化活动这两项是自选动作。这两项自选动作，是常德的创造，是常德的特色，要精心组织，深入推进，努力创造常德经验。各级党组织要把握好共性和个性的互动联系，在完成好规定动作的同时，结合自身实际，创新一批自选动作，提升学习教育效果。

5. 要抓长抓常，建立长效机制。就是要长期抓、经常抓。中央、省委反复强调，“两学一做”不是一次活动，要突出经常性教育的特点，不分批次、不划阶段、不设环节。各级党组织和广大党员要准确把握这一基本定位，真正把“两学一做”当作一种常态，融入自己的日常工作和生活。要常态化地发挥好支部作用。目前，我们少数基层党支部对党员的思想动态和现实表现不了解、不过问，有的长期不开展活动，支部作用形同虚设，“党员找不到支部，支部找不到党员”。这次学习教育，要按照习总书记强调的“把全面从严治党落实到每一个支部”的要求，把党支部履行从严教育管理党员的主体责任切实强化起来，把党支部的战斗堡垒作用充分发挥出来，把党员的主体地位更加凸显出来，推动各级党组织和广大党员自我学习、自我教育、自我提升。要常态化地坚持好组织生活。在组织里的人，就要过组织生活，不参加组织活动的人，也就脱离党了。从去年调查的情况看，我市还有些基层党组织的党内政治生活不严肃，有的民主生活会走过场，有的以普通党员大会代替组织生活会，个别支部一年到头都不开党员会。要以“两学一做”

学习教育为契机，进一步从严落实“三会一课”、组织生活会、民主评议党员等制度，切实让党内政治生活严起来、实起来。要常态化地落实好教育管理。好党员是择优发展进来的，也是从严管理出来的。各级党组织要把加强教育和严格管理有机结合起来，全面推行党员分类管理、纪实管理，改进流动党员管理，健全党员组织关系管理，切实解决好流动党员、失联党员、“口袋”党员教育管理难题以及党员不在组织、不在职责、不在状态等问题。

三、注重统筹兼顾，坚持以学习教育推动干事创业

学习教育的效果怎么样，最终都要以推动发展的成效来检验。各级党组织要始终坚持围绕中心、服务大局，把学习教育融入岗位职责、融入干事创业，做到“两手抓、两促进”。

1. 要把学习教育融入履行岗位职责之中。做合格党员，首先看立足本职岗位做得怎么样，也就是是否时时牢记自己的第一身份是党员、第一职责是为党工作，是否爱岗敬业、能力过硬、业绩突出，是否敢于担当、善于落实、乐于奉献，是否平常时候看得出来、关键时刻站得出来、危急关头豁得出来。每名党员都要把锤炼党性与履行职责结合起来，将合格党员的标准和要求融入日常、落细落小。结合学习教育，省委将组织开展“岗位做贡献、合格见行动、共建新湖南”主题实践活动，具体到常德来说，就是要在深入推进新常德新创业的宏伟实践中“两学一做”、建功立业。全市各级党组织要紧密结合实际，组织广大党员积极参与。要重点围绕解决新常态下不能为、不想为、不敢为的问题，进一步实化载体、细化措施、优化服务，给广大党员履行职责、发挥作用提供良好平台和条件，努力营造履职尽责比起来、干起来、赛起来的良好氛围。

2. 要把学习教育融入推进改革发展之中。开展党内教育，加强党的建设，说到底是为贯彻党的基本路线、推进党的事业发展提供坚强保障。要通过学习教育，引导广大党员、干部聚焦经济建设主战场和改革发展第一线，推动全市经济社会发展的弯道超越。要以学习教育的成效推动项目建设。从目前来看，常德发展差距在项目，潜力和希望也在项目。市委市政府把今年作为“项目推进年”，安排实施了500个重点项目，就是要在全市上下掀起大投入、大建设、大发展的新一轮高潮。广大党员特别是党员领导干部要通过学习教育，切实增强“抓项目就是抓发展、抓项目就是抓落实”的意识，把主要精力投入到项目建设的主战场、第一线，静下心来、沉下身子，踏踏实实抓项目，集中精力促发展。要以学习教育的成效推动转型发展。当前，与全省、全国一样，我市经济下行压力仍然较大，各类风险隐患增多，转型发展比以往任何时候更加迫切。广大党员要通过学习教育，牢固树立和自觉践行五大发展新理念，把握推进供给侧结构性改革的实践要求，多做提振信心、稳定预期的工作，多做破解难题、补齐短板的工作，多做推进创新、帮扶企业的工作，努力实现“十三五”发展“开门红”。要以学习教育的成效推动环境优化。环境是发展的生命线。特别是作为欠发达地区而言，发展的竞争在某种程度上说就是环境的竞争。全市各级党组织要通过学习教育，坚持把优化环境作为“生命工程”来抓，打破“玻璃门”，减少“审批关”，疏通“肠梗阻”，切实提高政务服务质量和效率，努力打造公平竞争、规范有序的良好发展环境。

3. 要把学习教育融入联系服务群众之中。学习教育效果实不实、好不好，群众说了算。要用群众口碑、服务群众的实效体验学习教育效果，让人民群众看得见、摸得着、感受得到。要懂得关心关爱群众。党员干部要多到基层一线走一走，常到百姓家里坐一坐，满腔热情办实事，千方百计解难题，真正把党和政府的温暖送到千家万户。要重点围绕打好脱贫攻坚战，对照“两不愁三保障”的标准，把情况摸准，把工作做实，不让一个贫困群众在全面小康路上掉队。要引导群众全程参与。多与群众面对面地沟通交流，鼓励引导群众提意见、搞监督、作评判。特别是在查找问题、选树典型、评议党员、评估效果等方面，要主动接受群众质询和广泛监督，确保学习教育的全过程都发动群众参与、置于群众监督之下。要学会倾听群众意见。群众给我们提意见，是对我们的信任，是改作风的重要推动力。对于群众提出的意见，广大党员一定要虚心听取、认真对待、深刻反思，以海纳百川的胸襟和从善如流的态度，做到有则改之、无则加勉。要善于凝聚群众力量。我们党的根基在人民、血脉在人民、力量在人民。这次学习教育，要坚持从群众中来，到群众中去，善于从群众鲜活思想中吸取营养，善于从群众实践创造中提炼经验，善于在和群众打交道交朋友中凝聚力量，进一步增强广大群众推进新常德新创业的主体意识。

4. 要把学习教育融入全面从严治党之中。坚持把全面从严治党的要求体现在学习教育全过程，落实到党员教育管理、领导班子和基层组织建设的各环节、各方面。要着力推进作风建设。把学习教育与“纠‘四风’、治陋习”专项整治结合起来，持之以恒地推进作风建设常态长效。要着力整顿软弱涣散基层党组织。现在，我市有一定比例的基层党组织软弱涣散，一些基层党组织形同虚设，必须加以整顿。各级各有关部门要在对2015年整顿情况进行“回头看”的基础上，开展新一轮软弱涣散基层党组织集中排查整顿工作，确保这些基层党组织学习教育有人抓、有人管、有好的效果。要着力搞好集中换届工作。市县乡领导班子同步换届，是今年全市政治生活的一件大事。市委将在下周召开会议，专门研究部署换届工作。各级党组织要高度重视、精心组织、周密安排，各级党员干部要讲政治、讲大局、讲纪律，确保换届有序平稳推进。要着力开展廉洁文化教育。评判一名党员是否合格，最基本的是看是否做到清正廉洁。这次学习教育，市委决定开展“荷花品格、梅花精神”系列廉洁文化活动，广大党员干部要积极参与、带头践行，充分展示常德党员干部的良好形象，努力营造风清气正、山清水秀的政治生态。

四、加强组织领导，确保学习教育顺利推进

开展“两学一做”学习教育，是今年党建工作的龙头任务，必须从严从实、抓紧抓好。全市各级党组织要加强组织领导，

精心安排部署，推动学习教育取得实实在在的效果。

1. 强化责任落实。各级党委（党组）要切实履行主体责任，党委（党组）书记要担负第一责任人职责，组织制定方案，保障工作力量，加强督促指导。各区县（市）委、市直单位党组（党委）要发挥关键作用，认真履行职责，加强对本地本系统学习教育的具体指导。基层党委要对所辖党支部进行全覆盖、全过程的现场指导，党委成员至少分工联系指导1个党支部的学习教育，党支部书记要履行好直接责任，把工作做细做实，防止学习教育简单应付、变形走样。全市“两学一做”学习教育在市委常委会领导下进行，市委组织部要切实发挥牵头抓总作用，各相关单位要对照方案把各自的责任担起来，共同推动学习教育有序开展。

2. 强化表率作用。去年我们开展“三严三实”专题教育，之所以取得比较好的效果，关键的一条就是市委常委会坚持从自身做起，以上率下。这次“两学一做”学习教育，要继续坚持以上率下、示范带动，市委常委要带头参加学习教育，带头以普通党员身份参加党支部的活动，带头到联系点开展指导督促。全市各级领导机关、领导班子和领导干部要坚持高标准、严要求、带好头，要求别人做到的自己首先做到，要求别人不做的自己坚决不做。特别是各级党组织负责人，要在学习教育中时时处处当表率，推动形成上级带下级、班长带队伍、上行下效、整体联动的总体效应。

3. 强化督促检查。为了开展好这次学习教育，市委将成立督导组，在全市开展督促检查。各区县（市）委和市直单位党组（党委）也要加强督促检查，对那些组织不力、简单应付、问题较多的党组织，要进行批评教育、严肃问责；对那些厌学浅学的党员，该补学的要补学；对那些不够合格标准的党员，该处置的要处置。这里我强调一点，要把学习教育纳入党委书记抓基层党建述职评议考核的首要内容，层层传导压力，促进工作落实。

4. 强化导向引领。各级党组织要结合实际情况，采取党员易接受、愿参与的方式进行学习教育，深入宣传学习教育开展情况和实际效果，及时总结推广基层创造的新鲜经验，激的学习热情，增强学习实效。要认真落实党的报告员制度，党员领导干部要深入基层宣讲“两学一做”学习教育，引导广大党员群众把思想和行动统一到中央、省委、市委的部署要求上来。各级宣传部门要组织新闻媒体，把镜头、话筒对准基层的普通党员干部，用鲜活生动的事例反映学习教育成效，为学习教育营造良好舆论氛围。

同志们，开展“两学一做”学习教育，是党内教育从“关键少数”向广大党员的拓展，从集中性教育向经常性教育的延伸，从上级组织向基层组织的深化，这标志着我们的党内教育更加全面、更加经常、更加科学。我们要紧密团结在以习近平同志为总书记的党中央周围，切实担负起管党治党建党的重大政治责任，认真落实“两学一做”学习教育的各项工作，确保党内学习教育常抓常新、善作善成，确保新常德新创业取得新的成绩、开拓新的局面。

中共常德市委办公室印发《关于在全市党员中开展"学党章党规、学系列讲话，做合格党员"学习教育实施方案》的通知

常办发〔2016〕3号

各区县（市）委，常德经济技术开发区、柳叶湖旅游度假区和西湖、西洞庭管理区党委（工委），市委各部委办，市直机关各单位、各人民团结党组织，中央、省驻常有关单位党组织：

《关于在全市党员中开展"学党章党规、学系列讲话，做合格党员"学习教育实施方案》已经市委同意，现印发给你们，请认真贯彻执行。各地各部门各单位党委（党组）要根据方案要求，结合实际制定具体方案。开展"两学一做"学习教育的情况，要及时报告市委。

中共常德市委办公室

2016年4月28日

关于在全市党员中开展"学党章党规、学系列讲话，做合格党员"学习教育实施方案

党中央决定，2016年在全体党员中开展"学党章党规、学系列讲话，做合格党员"学习教育（以下简称"两学一做"学习教育）。根据《中共中央办公厅印发〈关于在全体党员中开展"学党章党规、学系列讲话，做合格党员"学习教育方案〉的通知》（中办发〔2016〕14号）、《中共湖南省委办公厅印发〈关于在全省党员中开展"学党章党规、学系列讲话，做合格党员"学习教育实施方案〉的通知》（湘办发〔2016〕15号）精神，结合我市实际，现就在全市党员中开展"两学一做"学习教育提出如下实施方案。

一、总体要求

开展"两学一做"学习教育，是落实党章关于加强党员教育管理要求、面向全体党员深化党内教育的重要实践，是推动党内教育从"关键少数"向广大党员拓展、从集中性教育向经常性教育延伸的重要举措，是加强党的思想政治建设的重要部署。"两学一做"学习教育不是一次活动，要突出正常教育，区

分层次，有针对性地解决问题，用心用力，抓细抓实，真正把党的思想政治建设抓在日常、严在经常。

1．明确目标任务。开展“两学一做”学习教育，基础在学，关键在做。要把党的思想建设放在首位，以尊崇党章、遵守党规为基本要求，以用习近平总书记系列重要讲话精神武装全党为根本任务，教育引导党员自觉按照党员标准规范言行，进一步坚定理想信念，提高党性觉悟；进一步增强政治意识、大局意识、核心意识、看齐意识，坚定正确政治方向；进一步树立清风正气，严守政治纪律政治规矩；进一步强化宗旨观念，勇于担当作为，在生产、工作、学习和社会生活中起先锋模范作用；进一步提升党员意识，铭记党员身份，增强党员的责任感、使命感和荣誉感；进一步加强道德修养，崇德向善、注重自律，明大德、守公德、严私德，传承党的优良作风。努力建设一支信念坚定、素质优良、规模适度、纪律严明、作用突出的党员队伍，为协调推进“四个全面”战略布局、贯彻落实五大发展理念、加快推进新常德新创业提供坚强组织保证。

2．聚焦突出问题。开展“两学一做”学习教育，“学”要带着问题学，“做”要针对问题改。要重点解决一些党员理想信念模糊动摇的问题，主要是对共产主义缺乏信仰，对中国特色社会主义缺乏信心；精神空虚迷茫，推崇西方价值观念；不信马列信鬼神，热衷于组织、参加宗教活动和封建迷信活动等。要重点解决一些党员党的意识淡化的问题，主要是不学党章、淡忘党章，在党不言党、不忧党、不为党、不爱党；看齐意识不强，不守政治纪律政治规矩，对党不忠诚、做人不诚实，阳奉阴违、当“两面人”，口无遮拦、妄议中央大政方针，心中无党纪、眼里无国法；组织纪律散漫，不按规定参加党的组织生活，不按时交纳党费，不完成党组织分配的任务等。要重点解决一些党员宗旨观念淡薄的问题，主要是群众感情缺失，利己主义严重，漠视群众疾苦，与民争利、执法不公、吃拿卡要、假公济私、损害群众利益，在人民群众生命财产安全受到威胁时临危退缩，服务意识欠缺、服务能力不足，为群众办事不上心不主动等。要重点解决一些党员精神不振的问题，主要是工作消极懈怠，因循守旧、不思进取，不敢担当、逃避责任，不作为、浅作为、慢作为，不起先锋模范作用，伪现代、假开放，思想保守、观念陈旧，敷衍应付、推诿扯皮，不求实效、做表面文章等。要重点解决一些党员道德行为不端的问题，主要是违反社会公德、职业道德、家庭美德，不注意个人品德，贪图享受、奢侈浪费，沉迷低级趣味、生活作风不检点，满腹牢骚、无事生非，玩风太盛、心浮气躁等。要认真对照问题，真正把自己摆进去，持之以恒地抓好“四风”突出问题、“不严不实”突出问题的整改，推动党的作风不断好转。党员领导干部还要重点查找和解决带头坚定理想信念、带头严守政治纪律和政治规矩、带头树立和落实新发展理念、带头攻坚克难敢于担当、带头落实全面从严治党责任等方面存在的突出问题。

3．把握基本原则。开展“两学一做”学习教育，要坚持正面教育为主，用科学理论武装头脑；坚持学用结合，知行合一；坚持问题导向，注重实效；坚持领导带头，以上率下；坚持从实际出发，分类指导。要以党支部为基本单位，以“三会一课”等党的组织生活为基本形式，以落实党员教育管理制度为基本依托，针对领导机关、领导班子和党员干部、普通党员的不同情况作出安排。要给基层党组织结合实际开展学习教育留出空间，发挥党支部自我净化、自我提高的主动性，防止大而化之，力戒形式主义。

二、学习教育内容

1．学党章党规。着眼明确基本标准、树立行为规范，逐条逐句通读党章，全面理解党的纲领，牢记入党誓词，牢记党的宗旨，牢记党员义务和权利，深入领会党的性质、宗旨、指导思想、奋斗目标、组织原则、优良作风，深入引导党员尊崇党章、遵守党章、维护党章，坚定理想信念，对党绝对忠诚。认真学习《中国共产党廉洁自律准则》《中国共产党纪律处分条例》等党内法规，学习党的历史，掌握廉洁自律准则规定的“四个必须”“四个坚持”，掌握各类违纪行为的情形和处分规定，认真学习革命先辈、先进典型和身边的优秀共产党员，从周永康、薄熙来、徐才厚、郭伯雄、令计划等违纪违法案件中汲取教训，肃清恶劣影响，发挥正面典型的激励作用和反面典型的警示作用，引导党员牢记党规党纪，牢记党的优良传统和作风，树立崇高道德追求，养成纪律自觉，守住为人、做事的基资和底线。党员领导干部还要掌握好与履职尽责紧密相关的规定和要求，包括党章规定的党的组织制度、党的各级组织的职责和任务、党员领导干部必须具备的六项基本条件、党的纪律等，包括《中国共产党地方委员会工作条例》《中国共产党党组工作条例（试行）》《党政领导干部选拔任用工作条例》等党内法规，着力提高做好领导工作所必需的政治素养和政策水平。

2．学系列讲话。着眼加强理论武装、统一思想行动，认真学习习近平总书记关于改革发展稳定、内政外交国防、治党治国治军的重要思想，认真学习以习近平同志为总书记的党中央治国理政新理念新思想新战略，引导党员深入领会系列重要讲话的丰富内涵和核心要义，深入领会贯穿其中的马克思主义立场观点方法。学习习近平总书记系列重要讲话要同学习马克思列宁主义、毛泽东思想、邓小平理论、“三个代表”重要思想、科学发展观结合起来，深刻理解党的科学理论既一脉相承又与时俱进的内在联系，坚定中国特色社会主义道路自信、理论自信、制度自信。学习《习近平总书记系列重要讲话读本（2016年版）》，掌握与增强党性修养、践行宗旨观念、涵养道德品格等相关的基本要求。基层党组织要结合实际，有针对性地确定普通党员重点学习内容。党员领导干部还要重点学习《习近平谈治国理政》《习近平总书记重要讲话选编（领导干部读本）》，在全面、系统、深入上下功夫，领悟好重大思想理论观点，领悟好科学的思想方法和工作方法，领悟好讲话彰显的坚定信仰追求、历史担当精神、真挚为民情怀、务实思想作风，更好地指导和推动各项事业发展。

3．做合格党员。着眼党和国家事业的新发展对党员的新要求，坚持以知促行，做讲政治、有信念，讲规矩、有纪律，讲道德、有品行，讲奉献、有作为的合格党员。引导党员强化政治意识，保持政治本色，把理想信念时时处处体现为行动的力量；坚定自觉地在思想上政治上行动上同以习近平同志为总书记的党中央保持高度一致，经常主动向党中央看齐，向党的理论和路线方针政策看齐，做政治上的明白人；践行党的宗旨，保持公仆情怀，牢记共产党员永远是劳动人民的普通一员，密切联系群众，全心全意为人民服务；加强党性锻炼和道德修养，心存敬畏、手握戒尺，廉洁从政、从严治家，筑牢拒腐防变的防线；始终保持干事创业、开拓进取的精气神，平常时候看得出来，关键时刻冲得上去，在打造“一个中心”、实现“三个迈进”、建设“五个常德”，加快推进新常德新创业中奋发有为、创先争优、建功立业。

三、主要措施

1. 组织开展学习讨论。建立经常学习制度。把“两学一做”学习教育融入党员日常学习教育，严格落实“三会一课”制度。党支部委员会和党小组每月组织一次集中学习。注重发挥党小组的作用，经常性组织党员开展学习。不设党小组的，以党支部为单位集中学习。坚持把集中学习和个人自学结合起来，明确自学要求，引导党员学原文、读原著、悟原理，熟读党章内容，牢记党规条文，领会讲话要义。

开展专题学习讨论。党支部每2个月召开一次全体党员会议，紧紧围绕拥护、践行、推进新常德新创业，每次明确一个专题开展学习讨论。党员分散、人数较多的党支部，可分组开展学习讨论。重点围绕“四个专题”进行：专题一（4—5月），以“讲政治、有信念”为主要内容。结合学习党章和习近平总书记关于坚定理想信念、坚持“三个自信”、实现“中国梦”等方面的论述进行深入讨论，重点看能否坚守共产党人信仰信念，自觉向党中央看齐，向党的理论和路线方针政策看齐；能否牢记党的宗旨，践行群众路线，密切与群众的血肉联系；能否正确处理公与私、义与利、个人与组织、个人与群众的关系；能否认真履行党员的义务。专题二（6—7月），以“讲规矩、有纪律”为主要内容。结合学习《关于党内政治生活的若干准则》《中国共产党廉洁自律准则》《中国共产党纪律处分条例》和习近平总书记关于严明党的纪律和规矩、加强党风廉政建设等方面的论述以及有关警示教育典型案例进行深入讨论，重点看能否严格遵守党的政治纪律、组织纪律、廉洁纪律、群众纪律、工作纪律和生活纪律，能否自觉做到在党规党纪面前知敬畏、守底线，是否具备遵章守纪、淡泊名利、刚正不阿、敢于担当的“荷花品格、梅花精神”。专题三（8—9月），以“讲道德、有品行”为主要内容。结合学习习近平总书记关于社会主义核心价值观、党员干部道德修养等方面的论述进行深入讨论，重点看能否带头践行社会主义核心价值观，能否坚守高尚的道德情操，能否保持积极健康的生活方式。专题四（10—11月），以“讲奉献、有作为”为主要内容。结合学习习近平总书记关于治国理政的新思想新战略、“好干部”标准等方面的论述以及先进典型的优秀事迹进行深入讨论，重点看能否自觉提升服务“四个全面”战略布局、践行五大发展理念、推进新常德新创业的能力和水平，能否保持良好精神状态、积极为党的事业担当作为，能否立足岗位做贡献、发挥先锋模范作用。

拓展丰富学习方式。增强学习实效性，采取专题辅导、巡回宣讲等形式，加强党员学习教育。经常性开展学习交流活动，组织党员谈认识、谈体会、谈打算，党组织负责人进行点评。开展正反典型教育，引导党员见贤思齐、见不贤而自省。充分利用党建网、手机报、电视栏目、微信易信和远程教育平台等，开发制作形象直观、丰富多样的学习资源，及时推送学习内容，引导党员特别是流动党员利用网络自主学习、互动交流，扩大学习教育覆盖面。基层党组织要根据实际情况，采取编印口袋书，运用微党课、微动漫、微视频等，满足党员学习需求。开发党员干部教育网络培训APP，优化党员干部自主选学，利用市、县党员干部教育培训网络学院开展各类专题网络学习，全面提升党员干部教育培训质量。

2. 创新方式讲党课。讲党课一般在党支部范围内进行，全体党员参加。党课的主题、内容、方式由党支部根据实际合理安排，列出时间表，避免内容重复、时间扎堆。党员领导干部带头讲党课。党员领导干部要在所在党支部讲党课，结合开展党的报告员工作和本人分管的工作领域或联系点，到农村、社区、企业、学校等基层单位党支部讲党课。邀请专家学者讲党课。各级党组织根据实际需要，从党校、讲师团、高校及社会各界邀请专家学者，到基层一线讲党课。组织先进典型讲党课。从“三严三实”专题教育中涌现的先进典型以及群众公认的老典型中遴选若干代表，巡回讲党课。鼓励和指导基层党组织书记和普通党员讲党课。“七一”前后，党支部书记要结合开展纪念建党95周年活动，在所在党支部讲党课。注重运用身边事例、现身说法，强化互动交流、答疑释惑，增强党课的吸引力和感染力，防止照本宣科、泛泛而谈。

3. 召开党支部专题组织生活会。年底前，党支部召开专题组织生活会。党支部班子及其成员要对照职能职责进行党性分析，找准找实思想、组织、作风、纪律等方面存在的问题。要面向党员和群众广泛征求意见，普遍开展谈心交心，严肃认真开展批评与自我批评；针对突出问题和薄弱环节，制定切实可行的整改措施。要组织全体党员对党支部班子的工作、作风等进行评议，执法监管部门及服务行业、窗口单位、农村和社区等基层党组织可邀请服务对象、群众代表对班子履职情况进行满意度测评。党小组可参照党支部要求，召开专题组织生活会。上级党组织要派人参加指导党支部专题组织生活会。

4. 开展民主评议党员。结合年底召开的专题组织生活会，以党支部为单位，组织开展党员民主评议。民主评议要对照党员标准，按照学习动员、自我总结、支委初评、大会评议、组织评定的程序，对党员进行评议。要结合党组织关系排查工作，摸清流动党员、“失联”党员、“口袋”党员底数，加强党员档案管理，对党员组织关系进行规范管理。结合民主评议，党支部班子成员要与每名党员谈心谈话。党支部根据民主评议情况和党员日常表现，确定评议等次，对优秀党员予以表扬；对有不合格表现的党员，按照党章和党内有关规定，区别不同情况，稳妥慎重给予组织处置。

5. 立足岗位做贡献。针对不同群体党员实际情况，提出党员发挥作用的具体要求，教育引导党员在任何岗位、任何地方、任何时候、任何情况下都铭记党员身份，积极为党工作。组织党员积极参加全省开展的“岗位做贡献、合格见行动、共建新湖南”主题实践活动，推动全市党员在新常德新创业宏伟实践中建功立业。引导和推动不同领域不同行业的党员，立足岗位履职尽责、创先争优。在农村、社区，重点落实党员设岗定责和承诺践诺制度；在国有企业和非公有制企业、社会组织，重点落实党员示范岗和党员责任区制度；在窗口单位和服务行业，重点落实党员挂牌上岗、亮明身份制度；在机关事业单位，重点促进党员模范履行岗位职责，落实党员到社区报到、直接联系服务群众制度；在学校，重点要求党员增强党的意识，自觉爱党护党为党，敬业修德，奉献社会。

6. 领导机关领导干部作示范。各级领导机关党组织要坚持高标准、严要求，为基层党组织作示范。各级党员领导干部要在学习教育中走在前面、深学一层，严格执行双重组织生活制度，以普通党员身份参加所在党支部的组织生活，与党员一起学习讨论、一起查摆解决问题、一起接受教育、一起参加党员民主评议。同时，要建立领导干部学习教育联系点，市委常委分别联系指导 1 个区县（市）或市直单位，市直部门领导班子成员分别联系指导 1 个内设机构或二级单位的学习教育。各级党委（党组）要专题学习党章党规和习近平总书记系列重要讲话，重温毛泽东同志《党委会的工作方法》，并结合实际组织集中研讨，深化学习效果。年底，各级领导班子要以“两学一做”为主题召开年度民主生活会，领导班子和领导干部要把自己摆进去，查找存在的问题。

7. 整顿软弱涣散基层党组织。各地各系统各部门要在对 2015 年整顿情况进行“回头看”的基础上，开展新一轮软弱涣散基层党组织集中排查整顿工作。要以农村、社区为重点，按照省委、市委的要求，认真做好软弱涣散基层党组织的摸底排查，建立健全市县乡三级台账。要把选优配强基层党组织书记作为首要任务，对班子不健全的抓紧配齐，对党组织书记空缺的尽快选配到位，对不能胜任现职的及时调整。要区别软弱涣散基层党组织不同情况，采取领导挂点、部门帮扶等方式进行集中整顿，帮助解决突出问题，建立健全工作制度，确保学习教育有人抓、有人管、有好的效果。

8. 严格党员日常管理。开展“两学一做”学习教育，要以学习教育强化党员意识，以严格管理督促党员履职，构建党员教育管理“真管真严、长管长严”的长效机制。严肃党内组织生活。严格执行“三会一课”、组织生活会、党性定期分析、党员民主评议等基本制度，以改革创新精神补齐制度短板，真正使党的组织生活、党员教育管理严起来、实起来。落实党员分类管理。针对不同领域、不同类型基层党组织和党员特点，分类量化标准、分类实施管理、分类考评考核，实现党员管理精细化、全覆盖。推行党员纪实管理。采取评星定级、积分考核等方式，对党员参加组织生活、交纳党费、履行职责、发挥作用等进行全程记录，作为年度民主评议的依据，增强党员的党性意识和责任意识。创新流动党员管理。采取单独组建、区域统建、行业联建、驻外共建等方式，建立健全流动党员党组织；打破单位、行业、地域界限，实行流动党员组织关系一方隶属、参加多重组织生活的办法；落实流出地党组织跟踪管理、流入地党组织主体管理、有关部门党组织协同管理、街道社区党组织托底管理责任，确保党员流动到哪里，党组织的管理服务就跟进到哪里。

9. 深入开展党的报告员工作。严格落实《中共常德市委办公室关于建立党的报告员制度的通知》（常办〔2015〕28 号），推行党组织书记首席报告、班子成员分领域报告、特聘报告员专题报告等做法，推动各级党员领导干部深入联系点、居住社区、所在党支部、分管单位、联系企业或各类培训班，宣讲党的路线方针政策、市委重大决策部署、经济社区发展形势等。

10. 开展“荷花品格、梅花精神”系列廉洁文化活动。以展示党员干部遵章守纪、淡泊名利、刚正不阿、敢于担当的精神风貌为目的，开展以“荷花品格、梅花精神”常德故事征文及演讲比赛、民情日记征集、名家讲堂、廉洁文艺节目展演等四大主题活动，通过以“媒”宣廉、以“世”颂廉、以“讲”评廉、以“赛”助廉的形式，组织开展健康向上、特色鲜明的廉洁文化活动，弘扬常德党员干部廉洁正能量。

四、组织领导

全市“两学一做”学习教育在市委常委会领导下进行，由市委组织部牵头组织实施，市纪委、市委办、市委宣传部、市委党校、市委讲师团配合做好相关工作。市直机关工委、市教育局党委、市国资委党委、市非公有制经济组织党工委、市社会组织党工委以及行业系统主管部门要切实履行好督促指导职责。市总工会、团市委、市妇联等群团组织要在深化学习教育中发挥职能作用。市、县两级党校、行政学院要把“两学一做”学习教育很好地融入干部教育培训之中。

1. 层层落实责任。全市各级党组织要把开展“两学一做”学习教育作为一项重大政治任务，尽好责、抓到位、见实效。各级党委（党组）要切实履行主体责任，制定具体方案，保障工作力量，加强督促指导，并把学习教育纳入党委（党组）书记抓基层党建述职评议考核的首要内容。县级党委尤其要发挥关键作用，认真履行职责。党委（党组）主要负责同志要担负第一责任人职责，不仅要管好干部、带好班子，还要管好党员、带好队伍，层层传导压力。基层党委要对所辖党支部进行全覆盖、全过程的现场指导，党委成员至少分工联系指导 1 个党支部的学习教育，帮助制定计划，参加有关活动。党支部书记要履行好直接责任，把工作做细做实，防止学习教育简单应付、变形走样。各地各系统各单位开展学习教育的实施方案和情况，要及时报告上级党组织。

2. 强化组织保障。各级党委（党组）要通过举办示范班、研讨班和专题培训等形式，对基层党组织书记、组织委员、组织专干等党务骨干普遍进行一次轮训，组织他们先学一步，掌握工作方法，明确工作要求。要认真扎实开展党员组织关系集中排查，努力使每名党员都纳入党组织的有效管理，确保学习教育对象全覆盖。要加强党内激励关怀帮扶，通过走访慰问、谈心谈话、结对帮扶、设立党内帮扶资金等措施，从思想、工作、生活上关心和爱护党员，激发党员的内生动力，引导党员自觉主动参与学习教育。要通过听取汇报、专项调研、参加学习讨论、列席组织生活会等方式，加强对学习教育落实情况的监督检查，对组织不力、虚以应付的，要严肃批评、及时纠正；对效果不好、群众意见大的，要责令补课并严肃问责。

3. 注重分类指导。各级党组织要根据不同领域、不同行业、不同单位特点，对学习教育的内容安排、组织方式等提出具体要求。对非公有制企业和社会组织，可因企制宜、因岗制宜，灵活安排；对党员人数少、党员流动性强的党组织，可依托区域化党员服务中心，利用开放式组织生活等方式，组织党员参加学习教育。对流动党员，流入地、流出地党组织要加强协调配合，按照流入地为主的原则，把流动党员编入一个党支部，就近就便参加学习教育。流出地党组织也要采取安排专人联系、寄送学习资料、回乡集中补课等措施，积极抓好流动党员的学习教育。对离退休干部职工党员及年老体弱党员，既要体现从严要求，又要考虑实际情况，以适当方式组织他们参加学习教育。

4. 加强宣传引导。坚持“开门”抓教育，引导群众全过程参与、监督学习教育，特别要在查找问题、选树典型、民主评议党员、学习效果评估等方面扩大群众参与。充分发挥传统媒体作用，重视发挥网络、微信、手机报、“掌上常德”手机移动客户端等新兴媒体作用，充分利用远程教育平台等方式，引导党员利用网络自主学习、互动交流，扩大学习教育覆盖面。各地各系统各单位可结合实际，开展优秀党课评选、党章党规知识测试等活动，激发党员参学热情，增强学习效果。市委组织部将组织优秀党课评选，建立精品党课库，并在常德政府网、常德党建网、尚一网等媒体集中展播。结合开展“百团大赛”“道德讲堂”等活动，大力宣传“两学一做”学习教育的重大意义和目标要求，宣传身边的“两学一做”学习教育先进典型，及时总结和推广学习教育中的好做法好经验。同时，加大反面典型曝光力度，发挥警示和震慑作用。

5. 坚持统筹兼顾。把握正常教育特点，做好融合互促文章，坚持学习教育与本职工作、中心工作、重点任务、日常事务统筹抓、相促进。要与巩固拓展党的群众路线教育实践活动和“三严三实”专题教育成果相结合。深化“一进二访”活动，持续用劲抓好结对帮扶，做到对象不脱贫、帮扶不脱钩，确保精准扶贫收到实效；深入开展“纠‘四风’、治陋习”专项整治，着力解决当前党员干部队伍中存在的违规公款吃喝、违规发放津补贴或奖金福利、违规操办婚丧喜庆事宜、违规收送礼品礼金、涉赌涉毒等突出问题；继续整治基层干部不作为、乱作为，贪腐谋私、“雁过拔毛”，优亲厚友、执法不公等损害群众利益的不正之风，让群众切身感受到学习教育的实际效果。要与抓好市县乡换届相结合，进一步严肃换届纪律、加强思想政治建设，弘扬清风正气、树立正确用人导向，确保选出忠诚干净担当的好干部、配出结构优功能强的好班子、换出心齐气顺的好面貌。要与加强基层党组织建设相结合，着力解决基层党组织软弱涣散、政治和服务功能不强、组织生活不经常不严肃不认真、党员教育管理制度不落实或执行不到位等问题。要与促进改革发展相结合，把学习教育的成效体现在提振精气神、弘扬好作风上，体现在破解改革难题、促进经济发展等各方面，将学习教育的成果转化为新常态下推动改革发展的强大动力。

常德市“两学一做”学习教育暨基层党建工作情况汇报

中共常德市委

（2016年12月）

2016年6月16日，先锋学习会——常德市“两学一做”知识竞赛在市文化馆举行

全市共有129个乡镇、38个街道，1607个村，661个社区；共有基层党组织12603个，其中党委542个、党总支728个、党支部11333个；共有党员332829名，其中农村党员195112名，城市街道社区党员23205名，机关事业单位党员（含国有企业）85485名，非公有制经济组织、社会组织等其他类党员29027名。2016年，常德市以深入开展“两学一做”学习教育为契机，从构建党建格局、补齐党建短板、强化党建保障、提升党建活力等方面入手，从严从实、有力有序推进基层党建工作，取得了较好成效。现将有关情况汇报如下：

一、着眼构建党建格局，坚持认真较真抓牢管党治党

1. 注重用高位来带动。市委高度重视基层党建工作，制定下发各级党组织书记抓基层党建工作责任清单、任务清单、问题清单，着力构建基层党建“一级抓一级，层层抓落实”的工作格局。市委书记王群全年共主持召开13次市委常委会议，分别对省委交办问题、“两学一做”学习教育等基层党建工作进行研究；先后20多次深入村、社区基层党建联系点开展基层党建调研，帮助协调解决问题66个；3次到联系点鼎城红云街道花船社区指导工作；10次对基层党建工作作出批示，提出解决乡镇换届、并村改革等难点问题的思路。其他市级领导也率先垂范、带头深入软弱涣散村、贫困村、美丽乡村和完美社区等联系点走访群众。

2. 注重用学教来推动。在党员干部中深入开展“两学一做”学习教育，突出抓专题学习研讨、创新方式讲党课等十项主要措施，以党风带动政风、民风的深入转变。5月19日，市委书记王群带头以一名普通党员的身份，参加所在的市委办第三党支部“两学一做”学习教育第一专题集中学习讨论并为支部党员讲了党课。在王群书记的示范带动下，全体党员市级领导、109名区县（市）委班子成员、164名其他县级领导干部、市直781名党委（党组）处级班子成员，14544名副科级以上党员领导干部纷纷以普通党员身份参加了所在支部的专题学习讨论，并先后到所在单位或联系点带头上了专题党课。截至11月底，

四个专题学习讨论全部按要求完成，正在开展民主生活会征求意见等工作。

3. 注重用督导来促动。继续推行举全部之力抓党建，要求市县组织部门每名干部建立党建联系点，定期开展督促指导。市委组织部每名部务会成员联系1个区县（市），每个科室联系2个乡镇和2个村负责指导，每季度深入联系点开展一次以上调研和督查。同时，把抓基层党建工作成效作为干部年度考核的重要内容，联系指导点党建工作落实不到位、水平提升不明显的，负责联系指导的组工干部当年不得评先评优。2016年，全市共对9个区县（市）开展了4次督查，下发督查通报4期，以问题清单形式交办问题500多个，约谈党组（党委）书记7人次。

4. 注重用考核来驱动。严格落实"三级联述联评联考"要求，连续8年采取"四考一综评"的方式对区县（市）委书记和市直单位党组（党委）书记抓基层党建情况进行考核，形成了比较完善的基层党建考核评价体系。同时，坚持干部选拔任用看党建的导向，把考核结果与表彰、推荐、使用干部结合起来，明确要求区县（市）委书记履职抓基层党建工作年度考核综合评价排名后三位的当年不得参与评优评先，连续两年排名后三位的一年内不予推荐提拔重用；乡镇（街道）党（工）委书记履职抓基层党建工作，在本区县（市）年度考核综合评价排名后五分之一的当年不得参与评优评先，连续两年排名后五分之一的一年内不予提拔重用。全年共有5名乡镇（街道）党（工）委书记因党建工作考核排名靠后，在区县（市）换届中没有推荐提名。

二、着眼补齐党建短板，坚持落细落小抓实重点难点

1. 突出抓交办问题整改。2015年市州委书记述职评议会后，市委立即召开常委会议专题研究问题的整改落实，制定了整改方案，所有问题均明确市委常委负责、部门配合、上下联动，重要问题由市委书记亲自领衔，切实抓好落实，一个问题一套措施，问题整改一个销号一个。市委组织部负责督促抓基层党建问题的整改，对督查中发现的问题和整改落实进展较慢的，由组织部部长负责约谈提醒，责令限期整改。省委交办常德市委的3大类7个问题，市委交办给9个区县（市）的91个问题，都已全部整改到位。

2. 突出抓重点任务落实。一是大力开展党员组织关系集中排查。目前，全市共排查出失联党员6425名，经查找已有4499名党员取得联系，占失联党员总数的70.02%。同时，进一步规范党员党籍、档案管理等工作，全市167个乡镇（街道）均建立党员档案室，已补齐党员档案28211本，占需要补齐人数的90.3%，少数农村老龄党员的档案正抓紧完善和补全。二是扎实推进党员违纪违法未给予相应处理排查清理。按照党组织隶属关系或者干部管理权限组织清理，市委建立由组织部牵头，人大办、政协办、政法委、纪委组成的协调小组，完成564名受到刑事责任追究的党员、1158名受到行政处罚的党员排查清理工作。对排查前未给予处理的22名党代表、7名党员人大代表、1名党员政协委员给予相应处理。三是认真做好基层党组织按期换届排查清理。对全市基层党组织换届情况进行全面摸底排查，对没有按期换届的，逐一制定整改措施，明确责任主体和整改时限。同时，进一步建立健全换届请示报告、提醒、约谈等制度。全市12603个基层党组织中未按期换届的共有860个，已按要求整改到位。四是稳妥开展党费收缴排查清理。组织各地各单位各行业系统对2008年至2016年党费收缴认真进行自核，对于存在漏交、少交且未主动补缴的党员进行教育和提醒。全市共有10793个党支部完成党费收缴自查自改工作，共收到35936名党员补交的1796.052万元党费。五是集中推进非公企业和社会组织"两个覆盖"。成立非公有制经济组织和社会组织党工委，进一步整合工作力量。向非公有制企业和社会组织选派党建工作指导员，帮助开展党建工作。对全市非公有制企业和社会组织按每人每年200元的标准下拨党员活动经费。认真抓好非公有制经济组织和社会组织党组织全覆盖，截至2016年年底，全市有正式党员3人以上的非公有制经济组织和社会组织已全部组建了党组织，应建组建率达到100%。六是深入推进抓党建促脱贫攻坚。向建档立卡贫困村选派332名第一书记，开展驻村帮扶。结合并村改革，进一步加强村级班子建设，把231名带富能力强的能人选进村支"两委"班子。加大村级集体经济发展扶持力度，每年安排200万元用于发展集体经济。通过这些措施，全市已有68个原建档立卡贫困村实现预脱贫，年内可通过省级认定。七是抓严抓实领导机关党员干部学习教育。明确市直机关工委负责全市领导机关党员干部的学习教育，定期对各单位学习教育情况进行督导，并以问题清单、情况通报等形式反馈到单位主要负责人。同时，将"两学一做"学习教育纳入2016年度机关党建工作考核细则，并从绩效评估中拿出10分专门考核"两学一做"学习教育，以硬举措促进学习教育扎实有序开展。

3. 突出抓市县乡集中换届。作为中组部市县乡换届工作联系点，市委始终把领导班子集中换届摆在突出位置，着力抓好抓实动员部署、领导班子选配、代表选举、会议组织等具体工作，取得了较好成效。市第七次党代会9月底胜利召开，选举产生新一届市委领导班子和市纪委领导班子；9个区县（市）、129个乡镇换届选举圆满完成，组织提名人选无一人落选；择优选配147名"三类人员"进乡镇领导班子，市县乡三级换届选举和"三类人员"选配实现零上访、零投诉、零负面舆情，得到中组部的充分肯定。

4. 突出抓干部作风建设。大力开展"雁过拔毛"式腐败问题和"纠四风治陋习"两个专项整治，市县乡村四级同步对2013年以来的各类项目资金大清理、农村集体"三资"和村级财务大清查、损害群众利益的不正之风和腐败问题线索"大起底"。全市共清理各类项目资金1027.78亿元，发现违纪违规资金1719.9万元，退回群众资金804.5万元；起底损害群众利益的不正之风和腐败问题线索2381条，办结1794条，立案625件，组织处理654人，移送司法39人，退回群众资金804.5万元，《中国纪检监察报》、人民网、新华网等媒体推介了常德市专项整治

工作经验。

三、着眼强化党建保障，坚持聚力聚焦抓硬基层基础

1. 强化运转保障。2016 年，全市加大市县财政配套力度逐年提高农村基础运转保障水平，并村后保持村级运转保障资金稳步增长，村平运转经费增长 48.64%；市财政每年拨付 100 万元、市管党费配套 50 万元，建立市级困难党员帮扶资金；按每年 15 万元、3 万元标准全面落实城市社区惠民项目资金和农村惠民项目资金；村级办公经费提高到 3 万元以上；市县投入 1900 万元补助改造乡镇“五小”设施和乡镇小套房。同时，着力解决村干部后顾之忧，全市在职村干部的待遇年平均水平由 2008 年的 0.5 万元增长到 2016 年的 1.7 万元，并全部实行了打卡发放；建立离任村主干待遇适当增长机制，离任村主干待遇由 2008 年的每年 600 元，提高到目前的不低于 1200 元；稳步推进村干部养老保险，养老保险覆盖率接近 80%。

2. 强化组织保障。把整顿软弱涣散基层党组织纳入基层党建重点任务，制定下发《关于进一步做好整顿软弱涣散基层党组织工作的通知》，要求各地各单位认真组织开展“回头看”。针对各地各系统倒排确定的 221 个软弱涣散基层党组织，采取领导挂点、部门帮扶、选派第一书记、专项整治、结对共建等方式进行集中整顿，已全部完成转化升级。全面做好党组清理规范工作，全市 71 家市直单位、458 家区县（市）直单位进行摸底自查，对存在问题的 15 家市直单位和 52 家区县（市）直单位提出清理规范意见。

3. 强化力量保障。实行乡镇（街道）党务工作者专职专岗。全市 226 个乡街均建立党建工作站、党代表工作室，大多数乡镇配备了 1 名专职副书记、1 名组织委员、2 名左右的组织干事，专职从事党务工作。加大党务骨干培训力度，市县共举办党务骨干培训班 51 个，基层党组织书记培训率达到 100%。选优配强基层党组织带头人队伍。继续推行“六个一批”：每年选拔一批优秀村（社区）党组织书记进乡镇公务员队伍，2016 年集中换届时全市遴选了 46 名优秀村主干进入乡镇领导班子；启用一批“归雁”人才，已有 133 名外出务工经商人员、在外工作的退休干部等返乡担任村党组织书记；组织一批经济能人跨村交流，共有 33 名致富带头人跨村担任村支部书记；备足一批后备人才，实施村“123”后备人才培养计划，每村储备了 1 名村党组织书记、2 名村干部、3 名入党积极分子后备人选；每年推介一批基层党组织书记先进典型。

4. 强化制度保障。建立市直单位党组（党委）向市委报告工作制度和专题报告制度。年初，市人大常委会党组、市人民政府党组、市政协党组、市人民检察院党组、市中级人民法院党组专门向市委汇报了 2015 年度党组工作情况，其余市直单位党组（党委）均采取书面报告的方式向市委报告了工作。建立发展党员“双备案”制度，一方面实行提前报备再发展，对发展党员总量和结构进行调控；另一方面，对发展 36 岁以上、初中及以下学历、外来务工人员等三类对象为党员的从严掌握、慎重发展。建立党代表询问基层党建工作制度。市里每年组织 1 次省、市党代表对基层党建工作进行询问，区县（市）每半年组织 1 次。询问情况分别向市委、区县（市）委报告。乡镇建立党代表工作室，定期组织党代表开展活动。2016 年，市县乡共组织各级党代表开展视察调研 1300 多人次，走访基层群众 1.5 万人，提交意见建议 2000 多条，解决实际问题 300 多个。

四、着眼增强党建活力，坚持先试先行抓活创新创意

1. 探索推进农村社区“3+X”社会治理体系。在 9 个区县（市）各选择了 1~2 个合并乡镇进行试点，建立了由集镇社区党工委、社区理事会、社区公司董事会加若干个建制村的“3+X”组织管理体系，建制村党组织设置不变。社区党工委为所辖各类组织和各项工作的领导核心，负责社区党的建设，协调指导理事会、公司董事会的工作。社区理事会主要承担社区公共服务事务，为村民自治公益事业服务机构。社区公司董事会全面负责社区的经济事务，承担产业发展任务，开发社区的产业和财产性、公益性项目。全市目前集中推介了临澧县高顺新社区、石门县秀坪社区等一批运行顺畅、架构完善、作用明显的“3+X”示范点。

2. 开展千名党的报告员“送党课、下基层”活动。全面推行党组织书记首席报告、班子成员分领域报告、特聘报告员专题报告等制度，组织各级党员干部到基层支部宣讲“两学一做”有关精神、经济发展形势等内容。同时，把党的报告员与省委组织开展的“送党课下基层”主题活动结合起来，从 3980 名党的报告员中，遴选 1000 名领导干部、专家学者、先进典型，“七一”前后集中送精品党课到农村、社区、企业等基层党组织，经验做法得到中央党建领导小组《党建要报》和省“两学一做”学习教育协调小组《情况通报》的推介。

3. 开展“荷花品格、梅花精神”系列廉洁文化活动。重点开展了常德故事征文演讲比赛、优秀民情日记征集、名家讲堂、廉洁文艺节目展演四大主题活动。举办了常德故事征文演讲比赛，发动全市党员干部以讲故事的形式，讲述常德人的典型事迹，共有近 500 个单位、500 多名党员干部参加，先后组织开展大小比赛 100 多场，观看的党员干部和社会群众近 10 万人。组织开展了优秀民情日记征集活动，让广大党员干部记录身边经历过、参与过、看到过的维护人民群众切身利益、发挥党员干部模范作用的人和事，共征集到民情日记 4200 多篇，最终评出 30 篇优秀民情日记，分期在市级媒体上全文刊发，并遴选 9 篇摄成微视频在媒体平台上展播。组织开展了名家讲堂活动，邀请国家知名学者、作家等开设名家讲堂，通过讲述清廉人物的思想精髓、传奇故事，引导全市党员干部始终坚守信念、忠诚清廉，共组织开展近 50 次名家讲堂活动，参与的党政机关和国有企事业单位党员干部近万名。举办了廉洁文艺节目展演活动，全市共创作、改编廉洁文艺节目 1000 多个，参赛文艺团队 1023 支，在市县乡共演出 400 多场次，观众观摩达 160

万人次。

4. 创新实施“精准党建”。在落实基层党建工作任务中强化“精准理念”，大力推进基层党建工作标准化建设、规范化运行、信息化管理、精细化考核。比如标准化建设方面，综合考虑基层党组织的类型、层次及性质的差别，有针对性地提出党组织建设的标准和工作要求，确定53个标准化建设试点单位，并结合行业和领域特点分别提出党建工作的不同标准。市委在全市机关党组织中率先推行班子建设标准化、党员队伍建设标准化、制度建设标准化、阵地建设标准化，经验做法得到省里推介，7月27日至28日全省机关党建现场经验交流会等在常德市召开。

总体上来讲，常德市的基层党建工作虽然取得一定成绩，但也还存在一些不足。比如：部分基层党务工作者业务能力有所欠缺，个别工作程序不够规范；少数基层党组织活动阵地标准不高，亟待进一步改造升级；部分基层党组织党建活动没有经常开展，党组织和党员没有发挥应有作用；村级组织自我造血功能不足，“无钱为民办事”现象还一定程度存在，与日益增长的公共服务需求相比仍有较大差距，等等。

下一步，常德市将以此次省委调查核实为契机，认真整改调查核实组反馈的问题，着力推进基层党建工作上台阶、上水平。一是进一步抓谋划、定方向。认真谋划2017年的基层党建工作，重点在基层党建标准化建设、规范化运行、信息化管理、精细化考核上有所突破。二是进一步抓导向、激活力。落实好各级党组织书记责任，严格执行用人看党建制度，对于表现优异的同等条件下优先使用，对于党建工作履职不到位的，将严肃追责问责。三是进一步抓督导、促落实。认真落实中央、省委精神，重点围绕贯彻落实2017年全省基层党建工作要点抓督导，确保全年党建工作落到实处。四是进一步抓创新、出亮点。围绕发展村级集体经济、基层党组织规范化建设、充分发挥基层党组织和党员作用、基层组织设置等难点工作抓创新，破解难题，打造亮点。

海绵城市建设

常德海绵城市建设与商业街开发范例工程——德国风情街

2015 年 3 月，常德市成功入选全国首批 16 个海绵城市建设试点城市。2015 年 4 月，常德市开展全国海绵城市建设试点工作，立足常德水城特色，按照“一年重点突破、二年基本建成、三年形成示范”总体部署，系统谋划和统筹推进江河湖连通活水、绿化截污净水、道路小区蓄水、防涝减灾排水、水文化水旅游亲水等海绵城市建设五大工程，基本实现“小雨不积水、大雨不内涝、黑臭水体在消除、热岛效应在缓释”等目标，探索走出一条山水城相融合可持续海绵城市建设路子，形成一批可复制、可推广范例工程和建设经验，穿紫河和护城河综合治理项目入选全国黑臭水体治理优秀案例，《人民日报》（12 月 20 日）头版刊发常德市海绵城市建设情况，并在第 10 版进行深度阐述。

海绵型公园新建与改造

常德市海绵城市建设试点总面积 36.1 平方千米，其中院落小区 22.9 平方千米（占 63.4%）、河湖水体 3 平方千米（占 8.3%）、道路广场绿地及其他公用设施 10.2 平方千米（占 28.3%）。

制度保障。一是健全组织机构。成立以市委书记为顾问，市长为组长，市“四大家”分管领导为副组长市海绵城市建设领导小组，财政、住建、水利、规划、国土资源、环保等部门为成员单位。领导小组下设办公室，具体负责海绵城市建设统筹协调、项目推进和总结交流等日常工作。海绵办内设综合组、规划设计组、工程组、资金及 PPP 模式推进组、黑臭水体治理组、

常德海绵城市建设与全域旅游开发有机结合范例工程——沙滩公园、汽车营地、欢乐水世界、百果园等项目

小区院落改造组、园林绿化组、水生植物组、资料档案组等9个工作组。二是完善相关法规制度。《常德市饮用水水源保护条例》于2017年1月10日经省人大常委会审查批准并颁布实施；《常德市规划区内河流湖泊保护条例》已通过市人大常委会审议，拟报请省人大常委会审查批准。编制《常德市海绵城市专项规划（2015—2030年）》，制定《常德市海绵城市项目建设规划审批管理规定》《常德市海绵城市项目建设管理规定》《常德市海绵城市建设工程质量检验技术要求》《常德市海绵城市建设项目验收标准》《常德市海绵城市建设资金管理办法》《常德市海绵城市建设财政补助奖励办法》《常德市海绵城市建设PPP合作项目运营管理办法》等一系列海绵城市建设运行维护管理制度。

项目建设。2015—2017年，常德市海绵城市建设计划项目148个，其中2015年54个、2016年76个、2017年18个。截至2016年底，已完工项目68个，在建项目48个，待建项目32个（2016年15个、2017年17个）；开工率78.38%，完工率45.94%。

投融资。2015—2017年，常德市海绵城市建设项目计划总投资78.15亿元。截至2016年底，完成投资34.06亿元。积极探索推进政府与社会资本合作模式（PPP模式），与国家开发银行、农业发展银行达成协议，采取“小基金、大信贷”模式，设立50亿元海绵城市建设融资支持基金，对常德市海绵城市项目提供200亿元信贷综合授信。截至2016年底，按照PPP模式推进落地项目，市污水净化中心总投资3.25亿元。

主要成效。一是水环境明显改善。通过控源截污、内源治理、生态修复等技术措施，系统开展黑臭水体专项治理行动，市城区主要黑臭水体基本消除，城内各水体水质达到地表水标准Ⅳ类以上。2016年10月17日，穿紫河——白马湖——丁玲公园——柳叶湖开通水上巴士。二是水安全能力大大提升。通过加强源头控制、恢复和拓展城市水系空间、完善市政排水系统和加强内涝点排查整治等措施，提高对雨水径流渗透、调蓄和排放能力，市城区防洪排涝能力大大增强，经受2016年7月上旬多轮强降雨严峻考验。2016年7月1—2日，24小时累计降雨量达177.8毫米，市城区没有出现大面积积水，没有人员伤亡，无直接经济损失。三是水生态进一步优化。通过启动花山生态湿地和内河水系驳岸景观绿地建设，重塑自然生态岸线，营造动植物多样性生存环境，形成更加良性水文生态。提质改造后，屈原公园、滨湖公园和穿紫河、柳叶湖沿岸植物生长茂盛，鲜花四季盛开，百鸟争鸣、鱼翔浅底，成为市城区一道道靓丽自然风景线。四是水文化得到有机修复和传承。通过修复重建老常德时期麻阳街、大小河街、老西门、窨子屋等历史记忆，挖掘整合常德丝弦、花鼓戏两项非物质文化遗产，新建德国风情街、婚庆产业园、金银街等特色商业街，使老常德内河码头文化、商业文明得到传承。特别值得一提是窨子屋，它是古常德典型民居建筑形式，

朝阳湖公园水体净化（刘颂摄）

海绵型道路新建与改造

汇聚传统海绵城市建设理念，重建窨子屋融入更多传统和现代海绵元素，是一次海绵城市建设历史与现代对话和交流。五是促进城市产业发展。海绵城市建设带来规划设计、专业人才培养、管理运营、智慧平台开发与建设，新技术、新材料研发制造等诸多产业发展机会。随着海绵城市建设深入，链条越拉越长，不仅催生湖南道诚、鑫盛建材等一批新型技术和材料企业，还带动七星泰塑、湘北水泥水管厂等一批传统企业转型升级。柳叶湖欢乐水世界、沙滩公园、汽车营地、马拉松环湖赛道、老西门、大小河街、德国风情街、水上巴士等一批亲水文化项目，带动旅游、商贸、体育等相关产业发展。六是对海绵城市建设可持续发展进行有益探索。近两年试点工作重要启示：海绵城市建设不能脱离经济发展这个实际，要注重搞好城市建设和经济发展协调互动，实现生态效益、社会效益和经济效益和谐共赢。穿紫河流域综合治理项目包括驳岸风光带建设、沿线机埠新建与改造、特色商业街建设、水上观光游览等。建成后，风光带与沿线大小河街、德国风情街、婚庆产业园、水上巴士观光融为一体，不仅还原穿紫河清流本色、优化内河生态环境，而且实现亲水、戏水和商居、休闲、娱乐、旅游一体化。老西门及护城河综合治理项目总投资 16.72 亿元，其中政府直接投入 0.36 亿元，资金投入主要来自于社会资本。我们把老西门建成集“生态宜居、旅游观光、绿色办公、现代商业、文化休闲、艺术体验”等于一体复合型“城市文化旅游街区”，不仅提升街区商业资产价值，而且将产生永久性经济收益。（杨友红）

天源星城棚户区改造

清澈见底的生态滤池出水口
（刘颂　摄）

武陵桥旁海绵景观（刘颂　摄）

海绵型院落新建与改造

绿色屋顶新建与改造

智慧城市建设

2016年，常德市按照“一个中心、四大体系”思路，以国家智慧城市试点建设为总揽，以资源整合为主线，以重大项目为突破，以民生服务为重点，加快发展“一网两平台”(电子政务外网和数据资源共享交换平台、“我常德”公共服务平台)“一库多应用”(政府基础数据库和多个重点应用系统)，打造智慧常德云计算、云服务特色品牌。

2016年9月20日，智慧常德建设推进大会在柳叶湖管委会召开

政府数据资源共享。一是优化数据共享环境。在全省率先出台《常德市政府数据资源共享管理暂行办法》，组织召开智慧常德建设推进大会，市直30家重点部门主要负责人向市政府递交数据共享责任状，数据共享工作上升为“一把手”工程，各级各部门数据共享责任意识全面增强，打破长期各自为政、信息孤岛局面。二是推进数据资源采集。成立项目组，配套工作组，逐个部门衔接、培训、督办，重点梳理30家市直单位数据共享目录，采集28家单位425类近10亿条数据，经过清洗比对，形成具有较高质量和标准人口基础信息库、法人和法人单位基础数据库、基础地理空间信息数据库、视频资源主题库，数据库建设走在全省前列。三是开展共享应用支撑。以市公安局、市质监局等单位为突破，重点支撑“我常德”城市公共服务平台、企业事中事后监管平台、常德警务云、社会信用信息、综合治税、低收入认定等示范应用。上述应用单位不再需要对接各个部门采集数据，效益十分明显，初步发挥平台支撑作用。

网络基础设施建设和应用。一是实施电子政务内外网扩容升级工程。项目已完成方案设计、技术评审，正在组织挂网招标。项目实施后，外网将由单核心升级为双核心，由单链路升级为双链路，大幅提升带宽冗余并支持IPV6协议。推进市委院落、市交通局大楼统一互联网出口，制定技术方案，正在组织评审和招标。推进内网升级改造，市委办和市政府办节点已完成土建工程，正在开展信息化部分施工。二是深化云计算中心管理和应用。出台《常德云计算中心管理办法》和《常德云计算服务考核细则》，对云服务实行每月一抽查，每季一考核，考核结果直接与服务费挂钩，推动云中心规范管理和优质服务。截至2016年底，已有37家单位55个应用系统集中共享云计算资源，直接节省一次性建设投资超过5000万元，间接节省运维费用500万元/年左右(按8%估算)，该成效全国领先，全省前列。三是推进宽带网络、无线网络及传输网络建设。全年，通信运营商通信基础设施建设投入近10亿元。电信、移动、联通城区光网覆盖率分别达到100%、91%、75%；人群密集场所、公共热点区域无线3G(4G)、免费智能WiFi信号覆盖进一步优化。

“我的常德”等系统建设。一是“我的常德”城市公共服务平台上线运行。按照着力打造智慧城市公共服务新标杆目标定位，项目一期推出89项功能，其中40项属于便民信息查询与小额支付功能，已完成开发运营公司注册，签署建行支付合作协议，搭建内测版功能模块和运行环境，2017年春节正式上线运行。二是智慧城管、智能交通、数字防控三大平台加快完善。整合公安、城管、交警及社会单位视频资源7000多路，形成统一公共视频资源库。公共自行车租赁系统完成升级改造，实现24小时智能租车。智慧城管系统上报处理城市管理事件25万件。

2016 年 12 月 8 日，浪潮集团在湖南文理学院开展常德大数据双创活动

市城区智能交通系统抓拍交通违法案件 40 多万件。三是社会治理网格化综合信息平台加快完善。“365”社会治理系统已经具备 297 项管理功能，“1314”社区服务系统已经具备 116 项服务功能，“三台合一”试点取得实效，“三实”信息采集工作全省领先，综治视联网建设加快推进，社会治理网格化指数报告成为常德综治工作新特色。四是其他信息应用系统加快建设和完善。智慧常德协调指挥中心集中接入 17 个单位 22 个业务系统，政府应急指挥平台正在抓紧实施。企业事中事后协同监管平台和公共信用信息平台建成运行。教育“三通两平台”、医疗 HIS（医院信息系统）、LIS（实验室信息管理系统）、EMR（电子病历）、PACS（医学影像系统）、PEIS（体检信息系统）等信息化系统加快建设和应用。就业与社保相关服务通过应用系统加快下沉到网格。智慧公交一期、住保信息监管、“三为”管网数据库、房企信用数据库等项目正在施工。

产业和经济信息化建设。一是培育云计算大数据产业。促成浪潮集团与湖南文理学院合作，依托浪潮常德大数据中心搭建创客平台，开展大数据双创活动。支持浪潮云投加强云计算服务营销，加快成长为优质云计算服务经济实体。湖南广电石门 IDC 数据中心一期工程建成运行。二是培育发展信息服务业。引进科大讯飞与常德工业投合资成立科讯智投公司，负责建设运营“我常德”城市公共服务平台。在鼎城高新区、幼专创客街、常德国邮港等地发展一批信息服务众创空间。武陵区移动互联网产业园入园企业达到 51 家。三是推进传统产业信息化改造。实施数字企业、数字园区创建活动，工业生产企业信息化水平进一步提升。推进农业农村信息化示范市建设，发展一批农业综合信息服务平台。四是发展电子商务。开展电子商务进农村行动，发展“新网工程”等农产品电子商务平台，新增省级电商企业 25 家，汉寿县被评为全国电子商务进农村综合示范县。五是发展电子信息产业。德山电子信息产业园重点引进电子元器件制造、电力电气成套装备制造等项目，入园企业达到 12 家。华南光电智慧产业园项目有序推进。（周永松）

2016 年 12 月 19 日，省军区司令员黄跃进调研智慧常德建设工作

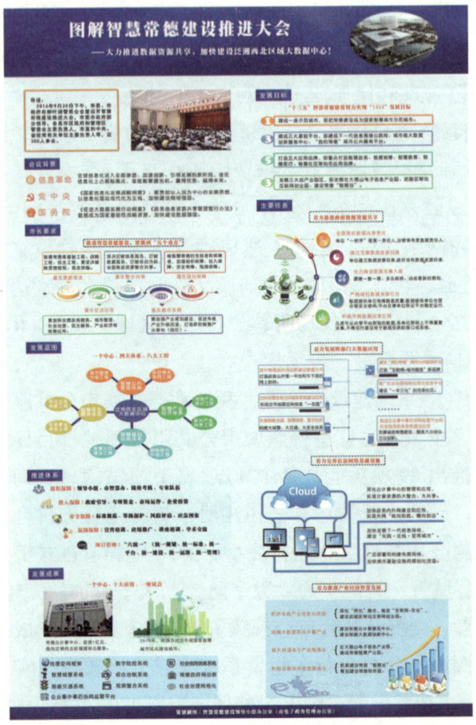

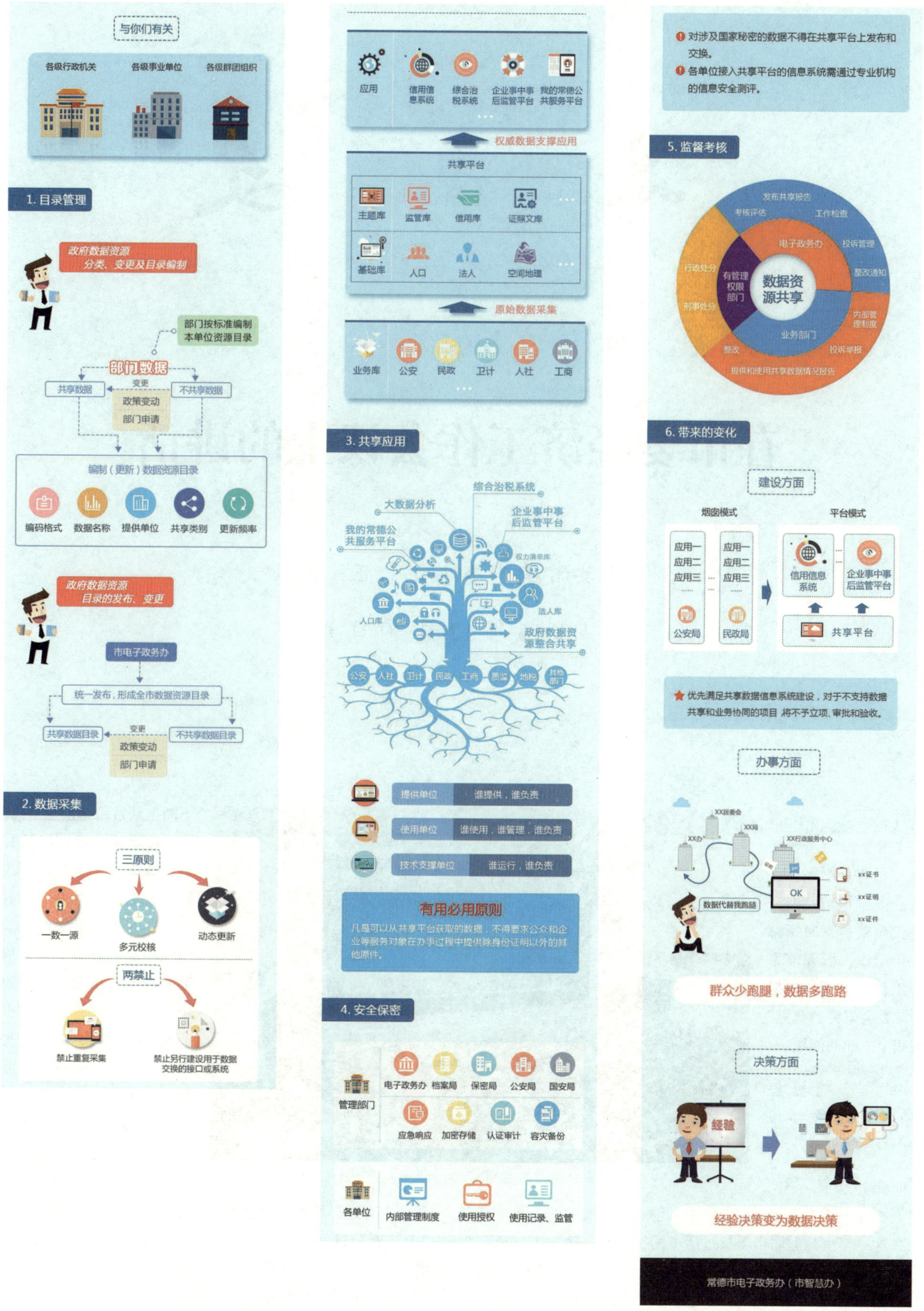
与你们有关
各级行政机关
各级事业单位
各级群团组织
1. 目录管理
政府数据资源
分类、变更及目录编制
部门按标准编制
本单位资源目录
部门数据
共享数据
不共享数据
变更
政策变动
部门申请
编制（更新）数据资源目录
编码格式
数据名称
提供单位
共享类别
更新频率
政府数据资源
目录的发布、变更
市电子政务办
统一发布，形成全市数据资源目录
共享数据目录
不共享数据目录
变更
政策变动
部门申请
2. 数据采集
三原则
一数一源
多元校核
动态更新
两禁止
禁止重复采集
禁止另行建设用于数据交换的接口或系统
应用
信用信息系统
综合治税系统
企业事中事后监管平台
我的常德公共服务平台
权威数据支撑应用
共享平台
主题库
监管库
信用库
证照文库
基础库
人口
法人
空间地理
原始数据采集
业务库
公安
民政
卫计
人社
工商
3. 共享应用
综合治税系统
大数据分析
企业事中事后监管平台
我的常德公共服务平台
权力清单库
人口库
法人库
政府数据资源整合共享
公安
人社
卫计
民政
工商
质监
地税
其他部门
提供单位
谁提供，谁负责
使用单位
谁使用，谁管理，谁负责
技术支撑单位
谁运行，谁负责
有用必用原则
凡是可以从共享平台获取的数据，不得要求公众和企业等服务对象在办事过程中提供除身份证明以外的其他原件。
4. 安全保密
管理部门
电子政务办
档案局
保密局
公安局
国安局
应急响应
加密存储
认证审计
容灾备份
各单位
内部管理制度
使用授权
使用记录、监管
对涉及国家秘密的数据不得在共享平台上发布和交换。
各单位接入共享平台的信息系统需通过专业机构的信息安全测评。
5. 监督考核
发布共享报告
考核评估
工作检查
电子政务办
投诉管理
整改通知
行政处分
有管理权限部门
数据资源共享
刑事处分
内部管理制度
业务部门
整改
投诉举报
提供和使用共享数据情况报告
6. 带来的变化
建设方面
烟囱模式
平台模式
应用一
应用二
应用三
公安局
民政局
信用信息系统
企业事中事后监管平台
共享平台
优先满足共享数据信息系统建设，对于不支持数据共享和业务协同的项目，将不予立项、审批和验收。
办事方面
XX居委会
XX办
XX局
XX行政服务中心
数据代替我跑腿
OK
xx证书
xx证明
xx证件
群众少跑腿，数据多跑路
决策方面
经验
经验决策变为数据决策
常德市电子政务办（市智慧办）

在市委经济工作会议上的讲话

中共常德市委书记　王　群

（2016 年 12 月 30 日）

同志们：

这次会议的主要任务是，贯彻落实中央、省委经济工作会议和省、市党代会精神，回顾总结今年工作，研究部署明年工作。下面，根据市委常委会研究的意见，我讲四个方面的问题。

市委经济工作会议

一、正确把握形势，坚定信心推进新常德新创业

即将过去的一年，是“十三五”开局之年，是新常德新创业富有成效的一年。特别是在这一年里，七届市委接过历史的接力棒，踏上了打造一个中心、实现三个迈进、建设五个常德的新征程。展望新的一年，我们要把握大势、顺势而为，不忘初心、继续前进，满怀信心不断把新常德新创业推向前进。

1. 要充分肯定经济社会发展新成就，这是我们深入推进新常德新创业的底气所在。今年来，在以习近平同志为核心的党中央和省委、省政府的坚强领导下，市委、市政府团结带领全市人民，认真贯彻落实上级决策部署，牢牢把握稳中求进总基调，坚持五大发展新理念，主动适应新常态，以供给侧结构性改革为主线，继续打好三大战役，强力推进五个常德建设，经济社会发展呈现稳中有进、稳中向好态势，实现了六届市委工作完美收官和“十三五”良好开局。预计全年完成地区生产总值 2900 亿元，增长 8%；一般公共预算收入 230 亿元左右，增长 10% 左右；固定资产投资 1980 亿元，增长 14.5%；城乡居民收入分别达到

26400元、12700元，增长7.8%和8.6%。

我们狠抓产业发展，工业经济稳中趋优，新兴产业来势良好，规模工业企业突破1000户，规模工业增加值突破千亿大关；现代服务业加快发展，柳叶湖、穿紫河建设项目整体面世，美丽经济势头强劲，万达广场、友阿广场、和瑞欢乐城建成开业，社会消费品零售总额突破千亿大关；现代农业提质增效，农业园区建设成效明显，农产品加工销售收入突破千亿大关。

我们狠抓城乡统筹，海绵城市建设扎实推进，迎宾大道、阳明大道、柳叶大道西延线建成通车，沅江隧道开工建设，打造形成江南风光带、老西门、德国风情街、常德河街等一批城市新亮点；县城扩容提质步伐加快，一批重点小城镇逐步向特色化发展；深入推进完美社区建设，社区服务能力全面提升；整市推进美丽乡村建设，农村面貌进一步改善。

我们狠抓基础设施建设，石长铁路复线建成通车，黔张常高铁加快建设，常安高速即将通车，沅澧快速干线全面推进，新改建干线公路151公里，建成农村公路1053公里，改造危旧桥182座；水利、通信、能源等基础设施建设取得新的成效。

我们狠抓民生改善，精准脱贫强力推进，预计全年退出贫困村90个以上，脱贫8万人以上；教育卫生三年攻坚成果丰硕，高考继续保持全省文科第一、理科第二的好成绩，职业教育大学城初具规模，湘雅常德医院即将投入使用，石门、澧县、汉寿人民医院创建成为三级医疗机构；社会就业持续增加，新增城镇就业6.7万人、农村劳动力转移就业4.1万人；创新社会治理深入有效，安全生产和食品药品安全监管得到加强，一批信访问题有效化解，平安建设成效明显；各项社会事业协调发展，成功举办旅游节和“德马”，成功创建国家森林城市和全国绿化模范城市，人民群众获得感不断增强。

我们狠抓党的建设，“两学一做”学习教育取得实效，县乡同步换届圆满完成，基层党建工作不断提升；认真学习贯彻党的十八届六中全会精神，全面从严治党向纵深推进，全市党员干部的“四个意识”进一步增强，工作作风进一步改进；着力加强党对人大、政协工作的领导，加强党的统一战线和群团工作，加强党管武装工作，更加广泛地凝聚形成了常德力量。

在经济下行压力持续加大的背景下，这些成绩的取得来之不易，为做好明年工作打下了坚实基础。我们要倍加珍惜，倍加巩固，倍加发扬光大。

2. 要主动适应经济社会发展新要求，这是我们深入推进新常德新创业的方位所在。当前，我市经济发展新常态特征更加明显，烟草、装备制造、有色金属等传统产业下行压力加大，发展不足、发展不优、发展不平衡的问题比较突出，迫切需要我们进一步贯彻落实五大发展新理念，提高适应、把握、引领新常态的能力。我们要坚持问题导向，把握新的历史方位，深入研究新情况，主动适应新要求，不断寻求新突破。

要主动适应供给侧结构性改革新要求。中央经济工作会议明确提出，我国经济运行面临的突出矛盾和问题，根源是重大结构性失衡，明年经济工作的主线是推进供给侧结构性改革。要结合实际认真落实“三去一降一补”、农业供给侧结构性改革、振兴实体经济、促进房地产市场平稳健康发展四大重点任务，努力创造新供给，培育新需求，释放新动能。

要主动适应创新引领开放崛起新要求。省第十一次党代会作出了实施创新引领开放崛起战略的重大部署。作为常德，只有推进创新开放，才能从根本上解决发展落后问题。要紧跟省委省政府战略部署，以培育创新精神、开放意识为先导，以提高创新能力、开放水平为重点，依靠创新开放汇聚生产要素，推动经济社会发展更具活力、更有效率、更可持续。

要主动适应“一三五”发展战略目标新要求。市第七次党代会明确了打造一个中心、实现三个迈进、建设五个常德的发展战略目标，为我们做好明年工作指明了前进方向。要坚持一张好的蓝图干到底，不跑题、不走调，少提新口号、只吹进军号，把明年工作纳入“一三五”发展战略目标去谋划、去部署、去推进，努力实现一年一大步、一年一变样。

3. 要积极抢抓经济社会发展新机遇，这是我们深入推进新常德新创业的希望所在。新常态面临新挑战，新形势孕育新机遇。我们要善于发现新机遇，抢抓新机遇，牢牢把握发展主动权。

要抢抓宏观政策机遇。党的十八大以来，党中央对经济形势作出了新常态的重大判断，对经济工作作出了以新发展理念为指导、以供给侧结构性改革为主线的重大决策，对经济工作思想方法作出了稳中求进工作总基调的重大调整，初步确立了适应经济发展新常态的政策框架。要正确把握宏观政策取向，认真贯彻稳中求进这个重要原则和方法论，认识“稳”的方向和重点，把握“进”的领域和任务，确保经济运行在合理区间。

要抢抓区域战略机遇。中央支持中部地区建设“四区一中心”，有利于我们集聚发展要素，厚植发展优势；湖南“一带一部”定位，有利于我们扩大对外开放，承接产业转移；长江经济带和洞庭湖生态经济区深入实施，有利于我们争取重大项目，促进地方发展。要认真研究区域发展战略，紧跟全省“一核三极四带多点”发展布局，以“不是一极、胜似一极”的胸怀和勇气，加快建设现代化区域中心城市。

要抢抓产业发展机遇。近年来，国家大力扶持战略性新兴产业发展，相继出台了一系列鼓励促进措施，加上我们大力推进城市提质，为吸纳产业搭建了很好的平台。要用好用活产业政策和城市平台，加大招商引资力度，大力发展战略性新兴产业，坚持走出一条“双轮”驱动、产城融合的路子，努力培育更多的经济增长点。

二、聚焦聚力四大会战主战场，强力推动经济社会发展

明年是全面贯彻市第七次党代会精神的第一年，是全面建成小康社会的决胜之年。做好明年经济工作，要全面贯彻党的十八大和十八届三中、四中、五中、六中全会以及中央省委经济工作会议、省市党代会精神，按照“五位一体”总体布局和“四个全面”战略布局要求，坚持稳中求进工作总基调，坚持以提高发展质量和效益为中心，坚持以推进供给侧结构性改革为主线，牢固树立和贯彻落实新发展理念，适应把握引领经济发

展新常态，大力实施创新引领、开放崛起战略，围绕“一三五”发展战略目标，深入推进新常德新创业，认真组织脱贫攻坚、交通跨越、园区攻坚、城镇带动四大会战，全面做好稳增长、促改革、调结构、惠民生、防风险各项工作，促进经济平稳健康发展和社会和谐稳定，以优异成绩迎接党的十九大胜利召开。主要预期目标是：地区生产总值增长 8% 以上，一般公共预算收入增长 10% 以上，固定资产投资增长 15% 以上，城乡居民收入增长 8% 以上，新增城镇就业 6.6 万人。

明年经济工作的主战场，就是组织推进四大会战。要按照市第七次党代会的部署，迅速成立和高效运转四大会战指挥系统，制定路线图，排出时间表，下达任务书，切实加强调度推进，尽快形成会战态势，以大会战格局强力推动“打造一个中心、实现三个迈进、建设五个常德”。

1. 认真组织园区攻坚大会战，推动构建现代产业体系。要以园区攻坚大会战为抓手，以提高质量和核心竞争力为中心，推动一、二、三产业协调发展，加快建设现代产业体系，着力振兴实体经济。

大力构建现代工业体系。贯彻对接“中国制造 2025”和“建设制造强省五年行动计划”，以更强的领导力量、更大的工作力度、更多的资金投入抓好工业特别是工业园区发展，年内新增规模工业企业 100 家以上，“1115”工程企业产值突破 1000 亿元。推进园区提质，按照增强主体意识的要求，深化“一权两制一司”改革；遵循“三生协调”理念，提高园区建设水平；创新园区发展方式，走“产业基金 + 特色园区”的新路子，把经开区、高新区和津市“两湖”生物医药园、西洞庭生物科技园等园区建设成为改革试验区、产业集聚区、创新发展区、生态宜居区。推进产业升级，积极对接省里“20 个工业新兴优势产业链行动计划”，加快提升烟草、装备制造、食品等传统产业，优先发展新能源、新材料、生物科技、生命科学、智能制造等战略性新兴产业，突出抓好芙蓉王现代新城、经开区新能源产业园、高新区中联重科产业园、柳叶湖生命科学与健康产业园等重大项目建设。推进企业做大做强，搞好企业精准帮扶，支持常德烟厂、中联重科、创元铝业、金健米业、常德烟机、金鹏印务、中锂新材、溢多利、力元新材、大汉汽车、恒安纸业等骨干企业健康发展，实施中小微企业“千・亿”工程，走“产业基金 + 产业联盟”的新路子，增强中小微企业的融资能力和抵御风险能力，培育发展一批年销售收入过千万、过亿元的工业企业，不断筑牢实体经济基础。

大力构建现代农业体系。做好明年“三农”工作，最重要的任务是大力推进农业供给侧结构性改革。稳定发展粮食生产，提质发展油料、蔬菜、畜禽等主导产业，做大做优水产、柑橘、茶叶等特色产业，突出精细农业特色，不断增加绿色优质农产品供给。大力推进农村一、二、三产业融合发展，加大现代农业产业园、科技园、创业园建设力度，加快西湖西洞庭、桃源两个国家现代农业示范区建设，创建一批特色农业专业园区。着力推进农业产业化，狠抓农产品标准化生产、品牌创建和质量安全监管，培育壮大新型农业经营主体，支持发展定制农业、休闲农业、创意农业、养生农业等现代农业新业态。继续实施农业现代化十大标志性工程，支持汇美、湘佳、华乐、惠生、德人等企业加快发展，形成规模和品牌。

大力构建现代服务业体系。深入实施文化旅游三年攻坚行动，柳叶湖片区要加快华侨城・卡乐世界、大唐司马、禾田居度假村、渔人码头等项目建设，经营好欢乐水世界、穿紫河—柳叶湖—老西门等文化旅游项目；桃花源片区要加快推进“6+1”工程建设，确保“7・1”桃花源开园面世；壶瓶山片区要抓好整体谋划，推动景区景点改造升级；城头山片区要完善旅游服务功能，加快做好世界遗产申报工作；德山片区要深入挖掘善德文化，改造提升“德山八景”；全域旅游要规划建设一批县市旅游景点和精品线路，探索“旅游 +”发展模式。加快发展商贸物流业，支持各区县（市）建设一批城市综合体和物流园区，积极推动临空产业园的建设。大力发展现代金融业，改善金融生态，激活民间资本，支持企业上市，推动政府融资平台市场化转型，有效控制债务规模，有效防范债务风险，确保不发生区域性、系统性金融风险。积极推动白马湖、阳明湖城市双中心建设，支持柳叶湖在发展文化旅游产业的同时，大力发展现代服务业。积极发展体育、健康、养老等幸福产业。坚持“房子是用来住的、不是用来炒的”定位，结合实际研究采取有效措施，促进房地产市场平稳健康发展。

2. 认真组织城镇带动大会战，推动实现城乡统筹发展。城乡统筹发展是全面建成小康社会的必然要求。要以城镇带动大会战为抓手，进一步加大以城带乡力度，推动城乡一体发展，全市城镇化率达到 50% 以上。

加快中心城市建设。瞄准“双百”城市目标，积极推进“多规合一”，扎实抓好产业发展规划、土地利用规划、地下空间开发利用规划、生态环境保护规划等各类规划。深入推进城市建设“三改四化”，畅通城市道路“微循环”系统，以生态修复城市修补“双修”为抓手，加快棚户区和城中村改造，整体提升绿化、美化、亮化、数字化水平。完成海绵城市建设三年行动，年内建成海绵城市示范区。大力实施城建重点项目，抓好沅江隧道、丹洲生态城、河洑小镇、白马湖、阳明湖、江南风光带等项目建设，抓好北部新城、西部新区、江南新城、德山新城等片区建设，积极构建“一江两岸”“一体三极”的城区发展新格局。

优化城镇发展体系。津澧融城、常桃融合要充分发挥津市、澧县、桃源的主体作用，加快实施一批标志性融城项目。“两西”战略要取得突破性进展，加快把西湖、西洞庭建设成为独具魅力的常德卫星城。县城建设要增强城市意识，加快提质扩容步伐，提升吸纳人口、集聚产业的综合承载能力和公共服务水平。小城镇建设要巩固乡镇区划调整成果，推进津澧新型城镇化和临澧城镇群建设试点，培育一批产业特色鲜明、环境和谐宜居、文化传承鲜活、设施便捷完善、体制机制灵活的特色小镇。

深化城市治理创新。继续实施城市管理“一改四化”，加快构建现代城市管理模式，着力解决管理粗放、环境污染、交通拥堵的问题。加强和创新城市基层社会治理，巩固完美社区建设成果，真正实现“我的社区我的家，我的社区我做主”。全面实施居住证制度，统筹推进土地、财政、教育、就业、医疗、养老、住房等领域配套改革，加快推进户籍人口城镇化，推动城市人气旺起来。

提高城乡建设品质。顺应城镇发展规律，抓好城镇设计和规划工作，强化依山、傍绿、沿河、滨湖等景观塑造，促进自然山水与城镇布局有机融合，进一步彰显各地城镇的自然属性、文化属性和经济属性。继续实施整市推进美丽乡村五年行动，深化环境整治，建设美丽庭院，配套基础设施，完善公共服务，保护历史文化，培育乡风文明，让沅澧大地的特色风貌充分展现。各区县（市）要在抓好城乡建设的过程中，注重策划实施留住乡愁、讲好故事的具体项目，挖掘延续一个地方的文脉，打造“百姓空间”“市民客厅”。

3. 认真组织交通跨越大会战，推动完善基础设施建设。基础建设是稳增长的重要抓手，扩大投资是促发展的主要动力。要以交通跨越大会战为抓手，大力推动交通、水利、能源、信息等各方面基础建设，精准扩大产业发展、社会民生、生态环保等各方面有效投资，继续开展“项目推进年”活动，实施重点工程 500 个，完成投资 1300 亿元。

突出抓好交通建设。加快推进黔张常高铁建设，力争开工建设长益常高铁，认真抓好常岳九铁路、宜常高铁等项目前期工作。推进益常高速复线、安慈高速建设，争取宜石张高速提前开工。全面推进沅澧快速干线建设，实现 1 号大道、6 号大道汉寿段、2 号大道石门临澧段建成通车，完成 G319、G207 改线工程，抓好市城区沅水四桥、安乡长岭大桥和张九台大桥、津市澧水二桥、石门杨岭岗大桥建设，新建改造农村公路 1000 公里。加强沅澧两水航道整治，积极构建通江达海的现代化内河水运体系。

大力推进水利建设。加快实施一线大堤堤防加固、大中型病险水库除险加固、大中型灌区续建配套、中小河流治理等一批重点项目，构筑科学有效的城市防洪保护圈，提高应对突发水安全事件能力。因地制宜开展“五小水利”建设，解决好农田灌溉“最后一公里”问题。巩固饮水安全工作成果。加强水利工程运行管理，让水利设施更好地服务发展、造福百姓。

加快完善信息能源基础建设。以开展国家智慧城市试点为契机，以常德云计算中心为核心平台，带动完善新一代信息基础设施。大力发展清洁新能源，提高县城和中心城镇气化率，推进农村电网改造，构建供给足、结构优、效率高的现代能源体系。

4. 认真组织脱贫攻坚大会战，推动提高民生保障水平。民生是人民幸福之基、社会和谐之本。要以脱贫攻坚大会战为抓手，坚持以人民为中心的发展思想，扎实做好保障和改善民生工作，努力让全市人民生活更舒心，工作更称心，办事更顺心，全社会更有爱心。

坚决打赢脱贫攻坚战。把脱贫攻坚作为第一民生工程，紧扣“两不愁、三保障”目标，按照“四个切实”“五个一批”“六个精准”要求，以超常规的举措攻克脱贫难关，确保石门县脱贫“摘帽”，确保退出贫困村 150 个以上、脱贫 8 万人以上，确保脱贫攻坚工作走在全省前列。按照精准扶贫、精准脱贫的要求，着力做好产业发展、易地搬迁、危房改造、教育助学、兜底保障、健康扶贫等重点任务，把扶贫开发工作做到老百姓心坎上。全面落实脱贫攻坚责任制，充分发挥贫困村党组织战斗堡垒作用，大力激发贫困地区、贫困群众脱贫攻坚的内生动力，努力实现贫困户真脱贫、脱贫户不返贫。以脱贫攻坚为突破，发起决战决胜全面建成小康社会的总攻，确保全面小康整体达标。

协调发展社会事业。坚持教育优先发展，探索学校集团化发展模式，加快建设教育强市。认真落实新一轮积极就业创业政策，做好就业托底工作，抓好重点人群就业，进一步完善城乡均等、功能齐全的就业创业公共服务体系。推进社保提标扩面，完善社会救助体系，关心关爱困难群众。深入开展蓝天碧水净土行动，加快实施沅澧“两水四岸”整治，努力建设国家生态园林城市。构建现代公共文化服务体系，推进文化事业、文化产业、文化名城一体化发展。深化医药卫生体制改革，加快医疗卫生服务体系建设，发展全民健康服务和多层次养老服务，启动市第一中医院易地新建，湘雅常德医院明年上半年要正式投入运营。坚持计划生育基本国策，促进人口均衡发展。

全力维护和谐稳定。推进科学立法、严格执法、公正司法、全民守法，扎实开展“七五”普法，提升依法治市水平，加快建设法治常德。依托完美社区和美丽乡村，以建设“无上访村（社区）”为抓手，整市推进社会治安综合治理创新，依法打击违法犯罪行为，提高人民群众安全感和满意度。毫不懈怠抓好安全生产，着力加强食品药品、交通运输、烟花爆竹、危险化学品、建筑施工、消防等重点行业和领域安全监管，提升全社会安全生产治理能力，牢固树立“零死亡”理念，坚决遏制重特大安全事故发生，努力建设安全发展城市。

三、大力实施创新开放战略，不断增强经济社会发展新动力

当今时代既是创新的时代，又是开放的时代。我们要按照省党代会实施创新引领开放崛起战略的部署要求，着力推进各方面创新，切实抓好全方位开放，真正让创新和开放如鸟之两翼、车之两轮，驱动四大会战打出经济社会发展的新局面。

1. 坚持以创业创新为重点，大力推进创新引领。认真贯彻落实全省科技创新大会精神，围绕推进大众创业万众创新，着力构建创新主体充满活力、创新链条有机衔接、创新效率大幅提高的创新格局，推动经济发展转型升级。推进理念创新，引导党员干部进一步解放思想，切实跳出老套路、旧框框的束缚，彻底来一场思维方式、行为方式、工作方式的大变革。推进科技创新，围绕发展战略性新兴产业，加强与国家、省重大科技专项的对接，力争全年高新技术产业增加值增长 15% 以上，高新技术企业增加 10 家以上。推进平台创新，建设多层次的重点实验室、工程技术研究中心、技术转移服务中心、科技企业孵化器和众创空间，争取更多的国家和省级工程中心、研发中心、标准中心、检测中心、计量中心等落户常德，年内建成国家级高新区。推进管理创新，学习借鉴先进管理理念和经验，提高

政府管理、科技管理、企业管理的水平。推进人才创新，实施更加积极的创新人才引进政策，着力培养集聚一批科技领军人才、企业家人才、高技能人才和创新团队，让更多崇尚创新、善于创新、推动创新的千里马在沅澧大地竞相驰骋。

2. 坚持以十大自主改革为重点，大力推进全面深化改革。习总书记强调，全面深化改革要多推有利于增添经济发展动力的改革，多推有利于促进社会公平正义的改革，多推有利于增强人民群众获得感的改革，多推有利于调动广大干部群众积极性的改革。要按照“四个有利于”的要求，坚定不移推进全面深化改革，更加充分地释放改革红利。要以供给侧结构性改革为主线，在不折不扣完成上级部署改革任务的同时，重点推进十大自主改革。一是抓好海绵城市建设，探索中国海绵城市建设南方模式；二是抓好教育卫生集团化改革，提升教育卫生事业发展水平；三是抓好基层治理创新，整市建设“无上访村（社区）”，加强信息化、法治化、网格化和实名制管理，推进完美社区、美丽乡村建设；四是抓好农村产权制度改革，推进承包土地“三权分置”；五是抓好津澧融城、常桃融合，加快建设两个副中心；六是抓好临澧城镇群建设试点，探索中心城市 + 城镇群的城镇化路子；七是抓好津市“绿色存折”改革经验的总结推广，探索农村社区垃圾分类无害化处理新路子；八是抓好园区体制改革的巩固深化，在完善“一权两制一司”机制的同时，探索“产业基金 + 特色园区”的新模式；九是抓好乡村区划调整配套改革，转变乡镇政府职能；十是抓好市城区建设管理体制改革，增强一城四区的主体意识。

3. 坚持以“引老乡、回故乡、建家乡”为重点，大力推进开放引进。常德发展最大的落后在于开放引进，根本的出路在于招商引资。要加快发展开放型经济，紧跟中央实施的京津冀协同发展、长江经济带发展、“一带一路”建设三大战略，抓好对外贸易，优化通关服务，积极推动“千商来常”“德品出境”“德企出海”，统筹推进对内开放和对外开放。要千方百计加大招商引资力度，引进亿元项目 150 个以上，引进资金 750 亿元以上。招商引资的方法和措施很多，比如领导招商、产业招商、节会招商、专业招商等等。这里我重点强调亲情招商、乡情招商，明年要大力开展“引老乡、回故乡、建家乡”活动。目前，全市在外务工创业人员 150 万人，每年有 2 万多名常德籍大学毕业生在外参加工作，这是常德发展的宝贵资源。近几年来，涌现了一批像桃源的迪文科技、飞沃新能源、汉寿的越洋玩具等投资家乡创业的成功典型。各区县（市）要组织对在外创业人员进行登记造册，实行各级领导和党员干部包干负责，加强有重点、有针对性地联系和对接，用真情唤起浓浓的乡情、激发回归的热情、点燃创业的激情，鼓励和引导更多的常德籍成功人士投身家乡发展，造福家乡人民。

4. 坚持以简政放权、放管结合、优化服务为重点，大力推进优化发展环境。优化环境是创新开放的应有之义。要认真落实简政放权、放管结合、优化服务的各项工作，努力把常德打造成为更具吸引力的创新热土和开放高地。帮扶实体经济。建立完善企业帮扶机制，着力帮助企业解决融资、成本、转型、服务等问题，共同帮扶实体经济度过寒冬，迈向生机勃勃的春天。用好政策清单。进一步加大对政策红利的宣传力度，提高政策的知晓度、透明度；加大对政策落实的监督力度，倒逼政策落地生根；加大对政策实施的跟踪力度，及时解决政策落实中的问题。简化办事程序。进一步推进简政放权，清理各类中介服务及行政事业性收费项目，推进中介机构和行业协会商会脱钩，做好企业“五证合一”和个体工商户“两证整合”工作，开展“减证便民”专项行动，加快政务大厅功能升级，提升部门之间信息共享和业务协同水平，让广大创新创业者轻装上阵。加大打击力度。进一步完善涉企投诉受理和调查处理快速反应机制，从严查处不作为、乱作为、缓作为，坚决打击破坏发展环境的行为，让广大投资者放心投资、放手创业、放胆发展。

四、坚定不移推进全面从严治党，充分调动各方面干事创业的积极性

明年是市县乡领导班子同步换届后的第一年。新班子要有新作为。换届后组织和人民赋予我们的新使命激励着新班子新作为，新常德新创业“一三五”的新征程呼唤着新班子新作为，人民群众对美好生活的新向往期盼着新班子新作为。我们要深入贯彻党的十八届六中全会精神，坚决维护习近平总书记的领导核心地位，认真落实全面从严治党“两个责任”，以领导班子换届后的新面貌，以管党有方、治党有力、建党有效的新状态，把神提起来、把劲鼓起来、把责担起来，全面掀起新一轮干事创业的热潮。

1. 要以落细落小落实的工作作风掀起干事创业的热潮。明年发展的目标任务已经明确，关键是要改进作风，推进各项工作落细落小落实。要巩固深化“两学一做”学习教育，推进作风建设的常态化、长效化，实现干部作风持续好转。严格执行中央八项规定精神，紧盯作风问题的新动向、新变异，坚决防止“四风”问题反弹回潮。紧紧围绕市委市政府重大决策、重要部署和重点项目，细化目标任务、细化推进举措、细化工作责任，在全市上下大力开展“四大会战”大比武、县域经济大竞赛。健全正向激励机制，改变多干多出事、少干少出事、不干不出事的逆向激励，切实解决干部想干事的问题。建立容错纠错机制，严格落实“三个区分开来”，旗帜鲜明为敢于担当的干部担当，为敢于负责的干部负责，为敢于干事的干部撑腰，切实解决干部敢干事的问题。通过建立健全正向激励和容错纠错机制，推动形成想干事、敢干事的浓厚氛围。各级党员干部要主动适应改进作风新要求，积极探索推进工作新方法，阻碍发展的障碍坚决破，有利发展的事情坚决干，决不能以改进作风为借口而消极懈怠、为官不为。

2. 要以正确的选人用人导向掀起干事创业的热潮。严把选人用人关，严格按照好干部标准识别、使用、管理干部，严格按照程序任免干部，选拔政治强、懂专业、善治理、敢担当、作风正的干部，重用扎根基层、开拓创新、实绩突出、群众公认的干部，坚决防止“带病提拔”，坚决把不称职、不适宜、不作为、乱作为的干部调整下来，使选出来的干部组织放心、群

众满意、干部服气。切实加强领导班子建设，特别是换届后要适应全面从严治党的新要求，研究加强班子建设的新举措，建立健全领导决策机制，建立完善领导班子议事规则，提高班子的运行效率和整体效能。从严抓好干部队伍教育管理，充分发挥党校教育培训干部主渠道作用，举办学习贯彻党的十八届六中全会精神轮训班，提高党员干部政治理论素质。重视和关心老干部工作，统筹推进各类干部队伍和人才队伍建设，努力形成人人展其才、人人尽其责的良好局面。

3. 要以坚强的战斗堡垒掀起干事创业的热潮。党的根基在基层、血脉在基层、活力源泉在基层。要严格落实基层党建工作责任制，健全完善各级党组织书记抓党建责任清单和述职评议制度，推动党组织书记带头履行党建第一责任人责任。着力增强基层党组织的整体功能，重点推进农村基层党建“八大建设”、城市基层网格支部建设、非公有制经济组织和社会组织“两个覆盖”及机关、国企、学校各领域基层党建工作，大力整顿软弱涣散基层党组织，推动基层组织建设全面进步、全面过硬。加强基层队伍管理，突出抓好基层党组织带头人队伍建设，提高党员队伍整体素质。广大基层干部要适应乡镇区划调整、乡镇职能转变的新要求，继续“画好村情图，记好民情账”，认真当好安全员、网格员、调解员、党的报告员，真正把服务工作做到群众的家门口。进一步夯实基层基础保障，加大财政保障力度，大力发展村级集体经济，全面落实基层干部政策性待遇，全面推行在职村干部养老保险政策，全面提高村干部基本报酬水平，全面推进农村综合服务平台建设。基层干部是维护社会和谐稳定最基本、最直接、最有效的力量。各级党委政府要当好坚强后盾，真正重视基层工作，真心理解基层干部，真情解决基层困难，使基层党组织和党员干部有经费、有阵地、有能力为群众服务。

4. 要以从严从实的管党治党掀起干事创业的热潮。坚持把严明党的政治纪律和政治规矩摆在首要位置，牢固树立“四个意识”，主动向党中央看齐，向习总书记看齐，向党的理论和路线方针政策看齐，向党中央决策部署看齐，始终同以习近平同志为核心的党中央保持高度一致。加强和规范党内政治生活，认真贯彻“一准则两条例”，强化党内监督，推进责任落实，增强党内政治生活的政治性、时代性、原则性、战斗性，建立形成清清爽爽的同志关系、规规矩矩的上下级关系。始终保持惩治腐败的高压态势，准确运用监督执纪“四种形态”，深入开展“荷花品格、梅花精神”系列廉洁文化活动，着力构建不敢腐、不能腐、不想腐的体制机制，切实解决发生在群众身边的不正之风和腐败问题，不断把党风廉政建设和反腐败斗争引向深入。认真落实意识形态工作责任制，深入开展党的报告员工作，弘扬主旋律，传播正能量，提振精气神，进一步构筑团结奋斗的思想基础和社会氛围。坚持党委总揽全局、协调各方，切实加强党对人大、政协工作的领导，充分发挥统一战线的政治优势，扎实做好党的群团工作，不断提高党管武装工作水平，更好地凝聚起加快常德发展的强大合力。

同志们，马上就要到元旦、春节了，我们将迎来又一个崭新的年轮，我们将迈向新一年奋斗的征程。一年的工作任务艰巨，一年的发展令人期待，一年的时间只争朝夕。让我们紧密团结在以习近平同志为核心的党中央周围，全面贯彻落实中央和省委、省政府决策部署，不忘初心，继续前进，以深入推进新常德新创业的优异成绩迎接党的十九大胜利召开！

常德市人民代表大会常务委员会工作报告

——2017年1月7日在常德市第七届人民代表大会第一次会议上

常德市人大常委会主任　刘　明

各位代表：

我受常德市第六届人民代表大会常务委员会的委托，向大会报告工作，请予审查。

本届工作回顾

市人大常委会主任刘明作市人大常委会工作报告

常德市六届人大常委会任期的四年，是我市“五位一体”健康发展、“三大战役”成果丰硕、城乡面貌发生显著变化、人民群众得到更多实惠的四年，也是我市坚持和完善人民代表大会制度、不断推进社会主义民主法治建设、人大各项工作取得明显成效的四年。四年来，市六届人大常委会在市委的坚强领导下，忠于宪法法律，忠于党和人民，知责思为，务实开拓，共召开常委会会议31次，听取和审议专项工作报告114个；召开主任会议20次，听取专项工作报告91个；组织开展执法检查7次、工作评议15次、集中视察9次；作出决议决定41个，交办审议意见、视察意见和评议意见75件；任免国家机关工作人员242人次，为促进新常德新创业充分发挥了地方国家权力机关的作用。

各位代表，在本届的四年间，我们坚定“党、民、法、能”工作思路不动摇，积极履行宪法、法律赋予的各项职权，谱写了人大工作新篇章。

这一届，我们依法行使重大事项决定权，促进了市委重大决策部署的贯彻落实。

围绕全市发展战略行使重大事项决定权。为贯彻市委新常德新创业发展战略，听取和审议了市政府关于“四个常德”建设纲要（草案）和“十三五”规划纲要（草案）编制情况的报告，建议市政府紧扣“一个中心、三个迈进、五个常德”的战略部署，对接“十二五”规划完成情况，围绕全面建成小康社会奋斗目标，完善指标体系，量化目标任务，促进了各项重大规划紧密衔接、顺利实施。

围绕全市工作中心行使重大事项决定权。为贯彻市委“三改四化”决策部署，听取和审议了市政府相关工作情况的报告，及时作出决定并督促市政府注重建设规划，防范融资风险，遵守建设规程，严控工程质量，成功打造了一批城市建设新亮点。为贯彻市委“园区攻坚”决策部署，听取和审议了市政府关于《湖南常德国家农业科技园区总体规划》编制情况的报告，作出批准决定，有力推动了西洞庭农产品精深加工区、西湖生态种养产业园的规划和建设。

围绕法定事项行使重大事项决定权。根据市委“法治常德”建设要求，对历届市人大常委会出台的规范性文件进行集中清理并作出决定，依法废止了《关于招商引资建设常德体育生态园项目的决议》等23件规范性文件。根据市政府提请，作出了《关于我市与斯里兰卡阿努拉达普拉市缔结友好城市的决定》，促进了我市与国际社会的交流与合作。按照新的预算法要求，作出了《关于将社保基金预算和国有资本经营预算纳入政府全口径预算决算审查监督的决定》，有步骤地启动了全口径预算决算审查监督。

这一届，我们依法行使监督权，促进了“一府两院”依法行政、公正司法。

听取和审议专项工作报告。密切关注经济运行，听取和审议了全市国民经济和社会发展计划执行、“十二五”规划实施情况中期评估、工业园区发展、中小微企业融资、金融生态环境建设、电子商务等专项工作报告，建议市政府坚持规划引领，突出招商引资，设立信贷过桥资金，强化新兴产业支撑，促进了全市经济发展目标的实现。同时，为促进产业结构调整和转型升级，还听取和审议了全市旅游工作、中医药事业发展、酒类产业发展等专项工作报告，建议市政府突出地方特色，强化政策扶持，努力培育新的经济增长点。积极支持城市建设，听取和审议了城建项目安排、城建资金计划执行、城建项目投资与建设、居民小区物业管理和高铁建设等专项工作报告，建议市政府加强项目调度，规范建设程序，防范资金风险，促进了城市扩容与提质兼顾、建设与管理并重。扎实推进城乡统筹，听取和审议了城乡规划执行、全面建成小康社会规划、农电整改、农村土地流转、完美社区建设、美丽乡村建设、农村扶贫帮困、精准脱贫、生态市建设和环境保护等专项工作报告，建议市政府加强统筹，突出重点，攻坚克难，探索创新，使农村生产生活条件进一步改善。大力促进依法行政，听取和审议了行政审批制度改革、机构改革、机关养老保险制度改革、建设法治政府、政府信息公开、未成年人保护、外事侨务、防震减灾等专项工作报告，建议市政府按照依法治国总体要求，增强绩效意识，严格决策程序，依法公开信息，提升了市政府依法行政、科学行政和阳光行政的水平。

深化预算决算审查监督。为提高预算编制的科学性，在预算草案形成之初，提前介入，广泛征求预算单位、人大代表和社会各界的意见建议，率先在全省建立财政经济专家审查制度，定期听取和审议市级部门预算（草案）编制情况的报告，督促市政府提高预算编制的精细化程度。同时，将社保基金预算和国有资本经营预算纳入预算决算审查监督范围，在全省第一批开展全口径预算决算审查监督。在此基础上，依据监督法和预算法的规定，调整时间听取和审议市级财政预算执行和预算调整方案等情况的报告，及时审查批准了市级财政决算。为提高审计整改的针对性，不仅听取和审议市政府审计工作报告，而且听取和审议被审计部门对审计查出问题整改情况的报告，建立整改销号制度，跟踪整改落实情况，坚持问题不解决不放手，四年共督促36个预算单位整改问题324个，每年综合整改到位率分别达到90.25%、90.4%、96%和95.27%，较好地解决了屡审屡犯和整改不力的问题。此外，还听取和审议了转移支付资金、市级融资资金、林业专项资金、市级交通建设资金、城建融资、市本级农口专项资金、住房公积金、非税收入等专项资金使用管理以及预算绩效管理、市级财政投资评审等情况的报告，支持市政府构建阳光财政、绩效财政和安全财政。

加强法律贯彻实施的监督。开展了道路交通安全法、药品管理法、水法、刑事诉讼法、工会法、水污染防治法、农产品质量安全法等7部法律的执法检查；听取了反恐怖主义法、精神卫生法和殡葬管理条例、气象灾害防御条例等4部法律、条例贯彻实施情况的报告；配合上级人大开展了公务员法、仲裁法、职业教育法等20多部法律法规的执法检查和立法调研，有力推动了法律法规在我市的贯彻实施。

不断强化司法工作监督。根据监督法的规定，我们于2015年在全省率先督促“两院”开展了“两官”履职评议。两年来，常委会坚持“观察、督促、指导”的工作原则，以评议督导的身份，全程参与，全面监督，全市联动，分别对125名法官和100名检察官进行了履职评议。其中，评议市中级人民法院法官28名，市人民检察院检察官21名。常委会的创新作法，强化了“两官”权力来源、责任担当和公正司法意识。四年来，还听取了市人民检察院关于全市民事行政检察、行政执法检察监督，市中级人民法院关于法院执行以及“两院”关于推进公正司法、体制机制改革等工作情况的报告，开展了“不捕不诉”案件专项检查，促进了行政机关依法行政、“执行难”有效破解和问题案件依法处理。同时，站在政权建设的高度，助推市城区15个基层公安派出所办公场所建设纳入“完美社区”建设范围，进一步夯实了公安基层基础。

深入开展工作评议。注重发挥工作评议作用，分批次对市政府科技、农业、商务、教育、林业、规划、工商、法制、人民防空、畜牧水产、文体广新、安全生产监督管理、人力资源和社会保障、经济和信息化、住房和城乡建设等15项工作进行了集中评议。在会议评议阶段，常委会改进专题询问方式，突出主题“问详情”、聚焦热点“问疑惑”、坚持目的“问效果”，促进了市政府相关工作依法、稳步开展。

依法开展规范性文件备案审查。为提升全市规范性文件质量，专题听取和审议了相关工作情况报告，并对全市现行有效的350个规范性文件进行了一次全面清理。继续坚持参与调研、提前介入、主动审查的工作方式，严格落实有件必审、有审必严、有错必纠的工作要求，切实维护了国家法制统一。四年来，共对“一府两院”和区县（市）人大及其常委会报送备案的264件规范性文件依法进行了审查，对其中17件23处存在违法或不适当情形的，依法交市政府相关部门进行了研究处理。目前，市政府已经废止了6件，其余11件正在协调处理。

跟踪督促人大决议决定的执行和审议意见的研究处理。届初，为促进决议决定执行和审议意见研究处理的规范化、制度化，出台了《常德市人大常委会决议、决定执行和审议意见研究处理督办办法》。本届以来，常委会对部门预算（草案）编制、生态市建设、教育工作评议等95项议题，通过开展“听、审、督”，促进了“一府两院”相关工作的落实，增强了人大监督的针对性和实效性。

这一届，我们依法行使选举任免权，为加强地方国家机关建设提供了组织人事保障。

始终坚持党管干部原则和人大依法任免相结合，充分发扬民主，严格依法办事，认真行使人事任免权。四年来，先后依法任免国家机关工作人员242人次，其中决定代理职务2人，决定任命70人，任命66人；决定免职31人，免职62人，接受辞职11人。

四年来，常委会根据法律规定，修订了人事任免办法，形成了“任前必须调查、任前必须考法、任前必须发言、任前必须表决，统一颁发任命书、统一宣誓就职、统一公开公示”等“四必须、三统一”的人事任免程序，在全省率先开展由常委会任命、决定任命的国家工作人员向宪法宣誓。同时，注重人事监督与工作监督相结合，通过加强任后监督，不断增强被任命人员的法律意识、人大意识和公仆意识。

这一届，我们下大力促进民生改善，彰显了常德人大的担当与作为。

推动实现饮水安全全覆盖。四年来，常委会坚持把解决城乡居民饮水安全作为为民履职、为民谋利的切入点，从届初到届末，扑下身子、紧锣密鼓、铆足劲头，向全市人民交出了一份亮眼的成绩单。先后听取和审议了市政府关于贯彻执行市六届人大三次会议《关于解决城乡居民饮水安全问题的决议》的实施方案、贯彻执行“一号议案”决议进展、全市饮用水水源地划定及省人民政府批复情况等工作情况的报告，有针对性地开展了水法、水污染防治法两部法律的执法检查，开展了四次专题调研和三次现场视察。通过会议连续“推”、执法反复“促”、视察现场“催”、市县整体“动”，全市共投入建设资金12.2亿元，建成集中供水工程440处，在全省率先实现了城乡居民饮水安全全覆盖。同时，注重从源头入手，督促市政府划定了1000人以上集中式饮用水水源保护区267处；注重从工程入手，督促市政府完成了陬市污水处理厂建设，建成了一座检测能力达106项指标的水质检测中心；注重从机制入手，围绕城乡水厂“全建成、运转好、长受益”的目标，组织开展长效机制建设调研，并向市委作了专题汇报，提出的8类22条意见建议，成为市委、市政府开展决策和推进落实的重要依据，促成了市政府《常德市农村饮水安全工程管理办法（试行）》的出台实施。

“五行”活动全面深化。把“五行”活动作为改善民生的一个总抓手，坚持一年一主题，一年一侧重，聚焦民生热点，回应群众期待，加快了一批民生问题的解决。“环保世纪行”坚持“生态常德、你我共建”，依法审议《关于扩大城市大气环境保护圈范围的议案》，督促市政府开展了大气污染防治、水污染防治行动，拆除了大气保护圈内大型燃煤锅炉128台、黏土砖厂燃煤烟囱17座，解决了常德经济技术开发区金陵水库饮用水水源污染等一批突出环境问题。“农产品质量安全行”加强安全监管，推动品牌创建，关注人民群众“舌尖上的安全”，督促市政府强化畜禽水产品质量安全监督、开展养殖业专项治理、打击农产品违禁添加行为、推进农业标准化建设，届内保持了农产品质量安全“零”事故。“农民健康行”突出人民群众健康基本需求，督促市政府改善农村卫生状况，成功创建省级卫生镇4个、省级卫生村54个、市级卫生镇18个、市级卫生村174个；促进基层医疗卫生服务体系建设，村卫生室国债建设项目已完成693个，贫困村卫生室建设项目已完成300个。“民族团结进步行动”聚焦民族地区经济社会发展，督促市政府重点支持了桃源县青林回维乡莫南回维村、石门县罗坪乡长梯隘村和桃源县枫树维回乡维回新村基础设施建设。推荐参评“湖南最美少数民族特色村镇”，启动推进“启聪扶贫”工程，重视民族乡镇行政区划调整，维护了民族团结，促进了共同发展。“司法公正常德行”围绕公平正义、公正司法，督促审务、检务、警务、狱务扩大公开领域，组织案件大评查、大走访活动，评议剖析典型案件，监督司法机关开展司法纠错；制定《关于组织人大代表旁听庭审活动的实施办法》，督促全市法院组织旁听庭审95场次；积极化解涉法涉诉信访积案，司法机关公信力和人民群众满意度不断提升。

关注和促进社会事业全面发展。听取和审议了职业教育工作情况的报告，督促市政府完善保障机制，统筹教育资源，建强教师队伍，有力推动了职业教育持续发展。同时，听取和审议了市政府相关工作情况的报告，推动教育、卫生三年攻坚任务如期完成。重视文化强市工作，督促市政府强化管理职责，抓好文化惠民，繁荣文化产业。听取和审议了计划生育“单独两孩”和城镇独生子女父母奖励政策落实情况的报告，督促市政府加强宣传教育，强化服务管理，确保了计生惠民政策全面落实。听取和审议了宗教事务管理工作情况的报告，督促市政府注重法制建设，提高保障水平，强化管理和服务，推动宗教事务管理工作健康发展。

这一届，我们下大力支持代表依法履职，发挥了代表的主体作用。

提高代表建议办理质量。落实督办责任，建立了常委会领导牵头督办、专委会分类督办和代表联络机构统筹督办的工作机制。完善督办路径，坚持每年选取10件左右事关经济发展、社会稳定和广大群众受益的部分建议作为重点督办建议，由分管领导亲自督办，以点带面促进建议的办理落实。创新督办方法，通过跟踪督办、系统督办、回头督办、百名代表评议督办等方式，形成了办理合力。四年来，市人大代表共提出建议、批评和意见968件，一批代表关注、群众关心的问题得到较好解决。

注重发挥代表在闭会期间的作用。每年组织开展国、省人大代表视察，邀请人大代表列席常委会会议，参加立法调研、工作视察、执法检查、专题调研、工作评议和旁听庭审等活动，代表参与人大工作的范围和程度实现新的拓展。切实加强闭会期间代表活动的组织、指导和服务，做到考勤有记录、活动有档案、调研有报告。健全完善《常德市人大常委会组成人员联系人大代表制度》，拓展了“双联”工作的广度和深度。按照全省统一部署，通过办点示范、督促指导，在所有乡镇和街道办事处，全面完成了249个代表联系群众工作室的建设任务。四年来，基层人大代表以“工作室”为平台，以“双联”活动为载体，履行代表职责，发挥代表作用，使人大工作在基层的影响力进一步提升。

服务代表依法有效履职。加强代表履职培训，邀请专家学者围绕人大制度、代表法、监督法、立法法等专题，组织开展了代表初任培训、骨干培训、任中轮训、警示培训、换届培训等培训活动。四年来，共集中培训人大代表954人次，提高了人大代表的法律素质和履职能力。加强知情保障，召开政情通报会议，寄送政务资料、人大刊物，编发市委、市政府重大决策和重要活动信息，确保代表及时了解全市经济社会发展情况。加强履职激励，出台了《关于深化人大代表报告履职情况工作和实行人大代表履职公示的指导意见》，指导区县（市）人大常委会开展代表报告履职情况的工作。加强宣传引导，在市六届人大三次、四次、五次会议和七届人大一次会议前，共对38名市人大代表的履职先进事迹，在市级主要媒体上进行宣传推介，营造了尊重代表法律地位、支持代表依法履职的良好氛围。加强资格审查，四年来，依法接受8名省人大代表辞去代表职务，补选省人大代表9人，审查终止市人大代表职务38人，暂停市人大代表职务1人，确认了39名补选的市人大代表的代表资格合法有效。

这一届，我们下大力创建"学习型、法治型、服务型、廉洁型、文明型"机关，提高了自身履职能力。

持之以恒建设学习型机关。通过开展集中学法、领导轮流上课、交流心得体会、举办诗书画影展等活动，提高了机关干部的理论素养和业务水平。重视人大制度理论研究，每年定期召开一次人大制度理论研讨会议。加强改进人大宣传工作，充分发挥机关刊物《人大传真》、市人大门户网站等宣传阵地作用，展示了常德人大形象。回顾历史，总结经验，完成了《常德市人民代表大会志》的编纂、出版工作。2015年，市人大常委会党组被评为"全省创建学习型党组织先进单位"。

知行合一建设法治型机关。坚持推进常委会工作规范化。四年来，制定了常委会决议、决定执行和审议意见研究处理督办办法、预算审查监督办法、工作例会制度等3项工作制度，修订了常委会党组议事规则、常委会议事规则和讨论决定重大事项的规定等3项工作制度。同时，推进人大机构建设，完成了市人大法制委、市人大内司委司法监督科的增设和市人大常委会新闻中心的撤并工作。

紧扣中心建设服务型机关。在服务群众上，督促解决合理信访诉求，出台了《市人大常委会关于人大代表参与信访工作的实施意见（试行）》，制定了《涉法涉诉来访接待和处理办法》，建立了信访救助专项资金，督促"一府两院"较好地解决了一批群众反映强烈的实际问题，维护了社会和谐稳定。四年来，共受理群众来信来访5801件次，解决信访积案难案23件。在服务中心上，紧扣市委决策部署，在精准脱贫工作中，发挥人大优势，整合扶贫资源，给桃源县竹山村、兰坪村，安乡县潭子口村、同春村，临澧县水阁村，石门县十坪村，汉寿县木子树村，鼎城区正龙庵村等扶贫点村在修路架桥、环境整治、资源开发、产业培育等方面投入资金，把钱用到刀刃上，改善了贫困点村生产条件和生活面貌。组织区县（市）人大常委会办公室开展优质服务竞赛活动，整体提升了人大机关服务水平。2016年，成功承办了全省人大系统第二十二届"夕阳红"杯门球赛。

筑牢防线建设廉洁型机关。根据中央、省委、市委统一部署，组织开展党的群众路线教育实践活动、"三严三实"专题教育、"两学一做"学习教育，取得了明显效果。开展廉政公开承诺签名、警示教育和"读书修德、读书思廉"心得交流等活动，严格落实中央、省委、市委关于改进作风等系列规定，加强了常委会机关廉政建设。

持续升温建设文明型机关。按照"月月有活动，人人都参与"的创建思路，坚持开展道德讲堂、争先创优、文体竞赛、志愿服务等活动，机关干部职工在"榜样示范"、"文化熏陶"和"精神感召"的推动下，提升了文明素养，取得了一系列创建成果。四年来，文明型机关创建一年一个台阶，2013年成功创建市级文明标兵单位，2014年成功创建省级文明单位，2015年顺利通过省级文明单位复检，2016年创建工作持续开展，有望取得更好成绩。

近两年来，我们依法行使地方立法权，促进了"法治常德"的全面落实。

顺利获准行使地方立法权。2015年，立法法修订后，常委会根据法律赋予的立法权限，成立筹备机构，调配工作人员，积极推进立法筹备工作。为争取工作主动，我们提前启动了立法工作制度的制定、立法联系点的设立和立法专家库的组建，这些筹备工作得到了省人大常委会的高度评价和重点推介，市委提出的"常德要成为立法法修改后全省首批行使地方立法权的市"的工作目标顺利实现。

立法工作制度基本确立。为确保立法工作规范有序进行，先后制定了立法规划和立法计划编制工作制度、立法论证工作制度、立法听证工作制度、立法评估工作制度、立法工作联系点制度、立法专家顾问制度等10余项具体工作制度。同时，积极推进《常德市人民代表大会及其常务委员会制定地方性法规条例（草案）》的起草和审议。目前，这个条例（草案）已经常委会两次审议，将适时提请市人民代表大会审议和表决。

稳妥推进立法。去年，常委会与市政府合力推动了水源保护领域立法。由常委会主任会议提请的《常德市饮用水水源保护条例》，历时一年，反复调研，多次论证，四次审议，已经市六届人大常委会第27次会议表决并获全票通过，待省人大常委会进行合法性审查，经批准后即可施行。由市政府提请的《常德市城市内河湖泊保护条例》法规草案，已经常委会两次审议，按照法定程序修改完善后，将很快进入常委会表决程序。此外，还开展了《常德诗墙公园保护条例》《常德市城区农贸市场建设管理条例》等立法项目的前期调研。

各位代表，2016年，我们咬定目标不动摇，真抓实干不懈怠，依法依规，善作善成，为本届工作画上了一个圆满句号。

去年，我们着重抓了人大的换届。我们按照依法依规、风清气正的要求，认真贯彻省委和省人大常委会有关精神，及时作出《关于调整常德市第六届人民代表大会换届时间的决定》，坚持做到组织保障到位、业务培训到位、程序规范到位、宣传发动到位、督促指导到位、严明纪律到位，确保了换届工作依法有序、执行纪律风清气正，圆满完成了县乡人大换届选举任务。通过这次换届，代表结构进一步优化，代表素质进一步提高，地方政权建设进一步加强。全市依法选举产生新一届市人大代表481名、区县（市）人大代表2319名、乡镇人大代表8378名。这次人代会，将选举产生新一届市人大常委会、市人民政府领导班子成员和市中级人民法院院长、市人民检察院检察长。

去年，我们着重抓了"十三五"规划的开局。我们按照开好局、起好步的要求，听取和审议了市政府关于"引黄入常"、高铁建设、环境保护、精准脱贫等工作情况的报告，促进了黄石水库水资源综合利用工程的正式开工，加快了长益常高铁的推进步伐，提升了市城区黑臭水体的整治速度，夯实了全面建成小康社会的工作基础，实现了"十三五"规划的平稳起步和良好开局。

去年，我们着重抓了行使地方立法权的起步。我们按照科学立法、民主立法的要求，聚焦问题，严守程序，积极推进立法工作。我们始终坚持问题导向，注意抓住全市当下最迫切、最紧要的问题，组织召开重点难点问题研讨会、立法论证会、工作协调会，增强立法的针对性和实效性。我们始终坚持开门立法，采取向相关单位和立法联系点寄送草案、网上公开法规草案、实地走访调研、召开座谈会等多种方式征求社会意见建议，结合"常委会组成人员走访代表""人大代表联系群众"活动，广泛听取意见。我们始终坚持审慎立法，做到每部法规至少经三次常委会审议，方可交付表决；对于程序不到位、时机不合适、各界认同率不高的，不提交常委会审议表决。这些做法，被全国人大和省人大常委会以简报形式向全国、全省推介。

去年，我们着重抓了本届市人大常委会工作的收官。我们按照"不歇气、不松劲"的要求，全面推进工作监督、法律监督、人事任免和服务代表等各项工作。为贯彻中央、省委"两文一会"精神，推进地方人大工作健康发展，我们配合市委成功召开了市委人大工作会议。会上，王群书记的重要讲话和市委下发的《中共常德市委关于加强和改进县乡人大工作的实施意见》，为全市各级人大依法履职提供了强有力的政策支持和制度保障。

去年，我们着重抓了省级文明标兵单位的创建。我们按照突出重点、协调推进的要求，以"廉洁型、文明型"机关建设为侧重，加强机关制度建设，巩固文明创建成果，"五型"机关建设得到进一步发展，市人大常委会机关以全市综合排名居前的成绩顺利通过了省级文明标兵单位的考核验收。

各位代表，回顾过去，我们务实开拓，奋力拼搏，留下了一串串足迹。四年来，我们工作用力最大、体会最深，群众受益最多、反映最好的主要有五件事：一是我们坚持以民为本，民生优先，实现了城乡居民饮水安全的全覆盖；二是我们坚持既定方向，统筹兼顾，实现了届初提出的"内五型、外五行，开新局、上水平"的目标；三是我们坚持探索创新，依法推进，实现了"两官"履职评议工作的规范开展；四是我们坚持问题导向，紧盯不放，实现了审计查出问题整改到位率低症结的破解；五是我们坚持紧扣实际，突出特色，实现了常德人大立法的起步。我们取得的这些新进展、新成绩，得益于市委的正确领导，得益于市六届人大全体代表的务实奉献，得益于"一府两院"和区县（市）人大常委会的大力支持，得益于市人大各专委会和常委会各工作机构的共同努力，得益于全市620万人民的奋发进取。在此，我谨代表市六届人大常委会，向所有重视、关心、支持、帮助人大工作的各界人士，表示衷心的感谢并致以崇高的敬意！

在回顾总结本届工作的时候，我们也清醒地看到，对照宪法法律的要求，对照党和人民的期望，对照改革发展的需要，我们的工作还存在一些差距和不足，比如：立法工作要更好地适应全面依法治国的新要求，立法经验有待进一步积累；监督工作要更好地适应"五个常德"建设的新要求，监督实效有待进一步增强；代表工作要更好地适应民主法治建设的新要求，履职保障有待进一步加强；自身建设要更好地适应人大依法履职的新要求，工作能力有待进一步提升。我们相信，这些差距和不足，一定能够得到解决。

本届工作体会

各位代表，市六届人大常委会已经完成历史使命。经过四年的实践和探索，我们对坚持人民代表大会制度，对推进民主法治建设，对做好新形势下的人大工作，有了更加深刻的体会。

我们深深体会到，做好人大工作，必须始终坚持党的领导。坚持和完善人民代表大会制度，最根本的是坚持党的领导、人民当家做主和依法治国有机统一，核心是坚持党的领导。四年来，常委会坚定不移贯彻落实市委决策部署，坚持自觉向市委请示报告主要工作、重大事项，及时主动通过法定程序，把市委主张转变为国家意志和人民意愿，确保人大工作始终保持正确的政治方向。实践证明，只有积极争取党委支持，人大工作才会有高位置、大收获。

我们深深体会到，做好人大工作，必须以人民意愿为意愿。人大工作的主体是代表、根基在人民。四年来，我们始终坚持以民为本，不负重托，始终坚持"人民对美好生活的向往，就是我们的奋斗目标"。在依法开展监督、促进民生改善过程中，我们统筹兼顾不同行业、不同对象、不同方面的利益诉求，使人大履职的民意基础更为厚实，使人大监督的实际成效更加顺应民心。实践证明，只有扎根人民，倾听民意，真诚回应群众的关切，人大工作才能真正赢得人民群众的信任与支持。

我们深深体会到，做好人大工作，必须以解决问题为导向。解决问题是时代前进的钥匙。四年来，我们始终坚持以解决问题为导向，始终坚持问题不解决不罢休。在工作评议、执法检查、审计整改、地方立法等工作中，紧盯问题，着眼化解，积极探索问题清单、整改销号、挂牌督办、广开言路等方式方法，防止"雨过地皮湿，风停草抬头"，有效聚集推动前进的正能量。实践证明，只有以大无畏的勇气直面问题，"铁肩担道义"，人大工作对时代呼唤的回应才会更加精彩。

我们深深体会到，做好人大工作，必须加强自身能力建设。打铁还须自身硬。四年来，常委会以“五型”机关建设为平台，坚持目标激励，夯实工作载体，强化创建保障，不断增强学习意识、法治意识、服务意识、廉洁意识和文明意识，进一步提高了常委会组成人员、机关工作人员的履职能力、办事水平和工作实效。实践证明，只有不断提高履职能力，人大才会越来越赢得各个方面的信赖，人大工作才会越来越有光彩、有口碑。

下届工作建议

各位代表：现在，新的一届市人民代表大会已经起步前行，新的一届市人大常委会也即将选举产生。我们衷心希望，新一届市人大及其常委会，紧密团结在以习近平同志为核心的党中央周围，在市委的领导下，高举中国特色社会主义伟大旗帜，认真贯彻落实习近平总书记系列重要讲话精神，以“五位一体”总体布局和“四个全面”战略布局为引领，以提前全面建成小康社会为总揽，坚持创新、协调、绿色、开放、共享发展新理念，深入推进新常德新创业，全力打好“四大会战”，承前启后，开拓奋进，在历届工作的基础上，更加主动地议决大事，更加有效地开展监督，更加科学地推进立法，更加规范地任免人事，更加细致地服务代表，更加有力地建设自身，努力开创人大工作新局面。

一、进一步增强党的意识，积极贯彻市委“一三五”发展战略，把常德共识更好地体现在忠诚履职上

打造“一个中心”，实现“三个迈进”，建设“五个常德”，是市委确定的今后五年我市经济社会发展的主要目标。新一届市人大常委会要紧跟市委的部署，在思想上不断强化政治意识、大局意识、核心意识、看齐意识，始终坚定道路自信、理论自信、制度自信和文化自信，切实做到与市委思想同心、目标同向、工作同步。在政治上自觉服从、服务于党委中心工作，维护市委“总揽全局、协调各方”的领导核心地位，善于使党的主张通过法定程序成为国家意志。在行动上自觉坚持重大问题向市委请示报告，无论是制定地方性法规，还是讨论决定重大事项，无论是监督“一府两院”，还是选举任免国家机关工作人员，都要严守规矩，听取市委意见，争取市委支持。

二、进一步增强法治意识，充分履行宪法法律赋予的神圣职责，把常德担当更好地体现在依法履职上

新一届市人大常委会要忠实履行宪法法律赋予的神圣职责。要依法推进立法。在城乡建设与管理、环境保护、历史文化保护等方面，加快立法步伐，努力使每一项立法都符合宪法精神、得到人民拥护、体现常德特色。要依法议决大事。加强对全局性、战略性问题的关注和调研，强化重大事项决定权的落实，保证人大及其常委会作出的决议决定更加符合人民的意愿。要依法加强监督。找准工作监督的切入点，加强对年度国民经济和社会发展计划执行等方面的审议监督，深化对政府全口径预算决算审查监督，加大对审计查出问题的整改监督，促进全市经济社会健康运行；找准法律监督的着力点，通过执法检查、规范性文件备案审查等手段，切实维护公民、法人和其他组织的合法权益。要依法开展任免。坚持党管干部与人大依法选举任免干部有机统一，认真贯彻党委人事意图，善于使党组织推荐的人选通过法定程序成为国家政权机关的领导人员。

三、进一步增强民生意识，着力解决群众关注的热点难点问题，把常德作为更好地体现在为民履职上

人大由人民选举产生，代表人民管理国家事务，必须坚持为民履职、为民谋利、为民分忧。新一届市人大常委会要继续把食品药品安全、安全生产和生态安全等作为重要的监督议题，保障人民群众的健康和生命财产安全。要继续关注教育、卫生、文化、科技、交通、住房、劳动就业、社会保障等问题，督促政府加大投入力度，完善工作机制，破解民生难题，推进基本公共服务均等化，确保新增财力更多地用于社会事业和民生改善。要认真做好群众来信来访工作，切实保障人民群众的合法权益，促进社会和谐稳定。

四、进一步增强创新意识，大胆探索人大履职行权的方式方法，把常德智慧更好地体现在开拓履职上

创新是人大工作发展的不竭动力，是人大制度永葆生机的力量源泉。新一届市人大常委会要找准创新的切入点和突破口，使人大工作有更好的抓手、更好的效果。要创新工作监督方式，探索增强监督实效的新机制和加大监督力度的新方法，不断增强运用询问和质询等刚性监督方式的能力。要积极创新代表建议办理，针对薄弱环节，创新督办方式，加大督办力度，增强督办实效。要积极开展创新，充分调动市人大各专门委员会、常委会各工作机构和常委会组成人员的工作积极性。

五、进一步增强团结意识，不断凝聚新常德新创业的工作合力，把常德力量更好地体现在协同履职上

汇聚万众一心谋发展、齐心协力干事业的磅礴力量，各级人大大有可为。新一届市人大常委会要加强代表培训，提高代表依法履职水平；要丰富代表活动，为代表履职创造更好的条件；要健全代表履职激励、约束机制，充分发挥代表主体作用。要密切与区县（市）、乡镇（街道）人大的联系，加强指导，密切配合，整体推进全市人大工作。

六、进一步增强素质意识，全面提升民主法治建设的推进能力，把常德形象更好地体现在尽责履职上

坚持和完善人民代表大会制度，必须坚持党的领导、人民当家做主和依法治国有机统一。实现三者有机统一，必须增强本领、提升能力。新一届市人大常委会要继续加强常委会和常委会机关的思想、组织、作风、制度建设，不断提高服务大局、依法办事和创新进取能力。继续大兴学习和调研之风、联系群

众之风、求真务实之风，不断提高人大工作规范化和科学化水平。继续加强队伍建设，树立正确用人导向，加大干部培养交流力度，努力建设一支适应人大工作发展需要的人大机关干部队伍。

2017 年，我们党要召开第十九次全国代表大会，做好今年的工作，具有十分重要的意义。新一届市人大常委会要认真贯彻党的十八大和十八届三中、四中、五中、六中全会精神，继往开来，再上台阶：在政治建设上，要更加注重保持一致，突出“四个意识”；在履行职权上，要更加注重法治原则，突出实际成效；在服务代表上，要更加注重优质规范，突出代表主体；在作风建设上，要更加注重团结务实，突出凝心聚力；在上下联系上，要更加注重工作指导，突出整体推进。市六届人大常委会正在推进、但由于提前换届等因素影响尚未完成的几件事，希望新一届市人大常委会继续抓下去，并尽早完成：一是《常德市人民代表大会及其常务委员会制定地方性法规条例》和《常德市城市内河湖泊保护条例》两部法规，依照立法程序，早日完成，付诸实施。二是黄石水库水资源综合利用工程，抓紧推进，早日竣工，投入使用。三是城市黑臭水体治理，要紧紧咬住不放松，力争届内全面完成。四是长益常高铁和益常高速复线尽早开工，尽早受益。五是《常德市饮用水水源保护条例》经省人大常委会审查批准之后，抓紧推动实施，及时开展执法宣传和执法检查，以巩固扩大解决城乡居民饮水安全的工作成果。六是再接再厉，尽早把市人大常委会机关创建为全国文明机关单位。

各位代表：金猴辞旧献舞去，瑞风迎新引吭来。新的形势，蕴含新的希望；新的征程，充满新的挑战。我们期待，即将依法选举产生的新一届市人大常委会，在中共常德市委的坚强领导下，认真履行宪法和法律赋予的职权，不忘初心，继续前进，为不断推进人大工作迈上新台阶，不断增强全市人民的幸福感，全面实现常德发展的宏伟蓝图，做出新的更大的贡献！

政府工作报告

——2017 年 1 月 6 日在常德市第七届人民代表大会第一次会议上

中共常德市委副书记、市长　周德睿

各位代表：

现在，我代表市人民政府，向大会报告政府工作，请予审查，并请各位政协委员和其他列席人员提出意见。

市长周德睿在常德市第七届人民代表大会第一次会议上作政府工作报告

一、过去四年及 2016 年工作回顾

市六届人大一次会议以来的四年，是常德发展历程中极为重要、极具挑战、极不平凡的四年。面对复杂的形势和艰巨的任务，全市人民在市委的坚强领导下，适应新常态，善于新作为，敢于新突破，集中打好“三大战役”，奋力开启新常德新创业的宏伟征程，实现了经济社会发展的新跨越。四年来，以“三改四化”、海绵城市试点为重点的城市建设取得突破性进展，以文化旅游、美丽乡村、完美社区为重点的美丽经济建设取得突破性进展，以引进战略投资者、园区开放开发为重点的产业建设取得突破性进展，以高速公路、城市出城口、沅澧快速干线、4D 级机场为重点的交通建设取得突破性进展，以脱贫攻坚、城乡饮水安全全覆盖和教育卫生三年攻坚为重点的民生建设取得突破性进展，常德人民对我们共同生活的这座城市认同感越来越高，归属感越来越强，自豪感越来越足。

这四年，我们千方百计稳增长，经济实力再上台阶。地区生产总值由 2012 年 2038 亿元增加到 2016 年 2900 亿元（预计数，下同），总量居全省第三，年均增长 9.4%。三次产业结构由 14.8∶49.5∶35.7 转变为 13∶44∶43。完成固定资产投资 1980 亿元，一般公共预算收入 227 亿元，分别是 2012 年的 2 倍和 1.5 倍。新型工业化步伐加快。大力推进“1115”工程，全市亿元企业达到 505 家，百亿产业达到 8 个，百亿园区达到 7 个，规模工业增加值突破千亿大关；高新技术企业达到 114 家，高新技术产业增加值达到 270 亿元，是 2012 年的 1.8 倍。农业现代化推进有力。五个“双百亿”产业初步形成，大宗农产品生产保持稳定，全市农产品加工销售收入突破千亿大关，创造了农业标准化建设“六个一”常德模式，成功创建西湖西洞庭和桃源国家现代农业示范区。现代服务业发展强劲。大力发展美丽经济，打造了欢乐水世界、柳叶湖环湖景观、穿紫河风光带等一批旅游热点，旅游总收入达到 318 亿元，是 2012 年的 2.4 倍。着力打造六大城市商圈和五大物流园，覆盖全市、辐射周边的商贸物流体系基本形成。民生银行、广发银行等 20 家金融机构落户常德，成功组建常德农商银行和各县市农商银行，益丰药房、惠生国际成功上市，12 家企业在新三板挂牌。社会消费品零售总额迈上千亿台阶。县域经济来势较好。桃源县、鼎城区、澧县、汉寿县、石门县地区生产总值超过 200 亿元，武陵区、鼎城区、常德经开区、桃源县一般公共预算收入超过15亿元。

这四年，我们全力以赴抓建设，城乡面貌焕然一新。城市建设力度空前。编制实施总体城市设计，市城区建成区面积扩大到93平方公里，人口增加到90万，城镇化率提升到49.3%，比2012年提升6.3个百分点。“三改四化”新建改造骨干道路和大街小巷310条280公里，铺设地下管线1100公里，完成棚户区改造11.5万户，建成“三馆三中心”、白马湖公园、丁玲公园、武陵阁步行城等一批城市新亮点，城市绿化、亮化、美化、数字化走在全省前列。成功跻身全国海绵城市建设试点城市、国家智慧城市建设试点城市、国家森林城市和全国绿化模范城市。县市城区提质扩容掀起高潮，获得了一批国家级省级荣誉。农村面貌大为改观。建成省级美丽乡村示范村14个、市级美丽乡村示范村57个。新增设施农业和高效田土7.2万亩，实施土地整治135万亩，建设高标准农田60万亩。除险加固小型水库867座，建设集中供水工程440处，在全省率先实现农村饮水安全全覆盖。完成市县城区防洪圈建设，成功应对沅水流域超历史洪水。推进农村环境综合整治，大力实施农村垃圾、畜禽水产养殖污染、农业面源污染治理和农村水源保护，农村环境质量大幅提升。基础建设加快推进。累计投入交通建设资金248亿元，新建高速公路226公里，新改建干线公路600公里，石长铁路复线、常岳高速、东常高速、常安高速建成通车，4D级桃花源机场投入使用，市城区80公里高速环线全线贯通，实现了城市与高速公路、空港“八进八出”的快速对接。常德电厂、桃源水电站建成发电，“五县一市”天然气输配管网工程全面竣工。

这四年，我们尽心竭力惠民生，人民群众普遍受益。全市民生支出累计投入1300亿元。城乡居民人均可支配收入分别达到26400元和12700元，是2012年的1.3倍和1.6倍。新增城镇就业27.5万人、农村劳动力转移就业31.4万人。城乡居民基本养老保险、医疗保险基本实现法定人员全覆盖，企业退休人员基本养老金实现“12连增”，累计支付社会保险待遇318.2亿元。城乡低保实现应保尽保，低保标准大幅度提高，新建改扩建各类养老机构302个。教育卫生三年攻坚成效明显。新建改扩建各类学校965所，建成合格学校600所，提前实现普及高中目标，成功申办湖南幼师高专和常德技师学院，湖南应用技术学院实现专升本，职教大学城初具规模，全市高考文科总分平均分连续5年全省第一，理科总分平均分连续7年全省第二；新建改扩建医疗卫生项目932个，市第一人民医院主楼等项目投入使用，湘雅常德医院即将运营。脱贫攻坚扎实推进。突出驻村帮扶、结对帮扶和“五个精准到户”，实施“六件实事”攻坚行动，26.6万建档立卡贫困人口实现脱贫。生态环境持续改善。深入开展蓝天碧水净土行动，空气质量优良率保持较好水平，城市饮用水水源地水质全部达标，农村主要水体水质持续好转，森林覆盖率达到47.98%。社会治理能力提升。深入推进平安常德建设，普法工作成效显著，社会治安综合治理不断加强，刑事案件发案率持续下降，信访秩序持续好转，安全生产形势持续稳定，食品药品安全监管水平有效提高，各类应急突发事件得到妥善处置，人防、气象、地震等防灾减灾体系进一步健全。各项事业全面进步。获得国家科技进步先进市称号。市非物质文化遗产展示厅、丁玲纪念馆等文化设施建成开放，“百团大赛”等群众性文体活动蓬勃开展，里约残奥会荣获两金一银。残疾人工作获得全国先进。“单独两孩”“全面两孩”、计生奖励救助等政策有效落实。国防动员、国防教育和民兵预备役工作切实加强，荣获全国人防工作先进单位、全国双拥模范城市称号。统计、粮食、住房公积金、民族宗教、对台、侨联、老龄、方志、档案等工作取得新成绩。工会、共青团、妇联为常德发展做出新贡献。

这四年，我们攻坚克难促改革，发展活力充分显现。重点领域改革实现新突破。聚焦中央和省委部署的重大改革事项，完成新一轮政府机构改革，稳妥推进事业单位分类改革，乡镇区划调整全面完成，文化体制综合改革、土地确权登记颁证等工作进入全国先进行列，商事制度、不动产统一登记制度、投融资体制、医药卫生体制、公路管理体制等改革取得明显成效，公车改革稳步推进。聚焦发展难题和瓶颈制约，市里自主推进的工业园区体制改革稳步实施，城市管理体制进一步理顺，基层社会治理体系创造常德模式，完美社区建设经验在全国全省推介。开放合作呈现新局面。突出承接对接和战略合作，先后与中国医药集团、中国兵装集团、中国建材集团等10多家央企、省企签订战略合作协议，成功引进华侨城、万达、保利、浪潮等战略投资者。累计引进内外资总额2361亿元，完成进出口总额201亿元。盐关码头国家二类口岸完成升级改造，我市正式进入内陆口岸城市行列。新增1个国际友好城市、1个国际友好合作关系城市。

这四年，我们公开透明重监督，民主法治全面加强。坚持把政府工作纳入法治轨道之内，置于严格监督之下。自觉接受市人大及其常委会的法律监督和工作监督，定期向人大报告工作，认真执行解决城乡居民安全饮水问题等决议决定，积极处理各项审议意见，主动报送规范性文件备案审查，为人大及其常委会依法监督、人大代表视察检查活动创造条件。积极支持市政协履行政治协商、民主监督和参政议政职能。虚心听取民主党派、工商联、无党派人士和人民团体的意见建议。办理人大代表建议931件、政协提案1546件。坚持科学民主决策，把公众参与、专家论证、风险评估、合法性审查、集体讨论决定作为政府决策的必经程序，建立实施重大行政决策听证、政府法律顾问、政府合同管理等制度，切实加强政务公开，着力完善立法机制，扎实推进行政执法规范化建设。

这四年，我们坚持不懈优服务，行政效能显著提升。转变政府职能，着力打通服务群众的“最后一公里”。简政放权力度不断加大。全面清理行政审批事项，编制公布“三清单一目录”，强力推进“六个压减”，“三公”经费压减41.7%、行政审批事项压减34.5%、审批时限压减64%、市级权力事项精简26%。加强社会求助服务、公共资源交易、网上政务服务等平台建设，创新性编制《政策清单》，群众办事更加便捷。经济发展环境不断优化。严格实行优化经济环境十项禁令，大力整治中介服务、工程建设和办事服务环境。落实党风廉政建设“两个责任”，坚持纠“四风”治陋习，加强行政监察和审计监督，查处了一批违法违纪人员。扎实开展党的群众路线教育实践活动、“三严三实”专题教育和“两学一做”学习教育，严格落实改进作风各项规定，政风行风明显好转。

各位代表，我们共同走过的这四年，有目标、有奋斗、有艰辛，不容易、不简单、不平凡。四年来，我们在市委的坚强领导下，励精图治，奋发图强，形成了新常德新创业的常德共识，彰显了改革创新的常德担当，表现了攻坚克难的常德作为，展现了防控风险、破解瓶颈的常德智慧，凝聚了团结奋斗的常德力量，塑造了风清气正的常德形象。此时此刻，我们由衷地为这座城市点赞，为善良勤劳智慧的常德人民点赞，为忠诚干净担当的广大党员干部点赞。光荣和梦想永远属于常德人民！

刚刚过去的2016年，是“十三五”的开局之年，是市县乡三级同步换届之年。我们积极应对经济下行压力加大的严峻形势，认真贯彻中央和省委、省政府推进供给侧结构性改革等重大决策部署，持续推进民生升温、园区攻坚、城市提质三大战役，经济社会发展稳中有进、稳中向好。地区生产总值增长8%，规模工业增加值增长6.5%，固定资产投资增长14.5%，一般公共预算收入增长9.1%，城乡居民人均可支配收入分别增长7.8%、8.6%。

一年来的主要工作和成效是：

1. 持续推进园区攻坚，产业发展来势看好。着力夯实园区平台，完成工业园区基础建设投入75亿元，建设标准化厂房160万平方米，国家级高新区创建进入候批程序，国家农业科技园区创建取得新进展，津市工业集中区获批为省级高新区。着力狠抓重大项目，烟厂易地技改、中联重科起重机械产业基地等项目加快建设，中锂二期、昊晖光伏、晋煤金牛等项目建成投产，全年引进内外资总额680亿元，开工建设亿元以上项目257个。着力帮扶企业发展，开展“千名领导干部联系服务千家企业”活动，出台帮扶工业企业十条，市财政安排4亿元工业企业帮扶解困专项资金，为企业提供过桥贷款5.8亿元，提供融资担保和小额贷款等65亿元；支持促进创新创业，新增市场主体3.6万户，新增农民合作社674个、家庭农场1389家、规模农产品加工企业30家。着力壮大美丽经济，桃花源景区主体工程及其配套建设基本完成，老西门文化旅游街区开业，常德河街开盘，德国风情街开街，穿紫河水上观光旅游开航，华侨城卡乐世界开工，城头山遗址公园开园，万达广场、友阿国际、和瑞欢乐城等大型城市综合体开张营运；成功举办常德旅游节、常德柳叶湖国际马拉松赛，乡村旅游丰富多彩，太阳谷入选中国最美休闲乡村。

2. 持续推进城市提质，基础建设实现突破。不断提升城市功能品质，迎宾大道、柳叶大道西延线、阳明大道建成通车，沅江隧道开工建设，江南风光带建成开放，城市公交优先三年行动全面启动。扎实推进海绵城市建设，投入资金20多亿元，全面整治城市黑臭水体，实施海绵城市建设项目76个。加快交通建设攻坚步伐，完成投资95亿元，创历史新高，新改建干线公路151公里，新建改造农村公路1053公里，完成危旧桥改造182座，黔张常高铁建设进展顺利，沅澧快速干线推进有力，319、207国道市城区改线工程加快建设，德山港区和澧县戴家湾码头基本建成。大兴水利基础设施建设，完成一线大堤除险加固140处、小型农田水利工程3万多处。深入开展智慧城市建设，依托云计算中心，加快构建数据资源共享平台，智慧城管、智能交通、数字防控、社会治理网格化管理等系统不断完善，石门云数据中心建成运行。

3. 持续推进民生升温，群众福祉不断改善。扎实开展教育卫生攻坚，改造农村薄弱学校139所，新建改扩建城区中小学165所，建成公办和普惠性民办幼儿园68所，常德技师学院新校区建成投入使用；新建改扩建医疗卫生项目343个，市第二人民医院和石门县、澧县、汉寿县人民医院创建为三级医疗机构，常德被评为全国基层中医药工作先进市。大力推进脱贫攻坚，确定兜底保障对象2.7万人，开工建设易地搬迁项目59个，实现8万人脱贫。积极促进就业创业，新增城镇就业6.7万人、农村劳动力转移就业4.1万人，新增创业主体2.7万户，五类保险新增参保19.1万人。切实加强环境保护，洞庭湖水环境综合治理五大专项行动全面开展，大气污染防治和土壤污染综合治理扎实推进，“三山”保护工作全面启动，津市毛里湖创建成为国家湿地公园。不断创新社会治理，“3+N”社区治理模式和网格化治理机制全面推行，农村社会治理创新试点范围不断扩大，社会治安综合治理切实加强，社会大局和谐稳定。

各位代表！

在过去的四年里，我们取得的每一点成绩和进步，都是市委统揽全局、正确领导的结果，是市人大和市政协有效监督、大力支持的结果，是全市人民和社会各界齐心协力、共同努力的结果。在此，我代表市人民政府，向全市人民，向各位人大代表、政协委员，向各民主党派、工商联和社会各界人士，向驻常人民解放军、武警、消防官兵和政法干警，向关心支持常德发展的同志们、朋友们，表示衷心的感谢！

成绩令人鼓舞，问题不容忽视。我们在前进道路上还面临不少挑战与困难，政府工作还存在不少差距和不足，主要是：经济下行压力较大，实体经济、工业经济、中小微企业发展困难较多，财政收支平衡面临压力，部分经济指标没有完全实现预期目标。增长动力接续不足，传统支柱产业拉动作用明显减弱，新兴产业尚未形成足够拉动力。县域经济、非公有制经济、开放经济、金融经济仍然是发展的薄弱环节。脱贫攻坚任务繁重，城乡公共服务与人民群众的需求还有差距。作风建设仍需加强，一些部门和单位服务意识不强、行政效能不高、工作落实不到位，少数干部不会为、不作为、慢作为甚至乱作为，消极腐败现象还不同程度地存在。对这些困难和问题，我们一定高度重视，勇于担当，以民之所望为政之所向，努力做好政府工作，决不辜负组织的重托，决不辜负人民的期望！

二、今后五年政府工作的总体要求和目标任务

今后五年，是决胜全面小康开启现代化新征程的攻坚时期，是适应新常态培育新动能的转型时期，是立足新起点推进新常

德新创业的关键时期。当前，我们面临复杂多变的外部形势。世界格局深刻调整，经济复苏存在不确定性，我国经济面临较大的下行压力，经济增速换挡、结构调整阵痛、新旧动能转换相互交织，我们必须因势而谋、积极应对，在复杂形势中把握发展主动。我们面临机遇叠加的有利趋势。中央稳中求进的工作总基调没有变，国家实施积极财政政策和稳健货币政策的宏观政策取向没有变，我国经济长期向好的基本面没有变，供给侧结构性改革的效应逐步显现，“一带一路”、长江经济带、洞庭湖生态经济区和促进中部崛起新十年规划等国家战略加快实施，我们必须应势而动、抢抓机遇，在有利趋势中赢得发展先机。我们面临蓄势待发的前进态势。新常德新创业的推进实施，给沅澧大地注入了蓬勃生机和巨大活力，一大批重点项目相继开工、建成受益或取得实质性进展，常德发展的能量正加快释放，我们必须乘势而上、后发赶超，在前进态势中加快发展步伐。我们面临政通人和的发展来势。今天的常德，干事创业的氛围非常浓厚，未来的常德，跨越发展的预期普遍看好，我们必须顺势而为、奋发进取，倍加珍惜发展的大好局面，奋力实现发展的美好蓝图。

根据新的形势和任务，政府工作的总体要求是：紧密团结在以习近平同志为核心的党中央周围，深入贯彻习近平总书记系列重要讲话精神，全面落实省市党代会的工作部署，以“五位一体”总体布局和“四个全面”战略布局为引领，以提前全面建成小康社会为总揽，坚持创新、协调、绿色、开放、共享发展新理念，着力推进供给侧结构性改革，主动适应引领经济发展新常态，围绕“一三五”的发展战略目标，深入推进新常德新创业，为建设现代化区域中心城市而努力奋斗。

按照这一总体要求，今后五年我市经济社会发展的主要目标任务是，打造“一个中心”，实现“三个迈进”，建设“五个常德”，强力推进“四大会战”，推动经济更高质量、更有效率、更加公平、更可持续的发展。打造“一个中心”，就是要努力把常德打造成泛湘西北现代化区域中心城市。实现“三个迈进”，就是要迈进高铁时代、迈进大城市时代、迈进千亿产业时代。建设“五个常德”，就是要坚持创新发展、建设智慧常德，坚持协调发展、建设健康常德，坚持绿色发展、建设美丽常德，坚持开放发展、建设现代常德，坚持共享发展、建设幸福常德。推进“四大会战”，就是要推进脱贫攻坚大会战、交通跨越大会战、园区攻坚大会战、城镇带动大会战。今后五年，地区生产总值年均增长8%，规模工业增加值年均增长8%，固定资产投资年均增长15%，一般公共预算收入年均增长10%，城乡居民收入年均增长9%，产业结构更加合理，基础设施更加完善，公共服务更加优化，各项保障更加健全，社会安定有序，人民安居乐业，提前全面建成小康社会。

通过五年努力，奋力夺取新常德新创业的新成就，开创新常德新创业的新辉煌。

1. 建成交通枢纽，再造区域发展新优势。完善航空航线布局，打造空港物流基地；实现黔张常、长益常高铁建成通车，宜常高铁、常岳九铁路开工建设，呼南、厦渝高铁在常德交汇，成为高铁“新贵”城市；建成益常高速复线、安慈高速，实现县域高速公路全覆盖；完成沅澧快速干线建设，形成市域内快速通勤圈；完成沅澧航道、淞虎航道系列整治工程，积极打造常德水运新优势。基本形成高速、高铁、航空、水运一体化，国省干道和县乡村公路网络化的现代交通运输体系，基本建成区域性交通枢纽城市。

2. 建成千亿产业，壮大经济跨越新动能。把烟草、生物科技与健康食品、现代装备制造业培育成过千亿的支柱产业，确保建成德山千亿园区，力争建成常德国家级高新区和津澧国家级经开区；加快发展文化旅游产业，培育壮大美丽经济，确保桃花源建成国家AAAAA级景区、柳叶湖建成国家级旅游度假区，把常德打造成国内外知名的文化旅游、休闲度假目的地。形成以现代农业为基础、战略性新兴产业为先导、先进制造业为主导、现代服务业为支撑的产业格局，为经济跨越打造强力引擎，注入强劲动能。

3. 建成双百城市，构建城镇带动新格局。市城区建成区面积超过100平方公里、人口超过100万，迈进大城市时代，让城市功能更完善、品质更精美、品位更时尚；建成沅江隧道、沅水四桥等重点项目，加快北部新城、东部城区、江南新城、德山新城等片区建设，实现“一江两岸”“一体三极”协调发展；强力推进澧县、津市合并设市，加快常桃融合，构建津澧、桃源副中心，加快县城城市化，因地制宜建设一批工业强镇、商贸重镇、文化旅游名镇等特色小镇，全市城镇化率达到55%以上，实现城市人口超过农村人口的历史跨越，走出一条中心城市+副中心城市+城镇群的新型城镇化发展路子。

4. 建成开放高地，激发创新创业新活力。形成开放的发展平台，构建完善的开放口岸，建成常德保税物流中心；形成开放的发展环境，促进各类市场主体公平竞争，促进大众创业万众创新；形成开放的经济发展格局，引进战略投资者实现新的突破，累计引进内外资总额4500亿元。通过五年努力，把常德建成现代化的开放发展高地，努力实现开放崛起。

5. 建成全面小康，谱写幸福和谐新篇章。坚决打赢脱贫攻坚战，在2018年实现全市农村贫困人口整体脱贫，提前实现全面小康；水、大气、土壤等环境质量进一步优化，全市空气质量优良率达到82%以上，森林覆盖率稳定在48%左右，巩固提升城乡饮水安全全覆盖成果，让人民群众喝上放心水、安全水；城乡公共服务更加完善，社会保险基本实现应保尽保，城镇登记失业率控制在4.5%以内，人民群众精神文化生活更加丰富，社会更加安全稳定和谐，发展成果更多更公平地惠及全体人民。

三、2017年工作安排

2017年是新一届政府的开局之年。我们肩负的发展和改革任务十分繁重，必须以中央、省委、市委经济工作会议精神为指针，牢牢把握稳中求进的工作总基调，坚持以提高发展质量和效益为中心，以推进供给侧结构性改革为主线，扎实推进脱贫攻坚、交通跨越、园区攻坚、城镇带动四大会战，奋力开创新常德新创业的新局面。经济社会发展的主要预期目标是：地区生产总值增长 8% 以上，规模工业增加值增长 7% 以上，固定资产投资增长 15% 以上，一般公共预算收入增长 10% 以上，城乡居民人均可支配收入增长 8% 以上，完成省里下达的节能减排目标任务。围绕实现以上目标，重点抓好十项工作：

1. 大力推进工业创新升级

坚持创新引领战略，把工业作为供给侧改革的主战场，努力促进工业经济规模和质量“双提升”，年内新增规模工业企业 100 家以上。

加强平台建设。积极推进园区攻坚大会战。支持常德经开区创建国家级新型工业化产业示范基地，促进西洞庭生物科技园、津市生物医药产业园等工业园区向特色化、专业化、集约化方向发展。加大标准化厂房和配套设施建设力度，完成园区基础设施投入 80 亿元以上。完善“一权两制一司”运行机制，提升园区自主发展能力。力争新增 1 个百亿园区，确保常德高新区成功创建国家级高新区，支持有条件的区县工业集中区创建省级高新区。

促进产业升级。全面对接“中国制造 2025”和湖南省建设制造强省五年行动计划，启动“两化”融合试点示范工作。探索设立产业基金，推动构筑新兴优势产业链。加快烟草、酿酒、食品、装备制造、有色金属等传统产业升级改造，全年完成技改投入 500 亿元以上。大力发展新材料、新能源、电子信息、生命科学等战略性新兴产业，加快烟厂易地技改、中联重科起重机械产业基地、智慧产业园、生命科学与健康产业园等重点项目建设。做大做强骨干企业，培育壮大中小微企业，新增亿元企业 10 家以上，“1115”工程企业产值突破一千亿元。

实施创新驱动。强化企业创新主体地位，支持企业争创国家和省级重点实验室、工程技术研究中心，建设院士专家工作站、创客中心和创新孵化基地，大力引进创新型人才，新增省级科技企业孵化器 1 家以上、省级众创空间 1 家以上。完善厅市合作、校企合作机制。实施一批重大科技专项，完成科技成果转化项目 20 项以上。新增高新技术企业 10 家以上，高新技术产业增加值增长 15% 以上，发明专利申请量和授权量增长 12% 以上。积极开展质量品牌行动，大力实施标准化战略，弘扬企业家精神和“工匠精神”，支持企业创建名品名牌。

强化企业帮扶。全面落实帮扶工业企业十条等政策措施。加强政银企衔接协调，更好发挥担保公司、投资公司及信贷过桥资金作用，着力解决企业需求最迫切的融资问题；健全落实降低涉企中介收费、降低水电气生产成本等政策措施，着力解决企业反映最急切的成本问题；加大工业企业技术改造、兼并重组奖励支持力度，着力解决企业发展最关切的转型问题；鼓励推广使用地方名优产品，深入推进“千名领导干部联系服务千家企业”活动，构建“亲”“清”新型政商关系，着力解决企业感受最深切的服务问题。当前，实体经济、中小微企业正处在爬坡过坎的关口，企业面临的问题就是政府的课题，企业家的难处就是政府的用心处，各级政府及其相关部门，在企业的发展上要积极有为地和企业家站在一起、想在一起、干在一起，以最大的诚心、最大的毅力、最大的力度动员资源，聚集能量，解决问题，共同孕育实体经济的春天。

2. 大力推进现代农业发展壮大

加强现代农业产业体系建设。大力推进农业结构调好调顺调优，推行绿色生产方式，以绿色供给满足绿色需求。稳定发展粮食产业，确保粮食安全；转型发展生猪、水产等养殖业，加快发展蔬菜、林业、油茶、乳业等高效产业，提升五个“双百亿”产业水平。加快国家农业科技园区和西湖西洞庭、桃源国家现代农业示范区建设，促进柑橘、茶叶等优势产业向优势产区集中，甲鱼、葡萄等特色产业向专业园区集中，新增省级特色农业产业园区 15 个。积极发展立体种养、休闲体验农业等新型农业业态，实施农产品加工业振兴工程，促进一、二、三产业深度融合发展。

加强现代农业生产体系建设。着力推进农业标准化，完善生产技术规程，开展农产品质量安全提升行动，加强农产品品牌创建、营销，培育和打响常德农副产品品牌。着力推进农业机械化，提高水稻等主要农作物全程机械化水平。着力推进农业信息化，大力发展智慧农业、精细农业。

加强现代农业经营体系建设。全面落实农村土地“三权分置”政策措施，完成农村土地确权登记颁证工作，稳步发展土地流转、土地入股等多种形式的适度规模经营。深入实施新型职业农民培育工程，培育壮大新型农业经营主体，新增家庭农场 500 家、农民合作社 500 个、规模农产品加工企业 30 家。

加强现代农业服务体系建设。推进农业科技创新应用，积极开展“互联网 +”现代农业行动。推进常德农产品物流交易展示中心、农机大市场等流通设施和专业市场建设，搞活农产品流通。加快发展动植物疫病防控、农资配送等农业生产性服务业。落实强农惠农富农政策，强化农民负担监管。推进农村土地整治和农业综合开发，建设高标准农田 15 万亩。抓好防汛抗旱工作，减少农业灾害损失。

3. 大力推进服务业繁荣扩张

以服务业繁荣带动消费扩张升级，加快打造泛湘西北区域消费中心。社会消费品零售总额增长 12% 以上。

做大文化旅游业。坚持把文化旅游作为战略性产业来抓，进一步培育壮大美丽经济。突出核心景区建设，确保桃花源景区 7 月盛大开园，完成华侨城卡乐世界等项目主体工程，积极支持城头山申报世界文化遗产，加快壶瓶山、花岩溪、林伯渠故居等提质升级。突出品牌形象提升，推进大湘西旅游经济协作区整体联动，积极融入湖南旅游“金三角”，完善旅游公共服务体系，加强宣传策划营销，办好常德旅游节、常德柳叶湖国际马拉松赛等活动，积极培育城市旅游、乡村旅游、红色旅游新热点，支持石门县创建国家全域旅游示范县，大力推动风景名胜区建设与申报，积极开展国家公园申报，促进“点上旅游”向“全域旅游”转变。突出文化旅游融合，加快文化创意产业发展，壮大游戏动漫、影视传媒、演艺娱乐、休闲会展等文化产业，打造一批文化旅游亮点。

做强现代金融业。支持常德农商银行和各县市农商银行做大做强，新引进 1 家股份制商业银行，支持商业银行机构网点下沉，培育一批村镇银行、小额贷款公司和融资性担保公司。激励金融机构开展产品和服务创新，扩大对实体企业、中小微企业的信贷投放，新增银行贷款150亿元以上、表外融资150亿元以上。鼓励企业创新融资模式和渠道，扩大债券发行规模，力争湘佳牧业中小板上市。支持保险业发展。推进社会信用体系建设，依法打击非法集资、金融欺诈等行为，规范融资平台管理，坚决防范区域性金融风险。

做活商贸物流业。推进白马湖、阳明湖商务商贸中心建设，进一步激活武陵阁步行城、万达广场、友阿国际、和瑞欢乐城、老西门、常德河街、德国风情街等商业区域的人气财气，引导商贸企业组织参与各类展会促销活动。建设一批大型物流园区，引进和培育一批物流龙头企业，促进中小物流企业整合发展，推动物流网络向乡村延伸。加强与龙头电商合作，扶持和培育本土电商示范企业，推动本地产品线上销售，完善农村电商服务体系。

做优其他服务业。推动研发设计、服务外包、节能环保、信息科技等生产性服务业向专业化和价值链高端延伸，促进住宿餐饮、家政服务、健康养老、健身休闲等生活性服务业向便利化、精细化、品质化发展。稳定房地产投资和供需，规范房地产市场秩序，推进拆迁货币化安置，积极化解房地产库存，培育发展存量房市场和住房租赁市场，促进房地产业平稳健康发展。

4. 大力推进城镇更新提质

实施城镇带动大会战。加快城乡一体化发展，全市城镇化率达到50%以上。

提升规划建设水平。围绕宜居安居抓城建，围绕产城互动抓城建，围绕片区开发抓城建。完成城市总体设计编制报批，逐步推进“多规合一”，更好统筹各类空间规划。大力推进18个海绵城市建设重点项目，全面完成江北城区36平方公里海绵城市建设任务，打造技术示范基地和国际论坛“两大品牌”。积极推进市民中心、财鑫广场、东部城区提质改造、沅江隧道、丹洲生态城等重点项目建设。深入推进“三改四化”，抓好棚户区、城中村和老旧小区改造，完成棚户区改造5万户。进一步明确和发挥好中心城区区一级抓城市建设发展的工作责任。

增强综合承载能力。大力推进以人为核心的新型城镇化，加强城市公共交通、公共停车场所、便民服务网点等建设，深入实施城市公交优先三年行动计划；全面放开市中心城区落户限制，全面实施居住证制度，依法维护进城农民土地承包权、宅基地使用权和集体收益分配权，促进有能力在城镇稳定就业和生活的农业转移人口进城落户，让更多的农村人口融入城市。

完善城市管理工作。推进城市管理和执法体制改革，深化城市管理“一改四化”，更好发挥街道、社区作用，推进管理重心进一步下移。完善运营市场化管理方式，大力推行政府购买服务。规范提升住宅小区物业管理，规范道路停车管理，大力开展建设工地渣土、户外广告、交通秩序等专项整治行动，加强市民文明素质教育，巩固提升全国文明城市良好形象。

构建新型城镇体系。完善县城发展规划，支持县城提质扩容，稳步推进津澧融城，启动一批标志性融城工程，扎实开展国家中小城市综合改革试点和新型城镇化试点。实施“两西”发展战略，加快把西湖西洞庭建设成为独具魅力的常德卫星城。巩固乡镇区划调整成果，积极对接国家“千个特色小镇培育计划”，推进13个美丽城镇建设试点和新型城镇化示范项目建设，打造一批产业定位“特而强”、功能叠加“聚而全”、建设形态“精而美”、制度供给“活而新”的新型城镇。

5. 大力推进基础设施配套完善

开展“项目推进年”活动，实施重点工程项目500个，完成投资1300亿元。

健全交通网络。全力推进交通跨越大会战。加快黔张常高铁建设，力争长益常高铁开工建设，做好宜常高铁、常岳九铁路前期工作。加快安慈高速建设，力争益常高速复线、宜石张高速项目开工建设。加快安乡长岭洲、桃源陬市、津市窑坡渡码头建设，完成沅水浦市至常德、澧水澧县至茅草街航道整治，启动鼎城蒿子港、汉寿岩汪湖码头建设。加快石门杨岭岗大桥、安乡长岭大桥、津市澧水二桥建设，确保安乡石龟山大桥建成通车，改造病危桥及渡改桥122座。推进沅澧快速干线建设，确保一号大道临岗段、二号大道石门段和临澧段、六号大道汉寿段建成通车，加快和启动四号、五号、六号、七号大道建设。加快推进319、207国道市城区改线工程等项目建设，新建改建国省干线公路113公里，新建改造农村公路1000公里。坚持办人民满意交通，实施交通行业“六项整治”，推进治超常态化，确保公路安全畅通。

完善水利设施。投入资金40亿元，重点推进江河湖库连通、大中型灌区续建配套与节水改造、大型泵站更新改造、一线大堤除险加固等工程。加强堰塘清淤扩容、渠道疏浚、机泵整修等小型农田水利建设。实施“两水四岸”综合整治工程，推进黄石水库水资源综合利用工程建设，全面推动农村饮水安全提质改造。

强化能源保障。加强城乡中低压配电网建设和农网升级改造。建成酒泉至湖南特高压输电线路常德段，加快500千伏常德北输变电、220千伏汉寿同心输变电等项目建设，加快岳阳至安乡、石门至张家界天然气管网建设，有序发展风力发电、光伏发电、地热能等清洁能源，积极推进多能互补。

建设智慧城市。加强政府数据资源共享，抓好“我的常德”城市公共服务平台建设，推进智慧教育、智慧医疗、智慧旅游等建设，完善智能交通、智慧城管、数字防控三大平台，加快社会治理网格化综合信息平台建设应用，建立统一的智慧常德协调指挥中心。支持武陵区创建国家智慧城市示范城区。启动中小城镇宽带提速工程，构筑城乡一体化信息高速公路。

6. 大力推进县域经济做大做强

全力放权扩权。凡是已经明确下放到县的管理权限，一律下放到位；凡是明确取消的行政许可审批事项，一律不得变相审批；凡是有利于县域发展的管理和审批权限，一律能放尽放。扎实推进石门县省直管县体制改革试点、陬市镇全国经济发达镇行政管理体制改革试点等工作，科学合理划分市、县事权与支出责任，进一步明确县域发展的工作责任，增强争先进位意识，充分调动县域发展主观能动性，力争有更多县市进入全省县域经济二十强。

强力引导带动。加强对县域发展的规划和指导，积极谋划推进能够带动县域发展的重大产业项目、基础设施项目，提升市级引领发展、市县联动发展和县域自主发展水平。积极支持县市争取项目资金、争创各类试点示范、引进战略投资者。在政策、资金、土地等方面对县市给予倾斜，采取鼓励金融机构增加信贷投放、扩大市级担保机构担保支持、探索设立市县相关产业基金等方式，加大对县市产业发展、基础建设、环境整治等支持力度。

倾力关心基层。顺应合乡并村后的新情况，盘活利用闲置资产资源，抓好农村综合服务平台建设，加大乡村社区运转经费保障力度，保障好乡镇、村居干部待遇。关心基层干部成长，改善基层工作生活条件，鼓励优秀人才扎根基层建功立业。清理规范压缩面向基层的检查考核、评比达标活动，切实为基层减负解难。

7. 大力推进生态环境保护利用

加强生态保护。科学划定和严守生态保护红线，实施生态修复、城市修补，统筹推进山、水、林、田、湖生态环境保护与修复工程。优先保护耕地，加强矿产资源管理和地质灾害防治。加大城乡生态创建力度，积极开展生态文明示范区建设，力争创建国家级生态文明建设示范乡镇15个以上。支持湿地公园建设。整市推进美丽乡村建设，加强农村环境整治和美丽庭院建设，建成美丽乡村20个以上。

强化环境治理。切实抓好大气污染防治，淘汰城市建成区内10蒸吨及以下燃煤锅炉和黄标车，加强移动污染源治理，市城区空气质量优良天数达到275天以上。认真开展洞庭湖水环境综合治理五大专项行动，加强各县市城区黑臭水体治理。加大农业面源污染、重点工业污染源、城镇生活污水防治力度，禁养区规模化畜禽养殖全部退出，所有公共水域禁止投肥养殖。强化水源保护和水质监测，全面推进饮用水水源保护区划定和规范化建设，推进工业园区和农村集镇污水处理厂及配套管网建设。启动土壤环境质量详查，加快土壤污染综合防治先行区建设。

促进绿色发展。完成重点行业落后产能淘汰，推进水泥、化工等重点污染行业清洁生产审核，加强企业清洁生产技术改造，全面落实节能减排任务。加强资源集约节约高效利用，加快发展循环经济，大力培育节能环保、新能源等新兴产业。大力推广低碳出行和绿色消费，引导生活方式和消费模式向节约、绿色、文明、健康的方向转变。

8. 大力推进改革开放深化拓展

攻坚克难深化改革。全力推进中央和省里确定的改革任务，深入推进市里确定的自主改革，力争改革走在全省前列、形成常德特色。围绕“三去一降一补”扎实推进供给侧结构性改革，加快政府职能转变，推进“放管服”改革。深化行政管理体制、事业单位分类管理、农垦体制、综合行政执法、预算管理、税收征管、商事制度、供销社、国资监管体制等改革，加快医药卫生体制、公共资源交易管理体制改革。积极探索推进一批与发展紧密相连、与群众切身相关的改革，让人民群众在改革中获得实实在在的利益。

全力以赴扩大开放。狠抓区域合作升级，主动对接“一带一路”、长江经济带和洞庭湖生态经济区等国家战略，全面加强与沿海、沿江、沿湖地区的多层次协作，建设合作共赢的开放之城。狠抓口岸平台升级，完善盐关水运口岸设施，启动德山新港二期国际集装箱码头规划建设，积极申建桃花源机场临时航空口岸，加快常德保税物流中心建设。狠抓贸易提档升级，坚持外贸、外资、外经“三外联动”，内外贸互动发展，加强国家出口产品质量安全示范区建设，助推本地企业境外投融资和承揽工程项目，扩大对外劳务输出规模，大力培育外贸龙头企业和出口大户，全力推动“德企出海”。

千方百计招商引资。强化精准招商，以最大的决心和诚意引进一批战略投资者和外向型企业。提升专业化招商水平，整合共享招商引资信息，做好行业招商、商会招商、以商招商、跨区域招商、产业链招商、PPP项目招商、驻外机构招商，注重引老乡、回故乡、建家乡。坚持招商与招才并举、引资与引智并重，力争引进一个项目、带来一批人才、打造一个团队、搞活一个产业。注重招商实效，提高签约项目的履约率、资金到位率和开工率。力争引进亿元项目150个以上，引进内外资总额750亿元以上。

9. 大力推进民生事业协调发展

强力推进脱贫攻坚。全力以赴打好脱贫攻坚大会战。深入推进“两个全覆盖”“五个精准到户”，切实办好新“六件实事”。实施精准建档和挂图作战，突出产业帮扶、金融帮扶、智力帮扶，激发脱贫攻坚的内生动力。建立健全贫困对象退出机制、资金项目监管机制和稳定脱贫长效机制，做好贫困人口动态管理，科学制定脱贫计划。确保石门县贫困县摘帽，全市贫困村退出150个以上，脱贫8万人以上。

积极促进就业创业。推动以创业带动就业，实施全民创业行动，鼓励引导广大民众积极创新创业、创造幸福生活。实施就业优先战略，抓好高校毕业生、农村转移劳动力、城镇就业困难人员和退役军人就业工作，支持灵活就业，发展新就业形态。完善城乡均等、功能齐全的就业服务体系，加强就业援助，推行劳动者终身培训制度，构建和谐劳动关系。新增创业主体2.7万户，新增城镇就业6.6万人、农村劳动力转移就业4万人。

完善社会保障体系。强化社保扩面，努力实现应保尽保。完善城乡医疗保险制度，减轻群众就医负担。提高城乡低保、特困供养保障标准和精准度，实现农村低保标准和扶贫标准两线融合。加快发展慈善事业，关心关爱留守儿童、孤寡老人和残疾人。

加快建设教育强市。改善办学条件，加快职教大学城、北部新城学校、市一中提质改造、市第一幼儿园分园新建等重点工程建设，加强农村偏远山区学校和薄弱学校建设，全面启动义务教育标准化学校建设，确保各区县市全部通过国家义务教育基本均衡县验收。提升教育质量，深入推进教育综合改革，探索教育集团化、联盟化发展，加强文明校园创建和师德师风建设，大力培育“名、优、特”教师。促进协调发展，加快公办和普惠性民办幼儿园建设，统筹义务教育一体化发展，促进高中教育优质特色发展，支持高等教育发展，做大做强职业教育品牌，抓好民办教育、特殊教育和老年教育。

切实保障人民健康。健全市县乡村四级医疗卫生服务体系，大力推进公立医院建设，做好湘雅常德医院运营管理，实施市第一中医院和中国医药集团合作整体迁建工程，加快建设省妇幼保健院常德医院。拓展国家基本公共卫生服务项目，加强传染病等重大疾病和公共卫生检测预警与防控，抓好重性精神障碍患者救治工作。扶持和规范社会办医，形成多元化办医格局。提升中医药服务能力。稳步实施“全面两孩”政策，加大出生缺陷综合防治和计生特困家庭帮扶力度，促进人口均衡发展。引导社会力量参与养老服务，探索建立以居家为基础、社区为依托、机构为补充、医养相结合的城乡养老服务体系。

协调发展各项事业。以文化自信为引领，进一步推进文化强市建设，完善现代公共文化服务体系，加强文化市场和行业监管，做好文化遗产保护，传承弘扬丝弦、大鼓、高腔等民间艺术，抓好文艺精品创作，加强文艺人才培育。推进奥体中心、第二工人文化宫等文化体育场馆建设，开展社区文化节等形式多样、丰富多彩的群众性文化活动。注重家庭家教家风，培育社会主义家庭文明新风尚。办好第七届市运会，广泛开展全民健身运动。促进广电事业发展。加强住房公积金归集和资金管理。做好统计、粮食、外事侨务、民族宗教、防震减灾、对台、方志、气象、档案、保密等工作。支持工青妇等群团组织工作。重视应对人口老龄化趋势，重视发展老龄事业。大力支持国防和军队改革，抓好国防动员、国防教育、军事设施保护、人民防空、预备役和征兵工作，加强双拥优抚安置等工作，促进军民融合深度发展。

10. 大力推进社会治理规范有序

保障公共安全。积极创建国家安全发展示范城市，全面建立和完善安全生产责任体系，推进安全生产动态监控、隐患排查治理和应急指挥救援体系建设，严格安全生产监管执法，坚决杜绝较大及以上事故。全面落实食品药品网格化、信息化监管模式，大力推行“双随机”检查，抓好餐饮单位、学校、农贸市场食品安全的示范创建。深入开展平安创建活动，大力推行实名制，抓好电信诈骗和网络违法犯罪专项治理，大力开展“雷霆行动”等专项整治，依法严厉打击各类违法犯罪行为，提高突发事件应急处置能力，确保城乡安全、人民安宁、社会安定。

完善治理机制。着力推进完美社区软件建设，全面完善“3+N”治理模式和网格化治理机制，不断提升社区自治、服务能力。鼓励引导社工、志愿者和社会团体发挥作用，增强社会治理合力。推行农村社会治理“3+X”模式，完成村居两委换届选举。落实社会治安综合治理领导责任制，完善立体化社会治安防控体系，打造社会治理信息化、网格化、法治化常德模式。

维护社会稳定。有效推动社区矫正、法律援助、司法鉴定等工作，构建以人民调解为基础的“大调解”体系，积极化解影响社会稳定的突出矛盾，防止经济民生领域风险演变为社会风险。加强和改进信访工作，大力推进阳光信访、法治信访、责任信访，抓好矛盾纠纷源头治理，深入推进领导下访包案和部门联合接访，完善矛盾纠纷多元化解机制，规范和整治信访秩序，使矛盾隐患化解在初始和基层。

四、切实加强政府自身建设

打铁还需自身硬。全面从严治党要求我们必须全面从严治政，进一步加强政府自身建设。

勇于担当，主动作为。为官避事平生耻，狭路相逢勇者胜。只有不怕困难、不怕矛盾、不怕辛苦，才会有所作为。要想干事、会谋事。始终把发展作为第一要务，把事业作为第一追求，将主要心思和劲头放在一心一意谋发展、聚精会神搞建设上。要勇任事、敢担事。没有做不成的事，只有做不成事的人。保持积极进取的精神状态，不回避矛盾，不推卸责任，敢于在加快发展中担重任，敢于在深化改革中涉险滩，敢于在扶贫攻坚中啃硬骨头。要旗帜鲜明地为敢于担当的干部担当，为敢于负责的干部负责。要勤理事、能成事。凡重大决策一以贯之，坚决落地落细，决不动摇折腾；凡重大项目一抓到底，严格督促督查，决不半途而废；凡重大任务一鼓作气，全程问责问效，决不无果而终。

解放思想，创新作为。解放思想的前提是要有思想，创新作为的基础是要有作为。想做就有方法，不做总有借口。政府工作中的大忌是不动脑筋、不思进取。要坚决破除消极的思想障碍，摒弃小富即安的自满、自命不凡的自负、自我膨胀的浮躁，摒弃“伪现代、假开放、浅作为”，让新鲜的思想像空气和阳光一样涌进来。要坚决破除僵化的思维定式，积极探索新常态下做好经济工作的方法和经验，创新发展路径，完善政策举措，着力在优化结构、增强动力、破解瓶颈、补齐短板上取得突破性进展。要坚决破除陈腐的工作惯性，从墨守成规中走出来，从按部就班中走出来，从司空见惯中走出来，提高深化改革、推动发展、化解矛盾、维护稳定的能力和水平，努力摆脱路径依赖、速度情结和换挡焦虑。

优化服务，高效作为。要简政放权，解决活力不足的问题。进一步精简行政审批，取消一切束缚经济社会发展的行政权力，砍掉各类无谓证明和烦琐手续，放开市场主体手脚，用政府权力的“减法”换取市场活力的“乘法”。要从严整治，解决环境不优的问题。坚决向行政执法中的乱检查、乱收费、乱罚款亮剑，坚决向工程建设中的强行阻工、强揽工程、强买强卖亮剑，坚决向办事服务中的索拿卡要、设租寻租、不作为缓作为乱作为亮剑，坚决向公共资源交易和政府性投资项目招投标中的暗箱操作、串标围标、“猫鼠同眠”亮剑，让破坏经济发展环境的人和事在常德无藏身之处、无立锥之地。要创新平台，解决办事不快的问题。整合提升各类服务平台，巩固深化“两集中三到位”和并联审批等制度，推行“互联网 + 政务服务”，打破部门“信息孤岛”，变“群众奔波”为“信息跑腿”，变群众来回跑为部门协同办，最大限度方便群众、方便企业、方便基层。要完善机制，解决“为官不为”的问题。建立健全推进落实的责任机制、奖勤罚懒的激励机制和常态化的督查问责机制，坚决整肃庸政、懒政、怠政行为，决不允许占着位子不想事、拿着薪水不干事、带着笑脸不办事。

接受监督，依法作为。政府工作的要义在于尊重宪法、尊重法律、尊重人民。要自觉依法履职。带头尊法学法守法用法，严格依照法定权限和程序行使职权、履行职责，切实做到依法治理经济、依法处理问题，全面提高政府工作人员法治意识和依法行政能力。要自觉严以用权。认真执行市委的各项决策部署，严格依法科学民主决策，严格实施“三清单一目录”，严格规范公正文明执法，把权力关进制度“笼子”。要自觉接受监督。主动接受市人大及其常委会的法律监督和工作监督，执行市人大及其常委会的决议决定，认真研究处理各项审议意见，落实好规范性文件备案审查和“三统一”制度，支持和保障市政协履行政治协商、民主监督、参政议政职能，认真办理人大代表建议和政协提案，完善社情民意办理反馈机制，虚心听取和采纳各民主党派、工商联、无党派人士的意见建议，切实推动各类实际问题的解决。

坚守底线，廉洁作为。从政人员一定要有为有不为、知足知不足。贪婪是最真实的贫穷，满足是最实在的财富。要严格廉政建设责任。认真履行“一岗双责”，强化“两个责任”，始终坚持“两手抓”、两手都要硬。要守住艰苦奋斗初心。坚持厉行节约、反对浪费，进一步降低行政成本，确保“三公”经费只减不增。要扎紧廉洁从政篱笆。把纪律和规矩挺在前面，持之以恒推进正风肃纪，坚持长管长严不放松，坚决防止“四风”问题回潮反弹。完善防腐治腐的制度体系，加强对重点领域、重大项目、关键环节、重要岗位权力运行的监督制约，强化行政监察和审计监督，抓好巡视巡察和审计问题的整改，深入推进政务公开，建设统一的公共资源交易平台，不断铲除滋生腐败的土壤。要高悬反腐倡廉利剑。坚定不移惩治各类腐败行为，坚决整治“雁过拔毛”式腐败等侵害群众利益的不正之风，树立风清气正、勤政廉政的良好形象。

各位代表！

实干托起梦想，奋斗铸就辉煌。让我们更加紧密地团结在以习近平同志为核心的党中央周围，在市委的坚强领导下，不忘初心，继续前进，为开创新常德新创业的崭新局面，为实现建设现代化区域中心城市的宏伟目标，为夺取全面建成小康社会的伟大胜利而努力奋斗！

中国人民政治协商会议常德市第六届委员会常务委员会工作报告

——在政协常德市第七届委员会第一次会议上

常德市政协主席　李爱国

（2017年1月5日）

各位委员、同志们：

现在，我代表中国人民政治协商会议常德市第六届委员会常务委员会，向大会报告工作，请予审议，并请列席会议的同志提出意见。

李爱国代表政协常德市第六届委员会常务委员会向大会报告工作

过去四年工作回顾

过去四年，是我市克难奋进、经济社会发展取得巨大成就的四年，也是人民群众获得感、归属感、幸福感不断增强的四年。四年来，市六届政协常委会在中共常德市委的坚强领导下，牢牢把握新常德新创业总要求，大力弘扬团结民主两大主题，以服务改革发展为目标，以助推“三大战役”为重点，创造性地履行政治协商、民主监督、参政议政职能，政协工作呈现出务实创新、有为有位的局面，为全市经济社会发展做出积极贡献。

1. 坚持议大事议要事，认真推进政协协商，协商建言水平进一步提高。注重发挥协商民主专门机构的作用，紧紧抓住改革发展中的重大问题和涉及群众利益的具体问题，组织开展多形式、多层次的协商活动，形成了全体会议广泛协商、常委会议和主席会议重点协商、专委会议对口协商的政协协商模式。共组织开展了4次全体会议协商、7次议政性常委会议协商、15次议政性主席会议协商、48次对口协商和界别协商，向市委市政府提交大会协商发言材料118篇、建议案和建议函25个，提出了一批建设性的意见和建议。

围绕助力改革发展协商议政。市政协常委会议、主席会议先后围绕推进津澧融城、“一江两岸”协调发展、加快推进海绵城市建设、构建泛湘西北现代立体交通大格局、建设沅澧快速干线、“十三五”规划纲要（草案）、加快中小微工业企业发展、优化投资环境等11个问题开展专题协商，各专委会围绕旅游商品开发、青年海归创业、建设外向型经济平台、发展乡村旅游等19个问题，与市委市政府相关部门进行对口协商，形成了一批有价值的协商建言成果。关于加快推进海绵城市建设的常委会议建议案，市政府常务会议进行专题研究，出台了关于加快推进海绵城市建设的实施意见。

围绕助力社会事业协商议政。先后组织开展建设抗战英雄城、整顿规范法律服务市场、开发利用民俗文化、支持发展民营博物馆、建设职教新城等17次专题协商活动，在促进相关事业发展上发挥了积极作用。市政协主席会议专题协商整顿规范法律服务市场问题之后，市委、市政府积极采纳政协建议，组织开展集中整治行动，出台了规范法律服务管理、优化法律服务市场的意见，建成了全省一流的公共法律服务中心。

围绕助力民生改善协商议政。坚持把民生民本问题作为协商议政的重点，先后组织开展关爱帮扶计生特困家庭、城市饮水安全、落实散居少数民族地区扶持政策、加强血吸虫病防治、加强物业行业监管等23次专题协商活动，向市委、市政府及其部门提出了一系列意见建议，促进了一批民生问题的解决和落实。市政协常委会议协商关爱帮扶计生特困家庭问题，在社会上产生较大反响，市政府将关爱帮扶工作纳入了考核、将帮扶经费列入了财政预算，提高了扶助标准。市政协主席会议协商加强物业行业监管问题，引起了市政府的重视，市政府常务会议进行专题研究，出台了进一步加强物业管理工作的意见。

这几年，我们着眼于精准议政、务实建言，坚持精选课题、深入调研、充分协商，议政水平和建言质量不断提高，一大批协商建言成果转化为市委、市政府决策部署，为促进科学民主决策，发挥了政协作用、贡献了政协智慧。

2. 坚持从提高组织化程度入手，探索开展重点事项监督，民主监督的实效性进一步显现。把履行民主监督职能与助推党政中心工作有机结合，积极探索开展重点事项监督，找到了民主监督的新路径，找到了政协服务中心工作又一新的切入点。

确定监督主题，实施集中监督。坚持市委、政府重点抓什么、人民群众普遍关注什么，政协就监督什么。2014年、2015年，我们先后把"三大战役"和"民生安全"作为监督主题，遴选108名市政协委员，组成民主监督小组，对涉及"三大战役"和"民生安全"的18个主要责任单位进行集中监督，共提出114条监督意见和建议。2016年，我们把"重要履职成果转化运用情况"作为监督主题，开展"重要履职成果监督回访年"活动，组建7个民主监督小组，对本届政协提交的建议案和建议函办理情况、前两年重点事项监督意见建议整改落实情况、重点提案和社情民意信息领导签批件办理情况，有选择性地进行监督回访，提出了36条监督意见和建议。

统一监督方法，实施规范监督。各监督小组按照规定的监督动作，通过民意调查、现场视察、走访调研、点评测评等统一的方式，对被监督单位进行规范有序的监督，切实提高了民主监督的组织化程度。

促进成果转化，实施有效监督。以提高监督实效为目标，把各监督小组的意见建议提交给市委、市政府，由市委、市政府召开专门会议集中交办，使政协的监督意见转化成了市委、市政府的工作要求。积极争取市委、市政府的重视与支持，把民主监督结论作为相关考核依据，把民主监督工作纳入绩效评估内容，进一步促进了监督意见的采纳落地，促进了重要履职成果的转化运用，促进了"三大战役""民生安全"和经济社会发展。

这几年，我们探索开展重点事项监督，从聚焦问题到解决问题，形成了一个完整的工作"环"，推动了政协民主监督由虚向实、由被动向主动、由柔性向刚性转变。我们的做法，在全国全省政协系统产生了一定影响，《人民政协报》《湘声报》先后6次进行推介，13家中央和省级媒体以此为重点专程来常集中采访报道。

3. 坚持突出委员主体作用，不断优化委员服务与管理，委员参政议政的热情进一步激发。注重委员思想政治教育和履职能力建设，通过抓培训、抓考核、抓服务，调动委员履职积极性，委员参政议政的责任感、使命感不断增强。

组织委员提交提案。创新提案工作各个环节的具体措施，探索实施三提前、双把关、调结构、协商办、综合评"十五字"工作法，从提交提案、审查立案到办理提案、考核结案，建立了一系列制度规范。把每年10月份确定为"提案撰写月"，组织委员开展调查研究，积极撰写提案。四年来，共收到委员提案2117件，立案1707件；提案结构进一步优化，提案质量进一步提高，与2013年比较，集体提案和联名提案比重由12.3%提高到60.3%，提案问题已经解决或正在解决率由78.3%提高到93.1%，实现了提案由数量型向质量型转变、提案办理由答复型向落实型转变、提案工作由被动型向主动型转变。

组织委员反映社情民意。充分发挥社情民意信息"直通车"的作用，引导委员广泛收集社情民意信息，及时把各界别、各阶层的意见建议反映给党委政府。四年来，共收到社情民意信息1600多条，编报《社情民意》357期，市委、市政府领导批示188期；上报省政协社情民意信息300多条，采用83条，促成了一批事关发展、事关民生问题的解决和落实。武陵山片区学生上学难的信息，全国政协以专报形式呈报给了党和国家领导人。

组织委员开展视察。围绕武陵山片区扶贫开发、社会养老服务业、重点工程和城市提质、美丽乡村和完美社区建设、宗教活动场所建设、民营医院发展等工作，组织开展了16次主席会议视察活动，为推进相关工作起到了督促指导作用。连续两年组织住区县（市）的市政协委员开展异地视察活动，为住区县（市）委员履职提供了更多的机会。各专委会、各活动组围绕相关部门的工作，组织委员开展了一系列视察活动，委员参与率达到80%以上。

这几年，我们围绕更好发挥委员主体作用，出台"五个一"的履职评价办法，开展"走访委员月"活动，积极为委员履职搭建平台、创造条件，充分激发了广大委员的聪明才智。关于复原常德沿河古街的提案和系列建设性、操作性建议，为恢复重建常德河街提供了原始动因和重要参考。常德河街成为政协优秀履职成果转化运用的成功范例。

4. 坚持大团结大联合，广泛团结和联系社会各界，团结民主的"朋友圈"进一步扩大。把团结民主贯穿到政协工作的全过程、各方面，注重调动一切积极因素，不断巩固和发展全市团结民主、生动活泼的社会政治生态。

注重合作共事。坚持经常性走访民主党派、工商联和无党派人士，及时沟通情况、交换意见，营造了民主和谐、合作共事的政治氛围。主动邀请民主党派、工商联、无党派人士，参加市政协组织的协商议政、民主监督、调研视察等履职活动，鼓励和支持各党派团体充分发表意见和主张。四年来，各民主党派、工商联和无党派人士共提交提案465件，提交大会发言材料36篇，反映社情民意信息226条。

加强联系联谊。注重加强与港澳台胞和海外侨胞的联系，组织开展中秋、春节联谊活动，加深了感情、增进了共识。注重加强与旅外委员的联系，引导旅外委员宣传家乡、回报家乡，旅外委员积极为常德招商引资牵线搭桥，介绍引进投资50多亿元；14名旅外委员自发开展“金秋助学”活动，捐资200万元，结对资助了100名贫困大学生，直至其大学毕业。注重加强与民族宗教界人士的联系，主动关心少数民族同胞和信教群众，促进了社会和谐稳定。

促进文化传承发展。深入挖掘文史资源，编纂出版《南下干部》《常德河街》《农耕文明》文史资料专辑，整理再版了常德政协文史资料1~22辑。全面启动了《武陵诗韵》《朗州映象》《鼎城故事》常德文化系列丛书编纂工作。配合全国政协和省政协开展了常德回族、农业文化遗产、知青上山下乡、“文化大革命”等文史资料征集工作。

这几年，我们坚持用包容的态度增进共识、用合作的精神团结各界、用宽阔的胸怀广交朋友，政协团结民主的“朋友圈”越来越壮大，助推新常德新创业的正能量越来越强大。

5. 坚持主动作为积极作为，直接参与市委中心工作，人民政协的优势和作用进一步发挥。在认真履行三项职能的同时，主动融入大局、投身发展，以实际行动参与市委中心工作。

积极完成市委交办任务。根据市委统一安排，各位主席会议成员积极参与桃花源旅游开发、白鹤山片区开发、环柳叶湖工程建设、河道采砂整治、联系重点企业等中心工作，认真履行抓协调、抓调度、抓督促的职责，为推进相关工作发挥了重要作用。

主动助力脱贫攻坚。2016年，我们在全市政协系统启动助力脱贫攻坚五年行动计划，倡导各级政协组织和政协委员，在助力脱贫攻坚中干实事、做贡献。组织开展“三个一”结对帮扶活动，省市县三级政协委员，共结对帮扶2857个贫困户，委员参与率达到97%，捐赠和争取扶贫资金1500多万元，帮助推荐和安排就业595人，为贫困群众解决了一大批具体困难和问题。组织开展“五送下乡”活动，为基层群众送钱送物近200万元。组织开展“捐资助学月”活动，共捐助资金452.5万元，资助贫困家庭学生1408名，市县两级政协主席会议成员联系的扶贫点村、政协委员和机关干部结对帮扶的贫困家庭，没有一人因为交不起学费而失学。

认真抓好办点示范。市政协主席会议成员和市政协机关积极参加美丽乡村、完美社区、扶贫点村建设和“双联”工作，较好地完成了办点联点任务。2016年，市政协主席会议成员联系的10个重点贫困村，共投入7000多万元，实施了一批产业发展、公路建设、农网改造、安全饮水等扶贫项目，帮助1032人实现了脱贫脱困。

这几年，我们紧跟市委决策部署，着力发挥政协的整体优势，主动为经济建设出劲出力，主动为人民群众排忧解难，特别是去年，近3000名委员直接助力脱贫攻坚，彰显了政协力量，体现了政协担当。

6. 坚持内强素质外树形象，持续深化思想政治教育，机关自身建设进一步加强。以深化干部队伍思想政治教育为重点，全面加强政协机关自身建设，机关工作科学化水平持续提升。

强化思想政治教育。深入学习贯彻党的十八大和十八届三中、四中、五中、六中全会精神，深入学习贯彻习近平总书记系列重要讲话精神，准确把握中央治国理政的新思想新论断新要求。认真贯彻执行中央“八项规定”，扎实开展党的群众路线教育实践活动、“三严三实”专题教育和“两学一做”学习教育，从严抓作风、从严管队伍，党的建设全面加强，机关干部的政治意识、大局意识、核心意识、看齐意识进一步增强。

规范机关内部管理。坚持用制度管人管事，建立和完善了51项内部管理制度，机关工作规范化、制度化水平进一步提高；成立机关中青年干部读书会，倡导中青年干部每月读1本好书、交流1次学习心得、每年撰写1篇调研报告、反映1条社情民意信息，让机关干部在学习中丰富知识、锻炼能力；组织开展一系列文明创建活动，形成了积极向上的机关文化，机关服务常委会工作、服务政协委员、服务基层群众的能力和水平明显提高。

创新理论研究和新闻宣传工作。先后围绕健全和落实协商民主制度、发挥人民政协协商民主重要渠道作用、发挥人民政协平台作用、推进人民政协协商民主建设，组织开展理论研讨活动，形成了125篇优秀理论研究成果，其中48篇被评为全省政协系统优秀论文。高度重视新闻宣传工作，先后组织了“履行三项职能、助推常德发展”“忠实履职、奉献湖南（常德篇）”等专题宣传活动，在市级以上媒体发表各类稿件2600多条（篇），其中省级以上媒体500多条（篇）。改版升级常德政协网站，开通“常德政协”微信公众号，打造了新的宣传展示平台。

这几年，我们牢牢抓住干部队伍这个关键，内强素质、外树形象，政协机关的凝聚力和战斗力不断增强。市政协机关先后被评为市级文明标兵单位、省级文明单位，省级文明标兵单位创建工作也得到了验收组的一致好评。

区县（市）政协工作是全市政协工作的重要组成部分。我们注重发挥全市政协系统的整体优势，加强与区县（市）政协的联系联动，完善了区县（市）政协主席例会制度、秘书长联席会议制度和专委会对口联系交流制度，建立了重要活动联合开展、重大课题联合调研、重点工作联合推进的市县联动机制。各区县（市）政协紧紧围绕党政工作中心，认真履行三项职能，创造性地开展工作，为推进全市改革发展和政协事业发展做出了重要贡献。

各位委员、同志们，政协工作的每一点成绩、政协事业的每一点进步，离不开历届政协打下的坚实基础，离不开市委、市政府的重视支持，离不开全体委员的共同努力和社会各界的关心关注。在此，我代表市六届政协常委会，向所有关心支持常德政协工作的同志们、朋友们，表示衷心的感谢！

回顾过去四年的生动实践，我们深深体会到：

——做好人民政协工作，必须坚持党的领导、保持正确政治方向，始终把政协工作置于市委的坚强领导之下。四年来，我们把坚持市委的领导作为最基本的政治原则，准确把握政协性质定位，发挥好政协优势，履行好政协职能。市委对政协工作高度重视，召开了市委政协工作会议，为做好新形势下的政协工作提出了要求、指明了方向。王群书记多次听取政协工作汇报，经常对政协工作作出重要指示，亲自出席政协协商会议听取意见，专程到政协机关调研指导；德睿市长对政协工作非常理解、非常支持，经常批办政协重要履职成果，多次出席政协常委会议；市委、市政府其他领导同志，对政协工作给予了很多具体的指导和帮助。市委、市政府的重视支持，为政协履职提供了坚强有力的领导保障。

——做好人民政协工作，必须坚持紧扣中心、服务大局，始终与党委、政府同频共振。市委、市政府的中心工作，就是政协必须服从和服务的大局；市委、市政府重视的、人民群众关注的，就是政协应该着力的。四年来，无论是协商课题的选择、监督主题的确定，还是经常性履职活动的开展，我们始终坚持紧贴党政中心、紧贴群众关切，做到了与党委政府工作合拍、与人民群众期盼合拍。

——做好人民政协工作，必须坚持尊重委员、依靠委员，始终把激发委员政治热情作为重要抓手。政协的主体是委员，政协的优势在委员，政协的作为靠委员。四年来，我们在保障委员民主权利的同时，通过强化委员教育管理、加强委员联系走访、搭建委员履职平台，极大地激发了委员的履职积极性和创造性。实践证明，只有把委员组织起来，把委员的聪明才智激发出来，政协事业才能蓬勃发展、充满生机。

——做好人民政协工作，必须坚持创新履职、创新发展，始终把创新作为引领政协事业发展的第一动力。四年来，我们坚持在履职中创新、在创新中履职，出台了履行三项职能的规定，建立和完善了委员履职评价机制、政情通报机制、重要履职成果转化运用情况反馈机制等一系列工作制度，在民主监督、协商议政、提案工作等方面，探索了一些新方法、形成了一些新特色。常德政协工作能够连续两次走进全国政协培训中心的讲堂，正是我们坚持创新履职的结果。

过去四年，我们虽然做了一些工作，取得了一些成绩，但也还存在一些差距和不足，主要是：推进政协协商民主的制度建设还相对滞后；委员便捷履职、高效履职的手段和方式还有待创新；界别特色还体现得不够明显、界别作用还发挥得不够充分等等。这些都需要在今后的工作中认真研究，加以改进。

今后五年工作思路

今后五年，是我市实现“一三五”发展蓝图的关键时期，也是我市政协事业承前启后、继往开来的重要阶段。今后五年市政协工作的指导思想是：高举中国特色社会主义伟大旗帜，深入贯彻习近平总书记系列重要讲话精神，深入贯彻省、市党代会精神，以提前全面建成小康社会为总揽，以服务新常德新创业为主线，以助推“一三五”发展战略为重点，牢牢把握团结民主两大主题，充分发挥政协优势，认真履行政协职能，努力开创政协工作新局面，为建设智慧健康美丽现代幸福常德做出新贡献。

站在新的历史起点，做好新一届政协工作，必须坚持一条原则、突出两大重点、发挥三个作用、打造四型政协。

坚持一条原则：就是坚持党的领导。始终与以习近平同志为核心的党中央保持高度一致，自觉向党中央看齐，向党的理论和路线方针政策看齐，向党中央决策部署看齐。始终坚持在市委领导下开展政协工作、推进政协履职，发挥好政协党组在政协组织中的政治核心作用，保持正确的政治方向，确保政协事业持续健康发展。

突出两大重点：

一是突出服务中心大局。坚持围绕中心、服务大局，紧紧围绕市委、市政府正在谋划的重大问题、正在实施的重大战略、正在推进的重点工作，认真履行政协职能，实现政协工作与党政中心工作有机结合、深度融合，努力在推进脱贫攻坚、交通跨越、园区攻坚、城镇带动“四大会战”中，发挥政协作用、体现政协作为。

二是突出发展协商民主。准确把握人民政协的性质定位，更好地发挥人民政协作为社会主义协商民主重要渠道和专门机构的作用，把协商民主贯穿于政协履职全过程、贯穿于政协工作各方面。提请市委出台加强人民政协协商民主建设的实施意见，积极拓展社会各界有序参与政协协商渠道，为各界人士平等探讨问题、坦率提出意见、沟通化解分歧搭建平台，促进社会主义协商民主广泛多层制度化发展。

发挥三个作用：

一是发挥委员的主体作用。坚持用事业凝聚委员、用实践锻炼委员、用机制激励委员，进一步强化委员的政治意识、政协意识、责任意识，完善委员履职评价办法，更好激发委员履职热情；创新委员教育培训方式，通过全会前集中培训、委托专业机构分期培训等形式，全面提高委员的政治把握能力、调查研究能力、联系群众能力和合作共事能力；创新委员联系群众方式，鼓励和支持有条件的委员建立委员工作室；创新委员履职服务方式，为委员履职创造条件、提供保障，引导委员在服务改革发展中建功立业，在推进政协事业发展中履职尽责。

二是发挥专委会的基础作用。进一步加强专委会建设，建立和完善专委会联系部门、联系委员制度，强化专委会组织委员履职、承办重要履职活动的责任，着力发挥专委会的组织优势、专业优势、联络优势，把专委会打造成为政协经常性履职活动的重要载体、联系服务委员履职的重要平台。

三是发挥界别的纽带作用。强化界别意识，突出界别领域相同、专业相近的特点，探索建立界别工作规则和界别召集人制度，发挥界别联系一群、团结一界的优势，更多更好地依托界别开展各种履职活动，通过界别座谈、界别协商、界别提案、界别社情民意等形式，汇聚界别委员的智慧和力量，不断增强履职实效。

打造四型政协：

一是打造智慧型政协。利用政协智力密集的优势，探索建立政协专家智库，为推动政协精准高效履职提供智力支撑。加快推进政协“云平台”建设，通过“互联网＋政协”，全面融合政协系统信息资源，有效对接党委政府和社会信息资源，完善提升委员履职评价系统、提案系统、社情民意信息系统，开发建设远程协商系统、移动办公系统（手机 APP）、协同办公系统，搭建起政协科学精准履职、委员便捷高效参与、群众畅通表达诉求的平台，推动政协工作进入大数据时代。

二是打造创新型政协。坚持以创新为源动力，积极推进政协工作思路创新、制度创新、实践创新，着力在发展政协协商民主、履行政协三项职能、推动市县整体联动、带好委员干部队伍上，探索管用的机制和方法，不断焕发政协工作新活力。

三是打造务实型政协。着力在“实”字上下功夫，以“实”的标准谋划政协履职，以“实”的作风推进政协工作。坚持把调查研究作为政协履职的前提和基础，通过深入调研、反复论证，进一步增强议政建言的针对性、精准性，使政协履职更贴实际、更接地气、更有实效。

四是打造和谐型政协。大力弘扬团结、民主两大主题，充分尊重和保障各界人士的民主权利，努力营造平等协商、民主议事、真诚沟通的良好氛围，多做理顺情绪、化解矛盾的工作，多做求同存异、增进共识的工作，多做团结鼓劲、凝心聚力的工作，不断增进共识度、扩大团结面、汇聚正能量。

2017 年工作任务

2017 年，是新一届政协工作的开局之年。做好 2017 年工作，对于新一届政协开好局、起好步至关重要。建议重点抓好以下七个方面的工作：

1. 深入学习十八届六中全会精神。十八届六中全会确立了习近平同志的核心地位，审议通过了《关于新形势下党内政治生活的若干准则》和《中国共产党党内监督条例》，为全面从严治党、推进党的建设新的伟大工程确立了行动纲领，意义重大、影响深远。全市各级政协组织、各参加单位、广大政协委员和政协机关干部，要把学习贯彻十八届六中全会精神作为一项重大的政治任务，深刻领会精神实质，牢固树立政治意识、大局意识、核心意识、看齐意识，坚定不移维护党中央权威和党中央集中统一领导。要把学习贯彻十八届六中全会精神，与学习贯彻省、市党代会精神相结合，与学习贯彻中央、省委、市委经济工作会议精神相结合，与推进政协履职实践和政协理论研究相结合，不断提升政协工作水平。

2. 精心组织协商议政活动。围绕理顺市城区建设管理体制、推进异地搬迁扶贫，组织开展 2 次议政性常委会议协商；围绕优化市城区学校布局、缓解市城区停车难、提高乡村医疗卫生水平，组织开展 3 次议政性主席会议协商；围绕加大药品监管力度、做大做强体育产业等课题，组织开展 12 次对口协商和界别协商。着力在提高议政建言质量上下功夫，按照有主席牵头、有委室承办、有委员参与的要求，组建课题组，扎实开展调查研究，花更大力气深入了解实际、花更多时间强化研究论证，不断提高协商议政的精准性、实效性，努力为市委市政府科学决策提供更多有价值的参考。适时组织开展远程协商活动，进一步丰富协商议政形式。

3. 继续开展重点事项监督。围绕助推脱贫攻坚大会战，把“扶贫政策落实情况”作为监督主题，统一选派民主监督小组，对市扶贫办、市农委、市民政局、市人社局等 12 个部门进行集中监督，重点监督脱贫攻坚中政策落实、资金使用、项目推进等方面情况。鼓励和支持委员围绕“四大会战”，通过持证监督、担任特邀监督员等多种形式，积极履行监督职责，提出监督意见，促进相关工作。

4. 积极引导委员广泛参政议政。以专委会、界别组、活动组为单位，开展经常性履职活动，为委员履职创造更多机会、更好条件。发挥调查研究在政协履职中的基础性作用，每个活动组、界别组要选择 1~2 个切口较小、关注度较高的课题，组织开展调查研究，形成有价值的调研成果。进一步丰富视察形式，探索开展界别视察、委员持证视察，组织委员深入基层、深入现场，发现问题、提出建议。主席会议重点围绕产业扶贫、沅澧快速干线建设、重点工业项目建设、小城镇建设，开展 4 次视察活动；各专委会围绕对口部门工作，分别组织 1~2 次小型务实的视察活动。提交提案、反映社情民意信息是委员参政议政最基本、最常用的方式，要继续坚持和完善三提前、双把关、调结构、协商办、综合评“十五字”工作法，进一步提高提案工作水平；不断完善社情民意收集编报、跟踪反馈、考核激励等机制，引导委员更多更好地反映社情民意，当好人民群众的“传声筒”。

5. 努力汇聚改革发展合力。充分发挥人民政协联系广泛的优势，加强与各党派团体、各界人士的联系，支持党派团体和各界人士通过政协平台建言发声，按照求同存异、体谅包容的原则，把不同党派、不同阶层、不同信仰的人团结在中国特色社会主义伟大旗帜下。进一步扩大与港澳同胞、台湾同胞和海外侨胞的联系交流，加强与旅外委员的联系联谊，引导他们为家乡发展献计出力。注重团结民族宗教人士，发挥好民族界、宗教界委员的纽带作用、引领作用，促进民族团结、宗教和睦。

加强地方文史资料的征集、挖掘、整理工作，编纂出版《武陵诗韵》《朗州映象》《鼎城故事》常德文化系列丛书，发挥文史资料“存史、资政、团结、育人”的作用。

6. 扎实推进“三个一”扶贫行动。继续组织政协委员和机关干部开展“三个一”扶贫行动，认真做好新老委员帮扶对象接续工作，确保不因换届造成结对帮扶工作断档、脱档。组织委员和机关干部，积极参与“五送下乡”、捐资助学等形式多样的扶贫帮困活动，引导委员企业优先为贫困家庭提供就业岗位，确保“三个一”扶贫行动落到实处、见到实效。抓好主席会议成员扶贫点村建设，积极推进扶贫项目、扶贫资金、扶贫措施的落地落实，发挥好示范带动作用。

7. 切实加强政协自身建设。着力加强委员履职能力建设，抓好委员思想政治教育、政协理论学习和业务知识培训，打造一支“懂政协、会协商、善议政”的政协委员队伍。年内，组织 60 名市政协常委和优秀市政协委员，到全国政协培训中心集中培训。着力加强政协云平台建设，以远程协商系统、移动办公系统、协同办公系统为重点，加快推进政协云平台建设，使之成为委员履职的新载体、社会各界有序政治参与的新渠道、宣传政协工作的新窗口。着力加强机关党的建设，认真落实全面从严治党要求，严肃党内政治生活，强化党内监督，不断加强政协机关思想、政治、作风和廉政建设。着力加强机关制度建设，全面推进制度化、规范化管理。着力加强干部队伍建设，以机关中青年干部读书会为载体，突出抓好中青年干部的教育、锻炼与培养，不断增强政协干部队伍的生机与活力。

各位委员、同志们，新起点开启新征程，新征程承载新使命。让我们紧密团结在以习近平同志为核心的中共中央周围，在中共常德市委的坚强领导下，不忘初心，继续前进，不断开创政协工作新局面，为深入推进新常德新创业、为加快建设现代化区域中心城市做出新的更大的贡献！

大事记

2016年1—12月

1月

4日，省民政厅下发通报，授予武陵区府坪街道“全省和谐社区示范街道”荣誉称号，武陵区府坪街道方家巷社区、丹阳街道金桥社区“全省和谐社区示范社区”荣誉称号。

5日，全国政协常委、湖南省政协副主席杨维刚，市委副书记、市长周德睿为澧县不动产登记中心揭牌，并为澧县居民汪凌远、傅程等人颁发不动产权证书。这是湖南省首批不动产权证书。

6日，市委经济工作会议在市工人文化宫召开。会议贯彻落实中央、省委经济工作会议精神，总结2015年工作，分析当前形势，部署2016年工作，组织和动员全市上下坚持新常德新创业的总要求，继续打好“三大战役”，强力推进“五个常德”建设，努力实现“十三五”发展的良好开局。市委书记王群，市委副书记、市长周德睿出席会议并作重要讲话。

是日，石长铁路复线正式通车运行。石长铁路复线又名石长铁路增建二线工程，西起常德市石门县北站，途经临澧县、桃源县、鼎城区、柳叶湖旅游度假区、武陵区、常德经开区、汉寿县，东接京广线捞刀河站。全长279千米，总投资118亿元。其中，该项目在常德市境内144.48千米，投资79亿元，为国家Ⅰ级铁路，设计时速160千米。

7日，湖南省第十二届人民代表大会常务委员会第十九次会议通过《关于确定衡阳、株洲、湘潭、岳阳、常德、益阳、郴州市人民代表大会及其常务委员会开始制定地方性法规的决定》。这一决定标志着常德市成为立法法修改后全省首批可以行使地方立法权的设区的市。常德市将围绕城乡建设与管理、环境保护、历史文化保护“三大领域”，制定地方性法规。

8—16日，常德市第八届优质农产品展示展销会在市体育中心举行，200多家企业的5000余种名优特产亮相展销会。

13日，常德市在全国率先整市推进农业标准化建设，有效融合农业各要素资源，加快产业化、规模化、组织化、品牌化进程，全市农业生产经营模式发生根本性转变，农业产业质量和效益得到全面提升，现代农业得到快速发展。

15日，常德科技创新创业孵化产业园正式开园，市委书记王群，市委副书记、市长周德睿实地考察常德科技创新创业孵化产业园的部分入孵企业。常德科技创新创业孵化产业园总投资5.5亿元，孵化面积1.3万平方米，加速器及瞪羚企业面积21万平方米，已引进入孵企业23家。

是日上午，中联重科起重机械产业基地建设项目举行开工仪式。市委书记王群，市委副书记、市长周德睿与中联重科董事长詹纯新出席开工仪式。新的中联重科起重机械产业基地占地约53.33万平方米，总投资10.5亿元，项目建成后，可实现年产值70亿元以上。

18日，在市城区穿紫河边常德河街工地发掘出一座明代古墓，清理出土一面直径达26厘米的仿唐代瑞兽葡萄铜镜、2对梅瓶及银纽扣、银发簪和大批丝质及绢质衣物等珍贵文物。

是日，常德市残疾人联合会被中残联和国家体育总局评选为全国残疾人体育先进单位。

是日，石门县人民医院心血管内科、神经内科、普外科、骨科、感染科、护理6个学科被确定为全省县级医院重点专科建设项目。

19日，市委副书记、市长周德睿主持召开第38次政府常务会议，研究讨论2016年政府工作要点、重点项目建设实施规划和责任制、推行依法行政等若干事项。

是日，常德市武陵区府坪街道青阳阁社区、武陵区丹阳街道北堤社区、鼎城区红云街道花船社区、临澧县新安镇古城社区、石门县秀坪园艺场秀山村、津市市李家铺乡（毛里湖镇）官堰社区获国家减灾委员会、民政部授予的“2015年全国综合减灾示范社区”称号。

20日，从1月20日起，常德市加开5对至长沙的城际特快列车，其中2对常德往返长沙的城际特快列车提速约30分钟，仅需2小时10分钟。

是日，常德军分区党委十三届八次全体（扩大）会议在军分区机关召开。会议总结2015年度工作，部署2016年任务。市委书记、常德军分区党委第一书记王群出席会议并讲话。

是日，常德市城区渣土管理实施“智能化”。

是日，常德汉剧《孟姜女传奇》获第五届湖南艺术节田汉大奖。

22日，市政府六届十次全体会议在市城区芷园会堂召开。会议主要任务是：贯彻落实中央、省委和市委经济工作会议以及市“两会”精神。

25日，位于市城区沅北水厂取水口的国家级水质自动监测站建成投入使用，将为预警预报突发重大水质污染事故以及妥善处理、解决河流的水环境监测等问题提供重要科学依据。

是日，城头山国家AAAA级旅游景区揭牌仪式在城头山旅游景区举行。至此，澧县首个国家AAAA级旅游景区诞生。

26日，常德市第二届原创文艺颁奖大会在芷园会堂举行，会议传达全省文艺推进会精神，表彰奖励第二届常德原创文艺奖的获奖作品和组织工作先进单位。

27日上午，市第一中医医院博士后科研流动站协作研发中心授牌仪式在市第一中医医院举行。是常德市首家医卫类博士后工作站。

31日，在全省扶贫开发暨全面建成小康社会推进工作会议上，武陵区被认定为全省首批、全市唯一全面小康达标区县。被省扶贫开发办授予“全面小康达标县（市区）”奖牌。

2月

2日，省统计局发布2015年全省各市州GDP排名，常德以2709.02亿元在全省14个市州中位列第三。

3日，省人大常委会副主任韩永文率省人大常委会副秘书长谢卫东及省民政厅、人社厅相关负责人一行来到常德市，看望慰问困难群众。市委书记王群，市委副书记、市长周德睿陪同慰问。

4日，常德市第六届纪委第九次全体会议在市工人文化宫召开。市委书记王群出席会议并作重要讲话。市委副书记、市长周德睿主持会议并就落实会议精神提出明确要求。全体在家的市委常委、市人大常委会主任、市政协主席、市人民政府副市长、市中级人民法院院长、市人民检察院检察长等出席会议。

6日上午，东常高速公路芦荻山出城口正式通车。

8日，石门县被列入湖南省首批产城融合示范区。

11日，澧县名列湖南省2015年县域经济综合实力排名前20位。

16日，全国爱卫会发出《关于2015年国家卫生城市（区）和国家卫生县城（乡镇）复审结果的通报》，常德市顺利通过国家卫生城市复审，重新确认为“国家卫生城市”。石门县城、澧县县城重新确认为“国家卫生县城”。

18日，省委常委会审定2015年度全省绩效评估结果，常德市在总分为1000分的绩效评估中，综合得分959.15分，被评为全省绩效优秀单位。

22日，市委副书记、市长周德睿主持召开第39次政府常务会议。此次政府常务会主要研究部署园区攻坚、交通建设、美丽乡村和完美社区建设、合乡并村、网格化管理以及安全生产等12项具体事项。

23日，市人大常委会与市人民政府、市中级人民法院、市人民检察院在市人大机关举行联席会议。与会人员围绕《常德市第六届人民代表大会第五次会议至第七届人民代表大会第一次会议期间常务委员会工作要点（草案）》，就常委会审议事项、主任会议审议事项、常委会重要活动安排等内容展开讨论。市委副书记、市长周德睿出席会议。市人大常委会主任刘明主持会议。市人大常委会副主任王孝山、肖燕芳、王先蒙、谭弘发、戴君耀，市人大常委会秘书长万利出席会议。

24日，常德市首次市委交通工作会议召开。市委书记王群出席会议并发表重要讲话，市委副书记、市长周德睿作工作部署，市委副书记徐正宪主持会议。

25日，全市园区攻坚推进会召开。市委书记王群在会上指出，要以新的状态、新的理念、新的作为继续打好园区攻坚战役，加速推进新型工业化。市委副书记、市长周德睿主持会议。全体在家市委常委、市人大常委会主任刘明、市政协主席李爱国以及其他市级领导参加会议。常德经开区、临澧经开区、市人社局和企业代表在会上作表态发言。各区县（市）负责人、工业企业负责人及相关企业特派员等近300人参加会议。

是日，柳叶湖旅游度假区管委会与常德市第一中学签订合作办学协议，常德市一中柳叶湖学校正式成立。

26日，常德市武陵区东江街道新坡社区被评为全国最美志愿服务社区。

29日，遍布常德各区县（市）、年度计划投资55亿元的22个重点工程项目集中开工。在集中开工仪式主会场鼎城区临江棚户区改造项目建设现场，市委书记王群宣布项目正式开工建设，市委副书记、市长周德睿主持开工仪式。市人大常委会主任刘明、市政协主席李爱国，市领导雷绍业、朱水平、卢武福、黄清宇、赵建国、匡加才在主会场出席开工仪式。

是日，市政府下发《常德市帮扶工业企业十条》。帮扶工业企业十条内容包括：加大财政资金扶持力度、落实企业减负政策、降低涉企中介收费、降低企业用工成本、加大金融扶持力度、推动企业兼并重组、鼓励企业转型升级、加大政府采购倾斜、加大服务企业力度、加强监督检查。

3月

2—3日，省委常委、常务副省长陈向群来到常德市，就产业项目、城市提质、环境整治、文化旅游等重点工作，先后深入汉寿县、武陵区、常德经开区等地察看近20个现场，考察调研常德市经济社会发展情况。市委副书记、市长周德睿，市委副书记徐正宪，市人大常委会主任刘明，市政协主席李爱国陪同考察。

4日，中央、省、市诗词学会、协会领导，分别为鼎城区和区公安局授予“中华诗词之乡”和“全国诗教先进单位”荣誉称号。

是日，常德市2016年学雷锋志愿服务月暨“我为德城育新苗”志愿服务项目启动仪式在湖南幼儿师范高等专科学校举行。会议表彰2015年常德市优秀志愿者、项目、组织和岗位学雷锋标兵，并为“我为德城育新苗”志愿服务项目基地授牌。

7日，副省长李友志率省政府办公厅、省卫计委、省教育厅等部门负责人一行来到常德市，就产业项目、教育卫生工作进行调研。市委副书记、市长周德睿陪同调研。

8日，市人大常委会召开主任会议，专题座谈常益长高铁、益常高速公路复线建设工作。市人大常委会主任刘明主持会议，副主任王孝山、肖燕芳、王先蒙、戴君耀，副市长沈习森，市人大常委会秘书长万利参加会议。

10日，常德市城区及澧县、汉寿县、津市市、桃源县漳江镇同时入选国家智慧城市试点。

11日，临澧县2套公路治超电子监控系统通过计量鉴定并投入使用，临澧县成为常德市首个投入使用不停车预检系统的县，此举对于提高公路治超非现场执法效率、实现车辆超限情况全方位监督具有划时代意义。

12日，汉寿县罐头嘴镇“万民书管”图书管理员张秋被省妇联授予2015湖南“最美湘女”称号。

14日，经科技部批准，常德高新区成为国家第二批科技服务业区域试点单位。

是日，在北京北大未名生物工程集团有限公司总部，副市长朱晓平代表常德市政府，与北大未名集团总裁杨晓敏签订合作框架协议，标志着双方实际合作正式启动。市委书记王群、北大未名集团董事长潘爱华分别发表热情洋溢的讲话。

15日，石门县S242杨岭岗澧水大桥（三桥）举行开工仪式。该桥总投资约9515万元，预计2018年建成通车。

16日，全国绿化委员会下发《关于表彰全国绿化模范单位和颁发全国绿化奖章的决定》，常德市获得“全国绿化模范城市”称号。

是日，常德汽车北站搬迁至市城区竹叶路与桃花源路交汇处（桃花源大桥北引桥东侧），原汽车北站已于3月15日18时关闭。

16—17日，中央电视台、《人民日报》《光明日报》以及省级媒体组成采访团，专题采访“桃源文化现象”。中央电视台记者对桃源刺绣和桃源木雕所代表的“桃源工”尤为感兴趣，表示要在央视类似“大国工匠”的品牌栏目予以重点推介。

24日，市委副书记、市长周德睿主持召开第40次政府常务会议，研究部署全市公车改革、洞庭湖水环境综合治理、国家生态园林城市创建等多项具体工作；认真审议机关事业单位工作人员养老保险制度改革、市城区“三山”（河洑山、太阳山、德山）生态环境保护和2016年立法计划等文件。

25日，全国首个林伯渠研究机构——临澧县林伯渠研究会成立。

26日1时10分，G56杭瑞高速湖南桃源境内常吉段茶庵铺收费站附近以西K1083千米处，常德往怀化方向一辆装有四氯化钛的槽罐车由于追尾发生泄漏，造成交通阻断，经过消防官兵和公安民警7个多小时全力处置，险情成功排除，道路恢复通行。

28—29日，中央国家机关工委常务副书记李智勇率考察组来到常德市，考察常德市新型城镇化建设、文化旅游产业及“美丽经济”发展情况。市委书记王群，市委副书记、市长周德睿陪同考察。

28—29日，常德经开区开工建设4个亿元项目。这4个亿元项目分别是：湖南海利化工股份公司投资兴建的海利化工杂环项目，总投资3.68亿元；湖南德施普惠生物医药科技有限公司投资建设的医药中间体项目，总投资3亿元；华电常德电厂供热管网项目，总投资2.1亿元；湖南锘达科技有限公司建设的高效散热器项目，总投资1.2亿元。

29日，2016年“司法公正常德行”暨法官、检察官履职评议动员大会在市中级人民法院会议室召开。市委书记王群出席会议并强调：全市要切实加强各级党委、党组、党组织对该活动的领导，做到“实效”“具体”“联动”，营造风清气正的社会环境。市人大常委会主任刘明出席会议，市委常委、市委政法委书记何英平主持会议。

是日，市城市规划管理委员会召开2016年第一次会议，审议并通过《市海绵城市专项规划（2015—2030年）》《市体育中心及体育公园改造总平面规划》《西洞庭管理区总体规划》《津澧城市空间发展一体化规划》四项规划。市委书记王群，市委副书记、市长周德睿，市人大常委会主任刘明，市政协主席李爱国出席会议。

31日，全省首家以“一行一社”为基础改制组建的农村商业银行——常德农村商业银行正式挂牌开业。自此，常德市有了自己的第一家市级地方性商业银行。

4月

1日，壶瓶山保护区标本馆被收入《中国植物标本馆索引》。此举对推动常德市国家森林城市创建工作，提升壶瓶山保护区在国内外的知名度和影响力以及标本馆的对外交流工作具有极大意义。

是日上午，2016年德商恳谈会在天济·喜来登酒店国际会议中心举行。700多名常德籍知名人士、商会协会精英、党政军企各界代表聚集一堂共话桑梓之情，共谋发展大计。

4日，市政府印发《常德市城乡居民大病保险实施方案》（以下简称《方案》）。《方案》明确了城乡居民大病保险范围和补偿标准，对参加城镇居民医保和新农合的城乡居民在基本医疗报销基础上，个人负担合规费用超过1万元以上部分分四段累计补偿，即1万元至3万元部分按50%、3万元至8万元部分按60%、8万元至15万元部分按70%、15万元以上部分按80%的标准予以补偿。

7 日上午，常德市交通建设大会战总指挥部在市交通运输局正式挂牌，一同挂牌的还有总指挥部下设的常德市高速公路建设指挥部、常德市沅澧干线建设指挥部。

12 日，阿里研究院发布《阿里巴巴商业服务生态报告 2016》，首次公布 2015 年在线商业服务生态“五大排行榜”，常德市以 3% 的服务商指数入围在线服务商发展城市 50 强，成为湖南除长沙市之外唯一入围的地级市。

是日上午，由市直工委主办的常德市首堂市直机关大讲堂在湖南文理学院逸夫楼开讲。来自中国社会科学院研究生院教授、副院长、上海研究院常务副院长文学国以《科技创新与经济发展》为主题向现场的 1400 多名机关干部、大学生进行主讲。

13 日，常德市 19 家企业 19 项产品获评 2015 年湖南名牌产品。

是日下午，全市“雁过拔毛”式腐败问题和“纠‘四风’、治陋习”专项整治工作会议在柳叶湖旅游度假区会议厅召开。市委副书记徐正宪出席并讲话。市委常委、市纪委书记李挚主持会议。

13—14 日，市委副书记、市长周德睿率队前往深圳市华侨城集团、深圳华大基因科技有限公司，以及佛山市中国中药有限公司登门对接重大招商项目。

15 日，市国安局联合武陵区、鼎城区、常德经开区、柳叶湖旅游度假区国家安全工作领导小组办公室，在市城区步行城举行常德市首个“全民国家安全教育日”宣传活动。

16—17 日，越南党政干部考察团在中联部国际交流协会参赞李冬萍陪同下考察常德市党建工作。市委书记王群，市委常委、市委组织部部长、市委统战部部长雷绍业，市委常委、市纪委书记李挚，市委常委、市委秘书长黄清宇接待会见越南党政干部考察团成员。

17 日，11 时许，环保部发布全国城市空气质量指数，常德市市城区空气质量指数（AQI 指数）为 20，级别为优，名列全国近 200 个环保重点城市首位。是自 2013 年全国实施空气质量指数新标准以来，常德市被纳入全国城市环境空气质量实时监控和排名后，第二次获得全国第一名的好成绩。

18 日，“桃源红茶”获农产品地理标志登记保护。

19 日，市委全面深化改革领导小组召开 2016 年第一次会议。会议由市委书记、市委全面深化改革领导小组组长王群主持；市委副书记、市长周德睿，市委副书记徐正宪，市人大常委会主任刘明，市政协主席李爱国，市领导雷绍业、李挚、朱水平、卢武福、何英平、黄清宇、朱晓平出席会议。会议审议通过《中共常德市委全面深化改革领导小组 2016 年工作要点》。

20 日，市委副书记、市长周德睿主持召开第 41 次政府常务会议，听取对口支援工作、沅江过江隧道 PPP 项目实施方案、全市公路公安检查站、粮食工作等事项情况汇报。

21 日，常德市不动产登记中心正式挂牌成立，标志着常德市不动产统一登记工作正式进入实施阶段。

是日上午，全市“农民大学生培养计划”教学实践基地授牌仪式在柳叶湖旅游度假区郑家河村郑太有机农场举行。湖南广播电视大学副校长刘建军等出席授牌仪式。

22—23 日，中国气象局副局长、国家防总副秘书长矫梅燕一行 4 人，来到常德市检查汛期气象服务工作。

23 日，桃花源镇汤家山村美丽乡村建设暨中旺农业公司富硒草本咖啡种植基地项目启动。

28 日，遍布沅澧大地、总投资超过 56.2 亿元的 36 个项目同时开工。市“四大家”主要领导王群、周德睿、徐正宪、刘明、李爱国在位于柳叶湖旅游度假区市民之家建设工程项目主会场出席开工仪式。

是日，江南沅江风光带历经 8 个月的建设正式开园。

28—29 日，全省农业综合开发工作现场会在常德市召开，会议对当前和今后一个时期该项工作开启进行安排和部署。

29 日，常德市召开“两学一做”学习教育工作会议，学习贯彻中央和省委精神，部署安排常德市学习教育工作。市委书记王群发表重要讲话，要求全市各级党组织要始终坚持围绕中心、服务大局，把学习教育融入岗位职责、融入干事创业，做到“两手抓、两促进”，要进一步增强党的创造力、凝聚力和战斗力，为深入推进新常德新创业、加快全面建成小康社会提供强大的源动力。市委常委、市委组织部部长、市委统战部部长雷绍业在会上就学习教育工作作具体安排部署。

是日，华南光电（集团）荣获 2016 年度全国“五一劳动奖状”。

是日，在重庆举行的第四届全国媒体融合创新论坛上，尚一网总经理、总编辑王永刚荣获“中国网络媒体创新发展杰出人物奖”。

是日，常德汽车总站“小白鸽”特色服务班荣获“全国工人先锋号”，是常德市道路运输行业继市城区 1 路公交线后第二个获此殊荣的班组。

是日上午，杨锋烈士骨灰安放仪式在万金公墓举行。杨锋烈士出生于 1977 年，柳叶湖旅游度假区白鹤镇染山村人，1996 年 8 月入伍，1999 年 5 月光荣加入中国共产党，历任飞行学员、飞行教员、中队长、训练股长、副团职技术检查主任等职。中校军衔，一级飞行员，曾荣立二等功 1 次、三等功 3 次。4 月 15 日，杨锋执行飞行训练任务时不幸以身殉职，年仅 39 岁。

5 月

3 日，省妇幼保健院托管常德纺机医院暨新建常德医院项目在常德经开区举行签约仪式。

4 日，常德市“武陵杯”首届越野摩托车邀请赛在白鹤山泰顺房车公园举行，来自全国各地的 20 个车队 60 名车手参加比赛。

5 日，南华大学和市第一人民医院深化校院合作工作会议召开，市委书记王群和南华大学党委书记王汉清共同为南华大学附属常德医院揭牌，标志着常德市第一人民医院正式成为南华大学附属常德医院。

6 日下午，市食药监局向常德市派和食品有限公司、鼎城区谢家铺镇动景山泉矿泉水厂、汉寿县军兴面粉厂、安乡县力泉纯净水厂 4 家企业颁发首批新版食品生产许可证（“SC”证）。

新版“食品生产许可证”证书添加二维码，任何人都可以通过手机扫描，实现许可证书信息的在线识别。

8日，为扎实推进“两学一做”学习教育工作，市委决定从5月8日起至11月底，在全市开展“荷花品格、梅花精神”系列廉洁文化活动。

是日，在长沙市召开的省委城市工作会议上，市委书记王群代表市委、市政府，以“努力建设真善美的城市”为题，向与会人员介绍近几年来常德城市建设所积累的工作经验，这是湖南省委、省政府继2014年7月6—7日在常德市召开全省推进新型城镇化工作会议后，第二次向全省推荐常德市的城市建设经验。

9日，常德市两条高速公路建设项目——G5513益阳至常德高速公路扩容工程、G59炉红山（湘鄂界）至慈利高速公路被纳入全省建设规划。

是日，以“普及五大发展新理念，凝聚改革攻坚正能量”为主题的湖南省社科普及主题活动周在常德市启动。省人大常委会副主任谢勇，省政协副主席欧阳斌出席活动，并分别为湖南省社科普及志愿者小分队、常德市社科普及条例微宣讲小分队授旗。此次活动由省委宣传部、省社科联主办，常德市委、市政府承办。

12日，常德市地震应急救援演练暨“5·12”应急知识集中宣传活动在市城区常德外国语学校举行启动仪式。市委副书记、市长周德睿到场观摩并讲话。

13日，市委书记王群主持召开中共常德市第六届委员会第十四次会议。会议决定：2016年9月在常德市召开中国共产党常德市第七次代表大会。

17日，中国医药集团总公司与市政府签订战略合作框架协议，双方将充分发挥自身优势，拟在医疗健康服务、医药物流分销、医药零售、生物医药制造、医药研发与工程设计、医疗器械、人才信息交流7个方面开展合作。市委书记王群，市委副书记、市长周德睿，中国医药集团总公司总经理佘鲁林出席签约仪式。副市长陈华与中国医药集团总公司副总经理董增贺签订战略合作框架协议，与中国中药有限公司总裁杨斌签订投资常德中医院及医养综合体合作意向书。

是日，中国民主同盟常德市第七次代表大会在芷园会堂召开。民盟湖南省委副主委胡颖，市委常委、市委组织部部长、市委统战部部长雷绍业出席大会。大会通过《中国民主同盟常德市第七次代表大会决议》；选举产生民盟常德市第七届委员会，傅绍平当选民盟常德市第七届委员会主任委员，刘丽艳、陈集亮、杨莉、李宝斌当选为民盟常德市第七届委员会副主任委员，任命李昌雄为秘书长；大会还选举出席民盟第十四次湖南省代表大会的代表。

17—18日，全国人大常委会副委员长吉炳轩率全国人大常委会执法检查组来到常德市，对常德市贯彻落实《中华人民共和国水法》情况进行执法检查。

18日，常德市总工会第六届委员会第五次全体会议依照《工会法》，顺利履行所有会议议程，圆满完成换届选举工作。市人大常委会副主任、党组成员谭弘发当选为常德市总工会第六届委员会主席。

是日，致公党常德市委举行第二次代表大会。会议通过民主选举产生以杨成英为主委，胡碧波为专职副主委，黄明军、尹明祥、徐岚为兼职副主委的新一届领导班子。致公党湖南省委副主委王国海出席会议并致贺词，市委常委、市委组织部部长、市委统战部部长雷绍业代表市委向大会召开表示祝贺。

19日上午，常德财鑫投融资服务中心在柳叶湖旅游度假区北部新城动工。市委书记王群宣布项目正式开工，市委副书记、市长周德睿主持开工仪式，徐正宪、刘明、李爱国等市领导出席开工仪式。

20日，九三学社常德市第六次代表大会在市城区召开。省政协副主席、九三学社湖南省委主委张大方代表九三学社省委，中共常德市委副书记徐正宪代表常德市委到会祝贺。九三学社湖南省委副主委李云才，中共常德市委常委、市委组织部部长、市委统战部部长雷绍业到会指导。市政协副主席、九三学社常德市委第五届主委朱传宏代表九三学社常德市第五届委员会向大会作工作报告。

21日下午，市政府、市文体广新局、湖南德成建设集团在市城区举行欢迎会，祝贺中国常德龙舟队（德成龙舟队）从德国汉诺威凯旋。此次代表中国参加第22届汉诺威国际龙舟赛，该队分别夺得专业组500米冠军、4000米亚军、250米第五名的佳绩，参赛成绩名列此次比赛各国代表队第一。

23日，常德市首个出入境自助服务区正式开通运行。拥有常德市户籍的居民，可前往市公安局大门东侧自行续签卡式电子往来港澳通行证，自助领取在市公安局出入境接待大厅办理的护照和电子往来港澳通行证。

24日，市委副书记、市长周德睿主持召开市政府第42次常务会议，听取加快推进全市“四十大”项目建设工作方案、电动汽车充电基础设施建设、常德柳叶湖国际马拉松赛等事项情况汇报。重点审议拟出台的首部地方性法规——《常德市城区河流湖泊保护条例（草案）》。

25日，中国国民党革命委员会常德市第七次代表大会在柳叶湖旅游度假区管委会召开。中国工程院院士、民革湖南省委主委、中南大学副校长田红旗，民革湖南省委专职副主委雷震宇，中共常德市委副书记徐正宪，中共常德市委常委、市委组织部部长、市委统战部部长雷绍业到会祝贺。大会选举产生中国国民党革命委员会常德市第七届委员会，陈位明当选中国国民党革命委员会常德市第七届委员会主任委员。大会还选举出席民革湖南省第十五次代表大会的代表。

是日，鼎城区人民政府在江南城区举行常德阳明湖板块整体开发建设合作框架协议签约仪式，标志着该重点工程建设拉开序幕。阳明湖板块坐落在江南城区，是市委、市政府定位的常德城市新中心、泛湘西北区域科技创新资源汇聚平台、省级产城融合示范区，及国家级海绵城市建设示范点，其规划面积12.5平方千米。该板块城市设计方案经过国际竞赛，确定中国城市规划设计研究院的“和合水城”和美国都市实验室“阳明群岛”两项概念规划为主题思路，深度规划设计已经过两轮对接，2016年5月形成全面规划成果。

27日，常德市林木绿地认养认建启动仪式在丁玲公园举行。市领导徐正宪、戴君耀、朱晓平出席启动仪式，并各自认领一棵银杏树。

28日，常德市首批70台纯电动公交车正式投入使用。纯电动公交车长为8.5米，为纯电驱动，电子档位，无变速箱，车充满电后行驶里程可达180千米。

是日下午，省委、省政府在长沙市举行加强产融学合作、推进湖南“十三五”发展座谈会，与部分央企、金融机构和科研院校签署战略合作协议。座谈会上，常德市与央企对接项目18个，并与深圳华侨城签订合作协议。座谈会期间，市委书记王群，市委副书记、市长周德睿先后与4家央企负责人进行座谈。

30日，2016首届常德红茶文化节暨“武陵红”品牌推介会在市城区共和酒店举行。来自全国各地的茶专家、茶商等近千名嘉宾共品“武陵红”，感受常德茶文化，商谈业务合作。市委副书记徐正宪致辞，中国茶叶流通协会常务副会长王庆宣布文化节开幕，副市长朱晓平主持开幕式。

31日，湖南省2016年未成年人“我的中国梦·学习和争做美德少年”主题教育实践活动启动仪式在汉寿县詹乐贫中学举行。省委宣传部副部长、省文明办主任刘进能，省文明办副主任熊科文，省妇联副主席卢妹香及各市州文明办负责人、常德市和汉寿县相关部门负责人、部分师生代表参加启动仪式。市委常委、市委宣传部部长唐贵平主持启动仪式。活动由省文明办、省教育厅、共青团湖南省委、省妇联、省关工委共同主办，市文明办、市教育局、共青团常德市委、市妇联、市关工委、汉寿县文明委承办。

6月

1日，由市救助管理站未成年人保护中心和武陵区计划生育协会等部门联合成立的武陵区东苑社区“太阳花”守护站正式启动运行，成为常德市首个在社区一级成立运行的未成年人保护站点。

是日，石门县新型职业农民黄云华启程赴北京，参加为期5天的全国现代青年农场主高级研修班，学习交流农业双创及家庭农场高效经营做法与经验。

3日，常德欢乐水世界全新升级开园，100多名山区留守贫困儿童应邀游园。开园仪式上，“阳光蓓蕾·欢乐起航”关爱留守贫困儿童的特别仪式备受社会关注。

4日，第11届全国青少年教育机器人奥林匹克竞赛华中区选拔赛暨2016年APRC亚太青少年机器人竞赛在鼎城一中举行。来自北京、天津、上海等18个省市的参赛队伍参加竞赛。

5日，2016“我们的节日·端午·屈原杯”湖南省第三届群众性龙舟赛总决赛在柳叶湖举行。来自全省各市州及部分高校的16支龙舟队、500余名运动员参加比赛。

6日上午，黔张常铁路首孔梁架设仪式在常德市鼎城区灌溪镇黄土山村举行。是黔张常铁路全线首次架梁，比预计工期提前216天，预示着黔张常铁路有望提前至2018年建成通车。

7日，城头山国家考古遗址公园开园。城头山国家考古遗址公园开园仪式由省文化厅、市人民政府主办，省文物局、澧县人民政府承办。

是日，“城头山杯”第三届“美丽中国·文化风采”全国摄影大展暨全国百名摄影家走进湖南澧县采风创作活动在澧县城头山启动。

10日，在刚刚闭幕的第十届中国（武汉）国际园林博览会上，由市园林局代表常德市参展承建的“常德园·山水善德”，以城市展园评比总分第三的成绩获室外展园综合大奖，仅次于杭州园和北京园。同时该园区还以鲜明的地域特色、独特的艺术构思和深厚的文化底蕴获得创新金奖、展园设计奖、植物配置等多个奖项。中国国际园林博览会是中国园林行业层次最高、规模最大、影响最远的国际性重大盛会。

12日，广东省佛山市委副书记、市长朱伟率市国土、规划、住建等部门负责人来到常德市参观考察城市建设。常德市委书记王群，市委副书记、市长周德睿等陪同考察，并向客人介绍常德市如何推进以人为核心的城镇化，努力建设“真善美”城市具体做法。

13日上午，2016年全国食品安全宣传周湖南启动仪式在常德市白马湖文化广场举行，社会各界群众3000多人参加。以“尚德守法，共治共享食品安全”为主题的宣传周活动，由省食品安全委员会主办，省食品药品监督管理局、常德市人民政府共同承办。省人民政府副省长向力力出席启动仪式并发表重要讲话。

14日，在第十三个“世界献血者日”（6月14日）期间，市献血办、市中心血站于6月2日至6月14日，组织开展以“血液连接你我”为主题的系列宣传活动。

15日，皇木关污水处理厂投入试运行。

16日，省政协副主席葛洪元带领省政协调研组来到常德市，督办省十一届政协四次会议第0184号提案《关于加快洞庭湖生态经济区环湖公路建设的建议》办理情况，并到现场进行实地调研。

是日，常德市第三次全国农业普查工作会议召开，专题部署常德市第三次全国农业普查各项工作。

16—17日，省人大常委会副主任王柯敏率检查组到常德市就《中华人民共和国环境保护法》贯彻实施情况开展执法检查。省人大环资委主任委员邹学明、委员吴建平，省环保厅副巡视员周舒白等参加检查。市人大常委会主任刘明、副主任王先蒙、副市长匡加才陪同检查或出席汇报会，副市长朱晓平汇报常德市环境保护工作。

17日，常德技师学院搬迁工作正式启动，常德技师学院新校区在常德职业教育大学城内。

18日，中国作家协会会员、石门县政协原副主席张天夫的散文集《天不在意》荣获中国散文最高奖——冰心散文奖，成为本届常德市唯一获此荣誉的作家。

是日,《不屈之城——常德》在中央电视台军事农业频道播出。

20—21日，韩国启明大学校长申一熙及夫人朴昞喜一行来到常德市考察交流。副市长陈华及市教育局相关负责人接待来访嘉宾。

21日，自2016年2月常德市启动合村工作后，全市已将原有3353个建制村合并为1607个，减少1746个，减幅达52%。

22日，壶瓶山大峡谷景区获“湖南最佳避暑胜地”称号。

是日，市委副书记、市长周德睿主持召开第43次政府常务会议，研究部署全市农村综合服务平台建设、市江北城区城东片棚户区改造、海绵城市建设、乡村教师支持计划等多项具体工作。

是日，桃源县龙潭镇鄢家溪广场舞队获“感动中国2016群众文化艺术周暨‘群众杯’第四届舞蹈、合唱、乐器展演”“群文杯”铜杯。

24日，常德市工商联（总商会）第七次会员代表大会在芷园会堂召开。大会选举产生常德市工商联（总商会）第七届执委会，张业梅当选市工商联（总商会）第七届执委会主席。

是日，市政府与湖南建工集团签订战略合作协议，双方将在常德城市建设、棚户区改造等领域开展深度合作。市委书记王群，市委副书记、市长周德睿，湖南建工集团董事长叶新平，党委书记李湘波等共同出席签约仪式。

26日，常德市消防部队首个综合训练馆在鼎城区建成投入使用，该训练馆占地500平方米，兼备健身、训练、休息、娱乐、文化等多功能为一体，可以同时容纳数百人开展不同项目的训练。

27日，常德市与智美体育集团签订常德柳叶湖国际马拉松赛运营协议。王群、周德睿、刘明、李爱国等市“四大家”领导与省体育总会专职副主席冯湘江，智美体育集团执行董事、高级副总裁沈伟等一道出席签约仪式。

29日，湖南文理学院美术学院视觉传达专业学生获第25届时报金犊奖银奖等多个奖项。

7月

2日，7月1日8时至2日8时，常德市普降大到暴雨，局地大暴雨，全市面雨量58.5毫米，超过50毫米有123站，超过100毫米有34站，最大降水站点为临澧县杉板乡143.8毫米，截至7月2日10时，全市共有155座水库溢洪。

5日，湖南幼专获省“平安高校”建设项目立项。

6日，市委副书记、市长周德睿主持召开市国资监管领导小组第一次会议。会议听取市国资委关于市城建投集团发行境外债券、欣运集团产权界定等5项重大事项情况汇报。

8日，副省长、省防指指挥长戴道晋赶赴常德，在市领导王群、周德睿、徐正宪、黄清宇等陪同下，对安乡县、鼎城区及汉寿县防汛抗灾情况进行为期两天的督导。

9日，壶瓶山国家级自然保护区工作人员与法国鸟类专家在顶坪区域开展鸟类资源调查过程中，首次发现珍稀鸟类白腹隼雕。经查阅相关文献资料，该鸟现身壶瓶山为湖南省首次发现。

10日，全省首期新型职业女农民培训班在常德市开班。

12日晚，庆祝中国共产党成立95周年暨帅孟奇诞辰120周年文艺展演活动在汉寿县城休闲广场举行，特别节目汉剧高腔大戏《帅孟奇》首次登台公开演出。

14日，市政府与中国建筑第五工程局有限公司签订战略合作协议，双方将在海绵城市建设、基础设施建设、文化旅游建设等重大项目上开展全面合作。市委副书记、市长周德睿主持签约仪式。

18日上午，湘西北生物科技公共服务平台及电商产业园项目在西洞庭管理区举行开工仪式。副市长匡加才宣布项目开工。

19—20日，省委书记、省人大常委会主任徐守盛对常德市防汛抗灾工作进行检查指导，并就贯彻落实“一核三级四带多点”区域发展战略，特别是加快推进环洞庭湖经济带发展进行深入走访调研。省委常委、省委秘书长许又声，市委书记王群，市委副书记、市长周德睿陪同参加调研。

20日，湖南省妇幼保健院常德医院项目在常德经开区开工建设，该医院预计于2018年投入运营。

26—27日，市委召开城市工作会议，推进“真善美”城市建设。市领导徐正宪、刘明、李爱国、雷绍业、朱水平、陈恢清、何英平、黄清宇、唐贵平、任晨、罗少挟、胡丘陵、陈伟俊、彭孟雄等参加会议。

27日，市人大常委会举行《常德市饮用水水源保护条例》立法听证会，就立法过程中存在意见分歧和涉及重大利益调整的事项“面对面”“零距离”听取公众意见。是常德市首次举行立法听证会。

是日，鼎城区蒿子港发现一条中华鲟，这是常德市发现的第19条中华鲟，除1条在津市发现时就已死亡外，其余全部放生。

是日下午，市委召开六届十六次全委（扩大）会议，贯彻落实省委书记、省人大常委会主任徐守盛在常德考察调研期间的讲话精神及全省半年经济工作会议精神，安排部署下半年工作任务。

28日上午，市委副书记、市长周德睿主持召开第44次政府常务会议。会议审议《政府重大投资项目预防腐败工作实施方案的通知（草案）》等文件，听取2016年常德国际旅游节总体方案等情况汇报。

是日，由中央宣传部、司法部、全国普法办联合表彰的“六五”全国法治宣传教育先进集体和先进个人中，常德市获评全国先进城市，津市市获评全国先进县（市、区），市地税局获评全国先进单位，常德供电分公司总经理张亚林、武陵区司法局局长戴正伟获评全国先进个人。

是日，石门县社会治理联动指挥中心正式揭牌成立。是湖南省首家县级社会治理联动指挥中心。

29日，常德市被全国双拥工作领导小组、民政部、中央军委政治工作部授予“全国双拥模范城市”荣誉称号。

8月

1日，天海集团与常德军制公司在武陵区工业园举行签约仪式，双方决定合资组建湖南天海电器有限公司，并计划总投资3亿元，上马年产60万套汽车电线束产品项目。

1—3日，日本东近江市友好代表团对常德市进行为期3天的友好访问。市委副书记、市长周德睿，市人大常委会主任刘明，市政协主席李爱国，市委常委、常务副市长朱水平，副市长陈华，市政府秘书长周代惠陪同访问并参加接待活动。

2日，《常德年鉴（2013）》在全国地方志优秀成果（年鉴类）评审中，获地市级（含副省级城市）综合年鉴一等奖。

2—3日，省委副书记、省长杜家毫来到常德市，乘船到澧水下游、沅水中游航道实地考察调研“一湖四水”保护与治理工作。副省长张剑飞、向力力参加调研。市委书记王群，市委副书记、市长周德睿陪同调研。

2—3日，省委常委、省委统战部部长黄兰香在省委统战部副部长龙建湘、省民宗委主任徐克勤陪同下来到常德市，先后走访调研宗教场所和宗教界代表人士，并在桃源县调研“两学一做”学习教育情况，看望慰问困难党员，在该县枫树维吾尔族回族乡维回新村给全体党员上了一堂生动的党课。市委副书记徐正宪，市委常委、市委组织部部长、市委统战部部长雷绍业陪同调研。

5日，为进一步加强城市规划建设管理工作，解决制约城市科学发展的突出矛盾和深层次问题，加快打造“双百城市”（中心城区建成区面积超过100平方千米、人口超过100万人），开创城市现代化建设新局面，市委、市政府制定下发《关于进一步加强和改进城市规划建设管理加快打造“双百城市”的实施意见》，就如何贯彻落实创新、协调、绿色、开放、共享的城市发展理念，做了详细明确的规定。

8日，常德市首座电动公交车充电站24台直流充电桩调试完成，标志着首批引进的70台纯电动公交车正式投入使用。该座公交车专用充电站位于常德汽车总站以北，是常德城市公交电能替代重点改造项目，占地近1.33万平方米，暂设公交车专用充电桩24台，可同时为48部纯电动公交车进行充电。

9日，由市文明办、市妇联主办的中华母亲讲堂“第八届国际经典状元会考暨第十三届全国经典诵读优秀节目会演”开幕式在芷园会堂举行。“承接中华祖宗智慧，诵读圣贤教育经典，让中华优秀传统文化照亮孩子们的天空”是活动的主题。

是日，常德经开区与世界500强企业——甲骨文股份有限公司在喜来登酒店签订战略合作协议，标志着甲骨文（湖南）OAEC人才产业基地项目正式落户常德经开区。

10日上午，常德市第八家省级院士专家工作站——德人牧业省级院士专家工作站暨奶牛科普馆揭牌仪式在西湖管理区举行。副市长匡加才出席仪式并讲话。

是日，常德市不动产统一登记首证颁发仪式在市不动产登记中心举行。省国土资源厅党组成员、纪检组组长唐新民为武陵区居民雷鸣鸣颁发市本级首本不动产权证书。市委常委、常务副市长朱水平出席首证颁发仪式并讲话。

12日，在“香港国际茶展名茶比赛”中，澧县太青山有机食品有限公司主打品牌“双上绿芽”旗下的“太青云峰”在展会评出的4个奖项（1个冠军3个亚军）中获冠军、“双上红叶”获亚军，“双上绿芽”品牌扬威国际展会，为湘茶赢得荣誉。

16日，2016年湖南（上海）投资贸易洽谈会（沪洽周）拉开帷幕，常德市在上海徐汇区举行常德（上海）投资推介会暨重大项目签约仪式。会上，共有31个项目达成合同或投资协议，总投资达273.46亿元。市委常委、副市长提名人选任晨，副市长匡加才等出席签约仪式。

19日，市直党政机关公务用车制度改革工作动员大会召开，标志着常德市公务用车制度改革正式启动。

20日，在湖南茶叶“十大公共品牌”“十大杰出营销经理人”“十大最美茶叶村（茶园）”评选中，常德武陵红、石门银峰、桃源大叶茶获得“十大公共品牌”称号，桃源县百尼茶庵茶业有限公司董事长饶文兵获得“十大杰出营销经理人”称号，石门县维新镇古城堤村（云中君有机茶园）获评“十大最美茶叶村（茶园）”称号。

21日上午，由湖南省台办、常德市政府主办，常德市台办、湖南文理学院承办的“第十六届湖湘文化之旅——青春两岸行·桃花源牵手日月潭”活动启动仪式在湖南文理学院举行。

23日，市建设教育强市领导小组会议召开，领导小组成员就进一步加大教育强市建设推进力度、加大扶持偏远山区教育基础设施力度、第二届翦伯赞教育突出贡献奖评选及表彰、常德职教大学城机构设置等问题进行研究。市委副书记、市长周德睿出席会议并讲话。

是日晚，“亲情中华·魅力湖南·美丽常德”赴英国、德国文化交流活动启动仪式暨汇报演出在市文化馆剧场举行。省侨联副主席、秘书长孙民生，市委常委、市委组织部部长、市委统战部部长雷绍业出席仪式并讲话。

23—26日，2016全国地方新媒体发展高峰论坛暨中国地市新闻网联盟年会在内蒙古自治区包头市举行。尚一网连任副理事长单位，并被授予2016全国地方网络媒体“十大最具创新力品牌”称号。

24日，桃源县枫树维回乡庄家桥村庄中财家的太阳能光伏发电设备经国网公司桃源县供电公司检测验收合格，并入国家电网，正式发电。

是日，省旅游局在长沙市举行《常德旅游发展总体规划》评审会暨《常德城市旅游规划》汇报会，《常德旅游发展总体规划》通过专家评审。

25日，市委副书记、市长周德睿主持召开第45次政府常务会议。研究部署常德市总体城市设计、棚户区改造、“两水四岸”综合整治，以及推进常德市供给侧结构性改革等11项关乎常德经济社会发展大局的具体事项。

26日上午，全市深化医药卫生体制综合改革试点工作在芷园会堂召开，标志着常德市综合医改试点正式启动。会议提出，将实施7个方面30项改革。市委副书记、市长周德睿出席会议并讲话。市委常委、常务副市长朱水平主持会议。副市长陈华作工作报告。

26—27日，全省精准扶贫信息化管理暨挂图作战现场推进会在常德市召开，14个市州、有扶贫任务的123个县市区扶贫办主任参会，石门县、汉寿县、桃源县3县为会议提供很好的参观、学习现场。副省长戴道晋说，精准扶贫挂图作战学常德。

28日，在工业和信息化部、财政部共同发布的2016年工业强基工程中，常德力元新材料有限公司获得5000万元奖金支持，是全省4个入选项目之一，成为常德市近年来获得国家资金支持最大的单个工业项目。

31日上午，陈旭昶摄影作品捐赠仪式在市城建档案馆举行，经过4个多月遴选整理，陈旭昶珍藏多年的老照片共计8623幅全部捐赠给市城建档案馆。

是日，为切实提高城市适应气候变化能力和水平，国家发展改革委和住房城乡建设部决定在全国选择30个左右典型城市开展气候适应型城市建设试点，针对城市面临的突出问题，开展前瞻性和创新性探索。常德市将开展国家气候适应型城市试点建设。

9月

1日，由常德市歌舞剧院、汉剧高腔保护中心等专业院团演职人员组成的文化交流团赴德国和英国开展为期8天的“亲情中华·魅力湖南·美丽常德”慰问演出。常德市第六次组织文化交流团代表湖南走出国门。

是日，为适应全媒体时代宣传需要，市社科联推出官方微信公众号“常德智库”。

2日，一套装帧典雅、制作精美、墨香横溢的大型丛书《青山史话》，在临澧县举行首发式。该书由临澧县政协主编、湖南人民出版社出版。是临澧县第一次对青山工程史料进行的历史性收集，也是为青山工程开工建设50周年暨建成使用40周年敬献的一份厚礼。

是日，2016第八届湖南茶业博览会开幕式暨潇湘·石门银峰茶推介会在长沙红星国际会展中心隆重举行。

5日，在2016第八届湖南茶业博览会“茶祖神农杯”名优茶评选活动上，桃源“古洞春”牌黑茶酥荣获创新茶产品金奖。

是日，市规划展示馆被正式授予国家AAAA级旅游景区牌匾。

6日，国家知识产权局发文，批准常德市等33个城市成为国家专利质押融资试点城市。试点时间自2016年8月起，为期3年。

是日，常德市第二届翦伯赞教育突出贡献奖名单正式出炉，石门县一中校长侯宏泉、湖南幼儿师范高等专科学校校长郭立纯、武陵区育英小学校长谭国湘等11名教育工作者及市一中“省创新人才培养实验基地”教师团队、市教科院中学教研室教研员团队等4个教师工作团队获得第二届翦伯赞教育突出贡献奖，他们将分享150万元的重奖。

8日，湘北平湖区水稻试验站在桃源枫树维吾尔族回族乡丰渡嘴村举行“节水抗旱稻丰产示范”现场验收会。该项目通过专家组现场验收。常德市通过3年田间试种后，首次聘请湖南省水稻产业技术体系首席专家现场评估，目的是为常德市棉田改制和国家粮食安全提供可靠的技术支撑。

是日，临澧县鳌山村爱心协会成立。发起人是鳌山村籍人、全国政协委员、中国记协副主席、人民日报社原副社长何崇元。

是日，常德新材料产业创业投资基金成立。

9日，在第十七届中国绿色食品博览会上，常德正新农业科技发展有限公司生产的“边山河”牌蔬菜荣获绿博会金奖。

10日，新疆维吾尔自治区政协党组副书记、常务副主席白志杰带领新疆代表团一行5人来到常德市，在市政协副主席傅绍平等陪同下，到桃源县枫树维回乡走访慰问维吾尔族父老乡亲，并提前祝父老乡亲过一个祥和幸福的古尔邦节。

是日，“紫菱杯”第二届全国“鼓书”观摩交流座谈会在市文化馆举行。来自辽宁、河北、河南、山东、江西、广西、上海、湖南等8个省（市）的鼓书艺人齐聚一堂，共话鼓书传承。中国艺术研究院曲艺研究所所长吴文科、省文化厅副厅长张帆、省文化厅巡视员孟庆善等嘉宾参加会议。

11日，柳叶湖“太阳谷”美丽乡村示范片入选中国最美休闲乡村。

12日，湖南省“互联网+”大学生创新创业大赛暨第二届中国“互联网+”大学生创新创业大赛湖南赛区比赛在湖南农业大学落下帷幕。湖南幼专参赛项目“萌豆逗学前教育平台”获得二等奖，该校成为获得二等奖及以上奖项的唯一一所普通高等专科学校。

13日，常德选送的飞沃新能源、七货来了网点创业计划书、安清生态循环农业3个创新创业项目，在中国创翼大赛湖南赛区比赛中脱颖而出，拿到全国半决赛入场券。

是日，精为天生态农业股份有限公司正式登陆全国中小企业股份转让系统（又称新三板），股票代码838972。上午10时，该公司在北京全国中小企业股份转让系统所在大厦举行挂牌仪式。精为天是鼎城区第一家新三板挂牌企业。

是日晚，由市旅游外事侨务局、桃源县政府主办的“光影艺术节”在桃源县枫树维回乡枫林花海开幕。

14日，中国常德唐诗墙“柳叶诗韵”项目被上海大世界吉尼斯总部认证为“中国规模最大的多媒体唐诗文化墙”。

15日，位于市城区军供站二楼的常德市首个社会组织孵化培育基地正式运营。常德市社会组织孵化培育基地占地800余平方米，设有宣传展示区、孵化培育区、运营办公区、个案工作室（督导室）、公益创意坊、小组工作室、研发中心、培训中心等功能区。该培育基地由湖南省大同社会工作服务中心负责运营。

19日上午，市委书记王群主持召开市委六届十七次全会，对即将召开的市第七次党代会有关事项进行研究。

是日，在全国森林城市建设座谈会上，常德市被授予“国家森林城市”奖牌。受市委副书记、市长周德睿委托，副市长朱晓平代表常德市上台领奖。此次全国共有22个城市被评为国家森林城市，常德市是湖南省唯一入选城市。

是日，常德经开区与金荣集团签订孵化器与众创空间运营服务体系建设项目战略合作协议，共同将常德经开区创业服务中心打造成全国一流的众创空间，将“双创大厦”打造成国家级科技企业孵化器。常德经开区管委会主任李育智、金荣集团董事长李文金出席项目签约仪式。

20日，由省科协、省教育厅、省科技厅、常德市政府共同举办的2016年全国科普日湖南省主场活动在常德科技馆拉开帷幕。本次活动以“创新放飞梦想、科技引领未来”为主题，设立9大主题系列科普活动。省政协副主席张大方，省科协党组成员、副主席刘晓河，市政协主席李爱国，副市长沈习淼出席活动启动仪式。

22日，市委副书记、市长周德睿主持召开第46次政府常务会议，听取防汛抗灾、突发事件预警信息发布系统建设等情况汇报，讨论审议综合行政执法体制改革、市政府制定地方性法规草案和政府规章办法等文件草案。

是日下午，常德市举行庆功会，祝贺在巴西里约残奥会夺冠的常德运动员杨超、黄兴载誉归来。市委副书记、市长周德睿出席庆功会并致辞。在巴西里约残奥会上，鼎城籍运动员杨超和临澧籍运动员黄兴分别在男子SH1级10米气手枪和男子P3—SH1级混合组25米自选手枪比赛中夺得金牌。之后，杨超又夺得混合组50米气手枪射击银牌。常德市运动员在本届残奥会上取得2金1银的优秀成绩。

23日下午，市教育基金会、湖南育才保险代理有限公司常德市分公司捐资助学爱心基金发放仪式在市七中举行，本次活动共捐资32.2万元，全市172名贫困学生受到资助。

26日上午，陈辉烈士塑像安放仪式在鼎城区迎宾社区陈辉公园举行。

27日，中国共产党常德市第七次代表大会在市工人文化宫开幕。此次党代会共有代表430名，因病因事请假7名，实到代表423名。市委副书记、市长周德睿主持并宣布开幕。市委书记王群代表中共常德市第六届委员会向大会作题为《深入推进新常德新创业，为建设现代化区域中心城市而努力奋斗》的报告。29日，中国共产党常德市第七次代表大会闭幕。

是日，原中共常德地委书记、常德地委顾问刘佳时在常德市逝世，享年93岁。

28日，汉寿成为国家级出口示范区。

30日上午，中国共产党常德市第七届委员会召开第一次全体会议，选举市委常委、书记、副书记。王群当选为中共常德市第七届委员会书记，周德睿、徐正宪当选为中共常德市第七届委员会副书记。王群、周德睿、徐正宪、朱水平、陈恢清、黄清宇、李辉忠、胡丘陵、陈华、梁仲、罗先东当选为中共常德市第七届委员会常务委员会委员。

是日，中国共产党常德市第七届纪律检查委员会举行第一次全体会议，选举产生市纪委常委、书记、副书记。陈恢清当选为市纪委书记，向才焰、汤杰、谭登平当选为副书记。

是日，市委书记王群，市委副书记、市长周德睿，市委副书记徐正宪，市人大常委会主任刘明，市政协主席李爱国，以及市委常委朱水平、陈恢清、黄清宇、任晨、李辉忠、胡丘陵、陈华、梁仲、罗先东与全市各界群众代表一起来到常德烈士公墓，向先烈敬献花篮，共同缅怀人民英雄。

是日，鼎城区、常德经开区分别颁发本区不动产统一登记首证。至此，全市已全面实行不动产统一登记。

10月

1日，屈原公园提质改造工程竣工并开园。

是日，由徐向前元帅题写洞名的石门龙王洞景点经过一年多的提质改造，正式对外开门迎客。

7日，“洞听黄龙”艺术季全国合唱展演落下帷幕。常德市群星合唱团在比赛中发挥出色，在140多支合唱队伍中脱颖而出，获得铜奖。

9日，常德市75个自然村被列入全国乡村旅游扶贫重点村。

是日，桃源县食健堂农机专业合作社成为全国农机合作社示范社。

14日，2016环洞庭湖国际新能源汽车拉力赛常德站的发车仪式在柳叶湖游客集散中心举行。市委书记王群向明星车队选手王明娟和李敬赠送城市宣传品，市委副书记、市长周德睿致辞，省体育局局长李舜宣布比赛开始，北欧系能源汽车拉力赛主席英格，市委常委、常务副市长朱水平，市委常委、市委宣传部部长、副市长、市公安局局长胡丘陵，市委常委、市委统战部部长、副市长陈华，市委常委、市委秘书长罗先东出席仪式。

15日，石门县被列入“全国美丽乡村建设整县推进试点县”，全国仅31个县（市、区）榜上有名，石门县是湖南省唯一入选的县（市、区）。

是日，市第一人民医院再次被中国医院协会授予“全国百姓放心示范医院”荣誉称号。

16日，沅江过江隧道正式动工。

17日，20时整，2016常德旅游节开幕式暨穿紫河首航夜游拉开帷幕。副省长何报翔宣布开幕并启动领航司南。省政府副秘书长熊方平出席开幕式，省旅游局局长陈献春、省外办副主任邱爱华、德国汉诺威市市长斯特凡·索斯托克致辞，市委书记王群致欢迎辞，市委副书记、市长周德睿主持开幕式。

18日上午，在柳叶湖梦幻桃花岛紧邻欢乐水世界的原花海地块上，常德卡乐世界·OCT华侨城文化旅游科技体验园项目举行开工仪式。市领导王群、周德睿、徐正宪、刘明、李爱国，华侨城文旅科技公司董事长陈跃华等，共同为该城市旅游新亮点培土奠基。

是日，常德河街开盘，德国风情街开街。

是日，首届常德艺术博览会在老西门揭幕。

是日，2016年度，全省认定150家现代农业特色产业园省级示范园，常德市占11家。安乡县大北农长林水产养殖专业合作社大北农长林水产养殖特色产业园、安乡县湖南省楚源农业科技有限公司稻渔种养特色产业园、汉寿县湖南思雅园生态农业发展有限公司思雅园休闲农业产业园、澧县万古台生猪养殖专业合作社万古台生猪养殖特色产业园、澧县华诚彭山旅游度假庄园有限公司华诚彭山休闲农业产业园、鼎城区常德市常红脐橙开发有限公司常红脐橙特色产业园、鼎城区华茂诚信蔬菜专业合作社华茂诚信蔬菜特色产业园、石门县丰瑞乐家庭农场丰瑞乐粮食特色产业园、桃源县湖南古洞春茶叶有限公司古洞春茶叶特色产业园、津市市湖南和平生物科技有限公司食用菌特色产业园、武陵区常德市永春堂生物科技有限公司湘北蔬菜（食用菌）特色产业园等11家产业园，被授予“现代农业特色产业园省级示范园”称号。

21日，黄石水库水资源综合利用工程及沅北水厂迁建工程在武陵区河洑镇正式启动。黄石水库水资源综合利用工程建成后，将在工程服务区发挥农业灌溉、保障工业生产用水，提供城市水系补给水，为市中心城区及周边居民提供备用水源等综合功能。

25日，从是日起，常德市统一取消服务价格登记制度，全面停止服务价格登记证核发和年度检审工作。

是日，湖南省生态文明论坛石门年会在石门县广电中心演播大厅开幕。原国家环保总局党组副书记、副局长祝光耀，省人大常委会副主任李友志，副市长沈习森与来自全国各地的近600名专家、代表相聚山城石门，交流生态文明创建成功经验，并为湖南生态文明建设献计献策。

是日，“感动常德环卫人”暨第二届环卫机械化作业技能大比武举行启动仪式。

26日，由市纪委、市委宣传部和市“两学一做”学习教育协调小组共同主办的“荷花品格·梅花精神”常德故事演讲比赛决赛，在湖南文理学院艺术中心举行。

是日下午，常德生态文明建设示范市规划（2016—2025年）专家评审会议召开。来自环保部、省环保厅相关评审专家30余人参会。通过认真评审，专家组一致同意该规划通过评审。

27日，2016年度常德市委常委议军会在军分区机关召开。市委书记、常德军分区党委第一书记王群主持会议。市领导周德睿、徐正宪、刘明、李爱国、朱水平、陈恢清、黄清宇、梁仲、罗先东，市委常委、常德军分区司令员李辉忠，常德军分区参谋长翁曦、政治部主任吉荣华等出席会议。

是日，环洞庭湖区水葫芦清除现场会在鼎城区召开。

27—28日，全省离退休干部为党和人民事业增添正能量活动推进会在常德市召开。省委离退休干部工委书记、省委组织部副部长、省委老干局局长崔永平指出，常德老干部工作经验可看可学可复制，将在全省推广。市委副书记徐正宪致辞。

28日，常德市创业孵化基地和常德市智慧谷人力资源市场正式揭牌，标志着位于智慧谷大学城的两大创业服务体正式开始运营。

是日晚，“潇湘有道 善德天下”湖南第四届道文化节开幕式在常德市举行。国家宗教事务局副局长蒋坚永宣布湖南第四届道文化节开幕。湖南省委统战部副部长龙建湘，省民宗委副主任邓文华，常德市委副书记徐正宪，市委常委、市委统战部部长、副市长陈华，市政协副主席傅绍平等出席开幕式。

30日，四川大熊猫基地驯养部、北京世纪豪森建筑设计有限公司负责人、北京野生动物方面的专家等一行来到常德市，现场查勘并指导常德市熊猫竹博园规划建设。“熊猫竹博园”项目计划投资1.2亿元，选址柳叶湖旅游度假区白鹤镇郑家河村，已完成40多万平方米土地流转，正在抓紧栽植竹子，准备建设熊猫馆。

31日至11月1日，省人大常委会副主任刘莲玉率省委督查调研第一组来到常德市，就省委人大工作会议和中央、省委有关文件精神贯彻落实情况进行督查调研。省人大常委会联工委副主任符乔荫参加调研。市委副书记徐正宪，市人大常委会主任刘明、副主任王孝山、秘书长万利出席汇报会或陪同督查调研。

11月

1日下午，省委副书记、代省长许达哲来到常德市调研经济社会发展。副省长、省政府秘书长向力力参加调研。市委书记王群，市委副书记、市长周德睿，市委副书记徐正宪，市人大常委会主任刘明，市政协主席李爱国陪同调研或参加座谈会。

3日，常德消防支队的“多功能乡镇消防车”获公安消防部队改革创新大赛“最佳性能提升奖”。

9日，市委副书记、市长周德睿主持召开市政府第47次常务会议，听取关于企业、机关事业单位（离）退休人员和城乡居民养老金调整暨机关事业单位工资调标、调整市城区公交票价、创建国家森林城市、中国医药集团总公司战略合作等情况汇报；研究审议党政领导干部生态环境损害责任追究、加强物业管理工作等文件。

是日下午，市政府与中国移动通信集团湖南有限公司签订“十三五”战略合作协议，双方将在通信信息产业领域进一步深化合作，推进“智慧常德”“宽带常德”等领域建设。市委副书记、市长周德睿，中国移动湖南公司党组书记、董事长、总经理黄立伟见证签约并致辞。

11日，洞庭湖区水产信息公共服务平台2.0版上线，安乡县大北农长林水产建成全国首个“渔联网”。

12日，在第十二届中国茶业经济年会上，常德市石门县和桃源县同时获得“全国重点产茶县”称号，石门县还获得中国茶叶发展示范县，百尼茶庵茶叶有限公司被评为中国茶叶行业综合实力百强企业。

14日，以“德行天下，马到功成”为主题的2016常德柳叶湖国际马拉松赛宣传片“出炉”。宣传片时长30秒，以全国目前唯一一条专业马拉松环湖赛道——环柳叶湖马拉松赛道为主线。

16日，市人社局、市财政局联合下发《关于调整工伤保险费率的通知》，从2017年1月1日起，常德市将行业工伤风险类别由原来的三类重新划分为八类，相应调整各行业工伤保险费率。

是日上午，为期 3 天的 2016 常德柳叶湖国际马拉松赛博览会在市城区白马湖文化公园开幕。

17 日，在“供销金融”杯 2015—2016 中国合作经济年度成就奖评选中，湖南省楚源农业科技有限公司董事长兼总经理余霞荣获“十大领军人物”荣誉称号。

17—18 日，第二届全国省（市、区）文化（群艺）馆“9+2”区域合作联盟研讨会在常德市文化馆举行。文化部公共文化司群众文化指导处处长尹寿松，湖南省文化厅党组副书记、副厅长禹新荣，市领导陈华出席会议。全国省（市、区）文化（群艺）馆“9+2”区域合作论坛，是 2015 年由湖南省文化馆发起，湖南周边 8 个省（市）和天津、陕西文化馆积极响应而创立的一个活动品牌。

19 日，2016 常德柳叶湖国际马拉松赛在柳叶湖畔开跑。本届“德马”赛事由中国田径协会、省体育局、市人民政府共同主办，市文化体育广电新闻出版局、市经济建设投资集团有限公司承办，智美体育集团运营推广，第一体育娱乐（深圳）有限公司商务运营、长沙御峰体育文化有限公司赛事执行。

23 日，常德华诚彭山旅游度假庄园、龙弟源被评为中国最美休闲农庄。

是日，在湖南省第四届黄炎培职业教育奖评选活动中，常德汽车机电学校校长张力获杰出校长奖。

24—25 日，全省冬春水利建设暨“十三五”农村饮水巩固提升现场会在常德市举行。副省长戴道晋充分肯定常德市取得的成绩和经验，对下一阶段工作进行详细部署。省政府副秘书长曹英华，省水利厅厅长詹晓安，市委副书记、市长周德睿及省发改委、省扶贫办、省财政厅和各地州市主要负责人到会。

27 日，市救助管理站被民政部评为全国第二批社会工作示范单位。

12 月

1 日，常德市青年企业家协会第四次会员大会召开，市委副书记徐正宪，市委常委、市委组织部部长梁仲出席会议，来自全市 177 名青年企业家会员和相关职能部门领导参加会议。

2 日下午，河南省鹤壁市委副书记、市长唐远游，鹤壁市委副书记李留心，鹤壁市政协主席张俊成等组成的党政代表团一行来到常德市考察、交流城市建设和管理经验。常德市委副书记、市长周德睿全程陪同考察。

5 日，9 时，常德市 PPP 研究中心挂牌仪式暨第一次“PPP 在常德”研讨会在市委党校科研楼举行，标志着常德市 PPP 理论与实践研究进入新的阶段。

7 日上午，市政协主席李爱国主持召开区县（市）政协主席例会，就即将提请市政协七届一次会议审议的常委会工作报告和提案工作报告征求意见。

是日，市委副书记、市长周德睿主持召开市政府第 48 次常务会议，研究审议做大做强金融产业、全面推进政务公开工作、整合公共资源交易平台、推进文化事业发展等 10 项文件草案。

是日，根据城乡供水一体化发展的需要，市自来水公司供水管网扩展到东至芦山张家堰、西至丹洲、北至花山柳叶湖、西北至灌溪 500 平方千米区域。

9 日，汉寿县获评湖南省首批“农业部渔业健康养殖示范县”。

是日，经过中国香港地区和新加坡、伦敦三地路演，常德市城市建设投资集团有限公司完成常德市首单境外美元债券发行，标志着常德市境外直接融资实现“零”的突破，对促进常德市企业跨境融资，加快走出去步伐，有非常重要的意义。

10 日，中华善德网正式上线。中央委员、全国人大外事委员会副主任委员、中国国际文化传播中心第一副主席刘晓江上将，十一届全国人大常委、全国人大民族委员会副主任委员雷鸣球上将，中国国际文化传播中心执行主席、善德文化发展委员会主席龙宇翔，以及近 700 名来自中国和世界各地的政要、嘉宾齐聚人民大会堂金色大厅见证启动仪式。中华善德网由善德文化发展委员会与常德日报传媒集团合作创办，总部设在北京。

12 日，全市乡镇区划调整改革工作总结部署会在芷园会堂召开。市委副书记徐正宪、副市长朱晓平出席会议并讲话。自 2015 年 9 月常德市启动乡镇区划调整改革工作以来，全市由 204 个乡镇减少到 129 个，由 3353 个村减少到 1607 个，减幅分别为 36.8% 和 52.1%，工作任务数量和完成质量均居于全省领先位置。至此，全市共有 129 个乡镇、38 个街道、1607 个村、661 个社区居委会。

13 日，沅澧干线第四大道一期（S240 常张高速河洑互通至桃源火车站公路）工程开工建设。沅澧干线第四大道一期工程起于常张高速河洑互通，沿柳叶大道西延线顺接 S318，经桃源县陬市镇、枫树乡、青林乡、漳江镇 4 个乡镇 15 个村，止于黔张常铁路桃源火车站，全长 28.08 千米（含已建柳叶大道西延线 4.2 千米）。

14 日，水利部副部长田学斌一行，来到常德市调研水利工程建设。湖南省水利厅厅长詹晓安，副厅长钟再群，市委书记王群，市委副书记、市长周德睿，市委副书记徐正宪，市委常委、市委秘书长罗先东，副市长朱晓平等陪同调研。

是日上午，荣获第一届“全国文明家庭”称号的杨群康家庭从北京载誉归来。12 月 12 日，杨群康家庭赴京参加第一届全国文明表彰大会，受到中共中央总书记、国家主席、中央军委主席习近平亲切接见。

15 日，市民政局公布 2016 年城乡最低生活保障和救助标准。城市低保月人均补助水平由 272 元提高到 286 元，农村低保月人均补助水平由 121 元提高到 126 元。

是日下午，市经建投与中国医药集团总公司下属中国中药控股有限公司在北京签订合作协议，意味着又一“国字号”企业将进军常德，全面推动常德市中医医疗与健康养老产业发展。市委书记王群，市委副书记、市长周德睿，中国医药集团总经理佘鲁林等见证签约。

16 日，经过园区自评、申报和省园区建设领导小组实地考核及综合评定，常德市桃源工业集中区、鼎城高新技术产业园区和津市工业集中区从全省134个省级及以上园区中脱颖而出，成功挺进全省园区综合评价前20强，迈入全省园区建设第一方阵。

17日，石门县夹山管理处推出的《夹山茶俗》，成功列入省政府公布的第四批省级非物质文化遗产扩展项目名录。

21日，2016中国儿童保健学术年会暨“最美基层儿童保健医生”颁奖大会在上海举行。来自全国乡镇基层医院的35名医生获奖，石门县夹山镇卫生院郭华忠成为全省唯一获得该项殊荣的医生。

22日，安乡县成功申报全国第二批结合新型城镇化开展支持农民工等人员返乡创业试点城市，是常德市唯一进入试点的县。

23日，市委老干局获评“全国老干部工作先进集体”。

24日，2016环洞庭湖国际公路自行车赛热身赛常德站比赛在柳叶湖举行，191名选手参赛。

27日，常德市老年大学通过全国示范老年大学评审组综合考评，被授予“全国示范老年大学”称号。

是日下午，在中铁十四局常德沅江隧道项目部（原鼎城图书馆）会议室，市住建局代表市政府与常德沅江隧道有限公司正式签订PPP项目合同。

29日，市城区公共自行车完成升级改造，公共自行车升级为可24小时服务的智能管理无人值守服务系统，不仅能持卡借车，还可实现扫码借车。

30日，市委经济工作会议在市工人文化宫召开。会议主要任务是贯彻落实中央、省委经济工作会议和省、市党代会精神，回顾总结2016年工作，研究部署2017年工作，组织和动员全市上下围绕“一三五”发展战略目标，深入推进新常德新创业，认真组织“四大会战”，以优异成绩迎接中共十九大胜利召开。市委书记王群，市委副书记、市长周德睿出席会议并讲话。

概况

地理

【位置·面积】 常德位于北纬28度至31度，东经110度至113度之间。地处中国中南部，长江中游，湖南省西北部。东临洞庭，西接黔渝，南通长沙，北连荆襄。东部为开阔平原，西北、西、南三面环山，地貌以平原为主，山、丘、岗、湖兼有。地势自西向东倾斜，地貌类型多样。境内雪峰山余脉延展于南部，武陵山脉绵伸在西北，沅澧两水自西向东贯穿全境。

全市土地总面积18177平方千米，占全省土地总面积8.58%。其中：农用地14530平方千米，占全市土地总面积79.94%；建设用地1849平方千米，占全市土地总面积10.17%；未利用地1798平方千米，占全市土地总面积9.89%。全市现有耕地面积5060平方千米（土地变更调查数据），占全市土地总面积27.84%。

（王　玮）

【地质地貌】 常德处于雪峰、武陵隆起东北端及中生代至新生代洞庭凹陷西南部，域内影响较大构造运动有雪峰、武陵、加里东、燕山和喜山运动，其中以燕山运动最强烈、喜山运动次之。从构造形态在空间展布特征来看，区内分成东、西两部：东部为洞庭湖喜山期凹陷，中、新生代沉积物广泛分布，凹陷基底零星暴露、并制约着红色盆地展布；西部地质构造以燕山期褶皱、断裂为主体，控制山脉和水系延伸方向。

常德从地形地貌上可分为两个截然不同区域：石门县北部，桃源县西部及西南为中、低山侵蚀构造地形，地形切割强烈，“V”形谷发育，地形坡度陡峻，海拔最高2099米，一般500～1000米，相对高差500～1200米；南部及东部为洞庭湖平原区，地势低平，地面标高一般在45～120米，最低35米。全市地势自西北向东南倾斜。西北部地势高耸，群山峭立，峡谷幽深；东南部地势低平开阔，丘岗交错，河湖纵横密布。按地貌成因和形态特征可分为侵蚀构造中低山、溶蚀构造低山丘陵、剥蚀构造丘陵、侵蚀堆积丘岗、堆积平原等五类。

（全志军）

【矿产资源】 常德市矿产以建材和化工原料等非金属为主，素有“非金属之乡”美誉。现已发现矿产59种，占全省已发现矿种数143种41.3%；已探明资源储量矿产33种，占全省已探明101种矿产32.7%，列入湖南省矿产资源储量表矿种22种。砷矿、磷矿、金刚石、石膏、建筑石料用灰岩、玻璃用砂岩、膨润土、水泥配料用泥岩等8种矿产探明储量居全省首位，磷矿资源储量为14.1亿吨，石膏为21.91亿吨，膨润土为9222.3万吨；岩盐、水泥用灰岩、海泡石黏土、水泥配料用砂岩、重晶石、钒矿等6种矿产资源储量居全省前列。石煤、石膏、磷矿、芒硝、水泥用灰岩、重晶石、高岭土、膨润土等矿产主要分布在澧县、石门县、临澧县；煤矿、铁矿主要分布在澧县、石门县；金矿主要分布在桃源县、鼎城区、汉寿县。

（郭利芳）

【野生动物资源】 通过林业、科研部门在典型区域（石门壶瓶山、桃源乌云界、汉寿西洞庭湖）进行全国野生动植物普查、全国第一次及第二次湿地普查、相关林业工程项目可行性研究等科学考察，全市共有野生动物资源464种，其中两栖类30种、爬行类50种、鸟类312种、哺乳类72种，占全省已知野生动物67%（全省已知野生动物688种，其中两栖类68种、爬行类95种、鸟类435种、哺乳类90种）。

截至2016年年底，常德市有国家Ⅰ级保护野生动物10种，Ⅱ级保护野生动物64种。

哺乳类：Ⅰ级保护：云豹、华南虎、林麝、豹（金钱豹）。Ⅱ级保护：金猫、穿山甲、猕猴、豺、藏酋猴、黑熊、青鼬、水獭、大灵猫、小灵猫、斑林狸、河麂（獐）、苏门羚（鬣羚）、斑羚。

鸟类：Ⅰ级保护：黑鹳、中华秋沙鸭、金雕、白尾海雕、白颈长尾雉、白鹤。Ⅱ级保护：白琵鹭、鸳鸯、小天鹅、大天鹅、白额雁、鸢、松雀鹰、黑冠鹃隼、苍鹰、赤腹鹰、普通鵟、白尾鹞、凤头鹰、雀鹰、大鵟、白腹鹞、白头鹞、鹊鹞、蛇雕、鹗、游隼、红隼、灰背隼、燕隼、小隼、阿穆尔隼、红腹锦鸡、白冠长尾雉、红腹角雉、勺鸡、灰鹤、小青脚鹬、小杓鹬、红翅绿鸠、褐翅鸦鹃、小鸦鹃、草鸮、红角鸮、领角鸮、雕鸮、短耳鸮、领鸺鹠、斑头鸺鹠、灰林鸮、渔鸮、长耳鸮、鹰鸮、栗头蜂虎。

两栖类：Ⅱ级保护：大鲵、虎纹蛙。

截至2016年年底，常德市有湖南省地方保护野生动物233种。

两栖类：无斑肥螈、黑斑肥螈、中华大蟾蜍、小角蟾、峨眉髭蟾、淡肩角蟾、无斑树蟾、黑斑蛙、花臭蛙、崇安湍蛙、华南湍蛙、棘腹蛙、棘胸蛙、弹琴蛙、峨眉林蛙、沼蛙、泽蛙、绿臭蛙、湖北侧褶蛙、隆肛蛙、金甫泛树蛙、大泛树蛙、斑腿泛树蛙、小弧斑姬蛙、饰纹姬蛙、花姬蛙。

爬行类：大头平胸龟、乌龟、中华鳖、多疣壁虎、石龙子、铜蜓蜥、北草蜥、脆蛇蜥、草腹链蛇、纹花林蛇、钝尾两头蛇、翠青蛇、黄链蛇、赤链蛇、王锦蛇、玉斑锦蛇、紫灰锦蛇、黑眉锦蛇、红点锦蛇、中国水蛇、小头蛇、饰纹小头蛇、山溪后棱蛇、钝头蛇、福建颈斑蛇、横纹斜鳞蛇、斜鳞蛇、灰鼠蛇、虎斑颈槽蛇、黑头剑蛇、环纹华游蛇、赤链华游蛇、华游蛇、渔游蛇、乌梢蛇、眼镜蛇、银环蛇、丽纹蛇、舟山眼镜蛇、双全百环蛇、尖吻蝮、短尾蝮、烙铁头、山烙铁、菜花原矛头蝮、原矛头蝮、竹叶青。

鸟类：小䴙䴘、凤头䴙䴘、普通鸬鹚、池鹭、绿鹭、大白鹭、中白鹭、白鹭、苍鹭、牛背鹭、草鹭、夜鹭、黄苇鳽、栗尾鳽、紫背苇鳽、黑鳽、东方白鹳、棉凫、鸿雁、豆雁、灰雁、翘鼻麻鸭、赤膀鸭、琵嘴鸭、赤颈鸭、赤麻鸭、罗纹鸭、绿头鸭、针尾鸭、白眉鸭、绿翅鸭、凤头潜鸭、青头潜鸭、斑嘴鸭、花脸鸭、小白额雁、普通秋沙鸭、灰胸竹鸡、环颈雉、白胸苦恶鸟、董鸡、黑水鸡、骨顶鸡、水雉、凤头麦鸡、环颈鸻、丘鹬、白腰草鹬、红脚鹬、青脚鹬、矶鹬、白腰杓鹬、黑腹滨鹬、针尾沙锥、扇尾沙锥、红嘴鸥、珠颈斑鸠、山斑鸠、火斑鸠、四声杜鹃、大杜鹃、中杜鹃、噪鹃、鹰鹃、夜鹰、白腰雨燕、小白腰雨燕、短嘴金丝燕、普通翠鸟、蓝翡翠、三宝鸟、戴胜、蚁䴕、斑姬啄木鸟、大斑啄木鸟、星头啄木鸟、黑枕绿啄木鸟、栗啄木、家燕、金腰燕、赤红山椒鸟、黑短脚鹎、绿鹦嘴鹎、白喉红臀鹎、白头鹎、黄臀鹎、红尾伯劳、虎纹伯劳、棕背伯劳、黑枕黄鹂、灰卷尾、黑卷尾、发冠卷尾、八哥、松鸦、红嘴蓝鹊、喜鹊、灰喜鹊、大嘴乌鹊、白颈鸦、小燕尾、黑背燕尾、紫啸鸫、乌鸫、斑鸫、红胁蓝尾鸲、画眉、红嘴相思鸟、棕头鸦雀、锈脸钩嘴鹛、棕颈钩嘴鹛、黑领噪鹛、黑脸噪鹛、寿带、大山雀、黄腹山雀、红头长尾山雀、绿背山雀、普通䴓、蓝喉太阳鸟、暗绿绣眼鸟、树麻雀、金翅雀、黑尾蜡嘴、黑头蜡嘴、黄胸鹀、黄喉鹀。

哺乳类：普通刺猬、缺齿鼹、褐山蝠、普通伏翼、东方蝙蝠、普氏蹄蝠、大蹄蝠、马铁菊头蝠、中菊头蝠、小菊头蝠、皮氏菊头蝠、华南兔、白腹巨鼠、赤腹松鼠、隐纹花松鼠、豪猪、帚尾豪猪、红白鼯鼠、银星竹鼠、中华竹鼠、赤狐、貉、黄鼬、黄腹鼬、鼬獾、狗獾、猪獾、果子狸、食蟹獴、豹猫、野猪、小麂、毛冠鹿。

截至2016年年底，常德市记载有世界濒危野生动物78种。

Ⅰ级濒危野生动物：猕猴、藏酋猴、黑熊、水獭、豹猫、云豹、华南虎、金猫、豹、金钱豹、林麝、苏门羚（鬣羚）、东方白鹳、白尾海雕、游隼、白颈长尾雉、白鹤、大鲵。

Ⅱ级濒危野生动物：穿山甲、豺、黑鹳、白琵鹭、花脸鸭、鸢、松雀鹰、黑冠鹃隼、苍鹰、赤腹鹰、普通鵟、金雕、白尾鹞、凤头鹰、雀鹰、大鵟、白腹鹞、白头鹞、鹊鹞、蛇雕、鹗、红隼、灰背隼、燕隼、小隼、阿穆尔隼、灰鹤、草鸮、红角鸮、领角鸮、雕鸮、短耳鸮、领鸺鹠、斑头鸺鹠、灰林鸮、褐渔鸮、长耳鸮、鹰鸮、画眉、红嘴相思鸟、大头平胸龟、舟山眼镜蛇、眼镜蛇、虎纹蛙。

Ⅲ级濒危野生动物：黄鼬、黄腹鼬、青鼬（黄喉貂）、大灵猫、小灵猫、果子狸、牛背鹭、大白鹭、白鹭、针尾鸭、斑嘴鸭、绿翅鸭、赤颈鸭、白眉鸭、白眼潜鸭、乌龟。

截至2016年年底，常德市记载有益或有重要经济、科研价值陆生野生动物298种。

两栖类：无斑肥螈、黑斑肥螈、中华大蟾蜍、小角蟾、峨眉髭蟾、淡肩角蟾、无斑树蟾、黑斑蛙 、花臭蛙 、崇安湍蛙、华南湍蛙、棘腹蛙、棘胸蛙、弹琴蛙、沼蛙、日本林蛙、泽蛙、绿臭蛙、隆肛蛙、金甫泛树蛙、大泛树蛙、斑腿泛树蛙、小弧斑姬蛙、饰纹姬蛙、花姬蛙。

爬行类：大头平胸龟、乌龟、中华鳖、多疣壁虎、石龙子、蓝尾石龙子、铜蜓蜥、北草蜥、脆蛇蜥、草腹链蛇、绞花林蛇、钝尾两头蛇、翠青蛇、黄链蛇、赤链蛇、王锦蛇、玉斑锦蛇、紫灰锦蛇、黑眉锦蛇、红点锦蛇、中国水蛇、黑背白环蛇、小头蛇、饰纹小头蛇、山溪后棱蛇、钝头蛇、福建颈斑蛇、横纹斜鳞蛇、鳞蛇、花尾斜鳞蛇、灰鼠蛇、虎斑颈槽蛇、颈槽颈槽蛇（新）、黑头剑蛇、环纹华游蛇、赤链华游蛇、华游蛇、渔游蛇、乌梢蛇、眼镜蛇、银环蛇、丽纹蛇、舟山眼镜蛇、尖吻蝮、短尾蝮、山烙铁头、菜花原矛头蝮、原矛头蝮、竹叶青。

鸟类：小䴙䴘、凤头䴙䴘、普通鸬鹚、池鹭、绿鹭、大白鹭、中白鹭、白鹭、苍鹭、牛背鹭、草鹭、夜鹭、黄苇鳽、栗尾鳽、紫背苇鳽、大麻鳽、黑鳽、东方白鹳、棉凫、鸿雁、豆雁、灰雁、斑背潜鸭、翘鼻麻鸭、赤膀鸭、琵嘴鸭、赤颈鸭、赤麻鸭、罗纹鸭、绿头鸭、针尾鸭、白眉鸭、绿翅鸭、红头潜鸭、凤头潜鸭、青头潜鸭、斑嘴鸭、花脸鸭、小白额雁、白眼潜鸭、白秋沙鸭、普通秋沙鸭、灰胸竹鸡、环颈雉、白胸苦恶鸟、普通秧鸡、董鸡、黑水鸡、蓝胸秧鸡、骨顶鸡、红胸苦恶鸟、小田鸡、水雉、灰头麦鸡、凤头麦鸡、金斑鸻、金眶鸻、环颈鸻、灰斑鸻、丘鹬、黑尾塍鹬、白腰草鹬、林鹬、鹤鹬、红脚鹬、泽鹬、青脚鹬、三趾鹬、矶鹬、白腰杓鹬、中杓鹬、大杓鹬、黑腹滨鹬、长趾滨鹬、针尾沙锥、大沙锥、扇尾沙锥、黑翅长脚鹬、海鸥、渔鸥、红嘴鸥、红嘴巨鸥、须浮鸥、普通燕鸥、珠颈斑鸠、山斑鸠、火斑鸠、四声杜鹃、大杜鹃、中杜鹃、噪鹃、鹰鹃、夜鹰、白腰雨燕、小白腰雨燕、短嘴金丝燕、普通翠鸟、蓝翡翠、三宝鸟、戴胜、大拟啄木鸟、蚁䴕、斑姬啄木鸟、大斑啄木鸟、星头啄木鸟、头绿啄木鸟、小云雀、云雀、家燕、金腰燕、崖沙燕、白鹡鸰、黄鹡鸰、山鹡鸰、灰鹡鸰、树鹨、山鹨、水鹨、田鹨、红喉鹨、暗灰鹃贝鸟、灰山椒鸟、粉红山椒鸟、赤红山椒鸟、灰喉山椒鸟、黑短脚鹎、白喉红臀鹎、白头鹎、黄臀鹎、领雀嘴鹎、橙腹叶鹎、红尾伯劳、契尾伯劳、虎纹伯劳、棕背伯劳、黑枕黄鹂、灰卷尾、黑卷尾、发冠卷尾、八哥、丝光椋鸟、北椋鸟、灰椋鸟、红嘴蓝鹊、喜鹊、灰喜鹊、灰树鹊、鹊鸲、北红尾鸲、斑鸫、红胁蓝尾鸲、黑喉石即、虎斑地鸫、乌灰鸫、矛纹草鹛、黑脸噪鹛、白颊噪鹛、画眉、红嘴相思鸟、黑领噪鹛、黑脸噪鹛、白喉噪鹛、橙翅噪鹛、眼纹噪鹛、棕噪鹛、灰头鸦雀、大苇莺、黄眉柳莺、黄腹柳莺、黄腰柳莺、极北柳莺、冠纹柳莺、褐柳莺、寿带、白喉林鹟、乌鹟、北灰鹟、大山雀、黄腹山雀、红头长尾山雀、煤山雀、绿背山雀、蓝喉太阳鸟、暗绿绣眼鸟、树麻雀、山麻雀、金翅雀、朱雀、酒红朱雀、黑尾蜡嘴、黑头蜡嘴、燕雀、黄胸鹀、黄眉鹀、三道眉草鹀、黄喉鹀、灰头鹀、小鹀、田鹀、凤头鹀、栗耳鹀。

哺乳类：普通刺猬、华南兔、赤腹松鼠、隐纹花松鼠、珀氏长吻松鼠、豪猪、帚尾豪猪、红白鼯鼠、灰背大鼯鼠、复齿鼯鼠、银星竹鼠、中华竹鼠、赤狐、貉、黄鼬、黄腹鼬、鼬獾、狗獾、猪獾、果子狸、豹猫、野猪、小麂。（徐　俊）

【野生植物资源】 截至2016年年底，全市已记录维管束植物3420种，隶属235科，蕨类植物39科92属367种，裸子植物9科23属39种，被子植物187科911属3014种，是湖南省维管束植物物种最丰富的地方。

常德市自然、半自然植被类型，主要有针叶林、阔叶林（含常绿阔叶林、常绿落叶混交林、落叶阔叶林）、竹林、灌丛、草丛、沼泽水生植被等类型，此外，还有人工栽培植被类型。区内有珙桐、光叶珙桐、红豆杉、南方红豆杉、银杏、钟萼木等国家一级保护植物和鹅掌楸、连香树等国家二级保护植物36种，省重点保护植物56种，列入CITES（华盛顿公约）附录植物87种。

国家重点保护植物（36种）。Ⅰ级保护野生植物：苏铁、银杏、水杉、红豆杉、南方红豆杉、钟萼木（伯乐树）、珙桐、光叶珙桐。Ⅱ级保护野生植物：金钱松、黄杉、篦子三尖杉、巴山榧树、榧树（香榧）、白豆杉、鹅掌楸、厚朴、凹叶厚朴、水青树、连香树科、连香树、樟树、闽楠（楠木）、金荞麦、大叶榉、光叶榉、红椿、伞花木、喜树（旱莲木）、长果秤锤树、香果树、中华结缕草、台湾水青冈（巴山水青冈）、野大豆、花榈木、红豆树、崖白菜。

湖南省地方重点保护植物（56种）：铁坚油杉（铁坚杉）、黄山松（台湾松）、铁杉、竹柏、罗汉松、乐昌含笑、多花含笑、金叶含笑、黄心夜合、巴东木莲、武当玉兰、乐东拟单性木兰、领春木、沉水樟、少花桂（山桂皮）、川桂、黄樟、猴樟、竹叶楠、尾囊草、川鄂獐耳细辛、睡莲、小八角莲（红八角莲）、六角莲、八角莲、尾叶紫薇、川黔紫薇、紫茎、中华猕猴桃、毛花猕猴桃、天师栗、瑶山梭椤树、红继木、香桦、水青冈、台湾水青冈（巴山水青冈）、赤皮青冈、青檀、长穗桑（湘桂桑）、五棱苦丁茶、柑橘、血皮槭、毛果槭、金钱槭、银鹊树（瘿椒树）、湖南山核桃、青钱柳（摇钱树）、竹节参（大叶三七）、刺楸、龙舌草（水白菜、水车前）、巴山重楼、矮重楼、壶瓶重楼、香蒲（东方香蒲）、方竹、紫竹。

列入CITES（华盛顿公约）附录植物（92种）：苏铁、领春木、宝兴吊灯花、花叶芦荟、无柱兰、黄花白芨、白芨、短距苞叶兰、广东石豆兰、麦斛、斑唇卷瓣、泽泻虾脊兰、流苏虾脊兰、剑叶虾脊兰、虾脊兰、钩距虾脊兰、反瓣虾脊兰、三棱虾脊兰、金兰、独花兰、杜鹃兰、三慈姑、建兰、蕙兰、多花兰、春兰、寒兰、绿花杓兰、扇脉杓兰、离萼杓兰、大花杓兰、钩状石斛、罗河石斛、细茎石斛、铁皮石斛、广东石斛、单叶厚唇兰、大叶火烧兰、长距美冠兰、毛萼山珊瑚天麻、大花斑叶兰、小斑叶兰、斑叶兰、绒叶斑叶兰、毛葶玉凤花、鹅毛玉凤花、裂瓣玉凤花、橙黄玉凤花、叉唇角盘兰、镰翅羊耳蒜、小巧羊耳蒜、小羊耳蒜、羊耳蒜见血清、香花羊耳蒜、长唇羊耳蒜、柄叶羊耳蒜、葱叶兰、长叶山兰、狭穗阔蕊兰、阔蕊兰、黄花鹤顶兰（斑叶鹤顶兰）、鹤顶兰、细叶石仙桃、云南石仙桃舌唇兰、尾瓣舌唇兰、小舌唇兰、独蒜兰、朱兰、缘毛鸟足兰、苞舌兰、绶草、小叶白点兰、小花蜻蜓兰、西南齿唇兰、艳丽齿唇兰、金线兰细花虾脊兰、大黄花虾脊兰、大叶杓兰、绿天麻、光萼斑叶兰、银兰、昙花、仙人掌、乳浆大戟、泽漆、飞扬草、地锦草、湖北大戟（西南大戟）、通奶草、大戟、钩腺大戟、千根草。（徐　俊）

人　口

【概况】 2016年，全市常住人口584.4万人，其中城镇人口289.6万人、农村人口294.8万人。人口自然增长率为9‰。全市城镇化率为49.55%。2016年年末户籍总人口为611万人。其中城镇人口164.7万人，乡村人口446.3万人。男性人口311.1万人，女性人口299.9万人。18岁以下人口95.9万人，18~34岁人口126.0万人，35~59岁人口254.4万人，60岁以上人口134.7万人。全市全年出生人口5.81万人。

行政区划

【概况】 常德市辖武陵区、鼎城区、汉寿县、桃源县、临澧县、石门县、澧县和安乡县，代管津市市，共2区6县1市。全市共有108个镇、21个乡、38个街道，1607个建制村、707个社区居委会。（曹吉飞　王继辉）

【行政区划变更】 2016年5月23日，常德市人民政府下发《关于调整武陵区德山、樟木桥街道行政区划的批复》(常政函〔2016〕61号)。区划调整后，德山街道辖蒿草湖、晒谷岭、莲花池、莲心、崇德、永丰、罗家岗、龙甲山、乾明寺、洞庭北路、演舞堆11个社区居委会，和益阳冲、二里岗、株木山3个建制村，总面积24平方千米，人口6.2万人，办事处驻莲花池社区。樟木桥街道辖五一、苏家渡、东田碑、窑场河、龙虎桥、民建、樟木桥、河家坪8个社区居委会，和七星庵、枫树岗、茶叶岗、檀树坪、龙潭庵5个建制村，总面积31平方千米，人口3.3万人，办事处驻五一社区。

2016年6月3日，常德市人民政府下发《关于撤销鼎城区望洲、龙泉、金凤办事处并设立金凤、龙泉街道办事处的批复》(常政函〔2016〕69号)。区划调整后，金凤街道辖白芷湖、棠叶湖、团结、中洲、龙洲、清水塘6个建制村，东北湾社区，以及天福建制村银骏路以北部分区域、原望洲墟场，面积20平方千米，人口4.15万人，办事处驻中洲村。龙泉街道辖东郊、果园、枫树3个建制村，沙河、育才2个社区，以及天福建制村银骏路以南部分区域，面积13平方千米，人口4.83万人，办事处驻育才社区。祝丰镇辖东湖、唐林、罗家湖、民安、文书、紫湾、大桥、毡帽湖、涂家湖、龙天、仁义、南湖、彭家洲、金凤山、王家湖、港口16个建制村，面积77平方千米，人口5.94万人，镇人民政府驻金凤山村。

2016年12月16日，经报省人民政府批准，省民政厅下发《关于桃源县杨溪桥等5个乡撤乡设镇的批复》(湘民行发〔2016〕11号)，批准桃源县杨溪桥、双溪口、郑家驿、牛车河、九溪5个乡撤乡设镇，管辖面积、人口、政府驻地不变。

2016年12月21日，经报省人民政府批准，省民政厅下发《关于石门县新铺乡、子良乡撤乡设镇的批复》(湘民行发〔2016〕12号)，批准石门县新铺、子良2个乡撤乡设镇，管辖面积、人口、政府驻地不变。

2016年，按照省委省政府统一部署，全市启动建制村合并工作，建制村从3353个合并为1607个，减少1746个。

(曹吉飞　王继辉)

表1　　2016年常德市建制村合并情况统计表

区县（市）名称	原有村数	保留村数	减少村数
武陵区	60	25	35
鼎城区	495	226	269
汉寿县	490	203	287
桃源县	357	357	0
临澧县	310	120	190
石门县	753	261	492
澧　县	410	198	212
津市市	84	39	45
安乡县	255	115	140
经开区	39	15	24
柳叶湖	13	5	8
西洞庭	26	8	18
西　湖	25	20	5
桃花源	36	15	21
合　计	3353	1607	1746

环境质量

【概况】 2016年，全市水环境质量总体保持稳定。沅水、澧水干流常德段水质符合地表水Ⅲ类以上水质标准。市城区全年空气质量优良天数为259天，优良率73.0%。声环境质量较好。

(黄道兵　肖利红)

【水环境质量】 根据《地表水环境质量标准》(GB3838-2002)，按功能区类别评价，常德市主要水体环境质量基本稳定。沅水总体水质为优，9个省控以上断面水质均达到地表水环境质量Ⅲ

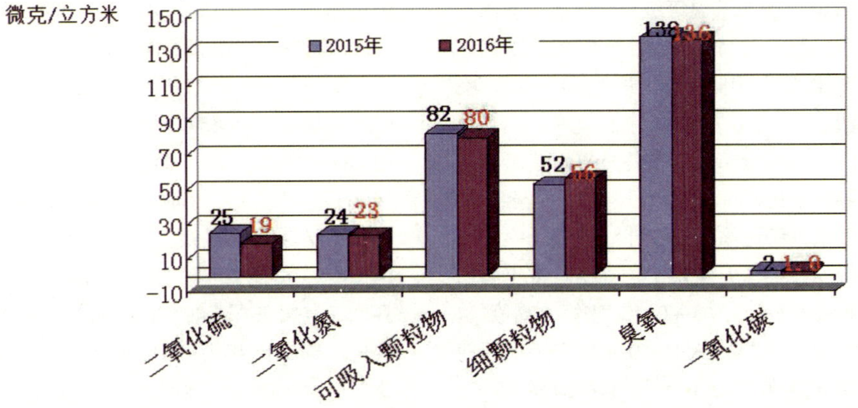

图 1　2015 年、2016 年常德市空气环境质量年均值示意图

类标准。可比的 4 个断面，水质较 2015 年基本无变化。澧水总体水质为优，18 个省控以上断面水质均达到地表水环境质量Ⅲ类标准。与 2015 年相比，可比的 3 个断面水质基本无变化。环洞庭湖省控以上 6 个断面，水质均达到地表水环境质量Ⅲ类标准。与 2015 年相比，可比的 2 个断面，水质基本无变化。沅水支流杅水、渐河水质均达到地表水环境质量Ⅲ类标准，水质较 2015 年基本无变化。穿紫河水质符合地表水环境质量Ⅲ类标准，水质较 2015 年有明显下降。澧水支流溇水、道水水质均达到地表水环境质量Ⅲ类标准，水质较 2015 年基本无变化。全市湖库中，桃源黄石水库、津市西毛里湖、石门皂市水库、鼎城五里溪水库水质类别均为Ⅲ类，水质均为中营养；蒋家嘴、柳叶湖、汉寿太白湖、汉寿目平湖水质类别均为Ⅳ类水质，超标污染物为总磷，水质均为中度富营养；鼎城冲天湖水质类别为Ⅴ类，超标污染物为总磷，水质为轻度富营养；安乡珊珀湖水质劣于Ⅴ类，超标污染物为总磷，水质为轻度富营养。柳叶湖、汉寿目平湖、鼎城五里溪水库、桃源黄石水库、石门皂市水库、津市西毛里湖、安乡珊珀湖水质较 2015 年基本无变化。2016 年，常德市城区集中式饮用水源地陈家河断面监测频次为每月一次，监测 61 项指标，每年 7 月开展一次 109 项指标全分析，监测结果均达到地表水Ⅱ类水质标准，水质较 2015 年基本无变化。

2016 年，全市废水排放总量为 21832.7 万吨，其中工业废水 3499.2 万吨，占废水排放总量 16.1%，城镇生活源废水 18310.7 万吨，占废水排放总量 83.9%。全市化学需氧量排放量 54956.9 吨，其中工业源化学需氧量排放量 1766.7 吨，城镇生活源化学需氧量排放量 51229.7 吨，农业源化学需氧量排放量 1504.6 吨。全市废水氨氮排放量 6427.2 吨，其中工业源氨氮排放量 223.1 吨，城镇生活源氨氮排放量 6151 吨，农业源氨氮排放量 16.6 吨。全市总氮排放量 7569.7 吨，总磷排放量 750.5 吨。

（黄道兵　肖利红）

【空气环境质量】 2016 年，常德市城区环境空气质量有效监测天数为 355 天，市城区环境空气质量优良天数为 259 天，污染天数为 96 天，空气质量优良率为 73.0%。与 2015 年同期相比优良天数减少 16 天，空气质量优良率降低 4.5 个百分点。2016 年，常德城区二氧化硫、二氧化氮、可吸入颗粒物、细颗粒物、臭氧、一氧化碳年平均浓度分别为 19 微克 / 立方米、23 微克 / 立方米、80 微克 / 立方米、56 微克 / 立方米、136 微克 / 立方米、1.8 毫克 / 立方米。二氧化硫、二氧化氮两项监测指标年平均浓度符合《环境空气质量标准》（GB3095–2012）污染物浓度限值二级标准，可吸入颗粒物和细颗粒物年平均浓度超过《环境空气质量标准》（GB3095–2012）污染物浓度限值的二级标准。与 2015 年相比，二氧化硫、二氧化氮、可吸入颗粒物、臭氧、一氧化碳的年平均浓度均有不同程度下降，下降幅度分别为 6 微克 / 立方米、1 微克 / 立方米、2 微克 / 立方米、2 微克 / 立方米、0.2 毫克 / 立方米，细颗粒物上升 4 微克 / 立方米。

2016 年，常德市城区降水酸雨频率为 2.1%，比 2015 年下降 20.7 个百分点，城区降水 pH 年均值为 6.23，较 2015 年有所上升，酸雨程度有所缓解。

2016 年，全市二氧化硫排放总量 18440 吨，其中工业源排放 10578 吨，生活源排放 7836 吨；氮氧化物排放量 14575.3 吨，其中工业源排放 12810.1 吨，生活源排放 1715.2 吨；烟（粉）尘排放量 16768.9 吨，其中工业源排放 12581.4 吨，生活源排放 4161.5 吨。

（黄道兵　肖利红）

【噪声环境质量】 2016 年，区域噪

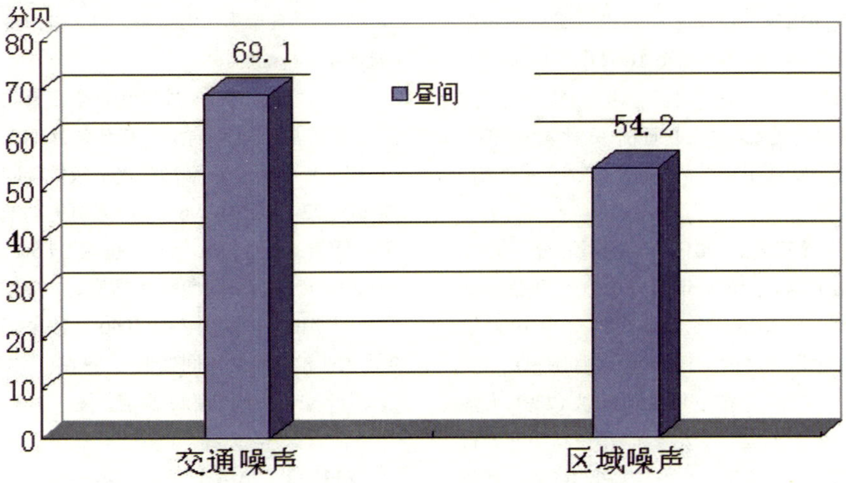

图 2　2016 年常德市噪声昼间年均值示意图

声监测点位 279 个，市城区区域环境噪声昼间平均值为 54.2 分贝，声环境质量较好。与 2015 年相比，区域环境噪声昼间平均值上升 0.3 分贝。2016 年，交通干线噪声实际监测路段 40 段，点位 100 个，路长 89.6 千米，市城区交通干线昼间噪声平均值为 69.1 分贝，声环境质量较好，达标路段长度 51.8 千米，达标路段长度占监测干道总长度 57.8%。与 2015 年相比，昼间交通噪声平均值下降 0.7 分贝，达标路段长度比例下降 11.6%。（黄道兵　肖利红）

【固体废物处置】 2016 年，常德市一般工业固体废物产生量 141.1 万吨，综合利用量 135.7 万吨，处置量 4.3 万吨，贮存量 1.1 万吨；危险废物产生量 2.37 万吨，综合利用量 0.51 万吨，处置量 1.84 万吨，贮存量 0.02 万吨。在工业固体废物构成中，产生量最大的是粉煤灰，产生量为 54.6 万吨，其次是炉渣，产生量为 24 万吨，脱硫石膏排第三位，产生量为 20.7 万吨。（黄道兵　肖利红）

气候特征

【概况】 2016 年，全年气温偏高，阶段性起伏明显，出现 2 轮低温雨雪冰冻天气和 3 次寒潮，7 月下旬到 8 月初、8 月中旬出现 2 段高温期。年内旱涝并举，汛期（4—9 月）降水整体偏多 2 成有余，其间出现 3 段雨水相对集中期和不同程度洪涝，9 月中旬至 10 月中旬出现中到特旱。日照呈东北多、西南少分布态势，总体不足。入春入夏提前，入秋入冬偏晚，夏长特征明显。（王　娟）

【气温】 2016 年，常德市年平均气温 17.8℃，较常年偏高 0.8℃，属偏高范畴，与 2015 年比偏高 0.2℃，平 1960 年以来第 3 高值（1998 年）（如图 3）。

空间分布：年平均气温 17.3℃（常德）~ 18.2℃（安乡），呈东高西低分布态势，与常年比，常德偏低 0.1℃，其余偏高 0.7℃（澧县）~ 1.1℃（汉寿）（如图 4）。按照气温等级划分标准，常德正常、澧县偏高，其余显著偏高。与 2015 年比，安乡偏低 0.1℃、其余偏高 0.1℃（临澧）~ 0.3℃（澧县、石门）。

时间分布：全市各月平均气温与常年同期比，除 5 月、6 月和 11 月偏低外，其余月份均偏高（如图 5）。

其中 2 月全市平均气温较常年同期偏高 2.1℃，为 1960 年以来第 6 高值。3 月偏高 2.2℃，平 1960 年以来历史同期第 5 高值（2001 年）。4 月偏高 1.9℃，平 1960 年以来历史同期第 5 高值（1974 年）。5 月偏低 1.0℃，为 2004 年以来历史同期最低值。9 月偏高 1.6℃，为 1960 年以来第 3 高值。12 月偏高 1.7℃，创 1960 年以来历史新高。2016 年日极端最低气温 -4.9℃（澧县，1 月 25 日），日极端最高气温 39.7℃（汉寿，7 月 26 日，为 1960 年以来第 5 高值）。全市先后于 7 月 21 日—8 月 1 日、8 月 12—20 日出现 2 段高温期。年内全市平均高温日数达 26.9 天，较常年偏多 6.1 天。（王　娟）

【降水】 2016 年，全市年平均降水量 1548.7 毫米，较常年偏多 15.2%，属正常范畴，与 2015 年比偏多 14.8%（如图 6）。

空间分布：年总降水量 1309.8 毫米（安乡）~ 1910.0 毫米（桃源）（如图 7a），与常年比，汉寿偏少 4.8%，其余偏多 3.3%（安乡）~ 31.0%（桃源）（如图 7b）。按照降水等级划分标准，桃源偏多，其余正常。与 2015 年比，安乡偏少 4.1%，其余偏多 1.8%（石门）~ 41.6%（桃源）。

时间分布：1—3 月和 9 月全市平均降水量较常年同期偏少，其余各月偏多（如图 8）。2 月全市平均降水量较常年同期偏少 72.1%，为 1960 年以来历史同期第 7 低值。4 月较常年同期偏多 34.5%，为近 10 年来历史同期第 2 高值。7 月较常年同期偏多 49.4%，为 1960 年以来第 9 高值。8 月较常年同期偏多 58.6%，为近 10 年来历史同期第 2 高值。（王　娟）

【日照】 2016 年，全市年平均日照时数 1471.4 小时，较常年偏少 7.4%，属偏少范畴，与 2015 年比偏多 7.0%，为 1960 年以来第 6 低值（如图 9）。

空间分布：年总日照时数 1268.0 小时（桃源）~ 1615.0 小时（石门）（如图 10a），与常年比，澧县、石门分别偏多 7.5 小时、115.3 小时，其余偏少 38.2 小时（汉寿）~ 396.8 小时（安乡）（如图 10b）。按照日照多寡划分标准，澧县、汉寿属正常范畴，石门偏多，其余偏少。与 2015 年比，偏多 60.3 小时（常德）~ 169.9 小时（临澧）。

时间分布：从全市逐月平均日照时数分布来看（如图 11），2 月、3 月、9 月和 12 月日照时数较常年同期偏多，其余月份不同程度偏少。1 月较常年同期偏少 30.1 小时，为 1960 年以来历史同期第 4 低值。2 月较常年同期偏多 71.3 小时，创 1960 年以来历史同期新高。10 月较常年同期偏少 54.2 小时，创 1960 年以来历史同期新低。11 月较常年同期偏少 50.8 小时，为 1960 年以来历史同期第 8 低值。（王　娟）

气候事件

【概况】 2016 年，在全球极端天气气候事件多发频发大背景下，常德市年平均气温平 1960 年以来第 3 高值，但阶段性低温雨雪冰冻和高温热浪明显，年内出现 2 段高温期和 3 次寒潮天气过程。年降水量较常年偏多一成有余，年内旱涝并举，16 轮强降水过后，出现不同程度秋旱。日照明显不足，为 1960 年以来第 6 低值。年内低温雨雪冰冻、“五月低温”、暴雨洪涝、高温热浪、冰雹雷雨大风等灾害性天气，给全市工农业生产及人体健康造成不同程度影响。（王　娟）

【雾霾】 2016 年，影响常德市冷空气势力总体偏弱，静稳天气形势较多，导致雾和霾多发。全市平均雾日 48.8 天，较 2015 年偏多 17 天。大雾对交通出行带来不利影响。全市平均霾日 51 天，较 2015 年偏多 11.3 天，霾日导致空气质量偏差，对人体健康造成不利影响。（王　娟）

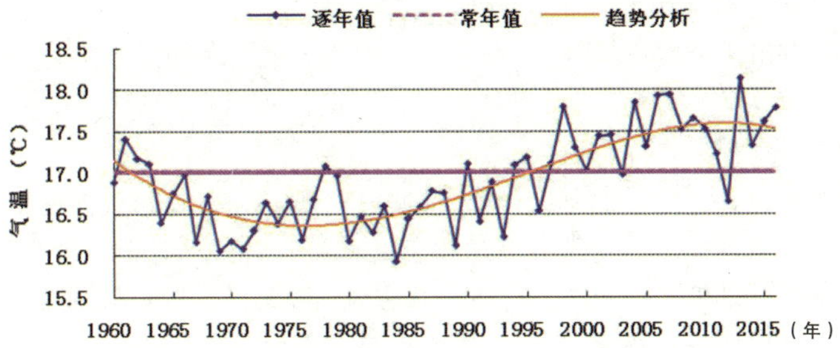

图 3　常德市年平均气温历年变化及趋势分析图（单位：℃）

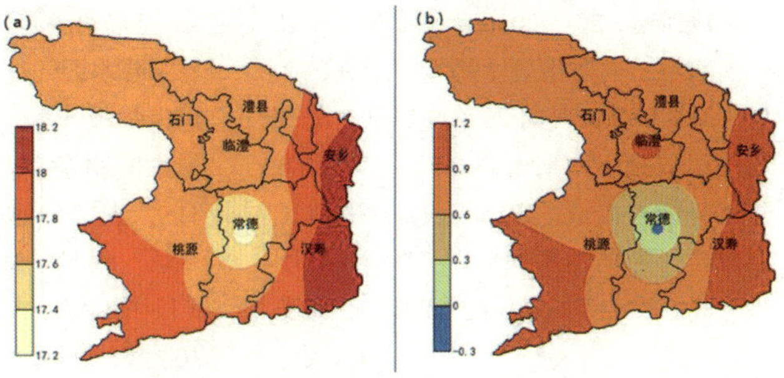

图 4　2016 年常德市年平均气温（a）和年平均气温距平（b）空间分布图（单位：℃）

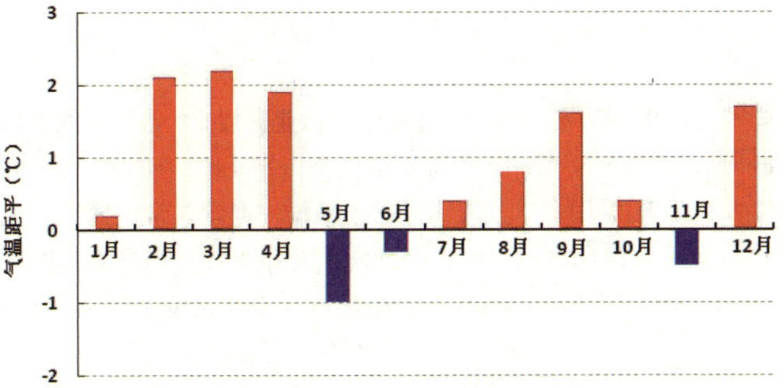

图 5　常德市 2016 年各月气温距平分布图（单位：℃）

图 6　常德市年平均降水量历年变化及趋势分析图（单位：毫米）

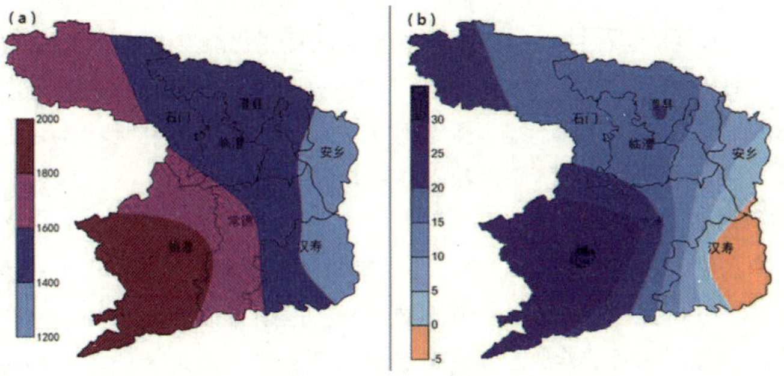

图 7　常德市 2016 年年降水量（a，毫米）和年降水量距平百分率（b，%）空间分布图

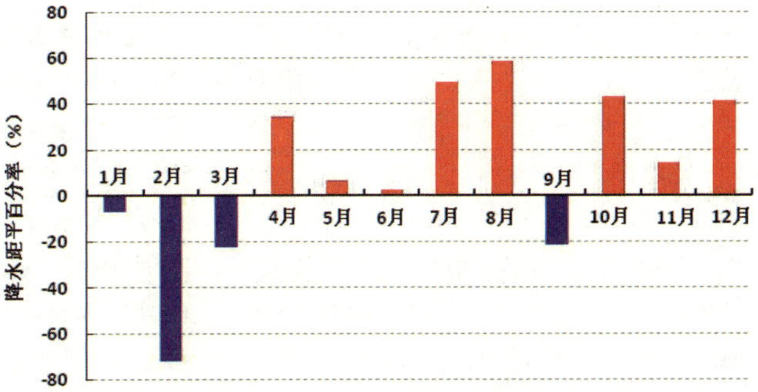

图 8　2016 年常德市各月降水距平百分率示意图（单位：%）

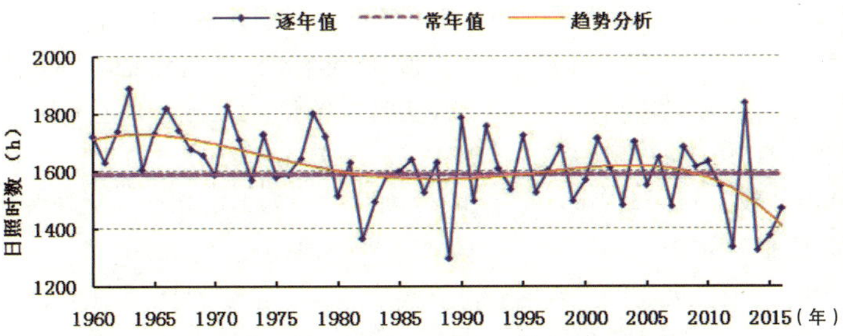

图 9　常德市年平均日照时数历年变化及趋势分析图（单位：小时）

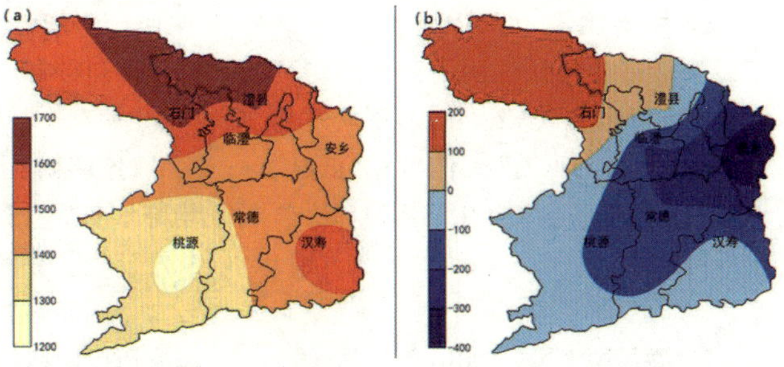

图 10　2016 年常德市年日照时数（a）和年日照时数距平（b）空间分布图（单位：小时）

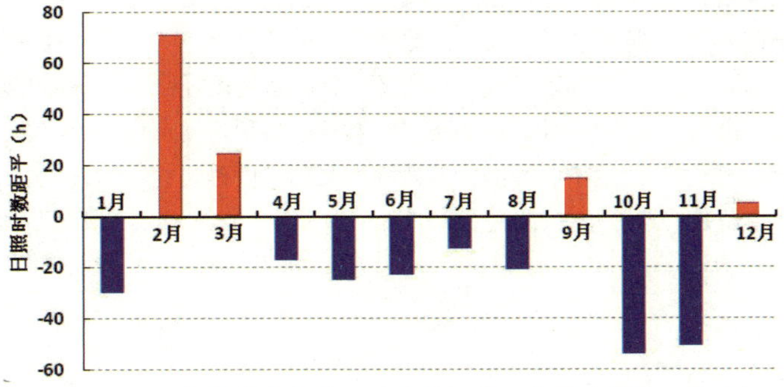

图 11　2016 年常德市各月日照时数距平示意图（单位：小时）

【暖冬】 2015/2016年冬季全市平均气温较常年同期偏高0.9℃，为1960年以来第8高值。其间2016年2月全市平均气温较常年同期偏高2.1℃，为1960年以来第6高值，2015年12月平均气温较常年同期偏高0.4℃，2016年1月平均气温较常年同期偏高0.2℃，达到暖冬标准。 （王　娟）

【低温雨雪冰冻】 常德市于1月20—25日、1月31日—2月1日出现两次低温雨雪冰冻天气。21日夜—22日全市普降中到大雪，其中澧水流域出现大到暴雪。平原地区最大积雪深度达10厘米，石门西北部山区最大达40厘米，并出现轻冰冻，23日雨雪逐渐停止，全市转为晴冷模式。25日清晨天气放晴，最低气温降至-6℃～-7℃。1月31日—2月1日全市普降大雪，部分暴雪，降雪主要集中在31日白天，此次降雪强度大、影响范围广但持续时间不长，最低气温降至-1℃～-2℃。 （王　娟）

【寒潮】 2016年，全市先后于2月12—14日、3月7—10日以及11月21—23日迎来3次寒潮过程。寒潮带来雨雪、大风天气对交通和农作物生长造成不利影响，同时气温剧降导致呼吸道、心脑血管等疾病患者猛增。 （王　娟）

【5月低温】 2016年5月19—23日，常德市持续低温阴雨天气，其间常德、桃源和汉寿连续5天日平均气温≤20℃，达“5月低温”标准。“5月低温”对双季早稻分蘖生长和中稻播种育秧产生不利影响。 （王　娟）

【冰雹雷雨大风】 2016年5月5日22时—6日5时，石门县太平镇、白云镇等乡镇出现冰雹、短时雷雨大风等强对流天气，致灾严重。8月14日全市大部普降大到暴雨，石门、临澧、澧县、津市等地出现短时雷雨大风，临澧县白衣镇、烽火镇和澧县澧南镇等乡镇出现小冰雹。强对流天气导致全市14个乡镇严重受灾。 （王　娟）

【暴雨洪涝】 2016年，全市经历16轮强降水天气过程，共出现38站次暴雨以上量级降水，其中5站次大暴雨，日最大降水量205.5毫米（桃源，7月18日），大部分地区于6月27日—7月6日、7月12—21日、8月2—11日出现3段雨水相对集中期。时间分布上，4—10月均有暴雨发生，其中7月、8月最多，分别出现9站次暴雨，空间分布上，桃源、澧县最多（9天），常德、石门次之（6天），安乡最少（2天）。 （王　娟）

【高温】 2016年夏季，全市平均高温日数26.0天，较常年同期偏多6.8天，桃源高温日数最多达31天。7月下旬至8月初、8月中旬全市出现2段高温期。7月25—31日，全市大部持续37℃以上晴热高温，26日汉寿日最高气温达39.7℃，为全市最高。 （王　娟）

【秋旱】 2016年9月11—27日，全市气温持续偏高，无有效降水，导致常德市北部大部分地区达到轻度干旱标准，截至10月18日，全市各地均未出现有效降水过程。据统计，9月11日—10月18日，全市平均降水量仅3.3毫米，澧县最少仅1.3毫米。按照综合气象干旱指数划分标准，截至10月18日，全市出现中到特旱，其中安乡中旱，常德、桃源、临澧重旱，石门、澧县、汉寿特旱，各地土壤缺墒严重，对农作物生长发育造成不利影响。 （王　娟）

【连阴雨】 2016年10月，全市平均降水日数15.0天，较常年同期偏多3.3天，全市平均日照时数71.7小时，较常年同期偏少54.2小时，创1960年以来历史同期新低。特别是10月19—31日，全市大部分地区持续阴雨寡照天气，除澧县外，其余地区均达连阴雨标准，其中石门、临澧、汉寿达轻度连阴雨标准，安乡、桃源、常德达重度连阴雨标准。连阴雨天气对秋收秋种活动产生不利影响，导致晚稻收割进度延迟10天左右。 （王　娟）

气候影响

【概况】 2016年，全市气温偏高，降水总量偏多且时空分布不均，日照不足，灾害天气频繁。年内寒潮、低温雨雪冰冻、5月低温、暴雨洪涝、冰雹雷雨大风、秋旱等灾害性天气给全市农业生产造成不利影响。总体而言，全市农业气候属于偏差年景。 （王　娟）

【气候与林业】 2016年，常德市年平均气温偏高，平1960年以来第3高值，且四季平均气温均较常年同期均偏高，虽然降水总量偏多，但高温日数较多，相比2015年森林火险气象等级略有上升。为综合分析2016年气候条件对森林火险影响，特引进森林火险气象等级模型。对2016年常德林业主产区森林火险气象等级逐日变化散点图分析发现，4到5级森林火险气象等级日数主要分布在2月上中旬、2月下旬中期至3月上旬和9—10月。 （王　娟）

【气候与防汛抗旱】 2016年，常德市旱涝并举，汛期（4—9月）降水整体偏多2成有余，其间出现3段雨水相对集中期和不同程度洪涝，9月中旬至10月中旬出现中到特旱。为更好地对汛期暴雨洪涝进行科学评估，引入常德本地洪涝强度评定标准，分析发现4—9月全市1天最大降水量205.5毫米（桃源，7月18日），3天最大降水量237.7毫米（桃源，7月17—19日），10天最大降水量347.2毫米（常德，6月27日—7月6日）。洪涝强度等级评定为：桃源特重，常德中等，石门偏轻，其余均为轻度。 （王　娟）

【气候与交通】 2016年，大雾造成低能见度、低温雨雪冰冻、暴雨等灾害性天气对交通运输造成较大不利影响。1月两次低温雨雪天气过程，导致多处路段因路面结冰封闭交通。常吉、常张高速公路积雪严重，被迫关闭。雨雪天气给全市春运返程造成一定影响，但未发生大规模旅客滞留现象。6 月 19—20 日，澧水流域发生强降水，导致澧水流域多处山体滑坡，S303 线部分路段一度中断。6 月下旬至 7 月初，常德市持续出现强降雨天气，城区部分道路积水严重，给道路交通安全带来很大影响。8 月 11—13 日，鼎城区南部连续三天出现短时强降水，导致鼎城境内溪水暴涨引发山洪，鼎城区黄土店镇多条通村公路被淹，路基被掏空，交通出行严重受阻。

（王　娟）

【气候与电力】 2016 年，全市年平均降水量较常年偏多，但降水时空分布不均，1—3 月降水月月偏少，4 月降水过程增多，强度加强，汛期（4—9 月）全市平均降水量较常年同期偏多 24.2%，大部分地区于 6 月 27 日—7 月 6 日、7 月 12—21 日、8 月 2—11 日出现 3 段雨水相对集中期。虽然汛期降水偏多，但上游五强溪，本地黄石、皂市、竹园等各大水库提前开闸泄洪，同时 9 月中旬至 10 月中旬全市未出现有效降水，全市现中到特旱，不利于蓄水，导致水力发电不足。2016 年，常德市气温总体偏高，但阶段性气温起伏明显，低温雨雪和晴热高温天气并举。高温期间全市用电量剧增，用电负荷连创新高，7 月 26 日 21 时 20 分，负荷直攀 204.6 万千瓦，常德电网有史以来首次突破 200 万千瓦最高用电负荷记录，同比最大用电负荷 164.2 万千瓦增长 24.6%。（王　娟）

【气候与旅游】 2016 年，常德市年平均气温偏高，降水量偏多，强降雨时段比较集中，无严寒期，多数法定节假日天气晴好，全市旅游气候属于正常年景。为更好评价气象要素对旅游活动舒适性影响，特引入旅游气象指数和等级。通过考虑体感因素、湿度因素、雨量因素、风速因素等，构建旅游气象指数。以常德市城区为例分析发现，2016 年常德市旅游气象指数都在二级以上（非常适宜和适宜）主要分布在 3—6 月、9—10 月，其中 9 月以 13 天一级指数（非常适宜）占第一位，不适宜日数 4 月、7 月最多，达 5 天。

（王　娟）

【气候与人体健康】 2016 年，常德市城区人体感觉舒适日数 85 天，较 2015 年减少 30 天；较舒适日数 123 天，较 2015 年增加 18 天。人体感觉舒适、较舒适日数占全年总日数 56.8%。不舒适日数 116 天，较 2015 年增加 3 天，很不舒适日数 42 天，较 2015 年增加 10 天，总体上不舒适、很不舒适日数较 2015 年增加 13 天。人体感觉舒适及较舒适时段主要分布在 4—6 月、9 月，其中 9 月舒适日数达 18 天，不舒适日数主要分布在 1—3 月、7—8 月和 11—12 月，很不舒适日数主要出现在 1 月。（王　娟）

【气候与环境】 2016 年，市城区空气质量优秀天数 49 天，良好天数 189 天，空气质量良好或优秀天数共 238 天，较 2015 年减少 45 天，占全年总日数 65.0%。空气轻度污染天数 81 天，中度污染天数 14 天，重度重污染天数 5 天，无严重污染天数。时间分布上，轻度及以上污染时段主要集中在 1—3 月和 11—12 月，这与霾多发时段对应关系较好。重污染主要发生在 1 月初，此次过程为区域性过程，华北、黄淮及华中等多地均出现中到重度霾，省内周边地区 4—5 日出现重污染天气，强度强、持续时间长、发生范围广。（王　娟）

水 文

【概况】 常德市位于洞庭湖水系沅江下游、澧水中下游和西洞庭湖区，境内河网密布，水资源充沛，水能资源较为丰富。河长 5 千米以上，流域面积 10 平方千米以上的干支河流 432 条；流域面积 50 平方千米以上的河流 134 条，水面面积 1 平方千米以上湖泊 82 个。其中洞庭湖水系四大水系中的沅水、澧水以及长江“三口”水系中的 6 个支流（共 7 个）流经常德市，另外境内还有冲柳、南湖和涔澹三大撇洪河流入西洞庭湖。

全市境内沅江干流长 164 千米，澧水干流长 169 千米，两大水系支流稠密，沿岸有数百条溪河汇入。常德市地下水分布面积 1.76 万平方千米，占全区总面积的 96.5%，地下水类型以基岩裂隙水分布最广，在石门县和桃源县部分山区有岩溶水分布，全市共有地下水暗河 139 条，地下热水（温泉）13 处。

（吴震中）

【主要河流】 沅水发源于贵州省东南部，有南北二源，南源龙头江，出自贵州省都匀市云雾山鸡冠岭，北源重安江出自贵州省麻江、平越间大山，两源在贵州省炉山县汊河口汇合称清水江，从芷江县的金紫进入湖南省境内，至黔城镇汇合舞水后始称沅水。东流经芷江、会同、黔阳、怀化、溆铺、辰溪、泸溪、沅陵在麻伊洑进入常德市桃源县境内，再经桃源、常德，至德山为入湖河口，全长 1033 千米，流域面积 89163 平方千米，其中流经常德境内 104 千米，流域面积 5601 平方千米，河流坡降平均为 0.0254%，多年平均年径流量 656.4 亿立方米，年均流量 2065 立方米 / 秒。沅江沿途接纳渠水、舞水、巫水、辰水、溆水、酉水等支流，最后在常德的德山注入洞庭湖，省境外面积占流域面积的 42.7%。

澧水又称九澧，位于湖南省西北部。干流及主要支流皆自西北流向东南。澧水源头在桑植县南岔以上，分北、中、南三源，以杉木界北源为主，中源出湘鄂边界的八大公山东麓，名绿河，南源出自湖南省永顺县万袓山，名上峒河。三源在南岔汇合后往南经桑植、永顺，再向东流，在永定境内纳茅溪，经慈利纳溇水，至石门纳渫水，经临澧至澧县纳道水、涔水，流至津市小渡口注入洞庭湖。澧水干流全长 390 千米，流域面积 18496 平方千米（湖南境内 15505 平方千米），多年平均径流量 131.2 亿立方米。流域内共有一级支流 74 条，上游的主要支流有南岔河、郁水、茅溪、狮头溪、九渡溪（又名九都溪）、溇水（又名后江）、零溪河，中下游主要有渫水、道水、澹水、涔水等。

松滋河源于长江松滋口，主干分东西两支，其中西支在湖南境内歧出一支，称中支。松滋西支经毛家汉至濠口注入七里湖与澧水交汇，西支全长113千米（青龙窖至濠口又称官垸河，长27千米）。松滋中支从三汊垴起，至小望角与松滋东支汇合，中支全长38千米。松滋东支全长162千米，其中湖南境内长80千米，从甘家厂至小望角长44千米，又名大湖口河；小望角至小河口长17千米，又称安乡河；小河口以下19千米称松虎洪道。

虎渡河源于长江太平口，全长110.7千米，流经安乡境内42.7千米。

藕池河源于长江藕池口，共分3支，东支全长106千米，不流经常德市。中支自东支黄金岔岐出，经南鼎垸的陆家岭分成东西两河入南县境内，至下柴市与西支汇合，长54.2千米，安乡境内42.7千米。藕池河西支以称官垱河，自康家岗分流，在下柴市与中支汇合，从茅草街注入西洞庭湖，全长86.6千米，安乡境内36.4千米。

渫水河位于湖南省常德市石门县，上游支流众多：百溪河、高桥河、金家河、上延河、黄连河、干沟河等，一路蜿蜒东南流，沿途又纳入狮子溪、发人溪、黄虎港河、石家河、黄福溪、麻纳溪、竹溪河、商溪河、小河、黄水、仙阳河、南溪等大小支流146条（含渫水），历经壶瓶山镇、所街乡、雁池乡、磨市镇、维新镇、皂市镇，在新关镇的喻家河口注入澧水，全长163千米，流域面积3125.5平方千米。

大洑溪为沅水一级支流，位于沅水左岸，发源于慈利县五里垭，经桃源县牛车河、观音寺至燕家坪大洑溪村注入沅水，全长80.5千米，沿途纳入2～3级支流9条，流域面积615平方千米。

夷望溪流域地处桃源县西部，流域主干流发源于沅陵县与安化县交界处的胡家岭，流经沅陵县三渡水、桃源县西安、茶庵铺、太平铺至兴隆街乡水心寨汇入沅水，溪流全长70.2千米，计有23条2～3级支流汇入。为沅水一级支流，流域总面积734平方千米。

水溪流域地处桃源县南部沅水右岸，流域主干流发源于安化县黄毛尖，流经桃源县芦花潭、龙虎等乡，至桃花源镇乔望嘴注入沅水，溪流全长37.5千米，计有6条2～3级支流汇入。为沅水一级支流，流域总面积288平方千米。

延溪位于沅水左岸，发源于桃源县黄甲铺乡鸽子垭，流经三阳港镇、深水港乡至漳江镇烟溪口注入沅水，全长44.9千米，沿途纳入2～3级支流14条，流域面积456平方千米。

白洋河位于沅水下游左岸，属沅水一级支流，流域位置在，北纬28°至28°59′、东经110°42′之间。发源于慈利县云潮山，流域总面积1719平方千米，全长121千米。

渐河属沅水下游支流，渐水撇洪河工程主要拦截常德市江北防洪圈西北部山丘岗地山洪，干流段上有七条较大截流沟，集雨面积284平方千米。

枉水流域位于湖南省常德市鼎城区南部，地理位置位于北纬28°41′54″～29°01′54″，东经111°28′21″～111°39′54″。枉水为沅水一级支流，位于沅水尾闾，流经常德鼎城和德山。枉水发源于港二口、途径红岩嘴、草坪、响水垱和毛湾，在常德老码头入沅水。枉水总集雨面积484平方千米，全长57千米，河流坡降1.24‰。枉水有一级支流四条，分别为肖家坪、黄土店、叶家桥和王家湾。

东风河始建于1973年，以撇洪为主，兼作灌溉，自鼎城青龙坝起，经高岭、杨家桥、汪家溶、檀树坪、樟木桥、何家坪、五一至和尚桥入沅水。东风河全长10.8千米，另有李保冲、杨家桥、汪家溶、柏油库、龚家冲、红星、新包垸等支流水系注入东风河，流域总面积达63平方千米。

马家吉又称冲柳低水，流域分三大部分：一部分为马家吉河，发源于北部太阳山及白云山山区，自东北流向西南，从冲天湖至马家吉电排流入沅江，该流域地势北高南低，较为平缓。北面经冲柳闸和伍家拐闸与冲柳高水相连，西面经新河口闸与柳叶湖、沾天湖相连，北面与冲天湖、土硝湖相连。总河长41.15千米，流域面积604.58平方千米。

冲柳高水流域位于常德市城区东郊，发源于北部太阳山及白云山山区，主要流经常德市鼎城区冲柳垸、民主阳城垸和八官崇孝垸，1975年冲柳围垸撇洪工程竣工，高水河由北方山区降水南流汇聚，从苏家吉排入沅水，高水河长55.4千米，两岸堤长142千米，流域面积257.51平方千米。

新河西起丹洲乡石灰村长港水域，流经丹洲乡、护城乡、河洑镇、灌溪乡、南坪乡，注入沾天湖。新河控制集雨面积约57.60平方千米。新河水系南起北桥头公园水域，由南往北经新河渠—费家湖—白马湖—反修河，最后注入反帝河。新河水系中游位置有杨桥河（全场约5千米）支流汇入。反帝河水流由西往东，全长约11千米，在下游汇入新河水系后一起注入沾天湖。

穿紫河水系位于常德市城区北部，西起竹叶港，东至南硚。途经新河渠、费家湖、仁智垱、李仁垱、白马湖、长港、穿紫桥河、姻缘桥河、三闾港、沙河等沟港。全长17.3千米，是常德市一条环城水系。仙阳河为澧水二级支流，属渫水河一级支流，发源于石门北部高山密林之中，流经的最大集镇为维新镇，集水面积550平方千米。

涔水属澧水支流，发源于石门县黑天坑，流经刘家湾、莲花堰、王家厂、大堰垱、梦溪、涔南、永丰，在小渡口注入澧水。河流长度114千米，流域面积1525.75平方千米。

道水系澧水一级支流，属九澧之一。道水有南北二支，南支发源于慈利五雷山麓，北源多系溪涧组合，发源于慈利苗市桃树垭东麓，全长102千米，集水面积1362.8平方千米。

西湖高水内江位于西湖垸内，汉寿县部分发源于鼎城区的罗家铺，流经汉

图12　常德市水系图

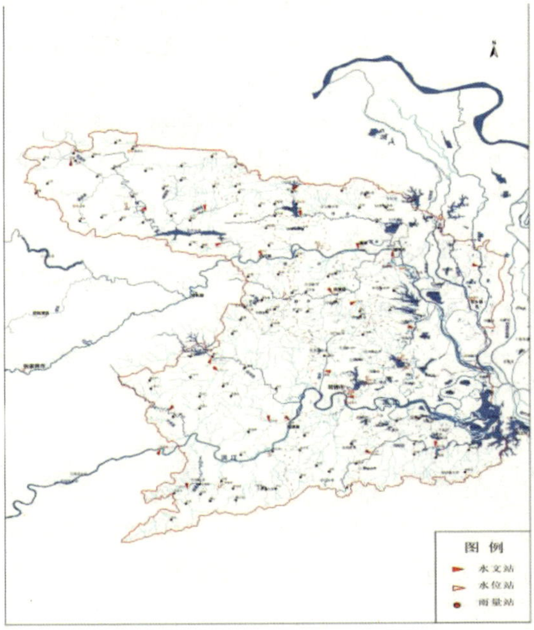

图 13 常德水文局站网分布图

寿县罐头嘴镇、洲口镇、文蔚乡、鸭子港乡、西港镇，在赵家河注入目平湖。河流长度 81 千米，流域面积 439.54 平方千米。

南湖撇洪河发源于沧山，人工河起于谢家铺、经蒋家嘴入西洞庭湖，全长 92.45 千米，其中人工河长 40.7 千米，流域总面积 1633.16 平方千米。（吴震中）

【水文站网】 市水文局在全市范围内共设有 322 个监测站点，其中水文站 25 个（含 2015 年规划建设中小河流水文站 8 个）、95 个水位站，雨量站 184 个。另外，市水文局还设有 1 个水环境监测分中心，6 个水环境监测站，2 个泥沙分析站，4 个蒸发观测站，9 个土壤墒情站，28 处水质监测断面。

市水文局已经建成较为完善的雨水情自动测报系统，其中局属自动测报站点 149 个，县级山洪灾害预警系统站点 173 个，站网基本实现到乡镇一级的全覆盖，为全市防洪减灾工作提供及时准确的情报。常德市水环境监测分中心的监测断面覆盖全市主要水功能区、大中型水库，小（一）型水库、部分小（二）型水库（农村安全饮水工程水源）和 1 万亩以上大型湖泊，为全市水环境保护和农村安全饮水工程水源保护工作提供了准确可靠的水质监测数据。（唐校准）

【河湖普查】 2014 年，常德市完成第一次水利普查，常德市水文局对全市境内流域面积 50 平方千米以上河流和 1 万亩以上湖泊进行调查和登记，经过统计，常德市流域面积 50 平方千米以上河流共有 134 条，1 万亩以上湖泊共有 82 个。（吴震中）

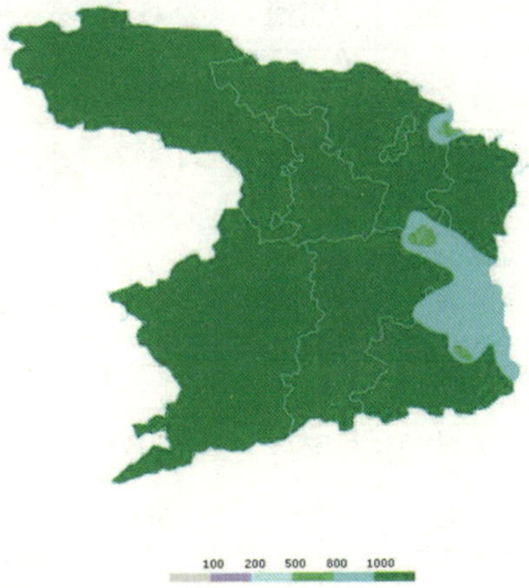

图 14 常德市雨情分析系统

表 2 **常德市河湖普查统计表**

序号	县区	50 平方千米以上河流（条）	1 万亩以上湖泊（个）
1	武陵区	9	3
2	鼎城区	23	16
3	安乡县	27	7
4	汉寿县	31	41
5	澧 县	21	7
6	临澧县	13	—
7	桃源县	33	—
8	石门县	35	—
9	津市市	8	8
小计		200	82
备注	上述河流中有 37 条属于跨县区界河流，扣除重复统计数，独立河流总数为 134 条		

【雨情】 2016 年，常德市累计降雨 1679.1 毫米，较历年同期均值 1434.9 毫米偏多 17.02%；其中汛期 4—9 月累计平均降雨 1253.1 毫米，较历年同期均值 994.1 毫米偏多 26.05%。总体上降雨与历年均值偏多两到三成。

区县分布上，桃源县累计平均降雨 1970.8 毫米为最大，较历年同期均值 1604.7 毫米偏多 22.81%；鼎城区累计平均降雨1928.3毫米次之，较历年同期均值1398.3毫米偏多37.9%；安乡县累计平均降雨1225.8毫米最小，较历年同期均值1246.2毫米偏少1.6%。

空间分布上，降雨主要集中在沅江流域南部地区及澧水流域北部地区。全市呈现两个明显的高值区，一个是石门县西北部山区，点最大降雨为石门县维新镇周家峪站2666.3毫米，其次为石门县磨市镇九斗峪站2463.0毫米；一个为桃源县西南部山区，点最大降雨为桃源县沙坪镇湖坪站2646毫米，其次为桃源县牯牛山乡煌山站2631.5毫米。

流域分布上，沅江流域累计平均降雨1970.8毫米最大，澧水流域1545.5毫米次之，洞庭湖区1330.0毫米最小。

时间分布上，汛前1—3月累计平均降雨偏少3成，汛期4—9月偏多2至3成；汛期除9月份降雨偏少以外，其他5个月降雨均偏多；全市主要暴雨过程基本上集中在6月下旬至8月中旬，6月、7月、8月累计平均降雨765.2毫米，占整个汛期降雨的61%；7月是汛期降雨最为集中时期，7月累计平均降雨295.7毫米，占整个汛期降雨的23.6%，全市各主要江河湖库在7月均发生较大洪水；汛期降雨最小的月份为9月的65.1毫米，仅占汛期降雨的5.2%。（唐校准）

表3　2016年常德市各月降雨量统计表　单位：毫米

区县	常德	桃源	鼎城	武陵	汉寿	石门	澧县	临澧	津市	安乡
1月	45.8	64.7	63.9	34.5	48.6	36.9	35.9	39.2	22.5	28.3
2月	28.8	39.6	43.9	20	9.5	26.6	21.8	29.1	18	19
3月	83.6	121.8	121.6	92	62.5	56	52.3	72.6	82.5	54.8
4月	204.8	216.9	247.1	273.5	225.4	184.5	178.4	185.9	187.5	154.3
5月	221	272.4	274.8	230	218.5	185.8	204.4	191.3	161.5	117.5
6月	237.2	208.5	135.6	165	87.8	390.7	315.9	253.5	248	154.3
7月	295.7	361.1	348	250	236.7	284.9	232.9	228.3	321.5	262.8
8月	232.3	334.3	249.9	170	102.2	217.6	190.3	213.8	228	203.8
9月	65.1	94.2	116.4	80	87.5	29.9	27.4	44.9	25	29.8
10月	134.9	156.1	154.3	132	126.1	140	114.6	112.2	102.5	85.8
11月	99.3	93.4	102	89	89.7	122.4	105.9	86.4	72	71
12月	51.9	59.1	70.9	65	65.6	42.2	37.7	43.9	35.5	44.8
汛期合计	1253.1	1477	1371.8	1168.5	958	1291.5	1149.4	1117.7	1171.5	922.3
汛期多年平均	994.1	1102.3	947.3	933.5	958.9	1128.7	881.7	886.3	825.7	867.3
距平（%）	26.05%	33.99%	44.81%	25.17%	–0.09%	14.42%	30.36%	26.11%	41.88%	6.34%
全年合计	1679.1	1970.8	1928.3	1601	1323.2	1688.9	1517.6	1501.1	1474.5	1225.8
全年多年平均	1434.9	1604.7	1398.3	1398.3	1409.7	1526.9	1216.9	1267	1236.8	1246.2
距平（%）	17.02%	22.81%	37.90%	14.50%	–6.14%	10.61%	24.71%	18.48%	19.22%	–1.64%

【水情】 受强降雨及大型水库泄洪影响，常德市主要江河湖泊及中小河流均发生不同程度的洪水过程。澧水干流石门以下河段发生4次明显的洪水过程，且出现五年来首次超警戒水位的洪水；澧水一级支流渫水、道水水位等均出现了较大程度的上涨，道水临澧县城河段出现超警戒水位；西洞庭湖区水位长时间超警戒；沅江五强溪以下河段发生2次明显的洪水过程；部分中小河流受局部强降雨影响暴雨山洪相对突出；暴雨期间，常德、桃源城区发生内涝。主汛期后，沅江干流控制站桃源站受降水偏少及水利工程调度的影响，长时间处于较低水位运行。

沅江。受强降雨及五强溪水库泄洪影响，沅江干流五强溪以下河段在6月下旬至7月上旬发生2次明显的洪水过程。沅江控制站桃源站在7月6日22时出现2016年汛期以来的最高洪水位41.02米（低于警戒水位1.48米），相应流量 12200 立方米 / 秒；常德站在 7 月 7 日 8 时出现 2016 年以来的最高洪水位 38.31 米（低于警戒水位 0.69 米）。8 月 29 日后，受降水偏少及水利工程调度的影响，加之沅江航道（桃源水文站测验河段）整治，致使航道河床下切，河道中泓位置右移，沅江控制站桃源站水位持续走低，自记水位计失灵。12 月 4 日 9 时出现建站以来的历史最低水位 29.70 米，相应流量 180 立方米 / 秒，较 2012 年 10 月 2 日的历史最低水位 30.25 米低 0.36 米。此后，水位长期维持在 30.00 米至 32.00 米之间运行，相应流量约有 200 立方米 / 秒左右，逼近下游河段的生态流量。

澧水。6 月 19—21 日，受强降水及水利工程的影响，澧水干流及部分支流发生第一次明显的洪水过程，澧水控制站石门站在 6 月 20 日 21 时出现 57.67 米的洪峰水位，相应流量 7300 立方米 / 秒；津市站 6 月 21 日 7 时出现 39.43 米的洪峰水位；澧水一级支流溇水雁池站在 6 月 19 日 23 时出现 140.52 米的洪峰水位（涨幅 6.80 米），相应流量 3130 立方米 / 秒，为雁池站建站以来有实测资料排第三位的洪水过程。6 月 26—28 日，受强降雨及水利工程调度的影响，澧水干流发生自 2010 年以来首次超警戒水位的洪水。石门站在 6 月 28 日 11 时出现 58.60 米的洪峰水位，相应流量 9050 立方米 / 秒，超警戒水位 0.10 米，在警戒水位以上运行 10 个小时；津市站在 6 月 29 日 7 时出现 41.81 米的洪峰水位，超警戒水位 0.81 米，在警戒水位上运行 23 个小时。7 月 1—3 日，受强降雨影响，澧水干流发生第三次明显的水位上涨过程，澧水干流石门站在 7 月 2 日 3 时出现 57.46 米的洪峰水位，相应流量 6390 立方米 / 秒；津市站在 7 月 2 日 11 时出现 40.79 米的洪峰水位。与此同时，澧水一级支流道水受连续降水的影响，出现 2016 年以来的最大洪水过程，临澧站 7 月 2 日 9 时出现 46.72 米的洪峰水位，相应流量 622 立方米 / 秒，超警戒水位 0.22 米，在警戒水位上运行 7 个小时。7 月 17—20 日，受强降雨影响，澧水干流发生 2016 年以来第四次明显的水位上涨过程，且在 19 日、20 日出现连续两次洪水过程，均未超警戒水位。澧水干流石门站 7 月 19 日 4 时出现 57.56 米的洪峰水位，相应流量 6820 立方米 / 秒；津市站 7 月 19 日 16 时出现 40.27 米的洪峰水位。

表 4　　2016 年常德市汛期各控制站最高水位统计表

河名	站名	最高水位（米）	发生时间（月、日）	相应流量（立方米/秒）	警戒水位（米）	超警（米）	历年最高（米）	发生时间（年、月、日）
沅水	五强溪	57.97	6 月 29 日 0 时	12500			64.5	2014-7-17
	桃花源	44.04	6 月 29 日 16 时		45.00			
	桃源	41.02	7 月 6 日 22 时	12200	42.50		47.37	2014-7-17
	常德	38.31	7 月 7 日 8 时		39.00		42.49	1996-7-19
大杨溪	杨溪桥	89.17	8 月 10 日 10 时				90.82	1996-7-12
溇水	雁池	140.52	6 月 19 日 23 时	3130			143.88	2011-6-18
	皂市	78.91	6 月 27 日 14 时	1060			81.59	2012-6-27
澧水	石门	58.60	6 月 28 日 21 时	9050	58.50	0.10	62.66	1998-7-23
	合口	48.00	6 月 28 日 23 时		48.50		47.03	2010-7-11
	澧县	43.21	6 月 29 日 3 时		43.50		41.48	2010-7-12
	津市	41.81	6 月 29 日 7 时	9340	41.00	0.81	45.02	2003-7-11
道水	临澧	46.72	7 月 2 日 9 时	622	46.50	0.22	47.87	2012-7-18
湖区	安乡	37.6	7 月 3 日 6 时	4550	37.00	0.60	40.44	1998-7-24
	石龟山	38.74	6 月 29 日 13 时	6630	38.50	0.24	41.89	1998-7-24
	牛鼻滩	37.53	7 月 7 日 6 时				40.57	1996-7-19
	周文庙	36.46	7 月 7 日 13 时		36.00	0.46	38.79	1996-7-20
备注	桃花源站为 2015 年新建站点							

西洞庭湖区。受澧水来水、三峡水库加大下泄及洞庭湖顶托影响，西洞庭湖区全线出现超警戒水位的洪水，部分站点长时间在警戒水位以上运行。安乡站自6月29日10时进入警戒水位，中间短时间退出警戒水位后又继续上涨，7月2日6时出现37.60米的洪峰水位，也是2016年以来安乡站的最高水位，创2008年以来的水位新高，超警戒水位0.60米。7月9日14时退出警戒水位，在警戒水位上持续运行223个小时。7月20日22时，安乡站再次进入37.00米的警戒水位，7月21日14时出现37.42米的洪峰水位，超警戒水位0.42米，7月22日19时退出警戒水位，在警戒水位上持续运行45个小时。2016年，安乡站合计在警戒水位以上持续运行268个小时，超11天。这也是2000年以来安乡站超警戒水位持续时间排位第二的记录，仅次于2012年，其中2012年超警戒水位持续时间最长，持续时间305小时，长达13天。石龟山站自6月29日6时进入警戒水位，6月29日13时出现38.74米的洪峰水位，超警戒水位0.24米，6月29日22时退出警戒水位，在警戒水位上运行16个小时。受沅江来水及洞庭湖洪水顶托影响，汉寿县周文庙站7月6日1时进入警戒水位，7月7日13时出现36.46米的洪峰水位，超警戒水位0.46米，7月9日1时退出警戒水位，在警戒水位上运行72个小时。

常德市城区内涝。7月1日晚，常德市城区突降暴雨，部分地区特大暴雨，降雨主要集中在7月2日1时至7月2日4时，最大1小时累计平均降雨27.5毫米，12小时累计平均降雨91毫米，重现期达到20年一遇。受强降水的影响，市城区许多路段出现积水，铁路桥下积水深度最深达1.20米左右，城区部分道路通行受到影响。由于沅江水位偏高，常德市城区积水抽排能力不足，导致冲柳低水排泄不畅，柳叶湖水位持续升高，7月3日18时柳叶湖出现34.07米的最高水位，涨幅近1.30米，逼近34.50米的防洪控制水位；穿紫河三间桥站在7月5日13时出现33.67米的最高水位，涨幅近1.10米；冲柳低水河新河口站在7月5日16时出现33.98米的最高水位，涨幅近1.70米，接近警戒水位；冲柳高水撇洪河伍家拐站在7月3日3时出现35.51米的最高水位，涨幅近3.40米，超警戒水位0.01米。这也是近年来常德市城区水系水位涨幅最大的一次，冲柳水系和柳叶湖水位持续高水位运行，使得市城区的防汛压力明显加大。

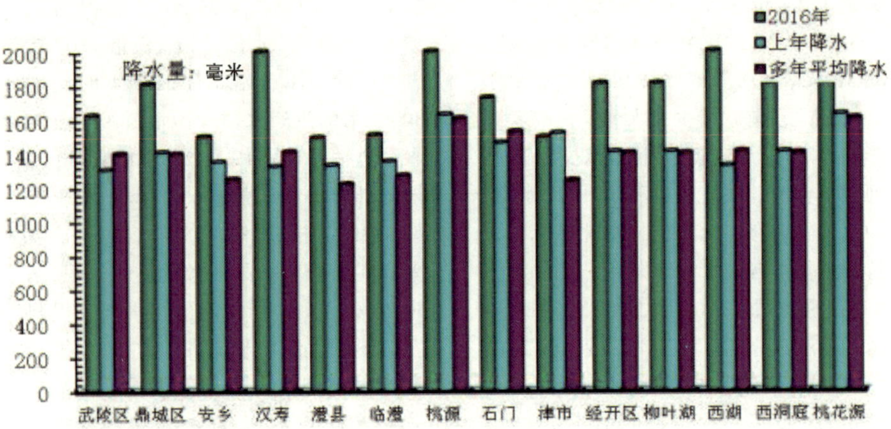

图15　2016年行政分区年降水深与上年、多年平均比较图

桃源县城区内涝。7月18日上午，桃源县城区突降暴雨，部分地区特大暴雨，县城区在18日8时至9时1小时累计平均降雨60毫米，最大三小时降雨108毫米，重现期达到20年一遇的标准，短时的强降雨导致桃源县城区内涝严重，部分路段交通一度受阻和中断。

（唐校准）

【旱情】 除9月降雨较少以外，其于大部分时间雨水较为充沛，除石门县和澧县部分山丘区在9月底发生中度干旱外，其他地区没有出现大范围的干旱情况。（唐校准）

【水资源量】 降水及分布。2016年，全市年平均降水量1781.1毫米，折合水量323.9亿立方米，较2015年增加23.0%，比多年平均偏多24.1%，属平丰年景。主要河流降水分布。资水区年降水量0.8475亿立方米，与多年平均比较偏多33.2%；沅江区年降水量100.8亿立方米，与多年平均比较偏多22.5%；澧水区年降水量101.6亿立方米，与多年平均比较偏多16.2%；洞庭湖环湖区年降水量110.9亿立方米，与多年平均比较偏多31.8%；荆南四河水区降水量9.75亿立方米，与多年平均比较偏少16.8%。

地表水资源量。2016年，全市地表水资源（天然河川径流）量165.6亿立方米，比2015年增加24.5%，较多年平均偏多26.2%，折合径流深910.4毫米，径流系数0.52。各区、县（市）地表水资源量与多年平均比较：武陵区32.1%、鼎城区18.1%、汉寿县23.0%、安乡县31.4%、澧县24.9%、临澧县12.8%、桃源县23.4%、石门县33.8%、津市51.4%。

分区各水系与多年平均比较：按流域分区统计其中资水区域偏多7.1%、沅江五强溪以下区域偏少23.9%、澧水区偏多28.5%、洞庭湖环湖区偏多24.1%、荆南四河区偏多39.7%。

地下水资源量。2016年，全市地下水资源量30.84亿立方米（其中洞庭湖环湖区10.21亿立方米），比2015年减少3.2%，地下水径流模数16.95万立方米/平方千米·年。

水资源总量。水资源总量指评价区内当地降水形成的地表、地下产水总量（不包括区外来水量）。2016年，全市水资源总量168.2亿立方米，较2015年偏多26.5%。较多年平均偏多25.7%。

（何建平）

【蓄水动态】 全市有大型水库4座，中型水库34座。2016年，各类蓄水工程年末蓄水量16.7804亿立方米，比

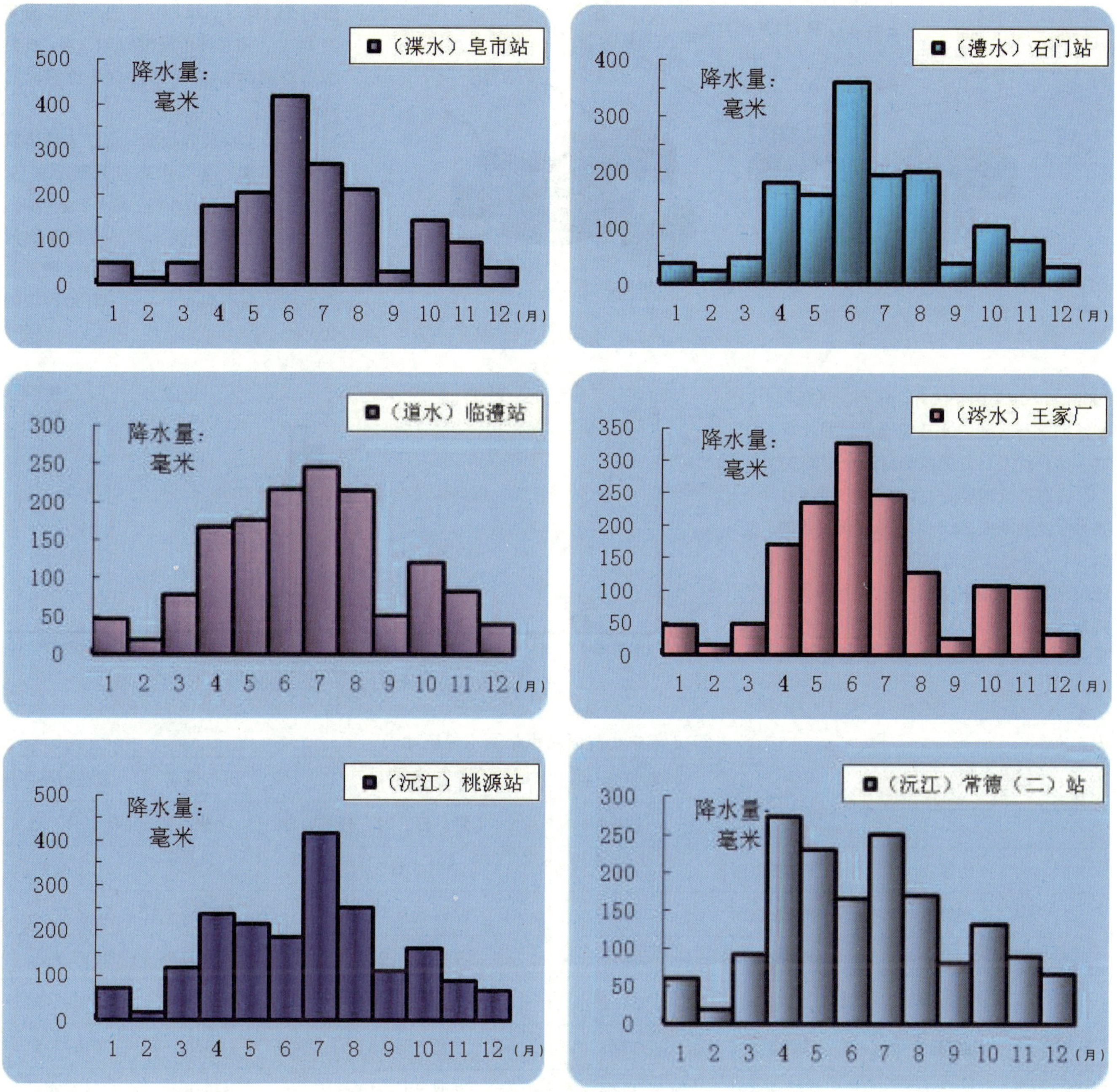

图 16　2016 年主要河流代表站月降水量分布图

2015 年年末增加 3.3877 亿立方米，其中大型水库年末蓄水量 12.8517 亿立方米，比 2015 年年末增加 2.3657 亿立方米，中型水库年末蓄水量 3.9287 亿立方米，比 2015 年年末增加 1.0220 亿立方米。

（何建平）

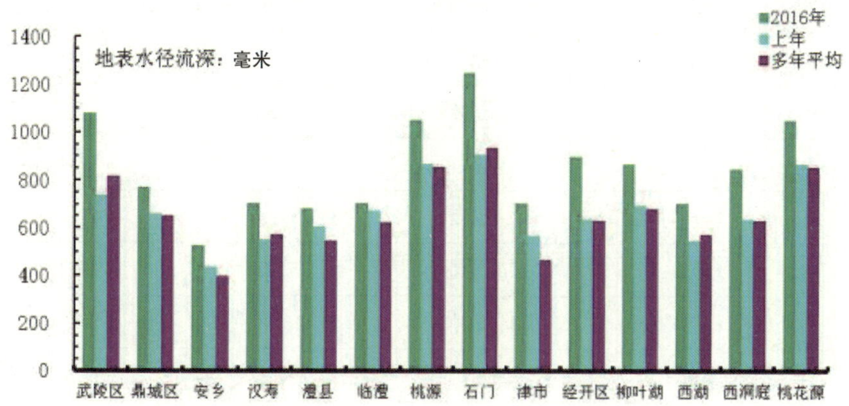

图 17　2016 年各行政分区地表水径深与上年、多年平均比较图

【水资源质量状况】 总体水质状况。2016 年，在全市主要江河上布设水质监测断面 37 个，2 个市洲界断面。采用《地表水环境质量评价标准》（GB3838-

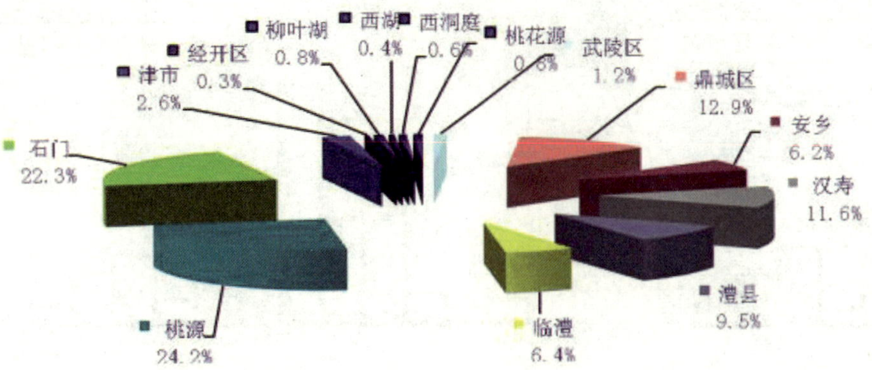

图 18　2016 年分区地下水资源分布图

2002)，采用单因子法分全年期、汛期和非汛期进行评价。水质符合Ⅱ～Ⅲ类标准、达到优及良好的监测河段全年期 37 个，占总评价河段的 100%。全年期：Ⅱ类水质监测断面 24 个，占总评价河段的 64.9%；Ⅲ类水质监测断面 13 个，占总评价河段的 35.1%。汛期：Ⅱ类水质监测断面 24 个，占总评价河段的 64.9%；Ⅲ类水质监测断面 13 个，占总评价河段的 35.1%。非汛期：Ⅱ类水质监测断面 14 个，占总评价河段的 41.2%；Ⅲ类水质监测断面 20 个，占总评价河段的 58.8%。

主要水系水质状况。沅江五强溪以下：全年期：Ⅱ类水质监测断面 9 个，占总评价河段的 100%。溇水：全年期：Ⅱ类水质监测断面 2 个，占总评价河段的 100%。澧水中下游：全年期：Ⅱ类水质监测断面 6 个，占总评价河段的 100%。（何建平）

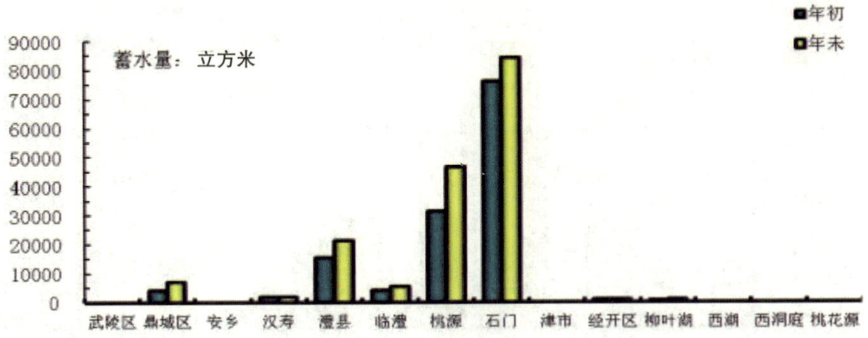

图 19　2016 年行政分区水利工程蓄水量统计图

表 5　**2016 年中小河流站点最高水位统计表**

序号	站名	河名	最高水位（米）	发生时间（月、日、时、分）	历年最高（米）	发生时间（年、月、日）
1	伍家拐	冲柳撇洪河	35.51	7 月 3 日 3 时	35.51	2016-7-3
2	三间桥	冲柳撇洪河	33.67	7 月 5 日 13 时	33.67	2016-7-5
3	柳叶湖	冲柳撇洪河	34.07	7 月 3 日 21 时	34.07	2016-7-3
4	马家吉	马家吉河	34.06	7 月 3 日 11 时	34.06	2016-7-3
5	新河口	马家吉河	33.98	7 月 5 日 16 时	33.98	2016-7-5
6	土硝湖	冲柳撇洪河	33.96	7 月 5 日 21 时	33.96	2016-7-5
7	安乡城关	松滋洪道	37.70	7 月 3 日 11 时	37.70	2016-7-3
8	新洲	澧水洪道	40.35	6 月 29 日 8 时	40.35	2016-6-29
9	白洋湖	道水	61.33	7 月 2 日 2 时	61.33	2016-7-2
10	金盆	竹溪河	172.00	7 月 20 日 5 时	172.00	2016-7-20
11	南坪河	石家河	289.14	6 月 19 日 19 时	290.54	2014-9-10
12	安溪	黄虎港河	357.60	8 月 20 日 5 时	357.60	2016-8-20
13	朱家铺	沧水	43.64	8 月 10 日 14 时	43.64	2016-8-10
14	杜家岗	仙阳河	137.12	6 月 27 日 10 时	137.12	2016-6-27

续表 5

序号	站名	河名	最高水位（米）	发生时间（月、日、时、分）	历年最高（米）	发生时间（年、月、日）
15	双合	渫水	278.55	6 月 19 日 19 时	278.55	2016-6-19
16	南坪	南坪河	289.14	6 月 19 日 19 时	289.14	2016-6-19
17	灌溪	渐河	40.05	8 月 15 日 6 时	40.05	2016-8-15
18	南阳嘴	南湖撇洪河	35.69	7 月 6 日 11 时	35.69	2016-7-6
19	深水港	延溪	43.92	7 月 18 日 17 时	43.92	2016-7-18
20	理公港	兰溪	66.30	7 月 18 日 12 时	66.30	2016-7-18
21	观音寺	大洑溪	65.89	7 月 18 日 18 时	65.89	2016-7-18
22	黄石（坝下）	白洋河	57.41	7 月 19 日 12 时	57.41	2016-7-19
23	松阳坪	夷望溪	105.72	6 月 29 日 11 时	105.72	2016-6-29
19	备注	常德市中小河流站点从 2014 年起开始运行；有下列站更名：2015 年五宝山更名为朱家铺、江坪更名为双合、维新厂更名为杜家岗；2016 年黄石更名为黄石（坝下）、茶庵铺更名为松阳坪				

表 6　　2016 年常德市超警戒水位站点统计表

流域	序号	站名	超警戒水位时间	退出警戒水位时间	超警戒水位运行时间	洪峰水位（米）	相应流量（立方米/秒）	洪峰水位出现时间	警戒水位（米）	超警戒水位（米）
澧水	1	石门	6 月 28 日 13 时	6 月 28 日 23 时	10	58.60	9050	6 月 28 日 21 时	58.50	0.10
	2	津市	6 月 28 日 17 时	6 月 29 日 16 时	23	41.81	9340	6 月 29 日 7 时	41.00	0.81
	3	临澧	7 月 2 日 6 时	7 月 2 日 13 时	7	46.72	622	7 月 2 日 9 时	46.50	0.22
湖区	4	安乡	6 月 29 日 10 时	7 月 22 日 19 时	268	37.60	4550	7 月 3 日 6 时	37.00	0.60
	5	石龟山	6 月 29 日 6 时	6 月 29 日 22 时	16	38.74	6630	6 月 29 日 13 时	38.50	0.24
	6	周文庙	7 月 6 日 1 时	7 月 9 日 0 时	72	36.46	——	7 月 7 日 13 时	36.00	0.46
	7	备注	安乡站在 6 月 29 日至 7 月 22 日之间先后 3 次出现超警戒水位，累计超警戒水位时间 268 小时							

表 7　　2016 年分区年降水量与上年、多年平均比较统计表

分区名称		计算面积（平方千米）	年降水量（毫米）	年降水量（亿立方米）	上年降水量（亿立方米）	与上年比较（%）	多年平均降水量（亿立方米）	与多年平均比较（%）
行政分区	武陵区	212	1624.5	3.446	2.760	24.8	3.0	16.2
	鼎城区	2234	1809.8	40.43	31.42	28.7	31.2	29.4
	安乡	1087	1499.9	16.30	14.65	11.3	13.5	20.4
	汉寿	2018	2030.0	40.97	26.66	53.7	28.5	44.0

续表 7

分区名称		计算面积（平方千米）	年降水量（毫米）	年降水量（亿立方米）	上年降水量（亿立方米）	与上年比较（%）	多年平均降水量（亿立方米）	与多年平均比较（%）
行政分区	澧县	2075	1494.0	31.00	27.54	12.6	25.2	22.8
	临澧	1203	1509.4	18.16	16.25	11.8	15.2	19.1
	桃源	4314	2019.7	87.12	70.18	24.1	69.2	25.9
	石门	3970	1726.1	68.53	57.99	18.2	60.6	13.1
	津市	558	1494.7	8.340	8.465	-1.5	6.9	20.8
	经开区	54.0	1809.8	0.9773	0.7595	28.7	0.8	29.2
	柳叶湖	138.8	1809.8	2.512	1.861	35.0	1.9	29.4
	西湖	70.3	2030.0	1.427	0.9285	53.7	1.0	44.0
	西洞庭	110.0	1809.8	1.991	1.547	28.7	1.5	29.2
	桃花源	142.5	2019.7	2.878	2.318	24.1	2.3	25.9
流域分区	资水	42	2030.0	0.8475	0.5514	53.7	0.6361	33.2
	沅江（浦市镇以下）	5086	1981.1	100.76	81.10	24.2	80.31	25.5
	澧水	6235	1629.7	101.61	87.87	15.6	87.45	16.2
	洞庭湖环湖区	6236	1779.3	110.95	85.45	29.9	84.19	31.8
	其他	588	1658.2	9.750	8.359	16.6	8.350	16.8
常德市（合计）		18187	1781.1	323.9	263.3	23.0	260.9	24.1

表 8　　2016 年常德市年地表水资源量与上年、多年平均比较统计表

分区名称		计算面积（平方千米）	当年地表水资源量（亿立方米）	上年地表水资源量（亿立方米）	与上年比较（%）	多年平均地表水资源量（亿立方米）	与多年平均比较（%）
行政分区	武陵区	212	2.292	1.563	46.6	1.735	32.1
	鼎城区	2234	17.21	14.72	16.9	14.57	18.1
	安乡	1087	5.684	4.761	19.4	4.327	31.4
	汉寿	2018	14.21	11.08	28.2	11.55	23.0
	澧县	2075	14.18	12.58	12.7	11.36	24.9
	临澧	1203	8.443	8.100	4.2	7.486	12.8
	桃源	4314	45.35	37.40	21.3	36.84	23.1
	石门	3970	49.66	35.95	38.1	37.12	33.8
	津市	558	3.927	3.159	24.3	2.59	51.4
	经开区	54	0.4848	0.3429	41.4	0.3398	42.7
	柳叶湖	139	1.205	0.9632	25.1	0.9437	27.7

续表 8

分区名称		计算面积（平方千米）	当年地表水资源量（亿立方米）	上年地表水资源量（亿立方米）	与上年比较（%）	多年平均地表水资源量（亿立方米）	与多年平均比较（%）
行政分区	西湖	70	0.4954	0.3852	28.6	0.4016	23.4
	西洞庭	110	0.9329	0.6986	33.5	0.6921	34.8
	桃花源	142	1.498	1.237	21.1	1.217	23.1
流域分区	资水	42	0.4412	0.3881	13.7	0.4120	7.1
	沅江（浦市镇以下）	5086	53.76	43.82	22.7	43.39	23.9
	澧水	6235	62.73	49.06	27.9	48.82	28.5
	洞庭湖环湖区	6236	41.57	34.32	21.1	33.50	24.1
	其他	588	7.070	5.352	32.1	5.060	39.7
常德市（合计）		18187	165.6	132.9	24.5	131.2	26.2

表 9 2016 年分区水资源总量统计表

分区名称		计算面积（平方千米）	年降水量（亿立方米）	地表水资源量（亿立方米）	地下水资源量（亿立方米）	重复计算量（亿立方米）	水资源总量（亿立方米）	产水系数
行政分区	武陵区	212	3.446	2.292	0.3782	0.3782	2.292	0.67
	鼎城区	2234	40.43	17.21	3.984	3.185	18.01	0.45
	安乡	1087	16.30	5.684	1.922	1.470	6.136	0.38
	汉寿	2018	40.97	14.21	3.570	2.748	15.03	0.37
	澧县	2075	31.00	14.18	2.942	2.747	14.38	0.46
	临澧	1203	18.16	8.443	1.984	1.972	8.454	0.47
	桃源	4314	87.12	45.35	7.466	7.466	45.35	0.52
	石门	3970	68.53	49.66	6.886	6.886	49.66	0.72
	津市	558	8.340	3.927	0.7912	0.5956	4.123	0.49
	经开区	54	0.9773	0.4848	0.0963	0.0738	0.5072	0.52
	柳叶湖	139	2.512	1.2055	0.2475	0.2259	1.227	0.49
	西湖	70	1.427	0.4954	0.1244	0.0951	0.5246	0.37
	西洞庭	110	1.991	0.9329	0.1962	0.1504	0.9787	0.49
	桃花源	142	2.878	1.498	0.2466	0.2466	1.498	0.52
流域分区	资水	42	0.8475	0.4412	0.5876	0.5876	0.4412	0.52
	沅江（浦市镇以下）	5086	100.76	53.76	8.831	8.831	53.76	0.53
流域分区	澧水	6235	101.61	62.73	10.24	10.24	62.73	0.62
	洞庭湖环湖区	6236	110.95	41.57	10.21	7.62	44.17	0.40

续表 9

分区名称		计算面积（平方千米）	年降水量（亿立方米）	地表水资源量（亿立方米）	地下水资源量（亿立方米）	重复计算量（亿立方米）	水资源总量（亿立方米）	产水系数
流域分区	其他	588	9.750	7.070	0.9654	0.9654	7.070	0.73
常德市（合计）		18187	323.9	165.6	30.84	28.24	168.2	0.52

表 10　**2016 年大、中型水库蓄水统计表**　单位：万立方米

行政分区	大型水库				中型水库			
	水库座数	年初蓄水量	年末蓄水量	蓄水变量	水库座数	年初蓄水量	年末蓄水量	蓄水变量
鼎城区					5	4038	7091	3053
汉寿					3	1810	1685	-125
澧县	1	8240	12700	4460	4	7280	8602	1322
临澧					5	4184	5506	1322
桃源	2	26780	38717	11937	8	4392	7780	3388
石门	1	69840	77100	7260	7	6218	6949	731
经开区					1	688	970	282
柳叶湖					1	457	704	247
常德市（合计）	4	104860	128517	23657	34	29067	39287	10220

表 11　**2016 年常德市河流水质评价状况表**

区县	常德	桃源	鼎城	武陵
沅江	五强溪—桃源	Ⅱ	Ⅲ	Ⅱ
	桃源—郭家铺	Ⅱ	Ⅱ	Ⅱ
	郭家铺—南昏电排	Ⅱ	Ⅲ	Ⅱ
	南硲电排—德山	Ⅱ	Ⅲ	Ⅱ
	德山以下	Ⅱ	Ⅱ	Ⅱ
渫水	皂市—石门	Ⅱ	Ⅱ	Ⅱ
澧水	石门—津市	Ⅱ	Ⅱ	Ⅱ
	津市以下	Ⅱ	Ⅱ	Ⅱ

常德市 2016 年国民经济和社会发展统计公报

综　合

全市实现生产总值 2955.5 亿元，比 2015 年增长 8.0%；其中，第一产业增加值 383.2 亿元，增长 3.4%，对经济增长的贡献率为 5.6%；第二产业增加值 1264.5 亿元，增长 6.4%，对经济增长贡献率为 36.7%；第三产业增加值 1307.8 亿元，增长 11.1%，对经济增长贡献率为 57.7%。人均地区生产总值达到 50572 元，增长 7.8%。三次产业结构由 2015 年 13.1 : 45.7 : 41.2 调整为 13 : 42.8 : 44.2。

全市完成一般公共预算收入 226.6 亿元，比 2015 年增长 9.0%。地方财政收入 157.3 亿元，增长 5.7%，其中税收收入 89.6 亿元，下降 0.4%；非税收入 67.7 亿元，增长 15.1%。公共财政预算支出 463.1 亿元，增长 8.6%，其中重点支出项目为社会保障和就业支出 76.7 亿元，增长 8.8%；农林水事务支出 67.8 亿元，增长 2.2%；教育支出 66.1 亿元，增长 12.6%；医疗卫生支出 45.2 亿元，增长 9.6%；城乡社区事务支出 42 亿元，减少 2.6%。增速较快支出项目分别是节

能环保、文化体育与传媒、教育、医疗卫生，分别增长41.6%、26.3%、12.6%、9.6%。

全年农村公路提质改造1074.3千米，建设农村公路安保设施1084.8千米，实现贫困人口精准脱贫88338人，农村自来水普及率85%，农村危房改造17841户。新增养老服务床位1717张。城市棚户区改造新开工51292户。新增城镇管输天然气用户49823户。新增城镇就业人员6.74万人，2016年末城镇登记失业率3.13%。救治救助贫困重性精神病患者930人。直播卫星户户通84450户。完成150个行政村配电网改造。

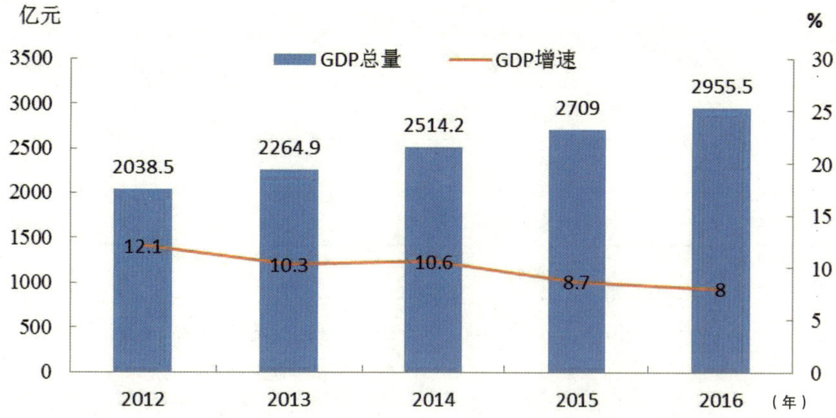

图20　2012-2016年常德市地区生产总值及增图

2016年全市居民消费价格指数和商品零售价格指数分别为102.1%和101.0%，八大类别商品及服务价格呈现“五升三降”，其中食品类价格上涨0.3%，烟酒及用品类价格上涨1.2%，医疗保健及个人用品类价格上涨4.3%，娱乐教育文化用品及服务类价格上涨0.1%，居住类价格上涨1.5%，衣着类价格下降0.6%，家庭设备用品及维修服务类价格下降0.6%，交通和通信类价格下降1.2%。

表12　**2016年常德市地区生产总值及分产业情况表**

指标名称	绝对数（亿元）	增速（%）
地区生产总值	2955.5	8.0
第一产业	383.2	3.4
第二产业	1264.5	6.4
工业	1135.5	6.3
建筑业	129.8	6.9
第三产业	1307.8	11.1
交通运输、仓储和邮政业	126.1	4.4
批发业和零售业	154.6	5.5
住宿和餐饮业	52.8	5.8
金融业	48.3	9.7
房地产业	70.5	7.5
其他服务业	821.6	14.4

表13　2016年常德市居民消费价格指数情况表

指标名称	以2015年为100
居民消费价格总指数（CPI）	102.1
其中：食品	104.0
烟酒及用品	104.0
衣着	101.1
家庭设备用品及维修服务	100.1

续表 13

指标名称	以 2015 年为 100
医疗保健和个人用品	106.0
交通和通信	97.5
娱乐教育文化用品及服务	102.2
居住	101.1

农　业

全年完成农林牧渔业总产值 636.5 亿元，比 2015 年增长 3.5%。农林牧渔业增加值 396.3 亿元，比 2015 年增长 3.5%。其中农、林、牧、渔及农林牧渔服务业增加值分别增长 3.1%、4.1%、3.1%、5.1%、7.2%。

全年粮食作物种植面积 7240 平方千米，比 2015 年增长 0.06%；棉花种植面积 630 平方千米，下降 6.9%；油料种植面积 3020 平方千米，下降 1.3%；蔬菜种植面积 1040 平方千米，增长 5.9%；全年粮食总产量 382 万吨，减产 1.9%；棉花产量 9.4 万吨，减产 7.3%；油料产量 57.0 万吨，减产 2.33%；蔬菜产量 276.8 万吨，增产 6.2%；茶叶产量 1.6 万吨，增产 3.7%。

全年猪、牛、羊出栏分别为 616.9 万头、17.1 万头、184.1 万头，分别比 2015 年下降 2.7%、增长 1.7%、下降 2.0%；全年肉、蛋、奶总产量分别为 49.1 万吨、42.0 万吨、1.4 万吨，分别下降 2.5%、增长 2.8%、增长 5.5%。

全年水产品总产量 50.1 万吨，增长 4.5%。

全市拥有农产品加工企业 4945 家，其中国家级及省级龙头企业 64 家。农产品加工企业实现销售收入 1041 亿元，增长 17.6%；实现利税 60.2 亿元，增长 7%；实现利润 49.8 亿元，增长 5.6%。休闲农业经营收入 22.5 亿元，增长 27.9%；农民专业合作社 3602 个，增长 23%，社员 28.4 万户，增长 24%。专业大户 22147 户，增长 14.4%，家庭农场 2341 个，增长 68.5%。农业机械总动力 602.4 万千瓦，增长 0.8%。

工业和建筑业

2016 年，全市完成工业增加值 1135.5 亿元，比 2015 年增长 6.3%。规模以上工业增加值增长 6.6%。非公有制规模以上工业增加值增长 6.4%。规模以上工业新产品产值 105.6 亿元，增长 1.2%。省级以上园区规模以上工业增加值增长 6.6%，占规模以上工业比重为 87%。

表 14　　**2016 年常德市规模工业部分行业发展情况表**

行业	增加值增速（%）
农副食品加工业	19.1
烟草制品业	1.8
石油加工、炼焦和核燃料加工业	50.9
化学原料和化学制品制造业	2.8
医药制造业	18.2
非金属矿物制品业	8.0
黑色金属冶炼和压延加工业	–8.5
有色金属冶炼和压延加工业	–16.0
专用设备制造业	–13.3
汽车制造业	13.0
铁路、船舶、航空航天和其他运输设备制造业	11.0
计算机、通信和其他电子设备制造业	–5.0
电力、热力生产和供应业	–5.1

规模以上工业企业经济效益综合指数为503.26%，比2015年提升6.82个百分点；规模工业企业产品销售率为98.9%，提高2.2个百分点；实现利税总额617.3亿元，下降2.7%；实现利润148.3亿元，下降11.9%；亏损企业亏损额5.4亿元，增长2.6%。

2016年，全市完成建筑业增加值129.8亿元，增长6.9%。

固定资产投资

2016年全市完成固定资产投资2011.8亿元（含跨区4.9亿元），比2015年增长14.6%。按经济类型分，国有投资645.4亿元，增长16.4%；非国有投资1361.6亿元，增长13.8%。按产业分，第一产业投资53.9亿元，下降3.9%；第二产业投资886.7亿元，增长1.8%；第三产业投资1066.3亿元，增长29.5%。按投资方向分，工业投资854.1亿元，增长4.6%；民生投资164.3亿元，增长40%；生态投资140.4亿元，增长66.8%；基础设施投资523.6亿元，增长15.4%；高新技术产业投资110.5亿元，增长33.2%；战略性新兴产业投资433.6亿元，增长16.9%；工业技改投资442.9亿元，增长2.7%。

全市施工项目共有3844个，增长15.9%。全年投产项目2768个，增长4.3%。亿元以上项目428个，实际完成投资703.5亿元。

全市完成房地产开发投资140.0亿元，增长15.3%。商品房屋销售面积382.4万平方米，增长27.8%。商品房屋销售额175.6亿元，增长26.1%。房屋待售面积147.5万平方米，下降19.1%。

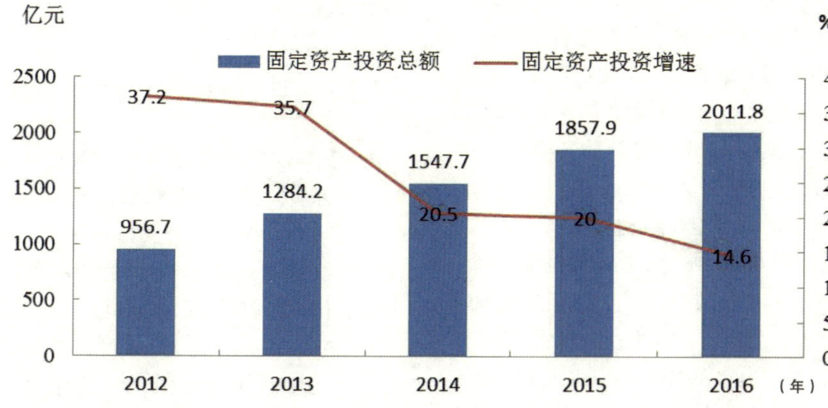

图21　2012—2016年常德市固定资产投资及增速图

国内贸易和对外经济

2016年，全市社会消费品零售总额1058亿元，增长11.9%。城镇社会消费品零售额887.1亿元，增长12%；乡村社会消费品零售额170.9亿元，增长14.6%。

限额以上法人批发和零售业商品零售额247.5亿元，增长19.1%。粮油、食品、饮料、烟酒类增长26.3%，服装、鞋帽、针纺织品类增长19.3%，化妆品类增长28.2%，中西药品类增长21.8%，家用电器和音像制品类增长8.8%，汽车类增长27.2%，石油及制品类增长5.1%。

交通运输、邮电和旅游业

2016年，全市完成交通运输、仓储和邮政业增加值126.1亿元，比2015年增长4.4%。客货运输换算周转量1.36亿吨千米，比2015年增长6.6%。货物周转量235.89亿吨千米，比2015年增长7.1%。客运量0.99亿人，比2015年下降6.1%，旅客周转量76.59亿人千米，下降3.6%。

2016年年末全市汽车保有量41.8万辆，比2015年增长22.6%。全年新注册汽车8.0万辆，增长34.6%。2016年年末私人汽车保有量37.9万辆，增长24.0%。

全年完成邮政业务总量3.4亿元，电信业务总量86.9亿元，2016年末固定电话用户数49.3万户。2016年末移动电话用户441.3万户。

全年接待海内外游客4048.9万人次，比2015年增长11.2%。接待国内旅游者4030.5万人次，增长11.2%；接待境外入境旅客18.4万人次，增长11.8%。全年实现旅游总收入318.7亿元，增长15.4%。国内旅游收入314亿元，增长15.4%；国际旅游外汇收入0.69亿美元，增长15%。全市星级宾馆35家，旅行社60家。

招商引资和对外贸易

2016年全市实际引进内外资总额696.2亿元，比2015年增长7.8%。实际利用外资资金8.9亿美元，增长19.9%，其中，新引进3000万美元以上外资项目2个，第一产业到位外资1.9亿美元，第二产业到位外资4.9亿美元，第三产业到位外资2.2亿美元。引进市外境内资金638.5亿元，增长6.4%，亿元以上项目实际到位资金332.4亿元。

2016年全年完成进出口总值7.3亿美元，下降5.5%，其中出口5.1亿美元，下降10.9%；进口2.2亿美元，增长9.8%。分贸易方式看，一般贸易出口3.8亿美元，下降17%，加工贸易出口1.09亿美元，下降4.4%。

银行、保险和证券

2016年，全市金融机构本外币年末各项存款余额为2714亿元，增长20.8%，其中非金融企业存款存款余额为628亿元，增长38.3%；住户存款1633亿元，增长13.2%。金融机构本外币年末各项贷款余额为1283亿元，增长18.7%，其中短期贷款为330亿元，增长2.9%；中长期贷款为941亿元，增长25.6%。

2016年，全市保险机构总数为40家，其中财险公司17家，寿险公司22家，代理公司1家。保费收入共75.3亿元，比2015年增长22.3%，其中财险保费收入23.0亿元，增长15.8%；寿险保费收入52.4亿元，增长25.4%。赔款支

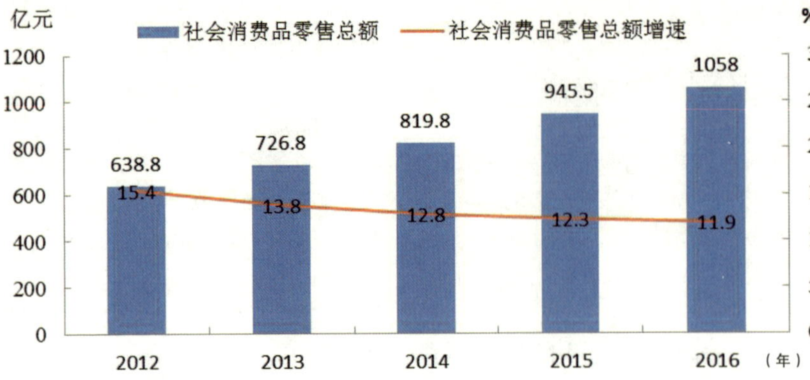

图 22　2012—2016 年常德市社会消费品零售总额及增速图

出 45.2 亿元，其中财险赔付 12.4 亿元，增长 20.8%，寿险给付 32.7 亿元（含退保金），增长 29.9%。

截至 2016 年年末全市上市公司数量 5 家，通过发行、配售股票共筹集资金 19 亿元。辖区共有证券公司营业部 8 家，全年证券交易额 1664 亿元，期货公司 2 家，全年成交金额 768 亿元。

教育和科学技术

截至 2016 年年末全市有普通高校 5 所，招生 1.5 万人，在校学生 4.7 万人，毕业学生 1.2 万人。中等职业学校 47 所，招生 2.1 万人，增长 14.4%；在校学生 5.4 万人，增长 12.7%；毕业学生 1.4 万人，下降 22.2%。普通高中 46 所，招生 2.7 万人，下降 2.8%；在校学生 8.1 万人，下降 2.4%；毕业学生 2.8 万人，下降 3.9%。初中学校 241 所，招生 4.5 万人，增长 9.3%；在校学生 12.6 万人，增长 1.1%，毕业学生 4.3 万人，下降 1.8%。普通小学 511 所，招生 5.1 万人，下降 5.8%；在校学生 29.3 万人，增长 2.3%；毕业学生 4.4 万人，增长 10.1%。小学适龄儿童入学率 100%。特殊教育学校 4 所，招生 100 人，在校学生 800 人。幼儿园在园幼儿 14.7 万人，增长 5.7%。各类民办学校 731 所，在校生 15.4 万人，增长 6.4%。民办普通高校 2 所，在校生 1.1 万人，增长 6.9%。义务教育阶段合格学校建设 693 所，新增学校 61 所。

全市发放工业品生产许可证 10 张。组织制定地方标准 11 项。特种设备生产单位 26 家，特种设备数量 20789 台。重点工业产品质量监督抽查 346 批次，抽检合格率 96.2%。

全年高新技术产品总产值达 1037.4 亿元，比 2015 年增长 7.3%，高新技术产品增加值 259.9 亿元，增长 12.5%。截至 2016 年年末，全市有省级院士专家工作站 8 家、高新技术企业 113 家、省科普基地 12 个。登记各类科技成果 22 项，获得湖南省技术发明奖励项目 1 项，获得湖南省科技进步奖励项目 6 项，获得常德市科技进步奖励项目 28 项。全年专利申请 2795 件，增长 23.3%，授权专利 1324 件，下降 16.4%。

文化、卫生和体育

截至 2016 年年末，全市拥有艺术表演团体 1667 个（含专业艺术表演团体 10 个），群众艺术馆、文化馆 10 个，公共图书馆 9 个，博物馆、纪念馆 40 个，广播电台 9 座，广播综合人口覆盖率达到 99.7%；电视台 9 座，电视综合人口覆盖率达到 96.5%，有线电视用户 93.2 万户。国家级非物质文化遗产保护目录 7 个，省级非物质文化遗产保护目录 20 个。档案馆 12 个，已开放各类档案 85 万卷（件）。

全市拥有卫生机构 5447 个，其中，医院、卫生院 296 个，妇幼保健院 10 个，专科疾病防治院 25 个，社区卫生服务中心 94 个，诊所、卫生所、医务室 1031 个，村卫生室 3932 个。卫生技术人员共 29548 人，其中执业医师和执业助理医师 13347 人，注册护士 11179 人。全市拥有疾病预防控制中心 15 个，卫生技术人员共 505 人；卫生监督所（中心）11 个，卫生技术人员共 191 人。

全市有运动场 512 个，各种训练房 425 个。开展全民健身项目 42 项次。新建农民体育健身工程的行政村 1140 个。全年获得世界冠军 3 个，获得亚洲冠军 5 个，全国冠军 10 个。

资源环境和安全生产

2016 年，全市森林覆盖率 47.98%，完成造林面积 256 平方千米，退耕还林 14.06 平方千米。已批准建设自然保护区 8 个，面积 1670 平方千米，其中国家级自然保护区 3 个、省级自然保护区 2 个。已发现矿种 59 种，有探明资源储量的矿种 33 种。实施省以上土地综合整治项目 10 个。全年开工各类水利工程 3.8 万处，水利工程投入资金 32.1 亿元，完成土石方 1.7 亿立方米。城市污水集中处理率达 91%，城市生活垃圾无害化处理率达 100%。

全社会用电量 96.01 亿千瓦时，比 2015 年下降 21.7%，其中工业用电量 47.9 亿千瓦时，下降 41%，生活用电量 29.3 亿千瓦时，增长 13.8%。全市万元 GDP 能耗 0.36 吨标准煤（按 2010 年不变价计算），下降 10.7%。万元 GDP 电耗 351.5 千瓦时，下降 27.4%。

全年共发生各类生产经营性安全事故 115 起，死亡 65 人；亿元 GDP 生产安全事故死亡人数为 0.02 人；全年共发生道路交通事故 688 起，道路交通万车死亡人数 1.49。

人口、居民生活和社会保障

截至 2016 年年末，全市常住人口 584.4 万人，其中城镇人口 289.6 万人，农村人口 294.9 万人。人口自然增长率为 9‰。全市城镇化率为 49.55%。截至 2016 年年末户籍总人口为 611 万人，其中城镇人口 164.7 万人，乡村人口 446.3 万人。男性人口 311.1 万人，女性人口 299.9 万人。18 岁以下人口 95.9 万人，

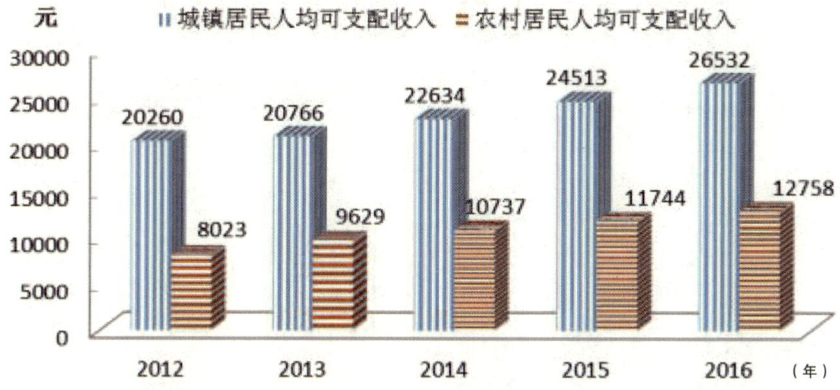

图 23　2012—2016 年常德市城镇及农村居民人均可支配收入图

18~34 岁人口 126.0 万人，35~59 岁人口 254.4 万人，60 岁以上人口 134.7 万人。全市全年出生人口 5.81 万人。

2016 年城镇居民人均可支配收入 26532 元，比 2015 年增长 8.2%；城镇居民人均消费支出 22416.4 元，增长 10.5%。农村居民人均可支配收入 12758 元，增长 8.6%；农民人均消费支出 12161.1 元，增长 10.3%。

截至 2016 年年末，全市参加城镇基本养老保险职工人数 107.86 万人（含企业社保和机关社保），其中，参保职工 67.5 万人，参保离退休人员 40.4 万人。城镇职工基本医疗保险参保人数 55.7 万人，城镇居民基本医疗保险参保人数 95.6 万人。参加工伤保险职工人数 51.3 万人。参加生育保险职工人数 33.1 万人。参加失业保险职工人数 28.2 万人。领取失业保险金职工人数 1.0 万人。拥有政府最低生活保障的城镇居民达 12.2 万人，农村居民达 23.9 万人。销售社会福利彩票 6.7 亿元，筹集社会福利资金 1.8 亿元，直接接受社会捐赠 500 万元，各类收养性社会福利单位床位 2.3 万张，收养各类人员 1.9 万人。城镇各种社区服务设施 3236 个，新改建城乡养老服务示范点 36 所，新增床位 190 张。

说明：1. 本公报中资料均为初步统计数（快报数），部分数据因四舍五入的原因，存在着与分项合计不等的情况。

2. 全市生产总值和各产业增加值的绝对数为现价，增长速度按可比价计算。

市及市直单位副处级以上领导干部名录

市　委

书记　王　群

副书记、市政府市长、党组书记　周德睿

副书记、市委党校校长　徐正宪

常委、市政府副市长（常务）、党组副书记　朱水平

常委、市纪委书记　陈恢清

常委、政法委书记　黄清宇

常委、市政府副市长、党组成员（挂职）、中国银行湖南省分行副行长、党委委员　任　晨

常委、军分区司令员　李辉忠

常委、宣传部部长、市政府副市长、党组成员、市公安局局长　胡丘陵

常委、统战部部长、市政府副市长、党组成员、市计生协会会长（兼）　陈　华

常委、组织部部长　梁　仲

常委、秘书长、市直机关工委书记　罗先东

原常委、政法委原书记　何英平

副巡视员　魏立刚

副厅级干部　郑弟祥

市人大常委会

主任、党组书记　刘　明

原主任、省人大常委会委员、省人大法制委员会副主任委员　曹儒国

副主任、党组副书记　王孝山

副主任　肖燕芳

副主任、党组成员　王先蒙

副主任、党组成员　熊大顺

副主任、党组成员、市总工会主席　谭弘发

副主任、党组成员　罗少扶

副主任、党组成员　戴君耀

市政府

市长、党组书记、市委副书记　周德睿

副市长（常务）、党组副书记、市委常委　朱水平

副市长、党组成员、市委常委（挂职）、中国银行湖南省分行副行长、党委委员　任　晨

副市长、党组成员　朱晓平

副市长、党组成员　沈习森

副市长、党组成员、市委常委、宣传部部长　胡丘陵

副市长、党组成员、市计生协会会长（兼）、市委常委、统战部部长　陈　华

副市长　匡加才

副市长提名人选、党组成员、市公安局局长、党委书记　唐恒忠

副市长提名人选、党组成员　曾艳阳

副厅级干部、党组成员、湖南应用技术学院党委书记、督导专员　黎建平

市政协

主席、党组书记　李爱国

副主席、党组副书记　肖朝进

副主席（兼）、民建市委主委、市发改委副主任　杨新辉

副主席（兼）　陈伟俊

副主席（兼）、民革市委主委、市审计局副局长　陈位明

副主席、民盟市委主委　傅绍平

副主席（兼）、湖南文理学院校友联络会副会长　朱传宏

副主席、党组成员　甘志敏

副主席、党组成员　彭孟雄

副主席、党组成员　诸戈文

原副主席（兼）　邓正春

副主席提名人选、市政府党组成员　熊国建

市中级人民法院

院长、党组书记　廖具之

市检察院

检察长、党组书记　余湘文

常德职业技术学院

党委书记　黄云新
院长、党委副书记　张大顺

市委党校

常务副校长　李娥皇

常德经济技术开发区

党工委书记　尹正锡
管委会主任、党工委副书记　李育智
党工委原书记　周运来
管委会原主任、党工委原副书记　向绪彦

湖南幼儿师范高等专科学校

党委书记　赵　星
校长、党委副书记　郭立纯

市纪委

书记、市委常委　陈恢清
常务副书记、市政府党组成员、市监察局（市预防腐败局）局长　向才焰
副书记　汤　杰
副书记　谭登平
市监察局副局长、市纪委原常委、正处级纪检监察员　胡以军
常委、市监察局副局长　铁明方
市监察局副局长、正处级监察员　熊连初
常委　袁万明
常委　谢建平
常委、市监察局（市预防腐败局）副局长　徐超云
常委、秘书长　吴永兴
机关党委专职副书记　张跃华
办公室主任　李昌伟
组织部部长　张业勇
宣传部部长　王碧琼
党风政风监督室主任　邓华志
调研法规室主任　杨名军
信访室主任　潘　莉
案件监督管理室主任　李　政
巡查工作办公室主任　周罗佳
第一纪检监察室主任　邹纯旭
第二纪检监察室主任　高　扬
第四纪检监察室主任　刘洋廷
第五纪检监察室主任　杨旭峰
审理室主任　张爱国
纪检监察干部监督室主任　郭　建
预防腐败室主任　王竞司
原副书记　彭光福
正处级纪检监察员　冯少斌

市委

秘书长、市委常委、市直机关工委书记　罗先东
副秘书长（常务）、市委办主任　马业文
副秘书长　刘定青
副秘书长　龚德汉
副秘书长　宋云文
副秘书长　谈应来
副秘书长　石玉林
副秘书长　张　帆
副秘书长、市委政研室主任　吴兴国
副秘书长　陈爱喜
副秘书长（援藏）　覃歇民

市委办

副处级纪检员　姚进芝
副主任、工会主席　许世林
机关党委副书记　何志祥
市委督查室主任（高配为副处级）　青德明
调研员　李慧伶
副调研员　满慧文
副调研员　曾海英
市委机要局局长　周清华

市委、市政府接待处

主任、党组书记　曹　慧
副主任、党组副书记　周训银
纪检组组长、党组成员　谢　梦
副主任（兼）、芷园宾馆总经理　康继军
调研员　张孔跃
调研员　黄银花

市档案局

局长　刘湘宁
副局长　何名松
副局长　杨淑芬
副局长　邹益群
调研员　廖明辉
调研员　于　萍

市委党史办

主任　刘李波
副主任　杨军武
副主任　周华辉
副处级纪检员　陈志明
调研员　梅亚利
副调研员　娄建英

芷园宾馆

总经理、市委市政府接待处副主任（兼）　康继军
党总支部书记　张明星

市委组织部

部长、市委常委　梁　仲
副部长（常务）　涂碧波
副部长、市委非公有制经济组织和社会组织工委书记　姚敦科
副部长　董明辉
副部长（兼）、市人社局局长、党组书记　张运华
副部长（兼）、市委老干局局长　李绍霞
副部长　董建华
部务委员、工会主席　邹亚平
副处级纪检员、市委基层党建办主任（高配为副处级）　徐东远
市委非公有制经济组织和社会组织工委专职副书记　刘后平
副处级组织员　陈育斌
副处级组织员、干部档案信息科科长　郭南洲

市委老干局

局长、市委组织部副部长（兼）　李绍霞
副局长　龚超明
副局长　高永亮
副处级纪检员　薛永春
副局长　娄振华
市关心下一代工作委员会副主任（专职）　姜　飞
副调研员　丁俊辉

市老干活动中心

主任、党支部书记　唐立新

副主任、党支部副书记（副处级）
张用权

市委编委办

主任 任克勤
副主任、市事业单位登记管理局局长
曾祥文
副主任 文会军
副主任 蒋晓勇
副处级纪检员 曾毅文
副调研员 定明霞
副调研员 杨晓庆

市直机关工委

书记、市委常委、秘书长 罗先东
常务副书记 罗先友
副书记 金行国
副书记 童成立
副书记 陈永军
委员 曹健华
纪工委书记、委员 肖少球
调研员 龙建国

市总工会

主席、市人大常委会副主任、党组成员
谭弘发
党组书记、副主席 赵克蓉
副主席、党组副书记 童成振
副主席 罗亚海
副主席、党组成员 张　伟
女工委主任（高配为副处级）、党组成员
赵　鑫
纪检组组长、党组成员 黄　河
建筑物业工会主任（高配为副处级）
熊礼友
调研员 谢春玲
副调研员 王华境

团市委

书记、党组书记 刘　静
副书记、党组成员 徐　桢
副书记、党组成员 魏　翔
纪检组组长、党组成员 黄　蕾

市妇联

主席、党组书记 袁世平
纪检组组长、党组成员 金桂兰
副主席、党组成员 关　蕾
副主席、党组成员 曹　鹏

市委党校

校长、市委副书记 徐正宪
常务副校长 李娥皇
纪检组组长 杨琦明
副校长 万传明
副校长 曹桂清
副校长 高金平
副校长 文春初
教育长 赵林桦
监察室主任 常　英
办公室主任 刘章福
人事处处长 程友忠
教务处处长 丁国华
后勤处处长 赵怡军
对外合作培训处处长 孙雪梅
马克思主义教研室主任 夏建刚
党史党建教研室主任 杨亚妮
经济学教研室主任 高　科
法学教研室主任 陈小明
管理教研室主任 乐观清
科技教研室主任 郭　俊
图书馆馆长 刘　艺

市委宣传部

部长、市委常委 唐贵平
常务副部长 王兴钊
副部长 李清彪
副处级纪检员、工会主席 李曜宏
副部长 陈志强
副部长 金晓年
市政府新闻办副主任 徐礼美
市文明办副主任 贵学军

市委讲师团

主任 刘桂平
副主任 姜　倩
副主任 葛　锐

市社科联

主席 李云峰
副主席 欧子成

市文体广新局

局长、党组书记 黄修林
副局长、党组副书记 任民政
副局长、党组副书记 郭震宇
副局长、党组成员 凌　茹
副局长、党组成员 罗东秋
市纪委派驻市文体广新局纪检组组长、
市文体广新局党组成员 韩公政
总工程师、党组成员 刘泉礼
调研员 王子平
调研员 夏　斌
调研员 郑学泉
调研员 丁　斌
调研员 邱诺亚
副调研员 李桂舫
副调研员 张志成
副调研员 孙　湘

市文物局

局长、党支部书记 成　健
副局长、党支部副书记（副处级）
裴劲锋

市文化市场执法局

局长、党支部书记 伍作春
副局长、党支部委员（保留原职级待遇）
张士强
副局长、党支部委员（保留原职级待遇）
周　哲
副调研员 余定远
副调研员 伍千喜

市全民健身服务中心

党支部书记（正处级） 郭南方
主任 黄绍南

市文联

主席 王军杰
党组书记 封德军
副主席、党组成员 殷习清
纪检组组长、党组成员 叶建华
调研员 杨亚杰

市广播电视台

台长、总编辑、党委副书记 袁天鹏
党委书记、副台长 鲁光伟
副台长、党委副书记 周大曙
副台长、党委委员 彭文斌
副总编辑、党委委员 陈仕洪

工会主席、党委委员　周慧华
纪委书记、党委委员　刘群伟
副总编辑、党委委员　田淑平
总工程师　王惠戎
常德人民广播电台台长（高配为副处级）　龙　虹
新闻综合频道总监（高配为副处级）　王　辉
市委督办专员（正处级）　李湘震
副调研员　曾雪艳
副调研员　刘少武
副调研员　彭建国
副调研员　陈章楷
原副台长、党委委员　祝建华

常德调频转播台

原台长　黄学军
党支部书记　傅冠权

市体育运动学校

校长　江　勇
党支部书记　覃事君
原校长　吴建忠

常德日报传媒集团

党委书记、董事长、总经理、常德日报社社长　蹇斯勇
总编辑、常德日报传媒集团党委副书记　唐直秋
副总编辑、常德日报传媒集团党委委员　刘雅玲
副社长、常德日报传媒集团党委委员　俞鸿钧
副社长、常德日报传媒集团党委委员　覃建军
副社长、常德日报传媒集团党委委员　鞠　林
常德日报传媒集团纪委书记、党委委员　刘　军
常德日报传媒集团工会主席、党委委员　熊夏明
副社长、常德日报传媒集团党委委员　唐卫平
编辑委员会委员（专职）　陈言谋
编辑委员会委员（专职）　关　健
副调研员　刘　平
副调研员　周碧华
副调研员　李　烨

市委政法委

书记、市委常委　黄清宇
常务副书记　朱　明
副书记　彭智明
副书记　彭家明
政治部主任　于乾好
副书记　彭　勇
副处级纪检员　薛志红
市综治办副主任　樊景华
市法学会副会长（专职）　黄　黉
稳定办主任（高配为副处级）　汪　云

市中级人民法院

院长、党组书记　廖具之
副院长、党组副书记　饶南丙
副院长、党组成员、正处级审判员　吴宇峰
副院长、党组成员、正处级审判员　高云祥
副院长、党组成员、正处级审判员　黄兴茂
工会主席、党组成员、正处级审判员　黄天伏
政治部主任、党组成员　李思洁
市纪委派驻市中级人民法院纪检组组长、市中级人民法院党组成员　龙超兵
审判委员会委员（专职）　王正清
审判委员会专职委员、武陵区政协副主席候选人　孙权新
执行局局长（高配为副处级）　张清华
司法警察支队支队长（高配为副处级）　谢正平
司法警察支队政委（高配为副处级）　张正国
正处级审判员　赵世富
正处级审判员　朱小林
正处级干部（退线）　黄志坚
副处级审判员　周桂珍
副处级审判员　文国银
副处级审判员　聂　龙
副处级审判员　聂学文
副处级审判员　唐招军
副处级审判员　彭先桥

市检察院

检察长、党组书记　佘湘文
副检察长、党组副书记　杨建波
副检察长、正处级检察员　郑朝兵
副检察长、党组成员、正处级检察员　卜学宏
副检察长、党组成员、正处级检察员　欧阳志恒
政治部主任、党组成员、正处级检察员　王忠银
工会主席、党组成员　何本凡
市纪委派驻市检察院纪检组组长、市检察院党组成员　曹琮伟
副检察长、党组成员（挂职两年）、省检察院公诉一处副处长、助理检察员　杨　勇
党组成员、检察委员会专职委员　陈　辉
检察委员会专职委员　阙兴中
反贪污贿赂局局长（高配为副处级）　柳立武
反贪污贿赂局政委（高配为副处级）　龚德村
反渎职侵权局局长（高配为副处级）　刘朝明
反渎职侵权局政委（高配为副处级）　汤明华
正处级检察员　汪建保
正处级检察员　胡新建
正处级检察员　周奔红
正处级检察员　张治民
正处级检察员　田建中
正处级检察员　靳湘东
副处级检察员　熊湘涛
副处级检察员　李仁莲
副处级检察员　何明惠
副处级检察员　魏峥嵘
副处级检察员　张春枝
副处级检察员　李宽庆
副处级检察员　朱立爱
副处级检察员　张美权
副处级检察员　卜兴炎

白洋堤检察院

检察长、党组书记　郭建国
副检察长、党组副书记、政工室主任　向际万
纪检组组长、党组副书记　杨文武
副检察长、党组成员　杨昌文

副检察长、党组成员 冷明辉
职务犯罪侦查局局长（高配为副处级） 廖宏俊
正处级检察员 武海荣
正处级检察员 许光辉

市公安局

局长、党委书记、市政府副市长提名人选、党组成员 唐恒忠
常务副局长、党委副书记 胡　文
副局长、党委副书记（2003.12 副师） 李培桂
副局长、党委委员 彭　进
副局长、党委委员 王汉桃
纪委书记、党委委员 冉黎明
副局长、党委委员 彭晓林
政治部主任、党委委员 王朝春
副局长（兼）、市委 610 办副主任 戴海洲
警令部主任（高配为副处级） 龚爱华
警务保障处主任（高配为副处级） 杜卫雄
科技信息管理办公室主任（高配为副处级） 郭建军
国保支队支队长（高配为副处级） 戚德成
国保支队政委（高配为副处级） 黄用才
经济侦查支队支队长（高配为副处级） 肖　何
经济侦查支队政委（高配为副处级） 张红均
治安管理支队支队长（高配为副处级） 刘阳春
治安管理支队政委（高配为副处级） 邹光远
刑侦支队支队长（高配为副处级） 张辉祥
刑侦支队政委（高配为副处级） 杨　刚
禁毒支队支队长（高配为副处级） 杨瑞东
禁毒支队政委（高配为副处级） 龚纪刚
人口与出入境管理支队支队长（高配为副处级） 高红娟
人口与出入境管理支队政委（高配为副处级） 鲁宜祖
警卫处主任（高配为副处级） 舒兆明
警官培训中心主任（高配为副处级） 何英岚
武陵分局局长（高配为副处级）、武陵区政府副区长 陈有万
武陵分局政委（高配为副处级） 金义平
德山分局局长（高配为副处级） 邹冰剑
德山分局政委（高配为副处级） 蔡　军
柳叶湖分局局长（高配为副处级） 陈世杰
柳叶湖分局政委（高配为副处级） 戴林忠
西湖分局局长（高配为副处级） 彭石柱
西湖分局政委（高配为副处级） 彭云森
西洞庭分局局长（高配为副处级） 王继宗
西洞庭分局政委（高配为副处级） 石春富
调研员 胡良元
调研员 文　敏
调研员 鲍虹宇
调研员 陈建国
调研员 刘维忠
调研员 易建国
调研员 李　力
调研员 陈华胜
副处级干部 郭金辉
经济侦查支队原支队长（高配为副处级） 赵　勇

市交警支队

支队长、党委书记 邱兵泉
政委 刘元春

市巡警特警支队

支队长、党委书记 易惠权
政委 刘向阳

市司法局

局长、党组书记、武陵监狱第一政委（兼） 曾　勇
副局长、党组副书记、市劳教所第一政委（兼） 王明集
副局长、党组成员 石　林
副局长、党组成员 胡宗涛
联合工会主席、党组成员 余小萍
政治部主任、党组成员 张修超
市纪委派驻市司法局纪检组组长、市司法局党组成员 胡　永
党组成员、依法治市办公室主任（高配为副处级） 胡小青
德城公证处主任（高配为副处级） 高业庆
调研员 黄冰毅
调研员 彭合明

武陵监狱

第一政委（兼）、市司法局局长、党组书记 曾　勇
监狱长、党委书记 谭　洪
政委、党委副书记 刘祖欣
副监狱长、党委副书记 虞文炎
副监狱长、党委委员 符政荣
副监狱长、党委委员 管治云
工会主席、党委委员 张立军
副监狱长、党委委员 张　胜
副监狱长、党委委员 高庆运
纪委书记、党委委员 唐振贵
政治处主任、党委委员 董　慧
副调研员 曾日凡
副调研员 石道进
副调研员 张先国
副调研员 曾建军

市劳教所

第一政委（兼）、市司法局副局长、党组副书记 王明集

市强戒所

所长、党委书记 江志晖
政委、党委副书记 程志刚
副所长、党委委员 邵建林
副所长、党委委员 张文进
政治处主任、党委委员 皮明文
副所长、党委委员 姚　勇
副所长、党委委员 龙全友
副所长、党委委员 瞿大春
纪委书记、党委委员 胡　劲
调研员 邱彬如
调研员 聂仁贵
调研员 潘国平
副调研员 孙　宾

副调研员　黄先明
副调研员　蒋中建

市民政局

局长、党组书记　龚美爱
副局长、党组副书记　殷宗仁
副局长、党组成员　邓保平
副局长、党组成员　戴　平
副局长、党组成员、市委非公有制经济组织和社会组织工委副书记（兼）　朱绍松
工会主席、党组成员　彭志莉
副局长　沈英琼
市纪委派驻市民政局纪检组组长、市民政局党组成员　杨庭贵
调研员　侯建文
副调研员　沈　靖
副调研员　谭亚东
老龄委办主任（高配为副处级）　徐　力

市殡葬管理处

主任、党支部书记　沈绪国
副调研员　杨安权

市康复医院

院长　李南璋
党总支部书记　魏　云

市社会福利院

院长　彭先友
党支部书记　王　琍

市军干所

所长　王冠华
党总支部书记　张　燕

市委防范和处理邪教问题领导小组办公室

主任　万革新
副主任、市公安局副局长（兼）　戴海洲
副主任　廖星源
副主任　欧阳健仕
副处级纪检员　周学芳
副调研员　孙文红

市委统战部

部长、市委常委、市政府副市长、党组成员、市计生协会会长（兼）　陈　华
常务副部长　鲁晓凤
副部长、市台办主任　王宏斌
副部长　李学明
副部长　杨　帆
副处级纪检员　燕　晖

市工商联

主席　张业梅
党组书记　李宏岸
副主席、党组副书记、市委非公有制经济组织和社会组织工委副书记（兼）　赵晓波
副主席、党组成员　黄明中
纪检组组长、党组成员　徐玲英
调研员　张祥生
调研员　文政国

市台办

主任、市委统战部副部长　王宏斌
副主任　金　波
副主任　张　琳
副调研员　黄青山

民革市委

主委、市政协副主席（兼）、市审计局副局长　陈位明
副主委（专职）　杜　鹏
副主委、武陵总支主委、武陵区科技局局长　张华欣
副主委、市审计局查证四科科长　张　恩
副主委、市残联康复科科长　程本群

民盟市委

主委、市政协副主席　傅绍平
副主委（专职）　刘丽艳
副主委、常德日报文化生活部副主任　陈集亮
副主委、澧县政府副县长　杨　莉
副主委、湖南文理学院芙蓉学院文学与社会科学系主任　李宝斌

民建市委

主委、市政协副主席（兼）、市发改委副主任　杨新辉
副主委（专职）　王夏一
副主委、民建津市市委主委、津市市文广新体局局长　易　旭
副主委、市住建局副局长　陈　华
副主委、益丰大药房连锁股份有限公司董事长　高　毅
调研员　曾　盈

民进市委

主委、常德汽车机电学校校长　张　力
副主委（专职）　张益源
副主委、市诗墙管理处主任　黄阳辉
副主委、石门县政府副县长　车立平
副主委、湖南文理学院文史学院历史学教研室主任　熊　英
调研员　杨　芳

农工民主党市委

主委、津市市政府副市长　杨健全
副主委（专职）　陈　钰
副主委、市卫生监督局工会主席　刘凤姣
副主委、市第一人民医院心胸外科副主任、农工党市一医院总支主委　胡剑鹏
副主委、市一中医院心胸外科主任　章光明

致公党市委

主委、市环保局局长　杨成英
副主委（专职）　胡碧波
副主委、市第一人民医院门诊部主任　尹明祥
副主委、常德职业技术学院思想政治理论课教学部讲师　徐　岚
副主委、常德东方红博物馆馆长　黄明军

九三学社市委

主委、汉寿县政府副县长　禹滨辰
副主委（专职）　刘寅初
副主委、湖南文理学院体育学院副教授　于冀民
副主委、市第一人民医院内分泌科主任　朱惠平
副主委、石门县住建局副局长　戴海蓉

市委政研室

主任、市委副秘书长　吴兴国
市委改革办副主任　张　林
副主任　郑文廷
副主任　宋　磊
副主任　张见明
调研员　屈锦林

副调研员　唐　耘

市农委

主任、党组书记　李百艳
副主任、党组成员　贺立新
副主任、党组成员　谢真新
副主任、党组成员　戴国华
副主任、党组成员　刘仕英
副主任、党组成员　罗卫华
党组成员、市委农村办副主任　徐郁平
总农艺师、党组成员　易宗云
副主任　郑海涛
市纪委派驻市农委纪检组组长、市农委党组成员　李晓萍
调研员　童宗祥
调研员　周训促
调研员　何英杰
调研员　盛雄雄
调研员　杨志刚
调研员　袁　湘
调研员　王晓波
调研员（市农村能源办主任，保留原职级待遇）　潘　磊　宋英明
副调研员　郭志强
副调研员　王成英

市农民教育办公室

主任、党支部书记　唐淑琼

市水利局

副局长、党组副书记　张铁牛
副局长、党组成员　刘青山
副局长、党组成员　匡朗初
总工程师、党组成员　李传军
副局长、党组成员　王孝奇
副局长　陈佩荣
市纪委派驻市水利局纪检组组长、市水利局党组成员　邹　凯
党组成员、市防汛办主任、党支部书记　阙志华
党组成员（援古）　张　勇
调研员　刘晓春
调研员　刘云久
调研员　姜政安
副调研员　陈国清

市防汛办

主任、党支部书记、市水利局党组成员　阙志华
副主任、党支部副书记（副处级）　佘高甲
副调研员　王孟武

市江北城防处

主任　张　彬
党支部书记　周金辉
副调研员　沈征海

市农机化局

局长、党总支部书记（保留原职级待遇）　钟建国
副局长、党总支部委员（保留原职级待遇）　沈国安

市畜牧兽医水产局

局长、党组书记　谢朝君
副局长、党组副书记　张安福
副局长、党组成员　刘凤姣
纪检组组长、党组成员　李　辉
副局长、党组成员　彭　炜
副局长、党组成员　朱德新
调研员　陈兆祥
调研员　符志斌
副调研员　杨立平
市动物卫生监督所所长（高配为副处级）　蒋国才

市林业局

副局长、党组副书记　张耀忠
副局长、党组成员　颜劲草
副局长、党组成员　罗邦宏
副局长、党组成员　王德贵
总工程师、党组成员　喻传明
市纪委派驻市林业局纪检组组长、市林业局党组成员　聂安华
调研员　李世龙
副调研员　苏　俊
副调研员　易湘平
市森林公安局局长（高配为副处级）　马云中
市森林公安局政委（高配为副处级）　涂习林

市供销社

理事会主任、党组书记　戴作凡
监事会主任、党组副书记　唐汇元
理事会副主任、党组成员　邓明彪
理事会副主任、党组成员　余少尧
理事会副主任、党组成员　张益民
理事会副主任、党组成员　钟福明
纪检组组长、党组成员　肖庭前
调研员　李德琦
调研员　唐丽华
副调研员　欧阳明
副调研员　刘伊宽

市移民开发局

局长、党组书记　徐术福
副局长、党组副书记（正处级）　文定红
副局长、党组成员　刘少华
副局长、党组成员　吴宏志
副局长、党组成员　刘孟春
副局长、党组成员　刘康清
调研员　陈　默
调研员　董新平
副调研员　贵立军

市农村经营服务站

站长、党支部书记　张业湘
副调研员　蔡铁军

市农科所

所长、党委副书记　符建法
副所长　张平喜
党委委员、纪委书记　葛丁纲
副所长　朱明玉
副所长　杨　鸿
总农艺师　杨　宏
市农林科学院工会主席　杨　成

市政府

秘书长、党组成员、市政府办主任、党组书记　周代惠
副秘书长、市政府办党组副书记　李长春
副秘书长、市国安局局长、党委书记　叶正勇
副秘书长　易耀平
副秘书长　娄远军
副秘书长　郑志鹏

副秘书长、市信访局局长、党组书记、市委群众工作部部长（兼）　王　鳌
副秘书长　吴新涛
副秘书长　康少中
副秘书长　程灵敏

市政府办

市纪委派驻市政府办纪检组组长、市政府办党组成员　李德智
副主任、党组成员　李　红
副主任、党组成员　苏　逸
副主任、党组成员　宁毅刚
副主任、党组成员　张智慧
副主任、党组成员　钟儒来
党组成员、市优化办主任　陈蔚民
调研员　郭立新
副调研员　蓢富贵
副调研员　谢　刚
副调研员　鲁　毅
副调研员　徐新兰

市财政局

局长、党组书记　杨天生
副局长、党组副书记　蒋金华
副局长、党组成员　罗贻林
市纪委派驻市财政局纪检组组长、市财政局党组成员　陆振岩
副局长　郑维菊
副局长、党组成员　吴先军
总经济师、党组成员　詹　平
总会计师、党组成员　陈绪华
调研员　周兴国
调研员　陈昌宏
调研员　毛远征
副调研员　鲁兰芳
副调研员　肖丽斌
副处级干部　苏和平
市财政监督检查局局长（高配为副处级）　周向阳
投资评审中心主任（高配为副处级）　杨浩清
采购办主任（高配为副处级）　袁　志

市农业综合开发办

主任、党支部书记（正处级）　郝介球
副主任、党支部委员（保留原职级待遇）　蒋宗灼
副主任、党支部委员（保留原职级待遇）　李艳红
副调研员　彭世清
副调研员　龚晓炜

市非税收入管理局

局长、党支部书记　龚天园
副局长、党支部副书记（副处级）　钟发义

市住房公积金中心

主任、党组书记　梅　宏
副主任、党组成员　何名福
副主任、党组成员　朱为民
副主任、党组成员　刘图强
副主任、党组成员　陈雨晖
纪检组组长、党组成员　杜登玖
总会计师、党组成员　杨　峰
副调研员　龚德平
副调研员　朱世奎
副调研员　单家春

市国库集中支付核算中心

主任、党支部书记　汪培儒
副局长、党支部副书记（副处级）　莫海洋

常德财校

校长、党委副书记　李　华
党委书记　皮德秀
副校长　戴立权
副校长　李　志
工会主席　邹明慧
纪委书记　夏春波
副校长　王承欣

市审计局

局长、党组书记　张克武
副局长、党组成员　李新辉
副局长、总审计师、党组成员　李　卫
副局长、党组成员　谷素君
副局长、民革市委主委、市政协副主席（兼）　陈位明
副局长、党组成员　张　峰
副局长、党组成员　周罗生
工会主席、党组成员　聂国骏
市纪委派驻市审计局纪检组组长、市审计局党组成员　鄢辉霞
党组成员、市经济责任审计工作领导小组办公室专职副主任　苏以政
调研员　廖华春
副调研员　钱　敏
政府投资审计专业处主任(高配为副处级)　杨甫成

市安监局

局长、党组书记　郑家火
副局长、党组成员　饶南国
副局长　陈宏元
副局长、党组成员　曾　君
市纪委派驻市安监局纪检组组长、市安监局党组成员　王超轩
总工程师、党组成员　郭道胜
调研员　卓如清
副调研员　高晓华
副调研员　杨国骅

市城管执法局

局长、党组书记　刘兴华
副局长、党组副书记　宋立明
市纪委派驻市城管执法局纪检组组长、市城管执法局党组成员　杨永红
副局长、党组成员　熊泽义
副局长、党组成员　蒋劲松
副局长、党组成员　尹言正
副局长、党组成员　刘振华
调研员　龙旭光
调研员　曹道彩
副调研员　郭祖元
副调研员　粟金钟
副调研员　张　波

市环卫处

主任、党委书记　谭　勇
副调研员　彭少怀

常德火车站广场管理处

主任　曾国赋

市信访局

局长、党组书记、市委群众工作部部长（兼）、市政府副秘书长　王　鳌
副局长、党组副书记、市委群众工作部副部长（兼）　王　旭
纪检组组长、党组成员　王宏平

副局长、党组成员、市委群众工作部副部长（兼） 高　军
副局长、党组成员、市委群众工作部副部长（兼） 黄永清
调研员 夏德华
副调研员 潘泽弟
副调研员 熊志军

市旅游外事侨务局

局长、党组书记 伍彩霞
副局长、党组副书记 白鸿谋
副局长、党组成员 杨成先
市纪委派驻市旅游外事侨务局纪检组组长、市旅游外事侨务局党组成员 刘于春
副局长、党组成员 王陵书
副局长、党组成员 黄海萍
副局长、党组成员 施才明
调研员 袁　宏
调研员 杨广平
副调研员 胡良军
副调研员 楚　娟
副调研员 冯光武

市侨联

主席 陈丽君

市人防办

主任、党组书记 陈昌玉
副主任、党组副书记 龚椰林
副主任、党组成员 王　龙
市纪委派驻市人防办纪检组组长、市人防办党组成员 肖赐书
副主任、党组成员 刘宏斌
副主任、党组成员 文志勇
副主任（兼）、常德军分区司令部副团职参谋 周祖新
调研员 李建军
副调研员 曾　翔

市法制办

主任、党组书记 向勇志
副主任、党组副书记 戴林军
副主任、党组成员 伍　宏
市纪委派驻市法制办纪检组组长、市法制办党组成员 李寿喜

市政务中心

主任、党组书记 曾　莉
副主任、党组副书记（正处级） 夏立权
副主任、党组成员 黄福全
副主任、党组成员 罗邦明
纪检组组长、党组成员 杨正源
副调研员 张新球

市公共资源交易中心

主任、党组书记 贺圣国
副主任、党组成员 丰朝晖
副主任、党组成员 黎　娟
副主任、党组成员 覃祖福

市无线电管理处

主任、党支部书记 张志刚

市电子政务办

主任、党组书记 唐西新
纪检组组长、党组成员 魏俊辉
副主任、党组成员 林泽见
总工程师、党组成员 张晓君
副主任 刘建民

市政府驻北京联络处

主任 朱文红
副主任 陈昌国
副调研员 辛国刚

市政府驻上海联络处

主任、党支部书记 董文书
调研员 代正玉

市政府驻深圳联络处

主任 蔡　玮
副主任 蒯熔桦
副调研员 李　征
市红十字会副会长（专职） 张　洪

市发改委

副主任、党组副书记 胡世满
副主任、党组成员 陈运国
市纪委派驻市发改委纪检组组长、市发改委党组成员 祁圣平
副主任、党组成员 任绪义
副主任、党组成员 陈谋建
副主任、党组成员 杨　青
副主任、市政协副主席（兼）、民建市委主委 杨新辉
总经济师、党组成员 肖永建
联合工会主席、党组成员 雷　霞
党组成员（援藏） 钟飞彪
党组成员、市洞庭湖生态经济区建设协调办专职副主任 杨明波
调研员 赵怡德
调研员 李印华
调研员 魏　明
调研员 董奇泉
调研员 刘邦原
调研员 常新群
调研员 陈秋林
调研员 王建国
副调研员 罗安国
副调研员 陈和平
副调研员 邵可星
市物价检查所所长（高配为副处级） 钟昌宏

市重点办

主任 张　凯

市经信委

主任、党委书记 唐子钧
副主任、党委副书记 李雨初
副主任、党委副书记 王淑华
副主任、党委委员 万　勇
副主任、党委委员 夏　智
副主任、党委委员 张炼钢
副主任、党委委员 尹明先
联合工会主席、党委委员 罗少波
总经济师、党委委员 李自林
市纪委派驻市经信委纪检组组长、市经信委纪委书记、党委委员 蒋山峰
调研员 胡岩城
副调研员 田功文
副调研员 戴宏兰
副调研员 林云利

市散墙办

主任、党支部书记 史　雄

市经信委退管处

主任 文中南
副调研员 李忠保

市教育局

局长、党委书记　唐汇浩
副局长　李旺国
副局长、党委委员　庹朝君
副局长、党委委员　施爱国
市纪委派驻市教育局纪检组组长、市教育局纪委书记、党委委员　陈　勇
副局长、党委委员、　苏宏元
党委委员（援古）　覃道勇
副主任督学　黄大祥
副主任督学　李呈喜
调研员　李　俊
副调研员　熊柏隆
副调研员　钟吉红
副调研员　刘　辉
市政府教育督导室原主任（高配为副处级）　李建坤
社会力量办学管理办公室原主任（高配为副处级）　罗余平

市教科院

院长　黄利华
党支部书记　丁春秋

湖南幼儿师范高等专科学校

党委书记　赵　星
校长、党委副书记　郭立纯
党委副书记　游百春
纪委书记　杨瑞桥
副校长　骆绍华
副校长　赵淑君
副校长　周　华
工会主席　张爱华
原常德师范学校党委副书记　谢儒初
原常德师范学校工会主席　易新祥

常德广播电视大学

校长、党委副书记　朱立春
党委书记　唐爱国
副校长　郭作杰
纪委书记、工会主席　李青年
副校长　谭敦华
副校长　赵　琳
副处级干部　熊开宏

常德汽车机电学校

校长、民进市委主委　张　力
党委书记　杨跃华
副校长　易兆勇
副校长　王　杰
纪委书记　聂先道
工会主席　易　蓉
原纪委书记、工会主席　余亦辉

市一中

校长　唐会荣
党委书记（援藏）　詹学明

市二中

校长　朱年生
党委书记　王　林
原党委书记　杜舜卿

市六中

校长　张富军
党委书记　李高松

市七中

校长　侯明忠
党委书记　焦碧云
原校长　刘国军

市科技局

局长　马　慧
副局长、党组副书记　陈建中
市纪委派驻市科技局纪检组组长、市科技局党组成员　伍先开
副局长、党组成员　罗宗红
副局长　罗功大
副局长、党组成员　胡　军
调研员　肖忠嫦
调研员　陈　芳
调研员　曾　辉
调研员　薛建华
副调研员　郭佑波
副调研员　侯全球

市地震局

局长、党支部书记　彭艳芳

市人社局

局长、党组书记、市委组织部副部长（兼）　张运华
副局长、党组副书记　罗尚杰
市纪委派驻市人社局纪检组组长、市人社局党组成员　唐建军
副局长、党组成员　刘政华
副局长、党组成员　向君承
工会主席、党组成员　夏吉军
副局长、党组成员　罗平波
副局长、党组成员　王黎明
党组成员、市医保处主任、党支部书记　谭广君
副局长　严海清
总经济师、党组成员　张小东
党组成员、市社保处主任、党支部书记　付奉义
市劳动监察支队支队长（高配为副处级）　徐光春
市军转办主任（高配为副处级）　左振益
市公务员管理局局长（高配为副处级）　丁泉明
调研员　彭德辉
副调研员　张用保

市人力资源开发交流中心

主任、党支部书记　曾召盛
原党支部书记　余志权

市人力资源考试院

院长　肖汉友

市就业处

主任、党支部书记　张丽华

市机关事业单位社保处

主任、党支部书记　杨为明
副主任、党支部副书记（副处级）　梅世庆
副调研员　鲁文波

市社保处

主任、党支部书记、市人社局党组成员　付奉义
副主任、党支部副书记（副处级）　旷尔福
副调研员　周建君

市医保处

主任、党支部书记、市人社局党组成员 谭广君
副主任、党支部副书记（副处级） 夏建国

市工伤保险处

主任、党支部书记 潘汉清
副主任、党支部副书记（副处级） 丁敬国

市劳动人事争议仲裁院

院长 龙伟

常德技师学院

党委书记 毛泽陆
院长、党委副书记 姜协武
党委副书记 高广安
副院长 胡元祖
工会主席 陈本校
副院长 龙艳
常德工业学校原副校长 文定忠
常德工业学校正处级干部（退线） 钟质纯

市住建局

局长、党委书记 黄金陵
副局长、党委副书记 沈明莉
市纪委派驻市住建局纪检组组长、市住建局纪委书记、党委委员 雷林
副局长、党委委员 熊新平
副局长、党委委员 吕正跃
副局长、民建市委副主委 陈华
副局长、党委委员 姜守维
调研员 杨稚平
调研员 蔡龙贵
副调研员 艾新胜
副调研员 雷志林
建设工程质量安全监督管理处原主任（高配为副处级） 伍和平
原副局长、党委委员 黄小明

市房管局

局长、党组副书记 张圣友
副局长、党组副书记 祁圣波
纪检组组长、党组成员 曾建新
工会联合会主席、党组成员 张萼芬
副局长、党组成员 唐述安
副局长、党组成员 黄贵
副局长、党组成员 谭勇
副调研员 宁慧
副调研员 杨金海
国有土地上房屋征收与补偿管理处主任（高配为副处级） 祁涛

市公用事业局

局长、党组书记 付忠革
副局长、党组副书记（副处级） 辛长明
副调研员 黄正清

市园林局

局长、党组书记 徐芳明

市诗墙管理处

主任、民进市委副主委 黄阳辉
党总支部书记 罗晓红

市市政建设总公司

总经理 颜学金
党委书记 曹永良

市建筑勘测设计院

院长、党支部书记 廖学军

市交通运输局

局长、党组书记 向美华
副局长、党组副书记 陈柏枝
副局长、党组成员 徐世明
副局长 唐西英
总工程师、党组成员 肖异
市纪委派驻市交通运输局纪检组组长、市交通运输局党组成员 林毅
副局长、党组成员 岳克己
联合工会主席、党组成员 彭德友
总会计师 杨丽华
副局长（兼）、市邮政管理局局长、党组书记 袁大斌
调研员 李祥万
调研员 曾珊山
调研员 陈大波
调研员 姜湘霞
调研员 罗海宇
副调研员 杜自力
副调研员 符绍东

市道路运管处

主任、党委书记 李颖
副调研员 黄劲

市交通建设质安处

主任 刘湘山
党总支部书记 谢大明

市地方海事局

局长、党委书记 殷依峰

市商务局

局长、党组书记 涂贤春
副局长、党组副书记 谭晓文
副局长、党组成员 王新军
联合工会主席、党组成员 石林
副局长、党组成员 谈远灯
总经济师、党组成员 蔡国华
党组成员 严利民
市纪委派驻市商务局纪检组组长、市商务局党组成员 欧阳平安
副局长、党组成员 邓弼友
调研员 钟云鹏
调研员 管楚运
副调研员 沈光强
副调研员 刘贵平

市商务执法支队

副支队长、党支部副书记（副处级） 戴卫军

市商务局退管处

主任 黄英
党总支部书记 王继虎

市市场服务中心

主任 罗华仪
党总支部书记 张建湘

市投资促进事务局

局长、党支部书记 胡晓明

市卫计委

主任、党委书记 洪振海
副主任、党委副书记 陈寿林
副主任、党委委员 周德生

副主任、党委委员　符中智
副主任、党委委员　曹学美
副主任、党委委员　彭元军
副主任、党委委员　张业新
副主任、党委委员　唐良平
副主任　陈卫平
市纪委派驻市卫计委纪检组组长、市卫计委纪委书记、党委委员　黄　锐
调研员　蒋　琼
调研员　张锦祥
调研员　石瑞来
调研员　傅宏伟
调研员　易建平
副调研员　燕　妮
副调研员　何答才
副调研员　李传淑
市计生协会常务副会长（高配为正处级）　车向东
市计生协会副会长（专职）　彭治纲
市计生协会秘书长（高配为副处级）　道　欣
市计生协会副调研员　易国华
市人口和计划生育执法监察支队支队长（高配为副处级）　邹立新
市中心血站站长（高配为副处级）　屈贵顺

市卫生监督局

局长、党支部书记　成春初

市第一人民医院

院长、党委副书记　陈能志
党委书记　屈晶华
副院长、党委副书记　邓志明
工会主席　邓利民
纪委书记　刘　艳
总经济师　卢赐清
副院长　卜　隆
总会计师　曹正清
副院长　吴吉明
原院长、党委副书记　向绪林
原副院长　潘道波

市第二人民医院

院长　张　勇
党委书记　吴海燕

市第一中医院

院长、党委副书记　邵先舫
党委书记、副院长　钟发平
副院长、党委副书记　刘志军
纪委书记　周定久
副院长　叶拥军
副院长　刘开英
工会主席　陈　颖
副院长　车雄宇

市妇幼保健院

院长　彭　进
党委书记　曾庆森

市疾控中心

主任　刘保湘
党总支部书记　任　一
原党总支部书记　袁家新

市国资委

主任、党委书记　陈彰波
副主任、党委副书记　胡彬彬
副主任、党委委员　陈建军
副主任、党委委员　伍中福
副主任、工会主席、党委委员　王国军
副主任、党委委员　张丽群
市纪委派驻市国资委纪检组组长、市国资委纪委书记、党委委员　刘昌松
调研员　金三葵
调研员　赵一军
副调研员　贵荣伟

市规划局

局长、党组书记　张国政
副局长、党组副书记　胡少华
副局长、党组成员　诸扬欢
工会主席、党组成员　黄仁贵
市纪委派驻市规划局纪检组组长、市规划局党组成员　余普阳
副局长、党组成员　刘建武
总规划师、党组成员　谭丽平
副局长　姜　政
副调研员　喻文军

市规划建筑设计院

院长　康存前
党支部书记　汤巨龙

市环保局

党组书记　关建锋
局长、致公党常德市委主委　杨成英
副局长、党组副书记　陈建国
副局长、党组成员　丁指南
副局长、党组成员　唐俊武
市纪委派驻市环保局纪检组组长、市环保局党组成员　王金华
副局长、党组成员　何书元
总工程师、党组成员　许　平
调研员　魏利权
调研员　唐　涛
副调研员　杨希刚

市环境监测站

站长　章宏炮

市统计局

局长、党组书记　覃志云
副局长、党组副书记　覃正元
副局长、党组成员　彭志刚
副局长、党组成员　汤光元
总统计师、党组成员　揭正亚
市纪委派驻市统计局纪检组组长、市统计局党组成员　杨定波
工会主席、党组成员　徐明华

市粮食局

局长、党组书记　程方山
副局长、党组副书记　陈法利
副局长、党组成员　杨万里
副局长、党组成员　易继军
副局长、党组成员　李树全
市纪委派驻市粮食局纪检组组长、市粮食局党组成员　周　琼
调研员　柴同勤
副调研员　鲁华章

市食品药品监督管理局

局长、党组书记　朱文斌
副局长、党组副书记（正处级）　邓朝晖
副局长、党组成员　蒋祖玉
副局长、党组成员　周尚悟
副局长、党组成员　陈仕平
副局长　陈立平

市纪委派驻市食品药品监督管理局纪检组组长、市食品药品监督管理局党组成员 康　凯
工会主席、党组成员 谭玉龙
副局长、党组成员 袁超云
调研员 肖建山
副调研员 田幸榜
副调研员 陈鸿平
副调研员 贺丽元

市食品药品检验所

所长 贺云彪
党总支部书记 彭文进

市工商局

局长、党组书记 胡祖国
副局长、党组副书记 晏丰儒
副局长、党组成员 徐巨波
副局长、党组成员 刘从宏
副局长、党组成员、市委非公有制经济组织和社会组织工委副书记（兼） 曾　遥
市纪委派驻市工商局纪检组组长、市工商局党组成员 邹昭新
副调研员 向绪军
（工会主席，保留原职级待遇） 廖毅军
原副调研员、桃源县工商局原局长、党组书记 许传美
原副调研员、临澧县工商局党组书记、局长 潘绪庆
（德山分局局长，保留原职级待遇） 王　平

市质监局

局长、党组书记 李红兵
副局长、党组副书记 吴学诗
副局长、党组成员 贾集华
市纪委派驻市质监局纪检组组长、市质监局党组成员 张　辉
副局长、党组成员 王孝明
副局长、党组成员 周　轶
总工程师、党组成员 申昌欣
市质监局经开区分局局长 樊　平
调研员 刘　杰
原副调研员、澧县质监局局长、党组书记 何学银

市公路局

局长、党委书记 马麦秋
副局长、党委副书记 李祖云
副局长、党委委员 曲　斌
副局长、党委委员 孙　勇
副局长、党委委员 林卫军
党委委员 史美华
纪委书记、党委委员 邓俊杰
总工程师 王常清
调研员 焦绍云
副调研员 龚道荣
副调研员 王学杰
副调研员 马明浩
副调研员 贺跃斌

市科协

主席、党组书记 谭卿平
副主席、党组成员 夏小雯
副主席、党组成员 李　风
副调研员 周　军

市残联

执行理事会理事长、党组书记 田大春
执行理事会副理事长、党组副书记（正处级） 陈义佳
执行理事会副理事长、党组成员 张世湘
执行理事会副理事长、党组成员 黄　杰
调研员 周凤华
调研员 宋凡华
副调研员 罗　姿

市贸促会

会长、党组书记 舒兆兰
副会长、党组成员 徐维君
纪检组组长、党组成员 孙平福
调研员 陈贵恒
副调研员 刘学碧

市国土资源局

局长、党组书记 吴德新
副局长、党组成员 黄国安
副局长 彭建武
副局长、党组成员 戴哲新
纪检组组长、党组成员 胡平佑
副局长、党组成员 罗跃来
总经济师、党组成员 杨文平
党组成员 尹东风
总工程师 钟明贤
调研员 尹放鸣
副调研员 谭传东
副调研员 程方南
副调研员 李文广

市人大常委会

秘书长、办公室主任、党组成员 万　利
副秘书长（2006.06 副师） 杨建华
副秘书长、市人大常委会委员 商淑雯
副秘书长 邓纯彪
机关党委副书记 吴慧敏
办公室副处级纪检员 龙清安
委员 吴金槐
委员 张跃华
委员 詹　敏
委员候选人 高德知

市人大常委会办公室

调研员 孙冬香
副调研员 曾建农
市人大农业委原主任委员、市人大常委会委员 汪淑凡
原副秘书长 欧阳忆清

市人大常委会联工委

主任、市人大常委会委员 吴　为
副主任、市人大常委会委员 郭伟勋
副主任 马湘秦

市人大常委会研究室

主任 龚玉文
副主任 李宏伟

市人大内司委

主任委员、市人大常委会委员 丁大勋
副主任委员 陈坚毅
委员候选人 刘　高
委员 李新河

市人大财经委

主任委员、市人大常委会委员 刘德军
副主任委员 熊　毅
委员 陈　成

市人大常委会预算工委

主任、市人大常委会委员 赵国平
副主任、市人大常委会委员 胡秋兰

市人大教科文卫委

主任委员、市人大常委会委员　鲁祖安
副主任委员　唐孟元
委员　王书娥

市人大农业委

主任委员　谭徽立
副主任委员　褚　敏
委员　刘伏沅

市人大城环委

主任委员、市人大常委会委员　李世霞
副主任委员　杨立安
委员　唐　莹

市人大法制委

主任委员、市人大常委会法工委主任、市人大常委会委员　董高群
副主任委员、市人大常委会法工委副主任　方建春

市政协

秘书长、办公室主任、党组成员　袁云波
副秘书长　贺用伟
副秘书长　王斌武
机关党委书记　刘　珍
机关党委副书记　游灯华
办公室副处级纪检员　覃仕新
办公室副主任　夏孝涛

市政协办公室

调研员　王景领
市政协文史学习委原主任　皮立华

市政协提案委

主任　莫宏光
副主任　周　艳

市政协经科人资环委

主任　马志列
副主任　邱　涛
副主任　熊原甄

市政协文教卫体委

主任　邢化明
副主任　祝　娟

市政协法群民宗委

主任　于汉卿
副主任　于忠荣

市政协文史学习委

主任　蔡胜猛
副主任　谢　伟

市政协港澳台侨外事委

主任　周　斌
副主任　邓铁强

市政协研究室

主任　郭　杰
副主任　朱碧文

桃花源风景名胜区管理局

局长、党委书记　杨　俊
副局长、党委副书记　佘　斌
副局长、党委委员（援藏）　贺吉敏
副局长、党委委员　苏　毅

常德职业技术学院

党委书记　黄云新
院长、党委副书记　张大顺
党委副书记、纪委书记　朱发仁
副院长　李敏捷
副院长　黄镇才
副院长　朱明瑶
副院长（2005.06副师）　杨　涛
工会主席　袁菊文
副院长　陈　翔

市财经投资公司

经理　陈家其
党总支部书记　傅智勇

常德青峰煤矿

矿长　李德智

羊耳山煤矿

矿长　刘显军
党委书记　胡家明

赤峰实业总公司

总经理、党委书记　蒋宗明

市公共交通有限公司

董事长、党委书记　周　峰

欣运集团有限公司

董事长、党委书记　鄢炳成
总经理　李智勇

市现代工业发展投资有限责任公司

董事长、党委书记　陈明哲
总经理　莫众茗
（市现代工业发展投资有限责任公司副总经理）（保留市管干部身份）　赵克恩

常德财鑫金融控股集团有限责任公司

董事长、党委书记　何克明
总经理　尹　翔

市自来水公司

经理　曾　杰
党委书记　陈昌忠

市城建投资开发集团公司

董事长、党委书记、市天源住房建设有限公司董事长、党总支书记　方际三
总经理　余　俞

市经济建设投资集团公司

董事长、党委书记　刘凡荣
总经理、党委副书记　曾克非

市金禹水利投资公司

董事长、党支部书记　刘润年

市交通建设投资集团有限公司

董事长、党支部书记　谢志坚
总经理　宋小华

市天源住房建设有限公司

董事长、党总支书记、市城建投资开发集团公司总经理　方际三
总经理　钟晓曦

市天润土地开发经营有限公司

董事长、党总支书记　鄢海范
（常德智慧谷投资发展有限公司董事长）（保留市管干部身份）　李岳安

市经致远土地整理开发有限公司

董事长、党总支书记　陈孝和

总经理　魏宗德

湖南常德市德源投资开发有限公司

董事长、党委书记　黄健兵
总经理、党委副书记　胡育禾

常德路桥建设集团公司

董事长、党委书记　顾　晓
总经理　裴德友

市现代农业投资开发有限公司

董事长、党总支部书记　汪国平
总经理　周　枭

市文化旅游投资开发集团有限公司

董事长、党委书记　刘腾波
总经理　刘社言
（经投集团泰达置业有限公司董事长）（保留市管干部身份）　李大卫
（市经泽建设开发有限公司董事长）（保留市管干部身份）　罗永慧
（经投集团经远建筑有限公司董事长）（保留市管干部身份）　朱　军
（市金禹水利投资公司总经理）（保留市管干部身份）　刘少菲
（常德经康药业公司董事长）（保留市管干部身份）　李碧海
（城投集团西城新区建设开发公司董事长）（保留市管干部身份）　涂义文
（城投集团龙马公司董事长）（保留市管干部身份）　余晓斌
（经投集团海绵公司董事长）（保留市管干部身份）　马泽民

说明：
1. 名录由中共常德市委组织部提供。
2. 名录均以2016年12月31日在职者为准。

中央、省属驻常德单位领导人名录

常德军分区

司令员、市委常委　李辉忠
参谋长　翁　曦
政治部主任　吉荣华
后勤部部长　林云山

武警常德市支队

支队长　殷民立
第一政治委员　唐恒忠（兼）
政治委员　应有平
副支队长　李佰平
副政治委员　黄群岳
参谋长　罗祥华
政治处主任　蔡　盛
后勤处处长　年　磊

常德市公安消防支队

支队长　丁为鸣
政治委员　申文斌
副支队长　熊泽云
副支队长　罗　兵
副政治委员　蒋新平
司令部参谋长　黄晓云
政治处主任　黄　江
后勤处处长　丁志良
防火监督处处长　潘长华

津市监狱

党委书记、监狱长　尹利民
党委副书记、政委　刘　伟
党委委员、涔澹实业总经理　向　前
党委委员、副监狱长　侯祖强
党委委员、副监狱长　谭传新
党委委员、副监狱长　罗孝远
党委委员、副监狱长　李　剑
党委委员、鑫源公司总经理　李昌俊
党委委员、纪委书记　周玉山
党委委员、副监狱长　曹　捷
党委委员、政治处主任　付　敏
涔澹公司副总经理　杨复兴
涔澹公司副总经理　石朝玉

德山监狱

党委书记、监狱长　李守进
党委副书记、政委　黎飞翔
党委委员、副监狱长　谢华章
党委委员、副监狱长　刘冬伟
党委委员、政治处主任　张科财
党委委员、副监狱长　李淳华
党委委员、纪委书记　余罗生
党委委员、副总经理　朱方元
副总经理　燕良红
副总经理　陈　刚

湖南陆军预备役步兵师第二团

团长　彭　博
政治委员　刘　军
参谋长　隆一新
政治处主任　王志军
后装处长　柯　威

常德市国家税务局

党组书记、局长　李建伟
党组成员、副局长　施建华
党组成员、副局长　冯泽强
党组成员、副局长　黄　海
党组成员、副局长　涂　强
党组成员、纪检组组长　向　实
党组成员、总经济师　贺姝红

常德市地方税务局

党组书记、局长　徐　奎
党组成员、副局长　姚建军
党组成员、副局长　田光辉
党组成员、副局长　陈友生
党组成员、纪检组组长　胡之理
党组成员、总会计师　蒋云锋
党组成员、总经济师　黎　萍

国家统计局常德调查队

队长、党组书记　刘炳友
副队长　陈客然
纪检组组长　王运建

常德市气象局

党组书记、局长　戴科良
党组成员、调研员　陈建明
党组成员、纪检组组长　覃晨翀
党组成员、副局长　文　强
党组成员、副局长　郇建祥

常德市水文局

党委书记、局长　叶文平
党委副书记、纪委书记　范道强
副局长　黎进荣
副局长、总工程师　段建军

工会主席 陈章炎

常德海关

关长 徐承军
副关长、缉私分局局长 金树柏
副关长 刘晓初
副关长 卫 芳

常德出入境检验检疫局

局长 曹建全
副局长 于 青

常德市邮政管理局

党组书记、局长 袁大斌
副局长 蔡光武

常德卷烟厂

厂长、党委书记 龚道国
党委副书记、工会主席 向晓芳
副厂长 黄 睿
副厂长 吴 元
纪委书记 李迪前
副厂长 李会亮
副厂长 江正明

国网常德供电公司

总经理、党委副书记 颜宏文
党委书记、副总经理 刘升军
副总经理、党委委员 曾建平
副总经理、党委委员 张 欣
副总经理、党委委员 孟朝晖
总会计师、党委委员 李中正
党委委员、纪委书记、工会主席 彭仁根
三级职员 崔先迤

中国邮政集团常德市分公司

党委书记、总经理 汤文美
党委委员、副总经理、纪委书记、工会主席 陈明君
党委委员、副总经理 陈智文

电信常德分公司

总经理、党委书记 裴 杰
副总经理、纪委书记、工会主席 莫敏鹰
副总经理 郭 勇
副总经理 张富强
副总经理 陈士勇

移动常德分公司

总经理 欧 成
副总经理 李定平
副总经理 欧秀峰

联通常德分公司

总经理 熊杰毅
副总经理 彭 茗
副总经理 欧文敏
副总经理 张凯波
副总经理 刘 刚

湖南盐业股份有限公司常德市分公司

总经理 阮 军
党委书记 赵建军
副总经理 杨 帆
副总经理 陈玉俊

常德市烟草专卖局（公司）

党组书记、局长、经理 肖纲超
党组成员、纪检组组长 刘存建
党组成员、副经理 宁尚辉
党组成员、副局长 李云华

新华书店常德分公司

总经理、党委书记 蔡立乐
副总经理、纪委书记 蔡 云
副总经理、党委委员 胡大明
副总经理、党委委员 张 勇

湖南文理学院

党委书记 谷正气
党委副书记、校长 龙献忠
党委副书记 龚卫明
党委委员、副校长 李大平
党委委员、纪委书记 曾 言
党委委员、副校长 郭国强
党委委员、副校长 李红革
党委委员、副校长 李 钢
党委委员、副校长 刘春晖

人民银行常德市中心支行

党委书记、行长 曾 涛
党委委员、副行长 向际忠
党委委员、副行长 钟昌彪
党委委员、副行长 王晓军

党委委员、纪委书记 陈克林

常德银监分局

党委书记、局长 聂先明
党委委员、纪委书记 孙孝文
党委委员、副局长 聂新华
党委委员、副局长 付先政

农业发展银行常德分行

党委书记、行长 谭炳仁
党委副书记、副行长 郑秋武
党委委员、副行长 唐近东
党委委员、副行长 李 明

工商银行常德分行

党委书记、行长 焦成军
党委副书记、副行长 周昌立
党委委员、纪委书记、工委主任 万立民
党委委员、副行长 汪 纯
党委委员、副行长 唐义忠
党委委员、副行长 张 诚

农业银行常德分行

党委书记、行长 蒋 祁
党委委员、副行长 彭锦波
党委委员、纪委书记、副行长 谢国庆
党委委员、副行长 谭 军
党委委员、副行长 郑立峰

中国银行常德分行

行长、党委书记 毛 鹏
副行长、党委成员 陈春晖
副行长、党委成员 周继列

建设银行常德分行

党委书记、行长 曾祥松
党委委员、纪委书记、副行长 施新华
党委委员、副行长 李 强
党委委员、副行长 唐 勇
党委委员、副行长 刘志卓
党委委员、副行长 何扬禄

湖南省农村信用社联合社常德办事处

党组书记、主任 周文学
党组成员、副主任、纪检组组长 高仕贤

党组成员、副主任　胡三立

常德桃花源机场

总经理、党委副书记　张立中
党委书记、副总经理　符晓涛
党委副书记、纪委书记　郭高生
副总经理　杨　智
副总经理、工会主席　彭国军

常德烟草机械有限责任公司

董事长、总经理　周诗伟
党委书记　秦继玉
纪委书记、工会主席　杨新安
副总经理　鲁方霞
副总经理　高绪洲
副总经理　严重阳

湖南省棉花科学研究所

党委书记、所长　李　毅
党委副书记、副所长　张志刚
党委委员、纪委书记　肖立一
党委委员、正处级干部　李景龙
党委委员、总农艺师　李育强
党委委员、副所长　赵瑞元
党委委员、副所长　杨　明

湖南华南光电（集团）有限责任公司

董事长　万　毅
总经理　时勤功
副总经理　徐　峤
党委书记　叶宏珍
副总经理　李方钊
总会计师　童建忠

湖南省湘澧盐化有限责任公司

董事长、总经理　魏　敏
党委书记　苏倪华
党委副书记、纪委书记、工会主席　刘发云
副总经理　黄　勇
副总经理　张　胜
副总经理　蔡征林
财务总监　罗玉龙

湖南省贺家山原种场

党委书记、场长　宋　武
党委委员、副场长　邵泽毅
党委委员、纪委书记　丁世勇
党委委员、副场长、总农艺师　李建彬
党委委员、副场长　刘小满
党委委员、副场长　聂安北

说明：

1. 单位排名不分先后。
2. 名录由各相关单位提供。

中国共产党常德市委员会

综　述

【概况】 2016年是“十三五”开局之年，常德市委牢牢把握稳中求进总基调，以供给侧结构性改革为主线，坚持五大发展新理念，主动适应经济发展新常态，继续打好三大战役，强力推进“五个常德”建设，经济社会发展呈现缓中趋稳、稳中向好态势。全年完成地区生产总值2956亿元，增长8%；一般公共预算收入227亿元，增长9%；固定资产投资2007亿元，增长14.6%；城乡居民人均可支配收入分别达到26532元、12758元，增长8.2%、8.6%。

2016年，常德市大力发展美丽经济，穿紫河水上观光旅游顺利启航，成功举办2016常德旅游节，常德国际马拉松赛鸣枪开跑；大力推进项目建设，石长铁路复线建成通车，生命科学与健康产业园、智慧产业园加快推进，沅江隧道、黄石水库水资源综合利用工程开工建设；大力建设海绵城市，在全国率先编制《海绵城市建设总体规划》，重点实施活水、净水、蓄水、排水、亲水“五大工程”，着力打造常德海绵城市技术示范基地和常德国际海绵城市论坛“两个品牌”，积极探索中国海绵城市建设南方模式；大力增进群众福祉，全力打好脱贫攻坚战，高考继续保持全省文科第一、理科第二好成绩，湘雅常德医院即将投入使用，完美社区建设和美丽乡村建设扎实推进；大力加强党的建设，全面从严治党向纵深推进，“两学一做”学习教育取得实效，市县乡同步换届圆满完成，基层党建工作水平不断提升，工作作风进一步改进。

开展“两学一做”学习教育。注重示范指导。多次召开市委常委会会议研究部署“两学一做”学习教育，常委会组成人员带头开展八次集中学习，认真组织“讲政治、有信念”“讲纪律、有规矩”“讲道德、有品行”“讲奉献、有作为”四次专题研讨，带头以普通党员身份参加所在党支部集中学习讨论，带头到基层党支部讲党课，带头到联系点调研指导工作，以实际行动践行“两学一做”学习教育要求，为全市各级领导班子和党员干部作出表率。注重探索创新。组织全市上下把学习教育融入履行岗位职责、推进改革发展、联系服务群众和全面从严治党之中，积极参与“岗位作贡献、合格见行动、共建新湖南”主题实践活动。精心抓好党的报告员工作，选派3980名党的报告员送党课下基层，全面推行党组织书记首席报告、班子成员分领域报告、特聘报告员专题报告等制度，组织全市各级党员干部深入基层开展宣讲，传达党的声音，收集群众意见，得到中央《党建要报》推介。精心抓好常德故事征文演讲比赛、优秀民情日记征集、名家讲堂、廉洁文艺节目展演等“荷花品格、梅花精神”系列廉洁文化活动，推动学习教育取得实实在在成效。注重典型引领。重视以身边先进典型为现实教材，教育引导广大党员做合格党员、向先进看齐。结合庆祝建党95周年系列活动，宣传推介一批先进基层党组织、优秀党员和优秀党务工作者，充分利用各种媒体加大宣传力度，切实提高党员群众的知晓率和参与度，在全市广大党员干部中营造创先争优、建功立业良好氛围。

产业转型升级。推进工业转型升级。继续打好园区攻坚战役，全市工业园区完成基础设施投入91亿元，开工建设标准化厂房182万平方米，新开工亿元项目58个，规模工业企业突破1000家，规模工业增加值突破1000亿元。大力培育支柱产业、壮大骨干企业，对重点企业实行特殊服务、特殊政策、特殊奖励，常德烟厂易地技改有力推进，常德电厂并网发电，金健米业、恒安纸业、溢多利等一批骨干企业加快成长。鼓励支持科技创新，市财政投入6000万元支持企业孵化器建设，建成科技企业孵化器7家，新建院士工作站2个，创建国家级高新区进入候批程序。大力发展高新技术产业，全市高新技术企业达到101家，高新技术产品增加值增长22%。推进农业转型升级。深入实施西湖西洞庭国家现代农业示范区、常德农业科技园和农林科学院等农业现代化十大标志性工程，加快推进现代农业示范区建设和农业标准化建设，狠抓粮食、生猪、水产、蔬菜、林业五个“双百亿”产业，推动农业生产模式向经营集约化、装备现代化、产业融合化方向发展。全市农民合作社达到3139家，规模以上农产品加工企业达到367家，“三品一标”达到1045个，农产品加工销售收入突破千亿元大关。推进服务业转型升级。认真落实文化旅游三年攻坚计划，大力发展美丽经济，柳叶湖、穿紫河建设项目整体面世，欢乐水世界改造升级，与华侨城合作的第二个项目卡乐世界正式开工，桃花源闭园改造加快推进，城头山国家考古遗址公园成功开园，老西门文化旅游创新街区建成开街，德国风情街、常德河街成为新的特色亮点。全市接待国内外游客增长20.9%，旅游综合收入增长25.7%。大力实施文化创意产业园区、丁玲文学奖等十大文化精品工程，推动文化事业、文化产业、文化名城一体化发展。积极发展现代商贸物流业，武陵阁步行城、桥南商圈提质改造顺利完成，万达广场、友阿广场、和瑞欢乐城等商贸项目建成开业，社会消费品零售总额突破千亿元大关。

新型城镇化。着力推进海绵城市建设试点。在全国率先编制《海绵城市建设总体规划》，围绕水安全、水生态、水环境、水文化，重点实施江河湖连通活水工程、绿化截污净水工程、道路小区蓄水工程、防涝减灾排水工程、水文化水旅游亲水工程“五大工程”，着力打造常德海绵城市技术示范基地和常德国际海绵城市论坛“两个品牌”，积极探索中国海绵城市建设南方模式。三年试点期间计划建设海绵城市项目148个，已完成55个，在建57个，柳叶湖环境科学园、丹洲生态城、阳明湖等一批重大项目顺利实施，城市吸水释水功能进一步增强。着力推进重点城建项目。深入实施以路改、水改、棚改和绿化、美化、亮化、数字化为主要内容的城市建设“三改四化”，市城区新建改造骨干道路和大街小巷310条280千米，改造各类地下管线1100千米，改造城市棚户区8.5万户，新增绿化面积340万平方米。大力抓好市城区东西柳叶大道、南北阳山大道两条轴线和“八大出城口”建设，打造形成“三馆三中心”、白马湖公园、丁玲公园、屈原公园、江南风光带、迎宾大道、唐诗墙等一批城市新亮点。市城区80千米高速环线全线贯通，实现城市与高速公路、空港“八进八出”快速对接。着力推进城市管理体制改革。探索实施城市管理“一改四化”，按照运营市场化、管理网格化、作业精细化、考核标准化要求，改革城市管理体制，落实城市管理主体责任。市政府将18项职权事权、13个管理机构和3000多名工作人员下放到区一级，通过政府购买公共服务办法，推进环卫保洁、园林绿化、渣土运输等行业市场化，新组建各类公司20多家，城市管理水平得到明显提升，全国文明城市建设成果得到进一步巩固。着力完善城镇发展体系。大力推进津澧融城、常桃融合，一批标志性融城项目加快建设。积极实施“两西”战略，西湖、西洞庭建设发展取得明显成效。县城和小城镇建设管理水平明显提高，县城城市化迈出坚实步伐，有17个小城镇成为全国重点镇。

改革开放。按照“规定改革不折不扣、自主改革有声有色、试点改革创新创优”目标要求，多次召开市委深改组会议研究改革工作，制定下发2016年改革工作要点和具体实施方案，分解落实中央、省委部署的49项改革任务，谋划推进十大自主改革项目，积极承接上级部署的改革试点，逐项细化任务，逐级强化责任，督促各项改革举措落地生根，合乡并村、城市建设体制改革、基层社会治理创新等重点改革取得明显成效。全市乡镇由204个合并到129个，减幅36.8%；行政村由3353个合并到1607个，减幅52.1%。大力实施招商引资“一把手”工程，出台商会招商管理奖励办法，强化园区招商主体责任，整合成立“1+2+3+X”招商小分队，着力引老乡、回故乡、建家乡，重点对接央企和大企业大集团，积极引进战略投资者，先后与中国医药集团、中国兵装集团、中国建材集团等10多家央企签订战略合作协议，全年引进内外资总额696亿元，引进亿元以上项目185个。制定发布《政策清单》《权力清单》《责任清单》，取消、下放、合并市本级行政审批事项59项，做到清单之外无收费、目录之外无审批。严格实行优化经济发展环境十项禁令，大力整治中介服务环境、工程建设环境和办事服务环境，严厉打击涉企“三乱”、涉项“三强”、办事“三难”等行为，市场秩序明显好转。切实帮扶企业发展，出台的《帮扶工业企业十条》被省推新办向全省转发，开展“千名领导干部服务千家企业”活动取得良好成效。

全面小康建设。推进基础设施建设。加强交通建设，组织实施交通建设五年大会战，石长铁路复线建成使用，黔张常高铁加快建设，长益常高铁、常岳九铁路、宜石常铁路等项目前期工作进展顺利，常安高速建成通车，安慈高速即将开工，沅澧快速干线全面推进，新建改建干线公路151千米，建成农村公路1053千米，完成危桥改造182座。加强水利建设，投入资金33亿元，完成堤防加固、水库除险、堰塘整修、中小河流治理等各类水利工程3.8万处，防灾抗灾能力进一步提高；加快推进沅水澧水千吨级航道整治和“两水四岸”综合整治，拉通洞庭湖水上交通干线，常德港盐关码头成为国家二类口岸，通江达海的内河航运能力不断提升。加强能源建设，华电常德电厂一期、桃源水电站投产发电，天然气管道实现县县通，农村电网改造步伐加快。加强信息化建设，与浪潮集团签订战略合作协议，常德云计算中心投入运行，完成社会管理综合信息平台、智能交通、数字防控系统建设，国家智慧城市建设试点顺利推进。加快发展县域经济。注重从基础建设、项目资金、信贷投放、体制机制等方面推动县域经济发展，支持县域重点项目建设，安排县（市）重点工程291个，完成投资692亿元。扎实推进津澧融城，认真抓好国家中小城市综合改革试点和国家新型城镇化综合试点，着力推进津澧大道、澧水风光带、公交一体化等项目建设，加快津澧融合发展。着力改善民生福祉。抓好脱贫攻坚，按照精准识贫、精准扶贫、精准脱贫要求，推进精准扶贫信息化管理和扶贫开发挂图作战，深入实施342个贫困村驻村帮扶、25.7万贫困人口结对帮扶，全年退出贫困村 97 个，脱贫 8.8 万人。抓好教育卫生三年攻坚，新建改建各类学校 470 多所、各类医疗机构 1000 多处，城乡就学和医疗条件大幅改善，湘雅常德医院即将投入使用，职业教育大学城初具规模，高考连续多年保持全省文科第一、理科第二好成绩。抓好社会治理创新，完美社区建设取得阶段性重大成效，新开工完美社区能力建设项目 168 个；美丽乡村建设整市推进，制定出台五年行动计划，着力推进“五化”，农村环境整治取得新成效。抓好生态文明建设，深入开展蓝天碧水净土行动，成功创建国家森林城市和全国绿化模范城市，空气质量和水环境质量稳步提升。就业、社保、文体等各项社会事业协调发展。

“平安常德”建设。全面推进依法治市。推进科学立法，扎实开展立法准备工作，抓紧起草和审议常德市第一个地方立法项目《常德市饮用水水源保护条例》，不断提高法规规章针对性和有效性。推进依法行政，加大简政放权力度，进一步创新执法监管模式，行政效能和服务水平进一步提高。推进公正司法，继续深化司法体制改革，优化司法职权配置，加强司法队伍建设，切实增强司法公信力，维护社会公平正义。推进全民守法，深入开展法治宣传教育，健全普法宣传教育机制，“六五”普法工作成效显著，全社会尊法守法用法氛围逐步增强。加强平安建设。认真落实综治维稳责任，加强源头性服务管理，严格落实重大决策社会稳定风险评估制度，一批信访积案得到彻底化解。构建完善打防管控一体化社会治安防控体系，严厉打击各类违法犯罪行为，加强特殊人群服务管理，市城区恶性案件和“两抢一盗”案件实现大幅度下降。加强网络舆情监管，妥善处置各类舆情，网络环境得到进一步净化。狠抓安全生产。建立落实“五级五覆盖、五落实五到位”安全生产责任体系，大力开展重点领域隐患排查整治，铁腕打击非法违法和违章违规生产行为，妥善处置各类应急突发事件，成功应对多轮大范围强降雨和严峻洪涝灾害，人防、地震等防灾减灾体系进一步健全。2016 年安全生产事故和死亡人数实现“双下降”，没有发生重特大事故。防控经济运行风险。加强动态监测和实时预警，积极化解产能过剩和房地产纠纷，切实加强政府性债务监督和民间融资管理，严厉惩治非法集资吸储行为，金融领域保持稳定发展势头。

党的建设。一是深化思想政治建设。认真学习贯彻习近平总书记系列重要讲话精神和治国理政新理念新思想新战略，深入开展“两学一做”学习教育，引导广大党员干部不忘初心、继续前进，切实增强政治意识、大局意识、核心意识、看齐意识，坚决维护习近平总书记领导核心地位。深入贯彻实施“一准则两条例”，严格按照标准要求，扎实开展对照检查，切实抓好整改落实，推动广大党员干部牢固树立党章意识、纪律意识、规矩意识和组织意识，推动党内政治生活制度化、规范化、程序化，提高党内监督针对性、有效性和可操作性。二是深化干部作风建设。加大问题查办力度，认真落实中央“八项规定”、省委“九项规定”和市委“十项规定”精神，大力开展“纠‘四风’、治陋习”专项整治行动，严肃查处一批“四风”突出问题，给予党纪政纪处分 382 人，干部作风得到根本性好转。加大案件通报力度，坚持每月必通报、节前必通报，先后通报曝光典型问题 300 多起，对部分处级干部违反作风建设有关规定情况进行专题通报，起到强烈震慑作用。加大整章建制力度，针对作风建设中突出问题和监管方面薄弱环节，出台《关于进一步严明治理违规收受红包礼金纪律的通知》《关于进一步规范党员干部和国家工作人员饮酒行为的通知》《招商引资活动管理规定》等规范性文件，推动作风建设常态化长效化。三是深化领导班子和干部队伍建设。严格按程序、按要求抓好市县乡领导班子同步换届，始终发挥党委领导和把关作用，认真落实习近平总书记提出的好干部标准，建立完善“赛马、相马、惜马”用人机制，努力配出好班子、选出好干部。坚持把加强换届风气监督贯穿换届工作全过程，严把代表委员政治关、素质关、结构关，严格落实“九严禁”“四必谈”“四必训”“四必看”“四个凡提”等纪律要求，坚决查处触碰换届纪律的人和事，确保换届平稳有序、风清气正。深入实施干部队伍提升工程、年轻干部成长工程、人才队伍建设工程，充分激发各方面干部人才积极性。四是深化服务型基层党组织建设。坚持重视基层、加强基层、服务基层，推进农村基层党建“八大建设”，推进城市基层党建力量下移、资源下沉，着力解决思想、组织、队伍等基层党建难题。择优选配“三类人员”进乡镇领导班子，配齐配强基层专职党务干部和工青妇负责人，换届工作实现零上访、零投诉、零负面舆情，221 个软弱涣散基层党组织全部整顿升级。强化基层运转保障，合乡并村后村平均运转经费增长 48.6%，村党组织书记年均报酬达到 2.5 万元，离任村主干年均待遇达到 1800 元。五是深化反腐倡廉建设。坚持反腐败力度不减、节奏不变、尺度不松，积极支持纪检监察系统深化“三转”，出台落实“两个责任”实施办法，探索实行“两个责任”谈话制度，切实用好监督执纪“四种形态”，大力开展“荷花品格、梅花精神”系列廉洁文化活动，进一步规范机关工作人员饮酒行为，深入推进“雁过拔毛”式腐败问题专项整治，始终保持惩治腐败高压态势，全市纪检监察机关立案 1543 件，给予党纪政纪处分 1466 人。（杨志坚）

【市委六届十五次全委（扩大）会议】 2016 年 6 月 30 日，市委六届十五次全会在柳叶湖旅游度假区管委会新办公楼一楼大会议室召开。市委书记王群主持会议。省委考察组组长、省委组织部副部长胡奇发表讲话。与会人员对新一届市委、市人大、市政府、市政协领导班子成员和法检“两长”、市纪委副书记进行全额定向民主推荐。（李红艳）

【市委六届十六次全委（扩大）会议】 2016 年 7 月 27 日，市委六届十六次全会在柳叶湖旅游度假区管委会新办公楼一楼大会议室召开。市委书记王群出席会议并传达省委书记徐守盛到常德考察调研讲话和全省半年经济工作会议精神，

代表市委常委会向全会报告上半年工作，安排部署下半年工作。市委副书记、市长周德睿主持会议并讲话。（李红艳）

【市委七届一次全委（扩大）会议】 2016年9月30日，市委七届一次全会在柳叶湖旅游度假区管委会新办公楼一楼大会议室召开。会议选举产生新一届市委常委、书记、副书记。王群当选为中共常德市委书记，周德睿、徐正宪当选为中共常德市委副书记。王群、周德睿、徐正宪、朱水平、陈恢清、黄清宇、李辉忠、胡丘陵、陈华、梁仲、罗先东当选为新一届市委常委。（李红艳）

纪检监察工作

【概况】 推动"两个责任"落实。组织各单位一把手、纪检监察组织负责人分别签订《党风廉政建设责任书》和《党风廉政建设监督责任书》，就各自承担职责签字背书，有效推动"两个责任"全面落实。认真履行综合协调职能，督促各地各部门明确党风廉政建设牵头职责，对承担党风廉政建设进行签字背书，形成一级抓一级责任体系。市委从压实责任经常化需要出发，制定《出台建立健全落实"两个责任"谈话制度意见》，明确例行谈心谈话、任前廉政谈话、提醒谈话、约谈、"两同时"谈话内容和相关要求；督促各级各部门开展谈心谈话活动，做到小过即问、小错即纠，使谈话提醒、咬耳扯袖、红脸出汗成为常态。市委、市政府领导以身作则、以上率下开展谈心谈话，市县纪委对谈话进行痕迹化管理和定期检查。全市各级按照市委要求，认真开展"两同时"谈话，各级各部门负责人共开展"两同时"谈话13062人次，有效推动了谈心谈话经常化。把严肃责任追究作为落实"两个责任"关键，对履责不力问责141人，其中纪律处分73人。

换届风气监督。市县两级均成立换届风气监督工作小组，明确职责分工，进一步细化"十类责任主体"责任。建立党委书记亲自抓、纪检机关监督抓、组织部门具体抓、人大、政府、政协、政法、统战、宣传合力抓制度体系。市委、市纪委提出"940111"铁律要求，"9"即"九严禁"，"4"即"四必谈、四必训、四必看和四个凡提"，"0"即"零容忍"；"111"，第一个"1"就是发现苗头第一时间动手查处，第二个"1"就是不管涉及多少人一个都不放过，第三个"1"就是严厉追究"一把手"责任。出台换届纪律"四不准"规定，不准对发现违反换届"九严禁"问题线索不抵制、不报告；不准换届期间以各种理由聚餐、聚会等非组织活动，搞团团伙伙，搞小圈子；不准以宣传体验产品、微信红包等变相手段向换届相关人员赠送礼品礼金等；不准在落实换届政策与纪律要求中搞形式、走过场、留隐患。严格落实各项换届纪律要求，全面推行"驻会监督+巡回监督"换届风气监督模式。严格把好"党风廉政建设意见"回复关，各级纪委对"两代表一委员"人选出具否定意见123人次，对领导干部选拔任用人选出具否定意见21人次，全市在换届中处理处分14人。全市换届工作实现风清气正。

纪律审查。全市共立案1549件，同比增加24.3%，涉及处级干部43人，纪律审查数量和质量明显提升。重点查处丁天德、刘云武、王惠戎、黄淳等一批领导干部严重违纪涉嫌违法案件，配合省纪委严肃查处卢武福严重违纪涉嫌违法案件，在腐败易发多发相关领域形成震慑。开展反腐败国际追逃追赃工作，成功缉捕在逃党员和国家工作人员15名。精准把握运用"四种形态"，全市共函询624人次、轻处分1165人、重处分302人。大力开展信访举报"基层基础建设年"活动，建立实名举报办理"五步工作法"，全市信访总量较2015年下降35%。

作风专项整治。全市共立案调查"雁过拔毛"式腐败问题522件，处理686人，其中党纪政纪处分517人，追缴资金2791万元。严格规范党员干部和国家工作人员饮酒行为，下大力整治收送红包礼金问题，出台"五个严禁""四个一律"纪律规定，将其纳入纪律审查重点。全市共发现各类"四风"问题线索1632起，立案537起，给予组织处理192人，党纪政纪处分446人。

教育监督预防。把中共十八大以来修订和出台"两准则、四条例"学习教育作为各级党委（党组）中心组学习、党校教育培训重要内容。组织党员干部接受警示教育。扎实推进具有常德特色"荷花品格、梅花精神"系列廉洁文化活动，参演文艺团队1000余个，近500名党员干部登台演讲，观众达160万人次，将廉洁价值理念向全社会辐射。确保省委巡视问题整改做到"件件有着落、事事有结果"。进一步完善巡察、审计、专题述廉"三位一体"监督机制，先后对市住建局、市国土局等10家市直单位分两轮进行巡察，督促整改突出问题162个，向有关部门移交问题线索19条，共对14人立案审查，给予12人党纪政纪处分。首次将巡察反馈意见印发到市直各个部门要求进行对照检查，整改存在类似问题，使巡察作用充分发挥。

自身建设。出台区县（市）纪委书记、副书记等提名考察办法，把乡镇纪委作为一套完整班子来建设，在换届中选优配强各级纪委领导班子。结合"两学一做"学习教育，在全市纪检监察系统深入开展"四比四看"。改进纪检监察工作考核办法，将工作成效与评先评优、干部使用挂钩，着力形成实干局面。在全省率先开展内部巡察工作，先后对临澧县纪委、武陵区纪委等9个单位进行内部巡察，发现并整改各类问题73个，受理涉及纪检监察干部信访举报47件，立案查处14人。不定期开展对纪检监察干部工作纪律督查。（刘　俊）

【"荷花品格、梅花精神"系列廉洁文化活动】 2016年，常德市以弘扬"荷花品格、梅花精神"为主题，组织开展了一系列廉洁文化活动。开展"荷花品格、梅花精神"系列活动，是市委落实全面从严治党、践行"两学一做"一项重大部署。市委常委会高度重视，召开专题会议进行研究部署，出台活动方案，明确开展四大主体活动，即"荷花品格、梅花精神"常德故事演讲比赛、民情日

“荷花品格、梅花精神”常德故事演讲比赛决赛

记征集活动、名家讲堂和廉洁文艺节目展演，由市纪委、市委组织部、市委宣传部牵头组织实施。每项主体活动都分别落实责任单位，制定具体实施方案。在《常德日报》、常德电视台、尚一网、常德党建微信公众号等媒体上开辟专题专栏，对活动情况进行全方位、立体式跟踪报道，加强舆论引导。在活动中，采取情况通报、新闻发布等形式，随时通报活动进展情况。组织先进典型人物到各单位进行事迹宣讲，增强人们认同感和归宿感，发挥典型引路、先进带动作用。通过这些措施，使活动成为全市上下热点话题，活动知晓度和关注度显著提高。

坚持以创新理念、创新方式推进“荷花品格、梅花精神”系列活动。一是在内容上突出“常德故事”。坚持贴近时代、贴近生活、贴近群众“三个贴近”，注重以事动人、以情感人，通过演讲比赛、民情日记、廉洁文艺作品等形式，讲述一个个精彩“常德故事”，展现一个个清正廉洁、敬业奉献鲜活形象，诠释“荷花品格、梅花精神”在常德生动实践。在市纪委牵头组织“常德故事”演讲比赛中，各级各单位层层进行内部竞赛选拔，党员干部参与热情高涨，全市有近500个单位500多名党员干部参赛，共组织大小比赛100多场，历时近5个月，观看的党员干部和社会群众近10万人。在汉寿县举行第二场复赛中，来自全县278个村、社区支部书记到场观看。二是在形式上注重大众观感。在活动形式上突出大众观感，注重地方特色，形成以“媒”宣廉、以“艺”颂廉、以“讲”评廉、以“赛”助廉新模式。活动中，既有党员干部参与面广演讲比赛，又有群众喜闻乐见文艺表演，既有知识性较强名家讲堂等“普通话”，又有丝弦、汉剧等地方色彩浓厚“常德腔”，形式多样、内容丰富，活动吸引力和受众面大大提升。仅廉洁文艺作品展演这一活动，就演出廉洁文艺节目1000多个，参演文艺团队1023个，在市县乡演出400多场次，观众数量达160万人次。三是在载体上坚持新旧结合。对“常德故事”演讲比赛赛事进行电台和微信直播，并与网友进行互动。决赛更是在市电视台、市广播电台、常德全媒微信公众号等媒体上全程直播，《湖南日报》、湖南卫视、湖南经视、红网等省级权威媒体现场报道。在民情日记评选活动中，从征集到4200多篇民情日记中遴选出30篇优秀日记，分期在《湖南日报》《常德日报》等媒体上全文刊发，并将其中9篇拍摄成微视频，在市电视台、常德组工微信公众号等平台上展播。市电视台先后播出优秀廉洁文艺节目100期。通过综合运用报纸、电视、广播、网络和手机等媒体平台，既提升活动辐射力与影响力，又弘扬正能量、唱响“主旋律”，进一步放大活动效果。

“荷花品格、梅花精神”系列廉洁文化活动得到省纪委、省委组织部、省“两学一做”办公室领导充分肯定，得到全市党员干部和人民群众高度认可，成为常德践行“两学一做”、改作风树新风一个响亮品牌。（刘　俊）

市委办公室工作

【概况】 调查研究。围绕深入推进新常德新创业、加快建设泛湘西北现代化区域中心城市，先后开展以饮水安全、城市建设、市第七次党代会、党的报告员制度等为主题的4次专题调研，形成《集中精力打好攻坚战，实现饮水安全“全覆盖”》《努力建设真善美的城市》等一批高质量调研成果。协助起草市第七次党代会、市委经济工作会议、市委全会等各类会议材料90多篇50多万字，起草其他各类文稿90多篇40多万字，整理领导讲话录音50多篇30多万字。大力推介工作经验，编发市委《内参》12期。积极向上报送各类文稿，向中央和省级报刊上报各类经验材料30多篇，12篇文稿被省级以上报刊采用。

信息报送。坚持紧跟上级要求，紧贴领导需求开展信息服务，全年共编辑《每日要情》228期、《重大信息专报》8期，手机短信20多条，组织上报各类信息6000多篇，被省委办公厅信息刊物采用440篇，综合全年质量系数为全省第二名，多条社情民意类信息被省委书记杜家毫、省长许达哲批示。加大对常德重点工作、典型经验推介宣传力度，先后围绕海绵城市、平安建设、党的报告员制度、精准扶贫等特色重点工作，组织报送一批有分量的信息。加强“四大家”信息机构之间以及一些重点信息单位沟通联系，加强统筹协调，实现资源共享。

督查工作。紧扣市委中心工作和领导决策部署开展督查，围绕“项目推进年”活动、完美社区和美丽乡村建设、脱贫攻坚、市县乡同步换届、作风建设等重点工作开展大型决策督查活动20次，对26期市委常委会会议纪要、8期市委常委办公会议纪要决定事项落实情况进行督办，编发《督查通报》31期。办理省委领导批示件6件，市委领导批示件70件，全部到期办结，其中现场督办领导批示件29件。组织办理市人大代表建议6件、市政协委员提案63件，到期办结率100%。调查回复省委督查室有关网络舆情交办件8件。积极配合上级开展督查调研，为9批省委、省政府督查调研组来常德督查调研活动搞好协调服务工作。为主编发《市委常委、副市长半月工作日志》24期。认真开展督查调研和民情调查，向省委上报调研报告8篇。

办文办会。全年共制发各类公文250个，办理各类非涉密文件电报700多个，请示报告40个，接收、分发、传阅、管理和回收各类机要文件190个19600份，整理各类档案86盒1935件，办理档案查询服务400余人次，被评为全市档案工作先进单位。组织开展全市党委机要文件清退工作，共清退200多个受文单位各类文件2万余份。按要求开展党内规范性文件备案工作，受理、审查、回复各区县（市）委和市委部门报备党内规范性文件88个，向省委报备市委党内规范性文件23个，被评为全省党内规范性文件备案工作优秀单位。承办市委常委会会议33次，编写市委常委会会议纪要26期，编写市委常委办公会议纪要6期；牵头承办市第七次党代会、市委全会、市委经济工作会议等大型会议29次；协办市级中心组学习、德商大会、2016常德旅游节、常德柳叶湖马拉松赛等会议活动60余次。完成徐守盛、杜家毫、许达哲等省领导到常德接待12次，全国人大水法检查组、张家界和越南党政代表团等其他重要接待15次。服务市委主要领导调研考察活动45次，组织各类开工、签约仪式20次，开展走访慰问、公祭活动等10次。

机要保密。办理各类明码电报2472个、密码电报2441个；加强密码通信演练，进行紧急重要电报演练6次，应急密码通信演练5次；开展县乡通信全市推广工作；参加中办机要局组织“聆听机要故事、弘扬优良传统”征文活动，获全国优秀奖，该文属于全省综合文字类唯一获奖征文；畅通密码干部成长渠道，明确区县（市）委机要局设正副局长各一名；电子政务内网中心机房建设基本完工，在全省处于领先位置；组织参加“全省新进机要干部培训班”；强化密码工作安全保障，被评为全省密码工作先进单位。保密工作继续深化定密管理、涉密人员管理、网络保密管理“三大管理”，制定工作标准24项，完善工作流程13项；有针对性地开展保密意识、保密常识教育，全市各级党校共开设保密教育课23堂，受训人数达600多人次，全年共讲授保密党课10次，为全市300多名新进公务员讲授保密知识讲座3堂；注重宣传推介，全年在《保密工作》上稿3篇，在《湖南保密》上刊登综合材料8篇，交流研讨信息10篇；以检查查处为抓手，全年组织开展7次专项检查，共抽查113家单位保密要害部门部位427个、办公网14个，核查计算机682台，清查涉密文件1419份，发《限期整改通知书》15份，对发现的11份工作信息违规发布、34起敏感信息违规存储、9台涉密计算机违规使用单位相关负责人进行警示性谈话，对省保密局督办5起涉嫌在门户网站违规发布涉密文件的情况进行查处，对相关责任领导进行警示教育谈话，对3名科级干部给予行政处分。

后勤保障。改善机关办公居住整体环境，对市委机关智能门禁系统、机关大门、部分沥青路面、驻市委机关处警防控大队办公室、厅级领导周转房设备设施等进行维修改造；对院内部分绿化带进行局部整改，改善机关院落景观性；加强对物业、食堂监督管理，大大提升干部职工满意度。加强机关安全保卫，机关设立巡逻分布点49个，白天巡逻6次，夜间巡逻8次，有效处置信访维稳突发事件，共劝访群众上访406批758人次。认真落实老干部政治生活待遇，全年慰问老干部40多人次，报销医药费40多万元，有10余人参加老年大学学习班。开展采风活动20余次，举办芷兰诗书画影展，共展出200余幅诗词、书法、绘画、摄影作品；摄影橱窗展览先后举办“美丽常德、幸福家园”“创建省级文明标兵单位”等6期、《诗词专刊》2期、每周一诗42期；组织和参加各类门球赛10次；开展笔会活动3次；组织“两学一做”、纪念建党95周年和纪念长征胜利80周年等学习讨论6次。负责市委机关院内16家处级单位会计核算和监督管理工作，2016年全年共审核原始凭证7万多张，登记记账凭证近5000张，装订会计凭证600多本，编制会计报表200多份，经费总收入1.32亿元，总支出1.26亿元，各项资金收支安全、及时、准确。紧扣“一改两确保”，积极稳妥推进公车改革，留用11台车况较好车辆，对原有26名驾驶员进行合理分流，重新聘用11名驾驶员，全年出动车辆3800余台（次），行驶近37万千米，为8名市级领导和市委办领导提供较好用车服务，为全市大型活动提供用车保障。（李红艳）

组织工作

【概况】 开展“两学一做”学习教育。突出重点内容。坚持学党章党规，学习习近平总书记系列重要讲话。中共十八届六中全会和省、市党代会召开后，迅速把六中全会精神，特别是新颁布的《关于新形势下党内政治生活的若干准则》和《党内监督条例》，以及省第十一次党代会、市第七次党代会精神作为学习内容。突出从严要求。全市各级党委（党组）认真落实规定动作，以中心组学习为主要形式，认真开展4次专题研讨。各党支部普遍制定学习计划，认真落实“三会一课”制度。广泛开展“千名党的报告员送党课下基层”活动，把课堂设在工业园区、农业产业化基地、红色教育基地甚至田间地头。结合庆祝建党95周年开展评比表彰，组织先进典型巡回演讲，发挥示范引领作用。突出自身特色。在严格落实省委8个规定动作基础上，结合常德实际，创新开展党的报告员工作、“荷花品格、梅花精神”系列廉洁文化活动、“三重”活动（重温入党誓

常德市“两学一做”学习教育暨落实基层党建重点工作汇报会

词、重述入党志愿、重访入党引路人）等自选动作，特别是党的报告员工作被中央党建工作领导小组办公室《党建要报》、省委改革办简报推介。突出问题导向。从一开始就树立鲜明的问题导向，引导党员带着问题学、对着问题改。对照中央“五个着力解决”问题，省委归纳的党组织9个方面和党员5个方面的突出问题以及市里梳理出的6大方面22个突出问题深查细照，同时认真落实中央、省委和市委部署的各项专项排查清理任务。

领导班子集中换届。强化工作统筹。成立工作机构，研究制定《市县乡领导班子换届总体安排》。认真做好人大代表、政协委员推荐提名工作。牵头做好乡镇事业编制人员、优秀村干部、大学生村干部“三类人员”比选工作，全市共遴选“三类人员”147名。强化政策指导。先后举办全市换届工作业务培训和全市加强换届风气业务培训班。乡镇换届期间，市委派出5个指导组进行现场指导。县市区换届期间，市委派出9个指导组、9个换届风气督导组、2个巡回督查组进行全程指导督导。强化正确导向。贯彻好干部标准，坚持重德才、重实绩、重口碑、重基层用人导向。2015年年底，提拔18名优秀年轻干部任处级领导职务。2016年区县市换届中，新提拔25名干部进入领导班子，其中担任过乡镇（街道）党委书记的占80%以上。强化风气监督。严格落实“四必训”要求、明察暗访制度、四项审查制度，共审核干部档案600多份，核实个人有关事项报告325人次，听取纪检监察机关有关廉政情况761人次。市县换届选举期间，代表、委员实行统一就餐、统一住宿、统一参会，秩序井然，效果良好。

领导班子和干部队伍建设。注重培训管理。出台《关于进一步规范市直单位干部教育培训工作的通知》，加强市直单位办班统筹管理。依托本地红色资源开展党性教育，举办2期党性教育示范班。全年举办主体班15期，培训干部660人；举办各类短期培训班30期，培训干部3112人次；选送领导干部参加省以上培训166人次。推行网络在线培训，实现县处级干部学习培训全覆盖。注重宏观管理。积极配合省委组织部做好年轻干部上下交流工作。调整规范县处级非领导职务职数设置。做好调整市直部分单位干部管理体制和修订市管干部职务名称表有关前期准备工作。抓紧实施区县（市）公务员职务与职级并行制度。探索建立科级干部管理“绿色通道”。制定《市管国企负责人薪酬制度改革的意见》及配套办法。以专项审核为契机，全面规范干部档案审核流程，提升干部档案管理水平。注重日常管理。认真做好援藏、援古干部和军转团职干部工作。完成后备干部调整补充工作。抓好挂职干部选派和管理。认真组织开展公务员“四考合一”招录工作，全年共招录公务员597名，选调生37名。牵头做好市直党群机关公务员公开遴选工作。慎重规范做好公务员调任、转任工作，全年对28家单位共70名对象进行公务员调任。开展第二批企业特派员选派工作。全面完成大组工网分级保护建设。注重监督管理。推行领导干部重大决策审核、选人用人责任审查和任期经济责任审计“三责联审”制度，严格落实领导干部因私事出国（境）双重审批制度、领导干部离任经济事项交接制度、领导干部报告个人有关事项及抽查核实制度。制定《常德市国有及国有控股企业选人用人工作监督检查办法（试行）》。坚持“四个凡提”，及时准确把“带病”干部识别出来。坚持不懈消化超职数配备干部，整体消化率已达90%，其中县处级领导职务消化任务全面完成。

党的基层组织和党员队伍建设。抓考核。制定《2016年区县（市）基层党建工作考核标准》，实行分层考核、条目式考核。制定《2016年市委党建工作领导小组成员单位工作责任清单及考核细则》，明确20个市直党建工作领导小组成员单位50项具体工作任务。制定县乡党委书记抓基层党建工作责任清单、任务清单、问题清单，对县乡党组织书记实行“四考一综评”。抓重点。全面落实7项基层党建重点工作任务：党员组织关系集中排查工作，共排查失联党员6245名；党员违纪违法未给予相应处理排查清理工作，对22名党代表、7名人大代表、1名政协委员给予相应处理；基层党组织按期换届排查清理工作，未按期换届基层党组织已全部按要求换届到位；党费收缴排查清理工作，共有10793个党支部完成党费收缴自查自改工作；集中推进非公有制企业和社会组织“两个覆盖”工作，调整工委体制，配齐工作班子；抓党建促脱贫攻坚工作，向396个建档立卡贫困村选派第一书记驻村帮扶；领导机关党员干部学习教育工作，加强机关党支部标准化规范化建设，全省机关党建现场经验交流会在常德市召开。抓提升。认真落实《关于整体推进八大建设、强化农村基层党建的意见》。全面推行社区党组织、社区居委会、社区工作站加若干个社区网格的“3＋N”治理模式。认真整顿221个软弱涣散基层党组织。严格党员发展工作，新发展党员3200多名。开展共产党员订阅微信、易信工作。扎实开展农村党员冬春训，认真开展农民大学生工作。抓创新。探索推进农村社区“3+X”社会治理体系，在9个区县（市）各选择1~2个合并乡镇进行试点，建立由社区党工委、社区理事会、社区公司董事会加若干个建制村的“3+X”组织管理体系。组织开展民情日记征集活动。对远教站点转型升级进行创新探索。启动红星视频网站全面升级工作，成立湖南红星视频网站正式机构。

人才队伍建设。认真落实《关于落实〈关于实行市州党政领导班子人才工作目标责任制的意见（试行）〉的任务分工方案》、将人才工作特别是引进人才数量指标纳入各区县（市）和有关职能部门党政领导班子绩效考核内容，明确“一把手”职责，确保“第一责任”落到实处。继续推进“四个一”人才工程，引进博士60名、硕士303名，新建省级企业科技创新平台8家，对申报成功的省级以上平台兑现“一奖一补三优”的扶持政策。以创新团队工程建设为抓手，重点对20个全市挂牌创新团队进行扶持及创新型人才培养。全市150多名科技特派员深入推进科技特派员创业行动，实施科技开发和产学研结合创新项目49个。实施农村电子商务发展计划，在全市选择30个农村电子商务带头村进行扶持。针对高层次教育管理人才、卫生人才、社会工作人才、电商人才、农业科技管理技术人才等群体，先后举办5期培训班，培训人员419人。推动人才向创新创业一线和艰苦边远地区流动，从市直学校、市直医疗卫生单位中分别选派10名中级职称以上教育骨干和医生骨干挂职任乡镇中学副校长和乡镇卫生院副院长。组织市县两级中级职称以上医务人员分期分批到社区医院坐诊服务。

自身建设。开展“两学一做”学习教育。市委组织部领导带头参加支部学习讨论、带头在支部和基层联系点讲党课。部机关党支部升格为党总支，组建5个党支部，高质量开展四次专题学习讨论。将开展“两学一做”与做好本职工作紧密结合，在区县（市）换届考察中，对部机关干部提出“九个不准”要求，参与考察人员全部签订公开承诺书。认真参与市州委组织部长述职测评。部机关各科室高度重视、整体联动、各司其职，精心准备述职报告以及PPT，述职测评成绩在全省14个市（州）中位列第3名。着力打造组工宣传品牌。全力打造“常祖正”“真言”两大组工宣传品牌，围绕“两学一做”学习教育、市县乡三级领导班子换届等重点工作发表10篇常祖正评论员文章，90篇真言原创网评文章。开通“常德组工”微信公众号。编印《常德组织工作》5期，组织工作专报12期。牵头抓好党的建设制度改革。认真落实中央、省委、市委部署的改革任务，结合实际大胆探索，开展党的报告员制度、换届中深化干部人事制度改革等多项工作获得上级肯定和推介。（刘　波）

宣传工作

【概况】 常德市获得中宣部、司法部、全国普法办“2011—2015年全国法治宣传教育先进城市”称号；市委宣传部被中宣部评为2016年度《党建》杂志学刊用刊工作先进集体，被省法制办、省委宣传部、省司法厅评为全省“六五”普法依法治理先进单位。

理论学习。组织“忠诚担当作为”主题征文。出台《常德市新闻舆论宣传工作十项规定》，《湖南宣传动态》以《常德市认真学习宣传贯彻习总书记新闻舆论工作重要讲话精神》为题，专期推介常德市经验。举办全市新媒体暨网友座谈会，成立常德市新媒体联盟，建立《涉常舆情》领导批示督办机制，被《湖南宣传》推介。召集社科类社会组织进行集中学习，举办为期3天的“走近社科”主题展览，在《常德日报》开辟“走进社会科学”专栏，“社会组织参与精准扶贫支持乡村建设的研究”被列入全省重大社科项目课题，承办2016年湖南省社科普及主题活动周启动仪式。

意识形态管理。把“意识形态管理”纳入对各区县（市）委宣传部的考核，并作为7项重点指标之一，分值比重达10%。启动“党委（党组）一把手谈意识形态工作”主题征文活动，收到心得体会50多篇。市委党校把意识形态工作纳入主体班教学内容，邀请省委党校教授讲意识形态专题党课。确立湖南文理学院等7所高校、市委党校等6个市直单位、尚一网等5个网站为意识形态工作联系点。

舆论引导。组织全市“两会”、交通会战、精准脱贫、“两学一做”等10多个主题报道。在党代会期间，以系列报道形式，推出稿件600余篇（条）。全国“两会”期间，《文汇报》推出市委书记王群专访，《香港商报》推出柳叶湖旅游专版。指导常德丝弦艺术团参加“湖南文化走进联合国”文化交流活动，丝弦艺术作为活动唯一文艺类非遗展示项目，在国际舞台充分展示常德魅力。组织红茶文化节、德商恳谈会、法国摄影师采风、涉台时评栏目《海峡两岸》采访等10多次主题外宣活动。举办新闻发布会60多场（次）。成功举办“名博名微走进常德”“2016常德旅游节开幕”“走进交通建设现场、体验火热建设场面”等大型网友体验活动。11月25—27日，来自全国各地30余名网络大咖齐聚常德，通过微信、微博、直播等多种形式，向全国网友立体展示常德人文美景和城市建设成果，仅仅两天时间，#湖南常德大咖行#微博阅读量就达到1290.7万人次，引发网友讨论2476人次，并成功登上新浪微博旅游榜当前第一话题。《湖南涉湘舆情》首次以《名博名微常德行引发舆论冲击波》为题，大篇幅予以推介。

文化产业。中国常德唐诗墙完成景观墙建设和配音，成功邀请著名学者、作家梁衡作序，并在《人民日报》刊发。穿紫河北岸常德河街对外开放，南岸民办博物馆群完成规划设计。首届“常德国家马拉松赛”成功举行，来自国内外万名选手参赛，中央电视台体育频道全程直播，国内外近40家主流媒体进行实时跟踪报道。动漫《雷锋》入选国家新闻出版广电总局“全国青少年百优出版物”(全省仅2部入选)。市城区老西门商业文化街将护城河、窨子屋、丝弦剧社、钵子博物馆等常德地方元素成功展现和推介。市博物馆改扩建完成土建工程，改扩建后建筑面积将达到11000平方米。江南画墙聘请中国美协壁画艺术委员会进行规划设计，临澧丁玲文学创作基地建成，柳叶湖月亮岛丁玲书院与中南传媒集团进行接洽。桃花源大型山水实景演艺节目基本完成剧本创作、舞台选点、舞美设计等前期工作，柳叶湖影视创作与拍摄基地与投资商进行接洽。

现代公共文化服务体系建设。举办“欢乐潇湘”常德市百团大赛、第六届常德广场舞大赛、第二届常德社区文化节、常德丝弦演出季、“武陵欢歌”等群众文化活动。市群星合唱团参加全省庆祝建党95周年“红旗颂”大型合唱比赛，获得金奖。市体育中心、市体育场投入改造。市博物馆改扩建完成土建工程，即将陈列布展。城头山国家考古遗址公园、鼎城江南文化外滩公园正式开园。投资3亿元、占地14.53万平方米的桃源文体公园全面完工，总长1.8千米的沅江西岸风光带文化墙建设完成。石门县作为全国贫困地区村综合文化服务中心示范点建设单位，被纳入省、市、县2016年重点民生实事项目，争取中央、省财政投资278万元，在石门县选取11个村进行示范点建设，于2016年年底全面建成，并在全省绩效考核验收中获得优秀。召开全市繁荣发展社会主义文艺推进会暨第二届常德原创文艺奖颁奖大会。成功举办2016“欢乐潇湘”全省群众文艺会演活动。市文化馆被文化部评为“国家一级馆”。汉剧高腔大型舞台剧《孟姜女传奇》被省委宣传部选为湘戏晋京演出作品。

拓展精神文明建设领域。首次对9个区县（市）、常德经开区、柳叶湖旅游度假区每季度开展一次城市文明程度指数测评，推动县级文明城市创建常态化。启动文明校园创建，成功承办湖南省2016年未成年人“我的中国梦·学习和争做美德少年”主题教育实践活动，评选表彰“美德少年”“孝心少年”，开展“童心向党”歌咏比赛。中央文明办首站到常德调研，对文明校园创建经验给予高度评价。《中央精神文明建设工作简报》专题推介常德市文明校园创建经验。创新开展以“启民智、修民德、正民风、为民乐”为主要内容的“四民新风”活动，召开全市农村精神文明建设工作座谈会。7人荣登中国好人榜，14人获评湖南好人，4人入选湖南“每周一星”。杨群康家庭获评第一届全国文明家庭，受到习近平总书记亲切接见。成功承办“我们的节日·端午”湖南省第三届群众性龙舟赛总决赛，获团体总分第三名。录制的《我们的节日·清明——中华长歌行(常德篇)》特别节目，在中国文明网展播。

突发敏感事件新闻应急处置。全年共对丹麦媒体采访创元铝业劳资纠纷、朗州路穿紫河桥人行道坍塌、临澧4岁幼儿校车内意外死亡、汉寿龙阳街道火灾3人死亡等10多起突发事件新闻应急处理稳妥高效。

（张　杨　罗泽湘　童　虹　郭敬民）

【“十项规定”强化新闻舆论管理】 出台《常德市新闻舆论工作十项规定》，从把握正确导向、强化内部管理、严格三审制度、杜绝虚假报道、禁止有偿新闻、规范新闻发布、规范信息发布、严控联办栏目、加强舆论监督、严肃责任追究等十个方面对媒体采编经营活动进行规范，加强新闻管理，提升新闻舆论引导水平。针对新闻舆论工作存在的问题，每季度召开一次新闻例会，及时通报中宣部、省委宣传部关于舆论引导和新闻报道最新精神，总结情况、分析形势、部署工作，督促引导新闻媒体坚持正确舆论导向，营造主流舆论氛围；组织新闻阅评工作，及时指出新闻单位办报办台办网存在的问题，指导督促媒体回复和整改落实；加强日常管理，先后对市直媒体进行多次专项督查，责令《常德民生报》等作出深刻检查并立即整改有关问题。（周　高　周小相）

【“欢乐潇湘”全省群众文艺会演活动】 在2016全省群众文艺汇演活动“欢乐潇湘”中，常德市参赛作品获省一等奖2个、二等奖2个、三等奖3个，共有12个民间演艺团队获优秀文艺团队奖。推送的常德花鼓小戏《村长家的尿不湿》参加第十一届中国艺术节并获得群星奖，摄影作品《渔村的早晨》入选第十届中国艺术节展览，《快乐的九子鞭》入围“欢跃四季”全国百姓广场舞大赛，市文化馆馆办团队获全省“红旗颂”合唱比赛金奖。（李秋林　李　璞）

【开展“荷花品格·梅花精神”2016感动常德十大人物评选】 2016年10月31日，启动“荷花品格·梅花精神”2016感动常德十大人物评选。从“中国好人榜”好人、湖南好人、“德城德星”和国家级、省级劳动模范、先进工作者、“五一劳动奖章”获得者、优秀医务工作者、优秀教师、“三八红旗手”、杰出青年、优秀志愿者、美德少年和中央、省、市各级新闻媒体宣传报道的先进典型中，优先进行重点推荐评选。

2017年1月22日晚，“荷花品格·梅花精神”2016感动常德十大人物颁奖典礼在市文化馆举办，10位当选人用自己不同的方式表达着对“爱”的理解，传递社会正能量。颁奖典礼以播放短片、故事讲述、现场访谈、颁奖词诵读、颁发奖杯奖证等篇章组成，全面展示2016感动常德年度人物感人事迹和崇高精神。（侯　辉　张公华）

【全省“我的中国梦·学习和争做美德少年”主题教育实践活动】 2016年5月31日，湖南省未成年人“我的中国梦·学习和争做美德少年”主题教育实践活动在汉寿县詹乐贫中学启动。省委宣传部副部长、省文明办主任刘进能出席活动并讲话，省文明办、省妇联、省关工委等部门和各市（州）文明办负责人出席活动，市委常委、宣传部部长唐贵平主持启动仪式。“全国美德少年”、汉寿县太子庙中学学生曾释迦现场泼墨书写活动主题。活动期间，中国文明网、央视网等网站首页显著位置开辟“学习和

“我的中国梦·学习和争做美德少年”主题教育实践活动现场

争做美德少年”活动专栏，设立网络链接。各中小学校通过组织上网学习留言，网下举办主题班（队）会、学习心得展示、与美德少年座谈交流、开展力所能及的学雷锋志愿服务活动等形式，引导广大未成年人陶冶道德情感，培养道德品质，做崇德向善、知行合一的美德少年。

（蒋家杰）

【新闻宣传】 2016年，全市共在中央、省级主要媒体发稿861篇，在《人民日报》刊发稿件21篇，《新华每日电讯》2篇，《光明日报》14篇，《经济日报》10篇（其中头版头条两条），《新华社》15篇，中央电视台发稿100条（其中新闻联播5条）、《湖南日报》254篇（其中头版头条18篇）、湖南卫视445条（其中要闻26条）。取得在《湖南日报》头版头条上稿全省首位、湖南卫视新闻联播上稿全省第二的好成绩。《人民日报》内参推出《湖南省常德市探索管控雨水新路径》，《人民日报》刊登市委书记王群署名文章《城市之美应由内而外》、市长周德睿署名文章《担当起推进供给侧结构性改革的责任》。新华社主管的《湖南领导专供》“强省论坛”栏目发表市委书记王群署名文章《常德市建立党的报告员制度加强基层理论宣讲》，新华社总社以通稿形式向全国推出《湖南常德：基层群众在哪里，党的声音就要传播到哪里》，新华网“治国理政进行时”专栏“新实践”栏目置顶推出，《新华每日电讯》推出《基层群众在哪里，党的声音就要传播到哪里——常德探索建立党的报告员制度》。中央电视台新闻频道推出《湖南常德“海绵城市”建设——建设储水设施“接住雨水”》，经济半小时播出《常德垃圾处理新实践》，全面、立体地解读常德市城市建设过程中如何突破垃圾围村困境，为全国其他城市提供范例。《经济日报》头版头条刊发《三十八年护电情》，推出《湖南常德加快推进以人为核心的城镇化——建设花园城市 开启花样生活》，并关注报道常德市海绵城市建设经验。

（曾　燚　徐虹雨）

【“桃源工”特色文化产业】 2016年，常德市文化产业增加值达119.2亿元，占GDP比重4.03%，提升幅度位居全省第一。发挥引导资金激励和促进作用，做大做强“桃源工”产业。完成占地1.33万平方米、总投资约1.5亿元的“桃源工”雕刻艺术展示馆主体工程，镇馆之宝“桃花源记”巨型根雕已完成80%。将“桃源工”技艺与家具生产融合，促成“百床馆”与荣星家具集团联营，投入4000多万元建成荣星桃源工非遗传承生产线，产品附加值提高32%以上，仅此一项创收近5000万元。

（赵新国　洪华君）

【网络环境专项整治】 全年共关停涉嫌违法违规发布信息手机号6个，关闭“常德楼市”“触摸常德”两个微信公众号，并对负责人依法给予行政拘留或警告处分，约谈“石门开门网”“四季壁纸网”“大常德”等自媒体负责人12人次，被省委宣传部《宣传工作动态》、省委网信办《涉湘舆情》进行专题推介。全年受理并上报各类违法违规信息368条，市公安局成功破获美国未来城“万福币”特大网络传销案，抓获美国未来城在大陆地区代理人和网头60多名，警方冻结银行资金数亿元人民币，9人被检察机关批准逮捕，省内外100多家网站对事件进行跟踪报道，《常德市破获“万福币”特大网络传销案》已作为2016年度网络举报典型案例上报中央网信办。

（廖资水）

【实施“我为德城育新苗”志愿服务项目】 在全市范围内实施“我为德城育新苗”志愿服务项目，3月开始实施，共招募志愿者2000余人，固定结对四点半学校8个、乡村少年宫4个、社区书屋8个，点对点地提供志愿服务，为青年学生提供实践平台，为乡村学校少年宫、市城区“四点半学校”提供教学资源，解决社区书屋运转工作力量短缺等实际问题，受惠服务对象上万人，常德电视台专栏《文明常德》对此进行专题报道。

（杨　渺）

【党的报告员制度】 2016年，全市各级党组织共明确党的报告员近4900人，组织集中宣讲6次，累计宣讲3000多场，受众40多万人次。《新华社》《新华每日电讯》《湖南日报》、湖南卫视、湖南经视、《三湘都市报》《潇湘晨报》、新华网、人民网、搜狐、网易、凤凰网、红网、环球网等中央、省主流媒体、网站做了大量报道。8月23日，《中央党建要报》第31期刊发《湖南常德探索建立党的报告员制度 实现政策理论宣讲“精准滴灌”》文章。既抓住领导干部这个“关键少数”，领导干部带头开展理论宣讲，又抓住基层党组织这个“关键部位”，把镇村、街道、社区和企事业基层党组织党的报告员队伍建设作为重点，注重把基层“土专家、土秀才、土演员”和基层拆迁户、老上访户转化典型选拔到基层党组织报告员队伍中来。同时，在深入调研基础上，下发《关于加强和改进全市党的报告员制度建设的通知》《常德市委特聘报告员管理办法》，对报告员的聘任条件、聘任程序、职责要求和日常管理等作出明确规定。组织开展系列微宣讲活动，深入乡村、学校、社区、企业开展“讲话精神进基层”和“三新进基层”微宣讲，其中市直党的报告员宣讲100多场，各区县（市）宣讲400多场，全市共宣讲500余场。以群众听得懂、记得住、用得上为出发点和落脚点，把理论知识转化成群众语言，把“普通话”加工成“地方话”，让政策理论宣讲既“接天线”又“接地气”。（李　军 李来瑜）

【“书香社区”建设】 常德市打造“书香社区”工作从2015年6月正式启动，以市烟草专卖局紫菱图书馆为样本，着力打造社区新型图书馆，并逐步向全市铺开。所有社区图书馆均按照建筑面积≥100平方米、藏书量≥8000册的标准建设，馆内既能看书又可上网，全天免费开放，并开设社区4点半学校，同时推广到各区县（市）和五区定点建设社区图书馆。经验收合格后，市委宣传部给每个社区图书馆解决资金10万元，并积极协调文明单位给予后盾支持，各方投入资金达到2000多万元。积极摸索建立市图书馆和社区图书馆“总馆—分馆”制，并已在市城区紫桥、丝瓜井、新东街3个社区图书馆进行试点，实行图书定期定量漂流（每季度流转2000册），提高图书阅读使用效益。

截至2016年年底，全市已有40家“书香社区”图书馆投入使用。武陵区、汉寿县、桃源县、石门县、临澧县、安乡县、澧县、津市市8个区县（市）及柳叶湖旅游度假区、西湖管理区和桃花源旅游管理区“书香社区”书屋主体工程建设均已完工。《湖南日报》头版头条以《常德“书香社区”飘万家》为题推介常德市经验。（张　杨）

统战工作

【概况】 2016年，市委统战部被评为湖南省文明单位、全市绩效考核优秀单位、宣传思想工作先进单位、人口计生综合治理工作先进单位。武陵区委统战部“打造心理服务同心品牌，探索社会服务新模式”获全省统战工作实践创新成果奖、信息工作获得全省特别贡献奖；桃源县宗教工作经验在全省宗教工作会议上进行推介；武陵区丹阳街道丝瓜井社区、石门县三圣乡山羊冲村分别成功创建为省级同心社区、同心乡村。

思想引领。2月29日，召开四大家主要领导出席的市委统战工作会议，成立由市委书记担任组长，市委副书记担任第一副组长，16个市直部门负责人为成员的市委统战工作领导小组。下发《学习贯彻中央、省委和市委统战工作会议精神的工作方案》。将统战工作纳入全市宣传工作计划，将统战理论、政策、法规纳入市县两级党校（行政学院）、社会主义学院主体班、培训班的教学内容。下发《关于开展中央、省委、市委统战工作会议精神宣讲的通知》，成立宣讲组，由统战部部务会成员牵头，分别赴全市9个县（市）区和5区，66家市直单位（含人民团体），4家中央、省驻常德有关单位，11家市直统战系统单位，5家高等院校，1家科研院所进行中心组宣讲。开展学习贯彻习近平总书记“3•4”重要讲话精神工作。3月24日，组织全市统战系统领导干部、民建市委、市工商联领导班子成员以及非公有制经济代表人士共350人召开专题会议进行集中学习。

多党合作。加强非公有制经济人士法律培训服务，组织工商联会员参加全国工商联非公有制企业法律风险防范与管理培训活动。支持工商联与市检察院联合召开“依法保障和促进非公有制经济健康发展座谈会”。坚持市县两级联动，开展“访民企、办实事、强信心”活动，市县两级累计走访企业700多家，发放企业调研问卷1000多份，收集各类具体问题800多个，有效帮助解决一些具体问题。出台《中共常德市委2016年度政党协商计划》。召开2015年度民主党派参政议政专题调研成果汇报会并下发2016年度调研课题。召开全市社会组织统战工作试点现场观摩会，市本级增加两家试点单位。建立全市无党派人士信息库和网络意见人士、新媒体从业人员信息库。成功举办第二届常德市党外知识分子“科技创新 贡献常德”活动成果展表彰大会。指导市留学生联谊会完成换届工作。

维护民族宗教领域和谐稳定。制定2016年民族团结进步行动方案，指导桃源县青林回维乡和枫树维回乡开展建乡30周年庆典筹备工作。建立全市宗教界代表人士信息库，牵头做好市伊斯兰教协会领导班子人事安排工作。开展以“规范”为主题的和谐寺观教堂创建活动。修订完善统战与民宗部门工作协作机制。

统一战线宣传。强化对“常德统一战线网”和常德统战微信平台管理，加强与电视台、报社沟通衔接，扩大统战工作社会影响力。先后在《常德日报》开辟“统战·印象”专栏，刊发《2015年全市统战工作特色亮点》；设置专栏刊发各民主党派市委主委、市工商联主席、市知联会会长、市侨联主席学习统战系列会议精神心得体会。在常德电视台开辟《凝心聚力话统战》专栏，邀请各界别统战人士从不同角度阐释统战精髓要义，共在《常德新闻联播》中播放9期。

服务社会发展。牵头对口帮扶汉寿县贫困村唐家桥村，引导统战成员开展村企对接、致公党“微善风”、福建商会捐资助学等一系列活动，半年累计整合后盾单位帮扶资金和社会资金近100万元用于点村发展。12月1日，市委常委、统战部部长、市政府副市长陈华带队，率领市直统战系统一行在唐家桥村开展以捐资捐物、送医送药、技术讲座、文艺会演为主要内容的凝心聚力助扶贫主题活动。该村建档立卡的贫困人口已脱贫43户144人，占全村贫困人口一半以上。制定出台《常德市“万企帮万村”精准扶贫行动方案》，并在全省率先开展“千侨帮困·大爱常德”精准扶贫活动，成功争取到马来西亚星洲媒体集团、香港吴星可慈善基金会等海内外捐赠的款物共660万元。发挥工商界、港澳台海外侨界资源优势，开展“引老乡、回故乡、建家乡”活动，协助完成“德商恳谈会”相关工作，邀请美国华侨联合总会主席王铁夫、泰国湖南商会执行会长杜威逸、惠州台胞台属联谊会名誉会长李溪泉、台湾神农科技发展协会理事长廖树宏等一批知名人士到常德考察交流，并达成一系列投资意向。顺利引进湖南给力新能源集团到常德投资德山经济开发区集中供热供气、临澧电厂改造等项目，促成投资3亿元的常德污水处理中心项目成功落地。成功举办第十六届湖湘文化之旅“青春两岸行·桃花源牵手日月潭”两岸大学生交流活动，相关信息被收录中央内参。中央电视台《海峡两岸》栏目全年先后分两期报道常德对台工作经验。

队伍建设。市委统战部机关增设研究室，干部平均年龄下降到42岁，科长平均年龄下降到41岁。开展“两学一做”专题教育，先后完成三轮专题研讨。开展庆“七一”活动。开展“双周五”学习和“全市统战工作调研年”活动，结合工作实际深入开展调研。举办“道德讲堂”，开展一系列志愿者服务活动，推进“省级文明单位”创建工作。10月中旬，组织各民主党派市委新任副主委和市委委员共44名学员，在市社会主义学院召开全市多党合作理论研修班，进行为期一周的理论学习和研讨。11月上旬，组织区县（市）委常委、统战部部长、市直统战系统单位主要负责人、部分市工商联（总商会）副主席（副会长）共47名学员，在浙江大学举办统战理论研修班，在提高统战系统干部队伍能力水平的同时，进一步增强多党合作的政治共识。支持党外代表人士队伍加强自身建设。出台《全市党外代表人士“两学一助”学习教育工作方案》，召开动员会议进行专题部署。在全省党外代表人士“两学一助知识竞赛”活动中，常德市以平均分95.33分、1136人次答题数超额完成650人次答题目标，参与活动答题人数位列全省各市州第二。8月8日，组织常德市各民主党派成员、无党派人士共110人召开“两学一助”之“学系列讲话”专题辅导会；10月27日，举办常德市民主党派人士“两学一助”学习教育“学优良传统”主题演讲比赛。出台《2016—2020年常德市统一战线教育培训规划》。全年共举办4期党外代表人士教育培训班，累计培训350人次。结合各民主党派市委、市工商联换届工作，专门召开各民主党派新一届专（兼）职副主委座谈会，集中学习统战工作系列会议和习近平总书记系列重要讲话精神。组织已退出领导班子的主委、专（兼）职副主委开展谈心谈话活动。（刘双全）

市委统战工作会议

【常德市委统战工作会议召开】 2月29日，市委统战工作会议热烈召开，会议学习贯彻中央、省委统战工作会议精神，研究部署当前和今后一个时期全市统战工作。会议由市委副书记、市长周德睿主持。市委书记王群，市人大常委会党组书记、主任刘明，市政协党组书记、主席李爱国，市委常委、市委组织部部长、统战部部长雷绍业出席会议。会上，市委组织部、中共津市市委、桃源县委统战部主要负责人分别作典型发言。各区县（市）委书记、统战部部长，五小区党委（工委）书记、分管统战工作负责人，市直和中央、省驻常德有关单位党组织主要负责人，有关高校、科研院所和国有大中型企业党委书记，市委统战部、市直统战系统各单位全体机关干部，市级有关团体主要负责人约300人参加会议。（吴　名）

【常德市在全省率先完成各民主党派市委换届工作】 5月17—25日，常德市民主党派市级组织相继召开代表大会，在全省率先圆满完成民主党派市级组织换届。各民主党派常德市委新一届领导班子共35人，其中新提名19人，占54.3%；女性13名，占37.1%；具有高级职称11人，占31.4%；研究生及以上学历的11人，占31.4%；县处级或相当职级层次以上的19人，占54.3%；45岁以下14人，占40%。其中，5月17日，民盟常德市第七次代表大会召开，傅绍平当选为民盟市委主委。5月18日，致公党常德市第二次代表大会召开，杨成英当选为致公党市委主委。5月19日，民进常德市第七次代表大会召开，张力当选为民进市委主委。5月20日，九三学社常德市第六次代表大会召开，冉滨辰当选为九三学社市委主委。5月23日，民建常德市第七次代表大会召开，杨新辉当选为民建市委主委。5月24日，农工党常德市第七次代表大会召开，杨健全当选为农工党市委主委。5月25日，

民革常德市第七次代表大会召开，陈位明当选为民革市委主委。（吴　名）

【举办第二届党外知识分子“科技创新·贡献常德”活动成果展】 12月5日，常德市第二届党外知识分子“科技创新·贡献常德”活动成果展会议在常德国际大酒店召开。市委常委、统战部部长、市人民政府副市长陈华出席并讲话。各区县（市）委统战部、市县两级知联会，市直有关单位，有关高校、科研院所、企业负责人，新社会阶层代表、党外科技工作者代表共110余人参加会议。会上展示推介由党外知识分子主持或为主参与的科研项目15个，这些项目成果涉及工业、农业、教育、医疗、生物医药、环保节能等诸多方面，其中属于国际先进以上技术5项，属于国内先进以上技术8项，取得国家发明专利8个，取得国家实用新型专利8个。（吴　名）

机构编制工作

【概况】 2016年，市委编委办先后荣获全省编制系统信息调研和全市安全生产、综治、统战、信访、全面深化改革、商事制度改革、脱贫攻坚驻村帮扶、政府建议提案办理、公文处理、电子政务内网、法治政府建设先进单位等10多项荣誉，全市绩效评估被评为良好单位，继续保留省级文明单位荣誉称号。

行政审批制度改革。在承接上级下放事权同时，将市级18项非行政许可审批事项全部清零，非行政许可审批彻底终结。在省内率先公布涉企经营服务和行政审批前置收费目录清单，规定清单之外无收费，优化投资环境。配合相关部门推进商事制度改革，实行“先照后证”“五证合一”，激发市场主体活力，全市全年新增各类市场主体3.6万多户，增长率18.3%，企业从业人员增长56万人，增长率112%。在省内率先出台“审批事项事中事后监管清单”。在省内创新建立第三方评估机制纵深推进，在审改决策咨询、项目论证、流程优化、政策落地等方面更加注重专家参与、发挥其智囊和监督作用。会同相关部门大力推进行政审批标准化建设，初步建立过程可控、流程可查、责任可追流程体系，让“有权不能任性”落到实处。全市“两集中三到位”审批改革全面到位，实现“政务中心之外无审批”。中介服务事项得以清理规范，市重大投资项目审批“绿色通道”更加完善，扎实推进“互联网+审批”，推动部门智能化和精细化监管，公共服务水平全面提升。武陵区药监局建立食品药品电子监管平台，全面实现审批事项网上审批和集中办理，相比法定时限提速70%以上。桃源县全面优化审批流程，规范审批收费，行政审批整体提速50%以上。汉寿县出台《汉寿县工业招商引资项目“模拟审批”暂行办法》，编制《模拟审批综合服务指南》，大幅提升服务企业效能。安乡县制定出台“环境塑县”重大举措并严格落实，优化经济发展环境。

2016年10月25日上午，在国际大酒店召开全市综合行政执法体制改革工作推进会

重点领域改革。一是政府机构改革。市县两级完成所有涉改部门改革工作，市本级2016年7月完成评估，对评估中发现问题进行督导整改，初步建立机构改革决策—执行—评估—反馈长效机制，改革后各部门“三定”执行情况总体良好，机构设置和行政编制没有突破规定限额。二是综合执法改革。坚持大综合小综合两轮驱动、跨部门分领域双轨并行，通过专题研究、下发文件、召开会议、强化督导等，综合行政执法体制改革取得重大进展，一个部门、一个领域、一个区域一支队伍管执法改革模式已初具雏形。市县两级食品药品安全、卫生和计划生育、安全生产等部门内综合执法机构相继成立，城市管理、文化市场等领域内综合执法机构逐步完善。汉寿县西洞庭自然保护区、桃源县陬市镇等区域内综合执法大队运转步入正轨，开创省内率先整市推进新局面。三是乡镇机构改革。精准完成乡镇（街道）分类测算，规范全市乡镇国土规划建设、卫生计生监督等站所管理体制和运行机制。桃源县出台《桃源县乡镇事业站所和派驻机构管理办法》，促进乡镇事业站所及派驻机构充分履行职能职责。全市乡镇政府“三定”工作全面完成，创新性拟定下发《进一步转变乡镇政府职能建设服务型政府指导意见（试行）》。桃源县陬市镇全国经济发达镇改革试点在管理权限下放、乡镇机构设置、综合执法改革、服务平台建设等方面继续深化，开创陬市镇经济逆势高速增长，城镇建设提质扩容、服务对象高度认同良好局面，其改革经验受到省督导组好评。四是事业单位改革。在全面完成事业单位分类基础上，会同相关部门，对市直部分医疗卫生事业单位、学校、科研院所和环保系统等单位机构编制及时调整，促进公益类事业单位做大做强。推进公路、海事等行政类事业单位还政于政，并开展承担行

政职能情况再清理。推进市市政建设总公司转企改制。五是专项体制改革。在省内率先完善全市不动产登记组织体系构建和全市城乡居民医保整合。指导市直“五区”按要求组建食品药品工商质量监督管理局。按照“一区三园”构建模式和“一权两制一司”原则，积极参与常德高新区管理体制改革。完成全市法检两院机构编制上收配套工作。配合做好公车改革、公共资源交易体制改革、市城区农贸市场食用农产品快检有关机构编制事项和物资移交等其他管理体制改革工作。协同推进市纪委派驻机构改革和“两新”组织党建等领域体制改革等。

机构编制管理。积极争取省编办支持批复设置市委巡察办、市委两新工委、常德市专用通信局、市机关事务服务中心，同意常德市仲裁委秘书处、市不动产登记中心、安乡工业集中区管委会升格等。对扶贫机构和队伍建设、优化整合卫生计生服务资源等领域机构编制事项高度关切，重点保障。积极完善党政事业单位特殊职位、专业人才使用等办法，市直利用盘活编制全年引进高学历优秀人才106名。对区县（市）机关工委、城乡居民医保、不动产登记、人大政协相关机构等及时设立规范。通过将控编减编纳入区县（市）绩效目标考核内容、收回盘活职能弱化单位沉淀编制、开展“吃空饷”专项治理收回违规占编、积极推进政府购买服务控制编制增量等举措，促进控编减编有效落实，全市2016年在编人员比2015年减少2990名。在市本级贯彻落实“三个不批”审批原则，实行事业机构和编制“双限额”，实现机构编制只减不增。坚持编制使用计划管理，科学制定政策性安置人员编制使用中长期规划并坚持安置对象严格审查制度，严格执行公务员凡进必考和事业单位公开招聘制度。编外聘用人员计划管理举措继续完善，形成临时用工能进能出良好局面，市直单位全年清理并核减临时工计划3104名。探索建立市本级机关事业单位职能调整年度报告制度、老参管人员遗留问题部门会商机制、行政事业编制连人带编划转操作办法，既强化集中统一管理，又调动各方积极性。通过集中换发机构编制管理证、建立人员异动台账、做好机构编制数据库维护应用等，市本级构建证账库“三位一体”实名制体系。鼎城区建立“一编一岗，一岗一人，一人一卡”实名制管理模式。澧县出台《澧县推进政府购买服务工作方案》《澧县政府购买服务承接主体确定暂行办法》等5个文件，加大政府购买公共服务力度。石门县通过深入调查，严格核查，妥善按程序解决2002年乡镇站所改革分流447人遗留问题。安乡县修订完善编委会规则、机构编制审批规程、机关事业单位编制使用管理意见等政策文件和管理制度，促进管理规范化、法制化。全市中文域名注册全覆盖，在全省领先并获得中央编办域名管理中心肯定，其中武陵区、鼎城区、津市市、桃源县、汉寿县、安乡县、临澧县实现中文域名注册100%。选择部分市级公立医院推行总量控制、标准核定，分类管理，岗位聘用人员编制员额制管理模式，优化医院人力资源配置。县级所有非涉改单位副科级以上领导职数在清理基础上得以重新规范。按照“一清单、二名录、一细则”要求，落实事业单位法人登记抽查制度，实现事业单位登记监管机制标准化、精细化。石门县事业单位年检率超过97%，汉寿县机关、群团统一社会信用代码赋码工作完成70%以上。

自身建设。开展“两学一做”学习教育活动，开展“干部讲坛”“业务讲堂”及举办和参与培训，开展“荷花品格、梅花精神”演讲比赛，提升干部职业素养。全力推进精准扶贫，投入扶贫资金10多万元，安排专人驻村工作、开展干部结对帮扶，提升干部民本思想。全年在市级以上报纸杂志和网站上稿183篇。结合改革和管理难点，直接承接并完成省编办和市社科联重点课题各1个，参与省级以上课题3个，全市编制系统自选确定课题15个，形成一批有价值研究成果。强化内部督导管理，建立每月任务台账，坚持挂图作战、按图施工；推行清单工作法，采取月初晒任务、月底督落实和月点评、年考评等举措，形成压力传导机制，倒逼干部主动作为。档案管理水平提升，结合档案整理，将30年档案全部扫描实行电子化管理；启动市直所有行政事业单位1988年以来《机构编制史》编撰工作并形成超过200万字初稿。强化办公设施更新，先后投入15万元，通过政府采购对电脑等办公设备进行更新，提高办事效能。（何　斌）

政策研究工作

【概况】 2016年，市委政研室（市委改革办）获得全省“全面小康综合奖”、全省全面深化改革先进，荣获“全市绩效评估优秀单位”“省级文明标兵单位”等称号。

调查研究。市委政研室（市委改革办）全年实地调研20余次，完成《全面小康建设》《全面深化改革》《建设百万人口大城市》《加快县域经济发展》《智慧常德建设》《全面从严治党》等15个重要调研课题。参与起草市委经济会议报告、市第七次党代会报告等领导报告10余篇，协助省委政研室完成《补齐民生短板，促进社会公平》《全省高速公路调研报告》等调研文章。在县域经济发展、大城市建设等领域开展研究，形成《常德市县域经济发展分析》《阔步迈进大城市时代》等调研文章。接待宁夏回族自治区吴忠市、山东省泰安市、北京大学博士服务团、省委政研室等调研考察组，并协助完成调研任务。

全面小康。2016年度全面小康实现程度92.9%，同比提升4个百分点。对市本级达标18项监测指标确保实现不下滑。坚持“一项指标、一名领导、一个班子、一套方案、一抓到底”，聚焦重点指标精准施策，严格实行目标倒逼、时间倒排、责任到人。市委召开全市全面建成小康社会推进工作会议。对于市本级重点难点问题、重点区县（市），由市委领导督导调度，全年先后召开全面小康推进工作调度会、重点指标督办会、市直与区县对接协调会等10多次。对2016年年底考核全面小康指标实现程度和提升幅度均排在全省后4位市直责任单位，绩效评估为不合格；对实现程度和提升幅度考评排名均出现下滑区县

（市），实行绩效评估“一票否决”；凡是考核项目在省绩效考核中工作不力、排名靠后被扣分，在市绩效考核中对责任单位实行10倍扣分；凡是考核项目扣分达到指标分值50%及以上，责任单位绩效评估不得评为合格以上等次；凡是考核项目在全省排名倒数第一，责任单位领导班子（区县市为四大班子）扣发绩效奖金。

深化改革。供销合作社综合改革、乡镇区划调整、农村土地承包经营权确权登记颁证等改革在全省走在前列。武陵区农村集体资产股份制改革、石门县公立医院改革、汉寿县农村承包土地经营权抵押贷款试点等经验在全省推广。常德海绵城市建设被湖南省委深化改革领导小组会议肯定、《人民日报》头版推介。工业园区“一权两制一司”（“一权”，是指工业园区享有同级政府经济社会管理权限；“两制”，是指建立独立园区行政管理体制和独立园区财政体制；“一司”，是指园区组建独立经营开发公司）改革、城市建设管理“一改四化”（“一改四化”是指改革现行城市管理体制，实行运营市场化、管理网格化、作业精细化、考核标准化。）改革、房地产管理改革、完美社区建设等打造常德特色改革模式．津市绿色存折制度被中央改革办、中央电视台全国推介。2016年，市委改革办共牵头开展海绵城市建设、农村土地三权分置、城乡统筹等课题调研。开展全市优秀改革项目评选暨改革经验现场交流会。实行分类考核，按月通报，对全市改革项目实行台账管理。2016年全省全面深化改革工作绩效考核基分120分，常德是全省3个没有被扣分市州之一，并在全市绩效考核总分上加满5分，全省绩效考评排名第一。

办刊工作。全年出刊《常德通讯》12期，编稿200余篇、80余万字。结合全市工作重点，突出市委经济工作会议、园区攻坚推进会议、全面小康推进工作会议、全面深化改革领导小组会议等系列重要会议。精心策划“十二五”成就展、“两学一做”学习教育、学习贯彻市第七次党代会精神等重点栏目。紧扣市委中心工作，举办市第七次党代会特刊、商务工作专辑和园区攻坚专辑。联合市旅游外侨局推出“常德旅游”专栏，对壶瓶山、2016常德旅游节等旅游景点、活动进行介绍，推介常德旅游资源；推出“武陵春秋”专栏，推崇廉政、勤政、善政和即时致政古今官德范式。注重刊物设计排版，在内芯文稿加大图片配发力度。制定编辑部工程流程和月工作安排表，明晰工作流程节点，严格实行初审稿件、样稿。扩大特约摄影顾问队伍，扩大刊物图片素材收集渠道。保持与各单位联络员联系，加强约稿、调研、专题专栏稿件组织工作。保持和全国市级同类刊物交流，按时寄发交换刊物成果。

（程　风）

市政策研究室开展韶山工会活动

市直机关党的工作

【概况】 市直机关党建。一是抓好工委管理单位“两学一做”学习教育。下发提示5次，编印指导资料10多份，并将党员必读内容汇编成册，供基层党员学习参考，讲授党课10多次，为“两学一做”扎实开展起到表率作用。二是推动党建重点工作落实。先后召开3次部署推进会、工作交办会，重点抓实“7+2”党建重点工作。11月，抽调得力党务专干，由班子成员带队，对90个市直单位工作开展情况进行指导督查和交叉检查，发现问题立即交办，督促整顿。三是抓市直单位党组（党委）书记述党建活动。市直机关工委和市委组织部共同组织开展市直10个单位党组（党委）书记述党建活动，活动引起各方面重视，收到较好效果，达到集中教育、传导压力、强化责任目的。四是抓“机关基层党组织标准化建设”。22个党支部标准化建设试点工作全面完成，为全面推开党支部标准化建设奠定基础。五是抓绩效考核和机关作风建设。坚持把履职考核与绩效考核结合起来，重点对市直85个部门及其所属单位进行履职和绩效考核。制定下发《常德市直机关“纠四风，治陋习”专项整治工作实施方案》，明确各单位主要任务、工作步骤与时间要求。2016年，市直纪工委共受理市直单位科级及以下党员干部违纪案件移送审理36起36人，已审结29人，给予党纪政纪处分29人次。六是组织市直单位党代表会议。严格按照程序，顺利选举74名出席市第七次党代会代表，推选38名省第十一次党代会代表。七是探索“互联网+”机关党建路子。开通市直机关党建微信公众号，举办电视台专题节目，开设微信党课，讲共产党员微故事。八是做好日常党务工作。全年发展党员352名。加强对机关基层党组织换届的指导，全年共有50个基层党组织进行换届选举。做好党费收缴使用管理工作，进一步规范台账，做好党费收支公示。

服务中心工作。开展精准扶贫。到石门县雁池乡竹儿垭村进行扶贫帮困。先后3次深入到扶贫点，调查研究，制定方案，共帮扶5个特困农户，个人和单位共资助10万元。开展联系企业帮扶、“双联”活动。市直工委重点联系中亿实业、汉风集团，先后两次到企业调研，帮助企业解决资金和产品销售难题，给企业提出发展思路和建议，使企业发展路子进一步拓宽。开展联系社区活动。帮助鼎城社区解决实际困难，组织市司法局、接待处等单位，为鼎城社区筹资3万元，支持书香社区建设。组织机关参与文明创建活动。指导临澧县烽火乡综治民调工作。争取小城镇建设资金3万元。督导机关党员到社区报到并开展服务工作。

开展市直单位活动。全年共组织6次以上大的活动。一是抓党员发展对象集中培训活动，共培训190多名发展对象。二是抓党组织书记和党员代表培训活动。组织3期党员专题教育培训班，一场机关大讲堂，一期机关纪检干部培训班，全年共培训2200人。三是组织特色党建活动。“七一”前夕，举办“为共产党员点赞”新常德新创业党员故事宣讲活动，在庆祝建党95周年之际，市直工委共授予102名同志“优秀共产党员”荣誉称号、32名同志“优秀党务工作者”荣誉称号和51个党组织“先进基层党组织”荣誉称号。“七一”期间，共走访慰问生活困难党员、老党员50名。11月18—19日，组织第二届常德市“公仆杯”羽毛球赛；11月19日，组织市直机关干部职工4130名报名参加常德柳叶湖国际马拉松赛，并组织500名啦啦队员为比赛加油鼓劲。组织推荐市直单位2016年“感动十大人物”评选活动。四是抓群团活动开展。工会开展关爱困难家庭活动，摸清市直单位困难家庭底子，帮助解决困难职工家庭生产生活中的实际困难。妇委会积极开展争创“巾帼文明岗”和“最美家庭”等活动。五是开展关心下一代活动。市直单位积极开展“传承文明家风，争做美德少年”家教主题活动等，市直机关工委被评为“湖南省关心下一代工作先进集体”。

自身建设。认真组织开展“两学一做”专题教育。在中心组学习、政治理论辅导中及时传达部署党风廉政建设和反腐败工作精神，认真抓好党纪条规学习。坚持民主生活会制度、坚持“三会一课”制度，制定班子议事规则。“三公”经费进一步压缩。落实“两个责任”谈话制度。制定《市直工委落实党风廉政建设“两个责任”谈话制度实施方案》，明确工作目标和重点任务，提出具体要求。开展丰富多彩的支部活动和老干活动，参加市委机关党委组织的机关排球赛，召开高标准支部、党小组生活会。积极开展“慈善一日捐”无偿献血、“善德行”公益慈善活动、助残日等活动。承办全省市州机关党建工作经验交流会；推荐8名省级“雷锋式”人民公仆；积极参与全省党建知识竞赛，取得全省市州第二名。全年在《湖南机关党建》杂志、湖南机关党建网、《情况反映》等宣传媒体上稿26篇，参加在山东济宁举办的第27届全国城市机关党建工作经验交流会，常德市直机关工委获得第28届全国城市机关党建工作经验交流会承办权。 （江　洲）

【全省市州机关党建工作经验交流会】 2016年7月27—28日，全省市州机关党建工作经验交流会在常德市召开。会议期间，参会人员先后到国网常德供电公司、常德市烟草专卖局、常德市社会劳动保险处、常德电子政务办参观考察服务型党组织建设、学习型党组织建设、党支部标准化建设、互联网+常德机关党建等特色党建工作情况。（江　洲）

【召开中国共产党常德市直属单位代表会议】 2016年9月24日，中国共产党常德市直属单位代表会议在芷园宾馆召开。市委常委、市委秘书长、市直工委书记黄清宇出席会议并作重要讲话，市直工委常务副书记罗先友向大会报告筹备、代表产生和推荐出席市第七次党代会代表候选人情况，市直属单位239名代表参加会议并投票。会上，宣读《选举办法（草案）》，分组讨论《选举办法（草案）》，酝酿候选人。会议以举手表决方式，一致通过《选举办法》、监票人、总监票人名单。选举严格按照《中国共产党章程》和党内选举有关规定、批示，以无记名投票方式进行。依据《选举办法》分差额预选和等额正式选举两个步骤进行。预选时，代表候选人按照“各级党员领导干部、各方面专业技术人员、各类先进模范人物”进行分类差额预选。从91名候选人中，按照代表候选人多余应选名额23%差额比例要求，共选出出席市第七次党代会预选候选人74人。正式选举时，采取等额选举办法进行，万利等74名代表正式当选为市直单位出席市第七次党代会代表。 （江　洲）

【市直单位党组（党委）书记履行党建工作责任述职评议】 2016年11月22日，常德市直单位党组（党委）书记履行党建工作责任述职评议会议在柳叶湖管委会大会堂召开。市委副书记徐正宪出席会议并讲话。市委常委、组织部部长梁仲主持会议。市委常委、秘书长、市直工委书记罗先东现场点评。市畜牧兽医水产局党组书记、局长谢朝君，市食药监管局党组书记、局长朱文斌，市妇联党组书记、主席袁世平，市审计局党组书记、局长张克武，市司法局党组书记、局长、武陵监狱第一政委（兼）曾勇，市国土资源局党组书记、局长吴德新，市环保局党组书记关建锋，市国税局党组书记、局长李建伟，市交通运输局党组书记、局长向美华，市住建局党委书记、局长黄金陵等10位市直单位党组（党委）书记进行党建大会述职，其余党组（党委）书记进行书面述职。市直党代表刘贵初、张平珍、姜化，人大代表赵金秋，政协委员凌星、陈集亮等分别向述职人进行现场提问。市委常委、秘书长、市直工委书记罗先东分别对他们进行现场点评。会议对10名被评议对象当场进行测评，并宣布测评结果。

市直和中央、省驻常各单位党组（党委）书记、党组织负责人、市委组织部部务会成员及科室负责人、市直工委领

讲述“为共产党员点赞”党员微故事

导班子成员、部分市直机关“两代表一委员”、区县（市）直机关党（工）委书记170多人参加会议。（江　洲）

【举办庆祝建党95周年“为共产党员点赞”活动】 2016年6月29日，市直工委在白马湖文化馆剧场举办“为共产党员点赞”新常德新创业党员故事宣讲活动。市直和中央、省驻常德有关单位机关党组织负责人和党务工作者、党员代表近350人参加。

活动现场播放优秀共产党员代表杨道生、夏敏、符国强；优秀党务工作者代表郑智冰、李昌琳；先进基层党组织代表国网常德供电分公司壶瓶山党支部、市民政局救助站党支部、华南光电科技党支部等单位和个人先进事迹。受表彰代表走上舞台接受采访，现场畅谈如何加强党性锤炼、按照共产党员要求敬业爱岗无私奉献、充分发挥共产党员先锋模范作用，引领各项工作等心得体会。

会上，市直工委共授予102名同志“优秀共产党员”荣誉称号，张业勇等32名同志“优秀党务工作者”荣誉称号，中共常德市纪委监察局机关委员会等51个党组织“先进基层党组织”荣誉称号。（江　洲）

老干部工作

【概况】 2016年，市委老干部局荣获“全国老干部工作先进集体”称号，在全国正能量活动会议上作典型发言，承办全省正能量活动现场会。市老年大学创建成为全国老年大学示范校，市委老干局成功创建为省级文明单位。

发挥老干部正能量。引导老干部围绕新常德新创业主题，聚力新常德、点赞新风尚、添彩新生活。依托网宣平台发声，快速传播正能量。持续加强市老干部网宣协会门户网站——“正扬网”平台建设与扩容，引导老干部在人民网、新华网上开博客、建微博，向全国乃至世界推介常德经济社会发展成果。走进网格社区发力，就近展示正能量。首创开发使用“互联网＋老干部工作”社区网格管理平台，对老干部在社区居住分布及正能量活动开展情况实时跟踪和动态管理。引导老干部在社区网格“六员”（法治建设宣传员、社情民意联络员、文明新风倡导员、平安创建示范员、民主管理监督员、党员服务协理员）中认领“一员”作为自己主要服务岗位。加强网络组织发展，全员释放正能量。建立健全离退休干部党支部、老年大学和老年社团三位一体网络组织体系。600余名市老年大学志愿者走出校园开展“四送”助贫活动。全市1069个离退休干部党支部在4.5万名离退休干部党员中开展“服务在岗位、奉献在社会”等活动。市关工委、市老科协等老年社团带领全市3.2万名老干部会员在各行各业帮智出力、发光发热。

常德市老年大学送文化进社区志愿服务

老干部服务管理。建立老干部结对帮扶制度，采取“一联二”方式，市委老干局35名干部职工与70名孤寡、独居、空巢老干部及遗孀结成帮扶对子，定期上门送温暖、献爱心。建立厅级退休干部和离休干部健康档案，有针对性组织开展体检工作。开辟厅级退休干部和离休干部就医绿色通道，解决老干部看病难问题。以市委办、市政府办名义出台《进一步规范完善厅级离退休干部和老红军服务管理通知》，明确在职市级领导联系服务老干部相关职责。开通手机短信平台，坚持在春节、端午、中秋、重阳等传统节日为老干部本人、子女及单位老干专干、老干工作分管领导发送孝亲敬老提示短信，全年累计发送短信5万余条。加强对老年社团组织规范化服务管理，对市老科协等10大涉老组织实行集中管理、集中服务、集中活动、集中保障，严格落实《社团秘书长联系会》《工作月计划月调度》《拟请在职市领导参加活动归口上报》等制度。高度重视老干部信访工作，妥善解决其住房、养老等问题，全年共受理老干部信访47件，做到件件有答复、事事有回音。

落实老干部两项待遇。生活待遇方面，第一时间落实提高老红军高龄生活补贴标准、调整离退休人员基本养老金和进一步完善离休干部医药费保障机制等文件政策；坚持发展成果共享，最大限度地保障老干部与在职干部同步同标享受地方性津补贴、十三个月工资和绩效考核、文明创建、综治维稳先进单位奖励等福利待遇。对因灾致贫、因病返贫老干部，每年市财政预算安排50万元专项经费进行救助。政治待遇方面，每年围绕国际国内形势、最新前沿科技、反腐倡廉、健康保健等课题，聘请全国各地知名专家学者教授，为老干部进行集中辅导。积极落实市委书记王群指示精神，全年组织老干部开展参观一次江南风光带、游一次锦江公园、逛一次老西门、坐一次游船、过好一次重阳节、举办一次老干部看常德等“六个一”活动。市委、市政府在“三重一大”问题上，事先征求老干部意见，事中和老干部保持沟通，事后及时向老干部通报情况。市“五大家”主要领导出席老干部迎春座谈会，集体为老干部送上新春祝福，并向老干部通报全市经济社会发展情况。（裴　迅）

信访工作

【概况】 2016年，市本级受理群众来信来访件同比下降12.68%，其中，来信（含网信）同比上升40.91%；来访同比下降25.63%。群众到市上访大幅下降。到市上访总量同比批次、人次分别下降46%、54%；到市集访同比批次、人次分别下降31%、26%；到市非访同比批次人次分别下降43%、51%。进京非访登记人次明显下降，与2015年比下降30%。常德市及武陵区被评为2012年至2015年年底全省信访工作先进单位，津市市信访局原局长李力被评为全省“最美信访干部”，王旭等5人被评为全省信访工作先进个人。市信访局2016年被评为全省信访工作先进单位。市信访局接访二科科长杨希勇被评为全省“人民满意的公务员”。

基层基础建设。2016年，市委、市政府分别8次召开市委常委会、市政府常务会议听取工作汇报，研究信访工作。市信访工作联席会议召开4次全体会议，对重要敏感时期信访工作、突出信访问题进行部署和调度。市委书记王群亲笔写信给各个区县（市）委书记，对信访工作提出要求。党政领导阅批群众来信、接访下访、包案化解信访积案常态化，市级领导化解积案16件。开展基层基础强化年活动，加强对县级信访工作机构指导，严格落实领导干部接访下访、阅批来信、包案处理疑难信访问题等制度，减少信访上行。市委督查室、市政府督查室、市委政法委、市联席办对信访工作落实情况进行三轮督查，千案攻坚、网上信访、“三讲三创”等工作成效明显。同时加大追责力度，共行政拘留2人，治安警告6人，党内警告8人，行政警告5人，诫勉谈话8人，通报批评82人次。落实风险评估制度，预防大量涉稳矛盾。2016年，市信访局应该进行社会稳定风险评估重大事项共87件，实施风险评估87件，其中准予实施79件、暂缓实施8件，有效预防和化解突出涉稳隐患41起。

维护群众合法权益。不断提高初信初访办理质量，严格落实首办责任制，及时解决群众合理合法的诉求，减少信访上行。进一步规范联合接访工作，对进驻大厅工作部门实行动态管理，建立以责任部门牵头、相关部门参与会商制度，形成联调联办、齐抓共管工作格局。深入开展“千案攻坚”“百案攻紧”活动，按照“三个到位一个处理”要求化解信访积案，省里交办的31件信访积案已经全部按期化解，自行排查交办的102件积案，已经化解87件，化解率达85%，2016年11月底，根据信访工作面临的形势，又清理102件信访积案，已经化解45件。妥善处理各类热点问题，避免矛盾转化升级。一批突出信访问题得到及时解决，一系列医患纠纷、“僵尸企业”、非法集资等涉稳矛盾及时处理和回应，促进社会大局稳定。提前化解多起联动越级集体上访。

改革创新。进一步推进网上信访工作，完善“一网一微”服务平台建设。4月28日，开展“网上信访宣传日活动”，并在全市开展网上代理工作，鼓励群众“多上网、少上访”“让数据多跑路，让

开展部门领导到信访局坐班接访

群众少跑腿”，网上信访逐步成为信访主渠道，占比超过40%。8月31日，市委常委会学习研究《湖南省信访工作责任追究办法》，市信访局按常委会研究的意见，起草实施细则。加大对违法信访行为的处置力度，果断处理渣土车聚众滋事、转业士官联动进京上访、尿毒症患者堵门堵路等违法行为，依法拘留牵头人员，并对上述典型违法案例在媒体公开曝光，对违法上访行为形成有力威慑，推动依法逐级走访、依法分类处理信访问题等改革措施落实。全年全市共处理违法上访行为184件（次），行政拘留166人，刑事拘留6人。

服务发展大局。对全市重大改革、重大项目建设过程中出现的矛盾问题，各级信访部门始终站在一线，敢于面对，及时回应，妥善处理。常德市原省建宿舍棚改、出租车集体上访、交通体制改革、尿毒症患者要求提高报销比例等热点问题均及时得到解决。认真做好重要会议、重宾接待、敏感时段信访工作。在全国“两会”、中共十八届六中全会期间，以及省“两会”期间，均派出强有力接访劝返工作组，深入开展矛盾纠纷排查，及时劝返越级上访人员。2016年全国“两会”期间，常德市进京非访实现零登记，受到省联席办表彰。全年安排信访干部参与重宾接待安排值班43人次；全市重要会议、活动期间安排信访干部值班240多人次。省委巡视组在常德期间，在巡视组驻地设立信访接待室，做好上访群众疏导、劝解工作，及时处理群众合理诉求，避免信访问题上行。（王明浩）

党校工作

【概况】 贯彻会议精神。全国、全省党校工作会议召开后，向市委主要领导作汇报，市委常委会2次专题研究贯彻落实意见，并召开全市党校工作会议部署推动落实。调整新设马克思主义教研室、党史党建教研室，推动把区县（市）委常委会研究党校工作、区县（市）委领导到本级党校讲课分别纳入绩效考核和基层党建工作责任考核。中共十八届六中全会结束后，派出4批教师到中央党校、人民大学参加师资培训，及时把全会精神纳入主体班教学，并到机关单位和基层党校开展宣讲。市党代会结束后，第一时间与市电视台合作开设解读市党代会精神专栏，推动会议精神宣传贯彻。

全市党校工作会议

机关党建。开展“两学一做”学习教育。徐正宪、陈恢清、胡丘陵、梁仲、余湘文等市领导先后为全体教职员工和学员上专题党课，李娥皇、杨琦明、万传明、文春初等校领导多次为教职员工作专题辅导。校内开展“四讲四有”学习讨论，认真查摆问题不足，抓实专项整改和立规执纪，切实增强四个意识。党校1名中层骨干和3名工作人员被抽调全市“两学一做”学习教育协调小组，积极配合全市“两学一做”学习教育工作。严格执行党风廉政建设要求。落实“一岗双责”制度，坚持“三会一课”制度，健全民主评议党员和谈心谈话制度，实行党支部书记述职和重大事项报告制度。坚持“一把手”不直接分管人、财、物。落实纪检组长不分管业务工作。按照民主集中制原则规范和落实决策程序，认真执行党务、校务公开，严格控制“三公”经费，涉及单位基建和设备购置都按照要求进行公开招投标。加强教职员工日常管理。坚持用制度管人管事管物，制订内务管理制度、规范权力运行内部控制制度，形成覆盖全面的制度体系。坚持文明办公制度，办公室、人事处、监察室定期开展督导检查，对文明办公情况组织评比，对违反工作纪律现象及时批评教育，对违反廉洁自律情况严肃调查追责。开展进村入户精准扶贫。党校作为安乡县大湖口镇潭子口村（原岩桥村）帮扶工作队成员单位，积极参与村里基础建设、产业规划、项目扶持，与该村45户贫困家庭“结亲”帮扶，选派1名优秀青年教师作为工作队员驻村工作。对大湖口镇焦圻中学12名贫困中小学生开展爱心助学活动。

培训工作。全年开展各类培训共计4341人。其中：党校主体班15期725人，包括处干班3期、科干班4期、党性教育示范班2期、乡镇长班、市直单位机关纪委书记班、基层团干班、创新人才班、少数民族干部班、选调生班各1期；社会主义学院办班4期310人，包括乡镇街道领导班子党外干部培训班、全市多党合作理论研修班、全市新社会阶层人士培训班各1期，以及在浙江大学举办新时期统一战线代表人士理论研修班1期；部门和社会办班32期3306人。根据市委要求和基层需求，广泛开展校外宣讲和“送教下基层”活动，累计30场次3000多人。省委党校在职研究生常德学区毕业2个班124人，新招2个班111人，截至2016年年底在校共6个班308人。突出理论教育和党性教育培训重点，在课程安排上保证理论教育和党性教育两类课程占到教学总课时70%以上，其中，党性教育内容占到30%。在理论教育方面，重点突出经典原著、中国特色社会主义理论体系和习近平总书记系列讲话精神。坚持“新课招标，集体备课，统一试讲，领导把关，学员测评，定期听课”模式。市委副书记徐正宪2次到主体班听课，对教学进行把关并提出改进意见。在教学中广泛运用研讨式、案例式、体验式、现场式、访谈式、情景模拟式等不同教学方法。全年教学效果测评优秀率达到98%。在全省社会主义学院系统教学比赛中，2名参赛教师分别获得综合知识组一等奖和统战理论实践组二等奖，1名教师被评为明星教师，2堂课被评为精品课。围绕正学风这一目的，狠抓学员管理六个方面，即：开展入学教育、签订自律承诺、严格“四率”考核、结果每日公示、实行首例谈话、严肃监督追责。每期主体班都有组织部和党校共同派出干部教师全程跟班管理。探索推行周一升国旗仪式，中青班和选调生班学员出早操制度，校领导带领处室负责人每天值班督导检查。为保障课堂学习效果，在教室设置手机休息区，督促学员上课人与手机分离，进一步强化学习培训纪律。

咨政服务。创新开展科研组织服务。引进宏软图书管理系统，购置国内最先进的“歌德电子图书借阅机”和“歌德电子报刊机”，开通知网、读秀网等国内最先进的学术资源数据库。积极运用网络平台等载体发布科研信息，形成教、学、研一体化良性循环。全年共发表学术论文50多篇，出版学术专著2部，在各类学术会议上获奖30多项，完成省级课题8项，荣获全省社会主义学院优秀科研工作组织奖。主动发挥参谋智囊作用。始终将市情市策作为科研重要方向，围绕“一个中心、三个迈进，五个常德”发展战略，有的放矢搞好咨政服务。党校教师撰写的调研报告《加强河洑国家森林公园片区禁火管理的建议》被常德市第六届人民代表大会采纳，为绿色常德建设提供决策依据。受邀参与《常德市规划区内河流湖泊条例》专家咨询意见，被市人大常委会法工委采纳，为条例出台提供智库支撑。完成两个市级文化名城建设项目课题，为促进常德市文化名城建设，助推文化产业发展提供借鉴。积极推动新型智库建设。与市财政局联合，在党校设立PPP研究中心，党校经济学教研室主任高科入选国家发改委PPP专家库法律组成员（专家库全国共343人，其中法律组44人），是常德市唯一入选人员。与市委政研室、市人大研究室、市政府研究室、市社科联及湖南文理学院专家学者就新型智库平台建设进行研讨交流。

队伍建设。市委先后选派1名干部担任党校纪检组组长、1名干部担任图书馆馆长，加强校内领导班子和中层骨干力量。向市委推荐提拔副处级干部2人，校内提拔科级干部13人，有效改善干部梯次结构，促进干部成长。及时衔接，向市委推荐市委委员、人大代表、政协委员。积极承办全省党校行政学院教师系列职称工作会议，为改进全省党校行政学院系统教师职称评定建言献策，并向全省党校行政学院系列高级职称评委库推荐2名委员。全年推荐2名教师参评副教授，5名硕士研究生初任讲师，3名专业技术人员通过竞岗顺利晋升为专业技术六级和九级。认真做好全市党校行政学院系统中级职称评审工作，参评的4名区县（市）委党校教师全部通过评审。通过全省公务员考试录用1名公务员，通过全市人才引进招聘3名青年教师。全年选派专兼职教师及行政人员外出学习共30批次100多人次，选聘50多名省、市领导干部和专家学者担任客座教授。充分尊重教职员工利益诉求，密切关注教职员工思想动态，在开展思想政治工作中，做到“五必谈、五必访”。

校园建设。加快推进校园信息化建设，为每间学员宿舍配备电脑、电视，校园安防监控、有线电视、无线WiFi实现全覆盖。建设一卡通管理系统，与联通公司合作，开通使用蓝信移动工作平台，实现无纸化办公。学员楼客房服务、校内安全保卫、校园绿化卫生等服务均委托给专门物业公司进行管理，既避免自我管理管不到位难题，解决服务不专业问题，减轻财政供养负担。将新食堂委托给“一品佳”餐饮公司进行管理，教职员工和学员普遍反映较好。对学员楼进行2次集中维修，对校内两处山体滑坡安全隐患进行护坡加固，对原报告厅启动维修改造。为学员宿舍准备缓解颈椎病痛的健康记忆枕，要求食堂在安排伙食时荤素合理搭配，为每栋学员楼都添置晾衣架，每个学员房间配备30多本马列经典。校内各个场所都布置有马列文化、廉政文化、励志文化等书画作品和文化设施。（梁卓鑫）

【市社会主义学院教师参加全省教学比赛获佳绩】 2016年，在全省社会主义学院系统第二届教学比赛中，常德市社会主义学院唐贤健、周启立两位教师分别夺得综合组第一名和统战理论组第二名。

近年来，市委党校、市行政学院、市社会主义学院加大教学改革力度，涌现出一批全省明星教师和精品课程。继2014年在全省社会主义学院系统首届教学比赛中获得1个二等奖和1个三等奖、2015年在全省党校系统第十一届教学比赛中荣获2个一等奖后，2016年又再创佳绩，教学改革效果明显，一跃成为全省党校、市行政学院、市社会主义学院教学领域第一方阵领跑者。

（梁卓鑫）

接待工作

【概况】 2016年，全市接待系统共接待来常德各级领导和海内外嘉宾、客商2545批31025人次，其中市委市政府接待处接待736批8592人次，区县（市）接待处接待1809批22433人次。

配合市委、市政府等四大家领导和团体到北京、深圳、株洲等地学习考察、招商、引资，做好相关联络、协调和后勤服务等工作，并承担为市主要领导下区、县、乡（镇）检查、指导工作调派大型车辆任务，在时间和安全等方面，做到零失误。

支持和指导区、县（市）接待部门工作，通过检查、调研等形式，研究、探索接待工作转型和接待观念转变新路径，鼓励其从降低接待成本、简化接待程序原则出发，积极开辟招待所、机关食堂、快餐店等节约型接待基地。

（李炳辉）

档案工作

国际档案日民生档案工作座谈会

【概况】 2016年,市档案局荣获“全省档案工作先进单位”称号，综合排名第二。

档案年检年审。市档案局分类开展年检年审，首次将会计档案纳入重点范畴。2016年7—9月，市档案局组织对市直和中央、省驻常德及有关企业217家单位开展档案工作年检年审，其中现场检查47家，送检32家，集中检查113家，网上检查25家。档案年检年审情况通报全市。

规范业务指导。市档案局开展完美社区、美丽乡村档案工作试点，制发《常德市社区档案工作规范》。调研指导柳叶湖管理区档案工作，帮助制定《柳叶湖管理区档案管理办法》。制发《照片档案简易整理规程》。市县规范土地确权、精准扶贫档案工作。2016年7月，全省精准扶贫档案管理工作现场会在石门、桃源、汉寿召开。武陵区编印《完美社区档案工作必读》。桃源县出台《桃源县村级档案管理办法（试行）》，制定乡镇档案室和乡镇党员档案室建设标准。

培训与职称评审。市档案局2016年3月组织市直各单位归档动员培训，9月组织档案业务人员岗位培训，174名档案人员参加集中培训。市档案局及临澧档案局、澧县档案局、汉寿档案局分批集中开展现场操作培训。桃源开展乡镇、机关、社区档案人员岗位培训班。市档案局确认11名同志档案初级技术职务任职资格，3名同志档案中级专业技术职务任职资格。

法制宣传。2016年全市档案系统在省级及以上媒体上稿105篇（市本级发稿65篇，上稿19篇）。市档案局被授予中国档案报社“发行先进单位”荣誉称号。临澧县档案局业务法制股股长杨君辉被评为全省档案工作先进个人。市档案局编发《常德市重点民生档案查阅利用指南》，改版“常德档案信息网”作为“中国常德”政府门户网站子网站。市县二级组织开展“6·9”国际档案日系列宣传活动。市档案局召开全市民生档案工作座谈会，在《常德日报》开辟一期家庭建档专栏。7—8月，对市直44家单位开展行政执法检查，建立执法台账，下达执法检查反馈意见。

档案查阅利用。2016年，强化全市撤并转单位、细菌战、抗日战争等档案资料征集接收，编撰出版《常德抗日事典》。市档案馆征集细菌战档案资料173卷，并进行全文数字化，扫描28949页。桃源收集到有关宋教仁档案资料100余件。市档案馆全年接待查阅1247人次，桃源、澧县、津市接待查阅均超过3000人次。汉寿帅孟奇纪念馆被中央组织部授予“全国党性教育基地网上展馆”，津市红色收藏展览馆被授予市级“爱国主义教育基地”称号。

数字档案馆建设。市直利用数字档案馆馆室一体化系统在线归档用户已达128家，有政务内网单位已在网上在线归档。2016年市档案局完成数字化加工26694卷，扫描110万余页，完成第二期档案数字化加工任务，并对数字化加工数据及时备份。争取财政专项维护经费20万元，进行安全防护升级，购置相关设施设备。推进洞庭湖生态经济区专题档案资源数据库建设，制定《常德市洞庭湖生态经济区工作方案》，建立数据中心接收并集中统一管理有关数据。临澧财政投资180万元，津市财政投资140万元，汉寿财政投资66万元，石门财政投资50万元，购置相关设施设备，进行馆藏数字化建设。

（赵　凡）

【“三重”档案工作】 2016年，市档案局以两办名义制发《常德市“三重”档案管理办法》《“三重”档案归档范围表》。举办“三重”（重点工作、重要会议、重大活动）档案归档工作会议进行督促落实,加强对“三重”档案资料收集、整理、归档、移交及验收工作。全年共收集“三重”相关文件121件以及部分影片、录音带、磁带、光盘等声像档案资料。

（赵　凡）

【档案信息化纳入智慧城市建设】 2016年，市档案局提出数字共享平台建设中纸质档案数字化标准制定及共享平台数据安全意见，市政府将意见纳入数字共享平台建设方案。《常德市政府数据资源共享管理暂行办法》明确：档案部门负责制定政府数据资源归档相关制度和标准，指导电子档案归档工作，并参与制定数据资源安全管理制度。

（赵　凡）

党史工作

【概况】 2016年，市委党史办被评为全省党史工作先进单位、市级文明单位。参加全市“荷花品格，梅花精神”常德故事演讲比赛获三等奖。

党史宣传教育。开展“红军长征胜利80周年”系列纪念活动。陪同《湖南日报》记者赴桃源寻找红军在常德足迹，深度采访报道红军长征期间在常德活动情况。在全民国防教育日启动仪式上举办专题展览，市委党史办办派专人进行讲解，得到市委领导高度认可。为《常德日报》“纪念长征胜利80周年”系列文章提供大量史实资料。与老促会密切配合，8月25日，在《常德日报》上发表专版文章《老区精神耀千秋》。

党史联络。组织“四个一”活动（召开一次会议，开展一次调研，完成一个课题，组织一次活动）。2月初，组织召开党史联络组会议，总结2015年工作，部署2016年工作。9月，组织联络组老同志和市委党史办在职干部赴湘潭参观党史馆和彭德怀同志故居，开展踏访红色遗址，瞻仰伟人故里活动。11月，邀请党史联络组副组长以上成员参加全市“盘活红色资源，促进以史惠民”研讨活动。

（胡巧玲）

【《中国共产党常德历史（第三卷）》编撰正式启动】 2016年，先后两次组织相关人员前往省党研室及相关市州学习，制定编撰方案，并通过市委审批。6月，与市委党校合作搭建写作班子，制定写作提纲，开始资料征集工作。

（胡巧玲）

“红军长征胜利80周年“纪念活动

【“党史进校园”】 按照“四个一”（送一种党史刊物、办一次主题展览、讲一堂专题党课、组织一次征文比赛）要求，为市一中赠送《湘潮》每月200本、《武陵古今》每期100本、《常德年鉴》50本；3月，在市一中校门旁摆放“纪念红军长征胜利80周年”主题展板；5月，在市一中百年讲堂讲授题为“常德红色记忆”党课；6月，组织长征主题征文大赛。7月，与市委宣传部、市博物馆联合举办“辉煌壮丽史诗”——纪念建党95周年巡展，先后在市委机关、市一中、武警中队、德山监狱及市城区各大公园巡展。7月1日和2日，在《常德日报》头版发表建党95周年纪念文章。8月，应邀到市委党校主体班上讲授题为《红军长征永放光芒》党课。

（胡巧玲）

【“以史惠民”专题研讨】 2016年10月，到鼎城区、桃源县、临澧县、石门县等区县实地调研全市红色资源开发利用保护情况。11月15—16日，在桃源县召开全市“盘活红色资源，促进以史惠民”专题研讨会。会议邀请市党史联络组副组长以上成员参加，就如何盘活红色党史资源，加快推进红色旅游与传统观光游、乡村生态游、户外休闲游等深度融合，真正实现让民众既富脑袋又富口袋等方面问题进行深入探讨。会后，以“以史惠民”为专题向市委宣传部申报全市社科研究项目。　（胡巧玲）

常德市人民代表大会常务委员会

综　述

【概况】 审议监督工作。贯彻省委和省人大常委会有关精神，及时作出《关于调整常德市第六届人民代表大会换届时间的决定》。听取和审议市人民政府关于2015年市级决算（草案）报告，及时作出批准2015年市级决算决定；听取和审议市人民政府关于2016年市级预算调整方案（草案）报告，及时作出批准2016年市级预算调整方案决议。听取和审议宗教事务管理工作情况报告。听取和审议全市国民经济和社会发展计划执行情况的报告。听取和审议市人民政府关于城乡规划执行情况的报告。听取和审议市人民政府关于城建项目安排、城建资金计划执行、城建项目投资与建设、高铁建设等专项工作报告。听取和审议市人民政府关于全市环境保护工作情况报告。听取和审议行政审批制度改革、机构改革、机关养老保险制度改革等专项工作报告。听取和审议市人民政府关于防震减灾工作情况报告。听取和审议市人民政府关于市城市规划区河流湖泊污染防治工作情况报告。听取和审议市政府关于“引黄入常”、高铁建设、精准脱贫等工作情况报告。听取和审议市人民政府关于2016年市级部门预算（草案）编制情况报告。听取和审议市政府审计工作报告和被审计部门对审计查出问题整改情况报告，2016年综合整改到位率达到95.27%。听取和审议预算绩效管理、市级财政投资评审等情况报告。对农产品质量安全法开展执法检查；听取和审议贯彻执行《气象灾害防御条例》情况报告。2016年市人大常委会督促“两院”开展“两官”履职评议。市人大常委会听取“两院”关于推进公正司法、体制机制改革等工作情况报告。对市政府法制工作进行集中评议。对文体广新工作进行集中评议。依法将市人民政府规章纳入审查范围。跟踪督促人大决议决定执行和审议意见研究处理。出台《常德市人大常委会决议、决定执行和审议意见研究处理督办办法》，促进“一府两院”相关工作落实。

行使立法权。市人大常委会推进立法工作。坚持问题导向、坚持开门立法、坚持审慎立法做法，被全国人大和省人大常委会以简报形式向全国、全省推介。由常委会主任会议提请《常德市饮用水水源保护条例》于市六届人大常委会第27次会议表决并获全票通过。起草《常德市人民代表大会及其常务委员会制定地方性法规条例（草案）》，并已经常委会两次审议。由市政府提请《常德市城市内河湖泊保护条例》法规草案，已经常委会两次审议。开展《常德诗墙公园保护条例》《常德市城区农贸市场建设管理条例》等立法项目前期调研。

选举任免权。常委会根据法律规定，修订人事任免办法，形成“任前必须调查、任前必须考法、任前必须发言、任前必须表决，统一颁发任命书、统一宣誓就职、统一公开公示”等“四必须、三统一”人事任免程序，在全省率先开展由常委会任命、决定任命国家工作人员向宪法宣誓。全年共任免国家机关工作人员74人次，其中接受辞职4人次，决定任命8人次，任命19人次，免职43人次。

换届选举。全市依法选举产生新一届市人大代表481名、区县（市）人大代表2319名、乡镇人大代表8378名。常德市第六届人民代表大会第五次会议选举产生新一届市人大常委会、市人民政府领导班子成员和市中级人民法院院长、市人民检察院检察长。

人大代表履职。落实督办责任，建立常委会领导牵头督办、专委会分类督办和代表联络机构统筹督办工作机制。完善督办路径，选取10件左右事关经济发展、社会稳定和广大群众受益部分建议作为重点督办建议。通过跟踪督办、系统督办 、回头督办、百名代表评议督办等方式，形成办理合力。2016年，市人大代表共提出建议、批评和意见两百多件。组织开展国、省人大代表视察，邀请人大代表列席常委会会议，参加立法调研、工作视察、执法检查、专题调研、工作评议和旁听庭审等活动。健全完善《常德市人大常委会组成人员联系人大代表制度》。全面完成249个代表联系群众工作室建设任务。7月26—27日，全市人大换届选举业务培训班在华天大酒店开班。省人大常委会联工委主任王刚作

市人大常委会机关 2016 年建设“五型”机关动员大会

《依法依规做好县乡人大换届选举工作》专题业务辅导。12 月 9 日，市人大常委会组织新当选市七届人大代表开展为期一天学习培训。召开政情通报会议，寄送政务资料、人大刊物，编发市委、市政府重大决策和重要活动信息。出台《关于深化人大代表报告履职情况工作和实行人大代表履职公示的指导意见》，指导区县（市）人大常委会开展代表报告履职情况工作。

“五行”活动。“环保世纪行”坚持“生态常德、你我共建”，督促市政府开展大气污染防治、水污染防治行动。“农产品质量安全行”加强安全监管，推动品牌创建，关注人民群众“舌尖上的安全”,实现农产品质量安全“零”事故。“农民健康行”突出人民群众健康基本需求，督促市政府改善农村卫生状况，成功创建多个省级卫生镇、省级卫生村、市级卫生镇、市级卫生村。“民族团结进步行动”聚焦民族地区经济社会发展，督促市政府支持重点少数民族村基础设施建设，推进“启聪扶贫”工程。“司法公正常德行”围绕公平正义、公正司法，督促审务、检务、警务、狱务扩大公开领域，组织案件大评查、大走访活动，评议剖析典型案件，监督司法机关开展司法纠错；化解涉法涉诉信访积案。

机关建设。市人大开展集中学法、领导轮流上课、交流心得体会、举办诗书画影展等活动。召开人大制度理论研讨会议。改进人大宣传工作，充分发挥机关刊物《人大传真》、市人大门户网站等宣传阵地作用。完成《常德市人民代表大会志》编纂、出版工作。坚持推进常委会工作规范化。制定常委会决议、决定执行和审议意见研究处理督办办法，修订常委会党组议事规则、常委会议事规则和讨论决定重大事项规定等 3 项工作制度。建立信访救助专项资金，督促“一府两院”解决一批群众反映强烈实际问题。整合扶贫资源，给桃源县竹山村、兰坪村，安乡县潭子口村、同春村，临澧县水阁村，石门县十坪村，汉寿县木子树村，鼎城区正龙庵村等扶贫点村在修路架桥、环境整治、资源开发、产业培育等方面投入资金，改善贫困点村生产条件和生活面貌。组织区县（市）人大常委会办公室开展优质服务竞赛活动。2016 年，成功承办全省人大系统第二十二届“夕阳红”杯门球赛。组织开展“两学一做”学习教育。开展警示教育等活动，落实中央、省委、市委关于改进作风等系列规定。开展道德讲堂、争先创优、文体竞赛、志愿服务等活动。市人大常委会机关通过省级文明标兵单位考核验收。 （张纹浩）

【《常德市饮用水水源环境保护条例》成为常德市首部地方性法规】 2016 年，在公开征集立法计划项目建议时，根据修改后立法法赋予设区市地方立法权限的规定和常德客观实际，社会各界纷纷提出通过立法加强饮用水水源保护建议。经市人大常委会主任会议研究、市委审查并报省人大常委会同意，将《常德市饮用水水源环境保护条例》（以下简称《条例》）纳入 2016 年立法计划并列为首个立法项目。《条例》先后于 4 月 27—28 日、6 月 22—24 日、8 月 22—24 日、9 月 23 日四次经市人大常委会会议审议。9 月 23 日，市六届人大常委会第二十七次会议上全票表决通过《条例》。《条例》制定主要依据包括《中华人民共和国环境保护法》《中华人民共和国水污染防治法》《中华人民共和国水法》等法律法规，参考一些部门规章和规范性文件，以及外省市饮用水水源保护方面地方性法规。《条例》分为六章，共四十二条。

【重要会议】 1 月 9 日上午，市六届人大常委会召开第二十二次会议。市人大常委会主任刘明主持会议。会议听取市六届人大常委会代表资格审查委员会关于有关代表资格审查报告；听取和审议人民政府关于 2016 年市级部门预算（草案）编制情况的报告，听取市人大常委会预算工委关于 2016 年市级部门预算（草案）编制情况的调查报告；听取和审议市人民政府关于《常德市人大常委会关于 2015 年 1—9 月全市国民经济和社会发展计划执行情况报告的审议意见》研究处理情况报告，听取市人大财经委关于《常德市人大常委会关于 2015 年 1—9 月全市国民经济和社会发展计划执行情况报告的审议意见》研究处理情况评价报告；听取和审议常德市第六届人民代表大会第五次会议筹备工作情况的报告；听取和审议市六届人大五次会议议程（草案）、日程（草案）；审议市六届人大五次会议主席团、秘书长名单（草案），主席团常务主席名单（草案），副秘书长名单（草案），执行主席分组名单（草案）；通过市六届人大五次会议非主席团成员在主席台就座的有关人员名单（草案）；决定市六届人大五次会议列席人员名单（草案）；审议市六届人大五次会议补选办法（草案）；审议常德市人民代表大会常务委员会工作报告（审议稿）；表决有关人事事项，并举行市人大常委会任命人员向宪法宣誓仪式。市人大常委会副主任王孝山、肖燕芳、王先蒙、谭弘发，代理秘书长万利出席。市委常委、市人民政府副市长赵建国，市中级人民法院院长廖具之，市人民检察院检察长余湘文列席。

1月11—17日，常德市第六届人民代表大会第五次会议在市工人文化宫召开。会议应到代表479人，因事因病请假23人，暂停代表资格1人，实到455人。会议邀请部分离退休老同志列席开（闭）幕会。会议听取和审查常德市第六届人民代表大会常务委员会报告、常德市人民政府工作报告、常德市中级人民法院工作报告、常德市人民检察院工作报告，审查常德市国民经济和社会发展第十三个五年规划纲要（草案）报告、关于常德市2015年国民经济和社会发展计划执行情况与2016年国民经济和社会发展计划（草案）报告、关于常德市2015年预算执行情况和2016年全市及市级财政预算（草案）报告，并分别对这些报告作出决议。会议选举产生市第六届人大常委会副主任2名，市第六届人大常委会秘书长1名，市第六届人大常委会委员9名。罗少挟、戴君耀当选市第六届人大常委会副主任；万利当选市第六届人大常委会秘书长；丁大勋等9人当选市第六届人大常委会委员。会议决定设立常德市第六届人大法制委员会并通过其组成人员名单（草案）。

2月26日，常德市第六届人民代表大会常务委员会召开第二十三次会议。市人大常委会主任刘明主持会议。会议审议表决《常德市人大常委会关于调整常德市第六届人民代表大会换届时间的决定（草案）》；审议表决《常德市第六届人民代表大会第五次会议至第七届人民代表大会第一次会议期间常务委员会工作要点（草案）》；听取和审议市人民政府关于《常德市人大常委会关于我市非税收入征收管理情况报告的审议意见》《常德市人大常委会关于全市园区攻坚暨优化经济发展环境工作的视察意见》研究处理情况报告；听取和审议市人民政府关于《常德市人大常委会关于推进依法行政、建设法治政府工作情况报告的审议意见》研究处理情况报告，听取市中级人民法院、市人民检察院关于《常德市人大常委会关于推进公正司法、体制机制改革等工作情况报告的审议意见》研究处理情况报告；听取和审议市人民政府关于《常德市人大常委会关于我市工商行政管理工作的评议意见》《常德市人大常委会关于我市住房和城乡建设工作的评议意见》《常德市人大常委会关于我市畜牧兽医水产工作的评议意见》《常德市人大常委会关于我市经济和信息化工作的评议意见》研究处理情况的报告；审议表决《常德市人大常委会关于接受宋建民同志辞去湖南省第十二届人民代表大会代表职务的决定（草案）》。市人大常委会副主任王孝山、肖燕芳、王先蒙、谭弘发、戴君耀，秘书长万利出席。市委常委、市人民政府常务副市长朱水平，市委常委、市人民政府副市长赵建国列席。

3月28日上午，市人大常委会主任刘明在市人大常委会机关208会议室主持召开市六届人大常委会第十六次主任会议。会议听取和审议市人民政府关于农民健康行、民族团结进步行动、环保世纪行、农产品质量安全行以及市人大内司委关于司法公正常德行2015年活动开展情况和2016年活动方案报告，听取和审议市人民政府关于常德市酒类产业发展情况报告。市人大常委会副主任王孝山、王先蒙、谭弘发、戴君耀，秘书长万利出席。

4月27—28日，市六届人大常委会召开第二十四次会议。市人大常委会主任刘明、副主任王先蒙分别主持两次全体会议。会议审议市人大常委会主任会议关于提请《常德市饮用水水源保护条例（草案）》议案；听取和审议市人民政府关于2015年市本级城建项目和城建资金计划执行情况与2016年市本级城建项目计划安排（草案）情况报告；听取和审议市人民政府关于常德市环境保护工作情况报告；听取和审议市人民政府关于《常德市人大常委会关于计划生育“单独两孩”和城镇独生子女父母奖励政策落实情况报告的审议意见》《常德市人大常委会关于全市政府机构改革和行政审批制度改革工作情况报告的审议意见》《常德市人大常委会关于2016年市级部门预算（草案）编制情况报告的审议意见》研究处理情况的报告。会议审议表决有关人事事项。市人大常委会副主任王孝山、肖燕芳、王先蒙、谭弘发、戴君耀，市人大常委会秘书长万利出席。市委常委、市人民政府常务副市长朱水平，市中级人民法院院长廖具之，市人民检察院检察长余湘文列席。

5月23日上午，市人大常委会主任刘明在市人大常委会机关208会议室主持召开市六届人大常委会第十七次主任会议。会议听取和审议市人民政府关于2015年预算绩效管理工作情况报告。市人大常委会副主任王孝山、肖燕芳、谭弘发、戴君耀，秘书长万利出席。

6月22—24日，市六届人大常委会召开第二十五次会议。会议审议《常德市饮用水水源保护条例（草案）》（第二次）；审议市人民政府关于提请审议《常德市城市规划区河流湖泊保护条例（草案）》议案；听取和审议市人民政府关于2015年市级决算（草案）报告，听取和审议了市人民政府关于2015年市级预算执行和其他财政收支审计工作报告，审查批准2015年市级决算；听取和审议市人民政府关于防震救灾工作情况报告；听取和审议市人民政府关于《气象灾害防御条例》贯彻实施情况报告；听取和审议市人民政府、市中级人民法院关于《常德市人大常委会关于全市物业管理工作情况报告的审议意见》研究处理情况报告；听取和审议市人民政府关于《常德市人大常委会关于“一号议案”决议（城乡居民饮水安全）贯彻落实情况的视察意见》研究处理情况报告；审议表决《常德市人大常委会人事任免办法（修订草案）》；审议表决《常德市人大常委会决议、决定执行和审议意见研究处理督办办法（试行）（修订草案）》；审议表决有关人事事项。市人大常委会主任刘明、副主任谭弘发、戴君耀分别主持3次全体会议，副主任王孝山、肖燕芳、王先蒙，秘书长万利出席。市委常委、市人民政府常务副市长朱水平，市人民政府副市长沈习森，市人民政府副市长、市公安局局长胡丘陵，市人民政府副市长陈华、匡加才，市中级人民法院院长廖具之，市人民检察院检察长余湘文列席。

7月22日下午，市人大常委会主任

刘明在市人大常委会机关208会议室主持召开市六届人大常委会第十八次主任会议。会议听取和审议市人民政府关于机关事业单位养老保险制度改革落实情况的报告与市人大内司委关于全市短刑期罪犯减刑、假释及社区矫正工作情况调查报告。市人大常委会副主任王孝山、肖燕芳、王先蒙、戴君耀，秘书长万利出席。

7月26日，市委人大工作会议在市工人文化宫举行。市委副书记、市人民政府市长周德睿主持会议。市委书记王群出席并讲话。市委副书记徐正宪出席，市人大常委会主任刘明讲话。市领导李爱国、雷绍业、陈恢清、何英平、黄清宇、唐贵平、任晨，市人大常委会副主任出席。市委常委、市人民政府常务副市长朱水平，市中级人民法院院长廖具之、市人民检察院检察长余湘文分别发言。所有在家市级领导，市委、市人民政府相关工作部门主要负责同志，市人大常委会相关机构负责人；各县区委书记、人大常委会主任、乡镇党委书记、人大主席参加会议。会上，市委下发《中共常德市委关于加强和改进县乡人大工作的实施意见》。

8月22—24日，市六届人大常委会召开第二十六次会议。会议共举行四次全体会议，市人大常委会主任刘明，副主任王孝山、肖燕芳、王先蒙分别主持会议。会议审议《常德市饮用水水源保护条例（草案三次审议稿）》；审议市人大常委会主任会议关于提请审议《常德市人民代表大会及其常务委员会制定地方性法规条例（草案）》议案；听取和审议市人大常委会执法检查组关于检查《中华人民共和国农产品质量安全法》实施情况报告；对市人民政府文化体育广电新闻出版工作开展评议；对市人民政府教育、农委、民政、交通运输、水利、卫计委等部门办理人大代表建议工作进行评议；听取和审议市人民政府关于城乡规划执行情况报告；听取和审议市人民政府关于2016年1—7月国民经济和社会发展计划执行情况报告；听取和审议市人民政府关于2016年1—7月全市及市级预算执行情况报告；听取和审议市人民政府关于市城市规划区河流湖泊污染防治工作情况报告。会议审议表决有关人事事项。市人大常委会副主任谭弘发、戴君耀，秘书长万利出席。市委常委、市人民政府常务副市长朱水平，市委常委、市人民政府副市长提名人选任晨，市人民政府副市长朱晓平，市人民政府副市长、市公安局局长胡丘陵，市人民政府副市长陈华、匡加才，市中级人民法院院长廖具之，市人民检察院检察长余湘文列席。

9月21日下午，市人大常委会主任刘明在市人大常委会机关208会议室主持召开市六届人大常委会第十九次主任会议。会议听取市人民政府关于高铁建设工作进展情况、宗教事务管理工作情况和贯彻实施《中华人民共和国反恐怖主义法》情况报告以及市人大城环委关于《常德诗墙公园保护条例》立法前期调研情况报告、市人大财经委关于《常德市城区农贸市场建设管理条例》立法前期调研情况报告。市人大常委会副主任王孝山、肖燕芳、王先蒙、谭弘发、罗少挟、戴君耀，秘书长万利出席。市人民政府副市长、市公安局局长胡丘陵列席。

9月23日，市六届人大常委会召开第二十七次会议。市人大常委会主任刘明、副主任王孝山分别主持两次全体会议。会议审议通过《常德市饮用水水源保护条例（草案）》，这是常德市获地方立法权后，审议通过第一部地方性法规。会议听取和审议市中级人民法院、市人民检察院关于开展法官、检察官履职评议工作情况报告；审议表决有关人事事项等。市人大常委会副主任肖燕芳、王先蒙、谭弘发、罗少挟、戴君耀，秘书长万利出席。市委常委、市人民政府副市长任晨，市人民政府副市长朱晓平，市中级人民法院院长廖具之，市人民检察院检察长余湘文列席。

10月24—26日，市六届人大常委会召开第二十八次会议。会议审议《常德市城市规划区河流湖泊保护条例（草案二次审议稿）》；审议《常德市人民代表大会及其常务委员会制定地方性法规条例（草案二次审议稿）》；听取和审议市人民政府关于2016年市级预算调整方案（草案）报告，审查批准2016年市级预算调整方案；听取和审议市人民政府关于2015年市级预算执行和其他财政收支审计工作报告指出问题的整改与审议意见研究处理情况报告，听取市发改委、市财政局、市国土资源局、市环保局、市住建局、市旅游外侨局、市江北城防处、市疾控中心、市交警支队、市污水净化中心等部门关于2015年市级预算执行和其他财政收支的审计工作报告指出问题的整改情况报告；审计表决《常德市人大常委会关于召开常德市第七届人民代表大会第一次会议的决定（草案）》；听取市人民政府关于《常德市人大常委会关于我市环境保护工作情况报告的审议意见》研究处理情况报告；听取市人民政府关于《常德市人大常委会关于2015年市本级城建项目和城建资金计划执行情况与2016年市本级城建项目计划安排（草案）情况报告的审议意见》研究处理情况报告；审议表决有关人事事项。市人大常委会主任刘明，副主任谭弘发、戴君耀分别主持会议。市人大常委会副主任王孝山、肖燕芳、王先蒙，秘书长万利出席。市委常委、市人民政府常务副市长朱水平，市人民政府副市长朱晓平、沈习森、匡加才列席。

11月24日下午，市人大常委会主任刘明在市人大常委会机关208会议室主持召开市六届人大常委会第二十次主任会议。会议听取和审议市人民政府关于精准脱贫工作情况报告与《中华人民共和国精神卫生法》贯彻落实情况报告。市人大常委会副主任王孝山、肖燕芳、王先蒙、谭弘发，秘书长万利出席。市委常委、市人民政府副市长任晨列席。

12月6日下午，市六届人大常委会召开第二十九次会议，市人大常委会主任刘明主持会议。会议听取常德市第六届人民代表大会常务委员会代表资格审查委员会关于常德市第七届人民代表大会代表资格审查报告。截至2016年11月30日，全市9个区县（市）人民代表大会全面完成常德市第七届人民代表大会代表选举任务，共选举代表481名。会议听取和审议市人民政府关于黄石水库水资源综合利用工程情况报告；听取和审议市人民政府、市中级人民法院关于市六届人大五次会议代表建议办理情况报告；听取和审议市人民政府关于贯彻执行2016年度市人大常委会决议决定情况报告；听取和审议市人民政府关于《常德市人民代表大会常务委员会关于防震减灾工作情况报告的审议意见》《常德市人民代表大会常务委员会关于贯彻执行〈气象灾害防御条例情况报告的审议意见〉》《常德市人民代表大会常务委员会关于〈中华人民共和国农产品质量安全法〉执法检查情况报告的审议意见》（含执法检查报告）、《常德市人民代表大会常务委员会关于2016年1—7月全市国民经济和社会发展计划执行情况报告的审议意见》《常德市人民代表大会常务委员会关于2016年1—7月全市及市级预算执行情况报告的审议意见》和《常德市人民代表大会常务委员会关于城乡规划执行情况报告的审议意见》研究处理情况报告。会议审议表决有关人事事项。市人大常委会副主任王孝山、肖燕芳、王先蒙、谭弘发、戴君耀，秘书长万利出席。市委常委、宣传部部长、市人民政府副市长胡丘陵，市中级人民法院院长廖具之、市人民检察院检察长余湘文列席。

12月16日上午，市六届人大常委会第三十次会议在市人大常委会机关召开，市人大常委会主任刘明主持会议。会议听取和审议市人民政府关于2017年市级部门预算（草案）编制情况报告；听取和审议市七届人大一次会议筹备工作情况报告；审议市七届人大一次会议议程（草案）、日程（草案）；审议市七届人大一次会议相关人员名单（草案），其中包括主席团和秘书长名单、主席团常务主席名单、副秘书长名单、执行主席分组名单、非主席团成员在主席台就座人员名单、列席人员名单等；会议审议市七届人大一次会议选举办法和常委会工作报告（讨论稿），审议关于设立市七届人大一次会议计划和预算审查委员会决定（草案）及其组成人员名单（草案）；审议关于设立市七届人大一次会议议案审查委员会决定（草案）及其组成人员名单。会议表决有关人事事项。市人大常委会副主任王孝山、肖燕芳、王先蒙、谭弘发、戴君耀，秘书长万利出席，市委常委、市人民政府常务副市长朱水平，市中级人民法院院长廖具之，市人民检察院检察长余湘文列席。

（张纹浩）

【视察活动】 3月10日上午，市人大常委会主任刘明带队前往市城区永安、东江、站前、芷兰、穿紫河、白马湖派出所以及市巡特警基地、培训中心视察市城区公安派出所工程建设进展情况并召开调研督办会议。市人大常委会副主任谭弘发，市人民政府副市长、市公安局局长胡丘陵，市人大常委会秘书长万利陪同调研。

3月11日上午，市人大常委会主任刘明带领主任会议成员一行视察常益长高铁常德段常德站、德山站、汉寿站3个规划站场选址情况。市人大常委会副主任王孝山、肖燕芳、王先蒙、谭弘发，秘书长万利出席。常德经济技术开发区管委会原主任、市铁路建设指挥部指挥长向绪彦陪同。

4月8日下午，市人大常委会主任会议成员一行视察桃花源景区重点项目建设情况。市人大常委会主任刘明，副主任肖燕芳、王先蒙、戴君耀，秘书长万利出席。市委常委、市人民政府常务副市长朱水平陪同。

4月25日，市人大常委会主任会议视察市城区黑臭水体整治工作情况。市人大常委会主任刘明，市委常委、市人民政府副市长卢武福，市人大副主任王孝山、肖燕芳、王先蒙、谭弘发、罗少挟、戴君耀，市人大常委会秘书长万利参加视察或出席黑臭水体整治情况汇报会。

5月24日，市人大常委会主任刘明率主任会议成员一行，视察水污染28项问题整改工作，并听取有关部门汇报。市人大常委会副主任王孝山、戴君耀，秘书长万利参加视察或出席汇报会。市人民政府副市长沈习淼陪同。

7月28日，市人大常委会主任刘明带领主任会议成员一行视察全市湿地保护工作。市人大常委会副主任王孝山、王先蒙，秘书长万利出席。市委常委、市人民政府副市长（提名人选）任晨陪同。

8月9日，常德市人大常委会主任刘明率市人大常委会组成人员，赴石门县、澧县视察文物保护工作。市人大常委会副主任王孝山、肖燕芳、王先蒙、谭弘发、戴君耀，秘书长万利出席。

8月17日，市人大常委会主任刘明，副主任王孝山、肖燕芳、谭弘发，秘书长万利及市人大常委会相关委室负责人一行视察市城市规划区河流湖泊污染防治工作。市人民政府副市长胡丘陵陪同。

（张纹浩）

【执法检查】 7月6日下午，市人大常委会副主任王先蒙主持召开《中华人民共和国农产品质量安全法》执法检查前期准备工作调度会。

7月13日上午，市人大常委会召开《中华人民共和国农产品质量安全法》执法检查动员会。市人大常委会主任刘明出席，市人大常委会副主任王先蒙，市人民政府副市长朱晓平出席。市人大常委会副主任肖燕芳主持。

8月上中旬，市人大常委会主任会议成员带领执法检查组分别到9个区县（市）和常德经济技术开发区、柳叶湖旅游度假区、西湖管理区、西洞庭管理区、桃花源旅游管理区等地，开展《中华人民共和国农产品质量安全法》执法检查。

8月22—24日，市六届人大常委会召开第二十六次会议，听取和审议市人大常委会执法检查组关于检查《中华人民共和国农产品质量安全法》实施情况报告。

10月12日，全市农产品质量安全工作会议在市人大常委会机关601会议室召开。市人大常委会副主任王先蒙、市人民政府副市长朱晓平出席。

12月6日下午，市六届人大常委会召开第二十九次会议，听取和审议市人民政府关于《常德市人民代表大会常务委员会关于〈中华人民共和国农产品质量安全法〉执法检查情况报告的审议意见》（含执法检查报告）研究处理情况报告。（张纹浩）

常德市人民政府

综　述

【概况】 2016 年，常德市完成地区生产总值 2955.5 亿元，增长 8%，总量居全省第三；工业增加值 1135.5 亿元，增长 6.3%；固定资产投资 2011.8 亿元（含跨区 4.9 亿元），增长 14.6%；一般公共预算收入 226.6 亿元，增长 9%；城乡居民人均可支配收入分别达到 26532 元、12758 元，分别增长 8.2%、8.6%。

产业发展。推进新型工业化。完成工业园区基础建设投入 75 亿元，创建国家级高新区进入候批程序，津市工业集中区获批为省级高新区。大力推进“1115”工程建设，烟厂易地技改、中联重科起重机械等项目有力推进，中锂二期、昊晖光伏、晋煤金牛等项目建成投产，全市亿元企业达到 505 家，百亿产业达到 8 个，百亿园区达到 7 个。推进农业现代化。着力推进现代农业十大标志性工程建设，五个“双百亿”产业初步形成，大宗农产品生产保持稳定，新增农民合作社 674 个、家庭农场 1389 家、规模农产品加工企业 30 家，农产品加工销售收入突破千亿元大关。推进服务业提质。桃花源景区主体工程及其配套建设基本完成，老西门文化旅游街区开业，常德河街开盘，德国风情街开街，穿紫河水上观光旅游开航，华侨城卡乐世界开工，城头山遗址公园开园，万达广场、友阿广场、和瑞欢乐城等大型城市综合体建成营业，武陵阁步行城、桥南商圈完成改造升级；成功举办常德旅游节、常德柳叶湖国际马拉松赛。社会消费品零售总额迈上千亿元台阶。

城乡建设。提升城市功能品质。深入实施城市建设“三改四化”，迎宾大道、柳叶大道西延线、阳明大道建成通车，江南风光带建成开放，城市公交优先三年行动全面启动。扎实推进海绵城市建设，投入资金 20 多亿元，全面整治城市黑臭水体，实施海绵城市建设工程 76 个。市城区建成区面积扩大到 93 平方千米，人口增加到 90 万人，城镇化率提升到 49.3%，比 2012 年提升 6.3 个百分点。开展美丽乡村建设。建成省级美丽乡村示范村 14 个、市级美丽乡村示范村 57 个，新建改建农村公路 1053 千米，全市 100% 的行政村实现通水泥路。推进农村环境综合整治，大力实施农村垃圾治理、畜禽水产养殖污染治理、农村水源保护、农业面源污染治理，农村环境质量得到提升。

基础建设。交通建设，全年完成投资 95 亿元，新改建干线公路 151 千米，完成危旧桥改造 182 座，常安高速建成通车，黔张常铁路建设进展顺利，沅澧快速干线推进有力，319、207 国道市城区改线工程加快建设，德山港区和澧县戴家湾码头基本建成。水利建设，完成一线大堤除险加固 140 处、小型农田水利工程 3 万多处，防洪抗旱能力进一步增强。信息基础建设，依托云计算中心，加快构建数据资源共享平台，智慧城管、智能交通、数字防控、社会治理网格化管理等应用系统不断完善。

改善民生。开展教育卫生攻坚。改造农村薄弱学校 139 所，新建改扩建城区中小学 165 所，建成公办和普惠性民办幼儿园 68 所，常德技师学院新校区建成投入使用，提前实现“普及高中”目标；新建和改扩建医疗卫生项目 343 个，市第二人民医院和石门县、澧县、汉寿县人民医院创建成为三级医疗机构，被评为全国基层中医药工作先进市。推进脱贫攻坚。坚持驻村帮扶、结对帮扶全覆盖，确定兜底保障对象 2.7 万人，开工建设易地搬迁项目 59 个，年内实现 8 万人脱贫。促进社会就业。新增城镇就业 6.7 万人，新增农村劳动力转移就业 4.1 万人，新增创业主体 2.7 万户，五类保险新增参保 19.1 万人。加强环境保护。深入开展蓝天碧水净土行动、洞庭湖水环境综合治理五大专项行动，大气污染防治专项行动扎实推进，土壤污染综合治理进展顺利，“三山”保护工作全面启动，新造林 156 平方千米，全市森林覆盖率达到 47.98%，成功创建国家森林城市和全国绿化模范城市。创新社会治理。“3+N”社区治理模式和网格化治理机制全面推行，“3+X”农村社会创新治理试点范围不断扩大，安全生产和食品药品安全监管切实加强，一批信访问题得到有效化解，各类违法犯罪活动得到有力打击，平安建设成效明显。

改革开放。聚焦中央和省委部署的重大改革事项，完成新一轮政府机构改革，乡镇区划调整全面完成，土地确权登记颁证等工作进入全国先进行列，商事制度改革、不动产统一登记制度改革、投融资体制改革、医药卫生体制改革等取得明显成效，公车改革稳步推进。市里自主推进的工业园区体制改革稳步实施，“一权两制一司”运行体制基本形成，城市管理“一改四化”扎实推进，城市管理体制进一步理顺。扩大对外开放合作。引进内外资总额680亿元，实现进出口总额48.5亿元。盐关码头国家二类口岸完成升级改造，常德正式进入内陆口岸城市行列。突出承接对接和战略合作，先后与中国医药集团、中建五局、中国建材集团等战略投资者签订合作协议。

政务服务。推进简政放权。加强社会救助服务、公共资源交易、网上政务服务等平台建设，编制公布“三清单一目录”，取消、下放、合并市本级行政审批事项59项，做到清单之外无收费、目录之外无审批。提升依法行政水平。自觉在法治轨道开展政府工作，把公众参与、专家论证、风险评估、合法性审查、集体讨论决定作为政府决策的必经程序，建立实施重大行政决策听证、政府法律顾问、政府合同管理等制度，着力完善立法机制，扎实推进行政执法规范化建设。优化经济发展环境。大力整治中介服务环境、工程建设环境和办事服务环境，严厉打击涉企“三乱”、涉项“三强”、办事“三难”等行为。出台的《帮扶工业企业十条》被省推新办向全省转发，开展“千名领导干部服务千家企业”活动取得良好成效。扎实开展“两学一做”学习教育，严格落实改进作风各项规定，政风行风明显好转。（刘定勇）

【市政府六届三十八次常务会议】 2016年1月19日，市政府六届三十八次常务会议召开。会议听取市政府六届十次全体会议组织方案、2015年市政府工作要点完成情况和2016年市政府工作要点分解、2016年全市重点建设项目实施计划和责任制方案编制、全市依法行政工作、精神卫生综合管理试点工作、乡镇区划调整信访维稳工作情况汇报，审议《常德市人民政府办公室关于进一步推进市重点项目建设的实施意见（草案）》《常德市政府合同管理办法试行（草案）》《常德市政府法律顾问工作规则（草案）》《常德市行政诉讼应诉工作规定（草案）》《常德市人民政府关于公布第四批市级非物质文化遗产项目名录的通知(草案)》。市级领导周德睿、朱水平、赵建国、李辉忠、朱晓平、沈习淼、陈华、匡加才、李育智、向绪彦，市政府秘书长周代惠参加会议。（宋佳燕）

【市政府六届十次全会】 2016年1月22日，市政府六届十次全会召开。会议主题：贯彻落实省委、市委经济工作会议、市“两会”精神，进一步明确工作任务，严格工作要求，抓好工作开局，确保全面完成全年政府工作各项目标任务。市级领导周德睿、朱水平、卢武福、赵建国、谭弘发、朱晓平、沈习淼、胡丘陵、陈华、匡加才、肖朝进、吉荣华、向绪彦，市政府秘书长周代惠参加会议。（宋佳燕）

【市政府六届三十九次常务会议】 2016年2月22日，市政府六届三十九次常务会议召开。会议听取保利新城项目、2015年度新型工业化（园区攻坚）考核、“1115”工程政策兑现等考核奖励、常德市2016年园区攻坚工作方案、开展交通建设大会战实施方案、传达省委农村工作会议精神和整市推进美丽乡村建设行动计划、沅澧“两水四岸”综合整治原则方案、全市合乡并村、安全生产、常德经开区工作情况汇报，审议《常德市帮扶工业企业十条（草案）》《关于开展交通建设大会战的意见（草案）》《关于进一步巩固和深化完美社区建设的实施意见（草案）》《关于深入推进依法行政加快建设法治政府的实施意见(草案)》《关于加强社会治理网格化管理工作的意见（草案）》《关于做好政府购买棚改服务工作的通知（草案）》《常德市城乡居民大病保险实施方案（草案）》。市级领导周德睿、朱水平、卢武福、赵建国、李辉忠、朱晓平、沈习淼、胡丘陵、陈华、匡加才、黎建平、尹正锡、李育智、向绪彦，市政府秘书长周代惠参加会议。（宋佳燕）

【市政府六届四十次常务会议】 2016年3月24日，市政府六届四十次常务会议召开。会上举行市政府法制讲座，邀请省政府法制办主任陈雪楚主讲，集体学习《法治政府建设实施纲要（2015—2020年）》。会议听取公车改革方案编制、贯彻落实《国家发改委办公厅转发财政部关于取消、停征和整合部分政府性基金项目等有关问题的通知》、洞庭湖水环境综合治理五大专项行动、常德市生活垃圾焚烧发电项目技改续建工程、武陵区和柳叶湖旅游度假区参与城市建设管理实施方案、创建国家生态园林城市、信访工作情况汇报，审议《常德市机关事业单位工作人员养老保险制度改革实施方案（草案）》《太阳山、河洑山和德山生态环境保护管理规定（草案）》《常德市人民政府2016年立法计划（草案）》。市级领导周德睿、朱水平、赵建国、李辉忠、朱晓平、沈习淼、匡加才、黎建平、李育智、向绪彦，市政府秘书长周代惠参加会议。（宋佳燕）

【市政府六届四十一次常务会议】 2016年4月20日，市政府六届四十一次常务会议召开。会议听取常德市第七轮对口支援工作完成情况及第八轮工作安排、停止执行中间人融资政策、常德沅江过江隧道PPP项目实施方案、建设病死畜禽无害化处理体系、建设全市公路公安检查站、贯彻落实全省粮食工作会议精神、引进常德忠旺项目情况汇报。市级领导周德睿、朱水平、李辉忠、沈习淼、匡加才、李育智、向绪彦，市政府秘书长周代惠参加会议。（宋佳燕）

【市政府六届四十二次常务会议】 2016年5月24日，市政府六届四十二次常务会议召开。会议听取市管国有企业负责人薪酬制度改革、加快推进全市

“四十大”项目建设工作方案、推进常德市电动汽车充电基础设施建设、常德柳叶湖国际马拉松赛事、贯彻落实《湖南省出生缺陷防治办法》、桃花源古镇40万平方米配套用地情况汇报，审议《关于深化市管国有企业负责人薪酬制度改革的意见（草案）》《关于加快构建现代公共文化服务体系的实施意见（草案）》《常德市出生缺陷防治实施方案（草案）》《关于全面建立困难残疾人生活补贴和重度残疾人护理补贴制度的实施意见（草案）》《常德市城区河湖保护条例（草案）》《常德市政府数据资源共享管理暂行办法（草案）》《常德市贯彻落实〈水污染防治行动计划〉实施方案（201—2020年）（草案）》《关于加强国有投资房屋建筑和市政工程招标投标管理的通知（草案）》。市政府督查室书面汇报市政府常务会议议定工作落实情况。市级领导周德睿、朱水平、朱晓平、胡丘陵、陈华、向绪彦，市政府秘书长周代惠参加会议。（宋佳燕）

【市政府六届四十三次常务会议】 2016年6月22日，市政府六届四十三次常务会议召开。会议听取2015年度市本级预算执行和其他财政收支审计报告、统筹推进全市农村综合服务平台建设、市江北城区城东片区棚户区改造、市沅北水厂迁建选址方案情况汇报，审议《关于加快推进海绵城市建设的实施意见（草案）》《常德市乡村教师支持计划（2016—2020年）实施细则（草案）》《关于推进乡镇（街道）便民服务中心规范化建设的通知（草案）》。市政府督查室书面汇报市政府常务会议议定工作落实情况。市级领导周德睿、朱水平、李辉忠、朱晓平、胡丘陵、匡加才、黎建平、李育智、向绪彦，市政府秘书长周代惠参加会议。（宋佳燕）

【市政府第四十四次常务会议】 2016年7月28日，市政府第四十四次常务会议召开。会议听取省里对常德市车改方案批复情况及下一步车改工作、建设常德宜达公用型保税仓、2016常德旅游节总体方案、深化供销社综合改革情况汇报，审议《政府重大投资项目预防腐败工作实施方案（草案）》《常德市食品药品违法行为举报奖励办法（草案）》《常德市临时救助实施办法（草案）》《关于深化供销社综合改革的实施意见（草案）》《常德市农村饮水安全工程管理办法（试行）（草案）》。市级领导周德睿、朱水平、任晨、李辉忠、沈习淼、胡丘陵、陈华、匡加才、李育智、向绪彦，市政府秘书长周代惠参加会议。（宋佳燕）

【市政府六届四十五次常务会议】 2016年8月25日，市政府第四十五次常务会议召开。会议听取加快推进常德市地热能开发利用、常德市总体城市设计、安全生产、信访工作、行业协会商会与行政机关脱钩、沅澧“两水四岸”综合整治实施方案情况汇报，审议《关于进一步推进城镇棚户区改造工作的通知（草案）》《常德市城市桥梁管理办法（草案）》《常德市新建住宅供电设施建设与维护管理办法（试行）（草案）》《关于推进供给侧结构性改革的实施意见（草案）》《常德市城市公立医院综合改革试点方案（草案）》。市级领导周德睿、朱水平、任晨、李辉忠、朱晓平、胡丘陵、陈华、匡加才、杨新辉、黎建平、李育智、向绪彦，市政府秘书长周代惠参加会议。（宋佳燕）

【市政府六届四十六次常务会议】 2016年9月22日，市政府第四十六次常务会议召开。会议学习《中华人民共和国环境保护法》，听取2016年防汛抗灾工作、乡镇区划调整改革工作、常德市突发事件预警信息发布系统建设、常德市市本级基准地价更新调整、桃林路西延线道路设计方案、全市消防工作情况汇报，审议《关于推进综合行政执法体制改革工作的通知（草案）》《常德市人民政府制定地方性法规草案和政府规章办法（草案）》。市级领导周德睿、朱水平、任晨、朱晓平、胡丘陵、陈华、匡加才、向绪彦，市政府秘书长周代惠参加会议。（宋佳燕）

【市政府六届四十七次常务会议】 2016年11月9日，市政府六届四十七次常务会议召开。会议听取企业、机关事业单位（离）退休人员和城乡居民养老金调待暨机关事业单位工资调标、调整市城区公交票价、创建国家森林城市工作、关于明确西城新区物流园项目优惠政策、与中国医药集团总公司战略合作情况汇报，审议《常德市党政领导干部生态损害责任追究细则（试行）（草案）》《关于进一步加强物业管理工作的意见（草案）》《关于进一步加强和改进消防工作的实施意见（草案）》。市领导周德睿、朱水平、任晨、朱晓平、沈习淼、胡丘陵、陈华、匡加才、唐恒忠、曾艳阳、黎建平、向绪彦，市政府秘书长周代惠参加会议。（宋佳燕）

【市政府六届四十八次常务会议】 2016年12月7日，市政府六届四十八次常务会议召开。会议听取个别纪检监察案件、常德市天利置业有限公司用地、万金公墓出山道路及社会停车场建设情况汇报，审议《关于做大做强金融产业服务现代化区域中心城市建设的实施意见（草案）》《关于全面推进政务公开工作的实施意见（草案）》《整合建立统一的公共资源交易平台工作实施方案（草案）》《关于第一批清理规范66项市政府部门行政审批中介》。（宋佳燕）

【市政府六届十一次全会】 2016年12月19日，市政府六届十一次全会召开。会议就《政府工作报告》征求市直各部门主要负责同志的意见和建议。市领导周德睿、朱水平、任晨、朱晓平、沈习淼、胡丘陵、陈华、匡加才、曾艳阳、黎建平、向绪彦，市政府秘书长周代惠参加会议。（宋佳燕）

市政府办公室工作

【概况】 2016年，常德市人民政府办公室（简称市政府办）被评为全省政务公开工作、全省政务信息工作、全省民宗信息工作、湖南省“十佳”巾帼文明岗等10多项省市先进单位，30多位同志被评为省市各项工作先进个人，其中推荐立功嘉奖 23 人。

督办落实。加强督查督办，围绕市委、市政府重大决策、市政府工作要点、“三大战役”、重大项目建设，以及会议议定事项，强力督查督办，促进了政令畅通、工作落实。积极协助市政府领导抓好经济运行指标、园区攻坚、城市建设、环境保护等方面的调度协调，参与完成常德旅游节等全市大型活动的组织调度。加强联络工作，办理省、市建议提案 445 件，督办和反馈《社情民意》市政府领导批示件 26 期次，A 类建议提案解决率达到 22.9%，同比提高 10 个百分点。加强热线服务，对市民诉求处置强力督办落实，全年共受理有效诉求 10.8 万多件，一批民生问题得到有效解决，办结率和满意率均保持在 98% 以上。抓好脱贫帮扶，安排专门力量帮扶澧县火连坡镇柏樟村脱贫，完成各项投资 1063 万元，帮扶 30 户 59 名贫困人口脱贫。

参谋服务。加强文字服务，共起草各类文稿 200 多篇 150 多万字，在《人民日报》《湖南日报》等国家、省级报刊上发表领导署名文章 8 篇，政府工作报告等重要文稿获得很好反响。加强调查研究，供给侧结构性改革、口岸建设、幸福常德等课题调研成果进入领导决策，并以市委、市政府的名义出台《推进供给侧结构性改革实施意见》。加强决策咨询，积极邀请决策咨询专家列席市政府全会、市政府常务会议开展现场咨询，为领导决策提供高端咨询服务。加强信息服务，政务信息排名居全省各市（州）第二。同时，与市委办联合编辑《每日要情》，全年编发《每日要情》224 期，市领导批示 21 期次。

业务工作。推进金融业发展，全市新增贷款 202.2 亿元，农商行改制全面完成，8 家企业在新三板挂牌，股权交易中心建设和产业发展基金设立等工作进展顺利，防范处置非法集资综治考评全省排名第一。依法管理民族宗教事务，扎实开展民族团结进步创建活动，新增 1 个国家少数民族特色村寨和 1 个省级民族团结进步示范单位，《中国民族报》对常德民族工作进行报道；成功承办湖南省第四届道文化节，组织开展以“规范”为主题的和谐寺观教堂创建活动，指导市伊斯兰教协会顺利换届，妥善处理桃源县星德山星子宫权属纠纷，保持民族团结和社会和谐稳定。优化经济发展环境，以“优化企业环境服务年”为主题，集中整治中介服务、工程建设和办事服务环境，查处和曝光 8 起典型案件，产生强烈社会反响。加强公共资源交易监管，大力督促交易项目进场，交易平台整合取得突破，公共资源交易更加规范有序、高效透明。全面推进政务公开，在全省率先实行政务公开负面清单制度，《湖南日报》头版进行专门报道。

运转保障。提高办文办会质效，严控不必要发文，以市政府或市政府办名义发文同比减少 7%，市政府办审核发文会议通知减少 5%，重要会议、领导调研等活动组织做到规范有序、务实有效。加强应急值守，认真落实主办负责制、每日碰头制和办结销号制，杜绝工作疏漏，确保畅通有序。加强应急宣传和应急演练，牵头主办的全市“5·12”地震应急救援演练被国务院应急办、省政府网推介；妥善处置“11·18”桃源鞭炮火灾事故等一批突发事件，“3·26”常吉高速桃源段四氯化钛泄漏事故处置得到中央电视台正面报道。加强日常防控保卫和群访事件应对处置，维护机关正常工作和生活秩序。严格落实各项保密要求，没有发生失密泄密事件。加强信息技术工作，保障电子设备和网络正常运行，完成办公室网站改版升级。加强后勤服务工作，抓好机关食堂和物业管理，完成机关公车改革，机关工作和生活环境得到进一步优化。

推进改革。市政府办机构改革全面完成。同时，市政府办牵头承担的社会体制改革、供给侧结构性改革、行政审批制度改革等改革任务稳步扎实推进，得到了市委及改革办的充分肯定。

队伍建设。积极搭建平台，提升综合素质，加强选拔任用，提高办公室干部创新意识、改革意识、服务意识、团队意识。开展读书兴趣小组、体育兴趣小组和读书论坛活动；积极组织参加浙江大学综合素质提升培训、全市干部轮训、党的报告员培训、公共资源监督管理工作业务培训、民族工作业务培训等各类学习培训活动；积极组织开展“工、青、妇”活动，成功举办机关男子篮球赛、趣味运动会等活动，不断丰富机关文化生活。按照全面从严治党要求，严格落实“两个责任”，认真执行作风建设各项纪律规定，机关财务、公务接待、公务用车等方面管理进一步规范。（刘定勇）

发展和改革工作

【概况】 2016 年，市发改委获得全国价格认定机构先进单位、省级文明标兵单位、全省发改系统青年文明号集体、洞庭湖生态经济区建设先进单位、全市

2016 年 8 月 16 日，洞庭湖片区、湘南片区省重点建设项目协调推进会黔张常铁路常德段项目现场

绩效评估优秀单位等20多项荣誉，10多位同志被评为省市各项工作先进个人，其中推荐立功嘉奖27人。

重大项目。全年完成固定资产投资2006.9亿元、增长14.6%，增速稳居全省第二位。实行“一周一通报、一月一调度、一季一排名、半年一讲评、年度总考核”调度督查机制，先后组织4次全市性集中开工仪式，省政府洞庭湖片、湘南片重点项目推进现场会在常德市召开，500个重点工程完成投资1247.2亿元，超额完成年初目标任务。500个重大前期项目有218个具备开工条件，其中125个项目提前开工建设；策划开发项目548个，其中94个转为2017年重点工程。常益长高铁完成可研编制，襄常高铁启动前期研究，益常高速复线、宜张高速正在编制可研报告，松滋河航道正在开展前期论证。全年累计争取中央、省预算内投资和项目资金68亿元，连续6年位居全省前列；争取专项基金59.7亿元，发行企业债券27亿元、境外融资2.5亿美元，实现常德市境外直接融资零突破。引进战略投资者工作成效显著，成功发布首批38个重点PPP示范项目，沅澧快速干线4号大道、常德市地热能开发、阳明湖综合开发等项目顺利签约。

改革试点。公务用车改革基本完成，市直参改单位即将发放补贴（从2016年9月计发），县市（区）车改工作正在加快推进。省直管县经济体制改革试点平稳推进，印发《常德市支持省直管县经济体制改革试点工作实施方案》，试点工作在各领域同步展开。市城区公立医院医疗服务价格改革基本完成，印发《常德市城市公立医院综合改革试点医院医药价格改革工作方案》，市城区13家公立医院统一执行新的价格标准。津澧融城改革有序推进，积极开展津澧两地国家新型城镇化试点和国家中小城市综合改革试点，争取国家重点项目建设专项基金8.2亿元；社会信用体系建设全面推进，印发《2016年常德市社会信用体系建设工作要点》《常德市企业失信行为联合惩戒办法》，“信用常德”网站正式上线试运行。

协调服务。及时调整服务业领导小组成员单位，协助柳叶湖成功申报省级服务业示范集聚区，全年第三产业增长11.1%，高于GDP增速3.1个百分点，成为支撑经济发展关键动力。牵头开展水环境综合治理五大专项行动，重点清淤疏挖沟渠堰塘，整顿规范畜禽养殖，清理河湖沿岸垃圾，排查整治重点工业污染源；积极争取洞庭湖专项资金1820万元，支持汉寿、津市段23.2千米洞庭湖环湖公路建设。牵头抓好国家节能减排指标，先后开展合同能源管理试点、公共机构能源资源消费信息统计系统培训、用能单位能源审计等工作，按程序提高现行污水处理费征收标准，顺利完成节能年度考核任务。评选两型村庄、社区、乡镇等领域省级示范创建单位14家，组织申报生态文明体制改革创新案例3个，编制全市《两型社会建设评价报告》和《生态文明改革发展报告》。顺利完成省里下达的9350人计划搬迁任务。

调查研究。抓好对宏观经济运行监测分析，定期形成经济形势分析报告，为市委、市政府提供决策参考，代表市政府向市人大常委会报告1—7月全市国民经济和社会发展计划执行情况、2016年全市国民经济和社会发展计划执行情况与2017年国民经济和社会发展计划。编辑出版常德市“十三五”规划丛书，起草《“十三五”规划实施方案》，对5年全市经济社会发展目标、重大任务和重大项目进行细化分解，推动规划落地实施。完成《关于推进我市供给侧结构性改革的思考》《常德市加快迈进“大城市”时代调研》《关于坚持协调发展、建设健康常德的建议》《常德与宜昌、襄阳、岳阳三市对比分析研究》等一批重大课题调研，围绕西湖、西洞庭加快发展、“常桃”融合发展、临澧“一城五镇”、沅澧产城布局等重大战略，形成一批高质量调研成果，参政设谋作用得到较好发挥。

价格工作。2016年，全市居民消费价格涨幅控制在全省平均水平，物价水平总体稳定。做好“12358”价格举报投诉工作，市本级共受理价格政策咨询1338件、价格投诉182件、违法行为举报20件，查处价格违法案件73件，切实维护广大消费者和经营者合法权益。分四批取消、停征和降标52项涉企行政事业性收费和30项涉企经营服务性收费，四次下调大工业及一般工商业用电价格，累计年减轻企业负担约3.5亿元；全市统一取消行政事业性收费许可制度和服务价格登记制度，全面停止行政事业性收费和经营服务性收费年检年审。顺利按时完成医药价格改革，在13家城区公立医院取消药品销售差率，减轻患者负担8600多万元；进一步规范学校收费行为，会同市教育局对全市中小学校春、秋季收费执行情况进行全面督查。

铁路建设。2016年，全市铁路建设取得突破性进展，常德市成为国家《中长期铁路网规划（2016—2025年）》“八纵八横”（呼南通道、渝厦通道）交汇节点城市之一。前期工作方面，常益长高铁完成可研编制，襄常高铁启动前期研究。重点工程方面，在建的黔张常高铁（常德段）全年完成投资16.67亿元，已累计完成隧道总掘进20103米，桩基10063根，墩身浇筑1247个，铁路下涵洞5232横延米，T型梁预制完成579片，铺架237片，完成土石方828万立方米，共完成路基总工程量90%以上。石长铁路增建第二线工程建成通车。

（高世杰　陈泰旭）

重点工程

【概况】 2016年，全市实施重点建设项目500个，累计完成投资1247.2亿元，占年计划104%，占年度全市固定资产投资62.3%。

产业项目建设。坚持“工业强市，产业兴市”战略，共推动产业项目233个，完成投资602.5亿元。其中，投入75亿元建设标准化厂房160万平方米，烟厂异地技改、中联重科起重机械产业基地等支柱产业项目加快建设，中锂二期、力元新材料、昊晖光伏、武陵移动互联网创业园等新型工业化项目建成投产，友阿广场、万达广场、和瑞欢乐城等现代服务业项目开张营运，桃花源景区主体工程及配套建设基本完成，华侨城陆地公园建设工程等全域性旅游项目陆续开工，全市粮食产能建设工程、高标准农田建设工程、现代农业科技产业园等多个现代化农业项目按期竣工或加快推进。

基础设施建设。按照“强基础、稳投资、促发展”目标要求，共推动基础设施项目 197 个，完成投资 343.3 亿元。其中，黔张常铁路建设工程、沅澧快速干线建设工程及 G319、G207 城区改线工程等交通枢纽工程推进迅速，沅江隧道、市民之家、投融资服务中心等城建工程提前或按期开工，常德河街、德国风情街、穿紫河水上观光游览等特色工程先后开盘、开街、开航，常安高速、柳叶大道西延线、阳明大道等线路工程建成通车，酒泉—湖南 800 千伏特高压直流输电线路建设工程常德段全线架通。

民生项目建设。坚持“民生为重、民生为先”理念，共推动社会民生项目 70 个，完成投资 201.4 亿元。其中，投入 20 多亿元实施海绵城市建设工程，全面整治城市黑臭水体；投入 16.9 亿元推动医疗卫生项目 17 个，湘雅常德医院、汉寿妇幼保健医院扩建工程、津市人民医院外科大楼建设工程等均已完工；投入 30 多亿元实施教育攻坚项目 19 个，湖南幼儿师范高等专科学校新校区、常德技师学院新校区投入使用，常德财经职业技术学院新建工程全面启动，石门思源实验学校建设工程等 6 个建设项目提前竣工。

项目推进。对重点建设项目采取“一个项目、一名领导、一个班子、一套方案、一抓到底”的“一条鞭”责任机制，将重点建设任务分解到市级领导、相关部门和县市区。8 月 24 日，四大家主要领导召开全市重点建设调度推进会，对 30 多个重点项目集中调度；全年市政府领导主持召开有关项目建设常务会议、专题调度会议、现场办公会议 63 次，形成会议纪要 56 次。严格实行重大项目建设目标管理机制，进一步完善重大项目建设考核办法，组织全市范围集中督查活动 70 多次，其中，由市委、市政府督查室牵头督查 2 次，累计督查重点建设项目 400 多个，编发情况通报 3 期，公布区县市季度排名，倒逼各级各单位责任落实。每季度组织 1 次全市性重点建设集中开工仪式，每半年调度点评 1 次项目推进情况。在资金筹措上，发改系统争取上级投入 143.5 亿元，财政部门完成融资 190 亿元，保障重点项目建设资金来源和还本付息需求。积极运用引进战略投资者模式，召开专题新闻发布会，对外发布第一批 38 个引进战略投资者重大项目，总投资 1000 亿元以上，与中交集团、湖南建工集团、中铁十四局集团等 60 余家央企、省企和上市公司开展投资商洽，促成沅澧快速干线四号大道、常德地热能开发利用工程两个项目完成签约。市重点办联合市优化办、市公安局开展“重点项目走访排查月”“重点项目警企定点挂牌”“维护工程建设环境十佳满意单位评选”等系列优化服务活动，落实项目建设“十个严禁”。全市共发现扰乱工程建设环境问题线索 143 件，已办结 108 件；向纪检监察机关移送案件线索 3 件，公安部门拘留 36 人。通过加强与新闻媒体沟通，建立定期联系机制，畅通信息传播渠道。2016 年，市重点办在市级以上主要媒体累计刊发项目建设相关宣传报道 300 余篇（次），其中专栏信息 200 余篇（次）。《湖南日报》、新湖南客户端、湖南卫视、湖南经视、红网、中国网、新浪网、网易、搜狐、腾讯新闻等对常德市项目建设进行多次报道。编印《2016 年引进战略投资者重大项目投资指南》，成为吸引广大战略投资者了解常德，了解引进战略投资实施方案、流程、项目、环境并前来投资的便携手册。

2016 年 8 月 16 洞庭湖片区、湘南片区省重点建设项目协调推进会在常德召开

【重点项目集中开工】 2016 年，为营造项目推进浓厚氛围，常德市每季度组织 1 次全市性重点建设项目集中开工仪式，市四大家主要领导出席开工仪式，市委书记王群宣布项目开工。全年共开工项目 76 个，总投资达 178.6 亿元。

【洞庭湖、湘南片区重点建设项目推进会在常德市召开】 2016 年 8 月 16—17 日，省政府洞庭湖片区、湘南片区省重点建设项目协调推进会在常德市召开。市委副书记、市长周德睿在会上作经验介绍，得到省政府和省发改委、省重点办领导充分肯定。省委常委、常务副省长陈向群出席会议，表示“常德市的重点项目体现了加快建设的浓厚氛围，展现了生态城市的良好格局，显现了常德市委、市政府和全体干部真抓实干的勃勃生机”。（龚玉峰　刘司梦）

统计工作

【概况】 2016 年，常德市统计局荣获全市绩效考核优秀单位和综合治理优秀单位奖，通过市级文明标兵单位验收。

农业普查。2016年是第三次全国农业普查（以下简称“三农普”）实施之年。全市建立近2万人普查队伍，落实经费预算2300多万元，开展普查员、普查指导员培训200多场次。常德“三农普”工作得到省农普办肯定，多次在全省工作交流会上作经验发言。桃源县统计局数次接受省统计局“三农普”督导检查；鼎城区协助市局承办市级农业普查综合试点；安乡县农普办与县政府督查室联合开展“三农普”专项督查做法得到省统计局官方网站推介。

调查监测。全年全市统计系统顺利完成涉及30多个专业各项调查任务；完成全面小康统计监测、节能降耗考核、重点民生实事数据评估认定、政府绩效考核数据评估认定、妇女儿童事业发展规划纲要监测等考核监测任务；开展社会治安综合治理、区县（市）委书记抓基层党建等5个项目9次民意调查，全年累计完成调查样本26846个。

统计执法。3月，组织开展“数据造假、以数谋私”专项治理，6月，开展为期三个月数据质量隐患大排查。以纪念《中华人民共和国统计法》颁布33周年为契机，在《常德日报》发表专题署名文章，市统计局机关和武陵区统计局联合开展送法律到企业系列活动，组织新入规工业企业举办统计法规知识培训。全年共对315家企业进行重点检查，立案查处统计违法案件48件，结案48件；对鼎城区、石门县开展统计工作巡查，10月下发巡查意见书并通报有关情况，两地都及时反馈针对巡查意见提出明确整改措施。

统计服务。围绕全市经济社会发展热点、难点、重点问题，市统计局撰写各类统计分析90多篇，完成调研课题8个，刊发《经济社会发展报告》32期。桃源县统计局撰写大量分析材料，摸清全省40多个小康建设“二类县”基础数据，服务县域经济发展。市统计局编审统计信息400多篇，被国务院办公厅采用2篇，省统计局采用32篇，上报市委、市政府“两办”80多篇。改版升级《统计年鉴》《数据常德》《泛湘西北城市主要经济指标》等统计产品，全年发布数据指标5万多条。临澧县统计局新增内部资料《临澧数据》《统计专报》。为市委、市政府提供月度、季度经济分析28篇，提供年度报告、跨年度发展报告5篇。创新建立“常德统计之声”微信平台，改版常德统计信息网。3月，省统计局总统计师戴乐平带队对全市联网直报保障体系建设工作开展现场督查。市统计局提出烟草产业呈现“顶板效应”，“一烟独大”带来区域经济“跟跌不跟涨”观点，被省委书记徐守盛在常德考察调研座谈会上采用。全年召开基层单位培训会议22场，培训区县（市）和企事业单位统计人员2000多人次，组织统计继续教育培训1400多人；接待来电来访，接受市民各类咨询1000多人次，统计信息网访问量超过20万人次。

自身建设。2016年年初，市统计局对党组班子成员分工进行调整优化，优化科室、人员组合，提拔科长2名，副科长1名，轮岗交流科长3名，轮岗交流干部6名，面向全市两次选拔5名优秀公务员和优秀干部。全市有59个乡镇街道配备专职统计人员、单独办公场所，108个乡镇街道配备兼职统计人员、合署办公场所，具有大专及以上学历的统计人员占到近九成。澧县统计局完善县、乡两级统计信息网络管理系统和安全保密系统。开展廉政谈话和专题学习。开展“两学一做”学习教育，顺利完成“两学一做”4个专题学习讨论。创新开展比业务、创优秀，比奉献、创文明，比作风、创满意“三比三创”活动。12名科室业务骨干开展业务比武；党员干部“一对一”结对点村贫困户35户，帮助解决实际困难60多个，帮助协调引进项目资金1700多万元。市统计局服务业科科长、驻村帮扶工作队队长符志勇被评为“敬业奉献湖南好人”“全市最美扶贫人物”，综合科科长叶征鹏被评为“全市优秀共产党员”。（胡　稳）

价格工作

【概况】 2016年，全市居民消费价格涨幅控制在全省平均水平，物价水平总体稳定。

价格监督管理。保证“12358”价格投诉举报和网上诉求渠道畅通，及时受理、及时处理、及时回复。2016年，市本级共受理价格政策咨询1402件，价格投诉187件，违法行为举报20件，合计1609件，办结率98.49%。查处价格违法案件73件，退还3.43万元，罚款0.68万元，共实施经济制裁4.11万元。认真做好节假日和重大活动期间市场价格监管，确保节假日市场价格基本平稳，特别是在全市旅游节、国际马拉松赛等重

2016年9月18日，开展中秋国庆市场巡查现场

大活动期间，加强价格监管，未发生一起影响常德形象价格投诉事件。

优化经济环境。分4批取消、停征和降标52项涉企行政事业性收费和30项涉企经营服务性收费，4次下调大工业及一般工商业用电价格，累计年减轻企业负担约3.5亿元；全市统一取消行政事业性收费许可制度和服务价格登记制度，全面停止行政事业性收费和经营服务性收费年检年审。积极规范涉企收费，全年开展为期3个月的涉企收费专项调研与检查工作，成立18个检查小组，抽调55名检查人员，对环保、水利、人社、公安等10余部门140家涉企收费单位进行收费检查，查处涉嫌违价金额共计472万元，通过责令清退和规范价格行为共为群众和企业减负0.8亿元。

民生价格服务。顺利按时完成医药价格改革，在13家城区公立医院取消药品销售差率，减轻患者负担8600多万元。定期会同市教育局对全市中小学校春、秋季收费执行情况进行全面督查，在全省率先制定出台《常德市公办幼儿园收费标准》，进一步规范学校收费行为。为积极引导市民消费预期，平抑价格异常波动，在《常德日报》《常德晚报》等媒体，定期累计发布265期民生商品价格信息，保证居民"阳光消费"、理性消费。

（高世杰　陈泰旭）

民政工作

【概况】 2016年，常德市民政部门提前超额完成合乡并村、社会组织改革和重点民生实事项目。社区建设、养老服务、殡葬改革、优抚安置、流浪救助、"双带双促"等一批工作经验被民政部、省民政厅推介。成功创建全国双拥模范城，荣获全国殡葬工作先进集体、全省先进基层党组织等荣誉，市民政局在全省民政系统绩效考核中排名第一，连续4年被评为全市绩效考核先进单位，获得全市社会综合治理先进单位。全年争取上级资金16.3亿元，比2015年增加2亿元。

并村工作。2016年，全市建制村从3353个减少至1607个，减幅52%，超额完成省定任务24个，减幅居全省第2位。全市村平均人口由原来的1520人增加到2649人，其中5000人以上村18个，除石门、桃源山区外1000人以下村基本取消，为降低村级运转成本、扩大集体经济规模创造条件。在合乡工作中启动"一转四定"（即转变乡镇职能，定编制、定机构、定规划、定制度规矩），在并村工作中启动"一强两定"（建强村级工作班子、定村庄发展规划、定制度规矩），探索出乡镇区划调整改革常德模式。

社会组织管理。截至2016年年底，全市有社会组织2492家。加强社会组织管理，完成首批43家行业协会商会与行政机关脱钩试点，并探索出"4+2"工作方法，即在脱钩程序上，实行四步走：行业协会商会自清自查，自主提出脱钩申请；业务主管单位逐一核实并制定脱钩方案，做到"一会一方案"；相关职能部门制定具体操作办法，做到"一事一办法"；市脱钩联合工作组督促指导各项工作落实。在脱钩工作事后认定上，实行两结合：职能部门制定分项标准进行验收；市脱钩联合工作组聘请第三方评估机构进行综合评估，从而保证脱钩效果。

救灾减灾。2016年，全市共发生12次灾情，151.24万人次受灾，农作物受灾面积1403平方千米，倒塌房屋585户、1299间，造成直接经济损失15亿多元，各级民政部门共下拨救灾应急资金1146.4万元。加强防灾减灾能力建设，创建国家级综合减灾示范社区6个，省级综合减灾示范社区9个。在石门县、桃源县开展农房保险试点工作，其中石门县完成农房保险承保165080户、保费1815880元；桃源县完成238057户、保费2618627元。

社会福利和慈善事业。养老服务加速发展。各区县市相继出台加快养老服务业发展实施意见，加快养老项目建设，新增养老床位1717张，超额完成省重点民生实事任务297张，超额率达21%。开展精准扶贫助学行动，全市通过慈善募捐等形式共筹措资金793.9万元，资助贫困大学生1957名，首次实现贫困家庭全覆盖。6月3日，市政府出台《常德市人民政府关于全面建立困难残疾人生活补贴和重度残疾人护理补贴制度的实施意见》（常政发〔2016〕10号），全年发放残疾人"两项补贴"12.38万人次、7156万元。

双拥优抚安置。历时三年，市城区成功创建全国双拥模范城；澧县、石门县成功创建全省双拥模范县；市本级完成烈士公园建设，全市烈士纪念设施实现全覆盖。全面落实优抚政策，发放各类优抚抚恤补助3.57亿元。全市共免费培训2015年退役士兵2541人。加强"退役军人之家"建设，对全市10个示范点发放奖励资金11万元。组织开展"优秀退伍军人"和"优秀军嫂"推荐评选活动，武陵区三级残疾退伍军人田工被评为"全省优秀退伍军人"，鼎城区民政局干部姚群和石门县壶瓶山镇中岭村支部书记徐正绒被评为"全省优秀军嫂"。

专项社会事务管理。殡葬改革深入推进。2016年，全市共投入2亿多元新建、改建一批殡葬服务设施；继续开展"三禁止、两规范、一打击"殡葬秩序专项整治行动，全市殡葬秩序进一步好转；积极推进绿色殡葬、人文殡葬，全市生态节地安葬比例达到45.5%。发行福利彩票6.7亿元，发行规模稳居全省第二。婚姻登记机关标准化建设积极推进，桃源县、临澧县、澧县成功创建国家AAA级婚姻登记机关。加大流浪乞讨人员立体救助力度，救助各类流浪乞讨人员1.2万人次。创新农村留守儿童关爱、困境未成年人保护工作，全省未成年人（留守儿童）关爱保护工作推进会在常德市召开。

（曹吉飞　王继辉）

【完美社区建设】 2016年，完成项目建设168个，其中街道公共服务用房14个、社区公共服务用房129个、派出所16个、普惠性幼儿园3个、街道卫生计生服务中心6个。5月24日，以市委办、市政府办名义出台《关于进一步深化完美社区建设的实施意见》（常办发〔2016〕8号），就完善"3+N"社区治理体系、创新社区治理方式、增强社区服务能力、强化保障措施等4个方面提出15点具体意见。进一步完善网格划分，全市专、兼职网格管理员达到8742名。推进“365”社会治理信息平台和“1314”完美社区服务信息平台建设，建成市、区县市、街道（乡镇）、社区四级联网的社区网格化综合服务管理信息平台。广泛开展“我的社区我的家”“我的社区我奉献”“我的社区我做主”三大主题活动，进一步提高居民自治意识、社区自治水平。民政部开展常德完美社区建设专题调研，对常德市社区治理标准化建设、现代化治理和人性化服务给予高度评价。9月8日上午，全市完美社区建设阶段性工作总结会在柳叶湖召开，市委书记王群，市委副书记、市长周德睿，市人大常委会主任刘明，市政协主席李爱国，市委常委、常务副市长朱水平，市委常委、市委秘书长黄清宇，副市长朱晓平，副市长、市公安局局长胡丘陵，市政协副主席傅绍平出席会议。自2014年以来，全市累计投入近10亿元用于社区硬件建设，完成项目建设530个。

（曹吉飞　王继辉）

【“精准扶贫·点燃希望”民政助学活动】 2016年7月10日，“精准扶贫·点燃希望”民政助学公益项目正式启动，全市所有2016年考入大专以上院校城乡低保户、重病重残户和因突发性自然灾害造成经济贫困家庭学生，都可获得一次性兜底救助。8月27日晚，“精准扶贫·点燃希望”2016年度民政助学公益活动助学金发放仪式在丁玲公园举行。市委副书记徐正宪，省人大常委会委员、省人大法制委员会副主任委员、市慈善总会会长曹儒国，市人大常委会副主任谭弘发，副市长朱晓平，市政协副主席陈位明，常德军分区政治部主任吉荣华等出席现场活动。全市共筹资790万元，资助寒门学子1957名。

（曹吉飞　王继辉）

【烈士公园揭幕暨2016年烈士纪念日公祭活动】 2016年9月30日，在常德烈士公园举行全国第三个烈士纪念日公祭活动。新一届市委常委、市人大常委会主任、市政协主席、驻常德部队官兵代表、市政法系统代表、学校师生代表、烈士家属（父母）代表、社会各界代表、群众代表等300余人参加。市委副书记、市长周德睿主持公祭活动。常德烈士公园位于柳叶湖白鹤镇万金公墓旁，占地约2万平方米，于2015年11月正式动工，主体工程已全部完成，主要建有烈士纪念碑、烈士纪念馆、无名烈士亭、英烈长廊和生态公厕。从1840年鸦片战争至2016年年底，常德市有名有姓烈士共6239人，无名烈士2000多名。

（曹吉飞　王继辉）

【常德市成功创建全国双拥模范城】 2016年7月29日，全国双拥模范城（县）命名暨双拥模范单位和个人表彰大会在北京召开，常德市被全国双拥工作领导小组、民政部、中央军委政治工作部授予“全国双拥模范城”荣誉称号。

一直以来，历届常德市委市政府都高度重视双拥工作。健全机制。调整充实市双拥工作领导小组，由常务副市长任组长，市人大常委会、市政府、市政协、常德军分区分管领导任副组长，47个市直部门主要负责人为成员，形成党政军领导挂帅、各级各部门各司其职工作格局。将双拥工作纳入全市经济社会发展总体规划，纳入领导干部绩效考核范围，纳入国民教育及部队教育规划；对双拥工作优先议定、经费编制优先保障、涉军问题优先解决。将领导机构向乡镇（街道）延伸，确保双拥领导机构不留空白。以“两新组织”党建工作为抓手，注重引导“两新组织”参与双拥共建活动，全市“两新组织”与驻常部队结成军民共建对子12个。落实政策。建立健全优抚对象抚恤补助标准自然增长机制，将残疾军人、“三属”、在乡复员军人等各类优抚对象全部纳入自然增长补助范围。2011—2014年，全市共发放抚恤补助资金近10亿元。建立优抚对象医疗保障制度，优抚对象看病难问题得到有效缓解。严格按照政策兑现义务兵家属优待金标准和现役义务兵军功奖励。不断拓宽安置渠道，政策性安置率达到100%，做到军队、地方和安置对象“三满意”。出台《关于鼓励退役军人自主创业的意见》等系列文件，全市共扶持退役军人兴办各类实体3600多个，协调引进项目520个，减免税收5200多万元；免费培训退役军人10000多人，为退役士兵联系推荐工作5000多人次；建立退役军人创业扶持奖励基金，市本级每年拿出200万元，各区县（市）每年拿出不少于50万元对退役军人创业进行扶持。打造品牌。市委、市政府先后出台《关于在退役军人中深入开展“双带双促”活动意见》《关于深化退役军人“双带双促”活动的通知》等10多个文件，共帮助3500多名退役军人创业致富，退役军人创办各类企业679家，年创产值近16亿元，涌现李元成、陈国丙、张栋成、史开申等一大批先进典型，打造“双带双促”活动品牌，

2016年8月27日，常德市举行“精准扶贫 点燃希望”民政助学公益慈善晚会

得到广大退役军人认可，引起湖南省委、省政府及有关新闻媒体高度关注。

（曹吉飞　王继辉）

【全省未成年人（留守儿童）关爱保护工作推进会】 2016年12月12日，全省未成年人（留守儿童）关爱保护工作推进会在常德市召开。省民政厅副厅长陈慈英出席会议并讲话，市人民政府副市长朱晓平到会并致辞，市民政局局长龚美爱在会上做《推行“三化”救助，实施精准服务》经验交流发言。

常德市共有农村留守儿童69325人。近年来，常德市不断探索农村留守儿童、困境未成年人保护工作机制、优化服务体系、破解现实难题，未成年人保护工作被纳入全国未成年人保护首批试点，常德市救助管理站被评为全国社会工作示范单位。建立由分管副市长为召集人，25个市直部门参与的常德市农村留守儿童关爱保护联席会议机制。市救助站成立专业化程度较高的未成年人社会保护中心，专题组织开展未成年人关爱保护工作。出台《常德市人民政府办公室关于印发〈常德市关于加强农村留守儿童关爱保护工作实施方案〉的通知》，建立农村留守儿童关爱保护体系。民政、公安、教育等部门联合出台系列文件，在街面救助、寻亲服务、医疗救助、校园监护等领域取得实质性突破，建立起街面联动救助、流浪乞讨人员DNA数据采集与信息比对、身份快速查询、定点医疗救助、未成年人学校源头监测预防等较为成熟的部门协作机制，形成民政牵头、部门联动、各司其职良性工作格局。从2013年开始，先后围绕长期寻址不着流浪乞讨人员机构托养、医疗安置、站内安保、未成年人保护、心理咨询、技能培训等方面由政府出资购买社工服务。将救助保护网格化管理光纤系统接入数字常德主干网，实行城区街面24小时全域可视化网格巡查，扫除救助工作盲区。建立集热线接听、受理、转介、跟踪等多功能于一体的未成年人（农村留守儿童）社会保护热线服务平台，并升级成为“12345”市长热线子平台，对各类困境未成年人求助申请实行24小时转介接听和登记受理。2016年，探索开展全省首例剥夺未成年人不称职母亲监护权案例，为全省乃至全国有效行使政府机构未成年人监护权提供较好的实践操作范本。（曹吉飞 王继辉）

人力资源和社会保障工作

【概况】 2016年，全市人社系统清理整顿人力资源市场、宣传报道工作获人社部表彰；综治、安全、计划生育等单项工作被市委、市政府表彰为优秀（先进）单位；推动就业创业、整合城乡居民医保制度、中小学教师职称制度改革、党支部标准化建设等多项工作在全省会议上作典型发言。

促进就业。2016年，全市新增城镇就业6.74万人，完成年度任务100.6%；失业人员再就业3.44万人，完成年度任务101.3%；就业困难对象再就业1.02万人，完成年度任务101.7%；新增创业主体2.77万户，完成年度任务102.4%，带动城乡就业4.21万人，完成年度任务105.2%，带动城镇就业2.38万人，完成年度任务119.1%；新增农村劳动力转移就业4.14万人，完成年度任务103.5%；新增创业担保贷款发放3.11亿元，完成年度任务124.4%；职业培训总人数6.2万人，完成年度任务112.7%，其中创业培训6700人，完成年度任务111.7%；农村人力资源开发培训0.68万人，完成年度任务113.3%；零就业家庭动态就业援助率100%；城镇失业登记为3.13%。农村人力资源开发三年行动计划完成0.68万人，完成年度任务113.3%。全市完成职业技能鉴定取证3.69万人。开展公共就业服务，全年全市共举办各类招聘会53场次，1.83万人通过市场成功实现就业对接。对1019名贫困家庭“两后生”（初、高中毕业未能继续升学贫困家庭劳动力）实施中长期免费技能培训。常德技师学院全面建成投入使用，“一市场、三基地”（人力资源市场，创业孵化基地、职业培训基地、职业技能鉴定基地）进驻常德“智慧谷”，市县两级创业孵化基地各具特色、初具规模。调整个人创业担保贷款政策，额度统一提高到10万元，贷款对象扩大到农民工创业者。

社会保障。2016年，企业养老保险征缴基金54.3亿元，完成年任务151%，新增参保人数5.87万人，完成全年任务309%，同级财政补助5800万元；机关事业单位养老保险在职参保12.5万人、征缴基金17.56亿元，分别完成年度任务103.3%、100.4%；城乡居民养老保险参保人数294.7万人，征缴基金2.19亿元，分别完成年度任务100.6%、115.4%；城镇职工医保征缴基金10.4亿元，完成年度任务111.3%；工伤

2016年常德技能大赛

保险征缴基金 2.44 亿元，完成年度任务 125.1%；生育保险征缴基金 0.57 亿元，完成年度任务 134.8%；失业保险参保总人数达到 28.17 万人、征缴基金 1.16 亿元，分别完成年度任务 100.6%、134.7%。全市五类社会保险新增参保 19 万人次。社会保障卡发放突破 383 万张。全市城镇职工医保、城乡居民医保住院政策内报销比例分别达到 81% 和 79%。94 万名城乡居民基础养老金提高到 80 元，34 万名企业退休人员养老金月增加 142.7 元，月人均养老金达到 1814 元。认真落实常德市政府帮扶工业企业十条，进一步降低企业职工养老、工伤、失业、生育等险种费率。

人事人才。严格规范人事考试，组织完成 70 项竞争性和资格性考试、3.2 万人报名组考工作。面向社会公开招考公务员 689 名，事业单位公开招聘 1596 人，做到安全无事故。6421 名县以下机关公务员按时享受到职务与职级并行制度政策待遇，13 名中小学教师获评正高级职称。143 名军转干部及随调家属安置任务如期完成。推进参管人员登记工作，对 34 家单位 166 人进行参管登记。不断完善公务员考评激励机制，进一步压减政府考核奖励项目，全市减至 71 项。开展公务员初任、在职培训。开展“人民满意公务员集体”和“人民满意公务员”评选推荐活动。新建 1 家博士后工作站，新增 10 个技能大师工作室，选派 9 名专家开展援藏服务，新引进 53 名具有博士学位、235 名具有硕士研究生学历人才，新增引智项目 14 个。全市 18.9 万名机关事业单位工作人员工资调标和离休人员养老金待遇调整按时到位，月人均增加 200~300 元不等。加快推进国企负责人薪酬制度改革。突出加强政府绩效管理，着力完善制度体系，重点抓好民生实事项目调度督办，确保省重点民生实事项目顺利推进。

劳动关系。对市直 1012 家企业进行劳动用工网上备案登记，全市劳动用工备案审核企业达到 1500 多家。启动企业工资集体协商“春季要约行动”，不断扩大工资集体协商覆盖面，全市已建工会组织企业工资集体协商建制率在 90% 以上。加大对农民工工资支付，适时发布全市职工平均工资水平，城镇非私营单位在岗职工月平均工资达到 4055 元，较 2015 年增加 505 元。严格规范劳务派遣行政许可和企业特殊工时审批制度，对 41 家劳务派遣公司进行年度检查。制定出台《常德市建设领域农民工劳动报酬保证金管理实施办法》，规范农民工劳动报酬保证金管理。强化劳动保障监察执法，查处侵犯劳动者权益案件 658 件，追讨农民工工资 5661 万元。依法加强劳动人事争议处理，着力推进维权机制建设。全市共受理劳动人事争议 2385 件，涉及劳动者 3091 多人，涉案标 1.1 亿元，结案率为 96% 以上。市本级“12333”咨询服务平台在全省率先建成并投入运行。

（高　涛）

【民生升温“八大行动”】 自 2014 年开始，常德市人社局围绕群众最关心、社会最关注民生领域热点难点问题，连续三年在全市人社系统中开展民生升温“八大行动”，着力办好“创业扶持、技能脱贫、援企稳岗、社保扩面、续保助保、大病保障、工资清欠、服务提质”等民生实事。2016 年，全市新增发放创业担保贷款 3.11 亿元，直接扶持 2062 人成功创业，技师学院新建 1 万平方米创业孵化基地全面投入运行。组织开展贫困家庭“两后生”中期以上免费技能培训 1019 人。68 家企业成功申报企业养老保险费率过渡试点。211 家企业成功申报失业保险稳岗补贴，补贴金额 1048.5 万元，稳定就业岗位 15497 个以上。五类社会保险新增参保 19 万人次，新增办理助保 1063 人，拨付助保金额 1801.8 万元。完善出台《常德市市本级职工医保特殊群体重特大疾病保障办法》，进一步扩大政策覆盖面，市本级享受重特大疾病保障待遇达 100 多人次，减轻患者费用支出 200 多万元。受理工资拖欠案件 574 件，追讨农民工工资 5661 万元，其中 34 例欠薪案件移送公安机关，2 人被依法逮捕。持续推进基层劳动保障平台服务提质，全市 618 个基层平台编制调整为 465 个，已完成达标建设 396 个。

（高　涛）

外事、侨务、港澳工作

【概况】 国际交往。2016 年，共接待 25 个国家，8 批次，近 300 人次外宾到常德访问。4 月，越南党政干部考察团来常德考察基层党建工作，交流组织和纪检监察工作经验；6 月，韩国江原道原州市副市长白钟秀率原州市友好交流代表团访问常德，两市签署《合作谅解备忘录》，达成湘韩医疗产业园项目和旅游市场开发合作共识；韩国启明大学来常德考察交流，与湖南幼儿高等专科学校、常德外国语学校、常德高等职业技术学院、湖南高尔夫旅游职业学院 4 所学校签订合作办学协议；8 月，日本东近江市市长小椋正清、议长周防清二率政治经济友好代表团访问常德，深入探讨两市之间在加强文化交流、企业间交流，加强经贸方面合作途径；10 月，德国汉诺威斯特凡索斯托克市长率市政商代表团应邀出席 2016 常德旅游节，参加德国风情街开街仪式，双方就两市之间经贸往来与合作，加强德国风情街经营和管理、文化艺术交流，扩大两市在建筑设计、生物科技、环境治理等方面进行深入探讨。

文化经济交流。1 月 4 日，国家文艺类“非遗”展示项目——常德丝弦首次走进纽约联合国总部，参与“锦绣潇湘 · 湖南文化走进联合国”宣传展示活动展演，深受好评；春节期间，湖南省非物质文化遗产常德米粉、擂茶等走进日本新潟，受到当地市民热捧；5 月 13—16 日，常德友好合作城市德国汉诺威市举办第 22 届汉诺威国际龙舟赛，常德代表队作为中国唯一代表队与 134 个国家代表队同台竞技，参赛成绩名列本届比赛各国代表队第一；8 月 27—30 日，汉剧、丝弦、花鼓戏等常德地方文化节目赴德国、法国、英国巡演，受到国际友人、海外侨胞和留学生热烈欢迎。12 月，市城建投集团实现常德市境外债券融资“零”突破，成功在中国香港地区及新加坡、英国三地组织境外美元债券

市委书记王群会见德国汉诺威市长斯特凡·索斯托克

路演，成功融资 2.5 亿美元；引进欧洲最大家居企业德国卓伯根集团，促成卓伯根总裁亲临常德考察，签订合作协议，德国卓伯根品牌正式进驻常德德国风情街，将于 2017 年 5 月 1 日正式对外营业。

侨务侨政。开展侨法“六进”宣传活动，切实加大侨法宣传力度，普及涉侨法律法规知识。编印《侨务法规政策选编》5000 本，向区县（市）外事侨务工作部门、全市侨资企业和归侨侨眷发放。加大 APEC 商务旅行卡宣传、申报、管理工作，为常德市企业“走出去”提供便利条件。为三特机械申办 APEC 商务旅行卡，受理 2 名“三侨”考生（归侨青年、归侨子女、华侨在国内子女）高考加分。元旦、春节期间，由市领导带队上门慰问归侨侨眷 50 户，发放困难归侨侨眷生活慰问款 5 万余元。举办贫困归侨侨眷自主创业培训班，解决贫困归侨侨眷实际困难。组织归侨侨眷考察新常德新创业建设成果，凝聚归侨侨眷支持地方发展向心力。启动全市基本侨情调查普查。深入社区加大侨法宣传力度，普及涉侨法律法规知识。武陵区红卫社区获批国侨办挂牌联系全国社区侨务工作示范点，并被授予“全国社区侨务工作示范单位”，落路口社区、体育东路社区、方家巷社区、犀牛口社区被省外侨办评为“全省社区侨务工作示范单位”。

出国（境）管理。加大领事保护宣传力度，为 35 个批次出国人员在行前发放领事保护手册，开展行前培训教育。举办“走出去”风险防范培训会，联合市商务局、市国安局、市公安局、市财政局、市人社局等单位举办 2016 常德市首届“走出去”风险防范及领事保护培训会，加强境外安全风险防范及领事保护工作，近 20 多家外向型企业负责人参加培训。严格执行中央、省委因公临时出国（境）管理各项新政策及法规，明确因公出国管理严格做到“三不五个一”，即无计划不出访、无邀请不出访、无预算不出访，一张出国须知宣传折页、一张出国审批表、一张出国审批报告单、一张内部“三审”流程图、一个出国管理规范意见。“三不五个一”经验在全省规范因公出国管理会议上被现场推介。在全省市州率先制定“常德市国家工作人员因公临时出国管理工作流程图”和“常德市因公临时出国任务及预算审核表”，并实行“工作流程”上墙公示，制作发放出国管理工作流程宣传折页，“因公临时出国任务及预算审核表”“团长告知书”“团员告知书”，有效规范因公临时出国管理程序。2016 年，全市因公出访团组 35 批次共 79 人次，参加上级组团 28 批次共 50 人次，市本级组团 7 批次共 29 人次，其中党政干部 43 人次。完善境外非政府组织管理，会同公安、国安、教育、民政、民宗等有关部门建立境外非政府组织管理联系机制会议，对全市境外非政府组织进行全面细致地调查摸底，厘清境外非政府组织在常德市活动情况，并建立详细档案资料，规范境外非政府组织到常德活动管理。

港澳工作。利用港澳学习培训平台，全年共组织 14 批次 40 多名外事侨务港澳、经济干部赴香港学习和招商引资，与香港多家工商企业界朋友广泛交流和项目洽谈。积极主动服务湖南（香港）投资贸易洽谈活动周活动，及时为赴港人员办理公务港澳通行证。挂牌成立常德市侨务（港澳）服务中心，面积达 1000 平方米，是常德市宣讲侨务（港澳）政策、提升侨胞侨眷、港澳同胞归属感和向心力阵地。在全省地州市率先举办第一期港澳工作专项培训班，有效提高全市港澳工作业务水平。（李　晴）

政务服务工作

【概况】 基础建设。2016 年 3—6 月，市政务中心对办事大楼进行提质改造。办事大厅全面粉刷，更换灯具，添置休息座椅，增设饮水机，所有窗口安装电子吊牌，完善电子叫号系统，建成政务文化墙。在六楼建成包含减压室、健身房、会议室及道德讲堂的文体活动中心，投入 10 多万元改造升级会议系统。在一楼建成集等候、休息、阅读于一体的公益性图书馆。

学习培训。11 月 16— 22 日，市政务中心党组副书记、副主任夏立权带队，组织各区县（市）、市直五区政务中心主任，中心科室骨干及市直单位行政许可办主任赴清华大学参加行政审批制度学习研讨培训。（丁学文）

【开展行政权力流程优化】 按照“自清自查、依法审查、专家评审、社会公示”等程序步骤，对市本级 10 大类 2776 项行政权力事项进行流程优化。通过简化申报资料，减并审批环节，减少审批时间等措施，市直 35 家单位均按照“一事项一流程”的要求，编制行政权力运行流程图，承诺办理期限在法定期限内整体压缩幅度达到 60%。市政府门户网站开辟流程清单专栏予以公布。（丁学文）

2016 年度最美政务人表彰大会

【清理规范市本级第一批行政审批中介服务事项】 由市政务中心牵头，相关部门配合，开展市本级行政审批中介服务事项清理规范及中介服务环境整治工作。对照国务院、省政府公布的行政审批中介服务事项目录，通过对行政审批受理条件的审核，共梳理咨询、评估、设计、检测等类别的中介服务事项 66 个，涉及单位 17 家，作为市本级第一批公布的行政审批中介服务事项目录，按五种情形分别提出处理意见。其中，不再列为审批的前置条件 6 项；部门委托实施 16 项；申请人需要委托有合法资质机构提供 35 项；申请人可自行编制也可委托有资质的机构编制 8 项；不再要求申请人提供改为审批部门进行备案或事后监管 1 项。市政府常务会议研究审定，以《常德市人民政府关于第一批清理规范 66 项市政府部门行政审批中介服务事项的决定》（常政发〔2016〕16 号）文件予以公布。（丁学文）

【推进乡镇（街道）便民服务中心规范化建设与管理】 2016 年 5 月，中心领导分组到区县（市）专题调研乡镇（街道）便民服务中心建设。全市 165 个乡镇街道，共建成场地达标的大厅式服务中心 36 个。7 月 28 日，市政务中心提请市政府出台《常德市人民政府办公室关于推进乡镇（街道）便民服务中心规范化建设和管理的通知》（常政办函〔2016〕52 号），明确场所建设、窗口设置、网络配备、明确职能、配足人员、规范办理、优化服务、制度建设 8 个方面的具体内容，要求各区县（市）纳入农村综合服务平台一体规划和建设。10 月，市政务中心对区县（市）推进情况进行督查。安乡县、桃源县的乡镇和行政村（居）都纳入农村综合服务平台统一规划建设。（丁学文）

【组织评选"最美政务人"活动】 评选范围为全市政务服务系统市县两级政务中心窗口及工作人员。经评选，产生了在政务服务中突出成绩的 10 个"优秀窗口"，在窗口工作中发挥模范带头作用的焦柏、邵超、侯志刚、刘剑红、杨小玲、肖向东、朱峥、罗先财、张德平、曾凡周共 10 人被评为"最美政务人"。除在全市范围内进行通报表彰外，市政务中心还举办"最美政务人"颁奖仪式及文艺会演，充分宣传政务服务工作，展示了政务服务工作者的风采。（丁学文）

【全省网上政务服务和电子监察系统应用工作】 2016 年，全市网上办件 37.97 万件，其中市本级 5.3 万件，办结率为 99% 以上，业务量全省排列第 7，市县共有 379 个部门的 5799 个项目上线运行，没有因行政过错在电子监察系统中产生红、黄牌。为加强系统应用与监管，联合市优化办出台《常德市行政审批电子监察工作规则》，规范红、黄牌处理流程；组织对安乡县省系统应用工作人员进行培训；在汉寿县毛家滩回维乡启动省系统"第四层级"（乡镇、街道级）的应用工作，利用上海君士德赛农商平台探索"互联网 + 政务服务"的新模式。（丁学文）

地方志工作

【概况】 部门志编修。2016 年，市方志办召开部门志专家评审会 15 场，组织联络专家撰写志书评审意见 45 篇近 18 万余字。审查篇目 3 部，终审验收 5 部。先后对 43 家部门志承修单位进行上门督导，提供业务咨询 300 多次。

编辑出版《武陵古今》。全年共编辑出版《武陵古今》4 期，刊登文章 82 片，37.1 万字，采用图片 99 张。封面以常德市 4 个国家级非物质文化遗产项目澧水船工号子、常德高腔、常德花鼓戏、常德丝弦及其传承人为宣传对象，封三为国家一级文物。

旧志点校。组织专家对《琉球入学见闻录》进行整理、断句、校对、辩讹、注释等，截至 2016 年年底，完成初稿约 20 万字，图片 12 幅。

理论研究。参加省方志委主办的"湘志杯"2016 年地方志理论研究征文活动，撰写论文 3 篇 1 万多字，1 篇获二等奖。

（王　静）

【《安乡县志（1989—2009）》出版】 2015 年 12 月，《安乡县志（1989—2009）》由方志出版社出版，标志着全市第二轮市、县两级综合志书编修任务全部完成。

2007 年 11 月，安乡县委、县政府决定启动《安乡县志》续修工作，2008 年批准立项。2013 年 1 月，《安乡县志》稿召开专家评审会，经过两年时间修改，2015 年 12 月通过省方志委终审，2015 年 12 月出版发行。全志设 64 章，采用章、节、目结构，横排纵述，由区域概况、政治 · 军事、经济、文化 · 社会、乡镇简况、人物六部分组成，卷首设概述、大事记，共 152.7 万字。（蒯　甜）

【《常德市房地产志》等5部市直部门志书出版发行】 2016年，全市有5部市直部门志书印刷出版。《常德市房地产志（1949—2013）》2015年9月由方志出版社出版，78.9万字。《常德市公路志（前280—2010）》2015年12月由方志出版社出版，126.4万字。《常德市人口和计划生育志（1988—2012）》2015年12月由方志出版社出版，73.9万字。《常德市人民代表大会志（1988—2013）》2016年10月由方志出版社出版，92.1万字。《常德市质量技术监督管理志（1989—2014）》2016年11月由湖南科学技术出版社出版，58万字。截至2016年年底，全市部门志书共出版24部，占编纂计划38.7%。（蒯　甜）

【纪念《地方志工作条例》颁布实施十周年】 2016年5月18日，市方志办举行国务院颁布实施《地方志工作条例》10周年系列纪念活动。在丁玲公园东门广场举办宣传活动，制作布置展板29块，展览内容包括工作宣传、成果展示、《条例》解读。湖南省地方志编纂委员会党组书记、副主任易介南一行4人专程到活动现场进行指导。常德市人民政府副市长陈华、市政府副秘书长易耀平、市地方志办主任刘李波等陪同。全市地方志系统工作人员、湖南文理学院文史学院教授和部分学生、市内文化界名人、市直部分志书编修人员、地方志收藏者及普通市民千余人参加活动。现场发放宣传册500份，应市民要求向50多人次赠送地方志书70多部（册）。同时，在《常德日报》开辟专版，刊发市人民政府副市长陈华题为《依法治志 继往开来》署名文章，刊登题为《修志问道 以启未来》专题文章，全面回顾总结“十二五”期间常德市地方志工作。（蒯　甜）

【《武陵古今》创刊100期】 《武陵古今》是市地方志办（市委党史办）主办的综合性史志期刊，创刊于1992年，截至2016年年底共出刊102期，刊载各类文章1800多篇790万字、图片2700余张，每期外寄量达到600多份，是常德市优秀内部期刊。

2016年第三期是总第100期，为纪念《武陵古今》创刊100期，市地方志办、《武陵古今》编辑部从年初开始策划系列活动，包括征文、领导题词、座谈会等，先后有多位常德籍将军、领导或在常德工作过的领导为《武陵古今》题词题诗，专设“百期风华”栏目刊登。（蒯　甜）

【全市第一部县级乡镇（街道）简志出版】 2016年12月，《津市市乡镇（街道）简志》出版。该志为常德市第一部县级乡镇（街道）简志，由津市市人民政府地方志办公室编纂，共22万字。该简志采用板块+条目结构，设“区域概况、经济发展、基础设施、社会事业、特色地情”等五大板块，记述全市2乡5镇4街道1工业集中区的发展历史和现状。（蒯　甜）

纪念《地方志工作条例》颁布实施十周年活动

【年鉴编纂】 2016年，全市出版《常德年鉴（2015）》《武陵年鉴（2006—2010）》《武陵年鉴（2015）》《鼎城年鉴（2014）》《鼎城年鉴（2015）》《汉寿年鉴（2013—2014）》《桃源年鉴（2014—2015）》《临澧年鉴（2014）》《石门年鉴（2014）》《澧县年鉴（2015）》《津市年鉴（2016）》11部地方综合年鉴、《常德统计年鉴（2016）》1部专业年鉴。

《常德年鉴（2015）》共478页，124.8万字，设31个类目、237个分目，收录编写各类条目718条，随文图片179幅，彩色插页64版，图表34个。相比《常德年鉴（2014）》，全书减少48页、20多万字，而条目数量增加30多条，随文图片增加30多幅，同时，增加刊载常德市区图和城区图两幅地图，文字更加精炼，信息含量更加丰富。

2016年，《常德年鉴（2013）》获全国地方志优秀成果（年鉴类）地市级综合年鉴一等奖。在湖南省第四届年鉴奖评奖活动中，《常德年鉴（2014）》获市州级地方综合年鉴一等奖，《武陵年鉴（2013）》获县市区级地方综合年鉴一等奖，《常德统计年鉴（2014）》获专业年鉴一等奖，《鼎城年鉴（2011）》《汉寿年鉴（2014）》《石门年鉴（2014）》获县市区级地方综合年鉴二等奖，《津市年鉴（2011—2014）》获县市区级地方综合年鉴三等奖。（王　静）

民族宗教工作

【概况】 民族情况。常德市属散杂居少数民族地区，有少数民族人口近50万人。有4个回维民族乡（即桃源县枫树维吾尔族回族乡、青林回族维吾尔族乡，鼎城区许家桥回族维吾尔族乡，汉寿县毛家滩回族维吾尔族乡）和一个少数民族人口过半县（石门县），全市少数民族人口约占总人口的8%。

宗教情况。常德市是一个多宗教地区，也是全省宗教工作的重点市州之一，佛教、道教、伊斯兰教、天主教、基督教五教并存。经县级以上人民政府批准开放的宗教活动场所497处，民间信仰活动场所21处，其中省级重点宗教活动场所11处，省宗教主管部门确认的寺院、宫观、教堂和清真寺88处。全市现有6个市级宗教团体和23个县级宗教团体，全市性宗教团体中天主教、基督教、道教、伊斯兰教有办公场所和培训中心。经省市认定备案宗教教职人员397人，全市信教群众近49万人，占全市总人口的8%。

文化宣传。9月，深入开展民族团结进步宣传教育月活动，《常德日报》《常德晚报》、常德电视台、红网常德站、华声在线常德记者站等媒体对常德市民族团结进步活动进行集中宣传；10月，《中国民族报》在报道湖南省民族工作时，对常德市民族团结工作进行重点报道。12月，在省民宗委、省教育厅、团省委主办的"建设伟大祖国建设美丽家园"主题演讲活动中，常德市被评为优秀组织奖，参赛选手获得二等奖。常德市民宗局荣获"2016年度全省民宗系统信息工作先进集体"。

民族乡庆。10月，桃源县举行"青林回族维吾尔族乡、枫树维吾尔族回族乡"成立30周年庆典活动。由省人大民族华侨外事委员会、省委统战部、省民宗委组成的省祝贺团为两个民族乡授予"团结奋斗，繁荣发展"的牌匾。

宗教事务依法管理。清理本单位行政审批事项，做好上级下放审批事项的承接准备。全年共受理6件行政许可事项，全部进入政务中心窗口按时办结，满意率达100%；6月，制定下发《常德市人民政府办公室（市民宗局）关于进一步加强管理区（开发区、旅游度假区）宗教事务管理工作的通知》（常民宗函〔2016〕4号）文件，明确各管理区（开发区、旅游度假区）宗教事务工作部门是其宗教事务管理工作责任主体，负责本辖区宗教事务管理；贯彻落实中央10部门《关于处理涉及佛教寺庙、道教宫观管理有关问题的意见》，对部分管理不规范等问题场所进行指导和检查；积极为宗教团体、宗教活动场所解决实际困难，争取中央、省级财政寺观教堂维修经费75万元，市本级为市直各宗教团体、宗教活动场所解决办公经费、维稳工作经费近100万元；指导各区县（市）开展宗教活动场所危房调查摸底。对全市497处宗教活动场所近50万平方米在用建筑危房情况进行调查摸底，按照危房等级D、B、C标准建立数据库，提出整改意见。

宗教团体建设。抓好《关于进一步加强宗教团体建设的意见》及其《实施细则》的贯彻落实，建立健全团体负责人民主评价办法的机制。组织各团体协会传达上级主管部门工作部署，学习相关政策法规，5月指导市伊斯兰教协会顺利换届。

开展宗教文化交流与传承保护活动。加强对各宗教团体开展合法宗教文化交流及传承保护活动的指导，常德市石门县夹山寺的禅茶文化交流、常德经济技术开发区乾明寺的"德山棒"、德山善德观的善德文化研究等一系列宗教文化品牌为常德市的文化产业增添新亮点。11月28日，湖南省第四届道文化节在常德市举办，国家宗教局副局长蒋坚永到会致开幕辞，省委统战部、省民宗委和市委、市政府有关领导到会指导。

公益慈善活动。积极引导宗教界开展社会公益活动，回馈社会。全市宗教界2016年度先后救助贫困学子、鳏寡老人、重度残疾人和智障儿童近800余人次，募集各类善款（物）折合人民币285万元。

维护稳定。密切关注和跟踪研究影响民族关系的重大问题，积极防范和妥善处置涉及民族宗教因素突发事件，及时化解各类矛盾纠纷，防止了矛盾激化和扩大。坚决抵御达洼宣教团、境外基督教组织、境外天主教组织的渗透，加大对藏传佛教在省内非法活动的处理力度。组织对全市宗教领域涉稳情况进行分析排查，参与相关工作调研和汇报，将"防范和处理利用宗教进行非法活动"列为宗教界加强教育引导的重要工作。

（邬　群）

【民族特色村镇和民族团结进步示范点建设】 一是创建中国少数民族特色村寨。2016年9月，国家民委对第二批中国少数民族特色村寨命名挂牌名录项目评审后进行公示，石门县壶瓶山镇泥沙社区被列入第二批中国少数民族特色村寨命名挂牌名录公示名单。二是创建民族团结进步示范社区。2016年，常德市城市民族工作取得较好成效。鼎城区玉霞街道永安社区被省民宗委命名为全省民族团结进步示范单位。三是打造特色品牌。继续抓好桃源县枫树乡维回新村特色村寨、石门县罗坪乡长梯隘村特色村寨、石门县维新镇仙阳湖最美少数民族特色村镇和鼎城区许家桥回维乡中堰村民族团结进步示范点建设，通过以点带面，将民族团结进步事业不断引向深入。（邬　群）

【开展基层工作宗教调研】 组织对全市基层宗教工作进行专题调研。确定以基督教情况和伊斯兰教情况为专题调研课题。6月14日，省人民政府副省长蔡振红、省民宗委徐克勤主任等一行到常德市专题调研宗教工作，市委书记王群、市长周德睿等陪同调研，副市长陈华汇报全市宗教工作情况。8月2日，省委常委、统战部部长黄兰香带领省委统战部副部长龙建湘，省民宗委主任徐克勤等一行赴常德调研，先后考察德山善德观、桃源县枫树清真古寺、翦伯赞故居等地。听取相关负责人关于本地民族、宗教工作等情况汇报，市委副书记徐正宪陪同调研。9月21日，市人大召开六届人大第十九次主任会议，市政府办党组成员、副主任张智慧代表市政府向会议专题报告全市宗教工作情况。10月28日，国家宗教局副局长蒋坚永到常德参加湖南第四届道文化节期间，省委统战部副部长龙建湘，省民宗委副主任邓文华，市委常委、统战部部长、市政府副市长陈华陪同实地调研德山善德观、乾明寺、桃花源桃川宫等宗教活动场所。

（邬　群）

【开展和谐寺观教堂创建】 开展以"规范"为主题的和谐寺观教堂创建活动。8月11日，第二届全市和谐寺观教堂创

建评比表彰大会召开，彭楚忠神父、德山善德观等13名个人、15个集体荣获先进个人和先进集体荣誉称号。（邬　群）

电子政务工作

【概况】 政府网站建设和管理。2016年，在全省绩效评估中，常德政府网站和6个区县政府网站被评为先进。重点工作全省领先。对150多家子网站进行改版升级，实现功能风格、栏目规划、数据共享、安全运维“四统一”。出色完成政府网站普查工作，全年未被国务院通报。推进乡镇、县直科局网站整合到县级平台，纳入普查范围基层政府网站由392家减少到25家，集约化率达93.6%，全省领先。服务功能明显增强。重新搭建政务公开专栏，集中实施纠错整改，子网站平均整改问题信息2000条以上，政务信息发布更加及时准确。整合“常德市网上政务服务大厅”信息资源，改版升级在线服务板块，“一体化”网上办事服务加强。完善互动平台，共受理群众诉求7000多件，办结率90%以上。主动跟进市委、市政府中心工作，整合媒体动态信息，政务宣传可读性提升。基础管理更加规范。建立与宣传部、政务公开办、市长热线办、政务服务中心等部门常态化工作协同机制，部门参与更加紧密。下发网站内容保障文件，召开55家重点单位和区县（市）政府网站建设工作会议，实施蹲点指导，严格督促考评，增强子网站建设效能。狠抓网站内部整章建制，促进规范管理。

自身建设。一是加强工程建设项目管理。下达年度财政性资金建设项目计划并严格执行。调整智慧常德建设专家咨询委员会成员，提升咨询水平。推进项目全生命周期监管平台建设，正在组织项目实施。加强项目评审管理，全年共受理评审项目87个，申报资金4.49亿元，审定资金3.53亿元，审减资金0.96亿元。加强项目验收管理，全年共完成47个项目竣工验收，合同金额1.24亿元。二是加强智慧常德宣传推介。组织设计制作智慧常德形象墙和专题片，完善智慧常德协调中心、常德云中心等展示场景和演示资料，全年接待参观考察团70多批次，编纂完成《常德市信息化志》，智慧常德影响正在扩大。三是加强数字认证系统建设管理。与省数字认证中心脱离业务代办关系，加强与科大讯飞和金联汇通等企业合作，搭建起本地电子认证体系，已具备发证能力，正与各业务系统对接。四是加强市电子政务办机构队伍建设。根据工作需要，重新调整班子分工，实施中层骨干全面轮岗，加强机关作风建设，整个干部队伍干事创业精神面貌焕然一新。（周永松）

2016年5月28日，市政府副秘书长李长春参观常德云计算创新中心

无线电管理工作

【概况】 2016年，常德无线电管理处获得全省无线电管理先进单位称号，成功创建市级文明单位。

频率台站管理。全年共新批各类台站（含基站）2873个。2016年启动广播电视行政监督检查专项行动，检查各类广播电视台9个，扼杀干扰隐患2个，收回闲置频率1组。对辖区内数据变更执照资料进行登记，重新核对电台执照。全年征收本级频占费13万元。

频谱监测和设备检测。2016年，频谱监测7500小时以上。对民航、铁路、广播电视、公众通信、卫星电视等重点频率监测时长占比90%。在元旦、春节、“两会”等节假日和国家重大活动期间，对无线广播电视、公众通信频率实行24小时保护性监测，及时发现和排除有害干扰。设备检测如期完成。7月下旬，召集当地通信运营及铁塔公司部署无线电发射设备检测工作，全年完成130余个发射设备抽检。与此同时，作为全市唯一一家具备资质无线电设备检测实验室，市无线电检测实验室主动作为，按照规定流程共受理各类单位送检无线电发射设备6台次。

安全保障。2016年，共派遣技术人员70余人次，车辆30台（次），参与省市各类无线电安全保障25次。为二广高速建设、柳叶湖国际马拉松赛等活动提供通信设备，指配临时频率，消除有害干扰，保障通信畅通。全年完成高考、各类资格考试等考试保障18场，启用无线电管制设备10台（次），阻断非法信号20余起。在2016年春节、国庆等重要时期，对播出信号进行重点监测，提前消除各类播出风险3处。2016年，受理各类干扰投诉12起，处置率100%。9月，G20峰会前夕，民航湖北空管分局反映在常德市上空某航空专用频率被干扰，对G20峰会国际航线产生安全隐患。常德管理处紧急出动，从受理投诉到消除隐患，仅36小时。

宣传培训。全年利用报纸、网站、电视台等大众媒体，推动管理业务知识面向大众普及，全年推送新闻稿近10篇。

2016 年 12 月，无线电管理技术演练活动期间，技术人员参加操作培训

在区县市无线电管理协管员协助下，将宣传活动扩大到 9 个区县市及部分乡镇，共散发《中华人民共和国无线电管理条例》单行本 3000 份，无线电科普知识手册 1000 余份，接受市民咨询 50 余次。指导三大运营商、台站大户利用营业厅、电子显示屏等载体扩大宣传。全年邀请法制专家举办 2 堂法制培训。组织 6 名执法专干参加全省执法证换发考试，重新学习《案件办理制度》。全年组织县级协管员培训 2 次，选送技术人员赴长沙、南宁等地参加各类学习培训 10 人次。印制法制宣传手册 5000 本。12 月 6—7 日，组织运营商、铁塔公司、设台大户、区县协管员及全体干部职工在汉寿清水湖国际会议中心举办《中华人民共和国无线电管理条例》宣传贯彻培训会，邀请省无线电管理站法制专家到常德讲解解析。12 月 7—9 日，在汉寿县清水湖国际会议中心，举办无线电管理技术演练活动，市无线电管理处全体干部职工、区县市协管员、台站大户 40 余人参加。

行政执法。集中开展查处黑电台、打击伪基站等行动，查处石门县城黑电台案件、城区某小区顶楼黑电台案、城东黑电台案等 4 起案件，下达限期整改通知书 4 份，暂扣各种违法使用发射设备 4 台（套）。

技术基础建设。常德市无线电管理指挥中心已经完成主体工程。添置部分无线电专业设备，升级改造办公环境。对机房服务器、应急通信设备等进行维护更换升级。改造办公环境、设置党员活动室、体育健身室、图书阅览室等硬件设施。对干部职工职责进行明确，明确岗位职责。（骆波微）

安全生产管理

【概况】 2016 年，全市共发生各类生产经营性事故 115 起，死亡 65 人，受伤 120 人，直接经济损失 1648.41 万元，未发生较大及以上安全生产责任事故。常德市被省委、省政府评为安全生产先进市州，市安监局被省安监局评为全省安全生产执法质量先进单位，市安监局综合科科长许兵被省安监局评为全省安全生产先进个人。

宣教培训。成立安全生产宣教中心，在全市范围内积极开展安全生产大宣传，努力做到“四个家喻户晓”，即：习总书记讲话、新《中华人民共和国安全生产法》和《中华人民共和国职业病防治法》、安全常识、安监工作家喻户晓。与《常德日报》、《常德晚报》、常德电视台、红网、常德政府网等媒体签订合作协议，开辟专栏、专题，建立短信、微信平台，聘请 15 名记者和网友作为安全生产监督员，加强正面宣传引导，挖掘宣传典型，及时曝光非法违法生产经营行为。利用“尚一户外传媒”在市区 57 个电子显示屏播放安全生产公益片，并制作成电子相册通过微信、微博转发，形成静态、动态宣传载体互补的共振效应。全市所有单位在本单位电子显示屏上，定期播放安全标语。全年共上稿 887 余篇，其中国家级 129 篇、省级 262 篇、市级 496 篇。国家级、省级媒体刊发稿件位居全省前列。在“安全发展”主题宣传咨询日活动期间，市安委组织各成员单位和武陵区、柳叶湖管理区在市城区白马湖公园设置展台 40 个，现场发放安全生产宣传资料 3 万多份。市安委与市摄影玩家协会联合举办“安全常德杯”摄影比赛，从 2000 多幅参赛照片中评选 100 张优秀安全生产主题照片。在与市电视台联合举办的“安全发展忠诚卫士”演讲比赛、“守护生命”知识竞赛中，全市各安委成员单位和区县市政府认真组织，层层选拔优秀选手参加比赛，最后汉寿县代表队和津市市代表队分别获得第 1 名。分地区和行业领域开展应急救援演练。6 月 24 日市安委组织公安、消防、商务等部门在市友阿国际商场举办火灾应急演练，400 多名干部群众参加。全年全市共组织道路交通、消防、煤矿、非煤矿山应急演练 1037 场（次），参加群众 200000 余人次，各类保障车辆 3000 余台（次）。举办 10 期安全生产领导干部研究班和培训班，邀请省安监局领导和安全生产专家专题授课，重点学习习总书记等党和国家领导人关于安全生产的指示批示、《中华人民共和国安全生产法》、安全生产相关制度。4 月 5—13 日，组织各区县市安监局主要负责人和市直负有安全监管职能部门的分管负责人，在清华大学参加安全生产专题研究班，邀请国家安监总局原副局长闪淳昌、中国安全生产科学研究院院长、国家安全生产专家组成员刘铁民等专家和领导授课。对全市 640 名乡镇安监执法人员分批进行培训，共组织 30 多场(次)。2 月 26 日，在市党校举办第一期为期 4 天的全市安监系统干部业务培训。3 月 9 日，市安监局组织全局干部和各区县市业务骨干举办行政执法软件系统培训。5 月 19 日，举办全市安全监管人员执法

应急演练现场图

资格培训考试。制定下发《关于全面开展生产经营单位基本情况摸底排查的通知》，全面掌握各生产经营单位法人代表、分管负责人、重大危险源等情况，在此基础上，从3月起在全市范围内分行业、分领域、分地区、分层次，对企业法人、分管负责人和安全管理员全面开展安全生产大培训。

专项整治。全面整治和打击取缔烟花爆竹生产经营中存在的“四超两改”“三违”和转包分包、分线承包等行为，先后组织联合行动85次，取缔12家非法组盆串引窝点，拆除机械设备11台，打击非法经营224处，非法存储19处，非法运输19起，刑拘67人。在危险化学品专项整治行动中，全市共取缔23家甲醇非法经营单位，移址重建6家批发经营单位。先后投资6亿多元对安乡晋煤金牛化工、澧县腾飞化工实现整体搬迁，对海利化工周边365户居民全部迁出。上半年，由市安监局，组织市发改、住建、质监、国土、规划、昆仑燃气公司等11家单位联合开展全市油气管道隐患专项整治，在全市开展油气管道隐患“清零”行动，除昆仑燃气公司部分锈蚀管道没有整改到位外，其余已经全部整改到位。在非煤矿山专项整治中，将全市非煤矿山按照风险等级分成A、B、C、D四级，聘请专家逐一开展排查核查，强制淘汰硐室爆破、掏挖开采、大块矿岩二次爆破和带式制动提升绞车等7项设备、10项非阻燃材料。在工贸行业深入开展粉尘防爆、液氨制冷和有限空间专项整治，对汉寿华乐农业发展有限公司涉氨制冷重大隐患进行挂牌督办，对存在生产设备与周边民居安全距离不够问题隐患的澧县八百里冷冻有限公司进行停产整改。聘请专家对全市105家涉爆企业进行全面甄别，关闭11家小型造纸厂。市教育部门联合公安、交警、环保、工商、药监等部门开展了校园及校园周边环境集中整治，强化学校安保，规范学校周边环境。市交通部门在道路安全专项整治中，先后建立水上交通监管平台、道路运输“两客一危”监管平台，全市重点渡口视频监控和重点营运车辆卫星定位车载终端安装达到100%。市运管处继续强化道路运输动态监控，对全市5782台“两客一危”车辆逐台清理，建立隐患台账，先后查扣各类非法营运车辆200多台次，注销52台涉嫌违规异地经营和年审逾期的危货车辆，吊销安全条件不达标的澧县荣华物流等3家公司，对欣运集团进行为期1年的安全整顿。市国土部门委托湖南核工业地质局三〇一大队对全市矿山企业实施储量动态监管实地抽查，将年检工作与储量动态监管、矿山巡查、环境保护有机结合，对全市各类地质灾害隐患点分类建立台账，每个隐患点按照“一名县领导负责、一名村干部包点、一名监测人和责任人”的要求建立防控体系。市质监部门对全市锅炉和电梯、气瓶开展全面清理整治，重点打击超期未检、违法充装等行为。对全市火力发电企业的特种设备进行检查整顿，排查治理一批发电企业锅炉、压力容器、压力管道等问题隐患。市住建局对全市在建工地开展全面整治，特别是加强桥梁施工控制，对在控制范围内擅自施工的1家企业立案处罚，5家企业责令停工整改。对各类LNG供气站进行全面整治，终止3家擅自非法修建行为。市交警部门持续加大路面交通安全专项整治，加大重点路段、重要时段巡逻管控力度，严厉打击超员、超速、超载行为，全市全年查处交通违法1391800起，并办理常德市首例校车危险驾驶入刑案。市旅游外侨局牵头组成5个交叉检查组，先后对全市47家旅行社、14家旅行分社、20家重点旅游景区、178台旅游客运车辆逐一进行安全生产大检查大排查，现场交办各类安全隐患17处，纠正旅游合同签订不规范行为18起，查处非法从事旅游营运车辆13台。从7月开始，常德市海事部门联合长沙、岳阳、益阳海事部门共同开展为期三个月的运砂船舶超载专项整治行动，从严从重打击运砂船舶严重超载、证书证照不齐、船舶标识缺损、船员配备不齐及非法改装船舶等违法违章行为。对523艘过往砂石运输船舶进行全面检查，共查处船舶78艘，对21艘超载船舶强制卸载并予以处罚，对50艘存在轻微违法违章行为船舶进行批评教育、警告和纠正后开航，对7艘情节严重的船舶予以处罚并纠正后开航。9月7日，市安委办组织市发改、经信、安监、质监等部门组成两个检查组，对全市火力发电企业全面开展安全检查，由市水利局牵头对全市水力发电企业进行专项检查。开展烟花爆竹和煤矿关闭整顿治理工作。市委、市政府、市安委设立4.8亿元专项资金，成立整顿关闭领导小组，保障人员、资金和车辆，先后出台烟花爆竹和煤矿关闭退出系列文件及奖补政策。全市有38家烟花爆竹生产企业主动向当地政府递交退出申请。出台2016—2020年全市煤矿关闭退出工作规划，组织人员对全市煤矿人员、资产等基础资料进行全面摸底。截至2016年年底，已有5家煤矿提交关退申请。开展安全生产大排查大管控大整治专项行动，全市共组织督查组77个，检查各类企业190家，责令整改各类违法行为4955起，暂扣或吊销有关许可证、职业资格359起，排查整改各类重大隐患95起，罚款134.7万元，抓捕犯罪嫌疑人6人。

监管执法。全市各区县市安监机构为同级政府工作部门，乡镇、街道均单独设立安监站，按照一般乡镇2名以上、重点乡镇3名以上标准选准配齐安全生产监管人员和办公设施、执法装备，全市一线安监人员总数达372名。2月26日，制定下发《常德市安全生产“监管执法年”活动实施方案》，细化工作措施，明确工作重点，建立监管执法6项制度，全面推行行政执法“一证双卡”，即亮证执法、行政执法监督反馈卡、行政执法承诺卡。制定下发《常德市安监局安全生产违法行为行政处罚程序规定》《常德市安监局行政处罚案件内部移交制度》《常德市安监局重大安全生产行政处罚案件集体讨论制度》，并将安全生产“黑名单”制度作为企业失信行为联合惩戒的重要内容纳入常德社会信用体系建设。2016年对第一批“黑名单”的5家企业进行公告。突出重点地区和企业，认真开展安全生产联合执法检查，重点打击交通运输、建筑工地、特种设备、烟花爆竹、危险化学品、涉氨涉氯、粉尘涉爆和有限空间作业、消防等行业领域非法违法和违规违章生产、经营、运输、存储行为。截至2016年年底，全市共检查生产经营单位22638家（次），责令停产停业整改188家，取缔关闭99处，抓获违法犯罪人员27人，行政拘留43人，罚款2993万元。市安监局对危险化学品、烟花行业、一般工贸行业、煤矿等领域开展415次专项执法检查，出动执法人员1574人次，检查生产经营单位649家，下达现场检查记录、责令限期整改指令等文书644份，立案查处32家违法企业和个人，实施行政处罚216.39万元。

达标创建。制定下发《关于开展企业标准化建设的实施意见》和《关于在全市开展安全生产示范创建的活动方案》，对达标创建工作提出具体要求，明确保障投入、驻点督导、对口帮扶、考核验收等工作机制。对达标创建力度大、成效好的乡镇和企业采取以奖代投方式给予支持，并将创建成效纳入年终安全生产目标管理考核内容。市安监局联合商务、旅游等七个部门，在全市大型超市、餐饮、酒店、宾馆全面开展标准化创建工作。3月10日，市安委在桃源县召开全市安全生产示范创建工作动员会，积极推广桃源省级安全生产示范县创建经验，全面部署安全生产示范县、乡、企业创建工作。4月13日，组织武陵区、鼎城区、津市市、柳叶湖管理区等区县市赴北京朝阳区学习安全发展示范城市创建工作。2016年，有武陵区、汉寿县、临澧县申报省级安全生产示范县，有17个乡镇申报创建省级安全生产示范乡镇，27个乡镇申报创建市级安全生产示范乡镇，2家企业申报创建省级安全生产示范企业。截至2016年年底，已有7个乡镇通过省级示范乡镇验收并公示。截至11月，全市各类安全生产标准化达标企业已经有981家，其中一级3家、二级28家、三级950家。10月，向国家安委办申请安全发展城市示范创建，已得到国家、省安委认可与支持。

科技兴安。一是加快“三大系统”建设进度。按照“三三”重点工作要求，在全市范围内开展安全生产动态监控系统、隐患排查治理和应急救援指挥“三大系统”建设。认真总结武陵区“网格化”安全监管经验，在全市范围内全面推广，将安全监管平台与智慧常德、数字常德结合起来，将安全隐患监管视角延伸到每个社区、每个企业、每个工作面，实现了安全隐患发现、上报、处理“一条龙”。二是继续完善安全生产专家库建设。全市共分危化、矿山、烟花爆竹、交警、消防、质监等14个行业领域建立完善安全生产专家库，包括73名专家。先后投入110万元专项资金，聘请专家对有限空间作业、粉尘涉爆、烟花爆竹、矿山等行业领域进行安全隐患排查和安全评估，关闭8家造纸厂，停产整改3家非煤矿山。三是推动高危行业高新技术应用。在全市烟花爆竹、危险化学品、矿山等重点领域积极推行“机械化换人、自动化减人”项目建设。全市71家烟花爆竹生产企业积极引进先进生产工艺，装药环节全部实现无人操作。市公路局积极探索建立“机器换人”的科技治超方法，在临澧县建立两套公路治超电子监控系统，提高公路治超非现场执法效率。（肖　禅）

中国人民政治协商会议常德市委员会

综　述

【概况】 2016年，常德市政协工作两次走进全国政协培训中心讲堂，作为全省市州政协唯一代表，在省委政协工作会议上作典型发言。开展的重要履职成果监督回访，也是全国全省政协系统创新之举。办公室、研究室被评为全市绩效评估优秀单位，经科委、港澳台侨委被评为绩效评估良好单位；政协机关被评为全省文明标兵单位、全市综治工作先进单位，社情民意、扶贫、老干、保密等8项工作被评为全省、全市先进。

履职活动。一是组织政协协商。全年围绕加快推进海绵城市建设、加强物业监管等课题，开展3次重点协商、12次对口协商，形成一批有价值的建言成果。关于加快推进海绵城市建设和关于加强物业行业监管两个建议案，市政府常务会议进行专题研究并出台相关文件。二是开展重要履职成果监督回访。组织开展“重要履职成果监督回访年”活动，对建议案和建议函办理情况、前两年重点事项监督意见建议整改落实情况、重点提案和社情民意信息领导签批件办理情况，有选择性地进行监督回访，提出36条监督意见和建议。三是开展视察活动。围绕重点工程建设、民营医院发展、美丽经济发展，组织3次主席会议视察活动，对相关工作起到一定促进作用。四是加强提案工作。探索实施“三提前、双把关、调结构、协商办、综合评”工作法，进一步提高提案工作水平。全年共立案提案276件，其中集体提案和联名提案175件，占比达到63.2%，提案问题已经解决或正在解决率提高到93.1%。五是反映社情民意。全年共向市委、市政府编报《社情民意信息》86期，有51期被市委、市政府领导签批，促成一批发展和民生问题解决。

换届工作。通过开展“走访委员月”活动、召开座谈会等多种形式，广泛深入宣传换届有关政策。市政协委员联络办和各专委会充分征求各方面意见，积极配合做好新一届委员推荐提名和考察工作，协助市委把好委员人选关。专门召开区县（市）政协主席例会，就严肃换届纪律作出部署、提出要求，下发《关于加强政协换届风气监督有关规定》。全会期间，专门成立会风会纪监督组，加强换届纪律监督，精心组织换届选举，确保选举圆满成功，确保政协换届工作风清气正。

中心工作。一是“三个一”结对帮扶活动。制定下发助力脱贫攻坚五年行动工作方案，倡导各级政协组织和政协委员参与“三个一”结对帮扶活动，共结对帮扶2857个贫困户，委员参与率达97%，捐赠和争取扶贫资金1500多万元，帮助推荐和安排就业595人。二是“捐资助学月”活动。在秋季开学之前，市政协机关各委室根据党组安排，组织政协委员和政协机关干部，开展“捐资助学月”活动，共捐助资金452.5万元，资助贫困家庭学生1408名。三是办点示范活动。市政协主席会议成员经常深入联系的扶贫点村，帮助制定脱贫规划、衔接落实扶贫项目、协调解决扶贫资金。各委室主动为点村建设出劲出力，组织委员为贫困点村送医药、送农资、送文化、送科技、送温暖，帮助贫困群众解决一批具体困难和问题。四是编纂常德文化系列丛书。明确由市政协副主席诸戈文牵头，抽调专门力量，成立总编委会和分编委会，制定编纂方案，启动《武陵诗韵》《朗州映象》《鼎城故事》征集编纂工作。

自身建设。开展“两学一做”学习教育，组织多次中心组和干部职工集中学习，围绕“四讲四有”组织4次专题研讨，党员干部“四个意识”不断增强。进一步严肃党内政治生活，认真落实民主集中制、“三会一课”、谈心谈话等制度，政协党组和各支部召开高质量民主生活会和组织生活会。着力加强党风廉政建设，坚持预防为主，开展一系列警示教育活动。组织开展一系列创建活动，省级文明标兵单位成功夺牌。加强新闻宣传和理论研究。以“推进人民政协协商民主建设”为主题，组织开展理论研讨活动，形成一批优秀理论研究成果，其中10篇被评为全省政协系统优秀论文。着力加强政协工作宣传推介，在市级以上媒体发表各类稿件 300 多条(篇)，其中省级以上媒体 98 条(篇)。完成常德政协网站改版升级，开通“常德政协”微信公众号，建设视频会议室。

（李祎珉 叶 敏）

【市政协主席会议】 市政协第六届第 39 次主席(扩大)会议。2016 年 1 月 12 日，市政协召开第六届第 39 次主席(扩大)会议。市政协主席李爱国主持会议，市委常委、市委组织部部长、市委统战部部长雷绍业应邀出席会议。会议协商有关人事安排及六届四次全会选举相关工作；听取市政协提案委员会关于政协常德市第六届委员会第四次会议提案审查情况汇报，并对大会提案进行审查。市政协副主席肖朝进、杨新辉、陈伟俊、陈位明、傅绍平、朱传宏、甘志敏及市政协党组成员彭孟雄、诸戈文、袁云波等出席会议。市政协办公室、市委组织部、市委统战部、市政协提案委有关负责人，全会各组召集人列席会议。

市政协第六届第 40 次主席会议。2016 年 1 月 13 日，市政协召开第六届第 40 次主席会议。市政协主席李爱国主持会议，会议协商有关人事事项。听取人事事项协商酝酿情况汇报；协商通过补选市政协副主席、秘书长和常务委员候选人名单(草案)。会议审议政协常德市第六届委员会第四次会议选举办法(草案)；审议政协常德市第六届委员会第四次会议选举大会总监票人和监票人名单(草案)、总计票人和计票人名单(草案)；审议政协常德市第六届委员会第四次会议关于常务委员会工作报告的决议(草案)、政协常德市第六届委员会第四次会议关于六届三次会议以来提案工作情况报告的决议(草案)、政协常德市第六届委员会第四次会议政治决议(草案)；审议政协常德市第六届委员会常务委员会 2016 年工作要点(草案)。市政协副主席肖朝进、杨新辉、陈伟俊、陈位明、傅绍平、朱传宏、甘志敏，市政协党组成员诸戈文、袁云波出席会议。

市政协第六届第 41 次主席会议。2016 年 4 月 28 日，市政协召开第六届第 41 次主席会议，会议重点就加强常德市小区物业管理进行协商。会议还协商通过《常德市政协助力脱贫攻坚五年行动计划实施方案(草案)》。市政协主席李爱国，副市长、市公安局局长胡丘陵参加协商。市政协副主席肖朝进、陈伟俊、陈位明、傅绍平、朱传宏、甘志敏、诸戈文，市政协秘书长袁云波参加协商。

市政协第六届第 42 次主席会议。2016 年 5 月 20 日，市政协召开第六届第 42 次主席会议，市政协主席李爱国主持会议。会议专题协商加强农村区划调整后的社会治理问题，审议并原则通过关于加强农村区划调整后社会治理的建议案(草案)。市政府副市长朱晓平出席会议并讲话，市政协副主席肖朝进、杨新辉、陈伟俊、陈位明、傅绍平、甘志敏、诸戈文和秘书长袁云波出席会议。

市政协第六届第 45 次主席(扩大)会议。2016 年 8 月 4 日，市政协召开重要履职成果监督回访工作点评会议，也是市政协第六届第 45 次主席(扩大)会议，通报市政协重要履职成果监督回访工作情况，对市政协重要履职成果转化运用情况进行点评和满意度测评。会议由市政协主席李爱国主持。市委副书记徐正宪，市委常委、市政府常务副市长朱水平出席会议并讲话，市委常委、市纪委书记陈恢清，市政协副主席肖朝进、杨新辉、陈伟俊、傅绍平、甘志敏、彭孟雄、诸戈文和秘书长袁云波出席会议。市政协常委、市政协各民主监督回访小组成员、市直相关单位主要负责人、部分驻常省政协委员、各区县(市)政协主席和市政协机关副处级以上干部参加会议。

市政协第六届第 46 次主席会议。2016 年 8 月 19 日，市政协召开市政协第六届第 46 次主席会议，市政协主席李爱国主持会议，会议专题研究政协换届工作和助力脱贫攻坚工作。市政协副主席肖朝进、杨新辉、陈伟俊、傅绍平、甘志敏、彭孟雄、诸戈文和秘书长袁云波出席会议。市政协机关副处级以上干部列席会议。

市政协第六届第 47 次主席会议。2016 年 9 月 21 日，市政协召开第六届第 47 次主席(扩大)会议暨 2016 年民主评议提案办理工作会议，总结通报 2016 年全市提案办理工作情况，民主评议 2016 年提案办理工作。市委副书记徐正宪，市政协主席李爱国，市委常委、市政府常务副市长朱水平出席会议并讲话，市政协副主席肖朝进主持会议，市政协副主席陈伟俊、朱传宏、甘志敏、诸戈文和秘书长袁云波出席会议。部分市政协委员，市委、市政府分管副秘书长，市直和中央、省驻常有关单位主要负责同志，武陵区、鼎城区政府和常德经济技术开发区、柳叶湖旅游度假区管委会主要负责人，各民主党派市委、市工商联有关负责同志，市政协机关副处级以上干部和各区县(市)政协相关负责人等参加会议。

市政协第六届第 48 次主席会议。2016 年 11 月 14 日，市政协召开第六届第 48 次主席会议，市政协主席李爱国主持会议，会议协商政协常德市第七届委员会拟任委员及常务委员名单(草案)及其他有关事项。会议分两个阶段进行，市委常委、市委统战部部长、副市长陈华出席第一阶段会议并讲话，市政协副主席肖朝进、杨新辉、陈伟俊、陈位明、傅绍平、朱传宏、甘志敏、彭孟雄、诸戈文和秘书长袁云波出席会议。市委组织部、市委统战部相关负责同志，市政协副秘书长、机关党委书记、各委室主任列席会议。

市政协第六届第 49 次主席会议。2016 年 11 月 17 日，市政协召开第六届第 49 次主席会议，审议了筹备召开市政协七届一次会议有关事项。市政协主席李爱国出席会议并讲话，市政协副主席肖朝进、杨新辉、陈伟俊、陈位明、傅绍平、朱传宏、甘志敏、彭孟雄、诸戈文和秘书长袁云波出席会议。市政协副秘书长、机关党委书记、各委室主任和副主任等参加会议。（李祎珉 叶 敏）

【市政协常委会议】 市政协第六届十三次常委会议。2016 年 1 月 13 日，市政协召开第六届第十三次常委会议，市政协主席李爱国主持会议，会议听取有关人事事项协商酝酿情况、分组讨论情况的汇报；通过补选市政协副主席、秘书长和常务委员候选人名单(草案)，通过政协常德市第六届委员会第四次会议选举办法（草案）、政协常德市第六届委员会第四次会议选举大会总监票人和监票人名单（草案）、总计票人和计票人名单，通过政协常德市第六届委员会提案委员会关于六届四次会议提案审查情况的报告（草案），通过政协常德市第六届委员会第四次会议关于常务委员会工作报告的决议（草案）、政协常德市第六届委员会第四次会议关于六届三次会议以来提案工作情况报告的决议（草案）、政协常德市第六届委员会第四次会议政治决议（草案），通过政协常德市第六届委员会常务委员会2016年工作要点。市政协副主席肖朝进、杨新辉、陈伟俊、陈位明、傅绍平、朱传宏、甘志敏，市政协党组成员彭孟雄、诸戈文、袁云波参加会议。

市政协第六届十四次常委会议。2016年6月22日，市政协召开第六届第十四次常委会议，专题协商加快推进海绵城市建设，市政协主席李爱国主持会议并讲话，市政府副市长胡丘陵应邀出席会议，市政协副主席肖朝进、杨新辉、陈伟俊、陈位明、傅绍平、朱传宏、甘志敏和秘书长袁云波出席会议。市政府分管副秘书长，市政协副秘书长、机关党委书记、各委室主任，市直有关单位主要负责人，各区县（市）政协主席和部分市政协委员列席会议。

市政协第六届十五次常委会议。2016年8月22日，市政协召开第六届第十五次常委会议。会议分两个阶段进行，第一阶段由市政协主席李爱国主持，市委常委、市政府常务副市长朱水平通报全市上半年经济社会发展情况，市委常委、市纪委书记陈恢清通报全市上半年党风廉政建设和反腐败工作情况；第二阶段由市政协副主席彭孟雄主持，市政协副秘书长王斌武通报全市政协系统助力脱贫攻坚工作情况，市政协委员刘海宁、胡诗词就参与助力脱贫攻坚工作情况作典型发言。市政协副主席杨新辉、陈位明、傅绍平、朱传宏、甘志敏、诸戈文和秘书长袁云波出席会议。部分驻常省政协委员，各区县（市）政协主席，市扶贫办有关负责同志和市政协机关副处级以上干部列席会议。

市政协第六届十六次常委会议。2016年11月18日，市政协召开第六届第十六次会议，市政协主席李爱国主持会议并讲话，会议协商决定政协常德市第七届委员会委员名单，审议通过筹备召开市政协七届一次会议有关事项，集中学习中共十八届六中全会精神。市委常委、市委统战部部长、副市长陈华出席第一阶段会议，市政协副主席肖朝进作中共十八届六中全会精神学习辅导报告，市政协副主席杨新辉、陈伟俊、陈位明、傅绍平、朱传宏、甘志敏、彭孟雄、诸戈文和秘书长袁云波出席会议。市委组织部、市委统战部相关负责同志列席第一阶段会议，市政协机关副处级以上干部和各区县（市）政协主席列席会议。

（李袆珉　叶　敏）

【视察活动】 驻区县（市）委员异地视察活动。2016年5月，市政协启动以“助力精准扶贫”为主题的委员异地视察工作。由市政协主席会议成员带队，9个区县（市）活动组的市政协委员开展交叉视察活动。活动为期一个月，按照“一个方案、一个主题、一个报告”的“三个一”要求展开，即市政协制定总体实施方案，各区县（市）相互做好对接，根据方案确定视察重点，制定详细视察方案；围绕“助力精准扶贫”主题，在视察活动中找准问题，为精准扶贫工作献计献策；视察完成及时总结，形成视察报告，抓好视察成果落实。

市政协第六届第43次主席会议视察活动。2016年6月17日，市政协召开第六届第43次主席会议视察常德市民营医院发展情况。市政协主席李爱国，副主席肖朝进、杨新辉、陈伟俊、陈位明、傅绍平、朱传宏、甘志敏出席。市政协副秘书长、各委室负责人和市卫计委相关同志参加会议。

市政协第六届第44次主席会议视察活动。2016年7月12日，市政协开展第六届第44次主席会议视察活动，市政协主席李爱国带领市政协副主席肖朝进、陈位明、傅绍平、朱传宏、甘志敏、诸戈文及市政协秘书长袁云波等主席会议成员一行视察桃花源“美丽经济建设情况”，市人大常委会副主任、桃花源工程建设项目指挥部副指挥长戴君耀，市旅游外侨局局长伍彩霞等参加考察。市文旅投公司、桃花源公安分局、区办公室等单位负责人参加座谈会。

（李袆珉　叶　敏）

2016年6月17日，市政协主席李爱国视察常德民营医院

民主党派·工商联·群众团体

中国国民党革命委员会常德市委员会

【概况】 2016年，中国国民党革命委员会常德市委员会荣获民革中央全国祖统工作先进集体、民革全国机关工作先进集体、《团结报》发行征订工作先进集体，中国好人网“帮好人万里行”特别贡献奖金奖、“帮好人万里行”先进志愿者分会。民革市委主委陈位明荣获民革全国祖统工作先进个人、中国好人网“帮好人万里行”贡献奖金奖。民革党员杜鹏、魏旖娟荣获中国好人网“帮好人万里行”优秀志愿者。民革党员胡军被评为民革全省机关建设先个人。民革党员易建志荣获“全省民革祖统工作先进个人”称号。

思想建设。2016年，民革市委带领全体党员深入学习中共十八大、十八届四中、五中、六中全会精神，深刻领会习近平总书记关于统战工作系列讲话精神。6月，在全市民革基层组织和民革党员开展为期一年“学系列讲话、学优良传统、助力新常德新创业”“两学一助”（学系列讲话、学优良传统、助力新湖南）活动。7月29日，召开民革市委扩大会，制定《民革市委凝心聚力“十三五”（2016—2020）实施方案》，组织骨干党员赴上海开展“观故居、走多党合作之路”活动，参观中共一大会址、宋庆龄故居、上海抗战纪念地四行仓库。

参政议政。2016年，民革主要负责人参加各类会议协商5次，各种约谈、交谈、谈心3次，参加各类政情通报会4次。全年组织“洞庭湖生态经济区水环境整治”“全民医保政策精准防贫扶贫”“小额贷款公司规范管理”“村居干部社会保障问题”“农村安全饮水问题”等5次大型调研。其中，与民革省委联合调研形成的《关于全民医保政策精准防贫扶贫调研》，于8月在省政协议政性常委会上发言。《关于村居干部社会保障问题调研》在市民主党派调研成果专题协商汇报会上发言；《关于农村安全饮水问题调研》在2017年市政协换届大会上发言。2016年向民革省委报送60条，被采用35条，向市政协报送6条，被采用2条。唐松山撰写《市民盼望给柏子园污水池“穿衣戴帽”》社情民意得到市委书记王群批示；胡丽绚调研提出《关于开通驾照过期短信提示的建议》社情民意得到相关部门采纳。政协委员全年提交个人提案18篇，提交集体提案3篇。《让医保政策更多的惠及人民群众》被列为市政协主席会议重点督办提案。张海虹、胡军委员提交《关于加强未成年人进入酒吧等娱乐场所管理》提案得到市级领导批示，并被刊载到《常德政协》。胡丽绚、龚立成委员提交《严防互联网风险的建议》得到市委领导批示。参与民革省委“献计新湖南、建功十三五”征文活动，提交征文2篇。

组织发展。5月25日，召开民革常德市委第七次代表大会。中国工程院士、民革省委主委田红旗，中共常德市委副书记徐正宪，民革省委专职副主委雷震宇，中共常德市委常委、市委组织部部长、统战部部长雷绍业等参加会议。大会选举产生新一届民革市委会成员和出席民革省委第十五次代表大会代表，大会选举陈位明为主委，杜鹏、张华欣、张恩、程本群为副主委，任命胡军为秘书长，选举陈位明、杜鹏、李志强、夏美华、张思韵、郭爱龙为出席民革省委第十五次代表大会代表。全年发展新党员11人，其中2位科级以上干部，1位任县级政府部门正职。2016年，民革成员有21名被推荐为常德市七届人大代表、政协委员；34名民革党员被推荐为区县人大代表、政协委员。民革市委加强对医卫支部、财经支部指导。将汽车机电学校支部更名为文教二支部，重新调整支部班子。

社会服务。全市现有幸存老兵99位，全部实行个性化结对帮扶，实现老兵生活保障、住房保障、医疗保障，通过日常定期关爱、在节假日开展活动集中关爱及对老兵生病、90岁、100岁生日等大事重点关爱形式，全年投入关爱款物近80万元。联合市委统战部、桃源县委统战部、汉寿县委统战部开展“同心工程、情系黄埔老兵”活动，集中对33位黄埔老兵集中关爱。7月29日至8月5日，与中国好人网合作，中国好人网关爱抗战老兵常德民革基地挂牌。通过“帮好人万里行常德之行”活动，对99位老兵进行慰问，为老兵送去慰问金、空调和生活必需物质。9月10日，开展“关爱老兵中秋情慰问活动”，为老兵送去现金、月饼、和生活必需物质。全年对每位老兵上门慰问2次以上。2016年12月5—6日，全国政协常委、民革中央副主席郑建邦、湖南省政协副主席民革湖南省主委刘晓到石门县一中、石门县磨市镇洞国学校，为15位优秀老师，120位优秀学子颁发园丁奖、助学金，总金额达53万元。主委陈位明全年5次深入临澧县佘市桥镇张家村扶贫点，参与摸底调查、制定脱贫计划，筹集发展资金300多万元。民革市政协委员与张家村20位贫困家庭、5位最贫穷学生结成帮扶对子，投入关爱资金2万多元。开展科技进农村、进学校、进社区活动，免费赠送移动手机300多台。开展“伸出博爱之手——牵手基层困难群众”活动。1月，主委陈位明率领部分民革党员骨干分别慰问紫桥社区、光荣路社区20多名特困户，送去油、米及慰问金近一万元。参与市委统战部组织新二村慰问小学生周兴怡活动。参加市委统战部在汉寿聂家桥社会服务活动。发动民革党员帮助聋哑青年邓宏杰立志创业，承接开业庆典气球拱门业务，资助现金2万元。3月29日，湖南省郑洞国教育基金会成立。原民革中央主席周铁农出席长沙成立大会，陈位明、杜鹏参加成立大会，李发明当选为副理事长。

祖统联络。学习习近平总书记会见中国国民党主席洪秀柱时发表重要讲话精神。鼓励台属党员通过探访、电话、书信往来，促进海峡两岸经济、文化交流。与市台办联合组织台湾乡、里长大陆行活动和陆配新娘二代三代返乡行活动。4月5日“清明节”，组织常德各界人士祭拜常德会战阵亡将士。邀请回常德探亲85岁高龄抗战老兵、台湾常德同乡会会长刘云家参加祭拜活动。接待中华海峡两岸文化交流协会理事长陈俊才访问常德沅郡实验学校。6月，主委陈位明参与市委台办接待50余人台湾大学生青春两岸行活动。

机关建设。2016年，民革市委健全决策机制，办文制度，机关干部管理制度，财务管理制度。利用民革网站主阵地作用宣传民革，改进常德抗战网。建立民革党员建言微信群。12月，开通“常德民革”微信公众号。以民革省委黄兴书画院为平台，推荐冯全祝、邓元俊为民革省委黄兴书画院会员，四幅作品获得收藏。全年在民革中央《团结报》、民革省委《民革报》、网站、常德统战网上稿110多篇。《与时间赛跑的善行，民革关爱抗战老兵举措》被常德《统战要情》刊登。（胡　军）

中国民主同盟常德市委员会

【概况】 2016年，中国民主同盟常德市委员会荣获民盟中央群言杂志社2016年度优秀发行单位奖，荣获民盟湖南省委参政议政工作先进集体、思想宣传工作先进集体、组织工作先进集体、反映社情民意信息工作先进集体等荣誉称号，盟员彭梅华被民盟湖南省委评为2016年度宣传工作先进个人，盟员朱士斌被民盟湖南省委评为2016年度反映社情民意工作先进个人。

思想建设。2016年，民盟常德市委学习习近平总书记系列重要讲话，学习中央、省、市重要会议和文件精神，增强全市盟员“四个意识”，坚定“四个自信”。主委傅绍平在《常德日报》等媒体发表2篇署名文章。10月，14名新任民盟常德市委副主委和民盟常德市委委员参加全市多党合作理论研修班。民盟常德市委组织全市300多名盟员参加中共湖南省委统战部组织“学习习近平总书记关于统一战线系列重要讲话精神和‘条例’知识竞赛”活动。民盟常德市委召开七届二次全委（扩大）会议，部署安排“两学一助”学习教育工作；专门印发《“两学一助”学习教育读本》，在常德民盟网站和常德民盟微信公众号上开辟“两学一助”专栏，引导广大盟员学原文、读原著、悟原理，交流学习心得体会；以纪念民盟成立75周年和中国共产党成立95周年为契机，在全市盟员中广泛开展“感悟先贤 我与民盟”主题征文比赛；组织发动全市盟员积极参与湖南民盟图像性标志征集和评选活动，切实增强广大盟员参政党意识；选派盟员唐圣君、周雪参加市委统战部举办民主党派人士“两学一助”学习教育“学优良传统”主题演讲比赛，获得1个二等奖、1个优胜奖。民盟津市市委、民盟武陵区基层委员会、民盟鼎城区基层委员会、民盟直属支部等盟组织召开专题会议进行“两学一助”学习教育工作动员部署；民盟湖南文理学院委员会、民盟机关支部分别组织盟员赴临澧参观林伯渠同志故居缅怀革命先烈；民盟桃源支部组织盟员上门慰问退休老盟员并为他们送上节礼；民盟市三中支部组织盟员赴重庆考察学习。民盟常德市委形成《常德民盟》内刊，常德民盟网站、常德民盟微信公众号，常德民盟QQ群、微信群等多位一体宣传平台体系。民盟常德市委各专委会，民盟津市市委、市直基层组织相继建立QQ群、微信群、微信公众号。开展与盟内外媒体合作，积极转载转发各级权威媒体重要文稿；加强对全市盟员教育引导，增强上下级盟组织之间、民盟常德市委负责人与全市广大盟员之间互动交流。主持编印《常德民盟（1988－2013）》，编印2期机关内刊《常德民盟》（其中1期民盟常德市委换届专刊）。推荐盟员胡诗词参选中共湖南省委统战部组织湖南省第二届十大“同心”人物。对常德民盟网站和常德民盟微信公众号进行升级改版。截至2016年12月底，在民盟中央、民盟湖南省委，省市政协、统战部网站或微信公众平台、《常德日报》、市政府网站等各级各类媒体总共上稿127篇；常德民盟微信公众号关注人数增至120人，2016年全年共发90期，累计发稿170篇，多篇稿件点击率突破100次，最高阅读量多达540次。

参政议政。2016年，民盟常德市委负责人先后出席民主党派和工商联市级组织负责人、无党派代表人士座谈会，《中共常德市纪委向市第七次党代会工作报告》（征求意见稿）征求意见座谈会，全市人民陪审员工作情况汇报会，市检察院向各民主党派市委通报2016年工作会和市发改委工作情况通报会等。主委傅绍平出席市政协主席李爱国主持召开做好政协工作征求意见座谈会、“加强农耕文化保护和利用”和“创建4D创业园”对口协商会议，副主委陈集亮出席市政协主席李爱国主持召开《常务委员会工作报告（征求意见稿）》征求各民主党派市委、市工商联和无党派人士意见座谈会，副主委杨莉出席省政协主席李微微一行来常德调研政协工作座谈会。2016年民盟常德市委完成3篇专题调研报告，其中《关于促进我市高等教育发展建议》，在市政协七届一次全会上作大会协商发言；《深化户籍制度改革，稳步迈进“大城市”时代》，在全市2016年度各民主党派工商联和无党派人士参政议政调研成果汇报会上进行汇报；《〈中国共产党统一战线工作条例（试行）〉实施过程中新情况新问题研究》作为民盟湖南省委参政议政委托课题报送并获三等奖。盟员梁平报送《关于完善我省师范教育体系，加强基础教育师资建设调查研究》，被确定为民盟湖南省委参政议政委托立项课题。民盟鼎城区基层委员会组织盟员对鼎城区《农产品质量安全法》执法情况和全区卫生系统打击“两非”专项工作进行调研；民盟联合支部组织盟员对全市电梯安全运行情况开展调研。在十二届全国人大四次会议上，全国人大代表刘绍英提交6篇建议案；在省政协十一届四次全会上，省政协委员傅绍平、杨莉共有3条提案被立案。在市人大六届人大四次会议上，市人大常委刘丽艳提交《建议将花岩溪纳入“大桃花源”旅游一体化规划打造》作为重点建议案得到市旅游外事侨务局办理。市政协六届四次会议期间，民盟常德市委提交4件集体提案，盟员市政协委员提交提案立案29件。其中，2件提案被确定为重点督办提案。民盟常德市委集体提案《关于促进我市民营医院快速健康发展提案》得到市卫计委负责人上门协商办理。《关于完善市城区公共自行车租赁服务、实行智能化运营提案》等5件提案得到中共市委书记王群等市负责人批示。盟员朱士斌在议政建言论坛上发言《关于对民事诉讼法第二十二条修改建议》转化为统战信息后，得到中共中央统战部《零讯》采纳，盟员梁平、周德芳发言《建议将法院列为大代表和政协委员责任审查单位》和《民办博物馆亟待规范化建设》分别转化为社情民意信息后，被市政协《社情民意》采用。

议政建言。2016年，民盟常德市委开展对“非公经济政策落实”专项民主监督活动。傅绍平、陈集亮等8位盟员市政协委员对市卫计委、市教育局、市工商局等多个职能部门民主监督反馈意见落实情况进行回访视察，对22家单位监督回访工作进行点评和满意度测评，并对提案办理情况进行评议。盟员朱能毅撰写论文《拓宽民主监督渠道 凸显党派履职特色》获“人民政协民主监督”征文优秀奖，该文系常德市唯一获奖论文。

对口联系工作。2016年，民盟常德市委主动邀请市人社局、市规划局和市教育局三家对口联系单位参加民盟常德市委换届和盟员议政建言论坛等重要活动。市人社局多次主动加强与民盟常德市委联系，积极配合支持民盟常德市委开展“关于促进我市高等教育发展”课题调研。10月，双方还在常德技师学院围绕常德市就业培训工作召开专题对口联系座谈会。社情民意信息。《“营改增”后建安、房地产领域出现新问题应予关注》等46条社情民意信息被民盟中央和民盟湖南省委采用；《不要忽视洞庭湖区临洪大堤水利组基础设施建设》《目前寄宿制学校亟待设立卫生室》等2条社情民意信息被省政协采用；9条社情民意信息被市政协编发，《城东片区整体提质开发势在必行》《市城区公交车辆电子显示功能亟待完善》《紧急呼吁原址保护穿紫河明荣王府书办官李氏家族墓》和《建议充分发挥河洑山爱国主义教育基地作用》得到相关负责人批示。

组织建设。2016年5月17日，全市134名盟员代表参加中国民主同盟常德市第七次代表大会。大会选举产生由25名委员组成民盟常德市第七届委员会和14名出席民盟湖南省第十四次代表大会代表。在民盟常德市第七届委员会第一次全体会议上，傅绍平当选为民盟常德市第七届委员会主任委员，刘丽艳（专职）、陈集亮、杨莉、李宝斌当选为副主任委员，李昌雄被任命为秘书长。新一届民盟常德市委负责人班子成员平均年龄47.2岁，其中博士1人、硕士1人。全年共发展盟员40名，其中注册会计师1名，注册建造师1名，市书协副主席1名，市美协副主席1名。盟员中担任市人大代表有5名，其中市人大常委1名；担任市政协委员有24名，其中，市政协副主席1名，市政协常委5名；担任区县（市）人大代表有19名，其中，县级人大常委会副主任1名，常委5名；担任区县（市）政协委员有45名，其中，县级政协副主席1名，常委12名。民盟常德市委举办2016年新盟员培训班，民盟常德市委机关干部参加民盟湖南省委举办参政议政、统战理论、组织工作和宣传工作等专题培训班。民盟常德市委积极选派盟员骨干参加在各级党校、社院及高等学校举办各类培训班。民盟桃源支部对盟员人大代表和政协委员举办提高参政履职能力专题培训讲座。换届后，民盟常德市委建立健全一系列工作制度和管理制度。《民盟常德市第七届委员会主委、副主委及秘书长分工》《民盟常德市委主委、副主委、秘书长、委员职责》《中国民主同盟常德市委员会议事规则》《中国民主同盟常德市委员会专门委员会工作制度》等。换届后，民盟常德市委结合常德民盟界别特点和传统优势，设置10个专委会：教育委员会、文化艺术委员会、法制委员会、经济委员会，参政议政委员会、社会服务委员会、统战理论研究委员会，青年委员会、妇女委员会、老龄委员会。建立微信群，制定《工作办法》，加强各界别、各领域盟员联系，促进各项工作积极、有序开展。民盟常德市委妇女委员会组织女盟员体验瑜伽；老龄委员会组织老盟员品茶聊天、参观丁玲纪念馆；法制委员会为民盟常德市委负责人在各种协商会、座谈会上发言提供法律支持，为政府负责人作专题法律讲座，组织律师开展“律师乡村行”活动等。2016年，民盟常德市委决定成立常德民盟书画院，取得业务主管部门批复，完成注册登记。

社会服务。2016年2月5日，主委

傅绍平带领扶贫后盾单位市民政局、民盟常德市委等8个单位一行20人前往扶贫点村慰问30户贫困户，为对口帮扶2个贫困户各送去慰问金1000元。4月上旬，副主委陈集亮带领机关干部到2个贫困户家中摸底调研，将了解情况登记造册。5月27日，主委傅绍平调度有关点村后盾单位、白云镇及青龙桥村负责人共同参加会议，推进相关工作，落实相关责任。10月20日，主委傅绍平带领市政协部分干部、政协委员、民盟常德市委机关干部、部分盟员深入点村开展金秋助学活动、为该村6名贫困学子每人送去500元助学金，为民盟常德市委结对帮扶三户贫困户家庭每户送去1000元慰问金和价值数百元农用复合肥料。盟员律师周德芳为村民做涉及婚姻家庭、民间借贷、劳资纠纷等法律讲座。为落实青龙桥村2016—2018年扶贫工作规划，民盟常德市委2016年专门拿出6万元帮扶资金用于支持该村基础设施建设。12月1日，主委傅绍平代表民盟常德市委，积极参与市委统战部在汉寿县龙潭桥镇唐家桥村开展“市委统战系统凝心聚力助扶贫”活动，与各民主党派一起为该村捐资3万元。盟员张国友派出骨伤科医师，在活动现场为该村送医送药。12月29日，盟员、博睿智能控制系统工程有限公司总经理钟发祥在常德市东星家居广场举办慈善义卖会，民盟常德市委专职副主委刘丽艳带领全体机关干部、部分市直基层组织负责人和广大盟员，参加活动并踊跃购买义卖产品、奉献爱心，现场义卖加个人捐助共筹得善款2.8万元，全部捐给常德市福寿颐康园（万寿老年公寓）。结对帮扶贫困户家属李小明受邀来到义卖会现场，并领到2000元爱心款。开展扶贫助学活动。1月30日，民盟常德市委联合盟员邓新民创办“新民善行汇”，为武陵区贾家湖社区和武陵区芦荻山乡张家堰村和祠堂寺村20户贫困户送去价值2000元米面油物资和15000元慰问金。2016年高考期间，民盟直属支部14名盟员用自己私家车为10多名城区高考学生提供全程免费送考服务。开展声援纪念活动。7月2日，在常德会战公墓，民盟常德市委、民盟武陵区基层委员会、常德市律师协会、常德日军细菌战受害者协会、湖南文理学院联合举办声援中日两国人民起诉安倍参拜靖国神社违宪集会，市直基层组织盟员及社会各界群众数百人冒雨参加集会。9月18日，在“九一八”事变85周年纪念日，民盟常德市委、民盟武陵区基层委员会联合常德市侵华日军受害者协会、市律师协会和市社科联等单位，在桃源县马鬃岭镇举办侵华日军细菌战受害者纪念碑落成仪式。民盟津市市委开展“同心·烛光行动”情暖翊武中学活动，民盟津市市委文化支部开展健康知识公益讲座、“文化服务进校园”等活动；民盟武陵区基层委员会在丹洲中心小学开展关爱留守儿童心连心慰问活动、在同心·白马湖街道富强社区开展文艺活动和捐赠活动、参与武陵区第26次全国助残日活动；民盟鼎城区基层委员会班子成员及下辖各支部主委分别结对1~5名特困学龄儿童，给每名特困儿童送出慰问金500元；民盟湖南文理学院委员会带领美术学院学生为市强制戒毒所教育戒治大院墙壁义务绘制《虎门销烟》等17幅作品；民盟经开区总支组织部分盟员赴德山莴草湖社区义务开展新生家长心理咨询辅导活动；民盟桃源支部积极参与同心·观音巷社区创建工作，在观音巷开展义诊活动、“优化民风民俗传统礼仪知识培训”、协助观音巷社区开展系列帮扶活动等。盟员高峰任会长常德市日军细菌战受害者协会被评为“2016年度全国社科组织先进单位”；盟员教师李彬撰写《谈美术课堂内小组合作策略》荣获全国第五届中小学生艺术教育科研论文二等奖；盟员画家刘汉军油画作品《渐失记忆·勾篮古瑶寨》成功入选第十一届中国艺术节全国优秀美术作品展览；盟员教师韩庆被中共湖南省委人才工作负责人小组评为2014—2015年度湖南省优秀科技特派员；盟员教师朱金凤荣获第二届“蓊伯赞教育突出贡献奖”；盟员、全国人大代表刘绍英任馆长常德市中外女性作品图书馆被省文联评为惠民基地；盟员曾敏荣获“2016桃花源古镇导游词征文大赛”一等奖。

（陈　薇）

2016年7月2日，民盟市委联合常德市日军细菌战受害者协会等单位在常德会战公墓举行声援中日两国人民起诉安倍晋三参拜靖国神社违宪活动

中国民主建国会常德市委员会

【概况】 2016年，中国民主建国会常德市委员会荣获民建湖南省委组织管理系统建设工作、反映社情民意工作、社会服务工作先进集体荣誉称号。会员高毅、何鸣被民建湖南省委评为社会服务工作优秀个人，机关干部刘斌被民建湖南省委评为组织管理信息系统建设工作优秀个人，会员汪晓庆、陈钢撰写《三十三载慈善情》荣获民建湖南省委“身边榜样”主题征文优秀作品奖。

思想建设。开展“两学一助”学习教育工作，民建常德市委召开“两学一助”学习教育动员会，给全体市委委员、各基层支部下发《习近平总书记系列重要讲话读本》《习近平谈治国理政》书籍，引导广大会员学习领会系列讲话要义。组织开展“磨炼意志、熔炼团队、完善人格、挖掘潜力”拓展训练和开展以“凝心聚力”为主题演讲比赛。围绕学习习近平同志系列重要讲话精神，学习中共十八大以来三中、四中、五中、六中全会以及中共中央统战工作会议和湖南省第十一次、常德市第七次党代会精神。4月，为配合换届工作，组织全体民建市委委员、基层组织负责人、会内省市人大代表、政协委员召开进一步严肃换届纪律工作培训。5月和7月，组织易旭、彭德强等7名基层组织负责人分别参加民建中央在北京举办基层主委培训班和民建湖南省委在江西干部学院举办基层主委培训班。9月，在汉寿县清水湖举办参政议政骨干培训班和开展拓展训练。6月和12月，分别组织会员袁承信、陈泓伟、刘浩、曾建刚等参加省委统战部组织新社会阶层代表人士培训班及新媒体从业人员培训班。全年，市委会向各级各类媒体报送宣传信息50余篇，其中民建中央采用1篇，人民政协网采,1篇，民建省委、常德市政府网、常德统一战线网共采用30余篇。特别是5月“常德民建”微信公众号正式上线以来已发布宣传中央、省、市有关会议精神，会务动态，会员风采等信息40余篇，累计点击量达8200余次。

组织建设。2016年5月23日，民建常德市委第七次代表大会胜利召开，选举产生新一届民建常德市委委员18名，其中经济界人士8名、占比45%，80后6名，大学及以上以上学历17人。市直一支部、综合一支部、老龄支部等支部进行改选；全年发展会员23名，96%具有大专以上学历，平均年龄34.8岁。其中经济界17名，占比超过70%；11月，民建桃源支部成立大会胜利召开，会议宣布中国民主建国会桃源支部成立，成为常德民建第21个基层支部。在2016年各级人大、政府、政协换届中，民建会员任市人大代表有9名、区县人大代表8名，任市政协委员有30名，区县政协委员37名。组织会员、企业家彭德强、王先华、陈继攀等参加民建中央主办“非公有制经济发展论坛”。民建经贸支部与民建南昌市新建区支部以及民建益阳市桃江支部缔结友好支部，双方就参政议政、会内活动、企业互访等方面达成合作协议。

参政议政。在市政协六届四次全会上，民建常德市委共提交集体提案2件，个人提案15件，其中《关于乡政府撤并后继续发挥好集镇公共基础设施和公共服务机构功能作用提案》《关于设立创业风险基金提案》《关于促进我市发展家庭农场提案》等被列为重点提案。武陵工委在区政协会议提交《创新发展我区社会组织建议》，得到区长签批。鼎城工委在区政协常委扩大会上作《城市扩容提质 助推“产城融合”》专题发言。柳叶湖支部会员在市政协全会提交《关于成立常德城市旅游集团助推全域旅游发展》，确定为重点提案督办。按照“党委出题，党派调研，政府采纳，部门落实”要求，民建常德市委会成立专题调研组开展“关于培育和发展市城区住房租赁市场”课题调研，通过召开座谈会、实地走访、异地调研等形式，对全市及外地住保部门、房管部门、房产中介企业、房产开发企业以及新进市民代表等进行调研，形成调研报告。针对市政协全会发言要求，开展“关于大力发展众创空间 推进大众创新创业”“应对项目建设新形势 全力引进战略投资者”课题调研，并完成调研报告。主委杨新辉撰写理论文章《新形势凝聚新共识 新要求当有新作为》在常德日报发表；湖南应用技术学院支部邓英、周志伟申报《新形势下与民办高校党外人士联谊交友问题研究》获学院立项并报中共湖南省委统战部，提交《民主党派更好履行民主监督职能五点建议》《统一战线智库建设四大问题和对策》等统一战线理论政策课题；完成《民营企业转型升级主要障碍及对策建议》《中小民营企业五大短板》《中小民营企业吸纳人才六大障碍》3篇非公有制经济发展论坛论文。会员曾盈、赵晋生、夏龙、李军、孙胜等担任市政务中心、市国税局、市酒管办、市交通局、市财政局、市商务局等多家单位监督员，参加对全市严厉整治工程建设环境开展民主监督活动。

社会服务。2016年，民建常德市委共前往扶贫点村石门县壶瓶山镇鼓锣坪村开展精准扶贫工作5次，完成对点村37户贫困户建档立卡工作，结合省、市政协委员参与“三个一”扶贫行动，实现与点村贫困户实现结对帮扶，并多次组织慰问点村贫困户及贫寒学子；筹集资金35万元，支持点村新修河口至梅家园900米联村公路；启动对该村1平方千米茶园提质改叶，在菜种、化肥、设备等方面提供支持。截至2016年年底，累计筹集各方扶贫资金100多万元，点

湖南“一家一”助学就业同心温暖工程“民建·益丰班”签约仪式

村精准扶贫工作被省、市八大媒体专题报道。民建常德市委承办湖南“一家一”助学就业·同心温暖工程“民建·益丰班”签约仪式，民建会员企业益丰大药房连锁股份有限公司捐资20万元在常德职业技术学院开办“民建·益丰班”，资助学生50名。民建津市市委组织会内医务人员开展义诊活动，3月、6月、10月开展3次大型义诊，就诊对象800多人，免费发放药品10000多元。民建鼎城工委开展扶贫慰问、捐资助学、社区服务、解决就业等公益活动，会员刘明高自2009年资助第一名贫困学生起，7年来助学达160余人。民营二支部主任彭德强带领支部会员开展“德强通信 爱心同行”送温暖活动，为津市市渡口镇敬老院、镇上贫困户捐钱捐物10多万元。民建经贸支部前往石门县栗子坪小学开展现场献爱心活动，向学校和学子们捐赠共计1.7万元现金与物资。民建经贸支部、民建综合一支部前往澧县儿童福利中心开展慰问捐赠活动，共捐助资金2万余元。民建应用技术学院支部9名会员结对帮扶本校12名贫困学子，共捐赠财物8000余元。民建常德市委多次前往和民建武陵工委共建“同心乡村”武陵区芦荻山乡天井港村指导考察，累计共捐赠资金近20万元，并完成对该村观光旅游项目设计与建设工作；在市级“同心社区”丝瓜井社区，开展捐资助学、扶贫帮困、技术指导等系列活动。民建鼎城工委“同心企业”活动继续推进，全年3次去晟源禽业实地考察，送技术、送政策、送建议，并帮助该企业销售有机肥500多吨。主委杨新辉带队走访会员企业湖南磊鑫新材料科技有限公司、中泽安星投资控股和益丰大药房医药物流园和千会员桃源县工业园区管委会招商局局长王小娅、武陵区民政局副局长王燕，详细了解会员企业发展和骨干会员工作情况。

（刘　斌）

中国民主促进会常德市委员会

【概况】 2016年，民进常德武陵区总支部入选民进全国基层组织建设案例。2016年，在民进全国参政议政工作会议上，副主委黄阳辉荣获“民进参政议政先进个人”称号。

参政议政。在常德市政协六届四次会议上，市政协民进工作组5项工作获通报表彰。其中，民进工作组被评为市政协先进委员工作组，委员张益源、熊英被评为优秀市政协委员；委员杨芳、李勇义、印家清联合提交《关于切实规范学生校外托管机构管理提案》被评为优秀提案；民进常德市委提交《我市地理标志产品保护与开发亟待走向纵深》调研报告荣获优秀调研报告二等奖；委员杨芳、李勇义撰写《湖南幼师高专附小存在安全隐患亟待消除》、李勇义撰写《金银珠宝首饰场所亟须加强安全管理》、张益源撰写《加强老旧居民楼隐患排查，确保人民生命财产安全》获优秀社情民意信息三等奖。民进常德市委提交发言材料《共和国没有忘记，常德不能忘记》得到常德市军分区政委张绳道批示。邓波、彭景等委员联名提交《关于合理规划城区停车位，缓解“停车难”提案》，分别得到市委书记王群、市长周德睿、常德市军分区政委张绳道批示。6—9月，调研组前往大别山区域鄂豫皖部分区县（市），湘潭韶山，衡阳耒阳、常宁，郴州资兴等地，广泛实地调研，形成《关于常德美丽经济零星思考》调研报告。9—11月，调研组赴市民政局等职能部门，在全市广泛开展调研，了解常德市社会公益组织现状和问题，提出合理化建议，形成《做强健康微公益，助力幸福新常德》调研报告。2016年，民进常德市委共反映社情民意4条，其中，《老人代步车存在重大安全隐患亟须规范》被市政协采用，并获副市长胡丘陵批示。

自身建设。发展新会员16名，其中湖南文理学院文史学院博士1名，市人大代表1名，县人大常委1名。5月19日，民进常德市第七次代表大会在金悦国际大酒店召开，选举产生17名委员组成民进常德市第七届委员会，在随即召开市委七届一次全会上，选举产生以张力为主委，张益源、黄阳辉、车立平、熊英为副主委主委班子。6月30日，桃源县支部完成届中调整，李晖担任支部主委。3月28日—5月27日，盛晓丽参加省社会主义学院第13期党外中青班，顺利结业，并被评为优秀学员。5月29日—6月3日，盛晓丽参加中央社会主义学院第1期民进骨干会员培训班。7月17—21日，张益源、杨芳、刘伟参加民进全省专职干部培训班。9月18—23日，张益源参加全省民主党派市级组织主委培训班。10月8—9日，张益源、刘伟参加民进湖南省委秘书长、办公室主任培训班。10月11—14日，熊英、车立平、郭灵芝、盛晓丽参加多党合作理论研修班。10月31日—11月4日，张益源参加常德市新时期统一战线理论研修班。11月17—18日，举办参政议政专题培训班，市委委员、支部主委、会内市人大代表、市政协委员、信息员参加培训。10月27日，在市委统战部举办民主党

民进常德市委“两学一助”送教下乡活动

派人士“两学一助”学习教育“学优良传统”演讲比赛中，民进常德市委推选刘奕伶、曹画两名会员参赛获三等奖。

社会服务。民进武陵区总支部利用会内优势，联合社会公益心理工作者及爱心人士，继续壮大近心帮心理健康协会，深入开展心理帮扶进社区活动，利用“互联网＋微咨询”“微课堂”、开展“家庭教育大讲堂”等模式在30多个社区展开线上公益活动，截至2016年年底，为3万多人免费提供心理咨询服务。1月27日，民进常德市委联合桃源县支部在桃花源敬老院开展送温暖活动，送去慰问金5000元，大米、食用油等物资1万余元。4—12月，民进市委主委张力、专职副主委张益源到鼎城区中河口镇麻河村开展精准扶贫工作，捐赠2万元支持麻河村扶贫工作。6月7日，民进常德市委联合民进武陵区总支部在张家界慈利县高桥镇完小开展“同心助学、情系乡村”送教下乡活动。7月30日，民进常德市委“两学一助”送文化下乡到桃源县九溪乡。8月28日，民进鼎城区支部开展“同心乡村、金秋助学”活动，为许家桥乡中堰村4名贫困大学生共送去8000元助学金。9月15日，民进鼎城区支部为双桥坪镇兴国寺村11名“五保户”和因病致贫贫困户送去共计6000元慰问金。11月8日，民进常德市委联合直属二支部、湖南幼专附小支部在石门雁池中心校开展送教下乡活动，共送去爱心助学基金共计1.2万元、物资5000元。

（刘　伟）

中国农工民主党常德市委员会

【概况】 思想建设。领导班子建立集体理论学习制度，学习讨论习近平总书记系列重要讲话精神和有关重要会议精神。10月30日—11月5日，副主委陈钰参加市委统战部在浙江大学举办“新时期统一战线理论研修班”学习。12月5—9日，主委杨健全参加农工党中央在杭州举办“新任市级组织主委培训班”学习。坚持谈心谈话制度，注重教育引导。通过暑期谈心、工作接触和专门约谈等方式进行谈心谈话，引导个别思想认识模糊党员依法、理性表达不同意见。开创“主委联基层讲党课”机制，提高思想认识。7月12日，主委杨健全带领机关干部赴安乡县、津市市，深入基层组织与党员座谈、讲党课。开展主题活动，凝聚精神力量。农工党市委组织全市党员通过多种形式，开展“两学一助”（学系列讲话、学优良传统、助力新常德新创业）系列学习教育活动。开展核心价值宣讲。4月26日，农工党中央“走进基层、贴近党员，培育和践行社会主义核心价值观百场宣讲”常德分场在柳叶湖开讲。农工党中央及省委领导进行宣讲，全市140多名党员参加。开展红色党史教育活动。9月3—6日，农工党市委委员和部分骨干党员赴河北西柏坡和保定军校，开展“学习优良传统，传承红色基因”主题红色党史教育活动。打造宣传平台，推介履职经验。8月9日，“农工党常德市委”微信公众号正式开通。

组织建设。5月24日，农工党常德市第七次代表大会召开，选举产生以杨健全为主委第七届农工党市委领导班子。农工党市委在原有参政议政、社会服务和宣传信息工作小组基础上，根据工作职能分工，成立参政议政、社会服务和宣传信息工作委员会；根据性别年龄层次，成立老年、妇女和青年工作委员会，分别由市委副主委或基层组织主委挂帅。后备队伍稳步壮大。党员发展方面，择优发展22名年纪轻、综合素质高新党员。平均年龄36.3岁，医药卫生界比例占76.2%，研究生学历6人，副高以上职称4人。政治安排方面，全市党员中，成功推荐市人大代表5人，区县人大代表5人；市政协委员27人，区县政协委员23人。实职推荐方面，梁丹任常德市畜禽水产品质量安全检验检测中心副主任，赵璐任武陵区启明街道办事处副主任，鲁斌任常德经开区建管局市政处副主任；谭辉任桃源县人民医院内科主任，黄昌林任西藏隆子县医疗服务中心副主任兼县人民医院副院长，余涛任常德市第一人民医院耳鼻喉头颈外科副主任。

参政议政。在市政协六届四次会议上，副主委胡剑鹏代表农工党市委所作大会协商发言《完善农村救助体系，实现精准分类救助》，得到市委书记王群批示，引起与会人员强烈反响，当场有委员表示愿意救助报告中提及贫困户。集体提案《加强物业管理，构建完美和谐社区》获得市委书记王群“拿出办法、提升品质、发展产业”和市长周德睿“规范完善、补齐短腿、提升服务”批示。4月，提案经合并后列为市政协主席会议1号建议案。11月9日，市政府第47次常务会议审议通过《关于进一步加强物业管理工作意见》。《我市公立医院改革进程中引入社会资本》建议被充分吸纳。5月，常德市与国药集团签订医养综合体战略合作框架协议，副市长陈华主持调度市一中医医院项目。在2015年度全市各民主党派市委、市工商联和无党派人士参政议政成果汇报会上，农工党市委提交《落实新〈食品安全法〉，促进我市农村食品安全监管》调研成果，引起与会者强烈共鸣。2016年3月，六部门联合下发《关于进一步加强农村食品安全治理工作意见》（常食安办发〔2016〕1号），开展农村食品安全“清源”“净流”“扫雷”“利剑”四大专项整治行动。主委杨健全报送《民主党派地方组织在协商民主实践中加强网络宣传思考》、专职副主委陈钰报送《民主党派基层组织在协商民主实践中面临问题与思考》，分别被农工党中央评为2016理论研究成果二等奖和三等奖。2016年，农工党市委共向上级报送社情民意信息30余条，其中主委杨健全反映《合乡并镇后配套深化乡镇站所改革亟须解决“四个不对等”问题》、副主委刘凤姣反映《建议建立艾滋病患者低保“绿色通道”》，被市委统战部《统战信息》2016年第2期、第8期刊发。专职副主委陈钰报送有关套取医保基金和企业诚信建设建议在省政协《社情民意》107期、167期刊发，专职副主委陈钰提交《在市城区公交车上配备急救药箱》及副主委刘凤姣提交《建议对贫困艾滋病患者家庭实施低保救助》分别在市政协《社情民意》54期、64期

农工党常德市委举办“继承优良传统 展现党员风采”演讲比赛

刊发。

社会服务。农工党市委为市七医院、市肿瘤医院、鼎城区港二口中心卫生院等5家骨干党员所在医疗机构争取到农工党北京市委、北京中成康富科技有限公司捐赠价值60万元毫米波活细胞治疗仪。6月13日，五家医疗机构代表赴长沙参加捐赠仪式并当场签署捐赠协议。6月16日，农工党市委联合桃源支部，在桃源县漳江镇观音巷社区开展第9届“中国环境与健康宣传周活动”，共向社区群众发放200个环保宣传手袋和400份环保宣传手册，约500余名群众在环保倡议横幅上签名响应，同时开展送医送药活动。11月13日，农工党市委组织市一医院总支，赴汉寿县第二人民医院和蒋家嘴卫生院开展第28届中国“国际科学与和平周”医疗援助行动。副主委胡剑鹏、总支主委张承德带领20余名医疗专家参加活动。6月17日，主委杨健全带领机关干部深入帮扶对象家中，逐户解情况，制定帮扶措施。8月7日，农工党市委组织全市456名党员以缴纳脱贫攻坚特殊党费形式喜迎农工党生日。现场共收到“特殊党费”96200元整，涌现出熊延兵、饶德明、冯文华、贺碧波、戴志宏、史毅军、刘书斌等热心慈善党员。8月26日，主委杨健全带领市一医院总支、武陵总支和直属支部与3户贫困家庭结成帮扶对子。相关基层组织负责人走进对口帮扶家庭，解具体情况，分析致贫原因，询问脱贫意向，现场提出医疗救助、住房改造、就业安置等帮扶措施。

（贾天洋）

【举办“继承优良传统 展现党员风采”演讲比赛】 2016年9月24日下午，农工党常德市委在国际大酒店三楼多功能厅举办“继承优良传统，展现党员风采”主题演讲比赛。农工党市委班子成员、各基层组织参赛选手及“亲友团”成员共约120人参加。市人大常委会副主任肖燕芳、市委统战部党派科科长钟黎出席活动。

来自全市11个农工党基层组织11名选手参加比赛，安乡支部选手李莉获一等奖，德山总支选手何静和文教支部选手康元获二等奖，一中医院支部选手卢昌怀、鼎城总支选手刘红英和一医院总支选手李艳兰获三等奖，津市市委选手周芳、武陵总支选手黄蓉、卫生支部选手石佳鑫、桃源支部选手李昊骏、德山总支选手曾凌芳获优胜奖。（贾天洋）

中国致公党常德市委员会

【概况】 2016年，致公党常德市委员会荣获致公党湖南省委综合考核优秀奖。其中参政议政、思想宣传、社会服务均获得单项工作考核优秀奖。

参政议政。在常德市政协六届四次全会上，致公党市委做关于《发展文化创意经济，助推产业融合转型》协商发言。致公工作组政协委员提交13件提案，均被市政协立案采用。主委杨成英在省政协全会上发言被省委统战部《建言》刊物采用。专职副主委胡碧波代表市政协港澳台侨外事委参加对市国土局、市经信委、市交警支队民主监督评议发言。陈勇任撰写《“校园欺凌”呈现五大趋势令人担忧》《警惕“规则”成为释放简政放权政策红利第一“拦路虎”》被湖南省政协采用。胡碧波在致公中央十四届六中全会讨论会上发言被致公党中央以简报方式刊载。陈勇任撰写《当前乡镇年轻干部流动存在四大问题需引起重视》被中央统战部《零讯》采用。完成《放眼世界，加快常德开放性经济发展》《利用合村并镇的契机，加快推进我市小城镇建设》课题调研。

社会服务。春节期间，市直二支部为武陵区新坡社区敬老院送去手写迎春“福”字和节目《欢喜俏媒婆》；武陵支部联合致公书画院开展“迎新春送春联”进社区活动；鼎城支部组织看望慰问困难群众。3月4日，教育支部到临澧文家乡专程看望资助对象，带去爱心款和爱心物资。3月25日，致公书画院书画家前往澧县职工学校，开展送传统文化进基层活动。5月25日，市直二支部联合凯丽健康管理中心，为武陵区丝瓜井社区居民进行保健讲座和义诊。4月15日，主委杨成英带领机关干部，到桃源县牛车河乡汤家溪村开展精准扶贫工作。5月18日，“德成建设微善风助学安乡”活动举行，共募得首批善款110多万元，526名贫困孩子得到资助，开办2个“致公班”。5月30日，鼎城支部在鼎城社区举办“文明礼仪知识进社区”活动。6月1日，由致公党员聂泽桂出资组织大型原创杂技情景剧《梦之旅》在湖南文理学院艺术中心大剧院上演。6月8日，致公党市委与常德市安监局联合举办“做安全生产忠诚卫士”演讲比赛。6月19日，鼎城支部和医卫支部组织市第一人民医院专家，在鼎城区联合开展社会服务活动，接待群众300多人次，发放药品价值11000余元。6月27日，致公党市委与鼎城支部联合主办“践行两学一助，致力文化繁荣”送文艺下社区活动。8月1日，湖南省“一家一助学就业·同心温暖工程”致公班在长沙举行签约仪式，签约“致公·福地班”和“致公·深华班”，资助100名职高学生完成学业和就业。10月18日，陈勇任引进昆明市常德商会、云南康德福健康管理公司与常德市残疾人福利基金会进行爱心捐赠签约仪式。11月11日，市直二支部到武陵区新坡社区，开展送文化送健康爱心讲堂活动。12月10日，市直一支部到市委统战部同心社区——丝瓜井社区，开展送法律送温暖活动。12月25—31日，武陵支部在府坪街道举办“武术进社区”三级社会指导员培训班，开展武术进社区推广活动。致公党社会服务工作委员会祝安顺荣获湖南省“最美扶贫人物”和“中国致公党扶贫开发工作先进个人”光荣称号。

侨海联络。8月，致公党员张艳、文超前往英国和德国参加“亲情中华、魅力湖南、美丽常德”文化交流慰问演出。11月，致公书画院创作的2幅书画作品作为致公党省委出访香港、澳门礼物。12月，致公党市委召开青年海归创新创业座谈会，12名海归青年表达投身“新常德新创业”热情和决心。

自身建设。致公党常德市第二次代表大会于5月18日在芷园会堂召开。致公党全年有200多篇工作动态报道、理论文章、社情民意在中央、省、市各级网站或报刊发表，其中致公党中央发表12篇，三湘统战网发表29篇、湖南致公发表106篇。“互联网＋党派工作”参加致公党省委组织征文活动。“两学一助”和学习中共十八届六中全会，省、市党代会精神心得体会分别在常德统战部和致公党湖南省委网站发表。《致公党常德市委精心打造微博助学》在《湖南日报》《人民论坛网》《光明网》《凤凰网》《华声在线》《和讯网》等媒体发表。《淡泊名利，履职尽责》被中国政协《理论与实践汇编》采用。《致公党常德武陵支部送“春”进社区》被人民政协网采用。3月4日，致公党市委组织党员以“缅怀先辈，磨炼意志”为主题，赴革命老区临澧太浮山学习参观。8月9—12日，致公党市委赴井冈山进行为期四天革命传统教育。9月14日，致公党市委在芷园宾馆举办“两学一助”演讲比赛。11月17日，致公党市委举行新党员入党宣誓仪式。全年共发展6名党员，其中有2名海归留学生、2名研究生。致公党市委组织编印“两学一助”学习教育读本。全新改版常德致公网站，开通常德致公微信公众号。3名支部正副主委分别得到提拔，11名党员担任市政协委员，1名党员担任市人大代表，10名党员担任区政协委员，1名党员担任区人大代表，1名党员作为专家援藏。（许　晓）

8月9—12日，致公党常德市委组织致公党员赴井冈山进行为期四天的革命传统教育

九三学社常德市委员会

【概况】2016年，九三学社常德市委被九三学社中央评为组织建设先进集体；被九三学社湖南省委评为社会服务工作先进集体、机关建设工作先进集体、社情民意信息工作先进集体。毛武被九三学社中央评为先进组工干部。

参政议政。在政协常德市第六届委员会第四次会议上，九三学社市委提交《紧贴市场抓培育、精准发力求实效》集体提案被选为市政协大会书面发言材料。全年向九三学社湖南省委提交社情民意信息76条，向市政协提交社情民意信息5条，向市委统战部提交《提高慢性粒细胞白血病等特殊疾病门诊报销额度》被中央统战部《零讯》采用。全年完成《加快常德口岸建设，打造湘西北开放崛起新高地》《加快科技企业孵化器建设，助推我市创新创业发展》《湖南省农村居民饮用水源现状调查及改善对策研究》《积极探索农村垃圾治理，大力推进美丽乡村建设》《加快推进新型职业农民培育工作》等5个重点调研课题，先后前往衡阳市、郴州市、娄底市、邵阳市、汉寿县、石门县等地和市商务局、市科技局、市农委等部门开展专题调研活动，形成调研报告提交九三学社湖南省委、市政协和市委统战部。积极参加市政协组织开展“加强农耕文化保护和利用”专题调研。配合九三学社湖南省委到常德开展“洞庭湖水环境综合治理”和“促进社区服务业发展研究”专题调研活动。

民主监督。组织社内市政协委员前往市质量技术监督局、市农委、市畜牧兽医水产局等单位，就重要履职成果转化运用情况进行监督回访。副主委刘寅初和委员李湘分别代表政协文史委在全市民主监督工作会议和民主评议提案办理工作会议上进行点评发言。

社会服务。3月28日，九三学社市委到扶贫点村——汉寿县崔家桥镇东仓铺村开展扶贫帮困工作，召开专题会议，商议东仓铺村精准脱贫工作。5月31日—

6月1日，到东仓铺村开展走访慰问活动，并与结对贫困户开展座谈交流，送去慰问金。九三学社市委从工作经费中安排5万元支持该村发展建设，从其他渠道为该村水利、公路设施建设争取项目资金1250万元。投资1200万元东仓铺大桥动工建设，大桥建成通车后将大大缩短该村及周边居民到汉寿县城时间和距离。4月13—15日，九三学社湖南省委专职副主委王仁祥、参政议政处处长吴国寰、社会服务处副调研员李成科一行前往石门县壶瓶山镇李坪村开展精准扶贫调研活动，并就促进当地茶叶发展进行调研。省扶贫办将该村申报土鸡养殖项目纳入2016年省级财政专项扶贫资金计划，资金金额10万元。开展同心工程和捐资助学活动。1月15日，九三学社湖南省委社会服务处处长熊英和湖南养天和大药房连锁有限公司总经理张西军一行前往常德市职业技术学院药学系就“一家一”办班情况进行对接。3月2日，市工业学校“九三·军成班”举办资助金发放仪式，来自该班50名贫困学生获得资助。5月26日，桃源县支社为桃源县职业中专“九三·龙行天下班”50名学生捐赠1万元爱心助学金。11月18日，“九三·宏胜班”在汉寿县职业中专举行开班仪式，九三社员粟勇和中华职教社分别出资10万元，两年共资助费用20万元，资助50名贫困学生完成学业。九三学社市委为市级同心项目——河洲龟鳖专业合作社和市级同心乡村——鼎城区花岩溪镇湖江坪村进行授牌。10月27日，九三学社湖南省委前往鼎城区花岩溪镇湖江坪村调研同心乡村建设工作，并将该村作为省级同心乡村进行申报。武陵区支社组织“庆六一·关爱留守儿童”爱心捐赠活动在武陵区芦荻山乡黄爱村黄爱学校举行，赠送104套新校服和鞋，物资价值共计5万余元。鼎城区支社为湖江坪村10名贫困学生每人捐助500元助学金。桃源县支社为结对帮扶学生送去3000元慰问金。九三学社社员、九三学社桃源县支社副主委、湖南龙行天下运动用品有限公司董事长龙树初一次性向桃源县教育基金委员会捐赠善款80万元，用于贫困学生完成学业。

2016年5月20日，九三学社常德市委第六次代表大会在华天大酒店召开

社员粟勇捐赠10万元用于东山峰南洋学校建设和发展。全年开展九三讲堂活动12次。4月17日，经开区支社、常德职院支社组织医卫、科技专家前往东仓铺村开展送医送药送科技下乡活动，现场发放价值5000多元保健药盒，送去100袋河粉。7月24日，常德职院支社前往白鹤山乡开展送药义诊活动。9月11日，市第一中医医院支社到河洑镇岩桥村开展送医药下乡义诊活动。10月15日，市一医院支社组织该院16个科室20余名医疗专家前往鼎城区十美堂镇，为当地近300多名村民义诊、免费发放价值8000多元药品。10月29日，鼎城区支社组织市一中医医院支社医疗专家前往湖江坪村开展送医送药、扶贫帮困活动，为村民免费发放价值1万多元药品。武陵区支社联合益丰大药房启动“清理家庭小药箱活动”，在百街口社区和贾家湖社区组织用药知识宣讲活动，开展“九三健康大讲堂”活动，免费发放5000余元常用药品。

组织建设。2016年5月20日，九三学社常德市委第六次代表大会在华天大酒店召开，湖南省政协副主席、九三学社湖南省委主委张大方，副主委李云才，中共常德市委副书记徐正宪，中共常德市委常委、组织部部长、统战部部长雷绍业等出席大会开幕式并致贺词。会议选举产生17名九三学社常德市第六届委员会委员，冉滨辰任主委，刘寅初、于冀民、朱惠平、戴海蓉任副主委，肖超银任秘书长。全年共发展15名新成员。选派9名社员参加市委统战部组织民主党派新任市委委员培训班。8名社员参加新任市政协委员培训班。5名社员参加九三学社省委基层组织负责人培训班。2名社员参加九三学社省委骨干社员培训班。选派1人参加九三学社中央第二期专职干部培训班。组织39名骨干社员赴井冈山开展“两学一助”学习优良传统教育活动。（毛　武）

常德市工商业联合会

【概况】 服务创新。2016年5月，做好全国工商联副主席杨启儒来常就民间投资第三方评估工作相关协调工作，分别召开职能部门、企业家座谈会，对全市民间投资政策措施落实方面存在障碍和困难，民间投资增速下滑和影响民间投资深层次因素等30多条问题，提出解决意见和建议。4月，配合做好全省深化改革督查组来常督查工作。12月，召开降低企业生产成本调研座谈会，并形成调研报告供市委、市政府参考。3月，组织会员参加全国工商联非公有制企业法律风险防范与管理培训活动。6月，邀请市国税局就“营改增”为非公有制经济人士作辅导。4月，与市检察院联合召开“依法保障和促进非公有制经济健康发展座谈会”，11月完成建立部门联动机制文件起草工作，开通咨询、投诉、维权、服务电话热线。开展“引老乡、回故乡、建家乡”活动，协助完成“德商恳谈会”相关工作。5月，与西安市雁塔区工商联结成友好商会。11月，配合市台办组织10名会员到台湾开展中小企业交流考察活动。

服务社会。6月，向全市非公有制经济人士发出“争当精准扶贫排头兵”倡议。组织开展“同心工程”建设现场交流活动，3次走进“同心社区”丝瓜井社区、“同心乡村”白鹤山镇太阳谷开展活动。制定《常德市“万企帮万村”精准扶贫行动方案》和《2016年市工商联结对帮扶桃源县观音寺镇万阳山村工作方案》。5月和12月，机关干部职工走进万阳山村开展精准扶贫工作。9月23日，市工商联主席张业梅率领市工商联班子成员及11名企业家一行，到万阳山村开展精准扶贫村企对接实地考察活动。撰写提案议案，其中《关于规范我市电镀产业发展的建议》《关于做好沅澧快速干线配套规划的提案》得到市委王群书记签批。在市工商联调研成果《我市中小微企业生存状况报告》基础上，市政府出台《常德市帮扶工业企业十条》。

教育引导。全年领导班子成员到各区县市，向1000多名非公有制经济人士宣讲习近平总书记在全国政协民建工商联委员联组会上的重要讲话和市委统战工作会议精神10余场（次）。7—8月，市工商联集中组织开展“访民企、办实事、强信心”主题调研活动，张业梅主席、李宏岸书记等班子成员走访非公有制企业265余家，并解决各类问题20余个。大湖股份、中正咨询等企业通过组织开展专题报告会、辅导讲座、研讨交流等活动，引导非公有制经济人士学习领会并准确把握中央和省委、市委重大决策部署。

组织建设。做好市、县两级工商联（总商会）换届选举工作，并集中推进基层商会和直属行业商协会换届选举工作。6月24日，市工商联召开第七次会员代表大会，市四大家主要领导出席，王群书记作重要讲话，并选举产生以张业梅为主席（会长）第七届领导班子。5月，启动全市非公有制经济组织党组织“两学一做”学习教育，防水保温协会、装饰建材协会、福建商会等直属党支部学习教育。在全市非公有制经济组织基层党组织中开展“党员之星”评选活动。开展市直管非公有制党组织关系集中排查工作，党组织关系在非公有制党工委党员共227人，无失联党员。开展“五好”县级工商联创建活动，确保“五好”达标率达到70%。申报临澧县工商联为全国县级工商联“五好”典型并得到批准。全年发展企业会员998名，行业商协会5家。指导10个直属分会开展“走进企业，交流经验，共同成长”系列分会活动。全面完成机关搬迁入驻商会大厦准备工作。开展“两学一做”学习教育，在党外人士中开展“两学一助”学习教育。

（肖　海）

【市工商联举行“2015年常德市经济社会发展情况”通报会】 2016年1月20日，由市委、市政府主办，市工商业联合会、市总商会、市非公有制经济组织工作委员会承办“2015年常德市经济社会发展情况”通报会，在共和酒店国际会议中心举行。市委副书记、市长周德睿作主题报告。市委常委、组织部部长、统战部部长雷绍业主持通报会。市人大常委会副主任王孝山，副市长沈习淼，市政协副主席、市工商联主席陈伟俊等出席。（肖　海）

【全国工商联调研组到常德调研】 2016年5月20—21日，受国务院委托，全国工商联副主席杨启儒率调研组一行6人，在省工商联副主席吴曙光陪同下，到常德就促进民间投资第三方评估进行专题调研。市政协副主席、市工商联主席陈伟俊，市人民政府副秘书长康少中等陪同或参加调研座谈会。20日下午和21日上午，在共和酒店分别召开“全国工商联促进民间投资第三方评估常德调研政府部门座谈会”“全国工商联促进民间投资第三方评估常德调研企业家座谈会”。市发改委、市财政局、市经信委、市金融办、市地税局、市住建局、市科技局等部门负责人，华星电器、大湖水殖、中正咨询、富新房产、宏胜装饰、和生源养老公寓等企业董事长或总经理结合企业发展，提出意见和建议。（肖　海）

【市工商联（总商会）第七次会员代表大会召开】 2016年6月24日，常德市工商联（总商会）第七次会员代表大会在芷园会堂召开。大会选举产生常德市工商联（总商会）第七届执委会，张业梅当选市工商联（总商会）第七届执委会主席（会长）。赵晓波、黄明中、丁

2016年6月24日，市工商联第七次会员代表大会

碧燕等17名同志当选为副主席，赵晓波、黄明中、万助鸿等15名同志当选为市总商会副会长，向寅军当选为秘书长。罗祖亮等6名同志被聘为总商会经济顾问。大会向全体代表发起《争当精准扶贫的排头兵》倡议。邀请市国税局党组成员、副局长冯泽强为会员代表作营改增税法专题培训。省、市相关领导，市工商联历届老同志，各区县（市）委统战部部长、工商联主席、工商联党组书记，市直有关单位负责人，各民主党派、党外知识分子联谊会、有关人民团体负责人、非公有制企业党组织负责人代表及会员代表共420人参加会议。（肖　海）

【市工商联赴桃源万阳山村精准扶贫】 2016年9月23日，市工商联主席张业梅、党组书记李宏岸率领市工商联班子成员及11名企业家一行，到扶贫点村桃源县观音寺镇万阳山村开展精准扶贫村企对接实地考察活动。张业梅一行现场察看7月18日被山洪冲垮路段、实地考察项目资源，走访慰问2个特困户，并送去慰问金。11名企业家“一对一”结穷亲，现场认捐9万元，帮助贫困户及贫困学子。（肖　海）

常德市总工会

【概况】 劳动竞赛。开展“践行新理念，建功‘十三五’”主题劳动竞赛和第八轮“芙蓉杯”竞赛活动。全市有2374个企事业单位开展劳动竞赛活动，参赛班组达5万多个，参赛职工达25.4万人。围绕全省“十行百优”工匠评选竞赛活动选手选拔，组织举办2016年常德技能大赛，在全省“十行状元、百优工匠”竞赛活动十项工种外，还组织开展加工中心操作工（四轴、五轴）、数控机床装调维修工、美容美发师、月嫂等5项工种的竞赛，市县两级有近200家企业，1万余名职工报名参赛，通过竞赛有近300名职工获得技能等级晋升。常德烟草机械有限公司车间操作员王永幸、常德财经学校教师张幸、常德技师学院教师李志立、湘北职业中专教师欧阳盼等4名同志获得湖南省“优秀工匠”荣誉称号；常德市第四中学教务处主任、数学和物理教师朱金凤和湖南省四通建设有限公司质安部经理孙锦新等2名同志获得“全国五一劳动奖章”荣誉称号；鼎城区地方税务局办税服务中心获得“全国工人先锋号”荣誉称号；湖南省地勘局403队获得“全国五一劳动奖状”荣誉称号。

技能培训。创建中南职教网，增强培训灵活度；加入长江沿岸城市职教联盟，引入外地师资，优化培训力量，增强培训吸引力；探索购买服务，博采社会众长。为增强城乡困难职工和农民工就业能力，定制岗前培训套餐和自主择业套餐，并结合“一户培养一产业工人”工程和农口部门联合推出农村扶贫专享套餐，为提升职工技能水平，定制企业短训套餐、集中培训套餐和以赛促训套餐，还针对不同群体的创业需求，开设创业规划培训套餐、创业技能培训套餐和创业发展培训套餐。全年组织各类技能培训班近百场次，8300多人参加培训，其中城乡困难职工和农民工占60%，通过技能培训，5700多人实现各类形式的就业，近400人实现创业，帮助800多名农民工家庭发展自己的产业。全年有3500多人初步实现脱困解困。市职教联合会在2016年12月召开的全省城乡困难职工家庭“一户培养一名产业工人”脱贫解困经验交流会上做经验介绍。

厂务公开。不断健全完善厂务公开民主管理制度，在津市市召开全市非公有制企业厂务公开民主管理工作现场推进会，在全市开展厂务公开办点示范工作。市、县两级工会领导机关的班子成员，每人创建1个厂务公开示范点，并将办点示范延伸到市厂务公开领导小组成员单位（每个成员单位创建1个示范点），全市共创建示范点69个。对办点示范情况进行两次集中督查，并结合督查和年底考核验收，对其中20个优秀示范点给予3000~8000元的工作经费和奖励性补助。全市职代会建制率国有企事业单位达100%，规模以上的非公有制企业达89%。借助厂务公开民主管理工作深入推进，积极推动建立职工工资共决、正常增长、支付保障机制，深入实施工资集体协商“春季要约”行动，全市已建工会的企业工资集体协商达到97%。

维权帮扶。着力构建工会法律援助、劳动法律监督、企业民主管理三位一体的维权工作体系，在全市300人以上的企业全部建立劳动争议调解组织，300人以下的企业都安排1名劳动争议调解员，成功调处常德达门船舶公司员工解除劳动合同纠纷案等83件劳动争议案件，建立和完善职工法律援助机制，发挥职工维权律师和法律援助志愿者的作用，依托志愿服务者开展法律援助活动。全年共办理法律援助案件59件。充分发挥“双联”帮扶平台作用，将“双联”帮扶工作纳入绩效考核范畴，加大工作推进力度。全市共有1123个机关单位联系664家企业，17312名机关干部联系14847名困难职工。通过实施项目化帮扶落实涉企惠民政策，共实施帮扶项目109个，各项目落实率达90%以上。组织开展第五期职工医疗互助活动，参加医疗互助活动14.6万人，其中参加特殊疾病互助14.4万人，共收到互助金731.9万元。第四期医疗互助活动期内发放互助金701.55万元，结余79.68万元，结余数占总额的10.2%。结合职工医疗互助活动，开展大病救助，全市共救助大病职工（农民工）957人。开展“金秋助学”活动，共资助困难职工（农民工）家庭子女1813人上学。实施“女职工维权行动月”活动，组织开展女职工关爱行动，把困难帮扶、职业健康、就业服务、子女助学、心理关怀、婚恋服务纳入“关爱”内容，实现单亲困难女职工精准帮扶全覆盖，并建设一批职工心理咨询室、母婴关爱室，进一步维护女职工合法权益和特殊利益。同时，还将家庭文明建设纳入女职工关爱行动，大力宣传《中华人民共和国反家庭暴力法》，并在全市女职工中广泛开展“写家书·传亲情”暨“常德好家书”评选活动，评选出30篇“常德好家书”，在微信公众号、网站、“劳动论坛”等媒体进行专题刊载和分享。

自身建设。以企业集中的开发区、工业园区、商贸楼宇、集贸市场为重点领域，以农民工和劳务派遣工为重点对象，创新工会组建方式方法，做好非公有制经济领域建会和农民工入会工作，全年新增基层工会267家，涵盖法人单位1031个。开展干部定点联系基层活动，市总工会常委每人牵头联系1个乡镇（街道）工会联合会和1个企业工会，各县（市）区工会每名班子成员牵头联系1家企业工会。对列入市总工会联系点的乡镇（街道）工会联合会和企业工会，市总工会每年分别拨付8000~15000元工作经费和奖励性补助。6月，对全市行政事业单位和国有及国有控股企业开展工会经费专项审查，对以工会经费名义违规发放津补贴或奖金福利问题的进行专项清查整治。11月，举办全市工会专项资金使用管理工作培训班，对进一步规范帮扶资金、劳模资金和医疗互助资金的使用管理起到积极作用。推行乡镇（街道、园区）工会经费“乡财县管”工作，在坚持基层工会主体、经费使用权和审批权“三个不变”的原则下，严格基层工会经费的使用程序。截至2016年年底，全市工会经费“乡财县管”工作已基本推行到位。积极规划一批职工维权帮扶中心、职工文化活动中心和工人文化宫建设项目，主动开展争资争项工作。市第二工人文化宫和汉寿县、津市市的职工活动服务阵地正在筹建或建设中。每年投入300多万元，引导基层工会开展“乡镇职工文化活动广场”“职工之家”等阵地建设。

（曾　波）

共青团常德市委

【概况】 2016年，共青团常德市委荣获“省共青团工作先进单位”“省三下乡社会实践活动先进单位”“省争戴两型章、争创两型中小队活动优秀组织奖”等荣誉称号，被评为“市绩效考核良好单位”“市综治工作先进单位”“市扶贫开发优秀后盾单位”。

服务中心。青年创新创业“135”工程。举办“青春绽放、梦想起航”青年创新创业人才招聘会，提供近5000个就业岗位；举办第二届“创青春”市创新创业大赛，对20名获奖选手及项目给予30万元奖金以及融资、入园等扶持。举办首届城市微旅行暨青年创新创业高峰论坛，开展“寻找青年创新创业榜样”评选活动，评选出10名“青年创新榜样”、10名“青年创业榜样”。新增老西门文化综合体、技师学院众创空间等5家青年创新创业基地，帮助7个大学生创业项目争取到33万元无偿资助。“青春做伴”助力脱贫攻坚专项行动。联合人社等部门开展农村青年创业技能培训1000多人次，提供就近就业岗位800多个；“六一”期间邀请20名留守儿童、特困青少年到市区开展感受城市活动；组织400多名大中专学生赴20个贫困村开展暑期“三下乡”志愿服务，做好联系点村石门县维新镇观峰山村精准脱贫工作。“青春共建·亲亲常德”青年志愿者行动。开展“学田工”便民服务、“绿动常德”青少年公益环保、“小手牵大手”“帮老乡回家过年”“大爱有家——事实孤儿救助”等活动，成立应急救援青年志愿服务队，组织1500多名青年志愿者全程参与常德柳叶湖国际马拉松赛志愿服务工作。

服务青年。全年推送手机报40多期、微信340多条、微博1300多条，“青年之声”平台访问量近230万人次。开展“跑动青春——与文明同行快乐彩跑”“公益约会第三季——爱在欢乐堡”等时尚化活动，举办10场青联委员“青年说”，创作拍摄多部共青团文化产品，《光荣与梦想》累计观看次数就达100万人次。加大“希望工程”等公益活动的帮扶力度，募集助学资金97万元，资助贫困学生510名。举办首届市青少年才艺大赛，接待10多万中小学生来市青少年活动中心禁毒宣教馆、攀岩馆参观体验。开展“共青团与人大代表、政协委员面对面”“寻找最美青年卫士”“禁毒微公益”等活动，参与法治常德建设。

自身建设。全面完成129个乡镇团委集中换届工作，团委书记均由乡镇领导班子成员兼任。举办全市基层团干部和青年创新创业人才培训班，深化武陵区网格化团建创新工作。开展“两学一做”学习教育，组队参加全省共青团系统“两学一做”知识抢答赛获三等奖。建立“1+100”等直接联系青年常态化机制，改进青年参与机制，探索“三下三上”工作方式，通过组建市青年咨询团、开展“机关开放日”活动、青年网络评议等方式建立第三方评价制度。开展“我是共青团员”主题团日活动238场次，参与青年人数达12万人。召开市青企协第四次会员大会，联合市教育局出台《进一步加强少年儿童和少先队工作的实施意见》，举办全市少先队活动课精品课程大赛。（刘云松）

【“我是共青团员”主题团日活动】 2016年4—5月，开展“我是共青团员”主题团日活动238场（次），参与青年人数达12万人。4月28日，市领导雷绍业、谭弘发和来自全市各级团组织负责人和优秀团员青年代表约1200人参加纪念“五四运动”97周年“我是共青团员”主题团日现场活动。由团市委创作拍摄《光荣与梦想》《你好，青年！》两部常德青年形象宣传片，通过手机网络、户外媒体、电视报纸等传播形式，累计观看达100万人次。（刘云松）

【首届城市微旅行暨青年创新创业高峰论坛】 2016年9月3日共青团常德市委联合常德日报传媒集团举办首届城市微旅行暨青年创新创业高峰论坛。通过乘坐“城市家”旅行主题巴士、网络视频直播等方式宣传推介柳叶湖汽车营地、武陵区移动互联网产业园、老西门等常德名片式站点。在高峰论坛现场，团市委书记刘静为老西门文化综合体颁发“青年创新创业基地”牌匾，5位创业人发表主题演讲，与来自省内外500多名创业达人现场交流。（刘云松）

【市青企协第四次会员大会】 2016年12月1日，常德市青年企业家协会

首届城市微旅行暨青年创新创业高峰论坛

第四次会员大会在共和酒店召开，会议选举产生新一届理事会，夏绪捷当选第四届理事会会长。表彰20名市“青年创新创业榜样”，市委副书记徐正宪参加会议，市委常委、组织部部长梁仲为常德“青企之家”授牌。市青企协和市希望办签订“青春做伴”助力脱贫攻坚战略合作协议。（刘云松）

常德市妇女联合会

【概况】 组织建设。推进基层妇联组织改革办点示范工作，建立各类女性人才库；新成立常德市手工制作协会、家政服务业协会、旗袍文化协会、母乳促进会、农产品女经纪人专业委员会等女性团体6个，“近心帮”等20家服务型社团，2000多支巾帼志愿者队伍广泛为普通妇女群众服务。

妇儿关爱。全年共12.13万名农村妇女接受“两癌”（宫颈癌、乳腺癌）免费普查，争取“两癌”救助资金525.6万元，救助153人。筹资350万元，结对资助贫困儿童2070名。关爱留守儿童，创建留守儿童工作站217个，儿童心理咨询室100个，留守儿童陈梓仪参加“倾听花开的声音——春蕾女童夏令营”，作典型代表发言并受到彭丽媛接见。

“两规”实施。代表湖南省迎接国务院妇儿工委对《中国妇女儿童发展纲要（2011—2020年）》中期评估验收。全国第六次妇女儿童工作会议授予常德市妇儿工委办“全国实施妇女儿童发展纲要先进集体”光荣称号。制定下发《常德市妇女儿童发展规划（2016—2020年）》

维权保障。针对未成年人家庭暴力问题，建立全国首个反儿暴地方专家团队，促成全市首例临时取消监护权案例。下拨专项资金10万元，开展“家庭律师社区行活动”56场（次）。通过全国人大代表刘绍英反映夫妻共债案件中妇女权益问题，维护妇女儿童合法权益。

素质培育。建成妇女儿童发展中心，开设家教、编织、插花等10类公益课程，3万人参加培训。8万名儿童参与ICAN梦想城职业体验。举办女性大讲坛、心理素质、新媒体技能、职业礼仪培训班20多场。举办农村月嫂、手工编织、SYB创业培训班18批次2000人次。

创新创业。发放妇女小额担保贷款691笔，资金达8366万元，扶持自主创业691人，带动就业3579人。引领妇女发展桃源刺绣等手工编织产业，帮扶3万名妇女在家灵活就业。推树省市级巾帼文明岗24个、全国全省三八红旗手、女性创新创业典型30余名。在全国妇联手工编织骨干培训班暨省女红协会成立大会上，市妇联作《巧手编出新天地》典型发言。

家庭建设。开展传承“好家风家训”“走近亲人·我爱我家”大学生“家文化”征文与演讲以及寻找“三个最美”、金婚银婚家庭评选、五好文明家庭创建等活动。杨群康家庭被评为“全国文明家庭”，受到国家主席习近平接见。依托市家庭教育协会和各级家长学校，全年开展家教活动共202场（次）。（覃　文）

【常德市妇联召开六届五次执委（扩大）会议】 2016年2月26日，常德市妇联六届五次执委（扩大）会议在市老干活动中心大会议室召开。会议审议通过《创新思路、凝心聚力，促进妇联工作上新台阶》工作报告。增补郑小林、周慧英、徐菁菁、李志华、李利安等5人为常德市妇女联合会第六届执行委员会委员。（覃　文）

【常德市妇联开展“庆三八——女性大讲坛”活动】 2016年3月9日，常德市妇联开展女性大讲坛庆“三八”讲座，邀请市女领导干部联谊会、市女官协会、女检察官协会、女企业家协会、家教协会等会员。讲座邀请全国妇联特聘心理专家、资深心理咨询师荀焱老师，就从如何在生活中管理压力、理解并接纳情绪，如何在家庭中释放自己，以正能量影响孩子等方面开展讲座。（覃　文）

【开展“守护青春 为爱改变”生殖健康知识进高校公益活动】 2016年4月12日下午，由中国妇女发展基金会主办，湖南省妇女儿童发展基金会、常德市妇联、湖南文理学院承办“守护青春 为爱改变”生殖健康知识进高校公益活动在湖南文理学院举行。常德市妇幼保健院妇科主任娄建英在讲座上倾情授课，并发放宣传手册，建立微信互动交流群，推送生殖健康知识，让年轻女大学生全面了解自己，保护自身生殖健康。常德市职业技术学院、湖南应用技术学院、湖南幼儿师范高等专科学校3所高校相继开展4场“守护青春 为爱改变”

传承好家风第三届金婚颁奖典礼

生殖健康知识进高校公益活动。

（覃　文）

【举办首届家文化征文与演讲比赛】 市妇联联合市委宣传部、市教育局等部门，在湖南文理学院等5所高校中举办首届家文化征文与演讲比赛，本科组评选出1名一等奖、2名二等奖、3名三等奖、4名风采奖；专科组评选出1名一等奖、2名二等奖、2名三等奖、3名风采奖；论文比赛评选出45篇优秀论文，分别获一等奖、二等奖、三等奖和风采奖。

（覃　文）

【《常德市妇女儿童发展规划（2016—2020年）》颁布】 12月23日，《常德市妇女发展规划（2016—2020年）》和《常德市儿童发展规划（2016—2020年）》由市政府正式颁布。新颁布妇女儿童规划在妇女儿童教育、卫生、社会保障等领域提出目标及策略措施。其中，妇女发展规划涵盖妇女与健康等7大领域，51项主要目标，32项量化指标，77项策略措施；儿童发展规划涵盖儿童与健康等5大领域，51项主要目标，35项量化目标，68项策略措施。（覃　文）

【婚姻调解委员会工作在常德顺利推进】 2016年，常德市在武陵、鼎城、汉寿、桃源、安乡、澧县、石门7个区县均成立婚姻调解委员会。婚调委秉持着“遵循平等自愿、依法调解、协作联动、便民利民、申请与主动调解并行”原则，其受理范围涵盖：恋爱、婚姻纠纷；赡养纠纷、扶养纠纷、抚养纠纷、继承纠纷、财产权益等涉及婚姻家庭方面纠纷；以及其他当事人双方愿意调解民间纠纷。全年全市各级婚调委共受理婚姻家庭纠纷案件1000余例，其中接受调解900多例，调和603户，回访878户，调和率70%。有4个案例入选全省婚调工作优秀案例。12月13—14日，湖南省婚姻家庭纠纷多元化解机制建设推进会暨婚姻家庭调解工作培训会在常德市召开，推介常德鼎城区婚调模式。（覃　文）

【常德市举行传承好家风暨第三届金婚颁奖典礼】 2016年10月27日晚，由常德市纪委、常德市文明办主办、市妇联承办《传承好家风暨第三届十佳金婚颁奖典礼》在常德市文化馆举行，市委、市人大、市政协领导为“十佳金婚家庭”颁发奖杯、奖牌和纪念品。市人大常委会副主任、党组成员、市总工会主席谭弘发；市政协副主席、民盟常德市委主委傅绍平参加活动。（覃　文）

常德市文学艺术界联合会

【概况】 2016年，在湖南省文联系统2016年度先进单位的表彰决定中，常德市文联荣获先进市州文联，武陵区文联、澧县文联、鼎城区文联荣获先进县区（市）文联。

文艺创作。全年全市发表、出版、展演的各类文艺作品2000多件（部）。文学创作成果突出。陶少鸿的长篇小说《郁达夫情史》和中短篇小说集《天火》由上海书店出版社出版，周碧华长篇小说《桃花劫》由出版社出版，何丕忠、徐兴华短篇小说集由出版社出版，张天夫的散文集《天不在意》获得第七届冰心散文奖，张小玲诗歌获贵州“美丽中国”网络文学大赛金奖；陈文双的散文集《通鸟语的人》入选中国作协“21世纪文学之星丛书”，刘金国、冷凝、雷志勇、万晓红、李世俊的散文集《心存月光》《生命的河流》《朝圣者》《寂寞迫使我成为自己的挚友》《在古诗里旅行》由出版社出版，曾宪红的散文集《心有明月》纳入“全国百万资金扶持出版计划”并出版；谈雅丽出版诗歌集《河流漫游者》，入选湖南省文艺人才“三百工程”扶持项目。李智明的诗集《空城》由中国文联出版社出版；满慧文的短篇小说《局》在《民族文学》发表；刘少一的《哭丧的女人》《入狱》《原地空翻一周半》等8部中篇和5部短篇在《北京文学》《大家》《南方文学》《作品》《啄木鸟》等省级刊物发表；张黎华的《带刀字的生活》在《芙蓉》发表；周碧华、邓朝晖、谭晓春、胡诗词的《和户口有关的岁月》《洗车河》《守望与穿越》《父亲的田埂》在《湖南文学》发表；白旭初、刘绍英、彭美君、聂国骏、李海鑫的小小说被《小说选刊》选载，戴希、伍中正、王建国的小小说被《小小说选刊》选载；杨亚杰、谈雅丽的诗歌《赶路人》《过义务缸窑村》在《诗刊》发表，邓朝晖组诗《八面山下》《诗四首》在《诗选刊》发表；唐益红的组诗《雅鲁藏布江的秘密》入选《中国女诗人诗歌特辑》，宋庆莲的诗歌六首在《民族文学》发表，胡平的诗歌发表在美国《常青藤诗刊》十周年特刊；陈文双的散文在《黄河文学》《青年作家》发表，《属于我的地》入选《中国散文年度佳作2016》。艺术创作成果再创佳绩。常德市丝弦艺术团代表湖南省赴美国纽约参加联合国非物质文化遗产展演；武陵区文化馆创作演出《“110”的故事》获湖南省艺术节曲艺类金奖，张蕾曲艺作品《村长家的尿不湿》获省艺术界群星奖金奖；钟士英编剧的作品获全省欢乐潇湘演出大奖；申象泉、李庭婷的歌曲《等在桑树边》《沅澧清风》获湖南省“欢乐潇湘”群众文艺活动金奖，山歌联唱《隘上山歌》获二等奖。王军杰、杨亚杰的歌词《小巷姑娘》《这条江，叫湘江》等在《词刊》上发表，李明、李小平、张楠等创作的歌曲作品在《音乐教育与创作》和《歌曲》上发表；钱正喜创作、公安系统表演的舞蹈《澧水船夫》在湖南省公安机关舞蹈大赛中荣获一等奖第一名。刘汉军美术作品《渐失的记忆》入选“十一届中国艺术节全国优秀美术作品展”，秦阳虎中国画《早春芭莎》入选第二届中国民族美术双年展，张兴国中国画入选2016全国中国画作品展，郭娓获得“国家艺术基金2016年度美术创作资助项目”，中国美术家协会主办的《美术》杂志用5个版面展示常德市艺术家漆跃辉的创作历程及作品。在湖南工艺美术精品大奖赛中夏晓辉的《武陵古韵》陶艺作品获得金奖；万列平、熊伟的书法作品入选全国十一届国展，周少剑入选全国第二届手卷展，韩国庆篆刻入选西泠印社举办的篆刻展，田红武获“品翰堂杯”第一届中国硬笔书法银奖。周献坤的摄影作品《窑洞人生》获第十七届湖南摄影艺术展金奖，夏斌、胡晓新、陈正军、郭峰获优秀奖，许衡、陈正军的《选村长》《百岁抗战老兵清明祭忠烈》分获“中国梦 百姓梦”全国摄影大展铜质、品质收藏奖，杨昌伟作品获第十八届全国艺术摄影大赛银奖。

文艺活动。一是承办“荷花品格、梅花精神”常德故事演讲比赛。从征集文稿、5场初赛、3场复赛到最后决赛，市文联承担大量组织、评审工作。此次活动规模大、时间长、水平高、效果好，不仅宣传了常德各战线上的先进典型事迹，还展示了常德党员干部遵章守纪、淡泊名利、刚正不阿的精神品格，比赛在全市范围内引起广泛关注，并作为常德廉政品牌推向全省。二是承担大型文化丛书编辑工作。撰写文化系列丛书——《武陵诗韵》《朗州印象》《鼎城故事》编辑方案，并提出“诗韵”在于动情，“印象”在于入境，“故事”在于传神的编辑构想。各编辑部正着手编辑组稿工作。三是举办各类文艺采风交流活动。7月下旬，承办“走进柳叶湖第六届十月诗会”，邀请陈东捷、谷禾等来自全国各地的50余名诗人到常德采风，创作近百首歌咏常德的诗作。8月下旬，与《湖南文学》杂志社共同承办“百名作家讲常德暨《湖南文学》改稿会”，组织相关作家撰写、遴选60余篇反映常德地域文化、旅游景点的小故事，并对精选的故事进行修改、提质，编辑成册以备组织宣讲。11月4—5日，承办“大美常德”书画笔会，邀请来自各市州书画家梁瑞郴等10余人到常德采风交流，创作出众多反映美丽常德的书画作品。四是开展文艺惠民和精准扶贫活动。组织班子成员及中层骨干8人赴石门县子良乡新道湾村开展精准扶贫调研活动，确定对6个困难户、5个留守儿童进行对口帮扶，共送去扶贫款5万余元。组织作者到石门薛家村创作采风，撰写报告文学宣传退伍军人扶贫事迹。成立常德市文艺志愿者服务中心，组织50多名志愿者到石门县罗坪乡长梯隘村，举办“2016常德·罗坪端午音乐诗会”，并慰问当地留守儿童和留守老人。配合省文联、省总工会在常德卷烟厂职工俱乐部，举行“笑满三湘——送欢笑下基层”文艺惠民专场演出。五是文艺家协会工作特色纷呈。市作协、诗协、散文家协会积极组织开展各类笔会采风40余次，推荐优秀人才参加学习培训，建立微信平台推介优秀文学作品；市曲协组织作者下基层采访调研，通过创作笔会催生作品，承办常德鼓王擂台赛和全国鼓书邀请赛；市戏剧家协会组织大型剧本讨论会5次，指导新创小戏《村长家的尿不湿》修改，组织“全国地方戏曲剧种普查”工作；市音协举办歌曲创作笔会和青年作者培训班，参加省“欢乐潇湘”群众文艺活动并获金奖，承办10场高雅音乐晚会，组织各专业委员会开展全国、全省各项音乐比赛活动30余次；市书协在省、市多次举办个人集体书法展，举办“常德市首届篆刻篆书刻字展”和书法篆刻讲座10余次，参加义务写“福”和“三下乡活动”送春联220幅；市青年书法、美术家协会先后组织“纪念建党95周年，长征胜利会师80周年书画展”“全市国防教育书法美术作品展”；市京剧协会继三上央视“一鸣惊人”栏目后，11月上旬又应邀出访美国，受到美国观众热烈欢迎，6家媒体进行深度报道，开创常德市文艺类社会组织迈出国门传播优秀传统文化的先河；新成立的设计家协会举办艺术常德·设计艺术工艺美术精品展和青年创新创业高峰论坛，赴桃源县郑家驿木雕刺绣传承基地考察调研，探讨常德工艺美术发展的方向；摄影家协会服务中心，服务大局，围绕创作、培训、宣传、资源、拓展四大中心开展活动30余次，有近1000幅作品在国内外、省市级比赛中获奖和入选；市美协举办各类重要展览5次，参与“国家艺术基金2016年度美术创作资助项目”，参加市穿紫河桥梁美化工程并设计长胜桥；市舞协策划国庆惠民舞蹈专场晚会，多件舞蹈作品和学术论文在省市获奖演出；市朗诵家协会成立群星话剧团，举办《启航》专场话剧演出，承办柳叶湖狐仙岛中秋赏月诗会，完成常德人民电台《为你朗读》栏目12期。六是下属事业单位工作亮点突出。为纪念丁玲逝世30周年，3月2日上午，由中国丁玲研究会、北京鲁迅博物馆、清华大学中文系联合主办的“纪念丁玲同志逝世三十周年座谈会”在北京鲁迅博物馆举行，《文艺报》原主编郑伯农、中国社会科学院名誉学部委员张炯、中国作家协会创联部主任彭学明和丁玲亲属、丁玲研究专家30余人出席会议。9月5—9日，市丁玲文学研究中心、丁玲文学创作促进会联合黑龙江省农垦总局举办“走进丁玲第二故乡”文学采风交流活动；10月21—23日，到河北张家口市涿鹿县参加“第二延安·丁玲与张家口”学术研讨会，并商讨在此挂牌建立中国丁玲研究基地等事宜。为扩大丁玲影响、宣传丁玲及作品，该中心还

“百名作家讲常德暨《湖南文学》改稿会”活动现场

联合相关机构编辑大型纪念画册《永远的丁玲》，举办“走进丁玲故乡文学采风暨新年音乐朗诵会”“为英雄点赞·为民族而歌”快闪等活动。《桃花源》杂志社严格执行期刊“三审制”和“三校一读”制度，2016年在《桃花源》杂志发表的5篇作品、第3期小说目录被《小说选刊》转载，是湖南地州市被《小说选刊》转载的唯一内刊。（洪 琼）

【承办第三届“常德原创文艺奖”评奖活动】 2016年7月底，启动第三届原创文艺奖评奖工作，经广泛发动征集作品98件（其中符合参评要求的作品78件）。为规范评奖工作，评审办从评委库中抽签选取评委，组织评委组长集中培训，学习评奖文件，明确评奖规则，签订责任书，并派监督员进行现场监督，共评出获奖作品28件。（洪 琼）

【承办“百名作家讲常德暨《湖南文学》改稿会”活动】 2016年8月20—25日，由常德市人民政府和湖南省作家协会主办，常德市文联和《湖南文学》杂志社承办的“百名作家讲常德暨《湖南文学》改稿会”文学交流活动在常德市举行。时任湖南省作家协会副主席、常德市人民政府副市长胡丘陵，《湖南文学》杂志社主编黄斌，湖南中烟工业有限责任公司常德卷烟厂厂长龚道国，市文联班子成员以及近百名作家参加活动。市文联组织相关作家撰写、遴选近百篇反映常德地域文化、旅游景点的小故事，并邀请《湖南文学》杂志社重点作家对精选出的故事进行修改、提质，编辑成册以备组织宣讲。（洪 琼）

【承办第十届丁玲文学奖评奖活动】 第十届丁玲文学奖评奖活动7月启动，至8月初共征集申报作品120余部，经过书号验证等资格审查，常德、北大荒两地共有117部作品符合参评条件。8—12月，评委进行分散审读并写出拟推荐作品意见，2017年1月召开评审工作会议，共评出丁玲文学奖作品13件、丁玲文学奖提名奖作品40件。2017年3月底举行颁奖大会。（洪 琼）

常德市残疾人联合会

【概况】 政策保障。2016年，国务院出台《“十三五”加快残疾人小康进程规划纲要》（国发〔2016〕47号），将残疾人小康进程分解为36项工作任务。市政府出台《关于全面建立困难残疾人生活补贴和重度残疾人护理补贴实施意见》（常政发〔2016〕10号），加强重度和困难残疾人生活兜底保障。市残联与市人社局、市财政局、市民政局、市卫计委联合出台《关于做好全市2017年城乡居民医疗保险参保缴费工作通知》，着力解决残疾人治病就医问题。市残联与市教育局、市民政局、市财政局、市人社局、市住建局、市卫计委沟通协调，联合出台《关于印发〈常德市加强残疾人社会救助工作实施办法〉通知》，着力解决残疾人救助问题。

残疾人服务。2016年，市县两级共为494名残疾儿童提供免费康复服务，其中：脑瘫204名、孤独症93名、智力残疾儿童190名，人工耳蜗手术7例。截至2016年年底，全市共建6个社区康复站，可为6000人次残疾人提供服务。2016年，市流动辅具服务车共行驶4000多千米，安装假肢235例，助听器170个，矫形器90例，精神病防治与咨询160人次，低视力配镜100副，免费维修假肢300例，助视器维修30副，提供服务咨询2985人次。全市共有12家机构申请残疾人托养服务，共托养残疾人783人，补贴资金达98.1万元。

教育助学。加大教育补助力度，帮助贫困残疾学生、贫困残疾人家庭子女接受文化教育。共为516名贫困应届残疾大学生、高中生和残疾人家庭大学生、高中生子女提供助学金达112.23万元。

技能培训。开展残疾人职业技能与实用技术培训。市、县两级残联采取订单、创业提升、SIB等方式共开展电脑维修、盲人按摩、裁剪印刷等残疾人职业技能培训班11期，培训残疾人510人；开展种养殖、果木栽培等农村残疾人实用技术培训22期，培训残疾人1223人。通过培训，残疾人就业能力得到提升。

就业创业。通过举办招聘会、求职登记、就业进社区、技能培训、创业扶持、开发公益性岗位等举措，市县两级共安排886名城镇残疾人就业。

文体事业。全市公共文化、体育设施普遍向残疾人免费开放，为残疾人参加群众性文体活动创造条件。市县两级公共图书馆（室）设立盲文和盲人有声读物阅览室，为残疾人提供方便快捷借阅服务。实施全民健身工程，为所有基层社区开辟专门体育活动场所，配置适宜康复健身器材。

残奥冠军杨超、黄兴

在省残联2014—2015年度残疾人事业好新闻评选活动中，常德市获一等奖2个、二等奖3个、三等奖4个。2016年9月，杨超、黄兴两名残疾人运动员获得里约残奥会2金1铜好成绩，11月两人双双获得“湖南省劳动模范”“湖南省青年五四奖章”荣誉称号。

社会援助。2016年，全市残联系统共为60多名残疾人提供法律援助，解决实际问题40余件，共接访885次。其中，到市残联集访7次，及时化解2起重大涉稳事件，确保残疾人群体整体稳定。全市投入资金180万元，共完成465户无障碍家庭改造项目，方便残疾人日常出行和生活起居，改善残疾人生存质量。2016年，对4989名贫困残疾人家庭危房进行核查核实，共投入资金600余万元，为537户特困残疾人家庭营建爱心房，改善残疾人居住条件。全年全市共为12844名残疾人机动车发放燃油补贴资金333.9万元，全部打卡发放到户。

扶贫脱贫。对市委、市政府重点帮扶点村1454名贫困残疾人进行逐一核实，并建档立卡，实现与残疾人口数据库动态衔接和数据共享。开展“关爱残疾人走进千万家”调研活动，共走访调研残疾人家庭683户、残疾人756名，为残疾人解决辅具、办证、无障碍设施改造、就业创业、就学就医等实际问题311个，开展政策宣讲解答3场次。开展“连千村帮万户扶贫工程”。通过采取送资金、送技术、送政策等举措，帮扶贫困残疾人142名。抽调专人驻点汉寿县崔家桥镇东仓铺村开展结对帮扶工作，共筹措扶贫资金20余万元，宣讲政策92次，帮扶15名贫困残疾人解决生产生活难题。全市65654名重度残疾人，发放护理补贴资金3939万元；困难残疾人82906人，发放生活补贴资金4974万元。

平台建设。2015年12月，成立市残疾人福利基金会，初始注册资金400万元，2016年，以基金会为平台，汇聚善款157万元。基金会推出3个公益项目：残疾儿童康复、爱心直通车、残疾人温暖安居工程。“爱心直通车”项目对全市特困残疾人家庭30多人（户）进行资助，金额12万元。5月13日，基金会与市残联、武陵区残联、市文化馆联合举办常德市武陵区第26次全国助残日活动暨阳光家园公益演出，现场为东城、西城阳光家园捐赠5万元，专门用于托养设施建设和残疾儿童康复补助。实施残疾人温暖安居工程，先后组织资金超过100万元，对全市13户残疾人住房特困家庭实施房屋新建或改建。

自身建设。全市建立乡镇残联226个，配备乡镇残疾人专职委员3445名，建立村（社区）残协2952个，配备村（社区）专职委员3219名。全市9个县市区残联有6个配备残疾人干部。在第七次市县乡人大、政协换届中，有残疾人市人大代表1名，县人大代表4名、县政协委员8名。残疾人参政议政能力增强。

（唐启中）

常德市社会科学界联合会

【概况】 全省重大社科项目课题研究。围绕扶贫攻坚战略部署，策划实施《社会组织参与精准扶贫支持乡村建设研究》，被列为全省重大社科项目课题。以石门县上马墩村为试点，由户外研究会成立驻村扶贫队，动员20多个社会组织参与扶贫攻坚工作，开展社科普及宣传和扶贫帮困实践。课题组广泛开展调查研究，紧抓主线深入采写调研报告，力求形成科学完善课题研究成果。做好2017年省级重大课题申报，得到市委主要领导肯定，经过多方论证，由原市委书记王群主持《“海绵城市”建设理论与实践研究》被省社科联立为重大课题，正组织相关部门和专家团队进行研究。

市级社科课题申报。制定《2016年常德市社会科学课题研究参考指南》。6月初，市社科联面向市直各有关单位、各市级社科类社会组织、在常各高校科研处寄发《关于2016年度常德市社会科学研究课题申报工作通知》，共收到申报课题40多项。通过组织专家评审、市社科联审核，公布市级重大立项课题11项，一般立项课题7项。抓好市级课题督促检查，12月9日，市社科联召集全部课题主持人和相关领域评审专家，举行2016年市级社科立项课题结题评审会，对课题成果进行逐项评定，并以《社科研究成果专报》上报市领导审阅。

社科宣传普及。5月9—11日，在白马湖公园广场举办为期3天“走近社科”大型主题展览，摆放社会科学知识宣传展牌150块，开设社科普及咨询台50个，印制发放社科普及读本等资料10000余份，组织文艺演出队100人。通过组织社科工作者与市民面对面交流、发放宣传册、现场讲解、媒体宣传等方式，提升广大市民对社会科学知晓率，拉近社会科学与人们之间距离。加大社会科学媒体宣传力度，从6月初开始，在《常德日报》开辟“走近社会科

"2016 年湖南省社科普及主题活动周启动式"

学"专栏，每周刊发 2000 字主题报道，连续 5 期，加大社科活动报道力度；在常德电视台录播专题节目，开展为期 1 个月宣传，每天滚动播出《湖南社科普及条例》及相关社科知识，营造社科宣传普及氛围。

社科普及阵地建设。动员市直单位、市级学会、大中院校、图书文化馆所开展社科普及基地创建，2016 年创建市文化馆、市丁玲纪念馆、市钱币陈列馆、市图书馆、诗墙公园、城头山遗址公园、紫菱图书馆、林伯渠纪念馆等社科普及基地 8 处，申报省级社科普及基地 3 处。在科普理论宣传阵地建设上，发挥《常德论坛》社科理论阵地作用，在原有基础上改版升级，将刊物由季刊扩版为双月刊、全彩印刷，拓宽文章稿源，强化对新情况新问题科学总结和提炼，为全市理论研究者提供服务。拓展工作思路，积极策划打造社科普及网络宣传平台，聘请专人负责平台管理维护，做好社科知识、理论研究成果、社科工作动态采写与发布。"常德智库"公众微信平台 3 月正式上线，刊发社科类动态知识 13 期，各类信息 100 余条；"常德社科网"于 8 月试运行，刊登各类文稿信息 300 余篇。

学术交流。2016 年 6 月，与《常德日报》社联合承办"湖湘大学堂・名家讲坛"活动，邀请著名学者、央视签约编剧程韬光作"相约柳叶湖畔・共话朗州司马（碧霄一鹤——刘禹锡）"主题演讲，市级领导、市直单位主要负责人等共 300 多人参加。7 月 30 日，举行"常德文化高峰论坛"，50 多名文化工作者和高校学者围绕自身研究专长，就常德市文化发展现状和发展方向进行交流讨论。10 月，以深入学习习总书记"在哲学社会科学座谈会上讲话"精神为契机，组织开展"学讲话，谈感悟，促发展"主题征文活动，汇集征文 30 多篇，评选获奖论文 10 篇，并择优在《常德论坛》《常德日报》刊登。组织相关研究会参加岳阳市举办洞庭湖民俗文化论坛和益阳市举办洞庭湖生态经济发展论坛以及省生态文化促进会在石门县举办生态文化论坛等学术活动。（雷春桃）

【承办 2016 年湖南省社科普及主题活动周启动仪式】 2016 年 5 月 9 日，湖南省社科普及主题活动周启动仪式在白马湖公园举行，省人大常委会副主任谢勇、省政协副主席欧阳斌出席活动。启动仪式上，市委副书记、市长周德睿发表讲话，省人大常委会副主任谢勇作题为"准确把握《湖南省社会科学普及条例》立法精神，促进和保障社会科学普及工作再上新台阶"报告。活动期间，省直相关部门、市委、市人大、市政府、市政协主要领导及市直各部门分管负责人、各市州社科联、省级和市级社科普及基地负责人、全市社科普及志愿者代表等超过 500 人开展观摩交流。（雷春桃）

常德市归国华侨联合会

【概况】 2016 年，常德市归国华侨联合会被评为湖南省归国华侨联合会系统绩效考核先进单位。

服务经济建设。市侨联参与承办 2016 年常德德商大会。邀请泰国湖南商会执行会长杜敏等海外华商侨领到常德参会，侨资企业益丰大药房连锁股份有限公司董事长高毅作为唯一一名常德本土企业代表发言。邀请澳大利亚西澳湖南同乡会暨总商会会长唐晓辉，新西兰湖南商会会长周慧斌，欧美精英创业家协会副会长、终生享受国务院特殊津贴专家张增芳，英国湖南同乡会、英国湖南总商会会长吴莉莉，德国湖南同乡会、德国湖南总商会会长李先秋等 5 批海外华商侨领到常德投资考察，并签订战略合作框架协议。

参政议政。2016 年，侨联界政协委员提出《关于完善港澳台侨救助机制提案》和《关于在乡镇区划调整改革中加强我市村级公共卫生服务工作提案》被列为重点提案。做好侨界人大代表推荐和侨联界政协委员提名工作。新一届市人大代表中有 3 名侨界人大代表、新一届市政协委员中有 9 名侨联界委员；9 个区县（市）新一届区县（市）人大代表共有 23 名侨界人大代表、新一届区县（市）政协委员中有 57 名侨联界委员，安乡县侨联在县政协新设侨联界。

社会服务。2016 年，争取到香港言爱基金会、马来西亚星洲媒体集团、香港吴星可慈善基金会等海内外捐赠钱物共 1660 多万元，其中香港言爱基金会捐赠 1000 万元，用于新建石门县思源实验学校。2016 年，市侨联与其他后盾单位为扶贫点村安乡县大湖口镇岩桥村共投入 80 万元对全村电网、基础设施进行改造。开展

7月8日，常德市留学生联谊会第二次会员代表大会在白马湖文化馆召开

慰问帮扶对象和送文化下乡等活动。

对外交往服务。全年接待美国教育委员杨菁孙、美国密歇根大学副校长胡仕新、德国汉诺威市政府代表团、美国华侨联合总会主席王铁夫等海内外侨团到常德开展捐资助学、友城交往、赴日研修生、投资考察、文化交流等相关事宜。2016年8月26日至9月2日赴英国伦敦市、德国法兰克福市和汉诺威市进行文化交流。

归侨侨眷服务。2016年春节前夕，中国侨联组织人事部副部长赵珊珊，市委常委、统战部长陈华分别走访慰问常德部分特困归侨侨眷，全市侨联系统共发放慰问金25万余元。5月，开展侨法宣传进企业活动。就近年来企业发展情况、企业在权益保护等方面所面临困难和问题等在企业进行座谈，请侨资企业家就如何改进侨联工作提出意见建议。9月13日，市侨联、市留学生联谊会在芷园宾馆联合举办常德市侨界中秋节联谊会。共邀请城区归侨侨眷、侨资企业和华人华侨代表共60余人参加。重阳节，常德市侨联和市留学生联谊会联合举办上门走访慰问一批城区空巢或贫困老归侨侨眷。市侨联全年接到侨眷各类信访案件22起，涉及投资、房屋纠纷，困难救助等方面，对每一信访案件，都与有关单位、当事人反复联系和沟通，确保圆满解决。

自身建设。召开市侨联四届八次全委会暨基层侨联干部培训会。组织全体参会人员学习中央、省委、市委《关于加强和改进新形势下侨联工作意见》等相关文件法规，并邀请省侨联副主席孙民生就如何做好新形势下侨联工作对与会人员进行专题辅导。开展市级文明单位创建工作并被评为“市级文明单位”。

（王贤成）

常德市科学技术协会

【概况】 基层科普。2016年，全市累计争取奖补资金205万元。其中，全国“基层科普行动计划”项目鼎城区油茶协会、石门县株木岗柑橘高效科普示范基地、武陵区丹阳街道光荣路社区、临澧县农村科普带头人王作洲等7个单位和个人，争取奖补资金125万元。安乡县油菜科技协会、澧县农康现代葡萄产业园、桃源县漳江镇纺城路社区等9个单位和个人，获得省“基层科普行动计划”项目，争取省级奖补资金80万元。5月，市科协在鼎城区沧浪坪村举行科技下乡活动，发放科普丛书千余册，设立转基因科普知识挂图。全年科普讲师团开展各类科普讲座27场（次），受众达3000余人。通过将科普讲师团与精准扶贫相结合，给贫困户宣讲专业技术技能。

建言献策。2016年4月，市科协《2016年决策咨询建言课题征集申报》启动。课题征集申报采取公开方式进行，市级各学会、高校科协围绕常德经济社会发展热点、难点、重点，以及推进行业、产业发展、扶贫、民生等领域，精选调研建言课题开展申报工作，共收到高质量申报课题13篇。市生物学会《关于常德市海绵城市建设关键技术对策建议》、市粮食学会《从生产领域着手，搞好我市粮食供给侧改革》等5项课题入选立项，并与市科协签订课题任务书。截至2016年年底，各项课题调研任务均已完成，并整理形成书面意见，供市委政府领导决策参考。市粮食学会《从生产领域着手，搞好我市粮食供给侧改革》课题，被政协常德市第七届委员会第一次会议列入20个重点提案之一。

学术交流。组织市农学会、市农科所多名专家，前往沈昌健油菜基地，对新选育“沈选白花1号观赏油菜”品种进行考察，通过现场鉴定，对下步选种育苗和成果展示提出合理化建议。针对市富硒产业协会筹备成立，程序不清、工作开展困难等情况，对筹备组进行业务指导。承办省科协蔬菜生产设施与标准园建设学术交流会议，省农业厅、省蔬菜产业协会、湖南文理学院、市农学会蔬菜专家参加会议。7月9日，常德市科协学会部、市社会心理工作协会在常德市妇幼儿童保健院综合楼4楼联合举办绘画心理艺术治疗技术交流会。来自各个学校、医院等150余人出席交流会。9月24日，常德市眼科学会第四届学术年会在澧县中医医院会议室举行，湖南省医学会眼科专业委员会主任、湘雅医院教授夏晓波等省级专家学者，常德市眼科学会主任委员及其他市级医院眼科专家，澧县卫生局分管负责人、部分医院、卫生院业务院长或眼科主任等共计110人参加会议。9月21日，市烟草学会围绕“创新放飞梦想 科技引领未来”主题，借助零售终端、视频会场、社科普及基地“三大平台”，开展“全国科普日”活动，邀请市科协专家开展“五大发展理念”主题讲座。

科普示范服务。扶持、发展农村专业技术协会、农村科普示范基地、培育农村科普带头人和科普示范社区，助推美丽乡村和完美社区建设。表彰一批科普示范基层组织和个人，武陵区东江街道白龙村产销协会等23个农村专业技术协会、武陵区熊家坪村无公害蔬菜生产基地等26个农村科普示范基地、马永春等10名同志被评为全市“先进农村专业技术协会、先进农村科普示范基地、科普带头人”。安排23万元科普设备，对新命名科普示范社区、市级科普带头人等科普示范单位和个人进行奖励补助。利用36台交互式数字科普屏媒，帮助社区居民解最新科技动态和健康知识。

科普宣传。9月20日，2016年全国科普日湖南主场活动在市科技馆启幕。省政协副主席张大方，省科协副主席刘晓河、市政协主席李爱国、市政府副市长沈习淼等出席启动仪式。参与组织全市“科技活动周”活动，开展各类展演十余场次。利用“科普常德”“常德市科学技术馆”微信平台，开展趣味科普、生活百科以及优秀作品评选等新媒体科普宣传。“我最喜爱科技少年”线上投票活动，吸引200万公众访问浏览，累计投票超过25万多票。全年平台关注人数过万，累计阅读人次在300万次以上。

青少年科技创新。2016年12月16—18日，第十五届常德市青少年科技创新大赛在常德市科技馆举行，大赛共收到各类创新作品1059项。内容涉及工程学、生物学、社会科学等13个学科。来自各区县（市）青少年学生、科技教师和学生家长近千人参加观摩学习。全年选送省、国家赛事作品中，52个项目获省青少年科技创新大赛奖励，4个项目获国家级奖项。常德芷兰实验学校选送《太阳能定量自动吸水浇水花盘》，获全国优秀科技创新项目二等奖，是常德市第一位小学生在国赛个人竞赛项目上获奖。

科技馆建设运行。2016年，常德市科技馆正式运行。常德市科技馆位于白马湖文化公园“三中心”B1至4楼，总面积11500平方米，分为三个主展区，第一展区位于B1楼，主题为《探索与发现》，共有展教设备70件，分为儿童科学乐园、智慧之光展区、防灾减灾展区；第二展区位于2楼，主题为《科技与生活》，共有展教设备42件，分为虚拟仿真展区、健康生活展区、美好家园展区；第三展区位于4楼，主题为《航空航天和常德科技》，此展区是太空体验区，可以体验“模拟战斗机”和“模拟太空飞船”。全年市科技馆接待大小参观团体200余个，共计25万余人次。市科技馆全年开设各类科普培训课程102场次。开设机器人FLL（美国FIRST非营利性机构和丹麦乐高集团合作主办针对9~16岁孩子国际性机器人比赛）、WER（世界教育机器人大赛）、VEX（机器人世界锦标赛）竞赛培训。市科技馆于2016年8月成功举办首期“我是小小科学家”科普夏令营。

自身建设。2016年，市科协将制定《市科协关于开展“学党章党规、学系列讲话，做合格党员”学习教育实施方案》。开展多次集中学习研讨和专题授课。5月9日、7月20日、10月20日、11月3日，围绕“两学一做”学习教育、习总书记庆祝建党95周年系列讲话、中共十八届六中全会、常德市第七次党代会等，向市科协全体党员进行宣讲。围绕精准扶贫，深入点村开展扶贫攻坚，“一对一”进行结对帮扶。

（陈漫薇）

首届泛湘西北青少年创客大赛开幕式

【湘西北青少年创客大赛】 2016年11月18—20日，首届泛湘西北青少年创客大赛在常德市科技馆举行。常德、湘西、怀化、张家界4个市州参赛师生以及社会各界代表300余人参加。最终评出优秀创客作品一等奖12项、二等奖22项、三等奖36项、优秀作品奖74项，8个单位和10名个人分获优秀组织奖和优秀辅导教师奖项。（陈漫薇）

中国国际贸易促进委员会常德市支会

【概况】 学习调研。2016年3月，中国国际贸易促进委员会常德市支会（以下简称“市贸促会”）会长、党组书记舒兆兰带领班子成员及业务科室负责人一行5人赴长沙、岳阳、郴州、衡阳、益阳、广州、东莞、南宁、宜昌等兄弟支会考察，3月下旬班子成员带队组织到部分企业调研。

会展工作。来展情况：5月、11月市贸促会组织春秋两季“2016中国民族商品、苏杭丝绸暨南北特产（常德）博览会”，展位240个，展会面积达4000平方米，两次展会成交额都在千万元以上。出展情况：2016年，市贸促会组织湖南蜀中情食品、湖南傅大姐食品、湖南常德麻爷食品、湖南仁和茶业、湖南顶春科技建材、思源茶厂、常德恒升电子等20余家企业参加北京科博会、青海（西宁）清真食品展、广州食品展、绥芬河国际口岸贸易博览会、香港美食博览暨国际茶展、第30届世界批发市场联合会大会暨首届中国国际农产品供应链交易洽谈会、中越（河口）边境经济贸易交易会等展会。

对外联络。2016年为全市企业办理一般原产地证359份（其中优惠产地证签证 55 份），使馆认证 2 份，解答法律咨询 15 人次。参加中国贸促总会组织关于“自贸区协定优惠产地证书”系列培训活动。创新“长沙省会审单、常德出单”优惠产地证办理模式，为企业节约经营成本。向省贸促会、中国贸促总会申请，使常德贸促会获批成立“商事法律服务中心”。

会员联络服务。全年市贸促会党组加强与会员企业联系，副会长徐维君、商会秘书长刘学碧、会展部部长陈鹏等同志多次赴桃源、汉寿、石门、临澧走访调研仁和茶业、思源茶厂、广源麻业、蜀中情食品等 20 余家企业，了解会员企业发展现状，提供各类国内国际展会信息。

招商引资。2016 年 4 月与中国光大国际集团（央企）对接，8 月起光大水务派投资部高层到常德考察，11 月初与中翰水务集团、市重点办对接，副市长匡加才参与陪同接待，拟投资 PPP 沅北水厂建设，总投资 30 亿元，已进入投标阶段，所有标书投送至中翰水务集团。2016 年 6 月市贸促会会长舒兆兰与中国国际旅行社副总、中国国际湖南旅行社董事长蔡恒对接，10 月在常德设立中国国旅常德分公司，已完成工商注册。2016 年 10 月与中国新兴建设开发总公司（央企）对接沅水三桥片区棚户区改造项目。

文明建设。做好“双千”活动，市贸促会长、党组书记舒兆兰多次到联点帮扶企业海利化工走访调研；了解企业在经营发展过程中遇到困难和问题。市贸促会干部职工 10 人在全年时间里分批次，到扶贫联系村石门县磨石镇东庄坪村核实贫困户基本情况，开展进村入户、访困问需、访贫问计下基层活动，解决帮扶资金 5 万元。落实帮扶责任人，制定详细脱贫路径和帮扶措施，对家里有青壮劳动力贫困户，鼓励出去务工或在家创业；联系扶贫和民政部门寻求社会救助。（吴爱军）

市贸促会赴点村石门磨石镇东庄坪村开展“一进二访”精准扶贫工作

法　治

综　述

【概况】 法治保障。一是整顿市场秩序。全市政法部门重点打击侵害企业权益、危害投资环境、扰乱金融市场等破坏市场经济秩序违法犯罪。市公安局深入开展打击食品药品安全违法犯罪活动，成功侦办多起生产销售假药、假酒、假烟、有毒肉类、有毒食品案件。市中级法院审理51起侵犯“金利来”“七匹狼”等51起商标专有权案件，加大知识产权保护力度，优化投资发展环境。二是优化发展环境。市、县公安机关破获非融资性担保公司非法吸收公众存款案、深圳天音网络传销案等系列案件。市检察院依法受理审查逮捕各类破坏市场经济秩序违法犯罪案件111件223人。同时，市、县检察机关深入企业、国有单位、乡村、学校开展法制宣传教育活动48次，受理行贿档案查询2100余次，开展11次预防调查活动，与市扶贫办、常德卷烟厂等有关单位加强联系与协作，建立相互配合、共同预防职务犯罪机制，为扶贫攻坚、企业发展提供有力司法保障。三是保护合法权益。全市政法部门增强服务主动性，依法加大对未成年人、妇女儿童、弱势群体保护力度。法院系统民事审判部门依法审理涉及老人、妇女、儿童、残疾人等弱势群体案件3500余件。市、县两级检察院受理未成年人、妇女儿童犯罪刑事案件61件103人。

依法服务。全市政法部门健全与辖区企业经常性联系机制，严厉打击整治侵害企业不法行为，及时为企业经营提供法律服务，防范法律风险。市公安局持续开展打击多发性侵财犯罪专项行动，武陵公安分局成功破获特大流窜系列砸汽车玻璃盗窃车内财物案，鼎城区公安局成功破获电信诈骗团伙案。市检察院与市工商联实施“依法保障和促进非公有制经济健康发展”联动行动，开展党员进企业活动，走访大中小微企业120家，提升服务和保障经济社会发展针对性、实效性。市中级法院稳妥审理涉融资担保、建设工程领域和房地产等纠纷案件2100余件，规范市场经济秩序。市司法局大力推进“律师进园区”活动，积极服务园区企业发展。全市政法部门强化对建设项目尤其是重大工程项目关键环节服务与监督。全年对建设项目招投标、资金拨付和质量验收等关键环节提供法律咨询150余次，受理建设项目行贿档案查询1500余次，协助制定廉政风险防控措施50余次。市检察院对湖南中烟常德烟厂易地技改项目从源头上加大对该项目预防和惩治腐败力度，加强廉政防控措施。政法各单位不断创新服务方式，简化办事程序，提高办事效率，推出130多条服务中小微企业举措。

便民服务。一是窗口便民。市司法局建成全省最大、功能最全、标准最高市（州）级便民公共法律服务中心，9个区县（市）便民公共法律服务中心基本建成，乡镇（街道）便民公共法律服务站点建设全面铺开。市中级法院加强立案窗口建设，畅通诉讼渠道，立案登记制实施一年来，全市法院共登记初审案件26500余件，同比增长14.61%，依法为当事人减免缓诉讼费120余万元。二是全天候便民。市、县公安机关持续推进“一优化三服务”（优化公安行政管理、服务经济建设、服务社会发展、服务人民群众）工作，全面贯彻落实省公安厅便民利民服务30项举措、服务经济建设30条措施和市公安局便民利民服务35项举措；充分利用“驻社联村”“双微”（微信、微博）、互联网交通安全综合服务平台，推出为基层群众网上便民利民服务举措；“常德公安”微信、微博坚持365天不间断、每天3~4期实时发布最新警务动态，注量达6万余人，点击阅读180万余次，在全省地市级公安机关微信中名列前茅；交警部门推出延时服务、预约服务、上门服务，开启“5+2”“白+黑”工作模式，为群众提供便捷高效驾考服务；积极开展交通事故社会救助活动，对37起事故受害人发放救助资金100多万元。三是上门便民。2016年下半年，按照综治创新要求，把网格化管理与转变政法干部作风结合起来，密切联系群众，画好村情图、记好民情账，在全市政法系统组织推行政

2016 年 12 月 20 日，常德市举行"回应民调关注，打击违法犯罪"专项行动（代号"雷霆 60"）第二次新闻发布会

法领导联乡街、政法骨干联网格、政法干警联住户，开展大走访、大沟通、大排查、大化解活动（以下简称"三联四大"），6000 名干警入农户，排查各类隐患、解群众呼声、帮扶困难群众，上门解难释疑。

维护社会稳定。按照"日常情况定期研判、整体情况综合研判、重要情况随时研判"要求，市、县两级维稳部门适时、主动开展维稳形势研判，收集信息，研判形势，全年做到"零漏管、零失控、零登记"。完善重大事项社会稳定风险评估配套细则，探索建立社会稳定风险评估信息平台。全市共开展社会稳定风险评估 174 项，通过评估有效化解社会矛盾 169 起，市城区公交车提价、2016 常德旅游节等一批重大事项经过社会稳定风险评估得以顺利推进。加大矛盾纠纷排查化解力度，从源头上化解不稳定因素。全市先后开展 3 次涉稳矛盾纠纷集中排查，市、县两级共排查掌握涉稳矛盾 840 余起，全部交办落实。各相关单位通过开展"积案清理""领导包案"、定期坐班接访、"百案攻坚""三联四大"等矛盾化解专项活动，真正做到防范在前、处置在早，共化解突出涉稳矛盾纠纷 800 余起，化解率达 95%。从 10 月开始，在全市范围内组织开展未化解完成信访积案、长期困扰老问题、新出现利益诉求群体问题进行"百案攻坚"，共化解积案、难案 26 件，预防和化解一批非正常上访苗头。全年共对政策已落实、诉求已解决，但仍在缠访、非访涉稳群体重点对象组织训诫 1650 余人次，教育警示重点人员 380 余人次，依法查处非法"维权"活动 130 余起，形成强大法纪震慑。

平安建设。一是强化防控与打击。在防范上落实全方位管控。在市城区，完善"步巡为主、车巡为辅"特警、武警联勤巡逻机制；在市、县城区重点要害部位，实行常态处警、动态巡逻、快速反应，打造市、县城区"快速反应处置圈"；在健全群防群治体系上，以各级综治中心建设为核心，加强群防群治力量配备，推动群防群治组织建设，城乡巡防体系基本形成。通过加大硬件投入，全力提升城区、城镇重点部位、公共复杂场所视频监控密度建设，完成新增高清监控探头 700 个；启动国道省道交通安全防控体系建设，扫除重点乡镇、背街小巷、国道省道视频盲区；全市建设 11 个省际电子卡口，15 个市际电子卡口，40 个县际电子卡口，构建省、市、县三道治安卡口"四门落锁"综合防线。在打击上实施重拳出击。全市政法机关始终保持对各类违法犯罪活动，坚持露头就打、冒头就抓、严惩不贷。全年公安机关共立刑事案件 13000 余起，刑事拘留犯罪嫌疑人 4300 余人；检察机关批准逮捕 1100 余件 1500 余人，提起公诉 1800 余件 2500 余人，查办职务犯罪要案 7 人，查办贪污 5 万元以上、挪用 10 万元以上案件 50 余件；法院共审结各类案件 43300 余件，结案 39500 余件，结案率 91.35%。10 月，开展"回应民调关注、打击违法犯罪""雷霆 60"专项行动，共破获"五类侵财犯罪"案件 496 件，刑拘 319 人；刑拘带黑恶性质犯罪嫌疑人 67 人；刑拘毒品犯罪嫌疑人 159 人，强戒 316 人，缴获毒品 735.51 公斤；破获涉枪涉爆犯罪案件 39 起，收缴非法枪支 1044 支；刑拘赌博犯罪嫌疑人 136 人。检察机关共受理刑事案件 192 件 257 人，批捕 99 件 131 人，审结 158 件 219 人。二是深化平安创建。市综治委制定下发《常德市深入开展平安创建活动实施方案》，明确责任主体、实施步骤、评选办法和标准，积极开展各类平安创建活动。市、县两级共评选出平安乡镇（街道）163 个、平安单位 523 个、平安学校 108 个、平安医院 54 个、平安企业 153 个，平安村（社区）683 个、平安功臣 564 名。通过媒体宣传、阵地宣传、活动宣传等多种形式宣传，展示创建成果，营造平安创建良好氛围。武陵区、鼎城区、津市市、石门县、汉寿县等地利用微信公众号开展平安建设宣传；津市市、临澧县、安乡县、桃源县等地通过树立大型广告牌、开辟电子显示屏、发放群众公开信、送"法治平安春联"等形式宣传平安建设，提高人民群众对平安建设知晓度、支持度和满意度。

特殊人群服务管理。加强工读学校、刑释解教人员安置基地、特殊人群收治中心等项目建设，用以落实服刑在教人员、刑释解教人员、社会闲散人员特别是问题青少年以及吸毒人员、艾滋病癌症患者等高危人群常态化收治、帮教、管控。全市司法系统积极延伸监所帮教手臂，在全市范围内开展以"情暖高墙、关爱孩子"为主题，启动"2016 善德行"大型公益慈善活动，汇聚社会关爱帮助服刑、强戒人员困难子女；武陵监狱严格落实"十过问""十必谈""跟踪谈"等矫正制度，制定"一人一策"教育矫正方案，确保罪犯矫正实效，努力营造“人造环境、环境育人”良好氛围。截至2016年年底，武陵监狱收押罪犯1000余名、市特殊人员收治中心累计收治特殊人群涉毒人员200余名、全市2400余名社区服刑人员教育矫正秩序良好。

执法监管。创新执法监管模式。市直政法机关通过转变职能定位，聚焦执法司法中存在突出问题和关键环节，开展“一次制度重温、一次报告员培训、一次全市性督查”主题活动，推进重大事项报告备案制度落实。市委政法委先后牵头开展“规范法律服务管理、优化法律服务市场”专项执法检查，开展对判处实刑未执行、领导干部干预司法等专项检查活动，收到较好效果。强化案件督导协调。对群众反映强烈问题和涉及执法举报投诉，明确专人督促跟踪；对日常监督中发现重大执法司法问题和影响较大重点案件，指派专人或责令市直政法单位执法监督部门调卷评查。由市委政法委负责，从市公安局、市检察院抽调专门力量，在市信访接待中心内成立专门办公室，对全市18个重点问题楼盘进行专项依法处置，先后对凯特国际、桃源步行街等大要案进行督导协调。开展涉民生案件执行，打击拒不执行判决、裁定等犯罪专项行动；指导市、县公安机关开展刑事、行政案件网上执法质量集中考评，对全市1400余个视频监控点开展网上视频巡查6000余次。

司法改革。一是深化司法体制改革。截至2016年年底，全市已完成“两院”机构编制、人员情况、办案基数、基建负债、入额考核、遗留问题等多项具体工作任务。二是推进涉诉信访改革。继续保持全省领先涉法涉诉信访改革势头，在全省率先探索出终结后退出“对象、事项、法理、经费”四项内容一并移交新模式。市委政法委组织推进律师参与化解和代理涉法涉诉信访案件制度，市直公检法司、市律协为成员单位，成立律师参与化解和代理涉法涉诉信访案件联席会议，以市中级人民法院，武陵、津市法院为试点开展律师参与化解和代理涉法涉诉信访先行先试工作。全年联合接访中心共接待涉法涉诉信访938件（次）2798人次，做到事事有记录、件件有落实。三是落实机制提质。市委政法委执法监督部门组织对涉法涉诉信访改革十大机制进行集中修订，通过“废、改、立、行”，废除不规范、不适用老文件，清除制度机制“盲点”，将涉法涉诉信访制度进一步系统化。

自身建设。市委政法委建立综治、维稳、执法监管、办公室管理、舆情应对五个微信群，加强对各区县（市）委政法委各项重点工作运行与管理，要求将工作开展情况，随时上报，督促区县（市）政法“一把手”带头示范。全市政法系统积极开展“三联四大”活动，要求全市政法干警当好“四员”，即当好平安建设调研员、法律政策宣传员、网格管理信息员、矛盾纠纷调解员。换届中，严格实行干部交流原则，法检4名领导干部相互交流使用，政法系统20名领导干部轮岗交流。制定出台《常德市委政法委政治培训工作制度》，规范教育培训工作。5月，市委政法委全体班子成员及各区县（市）委政法委书记参加省委政法委组织培训。市综治办、市维稳办分别组织全市基层综治骨干、基层维稳骨干在市委党校开展专门培训。制定出台《常德市政法机关工作责任追究办法》，全面贯彻落实《中国共产党廉洁自律准则》和《中国共产党纪律处分条例》。由市委政法委牵头，成立专门队伍，常年不定时重点督查各地各单位政法工作落实情况、纪律作风改进情况。全年共立案查处干警违法犯罪案件25件32人。（姚　彬）

【网格化治理】 构建指挥中心体系，整合部门资源，推进社会治理指挥中心建设，截至2016年年底，市本级、武陵区、鼎城区、石门县、常德经开区、柳叶湖管理区、临澧县、澧县、津市市社会治理指挥中心已经建成，其他区县（市）已启动。加强乡镇（街道）、村（社区）综治中心建设，为网格化管理搭建工作平台。构建网格员队伍体系，建立日常管理、经费保障、考核奖惩等基本工作制度，强化理论、业务和技术培训。全市共划分网格8631个，配备专兼职网格员8712名。全市以云计算、大数据和移动互联网为核心，以“互联网＋社会治理”为模式，打造社会治理网格化常德升级版。加强对基础数据、动态数据、专业数据和视频数据录入，全市人口信息、房屋信息、出租房屋信息、组织场所信息录入率居全省领先水平。同时，开通“平安常德580”微信公众平台，与社会治理网格化综合信息平台全面对接，不断拓展网格化应用范围。市城区新建、改造高清监控探头5750个、卡口30处、高空瞭望塔8套。市、县两级综治视联网系统全面建成。截至2016年年底，“365”社会治理平台已具备297项管理功能，“1314”社区服务平台已具备116项公共服务功能，其中64项公共服务已上线，进驻公益组织17家。（姚　彬）

【建立多元化解机制】 2016年6月，出台《常德市关于完善矛盾纠纷多元化解机制实施办法》，在全省率先建立矛盾纠纷多元化解机制。构建由党委政法委牵头，法院、检察、公安、司法、信访、法制6个部门为主体，多个行政主管部门与社会力量参与“1+6+N”矛盾纠纷多元化解工作体系。利用全市社会治理网格化综合信息平台和各级综治平台优势与延伸性，在全省首先搭建“一个指挥调度平台、四级运行主体、十个专业性人民调解组织”“1410”矛盾纠纷多元化解组织网络，推行排查研判机制、以奖代补机制、三调联动机制等七大支撑机制，确保各项工作对接和落实。（姚　彬）

法治政府建设

【概况】 制度规范。2016年，常德市先后出台《关于深入推进依法行政加快建设法治政府实施意见》《常德市行政诉讼应诉工作规定》《常德市贯彻落实〈法治政府建设实施纲要（2015–2020年）〉实施方案》等规范性文件，构建法治政府建设总体框架。重大改革事项听取法

市政府常务会议上专题解读《法治政府建设实施纲要（2015-2020年）》

律专家意见，做到于法有据，依法破解公路治超、安全生产、禁毒工作等重点领域一批疑难问题，化解安慈高速、上水公司等一批重大矛盾纠纷。

依法行政意识。建立并坚持政府常务会议学法、领导班子中心组学法制度，先后邀请环保部、省政府法制办等领导和专家到常德授课，谋划组织处级以上领导干部全面依法治市主题学习班，进一步提升领导干部依法行政意识和水平。坚持多途径、多渠道、广覆盖实施政府工作人员法制培训，组织行政执法人员法律知识专题培训，首次编印《常德市依法行政指导手册》用于规范工作实践。充分发挥依法行政考核导向作用，将依法行政考核由精神奖励拓展为精神和物质奖励，提高绩效考核中分值比重，开展法治政府建设示范单位创建活动，在全市上下营造良好建设氛围。

法治领域改革。一是行政审批制度改革。认真做好国务院、省政府下放行政审批事项“接、放、减”工作，对应承接省政府下放24项行政许可及22项其他行政权力，取消调整市本级行政权力事项共10项，清理规范市本级行政审批中介服务事项66项。二是综合行政执法体制改革。基本完成市、县两级政府工作部门内综合行政执法机构组建工作，权责统一、监管到位、权威高效行政执法体制初步建立。三是行政权力规范。在做好责任清单和政策清单动态调整基础上，推进市住房公积金等5家单位权力清理和网上公示工作，实现市政府工作部门权力清理和公示全覆盖。

依法决策。坚持和完善依法决策程序。建立重大行政决策听证制度和听证代表名录制度，市本级先后就城区公交票价调整等重大事项举办5场听证会。全面推行法律顾问制度。重新组建市政府法律顾问团，在提供法律咨询、化解行政矛盾等方面发挥作用。严格规范性文件管理。落实规范性文件合法性审查和“三统一”制度（统一登记、统一编号、统一公布），全年共审查、登记、备案规范性文件289件，清理并公布确认53个市直单位规范性文件制定主体资格。强化政府合同管理。严格审查标额在3000万元以上重大政府性民事合同，全年共审查通过政府性合同83份，未通过5份，有效防范决策失误和国有资产流失。

规范行政执法。强化案卷评查。在市直部门开展执法案件评查和交叉评卷活动，促进行政执法水平整体提升。强化人员管理。全面完成“两证”换发工作，摸清全市执法人员基本情况。严格执行执法资格证持证上岗制度，认真组织行政执法资格证考试，全市通过率达到90%以上，名列全省前茅。强化个案监督。多途径公布行政执法监督举报投诉电话，广泛受理违规执法案件投诉，全年处理群众反映问题77起。

政府立法工作。2015年12月4日，湖南省十二届人大常委会第十九次会议批准常德市人大及其常委会可以开始制定地方性法规。2016年，常德市以获得地方立法权为契机，积极推进政府立法工作。加强政府立法机构和队伍建设，围绕城乡建设与管理、环境保护、历史文化保护等领域立法工作，开展大量前期调研，为政府立法奠定坚实基础。出台制定地方性法规草案和政府规章办法，政府立法工作步入规范化、科学化轨道。完成《常德市城市规划区河流湖泊保护条例（草案）》起草工作，已提交市人大常委会审议。

行政行为纠错。加强行政复议。开展行政复议规范化建设，注重通过调解、和解等手段钝化矛盾、化解纠纷，市本级全年共办结行政复议案件93件。加强行政诉讼应诉。大力推进行政机关负责人出庭应诉，及时改进薄弱环节，市本级全年发生行政诉讼案件94件。加强仲裁工作。常德仲裁委秘书处升格为副处级机构，在全国244家仲裁机构中综合排名前50名以内。2016年，共受理案件858起、审结556件。（洪　淼）

检　察

【概况】 2016年，常德市检察院荣获“全市综治工作优秀单位”“全市政法工作先进单位”“全市信访维稳工作先进单位”“全市安全生产工作先进单位”“全市禁毒工作先进单位”“全市档案年检工作先进单位”荣誉称号，通过全省文明标兵单位复检。市检察院扶贫点桃源县竹山村被评为全省精准扶贫先进单位。武陵区检察院被评为“全国先进基层检察院”，石门县检察院未成年人刑事检察工作办公室被评为“全国未检工作优秀团队”。澧县检察院、武陵区检察院通过省级文明单位复检。白洋堤检察院被评为市级文明单位和全市平安建设优秀单位。鼎城区检察院被评为全省首届“读书风气最盛的检察院”和全省检察机关“检察文化活动”先进单位。澧县院被评为全省“十二五”期间检务保障和信息化建设先进单位。全年全市检察系统共45人获最高检察院、省检察院、市委表彰。

服务经济社会发展。2016年，市检察院批准逮捕生产销售伪劣商品、金融诈骗、非法经营、组织、领导传销活动等犯罪嫌疑人116人，提起公诉215人，依法督促公安机关立案查处破坏市场经济发展秩序案件18件22人，为政府采购、工程招投标等提供行贿档案查询2710次。开展优化经济发展环境专项活动。与市工商联召开“依法保障和促进非公有制经济健康发展”座谈会。组织221名党员走访52家大中小微企业。对湖南中烟公司常德烟厂45.75亿元易地技改项目，建立预防惩治职务犯罪“检企联防”工作机制。建立与公安等部门联系机制，市检察院与市林业局等部门形成《关于常德市2013—2015年破坏森林资源违法犯罪情况的调查报告》《环洞庭湖养殖业无序扩张导致环境污染问题的调研报告》。

依法打击刑事犯罪。全年对初犯、偶犯、过失犯罪、老年人犯罪，以及因邻里纠纷等轻微犯罪，依法从宽处理。对不需要继续羁押135名犯罪嫌疑人，建议侦查机关变更强制措施。对421名无社会危险性犯罪嫌疑人作出不逮捕决定，对502名确实悔罪、情节轻微、不需要判处刑罚犯罪嫌疑人作出不起诉决定，对22名未成年犯罪嫌疑人作出附条件不起诉决定。全年批准和决定逮捕1450件1889人，不捕855件1198人，提起公诉2682件3701人。其中批准逮捕涉嫌故意杀人、绑架、强奸等严重暴力犯罪嫌疑人196人、提起公诉392人；批准逮捕涉嫌“两抢一盗”、诈骗等多发性侵财犯罪嫌疑人658人、提起公诉1037人；批准逮捕涉嫌涉赌、涉毒、涉枪等严重妨害社会管理秩序犯罪嫌疑人481人，提起公诉785人。市检察院办理黄某等13人制造冰毒800余公斤的公安部督办案件。

控告举报。全年受理群众来信来访771件（次），审查处理各类举报线索74件，接待来访83件（次），受理不服检察机关处理决定和法院生效判决申诉案件10件，立案复查6件。市检察院接待窗口作为全国“文明接待示范窗口”，2016年以湖南省总分第一名成绩上报最高检察院复核并通过，4个申报“全国文明接待室”和2个申报“全省文明接待室”基层检察院通过审核。

查办和预防职务犯罪。全年立案查办职务犯罪案件87件106人。其中贪污贿赂犯罪66件79人，渎职犯罪21件27人，处级以上要案9人。查办湖南宾馆原总经理欧爱国（副厅级）等7人受贿系列案，湖南湘澧盐化公司原董事长郭志宏（正处级）等9件12人受贿系列案，桃源县公用事业管理处原主任高红军等4人受贿窝串案等。立案查办省检察院交办的邵阳市公安局禁毒支队支队长、禁毒办副主任刘军（正处级）涉嫌滥用职权案，武陵区法院丁时作涉嫌执行裁定失职和受贿案、武陵区朱文菊涉嫌执行判决裁定滥用职权案、市公安局西洞庭分局陈锋及吴晓晓涉嫌滥用职权案。立案查办汉寿县科技和工业信息化局原党组成员、副局长孙贤元等人涉嫌利用职务便利，索要或收受他人财物的受贿系列案。立案查办鼎城区检察院园艺场国有垦区危房改造领域渎职犯罪窝串案5件5人和武陵区丹洲乡船舶管理员姚登峰等3人贪污国家扶贫资金案。全年开展法制宣传教育活动48次。澧县检察院针对“雁过拔毛”式腐败，对镇、村及站所公职人员开展轮训警示教育6场次，《常德日报》对甘溪滩镇警示教育课进行报道。开展预防调查并完成预防调查报告16份，发出检察建议11份，推动相关部门建立预防职务犯罪工作制度4项。与市扶贫办、市医保中心、市移动通讯分公司等部门建立预防职务犯罪协作机制。石门县检察院开展预防扶贫领域职务犯罪专项工作，并与县扶贫办建立联席会议制度。

刑事诉讼监督。对应当立案而未立案的，监督立案57件，对不应当立案而立案的，监督撤案62件，对应当逮捕而未提请逮捕的，追加逮捕116人，对应当移送审查起诉而未移送的，追加起诉113人；纠正侦查活动违法264件（次）。提出并被采纳检察建议46件。市检察院以贩卖毒品罪追诉的被告人娜某、娜某，分别被法院判处无期徒刑、有期徒刑十五年。市检察院在办理代某贩卖毒品、抢劫案中，发现代某在取保候审阶段又涉嫌抢劫罪、强奸罪，监督公安机关将新罪移送审查起诉，最终法院以贩卖毒品罪、抢劫罪、强奸罪判处代涛有期徒刑十二年。

刑事审判监督。纠正刑事审判活动违法37件（次）。全市检察机关共提出抗诉案件5件9人，法院改判抗诉案件3件4人。市检察院在全市范围内开展公诉工作调研，逐案审查各基层检察院2016年上半年判决案件共600余件，发现审判违法行为10件（次），依法向法院提出纠正意见10件（次）；临澧县检察院以贪污罪起诉何满武等4人，一审判决认定4人犯职务侵占罪，临澧县检察院以定罪错误导致量刑畸轻为由提起抗诉，最终二审以贪污罪对4人定罪量刑。

刑事执行监督。针对减刑、假释、暂予监外执行不当行为，书面提出意见并纠正550件。针对刑罚执行和监管活动违法，书面提出意见并纠正194件。受理羁押必要性审查案件并依法提出释放或变更强制措施建议135人。与市心理咨询师协会建立“阳光穿透高墙”心理咨询机制。

民事行政诉讼和行政执法监督。对生效民事行政裁判提请上级检察院抗诉14件，对不当民事执行活动提出再审检察建议6件。对6件虚假民事诉讼案件发出检察建议，法院已撤销原审裁判结果5件。督促行政机关履行职责73件。全市检察机关在卫生、食品药品等领域开展督促履职53件，办结52件。津市检察院在疾病预防控制中心、社区医院、乡村卫生院就“问题疫苗”开展行政执法监督。

执法规范管理。全年开展流程监管85次，督促整改违规处置涉案财物案件7件，纠正不规范电子文书79份，发出超期预警通知11件次；公开案件程序性信息6549条，终结性法律文书2952份。推进规范司法行为专项整治活动。评查2015—2016年不捕不诉案件647件，剖析典型案件35件。对2012—2016年191件撤案、不起诉职务犯罪案件逐案评查，清理出问题503处，分别清理出审查起诉环节和职务犯罪侦查环节待处理案件1113件、90件，均已依法处理。

接受监督。推进“司法公正常德行”暨检察官履职评议活动，对11名被评议检察官所办81件案件进行评议。开展检察开放日20余次。向人大代表、政协委员寄送检察工作资料2000余份。办理政协委员提案2件，组织人民监督员开展18次案件评议工作，对92件拟不诉、拟撤案案件进行评议。编发检察手机报6期，编发常德检察官方微信70余期，召开新闻发布会，开通“一网两微一端”（常德检察院网站、新浪微博、微信公众号、手机客户端APP）。

业务培训。全年组织基层检察长、业务骨干、拟任检察官、司法警察参加专题研修班、初任检察官资格培训、全省控申和司法警察培训共179人次。组织干警参加中央政法委、高检院《学习习近平同志治国理政新理念新思想新战略》《刑法修正案（九）》专题讲座等7期网络培训视频学习讲座2989人次。在公诉等业务部门开展“听庭评议”20余次、“跟班培训”100余人次、“以案带训”50余人次，轮训基层检察院人员，并对轮训人员跟踪督查。

自身建设。开展“两学一做”学习教育。召开4个专题学习讨论，全面学习《中国共产党章程》《中国共产党纪律处分条例》《关于进一步建立健全落实党风廉政建设“两个责任”谈话制度的意见》等内容。坚持“一岗双责”，落实“两个责任”谈心谈话制度，印发《落实主体责任操作手册》《落实监督责任操作手册》，对新提拔干部和换届后各基层检察院检察长进行廉政谈话。全市检察机关召开党风廉政建设联席会议44次，市检察院派出2个暗访组，对基层院纪律作风情况进行暗访督查。对2人进行诫勉谈话，对2名检察干警给予党纪政纪处分。发挥检察官文联、女检察官协会、青年工作委员会等群团组织作用，举办元宵喜乐会、清明时节祭英烈、端午龙舟赛青年志愿服务等节日活动，开展读书征文、心得交流等活动，召开“荷花品格、梅花精神”廉洁文化专题报告会，举办道德讲堂42次。

（徐文祎　胡　蓉）

【检察制度改革】 2016年，市检察院对全市检察机关人员身份，资产情况、编制机构等进行清理。对白洋堤地区检察院、市检察院监所检察科和驻市看守所检察室实行“院科室合一”工作模式。按照省检察院员额检察官遴选方案要求，完成员额制检察官考试、考核、申报、确认工作，经省检察院确认全市首批员额检察官277人。推进律师参与化解和代理涉法涉诉信访案件工作，建立律师常驻检察机关接待室值班制度。

（徐文祎　胡　蓉）

常德市检察院开放日，邀请部分人大代表、政协委员、人民监督员走进检察机关

法　院

【概况】 2016年，全市法院共受理各类案件43339件，同比增长13.39%，结案39588件，同比增长16.14%，结案率91.35%。其中，市中院受理案件7496件，结案7166件，同比分别增长1.38%、2.11%，结案率94.92%。市中院被评为全国老年法律维权工作先进集体、全国法院司法宣传工作先进集体、省级文明标兵单位、全省法院信息工作先进集体；民调测评继续保持全市政法系统第一，司法绩效排名全省第三；家事审判、律师参与化解和代理涉法涉诉信访案件等经验获最高法院和省高院肯定并推广。

刑事审判。全市法院共审结各类刑事案件2883件，判处罪犯3281人，其中市中院审结313件。回应公众对社会治安热点焦点问题的关切，依法惩处涉“黄赌毒”、故意杀人、故意伤害、“两抢一盗”、强奸等严重危害人民生命财产安全犯罪。“6·26”国际禁毒日之前召开新闻通气会，市中院通报2015年以来打击毒品犯罪工作情况，对3起重大涉毒案件依法进行公开宣判。依法惩处贪污、贿赂、渎职等职务犯罪，审理原湖南省高速广信投资有限公司董事长谢智敏受贿、贪污案，怀化市政协原副主席杨冬英受贿案等一批大要案件。依法惩处非法集资、非法吸收公众存款、诈骗、危害食品、药品安全、环境污染、制售假农资等犯罪，审理侯鹏等7人组织、领导传销活动案。依法审理依法惩处侵犯老年人、妇女、未成年人、现役军人及其家属合法权益等犯罪。进一步规范减刑假释工作，办理减刑假释案件3838件，加大公示力度，落实“阳光司法”，健全参与社区矫正工作机制，服务完美社区、美丽乡村建设。

民商事审判。全市法院共审结各类

民商事案件21144件，其中市中院审结2080件。依法审理涉及教育、医疗、就业、扶贫等领域案件，以及涉及老人、妇女、儿童、残疾人等弱势群体案件，保护民生权益。稳妥审理涉融资担保、建设工程领域和房地产等纠纷案件，规范市场经济秩序。高度关注民生，加大婚姻家庭、损害赔偿、借贷纠纷等多发性案件审理力度，妥善化解各类民间矛盾。推进家事审判改革，市中院保护妇女和未成年人合法权益工作经验获《湖南日报》《法治周报》《三湘都市报》、湖南卫视、湖南经视等15家省内媒体“司法公开三湘行”记者团联合采访和深度报道，并获得国务院妇女儿童工作委员会督导组肯定。妥善审结知识产权、涉外民商事案件，加大知识产权保护和优化投资环境。

行政审判。全市法院共审结各类行政诉讼案件755件，执结非诉行政执行案件209件，审结国家赔偿案件12件。促进纠纷实质性化解，对因农村土地征收、城市房屋拆迁、劳动和社会保障、资源和环境保护、土地登记、林权登记等社会热点问题引发的群体性行政争议，最大限度地采取协调方式处理，化解好“官民”矛盾。突出修改后的行政诉讼法学习、培训、宣传，针对实行立案登记制后行政案件收案大幅度上升、案件类型日趋复杂等现实情况，积极应对，进一步完善工作措施，提高审判效率，在依法审判同时，加大协调工作力度，促进行政争议实质性化解。全市法院积极推动行政机关负责人出庭应诉，澧县法院行政机关负责人出庭应诉率达到94.23%，效果明显。

执行工作。全市法院共执结各类案件9906件，其中市中院执结379件。运用科技手段，推进执行指挥中心建设，其中澧县法院在全省率先实行与不动产登记部门联网。全市法院通过网络平台查询、冻结、划扣被执行人存款29.04亿元，查询被执行人车辆信息4048辆。对失信被执行人保持高压态势，组织全市法院共发布失信被执行人5695人，先后限制出境15人、限制高消费108人；向被执行人发出财产报告令2608份、发布悬赏执行令37份；司法拘留458人次、移送公安机关侦查68人次，兑现执行金额1.75亿元。

诉讼服务。推进诉讼服务中心建设，进一步完善安全检查、诉讼引导、立案登记、诉调对接、律师代为申诉、“12368”诉讼服务热线、诉讼服务网、远程接访、判后答疑、诉讼接待等十个功能区，“一站式”服务得到当事人及诉讼代理人、社会各界一致肯定。立案登记制实施一年，全市法院共登记初审案件26536件，同比增长14.61%，做到有案必立、有诉必理，从制度上、源头上、根本上解决“立案难”问题。市中院诉讼服务中心建设工作经验获最高法院立案庭肯定。

队伍建设。深入开展“两学一做”学习教育，围绕四个专题出台工作方案，明确目标任务，强化问题导向，坚持全员覆盖，做到学深悟透，强化笃行实做。认真落实党风廉政建设责任制，落实“两个责任”，签订《党风廉政责任状》《党风廉政建设责任书》，通过层层传导压力、层层分解落实，形成一把手负总责，分管领导各负其责，部分领导“一岗双责”党风廉政建设和反腐败工作格局。严格落实《领导干部干预司法活动、插手具体案件处理的记录、通报和责任追究规定》和《司法机关内部人员过问案件的记录和责任追究规定》，保证法官依法正常履职，促进司法廉洁，确保公正司法。严格实行办案质量终身负责制和错案责任倒查问责制，杜绝冤假错案，确保每一个案件都经得起法律和历史检验。

司法改革。根据上级法院安排部署，出台《全市法院首批法官入额遴选工作实施方案》，成立法官遴选工作领导小组，以各区县市法院人员编制数为基数，考虑各法院近三年收结案数、所辖面积、人口和现职法官人数等因素，在平均36%员额比例下，将9个区县（市）分为三类，按类进行员额分配。省高院党组于2016年底确立430名法官为首批入员额法官，其中市中院65名。

司法保障。坚持“面向基层、建设基层、服务基层”工作思路，强化对基层基础工作的服务和保障。加快“两庭”建设进度。加强指导与协调，推进6个在建基层法院审判法庭建设进度。进一步加大对基层人民法庭的监督、指导与支持，完善基础设施，配齐配强法庭人员，充分发挥其在化解基层矛盾纠纷“桥头堡”作用。加大信息化建设力度。着手筹划“互联网+”法院信息化3.0版建设，加快执行指挥中心二、三期建设进度，推动数字法院系统、数字法庭建设纵深发展，启动电子档案建设项目。

接受监督。积极参与“司法公正常德行”活动，自觉接受人大及其常委会监督，健全工作报告制度和重大案件报备制度。认真开展第二批法官履职评议活动，制定工作方案，确定14名被评议对象，召开动员大会、评议大会，全方位、多角度地为法官进行“健康把脉”。利用阳光司法短信平台，加强与人大代表、政协委员的联络，健全人大代表视察、走访、座谈机制。（粟 伟）

常德市中级人民法院妇女儿童维权工作经验获国务院督导组肯定

【妇女儿童维权工作经验获国务院督导组肯定】 2016年1月，常德中院保护妇女和未成年人合法权益工作经验获《湖南日报》《法治周报》《三湘都市报》《潇湘晨报》、湖南卫视、湖南经视等15家省内媒体“司法公开三湘行”记者团联合采访和深度报道。2016年6月22日，国务院妇女儿童工作委员会督导组一行来常德，对湖南省《2011—2020年中国妇女儿童发展纲要》落实情况进行中期督导，常德中院作为全省唯一法院代表，就保护妇女、未成年人合法权益工作接受督导组工作督查。督导组一行现场查看常德中院“妇女儿童维权合议庭”工作情况，听取全市法院保护妇女和未成年人合法权益工作情况汇报，对该院在审判实践中将保护妇女和未成年人合法权益工作“位置全局化、审判专业化、方式柔情化、参与全程化、考核刚性化”工作经验以及依法维护妇女和未成年人人身权、财产权，积极贯彻执行《反家庭暴力法》推行“人身保护令”，预防未成年人犯罪等方面取得的工作成效给予肯定。 （粟 伟）

【常德法院首批入额法官遴选考试开考】 2016年10月15日上午，常德市法院首批入额法官遴选考试在市白马湖中学开考，来自全市两级法院500多名法官统一参加笔试。此次考试采取开卷形式，重点考察法官分析案件事实、归纳争议焦点、正确适用法律、制作司法文书等实际办案能力。根据上级法院司法体制改革总体安排和《常德市法院首批入额法官遴选工作实施方案》，全市法院首批法官入额遴选主要采取考试和考核相结合方式进行，所有申请入额人员均要参加法官入额遴选。为规范有序组织好此次考试，增加考试规范性和公信度，市中院制定《首批入额法官遴选考试实施方案》，设立考务组、纪律组、安保组、服务保障组、现场联络组、宣传组和保密组，在省高院监督下，同时邀请市委组织部、市委政法委、市人大、市人社局等相关部门领导参加巡考。当天，省高院审判委员会专职委员张开松，市委常委、政法委书记黄清宇，市人大常委会副主任谭弘发，市委组织部副部长姚登科等领导到考点进行了巡考。此次法官首批入额工作坚持党管干部、客观公正、公开透明、择优选任原则，按照分配员额、报名审查、入额考核、入额考试、入围人选、审核公示、审议表决、决定任命等程序进行。笔试结束后，将根据考试和考核综合成绩，并结合申请入额人员平时表现、廉政情况、身体状况及工作需要等因素，差额提出入围人选名单，报省法官遴选工作办公室审核。通过严格把关筛选，让一批政治素质高、业务水平高、办案能力强优秀法官走上审判执行一线，努力实现公正司法、案结事了。 （粟 伟）

【常德中院庭审直播常态化】 2016年12月8日上午9时，常德中院公开开庭审理一起机动车交通事故责任纠纷案。此次庭审活动在中国庭审公开网上进行全程同步直播，并报送参加第三方评价中国庭审公开网庭审活动，由第三方评委对各参评案件庭审质量按照详细评价标准进行打分和评价。2016年，按照湖南省高级人民法院要求，常德中院每周进行一场庭审网络视频直播，全年直播共计40次。同时，主动邀请人大代表、政协委员、行政人员、在校学生等社会各界人士旁听庭审50余次，不断推进庭审公开工作，努力满足人民群众对公平正义的新要求新期待。 （粟 伟）

【王X强等4名被告人贩卖、运输毒品案】 2014年10月间，被告人王X强与彭X军多次商议从云南购买毒品回常德贩卖。随后王X强又联系姚X贵从云南运输毒品至常德，约定运输毒品报酬为10万元。2014年11月17—19日，王X强安排其妻徐X先后汇了100万定金。11月24日，王X强、彭X军到云南昆明与卖家见面，彭X军交付剩余货款20万元，王X强还自行购买2万粒麻古，支付毒资28万元。11月27日，姚X贵受王X强安排，从云南卖方放置毒品处拿得毒品，王、彭两人先行乘飞机返回常德。11月28日，姚X贵携带毒品驾驶湘J18008卧铺车从昆明返回常德。11月29日，王X强、徐X、姚X贵在常吉高速交接毒品时，公安机关将姚X贵和王X强抓获，徐X趁机逃跑，并于次日主动向公安机关投案。当日9时许，公安机关将彭X军抓获。共计缴获毒品疑似物8788.9克。2016年，常德市中级人民法院审理认为，被告人王X强、彭X军、徐X构成贩卖、运输毒品罪，被告人姚X贵构成运输毒品罪，一审依法判处被告人王X强、彭X军死刑，判处被告人姚X贵无期徒刑，剥夺政治权利终身，并处没收个人全部财产；判处被告人徐X有期徒刑15年，剥夺政治权利3年，并处没收个人财产人民币5万元。 （粟 伟）

公 安

【概况】 2016年，在省公安厅举办首届“平安湖南杯”双微大赛中常德实现大满贯。微视频《十年》荣获公安部“三微”大赛三等奖。常德队伍建设工作经验在全国公安队伍建设会议上推介，扎实推进“暖心惠警”工程经验做法在《全国公安机关“四项建设”工作简报》上推介，打造过硬青年民警队伍经验材料在《人民公安报》刊发，大情报工作经验做法在公安部《公安工作简报》上推介。维稳、反邪防邪、刑事技术、党风廉政建设等工作在全省性会议上作典型发言。市公安局被评为2016年度市州公安局绩效评估先进单位，市级公安机关“四项建设”基础信息化示范单位（全省唯一），2016年度全省公安机关“三实”信息集中采集专项行动成绩突出单位，侦破命案工作成绩突出单位，省级文明单位，全市综治工作、安全生产工作先进单位。

全市社会政治、治安大局持续平稳，实现“三个同比下降”“五个同比上升”。即：全市刑事立案16223起，同比下降20.9%，其中，“八类恶性”“两抢一盗”案件同比下降16.74%、21.82%；人民群众对违法犯罪现象、公安工作评价同比分别上升3.75%、2.97%，全市刑事破案率达 39.7%，同比上升 6.3%，其中，“八类恶性”案件破案率达 86.4%，同比上升 9.25%，全市移送起诉数 5056 人，同比上升 16.5%。

维护稳定。发挥情报预警作用。主要围绕“两节”“两会”等节点，加强对重点群体调查摸排、疏导稳控，搜集掌握情报信息，有效处置和化解各类群体性事件，全市性群体活动预警率近 100%。推进涉稳专案侦查。加强虚拟社会管控。有效化解各类矛盾纠纷。不断深化涉法涉诉信访改革，深入开展信访窗口示范单位创建活动，推行专职司法员驻所调解模式，落实三调联动、警司联调机制，全面完成公安部、省公安厅交办化解任务，信访事项办结率达 98.54%，在全省综治考评和省公安厅绩效评估中均位居第一。

打击整治。一是突出大要案件侦破。35 起现行命案全破，特别是成功侦破武陵“8・9”碎尸案、鼎城“10・1”故意杀人案、临澧“11・27”持枪杀人案。坚持打早打小、露头就打，打掉恶势力团伙 25 个，追究刑责 211 人，打击处理率同比上升 15.3%，被评为全省打黑除恶先进单位。二是突出民生案件侦破。重点打击流窜性、职业性侵财犯罪团伙，力求破一案、牵一串，抓一人、带一窝。在打击“盗抢骗”侵财犯罪专项行动中，全市共破获四类侵财案件 2522 起，刑拘侵财犯罪嫌疑人 1155 名，逮捕犯罪嫌疑人 448 名，打掉犯罪团伙 110 余个，为人民群众挽回经济损失 1800 余万元。特别是武陵区成功破获特大流窜系列砸汽车玻璃盗窃财物案、桃源县成功破获“9・30”特大黄金被盗案，鼎城区成功破获冒充电力工人诈骗、盗窃、抢夺系列案。三是突出经济案件侦破。有力打击招投标领域围标、串标等违法犯罪，省纪委专门发信表扬。成功侦破特大网络传销案、桃源县特大虚开增值税发票案等一批法律效果、社会效果、经济效果三统一经济案件。其中，澧县、武陵区成功破获涉案金额上亿元英邦非法吸收公众存款案、天易非法吸收公众存款案，安乡县、汉寿县、津市市成功破获涉案金额上亿元安乡君毅、宏鑫、汉寿君毅、津市中亿百联非法吸收公众存款、集资诈骗案。四是突出涉毒案件侦破。集中警力破大案、堵源头、摧网络，成功破获 9 起部省督涉毒大案，缴获毒品 1600 余公斤，案件任务完成额达 150%、毒品缴获完成额达 2667%，均排名全省第一，均创历史最高。石门县成功破获部督“2016–926”特大制毒案，鼎城区成功破获部督“2016–455”集群制毒案，澧县成功破获部督“8・17”特大制毒案。强化收戒管控，全市共收戒 1931 人，全市登记在册吸毒人员 22186 名，查获 3202 名，新发现 2441 名。五是突出治安热点整治。积极整治治安乱源，深入开展打击黄赌犯罪“断链”专项行动，全市共侦办黄赌刑事案件 343 起，其中部省督黄赌案件 12 起，特别是武陵区成功破获涉案金额达 3 亿元龙源特大跨国赌博案。全市共刑拘 200 人，查获黄赌治安案件 635 起，查处 2059 人，行政拘留 1600 人，摧毁实体赌场及组织卖淫窝点 176 个，查处、封堵赌博、淫秽色情网站 9 个。深入开展食药打假“利剑”行动，共侦办食药环五类案件 117 起，其中部督 3 起、省督 3 起，特别是成功侦办部督“6・14”生产销售假酒案，打击食药犯罪排名全省第二。六是突出公共安全管理。严格大型群众性活动安全保卫工作，全市共组织完成各类会议、大型群众性活动安保工作 167 场次。深入开展安全生产“打非治违”“九打九治”、监管执法年等专项行动和危险物品道路运输安全专项整治，共检查涉危从业单位 131 家、民爆物品储存库和爆破作业现场（点）100 余个，整改各类安全隐患 120 余处。大力推进治爆缉枪专项行动，全市查破涉枪涉爆刑事案件 99 起、行政案件 178 起，采取刑事强制措施 102 人，治安处罚 205 人，收缴各种非法枪支 675 支、子弹 2075 发、炸药 192 公斤、烟火药 240.6 公斤。

基层基础。一是推进基础信息采集。全市大部分区县市以政府或综治办名义出台《“三实”信息集中采集专项行动工作方案》，各级财政共拨付 582.5 万元专项工作经费，全市开展农村“三实”信息采集“速查战”、城镇实体采集录入“协查战”、城区实有人口采集录入“攻坚战”。截至 2016 年年底，全市“三实”信息采集总量近 1334.87 万条，录入率达 101.51%，通过“三实”信息采集，共抓获逃犯 25 人，直接查获案件 37 起。在省公安厅年度实地抽查考核中，“三实”信息采集率、准确率、及时率达 100%，旅馆业信息实名制登记率达 100%，全市“十类刑事案件”现场勘查率达 100%，全部刑事案件勘查率达 48.65%。全年新增 DNA 入库 32135 人份，新增指纹入库 27139 人份，指纹、DNA 信息采集率分别达 96.2%、97.7%。二是推进资源共建共享。结合常德警务云计算中心建成契机，加强与外部社会单位协调，把不同类别社会信息归集任务责任逐一分解到各警种部门，利用反恐、维稳等工作平台，把外部资源全部整合进警务云数据池，截至 2016 年年底，共享资源库中数据已达 8 亿多条。重点开展“加密、扫盲、换高清”工作。加强城区、城镇监控视频探头密度建设，启动国省道交通安全防控体系建设，扫除农村监控视频盲区，全面整合社会各界特别是小区、银行、学校、医院监控视频接入进公安警务云，实行联网共享，然后逐步换成高清探头，通过人脸识别技术形成破案合力，全市运用图侦技术破案作用率达 41%，排名全省第三。三是推进派出所撤并建设。结合全市行政区划调整，开展全市派出所撤并工作，将撤乡并镇前 239 个派出所调整为 199 个，其中撤销 54 个、保留 165 个、更名 25 个、新设立 9 个，派出所警力占总警力 43.7%。结合全市“完美社区、美丽乡村”建设，在完成 2015 年市城区新建或改扩建 10 个派出所基础上，2016 年市城区新建或改扩建 14 个派出所。四是推进刑事技术建设。以建设“全省一流刑科所、湘西北刑事技术中心、全面通过实验室认可”为目标，投入 2400 余万元在警官培训中心新建 1500 平方米电子物证、声像、痕迹实验室和 1 条 DNA 数据库检测线，升级改造 DNA、理化实验室。全面落实现场勘查“一长四必”制，出台《关于进一步加强刑事案件现场勘查工作决定》，规定区县市公安机关一线实战部门大队长、分管大队长和城区城镇派出所所长、分管所长任职必须具备现场勘查工作资质。举办2期现勘技术员培训班，共计培训248名，采取“师傅带徒弟”方式，创新驻所队技术员教育和管理。五是升级打造合成作战中心。成立以刑侦、网技、图侦、情报为主体，各业务警种、武陵区、鼎城区、经开区、柳叶湖度假区四地公安机关协同合成作战中心。整合五大公共平台、37个业务系统，中心下设勤务指挥大队、情报研判大队、图像视频侦查大队、刑事技术支撑大队、网技实战大队，共有警力33人。研发以常德米歌为基础合成作战大数据工作平台，实行市局、分局、派出所合成作战网上三级联动。启动后，合成作战中心共串并案件157串452起，发布作战指令44期，打掉犯罪团伙53个、抓获犯罪嫌疑人230人。特别是成功破获武陵“8·9”杀人碎尸案。

规范执法。将民警执法资格与执法办案权限、干部选拔任用挂钩，仅市局机关就有70余人因未取得中级执法资格不能参加竞争上岗。全市基本级执法资格通过率98.5%，取得中级执法资格民警2834名，取得高级执法资格民警94名，2人通过国家司法考试。全面推进执法过错责任追究制，共下发执法监督通知书11份，进行执法过错责任追究18人。将涉及职务犯罪过程中自首、立功证据材料移送审核权上收市局执法管理委员会。规范执法档案积分制，出台《市公安局推行执法办案积分制实施意见》，全面推行执法民警办案积分制改革。规范刑事案件“三统一”，出台《全市公安机关案件管理中心建设指导意见》，以武陵公安分局作为全省试点，积极探索受案、立案分离制度。武陵分局实现“110”报警系统与警务综合应用平台对接，初步实行报警案件闭环运行。开展全市公安机关涉案财物管理突出问题专项整治，对发现等六大问题形成督察通报，下发9个区县市公安局落实责任整改，并出台《关于进一步加强涉案财物管理工作决定》。全市90个执法办案区严格执行“四个一律”，全面整改设备配置方面783个问题和暂停使用30个执法办案区。狠抓执法质量考评，抽取2000余起刑事、行政案件开展集中执法质量考评，对德山、津市、澧县4起案件开展案件集体评议，防止出现执法失误和偏差。全面推进执法记录仪配备和使用，全市配备率达100%。全面推进网上巡查，共巡查7252份行政处罚决定书、8209张涉案财物照片，发现问题文书933份、问题照片298张。深入开展看守所、拘留所、强制隔离戒毒所执法管理专项检查，积极与市第三人民医院购买医疗服务，顺利完成市级监所医疗专业化。全市18个监管场所没有发生非正常死亡、重伤、脱逃等安全事故，安全看押9009人，其中看守所3884名，拘留所4246名，强制隔离戒毒所879名。全市监所积极开展深挖犯罪工作，共破获刑事案件545起，抓获547人，抓获逃犯19名，成功开辟打击犯罪第二战场。

队伍建设。一是推进政治强警。开展“两学一做”学习教育，充分发挥公安文联、常德公安微信载体作用，着重促进政委、教导员务政，强化重大典型培育选树，坚持举行升国旗、入警宣誓、记功授奖、荣誉退休离岗、烈士纪念等六个仪式活动，持续培育民警核心价值观，增强职业荣誉感。二是推进素质强警。开展全市公安民警三项技能大比武，先后举办新警入警、现场勘查、警务云、警务实战教官、综合调研等25期2742人次培训，先后举办警务实战技能培训10期800余人次。与湖南警察学院院局合作不断深化，与海南省三亚市公安局东西合作素质强警项目交流。三是推进人才兴警。创新干部选拔任用机制，在市公安局机关、交警支队、巡特警支队、武陵分局采取全免全竞方式，共选拔任用308名副科级以上干部，其中，3名调研员、13名副处级职务干部、292名正副科长。市公安局机关、交警、巡特警支队共增加20名正副科级领导职数，增设2个正科级机构，12个副科级机构。四是推进从严治警。“雁过拔毛”式腐败问题、“纠四风、治陋习”两个专项整治工作排名全省第一，党风廉政建设考核排名全省第二。在全市范围内开展问题民警排查和帮教工作，精准推进帮扶教育工作先进经验在全省公安机关党风廉政建设调度推进会上作典型发言，并被湖南公安简报全省推广。2016年，全市公安机关共立案查处民警违法违纪案件35起41人，处分31人。排查问题民警75名，开展集中督察、现场督察、专项督察共360余次，对26名违纪违规民警停止执行职务、19名关禁闭。五是推进暖心惠警。成立底金1500万元市级警察基金会，共发放困难救助、优抚慰问金237万元。投保200余万元，领先全省实现民警工伤保险与人身意外伤害双保险。全面执行《公安机关人民警察奖励条令》，落实全市民警记功奖励经费。通过全面加强业务工作和队伍建设，全市民警政治素质、奉献意识、职业精神进一步提升。在市公安局承办全省公安机关舞蹈大赛中，常德市公安局《澧水船夫》荣获一等奖、优秀组织奖。武陵区、鼎城区、桃源县、临澧县、澧县、安乡县、柳叶湖公安（分）局被评为2016年度全市公安机关绩效评估先进单位。汉寿县、临澧县公安局分别被评为全省县级公安机关基础信息化、队伍正规化示范单位。鼎城区公安局被评为2016年度全省公安机关侦破命案工作成绩突出单位。武陵区、鼎城区、汉寿县、石门县公安局被评为2016年度全省公安机关“三实”信息集中采集专项行动成绩突出单位。市公安局刑侦支队有组织犯罪侦查大队被评为2016年度全省公安机关打黑除恶工作成绩突出单位。市公安局钱超金被评为“中国好人”，武陵区欧兰英被评为全省十佳优秀社区民警，并和鼎城区郭作全、石门县盛忠尧一起被评为“湘警之星”，桃源县王建平、临澧县戴涛被评为湖南省2016年“最美青年卫士”，张红均等15人被省公安厅荣记二等功。

（王晓微）

【全面深化警务机制改革】 推进“4+1”中心建设。市公安局挂牌成立“4+1”中心，即以情报指挥中心为主体，以侦查实战中心和治安防控中心为两翼，以新闻舆情中心和涉案财物管理中心为补充，打破警种壁垒，有效整合资源，形成情指一体、网上网下一体、打防管控一体工作新格局。在全市掀起全警改革、万警创新热潮，特别是在首届“平安湖南杯”微改革微创新大赛中，常德公安荣获2016年度全市警务机制改革创新大满贯。汉寿县公安局“‘三实’信息采集应用掌中宝”荣获金牌，澧县公安局“‘五三’师徒制”、消防支队“多功能乡镇消防车”荣获银牌，武陵区“行车卫士助力‘两车’盗抢案件打防工作法”、桃源县“大庆电话线索提炼模型”、警令部“‘110’社会联动转接平台”、人口与出入境管理支队“创新人口与出入境自助服务模式”荣获铜牌，市公安局荣获组织奖铜奖。2016年年底，在全市公安机关开展“大数据时代公安工作”大讨论。创新特殊人群收治机制。推进“三中心两分院”建设，全年共收治特殊人群涉毒人员136人，管控重型精神病人1734名，有力解决特殊人群违法犯罪打击难、关押难、收治难问题。（王晓微）

【“雷霆60”专项行动】 全市公安机关从2016年11月23日至2017年1月22日，集中开展以“打击侵财犯罪、黑恶犯罪、毒品犯罪、涉枪涉爆犯罪、赌博犯罪，大力整治社会治安秩序”为重点“雷霆60”专项行动。专项行动期间，全市共破获侵财、涉枪、涉爆案件1320起，刑事拘留1280人，强制戒毒487人，缴获毒品954.68公斤，收缴非法枪支1577支；为企业和群众挽回经济损失900余万元，全市社会治安秩序进一步好转，人民群众安全感和满意度进一步提升。严打侵财犯罪。全市公安机关集中力量重点打击流窜性、职业性侵财犯罪团伙，力求破一案、牵一串，抓一人、带一窝。行动期间，全市共打掉“两抢一盗”团伙26个，破获侵财案件1220起，任务完成率163%，抓获违法犯罪嫌疑人619人，任务完成率138%。严打黑恶犯罪。全市公安机关坚持“黑恶必除、除恶务尽”方针，把盘踞在建筑建材、家装装饰等行业和各类娱乐场所黑恶势力，以及企图把持农村基层政权、称霸乡里黑恶势力作为重点，全力打击社会危害大、群众反响大、主观恶性大黑恶势力。行动期间，全市共立案侦办涉嫌恶势力犯罪案件37起，打掉涉恶团伙25个，刑事拘留186人，任务完成率233%。严打涉毒犯罪。始终保持对涉毒违法犯罪严打高压态势，一方面集中警力破大案、堵源头、摧网络，同时也注重破小案、打零包、压消费，全力遏制吸毒、贩毒、制毒违法犯罪蔓延上升势头，净化社会环境。行动期间，全市共打掉贩毒犯罪团伙5个，刑事拘留涉毒犯罪嫌疑人257人，任务完成率165%，强制戒毒487人，任务完成率207%，缴获毒品954.68公斤，任务完成率6100%。严打涉枪涉爆犯罪。通过标语宣传、奖励举报、重点摸排、审查深挖等方式，从源头上严控枪支和危爆物品流转，多渠道敦促枪支收缴，压降涉枪涉爆案事件发生。行动期间，共破获涉枪涉爆刑事案件100起，行政案件210起，收缴各类枪支1577支，任务完成率526%，收缴子弹4583发、黑火药246.46公斤、雷管7272枚、手榴弹5枚。严打赌博犯罪。针对当前赌博由传统方式转向网络、由街面转向地下趋势，全市公安机关坚持把开设赌场、聚众赌博和地下“六合彩”活动作为打击重点，大力整治赌博犯罪。行动期间，全市公安机关共查处涉赌场所76家，刑拘218人，任务完成率240%。整治治安秩序。针对公共复杂娱乐场所、城乡接合部等重点部位黄毒问题突出现象，全市集中开展清查整治。专项行动中，共整治公共复杂娱乐场所285家，清查出租屋3800间，查处涉黄窝点5家，整改不安全治安隐患49处。（王晓微）

【严打食品药品犯罪】 2016年，根据公安部、省公安厅打击食品药品犯罪“利剑”行动统一部署，全市公安机关共立案侦办各类食品药品犯罪案件128起，破案84起，其中办理部督案件3起，省督案件2起，采取刑事强制措施188人，起诉121人，全面完成省公安厅绩效评估打击食药环五类犯罪起诉目标任务，食药环五类犯罪起诉数排名全省第二。市公安局党委始终将打击食品药品犯罪作为工作重心，明确各区、县（市）公安机关主要负责人为食品药品安全第一责任人，并将该项工作纳入绩效评估。建立全市食药环五类案件动态管理台账，每周进行统计更新，每月进行通报。采取多种宣传方式，着力营造打击食品药品安全违法犯罪浓厚工作氛围。参与承办全省“食品安全宣传周”活动启动仪式，精心准备展板，印制5000份宣传资料，副省长向力力、市委书记王群、市长周德睿等领导听取市公安局打击食品药品犯罪工作情况汇报，对常德市公安机关打击食品药品犯罪工作给予高度肯定。以开展“驻社联村”活动为契机，组织民警对社情民意、案件线索等情况进行摸排，对制假、售假重点地区、重点行业、重点对象进行清查，掌握情况，摸清底数，建立台账。联合市食药监管局，积极推动市政府出台《常德市食品药品安全违法行为举报奖励办法》，充分调动广大群众参与食品药品安全保卫积极性。加强与市食品药品监管局、农业局、畜牧水产局等行政职能部门联系，多次召开联席会议，实现行政执法与刑事司法无缝衔接，全年行政执法部门向公安机关移送案件64起。同时，充分运用合成作战平台，统筹侦查资源，多警种、多部门合成作战，形成整体打击合力。始终把“破大案、打团伙、追逃犯、端窝点、捣网络、除源头”作为主攻方向，全市成功破获“6·14”生产销售假酒案、“9·23”销售不符合安全标准食品案（病死猪）、张某等人生产销售不符合安全标准食品案（冷冻肉制品）等部、省督办重大案件。其中，市公安局治安支队联合技侦、巡特警、武陵区、经开区、柳叶湖度假区、西洞庭公安分局等合成作战，一举侦破“6·14”张某等人生产销售假酒案，成功捣毁生产高档白酒黑窝点4个，刑事拘留24人，提请逮捕6人，移送起诉13人，扣押茅台、五粮液、国窖1573、水井坊、剑南春等各类假酒8000余瓶，查获9卡车各种用于造假原材料、生产设备，该案现查明涉案金额达500余万元。这次行动使隐藏在长沙市高桥大市场附近制售假酒团伙网络遭受到瘫痪性打击，有力保障人民群众生命健康安全。（王晓微）

【破获“8·17”特大制造毒品案】 2016年8月，市公安局禁毒支队解到有

2016年10月1日，市政府副市长、市公安局局长胡丘陵检查督导国庆安保和反恐处警巡逻工作

一掌握制毒技术广东惠东籍男子到常德市澧县活动，有准备制造毒品嫌疑。获知此情况后，市公安局高度重视，在局党委副书记、副局长李培桂直接领导下，成立“8·17”专案组，由禁毒支队支队长杨瑞东为组长、其他支队领导以及澧县公安局主管禁毒工作局领导为副组长，禁毒支队侦查大队民警及澧县禁毒大队精干力量为成员“8·17制造毒品案”专案组，组织精干力量对案件展开侦查。经过近4个月前期侦查，侦查员全面掌握该制毒团伙活动情况。12月18日，市公安局禁毒支队对“8·17”制造毒品案实施收网。在专案组指挥部统一调度指挥下，96名民警（包括市局禁毒、刑侦、网技，澧县公安局禁毒、刑警、派出所等警种）、24台车辆、2条警犬投入战斗，迅速将现场7名犯罪嫌疑人一举抓获，缴获毒品氯胺酮730公斤以及大量制毒原辅材料、工具，扣押用于制毒车辆2台，查控资金50万元。与此同时，广东惠州及东莞警方配合收网抓获制毒团伙成员11人，现场缴获毒资930余万元。

（王晓微）

【公安基础工作与信息化有机融合】 架构“一体两翼”工作体系：“一体”即着力构建具有常德特色信息化工作体系，主要包括信息化总体规划、标准规范、信息采集、资源整合、深化应用、支撑保障、安全防护等工作体系。“两翼”即以警综平台为依托，最大限度整合已有业务系统，形成“大数据之翼”；以“大情报”为契机，深化情报平台应用，推进视频监控建设，实现向乡镇延伸，丰富情报来源，建立信息研判、合成作战、情报联动等工作机制，构建“大情报之翼”。先后投入5亿元开展公安信息化基础建设，率先推进警务云建设，优化城市数字防控系统建设，完成市级警综平台、情报平台、视频联网平台、警用地理信息平台四大公共平台建设，并在此基础上，建设“三台合一”接处警系统、视频会议系统、车辆缉查布控、视频智能分析、图像侦查、北斗警用卫星定位和人脸识别系统建设。投入1.3亿元启动警官培训中心及巡特警支队合并建设，投入1500余万元购置反恐信息装备，投入1100余万元升级网侦系统，投入2500万元，开展全长3.5万千米公路交通安全防控体系建设。搭建基于大数据警务云市局、县局、派出所三级综合指挥调度平台，结合警用地理信息平台、情报平台、数字防控系统，运用新350兆数字集群和“三台合一”系统，实现群众报警一线就近警力同步接警，实现对“四警合一”、基层所队、治安卡口、巡防车辆等一线警力“点对点”扁平化指挥，不断提高快速反应能力。常态坚持“日研判、周会商、月通报”机制，以大数据警务云为支撑，汇集各类情报信息资源，强化实时动态比对和智能关联分析，推动基础信息与分析研判、情报信息与打击防范有效对接。把大数据警务云深化应用工作纳入绩效评估，设置具体考核内容和评价指标，每年评选20名运用大数据警务云破案有功人员和20起典型案例。在加强实战培训比武、专业人才引进同时，鼓励民警自主研发各类服务实战信息系统、功能模块，总结提炼信息应用技战法，激发人才创新活力。市公安局充分发挥基础信息化实战应用，成功破获涉案金额10亿元“美洲矿业”跨国网络传销案、涉案金额上亿元“莫顿马休斯”网络传销案、涉及30多个省市涉案金额3000多万元冒充公安机关特大电信诈骗案等。（王晓微）

【“暖心惠警”工程】 在认真落实省公安厅关于《湖南省公安机关从优待警十件实事》基础上，先后制定出台《常德公安机关从优待警十二项举措》等制度规定，并将“暖心惠警”工程纳入公安思想政治工作绩效评估，全力推动从优待警工作纵深推进。在制度层面上，建立常态化机制，先后出台《常德市公安机关走访慰问制度》等规范性文件，确保从优待警工作有章可循。操作层面上，针对民警日常疾病保险及健康保险难以覆盖问题，在原有医疗保险基础上，先后投入20余万元扩大保险险种覆盖面和理赔金额，切实减少民警后顾之忧。市公安局直属单位和区县市公安局政工室、警务保障、工会等部门联动合作，大力加强与财政、人社、民政、医保、工商、妇联等部门沟通协调对接，确保惠警政策落实落地。针对公安民警家庭困难、伤残等级评定、遗属优抚等问题，统一协调推进，及时跟踪政策动向并督促落实，确保不漏一人、不遗一项。成立市本级警察基金会，多渠道筹集1000万元启动资金，帮扶因公牺牲、病故、罹患重大疾病或意外事故而导致生活特别困难和因公负伤致残，以及在公安安全保卫工作中付出艰辛努力民警、辅警和光荣退休民警。积极宣传相关政策，努力营造全社会尊重民警、关心公安英烈、帮扶困难民警良好氛围。成立警察协会，加强民警执法权益维护，推动从优待警工作落到实处。成立公安文联，常态化开展篮球、羽毛球、自行车等俱乐部活动和民警“驻社联村”警民共建互动活动，倡导健康生活方式，不断提高民警健康指数和幸福指数。积极争取省公安厅下拨困难民警救助金30余万元，为困难民警送温暖；积极协调对接财政部门，根据公安部关于为民警附加购买人身伤害与疾病保险要求，对照增加民警参保范围和理赔份额。精准识别确定首批67名困难民警作为省、市、县三级帮扶对象，人均获得省公安厅发放5000元、市公安局发放5000元、区县公安局配套5000元救助金。同时，县市区公安局还帮扶救助一般困难民警21名，人均发放救助金3000元。坚持暖心惠警全覆盖、无疏漏，专门建立350兆老干频道，成立老干应急车队，悉心保障离休人员生活。对在职民警成长成才竭力扶持，鼓励民警自学与在职学习，不仅按规定报销学历进修费用，还对通过司法考试、高级执法资格考试民警给予奖励。（王晓微）

【“三实”信息集中采集】 2016年，常德市全体公安民警、辅警及社会力量共同努力，以“质数齐抓、质量为重、应采尽采、应录尽录”为原则，采取“三大战役（农村三实信息采集速查战、城镇实体采集录入协查战、城区实有人口采集录入攻坚战）、四个超常（超常规组织领导、超常规集中培训、超常规宣传发动、超常规采集录入）、五大核查（领导督查、电话抽查、网上巡查、入户核查、分级审查）”“三四五”工作模式，狠抓工作任务落实，出色完成“三实”信息集中采集任务。2016年，常德市公安局被评为全省“三实”信息集中采集专项行动先进单位。

截至2016年12月31日，全市采录“三实”信息1334.8万余条，其中，实有人口信息709.1万余条，实有房屋信息380.8万余条，实有单位信息7.6万余条。年终省公安厅实地检查验收，“三实”信息采集率、及时率、准确率均达100%，通过“三实”信息采集，登记未落户人员1370人、未销户人员684人、重户人员35人。抓获逃犯25人，为重大案件提供线索6条，直接查获违法犯罪案件77起。

通过“三实”信息集中采集工作，常德市建立“以房管人、以业管人、以证管人”人口登记管理工作模式。一是初步形成以“人”为核心人员轨迹“大数据”库；二是建立地址信息标准化、规范化管理模式，逐步完善以标准地址为核心基础管理“大数据”库；三是建立人口信息联动协作、核查推送机制，通过将户籍人口与实有人口管理对接，对前期漏登漏采实有人口和流出省外人口、重错假和应销未销人口进行全面清理登记，进一步强化户籍人口管理。

（王晓微）

交　警

【概况】 2016年，市交警支队被评为全国春运工作先进集体、全省交通事故逃逸案件侦破先进集体、全市社会治安综合治理优秀单位，重点课题调研工作被省交通管理局通报表彰，信息报送工作连续五年“零扣分”，位居全省14个市州第一；直属一大队、津市大队被省公安厅确定为“2016—2018全省依法办事示范窗口单位”，鼎城区、石门县、津市市大队车管所被公安部评为一等车管所；直属四大队民警曾祥富被评为“湖南文明交通好交警”，詹尉群、叶建军、贺文军、雷辉元、汪朝东等5人被省交通管理局命名为“规范执法示范个人”。8月，支队新组建成立柳叶湖大队和桃花源大队，启动交管服务中心建设。

秩序管控。在市城区，建立与警情相匹配的二级三类勤务机制和网格化管理模式；针对市城区交通秩序现状，常态长效开展“两车”整治、违停整治、“炸摩”整治、酒驾整治等系列专项整治行动。积极回应市民留言和关切，开展交通设施及信号配时的排查整改等工作，使交通设施更完善，信号配时更科学，提高了城区道路通行能力和安全保障能力。科学研判交通违法现状，全面提升打击整治功能，在国省道上持续开展“三超一疲劳”“营改非”车辆载客及货车超限超载整治等，在县乡村道持续开展农用车载客、报废车营运、校车超员、涉摩违法整治等，使涉车、涉人的显性交通违法行为大幅减少。完善扁平化指挥调度机制及“极端状态”应急管理机制，突出重大节假日期间交通堵点和大型活动周边道路交通疏导，经受住了全国人大常委会副委员长吉炳轩、省委书记杜家毫、省长许达哲等领导到常德调研及万达广场开业、常德市旅游节、环洞庭湖汽车拉力赛、柳叶湖国际马拉松赛等一系列重大活动及重要节日交通安保的严峻考验。

事故预防。强化客货运输企业和站场的督导检查，做到问题及时发现，及时整改。坚持对重要路段必巡必到，重点车辆必管必查，重点违法必究必罚。推动“撤乡并村”后“两站”“两员”建设，完善农村交通安全责任包保机制和责任倒查机制，农村交通安全管理逐步夯实。实施重点驾驶人素质教育工程，提升交通参与人的文明素养。强化五类重点车辆动态风险管理，在全市开展为期一个月的重点车辆专项整治，督促车主及时违法清零，及时年检续保，及时自动报废；对全市客车、校车线路及临水临涯路段、事故多发路段、施工路段开展多次全面排查整改。完善境内临水临涯等危险路段的防护墩、波形防护栏；完善境内国省道的标志标牌和减速设施等。拓展智能交通管理系统的功能及应用，完成公路交通安全防控体系一期建设工程，特别是重点推进公安交通集成指挥平台建设，提高了民警的实战能力和管控质效。

规范执法。采取集中培训、以会代训、执法送训的形式，开展各类主题培训；通过每月一次事故复核培训、每季一次庭审旁听、每半年一次随岗培训、每年一次执法业务比武等活动，特别是邀请省交通管理局执法监督支队领导开展执法讲评和探讨交流活动，提升民警综合素质和执法水平。建立执法巡查长效机制，对全市交警系统重点岗位、重点环节开展执法巡查活动，重点对安乡大队、直属四大队的路面执法、事故处理、违法处理及车驾管行政许可等工作进行全面排查和集中讲评。建立网上巡查、网上公示和重点单位法制员派驻制度；全面规范执法记录仪的使用管理，全面加强执法办案场所建设，确保对执法办案活动全过程实行视频音频记录和可回溯式管理，并自觉接受社会监督、媒体监督、人大监督、政协监督、纪委监督、司法监督。法制大队会同监察室、事故大队全年共查处投诉案件7起，并责成大队对相关民警和领导进行责任追究。

智能交通。完成全市公路交通安全防控体系一期工程建设、互联网交通安全综合服务平台建设、视频会议室建设及环柳叶湖等新改扩建道路监控设施建设，特别是在全省率先启动公安交通集成指挥平台建设。进一步优化智能交通管理系统的绿波控制、交通诱导、违法抓拍、信号控制等功能。指导各区县市加快智能交通管理系统建设和升级改造，推进市县两级智能交通管理系统的互联互通。特别是公安交通集成指挥平台查缉布控模块已在全市范围内试点应用，并取得显著成效。

便民服务。市交警支队将科目一考试权限下放到各县区市大队，方便学员就近考试；开通互联网交通安全综合服务平台网上违法处理、网上自主预约考试、网上入户办证等业务；推出微信挪车服务、微信快处快赔自助通服务；车管所推出延时服务、预约服务、上门服务等便民举措，改造业务办证大厅，修建查验棚，成立牌证制作中心，改善服务环境，提高办事效率。驾管所开启“5+2”“白＋黑”工作模式，全面提高驾考能力；检验科规范收费和中介行为，推出预约检车、免费导办、免费复检、检验提醒等便民服务；事故预防与处理大队加快了区县市的快处快赔网点建设，并启动桃源县、汉寿县农村快处快赔试点工作。

队伍建设。完成支队二层单位65名正副职干部调整及直属各大队43名中队长、教导员的竞争上岗工作，优化领导配备；组织民警参加全市公安机关警务实战教官培训，对新招民警、协警进行岗前集中培训；开展“两学一做”学习教育，完成“四个专题”学习教育规定动作；支队党委成员带领38名科级及以上负责人开展“精准扶贫”工作，全市交警开展“驻社联村”活动，民警宗旨意识、服务意识大幅增强。部署开展全市交警系统“雁过拔毛”式腐败问题专项整治，“纠‘四风’、治陋习”专项整治及“问题民警”帮扶教育工作；聘请执法监督员，开展4次暗访督查，并将暗访情况制成专题片进行警示教育。配合市政协、市纪委完成对支队的民主监督和视察巡察工作。落实民警体检公休制度，对烈士家属、困难民警、因公伤残民警、功模民警等开展节日慰问，对患病特困家庭民警发放帮扶救助金，组织老干部开展4次户外活动，为10名离退休民警举办退休离岗仪式等。开展“地球日”低碳环保骑行、祭扫烈士陵园、“端午爱心粽”及羽毛球比赛等系列警营活动等，培养了民警健康向上的兴趣爱好。

（刘道国）

2016年10月28日，举行湖南省机动车号牌制作中心常德制作点成立揭牌仪式

【完成全市公路交通安全防控体系一期工程建设】 2016年，全市累计投入资金1500多万元，完成99个公路卡口、530多套执法取证设备、420多套流量检测设备、1200多套道路监控视频及28个执法服务站建设。（刘道国）

【全面启动全市交管服务中心建设】 经市政府第35次常务会议研究同意，全市交管服务中心建设项目于2016年1月11日正式立项。项目总投资4495万元，选址在柳叶湖太阳大道以东、紫缘路以南、泉水桥公寓式安置小区以西，项目征地1.33万平方米，总建筑面积6240平方米。12月23日举行开工奠基仪式。

（刘道国）

【成立湖南省机动车号牌制作中心常德制作点】 为提高车管工作办事效率，市交警支队经总队同意，启动机动车号牌制作中心建设，10月28日举行湖南省机动车号牌制作中心常德制作点成立揭牌仪式，标志着常德市机动车号牌现场制作点正式成立并实质性运行。（刘道国）

【市交警支队荣获“全国春运工作先进集体”荣誉称号】 2016年春运期间，全市交警放弃春节休假，坚守路面一线，用辛勤和汗水确保全市春运期间未发生死亡3人及以上的道路交通事故，未发生长时间、大面积的交通拥堵，并被公安部评为“全国春运工作先进集体”。（刘道国）

【曾祥富荣获“湖南文明交通好交警”荣誉称号】 曾祥富，男，53岁，中共党员，系支队直属四大队执勤二中队民警。2016年，在“感动湖南、道路礼仪之星”评选活动中获评“湖南文明交通好交警”荣誉称号。（刘道国）

巡特警

【概况】 2016年，常德市公安局巡特警支队连续5年蝉联全市维稳工作先进单位、市公安局精细化管理先进单位，再次荣获全省公安巡特警绩效考核先进单位，荣获全市综治工作先进单位，成功争创省级文明单位。

维稳处突。参与处置“e租宝投资者上访事件”“退伍军人上访事件”“鼎城医患纠纷事件”等各类突发性案（事）件。执行“5·3持刀伤人案”“疯牛伤人案”等反恐防暴任务。配合开展“扫黄禁赌清查行动”等专项行动，圆满完成担负的职责任务。

警卫保卫。完成“N227”“2016常德旅游节”“2016常德柳叶湖国际马拉松赛”等3类警卫和政治、经济、文化等重大活动安全保卫任务。

治安防控。全年无间断开展特警战斗小组和特警武警联勤小组常态化反恐巡逻，组织特殊时间节点巡逻102次。“雷霆60”专项行动中，支队强势出击，破获微信诈骗、吸毒、非法持有管制器具等案件。赴共建单位组织开展反恐应急培训、反恐防暴演练、高考保卫、单位治安隐患排查等平安建设活动，有效增强治安防控效能。

警民共建。共出动警力2850人次，指导警民共建单位开展安全检查46次，消除治安隐患38个，召开警民恳谈会6次，开展法制安全讲座5场，组织“警营开放日”活动1次。

教育训练。采取大队集训和个人自训相结合方式，开展短跑、长跑、力量等体能训练。采取支队统一授课训练方式，在支队范围内选拔一批技战术素质成熟的特警负责相关课题、科目授课任务，开展队列、绳结制作、通信器材使用、长短枪射击、特警单警技能、战术攻坚等多个技战术科目训练。采取派员外出培训方式，安排民警参加省公安厅举办的警务技能战术教官培训、心理服务专业人员培训以及新警培训、新闻舆论工作及舆情应对培训等各类培训，支队参加2016年全省公安特警湘北片区轮值比武，荣获团体第二名。

特警参加“9.14”反恐联合演练

队伍建设。开展“两学一做”学习教育活动。召开支部党员大会、支委会、党小组会等40余次；邀请分管支队领导上党课、支部书记上党课等20余次；党委班子成员以普通党员身份深入到各分管支部参加学习，学习教育指导员按照工作要求参加、指导、督导各支部开展学习教育；支队民警参加公安机关网上党纪党规考试合格率100%，民警撰写“两学一做”活动心得体会350余篇。支队保持连续10年民警违法违纪“零发案”良好态势。做实“精准扶贫”送温暖。结对点村9户贫困户，建立台账、照片档案，充分掌握贫困户信息，施计施策帮助贫困户脱贫。深耕“驻社联村”送平安。及时调整“驻社联村”人员，明确支队领导、二层骨干等12人为联村民警，完成台账登记，针对群众反映问题做到件件有回应，对存在的涉及社会治安稳定问题及时果断解决。单警能力建设稳步推进。充分发挥特警单警能力建设（防暴处突能力、执法办案能力、文字综合与口头表达能力）在推进特警能力素质专业化、队伍正规化方面的重要作用，出台支队《2016年单警能力建设实施方案》，进一步创新完善工作举措，明确主体责任，加大工作力度，强化督导考核，有效提升队员单警素质和交流转岗综合竞争力。全年，支队组织新任特警小教员完成10余个技战术科目施训；参与各项理论研讨活动5次，共收集论文32篇；各大队、中队举办各类培训讲座20余堂；民警参与高层次学历教育、执法资格考试、司法考试积极性显著提高。文明创建深入开展。通过“两学一做”学习教育、“抓民调创满意”工作、“道德讲堂”活动、观看爱国主义教育电影等系列活动，培养特警精神品质，推进支队精神文明建设；前往社会福利院、学校、公共场所等地开展公益活动，展示特警形象风貌，为服务对象提供实实在在帮助；建设一流办公大楼，按照要求设置公开栏、工作流程图、监督信箱，做好单位院内绿化、美化、亮化，建设文明办公区域。（申玉明）

【成功处置“5·3”持刀伤人袭警案】 2016年5月3日上午，特警战斗小组主动出击，快速反应，抓获一名持刀伤人并袭警的犯罪嫌疑人。

当日上午10时许，特警战斗小组像往常一样在火车站附近执行反恐巡逻任务，突然对讲机里传来一阵急促的呼叫：“反恐四大队呼叫指挥中心，火车站前泽云宾馆有人持刀伤人并袭警，请求支援！”特警3人战斗小组当班组长、特警三大队三中队中队长罗梓豪立刻带领特警孙家冕、罗梦龙在两分钟内赶到事发地点，将正在持刀伤人、拒不配合处置民警还袭警的犯罪嫌疑人迅速控制，并对现场进行警戒，对围观群众进行疏导。一直等到“120”急救中心将受害人接走，前来增援的派出所民警将犯罪嫌疑人带走，3人战斗小组才撤离，继续巡逻。（申玉明）

【建成全省一流的特警综合办公大楼和训练基地】 2016年7月，支队与市警官培训中心合并建设综合办公大楼顺利建成并完成搬迁。该综合办公大楼按照全省一流标准建设，美观大气，设施齐全，功能完善，室内装饰紧扣特警职业特点，楼道走廊作为警营文化宣传阵地，配以书法、绘画、照片、宣传专栏等，展示引领公安特警团队精神；功能用房按照公安部《公安特警队建设规范》要求配置齐全，包括值班调度室、会议室、机要室、档案室、图书室、电子阅览室、荣誉室、娱乐室、健身房、武器弹药库、警械警具库、特警营房等；训练场地及设施建设同步跟进，高5层的特警“攀爬楼”和110米“特警五项”设施为大力开展综合体技能、突击攻坚等演训奠定坚实基础。（申玉明）

【完成建队以来最大规模干部选拔】 2016年4月，支队开展巡特警支队建队以来最大规模干部选拔，采取竞争上岗方式进行，严格按照组织程序开展。共计34名优秀民警脱颖而出，竞争上10个正科级和24个副科级领导职务。此次竞争上岗，使骨干队伍年龄结构得到极大优化，二层单位正科级领导干部平均年龄降至42岁，副科级领导干部平均年龄降至33岁。（申玉明）

司法行政

【概况】 法治保障。2016年，市司法系统监所单位狠抓特殊人群管控安全，实现监管秩序持续稳定。武陵监狱连续9年实现“十个不发生”目标，市强戒所连续7年实现“六无”目标。市司法局部署开展为期两个月“防脱管、漏管，防重新犯罪”社区服刑人员集中管控活动，全市在矫社区服刑人员教育矫治秩序良好。全市律师、基层法律工作者代理诉讼、非诉案件11208件，公证机构办理各类公证12762件，司法鉴定机构办理业务12089件，法律援助机构办理各类援助案件2157件，帮助弱势群体挽回经济损失4500多万元。推进市、县、乡（街道）党政法律顾问团制度，组织优秀律师全面参与地方矛盾纠纷化解、突发事件应对、信访值班和涉法涉诉信访案件处置。推进“律师进园区”活动，为全市小微企业成长提供法治保障。启动人民监督员选任管理改革工作，选任69名市检察院人民监督员。市司法局牵头帮扶石门县皂市镇十坪村。2016年8月，十坪村作为全省精准扶贫信息化管理暨挂图作战现场推进会观摩现场；11月，市委书记王群到十坪村现场考察、走访慰问。市司法局派驻扶贫工作队长马飒英获评全市“最美扶贫人”。

法律服务。2016年，常德市荣获“六五”普法全国先进城市称号，津市荣获“六五”普法全国先进县（市、区）称号，武陵、桃源荣获“六五”普法全省先进县（市、区）称号。市司法局组织召开常德市第八次法治宣传教育工作会议，全面启动全市“七五”普法工作。市本级建成全省面积最大、功能最全、标准最高市（州）级公共法律服务中心，县级公共法律服务中心基本建成，建成114个乡镇（街道）公共法律服务站和1066个村（社区）公共法律服务点；对接“如法网”，实现公共法律服务线上线下无缝覆盖“互联网＋公共法律服务”新模式，全市公共法律“一小时服务圈”形成。常德在全省司法行政系统年中工作推进会上作为唯一市州代表进行典型发言。推进和完善环常“6＋1”平安边界建设、警司联调等多元化矛盾纠纷调处机制；巩固道路交通事故、林业纠纷、土地纠纷等领域人民调解工作，新成立市医患纠纷调处中心、市消费纠纷调处中心。全年调处各类矛盾纠纷22966起，调处数量和成功率较2015年均有提升。常德市婚姻家庭纠纷调解工作经验得到中共中央政治局委员、中央政法委书记孟建柱肯定，全省婚姻家庭纠纷多元化解机制建设推进会在常德召开。武陵监狱整体迁建工程已完成过半；市强戒所“三中心两分院”项目建设资金、用地已落实；常德市司法局所属新安学校完成场地交接，改建工作正在进行。武陵监狱实现执法“零差错”；市强戒所“一队一品”矫治文化被《法制日报》等媒体报道。

转型创新。全市建成9个县级社区矫正中心并通过验收，实现县（市、区）社区矫正中心全覆盖，武陵、鼎城、安乡等区县设立副科级社区矫正工作局；推进政府购买社区矫正服务工作，鼓励和引导社会力量参与社区矫正工作。以全市最低生活保障标准2倍为标准，降低法律援助门槛；在法院、看守所设立法律援助律师值班工作室或工作站，派驻值班律师，提供法律咨询。出台《关于进一步规范全市法律服务管理优化法律服务市场意见》，开展法律服务市场整顿活动；开展律师万人占比“百日攻坚”，全市执业律师数量大幅提升，全面小康建设律师指标实现程度从47.5%提升到60%以上，超额完成市小康办任务指标。开拓司法鉴定市场，新设林业司法鉴定、野生动植物司法鉴定等专业机构；开展全市司法鉴定机构规范化建设。德城、鼎城、澧县3家公证机构对接省司法厅改革要求，率先完成改制任务。

队伍建设。2016年，市司法局开展“两学一做”学习教育，推进党支部标准化建设。全面落实基层党建7项重点任务和“三会一课”“党报告员”等制度。编印出台《常德市司法局制度汇编》，各区县（市）强化制度建设。实施工作月调度、区县司法局局长工作例会等制度，在省司法厅年终考评中，常德司法行政工作进入全省先进序列。市司法局获评市级文明单位和综治优秀单位。武陵监狱和市强戒所分别开展“三提一打造”和“三比三创”活动。全市司法系统33人次获得省部级以上表彰奖励。开展“最美司法人”评选宣传活动被省司法厅评为2014—2015年度典型宣传精品项目二等奖；《情铸高墙——记武陵监狱党委书记、监狱长张程发》和《“村民务工死亡，应家属请求跨省讨公道”——记石门县壶瓶山司法所长向佐武》被省司法厅评为2014—2015年度典型宣传优秀作品。6月13日，市司法局党组成员、政治部主任张修超在全省司法行政系统典型宣传工作会议上，作为市州司法局获奖单位代表作典型发言，向全省司法行政系统推介常德市司法行政系统典型宣推工作经验。常德律师梅刚荣获湖南省2016年“最美青年卫士”称号。常德司法局推荐上报1个全省司法行政系统青年文明号和2名全省司法行政系统青年岗位能手获省司法厅下文表彰。（王英杰）

市公共法律服务中心窗口服务

【常德市第六次律师代表大会召开】 2016年1月21—22日，常德市第三次律师代表大会召开，会议选举产生新一届理事会、常务理事会、会长和副会长。市委常委、政法委书记何英平出席会议并发表讲话，市人民政府副市长、市公安局长胡丘陵，市中级人民法院院长廖具之，市检察院检察长余湘文参加会议。会议听取并审议通过《第二届市律协理事会工作报告》《第二届市律协理事会财务工作报告》《常德市律师协会章程（修订草案）》，选举产生市律协新一届理事会，选举理事37名、常务理事15名，湖南云济律师事务所主任杨迪清律师当选为会长，兰志龙、罗畅、黄道田、邹晓邦、丁伟志、周德芳等6名律师当选为副会长，市司法局党组书记、局长曾勇被聘任为荣誉会长。大会表决通过《常德市律师协会关于规范律师事务所律师收入分配方式规则》。（王英杰）

【刑释解矫人员过渡性安置基地正式挂牌】 2016年4月15日，澧县司法局与澧县正峰锌业有限公司签订《安置协议》，澧县刑释解矫人员过渡性安置基地正式挂牌。刑释解矫过渡性安置基地主要安置本区域内刑释解矫人员且身体健康，思想表现良好，个人家庭困难刑释解矫人员，有效帮助他们顺利融入社会，预防和减少重新犯罪。（柳玉清）

【常德市荣获“六五”全国法治宣传教育先进城市】 2016年5月26日，中央宣传部、司法部、全国普法办联合表彰“六五”全国法治宣传教育先进集体和先进个人，常德市获评全国先进城市，常德津市获评全国先进县（市、区），市地税局获评全国先进单位，常德供电分公司总经理张亚林、武陵区司法局局长戴正伟获评全国先进个人。（梁凌俊）

【常德市司法局公共法律服务中心投入试运行】 2016年6月13日，常德市司法局公共法律服务中心投入试运行。该中心总面积650平方米，前厅为公共法律服务办事大厅，设有法律咨询、法律援助、信访投诉、志愿者服务、司法考试、法治宣传、公证咨询7个接待窗口和“12348”法律服务热线值班室；大厅后面设有私密接待室、调解室、行政审批室、法律宣传中心、法律援助办公室、多功能会议室、值班室、机房等10个办公室，是截至2016年年底全省面积最大、功能最全、标准最高市（州）级公共法律服务中心。（彭　晖）

【举行声援诉讼安倍靖国神社参拜集会】 2016年7月2日，日本首相安倍晋三靖国神社参拜违宪诉讼声援集会活动在常德会战公墓前正式举行，活动由常德市律师协会、常德市日军细菌战受害者协会、民盟常德市委、民盟武陵区委及湖南文理学院共同举办。9点18分，活动正式开始，常德市律协对日维权诉讼指导小组组长、民盟武陵区委副主委、常德市日军细菌战受害者协会会长高峰向大家详细介绍对日诉讼情况，揭示安倍参拜靖国神社特殊性和实质性。民盟常德市委负责人作即席讲话，市律师协会会长杨迪清代表全体律师宣读公开声明，日军细菌战受害者代表即兴作发言。参加声援活动有市律协副会长兰志龙、黄道田、周德芳、罗畅和市律协秘书长莫杨以及常德市律协对日维权诉讼指导小组全体成员及部分律师。（张丕仪）

【黄关春调研武陵区警司联调工作】 2016年7月12日，湖南省委常委、政法委书记、副省长兼省公安厅厅长黄关春在市委书记王群，市长周德睿等市区领导陪同下，到常德市公安局武陵分局启明派出所警司联调工作室调研武陵区警司联调工作。黄关春对武陵区在警司联调工作中探索与创新给予肯定。（袁志鸿）

【石门县乡镇培训调解员】 石门县司法局从5月下旬开始到7月上旬结束，组织讲师团成员深入到全县22个乡镇（区）街道举办培训班22场次，上辅导课80多课时，参加培训听课2000多人次。（陈锦平）

【常德市司法局公共法律服务中心建设经验被省司法厅推介】 2016年8月1

日，全省司法行政系统年中工作推进会在长沙召开，常德市司法局作为全省唯一市（州）司法局代表，由市司法局党组书记、局长曾勇以《坚持“四高标准”全力推进公共法律服务体系建设》为题，向与会人员介绍常德市公共法律服务中心（站点）建设做法与经验。（王英杰）

【石门县司法所标识标牌全部规范统一】 2016年8月中旬，石门县司法局对子良乡司法所标识标牌安装完毕，标志石门县乡镇司法所统一标识标牌建设完工。全年石门县司法局组织相关股室负责人，对司法所标牌、外观标识、室内制度上墙、五室一庭门牌、工作人员去向牌、桌牌等按省司法厅要求规范统一，使乡镇司法所标识标牌内务管理全部一致。（陈锦平）

【召开人民监督员选任管理改革工作会】 2016年9月8日上午，市人民检察院、市司法局在市城区德华宾馆9楼大会议室联合召开常德市人民监督员选任管理改革工作会议，传达贯彻上级关于人民监督员选任管理改革工作文件精神，部署常德人民监督员选任管理改革工作。市司法局党组书记、局长曾勇，市人民检察院党组副书记、副检察长杨建波出席会议并分别作讲话。各区县(市)人民检察院、司法局负责人民监督员选任管理工作分管领导和机构负责人以及市人民检察院、市司法局相关科室负责人近50人参加会议。（徐 智）

【桃源县马鬃岭侵华日军细菌战受害纪念碑揭幕典礼】 2016年9月18日，常德市律师协会会长杨迪清率常德市律师协会一行6人参加在桃源县马鬃岭镇举行侵华日军细菌战受害纪念碑揭幕典礼。出席揭幕典礼人员还有日本国律师公会秘书长一濑敬一郎、日本东京女子大学教授聂莉莉，市委宣传部原部长蒯定勋、市社科联主席李云峰、市外事办原副主任陈玉芳、常德文理学院教授陈致远以及桃源县和马鬃岭镇党政领导等。（莫 杨）

【举办首期社区戒毒（康复）业务专题培训班】 2016年9月19日，由常德市强戒所、武陵区禁毒办、武陵区芷兰街道沙河社区戒毒（康复）工作站联合举办社区戒毒（康复）工作业务培训班在武陵区芷兰街道沙河社区戒毒（康复）工作站举行。芷兰街道综治办、司法所负责人、社区民警、沙河社区全体工作人员、社区网格员等近30余人参加专题讲座。讲座结束后，参训人员现场观摩湖南省戒毒管理局驻武陵区芷兰街道沙河社区戒毒（康复）指导站、武陵区芷兰街道沙河社区戒毒（康复）工作站架构体系和工作流程，工作站负责人就如何对辖区吸毒人员进行全员跟踪管控和对戒毒回归人员进行全程后续照管向参训人员介绍工作思路和经验体会。（易泽龙）

【常德市监所单位参加湖南省司法行政系统技能比武】 2016年9月20—21日，全省司法行政系统警体技能比武在湖南司法警官职业学院举行。武陵监狱代表队获得综合成绩团体第2名，警棍盾牌操单项第2名、射击单项第3名、擒敌配套单项第4名等4个单项团体奖。市强戒所代表队取得射击单项全省司法行政系统第4名，强戒系统第1名。（彭 晖）

【全面推开公共法律服务体系站点建设】 2016年9月30日，常德市公共法律服务体系站点建设工作现场推进会在津市举行，9个区县（市）及5小区司法局（办）局长（主任）、分管副局长、法援中心主任及市司法局全体班子成员、科室负责人共60人参会。与会人员前往毛里湖镇、襄阳街道2个法律服务工作站和万家村、燕子窝社区2个公共法律工作点参观。常德市公共法律服务体系站点建设工作推进会在津市司法局会议室举行，市司法局党组成员、联合工会主席余小萍就全市全面推进公共法律服务体系站点建设工作进行动员。（彭 晖）

【常德市“环常6+1工程”联防联调工作获推介】 2016年10月26日，湘赣鄂粤桂渝黔边界矛盾纠纷联防联调协作会议暨湘桂黔省际边界地区人民调解“五联”工作联席会议在湖南怀化召开。会议播放七省（区市）边界矛盾纠纷联防联调工作纪实片，其中，常德报送“五个升级，打造具有常德特色‘环常6+1’工程”联防联调工作汇报视频纪实片。湖南、江西、湖北、广东、广西、重庆、贵州等7个省（区、市）司法厅主要负责人、各市州司法局局长以及基层工作科负责人参加会议。（潘星中）

【“情暖高墙·关爱孩子”2016善德行活动】 2016年10月27日，“情暖高墙·关爱孩子”2016善德行——关爱特困励志学子大型公益慈善活动新闻发布会在常德市新闻发布厅举行。新闻发布会由市委政法委副书记、市综治办主任彭智明主持。市司法局党组书记、局长曾勇作新闻发布。善德行公益慈善活动计划受助人数300名，其中普惠受助者216名，重点受助者84名。市广播电视台、市民政局、市农业银行及部分爱心企业负责人就相关活动情况回答记者提问。市慈善总会、市公安局、市人民检察院、市中级人民法院、市教育局、团市委、德山监狱、津市监狱、武陵监狱、市强制隔离戒毒所、市公安局强制隔离戒毒所主要负责人及相关领导应邀参加此次新闻发布会。（彭 晖）

【常德市鼎城区婚姻家庭纠纷调解工作经验获全国推介】 在2016年11月召开全国社会治安综合治理创新工作会上，常德鼎城区婚姻家庭纠纷专业人民调解委员会工作做法，得到中共中央政治局委员、中央政法委书记、中央综治委主任孟建柱肯定。该经验做法被中央政法委综治动态（内参）2016年10期、中央政法委主办《长安》杂志予以联合推介。（胡大虎 戴麟璎）

【首届中国·潇湘法治微小说活动举行】 2016年12月10—12日，首届中国·潇湘法治微小说活动在武陵区举行。全国政协常委、中国作家协会副主席陈建功，中国作协副主席、著名作家叶辛，中华全国法制新闻协会副会长雷晓路及来自美国等国内外嘉宾出席典礼。雷晓路宣布获奖名单并为获奖代表颁奖，湖南省司法厅党组成员、副厅长唐世月、省司法厅法制宣传处处长、省委法治办专职副主任刘刚魁等领导出席会议并讲话。（梁凌俊）

【湖南省婚姻家庭纠纷多元化解机制建设推进会在常德市召开】 12月13—14日，湖南省婚姻家庭纠纷多元化解机制建设推进会在常德召开，省妇联副主席张媛媛，省综治办副主任罗永阳，市委常委、政法委书记黄清宇参加会议。湘潭大学教授廖永安、李喜莲就人民调解技巧和运用进行授课，各市州婚调委进行经验交流。鼎城区妇联罗朝霞副主席作“婚姻纠纷调和专家，平安社会守护天使”专题报告。（胡大虎）

【举办人民监督员颁证宣誓仪式暨初任培训班】 2016年12月30日，市人民检察院、市司法局联合举行人民监督员颁证宣誓仪式暨初任培训班。市司法局党组书记、局长曾勇，市人民检察院党组副书记、副检察长杨建波等领导为周本成等69名人民监督员颁发证书。69名人民监督员面对国旗庄严宣誓。30日下午，举行人民监督员初任培训。（徐　智）

强制戒毒

【概况】 2016年，常德市强制隔离戒毒所被评为市级文明单位、全市社会治安综合治理优秀单位、全省司法行政系统绩效评估考评先进单位，五大队被评为全省戒毒矫治示范大队，五大队大队长周俊全当选省司法行政戒毒系统“十佳”科队长，荣立三等功，强戒所所长江志晖被评为湖南戒毒学会工作先进个人。

队伍建设。2016年，市强戒所将各项工作任务细化为500多个小项。严格落实“四级督办”，形成所、大队、中队三级责任网络。考核结果实行月综合、月公布、月通报、月兑现，与民警上下岗、奖励待遇、晋职晋级、任用升降、评选激励和解决实际困难“六挂钩”。开展学《中国共产党廉洁自律准则》《中国共产党纪律处分条例》活动，举办“守纪律、讲规矩，做合格党员”专题讲座，组织“两学一做”知识竞赛活动，召开党风廉政建设工作推进会。建立民警常态化教育培训机制，组织2批业务骨干到中央司法警官学院培训，组织3批人员参加全省戒毒场所中层骨干业务培训班，举办3期新警培训班。成立七个警营文化兴趣小组，开展业余文化活动，市强戒所“诗人、作家现象”多次在《常德日报》《常德晚报》整版推介。开展“三比”（比精神状态，比细致、精致、极致，比贡献大小）、“三创”（争创安全管理先进所、争创戒毒矫治示范大队、争创戒毒矫治能手）、学先进活动，借力省、市主流媒体开展戒毒警察先进事迹系列报道。开展民主评议，让戒毒人员评议民警、戒毒人员亲属评议民警、机关评议大队、大队评议机关、民警评议党委；定期公示民警上下班纪律、食堂就餐、指纹考勤记录等情况，试行末位淘汰制。

教育矫治。开展“千名志愿者大帮教”活动，先后邀请市老年大学金秋艺术团、常德日报传媒集团小记者俱乐部、妇联妈妈禁毒联盟等社会爱心组织和戒毒人员家属促进会开展入所延伸大帮教，千名志愿者走进高墙对接开展延伸矫治帮教活动20余场（次）。组织民警进街道（乡镇）、进机关、进企业、进校园对接开展“延伸走访”“个案回访”和“禁毒宣传”活动600余人次。三大队契约式管理获得省监狱管理局重点推介。整体推进戒毒人员学习、生活、习艺功能区环境文化建设，形成集教室文化、走廊文化、宿舍文化、习艺文化、餐厅文化于一体场所功能区文化体系特色。营造“队列集会有歌声、周末假期有活动、重大节日有比赛”场所戒毒矫治文化氛围。编辑《新园报》，设立戒毒人员心声专版，增强戒毒矫治针对性、可读性和知识性。开展争创“行为养成示范大队、内务卫生标兵寝室、行为养成之星”活动，培养戒毒人员文明劝导员，教育引导戒毒人员在所内有秩序、有规律地参加矫治活动。加强对各区县（市）的社区戒毒（康复）工作站业务指导，鼎城区灌溪镇、武陵区芷兰街道沙河社区为代表戒毒（康复）工作站。组建法制宣传教育报告团，为近万人进行禁毒法制宣传教育。组建禁毒宣传骑行车队，开展“骑行沅澧”禁毒宣传活动。为全省100名小学教师骨干进行禁毒知识培训，为常德日报传媒集团小记者俱乐部小记者、市老干局干部职工和市强戒所家属子女举办三期禁毒知识专题讲座。

安全防控。通过“百日安全竞赛”“大排查、大研判、大整治”“五反一整顿”等系列活动及“10·13”安全警示教育活动，提升民警安全防控意识。全面落实净身入所，投入50万元，为戒毒人员配齐衣、被等生活物资。投入15万元在各大队安装冷热饮水装置。与市第五人民医院及市康复医院合作，两家医院派专家、骨干来所执业，全面提升医疗诊疗能力，降低所外就医人次。加强重点人员排查，对重点人员实行三级分类管控。加强元旦、春节、国庆、省市“两会”等重点时期安全防控。对强戒人员奖惩评估、提前解除、所外就医等重大执法事项严格把关。严格落实中队、大队、所部三级研判机制，强化“预知、预防、预制”，通过研判排除安全隐患达20多处，投入7.8万元维修矫治大院裸露水管，投入4万元修缮三大队、八大队安全防护网，投入7万元改造八大队单管区，将监控系统改造升级。坚持四级安检制度，实行中队大队交叉检查、职能科室定向排查、所部突击检查，查出问题扣分通报，明确责任单位和责任人限期整改，定期组织复查。

特殊收治。截至2016年年底，收治中心已累计收治特殊人群337人，其中全年新收130人，在中心接受收治92人。特殊人群涉毒人员收治工作开展后，全市社会治安明显好转，各类刑事治安案件下降40%以上。

场所建设。“三中心两分院”（市特殊人群涉毒人员收治中心、市看守所特殊人员收治中心、市肇事肇祸精神病人收治中心、市五医院分院、康复医院分院）建设投资3900万元，新征土地1.67万平方米，建成后可容纳400人，已完成规划选址、规模核准、可研报告批复、环评批复、土地预审、资金保障方案、征地方案审批、施工图审核、编制工程预算等前期工作，土地已征收完毕。市财政补助资金10万元，对现有门禁系统及围墙周界监控系统进行升级改造。投资102万元对医疗戒护区进行维修改造。围墙建设已完成工程预算评审和招投标工作，工程造价104万元。（韦晓军）

【湖南省戒毒学会教育矫治研究专委会在常德市强戒所成立】 2016年6月17日上午，湖南省戒毒学会教育矫治研究专业委员会暨第一次年度工作会议在常德市强戒所召开。省戒毒学会会长、秘书长及省白马垅、省白泥湖、常德市、邵阳市、娄底市、怀化市、郴州市7个强戒所专业委员会成员共20余人参加会议。会上，秘书组汇报专业委员会筹备工作情况，省戒毒学会秘书长徐新昌宣读《湖南省戒毒学会关于成立教育矫治研究专业委员会的批复》。专委会全体成员集体讨论并通过专业委员会工作条例、年度工作会议制度和学术论文征集评选办法等文件。与会人员观摩常德市强戒所近年来理论研究和宣传工作成果，开展交流互动。（熊 刚）

【常德市强戒所成立市诗词学会分会】 2016年11月3日，常德市诗词学会市强戒所分会正式成立，28名民警成为分会首批成员，来自省、市诗词学会及区县市诗词分会近二十位来宾莅临成立大会。常德市强戒所于2007年在民警中成立“春晓文苑”文学社，组织开展文学创作，培养文学人才。先后有600多篇文学作品发表在全国200多种刊物，获各级文学奖20多次，出版个人作品集两部。其成员中，先后有1人加入中华诗词学会、3人加入省作家协会、1人加入湖南省政法系统书画诗词研究会并任理事和研究员、6人加入市诗歌协会、3人加入市诗词学会，为成立市诗词学会分会打下了坚实基础。2016年7月，经市诗词学会批准，市强戒所成立分会。

（熊 刚）

津市监狱

【概况】 2016年，津市监狱被省直工委授予“省直机关文明单位”称号，在全省监狱系统绩效考核中取得优秀等次，荣立安全生产目标管理工作集体三等功。

监管安全。坚持以监管安全“四无”和“十个不发生”为目标，努力打造“零违禁品”监狱。以“严肃法纪规定、整顿监管秩序”、安全隐患排查整治活动为主轴，高频率开展联合清查、交叉清监，实行违禁品管控、监管核心制度落实不力倒查问责制。开展AB门管理达标活动，规范进出监流程，实行罪犯物品“零带入”。联防联动机制多维度对接，与驻狱检察院建立违纪行为预警机制，与公安机关建立违规外协人员移交、查处机制，与驻狱武警深化“三共”合作，开展实兵实地联合演练6次，应急处突能力显著提高。按照“抓重点、补刚需”原则，全年投入资金912万元，加强安防设施建设。

生产安全。建立安全生产风险分级管控和隐患排查治理双重预防机制，实行安全生产标准化三级认证，开展大排查、大管控、大整治行动，共排查事故隐患612起，投入整改资金73.8万元，一般隐患整改率100%。全年举办安全知识培训5期参训361人次。

教育改造。开展罪犯行为规范专项整训、“增强身份意识教育”专项整训活动，罪犯行为养成明显好转。完善顽固犯包管包教程序，做好重点罪犯个别教育证据保全。以改造歌曲传唱活动、监内广播、《逢春报》等为载体，焕发监区文化建设新活力。开展大型社会帮教、亲情帮教活动37场次，参加常德“善德行”电视现场捐助会，实现监内效应与社会效应双赢。加强心理问题罪犯筛查，有效化解罪犯心理危机，预防自杀自残行为发生。

劳动改造。开展劳动工具管理专项整治活动，高标准落实6S管理，合理分配劳动力资源，科学下达劳动定额，加大罪犯考核公开、分级处遇力度。完善罪犯劳动低报酬操作程序，提高劳动报酬发放标准，增加劳动餐奖励，极大地调动罪犯劳动积极性。

罪犯权益保障。将控制罪犯监内病亡率作为“一把手”工程，规范罪犯健康档案，实行病犯三级管理、四级诊疗；整合狱内医疗资源，提高病犯管理与医疗水平；提高总医院病犯月伙食费，为艾滋病犯和危重病犯制作营养餐；依法畅通老病残犯减刑、假释出口，开通24小时急保“绿色通道”，罪犯监内病亡率保持较低水平。提升罪犯生卫保障水平，开展内务、食堂、监区医疗卫生、生卫物资采购、囚被服等系列规范化管理工作，监内面貌明显改观。严格按程序办理减刑、假释、暂予监外执行，建立办案信息平台，全年办理减刑、假释2360件，新批暂予监外执行11件。及时为老病残犯办理减假暂，协助“三无”罪犯申请缓交“三金”，增强罪犯改造信心。

执法执纪监督。落实党风廉政建设“两个责任”和领导“一岗双责”，逐级压责扛责、传导压力。将“雁过拔毛”式腐败和“纠‘四风’治陋习”与“严肃法纪规定，整顿监管秩序”两个专项整治活动有机结合，从严落实“一个联动，六个查处，一个落实”，由监狱领导带队，组织业务科室、武警、监区警察组成整顿清查小组，开展联合清查，严查为罪犯传递违禁违规物品、“关系犯”和“保护伞”、亲情电话不监听、监内赌博行为、不经狱政科批准为犯属传递物品给罪犯、AB门安检流于形式6个突出问题。强化考勤考纪，专项整顿机关作风，全面铺开“五位一体”（警务督察、绩效考核、精细化考核、生产考核、月督办考核）考核体系。建立财务、审计、法制多部门工作合作机制，全年组织项目招标190多个，审查对外合同约200份；完成审计项目296个，审减180万元。

（陈章荣）

【津市监狱抗洪抢险】 2016年6—

津市监狱警察上堤抗洪抢险

7月，澧水流域连降大到暴雨，先后出现3轮洪峰，涔水白洋堤水位达到近13年来最高洪峰40.30米。津市监狱党委研究制定应急措施和应急疏散转移方案，带领500余名警察职工和60名武警组成巡逻队、抢险队，实行24小时全堤段无间隙巡逻查险，开导渗水沟100多条1200多米，在堤面填充砂砾石150立方米，开启排渍机埠6座，全面清基除障，确保全狱安全度汛。（陈章荣）

【完善土地管理与经营机制】 深化与大型农业企业合作，将土地出租经营工作化零为整，全面实施13.33平方千米“旱改水”项目，扩大有效投资，形成新经济增长点；组织实施涔澹农场永久基本农田调整划定工作，并重新建立永久基本农田数据库；加强农业综合开发，投资400万元完成2平方千米高标准农田建设任务，促进土地增值；完善农田水利基础设施，改造排污系统，累计清淤1200余米，修建防洪公路、防汛应急通道共3119米。（陈章荣）

【全面取消服刑人员室外劳作】 综合考虑监管安全、政策、市场等因素，2016年，津市监狱企业撤销涔澹建材公司，退出砖瓦生产，标志着津市监狱全面取消罪犯室外劳作，减少安全隐患。监狱制定《砖瓦生产退出实施方案》《砖瓦产业现状及处置资产评估情况说明》，依法依规地有序开展罪犯转移、资产处置等工作。

（陈章荣）

武陵监狱

【概况】 2016年，武陵监狱通过市级文明单位复检，获得全市绩效考核优秀单位、驻村帮扶优秀单位、保密工作优秀单位、综治工作合格单位等荣誉，被省监狱管理局评为监狱工作绩效考核优秀单位、狱政管理优秀集体和党风廉政工作先进单位。

监管安全。开展全面清查“两违物品”严禁工作期间饮酒等专项活动，严肃警察工作纪律，全面清查违规品、违禁品，落实问题整改，消除监管安全隐患。投入资金近50万元，升级改造监区AB门，在监门哨增设包裹检测装置，由驻狱武警实行检查，堵塞“两违物品”流入监内渠道。构建“五位一体”狱情监控防范机制，全年共排查狱情隐患40余起，有效遏制监管安全事故发生，实现全年监管安全“四无”（无罪犯戒毒人员逃脱、无重大狱所内案件、无重大安全生产事故、无重大疫情）和“十个不发生”。

教育改造。打造个别教育、心理矫治、亲情帮教、爱心帮扶、文化建设、“三课”（思想、文化、技术）教育“六位一体”教育改造体系。2016年，武陵监狱开展心理健康教育知识讲座30余次，对全狱服刑人员心理健康教育普及率达到应参加人数100%。组织“助贫帮困”专项活动、“情暖高墙·关爱孩子”爱心帮扶活动，共发放助困金16万余元，对100余名困难服刑人员子女进行爱心帮扶。组织服刑人员亲属来监狱开展亲情帮教活动4次，新增签订亲情帮教协议书97份。邀请常德市白洋堤检察院、常德市心理协会等单位到武陵监狱开展“阳光穿越高墙”心理咨询监狱行公益活动，并对个案进行跟踪咨询。

刑罚执行。2016年，组织举办法治宣传和法律知识讲座4期，开展全狱警察普法考试1次。开展“法律体检”执

武陵监狱纪念建党95周年“两优一先”评选的优秀党务工作者

法监督专项活动，对狱属各单位文明执法、狱务公开、廉洁执法等方面进行全面检查监督，通过对服刑人员发放调查问卷，对刑释人员进行个案回访等方式，共清理出问题6条，风险隐患14条，制定整改措施14条，下发整改建议书6份。坚持执法条件、执法程序、执法结构进行“三公开”，严格落实“减假暂”工作“五审”制度。2016年，武陵监狱向常德市中级人民法院提请减刑441件，假释11件，案件合格率100%。2016年，武陵监狱执法工作在省监狱管理局年度执法状况质量考评中，获得优秀等次。

权益保护。落实服刑人员生活物资招标采购、食品48小时留样留验、伙房服刑人员定期体检、药品采购与监督服用等制度。服刑人员“八项经费”严格落实到位，囚被服等生活用品统一配发。改造锅炉等生活设施，做到按质按时开餐365天无延误，落实服刑人员饮食“吃熟、吃热、吃饱、吃得卫生”要求。严格落实卫生防疫措施，定期对“三大现场”进行消毒，建立疫情监控处置机制，确保无重大疫情发生。投入医疗经费约百万元，监狱医疗保障做到小病不出门，大病及时送市区或长康医院治疗，确保服刑人员生病能得到及时有效治疗。

队伍建设。开展“两学一做”学习教育和整治“雁过拔毛式”腐败问题专项活动、“三提一打造”主题活动。打造严密管理制度体系及配套考核细则，加强警察队伍作风纪律建设。开展创先争优，奖励表彰先进党支部、优秀共产党员、美丽巾帼、狱警之星等多个集体和个人，并大力弘扬榜样精神。拓展教育培训平台，打造“皋陶讲堂”品牌项目，变教育培训“听人讲”为“自己讲”。2016年，在全省司法行政系统警体技能比武中，荣获团体总分并列第一、综合排名第二和四个单项奖励。开展年度体检、生日慰问、扶贫帮困等工作。发挥群团组织作用，全年组织文艺活动、体育竞赛共12次。（熊逸燮）

【武陵监狱“皋陶讲堂”开讲】 5月13日，武陵监狱首次“皋陶讲堂”开讲，课题为“‘6S’管理知识培训”。部分监狱领导、中层骨干、分监区骨干和近4年入职警察共计80余人参加培训，由青年警察赵凯主讲。（熊逸燮）

【武陵监狱开展“着力‘三提一打造’,展现狱警新风采”主题日系列活动】 4月26日,武陵监狱组织开展“着力‘三提一打造’，展现狱警新风采”主题日系列活动，邀请警察家属进监狱参观。在统一组织下，71名警察家属走进戒备森严高墙，参观亲人工作岗位，并在中午一起用工作餐。（熊逸燮）

【武陵监狱参加全省司法行政系统警体技能比武】 9月20—21日，全省司法行政系统举行警体技能大比武，全省监狱、戒毒单位共45支代表队参赛，600余名人民警察代表全省18000名司法警察参加比武。武陵监狱代表队参加队列、擒敌配套、警用射击、警棍盾牌、综合体能5个项目角逐。武陵监狱代表队获得比武总分并列第一名，综合团体第二名和警棍盾牌单项第四名、射击单项第三名、擒敌配套单项第四名、综合体能单项第七名等四个单项奖。（熊逸燮）

德山监狱

【概况】 监管安全。强化底线思维，积极防控风险，全狱连续七年实现“四无”；罪犯计分考核细则试点工作全面启动，内务规范化管理以优秀等次顺利通过复查验收。两个“一把手工程”和“局长令”得到全面落实。严格执行接触式安检，严格落实人脸比对，AB门管理日趋科学规范高效。危重病犯始终保持可防可控状态，通过落实“一对一”治疗、管控及出口疏通措施，全年未发生一例罪犯监内病亡。强化清监搜身，坚持落实监区自查、互查及搬家式清监制度，重点排查清理涉嫌“两违品”人员，严查严惩违禁品进监行为，“两违品”顽疾得到有效遏制。罪犯监舍和习艺楼实现视频监控全覆盖，每栋监院设立分控中心和安检室，调整警察执勤模式，整合警力资源，有力防范重大安全事故发生。狠抓“5+1+1”制度落实，启动网络教学模式，积极构建心防体系，开展形式多样的心理健康教育，加强心理危机预防与干预，为稳定监管改造秩序发挥重要作用。积极参加常德市政法委组织的2016善德行——关爱特困励志学子大型公益慈善活动，64名罪犯未成年子女获得25万元的资助，“情暖高墙、关爱孩子”联合帮扶实现常态化。年内完成1号、2号习艺楼消防两自动工程、消防安全管网改造升级建设，进一步巩固安全生产化标准化建设外部认证成果，生产安全再次实现安全年。

监狱执法。积极推进刑罚执行平台运行工作，年内实现罪犯减刑假释网上办案；协调驻狱检察机关，加大监狱公正执法督查力度，将检察机关的事后监督调整为事前审查，大大规避执法风险。全年共办理罪犯减刑1534件、假释9件，办案效率和质量有新的提升。推行“监区长接待日”以及刑释罪犯离监前监区、狱政部门、纪检监察三级谈话制度，最大限度化解矛盾，不让罪犯带着怨恨离开监狱。全年没有发生一起重大负面网络舆情。严格落实罪犯伙食费标准，全年补贴200余万元用于改善罪犯生活，有力地提升罪犯生活质量，稳定罪犯改造情绪。劳动报酬、劳动保护等工作不断规范,全年共发放罪犯劳动报酬330万元。

队伍建设。开展“两学一做”学习教育，落实党委中心组学习、专家授课、书记讲党课等措施。开展“雁过拔毛”式腐败问题和“纠‘四风’、治陋习”专项整治活动、“严肃法纪规定、整顿监管秩序”“四查四改四专项教育”活动，针对整治中发现的普遍性问题，先后制定完善《AB门管控“一把手工程”实施方案》《罪犯劳动报酬考核管理办法》《监狱工作绩效考核办法》等一系列管理制度。全面“体检”队伍执法状况，着力做好制度的“废改立”以及权力清单、责任清单的建立工作。加强党风廉政建设，落实“两个责任”和“一岗双责”，进一步落实廉政谈话、提醒谈话制度，党委班子成员共对分管部门、基层联系点开展例行廉政谈话198人次、提醒谈话6人次、约谈4人次。挖掘“善德”文化底蕴，按照“提炼精神文化、完善制度文化、规范行为文化、打造物态文化”的基本思路，文化建设框架已经构建，形成行政办公区、居民生活区、监管区三大主题文化，成为凝聚队伍的有力支撑。

优警惠民。根据政策及时落实津贴、抚恤金、意外伤害保险，提高警察职工住房公积金基数和比例。继续保持对警察职工生日慰问和传统节日慰问。组织警察职工和离退休老同志到常德市专业体检中心体检，开展形式多样的心理健康教育。全面完成警察备勤楼建设，进一步完善警察职工生活区综合服务功能。完成职工食堂升级改造，警察职工就餐环境进一步改善。全面落实发放警察车补。（王　丽）

【全省司法行政系统警体技能比武取得历史最好成绩】 2016年9月20日，德山监狱集训队参加全省司法行政系统警技体能比武，在45支参赛队中一举挺进前五，并分获单项射击第二、队列第八、警棍盾牌第六的优异成绩，刷新德山监狱历年参加全省警体技能比武的最好成绩纪录。（王　丽）

德山监狱参加全省司法行政系统警体技能比武

武装

军分区

【概况】 2016年，在湖南省军区党委和常德市委、市政府正确领导下，常德军分区传达学习军委扩大会、贯彻落实古田政工会精神工作推进会和南部战区、军委国防动员部、省军区党委扩大会议精神，引导各级准确把握年度工作，研究确立“围绕改革主线，落实改革工作，紧贴使命任务，持续整风整改，夯实基层基础，推动建设发展”工作思路，圆满完成各项工作任务。

思想政治建设。学习贯彻习主席系列重要讲话精神，运用理论学习“五步法”（参加集中授课辅导、写出心得体会、组织集中讨论、梳理学习成果、形成贯彻落实意见）抓好党委中心组4个专题理论学习，规范常委会带机关集中学习、党委中心组专题学习、分层级解读学习、个人自学4种形式，先后集中学习12次。开展“两学一做”学习教育和改革强军主题教育，落实“三会一课”等组织生活制度，各级领导干部带头上党课22课，开展专题讨论和集中体会交流，组织承诺践诺、民主评议党员，层层召开专题民主（组织）生活会，清理规范党费交纳。开展12个重大是非问题讨论辨析，高度重视意识形态领域斗争，协调地方加大武装工作新闻宣传和重要新闻舆论工作力度，常态化开展网络舆情监测。通过抓培训帮带、抓作风纪律和民主集中制建设，开展肃清郭徐流毒影响工作。及时搞好形势政策宣讲、心理辅导和针对性教育，开展向田工等先进典型学习活动，拿出4万多元帮扶6名特困官兵职工家庭。武陵区、鼎城区、汉寿县、澧县、安乡县委被评为党管武装工作先进单位。鼎城区人武部党委被省军区评为“先进团级单位党委”，津市市人武部等两个单位被省军区评为“基层建设先进团级单位”。

军事准备。军分区完成年度训练、防汛抢险、森林灭火和“神十一”应急搜救等任务。调整优化民兵结构，突出应急力量建设，狠抓军地联合督导检查，解决民兵建设和整组落实“单打一”、行动编成与编组布局“两张皮”、基层武装工作不连续、应急队伍战斗力不强等问题，接受省军区整组备案抽考，成绩排名第二。全年完成4期团以上首长机关在职训练、4批基干民兵训练，组织未参加省军区集训新任职专武干部集训，开展全市民兵应急分队跨区抗洪抢险综合演练、市抗洪抢险突击队集结拉动演练、民兵应急营反恐维稳集训演练等演训活动。组织年度军事训练迎考，军分区总评成绩列省军区第一，汉寿县、武陵区人武部在全省团级单位分别排名第二和第三。军分区被省军区评为“军事训练先进单位”和“要讯工作先进单位”。

安全稳定。开展“条令月”、安全稳定学习教育与清查整顿、“百日安全”等活动，常态化组织条令法规和安全保密常识学习培训，开展警示教育6次。采取分层督导、分片包干形式，建立安全管理责任分工制度，明确督导重点、措施及责任，传导管理压力。严格一日生活制度，规范士官留营住宿和编兵单位人员管理。严格军车派遣审批监管，落实定期检查通报制度，规范私家车管理，杜绝车辆违规违章问题发生。规范机要传递和文电管理，严格涉密人员政治考核，开展涉密载体清查核对。强化检查督导，定期专题分析形势，及时督导问题整改。加强市民兵武器仓库正规化建设，完善升级“物防、技防、联防”设施，配强配齐警戒勤务力量。军分区被军委国防动员部评为“安全工作先进单位”。

综合保障。及时修订完善军分区财务管理、物资采购、工程建设等4项规章制度，规范综合保障秩序。规范物资集中采购，行政消耗性开支下降9%。行业系统清理整治和执纪监督检查，对问题拉单列表落实整改。推进财经秩序专项整治，对军分区部队近三年不合规开支逐一退款处理、对账销号。协调市委、市政府下发《关于支持驻常部队做好全面停止有偿服务工作通知》。临澧县、石门县等人武部营院整治和武陵区人武部民兵训练基地建设，鼎城区、澧县人武部营院换建和干休所营区整治，军分区民兵武器仓库和机关勤务队生活设施完成改造升级。桃源县等4个人武部被军分区评为“后勤建设先进单位”。

抓建基层。军分区学习贯彻省军区抓建基层工作会议精神，协调召开市委常委议军会，分析基层建设形势，明确抓建基层五项措施。研究制定下发《武装工作实施规范》，明确各级主要职责、抓建任务和标准要求，将武装工作纳入地方党委、政府重要议事日程，纳入乡镇区划调整改革和“美丽乡村”“完美社区”建设规划统一筹划推进，纳入党管武装工作绩效考评体系，推进武装工作常态化制度化落实。军分区本级重点抓建8个类型典型示范单位，各区县（市）人武部重点抓建2个不同类型基层武装部和1个村（居）民兵营。落实专武干部训练考核，依职对全市专武干部进行以军事理论、队列指挥、业务知识、研究作业为重点内容年度普考，合格率90%。

党管武装。军分区组织8个人武部党委第一书记任前谈话和宣布任职，市县两级组织召开党委议军会，研究解决涉及部队改革发展稳定重大问题，完善党管武装绩效考评机制，协调配合地方职能部门安置转业干部、退役士兵、随调家属，军转干部按时报到落实率100%。开展国防教育，结合重大纪念日广泛开展系列主题宣传活动，邀请专家教授为市县委中心组作专题讲座，开展第十六个全民国防教育日活动启动仪式暨常德市首届国防教育书画展活动，举办“铭记长征历史·共建强大国防”主题签名活动，新建6所国防教育示范学校，推行中小学校“最骄傲校友”“最可爱军人”荣誉墙建设。支援地方经济社会建设，组织民兵遂行森林灭火、防汛抢险、应急救援等任务，协调资金1500多万元精准帮扶安乡县官堰村和石门县竹儿垭村2个扶贫点，协调处理涉军维权案件31起，接待退役人员来访58人次。（欧红高）

【常德军分区召开党委十三届八次全会】 2016年1月20日，常德军分区召开党委十三届八次全会，传达学习省军区党委全会精神，总结2015年工作、部署2016年任务，表彰先进。市委书记、军分区党委第一书记王群全程参加会议。（欧红高）

【抗洪抢险突击队紧急出动演练】 2016年5月4日，在鼎城区善卷垸西站九组附近堤段，常德军分区联合市防汛办组织市抗洪抢险突击队紧急出动演练，市委书记王群和市委副书记、市政府市长周德睿全程观摩指导演练活动。（欧红高）

【抗洪抢险综合演练】 2016年5月12—13日，在澧县兰江阁至津市小渡口之间水域组织全市民兵应急分队抗洪抢险综合演练。演练组织计划、机动集结、抢险行动、撤收转移4个课题，检验和提高各抗洪抢险分队紧急出动能力和遂行任务能力。省军区副参谋长胡代松带工作组现场指导。（欧红高）

【新任职专武干部集训】 2016年5月22—31日，在军分区教导队组织一期全市新任职专武干部集训（副部长和干事，共84人），采取授课辅导、示范观摩、讨论交流、组织练习、参观见学等方式，重点学习基本知识、基本理论、基本业务、基本技能，锻炼提高新任职专武干部开展武装工作能力。（欧红高）

【军分区党委书记暨政工干部集训】 2016年6月14日，常德军分区组织团级单位党委书记和所有政工干部进行政工干部集训，采取集中学习、业务辅导、外请专家授课、观摩见学和讨论交流等形式学习党务工作、政治工作知识，提高军分区部队政治机关和政治干部队伍建设水平。（欧红高）

【组织常德市民兵应急营集训】 2016年6月15—21日，依托武陵区人武部组织市民兵应急营集训，21日，组织队列、警棍盾牌操、防暴队形和指挥帐篷搭设与撤收等内容汇报演示和评比考核，组织各编兵单位主要领导过“军事日”活动。（欧红高）

【省军区副政治委员刘建新少将考察常德军分区】 2016年6月21—24日，省军区副政治委员刘建新少将考察常德军分区，指导军分区党委常委民主生活会。6月30日至7月1日，到澧县、津市和汉寿考察汛情和检查防汛抢险准备情况。（欧红高）

【第十六个全国国防教育日启动仪式暨首届国防教育书画展活动】 2016年9月8日上午，常德军分区联合市委宣传部、市教育局、市文体广新局、武陵区国教办、鼎城区国教办等单位举办常德市第十六个全国国防教育日启动仪式暨首届国防教育书画展活动，驻常部队官兵、党政机关、大中小学校学生等约560人参加活动，省市主要媒体进行宣传报道。（欧红高）

【常德市委常委议军会】 2016年10月27日下午，市委书记王群在军分区机关主持召开市委常委议军会议。会议传

2016年9月8日，常德市举办第十六个全国国防教育日启动仪式暨首届国防教育书画展活动

达中共中央、中央军委、省委、省军区有关会议精神和文件精神，听取市委常委、军分区司令员李辉忠关于全市国防和后备力量建设情况汇报，重点讨论研究四个方面问题并形成下发会议纪要。

（欧红高）

湖南陆军预备役步兵师第二团

【概况】 2016年，湖南陆军预备役步兵师第二团被湖南陆军预备役步兵师评为抓建基层、安全管理先进单位，6个营（连）队被评为基层建设先进单位；政委刘军被省军区评为优秀旅团主官，团长彭博记师嘉奖1次，涂碧波、张运华等10人被评为“优秀预备役军官”。

思想政治。预备役二团结合党委中心组理论学习、党日活动，组织官兵学习习主席系列重要讲话，学习中共十八届六中全会、中纪委十八届六次全会精神，贯彻落实《中国共产党廉洁自律准则》《中国共产党纪律处分条例》，牢固树立“四个意识”。组织改革强军主题教育，严格执行军委改革“六项纪律”；开展“两学一做”学习教育，作为省军区政治部学习教育挂钩试点单位，组织专题学习讨论做法受到省军区首长肯定。预备役官兵集训期间，协调湘楚歌舞剧院、常德丝弦艺术剧院选送4场主题晚会；全年在军地媒体投送新闻稿件120余篇，上稿40篇，其中中央级媒体12篇，被省军区表彰为新闻报道先进单位。

战备训练。结合整组展开驻地重要目标和社民情信息调查收集和分析研究，确定各编组地域非战争军事行动重点需求方向；落实首长机关每年不少于1个课题研究，指导一营在临澧县启动团分队战术训练场建设。落实节假日、敏感时段和日常战备值班，提升营院防护等级和应急处突能力；全年共组织和参加营连长集训、入队训练、预任军官集训、专业骨干集训、成建制训练等各类集训XX期，共动用轻武器XXX支（挺、具），团现役军官、战士、预备官兵训练人·天数分别超出《大纲》规定训练量94%、11%、1%。

基层基础。所有营连部靠交通沿线组建，便于营连队快速动员集结和遂行任务，营连集结地域半小时内可上高速；结合地方乡镇合并和机构调整改革，编兵单位由乡镇、企业向行政事业单位转移。采取营连长汇报、值班室抽查、交班会讲评等方式常态化检查基层作风和工作落实情况，全年团主官下基层32次，常委挂钩到各营（直属队），督促基层工作落实。全年调整X个排，调整预编官兵XXX名。在营连部设立宣传橱窗，开展战备教育，夯实国防教育群众基础；合成预建营党委抓建试点任务，一营教导员黄玉忠在师预建党委（支部）书记集训中进行经验交流介绍。

后装保障。出台《经费规范化管理实施细则》，注重官兵身边“微腐败”问题查处；全面清查2013年来所有票据凭证，追缴或退回违规开支XX万元。年度经费优先投向保障基层基础和战备训练工作，投入经费110万元，补充完善营连战备器材和野战给养物资；投入93万元资金，用于团配电房、新招待所配套设施和食堂改造等建设。全年配合军事训练活动，提升武器装备管理正规化水平，动用车辆XXX余台次，动用轻武器XXX支（挺、具）无任何差错；按编制1~1.5倍扩大预征装备编组数。

安全管理。预备役二团常委会、安委会定期分析安全工作形势，注意把握重点人员、重要场所、敏感时段安全管理，常态化抓好安全教育训练、安全风险评估、安全保密检查等制度落实，把安全隐患降到最低限度。落实国防动员部“六项规定”，修订完善《车辆管理规定》《手机网络使用管理规定》《安全管理检查考评实施细则》等文件，落实战备值班、请销假等制度。组织4次安全隐患整治行动，接受师以上单位检查5次。加强与公安、信访等单位联系沟通，并组织营院防暴恐演练。

双拥共建。坚持向第一政委季度汇报工作制度，强化预备役工作组织领导。与地方联合搞好典型培树，涌现黄玉忠、朱晓玲等一批优秀预备役军官，推动预干队伍整体作用发挥。常德市深化“全国双拥模范城”建设成果，2名随军家属安置工作得到落实。组织永丰、东江社区敬老院学雷锋、桃源县港儿口植树育林、驻地伤病残退役老军人走访慰问等活动；按照上级军事机关和市委市政府关于精准扶贫工作总体部署，5次组织人员赴扶贫点安乡县官垱镇官堰村，投入专项扶贫款5万元，赠送价值9500元种猪、化肥等物资。

（张海强）

武警内卫

【概况】 组织全部队认真学习中共十八届五中、六中全会精神和习主席关于部队建设一系列论述等重点内容。组织深化肃清工作并进行专题讨论辨析，定期组织观看《永远在路上》《一带一路》等电视纪录片，部队“四个意识”明显增强。充分发挥网络优势，创新“两学一做”学习教育和改革强军主题教育，建立“教育报计划、远程审教案、推门听授课、入座搞讨论”四个检查制度，抓实专题辅导、小课串讲、分组讨论各个环节。主题教育调查摸底、教案设计有亮点，准备工作经验做法被总队转发。开办“柳城讲坛”，邀请地方专家学者、支队领导、基层官兵先后9次开讲。着力打造“一队一景”，挖掘“一队一品”，自编自导自演“庆国庆、迎新兵”文艺晚会。参加总队“强军杯”足球赛获亚军，并赢得“金靴奖”“金手套奖”。新闻宣传报道成绩突出，在《解放军报》上稿1篇，《人民武警报》上稿4篇，中央电视台、新华网、湖南教育电视台《国防教育频道》等媒体采用22篇。

基础建设。率先完成训练场地建设、安防犬防任务，3个监狱AB门设施改造全部完成。所有执勤点备勤室安装联控枪柜，应急小组完成前置备勤。组织2批次教练员集训，4批次勤训轮换，组织教练员赴张家界支队参观见学，邀请广州指挥学院射击教员梁启明利用一周时间现场教学。扎实抓好新训工作，完成队列、战术基础动作、防爆弹投掷、自动步枪操作和体能等9个科目训练。

支队在总队组织的军事训练中，取得三季度湘北片区“魔鬼周”极限训练第一、参谋业务集训第一、新兵教育训练第二、教练员集训第四的成绩。7—8月，支队出动兵力驰援益阳遂行抗洪抢险行动，抗洪事迹先后在中央电视台军事频道、新闻综合频道、中国武警网、红网等主流媒体轮番播报，支队被总队评为抗洪抢险先进单位。组建4支森林灭火救援队伍，配备灭火救援器材8套，初步形成战斗力。严密组织临时勤务，圆满完成春运执勤、武装押解、安全保卫、抢险救援、常态化武装巡逻等急难险重任务460余起。

基层建设。构建部队、社会、家庭“三位一体”共管共育体系，各级设立纪律监督员，加大督导纠察力度，严格执行六条“禁酒令”和“八严”纪律规定。以“学规范、用规范”“事故案件警示月”、枪弹使用管理专项检查和“百日安全竞赛”等活动为重点，吸取兄弟单位事故案件教训，开设网上专栏，设置安全警示牌，先后组织5个回合安全大检查，彻底纠治各类安全隐患。机关营区周边加装钢丝网，基层高楼窗户、外走廊和楼顶平台安装安防设施，加固军械库警戒设施，安全系数不断提高。严格人员管控，坚持外出发放“明白卡”，干部当好“明白人”，加大警备纠察力度，确保思想、行为不失控。抓好车辆管控，采取干部带车、电话跟踪、网络定位等方法实施全程管控，确保行车安全。加大治酒力度，专门购买2部酒精测试仪严查违规饮酒。围绕“八个方面安全基本工作规范”，全面开展以“五个一”（一次安全检查、一次形势分析、一次谈心活动、一次警示教育、一份安全调研报告）为载体的群众性创安活动，采取拉网式排查、钉子式破解、记账式销号，彻底纠治各类安全隐患。

后勤保障。着眼建设“六型后勤”，配强后勤装备，与地方单位签订代储代供协议。认真制定落实年度经费预算，整肃财务工作秩序，严格公务卡管理。每月组织司务长集体办公，搞好军械员、炊事员、驾驶员等业务培训，开展“一组五队”拉动演练和后勤专业兵“一专多能”集训，加大修理人才培养力度，较好完成“卫士—16”演习、新兵野营拉练等任务中后勤保障。结合大项演训和抗洪抢险行动，及时搞好经费筹措、装备调配、物资预置和伙食供应。抓好“伙食管理精细年”活动，指导建设13个蔬菜大棚。大力开展农副业生产，进行农副业生产试点。开展军地联合医疗巡诊、装备设施巡检巡修和被装调号到一线等上门服务活动，巩固“伙食管理系列年”成果，严格落实早餐“两个一”“1126”“6211”“一分三加”“三餐合一”办伙模式，完善官兵被装电子档案，做好被装收旧、发放和调换工作，联合常德血防所抓好驻疫区部队血吸虫病防治，全面提高疾病预防控制能力。积极协调支队公寓房和机动中队新建工程，推动安乡县中队新营房和津市罪犯总医院中队营房建设，促成石门县、桃源县、鼎城区中队的搬迁立项和临澧县中队的营房重建工程。教导队建设二期工程加紧推进建设中，机动中队训练设施配套工程全面启动。

队伍建设。开展“两学一做”专题教育，收集官兵对支队党委机关的意见建议35条，逐一答复解决；列出党员队伍三个方面25个问题，逐个认领销账。在立功受奖、评先评优、工程建设、物资采购、经费使用等敏感问题上，坚持公开透明、阳光操作。严格按照编制配备干部，坚持公正透明原则选人用人，破除论资排辈的潜意识，努力培养有发展潜力的年轻干部，积极推进转业干部移交安置。分两批组织基层主官“纲要”培训，定期组织干部进行体技能考核，不合格者回炉补训。通过实地查、网络查、电话查等方式，进一步加大基层官兵管理力度。紧跟当前大抓军事训练热潮，强力推行“六个必考”机制，单位评先、个人评优实行军事训练一票否决制。组织机关及驻市区部队全体干部免费体检，每季度给家属发“慰问信”。协调办理8名官兵子女入学，2名在职干部家属就业安置。协调市政府开展“关爱子弟兵每一天”活动，驻市区部队官兵每人每天有一杯牛奶、一份水果。定期评选“红旗单位”和“最美柳城卫士”，组织优秀干部、士官携家属疗养。（邹翊嘉）

【抢险救援】 2016年2月8日，武警常德市支队出动官兵，赴石门县蒙泉镇夏家港居委会附近扑救山林大火。经过6个小时连续奋战，扑灭山林大火2万多平方米，构筑防火隔离带2000余米，排除险情20余处，挽回经济损失50万余元。（邹翊嘉）

【处置袭击哨兵事件】 2016年3月13日，一名地方男子违规越过武陵监狱警戒线，被监门哨哨兵制止后，恶意谩骂并扬言要炸毁监狱大门，当男子掏出酒瓶企图袭击时，哨兵立即向中队值班室报告情况，应急小组成功将其控制后，依法移交当地公安机关处理。（邹翊嘉）

【抗洪抢险】 2016年7月7日—8

7月7日至8月9日，武警常德市支队驰援益阳抗洪抢险

月9日，武警常德市支队驰援益阳地区参加抗洪抢险，先后完成赫山区泉交河镇烂泥糊堵塞管涌、张芦渠堵塞管涌、大山嘴闸封堵缺口、泉水桥镇清淤清消等任务，装填石子160吨、搬运沙袋13万袋、加固堤坝4500米、封堵管涌5处、清理堤坝6千米，有力维护人民群众生命财产安全，受到当地政府和群众的高度赞誉。（邹翊嘉）

公安消防

【概况】 2016年，常德市公安消防支队获评“湖南省拥政爱民模范单位”、市级文明单位、全市综治工作（平安建设）考核及全市安全生产工作考核优秀单位。

思想政治建设。2016年，市公安消防支队共组织党委中心组学习12次，举办专家集中授课3次，各级主官讲授专题党课50余课时，针对《中国共产党廉洁自律准则》《中国共产党纪律处分条例》《中国共产党问责条例》和习总书记系列讲话精神进行重点解读。深入贯彻省公安厅“三个一流”（建一流队伍、创一流业绩、树一流形象）战略部署、省消防总队“四强化五突破”（基层基础、能力素质、作风建设和机制创新“四个强化”，队伍建设正规化、执勤训练实战化、消防工作社会化、监督执法规范化、综合保障效能化“五个突破”）工作目标，推进支队业务工作、队伍建设、从优待警“三十项”重点工作落实。市消防支队出台《优抚基金管理办法》，投入优抚救济金20万元，设立法律咨询室、婚恋调处室、心理服务站，努力解决官兵家属就业、子女入学等难题。召开“坚定信念，不忘初心”民主生活会，“两学一做”4个专题组织生活会。抓实“公安消防党旗红”争创，建成模范基层党组织示范点2个，召开现场推进会2次，编印《党支部组织生活指导手册》，完成全市消防系统基层党组织换届改选。

队伍建设。市消防支队出台《综合考评办法》，自主研发网上考评系统，整合业务、干部、士兵三项考评，日常工作、重点工作两个督查，健全“三评两督”综合考评体系。坚持每周督导、每月考评，施行挂牌督办、主官约谈、考评函告机制，确保部队管理严格、政令警令畅通。按照生活集约化、执勤科学化、训练实战化、保障高效化、管理常态化“五化”标准，完成11个执勤中队正规化达标验收。开展“两学一做”学习教育，配发《习近平总书记系列重要讲话读本》等4类教育丛书和《中国共产党章程》、党徽、党费证等党员大礼包300余套，开设网上教育专栏，开展轮值课堂、典型宣讲、道德讲堂集中授课，建立党性教育基地、思想政治教育基地、消防志愿者服务队等践学平台，举办“高举党旗帜 展示党建风采”和“建功强警梦 青年勇担当”系列主题党团活动。举办“红门故事大家讲·最美消防人”主题宣讲。援藏干部陈剑、二等功臣周资洪、“德城德星”候选人肖权誉等先进事迹，在《中国青年报》《人民公安报》《中国消防在线》及省市各大主流媒体刊登。鼎城大队政治教导员陈剑之妻彭朗获评全省公安机关“十佳廉内助”。

执勤备战。全年培训战训骨干130余人，修制订重点单位预案350份，开展各类灭火救援演练934次，组织抗洪抢险拉动演练、地震应急救援演练、易燃易爆化危场所及大型城市综合体实战演练13次。先后成功处置“3·26”常吉高速四氯化钛槽车泄漏、“5·3”新邦一品小区高层住宅火灾、“10·15”澧县天然气槽罐泄漏、“11·18”桃源县郑家驿鞭炮厂爆炸等急难险重任务。完成元旦、春节、“两会”、端午节、高中考、中秋节、国庆节、G20峰会、东盟博览会等系列消防安保任务。2016年，全市共接警出动1774起，出动消防车2838辆（次），消防警力17950人次，抢救被困人员387人，疏散人员2322人，抢救财产价值约为4031.6万元。

火灾防控。出台《常德市人民政府关于进一步加强和改进消防工作实施意见》。联合消安委等9个部门出台《行业消防安全标准化管理办法》，创新联席会议、联动执法、联合考评和集中检查、集中约谈、集中曝光“3+3”模式。抓好民警消防业务培训、监督执法、绩效考评三个环节，执法量同比增加70%以上。开展消防网格大培训、社区消防大巡演、百万家庭大普查三大活动，支队主官做客“市长热线”直播间宣讲消防工作，召开媒体恳谈会，发动全市六大主流媒体开设消防专栏。建成重点单位微型消防站401个、社区微型站122个，区域联防点23个，安装独立式感烟报警器5200余个，明确网格员“三员四有”职责，80%以上街道、乡镇消防网格实现规范化管理。2016年，全市消防机构累计排查火灾隐患22318处，发现火灾隐患或违法行为24475处，督促整改24151处，临时查封270家，责令三停211家，拘留81人，处罚604.94万元。

基础建设。津市消防站原址重建项目开工建设；常德市经济技术开发区消防二站项目完成主体封顶；支队消防训练基地、战勤保障站、水上救援站、柳叶湖消防站“四站合一”、桃花源消防站、城东消防站等建设项目稳步推进。协调政府部门落实常德市政府第95次专题会议精神，联合市应急办优化社会联勤联动保障机制，编制政府专职消防队伍建设三年规划，与湖南瑭桥科技发展有限公司联合研发多功能消防环卫车，市政府第46次常务会议同意按每台5万元标准给予配套奖励，11月8日，市政府举行“119”消防宣传月启动仪式，并向30个乡镇消防专职队集中发放首批多功能消防环卫车。采购重型水罐消防车4台、强臂破拆车1台、运兵车1台、救护车1台、个人防护装备2500余套（件），防护装备已达到新编《城市消防站建设标准》。以物联网、大数据、云计算等现代信息技术支撑，累计投入300余万元，采购全市部队营院高清监控、公网对讲机、执法记录仪等设备，完成支队指挥中心、视频会议室、远程语音互联终端改造升级，开展警务通试点工作。（蒋　毅）

【处置“3·26”常吉高速四氯化钛槽车泄漏事故】 2016年3月26日凌晨1时10分，常德市桃源县境内常吉高速

2016 年 5 月 3 日 10 时 59 分，常德市武陵区新邦一品小区火灾救援现场

1083 千米处一辆装载 29.4 吨四氯化钛槽罐车因交通追尾事故，造成四氯化钛泄漏。常德市消防支队联合公安、交通、安监、环保、化工等相关单位，经过 8 个多小时紧密配合，先后疏散群众 115 人，确保事故地段无人员伤亡，避免次生灾害事故发生。（蒋　毅）

【处置“5·3”新邦一品小区高层住宅火灾】 2016 年 5 月 3 日上午 10 时 59 分，常德市公安消防支队指挥中心接到“119”报警电话称：常德市武陵区新邦一品小区（共 27 层）1 栋 1 单元发生火灾，大量人员被困。支队指挥中心启动《火灾应急联动预案》，一次性调派特勤、武陵、鼎城、经开区 4 个消防中队及支队战保大队充气车、通信指挥车共 13 辆消防车，109 名指战员赶赴现场扑救，联合应急办、公安、交警、医疗、质监、电力等相关单位，经过 2 个多小时紧密配合，成功处置新邦一品小区高层火灾事故，先后疏散群众 100 多人，救出被困人员 28 人。（蒋　毅）

人民防空

【概述】 2016 年，常德市被评为全省人防先进城市，市人防办被评为全国和全省人防工作先进单位。

项目建设。开展“人防项目建设推进年”活动，建立“一个项目、一名领导、一个班子、一套方案、一抓到底”工作机制。完成投资 2000 万元市级基本指挥所“一网四系统”信息化工程试点建设，实现与地面、机动指挥所互联互通；推进占地 34.13 万平方米、投资 1 亿余元市级新型人防疏散基地建设，统筹规划战时疏散掩蔽、灾时避难救援、平时宣教培训项目；建成 22 处开放式、嵌入式、融合式人防宣教基地，实现国防人防宣传教育与市民休闲娱乐融合。投资 4 亿多元、面积 3 万多平方米鼎城区桥南单建式人防工程兼地下商城正式投入运营。2016 年，全市新增人防工程面积比 2015 年同期增长 20% 以上。

法治建设。开展“人防法治建设深化年”活动。普及人防法律法规，增强各级领导干部和社会各界群众人防法规意识。2016 年全市共审批人防报建项目 169 个。建立市本级行政许可审批事项合法性审查制度，强化对区县市人防行政执法检查监督和问题整改，加大案件查处力度，促进严格依法行政。常德市行政执法工作经验在全省推介。

指挥通信。完成全省人防国防动员指挥网建设，实现县级移动指挥系统车载短波电台全覆盖，实现与全省短波、超短波电台互联互通，地面、地下、机动指挥系统互联互通。加强警报报知系统建设，各类警报器覆盖率、鸣响率实现 100% 动态达标。加强人防指挥通信训练演练和战备值班值勤。2016 年在全省第一片区人防指挥通信系统演练中，常德市取得实际操作及理论考试双第一。

宣传教育。推进人防宣传教育“五进四化”工作，开展新建一个宣教基地、组织一次大型宣教活动、新建人防宣教一条街、建好一个人防网站、设置一块大型人防广告牌的“五个一”宣教建设。联合市内主流媒体，开展学习宣传全国人防工作会议精神、展示常德人防“十二五”发展成果、展望“十三五”规划蓝图系列宣传。城区社区、学校人防宣教实现全覆盖。举办常德市“人防杯”老干部门球赛，向老干部集中进行人防法规和知识宣传；“11·1”试鸣日，结合“市长热线”访谈节目，通过电台与市民实时互动。（傅　渝）

12 月 20 日，常德市人防疏散基地顺利开工

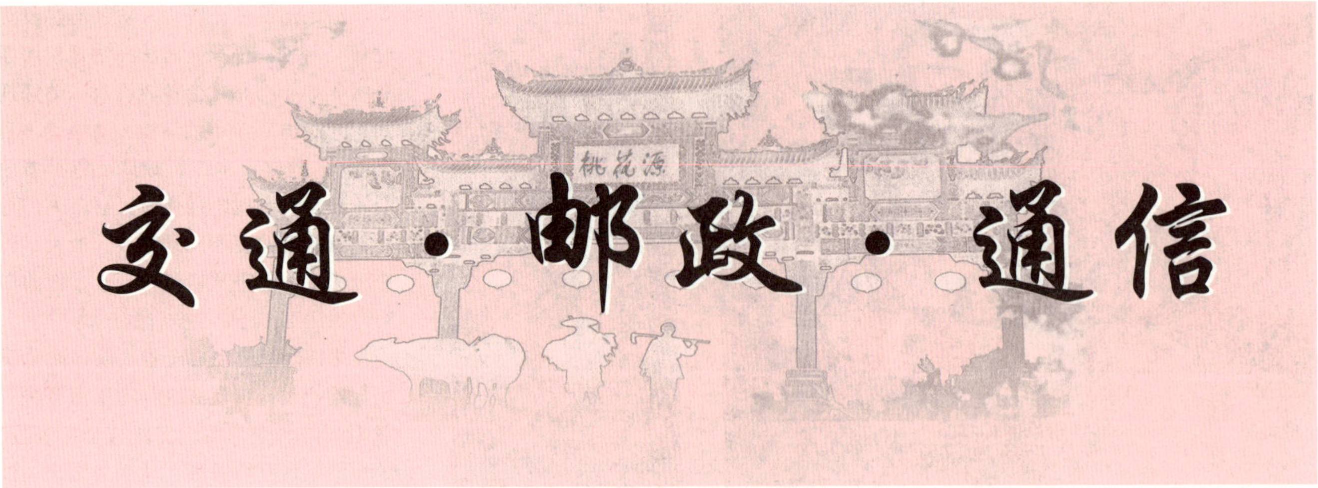

交通·邮政·通信

交通运输管理

【概况】 2016年，常德市获得“全省交通运输发展目标管理考核一等奖”，市交通局被评为“湖南省文明标兵单位”。

发展规划。围绕建设“泛湘西北交通枢纽城市”发展目标，完成《常德市“十三五”交通运输发展规划》（初稿），出台《中共常德市委常德市人民政府关于开展交通建设大会战的意见》（常发〔2016〕1号），正式启动为期五年的交通建设大会战，确定以“12345”（建设斗姆湖1个交通枢纽，沅水、澧水2条黄金航道，安慈、宜张、益常高速复线3条高速公路，黔张常、长益常、宜常（荆常）、常岳九4条高速铁路，500千米快速干线）为重点的交通建设大会战项目库。规划实施重点项目80个，规划总投资近1200亿元。在省“十三五”交通运输发展规划中，常德市国省干线改造项目建设里程、投资规模居全省之首。长益常高铁成功挤进国家中长期铁路网规划，呼南高铁、渝厦高铁“一纵一横”两条高铁大动脉将在常德市交会。

项目建设。2016年，全市共完成交通固定资产投资95亿元，相当于2015年的1.92倍，投资总额全省排名位居第一，是常德交通建设历史上投资增速最快、投资规模最大的一年。石长铁路增建二线工程通车运行，常安高速公路建成通车，黔张常铁路加快推进。新改建干线公路151千米，桃源剪市至凌津滩、G353安乡三岔河至安乡县城、G353安乡安障至红卫闸公路建成通车，“四纵四横”沅澧干线1号、2号、4号、6号大道启动建设。沅水浦市至常德，澧水澧县至茅草街、安乡至茅草街航道整治工程进展顺利，德山新港区综合码头4个千吨级泊位、澧县戴家湾码头完成主体工程。建成农村公路1053千米，完成危桥改造182座，实施生命安全防护工程1095千米。

城乡客运。2016年，全市完成公路旅客周转量69.74亿人千米、公路货物周转量172.96亿吨千米，同比分别增长1.97%、9.3%；完成水路货物周转量91.7亿吨千米，增长10.95%。落实公交优先发展战略，正式启动“公交优先发展三年行动”。常德汽车北站顺利搬迁，新建39座示范公交电子智能站牌，公交总站和鼎城公交站建成并投入使用，柳叶湖公交站和武陵公交站等一批站场开工建设；新增、延伸、优化调整市城区公交线路16条，公交线网覆盖率大大提高；新购置200台纯电动公交车，新能源公交车数量从空白一跃为全省前列；按程序完成公交票价调整工作，明确从2017年1月1日起，将1996年起一直沿用的1元一票制调整为2元一票制；建立公交财政补贴机制，落实各类公交补贴1.7亿元，公交发展保障机制逐步完善。积极组织“爱心送考”活动，高考期间，市城区共有400余台爱心私家车、600余台公交车、523台出租车参与活动。启动传统巡游出租汽车管理和网络约租车规范化管理改革，制定推进改革的具体政策和措施。积极推进津澧融城交通组织一体化，完成津澧大道客运班线公交化改造一期工程。

行业管理。在全国首开先河制定出台《常德市“最美交通行业”创建工作手册》，常德市交通行业管理规范化水平进一步提升。持续加强公路管理养护，公路路况优良率保持稳定，实现国省干线和城市进出口公路路面整洁。推进公路超限超载治理，突出联合治超、源头治超、科技治超，恶意超载行为得到有效遏制，公路治超逐步实现常态化。工程质量监管全面到位，全市未发生一起质量事故和较大质量问题，工程抽检总体合格率在97%以上，工程实体质量名列全省前茅。交通安全生产态势保持平稳，全市未发生一起较大以上交通安全生产责任事故。规范运输市场秩序，坚决打击各类违法经营行动，运输服务质量和公共保障能力不断提高，市民对出租汽车行业的网上投诉量同比下降40%。积极实施驾培服务模式改革，全市65所驾培机构完成“计时培训、计时收费、先培训后付费”驾培模式改革，常德市提前两年实现新模式驾培覆盖率100%目标任务。推进危货运输专项整治，全市共吊（注）销危货运输公司4家、危

2016 年 12 月 31 日，常安高速建成通车

货运输车辆 456 台。开展“群众满意客运站”创建活动，不断创新站场管理方式，服务质量和群众满意度明显上升，常德汽车总站“小白鸽”特色服务班荣获“全国工人先锋号”。

队伍建设。以开展“两学一做”学习教育为主线，全面加强交通运输系统领导班子和干部队伍建设，市交通局机关没有发生一起违纪违规通报事件或被查处案件。组建市交通局志愿者服务队，先后组织开展文明交通引导、点村扶贫帮困、保护环境卫生、到社区慰问困难群众、“学雷锋，做好事”等志愿服务活动，特别是“每周奉献 2 小时，公交车上学雷锋”志愿服务行动得到全系统积极响应，收到较好效果。积极组织开展篮球、羽毛球、乒乓球、登山、钓鱼等集体活动，局机关干部思想作风、工作状态、进取精神有明显提升，市交通局成功创建“湖南省文明标兵单位”。（王明志）

【常安高速】 常安高速公路是二连浩特至广州国家高速公路湖南省境内的一段，项目主线起于常德市石门桥，接长张和东常高速公路，途经常德经开区、鼎城唐家铺和钱家坪、益阳桃江县，止于安化梅城，接安化（梅城）至邵阳高速公路。项目主线长 95.305 千米，其中常德境内 35 千米，全线采用双向四车道高速公路标准建设，设计速度 100 千米 / 小时，路面宽度 26 米。该项目于 2010 年 7 月开工建设，2013 年底因原投资方建设资金问题全线停工。2015 年 9 月 24 日，经省政府批复同意，收回项目常安高速建设特许经营权，由省高速公路建设开发总公司接管后续工程建设。2015 年 11 月 1 日，该项目全面复工建设，并于 2016 年 12 月 31 日建成通车。常安高速建成通车，标志着二广高速湖南段 584.6 千米全线贯通，湖南新增一条与京港澳高速平行、纵贯中国南北的交通大动脉。（王明志）

公路管理

【概况】 2016 年度，市公路管理局公路治超工作、安全生产工作获全省公路系统红旗单位称号；公路工作目标管理工作、公路路政管理工作、公路综合服务工作和公路养护工作分获全省公路系统优秀单位和优胜单位称号。4 人分获全省公路系统“十佳公路工作者”“十佳养路工”“十佳通讯员”“十佳技术能手”称号，1 个道班站获全省公路系统“十佳养护站”称号，1 个单位获全省公路系统文明建设先进单位（集体）、1 个治超站获全省公路系统“十佳公路超限检测站”。5 人立三等功，10 人获市政府嘉奖。

公路治超。截至 2016 年 12 月 31 日，全市非法改拼装车辆依法恢复原状 472 台，各治超站场累计检测货运车辆 535523 台（次）、查处 4673 台（次），卸载 32984 吨 /2972 台（次），纳入交警处理 157 起，刑事行政拘留 12 人。在全省第二次超限超载率调查时，所有站点超限超载率为 0%，2016 年常德市治理超限超载工作名列全省第四名（红旗单位）。全市完成 14 套“非现场”执法不停车检测系统并投入使用。

公路养护。2016 年，计划实施危桥改造 16 座，除桃源沅水特大桥外，均已完成。完成安全生命防护工程隐患处治里程 93.9 千米。12 月 29 日，新建 S306 线安乡陆家渡大桥建成通车，标志常德市“十二五”期间 45 座干线公路全部完成。2016 年全市完成 G319 汉寿段和桃源段 12.458 千米路面大修工程任务。全年共处置水泥路面局部破板修复 46453 平方米，断角处治 17731 平方米，裂缝

2016 年 9 月 2 日，全市货运车辆超限超载率调查调度会议在国茂大酒店召开

处治61816米，整段机械清灌缝177千米，人工补灌354千米，板底灌注33千米，沥青路面挖补1440平方米，面层修补1610平方米，裂缝处治1200米，局部封面500平方米，薄层罩面3500平方米，填平保畅11千米。确保既有国省道优良路率达93%。公路养护工作获全省公路系统优胜单位称号。

路域环境治理。按照实现“八无”目标，2016年共查处各类违法案件2565起，结案2560起，结案率99%；拆除非公路标志牌16895块，整治马路市场10处，取缔摆摊设点80处，清除路面堆积物3658起，清除路障2865处，拆除龙门架15座，拆除非法建筑5处。完成常德市G319线、S302线两条“路政管理示范路”创建任务。办理各类行政许可85件。

自身建设。2016年，市公路局开展“两学一做”学习教育活动。部署对“雁过拔毛”式腐败问题和“纠‘四风’治陋习”专项整治行动，制定实施方案，明确组织领导、目标任务、工作步骤及责任追究。（章佳权）

道路运输

【概况】 截至2016年年底，常德市从事道路运输及相关业务经营业户2.47万户，从业人员近10万人；拥有三级以上客运企业9家，营运客车3661台，开通客运班线1052条，辐射全国25个省126个县级以上城市，全年完成客运量8326万人次；各行政村通班车率达到99.07%；共有等级客运站及简易站89个，其中一级站8个、二级站5个、三级站4个，涌现出常德汽车总站“小白鸽”、常德汽车南站“蓝飘带”等明星服务班组；拥有各类营运货车39046台，全年完成货运量11808万吨，有常德福城物流、万路达公司等8家货运龙头企业，其中万路达公司成功获批全国第三批公路“甩挂运输”试点企业；拥有危险品货运企业22家，危货运输车辆2084余台，运输范围涵盖8大类危险品；2016年，全市共有驾校65家，教练车2645台，教练人员2733人；全年培训各类普通机动车驾驶员9万多人、培训并核发从业资格证5200多人、继续教育从业人员26000人；全市现有机动车维修企业（业户）746家，从业维修技术人员5000余人，其中一、二类机动车维修企业259家；市城区共有各类机动车维修企业164家（其中一类35家、二类70家、三类59家）；全市道路运输从业人员资格培训机构1家，年培训量5000余人；继续教育机构10家，年培训量1万余人；2016年市城区公交行业共有营运线路49条，线路总长708.1千米；共有营运车辆787台，合844.1标台，其中常规公交营运车辆615台、快速公交营运车辆172台，万人拥有公交车12.06标台（按市城区70万人口计算）；节能环保车比率88.7%，空调车比例100%，大巴车比例96.7%；共有公交站点576个，现有公交站场5个（其中2个为80年代前修建），停车面积71200平方米；全市共有出租汽车2409台，其中市城区1116台，分别由13家公司经营。

客货市场管理。开展质量信誉考核工作，并将考核结果进行公示，对考核不合格车辆，督促相关运管机构整改到位。2016年共参与有关信访工作38次，调解客运经营者矛盾16起，转交相关区县（市）运管机构办理20件。2016年承办客运行政许可事项315件，全市新增县际客运班线2条、新增客运车辆2辆，新增农村客运班线4条、新增客运车辆8辆，全市行政村通班车率达到98.78%。加大危货运输企业和车辆管理力度，对全市危货运输企业进行资质复核，并对企业申报办理程序，危货车辆新增、注销、异地托管等进行规范。加强对国家公路甩挂运输试点企业（常德市万路达物流有限公司）服务。

维修市场管理。2016年，对市城区164家机动车维修企业现场进行考核，评定AAA级23家、AA级63家、A级49家，另外有29家因属新增或搬迁等原因未进行考核，全年全市评定AAA级29家、AA级129家、A级97家。全市共推荐省级诚信维修企业10家（其中2家为全国诚信维修企业）、省级诚信检测企业2家，选拔3名选手参加“全省汽车维修车身涂装（水性漆）技能竞赛，”在全省技能竞赛中取得团体第2名。截至2016年12月底，全市2005年前注册登记营运道路运输车辆全部淘汰。

驾培市场管理。3—6月，市运管处开展驾培市场专项整治。共查处非法或违规经营教练车17台、违规训练行为254起、不按规定线路范围经营训练行为23起，处罚违规教练员128人次，整改违规训练场2处，纠正不系安全带训练学员76人次。推动“计时培训、计时收费、先培训后付费”驾培模式改革，全市65家驾校全部实行新培训服务模式，全面完成交通运输部2016年新模式驾校覆盖率50%目标，提前完成2018年覆盖率100%任务。在全市开展继续教育质量大比武活动，从教育机构建设、课堂教学水平、培训组织实施、网络远程教育、考核签章落实、档案收纳管理等方面进行检查、评比，促进继续教育培训和考试质量。对欣运驾校新建培训场地联合交警部门进行现场勘查，完成全市驾培机构达标验收工作。推行从业资格考试和继续教育信息化建设，建成投入使用从业资格无纸化理论考试系统，全市10所继续教育机构全部提供网络远程教育。2016年，吊销1名客运驾驶员“从业资格证”和1名教练员“教练员证”。

出租行业管理。2016年，开展出租汽车服务质量整治，采取多种手段对驾驶员拼客、拒载、甩客、不打表、不主动出具票据等乱象和车容车貌不整情况进行稽查。在市城区出租车统一安装具有营运数据采集上传、电子资格证、夜视、录音、轨迹回放、电召服务等功能的智能计价器，并以此为终端建设出租汽车智能管理监控平台和电召服务平台。

公交行业管理。2016年，常德市城区建成并投入使用大型综合公交站场3座（公交总站、鼎城公交站和德山公交站）。柳叶湖快速公交站、城西快速公交站、武陵公交站、皂果路公交站、北部新城公交站、城东快速公交站、鼎城快速公交首末站、德山快速公交站等8个较大型综合公交站场正在建设中。全年开通鼎城环城线10路、湖南文理学院(西院)至锦江宾馆24路、武陵阁至汽车营地30路、湘雅医院至德山龙潭庵53路、大小河街至湘雅医院58路旅游专线，调整6路、14路、17路、19路、22路、27路、48路和L12路车运行线路。

安全生产监管。市运管处成立安全生产委员会，实行处领导分片包干联系制，班子成员联系包干重点客运企业，运管人员监管每一台营运客运车辆，举办3期安全管理人员教育培训班。组织开展“安全生产月”“道路运输平安年”“安全监管执法年”及“大排查大管控大整治行动”等活动。（周　红）

“雨燕”飞行表演队经停常德

民航运输

【概况】 2016年，常德桃花源机场共安全保障飞机起降89336架次，较2015年同期相比增长6.42%(其中运输起降3998架次，同比增长9.12%；其他飞行85338架次，同比增长6.30%)；完成旅客吞吐量413484人次，同比增长9.86%；完成货邮吞吐量257.6吨，同比增长35.73%。有固定航线8条，航班出港客座率达80.6%，机场责任放行正常率100%。

安全管控。以《安全质量责任书》落实责任，以《运行安全协议》完善绩效考核标准和各项安全规章制度。以SMS、SeMS管控风险，以安全教育培训演练（全年，内训853人次，外送培训137人次）提高应急处置能力，以安全文化及活动彰显特色，以提升服务质量打造服务品牌，6月顺利通过安保审计。11月HUD特殊I类运行标准顺利通过。10月主降方向仪表着陆系统更新改造工程开工，并于2017年1月27日正式投入使用。

市场开发。本着“巩固老航线、加密热航线、开辟新航线”工作思路，经多方努力，加密常德深圳、常德北京航班；6月底，新增南宁、沈阳两条航线；积极协调市场开发，推进成都等新航线市场调研开发力度；采用多媒介的营销方式，多渠道开展航班促销，努力提高航班客座率。

服务质量。出台《2016年服务质量提升年活动方案》，开展服务质量“金点子”活动，落实项目13条，设立婴幼儿休息室，出发厅门外放置行李推车，WiFi信号全面覆盖T2航站楼。开展清洁机场行动，针对候机楼卫生问题，采取外包方式，改善服务环境。大力整治候机楼摩托车等车辆无序停放问题以及标志标牌不规范问题。每月开展旅客满意度调查，现场发放问卷，内容涉及服务的17个方面，经过改进，14个方面的满意度得到提升。开展“健康出行，文明乘机”送温暖活动，为旅客发放《健康乘机 平安出行》宣传单。10月28日、11月8日，为俄罗斯空军“雨燕”飞行表演队经停机场提供优质、高效、便捷的保障服务。大年三十开展“包饺子、送温暖”活动，领导带队将饺子送到旅客和员工手中。（鲁晓涛　柏雪莲）

铁路运输

【概况】 2016年，常德火车站共发送旅客2,158,023人，到达旅客1,637,572人，运输收入3.3亿元。截至2017年4月16日，常德火车站已有北京、上海、无锡、重庆、广州、深圳、西安、成都、洛阳、南昌、张家界、宜昌、达州等全国各大城市旅客列车共42列，可办理全国铁路各客运车站异地售票业务（包含

帮助老弱旅客

动车、高铁）以及电话、互联网取票业务。为更方便广大旅客购票，车站在市城区及各县市开设火车票代售点44家。

优化服务，一方面重点抓好党内品牌“小柳树”建设。组建“小柳树”服务队，树立正面形象。春运期间，共服务重点旅客294人次，被常德电视台武陵频道、央广网等媒体报道，在常德市民、媒体间反响良好，为打造党内客运品牌奠定基础。另一方面设有行包承运交付、小件寄存、旅客咨询、音乐茶座、重点旅客候乘等优化服务。

硬件设施。设有售票、候车、行包托运、问询、广播等设施设备方便旅客文化、生活。此外，还设有实名制验证、安全检查、客运查询、行包查询、垃圾清运等服务设施。自2015年复线通车后，开始进行站场改造施工。（何名双）

海事与航运

【概况】 2016年，常德市地方海事局获得“全省水路系统目标管理考核先进单位”和“全省水上交通安全管理考核先进单位”荣誉称号。海事窗口在2016年全市政务窗口月、季度、半年和全年考评中都名列前茅，获评湖南省“2016—2018年全省依法办事示范窗口单位”荣誉称号。

安全监管。抓好特殊时段水上安全。针对两节、两会、春运、清明、端午等重大节假日和冰冻、强降雨、洪水及其他恶劣天气等重要时间段专项发文，有针对性提出阶段性安全工作重点。制定重大节假日、重要时段领导带队值班检查督导制度，提前制定值班表，安排专人值班，提高险情发生后应急反应速度。做好防汛和汛期水上交通安全。下发相关文件部署防汛和汛期水上交通安全工作，组织开展汛期水上交通安全检查，制定汛期值班制度并由局领导带头严格执行。开展安全生产“监管执法年”“大排查大管控大整治”“环洞庭湖区运砂船舶严重超载综合整治”“平安船舶创建”等专项行动，全年共出动执法艇1200余艘次，检查船舶3500余艘次。

海事巡逻监管

行业管理。2016年，全市水路货运量2455.43万吨，同期相比增长11%，常德港、津市港吞吐量1202.3万吨，同期相比增长2.5%。一是推进标准化客渡船改造。全市共涉及改造船舶278艘（约占全市渡船总数60%），自筹配套改造资金1376.20万元，标准化渡船已交付完成276艘，截至2016年年底已登记办理162艘。二是推进渡口码头改造。2016年共改造渡口码头66处，投资总额近4000万元。三是推动运输船舶船型标准化进程。2016年，完成标准化工作船舶共440艘，申请补助资金2448万元；船舶生活污水防污染改造361艘，310951总吨、补贴资金1184万元。由于船舶生活污水防污染改造工作出色，湖南省防污染改造工作推进会在常德市召开。四是提升船舶检验质量。截至年底辖区有各类船舶1660艘、728948总吨、322964千瓦、759125载货吨、10077客位。2016年共受理检验申请1265艘次，完成检验1260艘次，其中货船958艘、农村客渡船302艘（在册客渡船380艘）。受理建造检验38艘次，完成检验23艘、17318总吨、5130千瓦。五是完成船员信息采集685人次，换发新版船员证书649本，完成工作量排名全省前三。六是实现电子监控全覆盖。全市建成渡口渡船视频监控和客船移动视频监控平台，通过加强日常视频监控巡查，及时发现并督促整改违章，确保渡运安全。全市55道受监控渡口未发生水上交通事故，视频监控渡口渡船违章事件呈逐年下降趋势。（余蔷吏）

【船舶与港口污染防治】 船舶污染防治。一是开展专项整治。2016年8月，制定下发《防治船舶污染水域环境专项整治行动方案》，在全市开展为期80天专项整治行动，严厉打击船舶未持有有效防污染证书文书、未配备防污染设施设备、已安装防污设施设备未按要求正常使用、船舶非法排放污染物、船舶未按规定进行水上作业、船舶污染物接收不规范等行为。整治期间，共出动执法人员1000余人次、海巡艇200余艘（次）。二是完善污染防治体系建设。修订完善《常德市水上搜救应急预案》，按照溢油量对船舶溢油事故等级进行划分，明确海事、环保、安监、公安等部门工作职责。提高应急处置能力。市海事局向省海事局申请配备趸船等设备，同时与中石油、中石化等公司加强联系和配合，一旦发生事故可以就近征用其防污设备。开展应急演练。认真执行《国家突发公共事件总体应急预案》和《国家海上搜救应急预案》有关规定。2016年，在沅水城区段组织开展水上搜救演习，进一步提高水上搜救应急反应能力，增进成员单位搜救业务交流和协调配合。三是规范船舶排污管理。市海事局直属分局于11月15日发布《关于加强防止船舶污染港口水域管理通告》(常海事直通告〔2016〕3号)，明确要求所有进、出港船舶必须严格遵守国家有关船舶防污染法律、法规和规章规定，禁止船舶向港口水域违规排放污染物，并为运输船舶免费发放船舶垃圾箱400只。四是规范船舶报废和冲滩拆解行为。全年全市完成拆解改造船舶56艘，其中拆解单壳油船化学品船2艘；改造单壳油船化学品船19艘；拆解老旧运输船舶3艘；船舶生活污水防污染改造32艘。

港口污染防治。制定《常德市港口污染防治专项行动实施方案(2015—2020年)》，明确港口码头污染防治工作总体目标和工作任务。对全市港口码头污染防治工作及防污染设施配置情况进行督查，要求各港口码头、水上加油站配备吸油毡、消油剂、围油栏等防污染应急物资，制定相关应急预案，定期开展应急演练。截至2016年年底，全市大部分港口码头都编制水污染防治计划，不仅配备垃圾箱、吸附材料等防污染基本设备，还加大污水处理力度。加强港口码头防污染执法检查。对码头经营者严格进行资质核查，对不符合防污染要求企事业进行停业整顿或取缔；对码头作业现场进行明察暗访，发现有违反规定排污或污染环境行为，严格按照相关规定进行处罚。加强码头作业防污管理。加大煤炭、水泥、危货等重点码头排污防污处置工作，督促中石化、中石油两家危货码头按规定配备围油栏、消油剂、收油机等防污染器材，并按要求组织防溢油应急演习。督促落路口、夹街码头落实煤炭、水泥装卸防污措施，采取洒水灭尘减少污染。加强自来水取水源管理。根据自来水厂污染举报，加强沅南、沅北自来水取水源防污染管理，加大对取水源一级保护区内采挖船违规作业取砂或运输船舶违规停靠行为打击力度。

(余蔷吏)

【完成柳叶湖、穿紫河水上航线建设】 柳叶湖、穿紫河水上航线工程于2016年上半年启动，10月全线开通，投入资金约6000万元。市海事局牵头组织多个部门，共完成水下测量通航水域29平方千米，新建航道50千米、双向通航船闸1座、客船停靠码头15处，对原有17座桥梁、桥区进行多次测绘，对通航线路进行20余次优化设计，设置各类通航标志300座。　　(余蔷吏)

邮　政

【邮政管理】 2016年，全市邮政行业完成业务总量6.89亿元，同比增长41.91%；业务收入6.35亿元，同比增长24.77%。其中快递业务量完成1522.78万件，同比增长58.95%；快递业务收入完成1.75亿元，同比增长61.29%。全年实现普遍服务和特殊服务收入4217万元。2016年，新增快递企业及分支机构17家，快递企业及分支机构达到203家(许可企业45家、分支机构158家)；全市独立快件分拨中心9个，面积超过16200平方米。全市主要品牌快递企业网络100%覆盖全市所有乡镇。

基础设施建设。组织召开邮政网点规范运营专项座谈会，督促邮政企业密集协调，切实履责、落实政策，优化邮政服务设施和资源配置。推进“快递下乡”工程，快递末端服务链逐步完善。积极引导规模快递企业开办乡镇网点，并提供规范标准的快递服务。常德市合乡并村后的129个乡镇中，除少数边远山区外，绝大部分乡镇均已开办快递末端网点，覆盖率接近90%。常德申通为其经营范围内的20多家乡镇网点办理分支机构名录，并借助常德创建智慧城市的机遇，联合8家企业组建农村快递配送平台，不仅节省人力、物力，而且有效提高了服务质量。积极推动网点建设。2016年，常德市完成村邮站建设210个，所有村邮站均开通收寄、投递服务，并按照《村邮站服务规范》的要求向市邮政管理局进行了备案。大部分区、县(市)更新了投递路线示意图、投递段道信息公示牌。落实快递进校园工程。支持、引导规模快递企业通过联合设点、定时派送、周边覆盖等方式，推动快递安全、规范进校园。常德市共有高校6所，各品牌高校网点18处，基本实现主要品牌全覆盖。开展快递+特色农产品创建评选。借助互联网+和全民创业、大众创新的政策东风，支持快递企业广泛服务现代农业，推动通过快递渠道，实现农产品进城和工业品下乡的双向流通。针对石门县盛产柑橘和电商发展势头良好的情况，深入当地了解快递在服务特色农产品中的积极作用，争取当地商务部门加大对快递支撑电商发展作用的支持力度，为快递与电商的融合发展创造良好的经济环境。优化信报箱审批流程。信报箱窗口实行阳光审批，严格依法行政，遵守廉洁自律各项规章制度，为民服务热情周到，坚持办事公开、程序透明、严格把关。截至2016年12月底，共受理行政审批11个小区的信报箱，对新建的11个小区5069个住户信报箱实地验收，窗口审批项目办结率100%，便民服务满意率100%。2016年度，常德市消费者申诉中心妥善处理申诉件443件，为消费者挽回经济损失47373.6元，消费者对申诉处理满意率为99.12%。

安全管理。一是寄递渠道安全保障。印发《关于认真做好寄递渠道存在问题整改落实工作的通知》《关于做好全国“两会”期间邮政业寄递服务和安全稳定工作的通知》《关于加强案件警示作用做好寄递渠道安全保障工作的通知》《关于严厉打击寄递渠道涉枪涉爆涉毒违法犯罪活动的通知》等安全系列文件9份，要求各级企业负责人、从业人员严把收寄关，按照每件必检、存疑拒收、突发上报的原则，严格执行收寄验视制度。通过横幅、海报、微信、文件等形式，积极向邮政、快递企业宣传实名收寄的政策要求和法律条款，要求企业层层传达、人人落实。翻印国家邮政管理局、公安部、国安部《关于严格邮件、快件寄件人身份信息查验登记的通告》500余份，分发到全市所有邮政、快递企业网点。制定统一的实名登记本，要求各级企业网点按照表格事项认真登记基本情况，并妥善保管，不得倒卖、泄露用户信息。推进过机安检。号召、督促主要品牌区域分拨中心、规模企业率先购买安检设备，实施过机安检。借助省邮政管理局安检设备购置补贴的利好政策，要求各品牌、各县市普遍配置安检设备，确保出埠邮件、快件能够实现过机安检。截至2016年12月底，全市已到位安检机15台，基本涵盖主要快递品牌。二是企业安全监管。明确安全生产主体责任。3月，在全市邮政管理工作会议上，市邮政管理局与全市各区县市邮政企业、各快递品牌法人企业、区域分拨中心共68家机构逐一签订安全生产责任书、落实“三个百分之百”责任书和禁毒、反恐、扫黄打非责任书，并要求各法人企业、分拨中心与下属网点、从业人员签订责任书，合理划分各层级、各岗位职责，促进责任下沉到点、到人。抓实安全生产督导检查。在全国“两会”、杭州G20峰会、党代会等重要节点前夕，深入各县市督导检查企业网点安全生产情况，要求企业强化安全红线意识，一把手要牢固树立第一责任人意识，建立健全安全员制度、定期巡查制度和应急处置方案，狠抓责任落实，确保企业安全生产和寄递渠道平稳运行。加强企业安全生产能力培训。进一步加强日常检查工作中的法律宣传和教育培训，开展“送法上门”活动，及时将法律法规、行业标准和政策文件传达到企业、网点张贴宣传，提高企业及其从业人员的安全意识。举办快递业安全生产培训班，全市快递企业、区域中心、部分网点共120余人参与培训，通过宣传、讲解国家邮政管理局新颁布的《邮政业安全生产设备配置规范》《快递安全生产操作规范》等标准规定，敦促企业强化安全生产能力建设，提高抵御风险的能力。

依法治邮。一是规范行政审批和备案。通过下发文件、与邮政企业召开工作联系会，以会议纪要形式与市、县邮政企业明确行政审批流程、时限、市县邮政企业的分工，理清政企权责，为保障邮政网点设置、撤销审批、备案的顺利开展打好基础；全年完成邮政企业迁址、变更营业时间、变更经营方式等网点信息备案33起；完成相关信报箱审批工作。截至2016年11月，受理信报箱建设申请6份，核查住户2628户，安装2628户。开通与市工商局“先证后照”连接的经营邮政通信业务审批系统，受理常德市经营邮政通信业务审批。2016年，全市共受理各类许可、变更、换证申请43件，实地核查企业网点91家，换发许可证和颁发分支名录共33张，申请受理及时率和审批及时率100%。二是加强监督检查。全年检查频次2511人次，检查邮政企业、快递企业及分支网点464个，下达责令整改通知书25份，依法做出行政处罚13起，共计罚款9.4万元，责令停业整顿3家。其中，检查邮政营业场所数量169个，检查比例达到71.3%。检查空白补建网点53个，检查比例达到69.7%。对全市8处机要网点检查24次，完成汉寿县西湖机要室撤销的实地核查工作。与邮政企业、各邮政网点、报刊亭签订“扫黄打非”责任状245份，对30处城区报刊亭开展“扫黄打非”专项检查，并口头传达扫黄打非的非法出版物名录。全年开展《丙申年》《2016年二十国集团杭州峰会》《玄奘》《相思鸟》《中国灯塔》邮票检查5次，出动15人次对19个网点进行现场销售检查。市场监管科全年共出动执法检查1285人次，检查企业网点257家，覆盖全市所有许可企业、分支机构和部分乡镇网点、末端网点。检查共发现违法违规行为33起，下达书面责令整改通知书15份，立案处罚16起，其中停业整顿3家，罚款64000元。联合市人大、公安、国安、交通等部门，针对“三个百分之百”落实情况开展调研和督导检查6次，调研、暗访企业网点15家，有效推动了安全责任属地管理和寄递渠道齐抓共管的良好局面。三是监督员管理。截至2016年10月底，查看邮政网点242个，走访邮政、快递用户951人，反馈问题12个，提出建议9条，有力加强了邮政企业、快递企业的社会监督。完成安乡社会监督员变更工作，组织社会监督员与邮政企业服务督察部门进行座谈，当面提出监督意见，对能够现场答复的要求邮政企业现场答复，对需要组织落实的限期落实，畅通了社会监督员的监督管道，缩短了问题的处理时间。（肖梦怡）

G20峰会期间，常德市邮政管理局开展邮件专项检查

【邮政经营】 2016年，中国邮政集团公司常德市分公司下辖鼎城、澧县、桃源、安乡、石门、临澧、汉寿、津市8个区县（市）分公司。邮路总长度5520千米，城市和农村通邮率达到100%，全市设有邮政金融网点132个，建成邮政便民服务站2830个、其中村邮乐购店1628个。全年实现业务收入4.68亿元，完成进度103.04%，同比增长15.29%。2016年2月13日，常德邮政成为全省第五个余额规模过200亿元单位。2016年末市场占有率达到17.87%，高于全省平均水平17.56%，同比提升6.77%。

经营发展。按照“一点一商”“一图一表”谋篇布局，全年建成站点2540个，

常德旅游节邮票展览

新增有效网点 995 个，建成 1 个县级、44 个乡镇级电商公共服务中心，2 个县级、1 个市级批销仓配中心。省商务厅副厅长肖彬、省委改革办秘书处处长李钦、常德市委书记王群等，先后参观调研汉寿邮政电商产业孵化园，现场指导农村电商工作。举办《相思鸟》《玄奘》特种邮票首发式，参加 2016 年常德旅游节艺术博览会专题邮展，筹划“纪念中国工农红军长征胜利 80 周年”系列集邮活动。推出“城头山”和“相思”主题邮局，开发《两学一做》教育笔记本、《常德丝弦》文化册，力推《舌尖上常德》本册式封片产品。建成市分公司、石门县、澧县、汉寿县、安乡县五家国邮港进口商品直营连锁店。

能力支撑。加强寄递网能力升级，新增私车公助 16 台、电动三轮车 16 辆、PDA 474 台，布放智能包裹柜 60 台。实施县域转运、分拣、投递“三合一”改革，城市当日妥投率与农村当日妥投率均达到 96% 以上。加大基础设施建设，对 8 个区县（市）分公司以及市本部 28 个支局所、1 处邮件处理中心、5 处电商孵化园等 34 个建设项目，进行重建、维修和改造。

内部管理。认真履行普遍服务和特殊服务义务，党报党刊发行实现稳定增长。严格落实安全生产责任制，全年无重大安全责任事故和案件。加强党基层组织建设，持续开展党风廉政建设教育活动，组织“比贡献、晒业绩、争荣誉”党员业务发展竞赛活动，深入开展机关服务基层主题实践活动。连续十年开展“关注留守儿童”公益活动，积极履行社会责任，市分公司结对帮扶安乡县三岔河同春村，全市邮政为挂靠扶贫点村共捐款捐物 70 多万元。“快乐六一手牵手”爱心公益活动，为 2500 名留守儿童免费寄递爱心包裹。“国邮港”电商大平台项目荣获 2015 年度湖南省企业管理现代化创新成果二等奖，党委书记、总经理汤文美荣获全国交通运输行业核心价值观践行者奖，先进代表姜化入围 2016 年学雷锋志愿服务活动“最美志愿者”，石门壶瓶山支局投递员杜登文入选中国好人评选活动“湖南敬业奉献好人”。中共常德市直工委授予市分公司党委“先进基层党组织”称号。在 2016 年换届选举中，全市邮政系统共有 10 人当选市县党代表、7 人当选市县人大代表、4 人当选市县政协委员。（阳丽娟）

通 信

【中国电信常德分公司】 2016 年，中国电信常德分公司在年度市州分公司绩效考核中名列第三、综合评估名列全省第二；市分公司获得中国电信湖南公司 2016 年度“收入市场份额提升贡献奖”“移动用户份额超越奖”“业绩考核先进单位”“最佳经营者”等荣誉，桃源分公司获得省公司强县工程 2016 年度“天翼先锋双提升奖”“移动市场份额跨越奖”，桃源、澧县、鼎城、汉寿分公司分别荣获“湖南电信 2016 年度战略单元”称号。

经营情况。全年完成收入进度为计划 102.99%，增幅 7.5%；全年利润累计完成率达 102.47%。移动规模位居全省第二，宽带规模位居全省第三，完成预算目标 93%。ITV 规模全省第二。收入市场份额提升 0.54%，增量收入份额达到 34.6%，是全省唯一实现“三分天下有其一”目标本地网，市场份额继续排名全省第二；宽带市场份额继续保持全省第一。新兴业务取得突破。“三朵云”在多个区县签约并逐步开始实施。物联网全年新增收入近 200 万元。实体渠道围绕“建店、洗脑、提能力”持续攻坚。强商结盟、商圈布局取得阶段性成效；共发展移动用户近 30 万户，实体渠道劳动竞赛取得好成绩。政企直销超额完成拓展目标，做实带宽型业务提速保存升值，开展“海量行动”，荣获集团公司“创值营销先进单位”称号；校园营销继续保持全省先进。全市共新增光网端口 29.86 万个；新增光网村 1202 个，荣获集团公司“天翼示范标杆村”建设优秀市州分公司。强化光网运营。通过宽带大提速、光网大迁转、农村百村 / 千村大战、城市小区等活动，进一步确立电信光网品牌优势。客户经营围绕维系、欠费、签转、价值提升四大主题开展工作，做实“续、改、加”三大动作，公众市场用户全年规模和收入保有率全省前三，其中星级中高端收入累计保有率 95.79%，全省第一。价值评估全省领先。

集团公司2013—2015年度企业战略评估列全省本地网第一；2016年度收入净利润率16.24%，总资产报酬率10.13%，EVA值为正，均仅次于长沙，排名全省第二。

精确管理。财务部门加强预算统筹和过程管控，在专业部门配合支持下，重点对营销费、装移机工料费、电费、迁改项目管控，盘活资源，实现退铜收入1800万元；积极做好与铁塔公司沟通，堵塞租赁结算漏洞；持续做好税务筹划，调优销项税，严管进项税；狠抓营收资金管理，严格治理小金库，超额完成利润目标。人力资源部门进一步规范劳动用工管理，实现减人增效既定目标；做好划小承包和倒三角支撑工作，小CEO承包目标达成率居全省前列，超产分成空前。实现光网城市建设目标，75%行政村通光网宽带。全年新增800M基站近800个，移动网络优势逐步显现。加强项目精确管理，转固率大于81%，2016年取得省公司网络发展精确管理第二名好成绩。网运部门持续做好无线精品网和宽带精品网建设工作，装维精品窗口建设一直位居全省前列；积极推进网络互联网化转型，有线网络建维优一体化卓有成效，提前实现全光本地网目标。维护划小承包横向推进，网络安全及网络信息安全得到有效保障。（廖华国）

【中国电信常德分公司成功进驻地区最大通信TOP商】 2016年，中国电信常德分公司将常德地区最大通信TOP商——“德强通信”作为重点攻坚目标。经过多次协商谈判，双方于5月17日正式签订业务代理合作协议。已成立20周年湖南德强通讯股份有限公司，拥有20家连锁直营店和1家批发业务部，客户保有量超过20万户，是湘西北最具规模手机零售连锁企业。（廖华国）

【中国电信常德分公司召开“全光网城市”建成发布会】 2016年7月22日上午，由中国电信常德分公司承办，以“光网城市 智慧常德”为主题常德“全光网城市”建成发布会在常德柳园锦江酒店召开。市政府副市长沈习淼、市政府副秘书长康少中、市经信委主任唐子钧、中国电信常德分公司总经理裴杰出席发布会。常德经开区和中国电信常德分公司就园区云业务签订合作协议；澧县中医医院与中国电信澧县分公司就医疗影像云业务签订合作协议；汉寿县中医医院与中国电信汉寿分公司就医疗影像云业务签订合作协议。（廖华国）

全光网城市发布会

【中国移动常德分公司】 经营业绩。聚焦4G、宽带、政企、数字化服务发展，深化价值经营，全方位提升市场经营能力，全年通信服务收入增幅高出本地区行业增幅，收入规模排全省第3位。4G业务高速发展，全年累计净增4G客户60多万户。宽带运营实现突破，期末宽带客户近19万户，较2015年年底实现客户翻倍。与市政府签订《“十三五”战略合作协议》，计划在五年内投资35亿元，全力支持常德市国民经济和社会信息化建设及信息产业发展。

网络建设。大力推进4G基站建设，全年新建4G基站1700多个，4G基站数累计4700多个，实现市、县城区、乡镇、交通干线、景区全面覆盖，4G网络规模排全省第2位。大规模开展有线宽带建设，汇聚机房达200多个，基本实现全市市县城区、所有乡镇具备移动家庭宽带接入能力，全年共投资1.2亿元进行宽带能力建设，建设端口22万个，覆盖用户近64万户。夯实传输基

湖南移动与常德市政府“十三五”战略合作签约仪式

础能力，加快城域网传输管道、线路、设备工程建设进度，新建城域网管道240多千米、城域网线路1500多千米。持续开展网络优化专项行动，全力打造4G精品网络，强化网络信息安全与保障，做好防汛抗旱、大面积停电、节假日及常德国际马拉松赛等重大活动应急通信保障工作，全年未发生重大信息安全责任事故。

营销体系。强化产品竞争力，精耕农村、校园、家庭、聚类等细分市场，提升市场份额。坚持4G发展量质并重，通过优势宣传、常态促销、精准营销，推动4G客户规模发展。抓套餐、推应用、促流量，深度释放客户流量需求，提升客户价值。按照“四提三高”发展思路，提升渠道能力、夯实基础能力，聚焦业务发展重点，推进宽带规模上量。以传统业务为基石，大力发展车友助理、咪咕产品等新业务。优化核心商圈布局，确保存量渠道稳定，进一步强化渠道掌控。紧跟“互联网+”步伐，着力发展信息化项目，强化大单攻坚力量，增强集客市场营销能力。

服务水平。围绕“谋创新、抓投诉、强基础、勤互动”四个方面，全方位提升客户感知,2016年服务质量对标排全省第3位。积极规范窗口服务,开展“我服务,您评分”活动,组织开展“岗位练功”比武、最美服务人员评选等活动；加强客户沟通互动，开展“我与常德移动故事”主题征文，共收集客户征文215篇，并在《常德晚报》投放优秀作品；开展“心服务新体验”活动，参与评价客户达15.4万人，开展全球通大课堂、积分兑换礼品、杂志赠阅、车友俱乐部等多样化俱乐部活动；严格落实手机实名制要求，确保每月新增客户实名登记率达到100%。

文明创建。注重企业文化建设，打造具有地市分公司特色“家文化”体系。2016年，常德移动荣获中国移动集团“企业文化示范单位”，持续保持“全国文明单位”荣誉称号。积极履行社会责任，开展与石门县雁池乡竹儿垭村结对帮扶工作，捐献扶贫款10多万元，并对“一对一”帮扶12户家庭不定期给予生活上帮助；投资20多万元建设宽带村，使该村100多户家庭用上互联网、看上互联网电视，有效改善村民获取信息落后局面。

（黄　炜）

【中国联通常德市分公司】 2016年，中国联通常德市分公司固定资产规模已达12.9亿元，全网用户超过百万。

4G产业发展。加快4G网络建设，以客户感知为导向，顺利完成“5·17”“7·31”“8·31”网络工程资源布局，同步开展4G精品网优化。截至2016年年底，全年累计发展4G用户近30万户，较2015年增长38%。城区4G网覆盖率整体提升4.6%，4G流量使用同比2015年12月增幅492%。

宽带建设。推行“城区项目自建、农村项目合作”宽固网络建设模式，全年投资1724万元，公众宽带共开通项目578个，新建端口8.1万个，基本实现全网上行1GE以上，宽带逐步扩容，完全满足宽带及IPTV业务发展需求。城区、乡镇和行政村宽带覆盖率显著提升，城区宽带覆盖率由82%提升到91%；乡镇宽带覆盖率提升到81%；行政村覆盖数由原来286个提升到536个。同时，从2015年宽固装维践行“1548”标准以来，宽带用户满意率持续得到进步。

智慧常德建设。常德联通于2016年首次推出“常德市第七次党代会”APP，并为常德湘雅医院移动医疗、智慧桃花源景区、武陵区公安局车载视频监控、教育信息化、智能公交等智慧城市项目提供综合通信支撑与保障。

规范市场经营。建立健全诚信经营监督与考核机制。强化实名制管控，严厉打击黑卡等违法违规经营行为，不良用户占比持续下降。（胡　蝶）

常德联通与湘雅医院签约

旅　游

综　述

【概况】 2016 年，全市接待国内外游客 4048 万人次，同比增长 20.9%，实现旅游综合收入 318 亿元，同比增长 25.7%；旅游经济 GDP 比重达 10.5%，旅游成为常德市新经济增长极。旅游产业考核被省旅游产业领导小组评定为二等奖，连续 3 年位列全省旅游产业发展第一方阵。

项目建设。全市在建旅游项目 57 个，完成投资 51 亿元，其中“一城三区”板块完成投资 45 亿元。城市旅游板块完成投资 13.8 亿元，河湖连通工程基本完成，德国风情街、常德河街、老西门整体面市；开通穿紫河水上观光巴士，推出国内首创全开放、流动舞台实景秀——《梦回穿紫河》，从 2016 年 10 月 17 日首航至 2017 年春节不到 4 个月时间就累计接待游客超 4 万人次，演出船票往往是一票难求；与华侨城集团签署战略合作协议，投资 17 亿元常德华侨城卡乐世界项目奠基动工。桃花源板块完成投资 9.3 亿元，秦溪、秦谷、桃花山、桃源山、五柳湖、桃花源古镇、山水实景文化演出“6+1”项目主体工程基本完工。319 国道高速互通工程实现通车，桃花源古镇 9 月主大街开街，委托锦绣中华专业团队整体运营景区，旅游、交通、智慧旅游、市场营销等工作全面启动。柳叶湖板块完成投资 8.7 亿元，环湖十大景观工程蓄势待发，建成罗湾观鸟、柳湖沙月、柳叶诗韵等景点，配套环湖游道等旅游设施。投资 17 亿元常德大唐司马旅游文化综合体和投资 5 亿元常德禾田居度假酒店旅游项目成功落户柳叶湖。壶瓶山板块完成投资 3.2 亿元，通用机场项目完成立项，江坪河景区提质工程推进顺利，东山峰观景台完成 20 万平方米“茶山花海”示范景区建设，滑雪场二期改造工程顺利推进。壶瓶山大峡谷景区获评“湖南最佳避暑胜地”称号。澧县城头山累计完成投资 6.5 亿元，建成占地面积 44.13 万平方米国家考古遗址公园于 2016 年 6 月开园，引进珠海九洲控股集团运营管理景区。桃源县实施“旅游开发大会战”，20 多个旅游项目完成项目投资过亿元。石门县召开全域旅游工作推进会，累计融资超 5 亿元，完成龙王洞景区提质升级、建成仙阳湖房车营地等。临澧县太浮山景区投入资金 6500 多万元，启动丁玲故居恢复修缮工程。西洞庭管理区投入资金 1.2 亿元，推进“旅游 + 农业”，打造“稻野寻湘”农业主题文化旅游产品。

节庆活动。举办 2016 常德旅游节。10 月 17 日，常德旅游节在穿紫河畔拉开帷幕，创意策划旅游节“七开”系列活动（2016 常德旅游节开幕、穿紫河水上巴士夜游开航、湖南旅游“金三角”发展峰会开讲、德国风情街开街、“非遗”及常德地方文化展览会开展、常德华侨城卡乐世界开工、七千年穿越之旅开游），一天穿越七千年主题展示“亲亲常德”之美。来自德国、日本、韩国、美国等 21 个国家湖南国际友城友好交流代表团和德国途易集团、韩国哈拿多乐集团、马来西亚世界旅游组织等国际旅行商，以及国内知名学者、旅游专家、旅行商等 500 多名嘉宾共同感受体验常德旅游魅力，提升常德城市对外影响力和美誉度。截至 2016 年年底，旅游节期间推出系列城市旅游产品累计接待游客 50 多万人次。创新开展 2016 乡村旅游年活动。整合全市乡村旅游资源，推出鼎城区十美堂油菜花节、桃源县枫林花海郁金香涂鸦旅游节等 20 条精品乡村旅游节会活动，开通乡村旅游周末直通车 80 多趟次，组织乡村旅游自由行、乡村旅游创意大赛等活动，直接拉动乡村旅游游客 100 万人次以上，带动当地农民人均增收 5000 元以上。精心推出区县系列活动。柳叶湖承办首届常德国际马拉松，10 多个国家 30 名外籍专业选手与近万名马拉松爱好者，在奔跑中尽享常德柳叶湖美景；举办首届捕鱼节暨国际路亚垂钓邀请赛，吸引 6 支国际代表队和国内 25 家代表队参与赛事。桃源县举办首届经贸旅游龙舟赛，带动县城周边人气达 3 万人次。澧县城头山景区举办“海峡两岸稻田彩绘节”，2 个月时间吸引游客达 10 万人次。石门县连续举办 16 届柑橘节，带动八方游客品橘赏景，实现“柑橘+旅游”产业融合发展。鼎城油菜花节、竹文化节、荷花节，津市杨梅采摘节，西洞庭朝鲜蓟养生文化旅游节等活动均有效带动人气、拉动消费，助推县域经济发展。

品牌创建。创成一批国字号品牌。全市新建和改建旅游厕所181座，完成项目投资5.4亿元，连续两年（2015年、2016年）被国家旅游局表彰为“全国旅游厕所革命先进市”，在湖南省分别名列第一、二名。澧县彭山景区、临澧林伯渠故居成功创建国家AAAA级景区（全省仅6家）。柳叶湖“太阳谷”入选中国最美休闲乡村，石门县被纳入全国首批“全域旅游示范区”创建单位。涌现一批行业品牌。常德中旅获评五星级旅行社，实现常德市高星级旅行社零突破。成功创建11家省五星级乡村旅游点，数量居全省第一。“霸蛮常德牛肉粉系列”旅游商品获2016中国湖南旅游商品大赛金奖。打造一批服务品牌。常德市旅游集散服务中心建成营业，实现智慧旅游集散功能。启动64处市城区旅游交通标识标牌系统建设工作，积极推进智慧旅游“五大平台”建设。澧县桃花滩宾馆、澧县金龙玉凤饭店被国家旅游局评定为全国三星级及以下星级饭店二十强（湖南仅此2家）。市旅游执法监察大队连续三年成为“全省依法办事示范窗口单位”。

市场营销。精准营销塑形象。组建全市旅游营销联盟，创新旅游营销举措，发挥主流媒体导向、自媒体新媒体跟进营销模式。2016年，《人民日报》《中国旅游报》《湖南日报》、湖南卫视、湖南经视、腾讯网、红网、大湘网等省级以上媒体专题报道500多篇；《常德日报》等本市主流传媒累计发稿1168篇，日均3篇。借助微信微博、手机报等新媒体平台，推送各类旅游资讯、活动推介超过5000条，点击率过万旅游软文近1000多条，常德旅游外侨公众微信号关注量突破3万，点击率达到120万，常德旅游外侨手机报编发60多期。活动营销推产品。春节期间，在日本新潟举行“新潟春节祭”活动，常德米粉、擂茶和桃源绣等常德旅游产品走出国门，吸引近7万人次争相体验。“环行洞庭”走进常德，20多家省级以上主流媒体60多名记者集中采访，《湖南卫视新闻联播》连续五期现场直播专题报道常德旅游，引起海内外热烈反响。联合张家界、湘西多家旅行社、旅游企业，开展周边城市市场宣传促销活动，推介常德旅游产品、促销政策，开拓“湖南旅游金三角线路”。区域营销拓市场。策划举办湖南旅游“金三角”发展峰会，实现跨区域营销联盟，集中向包括德国途易集团、韩国哈拿多乐集团、马来西亚世界旅游组织等在内国际国内旅行商推介“金三角”产品，建立起统一LOGO形象、统一营销互动、统一市场开拓、统一资源共享旅游区域协作体系，实现更多精品旅游线路进“金三角”线路，带动三地城市消费、旅游经济增长。利用德国风情街项目，促成与德国最大家居企业卓伯根集团合作，卓伯根品牌2017年5月将全面进驻德国风情街。借助友城交往渠道，加强与德国重要媒体合作力度，德国北德电视台等多家境外媒体专题报道常德旅游节，常德旅游节首次在国外媒体出镜展示并备受关注。主动对接驴妈妈、携程网、去哪儿、同程网等旅游线上平台，借助互联网打造常德旅游电商销售渠道，推出10多条精品线路、50多场特色活动，吸引来自北京、上海、深圳等国内大城市游客达5万人次体验。

行业管理。开展2次“二打击一整治”专项行动，组织3期涉水类旅游项目安全生产检查和旅游行业安全生产交叉执法检查，建立健全红黑榜制度，规范旅游团队服务质量评议，公示服务质量情况不合格旅行社12家。全年没有发生一起旅游安全事故，仅接到有效旅游投诉8起，办结率和满意率均为100%。组建成立常德市旅游志愿者总队，举办近1000名旅游志愿者培训，在游客集中区域开展旅游志愿者服务实践活动500人次，开展安全文明旅游“三进”活动10多场（次）。举办旅游行业管理及质监执法培训班，开展2016年常德市导游（讲解）技能大赛，联合市运管、消防、卫生等职能部门在市城区开展旅游交通安全应急救援演练，强化旅游安全属地管理责任和应急管理。（李　晴）

【2016常德旅游节】 2016年10月17—18日，2016常德旅游节在穿紫河畔开幕。2016常德旅游节由湖南省人民政府外事侨务办公室、常德市人民政府联合主办，市旅游外侨局、市文体广新局、澧县人民政府、柳叶湖旅游度假区管委会、市经济建设投资集团有限公司、市城市建设投资集团有限公司等单位具体承办。

本届旅游节围绕“一天穿越七千年——亲亲常德．浪漫之旅”这一活动主题，创意策划“七开”系列活动，主要包括2016常德旅游节开幕、穿紫河水上巴士夜游开航、湖南旅游“金三角”发展峰会开讲、德国风情街开街、非遗及常德地方文化展览会开展、常德华侨

副省长何报翔宣布2016常德旅游节开幕并启动领航司南

城卡乐世界开工、七千年穿越之旅开游。邀请来自德国、日本、韩国、美国等21个国家湖南国际友城友好交流代表团和德国途易集团、韩国哈拿多乐集团、世界旅游组织等国际旅行商，以及国内知名学者、旅游专家、旅行商等500多名中外嘉宾参加。副省长何报翔、省旅发委主任陈献春、省外侨办副主任邱爱华、部分省直单位主要负责人，和常德市委市政府主要领导出席旅游节相关活动。

旅游节开幕式以“司南启航”指引常德旅游开启全新发展理念，用“归来武陵号”寓意传统文化回归，展示常德非物质文化遗产，体现亲亲常德亲山亲水亲人文魅力。高水准打造水上观光巴士，国内首创全开放、流动舞台实景秀——《梦回穿紫河》受到市场热捧，面市4个月累计接待游客超4万人次。“后旅游节现象”延续，常德河街和穿紫河在2017年大年初二央视《万家灯火》栏目以现场直播方式向全国推介，极大提升常德旅游名气。湖南旅游“金三角”从常德发起并成立之初“市长结盟”到“市场联动”，吸引包括德国途易集团、韩国哈拿多乐集团、马来西亚世界旅游组织等在内国际国内品牌旅行商参加湖南旅游“金三角”产品推介活动，建立起统一LOGO形象、统一营销互动、统一市场开拓、统一资源共享旅游区域协作体系，为常德构建国内外知名旅游目地奠定市场基础。旅游节把德国风情街开街作为常德外事活动一大重点，邀请德国汉诺威市长代表团来访，出席德国风情街开街仪式，为“德国汉诺威之窗展览馆”揭幕，一系列活动加深常德市和汉诺威市友谊，开启两市全方位合作新里程。旅游节期间，与德国途易集团签署合作协议。旅游节艺术博览会不仅有常德传统文化展示、体验、艺术讲座，还有艺术品鉴赏、拍卖与销售。游客不仅可以观赏到精美艺术展品，看尽武陵城繁华艺术盛景，还可以体验活化非遗物质文化。常德华侨城卡乐世界开工奠基仪式，是继常德欢乐水世界成功合作后，促成常德华侨城“卡乐世界”项目落地生根，将在常德打造国内一流“科技版欢乐谷”主题公园。首次组建全市旅游营销联盟，创新旅游营销方式，采取“政府主导，行业主抓，企业跟进，整体联动”工作举措，充分发挥主流媒体导向、自媒体新媒体跟进现场推介营销模式，构建请进来、走出去相结合，“线上线下”互为补充，境内外统筹推进体系化旅游营销模式。 （李 晴）

旅行社介绍

【常德中旅国际旅行社有限公司】 常德中旅国际旅行社有限公司是经国家旅游局批准国际旅行社，中国公民出国旅游组团社，常德市旅行社协会会长单位，前身为常德中国旅行社，2013年年底由国有企业改制成为有限责任公司，并更名为常德中旅国际旅行社有限公司。随着旅游业务不断扩大，公司由最初成立时六名员工逐步发展成拥有员工50多名，下设行政部、财务部、运营中心、门店管理中心、营销中心、计调部、接待部、活动策划部、导游客户部、电商部、光大分公司等，拥有一批高素质管理人员和训练有素导游队伍，在市城区及各县市设有近29家营业部，年均销售额达亿元以上。常德中旅国际旅行社有限公司连续多年被评为湖南省最佳旅行社、常德市最佳旅行社和维护消费者合法权益先进单位，2012年被国家旅游局评为四星级旅行社，2016年12月被评为五星级旅行社。 （宋国栋）

【湖南华天国旅常德旅行社有限公司】 湖南华天国旅常德公司是湖南华天国际旅行社有限责任公司在常德设立控股子公司。公司自2004年9月成立以来在对外招徕方面做大量扎实有效工作，产品涉及观光旅游、休闲度假、专项考察、修学旅行、会议会展、自助自驾等，曾先后接待过来自北京、沈阳、南京、武汉等地包机和湖南、湖北、广东等地大巴车队，自2006年以来，多次成为常德市地接旅行社第一名，连续多年获得创建湖南信用单位先进集体、常德市最佳旅行社、常德市A级信誉单位、常德市消费者信得过单位，是中国旅行社协会会员单位、湖南省旅行社协会会员单位、常德市旅行社协会会长单位，同时也是湖南文理学院教学实践基地、常德高职院教学实践基地，并获得湖南省四星级旅行社、省级巾帼文明岗、市级青年文明号、第二届常德市城区服务业优秀品牌等荣誉称号。 （宋国栋）

【常德康辉国际旅行社】 常德康辉国际旅行社有限责任公司隶属中国康辉旅游集团，连续多年被市旅游局评为常德市最佳旅行社、常德市A级旅行社，是常德市重信用守合同单位、全国大型旅行社集团企业、湖南省四星级旅行社。公司位于常德市武陵阁一楼西侧，秉承“建设一流团队，树立一路品牌，创立一流企业”宗旨和“让旅游者满意，让合作者放心”经营理念，经过多年努力创建一支高素质管理团队和专业员工队伍，同时，全面导入康辉集团先进管理体制和完善服务流程，依托康辉集团遍布国内外服务网络，为游客提供全新感受，全新风格旅游服务产品。 （宋国栋）

【常德亲和力旅游国际旅行社有限公司】 常德亲和力旅游国际旅行社有限公司为湖南省万达亲和力旅游国际旅行社有限公司全资子公司，2007年9月成立。经过十年时间发展，公司发展到员工近30名，营业收入近2000万元，为湖南省四星级旅行社，设有总经理室、办公室、财务部、计调部、大客户部、销售部、重点客户部、外联部、导游部等部门，拥有一支经营旅游业务多年、素质精良管理团队。公司在市城区建设路市政府对面设立近百平方米中心门市接待部，在武陵区、鼎城区、汉寿县、桃源县、石门县开设直营网点。 （宋国栋）

【湖南海外旅游常德有限公司】 湖南海外旅游常德有限公司2009年5月成立，是湖南海外旅游有限公司集团旗下子公司，主要经营国内旅游、入境旅游业务。多年来，湖南海外旅游常德有限公司依托总公司先进经营理念和优秀经营管理团队，打造组团旅游、休闲度假、商务会展、机票销售等主营业务，公司业务拓展至市城区和周边县城，下设桃源营业部、安乡营业部、津市营业部、紫桥营业部、育才营业部五家合作门店，共有员工近60名，历年来先后荣获常德市最佳旅行社、常德市诚信旅行社等称号，2013年获评湖南省三星级旅行社，2014年获评湖南省四星级旅行社。

（宋国栋）

旅游景点介绍

【常德市规划展示馆】 常德市规划展示馆位于常德市武陵区白马湖文化公园内，展示馆共有五层，地面四层，地下一层，主体高23.8米，总建筑面积约10166平方米，可供展示面积约为9600平方米。展馆设计突破国内传统规划馆思路，打造体验故事型、低碳科技型新型展馆。整座展馆共分为四层：一层展示主题是“印象常德”，介绍常德历史文化概况和现状；二层展示主题是“武陵风华”，展示常德历史发展变迁、山水风光和建设成就；三层与四层展示主题是“迈向未来”，介绍常德总体规划，交通、旅游、重点项目、重点片区、重点产业、生态景观规划和区县规划等内容。

（李　晴）

【老西门】 老西门是截至2016年年底常德市面积最大、最具地方文化特色的城市棚户改造项目。占地面积8.67万平方米，建筑总面积22万平方米，涉及棚改户1606户，总投资16亿元。项目于2011年启动，2016年5月28日一期1.5万平方米商业街区开放，当日游客量突破1.2万人次。

常德市委、市政府将棚户区改造与休闲旅游配套、海绵城市建设、完美社区打造等相结合，在老西门全面再现老常德历史文化民俗记忆，恢复湘西北民居典范——窨子屋、重构常德饮食文化——钵子菜博物馆、传承千年非物质文化遗产——常德丝弦，保护开发明清老城墙和护城河等。通过“一带、三心、四区”开放性街区构建，形成“千米四季花街、百米情景水街、二十四座桥街、市井民俗文化街”，建设融合“文化体验、建筑博览、旅游购物、创意市集”于一体的“文化旅游创新街区”，将其打造成常德新的城市名片和城市客厅。

（李　晴）

【德国风情街】 德国风情街项目建设是常德市与德国汉诺威市友好往来的见证。街区总用地面积约2.15万平方米，总建筑面积约4.76万平方米，街区长约450米，宽约50米，单体建筑16栋，商铺138间，地下停车位351个。

为确保传统德式风格，项目采用德国设计团队、使用德国建筑装饰材料、由德国商户自主经营、售卖原装德国产品，体验正宗德国文化，为广大市民和游客提供一处绝佳的休闲、旅游、购物场所，成为集文化、旅游、商业于一体的一站式景区。德国风情街已经成功引进德国大小企业45家，涵盖食品、服装、电子产品、餐饮酒吧、文化活动咨询等多个领域。

2015年10月，德国汉诺威市市长率团参加德国风情街汉诺威大街揭牌和常德中德友好协会授牌仪式，为德国风情街赠送井盖和路牌。2016年10月17—18日，德国汉诺威市市长再次受邀率团出席2016常德旅游节，并与常德市长周德睿一道为德国风情街开街、启动德国文化交流周活动。

（李　晴）

【常德河街】 常德河街位于穿紫河东段，东起常德大道，西至紫缘路，南邻姻缘河，北连河街路。总用地面积约13.28万平方米，总建筑面积约7.78万平方米，街区总长度约1500米，单体建筑211栋，商铺368间。

项目以清末民初常德沅江边麻阳街、大河街和小河街为原型，按照老常德历史故事、民俗文化、雕塑建筑技艺，配套特色餐饮、文化展示、休闲民宿等，打造集旅游、商业、文化、历史于一身“乡愁”老街。

常德河街有刘禹锡、杨嗣昌、沈从文、黄永玉等文化名人笔下繁荣兴盛的大码头，是烙印在市城区“常德清明上河图”；常德河街还原了战国时期的“珠履坊”、“春申君府邸”、唐代刘禹锡故居以及代表麻阳街历史的“麻阳会馆”；常德河街还有承载着沈从文和黄永玉故事的“平安客栈”以及洪帮聚集地“鸳鸯走马楼”等，更有文化大师黄永玉在91岁高龄时深情题写的“常德河街”街牌。漫步在常德河街，将使人们记得住常德的乡愁，体验回味浓浓的乡情。

（李　晴）

常德河街

【水上观光巴士】 水上观光巴士是“河湖连通”项目的重要载体，已采购水上观光巴士12艘。水上观光巴士由意大利设计师设计，厦门一家船艇制作公司制作，每艘长17米，宽4米，水上高度1.9米，内舱设43个座位，外形豪华大气、内舱敞亮舒适，玻璃钢结构、全通透舱室可以180度全方位观景。是油电两用高速船舶，具有低碳环保特点。

2016常德旅游节期间已经开通常德河街至白马湖公园航线，途经常德河街、德国风情街、金银街、遇仙桥、月畔湾、白马湖公园等，游客从韵味十足的“老常德”穿越到异域情调的“德国”，再到闲情别致的商业街区、清雅秀丽的公园小景，人在船上坐，景在身边游，真正近距离品读新常德的魅力风情。在该段水系由湖南省演艺集团打造的《梦回穿紫河》实景秀，首次将现代演艺与文化旅游及城市文化形态建设有机融合，开创了湖南文化旅游流动舞台实景秀先河。沿线设置舞台11座，分别上演常德河街旧事、德国风情秀、刘海砍樵剧目、常德丝弦演艺等特色节目。

今后还将陆续开通柳叶湖内环(柳叶湖集散中心—司马楼—欢乐岛—锦江酒店—朱雀广场—渔樵村—螺湾观鸟)；沾天湖螺湾观鸟码头—穿紫河白马湖公园等多条水上观光线路，游览穿紫河也将成为一次新奇的体验。（李　晴）

【华侨城·常德欢乐桃花岛】 项目位于“中国城市第一湖”——常德柳叶湖中，是截至2016年年底国内面积最大的湖心人工岛。岛上已建成的常德欢乐水世界和待建设的陆地公园组成华中地区最大的岛上主题乐园，将打造中西部地区的旅游新地标。

2015年6月6日，占地19万平方米、投资10亿元的常德欢乐水世界开园。该项目是全球旅游景区集团四强、国内文化旅游顶尖央企——华侨城集团公司运营管理。作为华侨城集团公司在国内三线城市唯一合作的旅游项目，2015年，开园运行近100天，接待游客超100万人次，实现综合收入过1亿元。常德欢乐水世界拥有21台套大型游乐设施，可以让游客尽情亲水、游水、戏水，在与水的亲密互动中释放激情与活力。岛上有直径120米的国内第二超高摩天轮，可以将21.8平方千米的柳叶湖尽收眼底。

欢乐桃花岛上与水世界交相呼应的“卡乐世界·OCT华侨城”主题体验园、文创基地及配套项目等，由华侨城集团公司和常德共同投资17亿元建设，项目占地49.67万平方米，园区内设计4大主题板块、12~15个大型高科技游乐项目，设计年接待200万人次。预计2018年试营业，届时体验园里360度全景天地剧场及国内首创的时光飞车、影视跳楼机、影视飞板、太阳飞车等将向公众开放，使这里成为“科技版欢乐谷”，游客可在此体验多项国内首创的游乐设备，项目建成后还可以解决目前水公园只能在夏季经营的局限，打造全天候的岛上主题乐园。预计项目于2018年6月整体面市。（李　晴）

【朱雀广场】 项目位于柳叶湖旅游度假区沾天湖东岸栈桥中段，总建筑面积1200多平方米，其中经营面积650多平方米，主营咖啡、红酒、雪茄、牛排等，是旅游休闲、商务洽谈，交友会友的理想场所。

项目建设充分尊重周边生态环境与景观资源，保持山体、水体原貌特征，与自然山水有机融合。通过与“河湖连通”的水上航线可连接穿紫河、锦江酒店、沙滩公园、欢乐水世界等。在广场上临湖而立，邀三五好友红酒相伴，可远眺湖光山色，让人心旷神怡。（李　晴）

【柳湖沙月】 项目位于沾天湖北岸蚂蟥溶湿地游览区中西部，全长约1530米，沿湖线长约1700米，宽41~181米，占地面积144478.1平方米，是内陆地区最大的人工沙滩公园。所用海沙分别来自广西北海银滩与福建平潭。

项目自2015年9月建成后，累计接待游客约50万人次，最高峰时段人流量一天约2.8万人次。项目区内配套有11个娱乐项目，分别是沙滩摩托、沙滩自行车、儿童挖掘机、沙滩排球、沙滩足球、滑沙、跳跳床、沙滩露营区、水上步行球、水上碰碰船、热气球等。（李　晴）

【柳月汽车营地】 项目位于沾天湖北岸，南接环湖路，北邻沿山路，总面积18.6万平方米。设计有功能性用房3000平方米、商业性用房1500平方米。营地配套的功能项目共14种：房车露营、临水木屋露营、集装箱房露营、帐篷露营、汽车影院、自行式房车营位、停车场等。柳月汽车营地是全国功能最齐全的房车露营地，为常德市及游客提供又一旅游休闲的好去处。（李　晴）

【环湖赛道】 项目为沿沾天湖、柳叶湖亲水边缘地带打造的集防洪、观光游览、环湖交通和环湖景观四大功能于一体的滨湖园林景观项目。该项目全长37.83千米，由九大部分组成，包括已建成的戴家岗段4.36千米及沾天湖南岸段10.29千米、老堤障段2.66千米、柳叶湖东岸段4.67千米、柳叶湖北岸段3.29千米、万金障段3.76千米、沾天湖东岸栈桥段2.1千米、蚂蟥溶段3.6千米、体育生态园段3.1千米，除体育生态园段均已贯通，项目总投资45亿元，已完成投资42亿元，沿线配套有大剧院、会展中心、柳园锦江酒店、柳湖沙月、朱雀广场、柳叶湖旅游集散中心等休闲旅游项目。（李　晴）

【常德诗墙公园】 中国常德诗墙是常德市委、市人民政府于1991年采纳市政协提案，以城区沅江防洪大堤为载体，历时十余年修建的一座具有鲜明艺术特色的大型文化工程。

诗墙全长4千米，临江而立，楼台点缀，气势恢宏。分《百代沧桑》《名贤题咏》《武陵佳致》《兰芷风华》《华夏新声》《五洲撷英》《时代风采》《千古绝唱》八大篇章，选刻自先秦以来有关常德诗作和中外名诗1530首。诗词用书法形式表现，由全国包括港澳台在内的1215名书法家书写，真、行、草、隶、篆集于一墙。其间刻嵌43幅精美的中外石壁画。各大篇章墙名和篇名，分别由中国当代著名书法家赵朴初、沈鹏、启功、颜家龙、孙其峰、王学仲、刘江、冯其庸和萧娴、张仃、臧克家、方毅、陈天然、李铎、文怀沙等题写。曹禺、舒同、吴作人生前分别作“武陵风流”“江山如画”“风景这边独好”题签。

诗墙公园是中国常德诗墙重要配套工程，公园呈带状型，东西走向，全长达3000米，总面积20万平方米。依照有利汛期泄洪的要求，整个公园，以武陵奇石和草坪为主，辅以特大树、丛木点缀进行布置。奇石，有穿孔石、象形石、蜡石、大片石等。

城堤、诗墙、公园，连同“常德抗洪纪念碑”“招屈亭”“笔架城”以及防洪墙上“武陵阁”“春申阁”“排云阁”“渔父阁”等，形成沿河一道风景线。

2000年9月5日，上海基尼斯总部正式对其命名“世界最长的诗书画刻艺术墙”。2003年10月22日，“常德诗墙及沅江江岸环境改造”被建设部授予“中国人居环境范例奖”。2007年4月21日，经过全省广大民众投票选举和湖南省“湖南百景暨新潇湘八景”评选委员会专家评选，“中国常德诗墙”被评定为人文景观类“新潇湘八景”“百姓喜爱的湖南百景”之一。2016年10月，在第四届旅游业融合与创新（中国·思南）论坛上，“中国常德诗墙”获得“最美中国·文化魅力、特色魅力旅游胜地”称号，荣登2016最美中国榜。2016年12月下旬，中国常德诗墙被湖南省社科联授予“湖南省社会科学普及基地”。

（龚　倩）

城市建设与管理

住房和城乡建设

【概况】 城乡发展。武陵区步行城美化二期工程基本收官。鼎城区建成沅江风光带，常德诗画长城交相辉映。汉寿县顺利完成“三湖连通”。桃源县大力推进县城道路新建改造。临澧县完成和平公园改造升级。石门县道路提质工程与地下管网建设齐头并进。澧县澧州大道综合整治工程全面铺开。安乡县洞庭大道完成道路、立面、管线、绿化、亮化“五个同步”，形成景观样板街。津市市成为全省首批4个海绵城市建设试点城市。西湖管理区S205西湖连接线建设项目竣工通车。西洞庭管理区完成高速公路入城口等改造工程。同时，小城镇建设有新成效，指导推进13个美丽城镇试点建设，融入海绵城市建设理念，每个乡镇新建1个以上污水处理设施。开展特色民居示范点建设，50%乡镇分别建设完成1处20栋以上特色民居示范点。

建筑业管理。全市建筑业完成总产值304.3亿元，完成省外产值24.2亿元。全年完成税收18.95亿元，占全市税收比重为20.22%。天鹰、德成、凯乐、一建等4家建筑公司营业税金均超过5000万元。建筑业带动就业11.8万多人。市城区共招标备案房屋建筑和市政基础设施工程项目349个，工程交易量138.42亿元。有5个项目获湖南省建设工程芙蓉奖。立案处罚56个非法违法项目。市城区及大部分县市未发生建筑施工领域死人事故。

房地产调控。全市房地产投资139.96亿元，同比增长15.3%，其中市城区90.33亿元，同比增长27.9%；全市新开工487.1万平方米，同比增长20.8%，其中市城区300.19万平方米，同比增长28.2%。全市商品房销售面积达到531.13万平方米，同比增长35.4%；其中市城区达到306.51万平方米，同比增长41.7%。全市商品房库存621万平方米，其中市城区286万平方米，消化周期分别为14个月、11个月，比2015年年末分别缩短3个月和4个月。18个问题楼盘中，已协调解决10个，4个取得明显进展。

勘察设计行业发展。行业从业人员2700余人，其中，注册资格人员约120人，高级职称人员400余人，专业技术人员2200多人。全市勘察设计年产值达5亿多元，其中外拓产值7000多万元（主要是智能化设计）。有3个项目获省级优秀勘察设计奖，2个项目获绿色建筑评价设计标识。10月11日，历时4年可再生能源建筑应用示范项目完成验收，超额完成250万平方米，常德市成为湖南省首个可再生能源建筑应用示范城市。

园林绿化。完成临澧县、澧县省级园林县城验收工作，津市市、汉寿县正有序开展创建国家园林城市、省级园林县城工作。市城区全年制作布置花卉造型景点19处，栽种草花170余万盆。江南外滩公园、柳叶湖环湖风光带及园博走廊一期全面建成，柳叶路西延线绿化基本建成，德山沅江风光带开工建设，增加绿化总量1.11平方千米。诗墙发展卓有成效。9月21日，通过市人大常委会主任会议，形成《中国常德诗墙保护条例》立法建议书。全年共接待各类参观团体90多批次1800余人，10月29日，在由新华网、铜仁市人民政府共同主办第四届旅游业融合与创新（中国·思南）论坛上，中国常德诗墙获得“最美中国·文化魅力、特色魅力旅游胜地”称号，荣登2016最美中国榜。12月下旬，被授予“湖南省社会科学普及基地”。

民生工程。一是住保工作。2016年，省下达保障性安居工程任务72345户，已全部开工，开工率100%。其中，城镇棚改开工51292户（货币安置24069户），开工率100%；市城区棚户区改造完成货币补偿7858户，安置住房开工5802套，开工率100%。农村危改开工17600户，开工率100%。省住建厅下达常德市2015年超任务公租房4331套，开工率100%。二是雨污分流。护城河以南，完成新建棚户区改造项目管网雨污分流；护城河以北，基本实现市政道路排水管网及30%小区雨污分流。完成穿紫河两岸排水系统河岸截污等工程，实现排入雨污水分流。三是“两供两治”。新增管输天然气52277户，超任务完成161%，全省排名前三。投资2822.16万元，完成供水管网新建、改造76.81千米，新增供水客户2.05万户。投资3479.5万元，完成污水管网新建27.68千米，全市污水处理率达91%，市城区93%。投资740.8万元，完成道路维修及部分新建。

（李　瑾）

【城市提质】 2016年9月25日，长港水系连通，标志穿紫河水系全线贯通。9月30日，皇木关污水处理厂正式运行。10月1日，柳西路主道通车、屈原公园提质开园。10月16日，总投资约25.5亿元常德沅江过江隧道建设工程开工。10月18日，德国风情街开街、常德大小河街开盘。10月18日，常德卡乐世界项目开工。10月17日夜晚，“水上巴士”在穿紫河畔启航，成功实现穿紫河、柳叶湖“十月通航”。10月24日，黄石水库顺利动工。随着10千米穿紫河风光带及沿线桥梁美化、白马湖周边亮化工程顺利完工，环柳叶湖风光带中汽车营地、柳湖沙月、螺湾观鸟等如期建成，城市风景再添魅力，城市风情再度提升。2017年大年初二，中央电视台在黄金时段向全国特别推介常德穿紫河·河街夜景风光，常德影响力逐步扩大。

（李　瑾）

2016年，城市提质后，穿紫河水系贯通

【海绵城市建设经验在全国推介】 2016年，常德市海绵城市建设计划建设项目76个，完工32个。编制专项规划，完成18个小区、1.97平方千米海绵院落地面改造（包括2015年续建项目）及首批3.8万平方米海绵城市屋顶绿化建设。成功治理红庙沟、敖家沟等黑臭水体，铺开护城河等6处整治项目。7月1—2日，常德城区24小时累计降雨量达177.8毫米，但试点区内没有出现大面积积水，经受住强降雨严峻考验。已拟定5个PPP项目，正争取其他项目实现PPP模式，打造海绵城市建设典型。穿紫河和护城河综合治理项目入选全国黑臭水体综合治理优秀案例，《人民日报》在头版推介常德市海绵城市建设经验。

（李　瑾）

城市规划

【概况】 规划编制。市规划局完善《常德市总体城市设计》《津澧新城总体规划》《芙蓉王现代新城控规及重点地段城市设计》等规划；组织编写《常德市近期建设规划》《常德市体育设施专项规划》《常德市“五线”规划》《常德市高环以内给水规划》《常德市高环以内排水规划》《常德市水系连通及治理专项规划》《常德市黑臭水体整治专项规划》等规划编制，以及《民间博物馆群规划方案设计》《穿紫河桥梁壁画方案设计》《体育公园与体育中心改造方案》《环境科学园（花山湿地公园）规划设计》《生命科学健康产业城规划设计》《江南沅江风光带画墙廊道综合改造工程》《S306改线规划设计》等项目规划设计。完成省住建厅专家对《津澧新城总体规划》审查，完成市政府对《常德市总体城市设计》《东江南片区控规》《江南北片区控规》审查以及《常德市停车场专项规划》等5项专项规划市政府审批工作。

规划审批。严格规范审批程序。制定《关于加强常德市城市规划区内住宅建筑阳台等规划建设统一管理的通知》，并发布施行；起草《关于进一步规范常德市城市规划区内房地产项目建筑设计、面积及容积率核算的通知》。坚持规划审批工作“五公开一公示”，即办事依据、办事程序、办事机构、办事结果、办事纪律和投诉渠道五公开，城市规划批后向社会公示。全面推进行政审批“两集中、三到位”，对原有行政审批项目进行清理，落实行政审批一门受理、规范审批、限时办结及批前公示、批后公告等制度。2016年，共受理报建项目1000多件，收取城市基础设施配套费约1.5亿元（不含鼎城区和经开区）。

项目服务。服务重点项目、重大招商引资项目、完美社区、教育卫生三年攻坚建设以及棚改、公寓式安置小区、廉租房、公租房等保障性住房项目。推进沅江过江隧道、市城区三水厂迁建、沅江引水工程、桃花源景区提质改造、屈原公园提质改造以及市民之家、财鑫广场、穿紫河风光带、江南风光带、常德河街、德国街、环境科学产业园、丹洲生态城等项目建设。

展示平台。2016年，市规划展示馆进行一次集中更新，20多次分区域更新，多次更新总规解说片、小影片和查询机等内容，新制作江南湾（外滩棚改）展示模型，并对总规模型部分内容按最新总体城市设计要求及时进行修改。2016年接待14万余人次参观，各类团队650多个。2016年，规划展示馆获“全省旅游行业文明旅游先进单位”“省级服务标准化单位”以及“市级先进基层党组织”等荣誉称号。

数字化平台。“数字规划”一期建设已于2016年9月竣工，同年11月15日，通过市电子政务办专家验收。制定标准体系和业务流程再造，行政审批办理更加规范；对历年规划数据进行规整，解决数据间错漏问题，为“多规合一”奠定基础；对建设项目进行“项目盒”管理，理清用地、建筑、项目、案卷之间各个时期关系，实现图、文、档一体化集中管理；二、三维一体化展示，让规划决策变得科学，让广大市民了解规划、深入参与规划。

控违拆违。2016年，市规划局将工作重心由发现违法建设转为督促处置违法建设。针对各区违法建设月处置率低、季度考核时突击处置问题，加强月检查督促作用，每月现场核实后，规划、国土以及区拆违办共同召开案件处置对接会，会审本月产生案件及处置情况，对争议案件明确处置意见。与市国土局开展联合督察，督促各区从违法用地入手防控违法建设。2016年拆除新增违法建设面积7万平方米，拆除率92%，较2015年提升10个百分点；拆除存量违法建筑面积3.2万平方米，为城市建设节约成本1亿多元。

自身建设。2016年，市规划局创建省级文明单位。市规划局派人常驻扶贫点——桃源县龙潭镇梨树垭村。组织召开扶贫工作动员大会，对所有贫困户进行全面走访。拟定2016年扶贫工作计划，确定挂图作战方针，制定结对帮扶方案。开展结对帮扶、走访帮困、部门对接等工作。2016年市规划局被评为全市扶贫先进单位。市规划局开展“两学一做”活动，通过采取集中学习为主、个人自学为辅，确保人员、时间、内容、效果四落实。全年组织开展集中学习12次，局领导班子成员分专题给分管支部党员上党课。市规划局把“两学一做”学习教育小知识以短信平台发给全局党员，印发“两学一做”学习教育手册，开展“两学一做”学习教育知识竞赛，并充分利用道德讲堂、观看视频影片等形式组织集体学习。（杨程宇）

【市规划局承办湖南省规划年会】湖南省城乡规划年会于2016年12月22日在常德市召开。市委书记王群、市长周德睿和全省近500名各级专家参加会议。会议发放《常德城市规划记》书籍和播放《突出规划引领作用·建设“真善美”新常德》特色宣传片。（杨程宇）

城市管理和创建

【概况】 健全考核机制。2016年，对“四区”考评实施细则进行修订完善，对暗检和明检分值占比、暗检方式方法进行调整，由过去人工巡查人工记录汇总录入考评网，调整为微信群现场拍照及时上传智慧城管平台流转，极大地提升问题及时发现率和快速处置率。制定《区县市城市管理工作考核评比办法》《常德市集镇整洁化建设工作标准》和《常德市区县市集镇整洁化建设工作考核评比办法》，加强对津市市新州镇、安乡县黄山头镇等18个集镇整洁化建设示范镇业务指导和考评考核，集镇市容面貌变化较大，镇容秩序和环境卫生常态长效管理态势逐步形成。对城市管理难点问题，每月确定一个考评重点实施重点考评，切实达到攻克重点、难点目标，增强考核实用性。

市容秩序管理。一是渣土管理。围绕“公司重组、车辆升级、工地规范、营运有序”工作目标创新城区渣土管理。市城区按照“退一进一”原则，将199台老旧渣土专营车辆升级为新型智能环保渣土运输车辆。2016年3月，开始实行渣土公司托管联营机制，强化托管公司企业管理责任。自3月开始，城管、交警、交通联合开展取缔非法营运渣土车辆专项整治。同时，运用科技手段管控车辆，建设渣土管理监控平台，全年因渣土车超载不密闭覆盖共锁车1053台（次），有效纠正城区渣土运输车辆驾驶员超载、渣土抛洒等违规行为。二是环卫管理。举办全市环境卫生质量考核暨生产作业精细化管理培训班，11月上旬举行第二届环卫机械化作业技能大比武，提高机械化作业水平。加强城区环卫作业质量常态考核，全年出动考核人员1224人次，重点对一城四区环境卫生实施暗检或明察。2016年，常德市首次评选“感动常德环卫人”，从全市4000多名环卫工人里评选出10名“感动常德环卫人”。新建一批环卫工人休息室，倡导社会对环卫工人尊重和认同，环卫工人职业荣誉感明显增强。环卫基础设施建设得到各级领导重视，两供两治项目继续推进，城乡垃圾一体化管理机制正在形成，市城区德山垃圾焚烧发电厂二期续建提质工程正式动工，东江大型中转

控违拆违

站基本竣工，桃树岗垃圾填埋场封场前期工作全面启动。石门全域垃圾一体化PPP项目正式投产并运行，澧县正式启动一体化垃圾焚烧发电项目。三是创新管理。安乡县采取城管牵头，公安、交警、交通配合方式，“四警合一”控制街面秩序，门前三包、划行归市收到良好效果。津市市、汉寿县采取“五城同创”抓城市管理，依靠创建平台治理城市乱象收到明显成效。澧县实施城市容貌“梳子行动”，突破城郊接合部等薄弱环节，注重法制城管建设收到良好效果。临澧县开展“门前四包”责任制，管理向集镇延伸。桃源县持续巩固“两禁”成果。武陵区积极探索两车入栏、早夜市和农贸市场周边限时开放。柳叶湖实行水世界、河街和德国小镇景区常年整治。鼎城区、经开区狠抓城市美化、亮化，全市市容秩序管理水平大幅提高。

柳叶湖跨湖大桥亮化工程

重点工程。实施亮化工程。完成穿紫河流域、白马湖公园声光电项目。强化路灯和公共景点亮化管理和维护，对195栋建筑物亮化维护实行每日巡查巡检。实施城市家具配置和户外广告整治。完成丹阳路、三闾路、紫菱路等24条街道城市家具配置工作，设置156座公交站台、397把休闲座椅、156个垃圾桶、339块士招呼站牌、212块路名指示牌。市城区实施“广告百日专项整治行动”，组织大规模拆除整治行动52次，拆除广告牌386块，共计3.1万平方米。

自身建设。2016年，推进素质城管、现代城管、法治城管、人文城管“四个城管”建设，重点开展城管“三进”（进学校、进社区、进志愿组织）活动。在武陵区滨湖小学和市第十一中学启动“城管进校园·文明在行动”活动，开展城市管理知识进课堂和城市管理知识有奖征文活动；在武陵区紫桥社区启动“城管进社区·党员在行动”活动，与紫桥社区党员志愿者开展社区美化行动，实现社区党员与城管互动；联合高职院志愿者在武陵阁商业步行城开展城市管理志愿服务活动，提高广大市民城市意识、文明意识、参与意识。武陵区城管开展“城管政策咨询日”“城管执法体验日”活动，拉近城管与市民距离，使“城市是我家、管理靠大家”观念深入人心。重点培育常德城管网站和常德城管公众微信号宣传平台。聘请社会监督员关注城管，分别从市人大、政协、市优化环境监督员和退休老干部中聘请24名社会监督员，代表社会对城市管理部门公共政策、重大民生项目以及执法行动、考评工作进行监督，保障城市管理工作公正透明和廉洁高效。（贾　曼）

【公共自行车完成升级改造】 2016年，常德市投资2201万元对公共自行车租赁系统进行升级改造，运营车辆由3000辆增至3550辆，站点由102个增至156个。11月1日起，市民通过手机扫描锁车柱上二维码，可使用支付宝、微信和公共自行车系统APP租借车辆，还能通过公共自行车系统APP实时查询站点、车辆及个人用车信息等。

此次升级改造自2016年8月初开工建设，10月28日江北城区完成升级改造试运营。截至12月中旬，全市计划建设156个站点，4615个锁车桩，全部开通运营。其中江北城区站点120个，鼎城区武陵镇站点19个，常德经开区站点17个，全面覆盖常德市城区。改造后新车选用更轻便耐用铝合金车架，免充气免维护实心车胎，防锈防盗配件。同时，新车采用橙、绿、紫等不同颜色实心胎分别代表小、中、大不同车辆载重，以适合不同体重人选择最舒适骑乘匹配。

（贾　曼）

城市公用事业

【概况】 服务民生。坚持落实城建热线24小时值守制度，制定《2016年信访工作方案及社会管理综合治理工作方案》。截至2016年年底，市长服务热线网络共受理各类投诉建议、文字交办件672件，受理并回复常德论坛市民网上诉求36件，处理湖南省网上信访系统交办事件8件，均按规定时间和要求处理，问题办结率100%。2016年，市公用事业管理局共办理人大代表建议和政协委员提案12件，在认真研读建议提案内容，找准需解决问题基础上，实行“五定”管理责任制，即定领导、定人员、定时间、定任务、定责任，确保办理质量，基本做到与代表委员见面率达到100%、及时办理答复率达到100%、代表委员满意率达到100%。2016年，共完成供水管网改造71.74千米，实现投资1744.12万元；完成供水管网新建89.74千米，实现投资2321.42万元。10月25日，黄石水库水资源综合利用和沅北水厂迁建工程正式启动。规范对“一城四区”市政公用设施管理维护督查。全年对一城四区市政基础设施维护情况共进行12次明检，36次暗检。

行业管理。一是保障城市正常供水。严格实行“水质三级检查制度”，加强安全运行管理。坚持24小时巡查制度、在水源地设置明显标识牌，狠抓水源防护与监督。二是确保城市污水处理正常运转。2016年，市污水净化中心处理污水3673立方米，比2015年同期增长5%，全部达标排放。皇木关污水处理厂自2016年6月运行后，共处理污水615万立方米，处理出水水质平均约为：COD 16.42mg/L、BOD 5.27mg/L。三是推进全市节水工作，组织“节水宣传进社区”等宣传活动，开展企业用水情况调研，推进计划用水管理。规范二次供水管理，实行无负压设施推荐名录制。创新节水理念，积极开展创建节水型洗车场。四是规范城市燃气管理。2016年初，配合市住建局对全市34家燃气企业安全生产情况进行专项督查，共查处不规范黑网点3个。8月，对全市47家燃气企业进行安全督查，特别对大小河街燃气建设进行督办。做好燃气行业规范管理及规划性方案出台，初步提出创建燃气示范站工作方案。五是保证城市桥梁安全。加强监管，坚持实行定人、定时、定路线“三定”巡查制度，确保巡查全覆盖。完善新建桥梁前置服务、管理，组织参与北部新城2号、18号桥和穿紫河区域桥梁壁画等桥梁及涉桥项目设计方案审查，针对桥梁支座、伸缩缝、桥梁构造和部位易产生病害等方面提出建议，对仙源桥、樟树湾桥、小马河桥和北部新城24号、25号等已验收竣工桥梁进行专题分析，制定处理方案，确保接管桥梁质量优良。组织专业技术人员到成都学习桥梁信息系统管理技术，为实现常德市桥梁管理信息化打下基础。为应对城市桥梁遭遇冰冻灾害，2016年年初，市桥管处对所辖22座城市桥梁启动应急预案，6块LED大型显示屏调试到安全警示提醒状态，在桥梁醒目位置布设防撞桶、警示标语牌，并准备融雪剂166吨、麻袋2100条、备用警示牌20块、铁锹40把、巡查车辆4台、应急除冰车辆5台、应急除冰人员25人，确保桥面交通顺畅，城市交通安全。11月8日，出台《常德市城市桥梁管理办法》，进一步规范常德市桥梁建设、管理和使用。六是强化城市排渍防涝。2016年夏季，常德遭遇强降雨天气，7月3日，市城区降水量高达177毫米，为1999年以来最大降雨量，达到大暴雨规模。为防止城区内涝，市公用事业局迅速启动排水防涝应急预案，对洞庭大道、柳叶大道、常德大道、滨湖路等重点区域进行现场指挥调度；市排水处及时启动排水，所有雨污泵站全负荷运行，12套应急抽排设备、2支应急队伍全部赶赴主要内涝地段进行紧急抽排处理；市政建设总公司排水抢险应急队伍160余人对城区道路井盖设施进行全面巡查，对部分低洼地段现场值守，完成市防指交办各项任务，保障市民人身财产安全。七是强化混凝土行业管理。明确职责，组成联合执法大队，对市城区所有在建项目进行检查，使预拌砂浆推广工作有序展开。高标准抓扬尘和治超专项整治活动，与各企业签订《治理超限超载工作责任书》，定期上路督查。加强日常监管，对130个在建项目进行拉网式督查。八是强化城市道路管理。进一步完善分级、分片巡查制度，优化服务效能，确保安全施工。强化市城区临时工程施工现场围挡管理，对市城区内所有临时市政公用管网设施均采用统一样式新型景观围挡作业，确保围挡使用规范、统一。（张欢欢）

【城市提质】 一是启动全市排水系统升级改造项目，推进全面截污工程，彻底实现雨污分流。完成《穿紫河两岸排水系统升级改造》方案，为穿紫河顺利通航铺路，该方案分两期实施，第一期设备改造和土建改造及穿紫河两岸截污工程于2016年9月25日全面完成；第二期排水数字化工程，已启动前期工作。二是参与海绵城市建设。推动海绵型院落建设，完成章誉苑小区、检察院机关院落等项目，总面积约为1.7万平方米；烟厂工矿区及宿舍区改造、常德万达、万建紫庭小区、市环保局机关、市地税局机关等16个项目正在建设，总面积达1.16平方千米；市国税局、湖南文理学院等23个项目正在完善方案设计和施工图设计。三是推进市污水净化中心PPP合作模式移交工作，于2016年11月顺利完成移交。四是完成市城区主次干道大中修及“一节一赛”期间市政设施管理维护工作。8月，对15条需大、中修路段进行维护，共投资740.8万元，修复人行道板面积22487平方米。对穿紫河进行截污，对沿线泵站、生态滤池进行整改。针对10月旅游节、11月国际马拉松比赛期间主次干道行道板管理维护进行专项部署。五是推动项目建设。推动锦和巷（新河路—三星路）新建工程项目前期工作；推动完成滨湖公园周边地块棚户区改造市政道路建设工作；推动过江隧道管线转移及皂果路综合管网建设方案出台；完成芙蓉南路（竹叶路－沅安路）新建工程建设。六是完成建设桥维修加固项目建设。对建设桥进

2016年7月21日，对伏天桥梁维护

行拱壁裂缝渗水处理、拱圈挂网喷浆、桥台侧面锚固、桥台基础加固四个方面病害处置，完工后，全桥总体技术状况等级从维修前D级提升为A级完好状态。七是开展无障碍环境城市工作。2015年，常德市被评为全国无障碍建设示范市，2016年，常德市继续开展对市城区主次道路无障碍改造工程，第一二批道路改造顺利竣工。（张欢欢）

城市环境卫生

【概况】 城区垃圾处理。桃树岗生活垃圾填埋场全年承担市城区生活垃圾分流任务156天，处理生活垃圾98955吨，无害化处理率达100%。全年共处理渗滤液54750吨。其中系统处理18250吨，出水水质达到国家排放标准，回灌处理3.65万吨。全年共处理生活垃圾378965吨（发电厂280010吨，桃树岗填埋场98955吨）。

基础设施建设。2016年市环卫处完成10座环卫工人休息室新建和4座垃圾中转站提质改造任务；城区垃圾转运站及车辆维修中心项目于8月复工。启动“公厕革命”，城区30座公厕提质改造工作完成设计、规划审批和工程预算等工作。投资1.79亿元垃圾焚烧发电厂技改续建项目可研、环评和能评等前期工作已完成，焚烧处理能力将增至每天1400吨。省“两供两治”项目桃树岗生活垃圾填埋场封场治理工程于11月开始启动可研、环评和设计等前期工作。完成市环卫处办公楼装修改造。

环境卫生督导。全年共出动考核人员1224人次，发现督导问题2292件，整改率达90%以上。全面完成全市环卫系统机械化设备投入调研。6月，在汉寿举办全市首届环境卫生质量考核暨生产作业精细化管理培训班。开展“优秀城市美容师”评选和“感动常德环卫人”评选活动，共评出40名全市2016年度优秀“城市美容师”。举办庆祝湖南省第二十一届环卫工人节，“感动常德环卫人”颁奖暨第二届环卫作业技能比武启动仪式大会，进行为期一个月环卫作业技能大比武活动，活动共设置5个项目24个奖项，通过网上公众投票，共评选出10名“感动常德环卫人”并受到市城管委通报表彰。配合市环境保护委员会对市城区大气污染防治开展为期两个月城区环境卫生污染治理。

10月26日，庆祝湖南省第二十一届环卫工人节，“感动常德环卫人”颁奖暨第二届环卫作业技能比武启动仪式大会

队伍建设。市环卫处结合“两学一做”专题学习教育，学习习近平总书记系列讲话、学习中共十八届六中全会精神《中国共产党章程》《党委会工作方法》《中国共产党党组工作条例》《中国共产党廉洁自律准则》《中国共产党纪律处分条例》，全处94名党员，共4个党支部全员参加“两学一做”专题教育，覆盖率达100%。参加干部教育网络学习达159人次，向全体党员发放《中国共产党纪律处分条例》66本，组织全处机关工作人员观看《不可触碰底线——衡阳破坏选举案启示录》等廉政警示教育片，撰写心得体会30篇，警示教育110人次。组织参加全市“梅花精神，荷花品格”演讲比赛。组织党员干部深入武陵区金桥社区参加社区公益活动苦，为残疾、孤寡老人送去大米、食油等3000多元物资。市环卫处到鼎城区中河口镇麻河口村与40户贫困户结对子，并建立“结对帮扶连心卡”，投入50000元扶贫资金。参与全市“千名领导干部服务千家企业”活动，单位主要领导到常德湘沅多田野公司进行调研，与市工商银行协调为企业解决200万元流动资金贷款，为企业牵线搭桥，实现设备采购350万元，合同金额1000万元。与市移动公司等社会团体开展关爱环卫工人活动，为市城区环卫工人送手机3000台。全年共办理人大建议、政协提案4件，主办件和会办件均全部落实，见面率、满意率、基本满意率都达100%。谭勇在市城管局组织《我身边优秀共产党员》征文活动中，获征文一等奖；退休干部刘少成获市城管局书法比赛二等奖；徐泽元、万丽娟、黄琪等3人在全市城管系统法律知识竞赛中，获得团体第二名。（冯常桃）

自来水供应

【概况】 2016年，常德市自来水公司被市委、市政府评为“2016年度全市综治工作合格单位”，被市国资委评为“2016年度财务快报工作先进单位”；客户服务部被团省委授予“湖南省青年文明号”称号，沅北水厂机制四班被授予市级“工人先锋号”称号；沅北水厂班长张杰荣获市级“最美班组长”称号，水质监测站向兵荣获市级“五一劳动奖章”。全年实现售水量6065万立方米，完成水费收入1.3934亿元，主辅合并实现收入2.4亿元、利润510万元。

安全生产。2016年，自来水公司安全生产严格履行“五落实、五到位”，全年无责任安全事故发生；修订完善《安

全生产考核管理处罚规定》，与各部门签订安全生产责任状，安全生产责任网络实现全覆盖。全年投入设备改造资金385万元，实施更新改造项目49项，落实水厂设备巡视保养制度。公司领导带队检查安全生产及安委成员交叉检查安全生产工作，全年共组织安全检查50余次，发现并督促整改各类安全隐患27处。开展水质突发事故应急演习和“安康杯”竞赛活动。成立“常德市水质检测有限责任公司”，通过106项检测能力资质认证，检测能力位居省内同行第三；与水厂形成出厂水、管网水和水源水监测结果及时反馈协调机制，全年水质综合合格率达99.8%以上。完成取水许可证办理；争取水利建设资金，对水源保护区内告示牌、防护栏进行新建和修复，完善《水源保护区巡查制度》。

产销降差。全年配合海绵城市建设，新建供水管网7.2千米，改造供水管网38千米。全年大力实施管网检漏，共检修暗漏点350余处。加强抄收管理，严抓抄收源头，水费回收效果有明显改善和提升。重点完成DN80以上大表轮换和部分DN40~50水表轮换，解决部分大表超期服役、计量过慢问题。针对违章用水，实施稽查降差。加强网格化巡查，全年共查处涉水违章事件170余起，追回经济损失91万余元。

企业改革。自来水公司主张参与水厂迁建PPP项目，确保公司在新一轮水厂建设改革中获得更大收益。出台《薪酬改革实施办法》，完成公司国有身份员工薪酬改革；出台实施《专业技术（技能）评聘管理规定》，完成员工职称评聘。扩大社会化抄表试点范围，解决新增偏远村组、小水厂用户抄表回收难等问题。自主完成人力资源管理系统开发和公司网站改版。对4个小区1000余块远传表进行为期8个月数据传输测试。优化信息统计方式，整合、新增公司主辅涵盖财务、生产、营销、给水建设等重点项目统计。

企业管理。公司出台《议事决策清单》《会议制度及议事规则》，明确议事决策权限和决策程序，落实主要负责人末位发言制；出台《招标议标管理办法》及补充规定，完善评审会制度。全年业务受理6000余人次，无一起投诉事件发生；全年共快速处理客户水量诉求2500余起，处理网络与转办诉求500余条，诉求高效满意办结率达100%。完成沙港营业厅建设并投入使用；开通柳叶湖、灌溪、鼎城区域邮政代收水费业务；整合IC卡收费系统，并加快推进IC卡自助充值终端建设，最大限度解决IC卡客户24小时便捷充值问题。通过定期向民政部门更新低保名册，走访总表用户，实施媒体宣传等途径，全年共有7553户低保户享受水量优惠政策。完善财务制度，修订业务招待、车辆使用、差旅费管理、固定资产管理等制度；加强财务人员业务培训，完成企业税“营改增”;加强小水厂资产清查管理，保障国有资产不流失；对公司各种保险项目进行清理整合；组织、指导三个辅业公司实行财务电算化管理，对各辅业记账方法及会计科目设置进行调整和规范。完善目标管理。全年共完善签订27项目标合同，新增实施《职能线块绩效管理奖励办法》；与全体员工签订《“创优保障”目标责任状》，出台《考勤管理实施细则》，实行全员指纹考勤和外出备案管理。全年重点开展给排水学历教育、财务人员培训、一线劳务作业人员职业道德培训、二级建造师培训、中层管理人员绩效培训等10个项目培训，培训300余人次；举办两次企业文化主题沙龙，探索建立员工互动讨论平台。重点在基建水表考核、抄收整改考核、验收报户整改考核、水表拆换考核、二供小区消防表抄收考核等方面加大考核力度，累计发现、督导整改问题300余处，追回水量损失约26万吨，水费60余万元。实施为期半年“供水服务专项考核”。累计走访269个小区，发现各类问题950余处，挽回损失135万元。沃特公司，实现利润近700万元；修订完善11项内部制度，保障各项工作规范运行；全年共中标参与4个项目建设；通过施工企业二级资质换证和安全生产标准化三级资质复评。管道维修中心，实现产值1200万元，全年共接处警2万余次，完成消防闸门巡查3000余处；全面落实IC卡处警，圆满过渡和承接全市IC卡用户与小水厂供水热线处警工作。物业公司提请业委会出台《房屋外售外租管理办法》《物业服务费收费规定》；参与公司食堂筹建、运营协调与监督，解决员工就餐问题；新拓展沅北水厂停车场，升级智能道闸系统。

党建工作。全年重点开展“两学一做”教育和支部标准化建设工作。各党支部完成换届，配齐班子；每月坚持“三会一课”，做到记录完整，程序到位；组织党员开展“四讲四有”主题学习讨论，公司领导班子成员分别到联点支部上专题党课，各支部书记联系实际上党课，讨论做到人人发言，坚持“四个必谈”；各支部组织力量对党组织关系进行排查，对入党材料进行清理核对；做好党费清理和补缴工作。公司从上到下层层签订《党风廉政建设责任状》，严明纪律和责

10月21日，举行黄石水库水资源综合利用暨沅北水厂迁建工程开工仪式

任；开展廉政风险防控课题探究和试运行，查找全司各岗位廉政风险点，建立10个廉政风险防控标准；组织开展“荷花品格、梅花精神”职工书画摄影作品比赛，参加市纪委举办常德故事演讲比赛等。开展精准扶贫工作，与桃源县龙潭镇梨树垭村结成帮扶对子，落实帮扶资金近38万元。公司领导班子和部分部门负责人对口帮扶15户贫困户，全年4次前往帮扶农户家中实行一户一策帮扶。

（胡　晓）

燃气供应

【概况】 截至2016年年底，常德中石油昆仑燃气有限公司拥有常德城区及长常沿线居民用户近60多万户（常德市区18万多户）、工商服等用户5000多家（常德地区1800多家）。公司下辖皇木关、德山、汉寿、益阳、望城、铜官、星沙等天然气门站7座，皇木关压缩天然气母站1座，岩坪、德山CNG加气站2座，敷设长输管道189千米、城市燃气管网1300多千米，天然气供应范围覆盖常德、益阳、长沙三市10多个区县，覆盖人口近千万人。

客户服务。加强24小时服务热线建设和入户安检工作。将安检任务分解到每月、每周，并实行周评比、月考核，确保入户安检率达到90%以上。针对以往话务热线硬件设施不够完善、网络不稳定等问题，公司对话务系统进行全面升级完善，增强话务及时接通率，并成功开通“自动查询”和“自助缴费”功能。安全宣传进社区、进学校，广泛通过电视、报纸等途径，采取多种形式的活动加大燃气安全知识的普及。围绕市委、市政府推广清洁能源、提倡节能减排的政策机遇，加大对德山经济开发区工业大户“煤改气”工作的支持和优惠，对武陵区、德山经开区等区域煤锅炉升级改造提供支持。对城区主干管网隐患、用户穿墙管隐患及长输管道湘江穿越段隐患等一系列安全隐患进行治理，进一步确保安全平稳运行。

（喻钇豪）

风景园林绿化

【概况】 截至2016年年底，常德市城市建成区绿地率达到40.16%、绿化覆盖率达到44.37%、人均公园绿地面积达到14.91平方米。新增绿地面积211万平方米（其中：新增公园绿地面积119万平方米，新增道路绿化面积41万平方米，新增单位小区附属绿化面积51万平方米）；绿化改造面积64万平方米；种植乔木7万余株；绿化总投入11.3亿元（其中市本级投入6.7亿元，四区投入4.6亿元）；全年种植草花170余万盆，在春节、国庆节、旅游节等节假日制作植物造景19处。

绿化建设。2016年，屈原公园及穿紫河风光带中段完成提质改造，江南外滩公园、柳叶湖环湖风光带、柳叶路西延线绿化及园博走廊一期全面建成。二广高速芦荻山入口辅道绿化工程、螺湾观鸟、穿紫河中段、德国小镇、大小河街、金牛路、机场路等12个项目相继完工。对市城区建设桥绿地、金海花园、散生林绿地等20处现有小型街头绿地及游园进行改造升级。对市城区道路及绿地增色增花工作进行重点推进，突出做好绿化升级及重点部位美化，主要在城市出入城口、常德大道、柳叶大道、朗州北路、桃花源路、罗湾绿地等主次干道和公共绿地种植红花紫薇、北美红枫、红花樱花、日本黄栌、藤本月季、乌桕、银杏等10多个品种花灌木，共栽种多年生宿根花卉28320平方米、花灌木17278株，藤本月季15649株，色叶树1587株，花乔木563株。加大屋顶绿化推进力度，围绕以白马湖公园、丁玲公园为中心36.1平方千米重点示范区域，完成柳叶湖行政中心、市检察院、市一中等52个项目，完成面积18万平方米。柳叶湖行政中心屋顶绿化已成为海绵城市屋顶绿化示范点。

风景名胜管理。编制并审核通过《常德市风景名胜区体系规划（2015—2030）》。做好桃花源风景名胜区建设监督工作，组织省风景名胜专家现场调研桃花源风景名胜区提质改造工作中遇到问题，为提质改造工程顺利实施牵线搭桥，积极配合省风景研究中心对桃花源风景名胜区提质改造中违规建设整治工作。督办嘉山风景名胜区对风景区内违规违法建筑进行拆除。组织各风景名胜区业务骨干和相关从业人员参加住建部和省住建厅关于风景名胜区保护和管理培训班，加强队伍建设。培养风景名胜执法人员，履行风景名胜保护管理执法权。

园林创建。推进园林城市、园林县城创建工作，全面启动省级园林县城创

柳叶大道绿化工程

建工作，开展园林绿化建设。完成澧县、临澧县省级园林县城验收，津市市全面启动国家园林城市申报工作，汉寿县启动创建省级园林城市工作。市园林局启动国家生态园林城市创建筹备及各类数据摸底工作，并进行遥感测试。

行政审批。优化行政审批服务，加强对办事单位服务与指导。在绿化方案审批过程中，对绿地率等政策性指标严格把关外，帮助建设单位完善方案，打造精品工程。严格按工作流程办理审批事项，推行首问责任制、一次性告知制、限时办结制。全年共办理行政审批事项152件，其中建设项目附属绿化方案审批90件、建设项目附属绿化工程竣工验收（联合验收）49件、三级城市园林绿化企业资质审批6件、改变绿化规划和绿化用地使用性质7件。

绿化考核指导。加强城市园林绿化养管工作指导、考核，贯彻精细化养管标准，以"一城四区同创"为主线，以打造"精、细、雅、洁"城市环境为目标，加大一城四区养管考核工作密度和力度，形成一城四区、江北城区市属绿地养护管理周暗检、月明检常态化考核机制，共进行暗检528次，明检216次，下发问题整改交办函738份，发现问题7833余处(件),督导问题整改7923余处(件)，通过考核，使四区、各养护单位绿化养护效果得到明显提升。推进绿化执法巡查，坚持每日各单位自行巡察与局系统集中巡查相结合，及时巡察及时发现损绿毁绿行为并及时纠正，城市绿化得到很好保护，查处个别因满足自己门面经营需要擅自砍伐树木行为。开展绿化专业技术比武以及冬季大补栽、大施肥、大修剪、大防治等活动,实行网格化管理，落实好"定人、定岗、定责、定效"工作机制，先后4次发布《常德市病虫害预测预报》信息，并大力弘扬工匠精神，打造精品绿地。加强园林绿化企业资质管理工作，组织园林绿化专家完成2家园林绿化三级资质资料审核工作。同时，加强企业诚信管理，建立起规范企业诚信体系。

工程质量监管。完善园林绿化工程施工及验收规范和标准，加强对园林绿化工程各参建责任主体监管，在园林绿化工程施工及验收过程中，对全市所有市政工程项目附属绿化工程跟踪监督，效果明显，要求工程建设单位、监理单位、设计单位、施工单位等各参建责任主体按照各自职责和责任进行工程施工及管理，环环相扣，为打造精品工程提供最好服务。2016年监督完工项目有二广高速芦荻山入口辅道绿化工程、螺湾观鸟、穿紫河中段、德国小镇、大小河街、金牛路、机场路等12个工程项目，监督在建项目有柳叶船闸、婚庆岛、太阳大道、柳叶西路等13个工程项目。（李唐军）

【常德园获中国园博会室外展园综合大奖】 2016年6月，在第十届中国（武汉）国际园林博览会上，常德园以城市展园评比总分第三成绩获得室外展园综合大奖，仅次于杭州园和北京园，并荣获室外展园创新金奖、室外展园综合大奖、展园设计大奖、优质工程大奖、植物配置大奖和建筑小品优秀奖等。住建部授予常德市人民政府优秀组织奖，授予常德市园林局先进单位奖和最佳展园建设奖，授予常德市园林局局长徐芳明、总工程师刘华、副局长罗晓红、园林建设科科长叶子建等五位同志先进个人荣誉称号。

中国国际园林博览会是中国园林行业层次最高、规模最大、影响最远的重大国际性会展。第十届园博会以"生态园博、绿色生活"为主题，于2015年9月25日正式开园，室外展园和公共展园数量达到117个，其中国内城市展园82个。

常德园规划总面积约3100平方米，该园充分挖掘常德市极具特色历史文化资源，用传统与现代相结合造园手法，通过山、水、树、石等园林造景元素综合运用，营造具有鲜明地域特色园林建筑、雕塑小品等景点，突出沅澧流域乡土植物群落景观，并将地方特有人文及自然景观资源寓于园林景观之中，赋予景观、建筑、小品更深文化内涵。景观布局以桃花源为设计主题，园区按照善德文化分为"四区七节点"，包括桃源问德、德山颂德、善德人和、沅水映德四区。（李唐军）

房地产业

【概况】 2016年，市房地产管理局获得全省房地产信用信息管理先进单位、全市综治工作先进单位、深化经济改革工作先进单位，省级文明单位，市直单位绩效考核获得良好。房管政务窗口获得"2015—2016年度全国青年文明号"，全市仅有2家单位获此荣誉。

房地产市场去库存。采取提高征拆尤其是棚户区改造货币化安置比例、搭建商品房团购平台、打通保障房和商品房的通道、鼓励农民进城购房等多种措施，积极消化商品房库存，全市房地产市场持续上行，房地产投资企稳回升，销售量再创新高，去库存取得明显成效。2016年，全市房地产投资139.96亿元，同比增长15.3%，其中市城区90.33亿元，同比增长27.9%；全市新开工487.1万平方米，同比增长20.8%，其中市城区300.19万平方米，同比增长28.2%。全市新供应商品房537.8万平方米，同比增长9.08%；其中市城区324.82万平方米，同比增长16.8%。全市商品房销售面积531.13万平方米，同比增长35.4%；其中市城区306.51万平方米，同比增长41.7%。全市及城区商品房库存消化周期均比2015年年末减少3个月。

棚户区改造。2016年，省里下达给市城区（武陵区、经开区、鼎城区、柳叶湖管理区）的棚改任务为13660户，涉及项目33个。截至2016年年底，市城区共签订安置协议13660户，其中武陵区7982户、柳叶湖739户、鼎城区2976户、经开区1963户，市城区货币化安置比例达93.7 %，超出省市下达的"货币化安置比率达到60%"的目标任务。以市政府名义出台《关于做好政府购买棚改服务工作的通知》（常政办发〔2016〕7号）、《常德市人民政府关于进一步推进城市棚户区改造工作的通知》（常政发〔2016〕14号）文件；与市财政局联合发布《常德市城区棚户区改造征拆工作奖惩办法》（常城棚通〔2016〕2号）；草拟《市江北城区棚改项目引进战略性投资者遴选办法》和《引进战略投资者参与江北城区棚户区改造工程协议书（草案）》。市城区争取上级专项补助资金3.5亿元，基础设施配套资金9788万元，金融机构贷款41.5亿元，与中建、中冶、中铁等16家央企进行初步洽谈，推介桃花源大桥北端片区、唐家溶片区等一批棚改项目。全年共召开30多次督导协调会议，及时解决影响项目推进中的问题；推进江北城区38处零星地块的危旧房改造工作。

房地产市场监管。严格市场准入。对于新办开发企业，对照法定条件尤其是专业技术人员严格审查，提高市场主体的素质；对新进入房地产行业的企业负责人、管理人员开展培训教育，增强其懂规矩、守规矩的自觉性。畅通退出机制。通过开展资质年度核查，对全市252家企业遵纪守法情况、诚信情况进行严格审查，全年注销18家存在严重违规行为、引发严重影响社会稳定事件的开发企业。继续强化对企业拿地资格的把关。对存在严重违法违规行为、开发的项目问题多、麻烦多又久拖不决的企业，致函市公共资源交易中心和区县市政府，禁止或限制其参加房地产开发用地竞买报名。加强对项目的管理。发放商品房预售许可证51个，总面积150万平方米。开展房地产市场秩序专项整治，严厉查处以“违规销售、违规交房”为重点的违法违规行为。加强市场统计分析，规范房地产交易信息日报表制度、房地产市场统计月报表制度和统计联网直报表制度。

问题楼盘化解。2016年是问题楼盘处理取得重大突破的一年。经过前几年的努力，市城区70个问题楼盘中已化解50多个楼盘的矛盾和问题。2016年初，市城区成立问题楼盘协调处理工作领导小组，领导小组办公室（市协调办）设在市房管局。明确采取“三先三后”即“先证后税、先证后诉、先证后责”的方式，特事特办，突击解决群众办证难问题。全年组织召开协调会30多次，东方美景二期、中德时代广场、五强花苑、德山生活湾、香山一品、军安小区、广德花园、君香公寓、凯特国际、金城领域等10个楼盘的问题已基本解决，为2300多户购房业主办理了房产证。金地名苑、嘉业·紫和园、宏泽佳园、沙河小区4个楼盘的问题解决取得明显进展。

物业服务管理。起草《常德市人民政府办公室关于进一步加强物业管理工作的意见》并于12月29日正式下发（常政办发〔2016〕44号）。开展物业管理项目经理人培训和物业管理法律知识讲座；组织2次专项考察学习；制定《常德市物业服务示范小区评选办法》，通过开展评先评优带动全市物业服务水平提升；组织指导企业参加湖南省五星级物业服务项目评选活动，芙蓉观邸等3个项目获得湖南省五星级项目称号。积极化解物业管理纠纷。全年共调解物业纠纷12起，协调解决水星·香榭里、荷塘月色、芷兰小区等小区的物业纠纷问题。

市房管局机关党委成立大会

严格把关，参与33个房产项目的联合验收，26个项目合格。

房地产其他业务管理。房屋交易和产权产籍管理：全年办理各项业务23342件，收取各项规费1552.08万元，协征契税1.18亿元。房地产中介管理：开展为期4个月的中介市场整治活动，对中介机构开展3次大规模检查走访；审查评估报告2530份，评估面积64.5万平方米，总价值40.9亿元。房地产信息建设：启动房地产开发项目管理和交易管理信息化平台建设；开展企业信用信息管理和事中事后监管平台建设。房屋租赁管理：大力推进房屋租赁备案登记，全年完成10047宗；制定住房租赁合同示范文本，并实行租赁合同网上签约。白蚁防治管理：全年完成白蚁防治面积322万平方米，完成白蚁标本室建设，制作常德地区白蚁分布图。房屋征收补偿工作：全市开展征收项目125个，签订征收补偿协议6500户，完成房屋征收面积57万平方米；完成房屋征收评估报告技术复核37个，审减私有资产评估资金1.2亿元，审增国有资产4100万元。房地产项目技术审查：建立参与房地产开发项目初步设计审查意见书制度，参与保利中央公园等13个项目的初步设计审查；参与4个房地产开发项目的竣工预验收工作。房屋维修资金归集管理：共归集房屋维修资金1.58亿元，累计归集总额达到7.3亿元；加强电梯安全、二次供水及安防系统运行保障。（黎正丰）

散装水泥和墙体材料革新

【概况】 2016年，全市共完成散装水泥761万吨，散装率达69%；关闭实心黏土砖厂102家，淘汰落后产能5.25亿块标砖，取得新墙材“认定证书”企业23家，新增产能4.1亿块标砖，增长率为12.5%，实际总产量为12.98亿块标砖，同比增长12%；征收专项基金2100万元，完成计划任务167%；办理专项基金返退项目15个，返退专项基金781.69万元；为企业争取扶持资金260万元。

新型墙体材料生产企业及产品《认定证书》发放仪式

散装水泥和预拌砂浆推广。2016年1月1日，颁布实施《常德市预拌砂浆管理办法》，市散墙办执法人员先后多次深入企业、建筑工地宣讲散装水泥和预拌砂浆相关政策，巡查建筑工地60多个，下达整改通知书10余份。3月召开预拌砂浆对接会，发放宣传资料1000余份。截至2016年年底，散装水泥和预拌砂浆在市城市规划区范围内应用率分别达到90%和70%以上。12月，鼎城区散墙办就预拌砂浆推广使用工作在全省墙改工作会议上作经验发言。

新型墙体材料革新。2016年年初，制定《常德市新型墙体材料产品认定工作实施细则》。5月，就认定工作开展培训，10月，在桃源县科辉墙材有限公司举行“认定证书”发放仪式。8月，就矩形孔使用率不高问题，召开全市集中整治活动动员大会，先后发放宣传资料200余份，发出整改通知书32份。截至2016年年底，市城区规划区按照国家标准生产应用烧结矩形孔砖使用率达到90%以上。12月，常德市散墙工作在全省墙改工作会议上进行典型交流发言。

室内装饰招投标监管。2016年，共受理招投标项目15个，所有项目都做到公开、公正、公平。6月，组织开展违规招投标问题集中整治活动，对室内装饰行业近三年59个招投标项目进行清查，均无违法违规情况。10月，召开全市室内装饰工程使用预拌砂浆推广产需对接会，现场34家室内装饰企业与预拌砂浆企业签订合作意向协议书。11月，汉寿县正式启动招投标工作，并成功办理招投标项目1个，常德市室内装饰招投标工作在县（市）一级取得突破性进展。（贾仁普）

规划建筑设计

【概况】 2016年，市规划建筑设计院设计费到账收入共计4292.8万元，其中建筑专业1151.7万元，规划专业1303.3万元，市政专业1318.7万元，测绘专业515.4万元。在合同签订方面，建筑专业签订合同35个，规划专业签订合同24个，市政专业签订合同38个，三项合同金额共4545.5万元，另外，测绘分院合同金额为157.3万元，均较好完成设计任务。

建筑设计。河街设计团队积极提供良好的施工服务，保障河街主体工程于2016年10月基本完成，成为2016年常德旅游节的一大亮点。创作室设计人员全年完成桃花源五柳小镇工程、桃花源秦街项目、桃花源民俗文化街改扩建工程、桃花源五名石广场、桃源县街景美化、市公安局业务技术用房二期、德山大道街景美化、鸿鑫中苑小区、常德市新老体育馆改造、白鹤山集镇二期改造等项目。在省勘察设计协会组织的优秀工程勘察设计评选中，由创作室主持设计的常德市天济广场酒店项目获2016年度湖南省优秀工程设计二等奖，并被评为2016年湖南省优秀工程勘察设计十佳建筑。

规划设计。全年完成阳明湖片区综合设计、穿紫河中段修建性详细规划及景观设计、环柳叶湖景观工程设计、江南外滩风光带设计等。7名技术人员在省规划论文竞赛中获奖。

自身建设。2月，根据国家相关要求及行业发展需要，成立建筑信息模型

常德市天济广场酒店

（英文简称“BIM”）应用领导小组，成立BIM应用室。年底，挑选专业培训机构开展第一轮BIM技术应用培训，共有30余名设计人员脱产学习，包括建筑、结构、规划、市政、电气、给排水、暖通等多个专业。6月底，修订《行政管理岗位责任制》，明确行管人员职责，做到按制度办事。7月，专门下文对2015年制定的《专业技术人才招聘及引进管理办法》做进一步明确和调整，其中市政（道路）、暖通、园林景观、工程造价专业原则上均不再新进人才，建筑学、城乡规划、电气专业、市政（桥梁）、结构、给排水专业进人的标准进一步提高。2016年，市政室叶宗朋考取注册咨询工程师，给排水规划室郭俊捷考取注册暖通工程师，建筑二室傅文桥考取二级注册结构工程师，李锋、朱佳成、白志强通过一级注册结构工程师的基础课程考试，郑昶、杨玉、杨斌、阳国仁、李英慧取得高级职称，全院技术力量进一步增强。规划、监理均已具备升甲级的条件，资质升级的资料均已通过省住建厅认定，并报住建部进行审核。（吴贤清）

建筑勘测设计

【概况】 2016年，市建筑勘测设计院完成合同产值3500余万元，其中土建设计合同1700余万元，景观规划合同430余万元，市政合同近1000余万元，勘测岩土合同400余万元，财务实际入账3400余万元。完成桃花源五柳小镇提质改造工程北区设计，常德腰路铺安置小区2期工程，湖南易红堂家具公司生产厂区设计，石门皂市水库马鞍岛规划设计，红旗路、民建路市政规划设计，泰达春天里勘察设计，高泗路西段新建工程岩土设计，临江棚改B08地块基坑支护设计等一些重点工程设计。

创新设计理念。一是抓勘察设计质量。加大学习投入，在加强质量管理控制、推动技术进步，严把校审等方面出台严格奖罚制度。反复加强强制性条文学习，不断提高设计产品一次性合格率和审图通过率。针对大型、复杂项目加强与重点高校、高水平兄弟勘察设计院合作交流。二是抓服务意识提高。强化全员树立“设计一个项目就是一个广告，汇报一次方案就是一次公关，进行一次技术服务就是一次很好的宣传展示”思想意识，发挥技术和服务优势，最大限度使服务对象对设计方案满意。三是抓精品战略思想。重视开展以“设计总结回访”为代表的精品战略思想，吸取以往经验教训，深入实际设计，满足需求。践行服务承诺，进一步强化项目负责人制，积极主动服务，努力打造设计精品。四是抓方案设计思想。2016年年初，成立单独的方案创作室，从土建等专业科室中选出一批有技术能力还有一定市场和经营能力的骨干，脱离综合设计室束缚，在项目前期竞投标中，充分发挥其设计空间，激发创作热情。

人才培养。鼓励和安排专业技术人员参加各专业主管部门或协会组织的培训、考试近100人次。高规格引进各类专业设计人员4名，其中，研究生1名，本科生3名。

安全生产。重点针对野外作业勘察人员加大安全生产法律法规学习宣传和贯彻力度，组织学习新版《安全生产法》，安排进行安全隐患大调查，并对调查结果逐一进行集体讨论，互相交流经验，普及安全生产法律知识，增强全体职工安全生产法制观念。积极推动“无隐患管理”工作，定期召开安全生产例会，坚决落实责任制原则，在重大节假日安排院领导及室主任值班并进行大检查，对发现的问题及时进行整改，杜绝重大事故发生。

市诗墙管理处

【概况】 市诗墙管理处是市住房城乡建设局管理的副处级事业单位，主要工作任务是：负责收集、管理、保管诗墙文化的原始资料，承担诗墙知识产权保护；负责诗墙文化研讨、研究发掘、旅游参观及宣传接待；负责诗墙公园的建设及维护管理；负责承担诗墙载体——防洪墙及挡水闸门的日常运行维护管理工作。2016年10月29日，在由新华网、铜仁市人民政府共同主办的第四届旅游业融合与创新（中国·思南）论坛上，“中国常德诗墙”获得“最美中国·文化魅力、特色魅力旅游胜地”称号，荣登2016最美中国榜。12月下旬第五批湖南省社会科学普及基地评审工作会在长沙召开，授予一批“湖南省社会科学普及基地”，中国常德诗墙名列其中。2016年8月，市诗墙管理处主任黄阳辉荣获民进中央参政议政全国先进个人。

参观接待文化宣传。2016年，常德诗墙共接待各类参观团体90多批次，1800余人，其中包括四川省自贡市政协代表团、在台常德籍后裔参访团、第六届“十月诗会”专家学者、国家创建森林城市考察团、著名书画家徐伯荣等。4月，诗墙管理处负责人赴北京与中国诗歌学会商讨参加中国新诗百年系列活动事宜，受邀参加中国新诗百年暨北京大学建校120周年系列活动——新诗百年名家名篇朗诵会。6月13日与10月24日中国诗歌学会会长黄怒波，副会长曾凡华、唐晓渡、程步涛，副秘书长杨东彪、周所同等贵宾来常考察参观诗墙。

文化宣传。元旦至元宵节期间，在诗墙公园组织给市民游客送诗歌送朗诵、诗谜竞猜等活动，在诗墙长廊及四阁悬挂千余只“诗国长城”红灯笼；6月3日在诗墙公园激情广场隆重举办“八百里洞庭美如画”——于沙三周年祭专场晚会；6月诗墙博物馆原馆长易蓉以《中国常德诗墙与中国古代名人》为题在市委党校作专题讲座，这是诗墙课程首次走进市委党校课堂；10月在诗墙博物馆举办周双保金秋画展，市人大常委会主任刘明、市住建局党委副书记沈明莉、市文联副主席殷习清等出席开幕式；10月21日，举行纪念红军长征80周年诗歌朗诵会；11月29日，组织召开“中国常德诗墙开建二十五周年”座谈会，市委宣传部、市住建局负责人，常德诗词学会负责人，常德诗墙原修建办、续建办负责人、专家代表，市诗墙管理处历任主要负责人等参加会议；12月9日

中国常德诗墙开建二十五周年座谈会

在诗墙公园抗洪纪念碑广场协办陈旭昶纪实摄影作品展。

城区防汛。市诗墙管理处成立安全生产负责人小组，制定2016年度防汛工作方案，对具体任务进行详细分工，责任到人，并认真组织安全生产排查及设备维护。4月份，完成四座闸门设施设备检查工作，闸门启闭试运行一切正常。顺利通过4月22日市水利局汛前安全检查和6月14日市住建局联合市水利局开展的防汛督查。（龚　倩）

【诗墙立法保护】 2016年，诗墙管理处就如何保护开发诗墙，邀请本土专家和北京名家进行研讨。市人大安乡代表团侯慧明等10名代表联名提出〔2016〕58号建议案《关于要求创建中国常德诗墙为5A级旅游景区的建议》，建议提出“制定《中国常德诗墙保护开发条例》，用法规来保护开发诗墙”。市人大城环委就诗墙立法保护进行前期调研。7月11日，召开《中国常德诗墙保护条例》立法前期调研座谈会，市人大城环委、市住建局负责人及诗墙管理处班子成员等出席会议。9月21日，市人大常委会主任会议专门听取并通过市人大城环委关于《中国常德诗墙保护条例》立法前期调研情况报告，形成《中国常德诗墙保护条例》立法建议书。（龚　倩）

【诗墙公园主参观通道改造】 诗墙公园原激情广场处沿河挡土墙于2015年11月至2016年9月进行改造。经设计、施工，新建挡土墙100米，新铺青石板路面约600平方米，新铺草皮约650平方米，新铺青石板小游道长70米、宽1.2米，建大树圆形树池1处等，完成投资约255万元。完成诗墙公园抗洪纪念碑至激情广场段绿化及植草砖改造。

（龚　倩）

工 业

综 述

【概况】 2016年，规模工业完成总产值2598亿元，完成增加值962.2亿元，增速6.6%；工业固定资产投资854亿元，同比增长4.6%，其中技改投入443亿元，增长2.7%。规模工业企业实缴税金50.4亿元，万元增加值能耗下降19.8%；工业经济效益综合指数达503.3%，连续16年居全省第一。食品及生物医药等新兴产业呈现强劲超越态势，全年产值643.3亿元，首次超过烟草产业，工业产业结构正由“一烟独大”向“多点支撑”转变。

为加快构建现代工业体系，编制《常德市“十三五”新型工业化发展规划》，明确建设千亿园区、创建国家级开发区、建设产城融合示范园区、建设千亿产业等十大重点任务。分类建立常德市“十三五战略性新兴产业”项目库和“十三五传统产业升级改造”项目库，入库项目分别达到95个和147个。市经信委与市财政局制定《常德市培育发展战略性新兴产业引导资金管理办法》，明确列入预算的1500万元专项资金用途、申报程序等，有力支持了市本级及市辖区战略性新兴产业项目建设及全市标准化厂房建设。2016年，市培育发展战略性新兴产业支持项目58个，补助资金765万元。市财政为中小企业设立3亿元过桥资金，用于缓解融资难题，全年为企业提供过桥贷款5.8亿元、融资担保贷款65亿元。

园区建设。新开工亿元以上工业项目70个，建成投产23个。烟厂易地技改、中锂新材电池隔膜二期、德施普惠医药、中航星产业园、中联起重机械、远大住工、胜沅精细化工、美华尼龙四期等重点项目推进顺利。基础建设累计投入75.3亿元，建设园区主干道、路网、配套设施等重点项目68个，建成标准厂房126万平方米。桃源陬市千吨级码头、临澧污水提升泵站、安乡长岭洲千吨级深水码头、津市工业污水处理厂等基础设施建设加快。桃源县、鼎城区、津市市等地工业园区跻身省级园区20强；常德国家级高新区创建进入国务院候批程序；津澧融城申报国家级经开区稳步推进。2016年，常德市园区综合实力由全省第8位跃升至第4位，园区规模工业总产值2066亿元（含烟厂），占全市规模工业总产值比重79.5%，园区影响力、知名度、含金量显著提升。

企业发展。全市新增规模企业111家，新增亿元企业10家。“1115”工程企业完成产值961亿元，其中金健米业、力元新材、欣瑞生物、金天钛业等逆势上扬，保持10%以上增长；大汉集团、金帛化纤分别对接中国中车、恒天集团等战略投资者，迈上靠大靠强“快车道”；飞沃新能源、精为天粮油、金德镭射等7家企业在“新三板”成功挂牌；全市企业获中国驰名商标38件。2016年，

大汉汽车生产车间

常德市建成省级“两化”融合试验区1个、省级“两化”融合试点企业16家；磊鑫科技、汇美食品、太子化工等成功申报省级工程技术研究中心，德人牧业建成省级院士工作站；常德烟厂、常德烟机、昊天汽车等广泛应用智能制造新技术达领先水平；建成武陵移动互联网产业园，入驻和即将入驻电商互联网企业110多家；全市小微电商突破2000家，年交易额超10亿元。出台《常德市帮扶工业企业十条》及实施细则，被省政府向全省推介；推进企业减负降费，为企业减负1.5亿元以上；开展“1115”工程特派员驻厂、“千名领导干部服务千家企业”等活动，为企业解决各类难题3500多个；大力推介使用本地名优产品，本地产品销售额增长15%；帮助企业提供过桥贷款5.8亿元、融资担保贷款65亿元，为企业发展注入新血液、增添新动力。

体制创新。园区“一权两制一司”体制机制改革基本到位。行政审批全面下放；财政体制改革不断深化，管理体制不断理顺，公司化运作不断规范，灵活的园区管理机制进一步激发了园区发展活力。常德经开区已全面建立“一权两制一司”新体制新机制；汉寿高新区、桃源工业集中区、津市高新区、安乡工业集中区、西洞庭生物科技园等行政审批全面下放，鼎城高新区、津市高新区、临澧经开区、石门经开区、澧县经开区等已建立相对独立财政体制；各园区都已建立独立园区开发经营公司；全市园区经济环境不断优化，一站式审批、代办制、限期办结制得到有效推行。

（袁　刚）

【“1115”工程】 欣瑞生物、金天钛业、金健米业、力元新材等企业实现逆势上扬，保持10%以上高速增长，成为“1115”工程新的增长点，全年“1115”工程企业完成增加值近600亿元，占全市规模工业增加值60%以上。在“1115”工程带动下，一批智能制造企业迅速发展，常德烟厂、常德烟机等企业广泛应用柔性生产线，恒至凿岩、昊天汽车等企业引入国际高端数控机床，生产自动化达到国内领先水平；一批中小企业快速成长，呈现上市井喷之势，飞沃新能源、精为天、天马电器、安福环保科技、凯斯机械、桃花源农业科技、金德镭射等7家企业在“新三板”成功挂牌，数量为历年总和的近两倍；一批知名品牌加速形成，制定并实施《常德市品牌创建三年规划（2016—2018年）》，2016年常德市中国驰名商标、国家地理标志保护产品、国家地理标志证明商标分别达到38件、14个、8件，8家企业成为工信部工业品牌培育试点（示范）企业，品牌大市逐步向品牌强市转变。（袁　刚）

表15　　**2016年度常德市工业企业纳税50强统计表**　　单位：万元

序号	所在地	单位	实缴税金（万元）
1	市城区	湖南中烟工业有限责任公司常德卷烟厂	217671
2	市城区	常德金鹏印务有限公司	18401
3	常德经开区	湖南恒安纸业有限公司	18219
4	市城区	常德烟草机械有限责任公司	16013
5	石门县	石门海螺水泥有限责任公司	15052
6	桃源县	湖南创元铝业有限公司	9205
7	石门县	大唐石门发电有限责任公司	8501
8	桃源县	五凌电力有限公司凌津滩水电厂	8137
9	石门县	长安石门发电有限公司	7513
10	常德经开区	湖南洞庭药业股份有限公司	6299
11	市城区	国网常德供电公司	6194
12	桃源县	中国水电顾问集团桃源开发有限公司	5907
13	临澧县	临澧冀东水泥有限公司	5574
14	澧县	康哲（湖南）制药有限公司	5260
15	鼎城区	中联重科发展股份有限公司建筑起重机械分公司	4991
16	鼎城区	常德芙蓉烟叶复烤有限责任公司	4980

续表 15

序号	所在地	单位	实缴税金（万元）
17	常德经开区	金健米业股份有限公司	3809
18	汉寿县	汉寿县华乐农业发展有限公司	3614
19	市城区	常德达门船舶有限公司	3544
20	鼎城区	湖南常德南方水泥有限公司	3472
21	石门县	葛洲坝石门特种水泥有限公司	3417
22	市城区	常德中石油昆仑燃气有限公司	3318
23	市城区	常德市芙蓉实业发展有限责任公司	3233
24	石门县	湖南三江电力有限责任公司	3204
25	石门县	葛洲坝易普力湖南二化民爆有限公司	2530
26	津市市	湖南省湘澧盐化有限责任公司	2520
27	津市市	湖南中联重科车桥有限公司	2472
28	石门县	湖南澧水流域水利水电开发有限公司皂市水电站	2147
29	汉寿县	康普药业股份有限公司汉寿分公司	2008
30	澧县	湖南新澧化工有限公司	2001
31	津市市	湖南新合新生物医药有限公司	1963
32	澧县	湖南重庆啤酒国人有限责任公司	1963
33	常德经开区	湖南云锦集团股份有限公司	1927
34	武陵区	常德芙蓉大亚化纤有限公司	1798
35	汉寿县	湖南中联重科混凝土机械站类设备有限公司	1537
36	安乡县	药圣堂（湖南）制药有限公司	1519
37	桃源县	湖南迪文科技有限公司	1498
38	常德经开区	常德市三一机械有限公司	1483
39	常德经开区	常德中联环保电力有限公司	1413
40	澧县	澧县新鹏陶瓷有限公司	1353
41	常德经开区	湖南武陵酒有限公司	1301
42	澧县	湖南平安医械科技有限公司	1296
43	鼎城区	常德海众混凝土有限公司	1265
44	桃源县	桃源县电力有限责任公司	1193
45	常德经开区	三金集团湖南三金制药有限责任公司	1189
46	鼎城区	湖南特力液压有限公司	1170
47	石门县	湖南兆恒水电有限公司	1159
48	桃源县	中材常德水泥有限公司	1158
49	安乡县	湖南凯斯机械股份有限公司	1080
50	汉寿县	岩下荣祺食品（湖南）有限公司	952

说明：1. 湖南中烟工业有限责任公司常德卷烟厂不含国税税金；2. 湖南恒安纸业有限公司含心相印和恒安生活纸；3. 湖南创元铝业有限公司含创元新材料、铸轧分公司、熔铸分公司和创元发电；4. 中联重科发展股份有限公司建筑起重机械分公司含中联汽车起重；5. 金健米业股份有限公司含金健粮食、金健植物油、金健乳业、金健面制品和金健药业；6. 湖南云锦集团股份有限公司含高新分公司；7. 湖南武陵酒有限公司含武陵酒销售和民和酒类营销公司。

表 16

常德市“1115”工程规模工业总产值统计表

单位：亿元

单位	工业总产值			
	12 月	+–%	12 月止 累计	+–%
一、中联重科常德工业走廊	13.2	3.9	121.8	0.7
二、常德经济开发区	32.2	12.7	323.9	11.8
三、烟草产业	50.6	23.2	592.6	–0.8
四、“1115”企业	91.4	7.2	961	–7.6
常德烟厂	46.8	32	562	1.8
晟通创元	13.5	–24.8	111.7	–42.5
中联建筑起重	2.1	–15.5	13	–33.3
中联混凝土	0.7	–28.3	7.8	–48.6
金健米业	7.6	1.1	78.5	12.9
恒安纸业	3.8	0	41.4	6.3
三一机械	0.2	–19.1	2.2	9
金鹏印务	0.8	–70.5	11.9	–40.7
常德烟机	2.2	9.4	12.4	–28.1
中联车桥	0.9	44.6	7.5	5.2
特力液压	0.2	84.5	2	–1.5
大汉集团	2.4	–0.3	22.6	7.1
金帛化纤	1.7	–2.9	18.1	4.3
欣瑞生物	1.3	50.6	9	405.3
云锦集团	1.4	18.2	16.8	10
金天钛业	0.1	–43.9	2	647.9
万福生科	—	—	—	—
武陵酒业	0.5	–16.7	6	2.8
惠生肉业	2.5	46.3	17.1	–4.1
力元新材	0.4	0.4	4.8	13.4
华南光电	1.4	11.7	6	–39.8
美华尼龙	0.8	–4.1	8.4	6.4

说明：金健米业包括6家企业，晟通创元包括5家企业，恒安纸业和大汉集团均包括3家企业，金帛化纤、欣瑞生物和云锦集团均包括2家企业

电 业

【概况】 2016年，国网常德供电公司壶瓶山供电所被中宣部命名“全国学雷锋活动示范点”，中共壶瓶山供电所党支部被中共中央授予“全国先进基层党组织”称号。“电骡子”共产党员服务队先进事迹在中央电视台《筑梦路上》播出。公司原总经理张亚林被评为“全国法治宣传教育先进个人”，武陵供电营业厅被评为湖南省“依法办事示范窗口单位”。选派4名工作人员进藏开展帮扶工作，在西藏隆子县成立公司第17支“电骡子”共产党员服务队，捐赠35万元生产物资，邀请7名藏胞来公司跟班学习。成立“‘电骡子’爱心家园”基金。1项成果荣获全国电力行业优秀QC成果奖，7项成果获国家专利。公司员工黄子娟文学作品荣获全国“书香三八”家书优秀奖，岳胜男获评“全国优秀共青团员”。

安全生产。国网常德供电公司实现连续第7个安全年。承办常德市2016年电力行政执法工作会议。开展配网带电作业3374次，减少客户停电时间1万多小时。圆满完成“两节”“两会”“两考”以及常德旅游节、常德柳叶湖国际马拉松赛、环洞庭湖新能源汽车拉力赛、环洞庭湖公路自行车热身赛、湖南省龙舟赛总决赛等重要时期、重大活动保电任务。提前部署电网迎峰度冬工作，制定防冻融冰方案96套。防汛抢修快速高效，2016年汛期，累计出动抢修人员4780人次、车辆956台（次），投入应急发电机87台（次），抢架临时照明线路73.5千米，安装临时照明灯具3393只，驰援湘西州里耶镇抗洪复电。

电网发展。完成“十三五”配网规划滚动修编，城配网规划顺利纳入城市总体规划，科学编制全市10个省级及以上工业园区电力专项规划。2项电网规划设计成果分别荣获湖南省优秀工程咨询二、三等奖。各项工程如期开工、竣工，全年完成电网投资7.37亿元。完成28个美丽乡村、43个点村、60个扶贫村、129个中心村，以及省政府重点民生实事150个村农网改造升级。桃源供电公司荣获“国家电网公司‘十二五’农网改造升级工程管理先进集体”称号。110千伏白鹤山变电工程被评为国家电网公司“标准工艺应用示范工地”。酒泉—湖南 ±800千伏特高压直流输电工程常德段直流线路全线架通。

营销服务。2016年，畅通业扩报装“绿色通道”，对接重点企业和项目，解决客户用电问题。职业教育大学城“两校”建设配电工程顺利送电。建成湘西北首个配电网抢修指挥中心，故障处理效率提高。促成《常德市新建住宅小区供用电设施建设与维护管理办法(试行)》出台。实施“互联网+”供电服务模式，推广“掌上电力”APP，注册用户30.16万户；加快用电信息采集系统建设，投运智能电表167.48万只；推进“多表合一”工作，完成市城区15099户客户水、电表信息采集。对18家企业客户进行电费退补，优惠电费322.74万元。响应国家和地方新能源发展政策，服务光伏发电和电动汽车充电站项目建设，配合完成协鑫集团投建鑫辉、鑫能、鑫源农光互补光伏电站并网，全市并网光伏发电项目达94家、总装机容量达7.2万千瓦；配合完成常德首座电动汽车充电站建设。

（马筱宏　周　军）

【110千伏白鹤山变电站投入运行】 2016年9月29日，110千伏主变送电成功，标志着常德白鹤山变电站正式投入运行。白鹤山变电站位于常德市鼎城区白鹤山乡长生桥村，由湖南德力电力建设集团有限责任公司承建，于2015年10月正式开工建设。工程建设有5万千伏安主变1台、110千伏线路2回。

（马筱宏　周　军）

【《常德市新建住宅供用电设施建设与维护管理办法（试行）》出台】 2016年9月18日，常德市人民政府办公室通过常政办发〔2016〕25号文件，正式印发《常德市新建住宅供电设施建设与维护管理办法(试行)》(以下简称《办法》)。按照《办法》规定，将原新建住宅供电设施建设模式，由住宅建设单位投资并发包建设，变更为住宅建设单位按标准将建维费支付给供电企业，由供电企业通过招投标确定施工单位进行建设；业主户外至小区内部供电设施管理模式，由原来产权为业主所有并委托物业公司维护管理，变更为将供电设施纳入公共供电体系，由供电企业统一维护管理以及更新改造。

（马筱宏　周　军）

卷 烟

【概况】 截至2016年年底，常德卷烟厂共有从业人员2976人，其中主业在岗员工2889人，内部退养员工87人。企业总资产205.31亿元，其中固定资产原值68.03亿元，固定资产净值26.18亿元。实现工业产值561.95亿元，同比增加9.95亿元，增长1.75%；上缴城建税20.36亿元，上缴教育附加税14.54亿元（其中中央教育附加税8.73亿元，地方教育附加税5.81亿元）。公司年度绩效考核继续位列各卷烟工厂第一。生产芙蓉王系列卷烟173.28万箱，同比增加6.86%；完成外运烟丝104.45万公斤，外运片烟521.91万公斤；产品一、二级站抽检合格率达到100%，市场产品质量投诉A类质量事件为0；主要物耗指标持续下降，各项费用均控制在定额之内。

生产组织。2016年，常德卷烟厂日均产能达到7009箱/天，同比提升3.25%，市场供货及时准确率100%。实施计划调控双周滚动，构建精细管控度量系统，建立97个关键环节的防差错管控体系，制定新品生产8流程32节点控制预案，全年完成12个规格商标换版，生产芙蓉王新品卷烟4500箱，生产出口卷烟30000箱。

设备保障。组织6台（套）卷包设备搬迁调整，实现7台（套）卷包设备柔性切换，完成3台套卷包设备大修，

修订60个设备操作规范标准，卷包设备有效作业率提升1.88%。实施设备巡检4786台次。

内部管理。开展“节约挖潜琅琊榜”活动，着力降本增效，主要物耗指标持续下降。建立项目全过程评价指标体系，持续提升公开招标比例，工程投资、物资采购、服务及其他类项目公开招标比例分别达到98.71%、99.77%和90.4%。

自身建设。结合“两学一做”教育学习，强化“三正四好”，倡导做正派人、走正确路、传正能量，让好班子、好干部、好员工、好风气在全厂成为常态。着力“讲协作、干实事、爱员工、有作为”的班子建设，推进优秀基层组织创建活动。成立党建工作领导小组、党风廉政建设领导小组，引入党建信息管理系统。全年共制定完善党建工作制度、党纪厂纪制度16项，推进专项整治40项，落实党费补缴799.81万元。7月，召开中国共产党湖南中烟工业有限责任公司常德卷烟厂第一次代表大会，完成党委、纪委换届选举，龚道国、向晓芳、黄睿、吴元、李迪前、李会亮、江正明当选为新一届党委委员，李迪前、熊成名、龙海英、杜将、徐志英、易长吾、熊辉当选为新一届纪委委员。优化干部队伍结构布局，出台《中层干部管理办法》，组织正副职公开竞聘三轮，缩减党政分设职位4个，选拔任用调整交流干部28人。倡导爱岗敬业、崇尚技能的价值导向，全年实施管理和技术岗位公开招聘7次，开展劳动竞赛、技术比武23项，培训员工1.65万人次。（安 俊 乔裕涵）

【易地技改】 2016年3月1日，常德卷烟厂启动易地技改建安施工，明确“三化三厂”建设定位，突出以数字化、智能化、精益化为基本内核，以品牌工厂、智慧工厂、生态工厂为主体特征。推行零休工作模式，全年制定分解网络计划节点2623个，完成海绵城市绿色工房设计优化，完成智慧工厂顶层设计，完成全部土方工程，完成生产区主题工程桩基施工，完成预处理区域、动力区域、制丝车间、卷包车间和辅料综合基础工程，样板区域进入网架安装。（安 俊 乔裕涵）

【开展优质生产战】 2016年7月15日，常德卷烟厂召开生产动员大会，实施生产组织动员，落实全年170万箱卷烟生产任务。7—12月，常德卷烟厂产出卷烟101万箱，全年共产出卷烟173.28万箱，月均17万箱，生产线累计加班18天，卷制与包装综合得分加权平均值99.96分，同比提升0.09分，卷制包装六西格玛水平5.16，同比提升0.02，卷包设备有效作业率提升1.88%，单箱卷烟综合能耗15.60千克标煤，同比下降1.46%。（安 俊 乔裕涵）

【湖南省代省长许达哲到常德卷烟厂调研】 2016年11月1日，湖南省委副书记、代省长许达哲深入常德卷烟厂生产现场和易地技改项目建设工地考察调研。详细了解常德卷烟厂经济运行、特色工艺、技术改造、品牌建设等方面情况。湖南省副省长、省政府秘书长向力力，常德市委书记王群，市委副书记、市长周德睿，公司党组书记、总经理卢平等领导陪同调研。（安 俊 乔裕涵）

湖南省代省长许达哲调研常德卷烟厂

【国家烟草专卖局局长凌成兴到常德卷烟厂考察调研】 2016年12月8日，国家烟草专卖局党组书记、局长，中国烟草总公司总经理凌成兴到常德卷烟厂考察调研。先后参观芙蓉王新工房、常德卷烟厂易地技改项目现场。湖南省副省长张剑飞，省政府办公厅巡视员熊惠明，常德市委副书记、市长周德睿，湖南中烟公司总经理卢平等领导陪同调研。（安 俊 乔裕涵）

烟草机械

【概况】 2016年，常德烟草机械有限责任公司实现销售收入13.72亿元（不含税，合并数，下同），实现利税3.05亿元。公司荣获2015年度常德市安全生产先进单位、2015年度全市工会工作红旗单位等荣誉称号。（颜 红）

【ZJ116型卷接机组获中国烟草总公司科技进步二等奖】 2016年，常德烟机公司与中烟机械技术中心联合开发ZJ116型（16000支/分）卷接机组获中国烟草总公司科技进步奖二等奖。ZJ116型卷接机组是引进消化吸收HAUNI公司PROTOS2-2（16000支/分）卷接机组技术国产化机型。该机型成功研制填补了国产超高速卷接设备空白，实现国产

ZJ118 型卷接机组通过小批试制鉴定

卷接机组由高速向超高速跨越，反映中国烟草机械工业研发和制造能力达到一个新水平，是中国烟草行业烟机技术发展重要里程碑。（颜 红）

【ZJ118 型卷接机组通过小批试制鉴定】 2016 年 6 月 13—14 日，中烟机械集团公司在常德烟机公司对 ZJ118 型卷接机组进行小批试制鉴定，来自行业内专家和用户代表，严格按照《烟草机械产品小批试制鉴定管理办法》要求，从企业生产管理、质量管理、技术管理、批量生产条件、产品零件检测五个方面，对 ZJ118 型卷接机组小批试制工作进行全面审查，同意通过小批试制鉴定，标志该产品进入稳定批量生产阶段。

（颜 红）

【"高速技改"项目通过联合验收】 2016 年 6 月 22 日，由市规划局组织，市住建局、市环保局、市国土局等 11 个地方政府主管部门联合对公司《超高速、高速卷接机组技术改造及厂区扩建》项目（以下简称"高速技改"项目）进行验收。验收组专家听取项目建设情况报告，现场检查了"高速技改"项目工程建设情况，并对项目工程建设所涉及规划、用地、环保、消防等各项内容予以评价，一致认为公司"高速技改"项目工程建设符合国家和地方政府各项规定和要求，同意通过验收。（颜 红）

【烟机公司员工夺得湖南省数控技能竞赛冠军】 2016 年 10 月 18 日，市烟机公司员工杨志、王永幸在 2016 年湖南省技能大赛全省数控赛上分别获得一、二等奖，王永幸获"湖南省技术能手""湖南省五一劳动奖章"荣誉称号并取得国家职业资格一级（高级技师）证书。公司获优秀组织奖。（颜 红）

纺织机械

【概况】 2016 年，常德纺织机械有限公司推进"去产能，缩减生产规模；减冗员，精干职工队伍；盘存量，处置富余资产；调结构，创新组织模式"专项治理，实施业务整合与经营制度改革，合理安置分流职工、征地工和协议工，解决历史遗留问题，推进企业"三供一业"分离移交，减轻企业办社会负担。全年，处置闲置资产 1244 万元，精简职工 176 人、征地工 52 人、协议工 32 人，精简中层管理人员 18 人，职工医院整体剥离企业移交社会。

科技创新。以经编机和纺纱摇架为主业，经编机制造上突破材料、工艺瓶颈，大胆采用碳纤维复合针床，实现高速经编机编织运行速度新高，具有高速、高密、宽幅、智能化特点，全面实现电子技术应用，确保国内第一品牌，11 月 18 日，常德纺机"多梳栉经编机全新产品开发"科技创新项目顺利通过中国恒天集团专家组验收；纺纱摇架产品 YJ200/210 成功转型升级，并运用集中化战略确保世界最大纺纱摇架生产基地与品牌优势，产品受到客户认可，市场占有率稳定在 60%。2016 年 11 月，YJ200/210 系列细纱弹簧摇架荣获"纺织之光"2016 年度科学技术奖三等奖。（谢伊滨）

【YJ200/210 系列弹簧加压摇架荣获"纺织之光"科学技术奖三等奖】 2016 年 11 月 23 日，在北京人民大会堂召开"纺织之光"2016 年度中国纺织工业联合会科技教育奖励大会上，由常德纺机研制"YJ200/210 系列弹簧加压摇架"，凭借其全新设计及优异性能，荣获"纺织之光"2016 年度科学技术奖三等奖。YJ200/210 系列细纱弹簧摇架是常德纺机自主设计并拥有完全自主知识产权最新型细纱弹簧摇架。（周 平）

【"多梳栉经编机全新产品开发"项目通过验收】 2016 年 11 月 18 日，常德纺机"多梳栉经编机全新产品开发"科技创新项目顺利通过中国恒天集团专家组验收。"多梳栉经编机全新产品开发"科技创新项目建设，进一步提高常德纺机经编机制造技术水平，填补数字化控制花边机缺门品种空白，提高产品核心竞争能力，促进产品结构调整。

（严中华）

【建厂 50 周年纪念】 2016 年 12 月 26 日，以"回顾 传承 发展"为主题"常德纺机建厂五十周年纪念大会"在经编新区四号车间举行。纪念大会后举办以企业"历史变迁"为主题 50 年厂史展览，突出企业传统文化精髓，直观展示企业历史沿革、发展历程、员工风采、科技发展、企业文化等方面内容。

1965 年 8—11 月，由中国纺织工业部从河南、山西、辽宁、上海、北京、天津等地纺织机械厂抽调骨干力量组建常德纺织机械厂。在短短一年内，克服重重困难，实现通路、通水、通电，修建厂房，安装设备，并于 1966 年 12 月

建厂50周年纪念大会

26日成功制造出第一个产品——1293K摇架，实现向毛主席生日献礼愿望。这一天被定为常德纺机建厂纪念日。

（谢伊滨）

【黄洁当选湖南省第十一次党代会代表】2016年9月，常德纺机摇架分公司装配车间装一班班长、共产党员黄洁(女)在中国共产党常德市第七次代表大会上当选为中国共产党湖南省第十一次代表大会代表。（谢伊滨）

云锦集团

【概况】 2016年，湖南云锦集团股份有限公司主业实现销售收入11亿元、利税近5000万元，缴纳税金近3000万元，不减员、不减薪，确保员工收入增长10%。

技术发展。公司投入近8亿元建成配套有国际先进技术装备的衡阳天锦高档新型纤维纺纱新厂、常德经开区园区高档精梳纯棉新厂和高档家纺面料新厂，云锦集团整体装备高于行业发展水平，已成一大竞争优势。

品牌创建。坚持用差异化产品抢占市场，产品已跨入差异化、高档化行列，特色突出，品牌效应显现：牛仔纱、白坯牛仔、家纺布三大系列产品均在细分市场占据一席之地，与同行形成差异化竞争。同时，"天锦"牌纯棉本色纱被评为中国棉纺行业"最具影响力产品品牌"。（袁大喜）

湖南恒安纸业有限公司

【概况】 2016年，湖南恒安纸业有限公司完成销售收入30亿元、产值37亿元，上缴税金1.63亿元。

成本管理。将木浆、水、电、天然气、煤等大宗原辅材料及能源消耗进行重点管控。为进一步节能挖潜，降低消耗，公司在内部管理、工艺优化、设备改造等方面做文章，加强设备点检维护，减少跑、冒、滴、漏等现象。建立大宗原辅材料耗用控制和分析改善流程，针对影响成本的问题点，成立以总经理为组长的降低备品备件库存改善小组，以部门负责人为组长的降低浆耗、降低煤耗、降低电耗改善小组，通过集思广益，专题改善，减少资金占用量。2016年管理效益整体节约1613.10万元.

标准化建设。为进一步优化工作流程，理顺部门关系，消除孤岛效应，对现有标准化文件再次进行全面梳理、修订和补充。全公司1—12月共修订标准化文件279份，新增标准化文件39份，完善标准化文件3份，新增OPL单点教材361件。为保证标准化文件顺利实施，公司组织制定详细标准化文件培训计划，并进行全面培训。通过对标准化文件梳理、完善和培训，使工作流程更加清晰，

高新工业园织布公司新厂

工作得到进一步规范，效率得到进一步提升。

质量管理。策划自主检验活动方案，全面开展自主检验“双百”活动，采取课堂授课培训、班前会3分钟培训、“一对一”实操技能辅导等方式，并进行考核，对考核未达标者重复培训再考核至合格，同时量化评比、实施激励机制，对自主检验表现优胜班组和质量管理先进班组给予一定奖励。切实提高生产人员自主检验积极性和质量自检技能。根据《双差班组管理办法》每月进行评比，对双差班组下达整改通知单、对其改善效果进行跟踪验证，同时对措施有效性进行评价。为提高原纸质量稳定性、一致性，公司每周组织开展生产班组原纸手感测评活动，每月对原纸测评最佳生产班组和最佳摸手进行表彰。通过培训、考核、评比等方式，使员工质量检验水平得到大幅提升，质量意识逐步深入人心。清洁生产主要围绕粉尘控制、脏污异物管控和防蚊虫管理三个方面开展工作。重新修订《造纸生技部粉尘控制管理规定》，梳理粉尘关键控制点重点监控，并对生产人员进行培训；制定车间蚊虫和粉尘稽核路线图，每周对车间粉尘管控情况进行稽查与通报。对车间所有进出口处安装门帘，窗户安装纱窗；在生产车间现场、更衣室、茶水间、洁具池、厕所等蚊虫重点管控区域增加灭蚊灯数量，并实施专人管控；车间外围绿化带及仓库外围安装灭（诱）蚊灯，行政部定期派人进行消杀。通过多方位管控，2016年清洁生产工作取得较好效果，2016年客户投诉率较2015年同期相比下降0.2%。重点推行质量专项改善，提升产品质量。针对13.5克红悦软抽、14.0克茶语软抽、16.0克软抽、15.3克卷筒纸等重点品项原纸开展手感盲测、质量竞赛活动，通过对化学药品的合理添加、长短纤木浆配比调整、打浆方式改变、盘磨功率改变等措施实施，原纸手感有明显改善。针对原纸尘埃、浆斑等外观质量问题，各车间制订专项预防作业文件，使质量问题得到有效预防，大幅度降低原纸回抄量；加强损纸质量

恒安纸业生产线

管控，对损纸分类分批当班及时处理，杜绝交班前一次性处理，损纸质量明显好转，未再出现因原纸尘埃、浆斑需回抄的原纸。针对部分品类原纸厚度不达标质量问题开展原纸厚度改善活动，通过采取化学药品合理添加、长短纤木浆配比调整、打浆方式改变、盘磨功率改变等措施，抄纸合格率明显改善，1—12月平均合格率达96.82%，达到标准要求，同比2015年合格率上升0.75%。1—12月抄纸接头率3.59%，达到标准要求；同比2015年抄纸接头率同期下降2.25%。1—12月复卷接头率5.57%，达到标准要求；同比2015年复卷接头率同期下降3.05%。

安全生产管理。开展公司级安全大检查12次，其中春节期间组织进行专项安全检查2次，查处安全隐患问题点1412个，完成整改1408个，整改完成率99.7%。组织部门开展安全用电、设备检查10次，未发生重大设备安全事故。开展食堂及宿舍安全检查，全年未发生食品安全及火情事故发生。落实安全责任管理制度，修订《消防器材设施管理规定》，并根据相关作业要求，全面监督检查消防器材及设施管理工作，同时出台消防设施使用申请相关规定，有效管控违规动用消防设施情况。加强特种作业及人员管理工作，组织开展公司交通安全教育培训、在公司范围内组织开展消防应急演练、组织开展“安全发展忠诚卫士”演讲比赛、组织公司各车间开展安全培训考试、开展急救应急知识讲座、联合省消防协会，组织开展“消防安全知识讲座”。加强对第三方物流特种作业安全监管力度，检查督促物流方做好特种作业人员持证上岗及特种设备送检工作，并进一步规范第三方人员作业管理，新增《装车作业申请表》确保物流装车作业风险在可控范围内。严格执行相关安全管理规定，有效保全公司及员工经济财产安全。 进一步规范消防及保卫管理工作，修订与落实《车辆违规停放处罚通知单》《责令限期整改通知书》《消防安全管理巡查记录》等，在现有管理基础上，针对管理薄弱环节加强规范。

公司文化。2016年，针对恒安集团第三次管理变革、公司外联事务、申请情况等等向集团宣传投稿80余篇，被恒安通讯采用56篇。热心社会慈善活动，组织员工为患病员工黄林、谢贲、程鹏捐款，公司行政部积极向市政府、市总工会为贫困员工及贫困学子争取贫困扶持资金20000元，对外帮助60万元。

（尹正碧）

制盐工业

【概况】 2016年，湖南省湘澧盐化有限责任公司共生产盐硝产品75.53万吨。其中，精盐68.86万吨，芒硝6.67万吨。销售盐硝产品76.48万吨。其中，精盐70.23万吨，芒硝6.25万吨。实现工业总产值4.33亿元；实现营业收入4.16亿元。全年工资总额5294万元，在岗职工收入增长6.3 %。无重大安全责任事故发生。

品牌策划。结合实际，推出“雪牌”活水盐系列新产品、“雪牌”生态盐包装和版面设计。提炼出“问盐哪得鲜如许，为有源头活水来”“雪牌生态盐，身体0

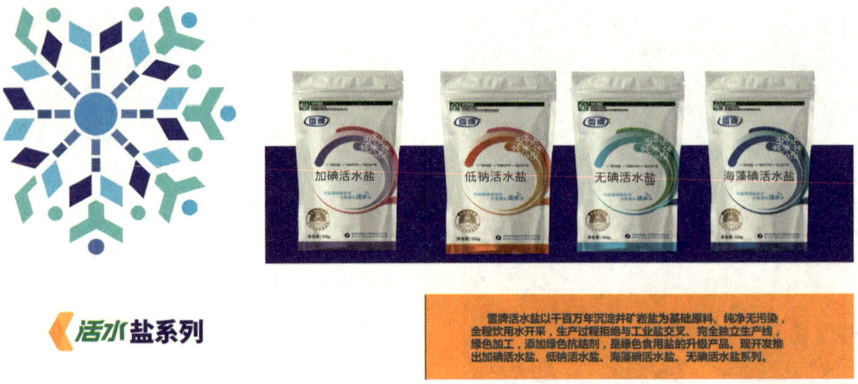

湖南省湘澧盐化有限责任公司新品雪牌活水盐系列

负担”宣传语，制作产品宣传手册、宣传片、年度推广方案、产品标识及新品包装设计方案等。

市场营销。明确公司营销战略定位为：一江一路、一区一策、蚂蚁搬家、低端抢占市场、高端获取利润、城市辐射农村；重构营销公司，设立市场部、综合部、化工盐事业部、销售六大片区及武汉直营公司；各大片区在合适省会及重点城市设立营销分公司（办事处），以省会和大中型城市为中心，以城市辐射农村。出台各类营销管理制度和细则，防范经营风险，全年应收货款回笼率97.84%。

生产管理。根据年度生产目标，与各单位签订生产经营管理目标责任书，重点对原卤氯化钠含量、吨产品耗汽、千大卡产汽、吨汽发电量等指标进行严格考核，制定“挖潜增效”方案。吨产品综合能耗为116.5公斤标煤，比2015年同期下降4.11%。全年机物料消耗费用194万元，同比下降95万元；发生力资费用708万元，同比下降422万元，比预算下降139万元。

技改项目。20万吨/年小包装食盐包装仓储配送中心工程完成主要设备招标工作。项目投资5000万元，2016年已投资516万元。各生产单位相继开展修旧利废，强化备品备件管理，逐步清退劳务用工，组织小改小革活动，加强设备巡视维护保养。全年共发生生产维修费983万元，同比下降63万元。加强工艺流程管理，不断完善优化工艺流程，减少中转环节，降低内部物流中转成本，内部转运费同比下降104万元。（伍渊云）

【60万吨盐硝联产节能技改项目通过环保验收】 2016年3月31日，市环保局在湖南省湘澧盐化有限责任公司主持召开60万吨盐硝联产节能技改项目竣工环保验收会议。验收组一行实地查看项目生产工艺、设备运行状况、环保设施配套建设，询问生产和现有污染物排放情况。听取公司关于项目建设、生产试运行及环保“三同时”执行情况等方面情况汇报；听取湖南品标华测检测技术服务有限公司关于项目环保验收监测及污染物达标排放情况汇报。验收组按照省环保厅关于项目环评批复相关要求，仔细审阅并核实项目验收资料、台账和环保验收监测报告。经过讨论，验收组认为：60万吨盐硝联产节能技改项目建设规范，各项环保设施配套，主要污染物均实现达标排放，符合项目竣工环保验收条件，同意通过项目验收并予以公示。（伍渊云）

华南光电

【概况】 2016年，湖南华南光电（集团）有限责任公司荣获常德市科技进步奖一等奖1项、集团公司科学技术进步三等奖1项、实用新型专利6项；自主安防品牌荣获“中国安防十大系统集成商”“中国安防十大用户信赖品牌”等荣誉称号；华南光电集团混合所有制改革试点进入国家国防科工局“3+1”混改试点单位；全年实现成本领先暨精益节创价值485万元。（杨　勇）

【华南光电荣获“全国五一劳动奖状”】 2016年4月29日，湖南省庆祝“五一”国际劳动节大会在湖南宾馆会议中心召开，华南光电获“全国五一劳动奖状”荣誉称号，全省获此殊荣单位仅5家，常德市仅1家。

（杨　勇）

【华南光电邱党社荣获常德市五一劳动奖章、机电公司荣获“常德市工人先锋号”称号】 2016年6月20日，常德市建功“十二五”劳动竞赛总结暨“十三五”劳动竞赛现场推进会在芙蓉大酒店国际会展中心召开。华南光电研发中心邱党社荣获常德市“五一劳动奖章”。机电公司荣获常德市“工人先锋号”。

（杨　勇）

【华南光电荣获博格华纳“2016年度优秀供应商”称号】 2016年11月11日，华南光电荣获博格华纳“2016年度优秀供应商”称号，并授予“最佳质量进步奖”。这是公司首次获得跨国企业“优秀供应商”称号，是博格华纳铸件供应商中第一家获此奖项汽车企业。

（杨　勇）

【华南光电荣获“2015年度全国‘安康杯’竞赛优胜单位”称号、党委书记、董事长万毅荣获“2015年度全国‘安康杯’竞赛先进个人”称号】 全国“安康杯”竞赛活动是中华全国总工会、国家安全生产监督管理总局开展的一项加强群众性安全生产工作竞赛活动。2016年12月，华南光电被评为2015年度“安康杯”竞赛优胜单位，连续七年获此殊荣。

公司党委书记、董事长万毅获得 2015 年度全国“安康杯”竞赛先进个人称号。

（杨　勇）

【华南光电与常德技师学院签订校企合作协议】 2016 年 11 月 30 日，华南光电与常德技师学院校企合作协议签约仪式。公司总经理时勤功、常德技师学院院长姜协武代表双方在协议文本上签字。公司董事长、党委书记万毅，副总经理徐峤，常德技师学院副院长胡元祖出席签约仪式。

（杨　勇）

【华南光电与常德市自来水公司签订《供水移交实施协议》】 2016 年 12 月 29 日，华南光电供水分离移交改造项目与市自来水公司签约启动。华南光电党委书记、董事长万毅，总经理、党委副书记时勤功，市自来水公司经理曾杰，副经理王愚鲑、龙成、李庭军及双方相关负责人出席签约仪式。时勤功与曾杰分别双方在《供水移交实施协议》上签字。

（杨　勇）

12 月 29 日，华南光电供水分离移交改造项目在公司六楼会议室正式签约

工业园区

综　述

【概况】 2016年，全市园区规模工业总产值1504.74亿元，占全市规模工业总产值比重57.9%，完成增加值325.54亿元，百亿园区达到7个。鼎城高新区、安乡工业集中区产值保持20%以上高速增长。全市园区综合实力由全省第8位跃升至第4位，园区影响力、知名度、含金量显著提升。

项目建设。新开工亿元以上工业项目70个，建成投产23个。烟厂易地技改、中锂新材电池隔膜二期、德施普惠医药、中航星产业园、中联起重机械、远大住工、胜沅精细化工、美华尼龙四期等重点项目推进顺利。

基础建设。2016年，全市园区累计投入75.3亿元，投入额度创历史新高。开工建设标准厂房183万平方米，建成标准厂房126万平方米，使用率达67%。全市建设园区主干道、路网、配套设施等重点项目68个，一批园区主干道、路网、配套设施相继建成，园区承载能力得到大幅提升。

品牌创建。桃源县、鼎城区、津市市等地工业园区跻身省级园区20强；常德国家级高新区创建进入国务院候批程序；津澧融城申报国家级经开区稳步推进。

创新改革。园区“一权两制一司”体制机制改革基本到位。行政审批全面下放；财政体制改革不断深化，管理体制不断理顺，公司化运作不断规范，灵活的园区管理机制进一步激发园区发展活力。常德经开区已全面建立“一权两制一司”新体制新机制；汉寿高新区、桃源工业集中区、津市高新区、安乡工业集中区、西洞庭生物科技园等行政审批全面下放，鼎城高新区、津市高新区、临澧经开区、石门经开区、澧县经开区等已建立相对独立的财政体制；各园区都已建立独立园区开发经营公司；全市园区经济环境不断优化，一站式审批、代办制、限期办结制得到有效推行。

（蒋四维）

常德经济技术开发区

【概况】 常德经济技术开发区位于常德市东南面，与常德市主城区隔（沅）江相望，其前身是1992年5月成立的德山经济开发区，1994年3月被省人民政府批准为省级经济开发区，1997年6月，被省人民政府列为全省六大重点经济开发区之一，2010年6月被国务院批准为国家级经济开发区，并定名为“常德经济技术开发区”。全区现有面积155平方公千米，下辖樟木桥街道、德山街道、石门桥镇，总人口约15万人。先后被授予“国家高新技术产业基地园区”“湖南十大最具投资价值产业园区”“湖南省承接产业转移示范园区”“湖南省综合性高新技术产业基地”等称号。

2016年，全区完成技工贸总收入631亿元，同比增长15%；规模工业产值323亿元，增长10.6%；固定资产投资154亿元，增长16.9%；一般公共预算收入17亿元，增长21.6%。

2016年，全区共签约项目52个，合同总金额248亿元，引进世界500强、全球第二大软件公司甲骨文（湖南）人才产业基地项目，签约润峰光伏发电、重庆药友等一大批好项目。在项目推进上，全年共推进项目39个，其中续建14个、新建25个，投产项目18个，建成标准化厂房75万平方米，出租率80%以上。中南碳氢油、昊天汽车、中天刀具、飞桥板簧等一批以往签约项目顺利开工，润田农机、医药中间体、省妇保院常德医院等一批项目，实现当年签约当年开工建设。在企业发展上，全年新增规模企业18家、亿元企业5家、高新技术企业3家、发明专利139件；桃花源种业、金德镭射在新三板挂牌；惠生集团成立院士工作站。

武陵区工业园

【概况】 武陵区工业园前身为“常德武陵经济技术开发区”，位处东江街道

武陵区移动互联网产业园

新安社区和启明街道皇经阁、皇木关社区。1992年4月，根据原省体改委《关于常德市武陵经济技术开发试点请示的批复》（湘体改〔1992〕21号）文件、市政府《关于兴办常德市武陵经济技术开发区的请示的批复》（常复字〔1992〕3号）文件，武陵区成立武陵经济技术开发区，为省级园区。2009年，按照市委常委办公会议〔2009〕第9号《德山开发区与武陵开发区实行“捆绑”申报国家级开发区专题办公会议纪要》精神，园区在与德山开发区联合申报国家级开发区时，被撤销省级园区称号，并更名为武陵区工业园。

园区规划面积为3.767平方千米，总核准面积为3.767平方千米，分三期开发，截至2016年年底，已完成一、二期开发任务，三期部分开发完成，总开发面积为1.66平方千米。一期工程位于市城区金丹路以东，柳叶路以南，长庚路以西，竹叶路以北，园内主要企业已收归市属，如常德烟机、金鹏凹印、五强电力等；二期工程位于常德大道以东，青年路以南，石长铁路以西，人民路延伸线以北，东江乡新安社区境内，入园的全部为区属企业；三期工程位于沅安路以东，双拥路以南，常德大道以西，南横四号路以北，东郊乡皇木关社区境内，2007年正式启动，正在进行开发。二三期园区合称“核心园区”，主要是以移动互联网、食品医药、机械制造产业为主。

为合理利用土地资源，促进工业园协调、健康、可持续发展，根据上级有关要求，结合武陵区“退二进三、腾笼换鸟”发展思路，按照区委、区政府统一部署，成立常德泽园建设开发有限公司，开发建设武陵区移动互联网产业园。

截至2016年年底，园区共引进企业119家，其中二、三期园区75家，移动互联网创业园44家。2016年，园区实现技工贸总收入80.3亿元，其中工业总产值33亿元、移动互联网企业实现销售收入30亿元，园区其他工业配套服务业收入17.3亿元，园区技工贸收入对比前一个五年实现翻番；上缴税金9200万元。

常德高新技术产业园区

【概况】 常德高新技术产业开发区前身为2006年成立的鼎城经济技术开发区，2012年经省人民政府批准转型升级为省级高新技术开发园区。园区下辖桥南、灌溪、石板滩3个工业园，战略规划面积62.8平方千米，建成区面积8.1平方千米。有工业企业153家，规模以上企业77家，年产值过亿元企业22家。已形成以中联重科、中国建材、远大住工、湖南黄金等上市企业为支撑，装备制造、新材料、电子信息、轻工食品四大产业板块为主体的发展格局。园区内拥有全球最大的塔机生产基地，全国最大的液压油缸生产基地。

2016年，实现技工贸总收入296.8亿元，在全省134家重点产业园区综合指标排名中位列第15名，继续处于第一方阵，是科技部“科技服务业区域试点园区”、全省首批“新型工业化产业示范基地”“全省知识产权工作试点园区”“全省创新型产业集群试点园区”，力争到2020年，打造成以起重装备为主导产业的全国产城融合示范区，建成全国重要的起重装备研发制造基地。

汉寿高新技术产业园区

【概况】 汉寿高新区成立于1992年5月，属省级经济开发区。园区紧邻长常高速出口处，长石铁路、长常高速、319国道、207省道穿境而过，距长沙、常德仅1小时车程，区位优势十分明显。2008年，被确立为全省10个承接产业转移发展加工贸易重点工业园区和常德工业走廊组成部分。2012年4月，经省人民政府批准，正式更名为“湖南汉寿高新技术产业园区”。2014年被确定为湖南省11个“飞地经济”试点园区之一。

园区近期规划面积9.52平方千米，已开发面积5.08平方千米。区内水、电、路、气、通信等基础设施齐备，项目承载能力和现代化综合服务水平迅速提升。已建规模企业74家，初步建成装备制造、生物医药、精细化工等三大产业集群，拥有中联重科、康普制药、徕木电子等一批优势骨干企业。

2016年，全区规模工业企业完成工业总产值120亿元，上缴税收1.29亿元，分别占到全县总数75%和95%，成为汉寿县名副其实的工业经济主战场。

桃源工业集中区

【概况】 桃源工业集中区位于桃源县东部，是2012年11月经省人民政

桃源工业集中区

府正式批准设立的省级工业集中区，由创元工业园、漳江创业园和陬市工业园等 3 个园区组成。桃源工业集中区规划面积 15 平方千米，省政府核准面积 8.9 平方千米，已开发面积 6.2 平方千米。园区主导产业为有色金属延压、电子信息、农副产品加工等，现有规模以上工业企业 43 家，共有高新技术企业 9 家。2016 年，桃源工业集中区规模工业完成产值 160.8 亿元，上缴税收 1.48 亿元，全省园区综合排名位列常德市第一、全省第十二位，连续三年进入全省综合排名 30 强。

漳江创业园于 2009 年 7 月开园建设，位于县城北区，规划面积 7 平方千米，主导产业为电子信息、机械制造、农副产品精深加工业等产业，已投产的规模企业有迪文科技、博邦油脂、辣妹子食品、龙行天下等 19 家。创元工业园于 2001 年开园，位于盘塘镇，规划面积 3 平方千米，主导产业为有色金属冶炼及延压，有规模企业 6 家。陬市工业园位于传统工业重镇、常德市卫星镇——陬市镇，于 2012 年起纳入园区管理，园区主导产业为机械制造、农产品加工、仓储物流等，规划面积 5 平方千米。有飞沃新能源、万福生科、科辉墙材、磊鑫科技、大华机械、常摩制造等 18 家规模企业，其中高新技术企业 4 家。

临澧经济开发区

【概况】 临澧经济开发区原名临澧县太平工业经济开发区，于 1992 年 6 月经湖南省体改委批准设立（湘体改字〔1992〕52 号），是常德市首批建立的省级开发区。2004 年，经湖南省土地利用总体规划修编领导小组办公室同意，县委、县政府在县城北规划 1 平方千米建设安福工业园。2006 年，经国家发改委审批同意，临澧县太平工业经济开发区更名为湖南临澧经济开发区，审批面积 2.68 平方千米。2007 年，经省发改委批准（湘发改函〔2007〕175 号）同意，将安福工业园纳入湖南临澧经济开发区统一规划、管理。临澧经济开发区规划总面积 6.48 平方千米，已建成面积近 5.4 平方千米。开发区机关有干部职工 46 人，内设 4 局 1 室（财务统计局、招商合作局、产业发展局、社会事务局、办公室），下设中小企业服务中心。2014 年 3 月，成立湖南常临实业公司，由县政府直接管理，法人代表由政府办党组成员担任。

截至 2016 年年底，入园企业 162 家，其中工业企业 104 家，规模工业企业 63 家，吸纳农村劳动力 11011 人。2016 年，开发区实现工业总产值 93.5 亿元，增长 13.6%，完成税收 1.4 亿元，增长 8.5%。

石门经济开发区

【概况】 石门经济开发区于 1992 年 6 月经湖南省体改委批准开始试点，1994 年经湖南省人民政府批准设立，2005 年 12 月更名为湖南石门经济开发区。该区辖宝峰创业园（8.13 平方千米）、兆恒科技工业园（0.50 平方千米）、海螺建材工业园（0.73 平方千米）等 3 个工业园，规划控制面积 9.36 平方千米，已开发面积 4.47 平方千米，已经基本建设成为一个以农副食品加工、非金属矿物制品、电力热力生产和供应为主导产业的省级综合型开发区。2012 年跨入全市百亿园区行列。2013年列入湖南省首批申报国家新能源示范城市和产业园区名单。2014年创建省级循环经济示范园区。2014年园区企业湘佳牧业股份有限公司成为常德市首家“新三板”上市企业，跻身农业产业化国家重点龙头企业，“湘佳”“节节高”品牌双双获评中国驰名商标。2015年列入全省首批产城融合示范区名单。

2016年，园区58家规模工业企业实现规模工业总产值177.11亿元，增长12.81%；实现规模工业增加值53.1亿元，增长10.7%；规模工业入库税金3.94亿元，增长10%。新引进投资2000万元以上工业项目10个，新开工亿元以上项目7个，年内竣工投产项目5个，新增规模工业企业9家。

澧县经济开发区

【概况】 澧县经济开发区是2003年3月由省政府批准设立的省级经济开发区。2011年启动调区扩区工作，2013年8月获省发改委批复，总核准面积7.81平方千米。截至2016年年底，已形成“一区三园”整体框架。“一区”即经济开发区；“三园”是指“高新产业园”（调区扩区后新核准的区域）、“综合产业园”（原西区范围），同时，县委、县政府将金罗镇“物流产业园”一并纳入开发区管理。其主导产业为以重庆啤酒、盈成油脂为龙头的食品加工，以康哲制药、平安医械为龙头的医药医械，以新鹏陶瓷、荣友建材为龙头的建材家居，以萌恒辅料、诺雅蚕丝为龙头的服装纺织四大支柱产业及新能源、新材料战略性新兴产业。在产业布局上，统筹考虑产城融合和产业转型需要，高新产业园以发展一类工业为主，综合产业园发展一、二类工业。

2016年，园区规模以上工业企业实现产值150.47亿元，同比增长9.48%；实现工业增加值33.99亿元，占全县总额57.23%；缴纳税金1.69亿元。西区水、电、路网基本配套，东区大巷口路、夹堤路、经二十七路建成通车，对张津公路、羊多公路进行升级改造，初步拉开路网骨架。

园区管委会下设“四局一室一司一中心”，即招商合作局、产业发展局、规划建设局、社会事务局及办公室和湖南澧州实业发展有限公司、中小企业服务中心，享有发改、住建、城管、环保、水利、科技工信、地震等7个部门授予的27项行政审批管理权限。同时，园区设立国土分局、房管分局。企业落户后，从立项到投产，实行“一站式”服务，基本实现园区事务办理不出园。

建成标准厂房20万平方米，有鑫昊科技、鸿事达纺织针业、澧州电商等一批中小企业签约入驻。先后有重啤国人组建生态技术研究中心，运达机电与湖南大学联合组建湖南汽车制动系统重点实验室，平安医械组建湖南省医用高分子制品工程技术研究中心，盈成油脂组建院士工作站，公司技术中心被认定为省级企业技术中心。园区拥有专利201件，有盈成、平安、生态等3件中国驰名商标，有平安+PA、平安卫士+PA、盈成、重庆+图形、国人、一品、生态等7件湖南省著名商标。

园区有规模企业42家。常德益翔实业是湖南省首家大型童车生产企业；澧县新鹏陶瓷由全国陶瓷行业领军企业广东东鹏集团控股兴建，是东鹏陶瓷旗下五大生产基地之一；湖南理昂生物质电厂是以农林废弃物、生活垃圾环保发电及资源综合利用为主的高新技术产业，是湖南省第一家高科技生物质发电厂，属于国家再生能源重点扶持的朝阳产业；湖南重啤国人拥有全国唯一“生态”啤酒专用生产线，特别是近几年来随着嘉士伯啤酒入主，已成为嘉士伯在中国市场的标杆企业；盈成油脂菜棉籽年加工能力30万吨，是中南地区规模最大的油脂加工企业，是全国第一家可同线加工菜棉籽企业；湖南平安医械是一个专业从事无菌医疗器械研发、生产的高新技术企业，其综合实力在全国同行业中居第七位，湖南省首位。萌恒服装辅料由宁波萌恒工贸有限公司投资兴建，是一家集缝纫线、绣花线等服装辅料研发、生产、销售于一体大型企业，公司三期项目全部建成后，将带动其上下游企业入驻园区，形成30亿元的服装产业链。

安乡工业集中区

【概况】 安乡工业园区2001年开始建设，2012年11月经省人民政府（湘办发〔2012〕187号）批准设立为省级工业集中区，更名安乡工业集中区。园区远期规划面积20平方千米，已完成控制性详规12.9平方千米，截至2016年年底，安乡工业集中区已开发总面积4.8平方千米，其中已开发工业仓库用地面积1.85平方千米，占开发总面积41%。

2016年，安乡工业集中区有规模以上工业企业52家，完成规模工业产值69.5亿元，税收5400万元，初步形成装备制造、家居建材、农副产品精深加工、电子信息、纺织服饰等八大产业。规模工业产值、税收在全县工业经济中的比重占七成以上。

津市高新区

【概况】 津市高新区于2005年年底启动建设，2012年获批省级工业集中区，2016年升级为省级高新技术产业开发区，规划面积18.96平方千米。2016年，园区规上企业实现规模工业总产值155.72亿元，同比增长10.5%，入库税收1.54亿元，同比增长9.35%；完成规模工业增加值35.69亿元，同比增长10.7%，占全市规模工业增加值比重达到81%。

津市高新区东临澧水，为湖南六大良港之一，常年可通航1000吨级船只，直达长江沿岸主要港口；西接二广高速，3个小时内驾车可抵达长沙、武汉等中部主要城市；距石长铁路20千米、常德桃花源机场仅80千米。

园区内有220千伏变电站1座、110千伏变电站2座，拥有装机12000千瓦、供汽105吨/小时的热电厂；建有日供水能力15万立方米的大洼水厂、日处理能力2万吨的污水处理厂、总库容256.3万立方米的垃圾无害化处理场。

园区以生物医药、装备制造业为主导产业，是国家火炬生物酶制剂及应用特色产业基地、全国最大的酶制剂生产出口基地、全国最大的甾体药物原料药生产基地、全国产销规模最大、品种最多的轻型车桥专业化生产基地、全国最大的猪鬃出口基地。

园区完成“一权两制一司”体制机制改革，享有县级经济社会管理权限，构建了独立的行政管理体制和财政体制，组建并市场化运作园区开发公司，自负盈亏、实体运作、滚动发展。

西洞庭工业集中区

【概况】 西洞庭工业集中区是2012年申报成功的省级工业园区，前身是西洞庭食品工业园，于2009年经常德市人民政府批准设立，与西洞庭管委会实行“两块牌子，一套班子”运作。园区规划面积为10.65平方千米，建成面积为6.12平方千米。2016年，基础设施投入6亿元，新签约亿元工业项目4个，新开工亿元工业项目8个，认定标准化厂房建设面积13.79万平方米。

园区工业布局已逐渐形成食品加工为主，电子机械、造纸包装、纺织、化工、建材等为辅的体系。2016年，园区中小微企业户数达到103家，累计完成工业总产值69亿元。42家规模以上工业企业累计完成产值68.68亿元，其中亿元以上企业19家，5亿元企业5家，战略新兴产业类规模以上企业10家；实现利润2.52亿元；国地两税累计入库0.46亿元，其中税收过百万企业有13家；年平均职工人数7572人。

农业·水利·林业

农业农村工作

【概况】 2016年，全市农业、畜牧、农机、经管等工作评为全省先进，深化农村改革、农业园区建设、新型农业经营主体和职业农民培育、“雁过拔毛”专项整治等得到上级充分肯定。

农村经济。农民收入稳定增长。全市农民人均可支配收入达到12758元、增长8.6%，增幅高于全省平均水平，城乡居民收入比2.08∶1，城乡收入差距进一步缩小。农业生产稳定发展。积极应对“98型”暴雨洪涝灾害，取得防汛抗灾全面胜利。全年实现农业总产值634亿元、增加值396亿元，均增长3.5%。主要农产品市场行情整体上扬，生产效益增加。积极实施“稳粮、压棉、调养、扩经”，优势产业向优势产区集中、特色产业向专业园区集中的趋势明显。农村社会稳定和谐。惠农政策得到全面落实，农民负担继续保持较低水平，没有发生重大动植物疫情、大面积森林火灾、农产品质量安全事故和群体性上访。

现代农业。农业园区建设不断加速。西湖西洞庭、桃源2个国家现代农业示范区和常德国家农业科技园建设取得明显成效，8个区县（市）综合性现代农业示范区建设加快推进，全市规模特色农业园区达到100多个，其中创建省级特色产业园13个、达到24个。“三产”融合发展势头强劲。全市农产品加工业销售收入突破千亿元大关、达到1041亿元，新增规模龙头企业30家、市级龙头企业28家、省级龙头企业23家，汇美农业跻身国家级龙头企业，精为天、桃花源农科在“新三板”挂牌，金健米业销售收入达到74亿元。积极发展休闲农业，全市四星级以上农庄达到77家，彭山庄园、龙弟源被评为中国最美休闲农庄，太阳谷被评为中国最美休闲乡村。“智慧民生”“农筹惠”等农村电商平台加快发展，澧县正新农业、汉寿思雅园等农业经营主体广泛应用物联网技术。农业品牌创建力度加大。积极推进农业标准化建设，油菜、水稻、柑橘、蔬菜标准化覆盖率达到70%，烟叶、茶叶、葡萄基本实现标准化。新增“三品一标”140个、达到1174个，临澧杂柑、桃源红茶获得国家地理标志保护。积极组织龙头企业参加国内外展示展销，提高常德农产品市场影响力。

基础设施建设。持续大干水利，建设国、省投资工程217处，实施水毁修复工程2880处、沅澧“两水四岸”综合整治工程107处；实施乡村和群众自筹工程2万处，其中堰塘清淤扩容1.8万口、小型渠道清淤1万千米、机埠1700处。加强农田建设，全年建成高标准农田259.33平方千米。加强农机装备建设，全市农机总动力达到600万千瓦，发展农机合作社347家。加强农村基础建设，全年提质改造农村公路1053千米；对419个村实施电网升级改造；新增农村自来水普及人口45万人，全市农村自来水普及率达到87%。

优美的乡村环境——茶庵铺镇茶庵铺村（原上高坪村）

澧县太青山万亩茶园

农村改革。加快推进土地确权登记颁证工作，整体进度居全省前列，农业部先后两次在常德市举办全国培训班。深入推进土地经营权抵押贷款试点，汉寿县被列为全国试点县，创新推出土地经营权抵押贷款“互联网+”新模式，全县累计贷款投放量突破亿元。扩大农村集体产权制度改革试点，武陵区股改工作接近尾声，挂牌成立股份经济合作社 30 个。加快培育新型经营主体，全市新增农民合作社 674 家、家庭农场 1389 家，总数分别达到 3602 家、2341 家。锦绣千村合作社在国务院召开的座谈会上作《社会化路子、综合性服务》典型经验介绍。（杨　锦）

【美丽乡村建设】 率先全省整市推进美丽乡村建设，取得较好成效。一是“五化”建设扎实推进。加强农村建房管理，积极推广卫生厕所，大力创建美丽庭院，规范集镇农贸市场管理，开展垃圾处理市场化试点，圆满完成年度工作任务。二是美丽乡村示范村建设提质扩面。超额完成省为民办实事 16 个美丽乡村示范村建设任务，建成市级美丽乡村 31 个，达 57 个。以示范村为节点，推动津市大关山片区、桃源五片一点、澧县城头山片区、石门百里走廊等美丽乡村成片成带建设。三是农村环境整治持续深化。全面推行垃圾分类减量和分类处置，农村垃圾处理网络基本建成。津市农村垃圾分类处理“绿色存折”经验在央视、中央改革办内刊推介。深入开展农业面源污染治理，大力实施化肥农药零增长行动，禁止农作物秸秆露天焚烧，洞庭湖区养殖场退养 1212 个、拆除网箱 13114 口，超额完成省定任务。四是“3+X”农村社会治理创新试点有新进展。结合乡村区划调整，大幅扩大试点范围，23 个试点运行较好。（杨　锦）

种植业

【概况】 粮食。2016 年，全市狠抓集中育秧，早稻集中育秧 666.67 平方千米、晚稻 200 平方千米，有力杜绝耕地抛荒，落实粮食万亩高产示范片 45 个，新增 2 万平方米以上种粮大户 2000 余户，达到 21659 户，推广软盘抛秧、超级稻三定栽培法、病虫综合防治等先进适用技术，先进技术应用面积在 85% 以上。在遭遇 5 月低温冷害、6—7 月天降大雨和沅水倒灌、7—8 月高温热害情况下，全市粮食生产仍然比较稳定，收获面积 7233.33 平方千米、增 0.67 平方千米，总产 368.8 万吨、减 2.7 万吨。其中早稻收获面积 2490 平方千米、增 9.33 平方千米，单产 338 公斤、减 3 公斤，总产 126.2 万吨、增 0.6 万吨；中稻收获面积 896.67 平方千米、减 20.67 平方千米，单产 420 公斤、减 3 公斤，总产 56.5 万吨、减 1.8 万吨；晚稻收获面积 2766.67 平方千米、增 23.33 平方千米，单产 405 公斤、减 1 公斤，总产 168 万吨、增 1.1 万吨；旱杂粮收获面积 1081.33 平方千米、减 10 平方千米，单产 224 公斤、减 6 公斤，总产 36.3 万吨、减 1.3 万吨。

油菜。春收油菜减产增收，全市春收油菜面积 2921.33 平方千米、减 47.33 平方千米，单产 125 公斤、增 1.5 公斤，总产 54.9 万吨、减 0.1 万吨。油菜籽销售价格回升，销售均价后期达 4.2~4.4 元 / 公斤，高于 2015 年的 3.9 元 / 公斤，总产值 23.6 亿元、增 2.2 亿元。尽管油菜价格有所回升、轻简化栽培技术得到推广应用、油菜机械化收割率提升，油菜生产成本有所下降，但由于油菜籽价格仍偏低，生产效益不理想，农民种植油菜积极性仍不高。

蔬菜。全市蔬菜播种面积 1400 平方千米，总产量 633.3 万吨，总产值 83 亿元，分别增长 4.1%、5% 和 3.4%。商品菜播种面积 1119.33 平方千米，产量 507.6 万吨。蔬菜流通交易量 503 万吨，实现交易额 102 亿元，创加工产值 20.3 亿元，产销顺畅，价格基本稳定。大力推进秋延后设施生产，一批起点、高标准的蔬菜基地不断涌现，新建钢架大棚 0.67 平方千米、2300 座，大中小拱棚栽培面积达 183.33 平方千米。产品质量稳步提升，全市农残检测蔬菜样品 65.8 万批次，合格率 99.7%，省农委四次农残例行监测合格率为 100%。全市认定无公害蔬菜基地 91 个，认定面积 564 平方千米，认定无公害蔬菜产品 233 个，认定绿色产品 52 个，认定有机蔬菜产品 34 个。

棉花。2016 年，全市棉花种植面积为 456 平方千米、减 118 平方千米，单产 240 公斤、减 5 公斤，总产 16.4 万吨、减 4.7 万吨，总产值 11.5 亿元、减 0.7 亿元。全年气候对棉花生产不利，主要体现在前期降雨偏多（5—7 月下旬）、光照不够，影响到育苗和移栽，移栽后棉苗长期处于渍涝之中，根系生长发育受阻，棉株生长较缓慢，导致生育期推迟 3 周以上；中期（7 月下旬—8 月）天气晴雨相间、温度走高，棉株恢复生长，成铃较少、蕾铃增长；后期（9—10 月）气温较高、雨水偏少，秋桃较多。从市场形势来看，棉花生产整体形势不容乐观。

水果。全市水果面积918平方千米（包括西甜瓜）、减5.33平方千米，总产量112.7万吨、增11.7万吨，总产值23.6亿元、增3.9亿元。其中：柑橘生产面积786.67平方千米、基本持平，总产85万吨、增13万吨，价格在2.0元/公斤左右、增0.2元/公斤，总产值17亿元、增4亿元。葡萄面积23.33平方千米、总产5.5万吨，均价在5元/公斤左右、降0.5元/公斤，产值2.8亿元、增0.4亿元。桃、李、梨总面积28平方千米，面积稳定，挂果较好，产量较高，平均单产达到1000公斤，总产量4.2万吨，价格3元/公斤，总产值1.26亿元、基本持平。西甜瓜面积80平方千米、基本持平，由于雨水影响，平均单产1500公斤，产量18万吨，平均价格1.5元/公斤，产值2.7亿元、减0.4亿元。

其他经济作物。茶园投产面积149.33平方千米、增8.67平方千米，茶叶总产量3.6万吨、增0.58万吨，总产值9.58亿元、增0.65亿元。烟叶种植面积40.67平方千米、增3.33平方千米，总产0.639万吨、减0.037万吨，总产值1.725亿元、减0.075亿元。苎麻种植面积12平方千米、减1.8平方千米，总产0.29万吨，产值0.26亿元。甘蔗16.67平方千米、减0.9平方千米，总产7.95万吨、减0.43万吨，产值1.1亿元。中药材19.67平方千米、产值0.42亿元。蚕桑1.33平方千米、总产0.02万吨，产值0.05亿元。花卉59.67平方千米、产值4.05亿元。（杨　锦）

养殖业

【概况】 2016年，全市出栏生猪616.87万头、肉羊184.06万只、出笼家禽1.15亿羽，分别比2015年减少2.65%、2.0%、2.54%。出栏牛17.09万头，增长1.66%；蛋品产量42万吨，增长2.71%；水产品产量50.1万吨，增长4.59%。全市养殖业产值跨越300亿元大关，达到315.23亿元，比2015年增长9.0%，占农业总产值49.72%。在全省动物疫病防控绩效考核中常德市获得优胜单位称号，汉寿县、鼎城区获得先进县称号。常德市被评为全省养殖业工作目标管理考核先进市州，桃源县、石门县、澧县、津市市被评为先进县市区。汉寿县获全国渔业示范县称号，津市市被评为全省质量安全示范县。澧县渔政站、市渔政站姜志军分别被农业部长江渔业委员会授予春季禁渔执法工作先进集体和先进个人荣誉称号。11月25日，洞庭湖区养殖环境综合整治推进会在澧县召开，常德治污经验在全省推广。

11月25日，洞庭湖区养殖环境综合整治推进会在澧县召开

养殖业产业发展。生猪“双百亿”产值达到235亿元，水产“双百亿”完成175亿元，占任务87.5%，禽蛋产业实现产值60亿元。养殖业促进农户人均增收4000元以上。高效特色水产养殖发展较快，甲鱼养殖100平方千米，南美白对虾13.33平方千米，池塘养蟹2.67平方千米，特别是稻田生态种养发展迅速，面积达到56平方千米，养殖农户3500多户。华乐食品、海佳食品、河洲水产、德人牧业步入省级龙头企业行列。惠生肉业跨入集团式发展，创产值15亿元。湘佳牧业加快发展产、加、销一体化经营，产值达12亿元，利润8000万元以上。华乐牧业连续3年荣登常德市出口创汇企业榜首，成为全国唯一一家同时对新加坡、日本注册猪肉食品企业，全年出口创汇7158万美元。专业合作社实现综合产值3亿元，其中水产业产值9200万元，比2015年增长15%。德人牧业在较短时间内实现奶牛养殖、乳品加工、牧草推广、休闲旅游、特色餐饮一体化发展，在常德市开设乳品销售门店46家，其中，市城区24家。

养殖污染治理。截至2017年3月23日，全市畜禽养殖场共退养1346户，拆除栏舍面积75.98万平方米，发放退养资金1.48亿元，完成全部退养任务59.2%。退养网箱13114口，面积48150平方米，拆除矮围27处，基本完成退养任务，发放退养资金1511.7万元。对全市河流、湖泊、水库、哑河等公共水域全面禁止投肥养殖，水质明显好转，水域生态环境明显改善。如西毛里湖水质常年保持在Ⅱ、Ⅲ类。连续多年压减珍珠养殖，珍珠养殖面积已从2008年200平方千米下降到2016年36.67平方千米。全市3689个规模养殖场完成污染治理设施改造，畜禽粪便综合利用率达到65%。

产品质量安全监管。“瘦肉精”、三聚氰胺、呋喃唑酮等违禁药品成为例行监测重点。仅市本级抽样检测达到1617批次，涉及畜禽产品、水产品、饲料、兽药等6大类52个参数，抽检合格率达到99.8%以上。全市快速检测生猪“瘦肉精”样品11万头，未检出“瘦肉精”。组织开展生猪“瘦肉精”、生鲜乳违禁物质、兽用抗菌药物、农资打假、水产品违禁药物、生猪屠宰“扫雷”专项整治行动，检查企业4500多家（次），查处问题100多起，立案处理5起，捣毁窝点3个，取缔无证经营企业7家。

动物防疫。实行重大动物疫病防控工作地方政府负责制，防控效果良好。澧县甘溪销售病死猪肉一案得到及时处理，犯罪分子受到法律制裁，在当地产生较大影响。市县乡动物疫病防控指挥系统逐步健全，动物卫生监督信息平台运转流畅，防疫应急专家队伍逐步壮大，应急控制能力逐步提高。

渔业资源保护与安全生产。由市环境保护委员会牵头，环保、渔政、公安等部门配合，协同作战，改变以往由渔政部门孤军作战监管模式，渔政执法形成合力。3月1日到6月30日，沅、澧两水流域实行全面禁渔，渔业得到休养生息。各区县市加大人工放流力度，投放各类优质鱼苗鱼种1亿尾。打击非法捕捞行动收到良好效果。收缴船载电机220台，船载升压器246台，背包式电捕鱼机3548台，取缔地笼、迷魂阵等2.3万米，没收渔船36艘，刑事拘留44人，移送起诉21人。（胡洪银）

水利

【概况】 2016年，市水利局获得全省“芙蓉杯”水利建设考核第一名；被评为全省抗洪救灾先进单位；被评为全市行业扶贫优秀单位。

防汛抗灾。2016年全市各级水利部门从工程、责任、预案、物资、队伍等方面充分准备，应对15次强降雨过程。特别是6月下旬至7月中旬，长江流域地区发生“98+”暴雨洪涝，常德市发生“6·27”“7·1”两次连续暴雨洪水灾害，全市平均雨量225毫米，为1967年以来同时期第一多，沅、澧水干流及道水、涔澹水、松滋水、安乡河、冲柳水、南湖撇洪河全面超警。启动防汛应急响应，加强内江内湖和水库调度，全力抢排渍水，取得2016年防汛抗灾胜利，实现“五个没有、一个降低”防汛目标，即“没有因灾死亡一人，没有溃垸溃库，没有出现重大险情，没有出现水上安全等次生灾害事故，没有出现大面积城镇内涝，灾害损失降到最低限度”。

蒋家嘴水闸除险加固工程

水利建设。2016年，全市投入水利建设资金33亿元，共完成国投工程、沅澧水一线大堤除险加固工程、小型农田水利工程3.82万处。国、省投资工程217处7.6亿元，重点开展5处大中型病险水闸除险加固、8处中小河流治理、107处小农水建设、2000千米大中型渠道疏浚等工程建设，治理水土流失面积37平方千米，新增农村自来水普及人口45万人，全市农村自来水普及率达到85%，超过省定小康标准（80%）5个百分点；实施水毁修复工程2880处4亿元；实施沅澧“两水四岸”综合整治工程107处18.8亿元；实施乡村和群众自筹工程2万处9.1亿元，包括堰塘清淤扩容1.8万口、小型渠道清淤1万千米、机埠整修1700处。工程质量安全实现“零事故”。全市没有出现“豆腐渣”工程。青山水闸、蒋家嘴水闸、黄石灌区等项目被评为全国文明施工工地；安乡县小农水重点县建设在全省考评中获得第一名；艳洲、青山、竹园、黄石4处电站安全生产标准化达标评级工作全面完成。以市政府名义出台《常德市农村饮水安全工程管理办法》，建立健全饮水安全长效管理机制；实施大中型水库安全运行管理三年行动方案，全面落实《常德市小型水库管理暂行办法》；堤防管理工作保持全省领先，获得省级堤防管理以奖代补资金730万元。2016年全省水利建设管理工作暨大中型病险水库除险加固现场会、全省水利扶贫工作推进会、全省冬春水利建设暨“十三五”农村饮水巩固提升现场会先后在常德市召开。水利部副部长田学斌等领导到常德市调研水利工程建设情况。

水生态环境保护。起草《常德市饮用水水源环境保护条例（草案代拟稿）》《常德市规划区内河流湖泊保护条例（草案代拟稿）》。在全市所有公共水域实施禁止投肥养殖，督促各地严格落实“禁投”责任和措施。在全市604处水质监测点中，Ⅲ类及以上水质达标率为92.6%。2016年常德市新添省级水利风景区1处。2016年全市用水总量稳定在38亿立方米左右，控制在红线以内；万元GDP和万元工业增加值用水量分别为123立方米、70立方米。在全省水资源管理制度考核审定中，常德市被评为优秀等次。2016年，市委、市政府决定用五年时间，规划投资70亿元，对沅、澧两水638千米堤防实施“一带三化”建设（沿江风光带、堤防规范化、河道规范化、水环境规范化）。全年累计下河执法42次，立案查处违法采砂案件5起，规范砂石采挖和经营行为。

编制规划。2016年，全市共争取中央和省级水利资金9.6亿元，市水利局被评为全市项目推进年工作先进单位。编制申报灾后水利薄弱环节建设实施方案、中型泵站更新改造规划、城市应急备用水源建设规划、治涝规划等，重点完成水利建设PSL贷款项目入库申报29个、PPP项目入库申报38个，申报投资近800亿元。做好前期工作，开发沟渠疏浚、西湖管理区河湖连通工程、沅水桃源段水污染综合治理等重大项目。争取省财政洞庭湖区沟渠塘坝清淤增蓄奖补资金1.48亿元；争取小农水建设1.39亿元、大中型灌区续建配套9800万元、主要支流治理6000万元、中小河流治理5600万元、江河湖库连通工程5000万元。

改革创新。推进澧县、汉寿水行政执法责任制试点工作；推进基层水管体制改革，完成60个乡镇水利站标准化建设；推进农田水利产权制度改革，完成澧县试点阶段任务；推进水利工程建管体制改革，成功试点青山水闸工程代建制。开展行政权力清理工作，编制并公示113项行政权力运行流程图。全年共审批各类行政审批项目64件，所有项目都在5天以内办理完毕。全年在局门户网站上发布信息1318条，及时处理水利舆情信息200多条。全年共承办建议提案20件，实现见面率、回复率和满意率百分之百，被评为全市建议提案办理优秀单位。全年完成水利扶贫资金投入7600万元，其中为市水利局扶贫联系点村汉寿崔家桥镇大西冲村落实资金400多万元，整修小型水库2座、山塘4处、渠道3千米，硬化道路4.7千米，实施全村农网改造、村部整地建设等，完成11户43人脱贫任务。

廉政建设。市水利局制定出台《中共常德市水利局党组关于落实党风廉政建设主体责任实施细则》《2016年局级领导成员党风廉政建设责任制》，市水利局与市廉政建设领导小组签订责任书。全年市水利局共开展廉政谈话150多人次。按照《常德市水利工程建设领域廉政风险防控标准》，加大对重点领域、重点岗位廉政风险防控。坚持每月就项目申报、水利工程建设监督管理、水行政审批、水行政执法、行政事业性收费、“三重一大”事项等进行廉政风险防控事项申报。组织全市水利系统开展“纠‘四风’、治陋习”和“雁过拔毛”式腐败问题专项整治。通过检查，全市共清理2013年以来区县（市）水利建设项目361个、资金31亿元，清缴违规发放津补贴76.4万元，查处违规违纪10人。　（代　敏）

林　业

【概况】 2016年，常德市获得“全国绿化模范城市”和“国家森林城市”称号，在省政府“湘林杯”林业建设目标管理考核中获优胜单位。全市森林覆盖率稳定在47.98%，林地面积8343.47平方千米，增长17.13平方千米，活立木蓄积量3712万立方米，增加4.22%。

造林绿化。全市完成营造林556.13平方千米，其中人工造林156.13平方千米，封山育林100平方千米，低效林改造113.33平方千米，中幼林抚育186.67平方千米。造林任务完成率和质量综合核查合格率分别达101.8%、100%。注重林地测土配方信息系统使用和维护，工程造林使用率和维护任务完成率分别达100%和95.6%。完成造林树种育苗4135万株，其中Ⅰ级苗3017.4万株、Ⅱ级苗1117.6万株，圃地苗批合格率达100%。全市参加义务植树人数达310.6万人次，植树1139万多株，尽责率达93%。建成庭院绿化示范村16个，建设绿色庭院示范户570户，带动全市10%庭院达到绿色庭院标准。

资源保护。开展“世界湿地日”“世界野生动植物日”“爱鸟周”等活动，出动宣传车40多台次，设置相关横幅、橱窗、盾牌200多块，发放宣传资料7万多份；全年没有发生非法猎捕野生动物重大案件。推进湿地公园建设，成功申报汉寿息风湖、临澧道水河2处国家湿地公园试点，顺利完成毛里湖国家级湿地公园国检验收，湿地保护率稳定在70.15%，没有发生破坏湿地及湿地野生动植物重大案件；全市未发生一起森林火灾。加强对松材线虫、马尾松毛虫、竹蝗、杨树舟蛾等有害生物监测防治，全面完成林业有害生物普查。全市林业有害生物发生面积275.47平方千米，发生率为3.84%，成灾面积2.33平方千米，成灾率0.28‰，防治面积249.8平方千米，防治率为90.68%，其中无公害防治230.67平方千米，无公害防治率92.3%。

林政管理。全市纳入省级以上公益林补偿面积3720.27平方千米，发放生态公益林补助资金9278.57万元，申报公益林公共管护项目17个，申报项目补助资金220万元，落实公共管护资金118万元；开展三年禁伐减伐行动，全市落实禁伐商品林面积241平方千米，没有出现禁伐范围违规采伐林木和超指标发放林木采伐许可证现象；全市共审核审批征占用林地79宗、面积210.98万平方米，收缴植被恢复费2816.5万元；办理行政许可事项630件（次）；推进森林公安派出所和执法办案场所建设，全市9个林业执法办案单位和6个森林公安派出所已完成相应建设任务；开展打击破坏野生动物资源、打击非法占用林地、候鸟保护“清网行动”等一系列执法专项行动，共立涉林刑事案件109起，刑事拘留34人，逮捕6人，移送审查起诉111起，林业行政立案490起，查处487起，查处率99.4%，没收违法所得16.58万元，罚款371.1万元，行政处罚480人次，林业行政处罚案件合格率100%，办理治安案件204起，治安拘留17人，治安罚款3人，警告184人次。

林业产业。2016年实现林业总产值209.97亿元，其中第一产业76.04亿元，第二产业83.57亿元，第三产业50.36亿元，较2015年增长16.52%。全市已有花卉苗木面积61.2平方千米、油茶面积863.2平方千米（其中当年新造10平方千米），当年完成造林156.13平方千米，生产木材42.9万立方米、竹材1012.7万根、锯材40万立方米、人造板45平立方米、木竹地板36.3万平方米、森林食品88万吨、森林旅游477万人次，收入24.6亿元。

林业改革。开展国有林场改革回头看，加强对国有林场改革工作督导检查，确保国有林场改革“定性、定编、财政预算、社会保障、政策扶持”全部落实到位。探索建立林权管理、森林保险等机制，营造有利于金融支持集体林权制度改革与林业发展的政策环境。对全市生态公益林进行全面参保，参保面积

3533.33 平方千米，推进商品林保险，商品林参保面积达 3733.33 平方千米。

（徐 俊）

【常德市获得“全国绿化模范城市”和“国家森林城市”称号】 2016 年 3 月，全国绿化委员会下发《关于表彰全国绿化模范单位和颁发全国绿化奖章的决定》（全绿字〔2016〕2 号），常德市被授予全国绿化模范城市称号。2016 年 7 月，常德市按照《常德市国家森林城市建设总体规划（2012—2020）》，完成 2016 年规划建设任务，40 项指标全部达到国家森林城市评价标准，并编制上报《常德市创森工作报告》《常德市创森规划实施报告》《常德市创森 40 项指标自查报告》申报材料。2016 年 8 月，国家林业局专家组一行对常德市创建国家森林城市工作进行实地核查。先后到桃源县沙坪镇，市城区泉水桥义务植树基地、柳叶湖百果园、穿紫河船码头、丁玲公园、诗墙公园等地，现场核查常德市人工新造林、生态廊道及城区绿地建设等情况，并随机开展公众态度调查，调查结果显示，常德市市民对创建国家森林城市支持率和满意度分别达到 99.75% 和 98.75%。9 月，常德市创建国家森林城市顺利通过国家评审，9 月 19 日在延安举办森林城市建设座谈会上被国家林业局正式授予“国家森林城市”称号。 （徐 俊）

【出台《关于加强太阳山、河洑山、德山林业生态保护的规定（试行）》】 2016 年 6 月，经市政府常务会议审议通过，印发《关于加强太阳山、河洑山、德山林业生态保护的规定（试行）》（常政办发〔2016〕13 号），对“三山”林业生态保护进行规定。在原有 3 个国有林场 18.33 平方千米面积基础上，新增 78 平方千米，涉及 6 个区县市、10 个乡镇、40 个村，扩规后“三山”保护总面积达到 96.33 平方千米。 （徐 俊）

【启动林木绿地认养认建活动】 2016 年 4 月，常德市绿化委员会出台《常德市林木绿地认养认建管理暂行办法》。5 月 27 日，常德市林木绿地认养认建活动启动仪式在丁玲公园举行。市领导徐正宪、戴君耀、朱晓平出席活动，并各自认领一棵银杏树。当天，共有 30 多棵银杏被认领，并冠上认领者姓名。

（徐 俊）

5 月 27 日常德市林木绿地认养认建活动启动仪式在丁玲公园举行

【津市毛里湖国家湿地公园通过国家验收】 毛里湖国家湿地公园位于津市东南部，以毛里湖湿地为主体，由 99 条沟汊溪河汇聚而成，是湖南省最大的溪水湖，总面积 62.5 平方千米，常年蓄水 1.38 亿立方米。园内有湿地植物 403 种，湿地动物 262 种；2011 年 3 月，被国家林业局批准为国家湿地公园试点。2016 年 8 月 16 日，国家林业局公布 2016 年试点国家湿地公园验收结果，津市毛里湖国家湿地公园试点建设通过国家林业局组织的评估验收，正式成为常德市通过国家验收首个国家湿地公园。（徐 俊）

农村经营管理

【概况】 2016 年，常德市农村经营服务站被评为全省农经工作先进单位。

土地确权登记。全市分三批开展农村土地确权登记颁证工作。澧县作为农业部和湖南省试点县，试点工作任务基本完成，正进行公示纠错和纠纷调处工作。安乡、汉寿、武陵、津市、石门、临澧等 6 个区县（市）已启动。鼎城、桃源和常德经开区、柳叶湖旅游度假区、桃花源旅游管理区于 2016 年 4 月启动。2016 年 4 月和 8 月，两次承办由农业部经管司和农干院主办的全国农村土地确权登记颁证政策与理论实务培训班，并在会上作典型发言。

土地流转。2016 年，全市流转耕地面积 1855.27 平方千米，占耕地总面积 43.9%，涉及农户 49.36 万户，占农户总数 37.05%。汉寿、澧县、临澧、津市、武陵、鼎城等 6 个区县（市）建立土地流转服务信息平台，及时发布土地流转信息。临澧县全年通过土地流转信息平台共发布信息 102 条，其中实现对接 38 宗，土地流转面积 3.33 平方千米。

土地经营权抵押贷款。2016 年，全市共发放农村土地经营权抵押贷款 252 笔，额度近 1.3 亿元，其中汉寿县共发放 234 笔 10714 万元，澧县共发放 18 笔 2230 万元。

调处化解农村土地纠纷。2016 年，全市各级共受理纠纷 6145 起，调处 5963 起，其中市本级直接受理并调处 57 起；县级仲裁机构受理 185 起，裁决 9 起。指导津市争取国家仲裁基础设施建设资金 50 万元，设立仲裁场所。

农民合作社和家庭农场建设。2016 年，全市农民合作社达到 3602 家，新增 674 家。成员数量接近 30 万户，农户入社率达 22.4%。家庭农场年度新增 1389 家，达到 2341 家。长林水产信息服务平台 2.0 版上线成功运行，打造出水产行业全国首个闭环链——“渔联网”；农康葡萄、梅林果业、河洲甲鱼、官垸对虾、钱缘大米等10个品牌运作成效明显。

农民负担监管。2016年，全市农民负担人均9.02元，保持在低位运行；全市发放耕地地力保护补贴资金8.11亿元，种粮大户奖励资金补助0.29亿元；完成一事一议财政奖补项目820个，惠及1006个村，其中财政奖补资金0.89亿元；全市没有发生涉负重大和恶性案（事）件。全市共纠偏整改问题300多起，收缴乡村套取、截留各种惠农补贴资金共计589.66万元，减轻农民负担739.27万元，共追责127人，其中立案查处77人。

农村集体财务资产管理。2016年，在武陵区乡镇、经开区樟木桥街道常安社区、津澧融城核心区域澧县澧阳街道珍珠社区和汉寿县沧浪街道赤岗村扩大试点。武陵区股权改革接近尾声，已挂牌成立股份经济合作社29个；澧县股权改革在珍珠社区正进行试点，并制定下发《澧县集体产权制度改革试点工作方案》（澧农经字〔2016〕6号）；常德经济技术开发区股权改革正在进行成员身份界定；汉寿县改革完成清产核资等基础性工作。（唐宏丹）

【常德“锦绣千村模式”在全国推广】 2016年11月16—17日，全国培育新型经营主体发展农业适度规模经营座谈会在浙江湖州召开。湖南锦绣千村农业合作社负责人龚佑琼在大会上作“全程服务、多元服务、高效服务，着力打造区域综合服务型农业龙头企业”典型发言，并受到国务院副总理汪洋接见。

（唐宏丹）

【农业部培训班在常德举办】 2016年4月和8月，农业部分别两次在常德举办培训班，全国31个省、自治区、直辖市农委系统分管农村经营管理工作负责人，市、县从事农村土地确权登记颁证骨干人员共200余人参加培训。培训主要内容是农村土地承包经营权确权登记颁证政策实务与质量验收相关要求，常德经管系统市、县、乡三级代表分别在培训班上作典型发言。市政府副市长朱晓平和市政府副秘书长郑志鹏分别出席两次培训班开班仪式并致辞。（唐宏丹）

农业机械

【概况】 2016年，全市农机总动力达620万千瓦，机具总数量达90万台（套），主要农作物生产机械化达61.5%以上。

农机购置补贴。全市共申报农机购置补贴资金1.15亿元，推广各类补贴机具12147台（套），受益农户6483户；培训农机各类人员10856人次，申报和通过8项农机新产品升级科技成果鉴定。

农机安全监理。全市共创建5个示范乡镇，56个示范村。市农机局、澧县农机局、汉寿县农机局、鼎城区农机局荣获“全省农机安全生产目标管理先进单位”称号。市农机局被评为“2016年全市安全生产先进工作单位”。

农机专业合作社建设。全市发展农机作业合作社347家。其中203家合作社成功申报为全省现代农机合作社，居全省第一。全市各类农机社会化服务组织200多个，入社成员2037人，经营土地面积566.67平方千米。全市共评选20家市级现代农机专业示范合作社给予奖励。桃源县食健堂农机专业合作社被评为国家级示范合作社。

队伍建设。常德市农业机械化管理局变更为市农业委员会管理的副处级公益一类事业单位。市县两级农机部门班子及二层骨干人员均调整到位。开展“外树形象 内强素质”为主题的业务培训会议，全市农机系统股级以上干部参加培训。（覃　政）

扶贫移民

【概况】 扶贫开发。2016年，常德市全年脱贫8.8万人。常德市被省委省政府评为全省脱贫攻坚工作先进单位，石门县、桃源县、鼎城区、津市市、澧县、西洞庭管理区、柳叶湖旅游度假区进入全省先进行列。武陵区、常德经济技术开发区、西洞庭管理区、柳叶湖旅游度假区实现贫困人口整体脱贫。一是实行挂图作战。紧扣精准到村到户，全面实行“建三档、挂五图”，即建立贫困村、贫困户、结对帮扶三个档案；所有贫困村挂好政策宣传、脱贫规划、时间表、路线图、责任书等五张图，实现规范建档、挂图上墙、按图实干。做到县级有信息平台、乡村有结对台账和户情登记本、贫困户有扶贫手册和“结对连心牌”。二是加强驻村帮扶和结对帮扶。按照1名市县领导牵头、3~4名工作队员驻村、5~6家后盾单位支持模式，对全市所有贫困村开展驻村帮扶，其中市本级办点43个，全市贫困村完成投入9.59亿元，村均达242.2万元。对贫困人口300人以上非贫困村，以乡镇为主全部进行驻村帮扶。组织全市20.2万名机关干部、企事业单位干部职工等对全市9.47万户贫困户、25.7万名贫困对象进行结对帮扶。三是推进“五个精准到户”（社会保障、生产发展、技能培训、教育助学、危房改造到户）。全市核定兜底保障对象1.07万户、2.56万人，贫困人口住院治疗降低起付线、提高报销比例、大病救助等政策得到较好落实。武陵区对所有符合条件对象实行兜底保障，实现“应保尽保”。桃源县整合专项资金1000万元设立贫困户大病救助基金。开展“两后生”技能脱贫行动培训1100多人次，开展贫困村致富创业带头人培训600多人次。实施中职、高职贫困生“雨露计划”1200多人，对2.9万名贫困生实现应补尽补。完成危房改造9213户并全部入住，涉及贫困对象9350人易地扶贫搬迁项目完成主体工程。四是狠抓“六件实事”。深入推进电力改造、交通设施、农田水利、信息网络、村级活动场所、集体经济发展等新“六件实事”。全年新修和硬化村组主干道1667千米、清淤扩容堰塘581口、疏浚沟渠485.9千米，对212个村实施电网和村级活动场所升级改造，在191个村开展广播电视和信息网络建设。五是注重发展产业。突出产业帮扶，因地制宜推进油茶、茶叶、蔬菜、柑橘、楠竹、养殖等特色产业发展，采取直接帮扶、委托帮扶和股份合作等方式，推动贫困户增收脱贫。西湖区组织64个农民合作社参与脱贫攻坚，流转土地4.67平方千米，贫困人口全面受益。全市18个村级光伏地面电站并网发电。突出金融帮扶，全面推进金融扶贫小额信贷工作。全市新发放扶贫小额信贷资金9.34亿元，覆盖建档立卡贫困户2.7万户、8.3万人。突出智力帮扶，开展贫困村村支书培训、农业实用技术培训以及“两后生”技能脱贫行动等，全年培训贫困人口1万多人次。

移民开发。2016年，市扶贫开发办公室、市移民开发局被评为“全省移民工作先进单位”。全市举办移民实用技术培训班46期、培训移民3473人次；转移就业技能培训43期、培训移民813人次。在对全市直补移民后扶对象清理核减1304人基础上，组织各区县（市）对后扶直补资金计划进行编报，并及时打卡发放。申报重点项目17个，涉及项目投入8414万元，其中移民专项资金2450万元；申报2015年第三批、2016年600元以内及600元以外第一批、第二批项目计划，涉及项目资金2.5亿元。完成2015年第三批、2016年市本级第一批、第二批项目施工。全面实行移民资金县级报账制，规范移民资金管理。对全市2014—2015年度在建水库淹没补偿资金和水库移民后扶资金落实情况、2015年移民搬迁安置和后期扶持政策实施情况进行内审和稽查。皂市水库移民安置工作成功通过水利部组织终验。组织对石门县白沙水电站实物指标复核工作。大力支持库区和安置区移民探索“龙头企业＋基地＋移民”“龙头企业＋合作社＋移民”发展模式，较好完成省下达油茶、茶叶、水果、楠竹、蔬菜等移民产业发展和提质改造指标任务。2016年，全市移民系统接待受理移民来访251批415人次、来电来信28起，办结率达100%。（李　京）

【全省精准扶贫信息化管理暨挂图作战现场推进会在常德市召开】 2016年8月27日，全省精准扶贫信息化管理暨挂图作战现场推进会在常德市召开。会议主要就精准扶贫挂图作战、精准扶贫档案管理、精准扶贫数据交换、精准扶贫对象落实等工作展开讨论，总结交流扶贫脱贫经验，安排部署全省下阶段挂图作战和档案管理工作。常德市人民政府副市长朱晓平介绍常德挂图作战和精准扶贫信息化档案管理工作。湖南省副省长戴道晋、省扶贫办主任王志群、省政府副秘书长曹英华、省扶贫办副主任贺丽君、常德市委书记王群、常德市人民政府市长周德睿、副市长朱晓平等以及来自全省14个地州市、123个区县扶贫办主任参加会议。（李　京）

全省精准扶贫信息化管理暨挂图作战现场推进会在常德市召开

农民教育培训

【概况】 2016年，全市农民教育培训共开展1303期，培训农民12.77万人，其中农教系统开展培训393期，培训农民3.7万人。市农教办举办市级示范性培训班8期，培训1090人，其中新型职业农民培训（生产经营型）140人；与常德职业技术学院共同完成省级现代青年农场主培训班2期，培训174人。

现代农业培训。2016年全市共培育新型职业农民3920人，其中农教系统培训2886人。汉寿县、石门县、鼎城区等县（区）开展新型职业农民培育认定工作，颁发证书558人。全市农教系统举办新型农业经营主体带头人培训班105期，培训6500余人。全市农教系统共举办水稻技术培训班145期，培训16000余人。举办畜禽水产养殖技术培训班65期，培训5000余人；举办葡萄、苹果柚、食用菌、南美白对虾等高效产业培训班70期，培训8000余人。每期培训班采取理论授课和实地参观、现场教学、座谈交流相结合方式。依托省级

2016年湖南省现代青年农场主培训班在常德市职业技术学院开班

农业科技园、国家农业科技园，与农业龙头企业、农民合作社紧密合作，开展农民实用技术培训。

素质培训。汉寿县对32个美丽乡村示范村和创建村进行全面产业技术培训，组织农口系统专家开展环境卫生整治知识培训，培训农民1.5万人；临澧县围绕美丽乡村建设，培训农民卫生健康知识和美丽新农村建设常识，开办卫生大讲堂，培训农民38期1850人。全市围绕美丽乡村建设开办政策法规、思想道德及环境整治等讲座179次、培训1.19万人次。

脱贫培训。开展示范性脱产学习的学历教育。由市农教办和市扶贫办联合在贫困点村选派50名有初中学历青少年到常德职业技术学院脱产学习3年，一半以上学员在2017年6月大专毕业后还将继续深造取得本科学历；在贫困点村开展实用技术培训，市县两级安排扶贫培训专项资金，举办各类脱贫致富培训班50期，培训农民5000余人。

基础建设。市县两级均成立农民教育培训工作领导小组，分管农业副市长、副县（区）长担任组长，办公室设农教办。市级和汉寿、桃源、临澧、安乡、武陵等县（区）农民教育培训经费已纳入财政预算，其中桃源县60万元，鼎城、汉寿、安乡、武陵等县（区）各30万元。桃源、临澧等多数县（市、区）将农民教育培训工作纳入对成员单位和乡镇绩效考核。摸清实底建立农民培训资源信息库，明确新型职业农民培育方向。市农教办在培训内容上，强化种植养殖技术培训等传统领域，围绕互联网建设、现代信息技术应用及微信平台建立、休闲农业运营、家庭农场经营与管理、平台融资等新型领域开设课程，结合美丽乡村建设，增加《农业生态环境与美丽乡村建设》等专业技能课。建立学员信息台账，对学员进行电话回访和典型学员入户走访，创建QQ群交流平台，组织召开农业经营主体带头人座谈会，现场解决生产中存在技术难题和政策支持。与有关部门进行衔接落实，从土地流转、项目申报、金融支持、保险倾斜等方面出台扶持政策。（屠项麟）

农村合作经济

【概况】 综合改革。市供销社将4月定为全市供销社综合改革宣传月，通过各种媒体，采取多种形式集中宣传改革。在《常德日报》开辟“供销改革进行时”专栏，市供销社网站设置“综合改革”专栏，及时刊发改革信息。围绕改革深化供销社综合改革，开展调研座谈10多次，听取各方面意见建议。组织各区县（市）供销社主任赴湖北省、重庆市、浙江和山东省等地，围绕供销社综合改革情况进行实地考察和调研。出台《中共常德市委办公室常德市人民政府办公室关于成立常德市供销合作社综合改革工作领导小组的通知》（常办〔2016〕20号）和《中共常德市委常德市人民政府关于深化供销社综合改革的实施意见》（常发〔2016〕8号）文件，明确改革组织领导、总体要求、目标任务，对全市深化供销社综合改革作全面部署。推进石门县综合改革试点县建设，新推荐安乡县、澧县为全省综合改革示范县。开展乡镇惠农综合服务中心社建设试点，全市共新建14家乡镇惠农综合服务中心社示范社，争创各类国家级、省级标杆社、星级社、农民专业合作社示范社共15家。

农产品流通。2016年，全市年销售收入过百万元农民经纪人及流通大户达2000户，带动农产品销售70多亿元。推进“互联网+供销社”，发展供销电子商务，打造农产品电商平台。重点打造石门县、安乡县电子商务产业园，其中石门县农产品电商产业园启动运营，安乡县工程建设进展顺利，完成投资3100万元。新建澧县八仙府电子商务公司、汉寿县鑫瑞惠民电子有限公司。对接全国供销合作总社“供销e家”电商平台。市社控股常德新三湘农业生产资料有限公司建设的农资电商综合服务平台“田田圈”，服务网点发展到46个，线上为农户提供技术咨询、保险、金融服务、农产品购销、信息发布、供销平台等服务，线下为农民提供专业指导和学习培训。全年共举办各类节展会和品牌推介会58场，实现农产品销售额约200亿元。在常德和长沙举办茶叶品牌推介会，组织市本级茶企参加省茶博会、第十二届中国茶业经济年会等活动。支持鼓励社办企业发展各类直营店、加盟店、配送店、连锁店，全市各类经营店发展到12000多个。

基层建设。推行乡镇基层社“5+X”农村综合服务社模式，新建和改造一批乡镇惠农综合服务中心社。全市已挂牌乡镇基层社共84家，其中投入运营基层社23家，石门县、澧县、安乡县、鼎城区等区县建立惠农综合服务平台。澧县茶叶办、石门县农产品流通办、汉寿县特种产业办均设在供销社。领办创办农民专业合作社116家，其中供销社实际出资农民专业合作社64家，依靠现有农民专业合作社联办合作社13家。

茶叶产业发展。2016年，全市新增

3月31日，举办茶馆茶企对接活动

茶叶面积12.67平方千米，全市茶叶总面积发展到213.33平方千米，新增加工能力6000吨，年产干茶4.2万吨，茶业综合产值突破60亿元。推进“五个一工程”建设，拓展一批营销平台、打造一批公共品牌、壮大一批龙头企业、提升一批加工中心、建设一批生态有机标准茶园。举办“2016首届常德红茶文化节暨武陵红茶品牌推介会”，全国700多人参加会议，实现签约销售5000多万元。3月和9月，分别在桃源县茶庵铺镇和市城区开展茶企茶馆对接活动，搭建本地茶馆茶企沟通交流平台。5月中旬，在长沙高桥茶叶茶具城，组织开展“请喝一碗石门茶”暨第十四届茶文化活动，举行“石门名优茶一条街”开街仪式和石门茶叶走进长沙社区活动。

为农服务。支持供销社社有经营服务组织，为农户提供全程或订单选择式土地托管服务，包括集中育秧、统防统治、机耕机收、机插机播、短途运输、烘干仓储、收购加工和农技培训等。全市系统开展土地托管服务企业达17家，成立土地托管服务中心19个，土地托管面积达到430.67平方千米，占到全省系统一半以上，惠及农户15万多户，托管农户年均每亩增收300元以上。全市范围内共建立价格信息平台3个（市直、澧县、桃源县各1个），信息采集点67个，对茶叶、食用菌、蔬菜、水产、油料、棉花、柑橘、农资价格信息进行收集分析，全年共编发信息简报35期。全年共开办教育培训班2期，有机茶园标准化建设培训班和农民合作社与基层供销社农村电子商务创新发展培训班，培训各类人员200多人。

争资引项。2016年，全市供销社通过申报、引进项目，争取各项资金共计近1.6亿元。培育安乡县昌源农作物种植专业合作社、鼎城区美洲惠农综合服务社、汉寿县华鑫米业有限公司、石门县丰瑞乐家庭农场等4个土地托管项目和常德市天富生态农业有限公司、石门县杨氏果业联合社、常德市锦绣千村植保有限公司等3个产业融合项目。成功申报临澧县新合作公司、鼎城区天富生态农业公司、桃源县兴隆米业公司2017年土地托管总社农开项目。推荐石门县益农电子商务有限公司、安乡县经霞电子商务有限公司申报2016“供销e家”电子商务示范项目，澧县锦绣千村植保有限公司申报2016年供销总社农化服务示范项目。桃源县古洞春产销对接项目，银木塘棉花合作社、临澧县观山红果业合作社、澧县太青茶叶合作社项目顺利完成项目建设并通过验收。引进坤海集团投资1.2亿元建设碳氢油项目，已完成三通一平及报建、环评等手续。

协会工作。市县两级供销社主办行业协会共有27个，加大农产品流通、农资、茶叶、柑橘、食用菌、蜂蜜等协会建设力度。根据相关文件要求，对在协会兼职人员，按程序向组织部报批，经市委组织部审核后方能兼职，但不领取任何报酬。圆满完成市农产品流通协会和市茶叶流通协会换届选举工作。茶业协会开展会员活动，借茶事、茶会对会员进行培训学习。全年举办各类茶事茶会活动达200多场，组织培训茶艺师150人。（唐　斌）

农业产业化

【概况】 2016年，常德市以引导企业进档晋级、科技创新、品牌认证为着力点，大力培育农产品加工业龙头企业，推进农业产业化建设，全市形成粮食、油料、棉麻、茶叶、畜禽、水产、果蔬、竹木等八大农产品加工主导产业。

2016年，全市农产品加工企业完成销售收入1041亿元、增17.6%，完成产值1078亿元、同比增长18%，上缴税金12.5亿元、同比增长10%，出口创汇25626万美元、同比增长15%。全市农产品加工企业达到4968家，其中规模以上392家；市级以上龙头企业316家，其中国家级龙头企业6家，省级龙头企业58家，市级龙头企业252家，国家级和省级龙头企业个数居全省第二；年收入过亿元龙头企业121家，过10亿元的7家，过50亿元的1家。

品牌建设。全市有农产品加工业产品品牌160件，其中中国驰名商标29件（2016年新增广益粮油、洞庭春米业）、湖南省名牌28件（2016年新增惠生肉业、蜀中情食品）、湖南省著名商标103件（2016年新增11件）；全市农产品加工企业产品中获得国家级和省级金奖80多个。

科技创新。全市建有院士工作站和国家级工程技术中心6家，其中2016年新增1家院士工作站（德人牧业）。建有省级工程技术中心12家，其中2016年新增德人牧业、精为天。精为天生态农业与南京农大合作，成功开发出胚芽米、胚芽油、胚芽茶等系列产品。德人牧业院士工作站挂牌后，已研制开发鲜奶系列产品10个，大大提升企业市场竞争力。

企业发展。全市农产品加工业发展在稳中有增、稳中有新、稳步推进同时，逐步向融合发展、整合发展、精深发展和外向发展迈进。湖南德人牧业有限公司靠走一、二、三产业融合之路，在短时期内迅速发展，已新建0.67平方千米优质牧草基地、1个标准化牛奶养殖示范场、4万吨乳品和果汁生产线，“德人牧香”连锁经营在省内办得风生水起。金健米业、惠生肉业充分发挥行业领军作用，成功整合津市中意糖果、桃源四喜养殖，让两家企业短时间内效益回升。汇美农业致力于朝鲜蓟精深开发，已开发出10多个产品。湘佳牧业坚持质量与品牌并重，大力实施外向战略，“湘佳鸡”系列产品已覆盖长株潭、武汉、重庆、贵阳、上海、杭州一带，进驻沃尔玛、平和堂、家润多、步步高等超市卖场，在“湘品入沪”“湘品入京”展示会上深受消费者青睐。（杨　锦）

农业科学研究

【概况】 2016年，市农林科学研究院实施并完成国家、省、市及本院自拟科研课题20余项。全年发表专业科技论文21篇。《优质多抗高产油黄籽油菜常杂油系列新品种选育与应用》获湖南省科技进步三等奖；“冬闲田马铃薯新

市农科院设在西洞庭的朝鲜蓟栽培示范基地

品种筛选及优质高效栽培技术集成与推广”“豇豆新品种筛选及标准生产技术研究与应用”获常德市科技进步奖。与中种集团共同选育水稻不育系“28S”通过海南省省级鉴定；水稻新品种“三亚红28”申请海南省省级审定。马铃薯新品种“中薯5号”通过湖南省品种认定。张平喜、王中美《一种朝鲜蓟留种的栽培方法》《朝鲜蓟漂浮育苗技术》两个发明专利，获国家专利局授权颁布。《朝鲜蓟营养块育苗技术规程》等4个标准，通过湖南省质量技术监督局审定并发布实施。

涉农服务。试验示范基地遍布全市9个区、县（市）共4.33平方千米。全年举办技术讲座80场，培训种子经销商、农民、种植大户和单位员工5100多人次；送技术下乡、田间诊断50余次，指导农民、种子经销商1600多人次；发放技术资料11800多份；专家热线开展技术咨询200多次。

机构调整。调整后市农林科学研究院内设机构为14个，设立办公室、组织人事科、监察室、财务科、科研管理科5个内设科室；直属研究机构9个，分别为：水稻研究所、油料作物研究所、经济作物研究所、蔬菜科学研究所、林业科学研究所、植保土肥研究所、农业生物技术研究所、农产品加工研究所、茶叶研究所。全额拨款事业编制为93名，其中科级领导职数28名（正科级领导职数不超过14名），一般管理人员8名，专业技术人员48名，后勤服务人员3名。

自身建设。6月28日，参加市农委系统庆“七一”“颂歌献给党”合唱比赛，获一等奖。9月13日，开展“中秋情、农科情、文明情”大型主题活动。2016年争取各类项目资金近400万元。在2017年度部门财政预算中，获准从2017年正式纳入事业三档。（袁振中）

【筹建常德国家农业科技园区】
2016年，常德市政府筹建成立“常德国家农业科技园区管理委员会”，负责常德国家农业科技园区各项建设事宜，该园区位于常德市西城新区，西起渐河，东至丹溪路，北起柳叶大道，南抵洞庭大道，总用地面积约2平方千米，建设总投资约为25亿元。主要建设项目包括现代农业科研中心、孵化中心、现代农业博览园。（袁振中）

棉花科学研究

【概况】 科技创新。修订《科研管理办法》，落实科研成果权益改革，把原来11个课题组优化为7个课题组，形成长江流域育种团队、新疆育种团队、栽培团队、植保团队、旱地作物研究团队。为实现向新疆棉区战略转移，通过实地考察，反复论证，顺利建站库尔勒，打通了品系新疆参试渠道。学科拓展油葵实现三系配套，并筛选新品系1个；玉米筛选核心材料23份，筛选新品系2个；花生收集新材料116份，筛选新品系3个。有效落实长株潭替代区棉花试验示范项目，落实总面积5442亩（1亩=666.67平方米，下同），安排高吸镉棉花品种筛选等试验4个，推广一播全苗等应用技术7项。在播种季节雨水多、调整植棉政策出台较迟等情况下，示范片籽棉产量仍达到400斤/亩，高产田块达500斤/亩，受到相关农业部门认可和老百姓好评。

项目建设。全年推荐申报项目74项，获资助项目42项，到账项目经费1345万元，比2015年增加57.7%。国家“十三五”课题中，承担转基因重大专项、国家重点研发计划、国家支撑计划等项目，位居国家棉花研究队伍前列。

科技成果。3个机采棉品系通过湖南省品种委员会审定；编制《湖南省机采棉品种审定规范》，引领洞庭湖棉区乃至长江流域棉区机采棉行业标准；获常德市科技进步一等奖1项；获“科技创新、贡献常德”金奖1项，2个行业标准通过评审，申请国家发明专利3项并已经获得申请号。发表学术论文22篇，其中SCI1篇，影响因子达4.49。

人才培养。研究员张志刚获省“十佳农业人”、省政府记二等功，研究员赵瑞元获享受国务院政府特殊津贴专家，研究员曾潜当选常德市鼎城区第九届政协常委，梅正鼎、巩养仓、李庠三人顺利晋升高级职称。（梅正鼎）

金健米业

【概况】 2016年，金健米业股份有限公司产销大米50.8万吨，同比增长24.2%；产销面条13.7万吨，同比增长5%；产销小包装油13.4万吨，同比增长5%，实现销售收入75.3亿元，同比增长12%，实现利税7670万元。

产业拓展。米业方面：建立布局全

国湖南籼米、东北粳米、西南优米、东南亚泰米四大生产基地。在基本完成省内籼米产业基地布局基础上，相继设立黑龙江金健天正粮食有限公司、金健泰国公司，在东北优质粳米区、东南亚优质泰米区拥有自主生产基地。面业方面：在推进临澧面制品基地质量整改、产品创新基础上，全力谋划和推进面制品北方基地项目，取得初步进展。油脂方面：明确“一个中心（炼油、小包装油灌装中心）、三大基地（茶籽油、米胚油、小榨香菜籽油基地）、多点开花格局（长沙、株洲、常德、怀化、邵阳、重庆、武汉等地中桶油贴牌生产格局）”发展战略。先后完成重庆放心粮油基地、植物油（长沙）公司项目组建、成立工作。乳业方面：加大长沙市场开拓力度，全力推进社区商业连锁项目建设。同时，加大常德基地技改力度，进一步提升产能。药业方面：制定“深耕湖南，辐射中南地区”策略，明确从基础性输液向治疗性输液转型发展定位，顺利完成跟标及直立式软袋认证工作，全力恢复和拓展市场，并加快相关新药开发、购买、合作进程。进出口和贸易方面：完成金健农产品（湖南）公司、金健进出口公司、金健农产品（营口）公司增资扩股工作，进一步提升产业实力，全力做大贸易业务，提升公司营收规模。新型食品方面：在新中意项目和宁乡项目基础上，继续开展相关新项目调研、论证，力求通过兼并整合，实施低成本扩张。

项目建设。针对公司相关产业设备老化、产能不足等问题，投入巨额资金继续对相关产业实施提质改造。主要包括金健粮食公司德山米厂整体形象改造、益阳粮食公司整体规划建设方案（含一期工程）、金健面制品面条车间烘干工艺技术及老仓改造、金健植物油德山油厂“煤改气”及精炼车间脱蜡工艺改造、金健乳业低温奶专用生产线升级改造、新中意公司果冻车间空气循环系统及牛轧糖折叠包装机升级改造、金健药业直立式软袋100毫升瓶坯模具及萘普生钠共混袋新药项目、高科技公司半干粉中试生产线建设等。

开拓市场。全面启动招商工作，强化经销商和网点开发。着力开发电商平台等新兴销售渠道。同时，以商业公司项目为推手，摸索建立自有终端销售渠道。加快市场布局。通过直销处转公司经营或与当地合作等形式，加快在西南、华南、中南、西北、华东、东北等重点市场布局进程，积极谋求在销区建立金健产品集散中心。

科技创新。完善科技创新体系。以申报“国家稻米工程中心”为契机，加强科技人才引进和交流合作，进一步完善“产学研”合作体系。健全科技创新内部机制。推进实施“项目课题制”，通过对项目专项经费支持和成果激励，大幅提升科技创新项目效率和效果。强化战略新品开发。公司把科技创新重点方向从理论性研究转向实用性研究，着力提升科技成果转化成商品能力，重点加大健康方便食品、营养食品、健康饮品等战略新品开发力度。（舒栋成）

12月19日，举行湖南金健速冻食品公司投产典礼和金健·御食秘典新品发布暨经销商大会”

贺家山原种场

【概况】 2016年，湖南省贺家山原种场承担湖南省水稻品种联合品比试验、湖南省水稻品种区域试验、长江中下游水稻品种区域试验及生产试验、湘种联合体水稻品种区域试验、潇湘联合体水稻品种区域试验等各种试验品种985个。完成湖南省常德市国家级农作物品种审定区域试验站建设，参加长江中下游环洞庭湖流域农作物品种综合区试站（岳阳）建设项目，在全国率先启动金种子区试管理系统。李建彬晋升农业技术推广研究员，曾跃华晋升高级农艺师，高级农艺师谭旭生获得湖南省农业委系统2015年度“十佳农业人”。

科技创新。5个水稻优势品种（组合）参加湖南省水稻预备试验、区域试验，贺杂棉11号、12号参加湖南省棉花区试，水稻品种D两优311参加生产试验。对拥有自主知识产权的水稻新品种开展生产经营与示范推广，开展家60A的提纯与原良种繁殖，在省内20多个点开展家优111的制种、示范，示范推广贺优50和D两优71，社会反响很好。实施湘米工程，对优质晚稻品种农香24、湘晚籼17号、桃优香占开展栽培技术研究；进行再生稻、粳稻新品种、优质蔬菜新品种引进筛选示范。

科研成果。家60A、家优111、贺优691等3个杂交水稻品种于2016年6月通过湖南省农作物品种审定委员会审定，《两系杂交早稻株两优15的推广应用》项目获得全国农牧渔业丰收奖二等奖、《籼型三系不育系贺50A及其系列杂交水稻组合选育与推广应用》项目获常德市科学技术进步奖二等奖；在《杂交水稻》《中国稻米》等专业刊物发表农业科技论文9篇。

贺家山原种场与湖南文理学院合作人才培养基地揭牌

农业培训。完成发展中国家国际杂交水稻技术培训6期153人。完成200名新型职业农民培育、各类农民培训1000多人次和多家合作院校农学实习指导60人次。场企校“产学研”合作得到加强，8月2日，在原种场种业科学研究所举行“湖南文理学院——湖南省贺家山原种场校企合作人才培养示范基地”揭牌仪式，湖南文理学院投入14万元在场内共建实训基地。

产业发展。从传统籼稻种植向一种双收的再生稻、高产优质的粳稻和附加值高的优质稻种植转变。大洲分场兴起马铃薯+优质稻种植模式，探索稻田耕作制度转变。稻田生态种养异军突起，乐兴分场陈亮引进青蛙特种养殖，2016年示范养殖面积3.33万平方米，收入130余万元，获利润42万余元。

生态环境提质。大力发展生态林业，兴建40万平方米“长江防护林”，优化贺家山大道、大洲分场中心港、新合分场良育路等绿色通道，全面推进庭院绿化、机关小区绿化，种植苗木1万多株。以建场以来投入资金最多的冬修水利工程建设为契机，疏通渠道，清理垃圾，建立健全维护管理机制。加快新农村建设步伐，新合分场一队被评为省级新农村建设示范点。全场生活垃圾定点存放、清运和无害化处理成果得到巩固，集镇区域居民婚丧喜庆庆典燃放鞭炮现象得到有效控制。　　（谭旭生　刘　勇）

商　务

招商引资

【概况】 2016年，常德市共引进内外资总额696亿元，同比增长7.75%。其中，实际引进外资8.9亿美元，同比增长19.9%，增幅排名全省第一。共签约亿元以上项目185个，投资总额达1420.4亿元。

项目引进。积极对接央企和战略投资者，与中国医药集团、中建五局、中国建材、隧道股份等一批龙头企业签署战略合作协议，华侨城集团常德卡乐世界项目、中国建材集团绿色小镇项目、保利集团柳叶湖保利新城项目、中国医药集团生命健康产业园及中医颗粒加工项目加快推进。2015年“港洽周”6个省级签约项目全部履约，2016年“沪洽周”6个省级签约项目全部启动。

商会建设。围绕“引老乡回故乡建家乡”，成立成都、湘潭、天津3家异地常德商会，全国异地常德商会发展到15家。（杨雅兰）

【2016常德市德商恳谈会】 2016年4月1日，常德市召开第三届德商恳谈会和常德（上海）投资推介会。德商恳谈会共有各地常德籍知名人士、商会精英、党政军企等各界代表700人参加，

4月1日，2016年德商恳谈会

各县（市）区单独组织签约，共签约项目37个，总投资111.3亿元。常德（上海）投资推介会上共签约项目31个，总投资额273.46亿元。（杨雅兰）

国内贸易

【概况】 2016年，常德市社会消费品零售总额1058亿元，增速全省第二位。

节会展会。举办两届湘西北汽车博览会、武陵阁步行城购物节、千人美容美体大会、常德首届民俗文化美食节、本地名优特新产品专场对接会节等一系列活动。其中，湘西北汽车博览会已经成为湘西北地区最有影响力车展品牌，两届车博会共销售汽车4900台，实现销售收入近6亿多元。全市共举办促消活动225场，特色会展87场，拉动消费近100亿元。

龙头企业。以建设泛湘西北地区现代消费中心城市为目标，完成武陵阁步行城、火车站、桥南三大核心商圈改造。万达、友阿国际、和瑞·欢乐城等一批知名商贸品牌企业开业，培育壮大益丰大药房、华星电器、丰采实业、惠生肉业等一批具有竞争优势和影响力本土商贸流通企业。大润发、春天百货、家润多、梅尼广场等连锁超市发展迅速。（杨雅兰）

表 17

2016 年度常德市商贸流通企业前 10 强统计表

序号	区县市	企业名称	年营业收入（千元）	排名
1	武陵区	湖南省烟草公司常德市公司	5782281	1
2	武陵区	中国石化销售有限公司湖南常德石油分公司	3260634	2
3	武陵区	益丰大药房连锁股份有限公司	1959701	3
4	武陵区	中国石油天然气股份有限公司湖南销售常德分公司	1150164	4
5	武陵区	常德美制冷产品销售有限公司	1118021	5
6	澧 县	湖南丰彩实业发展有限公司	1090461	6
7	经开区	湖南金健米业营销有限公司	903435	7
8	武陵区	常德市日福汽车销售服务有限公司	879812	8
9	桃源县	桃源县源水商业有限公司	620599	9
10	汉寿县	汉寿县金湾购物广场有限公司	497575	10

对外经贸

【概况】 2016 年，常德市完成进出口总额 48.54 亿元人民币（7.33 亿美元），同比增长 0.9%。其中，加工贸易 9.54 亿元人民币（1.45 亿美元），同比增长 4.6%。全市共 129 家企业体现外贸实绩（其中，14 家企业体现加工贸易实绩），41 家企业外贸业绩破零，17 家企业外贸业绩倍增。湖南恒安生活用纸有限公司成为全市首家外贸额超亿美元企业，同比增长 10.5%，1.08 亿美元外贸业绩全为进口。

服务外贸企业。统筹协调海关、商检、外汇、财政、税务等涉外部门落实国家和省里改革创新举措，提高服务水平，简政放权便利企业，在办理外贸登记时间上做到只要资料完整正确当天就能办结手续。全年新增外贸备案登记企业 69 家，变更登记 88 家。加强业务培训及政策宣传，举办 2 次全市外贸政策业务培训会，指导园区外贸综合服务中心在各区县及园区自行组织小范围培训或宣讲。在全市“千名领导干部服务千家企业”活动中，市商务局结对东风纺织公司，帮该企业解决货物通关、用工等问题，还争取发展资金。

本土企业外贸增长。推进外贸业绩回流本地，全年回流业绩 6000 多万美元，恒安纸业和龙行天下业绩外流问题彻底解决，新合新生物、中锂新材、海利化工、汇美农业、益翔童车等企业实现大幅业绩回流。抓传统展会和电子商务促销，组织企业报名参加“广交会”、中国加工贸易博览会、中国—东盟博览会、湖南农机博览会、湖南高桥国际采购对接会等境内外展会，组织“全球贸易通”平台对接企业推介运用电商服务。2016 年，全市本土企业外贸实绩 59605 万美元，比 ,2015 年同期净增 6493 万美元，增长 12.2%。

加工贸易。与海关对接协调，取消合同及内销业务审批，指导企业进行新版生产能力证明登记，协调解决通关问题，积极引导企业开展加工贸易。全市加工贸易资质企业从 16 家增加到 25 家，其中，新增 4 家有实绩企业。在全省加工贸易持续负增长形势下，常德市加工贸易持续增长，上半年增幅居全省第 1 位，全年增幅 4.6% 名列全省前茅。

外贸服务平台建设。2 月，常德浩通供应链管理有限公司承建常德经济技术开发区外贸综合服务中心被省商务厅、省财政厅批复为全省首批 18 家园区外贸综合服务中心之一。截至 2016 年年底，

4 月 25 日，常德市对外经济行业协会成立大会

浩通供应链、启源供应链、三屹进出口等三家外贸综合服务企业均已体现代理进出口业绩，且在帮扶常德市企业外贸破零倍增、业绩回流及物流通关等方面发挥重要作用。

争资争项。协助各区县和企业申报国家和省级外贸项目资金，2016 年共落实到位省级以上项目资金 2047 万元。争取市财政开放型专项资金从 2015 年 600 万元增加到 2016 年 1300 万元，并将支持范围从市辖区扩大到全市各县(市)区。

对外交流。全年完成境外投资企业 13 家，中方合同投资额 1.65 亿美元，同比增长 60.04%。全年完成对外劳务合作营业额 2.12 亿美元，同比增长 66.19%。成立常德市对外经济合作行业协会，搭建常德市企业抱团出海、走向世界桥梁；组织参与多场对外经贸合作交流活动，区域合作不断加强。加强对外劳务平台建设，与常德海乘职业学校、人社部门通力合作，举办多场出国劳务招聘会，常德市对外劳务合作服务中心连续三年被评为“全省示范性平台”。2016 年，市级对外劳务合作平台外派劳务人员 875 人，澧县对外劳务合作平台外派劳务人员 677 人。

口岸平台建设。加强提质改造，盐关水运口岸吞吐量超过 1.1 万标箱。成功申建津市三湘和达公用型保税仓。

（杨雅兰）

表 18　**2016 年常德市外商投资企业前 10 强（按纳税总额）统计表**

序号	企业名称	纳税总额（万元）	所属区县
1	常德金鹏印务有限公司	21422	武陵区
2	湖南创元铝业有限公司	13727	桃源县
3	湖南恒安生活用纸有限公司	11931	常德经济技术开发区
4	湖南恒安纸业有限公司	10698	常德经济技术开发区
5	益丰大药房连锁股份有限公司	9013	武陵区
6	恒安（湖南）心相印纸业有限公司	4255	常德经济技术开发区
7	常德纺织机械有限公司	2159	常德经济技术开发区
8	湖南三江电力有限责任公司	2144	石门县
9	湖南中泰特种装备有限责任公司	912	临澧县
10	湖南惠生肉业有限公司	884	常德经济技术开发区

电子商务

【概况】 创建电子商务示范体系。2016 年，全市新增省级电子商务认定企业 39 家。金健米业营销有限公司被评为省级电子商务示范企业。湖南古洞春茶业有限公司、湖南天下康生物科技有限公司、常德龙灏潇湘商贸有限公司入围省级电子商务示范企业。安乡深柳商城、汉寿县电子商务产业孵化园、澧州电商产业孵化园入围省级电子商务重点培育项目。

电子商务进农村。培育云一电商、淘实惠等本土电商平台，建设县、乡、村三级农村电商服务站点，升级农村物流配送网络，突破信息和物流瓶颈，实现“工业品下乡”和“农产品进城”双向流通，取得显著成效。2016 年，常德市已建成农村电商服务站点 1686 个。汉寿县被评为全国电子商务进农村综合示范县，石门县被评为省级农村电子商务示范县。

建设电子商务园区。2016 年，市城区已建成武陵移动互联网创业园、“国邮港”跨境电商创业孵化园、网商创业基地等，其中武陵移动互联网创业园占地面积约 6.87 万平方米，已建成建筑面积 9.5 万平方米，入驻电商企业 24 家。“国邮港”跨境电商创业孵化园建筑面积约 5000 平方米，入驻电商企业及创业团队 50 余家。孵化园内还配套建设 500 平方米线上线下产品展示中心和 2000 平方米电商物流配送中心。各县市也相继建成电商产业园（孵化园），总建筑面积超过 5 万平方米，入驻电商企业总数约 150 家。

电商扶贫。推广“互联网＋农特产品”电商扶贫模式，拓展贫困地区农特产品销售渠道。组织贫困县和贫困村企业参加省商务厅举办“电商扶贫特产专区”“湖南网购节”“全国扶贫日湖南省电商扶贫展销”系列活动。组织各县(市)参加 2016 年夏秋季农产品网上购销对接会。在购销对接会期间实现农产品网上交易额 1.89 亿元，达成意向交易额 3253 万元。各项指标完成情况均居全省前列。

（杨雅兰）

现代物流

【概况】 2016 年，常德市成功申报国家物流标准化试点城市，获得 8000 万元专项支持资金。

项目建设。全市重大商贸物流项目 69 个，总投资 258.79 亿元。按投资规模划分：亿元以上项目 42 个，5000 万元至 1 亿元项目 15 个，1000 万元至 5000 万元项目 8 个，小于 1000 万元项目 4 个。按区域划分：6 区 36 个，其中武陵区 21 个、鼎城区 8 个、经开区 4 个、西洞庭 2 个、西湖 1 个；7 县市 33 个，其中澧县 8 个，临澧县 9 个、石门县 5 个、桃源县 5 个、汉寿县 3 个、安乡县 1 个、津市市 2 个。69 个项目中市本级重点商贸物流项目 36 个，已完工项目 6 个，已投资 8.98 亿元；在建项目 30 个，总投资 202.9 亿元。市本级重大前期项目 3 个，总投资 6.8 亿元；重点开发项目 6 个，总投资 39.4 亿元。

物流园区建设。全市规划物流园区 17 个，其中：建成 2 个，在建 5 个，未建 10 个，总投资 102.5 亿。按区域划分：4 区 10 个，其中武陵区 4 个、鼎城区 3 个、经开区 2 个、西洞庭 1 个；6 县市 7 个，其中临澧县 1 个、桃源县 1 个、汉寿县 1 个、安乡县 1 个、石门县 1 个、津市市 2 个。

物流企业。全市共有物流中心及配送中心 42 家，1000 万元规模以上物流企业 35 家，1000 万元规模以下物流企业近 1000 家。全市物流行业从业人数达 8 万人以上。（杨雅兰）

粮食购销

【概况】 2016 年，常德市被评为全省落实粮食安全责任制考核优秀单位。市粮食局成功申创市级文明标兵单位。

粮食收购。全市获批早稻托市收购点 74 个、中晚稻托市收购点 73 个，落实收购资金 17.6 亿元，腾空收购仓容 78 万吨，确保了有钱收粮，有仓收粮。全年全市托市收购稻谷 64.1 万吨，其中，早稻 39.4 万吨、中晚稻 24.7 万吨，收购总量占全省 31%。市粮食局会同市农发行、中储粮常德和临澧直属库共同召开收购工作新闻发布会，确保国家粮食收购政策家喻户晓。全系统党员在粮食收购中开展“发挥共产党员先锋模范作用巩固和深化人性化服务”活动。各区县市均建立人性化服务收购示范库点，突出抓好收购政策宣传、腾仓并库、人员培训等工作，全市收购秩序良好，杜绝“卖粮难”和“打白条”现象发生。

储备调控。截至 2016 年年底，全市确定 33 家粮油应急供应点、10 家应急加工点、55 个粮油价格信息监测点。常德市与海南省三亚市签订粮食产销战略合作协议，深化粮食产销合作。2016 年，全市销售粮食 290 万吨（不含中储粮系统），其中销往省外 18 万吨。投资 1512 万元军供危仓老库维修改造任务基本完成。

10 月 27 日，市粮食局组织开展粮食应急预案Ⅲ级（市级）演练

仓储基础。2016 年年全市获批中央预算内粮食仓储项目 12 个，总仓容 26 万吨。圆满完成 2017 年 50 万吨新建仓容摸底申报工作。金健米业、精为天粮油、兴隆米业、洞庭春米业、广之益粮油棉等 8 个粮食龙头企业获得全省粮油千亿产业技改贴息项目和“五扶工程”专项资金支持。全年全行业争取省以上专项资金 1.29 亿元。全行业共申报 41 个智能粮食管理系统建设项目（不含金健米业、金牛米业），涉及总仓容 79 万吨。

产业拓展。2016 年，粮油加工总产值达到 173.4 亿元，占全省粮油总产值 13.3%；粮食综合加工能力 860 万吨。全市放心粮油示范企业 30 家（国家级 12 家、省级 18 家）。2016 年精为天粮油生态股份有限公司成功登陆新三板。

制度监管。2016 年，市政府成立由分管粮食工作副市长任组长、14 个市直责任部门（单位）组成的市落实粮食安全责任制考核领导小组，印发《常德市落实粮食安全责任制考核办法》及考核指标和评分细则，将粮食安全责任制考核纳入政府年度绩效考核体系。2016 年 8 月市长周德睿专题调研粮食流通工作，实地检查粮食收储和粮食产业发展情况，并在市粮食局召开座谈会，就落实粮食安全责任制、加强粮食仓储建设、推进粮食产业发展提出明确要求。各区县市都成立由政府分管领导任组长的考核工作组和商务粮食局长任主任的考核办公室，及时传达落实省市考核工作要求。全市共 8 个区县（市）政府全部出台本地落实粮食安全责任制的实施意见，建立保障区域粮食安全制度体系。

自身建设。全市粮食系统开展“两学一做”学习教育，实现党建工作和粮食流通工作“五同步”（同步规划、同步部署、同步实施、同步检查、同步考核）。开展粮食执法监督检查、保管、检验等技能培训，提高从业人员整体素质。开展弘扬“四无粮仓”（无虫蛀、无霉变、无鼠害、无雀扰）精神和向河北省柏乡粮库学习以及爱粮节粮宣传活动。

（胡凌冰）

中石化常德分公司举办安全管理手册知识抢答赛活动

石油销售

【中国石化常德石油分公司】 社会责任。高质高效提前完成国Ⅴ置换升级工作，在全省率先挂牌销售国Ⅴ油品。在确保安全环保、质量达标的前提下，全年共完成57座加油站及2座油库的油气回收专项改造，实现油气回收全覆盖。

网络发展。以新改扩、综合治理为网络发展主攻方向。2016年，中石化常德分公司实现新建投营加油站2座，整体改造加油站1座，歇业恢复加油站1座，租赁改造加油站2座，完成30座加油站综合治理改造，127座加油站、2座油库的监控系统改造。

客户服务。为进一步提升企业销售服务水平，开展“多卖一吨油”“油非双增长”“加油卡进单位进社区”“易捷年货节”、重点商品品鉴会、跨界营销等活动，针对不同类型客户提供全方位、个性化贴心服务，扩大客户群体，有效提高客户稳定率。

市场供应。充分发挥成品油供应主渠道作用，确保成品油资源稳定供应和安全有序运营，科学合理统筹资源流向，优化高标号汽油调运部署，平稳渡过资源紧张时期，有效保证“两会”和重大节日、农业春耕生产等高峰时段用油需求。

安全环保。对油品及商品的采购、储存、运输、销售等各个环节严格把关，确保出库和加油站销售的油品100%合格，易捷便利店商品无质量问题。2016年全年，未发生任何形式的安全数质量环保事故或事件，很好地维护了市场及企业的稳定。（刘　禹）

【中国石油湖南销售常德分公司】 2016年，中国石油常德分公司有在营油库1座、在营加油站65座、在营“昆仑好客”便利店50座，提供就业岗位300余个。全年上缴各类税金797万元。

质量达标。加强油品数质量管理，依靠流量计、液位仪，严格执行地罐交接，强化内外部质量抽查，通过加油站现场检查、视频监控回放、随机抽查留样等措施，严把油品质量关口，在2016年省、市质量监督部门油品质量抽检中，油品合格率均达100%，杜绝不合格油品进入加油站、流入市场。“3·15”消费者权益日期间，配合政府职能部门开展消费者权益宣传活动，正面宣传中石油“品质一丝不苟 数量分毫不差 服务无微不至”质量理念，践行“关注细节 用心去做”服务宗旨，进一步彰显品牌魅力，获得广大消费者信赖。连续9年被常德市消费者委员授予维护消费者合法权益先进单位称号。

社会责任。公司积极响应省政府开展大气污染防治工作号召，积极开展国Ⅵ柴油、92#、95#汽油油品置换工作，截至2016年年底，公司所有加油站全面销售国Ⅵ柴油及92#、95#汽油，同时扎实推进加油站油气回收改造，在确保施工安全和工期受控前提下，完成公司所有加油站油气回收综合治理工作。积极响应市政府精准扶贫政策，将企业发展与当地发展有机结合，驻村帮扶桃源县沙坪镇赛阳村，累计捐助近10万元食品和学习用品，并派出青年志愿者慰问贫困户，较好地履行了央企的社会责任。

客户服务。建立“以客户为中心”的市场调查研究机制，加油站、片区、业务运作部三级联动，分层次分类别对政府机关、大企业、大物流等优质客户群体进行开发与维护。坚持常态化促销，实施差异化营销，先后组织开展“10惠品牌促销”、“中油乐暑”、双11“巅峰让利 疯狂秒杀”、“金秋送爽迎丰收 槟榔销售常开口”等营销活动，针对不同类型客户提供全方位、个性化贴心服务，有效提升客户满意度和稳定度。

自身建设。开展“两学一做”学习教育，将学习教育工作部署到每个支部、每名党员，逐项安排具体措施。开展沙滩排球赛、合理化建议征集、书画摄影、登山等系列文体活动，丰富企业文化建设内涵，为基层员工创造沟通交流平台。积极开展“青年岗位能手”评选和“青年文明号”创建活动，桃花源服务区被共青团湖南省委评为省级“青年文明号”，三间路加油站被湖南省安监局联合共青团湖南省委评为“湖南省第五届青年安全生产示范岗”，鼎城服务区、三间路2座加油站被共青团常德市委评为市级“青年文明号”。（王　惠）

中石油实施精准扶贫，慰问赛阳村贫困户

金　融

综　述

【概况】 2016年，全市金融业完成增加值48.26亿元，位居全省第五。上缴国地两税11.71亿元，增长12.6%。金融机构各项存款余额2714亿元，新增466亿元；贷款余额1283亿元，新增202亿元。存、贷款余额分别位居全省第四、第五，存、贷款新增均居全省第三。新增贷款按行排名前五的是：农发行、农合机构、渤海银行、农行和华融湘江银行；按区域排名前五的是：武陵区、鼎城区、桃源县、汉寿县和澧县。保费收入75.3亿元，增长22.3%；赔给支出45.2亿元，增长22.2%，主要指标继续稳居全省第二。在有关行社、保险公司组织的全省系统内综合绩效考核中，农发行、兴业银行、华融湘江银行、渤海银行等4家银行和中国人寿等6家保险公司雄踞榜首，6家银行和12家保险公司位列三甲。17家小额贷款公司全年累计放款25.4亿元；14家融资担保机构全年累计提供担保66.4亿元。

金融改革。一是信用社改革全面完成。市、县政府加大对农村信用社改革扶持力度，牵头清收不良贷款，支持资产确权，帮助引进战略投资者，常德农商行、澧县农商行、汉寿农商行、桃源农商行、安乡农商行先后挂牌开业，率先完成省政府提出的农村信用社改革任务。二是供给侧改革大力推进。百大重点项目建设贷款余额152.54亿元，新增36.58亿元，增幅31.55%，为园区改造、城市提质、民生升温三大战役提供强有力的信贷支撑。“两高一剩”行业贷款余额5.6亿元，减少5.69亿元；战略性新兴产业贷款余额10.73亿元。三是农村金融改革积极稳妥。先后发放农村承包土地经营权抵押贷款272笔共计1.3亿元。桃源县、石门县两地开展农村住房保险试点工作。

扩展服务领域。一是资本市场领域：金德镭射、桃花源农业科技、凯斯机械、天马电器、精为天米业、安福环保科技、飞沃新能源、广益股份等8家企业在新三板挂牌。市城建投发行额度2.5亿美元，期限3年，票面利率3.7%债券，实现常德市境外美元债券融资零突破；益丰大药房和大湖股份通过定向增发，在上海证券交易所募集资金19亿元，财鑫金控发行公司债券5亿元。二是小微金融领域：全市银行业小微企业贷款增幅高于全市各项贷款平均增速23.81个百分点，小微企业申贷获得率高于2015年同期水平1.94个百分点，小微企业贷款户数比2015年同期增加1703户，较好完成“三个不低于”任务。三是金融扶贫领域：对15.96万贫困农户进行评级，占建档立卡农户数的99.8%；完成13.92万贫困农户的授信，授信率达到87.2%。

改善金融环境。市委、市政府首次联合出台《关于做大做强金融产业服务经济社会发展的实施意见》（常发〔2017〕2号），营造了党政总揽全局、金融机构各负其责、全社会齐抓共管的良好氛围。全市银行业不良贷款余额减少0.24亿元，不良贷款率下降0.68个百分点；实现经营利润31.69亿元，新增7亿元，资产质量和效益进一步提升。临澧县、石门县、澧县通过省级金融安全区复核验收，津市市、汉寿县和桃源县创建工作稳步推进。成立小额贷款公司和融资担保机构的市级行业自律组织，实现政府监管与行业自律的相互协同，规范发展和自律发展的相互促进。开展防范非法集资“宣传月”活动和非法集资专项整治活动，对全市741家投资公司和5家互联网金融机构进行排查整治，有效防范和遏制非法集资活动蔓延。加大打击中亿佰联、朱纯杰等非法集资案件力度，最大限度挽回广大群众经济损失。（孙子乐）

中国人民银行常德市中心支行

【概况】 2016年，中国人民银行常德市中心支行（以下简称人行常德市中支）获得26项武汉分行、长沙中支以上集体荣誉，42项工作被上级行肯定推介，10项工作获上级行、地方党政领导批示；在上级行年度考核中，人行常德市中支获得18个A档，名列全省第一；

参加分行在长沙举办的重点亮点工作展评，得分58.16分，名列全省第一，综合考评名列全省第一。

截至2016年12月末，全市本外币各项存款余额2713.8亿元，同比增长20.7%，高于全省平均增速4.8个百分点；存款余额居全省第4位，同比持平。全年新增存款466.3亿元，同比多增142.5亿元，新增额创历史新高。新增额居全省第3位，同比上升1位。2016年12月末，全市本外币各项贷款余额1282.7亿元，同比增长18.7%，高于全省平均增速5.0个百分点；贷款余额居全省第5位，同比持平。全年新增贷款202.2亿元，同比多增45.8亿元。新增额居全省第3位，同比上升1位。1—12月，全市银行业金融机构实现盈利38.2亿元，同比多盈利10.1亿元。全市银行业金融机构不良贷款余额45.0亿元，比年初减少2411.1万元，不良贷款率3.51%，比年初下降0.68个百分点。

货币信贷。提请常务副市长3次召开专题会议，将农地经营权抵押贷款试点、金融精准扶贫纳入常德市全面深化改革范畴，实行专项考核；组织银行、保险、担保机构负责人6次深入辖内有关区县（市）调研指导。推动汉寿县农地经营权抵押贷款风险补偿比例提高到30%，参与试点金融机构拓宽到6家，均为全省8个试点县最高；推动石门县落实扶贫信贷总额2%的奖励资金，建立9000万元风险缓释基金，汇聚起强劲的政策合力。《金融时报》予以专题报道。农地经营权抵押“常德模式”跨越升级。借助土流网大数据平台，成功破解“处置、评估、风控、定价”四大瓶颈，在人民大会堂率先发布“银行+担保+土流网”模式，发放全国首批贷款692万元，新疆、四川、甘肃等多个地市中支前来学习，《全国两权试点工作简报》肯定推介。2016年，汉寿县累放农地经营权抵押贷款1.03亿元，居全省8个试点县前列，央视财经频道、新闻频道专题报道，市委常委、副市长签批肯定。海绵城市融资创新突破。作为全国首批、全省唯一海绵城市建设试点城市，人行常德市中支主动跟进，推动全省首个海绵城市建设基金20亿元成功落地，带动海绵城市建设贷款51.3亿元，被《湖南日报》誉为绿色融资经典样板。金融精准扶贫提档加速。全市贫困农户评级率达99.8%；216家金融扶贫服务站成功挂牌，完成三年规划任务的52.6%；累放扶贫小额贷款9.23亿元，超过上级下达年度任务的84.6%，带动9.7万人顺利脱贫，做法在武陵山片区金融精准扶贫工作会上交流。常务副市长批示肯定，并在参加省党代会期间，接受《湖南日报》专访，并在头版刊发；《省改革办简报》予以肯定推介。在全市优秀改革项目评选中，石门县金融产业扶贫、汉寿县农地经营权抵押贷款试点获得一等奖。

9月7日，中国人民银行常德市中心支行和常德市老年大学联合举办金融知识普及宣传走进老年大学专题活动

金融生态。坚持创建与监管并举、整治与防控同行。一是打造规范执法“防火墙”。人行常德市中支试点先行，成为全省唯一全面推广《行政处罚裁量权基准》的市州中支，对16家机构依法处罚67.9万元，做法在全省法治工作会上交流，总行《金融法治动态与参考》以经验形式推介。二是打造信用推广“孵化器”。作为全省唯一社会信用体系建设综合试点地级市，以市政府名义出台《企业失信行为联合惩戒办法》等2份文件，15名两会代表、委员候选人因信用不良被取消资格，市委组织部部长签批肯定。应收账款融资服务平台推广、“两类机构”信用评级均居全省前列，做法被总行《小微企业和农村信用体系建设》内刊肯定推介，常务副市长签批肯定。三是打造风险教育“桥头堡”。率先在全省创作漫画式《老年人金融消费维权读本》，成功举办“安全支付·乐享生活”主题文艺演出，9家省级金融机构、13个市州中支现场观摩，长沙中支行领导给予高度评价。率先在全省推动将《现代征信学》列为高校课程，建立诚信文化教育共建基地12个，居全省前列，长沙中支行领导批示肯定。四是打造监测预警“防控网”。对11家投保机构开展存款保险评级，长沙中支通报表彰，《2016年常德市金融稳定报告》获全省第二名。依托预警例会平台，深入开展洗钱类型风险分析，向公安机关移送2起可疑交易线索，均被立案侦查，并被公安部挂牌督办，做法在全省反洗钱工作会上交流；协同查处一起涉嫌互联网非法集资案，遏制该案在全国蔓延，市委常委、副市长批示肯定。

金融服务。出台国库会计业务等3个标准，大力推进发行库示范库、国库标准化建设，做法被总行《国库情况交流》推介；重新修订发行业务制度24个、岗位职责20项，长沙中支给予高度评价。率先在全省启动移动金融示范城市建设，建成智慧农贸市场等3个样板，常德市成为全国首个“银联扫码支付+云闪付”双应用城市。《中华合作时报》专题报道。率先在全省破解WIN7环境下直接运行TCBS系统难题，做法被长沙中支肯定推介。率先在全省开展业务网网络扁平化试点，成功打造两套网络配置模式，经验全省推广。创新构建国债发行重点帮扶机制，全市国债销售3.9亿元，居全省第三。强化国库资金运行分析，决策参谋作用彰显，常务副市长签批肯定。构建立体化反假币宣传格局，参加全国反假币知识在线有奖竞答，参与人数居全省市州第一，做法被国务院反假货币联席会办公室推介，总行货币金银局领导批示肯定。

外汇管理。建立预约、限时、回访制度，所有行政审批事项实现当日办结，新设企业登记由1天缩短为2小时，企业满意率达100%。为中外资企业融入外债2.7亿美元，为企业节约成本5000万元，市委常委、副市长签批肯定。出台《外汇机构网点标准化建设指引》，指导配齐外汇专柜、标识牌、牌价板、“个人外汇客户提前告知书”，赢得客户广泛赞誉。创办《常德外汇》季刊，副市长题写创刊词，进一步畅通政银企沟通反馈渠道，外贸企业对接外汇新政更加便利，全省首笔出口企业跨境融资282万美元成功落地。持续强化公益环保类企业专项监测，帮助2家水务企业扭亏为盈；协助中联环保顺利办理外债展期，年垃圾处理量同比提高50%，省外汇管理局肯定推介。制定《外汇一体化监管制度》，按季开展非现场检查，对4家违规企业罚款16万元，做法在全省外汇检查培训班上交流。

自身建设。开展“两学一做”学习教育为。组建“员工宣讲团”，广泛开展“我是共产党员”先进事迹宣讲活动，1人入选分行巡回宣讲团。率先出台《意识形态工作督查办法》，分行领导高度评价，并被指定为分行辖内意识形态检查试点行。文明创建工作3次在分行相关会议上交流，《中国金融工运》杂志刊发推介。举办廉政专题辅导课、制作廉洁自律“口袋书”。组织副科级以上干部参加分行网上廉政知识测试，平均成绩99.5分，居全省第一，分行通报表扬。以分行党委政治巡视为契机，深化“纠四风、治陋习”专项整治，全年约谈责任人员24人次，消隐患于萌芽，实现全年“零案件、零事故”目标。创新组建职业辅导、金融研究、应用写作与编研3个青年团队，组织团队学习25场次、课题攻坚58次，在各项课题、征文评比、业务竞赛中，获得6个一等奖，12个二等奖，做法被总行《组织人事工作参考》肯定推介。

（李正月）

银行业监督管理

【概况】 截至2016年12月底，常德市银行业金融机构资产总额2942.45亿元，较年初增加464.72亿元，同比增长18.76%，高出2015年同期增速3.02个百分点；负债总额2878.71亿元，较年初增加439.01亿元，同比增长17.99%，高出2015年同期增速1.85个百分点。不良贷款实现双降。截至2016年年底，全市银行业不良贷款余额44.97亿元，较年初减少0.24亿元；不良率3.5%，较年初下降0.5个百分点。

重点行业重点领域金融供给。截至2016年年底，全市银行业机构支持常德市百大重点项目建设贷款余额152.54亿元，比年初增加36.58亿元，增幅31.55%，涉及园区改造、城市提质、民生升温等多个项目大类；交通、水利等基础设施贷款余额522.93亿元，较年初增加113.09亿元，增幅27.59%，占全市新增贷款55.92%；保障性安居工程贷款余额为37.01亿元，比年初增加20.10亿元，同比增幅达118.85%，其中棚户区改造贷款35亿元；个人消费贷款余额237.83亿元，2016年新增63.03亿元，增长36.06%。

普惠金融发展。加强小微企业金融服务。截至2016年年底，全市银行业小微企业（含小微企业主及个体工商户）贷款余额427亿元，同比增长42.53%，高于全市各项贷款平均增速23.81个百分点；小微企业申贷获得率为95.67%，高于2015年同期水平1.94个百分点；贷款户数为18677户，比2015年同期增加1703户，全面完成小微贷款“三个不低于”任务。涉农贷款投放继续保持较大力度。截至2016年12月底，辖内银行业机构涉农贷款余额663.14亿元，比年初新增88.23亿元，增幅为15.35%，占全市新增贷款43.63%。

金融扶贫。2016年，辖内银行业机构完成对15.96万户贫困农户评级，占建档立卡农户数99.82%；完成对13.92户贫困农户授信，授信率达到87.26%；建立金融产业扶贫工作站168个，全年共投入扶贫贷款93349万元。

支持结构性改革。按照分类实施原则，分别采取增贷、稳贷、减贷、重组等处置措施，支持实体经济“去产能、去库存、去杠杆”。截至2016年年底，钢铁、水泥等产能严重过剩行业贷款余额较年初减少914万元至3163.56万元，船舶行业贷款较年初减少2300万元，贷款余额清零；全市“两高一剩”行业贷款余额5.60亿元，比年初减少5.69亿元；战略性新兴产业贷款余额10.73亿元，比年初增加2.19亿元。积极支持房地产去库存，截至2016年年底，个人住房按揭贷款余额189.17亿元，2016年新增56.84亿元，同比增长42.96%。

农村信用社改革。2016年，先后完成常德农商行整合挂牌工作，完成桃源县、汉寿县、澧县、安乡县四地农商行改制工作。9月，常德市农村信用社改革工作全面完成。

培育村镇银行。积极推进浏阳农商行在津市市、桃源县设立湘淮村镇银行，星沙农商行在汉寿县设立星农村镇银行。截至2016年年底，2家村镇银行已进入申筹阶段，1家即将召开发起人会议。

消保区建设。2016年7月，消保区建设工程项目全面启动，11月末全部竣工。消保区建成后，将为广大金融消费者提供更加便捷快速信访处理，实现消保投诉处理与办公区域分离。

风险防控。建立“双线”风险防控责任制，重点突出对法人机构风险监管。全年向辖内法人机构发出《监管意见书》7份，发出风险提示11次，督促农村中小金融机构落实责任追究95人次。抓好案件风险防控。持续保持案防高压态势，制定《2015年度案防工作评价方案》，督导14家机构按照方案开展自评，并对澧县村行、石门农商行案防情况进行抽

8 月 24 日，常德银监分局举办辖内银行业监管统计知识竞赛

查。做实银行业声誉风险监管。督促银行业机构每月按时向银监分局上报负面舆情监测和处理情况报告，强化银行业机构声誉风险防控第一责任。针对工商银行将信访处理责任推给银监分局行为，约见该行负责人进行谈话。全年辖内没有发生因负面舆情引发金融风险情况。加强对银行业运行中各类风险苗头防控。督促辖内大型银行做好涉嫌非法集资可疑资金监测工作；配合市政府开展非法集资排查和打击非法集资宣传工作。依法有效开展市场准入、非现场监管与现场检查。全年共办理机构许可事项 45 项，高管许可 30 人次，业务许可 1 项。共派出现场检查组 12 次，发现违规问题 138 个、违规金额 77.24 亿元。提出整改意见 50 余条。全年共对 5 家机构实施行政处罚，罚款总金额 115 万元，没收违法所得 8000 元。深入开展“监管统计数据质量专项治理年”活动。全年对辖内 24 家金融机构监管统计数据质量情况进行督查督导，提出整改意见 85 条。对迟报专项治理年方案机构约见分管领导进行监管谈话；开展培训促学和知识竞赛各 1 次。（和慧娟）

中国农业发展银行常德市分行

【概况】 截至 2016 年年底，中国农业发展银行常德市分行辖 8 个支行和 1 个营业部，各项贷款和农发重点建设基金余额 261 亿元。农发行常德市分行党委被湖南省分行党委评为先进基层党组织。

全年贷款累放 114 亿元，农发重点建设基金投放 23 亿元。在政府债券置换、调控粮划转等政策性因素收回贷款 28 亿元情况下，年末各项贷款余额 225 亿元，较年初增加 51.6 亿元，余额和净增额在全省系统、全市国有银行均排名第一，贷款增幅分别高于全市金融机构和全省农发行系统 11 个百分点和 13 个百分点。全市 7 批基金余额 35.4 亿元，位居全省系统第二，占比 12%。各项存款余额 94 亿元，存款日均余额 66.2 亿元，存款余额、净增额全省第一。实现账面利润 2.9 亿元，较 2015 年增加 2.6 亿元，增幅 811%，全面超额完成省分行考核任务，年末考核位列全省前三，连续 3 年以较大优势同组排名第一。

风险防控。全年实现现金清收不良贷款 2636 万元，完成省分行下达任务 113.6%，近两年形成的不良贷款全额现金清收处置到位，存量不良贷款处置全部完成，贷款质量优于全省系统内和当地同业水平，争取风险化解主动权。

支持农业发展。一方面积极支持实体经济发展。全年投放流动资金贷款 44 亿元，余额达 115 亿元，占全市金融系统同类贷款 $^1/_3$。其中，足额多渠道供应粮油收储资金 29 亿元，没有因农发行原因出现打“白条”现象；投放农业产业化及小微企业贷款等 15 亿元，既满足企业正常经营资金需求，又落实配套扶持，支持金健粮油、精为天、云锦集团、杰新纺织等一批产业化龙头企业，切实稳定实体经济发展。另一方面创新发展思路，不断拓展支农领域，在棚户区改造、脱贫攻坚、农村水利路网等基础设施领域加大投入，全年投放中长期贷款项目 22 个，金额 70 亿元，中长期贷款余额 110 亿元。特别是在棚户区改造上加大投入，全年营销棚改项目 9 个，投放 24.4 亿元，继在全国率先支持海绵城市建设、土地流转高标准农田建设取得广泛影响后，支持棚改成为市农发行服务当地社会经济发展又一新亮点、新品牌。（樊腊明）

9 月 5 日，农发行常德市分行与石门县政府签订政策性金融支持石门精准脱贫合作框架协议

中国工商银行股份有限公司常德分行

【概况】 截至2016年年末，中国工商银行股份有限公司常德分行设14个部室、5个直属中心，下辖13个一级支行、16个二级支行、38个营业网点。年底有从业人员1847人，其中在职员工1109人、离退休员工690人、内养员工48人。现有财富管理中心2家，贵宾理财中心26家，金融便利店10家，离行式自助银行86家，自动柜员机223台，智能银行19家。

盈利水平。全年实现拨备前利润51053万元，同比增加1901万元；实现净利润35583万元，同比增加818万元。实现中间业务收入29951万元，同比增加891万元。绩效等级B++，业务发展考核等级省分行排名第3位，较2015年提升1位。2016年度境内分行经营绩效和业务发展考评综合得分1493.85分、绩效等级B-，排名全国二级分行50位，与2015年度相比上升24个位次。

存贷业务。2016年，各项存款余额318.84亿元，同比增加26.21亿元。各项贷款余额149.23亿元，同比增加10.52亿元。

转型业务。销售本外币理财产品52.64亿元，代销个人保险为2.69亿元。融e购B2B非金融交易额2.37亿元，电子银行省分行综合考评排名第3位。新发信用卡3.58万张，分期付款交易额8.36亿元，信用卡年累计消费额77.5亿元，年收单额92亿元。实现国际结算量14788万美元，跨境人民币业务量61826万元。票据直贴38133万元，同比增加16698万元，票据贴现2016年年末余额4.3亿元，同比增加3亿元。

资产质量。不良贷款余额13363万元，较2016年年初增加2394万元。不良贷款率0.90%，较2016年年初增加0.20个百分点，完成省分行下达不良贷款余额控制计划。信用卡不良贷款2.41亿元，不良率12.64%，不良率控制在全省排名第9位。

基础建设。深入推进党风廉政建设和反腐败，推进巡视问题整改和“四风”问题整治，推进党风廉政建设党委主体责任和纪委监督责任落实，开展“遵章守纪、廉洁从业”主题教育活动，组织干部赴常德市反腐倡廉警示教育基地（武陵监狱）接受警示教育，开展“四风”问题整治情况“回头看”活动；推进“屡查屡犯”治理工作常态化管理，开展重点领域案件与风险事件专项治理，推进“内控基础强化年”主题活动。完成ATM“三集中”，推进有权机关查冻扣业务集中管理。畅通信访渠道，重点关注员工参与民间融资情况，有效揭示和控制风险。开展安全大检查，突出内外联防，定期开展防抢、消防实战演练，有效防范重大安全事故发生。智能服务模式应用推广逐步从城区发展到县域。以“五个一”落实、“网点靓化”“温馨大堂”“效率提升”“服务先进培育”为载体，推进“服务面貌整治季”和服务提升“六大”活动。武陵支行营业部荣获2016年度中国银行业文明规范服务千佳示范单位称号，成为常德市2016年银行业唯一获此殊荣营业网点。开展业务技能达标验收活动，顺利完成网点标准化改造、“N+1”干部选拔以及非管理类经理层级职务晋升工作。开展“国学经典”学习活动，推动企业文化根植落地。参加人民银行常德市中心支行主办“安全支付、乐享生活”主题文艺会演，宣传安全支付常识。把职工之家建设与企业文化建设结合起来，发挥职工之家主阵地作用。抓好特困救助，打造“暖心工程”。（周友林）

中国农业银行股份有限公司常德分行

【概况】 2016年，农行常德分行春天行动荣获“五连冠”，年度综合绩效考核全省排名第二，连续荣获全省农行经营管理先进单位和先进领导班子；桃源支行、安乡支行分别获全省A类、C类支行考核第一名。成功创建省级文明标兵单位。

业务发展。截至2016年12月末，各项存款、储蓄存款总量和增量均居四大行双第一，市场份额继续保持提升。各项存款余额占四大行市场份额31.69%，比年初上升0.64个百分点，较年初净增54.7亿元。贷款存量、增量市场份额大幅提升。各项贷款余额占四大行份额27.38%，比年初提升1.61个百分点；比年初增长15.7亿元，四大行增量份额高达49.2%。风险控制能力不断加强，不良贷款实现双降。业务发展带来效益大幅增长，全年拨备后利润比2015年增长31%。

支持地方建设。2016年，主办由市政府主管副市长、市房产局主要领导、市各大房产商参加的“农安贷”签约会，推动“农安贷”营销，惠及2000多户农民，为购房者减少利息支出5000万元。

服务“三农”发展。一是打造“家门口的银行”。把“惠农通工程”通向全市所有行政村，让百姓在“家门口”就能办银行业务，形成著名的“桃源

“爱工行展风采”迎新春合唱比赛

中国农业银行股份有限公司常德分公司举行"一先两优"表彰暨庆"七一"朗诵音乐会

模式""安乡模式"。惠农通机具的交易量呈倍数增长，交易量年增幅高达333%，"惠农通工程"已由简单的量变衍生为质的飞跃。二是落实扶贫特色产业路线图。以粮食、茶叶、烤烟、油茶等特色农业项目为切入点，按"一行一品，一县一色"的金融扶贫路线图将特色产业转化为脱贫发展的经济优势。三是支持贫困地区资源开发。以农田水利贷款产品为抓手，投放水电站建设贷款9800万元，农田基本建设贷款1.2亿元，支持桃源大伏溪水电站、津市市集中连片、高标准农田建设等。四是支持贫困地区交通建设。投入3.6亿元重点支持石门县、澧县沅澧城镇快速干线重点交通项目建设，有效改善贫困地区道路通行问题。

管理基础。推进"平安农行"创建和安全保卫专项治理活动，实现连续多年无责任刑事案件、无责任安全事故。2016年，成功堵截电信诈骗、冒名开卡等案件25起，堵截案件金额合计91万余元，协助公安机关抓获嫌疑人3人。获评内控"一类行""反洗钱工作先进单位"等。

企业文化。成功创建省级文明标兵单位。原创歌曲"妈妈的牵挂"入围总行"大美农行原创歌曲大赛"决赛，成为湖南省唯一。连续5年举办工作会议文艺晚会，形成常德农行"春晚"文化品牌，凝聚了员工的精气神。协办"善德行"资助贫困学子、常德市首届旗袍大赛、"核心价值观教育在常德"教育图书捐赠活动等。在新华社、《中国城乡金融报》《湖南日报》《金融时报》等省级及以上主流媒体，报道正能量新闻130余次。金融调研成果丰硕，连续三年荣获省市金融学会重点调研课题一等奖、荣获省人民银行调研课题二等奖等，还有调研论文成功发表在全国核心期刊上。

（侯亦斌　刘　梭）

中国银行股份有限公司常德分行

【概况】 截至2016年年末，中国银行常德分行全辖共有网点29个，其中二级分行1个，直管县支行6个，县支行辖属支行9个，城区经营性支行13个。全辖在岗员工527人。水星楼支行行长邹正清荣获总行优秀共产党员称号，澧县澧阳支行孙丽华获总行优秀大堂经理称号。中国银行常德分行实现本外币拨备前利润2.13亿元，同比增长5.15%；实现净利润1.35亿元，下降3.65%。

存款业务。2016年年末，中国银行常德分行人民币各项存款余额为147.29亿元，净增14.21亿元。人民币核心存款时点余额145.07亿元，净增16.15亿元，日均余额143.53亿元，净增20.37亿元。2016年年末，中国银行常德分行各外币折美元各项存款时点余额20178万美元，同比增加17294万美元，日均余额3345万美元，同比增加910万美元。

贷款业务。截至2016年年末，中国银行常德分行人民币各项贷款余额为52.89亿元，较2016年年初净增投放4.96亿元，增幅达3.48%。其中零售贷款余额28.84亿元，较2016年年初净投放6.73亿元，但公司贷款、贸融、票据贴现、银行卡应收账款均有所下降。关注类贷款和不良贷款余额均有所下降。期末，关注类贷款绝对额由2016年年初32964万元减少到21545万元，净减少11419万元。不良贷款余额5098万元，较2016年年初减少1724万元，不良率0.98%，较2016年年初下降0.45个百分点。

中间业务。2016年，中国银行常德分行实现中间业务净收入6621万元，较2015年增加714万元，增长12.09%。其中：公司和个金条线分别实现中间业务实现收入1529万元和5092万元，中间业务收入较2015年有所增加。

客户队伍。截至2016年年末全辖客户总量新增进步率8.79%，客户总数增加到51.12万户。其中，公司有效客户较2016年年初新增77户，新增个人有效客户24668户。个金客户方面，通过加强市县支行上下联动，争揽辖区内城镇社保户；开展进社区、工业园区、商圈"三走进"宣传营销活动；加快网点智能化建设，扩展网络金融业务，发展中银易商等新客户。公司客户方面，开展"资金去哪儿"活动，不断加强重点客户扩规提质；做好棚户区改造资金客户争揽，协助棚改区域管辖行营销，逐户制定营销方案，落实营销责任；加强对中小新模式贷款客户资金管控，确保客户资金月末资金余额达到授信金额20%管控要求；梳理全辖票据贴现客户，加强对票据贴现业务客户营销力度。

企业文化。2016年，中国银行常德分行召开五届二次职工代表大会，组队参加省分行和金融同业组织各项文体活动，取得省中行技能比武团体三等奖、市银行业协会气排球比赛团体第五名、篮球比赛优胜奖，组织员工开展"健步行"活动和企业之间联谊比赛。　（尹　恒）

中国建设银行股份有限公司常德市分行

【概况】 2016年，建行常德市分行一般性存款时点余额354.48亿元，全省排名第3位；比年初新增43.85亿元，全省排名第4位，比年初上升4位。贷款余额136.64亿元，全年新增2.33亿元。贷款余额同业排名第二。全行不良贷款率0.86%。主要电子产品销售及信用卡营销继续保持快速增长，增速全省排名第二；商户收单客户及质量指标全省排名第3。跨境人民币业务同业排名第三；贸易融资发生额同业排名第二；国际结算量同业排名第一；外汇中间业务收入同业排名第二。全行实现中间业务收入13233万元，排名居全省第11位，比年初上升1位。

个金业务。一是个人存款2016年年末余额稳居同业第二，新增市场占比达到30.88%。二是有效客户增长4.2万户，全省排名第四。个人资产客户增长7.3万户，全省排名第三；私人银行客户净新增居全省第五。三是产品覆盖度全省排名第三,AUM值增速全省排名第二。

对公业务。一是对公存款一直保持领先。2016年年末对公存款比年初增加21.56亿元，全省排名第四；对公存款余额150.52亿元，同业四行排名第一。二是资管业务发展形势喜人。截至2016年12月底，理财产品资产配置余额27.06亿元，全省排名第四，新增入池资产21.59亿元，全省排名第二。特别是上报总行获批的常德市海绵城市产业基金20亿元是全省最大一笔产业投资资金及全国首笔海绵基金，并成功营销上市公司大湖水殖股份有限公司非公开增发股权收益权理财1.1亿元（全省第二笔）。三是对公有效客户及账户新增成绩斐然。2016年，公司机构有效客户增长(滚动口径折算前)278户，全省排名第一，折算后新增1467户，全省排名第二；年末单位人民币结算账户9278户，新增1310户，系统内排名第五。

小企业大数据产品及批量化营销。2016年，大力发展小企业大数据业务，全年共审批通过大数据客户192户，授信金额1.29亿元，以“税易贷”为代表的大数据客户新增全省第一。全年共搭建2个“助保贷”平台，发放贷款5笔，金额2900万元。

个贷业务。截至2016年12月末，建行常德市分行个贷全年投放17.6亿元，余额达45.16亿元,较年初增长8.75万元，不考虑个贷1.3亿元证券化因素，实际新增10亿元。

网络经营业务。截至2016年年底，企业手机银行用户、互联网金融客户、企业网银活跃客户数及悦生活缴费交易量全省排名第一。微信银行客户总量、个人手机银行用户、个人网银用户新增、手机银行客户年新增及个人短信客户年新增等9项指标全省排名第二。(王文安)

湖南省农村信用社联合社常德办事处

【概况】 2016年湖南省农村信用社联合社常德办事处辖内有法人农商银行8家（常德、津市、临澧、石门、汉寿、桃源、澧县、安乡）；有营业网点307个，其中支行（含营业部）232个，分理处69个，储蓄所6个；员工3204人，拥有大专及以上学历者2706人，占员工总数84%，拥有各类专业技术职称人员1814人，占员工总数57%。

业务经营。各项存、贷款在全市率先突破600亿元和300亿元，年末余额分别为604.19亿元和307.41亿元，比2015年增加92.88亿元和43.59亿元（剔除改革因素，实际净增50.97亿元），增长18.16%和16.52%。实现总收入、经营利润分别为34.13亿元和13.56亿元，比2015年增加1.38亿元和2.09亿元，增长4.2%和18.19%。缴纳各项税费4.08亿元，同比增加1.33亿元 。深入开展客户外拓营销活动，扎实推进“自助银行百千万”工程，加快布局互联网金融，积极对接农村电商平台。福祥系列卡、网上银行、手机银行、电子银行替代率、社保IC卡激活率、存贷款客户净增等转型业务指标超额完成年度目标计划。非税、国库集中支付、城居保、财政惠农补贴、资金营运等代理、代发、融通业务进一步拓宽。新标准资本充足率12.73%，比2015年提高5.66个百分点。拨备覆盖率、损失准备充足率分别为136.5%和131.32%，比2015年提高34.18和40.51个百分点。表内不良贷款余额和比率分别为9.81亿元和3.19%，不良贷款“量率”较2015年基本持平。到期贷款收回率96.98%，较2015年略有提高。办事处按季出台业务经营考核办法，实行按季考核兑现，14项主营业务指标完成或超额完成省联社年度目标任务，法人行监管评级、经营等级、绩效考核基本实现保级升级，其中汉寿、桃源农商行绩效考核在A级以上。

金融服务。深入推进“六个一百”“六个一”“两支一扶”等金融服务工作，建立55个省级金融服务示范点和168个金融扶贫服务站，支农扶小成效显著。涉农贷款余额237.36亿元，新增25.63亿元。小微企业贷款余额130.16亿元，新增22.76亿元。金融产业扶贫实现全覆盖，扶贫小额信贷余额9.24亿元，比2015年增加8.92亿元;通过开展“两扫五进”、外拓营销等市场拓展活动，信贷供给不断创新创优。全年累放贷款242.71亿元，同比多投41.16亿元。投放重点向农业现代化、新型城镇化、特色县域经济、产业扶贫贷款领域倾斜。常德农商行首创“政府+保险+信贷”科技信贷新模式，汉寿农商行启动“银行+财鑫担保+土流网”三方合作信贷新模式，石门农商行首发“优质企业+优质产业+贫困农户”“农村土地经营权+金融产业扶贫”“专业合作社+金融产业扶贫”等新型产业扶贫项目贷款，有效提高精准扶贫、创业创新深度和广度。临澧、石门农商行着手对接“千县万村”电子商务平台；汉寿、常德农商行率先开展资金“投顾业务”；常德农商行在全国率先试点推广银联扫码支付，拓展商户近8000户；临澧农商行推出福祥医疗卡、首发福祥校园卡；汉寿农商行试点并启动核心业务网络改造等，拓展业务呈现新突破、新产品、新市场。白马湖“科技支行”、锦都“书香支行”、武陵镇“商圈支行”、太平“百优支行”、澧西“汽车按揭支行”、安福“智慧银行”等，金融服务有特色化、品牌化、差异化，基本构筑以“小微金融、三农金融、社区金融、普惠金融、互联网金融、财富金融”为核心“六大金融”体系。

产权改革。常德（武陵农商行与鼎城联社合并组建）、汉寿、桃源、澧县、安乡农商行分别于3月31日、5月30日、7月13日、7月22日、9月26日挂牌开业，全市农村信用社改制农商行全部完成，实现市域农商行全覆盖，产权制度改革进度居全省中上游。改制中市、县两级政府共出资置换不良资产15.27亿元，偿还涉政不良资产3.10亿元，帮助清收不良贷款4.25亿元，资产确权登记、发证541宗，减免各项税费1.56亿元，历史包袱得到有效化解。改制后农商行存贷款体量、市场份额、客户总量等继续保持领先优势，各项指标达到或优于监管标准。特别是近三年缴纳各项税费8.6亿元，农商行普遍成为当地纳税大户。出台《农村商业银行外部董、监事回访工作制度》，累计回访董、监事68人次，按季对回访工作情况进行梳理、反馈。

风险管控。启动全面风险管理机制建设，制定规划、明确职责、确定路线图、下达任务书，落实全面风险管理推进责任制。突出信贷风险防控，继续抓实“三假”贷款专项整治、员工自借担保不良贷款清理、规范担保机构担保行为等“三项工作”。加强对平台贷款、房地产贷款、产能过剩企业贷款等风险管控。年内办事处分别召开表内、表外不良贷款管理专题会议，出台《全市农村商业银行表外不良贷款管理指导意见》。严格实施案防安防责任制，层层压实案防安防责任，狠抓案防安防教育培训，加强安全保卫和综治维稳，保障稳定发展。年内全市组织案防安防教育培训55期，累计培训6354人次，办事处先后组织3次案防安防专项检查、突击巡查和“两加强、两遏制”回头看工作督查。开展法人行监事长（纪委书记）案防安防、党风廉洁建设工作述职。进行营业网点达标升级改造和完成城区营业网点大堂保卫人员配备工作，年内按新标准投入改造资金1243.5万元，改造网点105个，添置设备254台（套）。办事处网络中心加强对信息科技运行、维护和保障，确保业务有序畅通办理。预警中心强化对差错业务和违规操作行为处罚，全年下发预警通报4期（次），处罚违规人员714人次、罚款金额8.08万元。各法人行远程视频监控中心、远程授权中心建立完善定期通报制度，在操作风险防控、服务质量优化等方面发挥积极有效作用。综合运用常规稽核、整体移位稽核、专项稽核、离任审计、突击巡查等手段，深入开展审计监督，及时查纠违规问题，促进规范经营。充实审计力量，开展稽核员持证上岗考试，提升审计效能。全年共开展稽核检查、审计监督、自查排查、督导巡察、巡检核查等20多个项目，经济处罚679人次、16.88万元。

内部建设。全市22人当选市、县两级人大代表、政协委员。招聘新员工147名，调配6家法人行领导班子，启动法人行风险总监、总审计师配备工作。出台《关于进一步加强法人行社领导班子及班子成员日常管理意见》。办事处举办新员工、稽核监察、综合技能等专题培训，法人行层面组织各项培训146场（次），培训员工9715人次。加强新员工技能考评、员工人事档案审核，规范员工出国（境）证件和员工劳动合同管理。开展“两学一做”学习教育，推进专题学习、专题讨论、专题党课等活动，积极落实“党员党组织集中排查、党代会代表和党员违纪违法未给予相应处理情况排查清理、基层党组织按期换届检查、党费收缴专项检查、抓严抓实领导机关党员干部学习教育、金融产业扶贫、对软弱涣散基层党组织整顿”等七项基层党建重点任务。召开党风廉政建设暨反腐败工作会议，明确“2235”工作重点，实行“责任上墙、身份亮牌”，进行招投标监督，开展“两个专项整治”活动。对1家法人行董事长、行长进行约见谈话，对1家法人行班子进行集体谈话，对2家法人行董事长进行廉洁谈话，对428名员工给予党政纪处分、组织处理和其他处理，开除党籍3人，解除劳动合同8人，移送司法机关4人。开展近10次群团活动，举办多项技能竞赛，企业文化氛围浓厚。特别是综合业务技能竞赛，获全省银行业团体二等奖，4名选手分获二、三等奖，桃源农商行杨曦在全国“银行对公业务”竞赛中荣获一等奖并被授予“全国金融五一劳动奖章”。以内刊内网为主体、外刊外网为载体，全年开展系列宣传活动20余次，特别是常德农商行在全国率先推广扫码支付宣传，被评选为“2016全国农村金融十大新闻事件”。

（周海军）

【常德市9家农村信用联社完成改制】 2016年9月26日，安乡农村商业银行挂牌开业，标志着常德市9家农信联社改制组建农商行工作全部完成。常德市实现农村商业银行全覆盖，农村信

安乡农商银行挂牌开业

用社在常德全面退出历史舞台，农信社改革发展迈入崭新阶段。

常德市农村信用社自2010年启动改革以来，顺利推进不良资产清收、资产确权、股本募集、规范公司治理等一系列改革工作。在改革中，各级政府先后注入资产15.47亿元，社会各界入股资金29.58亿元。改革期间，全市农村信用社新增贷款192.67亿元，其中新增小微企业贷款74.22亿元，新增“三农”贷款111.83亿元。通过改革，辖内农村商业银行经营状况明显改观，2016年8月末，全市农村商业银行不良贷款率为3.83%，存贷比50.43%，分别比改革前（2010年末）提高14.2个百分点和18.19个百分点，各项指标达到或优于监管标准。

此轮农村信用社改革进一步明晰农村信用社产权关系，全面确立股份制产权制度，重塑法人治理，增强支农服务功能。截至2016年年底，常德市农村商业银行系统存贷款总量位居全市银行业机构首位，网点及服务实现乡镇全覆盖，涉农贷款、小微企业贷款发放占比均在80%以上。（周海军）

兴业银行股份有限公司常德分行

【概况】 截至2016年12月末，兴业银行股份有限公司常德分行各项存款余额70.78亿元，较2016年年初增长5.08亿元，其中公司存款62.45亿元，储蓄存款8.33亿元。2016年，兴业银行常德分行全年实现表内贷款投放18.98亿元，其中公司贷款投放12.86亿元，个人贷款投放6.12亿元；新增公司授信客户22户，其中小企业授信客户16户；不良贷款率1.75%，较2016年年初增长0.6%。全年新开立公司户209户，其中基本户67户，新增公司有效基础客户40户，完成全年任务103%；零售核心客户数新增9392户，完成全年任务132%，兴业通商户数新增321户，完成全年任务124%。全年实现经营利润1.43亿元，同比增长28.29%。

业务拓展。全年新审批通过存量平台客户投融资项目5个，金额合计54.9亿元，已落地9.9亿元。截至2016年12月底，新增审批通过授信平台客户2户，分别为湖南德山建设投资股份有限公司及常德市文化旅游投资开发集团有限公司，审批金额9亿元，已落地3亿元；正在上报平台客户2户，分别为常德市鼎城江南新城建设投资开发有限公司及常德市武陵区江北城建投资开发有限公司，上报金额5亿元。开立常德市公共资源交易中心基本户。加大与县域烟草合作社合作力度，拟授信3000万元用于烟农开展烟叶生产。营销2个市级重点项目：常德市政府第一批PPP项目之一——北控水务集团有限公司常德分公司主办的常德市净化中心污水处理提质项目；常德市政府重点引进至德山工业园、总投15亿元山东润峰集团光伏发电及光伏组件项目。与常德市国土资源局武陵区分局、鼎城区征拆办、鼎城区集中支付局合作，全年落地拆迁代发项目5个，已代发金融合计4亿元。全年落地7个楼盘按揭项目，全年共计发放按揭贷款839笔，金额合计3.7亿元。

风险管控。兴业银行常德分行全年未出现系统性、群发性、内控失效性风险，资产质量未发生明显下滑。落实“审贷分离”制度，坚持审查审批过程独立性，对不符合国家产业政策和信贷政策授信业务，严格按规定退回，全年共退回授信业务7笔，金额合计9600万元。全年兴业银行常德分行开展“啄木鸟”突击检查、兴业银行员工行为十三条禁令宣传贯彻及检查、“两个加强、两个遏制”回头看专项自查，并接受常德银监分局外部监管检查。全年兴业银行常德分行退出信贷合作2户、金额3500元；压缩信贷规模3户、金额1300万元；担保公司代偿1笔、金额300万元；展期1笔、金额1600万元。

内部管理。制定《兴业银行常德分行日常工作管理办法》，并依照办法将员工日常行为管理贯穿到全行各项工作中。利用微信社招、校招、同业引进等方式，全年引进人员13人，推荐至上级行校招应届毕业生13人。每周独立开展各类业务产品知识培训合计85次；由管理部门针对内控、合规、风险、安防、财务等方面开展全行范围内专题培训共计15次；自行组织各类行内测试5次。（汪怡然）

【兴业银行常德武陵支行开业】 2016年7月，兴业银行常德武陵支行开业。武陵支行开拓商圈市场，走访拓展步行街商圈、友阿及滨湖电脑城商圈、德国小镇、大小河街经营商户，并通过组织周边小区、单位驻点与传单营销等活动加大宣传范围。截至2016年年底，武陵支行引进储蓄客户1350户，存款余额5270万元；发放个人贷款178笔，金额9560万元；综合金融资产10765万元。

（汪怡然）

常德农村商业银行股份有限公司

【概况】 截至2016年年末，常德农商银行服务网点357个，其中：二级支行（直营部）52个，分理处28个，离行式自助网点24个，助农金融服务点253个；员工898人；总资产203亿元，存款总额184亿元，贷款总额109亿元；全年累计投放各类贷款84亿元，全年实现经营利润5亿元，上缴税金1.65亿元。

业务发展。资金组织方面。在发展零售业务的同时，积极拓展对公业务和涉政金融业务，发挥点多面广优势，开展惠农补贴发放、城乡医保、公积金归集等业务代理，批量获客能力、留客能力不断增强。全年新增优质存款客户9845户，其中对公客户499户，个人客户9346户；年末各项存款达到184.4亿元，比年初增加32.06亿元，增长21%；存款总量市场份额14%，居辖内银行机构第3位；存款增量市场份额16%，居辖内银行机构第1位。信贷投放方面。开展金融产业扶贫、进园区访企业送服务等活动，在严控风险前提下扩大信贷投放，优化客户结构。全年累放各类贷款83.78亿元，同比增加12亿元；新增信贷客户3697户，全面完成小微贷款“三个不低于”目标；年末各项贷款余额108.7亿元，同比增加16.02亿元，增长17%，贷款总量和增量的市场占比均为15%，居辖内商业银行第1位。渠道拓展方面。电子银行业务加速向市场渗透，替代率逐步提高。全年累计发放社保IC卡52万张，激活率达到80%；手机银行和网上银行客户达到7.7万户和1.33万户，分别比年初增加2.98万户和867户，微信银行绑定客户5887户；累计发展POS特约商户2886户；借记卡发行总量达到103万张，贷记卡、公务卡分别累计发行1047张和151张；电子银行替代率51.46%，同比提高5.67个百分点。

普惠金融。截至2016年年末，全行建档立卡贫困户评级面为100%，授信率90.1%，贷款投放率73.38%，累计发放扶贫小额贷款2299户，金额10787万元，完成政府指导投放任务的118%。部署开展“进园区、访企业、送服务”活动，深入四大产业园区组织集中座谈和入户走访，举办大型银企对接会，持续跟进服务。全年累计投放各类贷款83.78亿元，其中企业贷款26.25亿元。

改革创新。以激发团队活力为目标，积极探索精细化绩效考核。初步实现贷款营销和信贷风险控制责、权、利相结合，劳动计酬与经营效益挂钩，体现按绩取酬、公平竞争。以手机支付为切入点，抢先布局移动金融。11月初，与中国银联湖南分公司合作，采取“互联网+智慧农贸市场”“扫码支付+小微商户”、自助售货机三种方式，在全国率先试点推广银联扫码支付业务。截至2016年12月末，全行共拓展入网商户7655户，拓展农贸市场12个，布放自助售货机16台。此举不仅入选“2016全国农村金融十大新闻事件”，还被省农信联社在全省推介，受到社会各界广泛关注。

风险管控。全年累计建立各项制度流程80多个，保障全行有序运转。严守到期贷款收回率和不良率这两个底线，大力构建信贷管理重“三查”、贷前调查重“三品”、人品调查重“三圈”，以及阳光办贷、廉洁办贷、高效办贷等信贷文化。积极探索不良资产管理的路径和举措，建立表内不良贷款旬报告制度，强化动态监测；对涉诉不良贷款实行归口管理，明确专人、专班清收，涉诉贷款处置力度显著加强。着眼核心矛盾，坚持从严治行，着力查错纠弊，深入开展表外贷款专项核查，对“三类贷款”责任人启动限时清偿问责。

队伍建设。全年累计开展各类集中培训23批次，“走出去”培训60多人次。建立公开透明的人才选拔机制、干部聘任机制，出台中层骨干淘汰管理试行办法和退出管理岗位管理办法，解决了长期以来中层骨干“能上不能下”的问题。高度重视工青妇组织建设，不断提升员工归属感认同感。

形象建设。加大网点升级力度，全年投入1400多万元完成营业部直营部等5个网点升级改造，启动7个网点改造项目；投入500多万元为全行员工统一工作服，规范着装要求；创立常德农商银行微信公众号，完成官网改造项目，自媒体宣传价值有效发挥；以银河艺术团为载体，大力涵养艺术金融特色。

（刘宝琨）

常德农商银行挂牌开业

中国人民财产保险股份有限公司常德分公司

【概况】 2016年，全市系统累计完成生效保费95318万元，同比增长18.67%，跑赢市场增速2.34个百分点，累计完成实收保费94615万元，同比增长16.75%，无论是生效保费还是实收保费，同比增速和计划完成率均排在全省系统前列。其中鼎城、武陵支公司相继跨入亿元支公司序列，实现历史性突破。公司市场份额为41.54%，同比提高1.03个百分点。从各经营单位情况来看，在20个经营单位中，19家单位保费收入实现正增长。全年累计支付赔款5.5亿元，缴纳和代征代缴税收共计9700多万元。2016年，公司荣获2016年度全国系统地市分公司经营业绩50强；鼎城支公司、石门支公司被授予全国系统2016年度百强“标杆县区支公司”荣誉称号。在全省系统2016年综合考评中，常德市分公司获得综合经营管理第一名，石门支公司荣获发展、效益“双十佳”支公司荣誉称号，澧县支公司、洞庭营销服务部获得“效益十佳”支公司荣誉称号。其中，石门支公司连续2年荣获全国系统百强“县区标杆支公司”、连续3年荣获全省系统发展效益“双十佳”支公司荣誉。

创新发展。公司经营班子及时转变发展观念，进一步强化有效益快速发展战略思维，将计划编制、绩效考核、资源配置等各项举措全面对标市场，切实提升对标管理针对性和有效性，全力实现发展目标与市场对接。2016年，全险种市场比值达1.14，车险市场比值为1.12，双双跑赢市场，其他产品线也都实现预定目标。

成本管控。财务管理方面，全面强化预算管理，不断细化管理流程。强化财务对产品线预算执行情况事中监控，实现资源精准投放；强化对基层单位预算管理，将费用预算管理与资金预算管理有效结合，监控重点费用科目，确保财务预算刚性执行。承保管理方面，强化把优质业务做进来核心理念，实施成本领先战略。进一步增强产品线部门利润单元作用，通过差异化、精细化承保政策、费用政策，做好风险管控，严把承保质量关，确保把优质业务做进来。理赔管理方面，持续推进“恪尽职守、提质提效”活动，着力提高理赔服务技能和质量，强化理赔人员主动履责意识，提高理赔队伍执行力，理赔客户体验价值和满意度持续提升。

客户服务。坚持文化引导，加大内部服务标准化建设力度，切实固化服务标准化培训成果，成功举办客户服务标准化技能大赛，一线员工的服务技能持续提升；柜面服务一体化全面推广，增值服务实现多样化、标准化。充分运用“湖南人保财险”微信公众平台，切实提高微信平台关注度和车险个人客户绑定率，有效增强客户黏性，以优质服务赢得客户信赖。全年客户有效投诉量同比减少13.6%，综合客户满意度、车险理赔服务客户满意度均高于全省平均水平。理赔全险种案件处理率100.6%，全险种万元以下案件理赔周期12.24天，同比提速29.7%；车险小案5日结案率64.06%，同比上升19.41%。客户满意度有所提升。

合规管理。组织签订一系列责任状，增强公司内控合规的刚性约束，加强合规文化宣导及风险排查。认真组织开展“两加强、两遏制”回头看及巡视问题自查整改工作，深入开展现场检查，积极构建内控合规长效机制。严格实行责任追究，对受各类查处和处罚的单位和责任人实行严格的责任追究和经济处罚，全年先后对12名违规责任人进行问责处罚，在全市系统起到了较好的警示效果。

文化建设。认真开展“两学一做”教育活动，发挥区域党建协调委员会作用，公司内部形成员工对标比贡献、公司对标提品质的和谐氛围。加强党风廉政建设，落实党委、纪委的主体责任和监督责任，建立健全《党风廉政建设责任制考核办法》；落实中共十八届六中全会精神，抓好从严治党工作；严格遵守“八项规定”，落实《党员廉洁自律行为准则》《党员干部纪律处分条例》。积极参与社会公益活动，参与“安全生产宣传月”“消防知识宣传月”以及扶贫攻坚、捐资助学等活动。全年扶贫助学捐资25万元、为灾区捐款4万多元，被评为全市扶贫工作先进单位。组织开展羽毛球比赛、司歌排舞大赛等文化娱乐活动，丰富职工生活。（沈海宏）

太平洋保险开展“3·15”保险服务活动

中国太平洋财产保险股份有限公司常德中心支公司

【概况】 2016年，中国太平洋财产保险股份有限公司常德中心支公司实现（营业税项下）保费收入22022.45万元，基本达成年度目标值任务，同比增长15.20%，市场份额占比9.27%。2016年度系统考评全省领先，荣获湖南省分公司多项奖励，并蝉联湖南省分公司“先进单位”。被湖南省消费者委员会评为“2015—2016年消费维权先进单位”

经营效益。实现年度考核利润1668万元，综合成本率90.88%。达成年度目标。

渠道建设。三大核心渠道业务保费收入11920万元，比2015年净增长2003万元，同比上升20%，占车险总保费81.6％。

保险创新。2016年，开发蔬菜、油茶林种植保险两款产品，创造首年开发、首年承保破千万元大关。农险总保费实现收入3771万元，跃居全省系统规模第一。

品质服务。全年开展“人伤无忧”“假日服务”活动，落实“三类优质客户服务项目”。提升小额案件处理效率。建立未决管理日常督导机制，缩短保险理赔周期。构建“五位一体”（服务质量、服务时效、明察暗访、客户满意度、质量检验）服务质量管理体系。2016年客服部组织全辖“3·15”保险服务和“开展公司庆25周年”主题活动。（袁凤姣）

中国大地财产保险股份有限公司常德中心支公司

【概况】 2016年，中国大地财产保险股份有限公司常德中心支公司实现保费收入10149万元（价税不分离），完成年计划117.9%，同比增加2840万元，增幅38.9%，高于市场17.3个百分点，高于系统10.5个百分点。其中车险8044万元，完成年计划114.8%，同比增长37.8%；非车险1577万元，完成年计划143.2%，同比增长50.5%；意外险528万元，完成年计划105.6%，同比增长24.7%。三大险类全面完成保费预算目标。市场份额由2015年3.7%上升到4.7%。2016年2月，公司荣获中再集团“基层党建先进集体”称号。4月，公司荣获分公司“先进集体”称号。5月，公司荣获中国金融工会湖南工作委员会“湖南金融先锋号”称号。公司被常德市保险行业协会授予“2016年依法合规诚信经营红旗单位”。

业务发展。一是渠道建设。电商渠道。全年标电网业务达到3735.1万元，保费贡献度38.1%，是保费增长主要来源，占据各机构过半或近半保费收入。中支获得电商分中心年度优秀中支荣誉，袁茂盛获得优秀渠道经理、李丽君获得优秀后援称号，12月荣登总公司“中支电商英雄榜”强者组全国排名第二。车商渠道。完成保费收入1767.87万元，完成年计划160.7%，共有车商渠道30条，其中100万元以上渠道5条，全年新增车商渠道14条，新增保费376万元。车队渠道。新增车队2个，新增保费50万元，对临澧万灵、石门三和、汉寿昌盛、驰鑫等车队产能进行提升，其中万灵达到450万元。二是项目建设。成功签单海绵城市工程险，单笔保费达616万元，创单笔保费历史新高。政府项目新农合取得突破，收取保费42万余元。意健险业务全年实现保费收入515.13万元，同比增长21.63万元。

内控管理。承保方面重点突出品质管控，与理赔进行互动，对出险理赔次数多客户建立相关台账，进行必要系统处理，以保证承保入口质量。理赔方面专注过程管控，在整肃队伍、人员调整、清理未决、高赋值案件清理、降低估损偏差、加速结案周期、小额案件快结方面下功夫，将任务目标分解到月、周、天、到具体责任人，一个一个案子沟通对接会商，机构负责人参与到未决清理中，后期更是号召全员理赔，人人参与其中，取得明显成效，年底时主要过程指标管理可控，自留满期赔付率52.94%，全险种结案周期23.11天。

风险防控。组织进行财务业务大检查，“两两”回头看自查自纠、两次进行非法集资大排查，开展反洗钱知识培训，进一步完善反洗钱台账，人民银行反洗钱评级评定为A类。组织进行合同、印章管理检查，司法案件排查，进行审计整改、巡视整改，实行财务集中审核，并进行一次风险处置演练。 （文兴祥）

中华联合财产保险股份有限公司常德中心支公司

【概况】 2016年，中华财险常德中心支公司完成签单生效保费收入30598万元，完成年计划92.7%，其中，车险11800万元，农险12176万元，非车险6622万元，全省保费收入排名第二。全市商业险赔款支出13897万元，其中农险已决赔款支出7873.98万元，受益农户达33396户。常德中支被湖南省分公司授予“客户服务先进单位”称号。

业务发展。在车商渠道方面，全市共新增车商58家，新增加保费435.12万元；开拓与5G车道合作，全年新增加保费267.7万元，在外呼团队方面，利用外呼坐席优势，全市收取保费695万元。在续保方面，续保率高于全省平均值3个百分点。全年共实现政策性健康保险3550万元，在原有汉寿县、鼎城区、桃源县、桃花源管理区基础上新增临澧县新农合分保业务280万元、西湖管理区新农合业务58万元。成功签下汉寿县生猪价格指数保险，收取保费500万元。

合规管理。常德中支应对“两两”工作措施得力，根据各阶段自查及整改工作情况和材料报送要求，按时按质按量进行统计上报，累计完成专项整治报告及表格报送7次，问题暴露主动性和对该项工作认知度得到监管部门认可。

自身建设。开展“两学一做”专题教育。开展“五四”青年演讲比赛。积极开展公益活动，组织为常德市福寿颐康园敬老院“五保”老人献爱心、送温暖。开展党风建设及各项反腐败工作，成立纪检监察组，遏制防范风险。

客户服务。2016年，常德中支紧紧围绕“价值发展、管理升级、创新驱动，能力突围”总基调，以不断提升客户满意度为宗旨，进一步完善客户服务流程，提升服务品质，优化各项指标。按照保监会对保险公司服务指数评价，常德中支获得3A类公司称号。 （罗名业）

城建投资

【概况】 项目建设。2016年，常德市城市建设投资集团有限公司完成项目投资68亿元，柳叶大道西延线、屈原公园提质改造工程、常德市技师学院、长港水系、白马桥、金银街等27个项目按期竣工；启动沅江隧道工程、阳山大道、黄石水库水资源综合利用工程、常德市财经职业技术学院等27个项目建设。其中：老西门商业街于5月28日开街，该项目是着眼于保护城市文化基因，留住常德历史记忆，打造集“文化体验、建筑博览、旅游购物、创意市集”等于一体“文化旅游创新街区”；10月1日实现主线通车柳叶大道西延线是常德市第一条主辅分离道路，也是市委、市政府为构建“城乡一体、城镇融合”关键性工程，是常德市城区7个重要出城口之一西出城口；10月17日向公众开放金银街是白马湖核心商圈中一条以生态与商业相融合风情特色街，被誉为“常德最美一条街”；10月16日开工沅江过江隧道工程是常德市首个PPP项目，也是截至2016年年底全市投资最大市政项

金银街

目。除此之外，公司在2016年还打造出一批获奖项目：窨子屋获中国建筑学会建筑创作奖金奖、常德钵子菜馆建筑群获泰山杯第三届中国装饰混凝土大赛建筑类铜奖。

融资创新。全年共计签订融资合同196亿元，为历年来之最。结合融资工作与金融产业布局，强化金融产业支撑作用。着手金融业务拓展，租赁公司、小贷公司、担保公司、基金公司已完成公司组建前期工作。在抓好资信升级与融资创新工作中，全年融资在全市乃至全省创造五个“第一”：一是第三期企业债券票面利率3.59%，创全省同级别企业债券利率新低；二是在中国银行间交易商协会获批全市第一单中期票据，其中第二期发行利率3.21%，为全省最低利率中期票据；三是成功发行全市第一单境外2.5亿美元债券，是全省第一批发行美元债券政府平台公司；四是以棚改项目为突破口，实现全省第一单保障性住房资产证券化项目审批；五是完成全市第一单在北京金融资产交易所获批债权融资工具，成功打开北金所市场大门。

产业布局。通过与远大住工合资合作，布局建筑工业化；通过棚改项目运营，成立商管公司、酒店管理公司、文化管理公司，布局地产运营业务；通过探索试运行“互联网+停车”项目、与湖南幼专合作成立幼教集团等项目，布局公共服务运营业务，实现业务创新，拓展公司城市服务与经营渠道。（万里江）

【窨子屋获中国建筑学会建筑创作奖金奖】 2016年10月，常德老西门窨子屋博物馆获2016中国建筑学会建筑创作奖公共建筑类金奖。窨子屋是常德一带极具地方特色民居建筑。与吊脚楼一样，反映着常德传统人居精髓。老西门窨子屋是创作团队用将近两年多时间，结合现代与传统建筑技术及材料而创作出来新“窨子空间”。窨子屋上使用砖、瓦、木、石，大多来自湘西北地区被拆除老旧建筑上老物件。而门楣、楹柱、照壁、窗格等采用传统桃源木雕工艺手工完成，质朴细腻，别具一格。创作团队作一定建筑创新和拼接，同时在建筑功能上作一定提升。作为老西门代表性建筑之一，青砖黛瓦、高墙合院窨子屋，使得整个老西门街区更加独特而富有意趣。

（万里江）

【常德钵子菜馆建筑群获第三届中国装饰混凝土大赛建筑类铜奖】 2016年10月，常德钵子菜馆建筑群获泰山杯第三届中国装饰混凝土大赛建筑类铜奖。钵子菜与常德人生活息息相关，是常德民俗、民风、民情融汇。通过建筑创作对常德餐饮文化进行一次显性表达，钵子菜馆群落应时而生。红色陶粒混凝土，在中国建筑界属于首例。不加任何装饰，浑然天成，象征着钵子菜容器天然质朴，也被建筑用来表达对于质朴友善常德人性致敬。庭院中央地面巨型瓷片拼贴画，名字叫作“神秘花园”。屋顶可以通过“烟囱形”旋转楼梯上去，俯瞰老西门。

（万里江）

经建投资

【概况】 截至2016年年底，常德市经济建设投资集团有限公司注册资本10亿元，资产规模910亿元，净资产总量426亿元。企业信用评级AA+。职工总人数4805人，拥有中级职称560人，高级职称173人。2016年，集团实现收入65.7亿元，利润总额8.23亿元。医疗、金融、房地产、服务业、旅游五大产业蓬勃发展，品牌影响力逐渐显现；全年完成建设投资68亿元，竣工项目40个。重点带动性建设项目如数竣工，区域功能划分已经形成；企业文化创新发展，《精神引领，文化铸魂——演绎企业发展活力》文稿，荣获湖南省创新企业文化建设优秀成果奖，集团被评为2016年常德市文明标兵单位。

金融产业。上海经晟融资租赁公司实现净利润1090万元，上缴税金330万元。集团第一家上市的汇丰小贷，在全国45家上市小贷公司中，盈利排名进入前十、全省第一。北京经华基金管理有限公司成功摘取私募基金管理人金融牌照，业务涉及呼和浩特、兰州、杭州、南京等全国多地。经发展公司通过直接投资和积极入股优质产业，全年实现净利润1600万元。

医疗产业。湘雅常德医院主体及精装基本完成。医院管理团队完成建章立制、人才招聘、信息化建设，已经招聘包含博士、硕士在内员工698名。市第二人民医院儿童住院楼和门急诊综合大楼正式投入使用，住院环境进一步改善，已顺利通过二甲复评，正在全力创建三级甲等医院。经康药业公司业务拓展到湘潭、怀化、永州等12家大型医院，全年实现净利润3055万元。集团与“国药集团”下属“中国中药”签订合作协议，重点实施新建常德市第一中医医院和中药饮片配方颗粒生产基地、医养结合等项目，共同推动常德生命科学与健康产业园建设，加快生物医药健康产业发展。

旅游产业。成功承办“2016常德旅游节”“常德柳叶湖国际马拉松赛”，金柳公司华侨城·常德欢乐水世界提质升级后完美亮相，常德卡乐星球·OCT华侨城项目开工建设；常德柳园锦江酒店建成营业，沙滩公园、螺湾观鸟、环湖驿站、园博园、鹤山画障、良田美池、松风水带等景点全面建成。经山水公司穿紫河风光带、穿紫河沿线桥梁美化相继完工。壶瓶山象鼻子沟、江坪河漂流，全年接待游客达到25万人次。经山水公司的德国风情街开街、河街开盘、穿紫河开航，将穿紫河打造成流淌历史、文化、乡愁的河，开创常德区域旅游新篇章，形成“生态”与“运动”体验的旅游资源互动，打造城市旅游新亮点。特别是穿紫河水上通航，开创常德夜间观光旅游的先河。

房地产业。在完成政策性棚改、安置房、公租房建设同时，适时推出旅游商业房产开发项目。经致远公司为湘雅常德医院配套的致雅园公租房竣工，经泽公司高效推进七里桥棚改；经远建筑公司承接的湘雅常德医院项目荣获“全国3A级安全文明标准化工地”等多项荣誉、柳叶湖行政中心项目获得“省优质工程”奖项。

现代服务业。公交公司新增新能源

2016 年 10 月 18 日，德国风情街开街、河湖连通水上开航

汽车 200 台，年运送乘客 1.35 亿人次，实现收入 1.5 亿元。泰达公司市民之家项目顺利开工，拟于 2017 年交付使用；经为公司桃花源酒店、白鹤山客栈、汽车旅馆、常德柳园锦江酒店占到全市星级酒店客房数量 15%，壶瓶山景区中国红茶坊、温德姆酒店、平安客栈等服务设施正在建设和装修之中。双赢公司拓展环保经营新领域，完成常德市汽车尾气检测企业 51% 股权收购，迈出公司转型第一步。经万和公司成功升级物业服务二级资质；教育投公司太阳谷养生养老健康产业园、生命科学与健康产业园前期工作进展顺利，北部新城实验学校已开工建设；海绵公司污水净化中心 PPP 项目即将启动，中国海绵城市技术展示中心已开始施工。（魏　峰）

常德市交通建设投资集团有限公司

【概况】 2016 年，市交建投集团共完成投资 7.56 亿元，为年度目标任务 132%；全年共实现收入 9000 万元，贡献税费 3100 万元，经营利润完成 1800 万元，为年度目标任务 138%；签订融资合同 36.6 亿元，融资到位 21.65 亿元，融资综合成本 4.92%，融资期限 6.68 年；总资产达到 132 亿元，负债率控制在 41%。

产业布局。2016 年，加强沥混加工、预制管道、油气补给、材料供应、广告经营、园林绿化等自营项目，投资绿色出行、新能源等新业态，配套公务用车制度改革成立专事道路运输业务的湖南立行交通实业有限公司，配套常德市“十三五”期间 9430 个充电桩建设规划，成立专事充电基础设施建设的湖南乐善新能源有限公司。“登泰·丹霞苑”项目完成土地招拍挂和设计招标；金悦华府 15.53 万平方米土地启动拆迁；常高基 32.6 万平方米土地拟定拆迁方案；陶公地块 3.2 万平方米，土地正在走招拍挂程序。完成财鑫金控、农商行、国鑫典当、新材料产业创业基金投资入股，股权投资拓展到金融、风投、建筑等领域，参股和入伙企业达到 12 家，股权投资规模达 2.38 亿元，两家风投资金投资企业成功上市。

项目建设。G319、G207 城区段改线工程路基基本成型，大桥、中桥完成 7 座，沅水四桥主桥进入上部结构施工，沅水四桥匝道进入招投标准备阶段，丹溪北路已启动征拆、完成招标。桃林路西延线完成设计招投标，一号大道张公庙大桥完成立项、初步设计和 PPP 方案初稿，四号大道桃花源桥、洞庭大道东延线启动前期工作。保障沅澧快线建设资金，支付沅澧快线奖补资金 2 亿元，累计支付沅澧快线一号大道、二号大道、四号大道、六号大道奖补资金 6.16 亿元。朗州路北延线、二广高速芦荻山互通连接线、洞庭大道路面综合改造工程、皂果路路面综合改造工程 4 个项目竣工资料移交城建档案馆。

由市交建投融资建成的迎宾大道夜景

资金管理。2016 年，发行私募公司债，实现直接融资“零”突破，全年共签订融资协议 36.6 亿元，到位资金 21.6 亿元。开展 PPN、私募公司债、永续债、企业债相关工作，总额 20 亿元私募公司债成功获批，并成功发行第一期 10 亿元债券。归集和清理现有土地资产，及时将土地资产评估入账，地利苑二期土地报批进入省交通厅程序，公司资产总额达到 132 亿元。争取 G319、G207 城区段改线和二广高速芦荻山互通连接线工程国省补助资金 6000 万元。

行业创建。抓工程项目质量安全及文明施工，规范项目管理，强化集体会商机制，注重汛期施工、冬季施工安全生产调度，未发生安全事故。加强项目参建单位管理，严控弃土外运、泥浆排放、工地扬尘等影响环境施工行为，G319、G207 城区段改线工程项目质量管理得到省交通厅基建处、造价站、省公路局工程处领导好评。参加“每周奉献两小时，公交车上学雷锋”志愿活动，并将该项活动纳入日常工作调度内容，轮流上公交车学雷锋。

企业管理。完善目标责任制，完善绩效挂钩考核办法，经营性子公司推行责任经营，按照“放活自主经营、监督重大事项”思路出台控股公司管理办法，按照加强重大事项管理原则制定《合同管理补充办法》《内部资金拆借办法》。开展“两学一做”专题教育活动，开展主要负责人上党课、专题民主生活会等

学习教育活动，深入治理“庸、懒、散、慢、乱”，开展劳动纪律检查。试运行企业财务管理等十个廉政风险范例，经常组织开展警示教育。开展篮球队、乒羽队等文体活动，成立6个兴趣小组。建立人才竞争机制，开展中层骨干竞岗，提拔中层骨干11人；组织一次专业人才公开招聘，引进造价、法律、财务等专业技术人员7人；组织全体员工集中学习企业财务、融资等知识，公司人员中有2人被选举为市政协委员，1人被选举为省党代表。（周志掌）

财鑫金控

【概况】 2016年，常德财鑫金融控股集团有限责任公司（以下简称“财鑫金控”）支持企业1189户次，实现业务总量71.9亿元。其中，融资担保59.16亿元，发放小额贷款9.23亿元，民间融资业务1.89亿元，典当业务0.96亿元，投资业务0.65亿元。在保、在贷、在投余额合计为72.73亿元，国有资产保值增值率为103.4%，账面资产总额达到29.17亿元，管理资产总额92亿元。融资担保荣膺全国“最具影响力担保机构”，双鑫小贷获“全国优秀小额贷款公司”殊荣，财鑫典当被评为湖南省“诚信经营示范企业”和“年检免检企业”。

经营创新。2016年，经中国证券监督管理委员会核准，长城证券股份有限公司为主承销商，常德财鑫投融资担保集团有限公司获准向合格投资者公开发行总额不超过5亿元公司债券，基础发行规模为人民币3亿元，可超额配售不超过人民币2亿元。债券期限为5年，票面利率为6.99%，发行价格为每张100元，采取网下面向合格投资者询价配售方式发行。新设常德新材料产业创业投资基金和常德合金生物科技基金，基金认缴总规模达到12亿元，对外投资企业17家。常德企业中，金德镭射、桃花源农业和飞沃新能源先后挂牌新三板；外省企业中，西安金源电气、江西中德生物挂牌新三板；长城军工成功上市；东莞铭普光磁更换保荐单位。

新兴业务。以“担保+银行+互联网”模式，与汉寿县邮政储蓄银行、土流网联合推出农村土地流转经营权抵押贷款担保业务，风险分担比例为1∶9。设立风险保证金资金池模式，与农业银行、工商银行、企业商会开展合作，推出“互惠贷”“银保会员贷”等贷款担保业务。与长沙银行、佳和冷链公司联合创新推出“惠农冷链贷”存货质押融资担保业务，与佳和冷链公司风险分担比例为5∶5。

精准帮扶。财鑫金控成立帮扶工作组，了解困难企业实际经营情况和上下游市场，协调银行、政府部门争取续贷降息和政策补贴，帮助企业制定租赁经营方案，引进职业经理人。对所有到期贷款项目建立台账，为其发放过桥资金贷款，补充资金流动性。将担保、小贷、典当等业务收费标准控制在全省同行业较低水平，落实《常德市帮扶工业企业十条》文件要求，将担保费控制在1.5%以内。

风险管控。财鑫金控制定《不良担保贷款责任追究办法》和《风险化解与处置考核办法》，在员工级别升降标准中植入风险防控指标。针对贷款逾期项目、不良贷款项目和担保代偿项目建立《风险项目化解与处置台账》，按照“一案一策”原则研究处置对策，明确时间要求和相关责任人，每周收集风险处置落实情况，每月通过风险调度会进行考核。采取定期与不定期相结合方式对存量客户实施跟踪监管，重点掌握存量客户组织架构是否变动、经营范围是否有重大改变、是否有法律纠纷等方面问题，开展项目到期提醒，及时了解企业生产经营情况及资金筹措进度。截至2016年年底，提取未到期责任准备金余额1.452亿元，担保赔偿准备金余额1.68亿元，一般风险准备金余额0.4亿元，准备金覆盖率达233%。

项目建设。财鑫投融资服务中心项目于2016年5月19日正式破土动工，项目占地面积2.65万平方米，总建筑面积为9.5万平方米，建筑高度99.8米，总投资达到5.78亿元。项目由财鑫广场开发，湖南大学设计研究院设计，湖南德成建筑工程有限公司承建。

园区开发。财鑫金控旗下西洞庭科技开发公司以园区开发运营、中小企业孵化、产业投资、承接产业转移与招商引资为发展定位。投融资公共服务平台项目被评为省级“双创”示范基地，湘西北生物与科技产业孵化园一期工程17000平方米标准厂房于2017年3月竣工。上海威士迪科技股份有限公司已签订入园协议，湖南精诚制药机械有限公司签订意向入园协议。（赵侗芳）

【常德财鑫金融控股集团重组】 2016年4月20日注册设立“常德财鑫金融控股集团有限责任公司”（简称“财鑫金控”），相继完成公司更名、股权划转等手续，将原财鑫集团更名为“常德财鑫融资担保有限公司”，降格成为财鑫金控集团的全资子公司，原持有子公司股权除双鑫小贷和达晨财鑫外，其他都划转到财鑫金控，并于11月28日正式召开媒体通气会。财鑫金控注册资本为15亿元，股东为市国资委、市城投集团、市交投集团、市文旅投集团。集团构架从原有以财鑫担保集团为母体，下辖小贷、投资、典当、咨询、民间融资服务等多个控股子公司，转变成以财鑫金控集团为母公司，下辖担保、小贷、投资、典当、咨询、民间投融资、园区开发运营、基础设施建设等多个服务平台。（赵侗芳）

常德财鑫金融控股集团有限公司成立媒体通气会

财政·税务·国有资产监管

财 政

【概况】 2016 年，全市完成一般公共预算收入 226.58 亿元增长 9.02%，高于全省平均增幅 3.01 个百分点，收入总量居全省第 6 位；市本级完成一般公共预算收入 102.55 亿元，首次登上百亿台阶，增长 8.90%；7 个省直管县市完成 71.72 亿元，增长 7.13%；“六区”完成 77.27 亿元，增长 12.41%。全市一般公共预算收入中税收收入完成 158.89 亿元，增长 6.64%，高于全省平均增幅 3.91 个百分点。全市完成地方财政收入 157.33 亿元，增长 5.72%。全市完成一般公共预算支出 461.61 亿元，增长 11.02%。

服务发展。市本级整合安排帮扶解困专项资金 4 亿元，落实“帮扶工业企业十条”，支持财鑫金控集团为 1189 户（次）创业主体提供融资服务 69.5 亿元、市工业投累计为 41 家企业提供过桥贷款 5.46 亿元；从基础建设、项目落户等方面支持常德经开区创建及科技孵化器建设；兑现 2015 年度标准化厂房奖补、推新考核及“1115”工程（在 5 年内在常德打造三个千亿工程：将中联重科常德工业走廊打造成为千亿走廊，将常德经济技术开发区建设成为千亿园区，将烟草产业发展成为千亿产业集群；同时，在 5 年内培育年主营业务收入过 50 亿企业 15 家以上，其中 5 家过百亿元）奖励等专项资金共计 5276 万元，推进江北城区企业“退二进三”（市委、市政府为加快经济结构调整，决定将位于中心城区或居民区内没有发展空间污染企业、能耗大户企业或者濒于破产中小型国有企业、民营企业，从第二产业中退出来，搬迁到经过科学规划工业园区发展，或自行退出市场转型，从事第三产业，或将腾出土地从事公益事业一种做法）、淘汰落后烟花爆竹产能等工作，促进工业转型升级。通过预算安排、公司融资、争取上级补助等多渠道筹资，保障德国风情街、常德河街等重点城建项目建设；累计拨付海绵城市项目奖补资金 9.88 亿元；拨付提质改造资金 2.85 亿元，推进城区“三改四化”、武陵阁商业步行城美化、白鹤小镇美化等项目。市级累计拨付补助资金 6.3 亿元，加快沅澧快速干线建设；市级安排交通发展资金 1.53 亿元，对航线发展、公路养护、公交发展等给予奖补。市级整合资金 4000 万元扶持旅游产业发展，并落实 1.5 亿元支持桃花源景区全面改造升级，支持办好常德旅游节等大型活动。通过市级安排、对上争资，投入外贸、外经、口岸发展引导资金 3200 万元，支持外贸企业和电商发展等，促进全市开放型经济发展。

保障民生。市级拨付社保补贴、技能培训补贴引导资金 8000 万元，支持 3756 名个人和 15 家小微企业申请小额担保贷款 4.23 亿元。落实企业退休人员基本养老金“12 连增”政策，城乡居民基础养老金由每月 75 元提高到 80 元，城乡低保、农村五保供养水平提高。支持深化医疗卫生体制改革，市级落实配套资金 3.4 亿元，整合城乡居民医保制度，推进大病保险，推动城区公立医院实行药品零差率销售，启动分级诊疗试点。市级拨付保障性安居工程建设资金 3.5 亿元，促进相关项目建设。市级投入 7200 万元奖补三年攻坚项目，安排 3.7 亿元支持市一中等市直学校扩容提质，改善办学条件；支持职教大学城建设，市级累计投入建设资金近 22 亿元；市级下达资助资金 4035 万元，投入城区学校教育信息化建设 2000 万元，落实 1600 万元兑现教师激励。支持文体事业发展，市级安排文化“三项”发展资金 3900 万元，争取上级资金 3320 万元，支持推进博物馆改扩建、书香社区等项目开展；投入 600 万元加强全民健身体育设施建设，补助 1160 万元支持“常德马拉松”等重要赛事成功举办；安排科技经费 880 万元，保障科技馆正常运行及科普工作开展。投入 1 亿元推进沅澧水一线大堤除险加固，投入 3200 万元重点支持 34 个点村精准扶贫，投入 2000 万元助建 13 个美丽乡村，投入 2500 万元支持农业产业化发展，为成功创建“国家森林城市”提供经费保障；争取上级“一事一议”各类奖补资金 2.89 亿元，支持实施普惠、集中连片等项目 837 个，改善农村发展条件；推动农业保险工作规范发展，保险品种新增6个，达到24个，财政保费补贴由1.95亿元增加到2.32亿元，提高农业抵御风险能力；累计拨付奖补资金2.95亿元，保障完美社区建设。

财税改革。加大政府性基金收入、专项收入与一般公共预算统筹使用力度，市级国有资本经营收益上缴一般公共预算比例提高到21%。2016年市级专项资金项目数比2015年压减近70%，编制2017年部门预算时进一步压减到100项。组织迎接全省预决算公开检查，制定出台《常德市进一步推进预决算公开工作实施方案》。推动市政府出台《关于进一步加强预算绩效管理通知》，市级实施绩效评项目金额是2015年1.8倍。报请市政府成立融资管理委员会，规范和加强市级政府建设项目投融资管理配套措施，强化融资管理、城建项目管理和平台公司管理。牵头起草市本级推广应用政府与社会资本合作模式实施意见、PPP项目咨询服务机构管理办法等配套制度；市本级PPP项目库项目达到9个，总投资242亿元，引进战略投资者和实施PPP模式投资，开启城建投融资新模式，投资25.44亿元沅江过江隧道项目正式开工，并入选财政部第三批PPP示范项目，投资3.25亿元常德污水净化中心PPP项目推进，市级进入识别和准备阶段PPP项目达10多个。从5月1日起全面推开营改增试点，全年试点四大行业入库改征增值税12.1亿元。

财政监管。全市完成评审金额411.8亿元，审减金额71.6亿元，综合审减率17.4%。推进电子化政府采购平台建设，在9个区县市和常德经开区进行推广，全市共完成政府采购合同金额43.42亿元，节约资金3.96亿元，节支率8.36%。市本级“三公”经费支出下降21.14%，连续5年实现只减不增。组织开展全市行政事业单位国有资产清查、事业单位及其所办企业国有资产产权登记工作，完成资产处置收益3843万元，腾退办公用房5137平方米，调剂办公用房1000平方米，督促全市213个与行政机关脱钩行业协会商会完成办公用房清理腾退，为20多家单位调剂办公设备价值约457万元。全市通过“一卡通”平台打卡发放资金24.52亿元，增长8.24%；全面推广乡财县管乡用财务管理模式，全市纳入乡镇财政监管资金总额达38.76亿元。在财政系统开展“雁过拔毛”式腐败和“纠‘四风’、治陋习”两项专项整治。全面启动行政事业单位内控建设，督促887个单位建立内控手册、719个单位完成内控基础性评价，在全市各级预算单位中建立内控管理体系。（夏　智　董建波）

【全面推开营业税改征增值税试点】 从2013年起，常德市陆续在交通运输业和部分现代服务业、邮政、电信业开展“营改增”试点。2016年，根据《财政部国家税务总局关于全面推开营业税改征增值税试点通知》（财税〔2016〕36号）文件要求，常德市开展全面推开“营改增”工作。4月5日，市委常委、常务副市长朱水平主持召开全市全面推开“营改增”试点暨国地税合作工作会议，对做好“营改增”试点前期准备工作进行部署和动员。5月1日，全市全面推开“营改增”正式启动，建筑业、房地产业、金融业、生活服务业4个行业纳入试点范围，并将不动产纳入抵扣范围，实现规范消费性增值税制度。截至2016年年底，全市四大行业试点纳税人共22409户，入库改征增值税12.10亿元。（夏　智　董建波）

全面推开营改增

【电子化政府采购平台】 2016年，市财政局率先在全省市州建成电子化政府采购平台。该项目利用“互联网+”信息化手段，依托电子化政府采购平台，推进政府采购全流程操作电子化、全过程监管网络化、全覆盖一体化改革。集中技术力量，在6月底前完成政府采购预算管理、计划管理、项目管理、合同管理、备案管理、信息公告管理等平台系统基础模块开发和运用，并建立代理机构库和供应商库，顺利实现政府采购全流程网上办理。起草平台系统推广培训教程，从2016年6月起，陆续完成9个区县市和常德经济技术开发区推广应用工作，累计培训2000余人次。对各区县市财政部门和市直单位、各采购代理机构、供应商提出具体管理要求。2016年，全市通过电子化政府采购平台申报采购项目3275个，完成项目2477个，成交金额16.09亿元。（夏　智　董建波）

非税收入征收管理

【概况】 2016年，市非税收入征收管理局荣获“全省非税收入征收管理工作先进单位”。2016年，全市共完成非税收入965345万元，为2016年年初预算106.04%，同比增长16.40%。市本级共完成非税收入450623万元，为年初预算111.36%，同比增长11.72%。市本级纳入公共财政预算325034万元，同比增长8.64%；纳入政府性基金管理113153

万元，同比增长31.20%。

征收管理。全年共清理取消、降低和暂停价格调节基金、园林绿化费等49项，年均减负6200多万元。专题提请市财政局调整城市污水处理费、捐赠收入和公积金增值收益预算管理方式。2016年直接征收首次突破6亿元，达到60779万元，同比增长18.47%。实现市卫计委考试考务费、湖南幼儿师专外地新生学费网上缴费，启动非税收入单位执收子系统—交警专用版开发建设。强化市直单位“共同性项目”非税收入管理部分绩效评估和非税收入执收工作评估考核。

票据管理。2016年全市共入库财政票据3430万份，发放县市区2279万份；市本级共新增10家购票单位，共为283家用票单位发放票据946万份，核销票据1085万份；全年共为业务量少的单位代开票据211笔，上缴财政资金2800万元；规范社会团体票据管理，对105家购领社会团体票据单位开展票据管理检查，并就社团票据如何购领与使用进行专题辅导。对2015年度308家用票单位财政票据购领使用和管理情况进行年检，督促上缴财政资金2500万元，合格307家。2016年承办长沙、株洲、岳阳、益阳等16市县非税局财政票据电子化管理现场会，全面推介常德市财政票据电子化改革经验。常德作为全省《湖南省社会保险基金收款收据（电子收据）》试点市州，已完成系统调试与数据对接。

非税稽查。对市本级政法系统罚没收入、市本级城市基础设施配套费等重点收入，市城区停车泊位收费、市城区户外广告收入、市直部分单位国有资产有偿使用收入等收入和市直单位执行取消、降标、免征情况开展6次专项稽查，对市农机局违规收费问题提请市财政局进行处罚并没收违规所得1.85万元，对市公安局等8家存在问题单位下发整改通知书，补缴非税收入116万元，督促8家市直单位催收国有资产出租收入151.48万元。

融资管理。续签城建资金贷款2.5亿元，清理融资账户2个，上缴国库利息收入143万元，按时还本付息。（袁梦祺）

【常德市财政票据管理电子化管理经验全省推广】 2016年4月，常德市作为全省财政票据电子化管理示范点，承办长沙、株洲、岳阳、益阳等16市县非税局参加的财政票据电子化管理座谈会，全面推介常德市财政票据“电子开票、自动核销、全程跟踪、源头控制”管理工作经验。投入1500多万元，对中心机房进行更新和完善，统一为执收单位配置电脑、打印机及联网设备，开通数字电路专线302条，市直267家执收网点接入非税征管网络。自主开发面向财政票据领购单位非税综合管理信息系统(财政票据在线年检系统)，实现财政票据从入库、发放、使用、核销、年检等环节全程电子化管理。单位票据年检数据由软件自动生成，用票单位核对处理未达账务后即可完成网上年检。率先在全省启动学校信息化收费系统。开发启用基本建设非税收入征管一体化系统，对江北城区基本建设项目报建环节所有收费实行一体化征收。与银联合作在执收单位部署POS机108台，年收缴额度近2亿元。率先在全省开发建成非税收入通用在线缴费平台。（刘华云）

财政国库集中支付

【概况】 支出监管。加大重点费用支出监管力度。2016年，市本级“三公经费”比2015年减少3088万元，公务接待费、出国（境）费、公务用车购置费、公务车辆运行维护费、国内学习考察费及会议费六项重点支出总额比2015年减少3349万元。规范预算单位支出行为。全年督促预算单位投资评审项目131个纳入投资评审，审减金额4414万元；督促政府采购项目金额87431万元进行政府采购；退回与拒付不合理开支283万元；督促预算单位将2428万元误入本单位专户资金缴入财政专户。深化公务卡制度改革。全年公务卡刷卡金额为12758万元，占授权支付总额20%，比2015年提高9个百分点，使财政财务支出更加透明，公务消费行为更加规范。

调查研究。按季度开展重点支出分析，总结支出特点，分析支出结构，提出规范支出和预算执行意见，为加强财政管理提供重要参考，得到领导充分肯定。针对预算单位反映难点热点问题、预算执行和财政支出管理中薄弱环节，由班子成员带队深入120多家预算单位开展调研。全年以专报形式上报有价值调研报告11篇，如《关于市直行政事业单位学术成果、信息调研和宣传稿件劳务报酬建议》《关于市直预算单位工会经费管理情况调研》《预算单位对外拨出资金有关情况调研报告》《预算单位内控制度建设情况调研报告》等，引起市财政局领导高度重视，根据市财政局领导批示，对预算单位工会经费支出范围进行进一步界定；明确预算单位学术成果及信息调研稿酬标准；规范预算单位对外拨出资金审核审批程序等。解决预算单

全省财政票据电子化管理座谈会在常德召开

全市国库集中支付改革经验座谈会召开

位支出中亟待解决难点热点问题，促使预算单位支出进一步规范。

特定专项跟踪问效。全年重点对48个特定专项资金进行监管与跟踪问效，通过建立分析台账、到预算单位实地调研掌握第一手数据、撰写特定专项分析报告，对特定专项资金使用是否合理合规，资金使用效益是否达到目，预算安排是否符合项目需求等提出意见和建议。在2017年部门预算编制年审会上，直接或间接调整预算资金500万元，80%以上分析报告都起到参考作用，为2017年度部门预算提供充足依据。

自身建设。开展庆“七一”暨建党95周年主题活动，组织党员干部参加“荷花品格、梅花精神”系列廉洁文化活动，参加市财政局开展道德讲堂活动等，从思想上教育和引导党员干部强化廉洁自律意识，努力履行岗位职责。在制度上严格管理干部。单位内部制定“6个严禁”：严禁收受现金、土特产、购物卡、微信红包等节礼；严禁以任何借口接受吃请、请吃；严禁将个人开支转移到单位报销；严禁组织或参加赌博活动；严禁相互走访拜节；严禁酒驾、醉驾。在把关上严格审批。在热情服务同时严格执行财经纪律有关规定，全年预算单位没有发生一起违规违纪开支公款、超范围超标准报销支出行为。作为全市财政系统唯一一家党支部标准化建设试点单位，始终把党支部建设作为工作重中之重来开展，充分发挥党建带工建、妇建、团建功能。全年共开展5次中心组扩大学习，把中层骨干纳入其中，每次学习都安排2名班子成员领学中央、省、市重大会议精神和政策法规，2~3名学习成员围绕学习内容讨论发言，改变过去一人发言单调学习方式。由党支部、工会、妇委会、共青团分别负责，每月组织开展一次文体活动。2016年，市国库集中支付核算中心党支部被市直机关工委评为先进基层党支部。（李德志）

住房公积金管理

【概况】 2016年3月，常德市住房公积金管理中心获评全省住房公积金管理优秀单位。

业务指标。一是缴存业务。全年实缴单位5018家，新开户单位313家，净增单位55家；实缴职工26万人，新开户职工2万人，净增职工0.63万人；当年缴存额32.79亿元，同比增长28.69%。截至2016年年底，缴存总额185.25亿元，缴存余额94.1亿元，同比分别增长21.51%、16.73%。二是提取业务。全年提取额19.3亿元，同比增长4.83%；占当年缴存额58.86%。截至2016年年底，提取总额91.15亿元，同比增长26.86%。三是贷款业务。全年发放个人住房贷款8289笔25.90亿元。全年回收个人住房贷款7.42亿元。截至2016年年底，累计发放个人住房贷款64620笔125.12亿元，贷款余额83.25亿元，同比分别增长14.74%、26.10%、28.51%。个人住房贷款率为88.47%，比2015年同期增加8.11个百分点。

资金管理。2016年，常德市住房公积金年归集额突破30亿元，年归集额居全省各市州第三位。财政供养单位归集额增长强劲，全年共增加缴存额2亿元。2016年，借助完美社区、美丽乡村建设契机，住房公积金建制工作深入基层，村居社区建制全面开花。通过委托银行促进40家非公有制企业开户建制。通过启动行政执法，促进家润多等非公有制企业为职工缴存公积金。发放贷款贴息资金近30万元。全面完成增值收益指标任务，实现资金保值增值。中心坚持收支平衡、规模控制、均衡放款、提前预约“四个原则”，确保贷款资金有序发放，当前贷存比跃居全省前列。2016年，常德市贷款逾期率为0.0027%，远低于省监管办要求0.03%考核标准。中心严格规范贷款回收，出台文件督促担保公司做好贷款逾期催收工作。加大稽核力度，全年共稽核归集业务317,541笔、提取业务5385笔、贷款业务1688笔，业务稽核面分别达100%、30%、30%。协助市审计局开展“三责联审”，完成中心工会经费、办公物资采购、财务经费稽核和管理部负责人离任审计。通过重新排查209个岗位廉政风险点、13个权力运行流程图、完善监督制度等增强风险防控能力。

服务提质。一是窗口服务。中心机关及直属服务大厅正在施工建设，鼎城区、安乡县、桃源县、临澧县管理部新服务大厅已投入使用，石门县、武陵区、经开区等管理部新服务大厅即将装修。服务大厅变单一业务柜员制为综合柜员制，变被动服务为主动服务，变常规时间服务为“朝九晚五”服务。2016年，各管理部窗口推出贷款预约服务，提高业务受理效率。二是上门服务。举办“住房公积金宣传月”“宣传一条街”等活动，通过会议、座谈、联合行文等方式扩大制度影响范围。通过上门核准个体工商户与自由职业者工作、楼盘建设、开发商资质情况、借款人等信息真实性，为

2016 年 8 月 19 日，市住房公积金管理中心工作人员宣传住房公积金政策

决策提供参考信息。针对老弱病残群体、团购业务上门受理。三是网络服务。启动《住房公积金基础数据标准》和《住房公积金银行结算数据应用系统与公积金中心接口标准》贯彻工作。完成短信平台、“12329”热线服务平台向省住房公积金服务平台迁移。全年受理服务电话 12000 多个，处理市民留言 300 多个，发送业务短信 400 余万条。积极参与政府智慧常德建设，做好公积金数据共享相关工作，提升网络运行效率。

自身建设。开展中共十八届六中全会、省、市党代会等会议精神学习活动；选派干部到省委、市委党校参加集中培训；选派机关党员参加市直机关工委党员集中学习培训工作；组织参加纪念红军长征胜利 80 周年活动。对中心党支部进行换届选举，中心机关新成立党总支部和 3 个党支部，选举支部书记与委员。招聘 3 名人员，选拔 5 名正科级、7 名副科级干部，对 19 名干部进行岗位调整，优化干部队伍结构，并对岗位职责进行梳理，实现岗责匹配。多次组织归集、提取、贷款、稽核审计、信息系统操作等业务培训，提升干部职工业务水平。组建 16 个小分队深入安乡县官垱镇官堰村，对贫困家庭开展精准帮扶，各管理部还深入区县市扶贫对口单位，共帮助贫困点村争取扶贫资金近百万元。

（张道贤）

农业综合开发

【概况】 2016 年，常德市农业综合开发在全省农开项目竣工验收和综合考评中排名全省第一。市农开办荣获全省农业综合开发宣传信息、项目计划编报、资金决算编报、产业化项目管理和统计工作先进单位以及全市脱贫帮扶工作、美丽乡村建设工作、优化经济发展环境工作先进单位、市直财政系统绩效考核先进单位等荣誉称号。石门县农开办被评为全省农业综合开发工作先进单位。全年全市共争取财政资金 31272 万元。其中建设高标准农田 123.73 平方千米，争取财政资金 23896 万元；扶持产业化项目 42 个，争取财政资金 4734 万元；扶持部门项目 11 个，争取中央和省级财政资金 2642 万元。

工艺与项目创新。2016 年 3 月，市农开办成立土地治理项目工艺技术攻关小组，引进和研究符合本地实际、造价适中、生态环保新工艺技术。分别在临澧县、澧县、桃源县、安乡县试点成功仿干砌石挡土墙技术、舒布洛克挡土墙技术、生态透水混凝土道路及护坡技术，并在湖南省农业综合开发简报中推广介绍。2016 年 7 月 11 日，湖南省农业综合开发办公室下发《关于常德市西湖管理区农业综合开发利用金融资本投入高标准农田建设试点项目 2016 年度实施计划的批复》，标志常德市首个高标准农田创新投融资模式试点项目正式落地。该项目建设期为 2016—2018 年，分年度实施，共建设高标准农田 26.67 平方千米，总投资 8000 万元，其投资构成为：由湖南丰润农业发展有限责任公司负责筹集资本金 2700 万元，中国农业发展银行提供 15 年信用贷款 5300 万元，待项目建成后，中央财政农业综合开发资金以先建后补方式提供财政补助 2700 万元。西洞庭管理区争取到农发行 1.2 亿元贷款建设高标准农田项目，桃源、澧县争取亚洲开发银行长江生态走廊贷款项目 1 亿元。全年市农开办组织两次银企洽谈会，共为新型经营主体争取货款支持 2750 万元。

土地治理。2016 年，全市建设高标准农田 123.73 平方千米，争取财政资金 23896 万元。主要建设任务为修建衬砌渠道 233.84 千米，新建拦河坝 32 座，新建和改造排灌站 30 座，渠系建筑物

桃源县茶叶优势特色产业园

451座（处），扩建加固小型蓄排水工程265座，修建机耕路163.26千米，埋设管道2.12千米，营造农田防护林2.07平方千米，技术培训农民1000人次，购置仪器设备（太阳能诱蛾灯）248台（件）。在全市农开系统开展“规范管理提质年”活动，制定《土地治理项目计划调整变更管理办法》《〈常德市农业综合开发项目规范管理二十条〉违规行为处理办法》等制度。2016年，项目区新增和改善灌溉面积92.13平方千米，新增和改善除涝面积19.47平方千米，新增节水灌溉面积31.67平方千米，年节约水量423.42万立方米，新增农田林网防护面积2.07平方千米，增加机耕面积11.13平方千米，新增优质粮食种植面积12.8平方千米，新增粮食生产能力1284.33万公斤，新增棉花生产能力73.35万公斤，新增油料生产能力134.37万公斤。项目区直接受益农户数量达39786户，直接受益农业人口数为151844人，直接受益农民年纯收入增加总额为2499.98万元。项目区农田灌排亩平费用由65元下降到20多元。

产业化经营项目。2016年常德市成功立项42个产业化经营项目，其中39个项目为产业化经营财政补助项目，3个项目为产业化经营中央财政贷款贴息项目。全年共争取财政资金4734万元(其中补助项目4619万元、贷款贴息项目115万元)，争取项目个数和上级财政资金总数位居全省第一。全年新增总产值88894.66万元，新增增加值11317.23万元，新增利税4888.12万元，直接受益农户数45273户，直接受益农民年收入增加总额15164.76万元，新增就业人数1099人。

资金监管。2016年，市农开办强化资金协调，加强与财政部门衔接沟通，改进资金拨付措施。在资金报账、项目验收、责任追究等环节，细化资金管理流程。制定资产管理、公务消费等相关制度，规范财务管理。督导各项目县完成2015年度竣工项目财务决算和资金报账，做到程序合法、资料完整，确保资金安全。

宣传调研。2016年，市农开办在各级媒体上发表信息文章共达219篇，其中国家级新闻媒体发表15篇、省级发表26篇、市级发表178篇。建立班子成员联项目区县、科级以下干部联项目区和扶持企业制度，采用“点对点、面对面”工作法。开展媒体合作，与《常德日报》、常德电视台等媒体建立合作关系，构建各级媒体全覆盖式宣传网络，其中在人民日报上发表题为《农业综合开发、助推转型升级》文章，重点推介常德项目管理经验。

自身建设。2016年3月，市农开办开展业务学习活动月、作风建设活动月“双月”活动。开展全市农开办主任培训及廉洁农开工作会议、聘请市财政局办公室夏智主讲公文写作与处理知识、聘请常德日报主任编辑吴琼敏主讲新闻稿件写作和新闻摄影相关知识等3场专题培训；开展业务骨干讲课竞赛、农开业务知识竞赛、“十分钟话农开”演讲比赛等业务竞赛；开展廉洁农开工作会议，参观德山监狱、观看廉政警示片、扶贫点村访贫问苦等廉政教育活动。(王学军)

【全省农业综合开发工作会议在常德召开】 2016年4月28—29日，全省农业综合开发工作会议在常德召开。会议学习贯彻中央有关农业现代化和农村改革发展决策部署。湖南省政府副省长戴道晋、省财政厅副厅长欧阳煌、省农开办主任李丙力出席会议并讲话，市委书记王群、市长周德睿、市委副书记徐正宪、常务副市长朱水平、副市长胡丘陵、市财政局局长杨天生参加会议。市农开办主任郝介球、石门县农开办主任汤旭作大会经验发言。与会人员参观西洞庭汇美公司、临澧修梅高标准农田现场。

（王学军）

国有资产监管

【概况】 截至2016年年底，21家纳入统计分析监管企业资产总额2424.73亿元，同比增长19.96%；净资产总额1093.49亿元，同比增长13.6%；实现各项收入82.34亿元，同比增长117.65%；实现账面利润13.87亿元，同比增长252%。新签合同资金综合平均期限为5.89年，比2015年6.64年缩短0.75年，综合平均成本为6.34%，比2015年7.4%下降1.06个百分点。4家投融资公司全年累计完成重点建设项目投资111.7亿元，超额完成年度投资任务25%。柳叶大道西延线、屈原公园改造工程、常德技师学院、金银街、二广高速芦荻山互通等项目建成并投入运营。锦江大酒店开业，德国街及常德河街开街，河湖连通水上开航，市民之家、华侨城·常德卡乐世界开工。

国企改革。2016年，市国资委共清理注销5家僵尸企业和业务整合企业。支持集团下属二级公司发展混合所有制经济，推荐双鑫小贷公司列入全省职工持股改革试点企业。推进驻常央企、省企“三供一业”(供水、供电、供气、物业）分离移交工作，报请市政府成立领导小组，出台工作方案，与市“三供一业”办对接并启动9家央企、5家省企分离移交工作，共完成供水改造4810户、供电改造9118户。城投集团全面启动对公司管理咨询，明确公司“十三五”期间发展定位与战略规划。指导和支持财鑫集团成功转型升级为财鑫金控集团，市农投公司全面完成集团化改造，欣运集团深化经营机制改革全面铺开，市自来水公司完善改革方案，启动公司制改革。组织各企实开展“安全生产月”活动，对重点企业、重点区域安全生产督导检查，确保在旅游节、“两会”等重要时间节点平稳运行。城投集团布局金融产业及建筑工业化、地产运营、“互联网+停车”、幼教集团等项目，实现业务创新与突破。市交投集团、欣运集团布局绿色出行、新能源产业。经投集团狠抓产业经营，医疗、金融、房地产、服务业、旅游五大产业。农投集团打造“武陵红”品牌，在津市、桃源设立两家村镇银行开始营业。市经投集团与华侨城、中国医药、保利集团签订战略合作协议，市农投集团与北大未名集团签订战略合作框架协议。市文旅投举办“中国桃花源2017推介招商会”，与中科金控、香港金龙、台湾小镇文创等签订合作协议。

市国资委赴北京、广州、上海、江苏、长沙等地拜访央企、省企及战略投资者20多家，洽谈项目50多个。牵头组织参加湖南省与央企“产融学”合作座谈会、第二届德商大会、北京央企拜访活动、省属企业高管常德城建项目考察活动等对接活动。特别是在湖南省与央企“产融学”合作座谈会期间，市国资委圆满完成对接任务，得到省、市领导好评，《湖南日报》头版对常德市对接央企工作进行报道。2016年，市国资委系统成功引进华侨城卡乐世界项目、中蓝科技常德石墨烯产业基地项目、北大未名常德生物科技园项目等落户常德。

国资监管。报请市政府成立由市长担任组长的市国有资产监管领导小组，国资委机关成立考核、投资管理等10个专项工作领导小组。改变融资审签模式，对企业融资事项通过国资委集体研究，把控融资规模、成本和进度。对企业重大投资事项审核把关，对一些存在重大风险隐患或时机不成熟项目予以否决，防范企业投资风险。建立国资委系统项目库，实现项目全过程动态监管。制定并实施企业分类监管以及清产核资和企业移交工作方案，将市属企业分为直接监管企业和委托监管企业，完成3家部门企业清产核资和6家企业整体接收工作。明确市国资委与相关部门、县市区政府（管委会）监管责任。加强国有产权管理，厘清企业产权关系。对出资人审计监督，首次将市国资委负责实施3个审计项目纳入全市年度审计计划，与市审计局资源共享。修订完善经营业绩考核指标办法，制定出台《监管企业投资监督管理暂行办法》《监管企业综合考核办法》《监管企业内部审计管理暂行办法》等制度，配合人社部门制定《深化常德市市管国有企业负责人薪酬制度改革意见》。开展企业服务月活动。就企业融资等问题与财政及相关部门进行对接，帮助企业协调解决融资问题，全年共为投融资公司注入资产117.05亿元。搭建学习交流、文体活动、干部交流三大平台，增设党建指导科。2016年，市国资委荣获2015—2016年市州国资监管工作先进单位、市级文明单位及全市综治、优化环境、宣传思想、招商引资、扶贫攻坚等工作先进单位荣誉称号。

国企党建。2016年，市国资委开展“两学一做”专题教育，开展全面督导5次，重点指导25个党组织，邀请市督导组重点对城投、经投进行督导，建立督查台账。选派3人在全市“两学一做”电视知识竞赛中进入决赛。城投集团、工投公司分别迎接国企党建工作调研和省委组织部“两学一做”学习教育检查。国资委系统各企业开展党代会代表和党员违纪违法未给予相应处理情况排查清理，对党员组织关系进行集中排查，按相关文件要求对流动党员和失联党员进行处置。分类建立基层党组织换届情况台账，企业基层党组织换届工作2016年底前全部完成。召开党员党费收缴工作调度会，对委系统各企业党费收缴工作进行专项检查。组织在国资委系统开展“荷花品格，梅花精神”系列廉洁文化活动，派出5名选手参加全市“荷花品格、梅花精神”常德故事演讲比赛，市国资委获得优秀组织奖，4人进入复赛，3人进入决赛，获得2个二等奖、1个三等奖。“两个责任”和“两个专项整治”工作有效落实。开展“雁过拔毛式”腐败问题及“纠‘四风’、治陋习”专项整治工作，组织落实党风廉政建设“两个责任”及谈话制度，对突出问题进行整改。国资委纪委对信访举报3名责任人给予纪律处分，对城投龙马公司原董事长万桃清给予开除党籍处分。组织举办浙江大学干部素质提升培训、党务骨干培训、纪检监察干部业务培训、产权登记业务培训等各项培训活动，组织举办“道德模范在身边”进企业学习宣讲活动，在国资委系统评选表彰5个先进基层党组织、7名优秀党务工作者、25名优秀共产党员。举办市国资委系统首届男子篮球赛和首届乒乓球邀请赛等活动。

2016年12月23日在市国土资源局会议室举行常德市民源土地开发建设有限公司交接仪式

服务社会。2016年市国资委及各监管企业联系1个以上贫困村进行结对帮扶，帮助联系点村解决实际问题。市工投公司累计为4029户“双创”（大众创业、万众创新）群体担保贷款3亿多元，为59家工业企业发放过桥资金5.2亿元，为企业降低过桥融资成本8成以上。市农投公司支持涉农企业发展，为上百家农村合作社、养殖专业户提供融资支持。财鑫金控集团全年为1189户次企业提供融资担保服务，业务总量达72.07亿元，落实惠企政策共优惠担保收费183.68万元。公交公司新增新能源汽车200台，年运送乘客1.35亿人次。自来水公司配合海绵城市建设，完成新建供水管网7.2千米和管网改造38千米，为7553户低保户落实水量优惠政策，全年业务受理6000余人次，无一起投诉事件发生。

（雷　明）

国税

【概况】 2016年，市国税局在省国税局绩效考核中进入第一方阵，获“全省国税系统绩效管理先进单位”称号；被评为全市绩效评估优秀单位、全市综治工作优秀单位、依法行政工作先进单位、优化经济环境先进单位。

组织收入。2016 年，全市国税系统共入库各项税收 73.7 亿元，比 2015 年增长 29.99%。利用增值税发票数据完成堵漏增收任务 2.1 亿元。修订《常德市税收风险管理办法》，全年发布 24 批税收风险指令，入库税款 1.01 亿元，同比增长 2.25 倍。2016 年，堵漏增收和打击偷逃骗抗税共检查 434 户，入库收入 8440.79 万元，是 2015 年 2.3 倍。支持高新技术企业、节能环保、“三农”、小微企业等政策共减免税 16.23 亿元，落实增值税固定资产进项抵扣 18.99 亿元，办理出口退税 1.59 亿元。全市四大行业试点纳税人共 22409 户，入库改征增值税 12.1 亿元。纳税人通过“银税互动”信用贷款共 98 笔 1.12 亿元，同比增长 40.86%。推动全市综合治税信息平台建设，从 44 个部门采集涉税信息，2014 年以来获取数据近 200 万笔，通过数据运用增加税收 1.1 亿元。在全省率先出台本地大企业税源监控管理办法，探索构建跨区域扁平化管理新模式。开展“聚焦营改增 助力海绵城市发展”税收宣传活动，宣传解读最新税收政策。

自身建设。全市国税系统共有 80 个基层党组织，1532 名中共党员。针对大部分同志集党员、公务员、税务人员于一身的现状，市国税局在全市系统深入开展“两学一做”学习教育和“三员”身份意识教育。围绕“四讲四有”四个专题扎实开展学习讨论，开通支部微信群，开展上“微党课”、党小组“周学习”活动，受到省委“两学一做”督导抽查组充分肯定。1 名党员干部撰写的“两学一做”心得被国家税务总局微信转载。桃源县局党员干部杜军捐献造血干细胞救人先进事迹得到总局副局长王秦丰、省局局长刘明权表扬批示。抓好党员组织关系集中排查等 7 项重点工作，全市国税系统按规定补交历年党费 55.71 万元。组建营改增“党员工作队”和“党员先锋队”，推出“党员服务示范岗”。举办“青春倡廉——跟我学党纪”巡回宣讲。开展“流动课堂”“税务夜校”等学习实践活动，获得全省系统“岗位大练兵、业务大比武”竞赛第 3 名。市国税局机关连续 12 年保持全国文明单位荣誉，9 个县市区局和经开区分局均实现省级以上文明单位。（李　硕）

5 月 1 日零点，常德市全面推开“营改增”试点并成功在 10 个县市区局开出各类发票

【全面推行“营改增”试点工作】 2016 年 5 月 1 日起，全国全面实施营改增，将试点范围扩大到建筑业、房地产业、金融业、生活服务业。市国税局制定下发工作方案，细化工作任务，划分工作职责。召开全市全面推开营改增试点暨国地税合作工作会议。新增办税窗口 63 个，营改增业务临时办理场所 45 个，代开发票点 255 个，营改增内部培训和外部培训 100% 全覆盖。在全省率先完成国地税网络互通应用系统互访、自动导入方式开具地税委托代开增值税发票测试、纳税人端自主开票测试。试点纳税人纳入管理户数与比例、5 月 1 日零点启动开票量与覆盖面、增值税发票管理新系统集中推行户数等多项基础指标在全省系统排名前列，《常德市国家税务局委托地税局代征税款和代开增值税发票工作简要流程》被省国税局推介。截至 2016 年年底，全市四大行业试点纳税人共 22409 户，入库改征增值税 12.10 亿元。（李　硕）

【“互联网＋税务”】 采取以“省局市州级安全接入域 +VPN 通道 + 虚拟化桌面”系统架构建设远程虚拟办税平台，通过互联网安全接入，实现政务中心远程办税、国地税互通、街道办委托代征、4S 店委托代征等办税需求。2016 年 7 月 1 日，在柳叶湖旅游度假区政务中心国税窗口实施社会化远程办税，截至年底，共办理各类涉税事宜一万余笔，入库零散税收 351.90 万元。依托微信公众平台，实现纳税人预约排队、微信叫号和国地税联合宣传等功能。其中，“武陵国税”被 1800 多名纳税人关注。“汉寿税务”由国地税双方联合申办、联合运营、联合管理。市国税局微信办税经验被国家税务总局电子税务工作网站、《常德日报》等媒体报道。（李　硕）

地　税

【概况】 2016 年，市地税局在全省地税系统绩效考核中进入先进行列，获得“全国法治宣传教育先进单位”称号，党建工作、政策法规、纳税服务、资源税管理等多项工作在省地税局获得先进。1 人被评为全国税务系统先进工作者，2 人入选全省系统“我身边的优秀共产党员”先进事迹报告团，9 人在国家地税总局和省地税局“岗位大练兵、业务大

比武”活动中取得优异成绩，其中1人进入国家地税总局决赛前十名。

组织收入。2016年，全市地税减收近20亿元，其中仅中烟公司就较全年计划短收5.6亿元。全市开展营改增税收清理、“113”专项活动等工作。2016年全市系统累计入库各项收入115.85亿元，其中计划口径完成112.06亿元，同比增收8.61亿元，增长8.38%，收入总额居全省第二位，地税收入占地方一般公共预算收入比重达56.5%。

征管转型。2016年，与国税部门相互代征税款9915万元，通过部门信息比对查增地方税费1100余万元，协助开展纳税信用审查2300多人次。汉寿县深化国地联合办税，常德经开区推进“先税后证”“先税后付”，临澧县加强特定行业联合征管，工作扎实有效。江北城区征管权属调整顺利完成，个人所得税、土地增值税、资源税等税种收入实现逆势上扬。桃源县组建大企业管理团队，石门县联合国税成立大企业税收风险管理小组。2016年，全市稽查部门共立案检查115户，查补税款1.12亿元。澧县办理全省首例由县级地税部门担任执法主体反避税稽查案件。开展征管“九率”提质竞赛，加强征管质量检查和问题整改。

纳税服务。推广办税服务综合管理系统，推进“三证合一”“同城通办”“省内通办”“一窗一人通办”等工作，落实首问负责、延时服务、预约服务等制度。通过制作沙画宣传片、开展纳税服务日活动、开办纳税人学堂等形式，开展税收宣传，加强纳税辅导。2016年全市营改增和其他税收辅导培训达2000余人次。鼎城区组织“税收宣传进机场”。开展税收执法督察，严格落实各项税收优惠政策，2016年全市累计办理各类税收减免1.03亿元。全面推广《纳税服务手册》，开展“税银企”互动，加强纳税服务专家团等工作。西湖管理区、西洞庭管理区电子《纳税服务手册》被省地税局评为创新项目一等奖。安乡县为企业提供“税贷通”服务。

行政管理。严格加强财务管理，全市系统一般性支出持续下降，税制改革、干部培训、基层党建、信息化建设等方面投入加大。推进公车改革，落实养老保险改革、工资和津补贴提标、职务与职级并行、乡镇工作人员补助等政策，全面规范个人津补贴待遇管理。实施绩效管理，科学设计考核指标，健全组织体系，落实节点提醒、台账催办、绩效联络等管理制度。实施内审监督，加强财务收支审计、经济责任审计、基建项目审计等工作，减少管理漏洞。

队伍建设。组织开展“两学一做”学习教育，全面推进党支部标准化建设，开展“以身示范、向我看齐”活动。开展“雁过拔毛”式腐败问题和“纠四风、治陋习”专项整治行动，制定巡查、暗访、审计机制，2016年，市地税局共组织明察暗访8次，问责干部13人次，实施提醒谈话22人次。汉寿县局有2名干部在国家地税总局、省地税局考试中获得名次。完成县市区局中层干部轮岗调整、市局机关选调和城区单位增调人员工作。桃源县局被评为2016年全省系统文化建设先进单位。（饶　巍）

【税收改革“营改增”】 2016年，新一轮改革涉及地税主要税源行业。各单位按照市地税局部署，完成4个试点行业、5万多户纳税人税源清理、税款清缴和户籍清缴工作，累计更新“金三”系统数据15万余条，清理入库营业税1.89亿元，追缴欠税1.57亿元，向国税部门移交试点纳税人信息50156户。加强政策宣传、舆情监控和应急管理，开展“双代”业务培训、设备安装、系统调试等工作。（饶　巍）

税收宣传进机场

经济执法与监督

环境保护

【概况】 监管执法。2016年，以环境违法违规建设项目清理整治、环境执法大练兵等专项行动为抓手，全年共立案查处环境违法行为170起，罚款金额626万元，立案数量、罚款金额分别是2015年的2倍和3倍。查处的40起重大案件中，刑事案件2起，实现环境违法刑事案件零突破。在全省环境执法大练兵中，常德市环保局获第一名，与石门县一同被省环保厅推荐到环保部参加全国环境执法大练兵先进单位评选。环保综合督查发现的67家问题企业中，64家完成整改；省、市人大《中华人民共和国水污染防治法》执法检查发现的38个水环境问题，有34个完成整改；955个环保违法违规建设项目已全部清理整治到位；环保部3个挂牌督办的畜禽养殖污染问题，完成整改、按期摘牌。

污染物减排。狠抓结构减排、工程减排、管理减排，全面完成省政府下达的年度四项主要污染物减排任务，其中二氧化硫、氮氧化物分别削减4.1%、15.2%，超额完成大气污染物年度减排任务。推进结构减排。按要求完成落后产能淘汰任务，严控高污染、高能耗行业新增产能，将二氧化硫、氮氧化物、烟粉尘和挥发性有机物排放总量指标作为环评审批前置条件，推动产业结构转型升级。推进工程减排。全市10个工业园区中，有常德经开区、汉寿太子庙、桃源陬市和澧江创业园等4个工业园区建成污水处理厂。完成火电、水泥、造纸等重点行业和企业减排设施建设改造任务。推进管理减排。充分运用排污费征缴、排污权交易、排污许可等行政和经济手段，加大减排力度，倒逼结构调整和质量提升，腾出更多容量支持优质项目落地。全年共完成排污权交易138笔，有偿使用费征收率达95.2%，排名全省第一；启动总量刷卡排污试点，第一批13家企业总量刷卡系统已通过省环保厅验收。

生态环境保护。农村环境综合整治取得明显成效。通过积极争取，全市9个区县（市）和西湖、西洞庭管理区均纳入全省农村环境综合整治整县推进范围。完成整治的武陵区、津市市、安乡县、西湖和西洞庭管理区生活污水处理率均达到70%以上，生活垃圾无害化处理率达到80%以上，农村饮用水水质达标率达到100%，畜禽粪便综合利用率达到60%以上。津市市探索建立“绿色存折制度，推进农村垃圾分类处理”经验，被中央改革办、中央电视台向全国推介；安乡县探索农村垃圾“三个三分之一”分类处理模式，即三分之一沤肥处理、三分之一回收处理、三分之一焚烧处理的工作经验，在全省城乡垃圾处理五年专项行动电视电话会议上作典型发言。大力推进生态文明创建。《常德市生态文明示范市建设规划》成为全省第一个通过环保部评审的市级规划，《安乡县生态文明示范县建设规划》成为全省第一个通过省级评审的县级规划。承办2016年全省生态文明建设年会，会议表彰的20个生态经济示范案例中，常德市有6个，占全省30%。（黄道兵　詹　宽）

【大气污染治理专项行动】 大气污染治理十大专项行动采取市县联合、部门联动方式，集中开展大气污染防治特护期专项巡查，累计关闭或改烧10蒸吨及以下燃煤锅炉223台，完成428座加油站油气回收治理和651家规模餐饮企业油烟治理，关闭黏土砖瓦厂218家，淘汰“黄标车”13141辆，更换新型环保渣土车565辆。通过增加市城区主要城市道路清洗洒水频次，落实工地扬尘管控措施，依法开征建筑工地扬尘排污费，扬尘污染得到有效控制。

（黄道兵　詹　宽）

【水污染治理专项行动】 水污染治理十大专项行动以饮用水源保护为重点，率先在全省出台《常德市饮用水水源环境保护条例》，建设7类共35个水污染防治重点项目。完成全市范围内饮用水水源保护区划定，全市保护区总数达到205处。积极推进洞庭湖水环境综合治理五大专项行动。排查重点工业污染源1029家，有949家排放达标，达标率92.2%，其中排入洞庭湖的201个排污口全部达标。将全市所有河流、湖库全部纳入禁投范围，规范畜禽养殖禁养区、限养区划定，累计退出养殖场977个、栏舍面积58.8万平方米，拆除网箱1.3万口、面积34.4万平方米。启动实施沅澧“两水四岸”综合整治、城市水系综合治理工程、城市污水清淤工程和市城区黑臭水体治理工程，穿紫河全线通航，护城河改造成效显著。严厉打击非法捕捞行为，全市环保、公安、工商、渔政等执法机构共出动执法人员7624人次，共收缴各类违规违法船载电捕鱼设备3200多台(套)，查处非法捕捞案件12起，追究刑事责任29人次。开展重点湖库保护行动。津市西毛里湖、澧县王家厂水库等重点湖库纳入国家良好湖泊生态环境保护项目，通过实施全面禁投、控源截污、生态修复等措施，水质得到明显改善；黄石水库作为饮用水源地，制定水源保护规划，重新划定保护区范围并开展综合治理，桃源县境内105条拦网、260口网箱全部拆除，水质已优于地表水Ⅲ类标准。（黄道兵　詹　宽）

【土壤污染综合防治专项行动】 按照基础工作先行、防治规划先行、防控体系先行、技术路径先行、治理示范先行“五个先行”工作思路，编制《常德市土壤污染防治行动计划实施方案》《常德市土壤污染综合防治先行区建设方案》。通过源头调查，筛选一批污染源，布设102个土壤环境质量常规监测点、78个土壤环境质量风险监测点、33个土壤环境质量背景监测点，启动石门县典型区域土壤污染综合治理工程、临澧县土壤污染综合治理工程、安乡县安丰乡农用地土壤污染治理和修复工程等试点项目建设。2016年5月28日，常德市成功纳入全国土壤污染综合防治先行区。（黄道兵　詹　宽）

质量技术监督

【概况】 2016年，市质量技术监督局成功创建市级文明标兵单位；社会管理综合治理、安全生产工作荣获全市先进单位，在市委经济工作会议上通报表彰。在职能划转、管理体制调整过程中，实现零上访、零投诉、零举报、零事故。

质量强市建设。以国家生活用纸产品质量监督检验中心为平台，打造泛湘西北综合质检中心，构建智慧质监信息平台。国家生活用纸产品质量监督检验中心引进1名造纸专业博士，自身培养1名博士。二是加强“智慧质监”信息平台建设，成功纳入“智慧常德”“十三五”规划。推进智慧常德数据资源共享平台建设、“法人库”建设以及“企业事中事后监管平台”建设。组织企业参加全省电梯维保单位技术大比武，提升企业管理和技术水平。

品牌建设。深入实施品牌战略。制定《年度创牌规划》和《(2016—2018)三年创牌规划》，全年新增湖南名牌16家企业16项产品，鼎城茶油成功获得国家地理标志产品保护。指导3家企业采标确认；5家企业获得“湖南省质量信用等级二A级”企业称号；4家企业开展ISO 9001质量体系认证和食品安全认证；5家企业5个QC小组被评为“湖南优秀QC小组”；7家企业完善质量管理体系、生产条件和检验设施；组织17家企业800多名员工开展企业全面质量管理教育培训，并通过考试发证。对7家企业最高计量标准开展计量标准复查考核；推进产品认证，为20多家企业开辟“绿色通道”；对15家有机产品认证获证企业开展专项检查。

质量监管。完善企业标准化体系，指导2家企业开展标准化良好行为企业创建。开展企业和服务标准网上自我公开声明。指导3个第八批农业标准化示范区高分通过结题验收；有9项农业技术规范成功申报上升为省级农业地方标准。实施服务标准化工程，省级服务标准化试点有3个项目获批立项、2个项目在持续实施、1个项目通过评审验收。推进绿色认证，帮扶45家企业通过有关认证，对128家企业开展认证有效性专项检查。对3家锅炉制造企业开展节能标准执行情况检查。加强生态环境监测类计量器具监管，对10家环境监测机构在用92件计量器具实行强制检定，检定覆盖率100%，合格率98%，下达责令整改2份。深入43家重点用能企业，检定各类计量器具2315件，帮助完善各类管理制度56项，指导制定各类台账35套，提出合理化建议13条，确保能耗数据准确。开展船坞码头在用特种设备专项普查，检验特种设备9台。实施工程建设类企业、检测机构在用计量器具周期检定，对17家单位380件计量器具进行强制检定；开展专项检查20余次，现场核实计量器具250多件。对17家工程质量检验检测机构开展专项监督检查，现场核实计量器具160多件。联系企业金雁电线电缆帮扶解决困难。政策性减免收费215万元。开展质量安全宣传活动，增强人民群众质量安全知识、消费维权意识和应急处置能力。加强特种设备安全监管，确保全市“两会”、旅游节等重大活动期间特种设备安全。研究起草《常德市电梯安全管理办法(送审稿)》，报请市政府审议。与市公安消防部门联动，开展电梯应急救援技术交流。支持出租车、教练车油改气，为桃源县新购置100台出租车办理“车用气瓶登记证”。开展专项整治10多项。发出督办函4个，转办监督抽查不合格后处理6个。受理投诉举报44起，回复处理率100%。开展免费纤维检验进校园活动，对10所大中小学校15批次校服、床上用品实施免费检验。完成对新疆阿克苏4万多吨监管棉入库公证检验。对机动车安全技术检验机构、产品质量检验机构监管，组织对17家机动车检测站开展安全交叉大检查，对8家产品质量检验机构进行分类定级。通过国务院巡查组开展特种设备、烟花爆竹、危险化学品安全大检查；通过全国人大开展《中华人民共和国道路交通安全法》执法检查；通过省人大开展的《中华人民共和国农产品质量安全法》执法检查。全市未发生特种设备安全事故和质量安全责任事故。

自身建设。党建“一化四型”(一化即标准化、四型即学习型、服务型、创新型、廉洁型)。编制《机关党建工作标准体系》，于2016年6月1日发布，7

市质监局干部职工深入安乡县三岔河镇同春村开展结对帮扶

月1日起正式实施。2016年7月，湖南省市州机关党建工作经验交流会在常德召开，该标准体系作为大会资料予以推介。开展党员组织关系集中排查，开展党代会代表和党员违纪违法排查清理。搞好基层党组织换届。组织开展党建知识考试。开展党费收缴管理使用专项检查，确保公开透明。开展党的报告员工作，先后开展政策宣讲活动5次。开展“荷花品格、梅花精神”系列廉洁文化活动，选送1名职工参加全市演讲比赛。“七一”，市局1名党员、计量所党支部被市直机关工委分别表彰为“优秀共产党员”“优秀基层党组织”。制定《领导班子成员党风廉政建设职责分工》《落实党风廉政建设责任工作规范》。组织干部职工到常德市党风廉政警示教育基地武陵监狱，开展警示教育活动。制定《议事决策清单》《局机关工作人员岗位职责及廉政风险防控清单》。实行责任“签字背书”，签订《党风廉政建设责任书》。成立“两学一做”学习教育协调指导小组，制定实施方案，召开专题会议部署工作。组织举办“两学一做”学习教育业务骨干培训班3期。组织开展“我们的节日”活动，首届气排球比赛，未成年人教育，志愿服务，道德讲堂，“讲话精神进基层”百姓微宣讲比赛等活动。举办一期“中青年干部党性教育和能力提升”培训班，培训39人。2016年，对口帮扶安乡县三岔河镇同春村，共投入资金565万元。在同春村一小渠两旁栽种桂花树600余棵，投入近5万元更换广播设施。全年市质量技术监督局112人结对帮扶49户贫困家庭，投入帮扶资金近50万元。

（崔炳林）

烟草专卖

【概况】 2016年，全市累计销售卷烟23.54万箱，收购烤烟12.5万担（1担=50公斤，下同）；实现两烟销售收入62.04亿元，其中卷烟销售收入57.82亿元，烟叶销售收入4.22亿元；实现税利18.85亿元，同比增长13.15%；实现利润7.27亿元。

市场经营。2016年，市烟草专卖局（公司）卷烟销量排名全省第3，销售进度保持全省前列；单箱销售均价达2.87万元，同比增长4.92%，历史上首次高于全省平均水平；实现毛利17.5亿元，同比增长4.28%。加强市场调控，优化货源供应，积极开展“消费者在哪里，我们就到哪里”主题营销活动，探索大客户管理等差异化服务及“互联网+”卷烟营销模式，推出“紫菱缘”微信服务平台。稳步推进“紫菱卷烟”现代零售终端建设，共建设现代终端1169家，其中紫菱图书馆店全年卷烟销售收入达881万元，实现利润155万元，被誉为跨界经营的典范。

烟叶生产。共签订种植合同面积4.63万亩（1亩=666.67平方米），收购烟叶12.5万担，完成省烟草专卖局“不超收一片烟”的工作要求；中部烟比例达56.87%，同比增加5.39个百分点；收购均价1344元/担，同比增加7.6元/担；实现烟农收入2.1亿元，户均收入7.35万元。在国家烟草专卖局检查中，常德收购等级、工商交接等级合格率分别为83.2%、68.3%，同比分别提高0.4个、3.9个百分点。烟基建设投入补贴5112.26万元，建设项目923个。朱家港合作社、南北合作社通过省级复验，浮山联社评定为行业示范社。在全省率先开展由合作联社代购代销烟用农资改革试点，合作联社共盈利90万元，为烟农节省运输成本30万元，改革效果得到省烟草专卖局认可。

监管执法。共查处各类涉烟违法案件1437起，排名全省第二；查获5万元以上大要案件93起，查获各类违法卷烟3068万支；查获国标假烟网络案3起、省标真烟网络案2起。加强联合执法，与公安工商等多部门联合开展“春雷”“3·15”清理整顿行动，重点查处和打击公开摆卖“假私非”卷烟行为，提升市场净化率。强力推进真烟非法流通治理工作，将其纳入年度工作业绩考核，严格考核问责，加强“重点区域、重点环节、重点对象”监管，不断规范“两烟”生产经营秩序。共查处真烟非法流通案件1296起，查获真烟2126万支。进一步规范行政许可管理与服务，共清理注销零售许可证1738个，取缔无证户362户。

精益管理。以降本增效目标为指引，以重点课题改善为带动，在各领域深入开展精益管理提质增效活动。实现降本增效2126万元，超额完成年度1200万元的任务。继续深化物流精益管理实践，创新开展各类改善活动。卷烟物流费用165.63元/箱，排名全省第二；物流费用率0.67%。完成托盘联运3.46万箱，回收包装箱61万个，超额完成目标任务。强化预算管理，狠抓重点费用管控，全年费用总额同比减少2095万元，下降5.34%，其中七项重点费用同比减少1349.5万元，下降25.79 %。三项费用率

5.98 %，同比下降 0.28 个百分点。采购课题《优化核心流程，践行精益采购模式》被评为“全国烟草行业精益十佳课题”，物流中心崔霞被评为“全国烟草行业精益十佳先进个人”。QC 活动诊断师达 33 人，QC 课题《精益物流综合管理 APP 的研发》获国家烟草专卖局二等奖、省烟草专卖局一等奖。健全企业标准体系，共计发布企业标准 724 项。认真落实“应招尽招、真招实招”，共实施采购项目 349 个，项目实施金额 9888.78 万元，同比减少采购开支 3957.04 万元。公开招标项目数量、金额分别占比 79.08%、92.96%，同比均有提高。加强审计监督，完成审计项目 541 个，审减项目金额 748.7 万元，审减率为 14.71%，提出审计建议 22 条被采纳。加快推进法治常烟建设，强化法律风险防控、普法宣传教育和法律服务保障，共审查经济合同 659 份，审查行政处罚案卷 1435 卷。信息化建设深入推进，信息系统更加整合，网络接入更加规范。严格落实安全生产责任制，扎实推进岗位达标工作，认真开展“四不两直”检查及隐患排查，共排查各类隐患 31 处，下发整改通知书 20 份。加快推进基本建设，石门南镇烟叶收购点收购用房及壶瓶山卷烟物流对接点项目已完工并投入使用，澧县物流中转站、桃源盘塘烟叶工作站等项目稳步推进。

队伍建设。开展“两学一做”学习教育，进一步提升“四个意识”。严格规范党建日常管理，严查不规范问题，完成党费补缴清理工作。坚持开展“在职党员进社区”“机关支部联基层”等党建党务活动。全面落实党风廉政建设“两个责任”，层层签订目标责任状。开展贯彻落实“三重一大”决策制度情况自查梳理，对“三重一大”监督事项进行责任划分。严肃处理违纪违规行为，对石门县烟草专卖局违规使用业务招待烟案件进行处理，给予 2 人行政警告处分；对 1 名党员干部进行诫勉谈话。逐步完善人才培养机制，公开招聘大学生 27 人，面向全市系统选调市局机关工作人员 19 人。加强技能鉴定和教育培训，参加轮训、党性培训、跟班学习等学习培训的员工达近千余人次。弘扬社会主义核心价值观，创新开展“崇德守法·感恩奉献”主题教育活动，凝聚正能量。加强紫菱图书馆、党员之家、紫菱创意空间、职工活动中心等阵地建设，丰富活动载体。紫菱图书馆被认定为中华全国总工会“职工书屋”示范点，并与常德诗墙、城头山遗址公园共同评为湖南省社会科学普及基地，实现社会效益与经济效益的统一。积极履行社会责任，全年共对外捐赠 880 万元，其中扶贫投入 230 万元，发放“金叶慈善医疗卡”365 张。

（黄慧君）

常德烟草紫菱图书馆被中华全国总工会授予“职工书屋”示范点

食品药品监督

【概况】 2016 年，全市没有发生一起重大食品药品安全事故，连续 14 年保障食品药品安全。市食品药品监督管理局行政许可办公室获得“全省依法办事示范窗口单位”称号，市食品药品监督管理局成功创建省级文明标兵单位。

监管体制。成立市食品药品审评认证中心和食品药品安全信息中心，建立市级食品药品安全专家库和食品、药品、医疗器械检查员库。完成市级食品与药品检验检测机构职能分离，推进汉寿、澧县区域检测中心建设。全市 9 个区县市单独设立食药监管机构 2 个，综合设置 7 个，市直五区除常德经济技术开发区外，均成立综合食药监管机构。全市 165 个乡镇（街道）设立监管派出机构 116 个，其中一乡一所 86 个、中心站所 30 个，配备监管人员 931 名。

行政审批。推进食品经营许可“四证合一”，启动新版食品生产许可“SC”证，承接原卫计部门对饭馆、咖啡馆、酒吧、茶座 4 类公共场所卫生许可证为食品经营许可证，下放石门县 13 项市级行政许可审批事项。食品经营许可、生产许可由 20 个工作日提速为 12 个工作日，许可审批提速 60%。药品经营许可证和医疗器械经营许可证审查费降幅 50%，全年为企业减轻负担 19 万余元。

依法行政。制定《重大案件集体讨论制度》《违法线索交办管理制度》等 10 多项行政执法制度，编印《食品药品监管工作手册》，制作市本级 124 项行政权力流程图，对全市农村集体聚餐管理举行听证会。开展内部法制监督，审核行政处罚案件 111 起，组织重大案件集体讨论会 10 次，讨论重大案件 20 余起。全市系统没有发生一起食品药品监管执法方面违法违纪事件。

监督管理。食品方面：生产环节检查企业 600 多家，巡查企业 40 多家，约谈企业 11 家；流通环节捣毁售假窝点 9 个次，查扣不合格食品数量 4108.3 公斤；

餐饮环节完成10010家餐饮单位动态等级和年度等级评定，保障50余次省市重大活动餐饮安全。药品方面：生产环节共检查48家次单位，责令整改10家次；流通环节建立电子监管系统在线监控平台。对46家药品零售企业开展飞行检查，收回16家药品零售企业GSP证书。医疗器械环节检查医院、诊所、卫生室、体检机构等医疗机构2075家，监督检查批发、零售经营企业1008家；保健食品及化妆品开展保健食品经营企业监督检查733次。

专项整治。对重点领域突出问题开展22项专项整治。开展专项米粉整治，市城区2家企业按照新标准建成投产，实行预包装销售；汉寿、武陵、鼎城、桃源等地7家企业投入数千万元进行技改、新建或整合；取缔无证或不符合生产要求小作坊20家。开展“清无证、查死角、端窝点”食品安全专项整治，责令改正1649户，规范引导办证721户，取缔无证经营68户，捣毁“黑工厂、黑作坊、黑窝点”11个。开展农村食品安全专项治理，全市各部门共出动监管执法人员17356人次，检查食品生产加工单位545家次，检查食品经营单位12653家次，检查餐饮服务单位3039家次，检查各类食品批发市场、集贸市场2823个次；立案查处食品生产经营各类违法案件134起，查扣问题食品3027.2公斤，查处各类刑事案件4起，其中刑拘4人，取缔黑工厂、黑窝点、黑作坊3个。开展学校及周边食品安全专项整治，对1520家餐饮单位下达责令整改通知书，没收不合格食品664.4公斤，立案处罚41起，学校食堂“明厨亮灶”率达到80%以上。

违法犯罪。全市共立案查处“四品一械”违法一般程序案件1736件(其中，市局立案117起)，简易程序案件1008件，涉案货值金额2571.22万元，没收违法所得50万元，查处涉案货值金额100万以上案件6件，报送国家食药总局挂牌督办案件2件，被省食药局挂牌督办案件4件，责令停产停业8户，吊销许可证1件，收缴药品GSP证书19张，捣毁制假售假窝点6个。全年移送食品药品涉刑案件43件，公安机关抓捕犯罪嫌疑人125人，移送检察院起诉64人，被列为公安部督办案件2件。

应急处置。在全市设立澧县、汉寿县等2个示范县及9个示范乡镇。修订《常德市重大食品安全事故应急预案》，11月份在鼎城区组织开展全市食品安全事故示范性应急演练（四级），模拟农村赈酒群体性食物中毒应急处置。处置省食药局交办舆情4起，妥善应对诺如病毒高发、米粉汤料添加罂粟粉等热点事件。

法制宣传。开展食品安全宣传周、安全用药月等主题宣传活动，设置宣传展板2000多块、发放宣传资料20多万份。加强“12331”“常德药好食安”微信平台等投诉举报体系建设。修订出台《常德市食品药品违法行为举报奖励办法》，鼓励社会力量参与食品安全监督。在食品生产企业大力推行“树标杆、学标杆、评标杆”活动，在食品流通环节重点开展农贸市场示范创建，在餐饮环节开展食品安全示范学校创建和“明厨亮灶”，落实企业主体责任，增强企业自律意识。（黄　海）

【举办全省食品安全宣传周启动仪式】 2016年6月13日，湖南省食品安全宣传周启动仪式在白马湖公园文化广场举行。副省长向力力、省政府副秘书长陈小春、市委书记王群、市长周德睿、省市相关职能部门负责人、社会各界群众近3000人参加启动仪式。（黄　海）

6月13日在市白马湖公园广场举行全省食品安全宣传周启动仪式

【常德“药好食安”微信平台正式上线】 2016年，市食品药品监督管理局投入30万元建立“常德药好食安”微信公众号，进入微信平台食品、药品、医疗器械、保化生产经营主体200余家，70余家餐饮单位接入微信视频，公众可以通过手机观看后厨操作情况，推行“互联网+明厨亮灶”。设置公示公告，投诉举报，科普知识、消费警示等栏目，公众可即时将情况拍照上传微信平台，进行监督、举报，参与互动。（黄　海）

【开展“你点我抽”食品监督抽检活动】 2016年3月，在市政府网站、常德论坛等新闻媒体开展食品安全“你点我抽”活动，公众浏览量1万余条，回复100多条。对关注度高食品专门安排抽检234批（次），召开新闻发布会，对抽检结果向社会公示。（黄　海）

国土资源工作

【概况】 2016年，常德市国土资源局荣获全省国土资源系统信访工作先进集体、市级文明单位、全市综治工作（平安建设）先进单位、全市安全生产先进单位、行业（部门）扶贫优秀单位、全市信访工作先进单位、美丽乡村建设工作优秀后盾单位等称号。

保障发展。加强用地保障服务，全市批回新增建设用地173宗13.53平方千米，征收土地15.33平方千米，拆迁5312户、133万平方米，保障黔张常铁路、沅澧快速干线、市民中心、健康产业城等重点项目用地需求。科学编制土地供应计划和土地储备计划，规范土地招拍挂出让管理，全市供应土地1122宗16.47平方千米，出让土地7.4平方千米，出让价款88.7亿元；其中市城区全年出让土地58宗1.98平方千米，出让总价款59.34亿元。棚户区改造等保障性住房项目应保尽保，重大工业项目、基础设施建设用地及时供应。

保护资源。压实耕地保护责任，连续16年实现耕地总量动态平衡和年度耕地占补平衡，完成永久基本农田划定方案及论证审核工作。开展农村土地整治，全年共完成投资3.6亿元，建设规模117.67平方千米。规范矿产资源管理，严格执行暂停新设采矿权决定，有序开展矿山年度检查和矿业权登记、统计等工作，加强储量动态监管、储量评审、矿业权评估等工作，规范矿业权网上审批、矿产督察员监督管理，关闭整合落后矿山7家。加强执法监察工作，全市累计巡查3000余人次，查处违法案件140起，收缴罚款1304万元，没收建筑物91.4万平方米，拆除违法建（构）筑物9万多平方米，申请法院执行32起，提出处分建议7人，移送司法机关4人。强力推进省域例行督察和卫片执法检查、高尔夫球场用地清理、闲置土地清理等专项行动，连续六年实现“零约谈”“零问责”目标。

服务民生。全面实行不动产统一登记，全市13个单位全部在2016年9月30日前挂牌成立不动产登记机构，完成首证颁发，全市全年共颁发新版证书3.9万本，其中不动产权证书1.7万本，不动产登记证明2.2万本。开展地质灾害防治，坚持24小时值班，发布预警预报24期，派出应急调查小组75次，紧急转移620人，避免财产损失1175万元。加强测绘地理信息服务，完成市城区1000平方千米数字航空摄影，服务海绵城市建设热岛效应跟踪监测，开展地名地址普查，启动常德市地理空间框架、“天地图·常德”升级、数字汉寿、数字鼎城等工作，为国家森林城市、国家园林模范城市创建等提供数据32次。服务脱贫攻坚工作，争取1个亿专项资金投入扶贫点村，用于农村土地整治、排灌沟渠和机耕道建设。稳步推进通过法定途径分类处理信访投诉请求工作，建立矛盾纠纷定期排查、社会风险评估与预警等一系列工作机制，领导干部接访制度有效落实，国土资源信访秩序明显好转。

自身建设。认真组织“两学一做”学习教育，扎实开展重温入党誓词、重述入党志愿、评选表彰先进等活动，在市直单位党组（党委）书记履行党建工作责任述职评议中排名第三。对16名科室负责人和4名直属单位负责人进行全面轮岗，组织任前理论考试1次，开展任前党建、廉政谈话37人次，积极安排人员参加部、省业务培训52人次。召开全市国土资源系统党风廉政工作会议，签订党风廉政建设和反腐败工作责任状22份，组织座谈60余人次。组织纪检监察干部培训，培训40余人次。认真落实“两个责任”谈话活动，开展集体谈话500余人次，单独谈心谈话29人次，强化党员领导干部廉洁意识。（唐家新）

【全面实施不动产统一登记】 2016年1月5日，常德市澧县作为省政府确定不动产统一登记工作试点县，在全省率先颁发不动产权证书，省政协副主席杨维刚，市委副书记、市长周德睿，省国土资源厅副厅长厉坤，市政协副主席傅绍平出席首证颁发仪式。3月24日，中共常德市委编委会印发《关于整合市级不动产登记职责有关事项通知》（常编发〔2016〕4号），明确市国土资源局指导、监督全市土地登记、房屋登记、林地登记、草原登记等不动产登记工作，负责市城区不动产登记工作；市国土资源局增设不动产登记科，为正科级内设机构，负责不动产统一登记有关行政管理工作；市国土资源交易和登记服务中心更名为市不动产登记中心。6月24日，市委编委会印发《常德市不动产登记中心机构编制方案》（常编发〔2016〕9号），明确市不动产登记中心为市国土资源局管理副处级公益一类事业单位，内设综合科、权籍调查科、受理科、登记一科、登记二科、登记三科、登记四科、督查科、登记纠纷调处科、档案信息科等10个副科级科室，核定全额拨款事业编制44名，其中主任（副处级）1名，副主任（正科级）4名，正科级纪检员1名。8月3日，市政府新闻办公室、市国土资源局召开新闻发布会，通报常德市不动产统一登记工作情况。8月10日，常德市不动产统一登记首证颁发仪式在市不动产登记中心举行，省国土资源厅党组成员、纪检组长唐新民为武陵区市民雷鸣鸣颁发市本级首本不动产权证书，编号“湘（2016）

2016年8月10日，常德市不动产统一登记首证颁发仪式

常德市不动产权第 0000001 号”，市委常委、常务副市长朱水平出席首证颁发仪式并讲话。截至 9 月 30 日，全市各县市区（管理区）不动产登记机构全部挂牌成立，完成首证颁发，全面实行不动产统一登记。（唐家新）

【发布 2015 年度土地变更调查成果】 经常德市人民政府批准同意，2016 年 12 月 5 日，常德市国土资源局和常德市统计局联合发布 2015 年土地变更调查主要数据成果公报。2015 年常德市土地变更调查主要数据包括：耕地 5059.51 平方千米，园地 580.03 平方千米，林地 7222.3 平方千米，草地 292.69 平方千米，城镇村及工矿用地 1456.98 平方千米，交通运输用地 310.05 平方千米，水域及水利设施用地 2771.48 平方千米，其他土地 483.96 平方千米。按三大类分：全市农用地 14530.35 平方千米，建设用地 1848.76 平方千米，未利用地 1798.06 平方千米。其中，农用地比 2014 年度减少 2.65 平方千米，建设用地增加 10.81 平方千米，未利用地减少 8.16 平方千米。（唐家新）

审计监督

【概况】 2016 年，全市共完成审计项目 477 个，查出主要问题金额 189.1 亿元，其中违规金额 25.8 亿元；审计处理处罚上缴财政金额 11.1 亿元，减少财政拨款或补贴 3.4 亿元，归还原渠道资金 11.2 亿元，调账处理 17.7 亿元。移送处理事项 142 件。出具审计报告和审计调查报告 824 篇，提出审计建议 1313 条，提交审计信息 918 篇，被采用 382 篇。向社会公告审计结果 349 篇。配合“雁过拔毛”专项整治，向市纪委上报案件线索 7 起，涉案金额 1033 万元，10 人受到党纪政纪处分。参与党风廉政建设专项检查，与两办督查室联合对 20 个市直单位落实“两个责任”、纠“四风”、执纪问责等情况进行督查。2016 年度，市审计局被评为湖南省满意公务员集体、

12 月 30 日，市审计局纪检组赴审计现场开展督导

湖南省文明标兵单位、湖南省审计机关目标管理先进单位、常德市市直绩效评估优秀单位。2014 年保障性安居工程审计项目获得审计署优秀项目表彰。

国家重大政策措施落实跟踪审计。对临澧县、武陵区、鼎城区、石门县等 4 个区县落实稳增长政策情况开展审计调查，着重分析政策落实受阻症结，反映政策错位、功能异化、效果不佳等问题，查处武陵区相关部门和乡镇侵害渔民利益行为。通过财政决算审计、经济责任审计，以及对常德市工业发展十条政策落实情况督导，集中反映市、县开发区在财政管理、项目落地、投资绩效、土地出让等方面存在突出问题。

财政审计。预算执行审计与地方战略、社会热点、财政管理密切融合，将资金量大、话题性强、社会关注度高 12 家部门单位、1 个国家级开发区、6 个专项资金纳入同级审计范畴，对存在预算执行、环境保护、债务管理、资金绩效等问题进行“点穴式”披露，审计成果得到市人大、市政府领导一致肯定。

经济责任审计。对 240 个单位主要负责人实施审计。配合区县市换届，对 39 名拟提拔重用人员实施审计，为干部任用提供参考；突出问题导向，市本级 25 个项目共移送案件线索 18 件。“三责联审”、离任交接方式已成为常态，首次对环境污染治理进行系统性调查分析，对乡镇站所、行政村、居委会负责人经济责任审计进行探索。

固定资产投资审计。全年共审计政府投资项目 453 个，审减 7.5 亿元。严控海绵城市、城市道路、污水处理等重点市政工程造价，持续跟踪市一医院综合楼、湘雅常德医院、市民之家等重大民生项目进展，全面加强华侨城花海、北部新城实验学校等平台自营项目监督。与市发改委、市住建局共同建立市本级国有投融资平台公司自营项目审计监督制度，对 PPP 项目审计监督进行探索。建设领域专项治理涉及 124 个政府投资项目，查出 77 个项目存在违法违规行为，涉及资金 11.4 亿元。

民生资金审计。组织实施 2015 年城镇保障性安居工程跟踪审计，查出违纪违规金额 2.6 亿元，移送案件线索、事项 15 件，34 人受到党纪政纪处分。组织对全市农村饮水安全项目开展专项审计，涉及资金 11 亿元，通过审计要情、政协提案等渠道反映突出问题，2 人受到严重警告处分，2 人被移交检察机关。开展常德市基本医疗保险审计，促使 6 家医疗机构医保定点资格被暂停，移送案件线索 5 起 21 人，保障城乡居民医保与新农合整合交接顺利进行。

信息化建设。编制“智慧联网审计”三年建设规划，全面完成智慧联网审计系统、移动审计办公系统、网络安全防御系统、OA 审计管理系统国产化改造、电信专线网络系统“三主两附工程”建设，移动审计办公系统投入实际应用，居全省领先水平。

自身建设。全市查找梳理和整改问题 130 多个。举办经责审计、审理法制、

信息技术等专题培训和集中学习22场次，组织全体审计人员参加网络学习6批次，选送50多名骨干参加审计署、审计厅业务培训或跟班学习。按照“海绵机关”标准改造机关院落，完善“三室（荣誉室、图书阅览室、党员活动室）、一堂（道德讲堂）、一廊（文化走廊）”等机关文化阵地建设，推进审计文化长廊、职工活动中心建设。组织全市审计系统开展摄影书法作品征集、运动会及技能比武、读书报告会等活动，组织青年志愿者开展义务献血、教育助学、走访慰问等各项送温暖活动。将党建工作纳入目标管理考核，将党建工作经费纳入机关年度预算，设置活动场所，添置设备器材，巩固党建活动阵地。开展精准扶贫，为扶贫点村贫困家庭解决具体问题100多项。对审计人员落实纪律规定、执行准则、改进作风等情况跟踪检查，形成常态化作风督查机制。开展例行谈心谈话、任前廉政谈话、提醒谈话、约谈等各类形式谈心谈话，推行干部廉政谈话常态化。

（姜　帆）

工商行政管理

【概况】 商事制度改革。企业“五证合一”和个体工商户“两证整合”改革稳步推进。全年发放“五证合一”营业执照4207份，发放“两证整合”营业执照1万余张。行政审批制度改革不断深化。改革前置审批制度，前置审批仅保留34项，缩减85%。工商登记便利化改革持续推进。改革注册资本金制度、住所登记制度、企业名称登记制度，实现企业名称登记全程电子化。“放管服”综合配套改革初显成效。支持个体工商户转型升级为企业7016户，完成全年目标任务1.4倍。

事中事后监管。一是建立年检改年报制度。全市年报公示率达97.39%，比2015年同期增长4.94个百分点。二是建立处罚信息公示制度。全市工商系统2015年6月1日至2016年5月31日期间，应当公示行政处罚信息1668条，已公示1429条。三是建立“双随机”抽查制度。企业公示信息应抽实抽869户，抽查率100%；个体工商户公示信息应抽实抽4123户，抽查率100%。四是建立经营异常名录和黑名单制度。对1401户涉嫌长期未经营企业立案调查并下达吊销营业执照听证告知书，对1373家企业下达吊销营业执照行政处罚决定书。五是建立联合惩戒制度。推动有关部门和社会组织依法依规对企业失信行为采取联合惩戒。

重点市场整治。加大案件查处力度。加强与市公安局、市中级人民法院等部门协同配合，开展公用企业限制竞争和垄断行为专项整治，查办案件3起；强化烟草市场整治，下发整改通知书593份，查处取缔无证照经营卷烟362户。加强网络市场监管。清理各类企业网站、网络店铺等网络主体1587家；对经营性网站下达责改通知289份，新增实名认证备案191家，办理电子执照链接230家。净化广告市场。监测各类广告8280条，查处虚假违法广告案件129件，罚没入库300余万元。

消费维权。一是加大流通领域监管维权力度。开展红盾质量维权、基础教育产品质量、建筑市场商品质量等专项整治行动，检查经营户12312户、专业市场248个，查处案件131起，捣毁制假售假窝点6个。二是强化消费维权。“12315”热线全年共接到消费者投诉、举报、咨询16271件，办结率和满意度100%，为消费者挽回经济损失600万余元。三是充分发挥维权组织作用。组织开展以“新消费、我做主”为主题大型宣传咨询活动，开通市消委官方微信公众号，成立常德市消费纠纷调解委员会，为消费者挽回经济损失470余万元。

商标品牌战略。将12件商标列入驰名商标三年培育发展规划，55件商标列入湖南省著名商标三年新认定规划，4件地标列入三年培育计划。全市新增注册商标2024件，总数达到10828件，其中驰名商标总量达到38件；湖南省著名商标，新认定或继续认定44件，有效件154件；常德市知名商标，新认定12件，有效件58件。组织开展“双打”专项行动，立案216件，罚没210万元，没收销毁假冒伪劣商品1818件、侵权商标标识8300张。

（刘德才）

【深化商事制度改革】 坚持把落实工商登记制度改革作为激发市场活力、服务全民创业、优化发展环境、展示工商作为重要举措。一是以注册登记制度改革为突破口，降低制度成本，释放改革红利，为“宽进”创造条件。实行“五证合一、一照一码”证照合一改革，申请人办理企业登记只需填好“一张表格”，向“一个窗口”申请，提交“一套材料”，简化准入程序，缩短办理时限，大大提高市场准入便利化。全市市场活力极大

2016年全市工商和市场监管“个转企”暨商事制度改革工作会议

激发，市场主体快速增长。截至2016年12月底，全市市场主体已达23.59万户，其中企业4.03万户、个体工商户19.56万户，较改革前增长64.7%。二是大力推行事中事后监管制度改革，促进部门协作，实现社会共治，为“严管”创新模式。建立年检改年报制度、信用信息公示制度、“双随机”抽查制度、经营异常名录和黑名单制度、联合惩戒制度、市场秩序协同监管制度。2016年，市政府拨付700多万元专项资金，建立“常德市涉企信息归集与部门事中事后监管平台”，并于9月20日正式上线运行。按照“数据归集、数据运用、数据共享”要求，“数据归集”进展顺利，已归集22.74万条市场主体信息、54.8万条年报信息、6.04万条许可信息、1.31万条行政处罚信息、1.18万条股权出质信息、4729条经营异常名录信息、364条动产抵押信息。“数据运用”开始破冰，已开展两轮“双随机”抽查试点探索。“数据共享”发挥作用，对监管平台进行大数据分析，撰写市场主体分析报告，为政府、市场、社会三个层面决策提供参考。各部门之间实现信息共享，为实施失信企业联合惩戒创造条件。（刘德才）

盐务管理

【概况】 2016年，常德市盐务管理局（湖南盐业股份有限公司常德市分公司）完成各类盐销售38000吨，完成预算87.8%，其中小包盐完成18000吨，完成预算77.7%，新品种盐完成6000吨，完成74%。完成利润总额1409万元，完成目标利润64%。

食盐供应。按全市人口数量进行计划供应，直达配送到各区域内A、B、C、D类客户网点，保证全市人民及时吃上合格小包盐。在食盐供应非常紧张的情况下，市盐务局派出专人常驻盐矿组织调运，确保全市人民生活用盐供应。推介上市320克海藻碘盐、320克海藻碘低钠盐、400克枕形低钠盐、225克加碘竹盐、280克香菇鲜味低钠盐等十几种新品盐，保证全市各类盐市场供应。

盐政管理。全年共查处违规串货案件39起，收缴益阳、怀化版小包盐87件，收缴湘澧盐矿省外版小包盐265件，查处销售假盐案7起，收缴假冒食盐42件，移送公安机关立案6起，以“涉嫌销售不符合安全标准食品罪”刑事起诉5人。全年稽查人员走访全市各个乡镇，大街小巷，利用“3·15”“5·15”共发放宣传单近5万张，悬挂、展示宣传条幅、宣传牌200余幅，出动宣传车辆上百台次，参加活动人员达300人次。接受群众咨询近万人次。常德市盐务管理局被省盐务管理局授予2016年度“市场管理先进单位”称号。（罗　昱）

海关缉私

【概况】 2016年，常德海关共审结报关单2597票，同比减少6%；监管货运量30.2万吨，同比减少38%；税款入库2.63人民币亿元，同比减少9%；加工贸易实际进出口值1.48亿美元，同比减少2%；审批减免税货值3693.5万美元，减免两税共计人民币2914万元。查验23单，查验率为4.3%，查获2票，查获率为9.1 %；盐关码头集装箱箱量4347标箱，比2015年同期下降9.9%，其中外贸集装箱箱量3900标箱，比2015年同期下降3%；开展保税中后期核查16起，办结13起；发起稽查6起，办结5起；共移交缉私线索3条；归类补税人民币1218万元，稽核查补税约人民币8.42万元，加工贸易内销征税人民币73.84万元。

业务改革。2016年，常德海关深化区域通关改革，实现辖区企业自主选择报关纳税和货物验放地点，区域海关统一高效执法、无缝对接服务。推广报关单无纸化，企业通过网络向海关发送报关单和随附单证的电子数据，实现通关以秒计算，全年无纸化通关率为95.2%、现场税费电子支付率达95.9%。与检验检疫部门合作，推行信息互换、监管互助、执法互认，关检“一站式”服务便利企业。推进实施口岸查验配套服务费改革，对查验没有问题货物免除吊装、移位等费用，为企业节约费用累计100余万元。为常德恒安集团两家子公司办理“集中汇总征税”，进口货物“先放后税，汇总缴税”，简化报关手续流程，缩短货物通关时间，降低企业通关成本，缓解资金占用压力。

税收征管。2016年，结合常德实际推动集中汇总征税改革试点，将集中汇总征税情况纳入关区税收监控分析范围，向符合条件的企业宣传推广，为试点企业提供试点过程中的协调、指导；参与和推进区域通关一体化改革，引导企业自主设计适合自身的物流方案有效简化企业转关程序，节约通关成本，实现“区域联动、多关如一关”；复制推广中国（上海）自贸试验区海关监管创新制度，加强跨境电子商务模式试点工作，推动盐关码头拓展进口业务。全年常德海关审批减免税货值3693.5万美元，沟通财政、商务部门协调解决税收优惠政策执行时存在的问题。推进减免税无纸化审核改革，落实简政放权、放管结合，优化减免税审核流程，简化事后备案流程。

监管缉私。2016年，常德海关建立和完善企业风险数据库，风险布控和实时预警，查验稽查作业“双随机”。通过对企业进出口历史纪录分析，筛选出风险值较高企业，对此类企业进出口货物进行查验。全年常德海关查验率4.3%，查获2票，查获率为9.1%；稽查双随机选取率为67%。关警“混合编队”办案，就关区大米、棉花、冻品及湘西地区稀有资源型产品进行摸底排查，开展“国门利剑”与“秋风”联合专项行动。全年常德海关缉私分局立案侦查刑事案件1宗，案值200余万元，查发行政案件8宗，案值约人民币1.0415亿元，涉税约人民币400.75万元；查发“8·16”涉嫌走私农产品案件，实现刑案办理零突破；办理各类协查案件32余起，抓获冻品案主犯1名，走私枪支常德籍犯罪嫌疑人1名，查扣涉嫌走私气枪6支。

服务地方经济。全面清理执法领域内部核批事项，优化审批程序，加强“单一窗口”建设；通过信息化平台实施集中审批、即时办理，提高行政审批效率；

长沙海关关长黎对贞与常德市委副书记徐正宪共同为"常德海关驻津市工作站"揭牌，并签署关市合作备忘录

全面开放电子口岸预录入系统（QP系统），为企业提供免费报关申报公共服务，实现报关申报"无收费、无门槛"；常德海关落实国家加强社会信用体系建设、促进市场公平竞争，与常德市信用办共享企业信用信息，做好企业信用信息"双公示"。在公共信用信息平台基础上，建立企业协调员制度，利用新媒体，为企业提供政策咨询、业务指引、规范管理意见等服务。解决龙行天下公司在开展加工贸易业务中存在单耗申报、边角料内销处理等困难，促其业务增长304%；服务广源麻业、美华尼龙等多家企业将总部进口业务转至常德报关；协助华乐农业和中锂新材充分享受国家政策促进企业发展；设置农产品"绿色窗口"，优先受理、无休快验快放鲜冻出口产品。2016年，常德海关共接受申报出口农产品293单，占全年出口报关单总量31.3%。常德海关主要负责人带队先后30余次走访调研8个县（区）多个部门、30家多家重点企业，开展政策宣讲15次、帮助解决具体问题和困难30多个；向市政府提交《常德开放型经济发展形势分析和建议》《申建公用型保税仓可行性意见》《如何以"德国小镇"项目建设助推发展进口商品展示交易及跨境电商业务》《设立工作站的作用》《如何有效引导外贸数据回流》等多份报告和数条建议。与各涉外部门、市县两级商务局和外贸企业沟通合作，协同推动常德市外贸发展。走访市政府、常德经济技术开发区、市商务局、津市、汉寿、临澧等政府部门，解决问题、对碰需求、共谋发展。常德海关带领企业代表赴其他地区海关考察学习外贸平台建设。对接长江经济带、沅水、澧水流域外贸发展，推进水运、公路、航空及铁路口岸、公共保税仓等开放型经济平台和保税监管场所建设。安排专人定点对接支持保税仓库申请及后续建设，建立湘西北三家保税仓之间联系合作机制。津市三湘和达公用型保税仓库顺利揭牌运营，实现常德保税仓建设"零"突破。常德经济技术开发区宜达公用型保税仓库申请获批在建。聚焦常德市政府重点涉外项目建设，为"德国小镇"提供专业政策解读和多项合理化建议，争取长沙海关等职能部门支持，协调地方商检部门支持和推动项目建设，对其进行通关预准备，为首批进口商品加班验放，力促"德国小镇"项目及跨境电子商务开展。发挥海关统计数据优势，配合商务部门做好外贸普查摸底调研，与市商务局先后走访津市、安乡、汉寿、澧县、临澧、桃源等县市政府部门及重点进出口企业，了解企业进出口情况，宣讲有关外贸稳增长及海关通关改革措施，吸引异地报关企业业绩回流。（黄雅楠）

出入境检验检疫

【概况】 2016年，常德出入境检验检疫局贯彻落实"抓质量、保安全、促发展，强质检"工作方针，对常德7.334亿美元进出口货物实施依法监管和服务，累计检验检疫5242批（次）。其中，检验检疫主要出口产品有冻猪肉、大闸蟹、猪鬃、盐渍菜、鲜柑橘、辣椒干、茶叶、茶籽、鲜米粉、水果罐头、啤酒、卷烟、危化品等；主要进口产品有开心果、龙眼干、棉纱、服装、造船材料、成套设备、医疗器械等。其中出口货物4693批，货值34418.9万美元，同比分别增长136.5%、121.1%；进口货物549批，货值9201.9万美元，同比分别下降60.0%、9.1%。签发各类原产地证书705份，签证金额2818.6万美元，为出口企业减免进口国关税283万美元。

法制建设。2016年，常德局在局网站、办事大厅或其他方式公开行政许可项目并动态更新相关内容；落实上级取消和下放行政审批事项决定，加强取消和下放事项的承接和后续管理；梳理编制并对社会公开常德检验检疫局权力清单和责任清单及权力运行图，并对其实施动态管理。

进出口动植物及产品疫情防控。加强盐关口岸进出境集装箱卫生检疫除害处理，实施卫生消毒处理612标箱；开展口岸蝇类、鼠类、蚊类监测；开展口岸核与辐射监测工作，严守口岸安全。开展对常德卷烟厂进口烟叶有害生物监测、处理工作，监督对进口烟叶开展消、杀、灭熏蒸处理工作，在进口烟叶仓库周边设置监测点18个，捕杀有害生物。对20多家进口粮谷、干果加工存放企业及其运输路线开展杂草检测。在石门县柑橘主产区设立61个监测点监测实蝇等有害生物。加强进出口食品、动植物产品残留监控工作，抽取监控样品220个，未发现疫情和不合格品。

"同线同标同质"工程。指导帮扶湖南荣棋食品公司、金健米业高科技公司开展"三同"工程和食品防护安全工作，

使其进入“三同”信息平台，促进企业转型升级，提升供给侧质量水平，扩大产品国内销售，满足消费者对优质产品的消费需求。

服务重点产业、企业扩大进出口。指导帮扶湖南华乐公司猪肉熟食产品对日本注册，通过湖南检验检疫局联系国家认监委、山东检验检疫局派专家来企业指导和带领企业人员到山东相关出口企业学习，加班加点为其培训生产、管理人员。帮助石门县柑橘扩大对东南亚出口，联系广西凭祥检验检疫局进行交流学习，与凭祥14家水果出口企业召开座谈会进行对接，收到一定成效。

出口退货调查。对东鼎动力机械、湖南新鸿鹰公司等3家企业多起出口退货深入调查，查明原因，帮助企业加强质量控制和管理，尽量避免出口退货发生，以减少损失。

口岸平台建设。参加市政府组织的岳阳、长沙、泸州口岸调研活动，德山新港码头及保税仓、保税物流中心建设、盐关口岸升级改造调研和津市保税仓建设，桃花源机场申请国际临时包机等工作，积极建言并全力支持。

实验室建设。2016年，常德出入境检验检疫局综合实验室顺利通过国家食品检验机构资质认定和CNAS国家实验室认可“二合一”现场监督评审，在食品、水果和蔬菜等6类73项参数的检测能力继续获得认可。完成样品检测410份样品，检测项目3355个，出具报告342份；样品数同比增长124%，项目数同比增长94.8%。《降低大闸蟹镉含量的安全养殖模式研究》获得国家质检总局科技计划项目立项。参与编写《各型流感的流行与防控》著作。

业务培训。派10人次参加质检总局主干系统应用操作培训，原产地理论与实务研讨会，《美国食品安全现代化法案》培训，“进出口食品企业评审专家传帮带”食品防护专家组活动，财务培训、国家一带一路战略暨通关一体化培训等。38人次参加湖南检验检疫局组织的各种业务培训，提升工作技能。

示范区建设。推进石门（柑橘茶叶）国家级出口食品农产品质量安全示范区建设，协同石门县政府赴广西与口岸凭祥局召开检企座谈会，了解口岸通关需求，探讨出境换证核销放新模式，减少出口成本，增强石门柑橘出口竞争力。与汉寿县政府谋划出口猪肉制品示范区建设，通过持续努力，汉寿县国家级出口猪肉产品质量安全示范区在2016年6月通过国家级考核组验收。

开拓市场检测业务。积极完成市食安办下达的208个进出口样品检测工作。在此基础上主动申请追加检测样品450个，开拓市场检测业务，提升检测能力。认真组织开展食品安全周活动，组织10名干部职工参加市里的食品安全宣传周活动启动仪式，制作统一规格的宣传展板6块，编印发放宣传资料4000份，成功举办食品安全进企业主题日活动。（齐晓阳）

2016年6月，常德检验检疫局组织辖区内企业进行无纸化报检培训

【推进无纸化报检】 为提高进出口企业通关效率，促进贸易便利化，2016年，常德出入境检验检疫局为21家出口企业开通无纸化报检业务，减轻企业负担。

（齐晓阳）

【规范免3C产品认证】 严格免3C人员岗位分工和流程管理，既方便企业又加强内部控制。共受理免3C申请28单，对25单符合免办条件的产品及时签发免办证明，对3单不符合免办条件产品不予签发免办证明。（齐晓阳）

【原产地证业务范围增长】 深入企业、广泛宣传，使出口企业积极申请原产地备案，以扩大出口产品关税优惠和减免，降低出口成本，增加出口收益。全年新增原产地备案企业8家，达到71家。新增中国—瑞士、中国—韩国、中国—澳大利亚三类自贸区原产地证书，其中中国—韩国自贸区原产地证书签证数达138份，签证金额达589.5万美元。

（齐晓阳）

【支持大闸蟹输台】 2016年，常德检验检疫局积极支持汉寿大闸蟹出口，出口批次56批，出口金额达800万美元。且因其他产区质量问题，常德汉寿三建水产成为唯一大陆对台大闸蟹供应方。

（齐晓阳）

【支持新增出口企业13家】 按照认证认可规定和程序，积极受理46家出口企业、基地产品出口资质申请，其中到期复查企业33家，新申请企业13家。通过指导并及时考核认证，使其达到出口资质条件和要求，产品顺利出口。

（齐晓阳）

【支持检验检疫主干系统上线运行】 按照质检总局和湖南检验检疫局统一部署，组织全局人员参加主干系统上线全员培训和企业报检员培训，并按时启动试运行，同时对系统试运行中发现的一些障碍及时予以解决，确保企业进出口的快速通关放行，使企业进出口更加便捷。（齐晓阳）

【服务市重点工程“德国小镇”顺利开街】 两次主动到进口公司进行集中辅导，多次邀请其工作人员进行交流座谈，帮助其了解、掌握有关进口商品申报、报检、抽样检测、检验检疫方面的政策、规定及流程。安排检验人员加班加点对货物进行查验出证。主动向上级请示汇报，首次受理以“小批量”方式进口一批家用电器类产品，使得一批没有经过3C认证以至滞留口岸一个多月的泵式咖啡机得以报检通关，并采用“小批量”进口检测处理程序进行抽样检测。保证“德国小镇”在常德国际旅游节时顺利开街营业。（齐晓阳）

市商务综合行政执法支队开展“3.15”宣传活动

商务综合行政执法

【概况】 2016年，常德市商务综合行政执法支队被省商务厅授予“全省优秀执法队伍”称号。

成品油市场监管。厘清职责。针对成品油企业反映强烈成品油市场多头监管、多头执法、监管不到位等情况，提请市政府优化办进行统一协调，明确商务部门为成品油市场监管牵头部门，负责成品油市场日常检查、执法及行政处罚；工商、质监部门根据各自职责和上级部署开展相关监管活动。规范管理。根据商务部《成品油市场管理办法》《成品油零售经营企业管理技术规范》规定，5月上中旬，对武陵区、常德经济技术开发区、柳叶湖旅游度假区和西湖、西洞庭管理区31家成品油零售经营企业管理技术规范执行情况进行检查，对涉嫌违反技术规范要求13家企业下达责令改正通知书，限期整改到位。加强执法。全年共出动执法车辆215台（次），执法人员760余人次，开展专项行动5次，检查企业219家，查处流动加油车非法经营成品油案件9起，关停、取缔桃源热市云盘建材厂、西洞庭与鼎城区“飞地”、鼎城区灌溪镇黄土山村、柳叶湖肖伍铺马龙村等非法成品油加油站（点）4个。强化油品质量监管，10月12日—11月3日，对全市成品油零售企业油品质量进行随机抽样检测，经检验，不合格企业32家，占比51.6%，不合格单品33个，占比27.7%。并将抽检检验结果在《常德日报》、常德市政府门户网站和市商务局网站分别进行公示。对检验结果有问题加油站，由市本级查处9起，其余依法交办给相关区县（市）商务执法部门进行严肃处理。

单用途商业预付卡监管。按照商务部《单用途商业预付卡管理办法》规定，防范资金抽逃风险，针对实名制购卡、非现金购卡和限额购卡等三项制度开展专项检查。重点对石门县湖南尧业国际大酒店有限公司未按要求公示单用途卡章程，单张记名卡充值超过5000元、记名卡信息登记不全、单位购卡5000元以上采用现金购卡等违法行为立案调查，并交办石门县商务粮食局立案处罚，该单位受到1万元罚款行政处罚。

零售商促销行为监管。3—10月，对市城区单店营业面积在3000平方米以上8家零售商促销活动进行检查，针对春天百货常德店、友阿国际购物广场等单位未在规定时间内进行备案违规行为发出责令改正通知书，有效规范零售商促销行为。

商务执法宣传。通过“3·15”消费者权益日、“食品安全宣传周”“12·4”法治宣传日等主题活动，利用电视台、网站、微博、微信等多种媒体和上门宣传、法律进社区等形式，发放宣传海报和宣传单3.5万余份，广泛宣传商务领域法律法规和“12312”商务举报投诉服务体系，解难答疑，增加法律知识普及度和覆盖率。同时，组织开展执法培训、案卷评议，旁听法院庭审活动，增强执法工作者依法行政能力。

（石祖国　周泽平）

【开展打击流动加油车违法经营行为专项行动】 根据公安部、商务部等八部门《关于严厉打击危化品领域违法犯罪行为通知》精神，重点开展打击流动加油车违法经营行为专项行动，制定行动方案，组织专门力量，部门配合，市县联动，6—10月，集中对流动加油车非法从事成品油经营行为进行摸排，先后依法查处吴某等9起流动加油车非法经营成品油案件，受到省商务厅和市有关部门高度肯定。同时，为保障全市重点工程车辆用油，在管理上进行规范，以签订《成品油使用和运输承诺书》接受监管方式，最大限度地确保成品油使用和运输安全。（石祖国　周泽平）

科学技术

科　技

【概况】 2016年，常德高新区已列入国家2016年省级园区升级名单；市政府与华大基因签订合作框架协议、与亚欧城市水资源管理协会达成合作意向；共获省科学技术奖励12项；每万人发明专利拥有量达到1.94件，比2015年增加0.74件；全市R&D经费占GDP比重达到1.38%，增加0. 33个百分点；全市高新技术企业达到113家，高新技术产值首次突破1000亿元，实现高新技术产业增加值260亿元，同比增长12.5%。

创新园区建设。推进国家级高新区创建。全面修改完善和上报常德高新区产业规划、战略规划和汇报材料。围绕落实“以升促建”整改方案，市政府四次召开高新区创建工作调度会，市编办、市科技局和常德高新区三次开展园区体制机制建设调研，高新区创建合力明显增强。2016年11月，常德高新区“以升促建”创建国家级高新区的升级文件完成国家部委会签，并上报国务院。启动环洞庭湖国家现代农业科技示范区核心区创建。搭建国家农业科技园区工作班子，拟出环洞庭湖国家现代农业科技示范区核心区建设方案，配合省科技厅规划编制组就核心区建设进行工作调研，收集基础数据资料和项目库信息。推进省级园区创建。积极支持和推进津市市、桃源县、澧县和临澧县创建省级高新区，津市市工业集中区已获批为省级高新区。

科技创新平台建设。一是推进科技企业孵化器建设。全市共有8家科技企业孵化器，在孵企业212家。其中，常德高新区灌溪示范园区科技企业孵化器在孵企业35家；汉寿高新技术产业园区科技企业孵化器投入运营，入孵企业25家；武陵移动互联网产业园科技企业孵化器入孵企业50家，已启动第二期项目建设；西洞庭生物科学医药孵化器已完成基础工程部分，中商国能孵化器完成一期工程，其中的江南大学生物产业孵化园完成基础设施，入孵企业17家。常德经开区科技企业孵化器有在孵企业45家；澧县创业园配套设施建设已完成，出台孵化器建设支持政策，入孵企业25家；临澧孵化器场地及配套设施基本完成，入孵企业15家。在常德高新区灌溪示范园区、常德经开区科技企业孵化器获批为省级孵化器的基础上，2016年新增武陵区工业园建设开发有限公司、汉寿县生产力促进中心、临澧县中小企业服务中心3家省级科技企业孵化器。二是启动众创空间建设。围绕大学生和科技人员创新创业，积极开展众创空间试点示范，引导鼎城高新区“创＋汇”创客空间、武陵区移动互联网产业园众创空间、经开区众创空间、湖南幼专创客街、“国邮港”等9个众创空间加快建设。“创＋汇”创客空间、湖南幼专创客街已被认定为湖南省首批众创空间。针对不同产业类型，按照不同建设模式，精心筛选典型，重点支持培育，支持建设了一批特色鲜明的农村版众创空间——星创天地，其中获批省级星创天地7家，德人牧业、长林水产纳入第一批国家级星创天地备案名单，德人牧业于11月22日在全国星创天地建设现场交流会上作典型发言。三是推进企业研发平台建设。推荐药圣堂、磊鑫科技、汇美食品、太子化工等企业申报省级工程技术研究中心，其中药圣堂与湖南中医药大学共建的研发中心已获批为“湖南省中药饮片标准化及功能工程技术研究中心”。积极引导德人牧业与中国工程院院士印遇龙合作、平安医械与中国工程院院士张焕乔合作，新建立两家院士专家工作站，其中德人牧业院士专家工作站已获批省级工作站。

科技服务业发展。围绕开展全国第二批科技服务业区域试点和全省“科技金融创新实验区”试点工作，科技服务业发展迅速。一是科技金融服务。协调引导各区县市加入风险补偿资金池，共归集市级风险补偿资金3100万元。收集整理筛选一批科技型成长性好的企业，建立实行动态管理的科技型中小微企业库，全年共为中锂新材等39家提供担保（保险）贷款9665万元，其中专利质押贷款（组合形式）的11家，2760万元。成功创建国家专利质押试点城市。新成立2.15亿元的常德新材料产业创业投资基金。国内最大的产业投资公司——赛伯乐集团旗下的投资基金，已与常德经开区达成入驻意向。二是知识产权服务。开展“知识产权进园区、进企业、进校园活动”，新培育试点企业5家、首批试点学校6所。引进八戒知识产权深入各大园区和企业开展集中培训和面对面现场服务，展开拉网式的发明专利挖掘。三是技术交易市场。出台《常德网上技术交易专项补助办法》及《实施细则》，常德科易网启动上线服务，签约网上技术成果交易合同22项、交易额2126.8万元。组织承办2016年湖南省第一期技术交易经纪人执业资格培训班，全市共有66人获得技术经纪执业资格，历史性地填补了常德市技术交易经纪人的空白。全市技术合同成交额8.41亿元。四是科技信息服务。举办科技查新培训班2期，编辑科技剪报12期，全方位为科技型中小企业和科研院所提供及时有效的科技咨询和科技动态服务。科技文献资源共享平台为130多家科研院所、企事业提供科技查新3500多人次。

科技创新管理。进行科技项目和经费管理改革。优化重大科技专项管理，出台《常德市科技重大项目管理办法》，集中资金重点支持支柱产业和新兴产业发展。出台《常德市科技发展计划专项资金管理办法》《常德市创新能力建设专项资金管理办法》，进一步完善科技计划项目申报和评审机制，健全项目组织实施、结题验收、监管终止、科技报告等动态管理机制，加大了后补助实施力度。进行科技奖励改革。新设立企业科技创新市长奖、国际科技合作奖；科学技术功臣奖调整为科学技术杰出贡献奖，奖金由10万元/项提高到20万元/项；科技进步奖和专利奖一、二、三等奖奖金分别提升到10万元/项、6万元/项、3万元/项和7万元/项、3万元/项、1万元/项，奖励范围扩大，奖励标准提高，奖励导向优化。进行专利资助改革。出台《常德市专利资助专项资金管理办法》《常德市中小企业知识产权试点管理办法》《关于推进常德市知识产权质押贷款工作的意见》，取消实用新型和外观设计专利资助，国内发明专利授权资助提升3000元/件，授权PCT资助1万元/件。规范项目绩效评价。2016年，市科技局与市审计局、市财政局和驻市科技局纪检组，对2015年创新能力建设资金、科技重大专项、科技企业孵化器建设资金使用情况进行审计调查和绩效评价，强化项目经费的绩效管理和跟踪监督。

科技创新氛围。产学研合作取得新突破。4月13日，市政府与深圳华大基因签署《合作框架协议》，双方在基因农业、精准医疗、人才培养等方面启动全面合作。11月20日，40多名亚欧城市水资源管理外国专家来常德考察，双方旨在常德率先搭建平台，促进亚欧会议成员国在环境保护、污染防控和海绵城市建设方面的国际科技合作与交流，加速科技成果在常德转化和产业化。就建立中科院老专家技术中心常德站合作事项，市科技局两次开展对接合作，已收集筛选老专家中心最新科技成果60项，报送常德市企业技术需求30条，组织20多家企业开展技术对接。科普活动特色鲜明。5月14—21日，举行以“创新引领，共享发展”为主题的2016年常德科技活动周。成功举办第一届常德市科普讲解大赛，并组队参加全省、全国科普讲解大赛，常德规划展示馆讲解员刘理佳以“海绵城市”为题，荣获全省第二名、全国优胜奖的好成绩。组队参加湖南省知识产权竞答赛，湖南文理学院荣获二等奖。组织17家企业和6个创新团队申报参加全省创新创业大赛。知识产权维权得到加强。开通“12330”知识产权维权热线。邀请省知识产权维权援助中心专家到常德，举办知识产权维权工作培训班。承办全省市州专利行政执法能力提高班，组织完成区县市专利行政执法能力培训。（蹇　军）

【26个科技项目获市科技进步奖】 2016年3月9日，常德市召开科技奖励大会暨科技工作会议，26个科技项目获市科技进步奖，获得奖金94万元。其中一等奖6个，二等奖9个，三等奖11个。

3月9日，市科技局召开科技奖励大会暨科技工作会议，26个科技项目获市科技进步奖

湖南中联重科车桥有限公司主持的《汽车起重机用重型车桥的技术研究与产业化》；湖南洞庭药业股份有限公司主持的《富马酸喹硫平固体制剂的研究及产业化》；湖南华南光电（集团）有限责任公司、湖南文理学院主持的《高稳定机电融合型伺服控制系统关键技术研究与应用》；湖南文理学院、湖南今珠生物股份有限公司、湖南省普利农业科技综合开发有限公司主持的《淡水珍珠健康生产技术研究与示范》；湖南省棉花科学研究所、江苏沿海地区农业科学研究所、中国农业科学院棉花研究所、山西省农业科学院棉花研究所主持的《棉花SSR分子标记技术体系研究与集成应用》；常德职业技术学院附属第一医院、中南大学肾病研究所主持的《难治性肾病综合征诊治新技术的研究》获一等奖。

常德市自1979年开始科学技术奖评审工作，从2011年开始，奖励标准提高到一等奖6万元、二等奖4万元、三等奖2万元。获奖项目96%以上应用到生产实践中，对提高全市经济实力、工农业产品的市场竞争力、人民的生活水平起到积极作用。 （蹇 军）

【常德科技创新创业孵化产业园开园】 2016年1月15日，常德科技创新创业孵化产业园开园仪式暨首届创新创业论坛举行。省科技厅副厅长贺修铭，中联重科董事长詹纯新，市委书记王群，市委常委、组织部部长、统战部部长雷绍业，市委常委、市委秘书长黄清宇，以及市直相关部门负责人和鼎城区相关领导、部门负责人、规模企业代表、创新企业代表参加开园仪式暨首届创新创业论坛。市委副书记、市长周德睿宣布常德科技创新创业孵化产业园开园。市人民政府副市长沈习淼主持开园仪式。

常德科技创新创业孵化产业园是常德市重点打造的创新创业园区，总投资5.5亿元，孵化面积1.3万平方米，加速器及瞪羚企业面积21万平方米，将重点推进电子信息及新能源、新材料等新兴产业的研发与孵化。创新研发综合服务区、企业孵化中试区、企业加速发展区和生活配套服务区四大功能区域全面配置，让入孵企业全心全意创新创业。入孵企业在孵化期间免收办公用房租金，给予创新创业资金支持、税收优惠，设有1000万元种子资金，对入孵企业进行投融资服务，26万平方米标准化厂房提供创业支撑。已引进入孵企业23家，成功申报省级科技企业孵化器，正着力打造国家级高新科技创新创业综合性孵化基地。

开园仪式完成后，首届创新创业论坛在常德科技创新创业孵化产业园举行，北京航空航天大学宇航学院院长蔡国飙、北京中国科学院老专家技术主任李乃煌、中关村创新研修院高端人才培训部主任滑毅、湖南省生产力促进中心主任吴桂贤、常德铁锤子电子商务有限公司董事长阎军分别围绕地方政府应该如何引导科技创新、园区如何营造自己的引贤育人体系、创新创业需要政府给予怎样的支持、创新创业政策解读、高校科研创新与地方创新创业如何对接等话题发言。

（蹇 军）

【常德高新区获批国家科技服务业区域试点单位】 2016年3月，科技部下发《关于第二批科技服务业区域试点单位名单的通知》，湖南省常德市（省级高新区）榜上有名，成为国家第二批科技服务业区域试点单位。

常德高新区的前身为2005年成立的常德鼎城经开区，2012年经湖南省政府批准升级为省级高新区，2015年4月更名为常德高新区，辖区面积62.8平方千米。为优化空间布局、集聚产业资源，常德市将汉寿高新园区、西洞庭生物科技产业园、武陵移动互联网产业园纳入常德高新区统筹管理，形成以鼎城园区为核心区，汉寿、西洞庭、武陵园区为拓展区的“一区三园”空间格局。

科技服务业是现代服务业的重要组成部分，具有人才智力密集、科技含量高、产业附加值大、辐射带动作用强等特点，对支撑科技创新、推动战略性新兴产业发展、促进传统产业升级等具有重要作用，此批试点名单中，湖南省共有株洲、常德两家高新区和中南大学国家重金属污染防治工程技术研究中心入选试点区域（行业）。 （蹇 军）

【投放首笔科技保证保险贷款】 2016年1月15日，常德武陵农村商业银行与中华联合财产保险股份有限公司常德中心支公司合作，为汉寿县龙阳镇华诚蔬菜专业合作社发放保险贷款200万元，这是常德市首笔放款的科技保证保险贷款。

科技型中小微企业履约保证保险贷款业务是由市科技局会同市人民银行共同推进，将政府、保险和银行三方资源有效整合，兼具成本低、效率高的优势，是科技型中小微企业通过无抵押方式获得融资的新型绿色通道。贷款人无须提供抵押或担保，由政府、保险、银行三家按4:4:2承担风险，银行暂按基准利息上浮20%收取利息，保险公司按最高不超过贷款额的3%收取保费。

汉寿县龙阳镇华诚蔬菜专业合作社是常德市2015年度基层农村科技信息服务示范站点之一，科技保证保险的200万元贷款用于新产品推广与专利研发、为农民提供种苗与技术等。从推广效果看，农民种植由该合作社提供的有机花菜比普通白菜多增收3000元1亩，该合作社与农民签订的技术服务合同已收订金50万元。科技保证保险业务契合众多像该合作社一样的中小型科技企业轻资产、“担保难”的特点，通过引入保险机构分担银行授信风险，更好地助推全市广大科技型中小企业快速发展。（蹇 军）

【2家单位入选首批国家级“星创天地”】 2016年10月26日，科技部公布首批国家级“星创天地”备案名单，全省共有26家单位入选，常德市德人牧业星创天地和长林水产星创天地2家单位上榜。

湖南德人牧业科技有限公司承担的“星创天地”平台，在产业链种养业前端，实施以“家庭农场”为主的当地农民致富和大学生就业创业；在产业带动观光旅游阶段，采取“开心农场＋掌上菜篮子”形式的城乡居民消费性、投资型、体验式创业；在产品销售终端，实施“德人牧香加盟连锁店”“创客鲜奶吧”等内容的城乡居民、大学生就业型创业。安乡县大北农长林水产养殖农民专业合作社成立于2012年，拥有成员421户、水面8平方千米，承担建设的“星创天地”平台是通过对产品、资金、技术、人才、品牌、平台和市场等资源整合，为返乡农民工和大学毕业生打造创业创新平台，其产品销往江苏、福建、广东和天津等地，实现智慧农业和特色农业的转型发展。

（蹇 军）

【提高专利资助标准】 2016年，市财政局、市科技局出台新办法，适度提高专利资助标准，并在多方面进行了政策完善。新办法对全市范围内专利资助按统一标准执行：对国内授权发明专利，按每件3000元进行资助；对国外专利，每件一次性资助10000元；对获得知识产权试点的企业，单个项目一次性给予50000元资助。新办法取消对实用新型专利、外观设计专利等科技含量一般、推动经济发展动力不强的专利资助，打破对职务和非职务发明的区分；把奖励、宣传、培训等费用从使用范围中剔除。

（蹇　军）

【国家基因库主任到常德考察】 2016年2月26—27日，国家基因库主任、华大农业集团董事长梅永红一行到常德考察，市委书记王群，市委副书记徐正宪，市委常委、市委秘书长黄清宇，副市长朱晓平先后陪同考察。

国家基因库由华大基因负责组建，华大基因成立于1999年，是全球最大的基因组学研发机构，是国际领先科研机构和中国创新型企业的杰出代表。以产、学、研为主的科研方式，涉及人类、医学、农业、畜牧、濒危动物保护等分子遗传层面的科技研究。先后完成国际人类基因组计划“中国部分”(1%)、国际人类单体型图计划(10%)、水稻基因组计划、家蚕基因组计划、家鸡基因组计划、抗SARS研究、炎黄一号等多项具有国际先进水平的科研工作。

梅永红一行先后考察常德国家农业科技园区、常德生命科学与健康产业园、桃花源农业科技股份有限公司、市规划展示馆。座谈会上，洽谈双方就合作机制和工作机制进行探讨，明确牵头单位和责任人进行不定期会商，争取早日达成合作意向。市科技局、常德经开区、西湖管理区、西洞庭管理区、市农业委、市卫计委、市投资促进事务局、市农科院、市一医院、市经建投、市农投、桃花源种业主要负责人参加合作座谈会。

（蹇　军）

【出台科技发展计划专项资金管理办法】 2016年10月，市财政局、市科技局联合印发《常德市科技发展计划专项资金管理办法》。办法明确了部门职责、项目申报条件与程序，对分类支持的省市自然科学联合基金、科技重大项目、科技企业孵化器、众创空间和常德高新区建设、重点研发计划、产业发展基金、创新研发平台与人才队伍建设、风险补偿等进行了界定，确定了支持方式。

常德市从2015年起整合设立市级创新能力建设资金，规模达5000万元。此次修订根据《中华人民共和国预算法》《国务院关于改进加强中央财政科研项目和资金管理的若干意见》《湖南省科技发展计划专项资金管理办法》等有关规定制定，在2011年制定的《常德市技术研究与开发专项资金管理办法》上予以修订完善，以规范和加强科技发展计划专项资金管理，提高资金使用绩效。此管理办法拓展了资金内涵，专项资金名称由技术研究与开发专项资金拓展为科技发展计划专项资金；支持重点更多，将科技重大项目、科技企业孵化器、众创空间、常德高新区建设、产业发展基金、创新研发平台奖补等内容纳入支持范围；支持方式更活，由原有的单一的事前资助方式，灵活采取事前资助、事后补助、基金参股、股权投入等方式；资金管理更严，要求申报单位原则上通过科技计划信息管理系统统一受理，初审合格的项目，科技、财政部门组织评审或现场考察，对拟支持项目在市科技局网站上公示，明确界定直接费用、间接费用，对资金使用情况开展监督检查、绩效评价，绩效评价意见作为今后安排资金的重要依据。（蹇　军）

【亚欧城市水管理研讨会专家到常德考察海绵城市建设】 2016年10月20—21日，在长沙出席亚欧城市水资源管理研讨会的多国专家专程来到常德，参观考察海绵城市建设示范工程，实地感受我市在城市水资源管理方面所取得的成果。

亚欧城市水管理研讨会由中国外交部、亚欧基金、湖南省人民政府主办。会议旨在总结近年来城镇化和水资源可持续发展领域取得的进展，并提出建议以实现新的发展目标。20日下午，出席会议的丹麦、澳大利亚、法国、德国、老挝、瑞典、罗马尼亚等国专家，驱车实地踏看了常德智慧谷、武陵区老西门棚户区改造项目和穿紫河船码头机埠。

20晚，市委副书记、市长周德睿主持为欢迎与会专家举办的餐叙交流活动。市委书记王群代表常德市委、市政府致欢迎辞。21日上午，环境保护与海绵城市建设国际科技合作交流对接会在湖南文理学院举行。欧洲水资源协会主席Karoly Kovacs介绍欧洲水资源协会组织，并就区域及国家层面的城市水资源开发与运营、保护与立法等做了相关交流；瑞典国家住房建筑与规划委员会观察员Anders Rimne分享瑞典城市水资源管理、土地和空间规划方面的案例和经验。会上，湖南文理学院党委副书记、校长龙献忠，湖南幼儿师范高等专科学校党委书记赵星，以及市海绵办代表，针对水资源保护与利用、海绵城市建设等方面提出疑问，欧洲专家与亚欧水资源研究和利用中心代表给予解答。

（蹇　军）

气　象

【概况】 气象服务。一是决策气象服务。对年内暴雨洪涝、寒潮、冰雹大风等重大灾害性天气预报准确，服务及时，向市委、市政府及相关部门提供专题气象服务材料100多期，通过手机短信发送预报预警信息6000多万人次。在3月召开全市气象工作会议上，向政府领导及相关部门负责人做“超强厄尔尼诺对常德汛期影响”专题汇报，发布汛期气候趋势预测意见，准确预测进入4月全市降水增多增强，以及6月下旬到7月上旬出现雨水集中期趋势。6月27日至7月5日抗击汛期最强降水期间，预报超前精准，服务主动及时，根据预测意见，市防汛指挥部科学调度，各大水库有序开闸腾出库容，大大减轻抗洪压力。桃源县、石门县根据预警信息提前组织群众撤离，有效避免群众伤亡。特别是，受上游及本地强降水叠加影响，澧水、沅水和长江三水碰头局面形成，常德市西洞庭湖区石龟山河段和安乡河段在警戒水位上运行260小时。市气象局提供无缝隙精准化气象服务，确保全市安全度汛。二是公益气象服务。做好重要节假日和重大活动期间气象服务工作，召开春节、高考、国庆黄金周天气新闻发布会，为常德旅游节、常德柳叶湖国际马拉松等重大活动提供优质气象服务。三是气象为农服务。安乡县、澧县、汉寿县、桃源县等均建立气象为农服务示范点，澧县甘溪滩镇积极争创标准化气象灾害防御乡镇。通过直通式气象服务，紧贴需求，为1000多户农业种养大户发送各类农业气象预报预警服务信息，为其科学安排农业生产提供可靠依据。

气象现代化建设。建立健全政府主导推动气象现代化长效机制，气象事业发展“十三五”规划纳入地方政府发展专项规划，基本实现气象现代化进展评估得分位列全省第二。一是谋划沅澧水气象灾害防御中心建设。抽调骨干力量组建专门筹建班子，加强与各相关部门协调，编制建设方案。二是突发事件预警信息发布系统建设。第46次市政府常务会决定：同意建设常德市突发事件预警信息发布系统，保障建设运行维护经费。明确以气象部门牵头，市政府应急办和电子政务办协助，2017年完成并投入运行。三是基层气象台站建设。石门县气象局已完成台站改造任务，澧县预警大楼、汉寿县业务用房以及安乡县台站搬迁项目已纳入中央或省气象局项目库，各方建设工程设计和项目审批基本完成。四是部门合作。与市国土局、国网常德供电公司、市住建局等部门开展合作，拓展服务领域。与市环保局签署重污染天气预警合作协议，形成“监测预警、信息共享、科研开发”等合作机制。截至2016年年底，两部门联合会商已经实现常态化，环境气象服务逐步开展，环保部门投资90多万元建设环境气象服务监测预报预警平台进入研发阶段，开展首次人工增雨消霾作业试验，取得较好效果。与市住建局开展合作，为海绵城市建设提供气象服务保障。澧县气象局与县文广新局开展合作，探索通过共享“村村响”广播发布气象信息，拓展公共气象服务新途径，取得良好效果。

业务发展。修订完善《常德市气象局气象业务工作管理办法》。成功申报6项省气象局科研课题，确定17项市气象局科研项目。3项省气象局短平快课题通过专家验收。全年公开发布论文（含参与省级以上交流）28篇。《常德市天气预报技术手册》已由气象出版社出版。2016年，全市地面测报、农气测报质量和报表均保持零错情，国家自动站资料上传率全省排名第二，区域自动站可用性全省排名第四。常德市年度气候影响评价连续7年获评全省一等。暴雨预警准确率全省排名第二。在全省天气预报理论知识和业务规范竞赛中，市气象台荣获全省团体第一名，2人分获个人二等奖、优秀奖。在第二届湖南省城镇天气预报质量竞赛中，2人分获个人二等奖、三等奖，并被省气象局授予“湖南省气象行业技术能手”称号。在第十一届湖南省气象行业职业技能竞赛中，1人获个人单项三等奖。

气象教育培训。加强局校合作，与湖南文理学院签署合作协议，共推气象教育培训体系建设。市气象台、花山观测站、太阳山雷达站分别被湖南文理学院授予“协同研究基地”“实践教学基地”“科普旅游基地”。（王　娟）

防震减灾

【概况】 2016年，常德市地震局荣获全国、全省“防震减灾业务工作先进单位”称号。

地震监测预报。2016年，市地震局完成新建郑家河地震台可行性研究报告、发改委立项等报建程序；改善市城区沅安路、鼎城区长岭岗宏观观测基地硬件设施，更新基地电子观测和信息传输系统。完成国家地震烈度速报与预警工程湖南分项目常德子项目11个预警台站场地勘选工作。对受强降雨影响郑家河短水准测线进行维护。安乡县地震局水位观测项目进行数字化改造；石门县地震局启动旧台搬迁工作，拟定该县新关居委会岩门口为建台新址；汉寿、临澧、澧县、安乡、石门5个强震台保证正常运转和信息实时传输。做好郑家河跨断层短水准微观监测等各微观监测台日常工作。监测仪器维护保养、故障检查、送检更换，保证测震、前兆台网正常运行。督促台站做好日常数据处理，全市台站运行率一直保持在97%以上，安乡台一直保持100%。每周宏观异常零报告，按规定开展月会商、半年会商、年度会商，及时向省地震局上报月会商结果，提交年中、年度地震趋势分析报告。全年全市地震趋势分析在全省市州中排第一名。建立震情信息平台，及时向全市地震系统和防震减灾委成员单位转发震情信息。2月24日，受益阳市桃江县ML3.2级地震影响，汉寿县崔家桥、军山铺、丰家铺等地震感强烈，部分居民家中出现墙体开裂、门打不开等现象，市地震局工作人员及时赶赴震感较强军山铺镇，开展调查，及时将情况上报省市有关部门。2月25日汉寿县官护障ML2.1级地震和8月12日澧县中武乡ML2.3级地震，均及时响应地震应急机制，第一时间派工作人员赶往现场，开展考察，编发震情信息和地震简报，密切关注震情进展，作好应急准备。安乡县地震局在广西苍梧5.4级地震发生前后，做好安乡井相关信息收集，作出初步分析意见及时上报；国家台网中心、省地震局派出专家组到安乡井进行实地调查。汉寿县地震局针对清水湖水井温度异常（抽水泵导电引起）与沧浪街道办事处水泥路面炸裂（高温天气引起）事件进行现场勘查分析，鼎城区地震局对居民反映房内出现大量千足虫现象进行现场调查，确认均属正常现象。各区县市都建立3个以上地震宏观观测点；长岭岗宏观观测基地、鸽子宏观观测点、汉寿特科所观测点、津市新洲观测点、桃源青林宏观观测点实现地震宏观观测资料网上、手机录入和观测资料共享。石门县重新设置夹山寺、清河、三板桥3个宏观观测点。督促落实《区县市地震宏观观测点规范化建设》，按时上报宏观异常信息；各区县市地震局制订详细考核办法，加强业务指导和培训，对测报员实行日常检查和年终考核考评。乡镇行政区划调整后，对乡镇防震减灾助理员情况重新统计建档。

地震灾害防御。临澧、鼎城、安乡、

津市、澧县、石门县地震局积极参与建筑设计图审查和竣工验收工作，对建设工程抗震设防实行全过程监管。对重大建设项目做到“提前告知，上门服务，无偿代办，提速办理”。开展第五代《中国地震动参数区划图》宣传贯彻培训班，规范统一全市抗震设防行政审批工作程序、文档工作，确保新标准实施，列入对县市区工作绩效考核。2016年，桃源、津市、临澧、石门、汉寿、澧县分别完成行政审批27、10、6、35、28、10项，市本级完成行政审批50项，参与办结联合验收48项，按时办结率100%。安乡、汉寿、石门、津市等地震局成功纳入本地规委会成员单位。2016年，市地震局将原有4项行政许可事项，除建设工程抗震设防要求审批外，其余3项调整为管理服务事项。对保留审批事项优化审批流程，压缩审批时限。开展“部门权力和责任清单”清理和编制工作。结合美丽乡村、危房改造、移民建镇、搬迁安置开展农村民居防震保安工程建设，推广《常德市农村抗震民居设计示范图集》，确保农村新建住房抗震设防率达到90%以上。区县市地震、住建部门联合开展农村工匠培训。桃源县地震局将建设农村民居抗震示范小区纳入对乡镇年度绩效考核范畴，将乡镇集镇、村居集中区及移民安置小区新建农村民居作为重点进行推广。5月底，市人大常委会副主任肖燕芳带领教科文卫委、市地震局相关工作人员，对全市各地各单位贯彻落实防震减灾法律法规情况进行全面调研和指导。市六届人大常委会第25次会议专门听取和审议市政府关于全市防震减灾工作情况报告，形成《关于防震减灾工作情况报告审议意见》。12月，市人大常委会听取市政府对审议意见研究处理情况汇报。

地震应急管理。5月12日，全市地震应急救援演练暨“5·12”应急知识集中宣传活动在常德外国语学校进行。消防、武警、地震、卫计、民政、人防、教育等30家单位共1500余人参加地震演练，市五大家领导现场观摩，市委副书记、市长周德睿亲临现场并讲话。区县市同步举行地震演练活动。临澧、石门、津市、安乡、鼎城区分别修订完善《地震应急预案》，澧县做好《澧县破坏性地震应急预案》。市本级建立白马湖公园等7处应急避难场所，可容纳近70万人应急避难。鼎城区划定6处地震应急避难场所，临澧县建设综合应急指挥中心，石门县出台中心城区综合防灾规划图。3月，完成常德外国语学校、临澧县第五完全小学等7所市级示范学校现场考察评选，推荐常德外国语学校等6所学校参加省级示范学校创建。石门县第三中学、临澧县第五完全小学被省市两级授予“2015年度防震减灾科普教育示范学校”荣誉称号。五是开展地震安全示范社区创建。4月，指导市城区北堤社区完善申报资料，推荐其申报国家级地震安全示范社区。8月底，武陵区北正街社区、府坪巷社区；石门县宝峰街道中渡社区、楚江街道澧阳社区、永兴街道永固社区；安乡县香格里拉花苑小区；临澧县安福镇护城社区等7个社区（小区）被评为“2015年度常德市地震安全示范社区”。鼎城区捌海·常德公馆被评为市级示范小区。推荐6个社区参加省级示范社区评选。

防震减灾科普。“5·12防灾减灾日”宣传。在应急救援演练所在学校悬挂29条防灾减灾知识横幅（条幅），摆放展板80块、宣传资料4万余份。《常德日报》、《常德晚报》开辟专栏宣传防震减灾知识。常德电视台对市地震应急救援演练暨“5·12”应急知识集中宣传活动进行播报。在全市进行“防震减灾进万家”知识竞赛。安乡县近2000人参赛，汉寿县1000多人参赛。中小学通过召开主题班会、黑板报等形式，普及防灾减灾知识，提高广大学生安全防范意识和灾害自救互救能力，全市有80所学校向社会宣传报道防灾减灾知识。“六进”活动持续开展。4月，市地震局工作人员走进市广播电台“行风热线”栏目直播现场，介绍防震减灾形势，就听众关心地震问题现场答疑解惑。邀请中国地震应急搜救中心培训部副主任王念法到常德作“亲身经历抗震救灾”专题讲座。组织“平安中国”防灾文化电影季放映活动。在常德诗墙公园、滨湖公园等场所播放《“5·12”汶川不相信眼泪》《地震灾后卫生防疫》《地震灾后重建家园》《地震应急避险与自救》等影片，增强市民防震减灾意识。（覃爱华）

【地震活动】 2016年，全市地震活动水平偏弱，共发生ML≥2.0地震2次，分别是2月25日汉寿县官护障ML2.1级和8月12日澧县中武乡ML2.3级地震，震区均无人员和财产损失情况。2月24日，益阳桃江ML3.4级地震对常德市造成一定影响，汉寿县有感面积达81平方千米。（黄　河）

5月12日，市委副书记、市长周德睿宣布2016年全市地震应急救援演练启动。

教育

综述

【概况】 2016年，全市共有各级各类学校1781所，另有教学点227个。全市学前教育925所，义务教育752所（小学511所、初中241所），高中阶段教育93所（高中46所、中职学校47所），特教学校4所，高等教育学校7所（普通高校5所、成人高校2所）。共有在校学生761806人，其中学前教育146598人，义务教育418544人（小学292490人、初中126054人），高中阶段教育134498人（高中80865人、中职学校53633人），特教教育894人，普通高校46921人，成人高校14351人。共有在职教职工59865人，其中专任教师48176人。

教育投入。2016年，全市教育经费总投入83.69亿元，比2015年增长11.8亿元。其中财政教育投入约70.72亿元，比2015年增长11.28亿元。落实教育费附加及地方教育附加9亿元，落实土地收益用于教育资金2000万元。落实中央、省级义务教育保障新机制资金7.18亿元，义务教育阶段教师绩效工资有所提高，且全额纳入财政预算，确保了教师工资不低于公务员标准。2016年“全面改薄”中央专项资金已累计投入44093万元、地方资金累计投入53212万元、其他资金9000万元，全市累计建成校舍建筑面积51.3万平方米、室外运动场117.9万平方米，采购生活设备5.1万台（件、套）、图书30.7万册、教学仪器设备41.8万台（件、套）。

教育改革。市城区教育集团化、联盟化改革初见成效，总投入近2.5亿元的市一中柳叶湖学校、北正街小学恒大华府分校和育英小学德景园分校都已正式招生开学。此项改革被评为全省教育工作创新项目。进一步深化教师管理体制改革，制定出台《常德市乡村教师支持计划（2016—2020）实施细则》，召开第二届“翦伯赞教育突出贡献奖”表彰大会，对获奖的11名教师和4个教师教研员团队分别给予10万元重奖，在全省乃至全国都引起重大反响。韩国启明大学到常德合作办学不断深化，该校在2015年与湖南文理学院创办韩语中心的基础上，2016年又与湖南幼专、常德外国语学校、常德高职院3所学校，围绕学生交流培养、互派留学生、教师培训等方面签订合作协议。义务教育学校校长和教师交流轮岗推进有力，全市共交流校长教师近600人。

教育质量。全省职业教育技能大赛成绩位居全省第三，全省职业院校信息化教学大赛常德市荣获中职团体总分第二名，继续保持全省领先位置。高考成绩再创辉煌，文科总分平均分422.73分，高出长沙8.38分；理科总分平均分437.45分，继续保持全省文科第一、理科第二的领先位置。全市共有48名学生考入北大清华和国外知名大学，20名学生被录取为空军飞行员，全市招飞录取数量位居全省第一、全国第二。

教师培训。2016年，全市“国培”“省培”“市培”项目数共计154个，培训学员12940人次。其中：“国培”项目数111个，培训学员8823人次；“省培”项目数17个，培训学员555人次，市培项目数26个，培训学员3562人次。做好免费师范生招生录取工作。2016年，根据省教育厅下达给常德市的各类招生计划，全市共录取免费师范生365人。其中，录取初中起点免费师范生329人（含市项目初中起点专科层次小学教师100人），录取高中起点免费师范生36人。

教师资格管理。2016年9月22日，出台《关于印发〈常德市中小学教师资格定期注册制度试点工作实施方案（试行）〉的通知》（常教通〔2016〕132号）。截至2016年年底，常德市共完成教师资格注册网报42272人，初审合格39592人，暂缓注册2531人，不合格人数为6人，不在注册范围内142人，无教师资格证1人。全市审核、认定、颁发高中（中职）教师资格证1788本。

安全管理。一是加强安全宣传教育。4月，与市红十字会联合开展“珍爱生命、预防溺水”宣传启动活动。5月12日，全市应急疏散演练活动在常德外国语学校举行。6月22日，组织各县市区及市直学校安全股长、分管校长、信息管理员进行安全教育信息化平台操作培训。6月26日，组织3000名师生参加在白马湖公园举行的禁毒宣传和毒品焚烧活动。9月，在全市全面启动“知安全风险、会紧急避险”交通安全活动。11月、12月相继开展消防日、交通日系列安全教育活动。全年全市共印发中小学生交通、校车、防溺水、疏散各类安全教育宣传品80余万份，制作宣传栏及展板2000余块。二是净化校园及周边环境。5月、8月，对市区26所大中专院校、中小学幼儿园校园及周边环境情况进行暗访检查和集中整治，包括学校周边社会治安、无证游商，学校附近商店无证经营、占道经营、违规经营、出售“三无”商品，学校附近车辆违规停放、学校周边200米范围内的“黑网吧”、营业性歌舞厅、桌游室、游戏厅、成年人性用品商店情况等，排查交办整改各类问题52个。三是规范校车管理。2016年，全市共有校车服务公司20家，纳入公司管理的车辆1958辆，负责接送147522名中小学生幼儿上下学。其中，纳入公司管理的国标校车1689辆，已核发校车标牌1456块。6月27—29日、9月20—22日，市教育、交警、交通三部门组成2个暗访组，集中对全市校车进行专项暗访检查，共检查校车98辆、校车公司14家，查勘校车运营线路56条，排查交办通报整改各类问题58个。（张　纯　管传明　谭　敏　李雅萍　钟　勇）

【教育三年攻坚】 教育三年攻坚（2014—2016年）共投入资金18.33亿元（不含职教大学城建设资金），新建和改扩建中小学校、含幼儿园965所，投资金额和建设项目均超额完成任务。其中新建和改扩建城区中小学校45所，新增学位1.6万多个；改造农村薄弱学校371所，维修改造校舍近40万平方米；购置学生床铺3.64万架、餐桌椅2.12万套，安装热水设备389套，478所农村寄宿制学校实现“学生有桌子吃饭、有热水洗澡、每人有一张床铺睡觉”的目标；新建和改扩建公办幼儿园13所、民办幼儿园47所，新增学位3000多个；湖南幼儿师范高等专科学校、常德技师学院新校区正式投入使用，常德财经职业技术学院新建工程全面启动，大学城骨干框架基本成形；创建津市、安乡、澧县、石门、桃源职中等10个市级示范校和模具制造技术、汽车运用与维修、电算会计等22个特色专业；全市765所学校实现宽带上网，6337个班级配备多媒体教学设备，34463名在职教师开通网络学习空间。重点项目推进顺利，澧县澧州实验学校、石门县思源实验学校、临澧县丁玲实验学校、鼎城区江南小学、桃源县教仁学校等一批重大项目建成投入使用；市一中提质改造第一期工程已经启动；市二中学生公寓正在进行主体施工；市第一幼儿园分园新建工程已经完成规划选址，正在进行规划设计；北部新城实验学校正在进行初中部征地拆迁、编制小学部征拆补偿预算方案等。通过教育三年攻坚，全市办学条件得到全面改善，教育水平明显提升。

（张　纯　管传明）

常德市庆祝第32个教师节暨第二届翦伯赞教育突出教贡献奖表彰大会

【翦伯赞教育突出贡献奖】 2016年5月，启动第二届翦伯赞教育突出贡献奖，修订管理办法，印发《常德市翦伯赞教育突出贡献奖评选办法（2016年修订）》（常教通〔2016〕87号），增加教师团队参评。2016年有刘业庆、朱金凤、王仕平、卢方辉、侯宏泉、周乃恒、任泽贵、谭国湘、聂枫、郑琴、郭立纯11名教师、桃源县一中2016届高三年级组、芷兰实验学校国学创新教育研究教师团队、常德市教科院中学教研室教研员团队、常德市一中“省创新人才培养实验基地”教师团队4个教师团队被评为翦伯赞教育突出贡献奖。对获奖的教师和教师团队各奖励10万元。　（李雅萍）

【空军招飞】 2016年，全市共向空军输送飞行学员20名，位居湖南省第一、全国第二，占全省95名飞行学员总数的21.05%。常德市已经成为选拔空军飞行学员的重要生源基地。9月，招考办主任谭绍清代表常德市在全国空军招飞工作总结大会上作典型发言。　（刘纯久）

【设立奖励乡村优秀教师“乡村红烛奖”】 为配合贯彻落实《乡村教师支持计划》，激励广大教师扎根乡村教书育人，市教育基金会从2016年起设立“乡村红烛奖”，奖励在县城以下农村任教20年以上的优秀教师，每年评选一次，每次奖励500名，每人奖金2000元。2016年评选的500名获奖教师在市教师节庆祝表彰大会上进行隆重表彰。（金旺喜）

学前教育

【概况】 2016年，全市有幼儿园

925 所，比 2015 年增加 12 所。入园幼儿 45508 人，比 2015 年减少 992 人。在园幼儿 146598 人，比 2015 年增加 7836 人。离园幼儿 54978 人，比 2015 年增加 1736 人。幼儿园教职工 12904 人，比 2015 年增加 1037 人，其中园长和专任教师共 7401 人，比 2015 年增加 412 人。学前教育专业毕业的园长和专任教师有 4834 人，占总数的 65.3%。

评比活动。5 月 27 日，在安乡县中心幼儿园举行全市幼儿园优秀自制玩教具展评活动，41 件作品参加展评，共评出幼儿园优秀自制玩教具一等奖 12 个、二等奖 14 个、三等奖 15 个，同时评出幼儿园优秀自制玩教具制作能手 6 名、幼儿园优秀自制玩教具展评活动优秀组织奖 7 个。6 月，开展幼教优秀艺术教育活动比赛，共有 43 堂艺术领域的活动课参加市级评选。通过专家综合打分，共评选出一等奖 13 个、二等奖 13 个、三等奖 17 个。8 月，开展全市学前教育论文评选活动，共评定获奖论文 57 篇，其中一等奖 19 篇（个）、二等奖 18 篇（个）、三等奖 20 篇。

城乡结对扶助。2016 年有 103 所省市级示范园与 103 所农村薄弱园结对，指导薄弱园开展实验工作，加强培训指导、结对交流经验。各地示范园多次组织送教下乡活动，开展对口支教，并多次接受各乡镇公、民办园的园长和教师来园观摩、跟班学习。市第一幼儿园与古丈县幼儿园结对帮扶支教、“送教到县”活动中，往返 600 多千米送教到园，举行 4 个示范活动、3 组进班互动、2 个专题讲座、1 个活动研究，充分发挥示范引领作用。（伍伟华　管传明）

【农村公办幼儿园建设】 2016 年，农村公办幼儿园建设项目 25 所，其中 19 所列入省重点民生实事项目园，计划投入 3304 万元，实际完成投入 3384 万元，超额投资 80 万元。新增建筑面积 17578 平方米，新增设施设备 2293 套／件，极大地改善了农村公办园的办园条件。

（伍伟华）

【普惠园建设】 2016 年，新建社区普惠园 6 所，总投资 5530 万元。全市实施学前教育普惠行动共创建普惠性幼儿园 111 所，投入资金 17216 万元。公办幼儿园及普惠性民办园占幼儿园总数达到 65.02%，比 2015 年提升 8.5 个百分点。普惠性幼儿园在园人数为 103434 人，普惠性幼儿在园人数占幼儿总人数的 69.56%，比 2015 年提升 3.51 个百分点。

（伍伟华）

基础教育

【概况】 义务阶段教育。2016 年，全市共有义务教育阶段学校 752 所，在校生 418544 人，专任教师 30300 人。小学有 511 所，比 2015 年减少 13 所；另有教学点 227 个，比 2015 年减少 20 个。共招生 51028 人，比 2015 年减少 3153 人；在校生 292490 人，比 2015 年增加 6482 人；毕业生 44354 人，比 2015 年增加 4051 人。不含教学点的校均规模为 560 人，含教学点的校均规模为 396 人，平均班额 40 人。小学入学率为 100%。毕业生升学率为 100%。小学专任教师 16925 人，比 2015 年增加 159 人。专任教师学历合格率 100%；专任教师中具有专科及以上学历比例为 94.2%，比 2015 年提高 1.5 个百分点。小学教师与学生之比为 1:17。小学专任教师中，30 岁以下的有 3029 人，占 17.9%；30 岁至 49 岁的有 7645 人，占 45.2%；50 岁及以上的有 6251 人，占 36.9%。全市小学占地面积为 7060183 平方米，校舍建筑面积为 1952839 平方米，生均图书为 21 册，生均教学仪器设备值为 664 元。全市小学每百人拥有计算机的台数为 6 台，全市小学建网学校 191 所，占全市小学比例为 37.4%。普通初中 241 所，比 2015 年减少 2 所；招生 44534 人，比 2015 年增加 3769 人；在校生 126054 人，比 2015 年增加 146 人；毕业生 42698 人，比 2015 年减少 766 人。校均规模 523 人，平均班额 47 人。普通初中专任教师 13375 人，比 2015 年减少 409 人。专任教师学历合格率 99.4%，比上年增加 0.7 个百分点，专任教师中具有本科及以上学历的有 9872 人，占比为 73.8%，比 2015 年提高 2.3 个百分点。专任教师师生比 1:9.4。普通初中专任教师中，30 岁以下的有 2206 人，占 16.5%；30 岁至 49 岁的有 7555 人，占 56.5%；50 岁及以上的有 3614 人，占 27%。全市普通初中学校占地面积为 7804999 平方米，校舍建筑面积为 2644511 平方米，生均图书为 45 册，生均教学仪器设备值为 1986 元。全市初中每百人拥有计算机的台数为 15 台，全市普通初中建网学校 136 所，所占比例为 56.4%。全市义务教育阶段有寄宿生 176289 人，占义务教育阶段学生总数的 42.1%，寄宿制学生比 2015 年减少 2274 人，减少 1.4%。义务教育阶段进城务工人员随迁子女在校生 24755 人，比 2015 年增加 4573 人，其中小学阶段 17346 人，初中阶段 7409 人，进城务工人员随迁子女占义务教育阶段在校生总数 5.9%。义务教育阶段农村留守儿童在校生 130492 人，比 2015 年减少 19993 人，其中小学阶段 90459 人，初中阶段 40033 人，农村留守儿童占义务教育阶段在校生总数的 31.2%。

高中阶段教育。全市高中阶段教育学校共有 93 所，比 2015 年减少 1 所。在校生 134498 人，教职工 11695 人，专任教师 8744 人。普通高中 46 所，比 2015 年减少 1 所。普通高中招生 27063 人，比 2015 年减少 766 人，初中毕业生升普高的比例为 63.4%；毕业 27845 人，比 2015 年减少 1139 人；在校生 80865 人，比 2015 年减少 1968 人。校均规模由 2015 年的 1762 人减少到 1760 人。普通高中教职工 8841 人，专任教师 6588 人。专任教师师生比 1:12.3。专任教师学历合格率为 98.1%，比 2015 年提高 0.5 个百分点。专任教师中研究生毕业 206 人、本科毕业 6258 人、专科毕业 118 人、高中阶段毕业 6 人。具有研究生学历的专任教师占总数的 3%。普通高中专任教师中，30 岁以下的有 874 人，占 13.2%；30 岁至 49 岁的有 4528 人，占 68.7%；50 岁及以上的有 1186 人，占 18.1%。普通高中占地 4227072 平方米，校舍建筑面积1988779.03平方米，图书藏量2470441册，平均每生30册。全市高中每百人拥有计算机18台。全市普通高中建网学校共43所，建网学校比例达到93.5%。

教育教学质量。2016年，常德市高考文科总分平均分422.73分，全省总分平均分388.23分，常德市高出34.5分，继续保持全省第一；常德市理科总分平均分437.45分，全省平均分410.17分，常德市高出27.28分，居全省第二。文科一、二本上线率分别为13.45%、32.84%，均居全省第一位；理科一、二本上线率分别为24.91%、53.29%，均居全省第二位；综合起来一、二本上线率分别为20%、45%，位于全省第二位。学考参考率达94.41%，合格率为88.30%。

课堂教学改革。认真探究"高效课堂"教学模式，使课堂教学由"师本"课堂向"生本"课堂转变，努力创设民主、平等、和谐的课堂环境，鼓励合作学习，促进学生之间的相互交流、共同发展，促进师生教学相长，调动学生的参与意识和学习积极性。澧县一中、石门县一中、桃源县一中、芷兰实验学校的教学模式都取得初步成效，在一定区域内起到示范引领作用。常德市一中以"四课"为载体的课堂教学模式，安乡县一中的"五步教学"模式，常德市七中的选修课程"走班制"小班化教学模式，汉寿县一中的"微课堂"教学模式等，都是课堂教学改革有益探索。

开展各类主题教育活动。围绕增强学生的道德意识，开展"争做美德少年、传承优良家风""扣好人生第一粒扣子""纪念红军长征胜利80周年"、网上祭英烈、优秀童谣征集等一系列道德实践活动；围绕增强学生的公益意识，开展"学雷锋""我们的节日""爱粮节粮""环保世纪行"等各类志愿服务活动；围绕提升学生的传统文化素养，开展经典诵读、汉字听写大会、"墨香书法"展示等专题教育活动；围绕培养学生良好的行为习惯，加强道德规范和基本礼仪教育，开展"讲文明·树新风""做文明有礼常德人""公民道德月"等活动；围绕增强学生社会实践能力，开展"寻找新常德"等社会实践活动。围绕弘扬民族精神和时代精神，开展"我的中国梦""我与祖国共奋进""祖国好·家乡美""弘扬和培育民族精神活动月""童心向党"等系列主题教育实践活动；围绕加强中华传统美德教育，开展"新时代·新雷锋""感恩""诚信""经典诵读"等活动。

为民办实事项目。全市义务教育合格学校建设省实事项目校共61所（实事项目校23所，备案项目校22所，其他项目校16所）。其中，23所实事项目校计划投资4457.65万元，完成投资4457.65万元。22所备案项目校计划投资2489.5万元，完成投资2489.5万元，16所其他项目校计划投资1809.3万元，完成投资1809.3万元。共计投入资金8756.45万元，所有项目全部完成。

科技创新。在第37届湖南省青少年科技创新大赛上，全市代表队取得9金24银19铜的优异成绩，芷兰实验学校被评为全省优秀基层组织单位。在8月举办的第31届全国青少年科技创新大赛上，常德市再创佳绩，获得2银2铜。常德芷兰实验学校王子昂同学的《太阳能定量自动吸水浇水花盘》获得优秀科技创新项目二等奖，这是常德市历年来第一位小学生在国赛小学个人竞赛项目上获得奖项。东升小学机器人社团参加2016年亚太青少年机器人竞赛，获得3项冠军。

体育艺术成果。常德市一中、桃源县实验学校等16所学校被教育部命名为全国青少年校园足球特色学校。常德芷兰实验学校被评为湖南省高中较高水平足球运动队建设基地。举办全市首届中学生建制班合唱比赛，共有22所学校的建制班学生演唱作品获奖。在全省首届中学生建制班合唱比赛中，澧县教育局、桃源县教育局获得优秀组织奖；常德市第七中学进行现场展演活动；常德市第七中学、桃源县第九中学、澧县第六中学分获高中组一、二、三等奖，桃源县文昌中学、澧县九澧实验学校、津市市德雅中学分获初中组一、二、三等奖。在全国第五届中小学生艺术展演活动中，常德经开区社会事务管理局被授予优秀组织奖，桃源县漳江小学《戏剧进学校》荣获艺术作品小学组绘画二等奖，石门县楚江镇二完小《千字文》荣获艺术作品小学组书法、篆刻三等奖，常德市第四中学李彬老师《谈美术课堂内的小组合作策略》获艺术教育科研论文二等奖。胜利路小学代表湖南省参加2016年全国传统校联赛游泳比赛获得团体总分第三名。（管传明 李 军）

柳叶湖管委会与市一中合作办学签约仪式

【农村薄弱学校改造】 2016年，全市改造农村薄弱学校139所，完成投资4.86亿元，维修改造校舍近40万平方米。其中石门县、汉寿县、安乡县、澧县改造农村学校均在50所以上；桃源县投入资金过亿元，改造学校61所，居全市之首，被湖南省电视台教育频道作为先进典型专题报道；西湖管理区克服财政困难，连续三年每年投入近千万元，新建三所高标准学校，率先在全市实现义务教育均衡发展目标。农村寄宿制学校“三有”配套设施齐全，全市共投入资金6850万元，购置学生床铺3.64万架、餐桌椅2.12万套，安装热水设备389套，478所农村寄宿制学校实现“学生有桌子吃饭、有热水洗澡、每人有一张床铺睡觉”的目标。（李　军）

【办学改革】 武陵区创新开展集团化联盟化办学，将配套新建的恒大华府和德景园小区学校，作为北正街小学、育英小学的“集团校”开展集团化办学，通过实行“五统一，一共享”（统一办学理念、统一管理模式、统一资源配置、统一研训平台、共享发展成果）机制，促进新建学校在短期内实现日常管理、文化建设、教育科研等方面创品牌、出亮点，整体提升办学水平，将优质教育资源最大化。两所分校在2016年秋季正式招生办学。为实现城乡教育均衡发展，在城区学校和郊区学校大胆尝试教学教研校际联盟试点，选取育英小学为“盟主校”，育才小学、三岔路小学、东江实验学校3所城乡学校为“加盟校”，通过搭建研训平台、共享课堂资源，实现优质学校带动相对薄弱学校和郊区学校的快速发展。（李　军）

特殊教育

【概况】 全市独立设置的特殊教育学校4所。2016年招生143人，比2015年增加21人；在校残疾儿童894人（特殊学校754人，普通中小学随班就读的学生140人），比2015年增加137人；残疾儿童毕业人数46人，比2015年增加24人。特殊教育学校现有教职工187人，其中专任教师170人。专任教师中专科及以上学历者有167人，占98.2%；专任教师中受特教专业培训率100%，具有小学高级以上职称者49人，占28.8%。全市特教学校占地面积83906平方米，生均占地面积111平方米，校舍建筑面积32549平方米，生均建筑面积43平方米，图书总数24500册，生均图书32册。

办学条件。2016年，常德市特殊教育学校完成学生宿舍合并、改造工程，两部门（益智部、启聪部）顺利交换；全面完成功能室二期建设，并投入使用；校园文化一期建设（含文化墙、景观、小品）收尾；进一步完善学农基地和花木试验基地，学农基地正式成为学生学习、实践基地；党员活动室兼行政会议室立项；校园信息化建设二期正式启动。经津市市委常委会议研究，决定将津市特校整体搬迁至现津市职教集团北校区，搬迁时间定于2017年8月，由津市财政筹资1000余万元，对津市职教集团实施改造与建设，使现有设施符合特殊教育学校使用标准。桃源特校添置设备、设施，教室、寝室、办公室、感统训练室、音乐康复室等功能室全面启用；空调、网络系统全面完工。安乡特校投资2万余元安装楼道防护网，更换钢化玻璃幕墙，新添置部分消防器材，每层教学楼均配备灭火器材。

师资培训。一是集中跟班学习。10—11月，市中心特校组织区县市3所特校共34名学前骨干教师，分四批赴厦门市心欣幼儿园、东莞市残疾人康复中心跟班学习，每批次跟班学习时间为一个星期，学习管理理念、课程设置、校本课程开发等。学习结束，相关人员对本校工作进行思考并撰写提质方案，此举促进了全市特教学前教师的专业成长。二是举办讲座与研讨会。1月，市中心特校组织区县市3所特校开展教师个人专业成长规划讲座；3月，4所特校联合举办全市特殊教育校长研讨会，研讨学校发展方向、教师发展规划等；5月，市中心特校邀请市教科院为全市特教学校开展课题研究培训，针对各校课题，提出指导意见。下半年，市中心特校举办常德市第一届特殊教育康复骨干教师培训，分3期进行戏剧治疗课程培训、语言训练课程培训、脑瘫儿童康复训练培训，分别由该校5名教师主讲，将理论与课堂实际操作结合，参培教师在实际教学中进行操作、探讨，全市特校共20多人参加培训。

活动开展。上半年，市中心特校先后开展“我的好老师”“美与生活”等主题书画活动，共征集到书画作品30余幅，其中一等奖5件、二等奖9件，市中心特校王丹娣和周楠皓老师荣获“优秀指导教师”称号。下半年，市中心特校开展“中国梦·我的梦”“老师您好 我的好老师”主题演讲比赛，共20名学生参加比赛。桃源特校先后开展“同在蓝天下”“我为校园添新绿”“我是生活小能手”“我运动、我快乐”“感受自然”等活动。安乡特校开展“第十六个助残日活动暨安乡特校20周年”活动。

送教上门。市中心特校坚持做好“送教上门”服务，全年为武陵区阳光家园特殊人群义务送教40余次，送教课时80多小时，参与送教老师30多人。桃源特校对重度残疾、不适合在校就读的孩子提供送教上门服务，送去学习用品、教学书籍，安排家庭课程，全年为20名重残儿童累计送教200余次，合计送教960课时。

校际交流。4月，市中心特校牛晓宜和郜佳佳老师参加观摩常德市市直小学阅读教学比武活动，从教学内容设计、课堂师生互动、教学运用模式等方面学习知识和经验。市中心特校启聪部魏巍、石玉珍、王思思、张妃斐老师参加常德市小学语文阅读教学研讨活动，观摩普通小学教师针对阅读课的教学，学习经验。通过与普校之间的交流，部分教师能将基本教育教学规律应用于特校，为今后的融合教育打下基础。

康复训练。市中心特校学前康复班积极引导学生家长参与到个训教学中，要求每位家长每周至少来校听一堂个训课，每个月至少上一堂个训课。在2016年省残联举办的第四届康复明星大赛中，学校获得聋儿康复成果团体赛优秀奖、教师个训技能大赛优秀奖、家长亲子绘本阅读赛获得优秀奖。2016年上学期，9名聋儿康复效果较好，顺利从康复班毕业，其中4名学生融入普通学校就读，5名学生在口语班就读。安乡特校“0~7岁贫困智力残疾儿童抢救性康复”项目顺利结业。11月初，新一批“0~7岁智障孩子康复项目”开班。

体育艺术成果。2016年，市中心特校启聪部组建校园舞蹈队，编排《茉莉花》等舞蹈应常德市武陵区残联邀请参加第59届国际聋人节表演；10月，舞蹈队派出一名教师、两名学生赴长沙参加第二届全省残疾少年儿童及特校艺术老师基本功比赛，教师获得一等奖，学生分获二等奖、优秀奖。津市特校男子篮球队再获津市市中学男子篮球赛冠军；在津市市中小学田径运动会上，跳高、铅球均获第一名；在2016年津市市中小学艺术节上，选送的文艺节目获二等奖，4名学生书画作品获一等奖。安乡特校张鑫桂的《基因修复器》、姚明理的《知识复制机》在全国特殊儿童才艺征稿中获二等奖，王启明的《人体杀毒射线》发表在《中国残疾人》上，徐均强的《地球宇宙飞船》发表在《青少年科技博览》上，邓兴洲的科技小制作《安乡特校博客手机APP》在市创新科技大赛中获一等奖。陈红喜老师指导的作品《资源重组转换器》《DNA生物打印机》在常德市青少年科技创新大赛中获三等奖。

教学教研成果。2016年，全市特校共有79篇论文获奖，其中一等奖9篇、二等奖28篇。在课题研究方面，市中心特校“十三五”规划课题《融合教育背景下构建听障儿童幼小转衔模式的行动研究》被确定为省级规划课题，已正式立项；《自闭症儿童家校合作教育的实践研究》被省教育学会确定为省级重点课题，已正式立项；安乡特校继续开展课题《智障班人文化班级管理模式的研究》研究工作，申报的新课题《智障班主题教学中环境创设策略研究》被湖南省教育学会批准立项。（朱永祥　管传明）

【举办全省特校校长论坛】 2016年4月，市中心特校承办湖南省第四届特殊教育学校校长论坛，共有来自全省特校校长及教师140余人参加。活动主要分为参观学校、分享学校“十三五”发展规划、分组交流、专家点评、专家讲座等五个环节。论坛有效帮助参会人员结合学校实际，制定学校发展规划和改进学校管理中存在的问题和困惑。

（朱永祥）

职业教育与成人教育

【概况】 2016年，全市有在籍学生的各类职业院校31所，其中本科1所（湖南应用技术学院）、高专院校1所（湖南幼儿师范高等专科学校）、高职院校2所（常德职业技术学院、湖南高尔夫旅游职业学院）、招收有职教学生的其他类型学校1所（常德技师学院）、中职学校26所，共开设15个专业大类，65个专业，全市中职在籍学生约4.2万人，高职院校在校学生1.7万人。有普通高等学校函授站20个。

基础能力建设。湘北职业中专异地搬迁扩建，即将投入使用；桃源职专整体搬迁正在加紧推进；澧县职专由政府主导，整合全县公办职教资源，并在东部新区规划新校区；临澧县职专筹资1210万元，新建综合大楼，改建宿舍楼，大力加强各种教学设备设施建设；常德技师学院搬进新校区办学；常德财经学校和汽车机电学校合并申办湖南财经职业学院的工作推进顺利，新校区建设全面动工；津市市职业中专投入1000多万元新建教学大楼，即将投入使用。

国家、省重点建设项目。2016年，全市争取省职业教育重点项目取得可喜成绩，共有5个项目成功立项，其中澧县职业中专立项省卓越校，汽车机电学校、汉寿县职专立项示范性特色专业群，临澧县职专、津市市职专立项校企合作生产性实习实训基地。在湖南省职业教育“十三五”重点项目立项评选中，全市积极争取国家、省职业教育重点项目，支持学校改善办学条件。各校以项目建设为抓手推动学校提高办学水平，积极参与省级示范性特色专业群、中高职衔接、校企合作实训基地三大项目建设规划。2016年，全市有国家改革发展示范校3所、省级示范中职学校10所，省卓越校2所，全市共建设省级精品专业13个、示范性特色专业9个，特色专业4个、示范性特色专业群3个。全市重点建设10个示范性职业学校、20个特色专业，在20个特色专业中建成5个品牌专业，并以品牌专业为核心打造5个示范特色专业群。

招生工作。全面加强中职招生工作的组织领导，切实加强中职招生秩序的治理整顿，强化中职学校招生简章审查备案工作，实行中职学校招生专业资质文件公示，加大招生宣传。2016年，全市中职学校共招生14947人，比2015年增加1447人，普职分流比稳中有升。在初中应届毕业生源处于低谷情况下，相对2015年保持稳定发展。招生数超过1000人的学校有桃源县职业中专、澧县职业中专、常德高职院中职部、常德财经学校。增长幅度较大的学校有：高尔夫旅游职业学院中职部增长367人，常德财经学校增长329人，汉寿县职业中专增长129人。常德财校把招生辐射到湘西自治州8个县市，超额完成800人的招生目标，创学校招生记录。汉寿县职业中专、汽车机电学校、高尔夫旅游职业学院中职部等学校都刷新了近几年来的办学规模记录。桃源县和鼎城区普职分流比达到42%以上，澧县、汉寿县、安乡县等普职分流比均比2015年有一定幅度提升。

教师培训。全市认真落实各类职业学校教师培养培训，全年共完成266人次的国培、省培计划。全市大力组织市级教师培训，2016年暑假举行德育、英语专业学科教师培训，聘请知名专家为教师授课。支持职业院校聘请行业、企业一线专家和能工巧匠担任兼职教师，实施“专业教师素质提升计划”，教师素质提高工程的实施有效促进了教师的教学能力。开展全市职业学校“双师型”教师评选，共评选出“双师型”教师64人。对评选的“双师型”教师市财政局、市教育局每人给予8000 ~ 10000元奖励补贴。选派28名教师参加湖南省职业院校信息化教学大赛3个赛项11个组别的比赛，以5个一等奖、10个二等奖及9个三等奖的优异成绩荣获全省中职组团体总分第二名，创历史最佳成绩。

技能竞赛。2016年，全市组织6个

专业大类 20 个项目的中职技能竞赛，于 3 月 7—10 日分别在桃源县职业中专、安乡县职业中专、临澧县职业中专、常德汽车机电学校、常德财经学校 5 个赛点举行，共有 17 个代表队、23 所职业院校的 283 名选手参加。评选出 5 个团体奖、6 个优秀组织奖、5 个优秀赛点奖、139 个单项奖。桃源县代表团获得团体奖一等奖，常德财经学校、安乡县代表团获得二等奖，常德汽车机电学校、临澧县代表团、汉寿县代表团获得三等奖。常德市共有 26 个赛项参加省赛，获得一等奖 19 个、二等奖 23 个、三等奖 13 个，以 306 分荣获全省团体总分第三名，比 2015 年增长 40 分，仅比第二名衡阳代表团相差 9 分。全市共有 9 所职业学校的 31 名选手参加国赛 20 个赛项的比赛，获国赛二等奖 2 个、三等奖 9 个。技能大赛省赛、国赛表现突出的有，桃源县职专、常德财经学校、安乡县职专、常德汽车机电学校、澧县职专。

专业技能抽查。12 月，开展全市中职学校专业技能抽查考试，抽查专业为会计、会计电算化、计算机应用、计算机平面设计、计算机网络技术、汽车运用与维修等 9 个专业以及 2015 年抽查不合格学校的对应专业。全市应参考学校 20 所，应参考学生 551 人；实际参考学校 20 所，实际参考学生 520 人。其中，468 人达到合格成绩，248 人达到优秀成绩，合格率 85%，优秀率 45%。

社区教育。构建社区教育骨干体系。武陵区成功创建国家级社区教育实验区，鼎城区成功通过省级社区教育实验区验收。市社区大学、市电大组织县市区社区学院、电大在继续推广中老年人电脑扫盲项目的基础上，2016 年启动“都市菜园”建设项目和“百堂好课进社区”项目。10 月，在武陵区组织“2016 年常德市全民终身学习活动周”开幕式后，全市有 6 个县市区，相继组织各具特色、丰富多彩的全民终身学习活动。

函授站管理。11—12 月，组织开展对函授站日常教学工作检查。从检查情况看，大多数函授站基本能按专业教学计划和课程教学大纲组织教学，及时、统一订购教材，授课教师提前制订好教学执行计划，日常教学工作总体情况较好。检查情况较好的有：长沙理工大学常德女子职业技术学校函授站、中南大学常德中山外语职业学校函授站、湖南文理学院常德中山外语职业学校函授站、吉首大学常德育才会计学校函授站、湖南农大常德育才会计学校函授站、湖南商学院常德财校函授站、湖南中医药大学常德卫培教育培训中心函授站。

（艾　玲）

高等教育

【概况】 2016 年，全市有高等教育学校 7 所，其中普通高校 5 所（本科院校 2 所，高职院校 3 所），成人高校 2 所，另有独立学院 1 所（不计校数）。2016 年普通高校招生 15309 人，其中本科生 6851 人；毕业生 12080 人，其中本科生 5696 人；在校学生 46921 人，其中本科生 24339 人。全市普通高校有教职工 3614 人，其中专任教师 2428 人，具有硕士以上学位的专任教师 1456 人，占总数的 60%。图书 408 万册，生均 87 册，教学仪器设备 4.18 亿元，教学行政用房 77.9 万平方米。另有成人高校在校生 14351 人。

（管传明）

【湖南文理学院】 2016 年，湖南文理学院获湖南省高校思想政治教育研究先进单位。参加湖南省大学生“两学一做”电视知识竞赛获得总决赛一等奖。

转型发展。以国家“产教融合发展工程——应用型本科高校转型”试点高校成功申报为契机，深度转型进程加快。2016 年 4 月，学校被省政府确定为“产教融合工程应用型本科高校”国家级转型试点高校，获得 1 亿元专项建设资金支持，常德市人民政府又给予 2000 万元配套支持。推进校院两级管理试点工作。出台《湖南文理学院校院两级管理体制试行办法》，甄选文史学院等 5 个学院先行试点，并协商签订目标管理责任书。学科竞赛成绩稳居同类院校前列。学校全年获得国家和省级各类学科竞赛一等奖 19 项，等次奖 91 项，位居省内同类高校第一。在中国“互联网 +”大学生创业大赛中获省赛二等奖 2 项，三等奖 2 项，学校获优秀组织奖，在国赛中获铜奖 1 项，实现该项赛事零突破。对外合作交流不断深化，国际化办学水平显著提高。2016 年，学校获得省级以上引智项目 3 个，获得国家外专局教科文卫重点引智项目 1 个。新增国（境）外友好合作高校 4 所，首次实现与芬兰高校合作，国（境）外友好合作学校已达 36 所。学校英国外教 Jame 获得湖南省政府特殊津贴，全省高校仅 2 名外教获此项殊荣。

科研学科建设。全年学校共获得国家级项目 11 项，省（部）级、厅（局）级项目 110 项。各类科研项目立项经费 2546.4 万元，全年实际到位各类科研项目总经费 3000 万元。获得省（部）级科技成果奖励 4 项，发表论文 788 篇，出版教材、著作 30 部，国家授权发明专利 6 项，发明专利申报率排名全省第一，同比增长 700%。《湖南文理学院学报》（自然科学版）获“中国科技论文在线优秀期刊”二等奖，并被评为“中国高校优秀科技期刊”。推动校地校企合作，服务地方经济文化社会发展。学校先后与常德市政府、华南光电集团、大湖股份等 50 多个地方政府和大（中）型企业签订产学研用合作协议，在人才培养、产品研发、技术攻关等领域开展全方位深度合作；学校科研人员与北京航天恒星科技有限公司等企业签订科技攻关与科技服务合同 80 余项，研发服务经费达到 2000 余万元，与企业联合申请专利 40 余项，获得省科技进步奖 8 项，开发新技术产品 40 余个，创直接经济效益超过 15 亿元。加强省级协同创新中心建设与管理。“水产高效健康生产协同创新中心”和“洞庭湖生态经济区建设与发展协同创新中心”产生一批具有省级以上水平标志性成果，促进相关学院和学科水平大力提升。抓好硕士学位点培育及申报准备。制定《湖南文理学院硕士授权点申报准备工作方案》，明确各职能部门和各培育点具体工作，加强对外联系，争取多方支持，新增联合硕导 19 人，与湖南大学等高校签订联合培养硕士生协议。

80 所高校学者齐聚湖南文理学院研讨创新创业教育改革与转型发展

"十二五"省重点建设学科验收中，学校6个"十二五"省级重点建设学科,有"产业经济学""文艺学""动物学""机械设计及理论""应用化学"等5个学科验收结论为"优秀"，取得在全省同类院校中"优秀"学科数量位居前列好成绩。

学校管理。2016年,《中国教育报》、人民网、新华网、《湖南日报》、湖南卫视等媒体对学校进行正面报道65篇，获"2016年宣传思想工作研究与实践先进单位"称号，获第九届高校校园文化建设优秀成果评选活动二等奖。实施"大学生思想政治工作质量提升工程""青年马克思主义者培养工程""武陵风韵文化品牌工程"三大工程。履行社会治安综合治理责任，加强武装保卫工作，学校被省教育工委、省教育厅授予"湖南省平安高校"称号，获得"2016年度湖南省学生军训工作先进集体"称号。招生规模持续扩大、就业工作成绩位居省内前列，2016年，共录取新生5803人。毕业生初次就业率达93.24%，创历史新高，进入省内同类高校第一方阵，学校被湖南省教育厅授予"2016年湖南省普通高等学校就业创业工作'一把手工程'督查示范校"称号。加大高层次人才引进力度，2016年共引进博士、教授、学科带头人49人，加强双师双能型师资队伍建设，完善职称评审制度。启动多媒体教室网络远程管理系统和新建多媒体教室建设工作。完成校银合作共建智慧校园项目招标，从建设银行获得3400万元银行投入支持，学校信息化建设取得较大进展。共青团工作获得2016年度全国"三下乡"暑期社会实践活动先进单位称号，这是学校连续三年获此殊荣；获得全国"创青春"大学生创业大赛铜奖1项，湖南省"创青春"大学生创业大赛优秀组织奖、金奖1项、铜奖6项。

（岳浩然）

【常德广播电视大学】 2016年，开放教育招生4001人（其中农民大学生招生1050人），中南奥鹏招生212人，连续七年超额完成省电大招生任务。2016年，常德电大被教育部、中国成人教育协会授予"全民终身学习活动周成功组织奖"，被省文明委授予省级文明单位荣誉称号，被省电大评为优秀分校、招生工作先进单位。

办学质量。继续推进导师制工作，继续实施兼职管理教师新模式。精心筹划面授教学活动，提前聘请校内外优秀老师，安排课表按时上课。组织教师参与微课培训制作、论文指导培训、国开平台操作培训。在常规面授教学的基础上，学校还邀请一些知名专家学者和领导开展专题讲座。2016年学校教师共在各类期刊上公开发表论文30篇以上，申请湖南电大2016—2017年度校级课题有5个课题立项，其中重点课题1个、一般课题4个。省电大重点课题有2个已结题。

农民大学生培养工作。通过聘请高校专家教授，联系实践基地，以突出特色为导向，按照"线上线下、双证培养"的目标，建立"学知识+强能力+懂技术+交朋友"的四维培养模式和"专家+学员+基地"的实践教学模式，出台实践教学基地管理办法和校外专家管理制度，每年拿出10万元以上基地教学专项经费对专家进行补助，对全市10个实践基地按5000元/个给予补助。2016年4—5月，先后举行全市市级农民大学生教学实践基地挂牌仪式和全市农民大学生信息技术大赛。11月举行全市"农民大学生风采"演讲赛决赛。在4月8日举行的湖南省"农民大学生培养计划"助力精准扶贫工作座谈会上，常德电大做典型发言和经验汇报。5月、6月，湖南卫视、湖南经视等媒体相继报道常德市农民大学生培养工作。

非学历教育品牌建设。开通建设"常

2016年5月27日，举行全市农民大学生信息技术大赛决赛

德终身教育学习网”，课程符合市民需求，首期有7000门资源入网，网站注册人数已经达到3758人。2016年，常德市干部网络教育培训学院注册学习人数已达12126人。2016年，完成“国培”“省培”远程培训3650人。8084人参加提升工程培训，其中市直及市直五区共1135人参训。11月9日，学校分批分段实施全市行政执法人员资格电子化考试，全市14000多人次参考，其中市直考点2433人次。

信息化及人才队伍建设。投资23万元实施校园无线局域网项目，实现无线网络校园全覆盖，搭建有线网和无线网相融网络环境；投资33万元实施网络机房升级项目，大幅提高电脑性能。投资20万元新建7间多媒体教室并对4楼演播室进行信息化设备升级改造。2016年暑期，组织全校教职工及区县电大负责人约60人前往上海开放大学进行社区教育业务素质专题培训。2016年，引进2名全日制硕士研究生和2名全日制本科生。为增强临聘人员队伍，于暑假解聘全部原有临聘人员，重新公开招聘13名临聘人员，其中包括5名全日制研究生，临聘人员队伍在学历、年龄上的配置更加优化。

硬件基础建设。投资约30万元对食堂、教工宿舍杂物间、学生宿舍、文化长廊、办公楼厕所和科教楼墙面等进行改造升级和维修。花费上万元重新更换学校办公楼、科教楼消防器材，花费近3万元对3个功能室新增3台5匹空调。为改善师生就餐环境，在食堂里新增铝合金隔断门将做饭区和就餐区有效分隔，新增中央空调及消毒柜等设备。投资近70万元进行科教楼电梯安装工程，投资50多万元实施“都市菜园”工程，投资近70万元实施开放式图书馆、阅览室升级改造工程，投资近70万元进行大电子显示屏升级改造工程。（龚佑臣）

【湖南应用技术学院】 2016年，湖南应用技术学院设有农林科技学院等6个二级学院和公共课部及继续教育学院，开办艺术设计、机械电子、汽车修理、农林渔等20多个专业，已有水产养殖学、园林、林学、机械设计制造及其自动化、汽车服务工程、机械电子工程、行政管理、物流管理、环境设计、英语等10个本科专业。有教职员工500多人，其中专职教师445人，正副教授148人，博士18人，硕士173人，“双师型”教师占52.7%。有来自26个省市自治区15个民族在院本、专科学生9000多人。有校内实验实训室125个，校内外固定实习实训基地75个，拥有图书89万多册，配套电脑3000多台，宽带网络闭路电视覆盖全校。3月，李少夫、王富松获“市无偿献血促进奖先进个人”称号。8月27日，在《湖南省2015—2016年度“祖国在我心中”主题教育活动、演讲比赛》中，向文丽获一等奖，杨金美获二等奖，朱蔚斌、周雅媚、樊佳松，尹灿4人获三等奖。9月，设计艺术学院ＬＯＧＯ设计《坚果铺子》荣获第六届Hiiibrand国际品牌标志设计大赛学生组标志设计奖，9月18日，在教育部主办的第八届全国大学生广告艺术大赛中，学校1件互动类作品获得全国一等奖（全国一等奖仅有2件），1件策划案类作品获得全国优秀奖。同时获得的奖项还有省级二等奖作品2件、省级三等奖作品4件、省优秀奖作品2件。设计艺术学院单炯、程佳穗分别获得全国一等奖指导老师奖和优秀指导老师奖。11月14日，设计艺术学院教师王红兵获省普通高校教师课堂教学赛三等奖。12月1日，由省委宣传部、团省委组织的2016年度“百优十佳学生社团”评选活动中，学院财会协会荣获“百优学生社团”荣誉称号，学院荣获最佳组织奖，全省仅十所高校获此殊荣。12月9日，在第二届湖南省高校大学生英语口说大赛中学校外国语学院邓钦文获“校园鼓励奖”。12月23日，湖南省教育史志年会表彰年度校园文化建设优秀论文，王富松撰写的《把校史的精髓植根于校园文化之中》获二等奖。

建立健全现代大学教学制度。新制定《湖南应用技术学院学士学位授予工作细则》等20多个教学管理文件。建设多媒体教室，运用电化自动化教学，要求教师每堂课都制作教学课件PPT，运用声、影、形进行一体化教学，同时建立QQ、微信群等平台，在网上学习，拓宽学习渠道。

教学管理。加强对教师教风监督检查。发现问题及时向专业学院指明，要求作出处理；比较严重的问题，教务处做出处理，在一定范围内予以通报。加大对学生到课情况考勤，以抽查形式，对全校教学班级到课情况进行不定时检查，每月汇总通报一次。

课堂建设。组织课堂教学竞赛，10名教师参加竞赛，推荐5名教师参加省课堂教学竞赛。组织全校学生广泛开展评教活动，结合学院评教、督评组专家评教，对全校195名教师课堂教学进行评教打分，29名教师获教学质量奖。

课程建设。制定课程建设标准，对本科专业已开设的70门课程进行全面系统检查，对照标准逐项打分，确定49门课程基本合格，21门课程不合格，对不合格课程限时整改，逐步达到合格标准。组织机械设计及其自动化、园林2个专业报省“十三五”专业综合改革试点专业，园林专业获省教育厅审核通过。教务处组织编写本科专业25门新开课程教学大纲、实验大纲、考试大纲，为课程教学提供依据和保障。组织撰写2017年拟申报的6个本科专业申报材料。

教改教研。各专业学院普遍建立创新工作室，全校达70多个。在巩固已往实习实训基地基础上新建立10多个。引导社团积极开展课外“第二课堂”活动，广泛涉猎知识。积极申报各种教改教研项目。申报湖南省普通高校信息化教学应用项目2项，符赛芬《〈包装设计〉名师空间课》获准立项。申报5项湖南省“十三五”规划课题，王红兵《地方高校数字媒体艺术专业创客教育实践研究》获准立项。申报16项湖南省教育厅教研教改课题。申报11项湖南省大学生研究性学习和创新性实验计划项目。

教学质量。教学督导组全年共听课421课时，听课面涵盖学校六院一部214位老师，包括本科和专科公共课、专业基础课、专业课和实验课教师。组织教学督导员开会4次，布置研讨教学督导工作，教学督导组两个期末对全校各教学院（部）488位任课老师进行教学质量测评。查阅10名教师备课本（教案），检查教学手册，检查作业批改次数，记录听课评分，测评结果客观公正。

自考本科招生。2016年，报读自考本科511人，专本套读71人，重大网络教育报读16人，自考本科毕业516人，网络教育毕业9人。

职业培训。全年共有12000多人次参加全国计算机信息高新技术、钳工中级、电工中级、数控中级、室内装饰设计员、英语等级考试、普通话测试、英语三四六级等项目培训与考证，取得9000多个等级证书。同德驾校成为国家一级驾校，培养1802名驾驶员。

学生管理。聘请法制副校长，给学生集中上法制教育课，并组织千人签名活动。播放《传统文化圣贤教育改变命运》碟片，从仁爱、感恩教育入手，提升学生文明素养。通过宣传栏、主题班会、安全征文、演讲比赛、校园广播等形式，加强对学生进行交通、防溺水事故、防火、防水、防毒、防电、防盗、防传染病和防不法侵害等方面安全知识教育。请鼎城区防疫站专家讲防控知识，请市妇幼保健院专家开展生殖健康知识讲座，请鼎城区妇联开展禁毒宣传，有力增强多方面防护意识和安全意识。对辅导员加强培养、教育和管理。严格选聘程序，合理配备队伍；加强专业培训，优化工作条件；严格日常管理，完善考核体系；完善激励机制，激发工作热情；推动职业化发展，拓宽工作平台。鼓励有志于学生工作辅导员走职业化道路，畅通辅导员发展出口。加强学生干部队伍建设。严格执行考勤制度，要求学生会各个部门每周召开一次例会进行工作总结和安排。由学校学生会开展全院学生干部培训。抓好学生思想品德考核工作。根据《学生操行千分考核条例》，对学生进行全面管理考核，实行一人审核，及时纠正考核偏差，特别是对年轻辅导员考核情况进行监督，面批。完善资助制度，开展各类助学。为学生申报高职国家奖学金5名，励志奖学金227人，国家助学金1671人，资金达1000多万元。支持1800多名学生申报贷款，资金没有出现任何差错，所有上报材料一次性通过，受到省资助中心好评。为54名应征入伍在校大学生办理学费补偿申请。除落实国家助学政策外，学校加大对特殊家庭经济困难学生帮扶力度，用学校自助资金资助15名特别困难学生。建立和健全心理健康教育工作。坚持以预防为主，完善心理危机预警与援助体系。在新生入学教育中充分利用网站、广播、宣传栏、讲座等载体，大力开展新生心理调适知识宣传。5月，学院在广言堂举办“大学生心理健康教育月”活动，开展心理健康知识竞赛、心理影视片展播、心理健康教育主题班会以及“你的微笑”照片征集等一系列活动。

大学生应征入伍工作。2016年，共入伍学生89人，其中新生入伍56人。在校生入伍33人，受到湖南省军区、常德军分区和鼎城区人武部肯定。学校自2016年开始，注意培养自己的军训教练员，组成50多人的“猎鹰中队”，经过2016年下半年军训检验，完全达到要求，受到军事部门肯定。

招生就业。2016年，共录取本专科生3662人，入校新生3012人。本科报到率83.0%，专科报到率76.3%。同比本科报到率比2015年有所降低，专科报到率比2015年有所提高。2016年，学校毕业生2252人，初次就业率91.7%，远期就业率96%以上。召开大型招聘会2场，专场招聘会20多场，来校招聘单位200多家，为毕业生提供就业岗位3000多个。

科研工作。全年共申报教育厅科研项目40项（重点2项、青年2项、一般36项）、思想政治课题2项，科技计划项目1项，省自然科学基金项目2项、常德市科技重大专项1项，均获立项，获准率100%。进一步拓展科研项目申报途径，积极申报常德市社会科学研究项目，已正式立项2项。加强产学研和科技成果转化工作，加大对农林科技学院教师张德福创办的“湖南同德渔业用具有限公司”科技支持力度，为其提供专业服务，促进专利申报和科技转化工作。

基础建设。实训及设备管理中心配合机电工程学院投资100余万元完成互换性与测量技术、机械工程材料等多个实训室的建设工作。配合学院办公室投资20余万元完成与省教育厅互联视屏会议室。配合设计艺术学院投资30余万元完成装饰施工实训室及相关耗材购买和建设。配合五年制大专部投资70余万元购买200套高配置电脑组建完成四个网络机房建设。投资4000多万元装修综合大楼，集教育教学管理、科研、实习实训、健身娱乐、餐饮等于一体。

学校培养的军训教练员

人才引进与培养。全年共收到应聘材料80多份，应聘电子邮件200多封。对于博士、教授递交的应聘材料，实行档案登记、跟踪制度。共引进人才近60人，签订三方协议及聘用合同40多人。组织教职工各类进修。做好在职硕士、博士申请、政审、签约和经费报销等管理工作。全年共有11人取得硕士学位，2人考取定向或委培硕士。进行专业技术职务任职资格评审工作。共组织96人参加继续教育培训和考核；40多人参加2016年全国职称外语统考；组织40多人职称计算机报考。宣传职称申报论文（著作、成果）时效、评审材料准备与装订等，为教师申报职称提前做准备指明方向，产生学校自己培养的第一个副教授彭进香。做好高校教师资格认定工作，全年进行3次高校教师资格受理、审核、评定、上报、领证工作，共评审85人。

（王富松）

【常德职业技术学院】 专业建设。新增现代农业技术等3个招生专业，撤销数控技术等2个招生专业；初步构建药品技术、健康服务、现代农业技术、装备制造、土建施工与工程管理等5个专业群；确定药品技术、健康服务和现代农业技术为学院重点建设专业群。以药学为核心专业的药品技术专业群成功立项成为湖南省示范性特色专业群建设项目，药学生产性实习实训（教师认证培训）基地通过省教育厅验收。有1门课改立项课程和14门课程级资源库申请验收，验收结果均为良好。《园林植物识别与应用》课程入围湖南省职业院校名师空间课堂2016年建设项目。

师资队伍建设。引进全日制硕士研究生14名。安排72名教师参加专业教师暑假企业顶岗培训，其中专业教师企业进修14人，省本级培训5人次，湖南省高师中心组织安排培训36人次；完成46名教师岗前培训工作。组织学院第二届“乐教杯”教师教学技能竞赛活动。组织参加2016年湖南省职业院校信息化教学大赛、湖南省第二届微课大赛、湖南省高校“形势与政策”课教学展示等竞赛活动，获得二等奖2项、三等奖3项。2名教师成为国内访问学者。16名教师获评常德市职业学校“双师型”教师。先后派出7名辅导员参加省级上岗与专题培训；组织50名学生管理人员参加心理咨询师培训与考试；举办学院第五届辅导员职业技能竞赛。

改革人才培养模式。修订完成22个三年制高职专业、8个五年制高职专业2016级人才培养方案。药学系与5家企业联合开办9个订单班，订单培养达88%。中高职衔接新增湘西龙山职中等外地市学校，合作学校数量和学生规模都有突破。

国际合作办学。学院与韩国启明大学、德国汉诺威中国中心、长沙明照实业有限公司等教育机构签署教育合作协议。2016年共招收来自俄罗斯等5个国家的留学生共计17人。

科研成果。2016年，学院各级各类纵向课题立项17项，进校经费共计37.3万元。院级课题立项37项，立项经费20.8万元。大学生德育实践项目10项，立项经费2.6万元。全年学院教师公开发表论文199篇、专利68项、著作及教材28本。

科技推广。选派6名教师为市科技特派员，到澧县如东乡、桃花源景区、桃源堆金豪猪养殖基地等地开展科技服务。如东乡以花木产业为龙头，建立3处共3.33万平方米示范基地，在全乡推行“合作社＋农户”模式；“富硒苹果柚生产技术规程”获准省质监局地方标准志修订项目计划立项；桃花科研团队在校园里集中栽植秋花品种苗木近100株、建成桃花秋花示范区；积极参与桃花源AAAAA级景区创建工作。（顾振华）

【湖南幼儿师范高等专科学校】 2016年，学校共有教职员工349名，其中教授及副教授122人，硕士研究生105人，特级教师16人。开设有学前教育、早期教育、初等教育、科学教育、音乐教育、美术教育、室内装饰设计、英语教育、语文教育、旅游管理、酒店管理、计算机应用技术、现代教育技术等18个专业，在校学生近6000人。

教育教学。推进精品课程建设，出台《湖南幼专精品课程建设方案》，积极推行课程体系改革，课程建设逐步进入规范化、科学化、系统化轨道。完成校级精品课程建设项目申报工作。探索多样化考试方式，把“全面考核”“过程考察”等先进理念贯彻到考试活动中，逐步探索并实施全学期开放式、动态考试管理模式。按照“厚基础、宽口径、强能力、高素质”人才培养标准，修订2015级人才培养方案，完成《小学教育专业五年制农村男教师人才培养方案》，健全学校人才培养体系。与本科院校签订“专升本”协议，拓宽人才培养渠道。2016年，全校有25名学生参加“专升本”考试，正式录取16名。在校学生积极参加各类赛事，成绩斐然。参加全国小学教育专业大学生儿童诗画暨书法创作邀请展，1人获特等奖、1人获一等奖、1人获二等奖、3人获三等奖。参加省首届大学生写作竞赛2人获二等奖；参加省普通高校大学生英语演讲比赛1人获三等奖。大学生写作竞赛和普通高校大学生英语演讲比赛均为全省唯一获奖专科院校。参加省普通高校第二届师范生教学技能竞赛，1人获一等奖、2人获二等奖、1人获三等奖。参加省普通高校师生美术与设计作品评选活动，1人获二等奖，1人获三等奖。

专业建设。2016年3月，学校申报数学教育、舞蹈教育、体育教育、动漫设计、商务英语5个专业成功获批。截至2016年年底，学校高招专业达18个。6月3日，省教育厅发文，学校小学教育、学前教育、美术教育、音乐教育、英语教育5个专业办学水平评估结果全部为合格。6月13日，学校小学教育专业获批为省普通高等学校“十三五”专业综合改革试点项目。

师资队伍。暑假组织89名骨干教师及教学管理人员赴北京师范大学参加为期一周教学能力提升高级研修班。邀请10余名专家、学者来校讲学。组织辅导员参加省级以上业务技能研修与培训10余次。继续引进专业人才，共招聘29名工作人员、调入5名工作人员，充实教师队伍，优化队伍结构。9月9日，校长郭立纯荣获“常德市第二届蒴伯赞教育突出贡献奖”。参加2016年全省普通高校教师课堂教学竞赛，周黛诗、赵莹莹获三等奖。10月，参加第五届全国高校廉政文化作品征集活动，肖新来书法作品荣获书画摄影类作品全省唯一一等奖。省普通高校师生美术与设计作品评选活动，肖新来、涂海峰老师分获教师组一等奖、三等奖。

科研成果。成功立项湖南省教育科学规划课题4项，省教育厅教学改革研究和科学研究项目13项，省教育工委学生思想政治研究项目1项，市社科联规划课题1项，省科技厅科技计划项目1项，省教育科学研究院普通高校信息化教学应用建设项目1项。共有1项省社科院课题、4项省教育学会课题、4项省教育厅职教改革课题、1项中国教育学会课题结题，3项省教育厅教学改革课题申报结题。学校被评为2015年度湖南省科研工作者协会先进单位，2016年学校正式启动湖南幼专校级规划课题平台建设。2016年，全校共发表论文62篇，获奖论文23篇，发表作品3件，获奖作品3件，获奖课12堂，主编和参编著作、教材10部，指导学生获奖和发表44项，发明专利1项。学校承担课题《湖南幼儿教师职业准入问题与对策研究》被评为省2015年教育研究十大成果之一，入编《湖南省教育发展研究报告》。周咏波论文《幼儿园教师职业准入专业能力标准构成及实施建议》被人大复印资料全文转载。郭铁成教授被聘为湖南省教育"十三五"规划课题咨询评审专家。"湖南幼专众创空间"被省科技厅立项为全省首批"众创空间"项目，并获补助资金50万元，全省仅4所高校立项。图书馆成功申报"市社会科学普及基地"，学校被市科技局确定为全市"知识产权试点学校"，"湖南幼专科技平台建设"成功申报市科技局科技重大专项，并获30万元资金支持。

创新创业。1月6日，学校大学生创新创业孵化基地"创客街"隆重开业。省第三届"互联网+"大学生创新创业大赛，"萌豆逗学前教育平台"与中南大学、湖南大学、湖南农大同台展示，获二等奖。常德市首届创新创业设计大赛，获1个一等奖、2个二等奖、5个三等奖，并获优秀组织奖。常德市2016年度创业大赛，"童童向上"获优胜创意奖。

招生就业。2016年共录取新生1888人，实际到校1700人。省教育厅将学校确定为全省唯一农村小学男教师公费定向计划培养学校，从2016年开始招生，全省首批计划为200人。同时，学校还被确定为农村幼儿园教师公费定向计划培养学校，并下达207个培养计划，由道县师范、邵阳师范、武冈师范、祁阳师范、芷江民族师范等挂靠学校培养。高招录取分数线再创新高，文科达415分，理科达388分，录取最高分达473分。文理录取分数在全省68所高职高专中分别列第一位和第二位。2016年首届高招毕业生共262人，初次就业率为99.61%，超全省高校平均就业率8个百分点。学前教育专业毕业生就业率达100%。职教类计算机应用、酒店服务管理中专专业毕业生初次就业率达98%。

1月6日，湖南幼儿师范高等专科学校大学生创新创业孵化基地"创客街"隆重开业

培训工作。共举办各类培训班31期，培训学员3349人。其中，国培项目1870人，市培项目1479人。增加异地研修培训项目，一方面与全国师资培训名校北师大和华中师大建立合作关系，在省内外新增一批培训基地和参观考察基地。同时认真遴选专家到校授课。在国培办回访调查中，学员满意率达到90%，教学管理与服务水平满意率达到95%。7月底，新培训大楼竣工，培训中心搬迁顺利完成。

新区建设。新区白楼、图书馆、培训楼、体育馆已正式投入使用，实验剧场即将完工。二期工程教学楼、宿舍楼完成立项、环评、图纸设计。

基层党建。全年举办业余党校1期，培训学员195人，发展新党员37名（其中教师党员1名，学生党员36名），完成48名预备党员转正工作。学校共评出2016年度先进党支部5个，优秀共产党员44名，优秀党务工作者8名。（胡铁群）

民办教育

【概况】 2016年，全市各级各类民办学校734所，在校生总数153775人。其中，民办幼儿园689所（其中普惠园232所），在园幼儿96333人（其中普惠园40863人），占学前教育在校生总数的65.7%；民办普通小学2所（九年一贯制、十二年一贯制民办学校不计小学数），在校生12670人，占小学在校生总数的4.3%；民办普通初中9所（完全中学、十二年一贯制民办学校不计初中数），在校生10602人，占普通初中在校生总数的8.4%；民办普通高中7所，在校生8107人，占普通高中在校生总数的10%；民办中等职业学校25所，在校生14527人，占中职在校总数的27.1%；民办普通高等学校2所，在校生11443人，占普通高等教育在校生总数的24.4%，另有民办成人高校在校生93人。（管传明）

【完成省、市级骨干民办学校合格验收工作】 2016年，常德市在迎接省级骨干民办学校验收工作中，常德淮阳中学、常德朗州高级中学、汉寿县新乔幼儿园、澧县澧阳镇红缨幼儿园、桃源县漳江镇紫东伟才幼儿园、津市市大风车幼儿园共6所学校（幼儿园）参加验收，全部高标准通过，省教育厅已发文授牌。在争取省级其他项目建设中，常德淮阳中学、汉寿龙池实验中学获得规范民办学校建设奖励。市教育局对“十二五”市级骨干民办学校建设2013年度立项的学校进行评估验收，常德淮阳中学、常德朗州高级中学、安乡县深柳镇城北幼儿园、安乡县深柳镇紫珑幼儿园、汉寿县新乔幼儿园、汉寿县蒋家嘴红旗幼儿园、澧县金宇幼儿园、澧县澧阳镇红缨幼儿园、桃源县漳江镇紫东伟才幼儿园、石门县宝峰幼儿园、石门县雁池乡花蕾幼儿园、津市市大风车幼儿园、津市市天才幼儿园验收通过，已发文授牌。（许美全）

【落实市直民办学校（幼儿园）教师社会保险财政补助优惠政策】 2014年3月27日，由市教育局和市人社局联合下发《常德市市直民办学校（幼儿园）教师社会保险财政补助暂行办法》，该办法规定，市直民办学校在职在岗的具有相应任职资格的教师（包括专任教师和行管人员），学校按规定办理教职工有关社会保险的，财政按学校缴纳教师社会养老保险、医疗保险单位负担部分的50%给予补助，2014年7月1日开始施行。由于该办法在涉及的部门职责分工及操作程序上不是很明确具体，办法中有些要求与学校实际购买保险的情况有较大差距，又涉及人社、教育、财政三个部门，该项工作先后两次启动都因种种原因而搁置。为了使好政策落实到位，2016年，市教育局提出新的落实方案，多次与市人社局、市财政局协调沟通，最终通过新的解决方案，在2016年5月全部兑现从2014年7月到2015年12月补助资金，使这项政府对民办教育的优惠政策得到较好落实。（许美全）

【制定出台中小学生校外托管机构监管办法】 2016年11月23日，市教育局、市食品药品监督管理局、市工商行政管理局、市公安消防支队4家单位联合下发《关于切实加强中小学生校外托管机构管理工作的通知》（常教通〔2016〕166号），对托管机构进行定性，明确托管机构实行“以县为主、属地管理、分工负责、齐抓共管”的管理体制，对部门职责进行具体明确，对部门联动提出了要求。（许美全）

体育卫生艺术与国防教育

【概况】 2016年，市教育局被授予2016年度“全市食品药品安全工作先进单位”。开展春、秋季学校及周边食品安全与卫生专项检查工作，检查市直及部分区县中小学幼儿园33所，下发检查通报2期。开展食品安全示范学校创建活动，津市市一中被评为湖南省食品安全示范学校，常德外国语学校、桃源县一中、桃源县实验幼儿园、石门县澧澜中学被评为常德市食品安全示范学校。常德市七中、鼎城区善卷中学、汉寿县詹乐贫中学、湖南省湘北职业中专学校被教育部认定为全国首批“国防教育特色学校”；常德市七中被评为全省学生军训工作先进单位，常德市六中彭畅、常德市七中邓凯被评为全省学生军训工作先进个人。常德市七中、汉寿县詹乐贫中学、澧县复兴镇双龙小学被评为湖南省心理健康教育特色学校。（李永义）

【举办常德市青少年阳光体育运动联赛系列活动】 4月20—22日，全市中小学生乒乓球比赛在常德市一中举行，来自各县市区及市直15支代表队的238名运动员参加比赛。市一中的彭顺、李红颖分获高中组男子、女子单打第一名；市四中的张晨希、桃源县的周彤婧分获初中组男子、女子单打第一名；石门县的覃戈湾、桃源县的涂予菲分获小学组男子、女子单打第一名；石门县、市一中分获高中组男子、女子团体第一名；市四中、桃源县分获初中组男子、女子团体第一名；石门县、桃源县分获小学组男子、女子团体第一名。10月19—21日，在鼎城区第一中学举行2016年全市中学生田径运动会。桃源县、澧县、鼎城区分获甲组团体总分前三名；澧县一中、临澧一中、鼎城一中分获乙组团体总分前三名。澧县一中孟令涛打破男子1500米市运会纪录。市直学校初中生排球比赛。12月6—8日，全市高中学生排球赛及市直学校初中生排球赛分别在市七中及常德外国语学校、市五中及市十一中举行。澧县一中、安乡一中、市一中分获高中男子组前三名；澧县一中、市一中、安乡一中分获高中女子组前三名；市五中、常德芷兰实验学校、市四中分获初中男子组前三名；常德芷兰实验学校、市五中、市十三中分获初中女子组前三名。（李永义）

【校园足球普及发展】 成立由分管副市长任组长的全市青少年校园足球工作领导小组，抽调专职人员开展日常工作；常德市一中等16所学校被教育部命名为“全国青少年校园足球特色学校”，常德芷兰实验学校为全省高中较高水平足球运动队建设基地，在全省青少年校园足球联赛初中总决赛中荣获乙组第1名。11月14—17日，11月21—25日，举行常德市青少年校园足球联赛小学组、初中组及高中组比赛，武陵区北正街小学、汉寿县龙池实验小学、石门县新世纪学校分获小学组前三名；常德芷兰实验学校、鼎城区淮阳中学、市十一中分获初中组前三名；鼎城区九中、常德芷兰实验学校、桃源县一中分获高中组前三名。（李永义）

【举办艺术教育系列活动】 开展以“美与生活”为主题的全市中小学生书法、绘画、摄影作品比赛活动，共收到992件优秀作品参加全市评比，评选出一等奖197件、二等奖291件、三等奖504件。举办全市首届中学生建制班合唱比赛，共有7个单位及22件合唱作品获奖；推荐优秀单位及优胜节目参加全省首届中学生建制班合唱比赛现场展演活动，桃源县教育局、澧县教育局被评为优秀组织奖，常德市七中、桃源县九中、澧县六中分获高中组一、二、三等奖，桃源县文昌中学、澧县九澧实验学校、津市德雅中学分获初中组一、二、三等奖。遴选学生参加全省中学生独唱、独奏、独舞比赛，常德市七中高慧玲获一等奖，常德芷兰实验学校唐子涵等3人获二等奖，澧县六中肖汉歌等10人获三等奖。

（李永义）

教育科学研究

【概况】 教研队伍建设。市教科院重视教研员能力提升，每年资助教研员订阅或购买教育类杂志或专著，每月进行1次全院学术交流活动。奖励教研员教育论文发表，2016年公开发表学术论文33篇（不含各级媒体新闻报道等）。鼓励教研员主持或参与各级教育科研课题研究。支持教研员进行学术交流与教学指导活动，多位教研员受聘于省内外不同区域和学校在不同教育领域讲课。2016年，地理教研员余亚洲出版学术性著作《中学天文学教程》，多位教研员参与编写《高中法治教育读本》《语文读本》（七年级）等教育著作。11月，选派5名教研员参加湖南省教科院主办的教研员国培班学习；11月17日—24日，中学室13学科教研员到浙江、上海考察学习新高考；11月25—29日，组织全院干部职工赴昆明参加卓越课程班研修活动；12月18—21日，选派6名教研员赴安徽参加大数据教研应用培训学习。

教研平台建设。编印《教学简报》。为应对新高考的变化分别于2015年12月和2016年4月两次举办高三教学研讨会，并将全市协作考试和高考模拟考试数据和分析等编印成《高三教学工作》分3期下发。重视网络教研工作。2016年，常德教育科研网集成到常德教育云，新设计网站(http://www.cdjky.cn/)已完成并投入使用；常德教育科研微信教研平台正在建设中；引导与协助管理常德教育博客平台。不同学科充分利用微信群及微信公众号、QQ空间及QQ群、名师工作室空间、常德教育博客、常德教育论坛进行教研活动，共13人开通个人网络教研空间。

课堂教学改革。11月，市教科院主持召开中学校长大数据教研应用座谈会，启动大数据教研应用工作，并在市二中、市七中、常德外国语学校、市五中、市十一中分别进行试点。推进常德经开区的区域微课应用，持续推进“一校一品牌，校校有特色”的校园文化建设，用雅致课堂支持雅致校园创建活动。

教研成果。不同学科教师参加省级以上教学、说课竞赛活动，共有133人获省级以上奖，其中有8人获国家级奖励，28人获省级一等奖。组织学生参加多种竞赛活动，其中高中学生数学、物理、化学、生物、信息技术五学科全国奥林匹克竞赛，常德市共有近203人获国家级奖，有500多人获省级奖，有13人获湖南赛区国家一等奖。组织参加湖南省青少年科技创新大赛，6项获得一等奖；组织参加湖南省青少年机器人大赛，4支队伍获一等奖。

科研课题指导与管理。组织市本级课题、省规划课题、省规划学前教育专项课题、省教育学会课题、省教育科研工作者协会课题、全国规划课题6个批（次）的课题立项申报工作。完成4个批（次）94项课题的开题论证工作，组织市本级30项课题的开题论证工作，开题率100%。对2015年立项的42项省市立项课题（省规划15项、市级27项）进行中期检查，检查率100%。协助省规划办对芷兰学校承担的教育部重点课题“生命视野下的课堂教学案例研究”进行中期检查。组织13项市本级立项课题、15项省规划课题、14项省学会课题结题鉴定工作。举办2016年度常德市教育研究立项课题主持人培训，参训教师70余人。推荐4名教师入选湖南省基础教育研究专家库成员。参加临澧县教育局举办的“县域农村学校教育科研与教师专业成长研究，科研推进方法论坛”。

职业教育研究成果。湖南省职业院校信息化教学大赛中常德市以团体总分第二名的成绩荣获团体二等奖。其中，3件作品入围全国职业院校信息化教学大赛并获奖。选派76名选手参加中职组9个专业大类26个赛项比赛，荣获一等奖19个、二等奖23个、三等奖13个，以306分荣获全省团体总分第三名。31名选手代表湖南参加全国职业院校技能竞赛20个项目比赛，获二等奖3个、三等奖11个。

（王治璎）

文化·新闻·体育

文　化

【概况】 公共文化服务体系建设。一是阵地建设。常德博物馆改扩建土建工程基本完成，陈列布展进入招投标阶段，展厅由6个扩增至13个，建筑面积由7188平方米增至11313平方米。市体校启动实施中级体校标准化建设，总投资1000万元的整体提质改造工程进展顺利。2016年在市城区重点建设的15个“书香社区”已全部投入使用。总投资6.5亿元的国家重大项目澧县城头山国家考古遗址公园和投入3亿元的鼎城区江南文化外滩公园相继开园，桃源县自筹资金近3亿元的文化体育中心休闲广场、大剧院、电影院、文化馆、图书馆相继投入使用。石门县总投资1.65亿元的全民健身中心项目一期工程已进入配套设施建设和验收阶段，汉寿县、津市市投资过亿元的全民健身中心建设已达成协议。临澧红色革命博物馆、汉寿帅孟奇故居、汉寿专业演出剧场等建设正在进行。乡镇综合文化站功能进一步完善。开展村级综合文化服务中心市级示范点建设；石门县11个贫困地区村级综合文化服务中心省级示范点已经完成；全市广播电视直播卫星户户通工程完成84450户建设任务，圆满收官。二是惠民服务。公共文化场所免费开放，服务质量不断优化。全市博物馆（纪念馆）举办陈列展览32个，接待观众170余万人次；全市文化馆举办活动350场，开设免费艺术培训班80个，培训人次7.3万人；全市图书馆接待服务读者70余万人次；全市公共体育场馆举办活动71次，组织培训1350人次。全市共完成“演艺惠民送戏下乡”演出788场，公益电影放映44549场。全市注册文化志愿者达3000多人，体育志愿者（社会体育指导员）3500多人，形成较为完善的青年文体志愿服务者服务网络。

文艺精品创作。2016年，常德市四个项目入选国家艺术基金资助项目，入选项目数量较2015年翻番。常德丝弦《湖南是个好地方》《生在潇湘多自豪》《说唱丝弦》3个曲目获邀参加联合国总部展演，常德汉剧高腔《蝶恋花》等节目赴德国、英国交流演出，德成京剧艺术团赴美国交流演出，德成龙舟队代表中国赴德国参加第22届汉诺威龙舟节获冠、亚军。先后接待内地与港澳文化界文化交流团、驻华外交官文化交流团，向外国友人和来宾们展示常德独特的文化魅力。花鼓小戏《村长家的尿不湿》入选全国第十七届群星奖评选。油画作品《渐失的记忆·勾篮古瑶寨》入选第十一届中国艺术节全国优秀美术作品展览（全省唯一入展油画）。汉剧高腔大型舞台剧《孟姜女传奇》经过遴选赴京参加“湘戏晋京”展演，获得成功。

文化市场和行业管理监管。积极推进互联网上网服务行业、文化娱乐游戏业转型升级工作，开展网吧、文化娱乐场所分级评定、第二批“诚信画廊”评选、文化市场黑名单管理，以评促建，管理工作进一步加强。相继开展“清源”“净网”“护苗”“秋风”“固边”等专项整治行动，震慑各类市场违法违规行为，净化社会文化环境。加强安全播出管理，完善安全播出制度建设，确保全市广播电视播出机构无安全播出事故。加强农村广播电视“小片网”监管，完成全市农村广播电视“小片网”摸底清查工作。开展打击治理“黑广播”违法犯罪专项行动。完成全市39家星级宾馆接收境外卫星电视节目专项清查整顿行动和全市24家城市影院电影市场秩序专项治理工作。

文化产业。2016年，常德市新增影院9家，实现票房收入6701万元，同比增幅达55.11%。2016年，全市包装装璜印刷出版企业共有230家，销售总收入39亿元，纯利润8.1亿元，产值跃居全省第二。2016年，常德市新增规模文化产业企业35家，完成文化及相关产业增加值97.6亿元，增幅20%。

文化遗产保护。文物方面，澧阳平原史前遗址群申报世界文化遗产工作经前期调研，明确澧阳平原具体区域划分和主体责任。常德会战阵亡将士纪念公墓建设保护工程于12月正式开工。全市对建设工程征地区域考古调查、勘探面积达68.5万平方米，抢救性发掘古墓葬50余座，古遗址300平方米，出土文物

常德汉剧高腔《孟姜女传奇》晋京展演

200余件。“非遗”方面，省级鼓书生态保护（实验）区申报工作顺利进行，成功举办第二届全国鼓书邀请赛暨第十届沅澧水鼓王擂台赛，鼓书艺术保护传承工作进一步加强。2016年，确立公布常德市第二批非物质文化遗产项目传承人（共有20项31位）、第四批市级非物质文化遗产项目名录（共有5类12项），“尧天坪龙灯”等6个“非遗”项目被评为“第四批省级非物质文化遗产代表性项目名录项目”。第十一个“文化遗产日”期间，围绕“让文化遗产融入现代生活”主题，推出“文化遗产日暨端午节非物质文化遗产项目专场晚会”等五大主体活动，并组织常德丝弦和汉剧折子戏参加省文化厅“非遗日”传承演出。在常德国际旅游节期间，举办“非遗”展演活动，进一步促进常德文化旅游深度融合。

（罗淮蓉　孙宁思）

【常德汉剧高腔《孟姜女传奇》进京展演】 2016年8月15日晚，“湘戏晋京”展演活动优秀剧目常德汉剧高腔《孟姜女传奇》在北京长安大戏院拉开帷幕。

《孟姜女传奇》由常德市汉剧高腔保护中心精心打造，是一部深度融合“常德高腔”和“常德津市嘉山孟姜女传说”等国家级非物质文化遗产保护项目，并以常德高腔独特的表现形式创作的大型舞台剧，具有浓郁的湘北地方特色。作为湖南省5年扶持项目重点剧目，《孟姜女传奇》荟萃“名家”“名导”“名角”，上场演员达80多人，堪称常德汉剧高腔演创史上最强阵容。该剧通过“情定”“伤别”“思夫”“过关”“哭城”等场景，首次在戏剧舞台上完整呈现孟姜女传说，塑造孟姜女这个美丽善良、忠于爱情、坚贞不屈的湘女形象，歌颂了感天动地的真挚爱情。在2015年第五届湖南省艺术节上，这出讲述千古传奇的剧目轰动星城，一举获得“田汉大奖”“田汉导演奖”“田汉音乐奖”“田汉表演奖”四项大奖。

（罗淮蓉　孙宁思）

【常德丝弦唱进联合国】 当地时间2016年1月4日下午6点，常德丝弦艺术剧院有限公司获邀参加在纽约联合国总部举办的“锦绣潇湘—湖南文化走进联合国”宣传展示活动开展式演出。

开幕式上，艺术剧院的演员们表演《湖南是个好地方》《生在潇湘多自豪》《说唱丝弦》3个曲目。来自联合国相关部门、中国驻联合国代表团、联合国中国书会、联合国汉语兴趣小组、中国驻纽约领事馆、美国湖南同乡会及商会的嘉宾出席并观看开展式演出。

常德丝弦参加省人民政府在联合国总部举办的文化活动演出，展示湖湘文化独特魅力，提高这项国家级非物质文化遗产项目的国际知名度和影响力，将吸引更多人关注常德、了解常德。

（罗淮蓉　孙宁思）

【城头山国家考古遗址公园开园】 2016年6月7日，城头山国家考古遗址公园举行开园仪式，正式对外开放。城头山国家考古遗址公园占地面积44.13万平方米，总投资6.5亿元，依托全国重点文物保护单位城头山遗址而修建，是国家级大遗址保护示范区，具有遗址保护、文化展示和旅游休闲功能。此次开园仪式是“2016年中国第十一个文化遗产日·湖湘文化遗产月”系列活动之一。

（罗淮蓉　孙宁思）

【庆祝建党95周年“红旗颂”大型群众合唱比赛常德决赛】 2016年6月17日下午，庆祝建党95周年“红旗颂”大型群众合唱比赛常德决赛在市文化馆举行，来自各区县9支代表队参加比赛。

自3月起，常德市广泛开展“红旗颂”大型群众合唱比赛，各区县市发动、宣传、组织初赛，并选派一支最优秀的队伍参加市级决赛，每支队伍演唱两首红色歌曲。武陵区代表队、石门县代表队获得金奖，安乡县代表队、临澧县代表队、汉寿县代表队获得银奖，澧县代表队、津市市代表队、桃源县代表队、鼎城区代表队获得铜奖，石门县、桃源县、津市市、汉寿县获得组织奖。

（罗淮蓉　孙宁思）

【常德文化交流团赴英、德两国演出】 2016年8月26日—9月2日，“亲情中华·魅力湖南·美丽常德”文化交流团赴英国和德国开展为期8天的慰问演出，节目形式多样、精彩绝伦，充分体现出中国传统文化、浓厚湖湘文化和常德地域文化特色魅力。法兰克福、汉诺威、伦敦等城市的副市长、议员及社会名流、国际友人近万人观看演出。

（罗淮蓉　孙宁思）

【常德“鼓书大王”擂台赛】 2016年9月8日，第十届常德市“鼓书大王”擂台赛暨第二届湖南常德全国“鼓书”学术观摩展演开幕。在持续3天的活动中，有常德鼓书艺人打擂，也有全国各路鼓书艺人献艺，还有专家学者与艺人们当面切磋。

该活动由中国艺术研究院曲艺研究所、湖南省文化厅、常德市委宣传部主办。现场不仅有常德各地鼓书艺人同台竞技、角逐鼓王，还展演来自省内以及山东、广西、江西等地，祁东渔鼓、龙山三棒鼓、山东（简板）大鼓、东路大鼓、桂林渔鼓、江西渔鼓、永新小鼓、东北大鼓、西河大鼓、锣鼓书、河南坠子等优秀节目。

（罗淮蓉 孙宁思）

【常德戏曲电影《孟姜女》举行开机仪式】 2016年10月9日，由湖南公益电影传媒中心和常德市汉剧高腔保护中心合作拍摄的戏曲电影《孟姜女》举行开机仪式，正式进入拍摄阶段。

戏曲电影《孟姜女》将在常德汉剧高腔大型舞台剧《孟姜女传奇》的基础上进行深加工和提炼，由第29届中国电影金鸡奖最佳戏曲片导演朱赵伟执导，由全国戏剧"梅花奖"得主彭玲担纲主演，电影将通过农村电影放映平台与观众见面。（罗淮蓉 孙宁思）

文化市场综合执法

【概况】 机构改革。2016年3月，根据《中共常德市人民政府关于印发〈常德市人民政府职能转变和机构改革方案实施意见〉通知》（常发〔2015〕4号），印发《常德市文化市场综合执法局主要职责、内设机构和人员编制规定》，设立常德市文化市场综合执法局（以下简称市文化市场综合执法局），副处级，为文化体育广电新闻出版管理行政执法机构。此次改革增加市文化市场综合执法局职能职责，新划入体育执法，新增设体育执法科（执法五科）。机关执法专项编制36名。通过遴选补充执法人员4名，全为本科学历。

出版物市场监管与执法。开展学校及学校周边环境整治行动。在高考、中考、学考期间，对城区所有中、小学校及校园周边环境进行大检查，清查学校周边网吧，并查封取缔"黑网吧"3家，对接纳未成年人网吧、营业性歌舞厅、游戏娱乐室给予严肃查处。在春季和秋季，分别开展两次教辅资料专项检查，规范教辅资料出版、发行行为，市本级共检查经营单位61家。在日常监管基础上，市文化市场综合执法局联合职能部门对学校及学校周边环境进行集中整治。2016年8月中旬，联合市、区两级教育、公安、工商、药监、城管等相关部门对市城区15所中小学校及学校周边环境进行联合大检查。相关部门采取分工合作形式，公安部门对学校门口社会治安进行整治，城管部门和药监部门对学校附近商店无证经营、"三无"食品、违规经营、占道经营进行取缔，交警支队对学校附近车辆违规情况进行查处，工商部门对学校周边"黑网吧"进行取缔，文化市场综合执法部门对网吧接纳未成年人、营业性歌舞厅、桌球室、游戏厅违规行为进行严肃查处。

广播电视、互联网站及手机信息市场监管与执法。2016年6—11月，组织开展网络环境专项治理行动。市文化市场综合执法局牵头联合市电信部门对辖区内注册400余家网站、网络销售平台、搜索引擎、网站广告和网络电视棒进行专项清理，从中重点排查50余家网站，并指导各区县（市）文化市场综合执法大队对所属辖区内注册网站开展自查自纠活动，查找侵权盗版隐患；组织动员权利人和社会公众积极投诉举报，搜集案件线索。市文化市场综合执法局，汉寿县、鼎城区文化执法人员对群众投诉7家单位正在使用、出售软件情况进行现场勘验、取证、现场笔录，逐一进行核实，软件（音像）侵权情况属实。分别对7家单位当事人作出相应行政处罚，共处罚款人民币65000元整，更换软件30余套CAD，Windows软件货值人民币60余万元。收缴盗版音像制品90余张。市、县两级在该行动中共出动检查人员356人次，车辆58台（次），检查各类网站548家，办案15起，关闭经营网站10家，给予警告网站23家，同时将重大违法案件查处情况在新闻媒体上进行报道，在社会上形成打击网络盗版活动强大声势。

网吧市场监管与执法。组织为期两个月暑期网吧市场专项整治行动。以查处网吧接纳未成年人进入营业场所为重点，同时对网吧安全隐患进行认真排查。专项整治行动共检查网吧1200家（次），对部分网吧突击检查3~4次，共立案30起。同时，组成7个暗访组对各区县（市）文化市场进行暗访，共暗访64家文化经营单位，对违规违禁情况在全市予以通报，并督促当地监管部门限期整改。

（王国中）

【举办全市文化市场技术监管与服务平台业务培训班】 2016年10月18—19

10月18–19日，举办全市文化市场技术监管与服务平台业务培训班

日，市文化市场综合执法局举办全市文化市场技术监管与服务平台业务培训班。市本局执法办案人员和各区县（市）平台执法管理人员近30多人参加。参训人员集中学习上级有关平台工作文件精神，进行平台系统设置、执法数据报送、执法流程办案、在线学习培训等务实培训和上机操作演练及考核。（万　庆）

《常德日报》

【概况】 2016年，常德日报传媒集团共有42件新闻作品获奖。其中，4件作品获湖南新闻奖；10件作品获湖南省副刊作品奖；3件作品获中国晚报好新闻奖。

舆论引导。完成《治国理政新理念·新思想·新战略》《庆祝建党95周年》《“两学一做”专题教育》《纪念红军长征胜利80周年》等重大宣传报道任务。在建党95周年纪念日前夕，日报采写长篇通讯《共产党人周德春》诠释“生命洼地与信仰高地”这一主题，成为常德市“两学一做”专题教育活动生动教材。精心策划并实施《“十三五”，我们这样开局》《常德市第七次党代会·回眸常德这五年》《创建国家森林城市》《城乡医保并轨》《公务用车改革》《2016常德旅游节》《德国风情街、河街开街》等重大报道任务。围绕深入贯彻落实市委经济工作会议精神，日报连续推出5篇系列评论员文章，重点解析常德市经济发展目标、路径、面临机遇和挑战，以及实现“十三五”既定战略目标所应保持精神和作风，在读者中引起较好反响。为做好扶贫攻坚报道，日报新农村编辑部深入省扶贫重点县石门县，采写《精准扶贫看石门》系列报道。为纪念红军长征胜利80周年，晚报策划实施“追寻红色印记”采访活动。记者分头前往红二、六军团大本营和长征出发地桑植探源，重走红军长征路，相继编发《红色桑植常德记忆》《石门殷家信守红色承诺八十六载》等稿件，向社会传递缅怀革命先烈、传承“长征精神”理念。

新闻采写。日报刊发《234名老乡23小时回家路》，图文并茂地记录团市委组织专享巴士，接在深圳务工人员回家过年消息。《儿女筹备“百岁宴”，寿星早有“巧安排”，百岁党员交特殊党费庆生》《新坡社区152名老人乐享免费午餐》《石门两兄弟自费十万元建英烈纪念碑》等稿件通过报纸传递正能量。晚报连续报道《患病8年男友不离不弃，尿毒症女孩欲“众筹”婚礼》，讲述一对情侣珍爱生活、共抗病魔爱情故事，全景展现社会爱心人士对他们真情关怀和美好祝愿。晚报官方微信发布后，被红网、新浪、凤凰网等多家网络媒体转载。《石门籍北大博士山村捡垃圾感动中国》《居民病逝，留遗嘱捐赠社区18万元》《路遇车祸伤者，市民不惧“扶不得”》《村官迅疾退还11万余元爱心款》《移民儿子主动申报停发补助款》《老党员替亡妻交2万元特殊党费》《爱心接力“众筹婚礼”如期举行》等，让新闻版面充满温情。《桃源牛人自造飞机翱翔蓝天》《15岁美国华裔女孩舞上央视春晚》《农民工舅甥胡国辉彭孝良入选中国好人榜》《我省首例撤销生母监护权案落槌》等事件性新闻引起广泛关注，不少新闻被《今日头条》等新闻客户端转载。晚报采写《300万斤椪柑堆满仓，丹洲村民好心伤》见报后，不少爱心企业、爱心人士纷纷慷慨解囊，为果农挽回不少经济损失。《小长假出游 你买对保险吗》《网络贷款入侵大学校园》《午托机构：方便与无证尴尬》《“月入万元”只是传说——滴滴司机苦辣酸甜》等稿件都具有较强服务性和警示作用。日报采写深度报道《多层住宅电梯梦》《土地托管，开启农业社会化服务新模式》，晚报推出本土新闻策划《“神马币”调查》等体现选题时效性和服务性。尚一网延续关注社会求助等公益类新闻传统，《常德小伙父亲身亡当天向网友返还11万元善款》消息，引得众多网友点赞。《澧县烧伤男孩需帮忙》系列报道，吸引广大网友关注，并得到爱心网友响应，为烧伤男孩募集到大量救助资金。尚一网对曾经捐助寒门学子西洞庭“渐冻人”王佩军进行连续报道，被众多媒体转载，大湖股份特别为王佩军提供每月3000元医疗补助，并为其女儿提供10000元助学金。

舆论监督。2016年，日报群工部共采发40多篇舆论监督报道。4月25日，临澧县修梅镇玉皇庙村村民向记者反映，村里30亩（1亩=666.67平方米，下同）“种都油998”油菜只开花不结籽，疑因种子问题全部失收。记者通过调查采访刊发报道《玉皇庙村30亩“种都油998”只开花不结籽原因何在？》引起临澧县政府高度重视，立即责成该县农业局开展调查和理赔工作。最终，该县人寿财产保险公司给农民每亩补偿200元，该村15户村民共30亩油菜均获得补偿。5月9日，日报推出《鼎城区许家桥兴佛山村4组村民集资修路 吃低保都出钱村支书却一毛不拔》报道引起许家桥镇党委重视，通过顺藤摸瓜发现该支部书记其他严重问题，此人已被立案调查。晚报记者曾玲采写《打人男士，你欠我一声道歉》，引起社会高度关注，公安机关立即展开侦查，锁定当事人并对其实施行政拘留5天处罚。《观点版》以谴责社会丑恶现象，传播正能量为己任，推出《无端暴力，是羸弱》评论员文章。尚一网记者采写《育英小学德景园分校气味刺鼻家长忧》《常德男科医院遭患者投诉，院长说：你们爱怎么写就怎么写》《盈成油脂公司违法处理危险废物被查》等稿件引起相关部门重视，有关问题已经得到解决或正在处理。

即时新闻发布。《尚一网》《尚一户外传媒》以及集团所有官方微博和官方微信公众号，成为日报、晚报“新闻抢鲜”“独家新闻”加速器和新闻信息即时发布平台。2016年，一则关于失踪女孩最新独家报道在尚一网微信公众号创造45万+纪录，为常德日报传媒集团新媒体推送最高纪录。2016年，日报微信公众号每星期推送5期。6月25日，先于全市所有新媒体推送高考放榜信息，阅读量达到6万多人次；9月23日，抢先推送穿紫河水上观光巴士信息，阅读量达到8万多人次。报微互动推出“谁是常德通”活动，打通报纸与新媒体融合通道，不仅延伸报纸新闻触角，也达到迅速吸粉目。常德晚报微信公众号每天推送 3~6 条本土新闻，让市民第一时间解常德资讯，有粉丝近 3 万人，活跃粉丝数约 5000 人。常德晚报微博粉丝数近 8 万人，每天及时转发全国各地最新资讯，发布常德本土最新资讯，通过市民转发、相关媒体及有关政府部门等机构帮助转发，达到信息快速传播效果。

传媒经营。2016 年，特刊经营已经成为传统媒体重塑自我形象、扩大传播影响、开拓传媒经营利器。日报《“穿紫河——常德城金腰带”》就成功组版 64 个，创收超百万元，而且整个特刊充满文艺范儿，广受各方好评。晚报财经新闻部策划“交行寻根”系列报道，以一张百年老照片为切入点，对交通银行历史、文化进行深度挖掘，做出有深度、有厚度、有看点新闻达 7 个整版，得到交通银行肯定，实现双赢。晚报城建新闻部在版面广告投放大幅减少形势下，全力拓展活动及特刊创收，先后组织策划丁玲公园风筝节、“关爱环卫工人，共建爱心之家”大型公益活动、首届文明公益彩跑一系列大型活动。其中，“湖湘大讲堂·相约柳叶湖”活动还被列入常德市级中心组二季度集中学习内容，并由湖南卫视国际频道分上、下两集播出，受到市委书记王群表扬。尚一户外传媒 2016 年成立政府购买服务类广告经营小组，两会期间与 15 家单位签订宣传协议。优化商业广告运营，将价格体系产品化，简化报价体系，得到市场认可。同时积极摸索建立户外广告播出认证机制：每月 3 次随机拍摄屏体广告播放实况，每次制作成 APP 广告播出监控模板，每 10 天用微信给重点客户发送一次。此举受到客户好评，不仅方便客户搜集广告发布情况，而且提升客户投放广告积极性。

新兴媒体建设。尚一户外传媒作为有新闻资质城市新兴媒体，坚持正确舆论导向，在选稿、编稿、审稿过程中严格把好政治关，紧跟市委、市政府中心工作，特别是对市党代会、常德旅游节、柳叶湖国际马拉松赛现场直播，新闻图片跟进，飞字新闻滚动宣传中，户外传媒独具特色内容传播，给各方留下深刻印象。全年累计编审播发稿件 3.8 万条，其中新闻类 1.5 万多条；公益广告 2 万多条。2016 年，尚一户外传媒强化个性宣传与优化播出。体现新媒体党性优势，加强对市委、市人大、市政府等个性屏体管理，如市委屏坚持以公益形象广告播出为主，人大屏坚持不上商业广告，每天增加与其工作相关新闻报道。新闻图片设计多样化，采用动态静态相结合播出模式，特别是在新闻画面处理上，引入视频，扩展屏体展示功能。尚一网充分发挥网络媒体在时效性、可视化和容量上优势，自采稿件亮点频出，其中《常德一男子轻信隐翅虫剧毒谣言，挥刀斩断食指》《省委书记冒雨到社区与常德市民握手拉家常》等稿件被国内外众多网络媒体转载。2016 年，尚一网先后策划执行全国网友春节联欢晚会、第二届湘西北“520”美容美发师节、第四届常德大学生艺术节、常德市第一届青少年才艺大赛、湖南省生态文明论坛石门年会等大型活动以及“常德首届青年创新创业高峰论坛”系列活动。其中，尚一网突破性地将常德网友春晚升级为全国网友春晚。不仅产生良好经济效益，还成功实现与人民网、新浪图文、米联微信同步全球网络直播，晚会在线观看人次达百万，提升网站影响力。

（孟令坤　施　洁）

【中华善德网上线】 2016 年 12 月 10 日，中国国际文化传播中心善德文化发展委员会成立暨中华善德网上线启动仪式，在人民大会堂金色大厅举行，近 700 名来自中国以及世界各地嘉宾代表参加。

中华善德网英文域名 www.chinashande.com，原属常德日报传媒集团尚一网所有，于 2014 年 10 月获得顶级认证。2016 年，尚一网以顶级域名知识产权入股，与中国国际文化传播中心善德文化发展委员会旗下相关单位合作，成立华文善德网络科技有限公司，共同管理运营中华善德网。中华善德网是一家带有公益性质文化类专业网站，其内容建设遵循正面引导、精耕专业、质量为上原则。重点办好《善行》《道德舆论场》《家训》《善德论坛》等栏目。在内容呈现上，将充分运用图文、音视频、网络直播等全媒体手段，在 PC 端、移动互联网端同步传播。（孟令坤　施　洁）

中外嘉宾共同触摸启动球，中华善德网正式上线

广播电视

【概况】 2016 年，常德市广播电视台旗下下属电视新闻中心（下设电视时政新闻部、电视民生新闻部、电视专题新闻部、电视策划创意新闻部和新媒体发展部），电视广告中心，电视活动中心，电视节目编排中心、广播中心（下设综合频率和交通频率）和常德民生传媒公

司6个媒体。办有电视节目《常德新闻联播》《沅澧时讯》《今晚830》《新闻在线》《文明常德》《翻牌大开奖》《我爱常德丝弦》《我爱国学》《都市房产生活》，广播节目《市长热线》《行风热线》《常德新闻》《校园广播网》《早晚高峰》等栏目，节目覆盖9个县市区和周边地区，覆盖人口1600多万人。2011年挂牌成立的常德广电传媒集团，注册有常德广电传媒集团有限公司、常德广电广告有限公司、常德广电资产物业经营有限公司、常德新媒体文化有限公司、常德广电艺术培训有限公司、常德广电国旅有限公司、常德广电影视文化有限公司等7个产业公司。

新闻宣传。一是突出中心工作。围绕市委、市政府中心工作，策划组织有影响的系列报道和连续报道。年初推出《风景这边独好》《北京温暖我的心》《奋战一季度，确保稳增长》《环行洞庭》等；围绕“新型城镇化”建设，推出《蝶变新常德》系列报道，重点宣传“三改四化”“海绵城市建设”“完美社区建设”等工作；推出《行进中的新常德》，全面解读“五个常德”，深度报道《政府工作报告》中全市十件大事；推出《不忘初心 继续前进》贯彻落实两会精神；精心策划《落实党代会 我们在行动》报道各地各行业落实党代会精神；《奔跑吧 常德》系列报道全方位呈现2016常德柳叶湖马拉松盛况；常德旅游节期间推出系列报道《亲亲常德浪漫之旅》；《出彩常德人》讲述在外发展常德籍成功人士的创业故事，助力全市招商引资工作；《我们的节日》系列，解析中国传统节日，营造常德浓厚节日氛围；《项目推进年》聚焦常德项目建设，助推新型工业化；《沅澧时讯》增加区县市台参与市台新闻的热情；《再见老西门》《乡愁·常德的桥》等高清大片，采用无人机航拍向观众展示推送震撼壮观的全景视频，不仅展示了新常德新创业的建设成果，也让广大市民增强了对这座城市的认同。二是重视头条新闻。新闻中心于8月20日成立头条报道小组，3名记者专职为《常德新闻联播》制作头条新闻。头条小组紧跟领导重视、群众关心、社会关注的热点，从时政、民生、项目等重大新闻题材入手选题，关注社会急需解决的问题。市第七次党代会后，开辟落实党代会精神专栏，采访12个区县市领导落实市党代会精神情况，采访20个市直单位领导，展示社会各界落实市党代会精神全貌。三是强化外宣上稿。围绕全市重点工作、重大事件、重要活动，和区县台上下联动，深度提炼采写常德海绵城市、城镇化管理、旅游业发展等方面创新经验的外宣稿件，向外界展示常德良好的城市风貌和投资环境。市广播电视台2016年在湖南卫视外宣发稿15619秒（260分9秒），稳居全省第四位。全年在央视播出稿件共计43条，其中市本级台发稿13条。2016年全国“两会”期间，新闻中心积极作为，与央视湖南记者站主动对接，共同采访在北京参会的市委书记王群，采访节目在2016年3月8日的《中央新闻联播》栏目播出，引起广泛影响。四是发力常德全媒。市广播电视台利用微信直播2016年常德“两会”，开创全省微信直播“两会”的先河，在线观看人数达8万+人次，湖南卫视《新闻联播》予以报道；2016年9月的常德市第七次党代会，依托市政府注资的高清电视设备和过硬的技术，两场直播微信观看人数接近10万人次；2016年常德旅游节开幕式，微信观看人数接近14万人次；2016年常德柳叶湖国际马拉松，微信直播围观人数5万+人次。通过常德全媒网站、常德全媒APP和“常德全媒”“常德电视台”微信公众号以及常德全媒微信直播，宣传“新常德，新创业”，传播正能量，让广大市民和粉丝及时获知常德本土重大新闻信息，实时收看常德市广播电视台广播频道、电视频道的所有节目。五是丰富节目生产。电视栏目中心开办7档电视栏目，分别是《新闻在线》《民生和谐号》《我爱常德丝弦》《市长热线》《文明常德》《农广视角》《翻牌大开奖》。《新闻在线》《民生和谐号》《文明常德》等栏目围绕常德市经济社会发展、市民民生需求、文明创建等内容策划宣传报道，广泛传播主流声音和正能量，节目整体采编质量有较大提高。广播中心《市长热线》《行风热线》《阳光专线》《校园广播网》《美食美客》等栏目逐步成为广播知名栏目，《1056早高峰》和《1056晚高峰》以信息量大、话题接地气的轻松风格吸引一批忠实听众，社会反响很好。《常德民生报》进行全新改版，栏目内容更加关注民生，服务民生。六是狠抓新闻创优。认真组织市县两级年度广播电视优秀作品评选；2016年，市广播电视台共有8件作品获得湖南广播电视奖，其中一等奖1件；3件作品获湖南省新闻奖，其中一等奖1件；6件作品获省播音主持作品（论文）奖；5件作品获全省优秀信息节目；2件作品获常德市原创文艺奖。

经营创收。2016年，市广播电视台在关掉两个频道的情况下完成经营收入6760万元，比2015年增长3.9%。改革机制。对广告、栏目、专题、活动实行团队专业化经营。根据广告类别，进行行业细化，分为商业品牌组、房产家装组、医疗药品组三个板块进行运作，逐步实现硬广告向软广告转变。推行服务保障单位与媒体单位经营创收“帮联”机制，帮联情况与绩效考核挂钩。开办的《都市房产》《健康生活》两档节目，成为创收的有力抓手。抓活动宣传。通过举办百团大赛、“两学一做”系列活动、激情穿越、广场舞大赛、爱心送考、广播故事大赛、“荷花品格梅花精神”演讲赛、礼让斑马线等大型活动，提升媒体影响力，拉动创收。2月10日，广告中心组织以“情暖高墙·关爱孩子”为主题的2016善德行公益慈善活动，实现经济效益和社会效益双丰收。调整结构。积极应对市场，彻底改变以往“单靠广告吃饭”的被动局面，调整经营结构，重新布局广电经营格局，采取一手抓媒体广告经营、一手抓文化产业拓展的经营策略，实行多渠道创收。几个产业公司新增纯利润100多万元。争取财政支持，新添置广播直播车和高清电视转播车，新装修300平方米全媒体演播室。积极申报产业引导资金。全年共申报6个市级文化产业发展引导资金、文化名城引导资金项目和2个省级文化产业发展专项资金项目。

产业发展。2016年，产业公司全部

实行自主经营、自负盈亏、上交纯利润的经营管理模式。最大限度盘活可经营性房产资源，激活存量，做出增量，完成育才路宿舍楼一楼门面和原招待所的改造和出租，得到市发改委和市交警支队同意广电停车场实行停车服务收费。虽然影视城因多种因素暂时缓建，但是广电公寓的土地出让金1600多万元按照专款专用的原则已经到位635万元，待演播厅和附属楼项目启动后，剩下的900多万元资金可全部到位。

服务保障。建成全省首个市州台高清播出机房，对3个电视频道实现高清播出，对播控、传送、发射等机房安装监控设施，实行封闭式管理。全年共实现零差错播出22000多小时，高质量高标准地完成中央和地方两会的实况直播和转播，确保春节、“两会”、“十一”黄金周、第三届世界互联网大会等特维期的播出稳定。全年完成各个电视频道直播与录制保障260场（次）。（叶海彬）

调频转播

【概况】 常德电视调频转播台全年现发射（转播）中央一套电视（米波10KW），播出6420小时，湖南卫视（分米波10KW），播出6237小时，等6套电视。全年发射播出广播电视节目113260小时，机器运行指标达到行业乙级播出标准，主流新闻频道实现满功率播出。中央人民广播电台一套广播（94.7MHZ 10KW）播出7152小时，湖南人民广播电台新闻台广播(93.7 MHZ 10KW),播出7188小时，播出省市广播电视节目20台套。所有节目共播出122477小时。担负湘北广播电视数字微波传输任务，及2套地面数字电视（播出44350小时）发射任务。发射广播电视节目覆盖常德市及岳阳、益阳、怀化、张家界、湖北的荆沙等地区共约21个县（市），覆盖人口达千多万人。

组织管理。发射基地实行轮换倒班制，分成3个班组，每个班组9名值班人员，七天轮换，实行台领导全程带班和行管人员跟班制度，明确带班领导和值班人员责任。

播出管理。继续实行双岗制度。每季度对机器设备卫生进行检查评分。严格要求遵守设备维修操作管理规定，每个班次必须认真填写值班和维修记录，每周一在周前会上汇总设备状况。全年所有调频广播电视节目没有发生错播、插播、漏播事件；实行24小时内事故报告制度，实行一月一次报告制度（每月月初向市文体广新局安播中心上报调频台安全播出情况书面材料）。实行重大宣传活动和重要保障期安全播出应急预案

常德电视调频转播台太阳山发射基地机务维修

和应急措施上报制度；按规定对重大宣传活动和重要保障期上报应急预案和应急措施。确保发射基地防护围栏无损毁、消防设施安全无隐患。（贺鹏程）

新华书店

【概况】 图书营销。开展丰富多彩的店堂营销活动，提升实体书店的吸引力和影响力。桃源门店举行“国学经典”“练一手好字”活动，石门门店举行“快乐暑假·开心阅读”活动，各公司中心门店逢年过节进行重点营销活动，取得较好营销成果。下南门门店少儿区每周六下午的“故事角”活动，以较强的参与感和互动性，成功吸引很多少儿粉丝。创新营销方式，增强社会影响。安乡公司与本地论坛义工群联合发起微信群读书促销活动、临澧公司配合县扫黄打非办展开“绿书签”行动、澧县公司与无偿献血志愿服务队合作，为无偿献血者提供购书优惠等活动，下南门门店举办第二届“六一”儿童立体拼装大赛。持续推进送书“进机关单位”“进社区图书室”“工具书进学校”活动。各公司认真做好《中国共产党章程》《习近平总书

孩子们参加市新华书店少儿柜“快乐故事角”活动

记系列重要讲话（2016年版）》等政治理论读物的发行，“书香社区”建设工作持续推进，完成红卫、芷荷、柏子园等12家社区的图书阅览室建设。

教材发行。牢牢把握“课前到书”的政治要求，不断改进服务手段，创新发行模式，逐步建立助学助教机制，进一步巩固国有图书发行企业的主渠道地位。幼教市场取得新发展，大中专教材发行进一步完善发行方式。

自身建设。全市各分公司10个党支部进行换届选举，召开全市书店系统党员代表大会，选举产生常德市分公司第二届党委委员和第一届纪律检查委员会委员。公司团委于5月12日在下南门门店前坪主办常德市分公司2015年度“优秀青年”表彰暨2016年青年文艺晚会，自编自演的文艺节目展示公司青年员工的风采。组织全市财务人员完成近三年财务工作回头看自查整改工作，市公司在5月、11月两次对全市各分公司进行地毯式财务检查，重新修订《差旅费管

理办法》《通讯费管理办法》等制度。

（王宏伟）

【"阅达·智慧书城"上线】 2016年12月，湖南省新华书店推出了以线上购书为主的"阅达·智慧书城"APP，打造"线上购书，线下体验"的新模式，常德市"智慧书城"同时上线。"智慧书城"涵盖全省新华书店30多家门店近万个品种供读者选购，足不出户就能了解和购买到新华书店新书及畅销图书。"智慧书城"主打精品图书及"半日达"服务承诺，配备专职的配送员为读者服务，5千米范围内免费送货到家，上午下单下午送达，下午下单次日上午送达。（李政翰）

【"小先生，十五志于学"国学大赛】 2016年12月18日，2016湖南省首届国学大赛常德地区复赛在市文化馆白马湖剧场举行，来自9个县市区及市直学校的10支代表队共50名选手同台竞技，经过"有问必答""眼疾手快""争分夺秒""背水一战""一锤定音"五个环节角逐，最终市直芷兰学校代表队胜出，代表常德地区参加全省决赛。（任　明）

文物考古

【概况】 文物保护。一是加强地下文物抢救性发掘和保护。1—6月，在穿紫河北岸常德河街、婚庆产业园建设工程的征地区域抢救性发掘各时期墓葬29座，有砖室墓、土坑竖穴墓和三合土浇浆墓，出土有金器、瓷器、铜镜、陶器等一批精美文物；5月，配合省考古研究所完成"黔张常"铁路征地区域内"桃源火车站""杨家山古墓群""黄土山遗址"的抢救性发掘；5—8月，省考古研究所联合山东大学、西北民族大学、湖南师大对唐林遗址进行首次考古调查和发掘；6—9月，对汉寿县聂家桥东晋古墓进行清理、发掘，并成功实施异地整体搬迁，发现有铭文砖345块，出土器物21件；11月，配合省考古研究所对临澧宋玉城遗址进行考古调查、发掘。全市对建设工程征地区域的考古调查、勘探面积约68.5万平方米，抢救性发掘古墓葬50余座，古遗址300平方米，出土金器、瓷器、丝织品、玉牌、铜器、陶器等200余件。二是围绕建党95周年、红军长征胜利80周年等重要纪念活动，提质相关文物保护工作。以红军长征胜利80周年为契机，4月，开展全市工农红军长征在常德相关不可移动文物普查工作，并完善相关文物保护单位的"四有"档案；协助省文物局拟出版《湖南红军标语》工作，3—5月，组织全市开展红军标语普查，对红军标语普查成果进行整理与研究，并按要求上报省文物局。三是加强重点文物保护单位建设，有序推进文化遗产保护利用工作。城头山国家考古遗产公园顺利开园。6月7日，城头山国家考古遗址公园暨文化遗产保护利用"五好"园区授牌仪式在澧县城头山举行。全国政协委员、中国文物保护基金理事长励小捷亲授"五好"园区奖牌。城头山国家遗址公园开园，是常德市文化遗产保护利用工作与旅游融合发展新的里程碑。桃花源景区提质改造。按照市委、市政府提出的"寻找常德共识，塑造常德形象"总体要求和国家文物局批准的桃花源古建筑第二期修缮方案进行修缮施工，10月已全面完成桃花源景区内明清古建筑的二期修缮工程，保持了景区内的自然人文景观的原始性和完整性，使之形成独具特色的历史文化旅游景点，凸显了常德文物"金色名片"。余家牌坊本体抢救性文物保护及周边环境整治工程有序施工，主要是做好余家牌坊的三维激光扫描、考古发掘、本体的监测与检测、激光清洗和本体加固前期实验及余氏老宅的建设等。常德会战阵亡将士纪念公墓建设保护工程顺利启动，正在设计招标。公墓是全国第一批80处抗战纪念设施遗址之一，建设项目有牌坊维修、纪念亭维修、纪念碑维修、将校墓修复、士兵冢修复、围墙修复六大内容，6月项目资金已争取到位，国家发改委下拨维修资金505万元，11月启动建设保护工程建设方案招投标。省级文物保护单位太和观实施维修。从市文化名城引导资金渠道争取维修资金30万元，对太和观实施抢救性维修，仅先解决屋面漏水、梁柱糟朽等文物安全隐患。四是全力推进世界文化遗产申报工作。澧阳平原有近700处古文化遗址，有13处全国重点文物保护单位，联合申报世界文化遗产具有十分重大的文化价值和旅游价值。4月，市文物局到澧阳平原进行调研，明确澧阳平原具体区域划分和主体责任，确定前期启动工作方案，开展城头山遗址的立法保护、澧阳平原文化价值评估等系列工作，以城头山为代表的澧阳平原史前文化申遗工作全面有序推进。

博物馆公共文化服务体系建设。常德博物馆建设有序推进。常德博物馆改扩建工程是常德旅游文化建设重点工程，以打造成为省内一流、国家一级博物馆、国家AAAA级旅游景点的目标进行主体改扩建和陈列布展。2014年10月动工，2016年11月完成改扩建主体土建工程，确定设计方案，常德博物馆陈展内容下一步进入形式和施工一体化设计招标。帅孟奇故居基础建设力度加强。2016年新征地1.8万平方米，投入1000万元修建帅孟奇故居游客接待中心，荷塘、梅园、文化长廊、停车场等基础工程。10月，帅孟奇故居被常德市委批复为市级爱国主义教育基地。全面启动馆藏文物青铜器保护修复工程。2015年，市文物局委托省考古研究所编制《常德市馆藏青铜文物保护修复方案》，上报国家文物局得到认可并给予批复，2015年8月，拨付青铜器修复专项资金259万元，2016年上半年专项资金全部划拨到位。这批申报修复青铜器共有245件，其中一级文物2件、二级文物16件、三级文物111件，未定级文物116件，现在第一批修复的津市市博物馆的38件青铜器正在湖南省考古研究所的工作基地铜官窑进行修复，第二批修复件即将启动程序性工作。此外，按照省文物局要求，完成全市10家博物馆、纪念馆年检，完成西洞庭农垦博物馆的申报工作并获得省文物局通过。

全市第一次可移动文物普查。市"一普办"通过前期摸底调查，截至2015年12月底，全市完成39796件（套）文物数据登录工作。为保证录入数据准确，市“一普办”从5月中旬到7月开展全市“一普”录入数据审核工作，制定“常德市‘一普’数据审核方案”；在临澧县文物局召开各区、县（市）“一普办”主任和业务骨干参加的数据审核工作调度会；聘请数据审核专家，对全市“一普”文物数据采取集中与分散审核相结合的方式进行审核，审核内容包括17大项和25小项及照片与藏品名称是否相符等方面进行专业审核，最后由市“一普办”严格把关。经过专家审核，全市各文物收藏单位录入的数据全部合格，95%达到良。11月底，，常德市按照省“一普办”的要求全面完成“一普”文物数据的审核、统计和提交工作。

文物执法督查和文物安全。强化领导安全责任。年初制定文物安全考评细则，把文物安全纳入市政府对区、县（市）政府年度绩效工作考核内容，实行文物安全一票否决制，确定文物安全工作要求及责任，改变了文物安全弱势管理状况，增强了文物安全责任的刚性。积极配合市人大文物执法检查。8月，市人大常委会对全市文物执法情况进行专项检查，听取市文物局关于全市文物保护和文物执法情况汇报，到澧县、石门县进行现场视察。加强文物保护单位和馆藏文物巡查力度。按照国家文物局《文物保护单位执法巡查办法》等要求，由文物科、博物馆科牵头分季度对全市28处全国重点文物保护单位、37处省级文物保护单位和149处市级文物保护单位以及馆藏文物进行巡查，并书面报送巡查情况，发现问题及时进行整改，特别是加强了野外考古工地管控，严防犯罪分子盗窃破坏。开展“专项活动”，促进安全隐患排查整改。7月，开展“夏季汛期文物安全大检查”；8月，开展“全市文物建筑消防安全专项整治活动”；重点组织开展春节、“五一”、“十一”3次专项整治活动。全市共排查安全隐患12处，已全部督促整改到位，更新灭火器30罐，更换老化电线500余米，改造消防栓3处。

文物法规宣传。市县两级文物部门上下联动，利用“5·18”国际博物馆日和中国第十一个“文化遗产日”开展宣传活动，悬挂宣传横幅，印发宣传折页10000余份，制作全市文物保护成果展牌150余套，“中日常德会战”展牌30余套，举办专家咨询和文物免费鉴定30场次。通过报刊、电视媒体、单位网站、微博等平台进行图文并茂的宣传活动。全市积极通过网络、电视、报刊等媒体发布文物宣传活动信息。在各级报刊发表学术交流文章10余篇，完成专著撰写1本，单位网站信息采集300余条，3月，联合常德博物馆特邀电视台制作《贯彻习总书记讲话精神，切实加强文物保护》专题片一部，11月，从市文化名城引导资金渠道争取资金3万元，单位出资3万元，制作三集电视文物宣传专题片。开展以“讲文物故事,知家乡历史”为主题的文物保护单位解说词征集活动，截至10月底全市向省红网上传解说词共计200余篇，入围作品71篇，入围作品数量及质量排名全省第一。

（王永彪　张海波）

【考古新发现】 七里桥明代墓群发掘。2016年，在德国风情街（德国小镇）、大小河街和婚庆产业园建设项目施工过程中，常德博物馆考古工作人员抢救性发掘多座明代墓葬，出土一批精美文物，为研究明代王府官制、荣藩属官及常德荣藩对地方的影响提供了新材料。

一是明荣府承奉正郭良父母合葬墓发掘。明荣府承奉正郭良父母合葬墓位于市区紫缘桥与姻缘河桥之间的穿紫河东段北岸，因河街仿古商业街建设项目施工而被扰动，常德博物馆对其进行抢救性发掘。郭良父母合葬墓，外有一周圆形砖砌墓围，直径约为766厘米，已被破坏，仅存少量砖铺地面。封土堆及开口地面均已被挖土机破坏。墓口也被挖掘机破坏。郭良父母合葬墓为并列双室合葬墓，外部均用三合土浇筑而成。李孺人墓（M13）墓圹长320厘米，宽196厘米，三合土墓墙厚34厘米，墓室长252厘米，宽128厘米，残深108厘米，墓室内葬具为一棺一椁，椁盖板及棺盖板均已被挖掘机破坏，外椁侧板厚16厘米，内棺长204厘米，宽80～84厘米，深60厘米，棺内深40厘米处置一笭床，厚10厘米，笭床下棺底放置石灰包，共108包。郭公墓（M14）墓圹长320厘米，宽168厘米，三合土墓墙厚28～34厘米，墓室长252厘米，宽112厘米，残深90厘米，严重被毁，外椁侧板厚14厘米，棺仅存底板，推测棺长206厘米，宽70厘米。李孺人墓出土窑变梅瓶，2件，出土于M13南部墓墙外，M13:1，通高30.8厘米，M13:2，通高25.5厘米。瑞兽十二生肖铭文铜镜，1枚，M13:4，直径26厘米，缘厚1.5厘米。圆形，半球形圆钮，八柿蒂叶纹钮座，每片柿蒂叶上饰两个乳丁纹，钮座外环绕着八只瑞兽，瑞兽外为一周绳纹及一周短斜线纹，再往外为一周铭文：“規逾璧水，綵艶蘭缸；銷兵漢殿，照膽秦宮；龍生匣裹，鳳起臺中；桂舒全白，蓮開半紅；臨莊並笑，對月分空；式固貞吉，君子攸同。”在“同”与“規”之间有一个“米”字形符号，铭文外为一周十二生肖，中间间以卷草纹，缘上饰花叶纹。郭公墓出土青白釉梅瓶，2件，M14:1，通高25.5厘米，M14:2，通高25.5厘米。

二是明荣藩承奉司承奉正周胜墓。周胜墓位于常德市区穿紫河北岸、丹阳路七里桥东南部的婚庆产业园建设项目工地，虽被施工挖掘机破坏，但出土有墓志及少量随葬品。周胜墓为长方形土坑竖穴浇浆三合土墓，其开口地表已被破坏，外有圆形砖砌墓围，因施工被毁，形制不全，仅存两小段，北部大部分三合土墓墙亦被施工挖掘机破坏。长方形墓圹长396厘米，宽208厘米，浇筑两层石灰三合土墓墙形成墓室，外层比内层更致密，外层厚32～36厘米，北部残高20厘米，南部残高80厘米，内层厚32～40厘米，北部残高10厘米，南部残高60厘米，墓室内葬具为单棺，已朽，仅存底板，推测棺长242厘米，宽76～96厘米，北宽南窄。人骨已朽，葬式不明。周胜墓出土有铜镜1枚，玉牌2块。四乳禽兽纹铜镜。M13:3，直径9.5厘米，缘厚0.4厘米，重154.8克，锈蚀。圆形，半球形圆钮，圆形钮座。钮座外四组三道线条四组一道弧线相间分布，然后两周短细斜线纹之间为主纹饰。主纹饰为四乳丁与二虎二禽鸟相间环绕。镜缘上饰一周双线锯齿纹。五岳真形玉牌，2块。M13:1、M13:2，长4厘米，宽3厘米，厚0.5厘米。形制相同，背部图案相对称，为道教五岳真形符箓。周胜墓出土砂岩质墓志1方，嵌于南部两层三合土墓墙之间，长48.5厘米，宽46厘米，厚5.8厘米，其一面为墓志铭文，楷书，21列，共547字。另一面为镇墓符箓，均阴刻填朱。（王永彪　张海波）

【省文物部门在常德的考古发现】 2016年，省文物考古研究所在常德境内进行一系列重要的文物调查勘探与发掘工作，取得新的收获。

汉寿县聂家桥乡茶铺村五组大岭上东晋墓发掘。2016年4月，省文物考古研究所清理一批东晋砖室墓。汉寿县在修建汉（寿）德（山）大道时，于聂家桥乡茶铺村五组大岭上取土场推出一座砖室墓。墓前端甬道部分被推毁，后端顶部及后壁上部也局部推毁，券顶尚未垮塌。现存部分平面呈长方形，砖室券顶。土坑墓壁残长810厘米、宽310厘米。砖墓外部残长530厘米、宽310厘米、高290厘米；墓内残长490厘米、宽208厘米、高245厘米；砖壁厚40～50厘米。墓坐北朝南，方向159°。墓早期被盗，仅采集极少青瓷片。该墓最重要的发现是墓砖上有许多铭文，铭文为模印阳文，少数印于墓砖的一挡边，多数印于一侧边。现能见到的铭文砖共345块，但实际数量应远多于此。据初步整理，其铭文内容共分两组：第一组据初步辨识有9种铭文，可组成一句完整的话："晋州从事、郡察孝不就、武陵汉寿龚道安，咸康二年岁在丙申时闰八月十日不禄于武昌，三年五月作此砖，葬于祖新都府君墓西侧。"第二组为独立的两种铭文：1.龔疾 2.武陵龔世羣墓墓砖。从两组铭文砖的内容分析，所涉及的墓主人有两个：龚道安和龚世群，因而推测这有可能是一座合葬墓。关于该墓的年代，铭文记载非常精确，墓主人之一龚道安死于咸康二年（336）闰八月十日，咸康三年（337）五月造砖修墓。咸康为东晋早期成帝司马衍时期。该墓的发现对于研究晋代历史以及东晋墓葬形制、丧葬制度等无疑有着重要价值。

唐林遗址考古发掘。2016年3—8月，省文物考古研究所对位于西洞庭管理区的唐林遗址进行抢救性考古发掘。发掘面积316平方米，共发现灰坑114个、灰沟17条、柱洞47个、房屋建筑基址2处，并获得大量实物标本。该遗址包含宋元时期、商周时期、石家河文化时期三个阶段的文化堆积。宋元时期遗物以瓷器（片）为主，釉色多黄釉、酱釉，器形有碗、盆、罐等，商周时期以泥质灰陶为主，其次为泥质黑陶，少量夹砂红陶、泥质红陶等，素面占多数，纹饰主要有绳纹、方格纹、圆圈纹、云雷纹等，可辨器形有罐、壶、盆、盘等。石家河文化时期陶器以泥质红陶为主，其次为夹砂红陶，另有泥质灰陶、泥质黑陶、夹砂褐陶等。素面占多数，纹饰有绳纹、方格纹、刻划纹、按窝、镂孔等。可辨器形有罐、壶、豆、圈足盘、鼎、陶塑动物等。唐林遗址的发掘具有重要意义：一是将西洞庭地区的文明史推进到4000年前；二是出土一批重要文物，填补了西洞庭湖地区的空白；三是揭露了一些商周时期和石家河文化时期的遗迹，这对研究当时的建筑形式、聚落布局及人们的生活方式等有重要的价值。

索县城遗址考古调查勘探。2016年8月，湖南省文物考古研究所对索县城遗址及周边地区进行全面钻探。对城内布局、城外聚落等方面取得新的认识。关于城内布局的认识：索县城由东西并列的大小两座城组成，大城在东，小城在西，城墙外侧有壕沟环绕。城墙四角有高土台，推测为角楼一类的设施。大城南北各有水门1座，东西各有陆门1座，小城目前只发现南、北、东面的3个门。大城内发现有大型的建筑遗迹。关于城外聚落的认识：城址北面有人工开挖的河道将城址西侧的黄蜡溪与北壕沟连通，城南面与七里湖水面相通。城外有战国遗址分布。城外发现与索县城有关联的墓群9处，分别为五坡岭墓群、张家咀墓群、黄家铺墓群、杨家大山墓群、覃家岗墓群、柳垱墓群、青草陂墓群、周家店墓群、园艺场墓群。

孙家岗遗址考古发掘。2016年10月，省文物考古研究所对澧县孙家岗遗址进行考古发掘。布设5米×5米探方10个，孙家岗遗址2016年度考古发掘工作的首要目的，是探明遗址文化堆积的时代跨度，确定遗址的时间坐标，同时尽可能多的了解遗址的文化面貌与内涵。为此，首批布设的10个探方分为两个发掘区：一区位于遗址西南部，钻探时所发现大灰沟南岸，垂直于灰沟走向南北向一线4个探方，是对该灰沟的解剖性发掘；二区位于岗地南缘，南北向一线6个探方横跨钻探时所发现的环绕岗地一周之环壕，是对环壕的解剖性发掘。通过灰沟与环壕内各堆积单位所包含的动植物遗存与各种人工遗物，来了解遗址的文化面貌与演变，及其当时的环境与生业等信息。清理沟、坑及建筑类遗迹20余处，采集到一批具有时代特征的陶石器遗物。其中一区大灰沟废弃堆积之上揭示出一用红烧土堆筑而成的建筑台基，其上还发现有一组柱洞遗迹。二区的发掘则显示，在遗址南缘外围存在早晚关系明显的三期壕沟，其形状与走向现皆已基本揭示出来。

临澧宋玉城考古发掘。2016年12月，省文物考古研究所、临澧县文物局对宋玉城内相关区域展开考古发掘。宋玉城遗址位于临澧县望城乡楚城村（原宋玉村），相传为楚大夫屈原弟子宋玉故居，故名宋玉城，是一座战国时期城址。本次共发掘150平方米，发掘分为两个区域，每个区域均采用RTK布设5米X5探方各3个。此次发掘共发现灰坑7个，灰沟2条，黄土台基1座，遗物包含瓷片、陶片、铁器、铜器等。宋玉城遗址地层堆积相对简单，主要为现代耕土层和明清时期地层、唐宋时期地层和战国时期地层。根据堆积填土的土质土色与层位关系的布局关系，推断灰沟功能为排水用途。黄土台基推测其功能应为当时城内修筑建筑所筑造的基址。本次发掘所获遗物主要以战国晚期陶瓦和陶器为主，陶器主要为豆与罐，多残破。此外还发现有碎铜器和唐宋时期铁器。集中于宋玉城北部。经过系统的田野发掘，验证前期考古钻探结果，对宋玉城内的区域功能有了进一步认识。此外，发掘取得的考古材料，为深入了解宋玉城的使用年代、性质等提供直接证据。

（王永彪　张海波）

体　育

【概况】 群体活动。2016年，常德市先后承办常德柳叶湖国际马拉松赛、环洞庭湖国际新能源汽车拉力赛、环洞庭湖国际公路自行车赛、中国柳叶湖国际帐篷节等四大国际性赛事及全省群众性龙舟赛总决赛等省级规模以上赛事活动。组织开展常德市第六届广场舞健身舞大赛、首届户外乒乓球比赛、首届体育舞蹈挑战赛等数十项市级赛事活动。武陵区举办机关运动会，汉寿县举办首届全运会，澧县举办全国“体彩杯”钓鱼巡回赛、湖南省第九届老年人运动会桥牌赛，安乡县组织“黄山头杯”常德市第四届太极拳活动展示、湘鄂边乒乓球友谊赛暨第21届湘北地区乒乓球俱乐部联赛，津市市举办常德市老干部门球赛，丰富了市民精神文化生活。

竞技体育。常德籍选手周玉再次出征奥运会女子单人皮艇500米项目，获得第六名，是2016年里约热内卢奥运会中国皮划艇队获得的最好名次。常德运动员杨超、黄兴参加第15届残奥会夺得2金1银的优异成绩，是有史以来常德市残疾人运动员取得的最好成绩。德成龙舟队代表中国赴德国参加第22届汉诺威龙舟节获冠、亚军。北正街小学足球队代表湖南省出征第九届“鲁能·德馨杯”国际少儿足球赛获得校园甲组冠军，刷新常德市少儿足球得奖最高纪录。武陵区胜利路小学代表湖南省参加2016年全国游泳项目传统学校比赛，获得金牌9枚、银牌1枚、铜牌2枚，金牌总数名列第二，团体总分第三名。澧县一中参加2016年全国体育传统项目学校田径锦标赛获得2枚金牌，2枚铜牌。常德市在2016年湖南省青少年锦标赛田径、游泳等18个项目比赛中共获得58金、47银、41铜、总分2603分，并承办2016年湖南省青少年体操锦标赛。

体育产业。常德市积极对接骑射体育产业园区项目和旱雪体育公园项目。其中，骑射体育产业园项目计划用地33.33万平方米，总投资5亿元，世界骑射联盟主席金永夔、世界骑射联盟裁判委员会主席张慕顺一行到常德进行考察。2016年，常德拓宽行业渠道，彩票销售大幅提升，全市销售网点由325个增加为400个，全年销量11.27亿元，较2015年增长8.96亿元。常德市体育产业专项调查工作培训会召开，体育产业统计日趋规范。（罗淮蓉　孙宁思）

【2016常德柳叶湖国际马拉松赛】 2016年11月19日上午8点，2016常德柳叶湖国际马拉松赛在常德市白马湖文化公园北门鸣枪开跑。该项赛事由劲牌独家冠名，由中国田径协会、湖南省体育局、常德市人民政府主办，比赛路线围绕最能体现常德城市风貌及特色的柳叶湖主干道进行设置规划，参赛规模为10000人，设3个比赛项目，其中马拉松项目2000人、半程马拉松项目3000人、迷你马拉松项目5000人。通过中央电视台体育频道进行直播，国内外近40家主流媒体进行实时跟踪报道。常德市内选手占到总人数43%，市外国内选手占57%，赛事还邀请来自10多个国家30名外籍选手参赛，本地选手的高比例也充分体现了常德市民对于跑步的热爱及常德市浓厚的体育氛围。

来自肯尼亚的Kipkoech RUTO以02：18′51″成绩取得马拉松男子组冠军，来自吉尔吉斯斯坦的Poliudina Viktoriia以02:40′35″的优秀成绩获得马拉松女子组冠军。（罗淮蓉　孙宁思）

【常德女将周玉再次出征奥运】 2016年8月18日，在里约奥运会皮划艇静水项目女子单人皮艇（K1）500米-A组决赛中，常德女将周玉以1分54秒994成绩获得第六名，是本届奥运会中国皮划艇队获得的最好名次。

（罗淮蓉　孙宁思）

【湖南第三届群众性龙舟赛总决赛】 2016年6月5日上午，2016“我们的节日·端午·屈原杯”湖南省第三届群众性龙舟赛总决赛在常德市柳叶湖举行。分赛区获胜的16支龙舟队参加总决赛，总决赛设500米直道竞速、200米直道竞速及团体总分3个项目，并设体育道德风尚奖。株洲市龙舟协会悠移山庄龙舟队、娄底天堂金华龙舟队、长沙望城千龙湖龙舟队分别获得200米冠亚季军；株洲悠移山庄龙舟队、常德安乡德成建设有限公司龙舟队、长沙望城千龙湖龙舟队分别获得500米直道竞速冠、亚、季军；株洲悠移山庄龙舟队、长沙望城千龙湖龙舟队、常德安乡德成建设有限

2016常德柳叶湖国际马拉松赛

公司龙舟队分获团体总分前三名；怀化学院龙舟队、湖南文理学院龙舟队、常德安乡德成建设有限公司龙舟队、湘西州吉首河溪龙舟队、永州市龙舟队获道德风尚奖。（罗淮蓉　孙宁思）

【2016 环洞庭湖国际新能源汽车拉力赛（常德站）】 2016 年 10 月 14 日上午，2016 环洞庭湖国际新能源汽车拉力赛常德站发车仪式在柳叶湖游客集散中心举行。市委书记王群向明星车队选手王明娟和李敬赠送城市宣传品，市委副书记、市长周德睿致辞，省体育局局长李舜宣布比赛开始。

环洞庭湖国际新能源汽车拉力赛由省政府和中国汽车摩托车运动联合会主办，是湖南省培育打造的第一个国际性自主品牌赛事，是国内首次将新能源汽车与环洞庭湖乡土人情、生态经济、旅游产业、对外开放等元素融合举办的大型综合赛事。计划从 2016 年起连续 5 年在环洞庭湖经济生态区（长沙、岳阳、益阳、常德）举行。常德站作为该届比赛的第三站，境内赛程达 150 多千米，沿途经过沙滩公园、罗湾大桥、穿紫河风光带等多个旅游风光点。

（罗淮蓉 孙宁思）

【2016 环洞庭湖国际公路自行车赛】 2016 年 12 月 24 日，2016 环洞庭湖国际公路自行车赛热身赛暨湖南（常德）自行车联赛柳叶湖站在常德市柳叶湖畔举行。这是 2016 环洞庭湖国际公路自行车热身赛开赛以来的第三场比赛，也是首场公路赛。整个赛道围绕柳叶湖展开，途经司马楼、骡湾大桥、沙滩公园、鹊桥公园、丝弦广场等特色景点。比赛分为男子、女子公路组，总里程分别为 70 千米和 35 千米，其中男子公路组 153 人，女子公路组 38 人。

男子组诺飞客彦豪中国车队齐奇获得冠军，河北捷安特恒德贸华车队李昕获得亚军，长沙顺时针车队陈贻恩获得季军。女子组河北捷安特恒德贸华车队董艳霞夺得冠军，MOTION 中国车队刘冉获得亚军，富士中国车队李海燕获得季军。（罗淮蓉 孙宁思）

【2016 年湖南省青少年体操锦标赛】 2016 年 7 月 25 日，湖南省青少年体操锦标赛在常德市体育运动学校体操馆结束。此次比赛由湖南省体育局主办，湖南省体操运动管理中心、常德市文体广新局承办，常德市体育运动学校协办，是全省青少年儿童体操项目的一次盛会。比赛按年龄、男女共设 6 个组别，62 个小项。来自长沙、益阳等 16 支代表队近 200 名运动员参加本次比赛。湘西自治州、长沙、株洲三支代表队分获团体前三名。

（罗淮蓉　孙宁思）

表 19

2016 年常德籍运动员参加全国比赛成绩统计表

序号	姓名	性别	项目	比赛名称及名次	项目	名次	成绩	比赛时间	比赛地点
1	张 亮	男	赛艇	全国室内赛艇锦标赛	男子四人双桨 2000 米	1	05:54′	2016.3	上海
2	张 亮	男	赛艇	全国室内赛艇锦标赛	男子测功仪 2000 米	1	05:55′5″	2016.3	上海
3	史志强	男	赛艇	全国赛艇冠军赛	男子单人双桨 2000 米	1	07:21′	2016.4	浙江千岛湖
4	史志强	男	赛艇	全国赛艇冠军赛	男子单人双桨 8000 米	3	32:05′	2016.4	浙江千岛湖
5	边永杰	男	赛艇	全国赛艇冠军赛	男子双人双桨 2000 米	6	06:56′	2016.4	浙江千岛湖
6	边永杰	男	赛艇	全国赛艇冠军赛	男子四人双桨 2000 米	2	06:04′71″	2016.4	浙江千岛湖
7	关洪峰	男	赛艇	全国赛艇冠军赛	男轻四人单桨 2000 米	2	06:18′79″	2016.4	浙江千岛湖
8	梁明阳	男	赛艇	全国赛艇冠军赛	男轻四人单桨 2000 米	2	06:18′79″	2016.4	浙江千岛湖
9	关洪峰	男	赛艇	全国赛艇冠军赛	男子四人单桨 2000 米	2	06:16′68″	2016.4	浙江千岛湖
10	梁明阳	男	赛艇	全国赛艇冠军赛	男子四人单桨 2000 米	2	06:16′68″	2016.4	浙江千岛湖
11	梁明阳	男	赛艇	全国赛艇冠军赛	男轻双人单桨 8000 米	1	29:37′93″	2016.4	浙江千岛湖
12	关洪峰	男	赛艇	全国赛艇冠军赛	男轻双人单桨 8000 米	2	29:53′00″	2016.4	浙江千岛湖
13	张 亮	男	赛艇	全国赛艇锦标赛	男子单人单桨 2000 米	1	07:06′98″	2016.10	福建厦门
14	史志强	男	赛艇	全国赛艇锦标赛	男子单人单桨 2000 米	2	07:09′72″	2016.10	福建厦门
15	史志强	男	赛艇	全国赛艇锦标赛	男子双人双桨 2000 米	2	06:31′57″	2016.10	福建厦门
16	边永杰	男	赛艇	全国赛艇锦标赛	男子四人双桨 2000 米	3	06:02′47″	2016.10	福建厦门

续表 19

序号	姓名	性别	项目	比赛名称及名次	项目	名次	成绩	比赛时间	比赛地点
17	梁明阳	男	赛艇	全国赛艇锦标赛	男轻双人双桨 2000 米	4	04:48′60″	2016.10	福建厦门
18	关洪峰	男	赛艇	全国赛艇锦标赛	男轻单人双桨 2000 米	6	07:37′14″	2016.10	福建厦门
19	边永杰	男	赛艇	全国赛艇锦标赛	男子双人双桨 2000 米	7	06:39′95″	2016.10	福建厦门
20	周 玉	女	皮划艇	全国皮划艇春季冠军赛	女子单人皮艇 500 米	1	01:54′94″	2016.3	上海
21	周 玉	女	皮划艇	全国皮划艇春季冠军赛	女子单人皮艇 1000 米	1	04:06′980″	2016.3	上海
22	周 玉	女	皮划艇	全国皮划艇春季冠军赛	女子单人皮艇 200 米	2	00:42′660″	2016.3	上海
23	肖帅宇	男	皮划艇	全国皮划艇锦标赛	男子双人皮艇 200 米	5	00:34′431″	2016.9	福州
24	蒋 慧	女	滑水	全国滑水锦标赛	女子花样	1	1740 分	2016.11	湛江
25	韩 戬	男	滑水	全国滑水锦标赛	男子回旋	4	12 分	2016.11	湛江
26	蒋 慧	女	滑水	全国滑水锦标赛	女子回旋	1	7 分	2016.11	湛江
27	龚铮俊	男	滑水	全国滑水锦标赛	男子跳跃	4	23.4 米	2016.11	湛江
28	蒋 慧	女	滑水	全国滑水锦标赛	女子跳跃	1	19.6 米	2016.11	湛江
29	龚铮俊	男	滑水	全国滑水锦标赛	男子尾波	8	12 分	2016.11	湛江
30	蒋 慧	女	滑水	全国滑水锦标赛	女子尾波	5	28 分	2016.11	湛江
31	龚铮俊	男	滑水	全国滑水锦标赛	特跳	2	300 分	2016.11	湛江
32	蒋 慧	女	滑水	全国滑水锦标赛				2016.11	湛江
33	韩 戬	男	滑水	全国滑水锦标赛	男子全能	6	837.2 分	2016.11	湛江
34	蒋 慧	女	滑水	全国滑水锦标赛	女子全能	1	3000.0 分	2016.11	湛江
35	杨玉洁	女	蹦床	全国蹦床冠军赛	女子单跳团体	7	61.6 分	2016.5	嘉兴海宁
36	杨玉洁	女	蹦床	全国蹦床锦标赛	女子单跳个人	5	60.5 分	2016.8	天津
37	周嘉源	男	跳水	全国跳水冠军赛	男女混合三米板	5	286.2 分	2016.5	广西南宁
38	周嘉源	男	跳水	全国跳水锦标赛	男女混合三米板	6	271.2 分	2016.9	广东广州
39	童曾欢	女	田径	全国田径冠军赛暨大奖赛总决赛	女子 4×400 米接力	2	3:35′26″	2016.6	重庆
40	廖梦雪	女	田径	全国田径冠军赛暨大奖赛总决赛				2016.6	重庆
41	童曾欢	女	田径	全国田径冠军赛暨大奖赛总决赛	女子 400 米	3	54′30″	2016.6	重庆
42	廖梦雪	女	田径	全国田径冠军赛暨大奖赛总决赛	女子 200 米	6	24′53″	2016.6	重庆
43	童曾欢	女	田径	全国田径锦标赛	女子 4×400 米接力	3	03:36′75″	2016.9	天津
44	廖梦雪	女	田径	全国田径锦标赛				2016.9	天津
45	廖梦雪	女	田径	全国田径锦标赛	女子 200 米	4	23′90″	2016.9	天津
46	童曾欢	女	田径	全国田径锦标赛	女子 400 米	2	53′25″	2016.9	天津
47	袁 红	女	摔跤	全国女子自由式摔跤锦标赛	女子跤	7		2016.4	广东广州

续表 19

序号	姓名	性别	项目	比赛名称及名次	项目	名次	成绩	比赛时间	比赛地点
48	傅祖云	男	射击	全国射击团体个人锦标赛	男子三种姿势团体	7	3480 环	2016.9	江西南昌
49	徐仰峥	男	射击	全国射击团体个人锦标赛	男子手枪速射团体	6	1721 换	2016.9	重庆
50	黄 攀	男	跳伞	全国跳伞锦标赛	双人花样踩伞	1	8 分	2016.8	宁夏盐池
51	黄 攀	男	跳伞	全国跳伞锦标赛	男子集体定点	5	0.19 米	2016.8	宁夏盐池
52	黄 攀	男	跳伞	全国跳伞冠军赛	男子集体定点	1	0.18 米	2016.9	宁夏银川
53	占好定	女	赛艇	全国赛艇青年锦标赛	女子单人双桨 2000 米	4	08:00′00″	2016.7	北京
54	肖帅宇	男	皮划艇	全国皮划艇青年锦标赛	男子双人皮艇 200 米	3	00:36′13″	2016.5	上海
55	周嘉源	男	跳水	全国青少跳水冠军赛	男女混合三米板	7	234.81 分	2016.3	重庆
56	周嘉源	男	跳水	全国青少跳水锦标赛	男女混合三米板	4	270.0 分	2016.7	四川遂宁
57	周嘉源	男	跳水	全国青少跳水锦标赛	男女混合全能	4	352.70 分	2016.7	四川遂宁
58	周嘉源	男	跳水	全国青少跳水锦标赛	男子个人全能	3	756.45 分	2016.7	四川遂宁
59	周嘉源	男	跳水	全国青少跳水锦标赛	男子双人三米板	6	361.83 分	2016.7	四川遂宁
60	邓超群	男	田径	全国青少田径锦标赛	男子 200 米	7	21′78″	2016.6	鄂尔多斯
61	施明亮	男	跆拳道	全国青少跆拳道锦标赛	跆拳道 51KG	5		2016.7	鄂尔多斯
62	李 卿	女	射击	全国青少射击锦标赛	女子 10 米气步枪团体	4	1236.2 环	2016.7	河南郑州
63	李 卿	女	射击	全国青少射击锦标赛	女子 10 米气步枪冲刺射击	6	09:45′1″	2016.7	河南郑州
64	李宁馨	女	网球	全国青少年网球排名赛总决赛	女子双打	1		2016.9	江苏南京
65	李宁馨	女	网球	全国青少年网球团体锦标赛	女子团体	5		2016.10	北京
66	王楚妮	女	网球	全国少年杯网球团体锦标赛	女子团体	4		2016.11	广东深圳

卫 生

综 述

【概况】 2016年，全市共有医疗机构5445个，其中：综合医院55个，中医医院11个，中西医结合医院1个、专科医院20个、社区卫生服务中心21个、社区卫生服务站73个、乡镇卫生院219个、村卫生室3935个、诊所1021个、门诊部19个、疾病预防控制中心（防疫站）15个、专科疾病防治院（所、站）25个、健康教育所（站）2个、妇幼保健院（所）10个、采供血机构3个、卫生监督所11个，其他卫生机构4个。2016年，全市开发床位32213张，每千人口床位数5.51张，每千人口执业（执助）医师2人，每千人口注册护士1.7人，共有各类卫生计生人员28299人。全市医疗卫生单位房屋建筑物面积261.82万平方米，总资产83.4亿元，单价50万元以上仪器设备539台。全市总诊疗人次2334.98万，其中门诊人次2108.33万，住院人次112.97万，二级以上公立医院病床使用率103.43%，其它医院床位平均使用率68.7%。正处级事业单位2家（市一医院、市一中医院），副处级事业单位4家（市二医院、市疾控中心、市卫监局、市妇幼保健院），科级事业单位5家（市职防所、市皮防所、市中心血站、市五医院、市医管站）。

卫生计生体制改革。全面整合卫生计生机构。全市乡镇（街道）均设立卫生计生办、卫生计生监督管理所、妇幼保健和计划生育服务站。开展城市公立医院综合改革试点。市城区13家公立医院取消药品加成，实行零差率销售。提升医疗服务能力。全市所有县乡和26%的村居应用基层卫生信息系统。市级医院全部实现电子病历、预约挂号、一卡通自助等信息服务平台，县级综合医院建立以电子病历和影像系统为重点的信息系统。市二医院、石门县人民医院、澧县人民医院、汉寿县人民医院等4家医院升级为三级医院。整合城乡居民医保。城乡居民医保政府补助标准提高到420元/人，新农合参合率达到99.29%，城乡大病保险和疾病应急救助制度全面建立。推进医疗集团化建设。组建以市一医院、市一中医院、市妇幼保健院为龙头的三个医疗联盟，支持“圣心”医生集团发展，启动分级诊疗试点工作，基层首诊、分级诊疗、双向转诊、多点执业制度正在逐步建立。全面落实基本公共卫生服务。全市人均基本公共卫生服务经费补助标准增加到45元，12类45项基本公共卫生服务得到全面落实，全市累计建立居民电子健康档案526.74万份，建档率88.6%。巩固基本药物制度。政府办基层医疗机构全面实施基本药物制度，村卫生室实施基本药物制度覆盖率达到88.14%。全市240家基层医疗机构和3935家村卫生室累计采购药品品规1421个，采购总金额达1378万元，药品配送率达到97.36%。

传染病及慢病防控。2016年，全市通过疫情网络直报系统共报告乙丙类传染病19种25593例，未发生人感染H7N9禽流感、非典、人禽流感等重大传染病疫情。免疫规划水平稳步提升。累计接种国家免疫规划疫苗102.76万剂次，其中乙肝、脊灰、麻腮风等疫苗接种率达到90%以上。精神卫生综合管理试点顺利推进。整合严重精神障碍患者救治救助政策，建立市级心理援助热线，探索社会康复工作。全年救治救助重性精神疾病患者930人，改扩建精神卫生服务中心2家，全市严重精神障碍患者检出率达到4.56%，规范管理率达到86.97%，均位居全省前列。城乡居民健康指数稳步提升。中医药事业蓬勃发展。积极开展中医医院等级评审、实施基层中医药服务能力提升、打造名医名科名院、加强中医药宣传等主题活动，保持了全国基层中医药工作先进位置。积极开展健康巡讲、控烟、农民健康行等健康教育活动和中央健康素养项目，农村卫生厕所普及率提高到76%，临澧县、安乡县、津市市顺利通过国家卫生城市复查、检查验收。急性血吸虫病得到有效控制，人、畜血吸虫病感染率进一步下降，血防工作各项考评指标位居全省前列。及时处置诺如病毒感染传播事件，实现年内无重大传染病疫情暴发流行、无重大突发公共卫生事件发生、无重大餐饮安全事故目标。

医疗机构管理。严格医疗服务管理。按照国家相关病种临床路径及县医院版标准，推进临床路径管理，全市9个县市区人民医院、3家市直医院共选择300余种常见疾病进入临床路径，二级综合医疗机构10个病种、三级医疗机构15个病种实施临床路径管理，实施同级医疗机构检查结果互认，重大疾病规范化诊疗水平大幅提升。二级以上公立医院均实施“无假日门诊”、预约诊疗，2016年，群众、患者通过电话、“114”平台、现场初诊预约28975人次，复诊预约6000余人次，三级医院的专家门诊预约诊疗率达70%。同时，积极探索“先诊疗、后结算”模式，让患者就医更方便。开展优质护理示范工程。三级医院优质护理示范病房覆盖率达到100%以上，二级医院优质护理示范病房覆盖率达到80%以上，临床护士占医院护士总数的95%，普通病床与护士数之比达到1:0.4。开展抗菌药物临床应用专项整治。三级医院对抗菌药物进行全面清理，使用品种已控制在50个以内，二级医院使用品种已控制在35个以内，抗菌药物实行“一品两规”，开展临床不合理使用抗菌药物点评，在湖南省抗菌药物监测网站新增27家单位，实时上报医院用药指标数据。开展万名医师下基层活动。2016年，选派100多名医务人员下基层开展为期半年的支援服务，派出10多名医务人员到乡村担任科技特派员。市城区医院均落实城市二三级医院对口支援社区卫生工作，各医院长期派出专家到社区进行坐诊服务。

卫生综合执法。2016年，全市共组织打击非法行医、传染病防治、职业病防治与“两非”等专项整治行动8次，对92家公共场所、109家医疗卫生机构、25家学校、32家二次供水及生活饮用水单位、49家职业放射单位进行全方位卫生监督检查。共发出卫生监督意见书265份，查处案件37起，罚款19万元。完成重大节日、重大活动期间的卫生监督保障任务，维护了医疗机构的政策秩序与各项公共卫生安全。

妇幼健康管理。2016年，全市住院分娩产妇57645人，孕产妇建档率99.59%，孕产妇健康管理率94.67%，剖宫产率47.04%。进一步加强出生缺陷防治力度，出台《常德市出生缺陷防治实施方案》，建立“政府主导、部门配合、分级负责、群众参与”的工作模式，免费婚检率达92.68%，疾病检出率达10%，全市出生缺陷发生率两年同比下降12.51%。开展生殖道感染、性传播疾病、宫颈癌、乳腺癌等常见妇科病的普查普治工作，做好预防艾滋病、梅毒、乙肝母婴传播等工作，提高妇女儿童健康水平。全市5岁以下儿童死亡率4.44‰，比省控制指标低3.56个千分点。孕产妇死亡率13.88/10万，比省控制指标低3.12/10万。（史启寅）

常德市“双十佳”医护工作者表彰暨先进事迹报告会

【卫生三年攻坚】 卫生三年攻坚圆满收官，2016年，全市共投资16.9亿元，新建或改扩建医疗卫生项目343个。2014—2016年，全市累计投入资金60亿元，新建或改扩建医疗卫生项目近1000个，建成湘雅常德医院，建好市城区17个社区医疗卫生服务中心，扩建市一医院、二医院、四医院、康复医院，开展市一中医院与中国医药集团战略合作，并启动整体迁建工程，新建或改扩建18个县级人民医院、中医院、妇幼保健院和935个乡镇卫生院、村居卫生室，全市医疗卫生服务体系面貌焕然一新，服务环境明显改善。（史启寅）

【举办“双十佳”医护工作者表彰暨先进事迹报告会】 2016年11月17日，举行“双十佳”医护工作者表彰暨先进事迹报告会，市委常委、统战部部长、副市长陈华出席表彰大会。全市20名“双十佳”人员受到表彰奖励，6名“双十佳”代表报告先进事迹。（史启寅）

疾病预防控制

【概况】 2016年，市疾控中心被省疾控中心表彰为全省生物制品管理工作先进单位，刘保湘、郭志忠、何卫军为先进个人；被省疾控中心表彰为全省流感监测工作先进集体，熊慧娟、兰琦杰为先进个人；被省疾控中心授予“全省新闻宣传先进单位”“湖南省重点传染病监测先进单位”称号；被省结防所评为“湖南省结核病防治规划先进集体”；被武陵区委办、武陵区政府办表彰为“社会管理综合治理工作先进单位”；被市老科协会评为“老科协工作先进单位”；被市文明办评为“常德市文明标兵单位”；被市血防办评为“查螺灭螺工作先进单位”；被市卫计委评为“目标管理考核优秀单位”。

急性传染病防控与应急处置。2016年，全市通过疫情网络直报系统共报告甲乙丙类传染病25593例，累计发病率为437.94/10万，发病数与2015年同比上升13.17%，死亡49例，累计死亡率

0.84/10万，死亡数与2015年同比减少15.52%，病死率为0.19%，与2015年持平，无甲类传染病报告。发病数居前五位病种为：手足口病、肺结核、乙肝、梅毒和丙肝。病死率居前三位病种分别为狂犬病、艾滋病和出血热。市疾控中心制定《常德市2016年不明原因肺炎与人禽流感监测方案》，截至2016年年底，全市未发现人禽流感、不明原因肺炎和SARS、MERS病例。5月，市疾控中心启动霍乱内外环境监测、登革热监测，5—10月检出霍乱弧菌阳性2份，登革热病例1例，为输入性病例。手足口病监测，全市累计报告10622例病人，其中死亡1例，重症患者207例，疫情较2015年同期上升40.51%，重症病例数较2015年同期增加213.64%。实验室诊断病例596例，发现EV71阳性比例为47.99%，比2015年同期上升7.14个百分点。对托幼机构和小学等重点场所进行工作督导，落实防治措施，最大限度地减少聚集性病例和暴发疫情发生。及时、规范、有效处置突发公共卫生事件6起，其中一般突发公共卫生事件1起，未分级事件5起，均为传染病疫情事件，累计发病153例，无死亡病例。6—9月，市疾控中心共捕鼠135只，采集鼠血标本135份，通过鼠疫间接血凝试验检测鼠疫F1抗体均为阴性，全年未发现人间鼠疫疫情，亦未发现大量死鼠等异常情况。2016年，全市共报告狂犬病6例，其中澧县3例，鼎城区、临澧县和津市市各1例；报告布病病例10例；报告出血热病例36例，死亡1例；报告其他感染性腹泻病747例。以上疾病均呈散在分布，且受到各级疾控部门密切关注，未发现扩散流行趋势。

重大传染病防控。一是性病艾滋病防控。全市累计报告HIV/AIDS 2537例，累计存活HIV/AIDS 1856例，2016年新发现HIV/AIDS 472例。全市累计完成暗娼干预29235人次，发放安全套221424只，发放宣传资料38479份，检测3950人次，筛查HIV阳性1人。全市6个针具交换点共发放注射器61060支，回收注射器58262支，HIV检测人数688人。全市性病门诊接诊就诊者6368人次，发放宣传资料6527份，发放安全套56925只，检测6354人次，确认HIV阳性14例。全市全年干预MSM 5200人次，检测904人次，主动监测发现HIV初筛阳性17例。开展拘押人员筛查检测5271人次，艾滋病初筛阳性7人次，确认阳性7人。全市5个国家级哨点监测点，市本级承担2个监测点监测数据为：吸毒哨点HIV阳性0人；梅毒检测阳性人数13人，阳性率3.3%；丙肝检测阳性人数64人，阳性率16%。孕产妇人群艾滋病、丙肝感染率均为0%；梅毒检测阳性人数2人，阳性率0.5%；在抗病毒治疗方面，常德市累计为1685例（成人1677例儿童8例）符合治疗标准艾滋病病人提供免费抗病毒治疗，正在接受治疗1462人（成人1456例儿童6例）。全市2016年新增1家艾滋病初筛实验室。全年53家初筛实验室和1家确证实验室累计筛查各类人群标本730063人份，人口检测率为12.5%。二是结核病防控。2016年，现代结核病控制策略覆盖率继续维持在100%。全市共发现并免费治疗活动性肺结核患者4485例（其中阳性患者1716例、阴性患者2751例、结核性胸膜炎16例，肺外结核2例）。全年非结防机构网络直报肺结核患者总体到位率为94.6%，病原学阳性肺结核患者治愈率为86.5%，病原学阴性肺结核患者治疗成功率为97.8%，流动人口肺结核患者治疗成功率为97.4%，密切接触者筛查为100%，全市共发现耐多药患者49例，其中纳入治疗32例，完成全年发现任务（31例）103.2%。全市共登记耐多药高危人群128例，筛查135例，筛查率为105.5%，全年基层医疗卫生机构累计随访管理活动性肺结核患者6432例，规范管理6355例，规范管理率为98.8%，均达到国家规划要求。

免疫规划。2016年，全市累计接种国家免疫规划疫苗102.76万剂次，其中本地儿童90.38万剂次，流动儿童12.38万剂次。此外，还接种狂犬病疫苗、灭活脊灰疫苗、Hib疫苗、流感疫苗等22种二类疫苗38.43万剂次。其中卡介苗、乙肝疫苗、脊灰疫苗、百白破三联疫苗、白破二联疫苗、麻风疫苗、麻腮风疫苗、A群流脑疫苗、A+C群流脑疫苗、乙脑疫苗、甲肝疫苗接种率都达到90%以上。继续做好针对性疾病监测，确保麻疹、AFP、乙肝等针对性疾病监测指标达到要求。全年通过国家疾病预防控制信息系统共报告AFP病例15例，经省疾控中心检测均为阴性，继续保持无脊灰状态，各项监测指标均超过《全国AFP监测方案》要求。报告疑似麻疹、风疹病例221例，确诊麻疹病例28例、风疹4例、排除176例。麻疹报告发病率为0.48/10万，风疹报告发病率为0.09/10万，无死亡病例。共报告乙肝病例4159例，其中慢性乙肝3742例，急性乙肝114例，未分类303例。做好AEFI、乙脑、流脑监测和处理。2016年，全市报告AEFI 286例，其中一般反应267例，异常反应16例，偶合症3例。一般反应均为发热/红肿/硬结，异常反应中过敏性皮疹7例，荨麻疹4例，过敏性休克1例，麻疹猩红样皮疹1例，其他过敏性反应2例，增生肉芽肿1例。病例48小时内报告率、48小时内调查率、3日内调查表报告率、AEFI个案完整率等各项指标均达到上级要求。2016年，全市无乙脑病例及流脑病例报告。完成免疫规划管理及疫苗监管信息系统建设，提高免疫规划信息化管理水平。2016年，全市累计冷链运转下发一类疫苗112.2万支，二类疫苗42.1万支，下发各类注射器130.9万支，接种证8.3万本、安全盒8000个。所有疫苗均严格按照冷链要求逐级下发到各县市区及接种单位，同时纳入纸质和网络系统出入库管理。开展学校和托幼机构接种证查验工作。2016年9—10月，全市各地按照中国疾控中心下发《入托、入学儿童预防接种证查验指导方案（试行）》规范开展新入托、入学儿童预防接种证查验工作并对各地查验工作开展情况进行督导。全市共在1561家托幼机构和学校开展该项工作，查验儿童数为107151人。

地方病与血吸虫防控。一是碘缺乏病防控工作。按照省市监测方案要求，对全市9个县市区开展碘盐监测工作，共采样2713份，碘盐共2692份，全市碘盐覆盖率达99.23%，合格碘盐2484

份，合格碘盐食用率为 91.56%，盐碘含量均数为 26.49 毫克 / 千克。其中，非碘盐 21 份，不合格碘盐 510 份，经人口加权，全市总体碘盐合格率为 92.31 %。二是疟疾防控工作。2016 年，全市共报告 16 例疟疾病例，均为国外输入性病例。对发热在 37.5℃以上“三热”病人开展疟原虫镜检工作，全市共血检 4038 人，阳性 14 人，阳性率 0.35%。2016 年，常德市通过消除疟疾省级考核验收。三是血吸虫病防控工作。市城三区查螺共投工日 199 个，调查面积 150.00 万平方米，查螺 21593 框，查出钉螺 4 只，经解剖无阳性，有螺面积 3.6900 万平方米。对市造纸厂芦苇转运码头及芦苇堆放地等可疑有螺环境进行药物灭螺，灭螺面积为 10 万平方米，完成全年灭螺任务。全年全市无急血病例，共查螺 21888.91 万平方米，反复灭螺 5459.88 万平方米。人群查病 258619 人次，治病 12530 人。2016 年顺利完成贺家山原种场输入性埃及血吸虫病疫情监测科研课题。

慢性病防控。一是加强死因监测网报网审力度。2016 年，全市共报告死亡病例 36122 例，粗死亡率为 6.19‰。多死因链填写完整率为 70.57%，身份证号填写完整率为 97.30%，死因编码正确比例为 98.30%。二是开展倡导全民健康生活方式行动。2016 年 9 月，举办“骨动常德”全市健骨操创意广场舞大赛，倡导健康生活方式和行为。2016 年，全市新增健康支持性环境 49 个。三是慢性病综合防控示范区创建工作取得重大进展。12 月，津市市顺利通过省级慢病综合防控示范区验收。

“骨动常德”全市健骨操创意广场舞大赛

健康危险因素监测。一是食品安全风险监测。制定《2016 年常德市食品安全风险监测方案》和《2016 年常德市食品安全风险监测实施细则》。按照监测方案要求，定期在 9 个县市区采集化学污染物及有害危险因素、食品微生物及其致病因子等样品 474 份，其中食品微生物及其致病因子监测采样 234 份，化学污染物及有害危险因素监测采样 240 份。全市 30 家食源性疾病监测定点医院共报告食源性疾病监测病例 4545 例，1 家承担生物样本采集工作哨点医院采集样本 145 例。全市共报告 13 起食源性疾病暴发事件，无疑似食源性异常病例 / 异常健康事件报告。做好监测数据录入以及食源性疾病病例、食源性疾病暴发事件审核工作，确保数据完整准确、信息上报及时。二是环境卫生和生活饮用水监测。2016 年，全市共监测出厂水 13 家、末梢水 30 个监测点、自建集中式供水 3 家、管道直饮水 14 家，合格率均为 100%。2016 年，全市需监测乡镇数 161 个，实监测乡镇数 176 个，完成率为 109.3%，共监测农村集中式供水、学校供水、分散式供水水样 1085 份，合格样品 803 份，合格率 74.01%，其中枯水期合格率 73.38%，丰水期合格率 74.63%。公共场所空气质量监测 65 个单位，监测 289 点次，合格 263 点次，合格率为 90%。采集监测公共用品用具样品 1981 份，合格率 100%。对城市市政供水、二次供水、管道直饮水 124 家市直管生活饮用水单位水质卫生质量进行抽样监测，共抽检水样 535 份，合格 392 份，合格率 73.27%。监测市直管医疗保健机构、全市医院血液透析用水单位、一次性卫生用品生产企业、托幼机构、集中餐饮具消毒企业、集中空调使用单位、游泳场馆等共计 236 家，监测各类样品 3802 份，合格 3644 份，合格率 95.84%。

健康教育宣传。2016 年，在“3·24”第二十一个世界防治结核病日、“4·25”全国儿童预防接种宣传日、“4·26”全国疟疾日、“5·15”防治碘缺乏病日、“血吸虫病防治宣传周”“食品安全宣传周”“7·28”第六个世界肝炎日、高血压日、脑卒中、“12·1”艾滋病宣传日等活动中，市疾控中心采取多种形式，通过电视、广播宣传 64 次、刊登报刊宣传 75 篇、散发宣传资料及宣传单 25.4 万张、发放宣传画 1 万张、宣传栏及盾牌 168 块、悬挂横幅 599 幅、街头宣传 68 次、招募新志愿者 40 人，累计接受群众咨询 5300 余人次，利用电视台滚动播放宣传标语，开展手足口、麻疹、霍乱、禽流感、结核病、碘缺乏病、血吸虫病等防控宣传。针对食品安全风险监测、城市饮用水安全等工作，市疾控中心积极与食品安全监管部门（市食安办、市卫生和计划生育委员会、市质监局、市食药监局）加强联系，为其提供科学数据。

检验检测能力建设。2016 年，常德市疾病预防控制中心新开展鸡胚培养、小肠结肠炎、巴尔通、土拉等新病原检测，首次分离出空肠弯曲菌、结肠弯曲菌，顺利完成国家和省级能力验证项目。全年检验检测结果准确及时，无一例差错事故。2016 年，顺利完成水产品中霍乱弧菌监测方法研究等科研课题，积极争取到国家疾控中心动物源细菌性多病原筛查项目。在预防医学门诊部、公共卫生体检中心等窗口设置征求意见箱，向服务对象发放征求意见表，全年无一例投诉事件发生。根据市疾控中心实际情况制定人才需求计划和储备工作。通过全员竞争上岗，优化中层以上骨干年龄、学历、职称结构。办理高级5人、中级4人、初级4人职称申报、聘任手续，进一步优化专业技术人才结构。通过公开招考，招聘7名专业岗位技术人员。中心检验检测大楼建设顺利。（熊衍广）

血吸虫病防治

【概况】 2016年，全市血吸虫防治办公室共查螺28819.6万平方米，完成计划132%；灭螺7200.8万平方米，完成计划112%；灭蚴1224.3万平方米，完成计划103%；对所属疫区百姓进行免费检查和治疗，共查病257289人次，完成计划108%；化疗153178人，完成计划102%;重点对全市遗留晚期血吸虫病人967人实施查病化疗等救治工作，并配合省血吸虫防治所开展晚期血吸虫病核查工作，共核查1062人。家畜查病45555头次，化疗79337头次。全市未发生急性感染病例。

培训宣教。2016年3—10月，市血防办举办全市钉螺普查技术暨基础技术培训班、全市血防领导干部业务能力提高班、全市血防联防联控培训班、全市检验骨干培训班、全市血防预防骨干人员培训班等业务知识培训班。4月25日，由市血防办牵头，联合市疾控中心、市血吸虫病专科医院、鼎城区血防办在常德市步行街开展血防宣教大行动。现场摆放展牌50多块，展出钉螺、血吸虫标本等实物，备有血防宣传册1万份，并设置2个血吸虫病专家义诊台、1个血防知识专家咨询台。发放宣传资料3000余份，义查、义诊150余人次，接受咨询500余人次。市委副书记徐正宪、市政府副秘书长易耀平，市血防领导小组成员单位负责人，并邀请部分驻常武警官兵参加血防宣教活动。“血防宣传周”活动期间，全市采取出动宣传车辆、发放血防宣教资料、举办电视讲座、放映

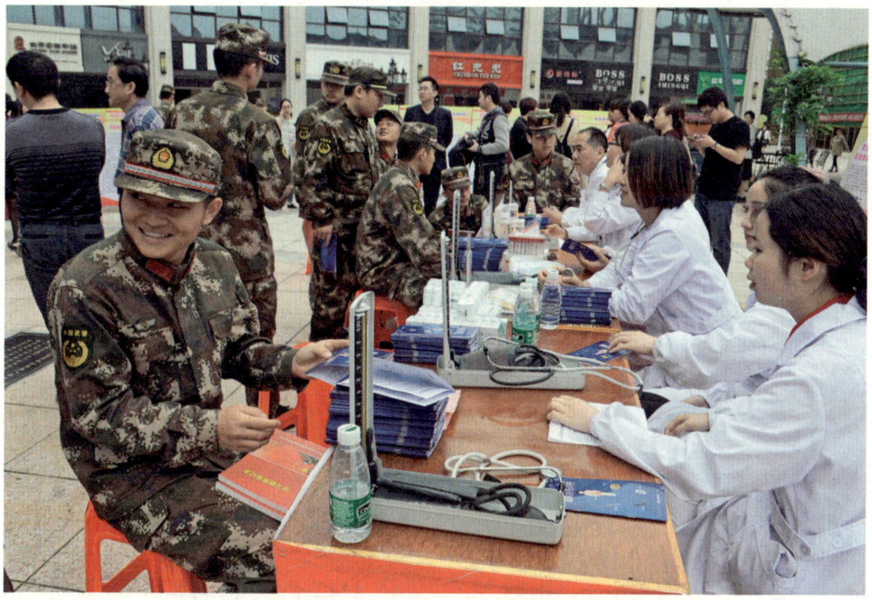

血防宣教大行动

血防宣教片、义诊查病、刷写横幅标语、摆放宣传展板、发放宣传物品、直接面对面宣教等方式，进行全面宣传教育。全市疫区中小学生血防知识及格率达95%以上，疫区居民血防知识知晓率达80%以上。

渔船民查治。全市在汉寿县、安乡县、澧县、鼎城区、津市市渔船民集散地建立渔船固定检测点5个。对渔船民开展查病、化疗工作，并将渔船民工作录入专报系统，对辖区渔船民进行摸底调查建档，共查病6784人次，化疗5517人次。（江和平）

【国家血吸虫病风险评估调查组到常德开展评估调查】 11月7—10日，中国疾控中心寄生虫病所专家贾铁武等5人到汉寿县开展2016年洪涝灾害后血吸虫病传播风险评估工作，省血防所专家陪同评估并参加座谈会。通过查阅资料、听取汇报、现场调查和野粪孵化，调查组认为，汉寿县血防应对洪涝灾害等没有发生疫情反弹。调查组指出要加强螺情监测，特别是引疫水灌溉沟渠螺情监测，防止因洪水所致钉螺扩散。（江和平）

【湖区五省联防联控】 10月17—19日，由江西省血吸虫病地方病防治领导小组办公室副主任刘晓忠带队、江西省寄生虫病防治研究所副所长林丹丹等七人组成的督查组在湖南省卫计委血防处处长李兴彪、省血防所副所长任光辉等陪同下，对常德市血吸虫病联防联控工作进行督导检查。督查组一行查看临澧县、澧县血防哨卡、兴林抑螺、抬洲降洲、水利护坡、封洲禁牧以及大型宣传牌等血防综合治理项目现场。19日上午，召开督导检查汇报反馈会，临澧县、澧县分管副县长就当前血防工作开展情况分别做汇报，督查组领导和专家就检查情况进行反馈并提出建议，提出要以湖区五省联防联控工作督导检查为契机，在做好常规防治工作的同时，做好流域之间，省际、县际之间联防联控、“六个同步”开展工作，争取“十三五”规划目标顺利实现。（江和平）

【民主党派调研】 8月18—19日、11月15—16日，民革中央委员、民革湖南省委常委、民革益阳市委主委、益阳市人民政府副市长黄东红、农工党湖南省委参政议政处处长邱现平分别带领调研组，就洞庭湖血吸虫病防治问题到常德进行专题调研。通过汇报座谈、实地查看方式对常德市就洞庭湖生态经济区血吸虫病防治现状，洞庭湖生态经济区河湖连通等大型水利工程血吸虫病预防控制措施实施情况，洞庭湖生态经济区传染源控制现状，《血吸虫病防治条例》实施情况，血吸虫病防治队伍建设现状

五个方面进行了解，并听取市卫计委关于血防工作的意见。 （江和平）

常德市第一人民医院

【概况】 2016年，常德市第一人民医院完成总诊疗1316123人次，完成出院病人78999人次。 （黄瑞丰）

【启用儿科大楼】 2016年2月20日，市一医院儿科门诊、急诊全部迁入儿科大楼。大楼面积6950平方米，共分为九层，病床数达到201张，较之前增加一倍。增设儿童保健中心，可进行儿童全面体检和营养发育评估等。在该大楼内，患者可完成挂号缴费、诊疗输液、住院诊治、健康保健等就诊项目。

（黄瑞丰）

【成功实施高难度脊柱侧弯矫形术】 2016年3月21日，骨科一病区成功为一名11岁儿童实施高难度脊柱侧弯矫形术。该儿童出生时，背部扭曲，长大后站立时一个肩膀高一个肩膀低。弯腰时，右边肩膀凸出，属于中重度先天性脊柱侧弯。较重脊柱侧弯会影响婴幼儿及青少年生长发育，使身体变形，出现明显一高一低"剃刀背"，情况严重者会影响心肺功能，甚至累及脊髓，造成瘫痪。手术采用可随人体生长发育自动延长滑槽钉生长棒内固定系统，一次手术完全矫形，避免多次手术给孩子带来痛苦，手术难度居国内领先水平。（黄瑞丰）

【成功开展湘西北首例微波消融治疗技术】 2016年3月2日，普外科医生彭剑波等采用超声引导下冷循环微波消融术，成功治疗两例肝癌患者。患者麻醉后，手术医生用尖刀在患者皮肤上划开小口，使微波消融针在超声引导下找到肿瘤，在微波针某一点上含有一个1毫米大小"微型微波炉"，由它释放微波磁场可以使周围分子高速旋转运动并摩擦升温，使癌细胞脱水坏死，从而达到治疗目的。相对手术等其他治疗手段，微波消融温度高、组织穿透性强、消融范围大，多点消融可同时进行，不仅具有对人体损伤小、手术时间短、操作相对简单等优势，而且治疗费用比传统手术降低至少一半。微波消融技术填补湘西北地区该技术领域的空白。（黄瑞丰）

【成功开展湘西北首例颈动脉体瘤切除手术】 2016年3月15日，市一医院耳鼻咽喉头颈外科医生周顺华带领45病室手术团队历时6小时，成功完成湘西北首例颈动脉体瘤切除手术。该病属于罕见病种，全省仅有极少数医院开展颈动脉体瘤切除手术。 （黄瑞丰）

【成立南华大学附属常德医院】 2016年5月5日，南华大学和常德市第一人民医院深化校院合作工作会议召开，并举行附属常德医院揭牌仪式，标志着常德市第一人民医院正式成为南华大学附属常德医院。市委书记王群和市长周德睿出席会议。院长陈能志和南华大学校长文格波签署合作协议。根据协议，双方将深入推进医教协同，深化校院合作，促进医学教育改革，培养合格医学人才。

（黄瑞丰）

【成功开展动脉内机械取栓术】 2016年5月，神经内科二病区为一名大脑中动脉栓塞患者实施动脉溶栓加机械取栓术，成功挽救该脑梗死患者生命。此次神经内科二病区采用动脉内机械取栓术，是目前国际神经介入领域最先进技术，也是急性脑动脉血栓患者血管再通最便捷技术。 （黄瑞丰）

【填补常德市超声内镜检查空白】 2016年5月7日，超声内镜在消化内科内镜室正式投入使用。超声内镜通过内镜直接观察腔内黏膜表面形态结构和病变，一边进行实时超声扫描，以获得消化管壁层次结构、病变起源和浸润范围，以及周围邻近脏器组织结构及其病变超声图像，不仅可对消化道管壁黏膜下生长病变性质进行鉴别诊断，还可对消化道肿瘤进行术前分期，判断其侵袭深度和范围，鉴别溃疡良恶性，诊断胰胆系统肿瘤，特别是对于较小肿瘤精确度高，对慢性胰腺炎等诊断优于其他影像学检查。市一医院在常德率先引进超声内镜为消化道疾病诊治开辟新途径，填补常德市超声内镜检查空白。 （黄瑞丰）

【投入使用湘西北地区最先进放疗设备】 2016年9月28日，市一医院斥资3000万元购买美国瓦里安Trilogy双光子直线加速器投入试运行。该设备是目前国际上先进肿瘤放疗设备，可以实现三

2016年5月5日，召开南华大学和常德市第一人民医院深化校院合作工作会议，并举行附属常德医院揭牌仪式

维适形放疗技术（3D-CRT）、调强放疗技术（IMRT）、图像引导放疗技术（IGRT）、立体定向放疗技术（SRT）、旋转容积调强（Rapid Arc）在内几乎所有当前主流放射治疗技术，配合LAP激光定位系统，可以对肿瘤进行精确放疗。是常德市乃至湘西北地区目前唯一一台最先进放疗设备。（黄瑞丰）

【第五次被评为“全国百姓放心示范医院”】 2016年10月15日，在全国百姓放心示范医院动态管理第五周期总结交流会暨第六周期启动会上，常德市第一人民医院经过网络自评、网络直报数据、考核评价、社会公示等程序，得到中国医院协会充分肯定，以优异成绩顺利通过动态管理第五周期考核评审，第五个周期被授予“全国百姓放心示范医院”荣誉称号。“全国百姓放心示范医院”创建活动是中国医院协会自2000年起在单位会员中开展一项大型自律活动，活动每两年考核一次。（黄瑞丰）

常德市第一中医医院

【概况】 2016年，常德市第一中医医院门诊量突破47万人次，出院病人达3.2万人次。由常德市第一中医医院牵头成立中医医院联盟，全市九家中医院正式成为联盟单位，开展医疗、科研、人才培训等合作，托管西湖人民医院。成功召开三届四次职代会，形成医院改制，合作建设新址决议。完成脑病科、针灸推拿科、儿科3个市级中医重点专科验收。2016年，共有21名医师外出进修，引进临床医师（含医技部门）27名，其中硕士17名，共招聘各类专业技术人才42名。（雍思航）

【常德市中医医院联盟正式成立】 2016年6月30日，常德市中医药学会第七届全体会员代表大会在国际大酒店召开。会议选举常德市第一中医医院院长邵先舫为市中医药学会第七届理事会会长，并正式宣布由常德市第一中医医院牵头，常德市九家中医医院（常德市第一中医医院、常德市第二中医医院、石门县中医医院、澧县中医医院、临澧县中医医院、津市市中医医院、桃源县中医医院、汉寿县中医医院、安乡中医医院）结成常德市中医医院联盟。（雍思航）

6月30日，常德市中医医院联盟成立

【常德市第一中医医院托管西湖管理区人民医院】 2016年6月22日，常德市第一中医医院院长邵先舫与西湖管理区管委会主任刘爱军签订托管西湖人民医院协议，与西湖人民医院组建医疗联盟。（雍思航）

【为95岁老人实施全髋置换手术】 2016年3月5日，常德市汉寿县95岁老人在家不慎跌倒，造成左侧股骨颈骨折，随后被送往一中医院进行救治。经术前评估，常德市第一中医医院关节病区为老人实施“左侧人工全髋关节置换手术”，术后恢复顺利。标志着常德市第一中医医院骨伤科全髋置换手术水平达到省内前列水平。（雍思航）

【为99岁老人完成PVP微创手术（经皮穿刺骨水泥灌注椎体成形术）】 2016年5月12日，常德市第一中医医院为99岁老人实施PVP微创手术。术后老人恢复良好，第二天就可以翻身坐起、下床行走，该病人是常德市第一中医医院实施该项手术年龄最大患者。（雍思航）

【常德市卫生系统首个博士后科研工作站正式授牌成立】 2016年1月27日，常德市第一中医医院博士后科研流动站协作研发中心在第一中医医院国医楼20楼会议室正式挂牌成立，标志着常德市卫生系统首个博士后科研工作站正式授牌成立。（雍思航）

妇幼保健

【概况】 2016年，全市住院分娩产妇数55245人，住院分娩率100%；孕产妇死亡8例，孕产妇死亡率13.88/10万；5岁以下儿童死亡率4.44‰；2016年进行产前筛查64595人，产前筛查率93.39%；新生儿疾病筛查率95.91%；新生儿听力筛查率101.15%；叶酸服用率97.45%，叶酸服用依从率85.72%；农村适龄妇女“两癌”（乳腺癌和宫颈癌）免费检查应查107420人，检查人数已查64265人；孕产妇艾滋病检测率97.41%，检出艾滋病7例，HIV感染孕产妇母婴干预率100%；梅毒检测阳性孕产妇164人，感染产妇用药率82.11%，规范用药66人，规范用药率69.47%；乙肝表面抗原阳性产妇2996人，活产3009人，其中3005人接种乙肝免疫球蛋白，接种率99.87%;2016年免费婚检率92.68%，0-6岁儿童健康管理率91.92%，3岁以下儿童系统管理率88.21%，孕产妇系统管理率94.67%，已接受干预诊断高危孕产妇人数 2859 人，已接受妊娠结局随访高危孕产妇 2186 人；妇幼健康素养 55 条知识知晓率达 90%。2016 年市妇幼保健院实现业务收入 11567 万元，比 2015 年同期增加 2083 万元，增长 21.97%；2016 年完成门（急）诊量 291090 人次，比 2015 年增加 105813 人次，增长 57.11%，2016 年出院人数 10279 人次，比 2015 年增加 1267 人，增长 14.06%。

妇幼健康教育培训。举办出生缺陷医院监测培训班；全市预防艾滋病、梅毒和乙肝母婴传播培训班；儿童保健专业知识暨岗前培训班；市级举办县级健康教育师资相关知识培训，覆盖全市 9 个区县市及 6 个管理区，县级举办基层健康教育师资培训活动 30 多次；主办全市出生缺陷综合防控技术暨中国出生缺陷干预救助基金会合作项目启动培训班，并对 52 名新筛采血人员颁发“新生儿遗传代谢疾病筛查采血技术岗位培训证”；对澧县 9 个“两癌”筛查点专业技术人员进行专项培训和专项督导；9 月开展妇女“两癌”质量控制、纳入计划生育目标管理考核的产前筛查综合到位情况和免费孕前优生检查相关工作进行专项督导；为预防艾滋病梅毒和乙肝母婴传播，3 月市卫计委组织专项培训，4 月底组织专项督导；3 月初对全市 9 个区县市《0~6 岁儿童健康管理》与《孕产妇健康管理》服务规范进行督导并对上半年妇幼健康进行督导暨信息质控。

产前筛查和新生儿检查。2016 年建立和完善地中海贫血筛查、诊断和康复流程，保障初筛阳性患者能就近复查和治疗。2016 年筛查 81352 例，查出阳性 2792 例，蛋白电泳检测 2620 例，查出阳性 909 例，地中海贫血基因诊断 984 例，查出阳性 372 例，夫妻双方确诊为地中海贫血 3 对，夫妻双方同型 2 对，对其孕妇给予优生指导，并对 17 例进行产前诊断。2016 年市妇幼保健院产前筛查 28055 例，其中筛查阳性 2208 例；行羊水产前诊断 117 人，发现异常 22 人，有效地预防出生缺陷发生。2016 年，对新生儿疾病筛查项目在原“甲低、苯丙酮尿症、葡萄糖－6－磷酸脱氢酶缺乏症（G6PD）、肾上腺皮质增生症 (CAH)”四项检测技术基础上，增加到 29 种遗传代谢性疾病筛查，全年逐步覆盖全市所有助产机构。2016 年，临澧县、桃源县、鼎城区、汉寿县、安乡县被纳入免费新生儿遗传代谢病检测项目单位。计划任务数 2000 人份。全年新生儿疾病筛查 53274 例，筛查率 95.91%，其中筛查先天甲低阳性 331 例，确诊甲低 31 例，高 TSH 血症 8 例，苯丙酮尿症阳性 138 例，确诊苯丙酮尿症患儿 1 例，并对筛查阳性患儿进行免费监测，完成新生儿遗传病代谢检测 3406 人次，其中包括湖南省免费新生儿遗传代谢病检测人数 1100 例。

宣传培训。2016 年结合电视、报社、互联网等媒体，特别在《常德晚报》上开设妇幼专版，宣传重点科室 8 个、正高专家（学科带头人）5 人、重大活动宣传 2 次、十佳护士宣传 1 次，全年共出专版 16 版。全年在常德新闻频道、公共频道播出新闻报道 5 条；在《常德晚报》《常德日报》宣传报道健康教育科普文章 10 篇，宣传报道文章 7 篇。全年共拍摄并报道各类会议、讲座、培训班及活动信息新闻 65 篇。全年市妇幼选派护士长 21 人参加护理管理培训班，选派 37 人参加省内外各类学习班。

硬件设施建设。2016 年，新建急诊儿科、体检中心 660 平方米；扩建儿保预防接种室 65 平方米；新建多功能电教室 150 平方米、临时过渡用 B 超、妇保门诊 830 平方米、“IVF”实验室 830 平方米、办公临时过渡房 700 平方米；对产科、妇科、新生儿科病房卫生间、过道进行提质升级改造。添置“IVF”（试管婴儿）实验室设备、彩色 B 超等 40 余件大型设备，采购金额达 1026 万元。

自身建设。2016 年，市妇幼成立“医院义务巡逻队”，开展“随查、随访、随手帮”；召开全院质量安全与业务发展讲评会，对安全事故“零容忍、零发生”，对质量安全问题提出“记在心上、念在嘴上、抓在手上、扛在肩上、立在严上、落在实上、化在行上、好在安上”总要求。全年召开院长办公会 26 次，其中下科室流动现场办公会 3 次；针对医院业务发展情况，全年召开行政办公会 53 次；分科室举行座谈会十余次；召开中层骨干集中谈话 2 次，各类谈心谈话达 185 余人次；通过全面掌控、统筹协调、督促检查，全年推动、解决、落实大小工作共计 420 余件。全年市妇幼无套取农合基金、推诿病人、有偿转诊、违规收费等损害群众利益行为发生。各临床科室共拒收红包 10 人次、5300 元，收到锦旗 3 面，全年无群体上访，院内无一人受到党纪政纪处分。2016 年 PAC（流产后关爱）优质服务医院在市妇幼保健院挂牌；和中国妇女基金会、常德市妇联合作，启动导乐分娩关爱服务项目；正式成为省儿童医院医联体协作医院；成立常德市母婴职业培训中心，完成 3 期教学培训任务；2016 年开始启动“IVF”（试管婴儿）夫精人工授精项目并选派第一批进修人员去上级医院学习。

（刘　茵　金琳玲）

【“试管婴儿”项目评审成功获批】 2016 年 3 月 31 日，省卫计委在常德市妇幼保健院召开人类辅助生殖技术现场评审会，组织专家对常德市妇幼保健院夫精人工授精项目运行情况进行校验和试管婴儿项目评审。会议由省卫计委妇幼处处长王若平主持，评审专家组成员由范立青教授、高士友教授、刘冬娥教授、陈建林教授、李建军教授组成，省卫计委妇幼处副处长曹咏梅、市卫计委相关负责人及市妇幼保健院全体班子成员参加评审。经过听取工作汇报、专家提问、现场评审、评审汇总、专家反馈等流程后，最终以专家投票方式通过常德市妇幼保健院关于“试管婴儿”项目报批申请。

（金琳玲）

【“全国流产后关爱（PAC）优质服务医院”揭牌仪式】 2016 年 4 月 20 日，由中国妇女发展基金会、中国医学会计划生育学分会、湖南省妇联主办“全国流产后关爱（PAC）优质服务医院”揭牌仪式在常德市妇幼保健院举行，国家妇女儿童发展基金会 PAC 项目执行主任张彦明，湖南省妇联副主席卢妹香、省妇联儿童部部长黄兰香、湖南省妇女儿童发展基金会秘书长周萍，常德市政府副秘书长易耀平等出席揭牌仪式，市卫计委、市妇联等相关部门领导、工作人员，常德市妇幼保健院全体班子成员、部分医院职工以及各区（县市）医院相关工作人员参加，常德市妇幼保健院成为全市第一家获此殊荣医疗卫生机构。（金琳玲）

【特需产科荣获全市巾帼文明岗】 2016 年 4 月 27 日，常德市妇幼保健院特需产科被市城镇妇女“巾帼建功”活动领导小组授予常德市“巾帼文明岗”牌匾。常德市妇幼保健院特需产科执行母乳喂养和母婴同室相关管理制度，定期组织母乳喂养知识培训和重点人员技巧复训，在科内设立母乳喂养一对一宣教护士，手把手指导产妇掌握母乳喂养技巧，院内纯母乳喂养率达 90% 以上。提高助产技术，引进多项新技术，缓解分娩疼痛，提高自然分娩率，规范新生儿和危重孕产妇抢救流程，加强对急危重症孕产妇护理，抢救成功率达到 100%。（金琳玲）

市妇幼保健院成为省儿童医院医疗联合体协作医院，并举行揭牌仪式

【市妇幼保健院健康体检中心正式运行】 2016 年 5 月 16 日，常德市妇幼保健院健康体检中心正式运行。实现妇科健康检查、专业咨询、医疗保健等“一站式”服务。为妇科体检人员建立健康档案，提供后期疾病跟踪服务，并妥善保存健康和医疗信息。（金琳玲）

【市妇幼保健院加入湖南省儿童医院医疗联合体并举行揭牌仪式】 2016 年 7 月 22 日，市妇幼保健院举行湖南省儿童医院医疗联合体协作医院揭牌仪式，由湖南、江西、云南三省 56 家医疗机构联合组成湖南儿科医疗联合体，医联体将组织儿科专家团，在全省范围进行专业学术巡讲，面对面开展教学和儿科诊疗技能培训。常德市妇幼保健院是全市唯一一家加入医联体单位。（金琳玲）

【市级母婴健康培训中心成立并成功开班】 2016 年 9 月 6 日，常德市人力资源和社会保障局与常德市妇幼保健院联合组建市级母婴健康培训中心正式成立，并举行首届月嫂培训班开班仪式。培训内容讲授月嫂职业道德与家庭礼仪、沟通技巧，新生儿、婴幼儿保健及护理技巧，产妇及新生儿营养膳食搭配等课程，学员们可参与临床实习。培训班结束后学员们将参加人社部门组织考试考核，获取相关资格证书，并推荐就业。（金琳玲）

【启动“导乐分娩关爱服务”项目】 为保障妇女儿童健康，降低剖宫产率，常德市妇幼保健院于 2016 年启动“导乐分娩关爱服务”项目，成为全市唯一开展该项目医疗单位，在产科建立导乐活动中心，配备专业导乐师，运用按摩、心理疏导、进饮进食、球操活动等各种非药物镇痛技术，有效减轻产妇分娩痛苦，让产妇在舒适、放松、安全状态下顺利自然分娩。（金琳玲）

【金琳玲荣获“荷花品格·梅花精神”常德故事演讲比赛二等奖】 2016 年 10 月 26 日，常德市妇幼保健院职工金琳玲《我眼中的生命守护者》在全市“荷花品格·梅花精神”常德故事演讲比赛中，荣获二等奖。全市各区县近一千名选手参加此次活动。经过初赛、复赛，最终 20 名选手进入决赛。（刘　茵）

【钟景梅荣获常德市“十佳护士”称号】 2016 年，市卫生和计划生育委员会在全市医疗机构中评选出“十佳医生”、“十佳护士”。2016 年 11 月 17 日，在芷园宾馆召开常德市“双十佳”医护工作者表彰大会，常德市妇幼保健院妇科护士长钟景梅获“十佳护士”荣誉称号。（刘　茵）

中心血站

【概况】 2016 年，全市累计动员 46738 人次参加无偿献血，同比增长 7.1%，采集总量为 74157 单位，同比增长 11.4%。其中，全血采集 45615 人次，全血采集总量 72017 单位，同比增长 6.7% 和 7.5%；采集机采血小板 1123 人次，机采血小板采集总量 1986.5 个治疗量，同比增长 23.5% 和 25.1%。检测血液漏检率和实验室感染发生率为 0。成分制备用全血量为 71982.5 单位，制备率达 99% 以上，临床成分用血比例达 100%，保障全市医疗临床用血的需求与安全。

血液质量监管。一是加强内部质量监管。认真对照质量管理评审标准 174 个条款、372 项检查项目进行逐条督导考核，全年共考核 252 次，远远超过每月下科室督导不少于 6 次省级标准；全年共对 290 袋血液进行抽检，抽检结果符合国家标准要求；关键物料（包括血

袋、试剂）抽查136次，其中试剂抽查66次；关键设备监测282次，各项监测结果均为合格。二是推进科学合理用血。4月20日，市中心血站组织召开全市用血单位临床输血座谈会，市临床用血质量控制中心所有成员以及22家医疗机构输血科主任参加，进一步推动“采适量，供及时，用合理，保安全”科学用血原则。三是提高血液检测能力。全年完成检测血液标本47347人份，共有46688份合格，合格率为98.6%。其中，检测核酸标本46801份，筛查核酸阳性标本98份，阳性淘汰率约为2.1‰。血液检验室间质量评价、病毒核酸检测室间质量评价、血型室间质量评价和全血细胞计数室间质量评价均被国家卫计委临检中心评定为合格。

招募宣传创新。一是招募策略转变。单独设置分管宣传招募的副站长，实现招募策略向农村、高校全面转变。各区县市政府将无偿献血工作纳入重要议事日程，强化无偿献血领导小组和无偿献血工作办公室工作职能，落实专项经费，严格监督考核，保证无偿献血各项工作顺利开展。10月31日—11月18日，桃源县乡镇共计2365人次参与无偿献血，与2015年相比上涨近25%。开展“常德市高校无偿献血月”活动，2016年冬季就有2225名高校学子参加无偿献血。二是宣传报道出新。除沿袭一贯的传统媒体宣传外，还通过手机微信、户外大型电子显示屏、公交车载电视、楼宇视频、无偿献血简报，真正做到让无偿献血走进街头巷尾、走进百姓公共生活。全年在报纸杂志共发布100余篇活动文章，累计播放公益广告1万余次，在全市160多个红网传媒分布点同时滚动播出无偿献血公益广告，发表无偿献血新闻动态及知识政策相关微信528余条，在全市200多台公交车车载电视上循环播放共计250万余次。5月12日，联合常德电视台、《常德晚报》等主流媒体开展“寻找献血冠军 致敬凡人善举”大型公益宣传活动，历时半年，活动组先后前往10个区县（市），采访优秀无偿献血者29人。每月编辑、制作无偿献血简报面向全市300多家市直单位，传播先进典型，宣传无偿献血工作先进经验，实现宣传领域拓展和方式革新。

优质服务。经常组织召开以“服务献血者”为中心的座谈交流会，广泛征求市民、献血者和临床用血机构意见建议，并针对提出问题积极回应落实到位。在各献血网点增设热水器、报刊架等便民措施，积极开展献血前、中、后一对一精细化服务。血站不仅为献血者免费提供饮料、食品，而且认真做到对献血者献血后100%电话回访服务，血站工作人员主动询问献血后身体状况，为献血者提供贴心、周到咨询服务。2016年，血站信息平台全年共发送8万余条节假日、生日温馨祝福短信，发送血液检验结果短信5万余条，献血提醒短信4万余条。血站多次邀请社会各界人士参加各项联谊活动，进一步加强与市民、献血者、志愿者之间的心灵沟通与情感交流。

自身建设。一是党建基础工作。在领导班子和中层干部层层签订党风廉政建设责任状基础上，将党风廉政建设纳入单位月目标考核范畴。从5月起，站党支部大力开展“两学一做”学习教育和“四讲四有”专题学习活动，以领导领学、专家辅导、开展讨论、会议交流、革命传统教育、书记上党课、先进报告会、观看教育片、廉政警示、理论测试为载体，封闭式学习，全体党员干部累计学习达到50个学时。二是业务培训。全年共组织全站干部职工集中开展“血站技术操作规程（2015版）”“质量管理体系要求”“献血不良反应处理操作”“血型质控和献血者归队”等10次业务培训、1次“一法两规”考试和1次安全与卫生考试；统一购买业务学习卡53张，发放到卫生专业技术人员手中，进行系统网络业务学习；各科室内部培训严格按照科室《年度培训计划》要求执行。全年人均培训时间达83学时。三是争创省级文明单位。开展“弘扬雷锋精神 增辉文明常德”主题活动。3月5日，血站青年志愿者上门慰问王永幸、刘瑞林、龚小松3位超龄无偿献血金奖获得者；3月11日，志愿者联系社区开展植树造林活动。开展道德讲堂活动5次，组织开展7次“我们的节日”活动、3次血站特色活动、1次文明礼仪培训和1次未成年人教育活动。四是志愿服务。12月16日，高不危、罗俊明、柳玉清3人被市文明办授予“常德优秀志愿者”荣誉称号。全年开展无偿献血志愿服务活动33次，累计参与无偿献血志愿服务的志愿者达147人次。3月29日，组织召开市县两级无偿献血志愿者交流会，进一步规范志愿服务工作机制和服务水平。拥有73名志愿者的澧县分队迅速发展成为全市无偿献血志愿服务主力军。

（贺丽慧）

“寻找献血冠军 致敬凡人善举”大型公益活动

【简化用血费用报销程序】 为方便广大市民就近献血、报销，除津市市外，澧县、临澧县、安乡县、石门县、汉寿县、桃源县6个县级献血屋工作人员均承担起血液采集和血费报销工作；市城区血费报销网点设血站本部服务中心。6月12日，在全市二级以上医疗机构实行无偿献血免费用血“出院直报”新型模式，献血者及其亲属在出院时就能一站式解决免费用血报账，使无偿献血免费用血报账更加灵活、方便、快捷。2016年，全市共办理用血费用报销915人次，报销血液总量54万毫升，返还金额75万元。（贺丽慧）

【“寻找献血冠军 致敬凡人善举”大型公益活动】 2016年5月12日，常德市中心血站组织开展“寻找献血冠军 致敬凡人善举”大型公益电视系列报道活动。在开幕仪式上，市卫生计生委副主任曹学美介绍，自《中华人民共和国献血法》颁布实施以来，常德市无偿献血工作健康发展，成绩显著，2015年采供血总量达到13.72吨，保障全市临床用血安全与需求。2006—2013年，常德市连续8年荣获“全国无偿献血先进市”称号。此次公益活动是中心血站联合常德电视台、《常德晚报》等主流媒体开展，历时半年，活动组先后前往10个区县市，采访优秀无偿献血者29人。（贺丽慧）

社会·生活

人民生活

【城镇居民生活】 城镇居民收入。2016 年，城镇居民人均收入 26532 元，较 2015 年增长 8.2%。其中：居民人均工资性收入 12719 元，较 2015 年增长 12.3%；人均经营净收入 5003 元，同比下降 8.2%；人均财产净收入 2621 元，增长 27%；人均转移净收入 6189 元，增长 1.9%。各项收入中，工资性净收入和转移性净收入占比较高，分别占可支配收入 48% 和 23%，财产性净收入占比最低，仅为 10%。

表 20　2016 年常德城镇居民人均可支配收入增长表

指标名称	绝对值（元）	比上年增长（%）
可支配收入	26532	8.2
其中：工资性收入	12719	12.3
经营净收入	5003	-8.2
财产净收入	2621	27
转移净收入	6189	1.9

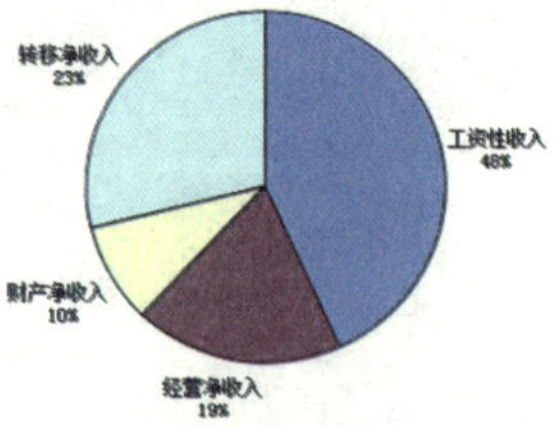

图 24　2016 年常德城镇居民各项收入占比图

城镇居民支出。2016 年，常德城镇居民人均消费性支出 22416 元，较 2015 年增长 10.5%。从消费构成来看：教育文化娱乐支出、居住和医疗保健支出增长较快，分别达 24%、12% 和 28%。在八大类消费中，食品烟酒和居住消费占比较高，分别占全部消费总额 32% 和 17%，其他用品和服务占比最低，仅为 3%。（陈　辉）

表 21　2016 年常德城镇居民消费构成分类表

指标名称	绝对值（元）	较上年增长 (%)
一、食品烟酒	6808	6
二、衣着	1754	8
三、居住	3774	12
四、生活用品及服务	1553	5
五、交通通信	2223	-2
六、教育文化娱乐	4124	24
七、医疗保健	1566	28
八、其他用品及服务	614	5

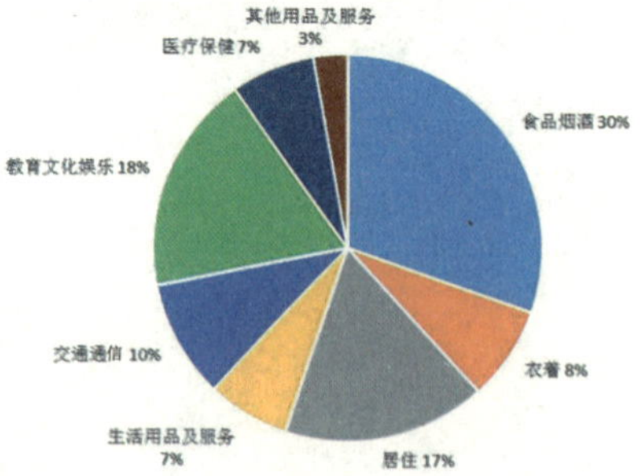

图 25　2016 年常德城镇居民各项消费支出占比图

【农村居民生活】 农村居民收入。2016 年，农村居民人均收入 12758 元，增长 8.6%。其中：农村居民人均工资性收入 4364 元，同比增长 8.2%；人均经营净收入 5852 元，同比增长 8.6%；人均转移净收入 2425 元，增长 8.9%；人均财产净收入 117 元，增长 8%。各项收入中，工资性净收入和家庭经营净收入占比较高，分别占可支配收入 34% 和 46%，财产性净收入占比最低，仅为 1%。

表 22　2016 年常德农村居民人均可支配收入增长表

指标名称	绝对值（元）	比上年增长（%）
可支配收入	12758	8.6
其中：工资性收入	4364	8.2
经营净收入	5852	8.6
财产净收入	117	8
转移净收入	2425	9.5

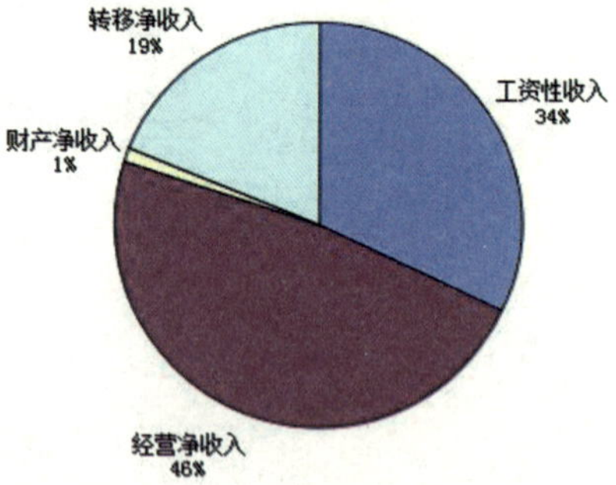

图 26　2016 年常德农村居民各项收入占比图

农村居民支出。2016 年，常德农村居民人均消费支出 12161 元，较 2015 年增长 10.3%。从消费构成来看：交通通信支出和教育文化娱乐支出增长较快，分别达 14%、20%。在八大类消费中，食品烟酒和居住消费占比较高，分别占全部消费总额 32% 和 22%，其他服务占比最低，仅为 2%。 （陈 辉）

表 23 2016 年常德农村居民消费构成分类表

指标名称	绝对值（元）	较上年增长 (%)
一、食品烟酒	3882	10
二、衣着	660	5
三、居住	2615	6
四、生活用品及服务	823	10
五、交通通信	1223	14
六、教育文化娱乐	1930	20
七、医疗保健	874	14
八、其他用品及服务	154	–16

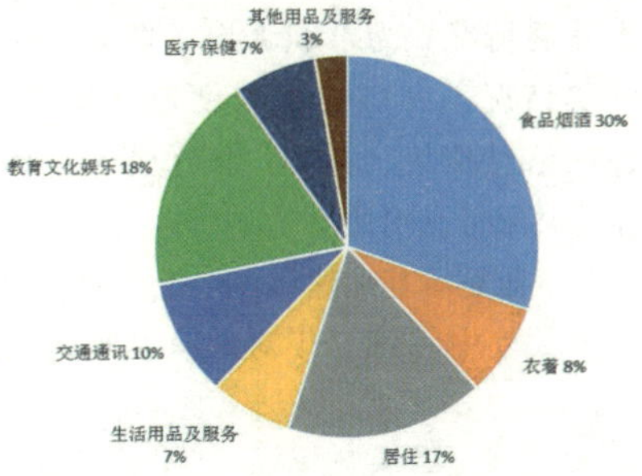

图 27 2016 年常德农村居民各项消费支出占比图

人口与计划生育

【概况】 2015 年 10 月—2016 年 9 月，全市共出生 7.3 万人，人口出生率 11.63‰，符合政策生育率 97.08%，出生人口性别比 108.14，均优于全省平均水平，位居全省首位。在全省综合考评中，武陵区、临澧县、澧县、西洞庭管理区被评为优秀单位；市本级和鼎城区、桃源县、石门县、津市市、安乡县、西湖管理区被评为良好单位。武陵区、临澧县、安乡县成功创建为全国计划生育优质服务先进（示范）单位。

基层基础。开展集中宣传服务活动，落实各项节育措施 6.8 万例。加大依法管理力度，征收社会抚养费 4717 万元，查处典型案件 22 起，无违法行政行为发生。开展诚信计生创建活动，计生群众自治率稳定在 80% 左右。推行计生网上办证服务和计生服务网格化，全市共网上办理计生证件 4 万多本，其中审批“再生育证”2.5 万多本。

流动人口服务管理。加强信息管理。认真开展省内流动人口不匹配数据核查清理，共核查清理相关数据 322083 条，流动人口匹配率增加到 77.67%，流动人口信息反馈及时率达 99.9%，协作信息接收率 100%。拓展区域协作。积极融入湘粤、湘鄂、省内流动人口计生服务管理区域协作体系，牵头与益阳、岳阳、荆州三地开展环洞庭湖区区域协作。推进均等化服务。全市流入人口享受免费证件办理、孕前优生健康检查、生殖健康检查、避孕药具供应、疫苗接种和便民维权、生育关怀等计生卫生公共服务。

计生惠民。“全面两孩”新政平稳落实，2016 年全市共出生二孩 2.95 万人，同比增加 2100 余人，符合预期目标。计生奖励扶助政策完善落实。新增三类农村计生奖扶对象，统一并提高城乡特别扶助金标准，增发每人每年 600 元生活补助。全市各类奖励扶助对象达到 35.9 万人，奖励扶助金达到 4.08 亿元，远高于全省平均水平。建立计生特殊家庭医疗服务“绿色通道”，安排 500 万元专项资金实行精准帮扶。市计生协筹资 510 余万元，走访慰问 4000 余户计生特困家庭，资助帮扶 581 名计生贫困大学新生，免费体检一批计生家庭留守儿童。

信息共享。按照“依法共享、按需共享、规范共享”的原则，人社、教育、卫生、公安、民政、住建、房管、工商等部门，按时向卫计部门通报计生综治信息。通过运用计生综治信息，全市发现疑似政策外怀孕信息 1655 条、疑似“两非”线索 194 条，补报出生 724 例，办理计生证件 8.37 万个。 （史启寅）

【举办“5·29”计生协会员日活动】 2016 年 5 月 28 日，在常德友阿广场举办以“实施全面两孩政策、促进人口均衡发展”为主题的“5·29”计生协会员日活动。市人民政府副市长、市计生协会长陈华，市政协副主席傅绍平，市人民政府副秘书长易耀平，市卫计委副主任党委副书记陈寿林，市计生协常务副会长车向东，武陵区政府副区长钱盛霞出席此次活动。活动现场设立政策法规咨询、义诊、免费药具发放三个服务区，建立常德市计生协微信公众号，为石门县、津市市两县（市）生育关怀产业帮扶项目授牌。 （史启寅）

市计生协“5.29”会员日活动

【承办环洞庭湖流动人口卫生计生服务管理区域协作会议】 2016 年 6 月 27 日，环洞庭湖流动人口卫生计生服务管理区域协作会议在常德市召开，湖南省卫生计生委副主任易露茜、湖北省卫生计生委副主任朱惠民出席会议。会上，常德市卫生计生委、荆州市卫生计生委、岳阳市卫生计生委等5个协作单位签订环洞庭湖区域协作协议，建起以政策宣传、双向服务、信息管理、“两非”整治和血防联控为主要内容的流动人口服务管理区域协作机制，进一步巩固流动人口服务管理“一盘棋”机制。

（史启寅）

人力资源开发交流

【概况】 职责职能整合。常编办复〔2016〕197号文件规范明确了市人力资源开发交流服务中心的职责职能，将市劳动就业服务管理处内设的市职业介绍服务中心机构和职能划转到市人力资源开发交流服务中心，并更名为市职业介绍服务办公室，同时将市人力资源开发交流服务中心人才交流科（人事代理科）并入市职业介绍服务办公室，加挂人才交流与人事代理科牌子，为市人力资源开发交流服务中心正科级内设机构。

人力资源市场改革。一是湘西北人力资源市场引进公司经营敲锤定音。2016年1月，湘西北人力资源市场实现体制改革，引进常德市邦业人力资源开发有限责任公司经营市场。开发企业专场招聘会和对外劳务输出，与江苏长青公司签订劳务输出合同，让求职者实现出国劳动的梦想；探索猎头服务和网上合作的新路子；在原有基础上拓展母婴培训、劳务外包业务；线上引进智能招聘业务，线下引进58同城协作。9月6日，《中国劳动保障报》地方亮点专栏以“保障公益性 服务最优化”专题报道常德市推进人力资源市场改革纪实。通过市场化运作，湘西北人力资源市场的人力资源综合供给水平得到大幅提升，全年达成就业意向率为30.8%，比2015年增加2个百分点，单位进场数比2015年增长5%。全年湘西北人力资源市场共举办5场公益性招聘会。二是智慧谷人力资源市场建成运行。在城区西部职教城建设智慧谷人力资源市场，引进常德市友源人力资源有限公司经营。经过前期考察、选址优化、制定方案、规划设计、投资评审、方案比选、财政审定、施工建设等工作，智慧谷人力资源市场于10月28日正式揭牌运营。新落成的市场是市人社局继湘西北人力资源市场之后，主办的第2家全市性的人力资源市场。全年智慧谷人力资源市场共举办3场公益性招聘会。两个市场线下全年共举办现场招聘会56场次，进场招聘单位累计2900家次，提供就业岗位累计79226个，进场求职人员累计62100人次，达成就业意向19150人次。线上办理会员90家，发布、查询270家次；网上和现场登记求职1000人次以上；职业指导2000人次，推荐1500人次，成功1000人（含就业见习人员和公益性岗位人员）。在常德市电视台图文频道、常德人民广播电台交通频道、《常德晚报》、尚一户外电子屏、政务中心信息化办、各区县市人社局和市大中专院校网站发布用工信息49期，用工信息累计发布10000条以上。

市人力资源中心引进邦业公司经营湘西北人力资源市场签字仪式

规范办事程序。市场化改革后，窗口业务和办事流程发生变化，根据实际情况，中心重新制定印发《常德市人力资源开发交流服务中心服务窗口管理制度》，及时更新网上办事程序。从2016年起，流动人员人事档案取消办理转正定级和档案工资，不再开具行政（工资）介绍信，简化业务办理程序，实行接收告知承诺制、机要通信转递。全年共接收流动人员档案3700册，转出档案1800余册，库存档案总数74700册，出具各类证明1800多份，为1868名国有破产改制企业人员退休提供相关档案资料。按要求做好档案整理装订工作，采取整体服务外包方式，全年完成档案装订招标任务14700册。

市场监管。制定市场考核办法，狠抓市场监督考核。湘西北人力资源市场实行管办分离后，市人力资源中心本着管而不死、活而不乱的原则，一方面按照与邦业公司签订的市场考核协议进行考核，另一方面支持培育市场发展。每周审核一次用人单位的资质和供职信息。在每季考核中，以公共就业服务是否完成为重点，着重考核公益招聘会完成情况，就业见习工作开展情况，为求职者提供职业介绍落实情况，窗口管理制度遵守情况，各项信息搜集、整理、报送情况，确保公共服务量增质更优。

就业见习基地建设。严把见习基地进出关。中心每三年对现有基地进行考核，实行淘汰制。2016年对原来的24家进行考核后，淘汰5家不合格基地，同时按照要求新增7家基地。严把见习生审核关。严格按照规定，要求进入基地的见习生必须是两年内离校未就业的高校毕业生，且档案托管在市人力资源中心，防止重复见习。严把见习补贴审核的申报关。每年在申报财政补贴前，市人社局组织相关工作人员，通过走访基地、查资料、打电话、找见习生谈话等多种方式，审核见习开展情况和见习生真实度。见习基地在见习工作开展中要做到六个到位，即见习生档案到位、见习生指导老师到位、见习合同签订到位、保险购买到位、见习补贴按月足额发放到位、见习生鉴定归档到位。2016年，首次对353名见习生分四期实行业务培训。截至2016年年底，市本级高校毕业生就业见习基地共有26家，比2015年净增2家；见习岗位680个，比2015年增加262个。新参加就业见习的高校毕业生357人，正在见习的高校毕业生366人，见习空岗314个，全年享受见习补贴607人次，补贴458.5万元。自2011年开展就业见习以来，累计完成就业见习人数1184人。（刘 宏）

常德市创业孵化基地揭牌

就业服务

【概况】 2016年，全市新增农村劳动力转移就业41443人，占目标任务103.6%，其中贫困人口转移就业9274人，占目标任务103%；全年城镇登记失业率控制在4.5%以内；全市培训各类人员57452人，其中创业培训6208人次，完成目标任务103.4%；全年发放创业担保贷款3.11亿元，完成全年任务124.4%，直接扶持2075人自主创业，带动吸纳就业人员15733人；全市参保总人数28.17万人，占目标任务100.62%，失业保险基金征缴11580.53万元，占目标任务160.84%，全市基金结余64168.79万元。2016年，市就业处获得全国就业宣传先进单位，湖南省三八红旗集体，常德市级“青年文明号”，常德市直经济发展环境工作优秀单位，失业保险窗口荣获人社局系统“红旗服务窗口”等荣誉；常德市创业孵化基地被评定为2015年度湖南省创新创业带动就业示范基地。在第二届“中国创翼”青年创业创新大赛中，常德市推荐“飞沃新能源”取得全国第四名，获得大赛优胜奖，“七货来了”获金翼奖，“安清生态”获银翼奖，“拉奇爱美瞳”等4个项目获得“中国创翼之星”，市就业处获最佳组织单位奖；在2016年湖南省青年创业大赛中，常德市推荐“石墨烯”“再七碗粉”2个项目获得三等奖。

孵化基地。2016年，常德市创业孵化基地整体迁至常德技师学院新校区，使用面积从3000平方米扩充至10000平方米，总投资达3000万元。在保持原有综合孵化区基础上，增设电商孵化区。提质后常德市创业孵化基地可滚动入驻孵化企业200余家，实现“四个一”历史性突破，即全省第一家人社就业部门运营主管面积超过10000平方米综合性创业孵化基地，全省第一家在技师学院为大学生提供创业服务、创业指导创业孵化基地，全市第一家整合现有资源规划建设创业孵化基地，全市第一个电商创客集中创业孵化基地。在“零门槛入驻、一站式证照办理、两年免费场地提供、三步孵化运行模式、四大创业跟踪服务、五项优惠政策支持”基础上，为创业者提供创业培训、政策咨询、业务代办、项目推介等服务。常德市创业孵化基地建设工作被《中国就业网》《湖南日报》《常德日报》《常德晚报》《常德政府网》《常德论坛》等多家国家、省、市媒体平台推介宣传。

创业扶持。对目标任务、贷款对象、贷款额度、贷款条件、管理机制、反担保范围及财政贴息等方面进行明确。强化跟踪服务，及时化解创业者在创业过程中困惑和难题，对一些行动不便贷款对象，提供上门服务，现场办理相关手续。调整和充实全市创业指导专家咨询团，逐渐向专业型、服务型发展，咨询团扩展至70人，为孵化基地企业开展免费集中授课30余次，为高校大学生等重点群体免费开展各类咨询服务活动50余次。对创业项目库进行扩充调整，面向社会公开征集一批优秀创业项目，整合创业项目资源，实现全市共享。主办“创新·创业·创青春”2016年度常德市创业大赛，有265名创业者参赛。与《常德日报》《常德民生报》等媒体合作，联合推出“创客帮”专栏，从各区县（市）选取在本行业、本领域内具有引领性、示范性、代表性创业典型进行集中宣传报道。市创业协会和市创业服务中心会员发展近400人，市“国邮港”创业服务中心、市网商协会先后于3月及6月成立。

基层建设。市就业处在全市范围内开展“三创四提”创建活动。截至2016年年底，全市共有基层平台471个，已达标416个，占88.3%。利用“常德就业”微信公众号发布最新就业创业政策、就业创业培训信息、业务办理、工作动态等信息资讯，实现就业信息“零障碍”、就业服务“零距离”。武陵区、柳叶湖、津市、德山等地微信平台，内容丰富，服务贴心，充分发挥“互联网+”对就业创新的支撑作用。开展失业保险政策宣传，与职工进行面对面交流、释疑解惑，实现失业保险费率再次下调。关注高校毕业生、就业困难人员、残障人员、女性、就业转失业等社会特殊就业人群，实施动态实名制管理，并在基层平台建立台账，进行“一对一”跟踪就业服务。改进职业技能培训方式，做好城镇新增劳动力和下岗失业人员职业技能培训，关注农村劳动力转移就业培训，引导劳动者转变就业观念，提高劳动者就业能力，切实增强培训针对性和实效性，有效改善“用工荒”与“就业难”结构性矛盾。

（罗雅慧）

机关事业单位养老保险

【概况】 截至2016年年底，全市机关事业单位养老保险在职参保人数12.27万人，征缴养老保险费13.33亿元，共为63796名离退休人员发放基本养老金17.11亿元；其中，市本级在职参保人数22753人（含“三区”），征缴养老保险费2.47亿元，为市本级9825名退休人员发放基本养老金3.22亿元。

待遇计发。2016年，全市共为63796名退休人员发放及补发基本养老金17.11亿元；其中，市本级共为9825名退休人员发放及补发基本养老金3.4亿元，代发各类项目资金1.46亿元。2016年市直和“三区”有参保退休单位330家，参保退休人数9825人，全年共支付养老金3.22亿元。2016年9月按照省人社厅、省财政厅《关于2016年调整退休人员基本养老金的通知》（湘人社发〔2016〕55号）精神，为9166名退休人员调整补发养老金1843万元，支付率为100%。为222家市直机关和全额拨款事业单位5823名离退休人员代发津补贴

9月21日，召开市直机关事业单位退休人员基本养老金待遇调整工作布置会

9403.2万元；为60家单位148名离休干部代发两项护理费173.8万元；为29家单位42名退休干部代发建国初期参加革命工作生活补贴30.1万元；代发原桃林迎宾馆105名退休人员津补贴193.9万元；为280家单位5796名离退休人员代发2015年度生活补贴1152.4万元。为71单位209名处级提前退休人员代发退休费553.5万元、津补贴496.1万元，为82单位371名科级提前退休人员代发退休费569.5万元、津补贴567.9万元、补差养老金1508.7万元。

基金征缴。2016年，市机关事业单位养老保险处按机关全额单位、差额自收自支单位以及“三区”分别开设职业年金归集户。截至2016年12月底，机关全额单位年金归集户已归集2016年1—12月财政工发中心代扣的机关全额单位个人部分职业年金共计2059.5万元，差额自收自支单位年金归集户已归集12家单位共计350万元。

系统上线。截至2016年12月底，全市在新系统完成启用单位1905家，占采集单位数72%；已在新系统完成错后期业务的单位1750家，占采集单位数66%；已在新系统完成本年度业务的单位1632家，占采集单位数62%；市本级已完成234家全额拨款单位的结算工作，160家单位进入新系统按月发放养老金。

稽核工作。严格按省中心规定及时上报稽核月报表和清欠季报表、经办管理要情专报表，并按季上报稽核工作情况汇报，全面反映全市稽核工作开展情况。每季初及时收集、核对、汇总各区县市上报的基金监督统计报表和编写基金监督统计报表分析，准确上报局基金监督科。加强对区县市各类报表填报指导，严格把关。全年对市本级319家单位在职18938人、退休7465人进行全面书面稽核。

（梅文波）

社会劳动保险

【概况】 2016年，常德市社会劳动保险处荣获全市绩效考核优秀单位、2016年全省文明单位、常德市五一劳动奖状和工人先锋号、2016年档案年检年审优秀单位等荣誉。承办湖南省市州机关党建工作现场观摩，获得全市创先争优先进基层党组织称号。

征缴发放。2016年，全市征缴城镇职工养老保险基金45.1亿元，完成全年目标任务126%。其中市本级征缴基金10.3亿元，完成全年目标任务108%。全市征收劳保基金2.07亿元，完成目标任务138%。全市争取中央、省各类财政资金31.49亿元（含农保9.18亿元）。其中市本级8.13亿元（含农保1.66亿元）。完成市县同级财政补助5800万元，完成目标任务100%。全市发放基本养老金72.8亿元，同比增加9.3亿元，增长14.6%。其中市本级发放基本养老金19.5亿元，同比增加2.2亿元，增长12.7%，基本养老金按时、足额发放率均

为100%。为0.6万人发放丧抚金2.9亿元。市本级全年共代发各类政策待遇0.4亿元，涉及29个项目2.8万人次。完成职工基本养老金十二连增。待遇调整后全市退休人员月平均养老金为1814元，参与调待人员月人均增加142元；市本级月平均基本养老金为2212元，参与调待人员月人均增加152元。完成城乡居民养老保险基础养老金调整。全市城乡居民基本养老保险基础养老金最低标准由每人每月75元提高到80元，全市94万名城乡居民受益。全市城镇职工在职参保人数不断增加，覆盖面进一步提高，年末参保人数达55.4万人，新增参保5.8万人，其中市本级年末在职参保人数15.6万人，新增参保1.4万人。全市城乡居民养老保险参保人数达294.7万人，基本实现应保尽保。

惠企惠民。优惠费率试点工作成效显著。加大社保政策宣传力度，牵头组织两次大型人社政策惠沅澧活动，基本覆盖全市所有企业。大力实施养老保险优惠费率过渡试点工作，成功为湖南新中意食品有限公司申报养老保险缴费优惠费率，为力元新材料有限责任公司和湖南云锦集团股份有限公司高新分公司申报4050大龄人员就业社会保险缴费试点，三家企业预计过渡期间可以享受优惠1480万元。自2013年启动优惠费率试点工作后，共为69家企业成功申请养老保险缴费费率过渡试点，预计享受优惠近8500万元，共促进扩面近3000人。继续实施续保财政补贴政策。全年全市续保17.38万人，其中享受社保补贴4.6万人，享受社保补贴金额11.6亿元。市本级给予1.28万人财政补贴3300万元，帮助原国有集体企业置换身份职工中灵活就业人员续接养老保险，促进续保缴费1.6亿元。推进"助保工程"。2016年，全市办理助保1199人，完成目标任务119.9%，共批准助保金额2140.8万元。其中市本级办理助保321人，完成目标任务128.4%，批准助保金额491.4万元，财政贴息约66万元。

管理服务。学习和推广《社会保险术语》，规范社保工作语言，树立专业形象。在窗口推行服务流程、服务行为、服务环境和考核评估标准化。实施《社会保险业务档案管理规范》，对全市400多万份档案进行清理整理，达到等级标准。落实《社会保障服务中心设施设备要求》《社会保险视觉识别系统》，完善服务大厅。推行窗口"四零"服务。实现办理业务"零等待"、信息数据"零差错"、为民服务"零抱怨"、优质服务"零死角"。建立"一区、二十五镇、五十村"城乡居民养老保险优质服务示范体系，支持经办机构更换电脑18台，乡镇、街道更换电脑69台。全市170个乡镇中166个乡镇实现城乡居保业务系统上线运行，上线率达98%。建成标准化支部会议室、党员会议室、党员档案室、党员荣誉室、社保文化走廊、社保大讲堂"四室一廊一讲堂"标准化党建阵地。统筹制作"亮身份、亮职责、亮承诺"公示牌等。2016全省各地州市机关工委现场会在常德市召开，市社保处支部标准化建设作为现场观摩点，赢得"站位高、标准严、内容实、值得学、能推广"评价。

基金安全。遵照"钱从银行走，数据网上流"原则，实现统筹外资金、城镇职工养老保险基金、城乡居民养老保险基金、建保基金、被征地农民社会保障资金分类分账管理，确保基金安全。强化稽核工作，2016年，对用人单位书面稽核1080家近6.8万人，全市实地稽核用人单位856家，涉及参保人数31836人，查处冒领养老金88起，全部扣回多领、冒领涉及金额48.23万元。市本级实地稽核企业66家7568人，促使新增参保1067人，落实调增缴费基数6210万元，完成企业清欠2000多万元。

宣传培训。全年举办2期社会保险标准化建设培训，组织4次网络专题学习教育。下企业、进社区、入区县，用集中培训、跟班学习等方式开展宣传培训行动，先后举行30场集中培训，共培训6000余人次。主任付奉义带头在《中国社会保障》《天津社会保险》等杂志发表《社保"降费"，空间在哪里？》《追根查源养老保险基金收支缺口不容小觑》等多篇学术理论性文章。全处全年在《湖南日报》《常德日报》《常德民生报》、政府网站等报刊媒体发表120多篇宣传报道。特别是与《常德日报》合作开展集中系列宣传报道，内容主要为惠民政策，起到宣传发动、广而告之作用。

助企扶贫。开展"千名领导干部服务千家企业活动"。支部书记7次带队深入林宇科技调研指导、出谋划策，为企业办一批实事：支持企业3万元研发经费，积极联系协调鼎城区建设银行落实2笔银行贷款，解决资金周转问题；邀请市经信委领导深入企业调研指导，给予技改政策支持，对企业产品纳入市政府采购目录进行指导，帮助推广使用企业产品；邀请市电视台到企业，帮助指导企业进行产品包装和宣传；为企业搭建电商平台，拓宽企业产品销售渠道；与市人社局专技科进行联系，为企业建立博士后工作站提供政策支持等。开展"精准扶贫结对共建"

3月15日，召开2016年全市社会劳动保险工作会议

活动。6个支部委员分成3个组，先后8次集中进村对5户开展帮扶，其中对3户帮联对象开展助学、医疗救助、节日慰问、义务劳动、特困救助、产业扶贫等实事10余件。组织社保惠老行动。开展“科室联系社区、干部联系群众”活动，对企业离退休人员开展“三走访、四慰问、五服务”。走访慰问困难退休人员228人次，发放慰问金6.84万元，帮助解决实际问题30余件。深入新坡社区日间照料中心、夕阳红养老院等帮助离退休人员完成资格认证，在光荣路社区组织离退休人员开展“我们节日·端午”包粽子活动，组织开展重阳节“百家宴”活动，联合举办常德市“人社杯”离退休人员门球赛。

（钟　磊）

医疗保险

【概况】 职工基本医疗保险。截至2016年12月底，全市参保单位6629家，参保职工55.7万人，基金收入12.57亿元，完成全年征缴任务的135%。基金支出10.81亿元，其中，个人账户支出4.86亿元，统筹基金支出5.95亿元。全年参保患者出院12.29万人次，发生住院医疗费8.32亿元，政策内报销比例81%。市本级职工医保参保单位2458家，参保职工14.1万人，基金收入4.17亿元。基金支出3.4亿元,其中,个人账户支出1.59亿元，统筹基金支出1.81亿元。全年参保患者出院3.64万人次，发生住院医疗费2.41亿元，政策内报销比例81%。全市职工医保统筹基金累计结余2.41亿元，市本级累计结余1.18亿元。

生育保险。截至2016年12月底，全市参保职工33.1万人，基金收入0.66亿元，完成全年征缴任务的150%，基金支出0.59亿元。市本级生育保险参保职工9.87万人，基金收入0.21亿元，支出0.24亿元。全市生育保险基金累计结余1.38亿元，市本级累计结余0.24亿元。

城镇居民医保。截至2016年12月底，全市参保人数95.57万人（含登记参保人数），基金收入4.38亿元，其中个人缴费0.91亿元，各级财政补贴3.44亿元。参保患者出院10.04万人次，发生住院医疗费5.19亿元。住院医疗费中，统筹基金支付3.42亿元，政策内报销比例77%。全市城镇居民基本医疗统筹基金累计结余1.9亿元。新农合，全市参合人数452.69万人（含登记参合人数），基金收入24.45亿元，其中个人缴费5.43亿元，各级财政补贴19.02亿元。参合患者出院81.24万人次，发生住院医疗费27.06亿元。住院医疗费中，统筹基金支付16.84亿元，政策内报销比例75.10%。

政策调整。一是调整职工医保政策。将职工医保一级医疗机构政策内住院报销比例提高至95%、三级医疗机构调整为85%，将社区卫生医疗机构住院起付线确定为200元，在控制医疗费用增长同时提高患者医疗待遇。二是开展付费方式改革。全市大部分协议医疗机构实行医疗费用总额控制结合按病种、人头付费方式。澧县对全县22家定点医疗机构全面实行总额预付控制管理，市本级单病种由原来18种扩大到39种，汉寿县血透定额实行单病种包干。三是落实职工大病互助、居民大病保险政策。各区县市严格按照全市统一部署，全面落实职工大病互助和城乡居民大病保险政策。全市职工大病互助基金支出5705万元；城乡居民大病保险共报销12584件，基金支出8516.3万元。四是扩大重特大疾病保障范围。积极调整市本级职工医保重特大疾病政策，进一步降低门槛、扩大范围，将保障对象扩大到高额费用群体，患者个人负担费用超过3万元的，即可享受重特大疾病保障待遇。当年度受理申报上百人次，基金支付200余万元。五是开展大病特药审核支付。启动大病保险16种特殊药品审核支付工作。出台大病特药支付管理办法，建立完善特药支付管理机制。全市职工和城乡居民共受理大病特药支付147例，基金支付395.6万元。

建立城乡居民医保体系。常德市在全省率先启动整合城乡居民基本医疗保险制度相关工作，成为全省整合城乡居民基本医保制度工作取得实质性成效、推进较为顺利的市州之一。一是经办管理机构整合完成。常德市各区县市按照统一管理经办要求，按时间节点，在整合移交领导小组安排和监督下将原新农合行政职能、管理经办机构、工作人员、资产资金、信息系统、档案数据等整体移交到人社部门。并按照“编随事走，人随编走”原则，建立健全城乡居民医保经办管理机构。武陵区、汉寿县、临澧县实行职工医保、生育保险、城乡居民医保经办机构“三合一”，其余各区县市成立职工医保和城乡居民医保两个管理服务中心。二是网络信息做出过渡安排。全市分沅水片区和澧水片区，统一选择大医保系统和原农合系统，作为2017年城乡居民医保网络信息系统使用。在省里招标确定新信息系统后，再根据省里要求进行切换。三是主要政策

3月18日，常德市市本级职工医保基金智能审核系统正式上线运行

文件制定出台。制定出台《常德市城乡居民基本医疗保险制度实施办法》（常政发〔2016〕17号）、《关于做好全市2017年城乡居民基本医疗保险参保缴费工作的通知》等系列政策文件。分别对全市城乡居民医保制度实施、2017年城乡居民参保缴费工作及当前城乡居民医保经办管理工作进行明确。

监督管理。实施协议管理改革。出台《常德市市本级职工基本医疗保险协议医药机构管理试行办法》，明确医药机构规划布局、申报条件、确定程序、违规处罚。对医药机构洗牌，重新建立准入、退出机制，形成新规则体系。各区县市参照市本级职工医保协议管理改革模式，按照“公开公平公正”原则，对医药机构进行重新评估认定。加强日常审核监管。突出把好事中审核关，要求审核人员深入临床一线，核查诊疗过程，甄别用药情况，及时发现和处理问题，不断规范医疗行为。推行智能审核。7月，医保基金智能审核系统正式在市本级50家协议医疗机构全面运行。截至12月底，共审核信息3.5万余条，审核单据金额5000余万元，其中医保违规支付金额27.52万元，实时扣除款项金额15.37万元，有效控制了医保资金违规使用。实施药品进销存管理。市本级出台《协议医疗机构药品进销存管理办法》，加强对协议医疗机构用药情况监督。先后两次通报处理20余家医疗机构违规行为，对医疗机构起到震慑作用。（周　峰）

工伤保险

【概况】 2016年，全市新增参保人数11.57万人，累计参保人数达到51.73万人，完成年度任务101%；征缴工伤保险费24395万元，完成年度任务128.4%，基金总支出21386万元，其中工伤保险待遇支出18341万元，全市建筑施工项目参保征缴工伤保险费5590万元；工伤预防“普思项目”试点45家；利用“互联网+工伤康复”平台为527名工伤职工提供服务。

征缴扩面。截至2016年12月底，参保人数和基金征缴分别完成年度任务101%和128.4%。加大高危行业农民工参保力度，重点推进建筑施工项目、物业行业、装饰行业务工人员参保工作。以《中华人民共和国社会保险法》《工伤保险条例》和人社部发〔2014〕103号文件为主题，采用多种形式集中宣传。落实《关于进一步做好建筑企业参加工伤保险工作的通知》（常人社发〔2015〕33号）文件要求。截止2016年12月底，全市建筑施工项目参保639家，参保人数5.87万人，征缴工伤保险费5590万元。对市本级1500余家参保单位、9万余人进行基数核定，全面完成2016年度工伤保险缴费基数申报核定工作。2016年8月份下发《关于进一步做好职工补充工伤保险的通知》（常人社发〔2016〕21号），截至2016年12月底，已享受补充工伤保险待遇108人次，支付待遇113.76万余元，并指导武陵区、津市市启动补充工伤保险工作。对全市二、三类行业缴费费率下调20%，减轻用人单位经济负担4000万元。将工伤保险行业风险分类由老三类改为新八类，并确定新基准费率标准。

工伤认定与待遇支付。推进轻微事故现场工伤认定工作，现场受理、现场认定、现场办结。严格审核各区县市工伤认定资料，督促区县市经办机构完善相关资料。全年全市参保单位发生事故4572起，已作出工伤认定3773起。建立完善工伤事故调查“一次性”终结机制，提高调查效率和调查质量。9月，组织召开全市事故调查与工伤认定培训，全市70名相关人员参加培训，请市政府法制办专家、市人社局工伤保险科科长讲课。充分利用行政复议联系机制与市政府法制办、市人社局法规科沟通，协调处理所有工伤认定行政复议争议。提高建筑企业工伤职工待遇支付标准（“本人工资”由上年度社均工资60%调为100%）。上调全市2016年度一次性工亡补助金，调整为62.39万元。截至12月底，全市累计支付工伤保险待遇18341万元。

老工伤统筹。全年完善落实老工伤人员信息1021条，完成天声影剧院、市公路局老工伤人员纳入统筹管理。及时对信访件进行调查处理，接待群众来信来访和政策咨询人员2300余人次，通过多种方式共答复各类诉求400多条。按照新标准及时支付老工伤待遇，截至12月底，市本级累计支付工伤保险长期待遇660万元。配合做好青峰煤矿关停工伤相关工作。

积极推进“普思项目”和“互联网+工伤康复”工作。一是加大力度开展工伤预防工作。积极探索实施工伤预防“普思项目”，利用工伤调查取证之机，在湖南华电常德发电有限公司等45家参保单位，通过宣传讲解工伤保险政策、查看各生产岗位与作业环境、与厂房各部门沟通交换意见、帮助企业分析安全管理和事故防范不足和短板等具体方式，积极推进普思项目，工伤预防效果明显。二是完善工伤康复机制。年初制定《常德市“互联网+工伤康复”项目实施方案》，并对金健米业股份有限公司、赤峰实业总公司等8个单位进行调研，了解各单位目前工伤职工情况，利用“互联网+”平台，把专业康复治疗医师请到工伤职工身边，为工伤职工提供康复咨询、政策咨询，帮助开展康复训练，提高工伤职工康复效果，取得良好社会效益。截止12月底，共为527位工伤职工安装玖康工伤康复宝APP，完成年度任务105%。三是加大工伤康复力度。在市内确定2家三甲医院为康复医疗机构，实施就近康复与专业康复相结合，方便工伤职工康复。组织市直2000多名工伤职工进行健康体检，支付体检费60多万元。

自身建设。全年完善8项档案管理制度，整理和补充完善档案信息10382余件。开展学雷锋志愿服务月暨“学田工志愿者服务活动”“我们的节日——清明”祭奠抗战先烈活动、全民植树等活动。全市开展“千名领导干部服务千家企业”专项活动中，工伤保险处主任潘汉清服务常德市弘健明德健康管理中心，市工伤保险处成立专项工作组，帮扶企业在年底向市工伤保险处赠锦旗。组织干部职工到沙河社区、羊耳山煤矿开展慰问困难职工，为贫困工伤职工和家庭“送医送药送政策”活动。2月，组织召

常德市工伤保险处开展青年志愿者安全生产月宣传活动

开支部专题组织生活会，开展批评与自我批评。3月，组织全体党员学习党章、开展反“雁过拔毛”式腐败、“纠四风、治陋习”专项活动。5月，组织全体干部职工观看警示教育片《不可触碰的底线》。全年分4次组织全体党员开展“四讲，四有”专题学习和分组讨论等活动。

【常德市首个“互联网+工伤康复”平台正式上线】 2016年7月7日，常德市首个“互联网+工伤康复”平台——玖康工伤康复宝正式上线，市工伤保险处联合玖康工伤康复宝安装工作人员来到湖南海利常德农药化工有限公司对玖康工伤康复宝APP进行安装和推广宣传。工作人员通过发放宣传资料让更多工伤职工了解玖康工伤康复宝APP，并且现场演示该APP下载、安装等操作流程，讲解其功能及用途。“互联网+工伤康复”平台启用，开创全市工伤康复新时代。通过APP客户端及时了解最新工伤保险政策，为工伤职工打通便民服务“最后一公里”。（李向阳）

劳动人事争议仲裁

【概况】 2016年，全市共受理劳动人事争议2528件，涉及劳动者3511人，涉案金额15849.1万元。处理常德特季轻纺、金帛化纤、东信棉业等集体劳动争议案件。市仲裁院被市人社局机关党委评选为“全市人社系统先进基层党组织”，年度绩效考核中被评为优秀等次。临澧县、澧县、武陵区仲裁院被省人社厅表彰为“全省示范仲裁院”。

案件分析。2016年全市处理的劳动人事争议中，非立案调处1701件，涉及劳动者2551人；立案受理827件，较2016年减少16%，涉及劳动者960人，已结案782件，结案率达94.56%；处理集体劳动争议5件，涉及劳动者105人。按用人单位性质划分，公有制单位25件，非公有制单位2402件，机关事业单位75件。按争议类型划分，解除、终止劳动合同类争议1111件，社会保险类争议619件，劳动报酬类争议356件，订立劳动合同类争议134件，确认劳动关系类争议56件，履行聘用合同和解除人事关系争议9件，工作时间及休息休假类争议88件。全市共立案受理非公有制企业发生劳动争议752件，占立案受理案件90.93%；解除、终止劳动合同类案件全年非立案调处715件，立案受理396件，共占受理案件47.88%，比重较2015年增加9.28个百分点，比重连续三年增长；事业单位劳动（人事）争议75件，较2015年减少102件，降幅为57.6%；在立案受理案件中，用人单位完全胜诉75件，占全年结案案件9.2%，较2015年上升1.8个百分点，而劳动者完全胜诉386件，占全年结案案件47.3%，较2015年上升5个百分点。双方胜诉比从2015年1：5.7略降为1：5.2，劳动者胜诉率与用人单位胜诉率均有所增加。

办案方式。2016年，全市67.3%劳动人事争议实现案前调解，较2015年增加5.6个百分点，立案受理争议中有46.7%案件为调解结案。石门县推行“分流调解”做法，将部分调解难度较小案件分流到相关单位或乡镇（街道）调解组织先行调解，对调解协议书进行仲裁确认，该做法受到《中国劳动保障报》推介报道。澧县积极探索、推广置换调解书做法，简化调裁衔接程序。西湖管理区注重发挥部门联动作用，邀请乡镇、区人社部门经办机构负责人参与联合调解。

效能建设。市劳动人事争议仲裁院印发《关于开展区县市示范仲裁院评选活动的通知》《常德市区县市示范仲裁院评分细则》，并组织开展示范仲裁院交叉评查活动。2016年7月，市仲裁院以市人社局和市综治办名义联合发文，推动专业性劳动争议调解工作。鼎城区与湖南特力液压、常德兴隆劳务、鼎城文福纸业等企业建立预防调解联系示范点。武陵区、澧县对乡镇（街道）调解组织实行“分片包干”管理，形成仲裁员参与基层调解的工作机制。2016年年中，省人社厅对市仲裁院效能建设进行检查调研，在仲裁工作简报上推介常德仲裁效能建设工作经验。

队伍建设。2016年7月上旬，全市选派13名仲裁业务骨干参加省人社厅组织专题培训。10月下旬，组织全市仲裁业务培训，以案例研讨为主要内容，各区县市仲裁院院长、庭长、专兼职仲裁员，市律师协会劳动保障专业委员会及市仲裁院共62人参加培训。通过对疑难案件分析讨论，明晰法律适用标准，统一仲裁裁决尺度。

服务群众。汉寿县利用人社门户网站向社会发布庭审信息，尝试“裁判文书上网”创新型做法，主动接受公众监督。津市市仲裁院与电视台联合拍摄仲裁专题宣传片，在当地电视频道连续播报。临澧县深入工业集镇和工业园区，开展专题法规宣传活动，为群众现场解答法律政策，发放宣传单5000余份。2016年，全市仲裁部门在各类媒体发表宣调文章42篇。

自身建设。开展“两学一做”学习

教育。对照“四讲四有”合格党员标准，全面清理党员教育管理上“顽症痼疾”。开展“三重”活动，教育党员“不忘初心”，增强支部凝聚力。市仲裁院汪丽莎参加市人社系统“梅花精神、荷花品格”演讲比赛，取得第三名。彭进忠代表人社局系统参加省人社厅组织党建理论知识竞赛，荣获三等奖。制定《常德市劳动人事争议仲裁院贯彻落实“三重一大”决策制度实施办法》《党风廉政建设若干规定》《“雁过拔毛”式腐败问题专项整治实施方案》等规章制度。开展党员组织关系集中排查“回头看”活动、在全体党员中进行违纪违法未给予相应处理情况排查、细化党员收费标准，逐项抓好“七项重点党建任务”落实。为鼎城区蔡家岗镇原沈家岗村拨付专项扶贫资金3万元，为贫困家庭捐款2000元，班子会专题研究帮扶工作，6次开展入户帮扶，帮助1户贫困户顺利脱贫。

（董凌伊）

【市仲裁院出台案件分配办法】 2016年初，市仲裁院为确保仲裁员处理案件数量均衡性，提升整体办案质效，制定《劳动人事争议案件分配办法》。在市本级建立以随机分案为主、指定分案为辅案件分配制度。分案办法，从制度层面协调仲裁员办案任务，有利于缓解“案多人少”办案压力。从案件分配环节切断各种人为因素干扰，降低“人情案”“关系案”发生风险。（董凌伊）

殡葬管理工作

【概况】 2016年，常德市殡葬管理处被民政部评为“2016年全国殡葬工作先进单位”；万金陵园被民政部评为“2016年清明节工作优秀观察点”；常德市殡葬服务中心被民政部《公益时报》评为“2016年度宣传工作先进单位”；市白鹤山殡仪馆、临澧县殡仪馆、石门县殡仪馆被常德市殡葬协会表彰为“2016年度殡仪服务先进单位”；万金陵园、澧县大地岭陵园、津市市刘家山公墓被常德市殡葬协会评为“2016年度生态文明示范墓园”；市殡葬管理处李燕喜参与撰写《政府与市场在殡葬服务供给中作用研究》荣获民政部政策理论课题研究二等奖；市殡葬服务中心刘燕、市殡葬管理处李燕喜、安乡县殡葬管理所汪国良分获省民政厅“清明”征文一、二、三等奖；澧县殡仪馆龚金玲获省民政厅“敬业奉献 情系殡葬”演讲比赛三等奖；市殡葬服务中心袁承波被民政部评为“2016年全国殡葬工作先进个人”；市殡葬服务中心钟智帆被评为全市“优秀共产党员”。

政策改革。市殡葬管理处出台《关于市本级惠民殡葬专项资金发放办法》文件，对具有常德市城区户籍城乡低保对象、城镇“三无”人员、农村“五保”对象、优抚对象以及自愿火化土葬对象，一律免收“四项”（遗体接运、遗体存放、遗体火化、骨灰寄存）基本殡葬费用；对自愿选择节地生态安葬，制定奖励办法。绝大部分区县市结合实际及时调整火葬实行区范围，出台火化区调整、殡葬工作联席会议制度、节地生态安葬和贯彻市政府9号文件实施意见等规范文件。安乡县将火葬实行区扩大到所有乡（镇）所在集镇。武陵区、鼎城区、澧县以区县政府名义召开殡葬改革推进大会。

殡葬执法。2016年，市殡管处重点对市城区城郊接合部违规搭棚办丧和“三山”（太阳山、德山、河洑山）乱埋乱葬行为开展专项打击巡查，并联合武陵区在城郊接合部开展为期3个月殡葬秩序集中整治行动。市、县全年共开展殡葬执法120次，处理突发事件7起，劝阻违规土葬37次，其中市殡葬执法监察大队开展殡葬执法40次，劝阻违规土葬18起，拆除灵棚6起，完成对市城区周边墓地调查取证。全市火化遗体6113具，强制火化区火化率78%，其中市城区火化遗体2149具，强制火化区火化率61%。建立区县市联合执法机制，对跨区县非法殡葬活动实行联合执法。

设施建设。2016年，全市全年共投资3亿元对殡葬基础设施进行升级改造。鼎城区将殡仪馆收回民政部门管理，并对殡仪馆进行初步改造。澧县殡仪馆、津市市殡仪馆建设基本竣工。桃源县殡仪馆征拆补偿已经到位。德山殡仪馆主体工程已经完成。乡镇集中治丧场所建设进入破题阶段，全市乡镇集中治丧场所已建成8处。农村公益性公墓建设全面铺开。安乡县共有267个农村公益性公墓；桃源县建成陬市镇小马山和枫树乡少数民族公益性公墓；汉寿县环城公益性公墓两期开发建设共占地1.33万平方米，规划节地生态安葬区域；石门县农村公益性公墓建设进度达80%，其中秀坪镇公益性公墓已完工。

殡葬宣传。市殡葬管理处投入15万元在武陵区37个村改居社区设立宣传专栏。全市各地殡葬单位开展纪念老一辈革命家签名倡导火葬60周年暨清明主题宣传月系列活动，做好“殡仪馆开放日”和“平安清明 文明祭祀”等宣传月活动，利用电视、广播、公交广告、宣传橱窗、横幅、板报、标语、宣传单及上门宣传等形式进行宣传。全市全年共发放殡改宣传资料30万份，宣传群众10万多人次，在《中国社会报》《湖南日报》《常德日报》《常德晚报》等媒体上发表文章132篇。其中《关于农村公益性墓地建设管理》刊发在市委内参和市政府政务信息专报上。

清明祭祀。2016年清明期间，全市9家经营性公墓和10家殡仪馆共接待祭扫群众50万余人次，车辆达15万多台（次）。祭祀文明安全，秩序井然；没有发生人员踩踏、山林火灾、矛盾纠纷和交通拥堵事件，实现“文明祭祀、优质服务、平安清明”目标。

惠民殡葬。2016年，市城区已实现全民减免火化费用410元，城乡低保对象、城镇“三无”人员、农村五保对象、优抚对象火化减免1200元；倡导火化、生态安葬，对土葬对象自愿火化，自愿选择生态安葬给予1000元/人奖励政策。全市各区县（市）出台以减免基本丧葬费为基础，多种救助形式为补充殡葬救助政策。全市共减免惠民殡葬经费291.5万元，其中市本级减免惠民殡葬经费102.3万元。（杨　斌）

节地生态安葬的花葬

【推行节地生态安葬】 全市各地出台本地节地生态安葬指导意见，加大对节地生态安葬投入，全市节地生态安葬比例达到40%。保障群众基本安葬需求，坚持节约土地资源，保护自然环境，推广节地生态安葬。科学规划和建设节地生态安葬设施，开辟树葬、花坛葬等新式葬法区域；扩大草坪葬区规模，在周边植草种树，改善周边生态环境；鼓励和引导采用树葬、草坪葬、深埋、格位存放等节地方式安葬骨灰。对上述葬式，在收费上实行保本或低于成本价格收费，对重点优抚对象、城乡低保户、城市特困户等特殊群体，免收相关费用。（杨　斌）

社会救助

【概况】 提高保障标准。5月9日，市民政局联合市财政局下发《关于提高城乡最低生活保障标准、农村五保供养标准的通知》（常民发〔2016〕14号），城市低保保障标准由350~400元提高到455~500元（其中武陵、德山、柳叶湖500元，其他县市区455元），月人均救助水平由272元提高到286元；农村低保保障标准由167元提高到235 ~ 255元（其中武陵、德山、柳叶湖255元，其他县市区235元），月人均救助水平由121元提高到126元；农村五保户年分散供养标准由2900元提高到3200元，年集中供养标准达到5700元。截至2016年12月底，全市月均保障农村低保对象24.2万人，累计发放低保资金38360.32万元，月人均救助水平132元；月均保障城市低保对象11.6万人，累计发放低保资金40502.2万元，月人均救助水平291元；共有农村五保对象42143人，共发放农村五保供养资金18392.14万元。

摸清人员底数。3月31日，市民政局联合市扶贫办下发《关于做好社会保障兜底认定工作的通知》（常民发〔2016〕8号），依托低收入家庭认定平台，全面开展兜底保障对象精准认定工作。全市各乡镇入户调查率100%，县民政部门抽查率达到50%以上。全市认定兜底脱贫对象10766户、25597人，2016年12月已全部纳入扶贫建档立卡系统。对全市特困人员进行全面精准认定，共认定特困人员43893人，清退不符合政策对象6436人。

医疗和临时救助。市民政局出台《关于对患重特大疾病建档立卡贫困人口实施医疗救助的通知》，将患重特大疾病建档立卡贫困人口纳入医疗救助范畴，全市全年开展医疗救助49.89万人次、发放资金10537万元。8月22日，市政府出台《常德市临时救助实施办法》（常政办发〔2016〕23号）。全市全年开展临时生活救助34206户次、发放资金4376万元。

专项治理。全面开展社会救助专项整治行动，市民政局出台《关于开展城乡低保、农村五保专项整治的通知》，组织各地开展为期两个月的城乡低保、农村五保专项整治活动，全年共清退不符合条件城乡低保对象11318人。推进居民家庭经济状况核对工作，市低收入家庭认定信息平台项目纳入“智慧常德”建设，全市共受理申请核对24163人次，检出不符合申请2981人次。

敬老院建设。新改扩建敬老院15所，新增养老床位1150张，超额完成省考核指标250张。突出抓好敬老院消防安全管理，投入资金150多万元，全市212所敬老院共安装烟雾感应器9121个。（曹吉飞　王继辉）

【常德市救助管理站成为第二批全国社会工作服务示范单位】 2016年11月3日，民政部印发《关于确定第二批全国社会工作服务示范地区、社区和单位的通知》（民发〔2016〕194号），确定湖南省常德市救助管理站为第二批全国社会工作服务示范单位。（曹吉飞　王继辉）

老龄工作

【概况】 截至2016年年底，全市共有老龄人口125万人，老龄化率达21.5%。

基本养老服务补贴。基本养老服务补贴纳入全市各级党委、政府全面建成小康社会建设考核指标。全市应补贴对象20380人，实际补贴20020人，财政补贴资金927万元，覆盖率为98%。

老年人保险。2016年，参保人数为32.6万人，实现保费1500万元。参保人数、保险覆盖率、保费规模等核心指标连续三年排名全省第一。

为老服务信息平台建设。全市6个区县市建立为老服务信息平台，共有4000多家服务企业加盟，服务项目共有10大类200多小类，为居民提供各项服务近1500万人次。

城乡居家养老服务示范点。完成省级城乡居家养老服务示范点36个，新增床位190张，超额完成床位46张，完成率达132%。

老年协会。截至2016年年底，常德城市社区老年协会覆盖率达98%，农村老年协会覆盖率达92%。各老年协会在方便老年人生活、开展老年人活动、维护老年人权益等方面发挥积极作用。（曹吉飞　王继辉）

关心下一代工作

【概况】 “三项宣讲”活动。全年共开展“思想道德教育”“法制教育”“家庭教育”宣讲600余场次，受教育青少年达20.8万人次。市关工委、市教育局、市司法局、市强戒所联合开展第三届“关爱明天、普法先行”暨法制宣传月活动，组织退休老法官和资深律师到部分市直中学进行法律知识宣讲，安排强制戒毒人员进行现身说法，增强青少年学生法制观念和依法维权意识。团市委开展“我们是共产主义接班人”主题宣讲活动，选树青少年典型150余名。市妇联发挥家庭教育协会和家长学校作用，全年开展家庭教育宣讲202场次。石门县组织道德模范到夹山镇中学等6所学校进行思想道德教育巡回宣讲，受教育青少年学生达2万余人次。

主题教育活动。市教育局开展“老师您好，我好老师”主题教育活动，通过演讲、征文、书画、摄影、演讲比赛等形式，充分展示青少年学生蓬勃朝气，坚定理想信念。市文明办开展“继承革命传统、弘扬长征精神”主题教育活动，通过缅怀先烈、征文比赛、“向红军致敬”等形式纪念红军长征胜利80周年，全市20余万名青少年参与活动。临澧县在69所中小学校开展学雷锋活动，撰写心得16780篇，组织中小学生献爱心10435人次。桃源县开展“心理健康节宣传活动”，举办心理健康知识图片巡展和心理健康讲座，开展心理咨询和心理游戏等活动。

品牌创建活动。按照“一地一品，一乡一色”工作要求，推进品牌创建工作。澧县分层建立留守儿童工作总站、工作站、工作分站共391个，采取精神帮扶与物质帮扶并重，开展留守儿童关爱活动，其经验做法得到中国关工委主任顾秀莲批示，并在《中国火炬》第12期刊登供各地学习。汉寿县实施“三位一体”帮扶机制，长期结对青少年学生874人，短期帮扶259人，个案救助122人，帮扶和救助资金达25.5万余元。鼎城区打造“存储道德，争当道德小富翁”品牌，引导青少年学生围绕“诚信、公德、孝心、担当、善行”等优秀品质，将个人成长感悟记录在道德储蓄本上。石门县开展第二届“道德讲堂进校园”活动，用身边人和身边事感染、启迪、教育广大青少年。

关爱弱势儿童。积极争取中国关工委“朝阳计划——基层学校卫生室”项目，为石门县、桃源县等10所偏远山区学校捐助价值共50万元医疗器材，改善偏远山区孩子医疗卫生条件。市直机关工委开展市直单位联系点村“三类儿童”（留守儿童、贫困儿童、残疾儿童）结对帮扶活动，全市200多个处级单位领导干部与43个扶贫点村1000多名弱势儿童结成帮扶对子。武陵区采取“五老+社工+义工”模式，在社区建立“四点半学校”，让城区留守儿童在放学后、节假日期间能够继续学习和开展活动。安乡县发动社会爱心人士对特殊教育学校106名残疾儿童进行援助。石门县对全县0至7周岁脑瘫儿童进行摸排筛选，并统一在市康复中心进行康复训练。

助力贫困学子。全市全年共帮助困难学生4100人次，资助金额达1000余万元。武陵区杨丽虹等3名品学兼优小学生当选全省第二届“最美孝心少年”，并获得5000元奖学金。市总工会号召常纺机、洞庭制药等大型企业每年捐助“帮困助学”资金上百万元，为贫困职工子女解决学费和部分生活费。市委政法委举办“情暖高墙·关爱孩子”公益慈善活动，现场募捐162万元，资助特困学子300人。桃源县连续5年开展“倾情解民难、爱心助学子”捐资助学活动，全年为270名贫困大学新生捐助爱心资金140多万元。临澧县对考取大学71名贫困大学新生进行捐助，每人资助爱心助学款3000元，对考录清华大学3名新生每人资助5000元。

帮扶青年农民。团市委举办“青春绽放，梦想起航”常德青年创新创业人才招聘会，联合市人社局等部门开展农村青年创业技能培训1000多人次，提供就近就业岗位800多个。石门县举办青年创业经验分享交流会和电商经验交流会，培养青年农民创业意识、增强创业技能、提供创业机会。临澧县举办城乡青年技能培训班16期，培训人员达2046人。各区县（市）积极举办人才招聘会，推进青年农民就业创业，促成企业与青年农民签订劳工协议，全年推荐就业4000多人次。2016年，通过联办、单独培训等方式，全市共举办各类农技培训班358期，培训人数达3万余人次。

参与社会治理。一是联合开展预防青少年违法犯罪。津市市在全市中小学校开展法制宣传活动，广泛宣传《中华人民共和国未成年人保护法》《中华人民共和国预防未成年人犯罪法》《中华人民共和国道路交通安全法》等法律知识。澧县聘请181名“五老”担任法制副校长，发放普法读本，上法制教育课。桃源县建立集刑罚执行、监督管理、教育帮扶功能为一体社区矫正中心，推进社区青少年矫正法制化、规范化和科学化。二是参与文明城市创建。武陵区围绕“文明武陵，从我做起”主题，发动城区青少年学生积极参与文明城市创建，义务维护交通秩序，清扫道路垃圾，免费发放环保手袋。安乡县将“创建文明县城”和“生态文明示范学校”创建相结合，加强学校生态文明建设，改善校园生态环境，开展生态文明教育，在全县范围内营造崇尚、传承、弘扬、发展、培育生态文明氛围。津市市开展“文明伴我行”专题教育活动，组织青少年学生赴敬老院、养老院和德育基地开展孝亲敬老活动，为孤寡老人献爱心、表演节目等。三是组织“五老”净化社会文化环境。汉寿县、安乡县聘请“五老”志愿者担任校园周边环境整治义务监督员，协助有关部门开展校园安全、校车安全、出版物安全工作，切实整顿校园周边环境。津市市开展校车安全整治工作，进行隐患排查、整改，开展“平安校车行”安全劝导活动。临澧县、汉寿县、石门县、安乡县聘请“五老”担任网吧监督员，并对他们组织培训，要求持证上岗，定期和不定期开展网吧督查，全年整顿和清理不规范运营网吧7家。

自身建设。各区县（市）抓住乡镇区划调整和村（居）撤并契机，进一步建立健全基层关工委组织网络。桃源县以两办名义下发《关于进一步加强关心下一代工作意见》，明确组织建设要求，基本实现全县所有乡镇、村（居）社区、中小学校和正科级县直单位关工委组织全覆盖。临澧县、汉寿县、石门县关工委（关协）组织已经逐步延伸到社区、中小学校、村（居）和部分企业。截至2016年11月，全市共有关工委（关协）组织5720个，“五老”人员5万余名。

（王少康）

县市区·管理区·开发区·度假区

武陵区

区委书记		莫汉桃
区委副书记		廖可元　杨学亮
区委常委		李宗翰　余习琼　万长华
		王先波　刘冠西　袁　文
		余仁辉
区人大常委会主任		姜胜国
区人大常委会副主任		鲁光岀　杨泽民
		罗承玉　钱　攀　丁建国
区人民政府区长		廖可元
区人民政府副区长		王先波　陈有万
		陈帮辉　钱盛霞
		金星武　何彦兵　李　进
区政协主席		汤劲翔
区政协副主席		曾荣华　彭次君
		李晓鼎　尹治才　孙权新
区武装部政委		刘贵平
区武装部部长		汤晓辉（7月离任）

【概况】 2016年，全区辖11个街道、2个乡、1个镇。土地总面积276平方千米，其中耕地面积70平方千米。年末常住人口74.36万人（含经开区、柳叶湖），其中非农业人口66.1万人，人口出生率10.24‰，自然增长率4.19‰。年内气温最高38.4℃，最低-3.6℃；年降水量1696.1毫米。

全年完成区属生产总值145.7亿元，增长11.6%；一般公共预算收入（同口径）达到20.1亿元，增长8%；固定资产投资271亿元，增长20%；社会消费品零售总额132.5亿元，增长15.2%；实际利用外资7620万美元，增长10.4%。

经济发展。现代服务业繁荣发展。完成三产业增加值108亿元，增长14%，占GDP比重达到74.1%。全区在建和建成服务业项目167个，其中亿元以上41个、5000万元以上19个。新增限上商贸企业18家，达到149家。武陵阁步行城提质改造全面完成，万达广场、友阿国际广场、和瑞欢乐城、老西门文化旅游街区建成营业，西部新区物流园一期、花卉苗木市场一期全面建成，红星美凯龙常德商业广场、兴隆国际城、义乌小商品城、钢材物流中心、现代医药物流中心等项目稳步推进，碧桂园成功落户武陵。工业转型步伐加快。全年完成规模工业增加值10.5亿元，同比增长5.5%。深入推进园区攻坚，积极帮助工业企业转型升级，全区高新技术企业产品增加值占规模工业增加值比重达到30%以上。武陵移动互联网产业园入园企业达到61家，完成交易额30亿元，初步形成移动互联网电商集聚区。都市农业特色凸显。种植业结构不断优化，形成以丹洲、河洑为重点的葡萄产业带和环城花卉苗木产业带。农产品加工业不断壮大，形成蛋禽、肉类、豆类、粮油、蔬菜5大农产品加工产业集群。休闲观光业蓬勃发展，集特色餐饮、农事体验、花果采摘、观光娱乐为一体的多功能休闲园区不断增加。

社会民生。居民收入不断增加。城乡居民人均可支配收入分别达到31288元、21324元，分别增长8.8%、9.5%，绝对数和涨幅均居全市第一，成为全省首批、全市唯一全面小康达标区县。社会保障更加有力。新增城镇就业8736人，失业人员再就业5510人，新增农村劳动力转移就业708人，零就业家庭动态援助率100%。五类社会保险新增参保26126人。城市低保标准、农村低保标准分别提高到287元、136元；农村“五保”集中、分散月人均供养标准分别达到500元、275元。文体事业蓬勃开展。成功举办第四届武陵国际微小说节，小小说品牌扬名海内外。成功组织首届“武陵杯”全国摩托车场地越野邀请赛，吸引国内外60余名顶级选手参赛，观赛群众达到数万人次。加大非遗项目传承、创新和保护力度，积极引进和培育文艺专业人才。全省唯一的港澳文化交流基地落户武陵。教育事业均衡发展。教育三年攻坚完美收官，累计投入3.6亿元，新建和改扩建城区小学7所，新增城区学位4000个；建成公办和普惠性幼儿园26所，新增幼儿学位3200个；完成4所农村合格学校建设。“三育”工程稳步推进，中小学生思想品德评价合格率均达到100%，东升小学等19所中小学被授予“全国青少年校园足球特色学校”，北正街小学、东升小学机器人社团屡获国际赛事大奖。卫计服务不断优化。卫生三年攻坚圆满完成，累计投入1.32亿元，新建、改扩建街道社区卫生服务中心11家，新建社区卫康室101个。城乡居民基本医疗保险整合并轨，全面推行"分级诊疗、基层首诊、双向转诊、上下联动"医疗服务新模式。加强疾病防控，全年未发生重大传染病暴发疫情和突发公共卫生事件。稳妥实施"全面两孩"政策，计生工作获评"新国优"。社会大局安定和谐。深化社会治理网格化工作，大力推行"互联网＋社会治理＋公共服务"模式。全面深化信访体制改革，严格落实信访维稳责任制，信访形势持续好转。重点加强安全生产和食品药品监管，全年未发生较大以上安全生产事故及食品药品安全责任事故。

城乡建设。城市建设成果丰硕。"三改四化"圆满收官，改造小街小巷137条、32万平方米。完成武陵大道4.5千米、85栋单体建筑美化，美化面积55万平方米。武陵阁步行城提质改造顺利竣工，成为武陵名片和市民客厅。强力推进征拆棚改，完成棚户区改造1559户，征地226.73万平方米，拆迁1930户，确保重点项目建设用地需求，老西门、落路口成为全国棚改示范样板。穿紫河水系全线贯通并与柳叶湖连通，十公里穿紫河风光带建成。丹洲生态城、河洑小镇启动前期工作。城市管理提质增效。深入推进城市管理"一改四化"，全面实施智慧城管和环卫精细化作业，着力开展城区渣土、出店经营、两车入栏专项整治，创新解决早夜市、马路市场等一批老大难问题。始终保持控违拆违高压态势，共拆除新增违法建筑283起、52080平方米，拆除存量违法建筑25164平方米，违法建筑基本实现"零增长"。完美社区成为样板。累计投入近3亿元，全面完成11个街道"一所一校四中心"和92个社区"一站一园一场七室"硬件建设，大力发展特色社区服务，打造了一站式服务、易办事、完美社区网、爱心银行等零距离服务品牌。加快培育和发展社会组织，居民自治水平明显提升。农村面貌焕然一新。大力建设美丽乡村，建成省级示范村15个、市级示范村6个。

武陵区第十二次党代会开幕

深入开展农村环境综合整治，实现生活垃圾全部无害化处置，打造丹洲八一路、河洑片区两大生态示范走廊。累计投入3.5亿元，加固沅江一线大堤，从根本上消除安全隐患。全面启动洞庭湖生态经济区水环境综合治理五大专项行动。

自身建设。圆满完成公路、工商、质监等行政管理体制改革，农村集体产权制度、商事制度、医药卫生制度、公务用车制度等改革均实现预期效果。稳步推进投融资体制改革，常德江北投资开发建设有限公司成功改组，获取融资授信18亿元。扎实开展"两学一做"学习教育，严格落实作风建设各项规定，加强党风廉政建设和反腐败力度，全面启动"文明武陵，从我做起"活动，大力倡导公务文明等"八大文明"，政风行风明显好转。加快转变政府职能，行政审批事项压减54%，审批时限压缩56%。严格落实优化经济发展环境"十项禁令"，发展环境不断优化。深化行政审批制度改革，清理规范行政审批事项和行政审批中介服务，积极推行权力清单、责任清单制度并实行动态管理。严格落实重大行政决策程序规则，不断完善政府法律顾问、专家咨询、政府合同管理等制度。自觉接受区人大及其常委会的法律监督、区政协的民主监督和人民群众的社会监督，办理人大代表议案、政协委员提案39件，回复率、满意和基本满意率均达到100%。荣获"全省六五普法依法治理先进县（市、区）"和"全省依法行政工作优秀单位"称号，并作为全市唯一代表被推荐为"全省法治政府建设示范单位"。（李　科）

【武陵区召开第十二次党代会】 2016年8月29—31日，中共常德市武陵区第十二次代表大会召开。会议选举产生新一届区委委员、候补委员、区纪委委员和出席市第七次党代会代表；表决通过关于区委工作报告和区纪委工作报告的决议。在随后召开的十二届区委一次全会上，选举产生新一届区委常委、区委书记和副书记，莫汉桃当选为书记，廖可元、杨学亮当选为副书记。

（李　科）

【武陵区被认定为全省首批全面小康达标区县】 2016年1月31日，在全省扶贫开发暨全面建成小康社会推进工作会议上，武陵区被认定为全省首批、全市唯一全面小康达标区县。

近年来，武陵区坚持以全面小康为统揽，每年财政支出的70%以上投入民生事业，人民生活质量不断提升。实施农村安全饮水工程，兴建农村饮水安全工程27处，惠及群众达10万人。完成教育卫生三年攻坚，累计投入资金4.92亿元，新建和改扩建城区小学7所，新增城区学位4000个；建成公办和普惠性幼儿园26所，新增幼儿学位3200个；完成4所农村合格学校建设；新建、改扩建街道社区卫生服务中心11家；新建社区卫康室101个。推进完美社区和美丽乡村建设，全区11个街道“一所一校四中心”全面建设完成，92个社区“一站一园一场七室”建设全面达标；建成美丽乡村省级示范村15个、市级示范村6个。“三改四化”圆满收官，共改造小街小巷137条、32万平方米；完成武陵大道4.5千米、85栋单体建筑美化，美化面积55万平方米。大力实施精准扶贫，2016年，城乡居民人均可支配收入分别达到31288元、21324元，成为全市唯一实现贫困村全退出、贫困人口全脱贫的区县。（李 科）

【武陵阁步行城提质改造竣工】 2016年12月底，武陵阁步行城美化提质工程全面竣工。该工程于2014年5月启动、10月开工，总投资4.28亿元，范围为武陵大道、朗州路、人民路、四眼井路围合区域，涉及单体建筑65栋，占地规模19.47万平方米，建筑立面面积12万平方米，街巷路面面积6.91万平方米，整体按照欧式风格进行提质改造，共分两期进行。经过历时三年的建设，武陵阁步行城功能分区更加明晰、业态分布更加合理、交通组织更加完善、城市景观更加丰富，成为常德市最耀眼的“市民客厅”和“城市名片”。（李 科）

【万达广场、友阿国际广场、和瑞欢乐城建成营业】 2016年，万达广场、友阿国际广场、和瑞欢乐城三大商业综合体相继建成营业。其中，常德友阿国际广场（丹阳路店）于1月30日开业，项目总投资15亿元，占地面积14.3万平方米，集国际名品购物、特色餐饮、巨幕影城、主题儿童游乐园、娱乐酒吧、露天咖啡、中西餐饮等功能于一体；和瑞欢乐城于8月13日开业，项目总投资15亿元，占地面积13万平方米，拥有购物、餐饮、休闲、娱乐、影院等丰富业态；常德万达广场于9月16日开业，项目总投资60亿元，占地面积18.4万平方米，涵盖居住、商务、办公、购物、电影、KTV、游戏厅等功能。（李 科）

【常德江北投资建设有限公司挂牌成立】 2016年9月30日，常德江北投资建设有限公司正式重组挂牌成立，注册资本1亿元。作为武陵区政府直属的首家投融资平台公司，江北投以“投资江北、建设武陵”为宗旨，主要职责为负责武陵区基础设施、社会民生、产业发展等项目建设，负责为项目建设融资、投资，并开展自营业务，解决了长期以来武陵区项目建设没有平台、缺少资金的问题。截至2016年年底，公司完成银行融资授信18亿元，已启动芙蓉街道项家铺片区、丹阳街道金桥片区老旧小区综合整治、区老年大学、区第一小学、区社会福利中心等项目建设，即将启动丹洲生态城、区移动互联网产业园、沅澧干线第四大道武陵区段等重点项目。（李 科）

鼎城区

区委书记	杨　易
区委副书记	朱金平　王时雨
区委常委	李卫民　王明东
	瞿政前　朱正权　林红华
	王少贤　刘新远　雷建国
区人大常委会主任	杨　君
区人大常委会副主任	刘运华　钟泽英
	李润初　李湘建　沈国华
区人民政府区长	朱金平
区人民政府副区长	李卫民（常务）
	洪振坤　杨　凡　王直华
	蒋宏武　熊　辉　钟科程
区政协主席	韩才渊
区政协副主席	涂国祥　罗旺甫
	周伟建（兼）　蒋利荣（兼）
	胡小芳（兼）
区武装部部长	刘新远

【概况】 2016年，全区辖18个乡镇、4个农林场、4个街道办事处，常住人口83万人。土地总面积2340平方千米，其中耕地779.33平方千米。完成地区生产总值278亿元，增长9.5%；一般公共预算收入16.69亿元，增长12.6%；固定资产投资266.7亿元，增长19.1%；城乡居民收入分别达到28374元、13128元，增长8.8%和9.3%。

项目建设。“十三五”规划开发重大项目222个，总投资2113亿元；争取上级投资10亿元；完成固定资产投资266.7亿元，增长19.1%；融资平台落实融资47.5亿元；争取用地指标193万多平方米，储备土地33万多平方米；临江棚改征拆经验全市推广。

城市发展。阳明湖、临江新区、新城西区开发迈出实质性步伐；沅江风光带开园迎客，江南画壁启动建设，桥南人防商城投入营运，过江隧道已经开工；商品房销售60.9万平方米，创历史新高。

工业经济。建成标准化厂房26万平方米，建成1.5万平方米的全市首批省级科技企业孵化大楼；10多家中小企业实现转型升级，科箭机械两项专利填补国内空白；实现工业总产值225.8亿元，增长10.1%；推新工作全市排名第一。

农业经济。农业农村工作排名全市第一；森林城市创建评为全省先进；乡村旅游打出品牌；粮油、蔬菜生产分别保持全国大县、重点县位置，生猪、水产养殖位列全省前十、全国百强；“鼎城茶油”“河洲甲鱼”等农业品牌影响扩大；“精为天”在新三板成功上市；新建省级美丽乡村1个、市级5个。

三产经济。规模以上服务企业营业收入18.7亿元，增速全市第一；开发五金机电城、健康医药产业园等一批重大功能性项目；国龙大厦、南城天街等城市综合体建成开市。

民生改善。社会保障全面覆盖。全区有2个村和9602人脱贫；为7300名“五保户”统一购买意外伤害险；新增城镇就业6900人、农村劳动力转移就业4900人；新增社会保险1.2万人。社会管理不断创新。信访总量下降24%；安全生产、综治工作获全市先进；司法局获全省“六五”普法、司法行政工作先进单位，鼎城区第六次获得全国人民调解工作先进单位。社会事业持续发展。全区所有行政村通村公路全部硬化，改造危桥39座；完成2.3千米的善卷垸东线治理，安全饮水实现全覆盖；荣获全省教育强区称号，江南小学建成使用；市第二工人文化宫、市四医院南院二期、卫星“户户通”工程等民生项目推进顺利；

第二届“全运会”成功举办；常德丝弦赴联合国巡演。（肖　潜）

【沅江过江隧道开工】 2016年10月16日，常德市重点建设项目集中开工暨常德沅江过江隧道建设工程开工仪式在鼎城区举行，市委书记王群宣布常德沅江过江隧道工程开工建设。市委副书记、市长周德睿主持开工仪式。

常德沅江过江隧道全长2240米，斜穿沅江江底，工程采用双洞单层双向四车道的形式，设计标准为城市主干道，设计车速每小时60千米，主体结构设计使用年限为100年。工程概算总投资25.5亿元，建设期预计36个月。隧道建设位置位于常德市中心城区的中轴线上，是常德市规划的“八纵八横”十六条骨架性主干路之一。（肖　潜）

【江南沅江风光带开园】 2016年4月28日上午，沅江风光带正式开园迎客，市委书记王群，市委副书记、市长周德睿为“沅江风光带”基石揭幕。

江南沅江风光带自2015年9月7日开工，在全长4.35千米的江南外滩上，分3个标段、27个作业面同时施工。沅江风光带建设秉承“海绵城市”理念，力求实现城水共生、人水和谐，分“生态律动、活力城市、原生大地”三个主题。既有天然游泳场、篮球场、排球场、儿童游乐场以及各类休闲场所，也有树林、草甸、花田、沙滩、池塘等自然景观。（肖　潜）

沅江风光带开园

汉寿县

县委书记	杨　昶
县委副书记	车世忠　刘毅翔
县委常委	黄治军　曾　群　何朝辉　李　芳　丁克刚　吴建军　朱进友　李裕军　蔡　武（挂职）
县人大常委会主任	袁佑清
县人大常委会副主任	周政怀　王立芬　彭天喜　陈武俊　饶　杰
县人民政府县长	车世忠
县人民政府副县长	丁克刚　蔡　武（挂职）　呙滨辰　李功文　罗永锋　李碧波　彭　华（挂职）　余　梅　宋万林
县政协主席	解以刚
县政协副主席	彭仔明　黄启顺　李明桂　余淑娴　刘启明
县武装部部长	吴建军
县武装部政委	朱仁达

【概况】 2016年，汉寿县辖15个镇、2个乡、4个街道、1个省级高新技术产业园区。土地总面积2021平方千米，其中耕地面积655.4平方千米。年末总人口828212人，其中非农业人口221044人。年内人口出生率11.3‰，死亡率4.0‰，人口自然增长率7.3‰。年内气温最高39.7℃，最低-3.6℃；年降水量1348.1毫米。

地区生产总值245.95亿元，增长7.8%。其中：第一产业增加值51.12亿元，增长3.3%；第二产业增加值78.79亿元，增长6.6%；第三产业增加值116.04亿元，增长10.7%。三次产业构成比为20.78：32.04：47.18。完成一般公共预算收入95480万元，增长11.5%。其中，地方财政收入62138万元，增长6.0%，完成一般公共预算支出417700万元，增长12.8%。

项目建设。争取各类建设性资金17.8亿元，其中通过发改口争取上级投资8.58亿元。40个市考核重点项目完成投资112.8亿元，全县共60个重点项目完成年度投资计划任务，33个项目竣工。500万元以上固定资产项目及房地产完成投资201.78亿元，比2015年增长19.1%。500万元以上固定资产投资中，房地产开发投资10.3亿元，增长34.5%。第一产业投资7.6亿元，增长2.6%，第二产业投资84.6亿元，下降10.8%，第三产业投资109.6亿元，增长40.3%。房地产开发企业26个，施工面积80.75万平方米，增长12.2%，其中住宅58.21万平方米，增长14.2%。商品房屋销售面积15.91万平方米，下降7.0%，商品房销售额5.15亿元，下降19.9%。

农业经济。全年实现农林牧渔业总产值85.88亿元，增长3.06%。全年农作物播种面积1754.4平方千米，增长0.17%。粮食作物播种面积1099.6平方千米，增长0.61%，总产量62.99万吨，下降1.95%。油料播种面积407.4平方千米，下降0.68%，总产量7.82万吨，与2015年基本持平。棉花播种面积50.33平方千米，下降19.52%，总产量0.75万吨，下降26.83%。麻类播种面积4.4平方千米，下降13.73%，总产量0.12万吨，下降19.29%。蔬菜播种面积140.2平方千米，增长7.27%，蔬菜总产量42.12万吨，增长12.87%。水果总产量7.95万吨，增长11.12%。全年出栏生猪93.67万头，下降3.72%，出售和自宰肉牛1.37万头，增长3.79%，出售和自宰肉羊4.28万头，增长0.23%，家禽出笼814.61万羽，增长3.97%，禽蛋产量3.51万吨，增长2.95%，肉类总产量8.12万吨，下降2.61%。水产品产量10.04万吨，增长

9.04%。保持“全国生猪调出大县”地位，获评“全国农村产业融合试点示范县”“全国渔业健康养殖示范县”“全国出口食品农产品质量安全示范区”“全国出口猪肉质量安全示范区”“全省粮食生产标兵县”“全省粮油生产全程机械化示范县”，成功组建滨湖国有林场。

工业经济。全部工业总产值258.06亿元，增长9.4%。实现增加值59.37亿元，增长6.7%。107家规模工业完成产值160.01亿元，实现增加值31.62亿元，增长7.0%。园区规模工业实现增加值24.22亿元，增长4.6%。规模工业实现销售产值156.99亿元，下降16.5%，产销率为98.12%。完成出口交货值6.46亿元。规模工业全年生产大米47.7万吨，下降13.4%；罐头0.4万吨，下降81.0%；机制纸及纸板1.8万吨，增长5.9%；纱2.2万吨，下降21.4%；亚麻布55.1万米，下降85.5%，苎麻布1317.3万米，下降73.8%；饲料16.9万吨，下降22.8%；涂料4.2万吨，增长0.7%；矿山设备1.1万吨，下降8.3%；水泥45.8万吨，下降2.6%；铝合金0.2万吨，增长11.1%；混凝土机械469台，下降20.2%；电缆22.8万千米，增长42.5%。

商贸金融。全年社会消费品零售总额75.70亿元，增长11.6%，其中：批发零售业零售额67.05亿元，增长11.5%，住宿、餐饮业零售额8.65亿元，增长11.9%。实现批发零售贸易增加值11.65亿元，增长6.2%，住宿、餐饮业增加值6.0亿元，增长6.6%。获评“全国电子商务进农村综合示范县”。年末金融机构各项存款余额209.21亿元，比年初增长24.1%，其中居民储蓄存款余额153.78亿元，比年初增长18.4%。各项贷款余额78.12亿元，比年初增长38.8%，其中个人消费贷款余额17.91亿元，比年初增长44.8%。获评“全国农村两权抵押贷款试点县”“全省金融支持现代农业发展示范县”。

社会事业。科技方面，企业投入研发经费2.64亿元，高新技术产品产值69.56亿元，实现增加值14.67亿元，下降1.94%。教育方面，共有各级各类学校98所。在校学生74444人，教职工5492人，幼儿园100所，在园幼儿20867人，幼儿园教职工1808人。文化方面，有县级文化馆1个，艺术表演团体94个，其中专业艺术表演团体1个；电影公司1家。县级图书馆1个，档案馆1个，开放各类档案5.86万卷（件）。中央、省台电视农户综合覆盖率为100%，中央、省台广播农户综合覆盖率为100%，提前完成卫星直播“户户通”。医疗卫生方面，年末有卫生医疗机构606个，医院、卫生院42个（乡镇卫生院29个），村卫生室462个，诊所、卫生所、医务室94个，专科疾病防治院（所、站）4个；卫生技术人员4276人，其中乡镇卫生院1284人；有床位3930张，其中乡镇卫生院床位1169张。县人民医院升级为三级医疗机构，成功创建“省妇幼健康优质服务示范县”。旅游方面，成功申报汉寿竹海国家森林公园、汉寿息风湖国家湿地公园，全年接待游客312.12万人次，实现旅游综合收入19.2亿元，分别增长9.2%和13.6%。体育方面，小运动场地52个，开展全民健身项目6项次，新建农民体育工程行政村61个，各种训练房19个。

社会保障。城镇居民人均可支配收入25880元，增长8.0%。农村居民人均可支配收入13560元，增长8.3%。城镇基本养老保险参保人数8.19万人，其中在职5.06万人，离退休3.13万人。新型农村养老保险登记参保人数31.91万人。城镇职工基本医疗保险参保人数3.72万人，城镇居民基本医疗保险参保人数9.77万人。失业保险参保人数1.66万人，工伤保险职工参保人数4.47万人，生育保险职工参保人数2.05万人。

（卢鹏飞　陈　勇）

【汉寿县获评“全国电子商务进农村示范县”】 近年来，汉寿县委、县政府采取政府主导、政策引导、专业指导的工作措施，大力推动电子商务产业的发展，在基础设施、产业、农村电商承办企业、实施主体、平台等方面都形成一定优势，农村电商蓬勃发展。2016年，县委、县政府出台《关于促进电子商务产业发展的实施意见》，进一步加大政策扶持力度，引导和支持电子商务产业发展；并建成占地7000平方米的高新区电子商务孵化园，全年共举办电商培训班5期，培训人员401人，3823人次，进驻、培育孵化企业78家；引进“淘实惠”“智慧民生”“86077农商通”等知名电商平台，实现电商平台县乡村三级全覆盖。5月25日，汉寿县以全省综合排名第三的优异成绩，被评为“全国电子商务进农村综合示范县”，是全省7个、全市唯一的县(区)。中国水产养殖网、《湖南日报》等10多家新闻媒体、报刊以《汉寿电商破解“三农”难题》为题进行专题报道。

（刘定国）

汉寿竹海国家森林公园

【湖南汉寿竹海国家森林公园申报成功】 湖南汉寿竹海国家森林公园申报工作于2015年7月启动，2016年12月28日通过国家专家组评审，2017年1月19日经国家林业局准予行政许可决定书(林场许准〔2017〕22号文件)正式批复建立。公园位于汉寿县西南部，距县城区28千米，东西宽10.3千米，南北长11.6千米，总规划面积63.09平方千米，其中森林面积55.52平方千米，森林公园森林覆盖率高达92.41%。不仅拥有万亩竹林，还拥有千年古银杏、千年古枫、姻缘树、烈马回头等自然景观，敞口堂屋建筑群、千年古驿道、五宝仙山、天宝庵、铁甲村等人文景观，江东水库、柳溪水库、龙潭水库等水文景观，富含竹文化、佛教文化和书法文化。 （刘定国）

桃源县

县委书记 汤祚国（7月任）
龚德汉（7月离任）
县委副书记 庞波 陈德
县委常委 李宏秋（8月任）
卢岳（8月离任）
童婧（8月离任）
黄贵生 郑利红 王超辉（8月任）
李雨初（8月离任） 陈兆前
刘海林 张志红 刘德平
黄辉（12月任）
县人大常委会主任 魏岳林
县人大常委会副主任 唐汇京（11月任）
周福初 胡文科 江娟娟
郑兴进（11月离任）
谢永忠（11月任）
吴丽兰（11月离任）
县人民政府县长 庞波
县人民政府副县长 李宏秋（8月任）
卢岳（8月离任）
黄辉（12月任）
黄贵生（8月离任）
夏可珍（11月离任） 樊启斌
陈会龙 唐汇京（11月离任）
吴拥华（8月任） 杨松
杨智斌（8月任） 汤赛男（8月任）
黄沅敏（8月离任） 杨凡（8月离任）
县政协主席 童婧（11月任）
董莉莉（11月离任）
县政协副主席 胡见可 向真金 熊彬
范晏齐 王子林（11月任）
杨德志（11月离任）
县武装部部长 刘海林
县武装部政委 曹志坚

【概况】 2016年，全县辖28个乡镇、412个村（居），总面积4442平方千米，耕地面积为965.33平方千米，总人口98.8万（其中农业人口83.5万），县域面积居全省第四，人口数量居全省第16位，境内有汉、维、回、土家、苗、侗等31个民族。

全年完成地区生产总值307亿元，同比增长7.8%。三次产业比为26.3∶34.3∶39.4。实现一般公共预算收入16.5亿元，其中地方财政收入11.2亿元，分别增长6.14%、5.79%；城镇居民人均可支配收入、农民人均可支配收入分别达到25760元、12360元，分别增长8.3%、9.1%。

项目建设。全年完成固定资产投资228.6亿元，增长18.7%。10月，启动项目建设“六大会战”，截至年底，开工重大项目43个，投资超过50亿元。推进45个市级重点工程，完成投资97亿元，超年初计划11亿元。汇德电子、天力机械、龙行天下三期等项目竣工投产。枫树60兆瓦光伏发电项目全部并网发电。黔张常铁路桃源段征拆工作完成。成功举办首届“经贸旅游龙舟赛”和两次重大投融资项目签约活动，成功签约湘西北机械城、县城东部新区开发、牛车河风电场等一批投资10亿元以上重大项目，合同引资近700亿元。开展争资争项，到位上级政策性项目资金44亿元，引资总额达74.67亿元。新组建4个国有投融资公司，累计融资56亿元。

工业经济。完成规模工业增加值48.65亿元，增长5.8%。出台《桃源县帮扶工业企业十条》（桃政发〔2016〕6号）、《关于进一步加强招商引资工作意见》（桃政发〔2016〕21号）、《关于加速推进新型工业化“3315”工程意见》（桃委〔2016〕22号）等工业发展政策文件。新增规模工业22家、高新技术企业3家。飞沃新能源实现园区企业新三板上市零突破。完成园区基础投入7.5亿元，标准化厂房开工16.86万平方米，建成9.98万平方米，园区功能进一步完善。

现代农业。粮食种植面积和总产稳居全省第一，再次获评全省粮食生产先进县；在全省油料评选中荣获第一，被评为全国油料生产大县；家庭农场数量全省第一，新建5个市级标准化示范基地，耕地流转率达到44%；农民专业合作社达到555个，增长19.4%；专业大户达3065户，家庭农场439个。新增省级农业龙头企业4家，总数达到9家。“章鸭子”获中国驰名商标，“金马鬃”绿壳鸡蛋获评中国特色硒产品，“古洞春”“义哥”获评湖南老字号；新增省市级龙头企业7家、省级著名商标4个、省级名牌产品1个，新增“三品一标”10个，其中“桃源红茶”获农产品地理标志登记保护。

第三产业。实现社会消费品零售总额148亿元。完成桃源农村商业银行改制，年末金融机构存贷款余额分别突破300亿元、100亿元，分别增长28.3%、41.9%。房地产开发投资10.94亿元，新开工面积达100.29万平方米。文化旅游、网络消费等服务业发展迅猛，夷望溪、花源里成功创建国家AAA级景区，实现旅游综合收入31.45亿元、接待游客436万人次。

城乡建设。县城建成区面积、常住人口分别达16平方千米、16万人；文化体育中心、广电演播中心正式投入使用，县城第二污水处理厂基本建成，外环路综合改造、东区整体开发、南区路网建设等重点项目加快推进，城市功能得到完善；剪凌公路竣工通车，第四大道一期、桃龙公路一期、陬市千吨级码头等项目开工建设。除险加固水库42座，白洋河水闸除险、陬溪垸高湾拐和东风闸堤段加固、梅溪桥机埠及防洪大堤建设等工程顺利推进。完成56个村农网升级改造，大力推进122个美丽乡村建设，沙坪镇湖湘坪村、盘塘镇莲蓬岗村、西安镇桃安村获得市级美丽乡村授牌。通过国家卫生县城复检，获批国家智慧城市试点。

民生保障。省重点民生实事任务全面完成。解决4.97万农民饮水安全问题，实现24个贫困村摘帽、1.3万人脱贫。人民医院外科大楼、妇幼保健院综合大楼、疾控中心检验大楼、第三人民医院住院楼投入使用，6家卫生院被授予“全国群众满意乡镇卫生院”。新增城镇就业6932人，新增农村劳动力转移就业7263人，失业人员再就业3426人，就业困难人员再就业1051人，帮助各类群体再就业达到14195人，各类社会保险扩面1万人次。完成机关事业单位养老保险改革，实现新型农村合作医疗保险和城镇居民基本医疗保险并轨。农村公路提质改造250.2千米，完成149.9千米农村公路安防工程。改造农村危房800户，新建公租房357套，改造城市棚户区3124套，其中新建安置746户，综合整治1362户，政府购买服务货币安置1016户。

社会事业。教育方面，扎实推进教育三年攻坚行动，新增城区学位3990个，创建合格学校19所，教仁中学建成开学，县教育基金会成立，发放助学金2亿元，“全面改薄”（全面改善贫困地区义务教育薄弱学校基本办学条件）经验全国推介，高考成绩稳居省市前列，招飞工作获得战区第一，桃源一中成为“清华大学新百年领军计划优质生源基地”。医疗卫生方面，被评为全国基层中医药工作先进单位、全国计划生育优质服务县。文化方面，文化惠民工程扎实推进，农村广播电视“村村响”经验全省推广，“百龙大赛”、广场舞大赛、全民体育运动会、首届“经贸旅游龙舟赛”等群众性文体活动蓬勃开展，塑造“九溪文化品牌”，成功创建“中华诗词之乡”和“湖南书画之乡”。维稳方面，狠抓安全生产，实现较大以上安全事故零发生，被评为全省安全生产示范县；加强市场秩序监管，未发生重特大食品药品安全事故。推行社会稳定风险评估制度、“三调联动”机制，信访秩序得到规范。积极探索基层“3+N”“3+X”治理模式，深入开展平安桃源创建，严厉打击违法犯罪，群众安全感不断提升，民调排名进入省市第一方阵。成功抵御2016年局部多轮超历史强降雨，保障群众生命财产安全。

（胡　强　王　平）

桃源县领导现场祝贺飞沃新能源科技成功上市

【桃源县全面打响“六大会战”】 2016年11月5日，桃源县举行“六大会战”第一批项目集中开工暨白洋河渔场80兆瓦分布式渔光互补项目开工仪式，标志着“六大会战”全面打响。桃源县“六大会战”，即脱贫攻坚大会战、城市扩容提质大会战、园区攻坚大会战、交通建设大会战、水利建设大会战、旅游开发大会战，项目库共列入项目275个，总投资787.63亿元。截至2016年年底，桃源县“六大会战”共集中开工重大项目43个，投资额超过50亿元。（彭峙凌）

【桃源县绿化委员会被评为全国绿化先进集体】 近年来，桃源县按照“科学规划、合理布局、点面结合、整体推进”原则，强力推进绿色战略，实施城乡统筹，落实项目造林，鼓励社会造林，开展绿色创建，狠抓林业建设、强化林业管理。近五年来，通过落实项目造林措施，累计完成生态工程营造林724.33平方千米，其中人工造林220.33平方千米、中幼林抚育160平方千米、封山育林108平方千米、低质低效林改造236平方千米，年平均营造林达140余平方千米，实现营造林面积和质量跨越式发展。

（蒯　纯）

【飞沃新能源新三板上市】 2016年12月1日，飞沃新能源科技在新三板挂牌上市，成为常德市首家从事“智能制造”机械制造上市企业。

湖南飞沃新能源科技创建于2012年，是一家专注于风力新能源发电领域核心零部件生产、研发及风电整机配套服务高新技术企业，2016年产值过亿元，税收近一千万元。现拥有8套机器人自动化生产单元，已形成年产风电设备关键部件150万套生产规模。

（黄　晋　杨　威）

临澧县

县委书记	李正才
县委副书记	蒋颖群　辛春生
县委常委	毕金生　徐兴庭　杜权华
	王海波　邓慈陵　叶春华
	夏雄英　朱荣华
县人大常委会主任	杨华桥
县人大常委会副主任	林宜泉　刘朝年
	邓少剑　钟　音（兼）黄新春
县人民政府县长	蒋颖群

县人民政府副县长　　徐兴庭　陈　清
汪年生　毛世秋　饶金山
姜　洲（科技）　盛绍文（挂职）
王　毅　苏群英
县政协主席　　朱泽欣
县政协副主席　　郭祖福　夏妍枝
蒋谟金（兼）　邹　航（兼）
廖孝波（兼）
县武装部部长　　夏雄英

【概况】 2016年，临澧县辖8个镇、2个乡、1个经济开发区。土地总面积1203.88平方千米，耕地面积448.06平方千米。年末户籍总人口454,962人，其中城镇人口103,830人。人口出生率0.01‰，自然增长率0.0056‰。年内气温最高38.4 ℃，最低–4.7 ℃，年降水量1480.1毫米。

全年完成地区生产总值155.5亿元，比2015年增长8.1%。其中，第一、二、三产业增加值分别为32.19亿元、55.88亿元、67.42亿元，分别增长3.5%、7.6%、10.6%，三次产业结构比为21∶36∶43。完成固定资产投资140.2亿元，增长5.1%。财政总收入7.3亿元，地方财政一般预算收入4.4亿元，分别增长11.1%、9.1%；城镇居民人均可支配收入27139元，农民人均可支配收入14169元，分别增长8.1%、8.6%。

现代农业。实现农林牧渔业总产值55.45亿元，增长4.09%。主要产品产量：粮食33.67万吨，棉花6217吨，油菜5.23万吨，烟叶3105吨，蔬菜17.99万吨，生猪出栏5230头，山羊出栏14.23万只，家禽出笼1820万羽，水产品2.57万吨（其中鲜鱼2.39万吨）。全省粮食、油料生产大县地位得到巩固，被评为全省粮食生产先进县；油茶、柑橘、黄花鱼、烟叶等特色产业加快发展，梅林果业成功申报农业产业化省级龙头企业，新增“柳妞”牌杂柑、“七重香”牌大米等省著名商标3个；蔬菜面积达93.33平方千米，挤进全省蔬菜重点县行列；办点示范带动美丽乡村建设整县推进，被评为全省美丽乡村建设先进县。

工业经济。全年完成工业总产值178亿元，增长11.2%。其中规模以上工业企业总产值143.49亿元，增长10.9%。主要工业产品产量：石膏73.9万吨，发电量5.2亿千瓦时，化肥2.3万吨，水泥2.61万吨。投入6.21亿元建设园区基础设施，省级科技企业孵化器成功创建，标准化厂房整体使用率达80.7%，金诚创业基地被确定为湖南省中小微企业创业创新基地，安福环保在新三板挂牌上市；祥民制药一期、天伦先淘配套生产线等项目竣工投产，宏鑫科技、哈康源食品等项目进展较快，博川石膏、光伏发电等项目签约落户；出台帮扶工业企业十条，为企业提供融资担保、过桥贷款3.1亿元。

项目建设。县城区安全饮水PPP项目成功入选国家示范项目，道水河国家湿地公园通过国家评审，“1+5”现代城镇群试点通过省级评审。澧水临澧段治理、石长铁路复线临澧段等项目竣工，沅澧快速干线临澧段、青山主坝水闸除险加固改造、酒泉至湖南特高压输电线路临澧段等项目进度较好。争取国投资金14亿元、专项建设基金1.64亿元，批回建设用地1.18平方千米。

城镇提质。县城规划区控违拆违持续高压，私房“禁建”工作全面启动；实施“棚改三年攻坚”，改造棚户区4080户；环城路、朝阳东街延伸段、金宝北路建成通车，王家河路及兴隆街延伸段改造、金峰东路建设正在进行；县城污水处理厂污泥无害化处置设施投入运行，新建改造供排水管网22.2千米；县法院审判大楼、县公安业务技术用房、县儿童福利院等建设扎实推进，第一书香、东城世家二期、御景城三期等房产开发进展较好；国家卫生县城、省级园林县城创建成功。佘市桥镇、修梅镇等小城镇建设力度加大，新安镇美丽城镇建设试点工作全市排名第一，跻身全国综合实力千强镇，合口镇被确定为全省推进新型城镇化试点镇，被评为全国信息化试点镇。

民生事业。驻村帮扶、结对帮扶实现全覆盖，新“六件实事”全面实施，实现6223人脱贫。城乡就业援助体系不断完善，被评为全省创新创业带动就业示范县。发放城乡低保、医疗救助、临时救助、重度残疾人两项补贴、高龄补贴和各类抚恤金1.1亿元。异地建成丁玲学校、县五完小，顺利通过“全国义务教育发展基本均衡县”评估验收，全省第三轮“两项督导评估考核”获优秀等次，被省政府认定为教育强县。县人民医院整体搬迁、县中医院住院楼、县计生妇保院整体搬迁等项目进展顺利，为9.3万名妇女儿童实行“八大”免费服务，为4419名农村适龄妇女免费检查“两癌”，成功创建新一轮全国计生优质服务先进县。新安装卫星电视“户户通”1.19万户。农民科普知识竞赛被评为全国先进。社会管理综合治理民意调查排位连续三年稳居全省第一方阵，首次被评为湖南省平安县。林伯渠故居晋升国家AAAA级景区，丁玲故居主体工程基本完工，福船湿地旅游度假区配套提质，休闲农业企业发展到39家。

环境建设。规划生态红线面积538平方千米，县城区23台10蒸吨及以下燃煤锅炉改烧或拆除，全县44家加油站油气回收治理工作全部完成、18家黏土砖厂全部淘汰、11家小造纸厂全部关停，85座小石灰窑关闭淘汰；县城区及饮用水源保护区内规模养殖企业全部退养清空，打击“非法捕捞”专项行动扎实开展；农村环境综合整治整县推进项目成效明显；完成营造林、封山育林33.33平方千米。“一弘扬两整治”活动、“三大集中整治”行动深入开展，损害经济发展环境行为受到有力打击，组织处理或政纪处分6人，行政和刑事拘留12人。

（周蛟龙）

【临澧县实现企业挂牌“新三板”零突破】 2016年8月10日，湖南安福环保科技股份有限公司股票在全国中小企业股份转让系统挂牌，证券简称安福环保，证券代码为838771，成为临澧县唯一一家新三板上市公司。

湖南安福环保科技股份有限公司创立于2012年5月，是一家以废旧塑料回收再生利用技术研发及生产销售于一体现代化民营企业，中国废塑料工业协会会员单位。公司注册资金2580万元，总资产1亿元，员工330多人。公司注册

5月11日，临澧县城区安全饮水工程PPP项目应邀参加湖南对接“一带一路”海外融资（香港）洽谈会

“安塑牌”商标为湖南省著名商标。2016年，公司共生产成品袋10600万条、卷布12700吨，实现销售收入11000万元，入库税金1226万元。（周蛟龙）

【临澧籍残疾运动员黄兴里约夺冠】 黄兴，男，临澧县佘市桥镇殷家溪村人，1986年3月出生，残疾人射击运动员。自小因一次意外失去左手手掌，2003年11月，被临澧县残联选拔为残疾人运动员。面对身体不适应、训练基地临时解散、家中突发变故等重重困难和考验，他坚定目标，刻苦训练，不断挖掘运动天分和潜力，提升竞技水平，逐渐成长为全国残疾人射击项目“新秀”。2011年9月，在杭州举行全国第八届残疾人运动会上获得10米气手枪比赛金牌和25米慢加速团体金牌，同年获评“湖南省劳动模范”。2016年9月，在巴西里约热内卢举办残奥会比赛中，黄兴获得25米慢加速项目金牌，使临澧县在世界顶级体育比赛中实现重大突破。2016年，黄兴获得全国总工会颁发“全国五一劳动奖章”和共青团中央颁发“全国五四青年奖章”。（周蛟龙）

【临澧县城区安全饮水工程PPP项目成功入选国家级示范项目】 2016年10月13日，财政部下发财金〔2016〕91号文公布第三批政府和社会资本合作示范项目，“临澧县城区安全饮水工程PPP项目”名列其中，成为常德市入选2个优质PPP项目之一，也是全市唯一入选县级PPP示范项目。该项目计划总投资约17.2亿元，主要包括存量自来水公司资产转让、新建水厂及管网配套、河道治理水利工程、河道治污工程等四项内容，4月进入省级PPP示范项目库，先后被邀请参加香港、北京、上海等地项目推介会，10月成功入选国家级PPP示范项目。（周蛟龙）

石门县

县委书记　谭本仲
县委副书记　郭碧勋　邓碧波（8月任）
县委常委　李金生　陈云谋（10月任）
周功表（10月任）
胡元琴（8月离任）
李绍南（8月任）　张树国
王先波（8月离任）
张　凯（8月任）
徐郁平（8月离任）
丁克刚（10月离任）
李厚元（10月离任）
胡　杰（8月任）
覃歇民（5月离任，援藏）
赵正兵（挂职）　李范新
江　毅（4月任）
刘　颖（10月任）
县人大常委会主任　高德知（10月离任）
李金生（10月任）
县人大常委会副主任　李世权　李　芳
张国珍（11月任）
康文化（11月任）
杨生明（11月任）
县人民政府县长　郭碧勋
县人民政府副县长　周功表（10月任）
丁克刚（10月离任）
李厚元（10月离任）
赵正兵（挂职）
陈云谋（10月离任）
万义元（党组副书记）
车立平　柴从林（10月离任）
刘　颖（10月离任）
江　毅（4月离任）
彭合明（10月离任）
楚　波（挂职）
王汝国（10月任）
孙云波（4月任）
龚云林（9月任）
宋雨泓（10月任）
韩翼飞（10月任）
县政协主席　陈本富（10月离任）
陈云谋（10月任）
县政协副主席　杨书凡（11月任）
覃惠敏（兼）　胡中华（兼）
马业平（兼）　彭泽人（11月任）
县武装部部长　李范新
县武装部政委　陈景华

【概况】 2016年，石门县辖12个镇、5个乡、4个街道、1个管理区。国土总面积3970平方千米，耕地面积482.13平方千米。年末全县户籍总人口67.1万人，其中城镇人口15.5万人，农村人口51.6万人。人口出生率9.6‰，死亡率8.5‰，自然增长率1.1‰。全年气温最高38.9℃，最低－4.4℃，年降水量1546.2毫米。

全年完成地区生产总值238.01亿元，比2015年增长9.0%。其中，第一产业增加值41.48亿元，增长3.8%；第二产业增加值97.73亿元，增长9.3%；第三产业增加值98.80亿元，增长10.9%。三次产业结构由2015年17.7∶41.2∶41.1调整为17.4∶41.1∶41.5。全年完成县级财政总收入12.35亿元，比2015年增长11.3%。

农林牧渔业总产值66.64亿元，比2015年增长3.9%。主要农产品产量：粮食26.83万吨，油料作物4.80万吨，烤烟0.31万吨，蔬菜23.55万吨，水果34.08万吨，其中柑橘33.34万吨；茶叶0.90万吨，肉猪出栏90.18万头，牛出栏2.77万头，羊出栏35.70万头，家禽出笼2092.64万羽。全年开工各类水利工程1.23万处，投入资金10亿元，完成土石方460万立方米，治理水土流失面积21.2平方千米。年末农业机械总动力67.84万千瓦，增长4.3%。全年农村用电量1.87亿千瓦时，增长4.0%；农用化肥施用量（折纯）3.63万吨，增长6.0%。全县农产品加工企业920家，其中国家级及省级以上龙头企业4家。年末有农民专业合作社308家，成员数6.9万个。家庭农场143个，经营土地面积17.2平方千米。

工业总产值245.82亿元，同比增长12.8%。实现全部工业增加值89.07亿元，增长9.5%，其中规模以上工业增加值67.08亿元，增长9.8%。规模以上工业企业产品销售率达99.8%。主要工业产品产量：原煤15.87万吨，石膏542.27万吨，发电量55.94亿千瓦时，化肥（折纯量）8.07万吨，水泥465.17万吨，水泥熟料419.79万吨，罐头13.80万吨，饲料12.53万吨。全年海关进出口总额2750万美元。全年实际利用外资金额8500万美元；实际引进县外资金97亿元。

社会消费品零售总额108.37亿元，同比增长11.9%。按消费形态分，批发和零售业总额72.61亿元；住宿业和餐饮业总额35.76亿元。按销售单位所在地分，城镇消费品零售总额80.19亿元；乡村消费品零售总额28.18亿元。完成批发和零售业增加值12.67亿元，比2015年增长6.1%；住宿和餐饮业增加值3.42亿元，增长6.3%。

全年实现交通运输、仓储和邮政业增加值14.48亿元，同比增长3.1%。全县公路线路总里程3879.41千米。全县汽车保有量3.79万辆，其中私人汽车保有量3.58万辆，私人轿车保有量1.66万辆。全年交通部门完成货物运输周转量14398.06万吨千米；完成旅客运输周转量10493.41万人千米。完成邮电业务总量5.31亿元，增长43.1%。年末移动电话用户43.33万户，全县移动电话普及率为72.03部/百人。年末互联网宽带用户5.8万户。

全年固定资产投资施工项目379个，其中新开工336个。完成固定资产投资198.44亿元，增长19.5%。按经济类型分：国有经济固定资产投资8.68亿元，减少65.2%；非国有经济固定资产投资189.76亿元，增长34.4%。按产业分：一产业投资11.03亿元，增长89.9%；二产业投资135.23亿元，增长14.7%；三产业投资52.17亿元，增长23.0%。全年完成工业固定资产投资额134.92亿元，增长14.4%，其中工业技术改造完成投资额107.68亿元，增长12.4%。

社会事业。教育强县战略深入推进，投入资金29.4亿元，改造农村义务教育薄弱学校85所、创建义务教育合格学校53所、新建公办幼儿园12所；教育教学质量全市领先，四年累计向清华、北大输送学生32人，湘北职专成为国家中等职业教育改革发展示范校。科技事业全面提升，全年专利申请202件，其中发明专利18件；授权专利104件，其中发明专利3件。签订技术合同93项，成交金额6334万元。公共文化体系不断完善，全县文化站22个，艺术表演团体68个。文化馆、博物馆和公共图书馆各1个。全年放映农村公益电影0.85万场。新报批省级非物质文化遗产名录1个。档案馆1个，开放各类档案1.7万卷。拥有广播电台1座，广播综合人口覆盖率达100%。电视台1座，有线电视入户数8.96万户，电视综合人口覆盖率达到97.5%。公共卫生服务体系不断健全，全县卫生机构32个，其中医院、卫生院28个，卫生监督机构、疾病预防控制中心、妇幼保健院、专科疾病防治站各1个。全县参加农村合作医疗农民达56.6万人，参合率99.6%。体育事业蓬勃发展，全县体育场地1127个，体育馆2座，运动场1098个，游泳池2个，各种训练房25个。参加全面健身运动人数达10万人，开展全面健身项目20项，新建农民体育健身工程行政村116个。全县运动员参加世界比赛获得金牌8枚。新增城镇就业人员6420人，新增农村劳动力转移就业5120人。城镇居民参加基本医疗保险人数50628人，参加城镇基本养老保险职工人数53350人，其中离退休人员23391人；参加城镇职工基本医疗保险人数44719人，其中退休人员18979人；参加失业保险职工人数21205人；参加生育保险职工人数24853人；参加工伤保险职工人数49026人。城镇低保对象月人均补助标准290.64元，城镇居民最低生活保障人数6470人，全年发放保障经费2349.2万元。参加新型农村社会养老保险人数374083人。（杨　雄）

【石门至长沙城际特快列车开通】 经石门县委、县政府与广铁集团公司、石长总公司多次沟通与协调，长沙至石门城际特快列车T8331于2016年1月20日11时正式开通运营，首发旅客为404人。在湖南铁路客运历史上，石门县北站作为县级客运站直达城际快车属于首例。按运行安排，长沙至石门城际快车沿线停靠常德、益阳站，硬座票价为41.5元，运行时间为3小时09分钟左右。从1月21日起，旅客可以通过“12306”网站、电话订票、窗口售票、代售点等多种渠道购买车票。石门至长沙铁路增建二线工程（简称石长铁路复线）双线电气化全线全长262.8千米，全线共设石门县北站、常德站、益阳站、长沙西站、捞刀河站等14个车站。石长铁路复线于1月18日正式开通，每日有23对客车途经该线路开往北京、西安、上海、深圳、长沙、张家界等方向，较复线开通前增加5对客车，且由于线路电气化改造和复线开通，列车运行时间也较之前有所缩短，铁路年货运能力增加到8800万吨。（杨　雄）

【石门县被确定为首批国家全域旅游示范县创建单位】 2016年2月，石门县被国家旅游局纳入首批创建国家全域旅游示范县名单，湖南仅2个市州、11个区县，石门县是常德市唯一入选创建名单县。石门境内旅游资源丰富，人文底蕴深厚，发展旅游产业得天独厚。仙阳湖，垂钓天堂；热水溪，养生胜地；壶瓶飞瀑，洞口落桃花；夹山禅隐，骑马关山门；蒙泉湖黄庭坚笔书，玉柱琼溪；龙王洞徐向前题字，洞水相连。为全力推进国家全域旅游示范县创建，石门县调整成立创建国家全域旅游示范县领导小组，召开创建工作大会和多次专题调度会议，制定下发《石门县创建国家全域旅游示范县工作实施方案》，对27个重点旅游项目进行责任划分，打造系列“可看、可玩、可参与”旅游新项目。2016年，石门县迎接游客417万人次，同比增长12.5%。（杨　雄）

【石门茶文化活动暨潇湘·石门银峰推介会】 2016年5月21日，第十四届石门茶文化活动暨潇湘·石门银峰推介会在长沙开幕。会上，石门县政府发布《石门县茶旅游览精品线路》，并与大湘西茶产业发展促进会签署战略合作协议。省政协原副主席游碧竹等相关领导以及全国知名茶叶专家、湖南省大湘西茶产业发展促进会企业代表及30余家主流新闻媒体共300多人参加推介会。石门茶文化系列活动自2003年开始已连续成功举办13届，该活动是推介石门茶品牌、促进县域经济发展，融历史文化品位于一体群众性文化节庆活动。截至2016年年底，石门县有茶园105.33平方千米，其中无性系良种茶园43.33平方千米，年产干茶1.9万吨，年茶叶综合产值超8亿元。（杨　雄）

【2016湖南·石门柑橘节暨文化旅游周活动】 2016第十六届湖南·石门柑橘节暨文化旅游周活动10月13日、10月22日分别在长沙市、石门县两地开幕。自2001年举办首届石门柑橘节以来，柑橘节已成为石门橘农盛典、文化盛宴、旅游盛事。本届柑橘节主题是“橘·旅”融合，以橘为媒展示石门形象。截至2016年年底，石门县柑橘面积已达293.33平方千米，年产量40多万吨，先后获得国家A级绿色食品认证、无公害食品认证及美国NOP有机食品认证，远销加拿大、俄罗斯、欧盟、中东、东南亚、等20多个国家和中国港澳地区，并一度成为十一届亚运会、APEC会议等重要活动国宴接待佳品。石门县也因此享有“中国早熟蜜橘第一县”“中国柑橘之乡”等美誉。（杨　雄）

【第二届湖南省生态文明论坛在石门县举办】 2016年10月25日，第二届湖南省生态文明论坛在石门县开幕。来自全国各地近600名专家汇聚石门县，交流各地生态文明创建成功经验，并为湖南生态文明建设献计献策。论坛年会由湖南省生态文明研究与促进会主办，石门县委、石门县人民政府承办。会议以“生态优先、绿色发展”为主题，设立开幕式、高峰论坛、经验交流与学术研讨会、考察石门生态经济发展现场等系列活动，展示湖南省在推进生态文明建设过程中取得理论成果和实践成效，形成一批可推广、可复制经验和模式。国家环保总局原党组副书记、副局长祝光耀，湖南省人大常委会副主任李友志，中组部《党建研究》杂志原主编张竹梧，省长株潭两型试验区工委副书记、管委会常务副主任宋冬春，省生态文明研究与促进会会长周发源，省环保厅副厅长潘碧灵，省财政厅副巡视员庄大力，中国社科院经济所研究员、博士生导师王红领，常德市副市长沈习森，省经信委副巡视员刘辉，省农委、常德市、石门县相关负责人出席会议。（杨　雄）

第二届湖南省生态文明论坛在石门县举办

澧　县

县委书记　邹如龙
县委副书记　徐　荩　马永忠
县委常委　胡元琴　翦　鹰　朱卫兵　张元安　金贤松　罗　慧　熊汉澍　高建平
县人大常委会主任　冯文元
县人大常委会副主任　淡光兴　刘　辉　鲁明金　熊德蓉　陈奇辉
县人民政府县长　徐　荩
县人民政府副县长　金贤松　高　波　周常彩（公安局长）　杨　莉　赵长津　罗先春　邱献兵
县政协主席　张晓莲
县政协副主席　何柏林　邓连琼　夏金梅　杨　钢　刘　欣
县武装部政委　熊汉澍
县武装部部长　龚国军

【概况】 2016年，澧县辖15个镇、4个街道，土地总面积2075平方千米。年末总户籍人口92.96万人，其中城镇人口21.9万人。人口出生率9.76‰，人口自然增长率5.46‰。全年最高气温：38.2℃，最低气温：-4.9℃，平均气温：17.6℃，年降水量：1550.6毫米。

全县实现地区生产总值（GDP）308.4亿元，按可比价格计算，比2015年增长8.6%。其中，第一产业增加值57.3亿元，增长3.2%；第二产业增加值 110.3 亿元，增长 6.8%；第三产业增加值 140.8 亿元，增长 12.6%。三次产业结构比由 2015 年 18.8：37.4：43.8 调整为 18.6：35.8：45.6。全县人均生产总值（按常住人口计算）39354 元，增长 10.7%。全年完成财政总收入 14.54 亿元，增长 1.79%，其中地方财政收入 9.57 亿元。年末金融机构人民币存款余额达到 293.5 亿元，比年初增加 47.7 亿元；贷款余额 104.5 亿元，比年初增加 14.9 亿元。全县城镇居民人均可支配收入 24872 元，增长 7.9%；农村居民人均可支配收入 14055 元，增长 8.1%。

全县完成农林牧渔业总产值 100.3 亿元，增长 3.97%；实现增加值 61.7 亿元，增长 3.32%。主要农产品产量：粮食 51.55 万吨，棉花 1.8 万吨，油菜籽 8.75 万吨，蔬菜 37.18 万吨，水果 17.03 万吨。全年完成造林面积 26.27 平方千米，活立木总蓄积量 238.1 万立方米，森林覆盖率 27.29%，比 2015 年提高 1.2 个百分点。畜牧业主要产品产量：全年生猪出栏 97.47 万头，家禽出笼 1238.57 万羽。全年肉类总产量 9.38 万吨，其中猪肉 7.02 万吨，牛肉 0.2 万吨，羊肉 0.39 万吨，禽蛋 6.2 万吨，水产品 6.11 万吨。全年化肥施用量 20.2 万吨，农药施用量 2283 吨，农村用电量 1.24 亿千瓦时。全县 198 个村（居）通自来水，206 个村（居）通电话，208 个村（居）通宽带，197 个村（居）通有线电视。

全县共有规模以上工业企业 96 家，完成规模以上工业总产值 275.1 亿元，增长 3.7%；实现规模以上工业增加值 59.4 亿元，增长 8.1%。年末共有 43 家园区规模工业企业，比 2015 年增加 2 家，完成园区工业总产值 150.1 亿元，增长 9.5%；实现园区工业增加值 34 亿元，增长 9.4%，园区工业增加值占全部规模工业增加值比重 57.2%，比 2015 年提高 5.4 个百分点。年末共有 52 家高新技术企业和高新产业企业，其中：高新企业 11 家，高新产品产业企业 41 家，共实现高新技术产业增加值 42.8 亿元，占规模以上工业经济总量 72%，其占比提高 33.5 个百分点。全年规模以上工业企业产品销售率 99.5%。纳入重点调度 24 种工业产品中，13 种产品产量实现增长。全社会建筑业增加值 23.1 亿元，比 2015 年增长 6.4%。

全年社会消费品零售总额 117.81 亿元，比 2015 年增长 11.9%。76 家限额以上企业实现零售额 25.6 亿元，增长 29.1%。其中 42 家限额以上批发和零售业企业实现零售额 23.03 亿元，增长 31.8%；34 家限额以上住宿和餐饮企业实现零售额 2.56 亿元，增长 9.5%。全年实现旅游收入 43.7 亿元，比 2015 年增长 26%，接待国内旅游人数 695.7 万人次，增长 22%。年末共有国家级 AAAA 旅游景区 2 个（城头山国家考古遗址公园、彭山景区），国家 AAA 级旅游景区 1 个（澧州古城），黄家套旅游度假庄园成功创建湖南省五星级乡村旅游点。全年引进县外境内资金 64.2 亿元，增长 10.2%；利用外资 7381 万美元，增长 16.2%。

全年完成固定资产投资（不含农户）250.8 亿元，比 2015 年下降 3.7%。分经济类型看：国有投资 77.3 亿元，增长 160.3%；非国有投资 173.5 亿元，下降 22.1%。分产业看：第一产业投资 14.8 亿元，下降 2.5%；第二产业投资 130.1 亿元，下降 13.1%；第三产业投资 105.9 亿元，下降 5.7%。全年有房地产开发项目 23 个，完成房地产开发投资 7.8 亿元。商品房施工面积 120.5 万平方米，增加 23%；销售面积 51.2 万平方米，下降 9.1%；住宅销售均价 3398 元，下降 10.4%。

社会事业。教育水平不断提高，全县共有各级各类学校 179 所，在校学生 79360 人。2016 年参加高考人数 4686 人，录取考生 4382 人，其中本科生 2466 人。全县共有幼儿园 141 所，入园幼儿 21692 人。科技创新不断加强，全年专利申请 303 件，增长 31.7%，其中发明专利 87 件，增长 24.3%。全年承担科研项目 32 项，项目总投入 270 万元，1 项获省市科技进步奖、5 项获县级科技进步奖。全县拥有工程技术研究中心 3 家、院士工作站 1 家。文体活动蓬勃开展，全县有专业艺术表演团体 3 个、文化馆 1 个，剧团演出 94 场，观众 6 万人次。放映公益电影 4980 场，观众 149.4 万人次。全县有体育运动场地 211 个，全年举办县以上运动会 6 次，获省级奖牌 8 枚，其中金牌 4 枚、银牌 2 枚、铜牌 2 枚。卫生事业不断进步。全县拥有各类医疗卫生机构 705 个。其中，医院 13 个、卫生院 32 个、专科疾病防治站 5 个、妇幼保健院 1 个、卫生防疫站 1 个、社区卫生服务中心 44 个、诊所、卫生室和医务室 71 个，村卫生室 538 个。有卫生技术人员 4410 人，其中执业医师 1317 人、注册护士 1712 人。各类医疗卫生机构拥有床位 4452 张，其中镇卫生院床位 2162 张。全年诊疗病人 175 万人次，增长 7.36%。

民生保障。全面完成省重点民生实事项目任务，完成贫困村电网改造 26 个，硬化道路 42 条，改造贫困户危房 497 户；实施城市棚户区改造项目 7 个 2222 套，货币化安置 1328 套；新增城镇就业 6900 人。八大保险参保人数为 118.5 万人，其中城镇基本医疗保险参保人数 12.1 万人、企业基本养老保险参保人数 10.1 万人、机关事业单位养老保险 2.7 万人、新型农村养老保险 43.9 万人、失业保险 3.3 万人、工伤保险 5.4 万人、生育保险 2.8 万人、新型农村合作医疗参保人数 77.84 万人，新型农村合作医疗基金累计支出 3.52 亿元，受益人数 110 万人次，参合率 98.5%。城镇低保 1.9 万人，月人均补助标准 286 元；农村低保 4.2 万人，月人均补助标准 126 元。共有各类收养性社会福利单位床位数 3500 张，收养各类人员 3010 人。全年销售社会福利彩票 1.12 亿元，筹集社会福利资金 3000 万元。

生态环境。全社会能源消费总量 99.75 万吨标准煤，比 2015 年减少 10.95 万吨标准煤，下降 9.9%。万元 GDP（按 2010 年不变价格计算）能耗 0.356 吨标准煤，比 2015 年下降 17%。其中，规模以上工业企业综合能源消费量 32.2 万吨标准煤，比 2015 年下降 1.9%。全社会用电量 9.2 亿千瓦时，增长 9.3%。其中，工业用电量 3.8 亿千瓦时，增长 3.2%。县境内已发现矿种 30 种，有探明资源储量矿种 15 种。其中能源矿产 6 种，金属矿产 5 种，非金属矿产 80 种。全年水资源总量 19 亿立方米。其中，地下水资源量4亿立方米；各类水库蓄水量5亿立方米。澧水水质维持Ⅲ类标准，涔水水质达Ⅳ类标准，市城区饮用水水质指标基本符合国家饮用水卫生标准。县城空气质量良好以上天数337天，空气质量达标率95.5%，农村生活污水处理率62%，农村垃圾集中处理率100%。

（周春燕　唐　明）

【澧县颁发全省第一批不动产权登记证书】 2016年1月5日上午，澧县举行不动产权证书颁发仪式，来自金罗镇汪凌远夫妇现场接过湖南省政协副主席杨维刚颁发001号不动产权证书，澧县不动产分散登记历史宣告结束。湖南省国土资源厅副厅长厉坤，常德市委副书记、市长周德睿，市政协副主席傅绍平，澧县县委书记彭孟雄等出席颁证仪式并为第一批申办者颁发不动产权证书。

作为全省3个试点县之一，澧县不动产登记工作于2014年6月4日启动，县委、县政府领导高度重视，成立由县长李育智任组长试点工作领导小组，多次召开会议进行研究部署。成立不动产登记中心，梳理70个登记类项，设置咨询、受理、审批、缮证等18个窗口，采取平行受理、平行审核工作模式实施登记工作。各窗口可同时受理、同时审批，统一发证，实现土地、房产、林权等多个事项统一登记。同时，依托技术支持，对全县所有不动产登记数据进行全面收集，按照不动产单元编码规则，以宗地统一编码为基础，对房产、林地、耕地等相关登记数据进行数据关联，建成澧县不动产统一登记数据库和基础信息平台。不动产统一登记实施进一步建立归属清晰、权责明确、保护严格、流转顺畅现代产权制度，确保不动产权利人依法享有法定不动产权利。

（周春燕　唐　明）

【澧县启动河湖水网连通生态水利工程建设】 2016年5月25日上午，澧县河湖水网连通生态水利工程建设动员大会召开，标志着该工程正式启动。工程主要分布在澧水左岸张公庙以下及松滋河系澧县所辖堤垸保护区。西起王家厂、大堰垱、城头山，东至官垸，北缘涔河北岸金罗、梦溪、如东，南至澧水北岸及澧南，区域总面积1238.7平方千米，总投资9.04亿元。　（周春燕　唐　明）

城头山国家考古遗址公园开园仪式

【澧县城头山国家考古遗址公园开园】 2016年6月7日，澧县城头山国家考古遗址公园开园仪式在澧县城头山举行，湖南省人大常委会副主任李友志宣布城头山国家考古遗址公园开园。活动由湖南省文化厅、常德市人民政府主办，湖南省文物局、澧县人民政府承办。

城头山古城是闻名遐迩“中国最早城市”，位于澧阳平原中部澧县城头山镇，距县城10多千米，面积18.7万平方米。自1979年被考古工作者发现后，两次被评为“中国十大考古新发现”，其考古发掘成果，被镌刻在北京中华世纪坛青铜甬道上，写进大学、中学历史教科书。

城头山国家考古遗址公园依托全国重点文物保护单位城头山遗址而修建，是国家级大遗址保护示范区，具有遗址保护、文化展示和旅游休闲三大功能，被评为国家AAAA级旅游景区。全园占地面积44.13万平方米，总投资6.5亿元。遗址公园内城头山古城遗址博物馆，展示以整个澧阳平原长达几十万年史前人类遗存为基本背景，以城头山遗址为“龙头”澧阳平原史前遗址群所代表中国南方古文明。　（周春燕　唐　明）

【澧县“太青云峰”获香港国际茶展赛冠军】 在2016年8月12日举办“香港国际茶展名茶比赛”中，澧县太青山有机食品有限公司主打品牌“双上绿芽”旗下“太青云峰”在展会评出4个奖项（1个冠军、3个亚军）中获冠军、“双上红叶”获亚军。

2016年8月11日，由香港贸发局主办香港国际茶展在香港会议展览中心开幕，汇集世界各地600多个茶商、茶企。湖南省应邀组团参加，携中国驰名商标“双上绿芽”首次参展，并参加名茶大赛。展会期间，“双上绿芽”有机茶系列产品以深厚历史文化底蕴、出众茶叶品质、国际国内双重有机认证身份，吸引众多客商和市民。　（周春燕　唐　明）

【湖南省洞庭湖区养殖环境综合整治推进会在澧县召开】 2016年11月25日下午，洞庭湖区养殖环境综合整治推进会在澧县瑞高酒店一楼会议室召开。湖南省副省长戴道晋出席会议并讲话，湖南省政府副秘书长曹英华主持会议。湖南省农委主任刘宗林、湖南省畜牧水产局局长袁延文参加会议。

2016年，湖南省正式启动包括“畜禽养殖污染防治”和“河湖围网养殖清理”在内洞庭湖水环境治理“五大行动”。截至2016年年底，洞庭湖区共退出畜禽规模养殖场1951户，88.6万平方米；退出养殖网箱13205口，52.1万平方米；拆除矮围网围60处。湖区已累计创建国家级畜禽标准化示范场45个、省级畜禽示范场120个，水产健康养殖示范场159个，累计改造升级规模场养殖场9600余个，

占全省规模养殖场改造升级总数32%，有效提高畜禽水产养殖标准化、规模化水平。（周春燕 唐 明）

安乡县

县委书记		张 阳
县委副书记	王兆铭	黄旭峰
县委常委	汪军华	陈支文
汤 平	唐海芳	吉海波
蒋剑明 谈 云	李长春	向艳艳
县人大常委会主任		王莀睿
县人大常委会副主任	刘小明	胡盛勇
侯湘兰	潘能仲	潘宏祥
县人民政府县长		王兆铭
县人民政府副县长	陈支文	蒋剑明
邓 红	程 节	姜建渠
周 凯	任 立	周宏林
县政协主席		章绍君
县政协副主席	侯慧明	何国荣
谢铁城	唐志平	刘玉龙
县武装部政委		皮丕新
县武装部部长		谈 云

【概况】 2016年，安乡县辖8镇4乡2个农场。土地总面积1087平方千米，其中耕地面积530平方千米。年末户籍总人口为55.3万人，城镇人口16.96万人。人口出生数5079人，自然增长率4.81‰。年内气温最高38.3℃、最低-3.8℃；年降水量1310毫米。

全县实现地区生产总值157.97亿元，同比增长8.0%；其中，第一、二、三产业分别完成增加值29.76亿元、53.68亿元、74.53亿元，同比分别增长2.0%、7.5%、11.1%。财政总收入50184万元，同比增长3.2%；全县城镇居民人均可支配收入23078元，同比增长7.8%，农村居民人均可支配收入13100元，同比增长8.4%；固定资产投资63.4亿元，同比增长18.7%；社会消费品零售总额64.5亿元,同比增长11.8%;全县实有“三资”企业5家，全年进出口总额853万美元。2016年顺利通过“国家卫生县城”复检，成功创建新一轮国家计划生育优质服务县。

交通建设。实施交通项目15个，总投资38亿元。积极向上争资争项，第七大道、陈家嘴大桥、马坡湖大桥、新码头大桥等23个重大交通项目全部进入省市规划笼子，规模与数量全省第一。稳步推进项目建设，全面建成荆八公路、陆家渡大桥和长岭洲深水码头水域部分；G353公路升级改造基本完成，实现安乡国道“零”的突破。石龟山大桥、长岭大桥、深柳大道东延伸线等项目顺利推进。

园区攻坚。完成园区基础建设投入4.2亿元，园区机构升格全面完成，园区规模企业达到52家（全县共有规模企业79家）；成立相对独立的“工业投”，园区融资平台运转步入正轨；基础设施不断完善,园区以丰康路、西城路为“两纵”、以中兴路、幸福大道为“两横”的“小井字”型路网骨架已经形成，正逐步向“大井字”路网格局辐射。城西污水处理厂基础配套设施建设项目启动工程建设；园区重点项目建设有序推进，唐正科技一期、金牛铝业一期、旭鸿达一期等续建项目建成运营，晋煤金牛、药圣堂二期、BDF二期等项目进展顺利；努力拓宽招商渠道，签约引进工业亿元项目4个，其中，生物质成型燃料生产项目建成投产。

城乡面貌。按照海绵城市标准，投入资金3.43亿元，着力推进城区“三改四化”，先后完成洞庭大道、文艺南路、文艺北路城区道路改造。大力推进水乡新城建设，孟家洲河风光带一期工程全面竣工，全县第一个城市公园——长岭洲公园启动建设，书院洲湿地公园外滩广场、宣教中心建设进展顺利；以“仙桃模式”为标杆，全县推进农村环境综合整治，全面实施垃圾分类减量“三个三分之一”（青草、菜叶、草木灰等入坑发酵，成为有机肥；塑料、纸盒等回收抵扣卫生费，有害垃圾统一回收处理；剩下的垃圾入炉焚烧）处理模式，再生资源回收体系进一步完善。

五大举措。聚焦县域经济社会发展中的问题、短板、难点，创新实施“生态立县、招商活县、项目强县、环境塑县、旅游兴县”五大战略举措。积极创建“两个示范县”（全国生态文明建设试点示范县和国家循环经济试点县），地下水污染修复、农田土壤修复等项目纳入中央专项储备库，农田土壤修复项目被列为环保部农田污染重要实验区，累计申报资金9.8亿元。加强政校合作，成立南科大工程技术创新中心（安乡工作站）。创新招商模式，完善安乡籍在外成功人士基本信息台账，实行一月两报。按照“全面建设美丽乡村，整县打造农业公园，全域推进乡村休闲旅游”的总体目标，规划形成“一廊两湖三路四水十三村”旅游格局。

人民生活。以“一超过、两不愁、三保障”为重点，推进“六件实事”，脱贫7287人、摘帽贫困村9个。以“三保三就”为重点，推动公共服务升温，安乡一中和人民医院迁建项目进展顺利。新增城镇就业5260人，征缴各项社会保险基金7.59亿元，支付各项社会保险待遇7.9亿元。按照完美社区“3+N”治理模式要求，全面推行村居民自治，实行网格化管理。扎实开展“一月两查”，新的安全生产工作格局正在形成。依法打击“两抢一盗”、涉赌涉毒等各类犯罪，全面推行依法逐级走访，社会大局安全稳定。（郭 靖）

【安乡县获评全国计划生育优质服务先进单位】 2016年10月，安乡县荣获“2016—2017年全国计划生育优质服务先进单位”荣誉称号。近年来，安乡县坚持全面贯彻中央“决定”，坚持计划生育基本国策不动摇，坚持以促进人口均衡发展为目标，以实施好“全面两孩”政策为重点，以新一轮全国计划生育优质服务先进单位创建活动为契机，优化整合卫生计生资源，改革完善计划生育服务管理，全面搭建部门信息共享平台，深入推进便民惠民服务举措，计生符合政策生育率均高于全省平均水平，出生人口性别比均在正常值以内，且低于全省平均水平，2016年10月顺利通过专家组评估验收。（郭 靖）

津市市

市委书记　傅　勇
市委副书记　陈章杰　杨文惠
市委常委　熊　斌　张海卿　黄沅敏　伍子科　马吉云　姜　超　江　韬　李景峰
市人大常委会主任　王育平
市人大常委会副主任　邓惠荣　黄费武　李亚林　胡湘萍（兼）　邓开泉
市人民政府市长　陈章杰
市人民政府副市长　熊　斌　李　阳　杜登全　戴志刚　高　见　徐兴勇
市政协主席　姜正才
市政协副主席　董新满（兼）　阿　毅（兼）　曹后新　梁文利　雷光键
市武装部政委　姜　超
市武装部部长　吴　昊

【概况】 2016年，津市市辖4个镇、5个街道、1个省级高新区。土地总面积558平方千米，其中耕地面积217.33平方千米。年末户籍人口24.0万人，非农业人口12.5万人，人口出生率7.38‰。年降水量1281毫米。

全市实现地区生产总值（GDP）132亿元，增长9.8%。其中，第一产业增加值20.4亿元，增长3.5%；第二产业增加值63.4亿元，增长9.9%；第三产业增加值48.2亿元，增长12.3%。完成财政总收入6.43亿元，增长7.2%，其中公共财政预算收入4.29亿元，增长4.6%；公共财政预算支出24.90亿元，增长26.3%；国地两税完成各项税收入库5.1亿元，与2015同期持平，其中国税收入2.09亿元，增长21.2%，地税收入3.03亿元，下降10.7%。城镇居民可支配收入28236元，增长8.5%，农村居民人均可支配收入13142元，增长8.9%。

规模以上工业完成工业总产值193.52亿元，增长8.5%，增加值43.88亿元，增长10.2%，其中：国有企业完成增加值2.35亿元，增长4.2%；股份制企业完成增加值40.99亿元，增长8.2%。产销衔接状况良好，全市规模以上工业产品销售率98.3%。规模以上工业企业完成主营业务收入190.20亿元，增长7.7%，实现利润总额4.79亿元，下降8.3%。生产精制盐68.9万吨，水泥112.8万吨，车桥18.7万根，纱6.7万吨，糖化酶36.3万标吨，氢化可的松1018.5吨。

全年万元GDP耗能0.35吨标准煤，规模以上工业企业能源消费量19.42万吨标准煤，下降20.5%，万元规模以上工业增加值耗能下降率达到17.8%。减排治污成效明显。主要污染物排放均呈下降态势，全年化学需氧量、二氧化硫、氨氮及氮氧化物排放量分别为9163吨、7070吨、840吨、623吨，分别下降2.0%、2.5%、1.0%和4.0%。

农作物播种面积501.8平方千米，其中粮食作物播种面积248.8平方千米，经济作物播种面积253平方千米，减少0.2%。全年完成农林牧渔业总产值34.27亿元，增长3.4%。其中，农业产值12.2亿元，增长2.6%；林业总产值3.33亿元，增长4.9%；牧业总产值15.76亿元，增长3.0%；渔业总产值2.13亿元，增长7.7%；农林牧渔服务业产值0.88亿元，增长8.21%。全年实现农林牧渔业增加值20.93亿元，增长3.63%。其中农业增加值8.75亿元，增长2.63%；林业增加值2.88亿元，增加4.91%；牧业增加值7.38亿元，增长3.38%；渔业增加值1.36亿元，增长7.57%；农林牧渔服务业增加值0.56亿元，增长8.2%。出栏生猪54.7万头，牛0.62万头、羊4.4万只，出笼家禽447万羽。年末拥有农业机械30929台，比2015年增加296台，总功率193201千瓦，比2015年增加2563千瓦。

全社会固定资产投资118.8亿元，增长10.9%，其中技改投资36.1亿元，增长34.2%；房地产开发投资15.8亿元，下降23.7%。基本建设投资66.9亿元，增长2.6%。全年房屋施工面积140.7万平方米，下降12.4%，其中住宅117.8万平方米，下降15.5%。房屋竣工面积12.9万平方米，增长13倍。房屋销售面积13.3万平方米，增长22.0%。

全年完成交通运输邮电仓储业增加值5.82亿元，增长10.8%。全社会运输单位完成货运量598万吨，下降0.2%，货物周转量117739万吨千米，增长0.1%。全市客运量338万人，下降14.4%，旅客周转量11305万人千米，下降4.8%。境内公路全程总长513.5千米，其中国道3.97千米，省道135.61千米，县道12.19千米，乡道145.02千米，专用公路1.68千米，村道215.04千米。年末全市汽车保有量12702辆，增长17.4%，其中民用汽车12506辆，增长26.5%。2016年新注册民用汽车1887辆，增长30.1%，其中新注册轿车1883辆，增长32.0%。完成邮电业务总量1.49亿元，增长5.7%；年末固定电话用户20639户，下降6.6%；移动电话用户196166户，增长26.4%；宽带网用户44088户，增长36.1%。

共签约新项目36个，增长63.6%。内资到位资金50.7亿元，增长4.3%，外资到位资金7600万美元，增长17.5%。进出口总额4495万美元，与2015年持平，其中出口额4181万美元。

完成社会消费品零售总额61亿元，增长12%。各季度增速分别为11.8%、11.8%、12%和12%，呈现平稳增长特点。城镇市场实现零售额51.9亿元，增长11.9%，占社会消费品零售总额比重为85%，乡村社会消费品零售额9.1亿元，增长12.5%。限上批发业零售额0.26亿元，增长8.0%；限上零售业零售额12.9亿元，增长28.5%；限上住宿业零售额0.1亿元，减少2.7%；限上餐饮业零售额0.8亿元，增长19%。限上零售业零售额占社会消费品零售总额21%。23家规模以上服务业企业完成营业收入5.0亿元，增长34.5%。居民消费价格总体平稳，居民消费价格指数102.1%，商品零售价格指数101.1%。

全年旅游总收入10.86亿元，增长12.4%。国内旅游人数159.89万人次，增长12.7%。境外入境人数74人次，增长2.8%。全年出境人数9550人次，增长14.4%。

年末金融机构各项存款余额110.92亿元，增长25.5%，其中非金融企业存款余额20.27亿元，增长53.8%，住户存款余额74.47亿元，增长10.1%。金融机构各项贷款余额 35.17 亿元，增长 7.3%。全年各项保费收入 1.02 亿元，下降 11.3%，保险业务支出 0.88 亿元，增长 63.0%。

年末城镇登记失业率 3.17%。参加城镇基本养老保险职工人数 25884 人，离退休人员 26380 人。新型农村养老保险登记参保人数 53753 人。城镇居民基本医疗保险参保人数 71021 人。城镇职工基本医疗保险参保人数 29504 人。参加失业保险 16012 人。领取失业保险金人数 301 人。参加生育保险 12607 人。参加工伤保险职工人数 12533 人。

获得政府最低生活保障城镇居民 14.31 万人次，发放城镇居民最低生活保障经费 0.41 亿元，增长 5.1%；获得政府最低生活保障的农村居民 10.66 万人次，发放农村居民最低生活保障经费 0.13 亿元，增长 4.2%。各类收养性社会福利单位床位数 2513 张，增长 6.3%，各类收养性社会福利单位收养人员数 1650 人，增长 3.5%。新改建城乡养老服务示范点 13 所，养老服务示范点新增床位数 129 张。

生态环境。年末森林覆盖率 18.6 %，比 2015 年提升 0.3 个百分点，全年完成造林面积 10.46 平方千米，增长 3.2%，退耕还林工程造林面积 1.33 平方千米。城市人均公园绿地面积 9.69 平方米。人均水资源保有量 1863 立方米，总用水量 13705 万立方米。总体水质状况提高，满足Ⅲ类标准断面比例达到 100%。

安全生产。全年发生各类安全生产事故 2 起，减少 75%，各类安全生产事故死亡人数 3 人。亿元 GDP 生产安全事故死亡人数 0.02 人 / 亿元。发生生产经营性道路交通事故 2 起，下降 75 %。

科技工作。年末高新技术企业 14 家，省级工程技术研究中心 3 个。获得湖南省科技进步奖 1 项，获得常德市科技进步奖 1 项。专利申请 85 件，其中发明专利 15 件。授权专利 51 件，其中发明专利 25 件。全年技术合同成交金额 0.61 亿元，增长 43.7%。

教育事业。全市共有中小学学校 32 所，其中：小学 19 所，初中学校 9 所，普通高中 2 所，中等职业学校 1 所，特殊教育学校 1 所。各类在校学生 16178 人，下降 1.4%，其中小学在校学生 9067 人，增长 0.5%，初中在校学生 3497 人，下降 1.3%，高中在校学生 2662 人，下降 6.9%，特殊教育学校在校学生 135 人，下降 8.0%，中等职业学校在校学生 817 人，下降 4.0%。各类学校招生总数 3867 人，下降 7.2%，毕业生总数 3805 人，下降 15.5%。幼儿园在园幼儿数 4796 人，下降 2.2%。高中阶段入学率 97.4%，毕业生升学率 97.8%。落实义务教育保障资金 1352 万元，下降 8.7%，发放中职国家助学金 15.6 万元，增长 8.3%。

文化事业。全市拥有专业艺术表演团体 1 个、群众文化馆 1 个，新增 2 个图书馆分馆、1 个社区文化广场、1 个红色纪念馆、1 个民俗文化展览馆。年内放映农村公益电影 1022 场。全市拥有广播电台 1 座，中短波广播发射转播台 1 座，广播综合人口覆盖率 99.8%。拥有电视台 1 座，电视综合人口覆盖率 97.0%。有线电视用户 6.22 万户，增长 2.4%。

卫生事业。全市医疗卫生机构总计 229 家。其中医院 5 家，基层医疗卫生机构 211 家，专业公共卫生机构 13 家。卫生机构人员 1864 人，其中卫生技术人员 1375 人，卫生机构实有床位 1192 张。救治救助贫困重性精神病患者 35 人。参加新型农村合作医疗人数 15.89 万人。

体育事业。群众体育进一步普及，经常参加体育锻炼人数 20.4 万人，年内开展全民健身项目 21 项（次）。城乡公共体育基础设施不断完善，全市拥有体育场地 88 个，其中运动场 4 个、游泳池 1 个、各种训练房 21 个，新建农民体育健身工程行政村 6 个。（黄　超）

【津市市被确定为省级海绵城市试点城市】 2016 年 6 月 3 日，湖南省人民政府网站发布《湖南省住房和城乡建设厅 湖南省财政厅 湖南省水利厅关于确定省级海绵城市和地下综合管廊建设试点城市的通知》，其中确定岳阳市、津市市、望城区和凤凰县为省级海绵城市建设试点城市，郴州市、永州市、湘潭市为省级地下综合管廊建设试点城市。3 年内，津市市拟总投资 22.7 亿元，实施公园生态修复、道路广场建设、海绵社区建设等 6 大重点建设工程。（黄　超）

【津市工业集中区升级为省级高新技术产业开发区并跻身全省园区综合评价 20 强】 2016 年 7 月 14 日，省政府以湘政函〔2016〕105 号文件批复津市市设立省级高新技术产业开发区，实行现行省级高新技术产业开发区相关政策，按照“高新园区、特色园区、质量园区、效益园区”战略定位，着力培育良好的创新创业环境，努力把园区建设成为创新创业生态区、新兴产业集聚区。这将有力促进津市工业创新发展，也为津澧融城后申报国家级开发区创造了条件。除此之外，经过园区自评、申报和省园区建设领导小组实地考核及综合评定，津市高新区从全省 134 个省级及以上园区中脱颖而出，名列全省第 19 名，成功挺进全省园区综合评价 20 强，迈入全省园区建设第一方阵。（黄　超）

【毛里湖湿地公园成为常德首个通过验收的国家湿地公园】 2016 年 9 月初，湖南省有 8 处国家湿地公园试点建设通过国家林业局组织的评估验收，正式成为国家湿地公园，津市毛里湖位列其中。这是常德市通过国家验收的首个国家湿地公园。毛里湖国家湿地公园位于津市东南部，洞庭湖西北边缘、澧水下游，2011 年 3 月，被国家林业局批准为国家湿地公园试点。公园以毛里湖湿地为主体，由 99 条沟汊溪河汇聚而成，是湖南省最大的溪水湖，总面积 62.5 平方千米，常年蓄水 1.38 亿立方米。园内有湿地植物 403 种，湿地动物 262 种。（黄　超）

【津市市设立常德首家县级海关工作站和公共保税仓】 2016 年 10 月 19 日，津市市举行常德海关驻津市市工作站揭牌暨三湘和达公用型保税仓库启动仪式，海关工作站的成立和公用型保税仓启用，标志着津市市本土企业可在家门口办理进出口业务。常德海关驻津市市工作站是常德海关设立的第一个县级海关工作站。海关工作站成立将为津市外贸企业提供海关企业登记、企业信用管理、进出口通关流程、加工贸易、减免税等业务。作为常德首家公用型保税仓库，津市三湘和达公用型保税仓库，既能为进口商

津市市三湘和达公共保税仓启动仪式

品保税缓税，为企业降低成本优化物流渠道等创造条件，又可减少企业外贸风险，增强外贸经营灵活度，打造区域竞争新优势。（黄　超）

【津市市虎爪山遗址被纳入国家《大遗址保护“十三五”专项规划》】 2016年11月下旬，国家文物局印发《大遗址保护“十三五”专项规划》，该规划是国家“十三五”时期全面推进大遗址保护的指导性文件。本次湖南省共有6处遗址被列入“十三五”期间重要大遗址名单，虎爪山遗址、澧县城头山遗址、龙山里耶古城等古遗址成功入选。津市市虎爪山遗址是湖南最早的古人类活动地点，地处津市市金鱼岭街道东部，位于澧水南岸四级阶之上，考古界特定其为“澧水文化类群”代表性遗址。2013年5月，虎爪山遗址被国务院公布为第七批全国重点文物保护单位。此次虎爪山遗址入选国家大遗址保护“十三五”专项规划，对推动澧阳平原大遗址保护工作，促进津澧地区文化建设提供新的重大政策机遇和发展平台。（黄　超）

常德经济技术开发区

工委书记　尹正锡
工委副书记、管委会主任　李育智
工委副书记、管委会副主任　张　帆（8月离任）
工委副书记、管委会副主任　卢　岳（8月任）
工委委员、纪工委书记　唐成模
工委委员、管委会副主任　雷光承
工委委员、管委会副主任　李宏岸（8月离任）
工委委员、管委会副主任　李厚元（8月任）
工委委员　陈帮辉（8月离任）
管委会调研员　陈达有（8月免工委委员）
管委会调研员　廖嗣忠（8月免工委委员）

【概况】 2016年，常德经开区辖樟木桥街道、德山街道、石门桥镇，总面积155平方千米，人口15万人。全年完成技工贸总收入631亿元，同比增长15%；完成规模工业总产值323亿元，增长10.6%；完成固定资产投资154亿元，增长16.9%；一般公共预算收入17亿元，增长21.6%；融资到位69亿元。

招商引资。全年共签约项目52个，合同总金额248亿元，10亿元以上项目10个，引进世界500强、全球第二大软件公司甲骨文(湖南)人才产业基地项目，签约润峰光伏发电、重庆药友等一大批好项目。

项目建设。全年共推进项目39个，其中续建14个、新建25个，投产项目18个，建成标准化厂房75万平方米，出租率80%以上。中南碳氢油、昊天汽车、中天刀具、飞桥板簧等一批以往签约项目顺利开工，润田农机、医药中间体、常德妇产医院等一批项目，实现当年签约当年开工建设。

企业发展。全年新增规模企业18家、亿元企业5家、高新技术企业3家、发明专利139件；桃花源种业、金德镭射在新三板挂牌；惠生集团成立院士工作站；宜达公共型保税仓建成。积极开展“百名干部联系百家企业”活动，积极支持中锂新材发展壮大，全力帮助金帛化纤、大汉汽车走出困境，认真做好华耀浆纸、金龙电机、晟晖玻纤等企业清算维稳工作。

城镇建设。德山新城全面启动，沅水二桥西片区征拆基本完成，沅江风光带正式动工，孤峰公园提质改造完成前期工作；城区路改提质全面完工，高速出入口和樟桥路改造、桃林东路绿化提质、德山大道和莲池路美化亮化、石门桥美丽城镇等工程如期完成；棚改工作全面推进，演舞堆、水滋澜、姚湖苑等棚改工程进展顺利；控违拆违全面加强，实现违章建筑“零增长”。

民生改善。教育卫生三年攻坚圆满完成，龙潭庵小学、乾明路小学、石门桥中心小学等项目已经完成；完美社区建设通过验收；美丽乡村建设全面达标，圆满完成省市为民办实事任务，九龙庵、胡家桥村先后被市委、市政府授予美丽乡村称号。妥善处理肿瘤医院债务、安置房回购、问题楼盘等一批棘手问题，及时化解华兰德光纤、常南物流等项目纠纷，确保全区经济发展和社会大局稳定，实现民调工作大翻身，全省排名比2015年前进62位，在全市排第4位。

机制创新。实施工作体系调整，成立产业建设、城市提质、民生升温三个指挥部，主要领导担任政委，分管班子成员担任指挥长，整合相应部门单位，凝聚了抓工作的合力。推进机构整合、竞争上岗、绩效考核、征拆体制、区划调整等五项改革，特别是在干部人事制度上，打破干部身份，畅通能上能下渠道。通过实行工作责任下沉，进一步强化镇

甲骨文公司与常德经开区签约仪式

街、村居征地拆迁、综治维稳、基层组织建设的主体责任。（周　青）

【调整街道区划】 2016年3月29日，常德经开区召开街道区划调整会议，将樟木桥街道和德山街道的区划进行调整。从沅水二桥桥头起，经莲池路到德山大道由北往南延伸划分为东西两区，东区由樟木桥街道管理，西区由德山街道管理，两街道由原来的27个社区（村）整合为12个大社区。即樟木桥街道整合为五一社区、苏家渡社区、双岗社区、常安社区、龙潭庵社区等五大社区，德山街道整合为乾明寺社区、洞庭北路社区、演舞堆社区、蔦草湖社区、莲池社区、青山社区、永丰社区等七大社区。

（周　青）

【沅江风光带开工建设】 2016年11月1日，常德经开区沅江风光带建设一期工程正式启动。该项目西起孤峰公园，东至和尚桥，全长约2.6千米，总投资1.8亿元，由上海建工集团设计、承建，计划2018年建成。风光带以绿色生态为主题，以重塑生态水岸、重现滨江活力、传承善德文化为目标，与江北诗墙、江南画壁交相辉映，形成德山新亮点。

（周　青）

【世界500强企业甲骨文公司落户常德经开区】 2016年8月10日，常德经开区与世界500强企业甲骨文公司在喜来登酒店成功签约，这标志着甲骨文(湖南)OAEC人才产业基地项目正式落户常德经开区。（周　青）

西洞庭管理区

党委书记　邹如龙（1—7月）
　　　　　王启武（8月任）
党委副书记、管委会主任　周　胜
党委副书记、管委会副主任　周　进
党委委员、管委会副主任　彭海涛
　熊大贵　宋仁恒　李国良　曾正飞
党委委员、政法委书记　杜　强
党委委员、纪委书记　蒋宏武（1—7月）
　　　　　蔡　凯（8月任）
党委委员、工会主任　刘建强
党委委员、管委会副主任　彭小林

【概况】 2016年，西洞庭管理区辖1个镇、2个街道办事处，土地总面积110.33平方千米，其中耕地面积66.89平方千米。年末总人口69103人，人口出生率12.22‰，自然增长率5.25‰。年内气温最高38.1℃，最低-5.4℃；年降水量1545.6毫米。

2016年，全区完成地区生产总值29.7亿元，增长11.1%；新增规模工业企业6家，45家规模工业企业完成工业总产值68.3亿元，增长17.68%；实现财政总收入2.78亿元，增长11.16%；入库税收1.97亿元，增长7.8%；固定资产投资39.2亿元，增长27.9%，其中工业固定资产投资完成28亿元，增长36%；城乡居民收入分别达到27028元、14152元，分别增长8.5%和8.6%。

工业发展。欣瑞生物50蛋白升级为65蛋白，汇美农业朝鲜蓟提取加工中心顺利投产，引进台湾华祺成立祺康食品公司，江门亮锋成功收购德海电子恢复生产，产销两旺，广之益在新三板成功上市。9个在建工业项目稳步推进，湘西北科技孵化器等4个新引进项目全面开工，澳华农牧、国肽生物等5个续建项目进展顺利。江南大学孵化器创新创业园成功开园；湘西北生物科技公共服务平台及电商产业园签约引进一批项目，探索出"产业基金+特色园区"发展模式。

城乡统筹。迎丰大道城区段及高速公路入城口改造基本完成，广益路西延、金凤水厂扩容、棚户区及小街小巷改造等城建项目有序推进。公安、邮政业务技术用房主体工程完工。5000亩（1亩=666.67平方米）旱田改水田、毡帽湖村高标准农田建设、牛屎湖和王家湖泵站改造等项目进一步夯实农业基础。全面清理整治城区范围内违规占道经营摊点，对迎丰大道两侧门面牌匾及凉棚零补偿拆除。全力实施农村环境综合整治整区推进项目，农村环境得到改善。毡帽湖村被市政府授予"美丽乡村"称号，仁义村顺利通过市美丽乡村建设指挥部验收。全区农业产业化规模企业增加到14家，省市农业产业化龙头企业增加到12家，汇美农业成功升级为国家级龙头企业并设立博士流动站。成功举办朝鲜蓟养生文化旅游节暨生物科技高峰论坛，以朝鲜蓟为代表全产业链体系基本形成。投资1.2亿元"稻野寻湘"水稻主题乐园正在抓紧建设。

改革创新。成功将1镇3办调整为1镇2街道，分园区、城市、农村三个板块进行治理。新组建区不动产登记中心、区医疗保险处。加快推进商事制度改革，行政综合执法改革全面启动。通过搭建投融资平台、创新投资方式，全年共申报基金项目14个，获批4个共1.77亿元；申报融资贷款项目3个，获批2个共10.25亿元。主动与科研院所、国有企业、专业机构对接，江南大学健康食品与生物科技产业创新研究院建设达

2016年7月9日，西洞庭管理区人民医院与广州中山大学附属三医院签订医疗技术指导协议

成初步意向，与财鑫集团合作建立湘西北生物科技孵化平台，与中规院合作编制西洞庭总体规划。

社会事业。连续第12次上调企业退休职工基本养老金待遇。在“五位一体”综合救助基础上资助5000余人参合参保，全年共发放各类救助金1700多万元。全区1432名贫困人口全部脱贫，被评为省、市脱贫攻坚先进单位。“公交村村通”覆盖全境，获得群众认可。计生工作荣获“全省人口和计划生育先进单位”。卫生攻坚被评为“全市先进”称号，投资近亿元人民医院住院大楼完成主体工程建设。教育攻坚项目顺利通过验收。参加百团大赛、广场舞大赛均获全市第一。唐林遗址被评为全省2016年度重大考古发现（常德两个遗址入选）。区农垦博物馆通过省文物局审批，并报国家文物局备案。强化建筑施工、道路交通、食品药品等重点行业、重点领域安全与质量监管，杜绝重大安全生产事故发生。及时应急处理，区内几起重大突发事件得到有效解决，保持社会大局和谐稳定。

党建工作。举办第一届年轻干部读书班。扎实开展微宣讲及“党报告员”等活动。对全区部委办局、街道（镇）领导班子进行较大幅度调整，干部年龄结构得到优化。结合并村改居，选优配强村（社区）党组织负责人。（肖晓梅）

【区划调整】 常政函〔2016〕69号文批复同意西洞庭管理区撤销望洲、龙泉、金凤办事处并设立金凤、龙泉街道办事处，调整后管理区下辖祝丰镇、金凤街道、龙泉街道。结合区划调整全区分三个板块进行治理：一是园区治理，以金凤街道区域为主体，突出抓好生物科技园管理与运营；二是城市治理，以龙泉街道为主体，突出抓好城市创建与管理；三是农村治理，以祝丰镇为主体，突出抓好现代农业、农村发展。（肖晓梅）

【唐林遗址被评为湖南省2016年度重大考古发现】 唐林遗址位于西洞庭管理区祝丰镇唐林村北，2010年第三次全国文物普查时发现该遗址，2012年定为市级文物保护单位。2016年4月，湖南省文物考古研究所报请国家文物局批准后，对该遗址开展抢救性考古发掘工作，共发现灰坑114个、灰沟17条、柱洞47个、房屋建筑基址2处，并获得大量实物标本，为研究西洞庭区域新石器时代和商周文化提供新资料。（肖晓梅）

【广之益在“新三板”挂牌上市】 2016年12月1日，湖南广之益粮油棉股份有限公司在北京“新三板”正式敲钟挂牌上市，股票代码为：839927，成为西洞庭管理区第一家在“新三板”挂牌上市企业。湖南广之益粮油棉股份有限公司是一家集粮油棉收购、仓储、加工与经营于一体综合型农产品加工农业产业化省级龙头企业、全国放心粮油示范加工企业，拥有“湘雅”食用油、“祝丰”大米等中国驰名商标。（肖晓梅）

【汇美农业升级为国家级龙头企业】 2016年10月14日，全国农业产业化联席会议八部门联合发文，批准汇美农业科技有限公司为农业产业化国家重点龙头企业。汇美农业科技有限公司是区内一家以果蔬种植、加工、销售为主企业，拥有中国驰名商标1件、湖南省著名商标2件，产品出口美国、欧盟、日韩等国家和地区，是国内最大朝鲜蓟种植、生产、出口企业，拥有全世界最大、自动化程度最高柑橘加工车间，年生产能力达15万吨。（肖晓梅）

西湖管理区

党委书记	龚霞波
党委副书记、管委会主任	刘爱军
党委副书记、管委会副主任	周一夫
西湖管理区党委委员、管委会副主任	谌贵诚
党委委员、管委会副主任	伍光勇
党委委员、管委会副主任	徐　翔
党委委员、政法委书记	熊永忠
党委委员、武装部部长	何　岩
党委委员、管委会副主任	刘六林
党委委员、纪委书记	胡　岚

【概况】 2016年，西湖管理区实现地区生产总值14.24亿元，同比增长9.9%（其中第一产业增加值5.1亿元，同比增长4.7%；第二产业增加值1.12亿元，同比增长6.9%，第三产业增加值8.02亿元，同比增长10.5%）；区级财政总收入4275万元，同比增长11%；完成固定资产投资3.11亿元，同比增长29.6%；社会消费品零售总额4.55亿元，同比增长11%；城镇居民可支配收入26076元，同比增长8.1%；农民人均纯收入14772元，同比增长9.0%。

实事推进。完善创卫工作规划和制度体系，开展灭鼠灭蟑、卫生大扫除等系列专项行动和三个市级卫生村创建工作，完成三格式无害化厕所改建任务396个，加大对垃圾填埋场等涉卫重点场所督查整改力度。万亩（1亩等于666.67平方米，下同）高标准农田推进，截至2016年年底完成工程总任务50%；配合水稻园建设，完成安康村500亩富硒水稻基地高标准农田建设任务。第三座高标准牛舍投入使用，环形公路建成通车，新建德人牧业家庭农场1个，南方牧草草业公司挂牌成立，牛奶科普馆建成开馆，院士工作站落户。德人牧业集团被评定为湖南省农业产业化龙头企业，德人牧业小镇被评定为湖南省五星级乡村旅游景点并获得省级“五星级休闲农庄”、国家级标准化畜禽养殖示范场、省级特色产业示范园等荣誉称号。西湖公园攻坚完成概念性规划、测绘、地勘、设计、预算、财评等前期工作，通过修改规划设计规避征拆难题，签订两湖征收协议，完成启动招标程序全部前期工作。东湖南路于2016年7月20日正式开工，完成排水工程和车行道路路基工程50%工程量。西柳公路正式开工。完成前期投资650万元，启动征地拆迁，完成沿线树木等清障工作，2016年年底开工建设。镇区三改工程完成人民路、教育路、东湖路、西常路路面施工，雨水井、人行道透水砖铺装和弱电入地工作，确保春节期间镇区交通畅通。截至2016年年底，下窖小学新建工程进入清单所有项目全部竣工，西湖一中运动场主体工程完工，实现预期进度。商业文化广场作为西湖第一个大型商业综合体项目，配合投资方在第四季度顺利进场施工。开展农村环境整治，推进洞庭湖区退养工作，完成退养任务。全面启动秋冬绿化造林工作，主要道路沿线绿化完成，西湖管理区被评为2016年度全市美丽乡村建设先进单位。

交通优化。全年完成交通建设投资4850万元。完善西出口S322西湖段配套设施及绿化工作；完成西湖大道东延线建设；启动东出口西柳公路建设，完成全部前期工作；配合完成四号大道施工图评审，做好西湖段用地红线放线工作。农村公路提质改造取得实质性进展。投资590万元西洲乡5千米通村公路提质改造项目竣工通车；10千米环河公路提质改造项目完成设计、财评等前期工作；11千米三角堤至西湖镇公路建设项目已完成工可编制。码头及危桥改造项目快速推进。完成新北桥、九狮桥、兴农桥改造和4座农村渡口码头改造的申报工作；规划投资3100万元安保工程进入省级项目库。

城乡建设。开展镇区“五小”行业整治等专项行动。完成西湖公园建设项目规划设计、财政评审和征地拆迁等前期工作；镇区路改网改工程按期竣工，门牌、路牌规范设置全部完成；镇区棚改已完成征拆进场前期准备；污水处理厂建成投入使用；商业文化广场与西湖水岸项目全面开工；供水项目已与中瀚水务达成与市城区一体化供水合作协议。美丽乡村示范村创建工作推进，黄泥湖村通过省级示范村验收，裕民村通过市级验收挂牌，田园等四个村创建准备工作完成；全区绿化美化工作全面展开。

现代产业。推进工业园区建设。完成园区主次干道建设，改善园区内交通条件，改造供水、供电设施，完善园区功能配套。上优食品、隆源包装、车霸汽车等入园企业相继投产。推进农业园区建设，现代农业加速发展。牧业小镇、水稻示范园、精品水果园、生态蔬菜园、名贵水产园、芦笋产业园、星创天地科技园等一批示范性园区初具规模。农田水利基础设施快速完善，河、湖、渠连通项目完成规划设计，启动实施总投资3000万元万亩高标准农田建设。2016年全区土地流转率超过70%，农业机械化率达到90%，新型经营主体在农业发展中贡献率超过65%，丰润公司在为现代农业发展融资、引资、投资、经营等方面取得突破，“湘垦西湖”系列农产品获得湖南省农博会四个金奖；德人牧业集团以现代乳业产业为核心的“种、养、加、销、游、创”六位一体全生态产业链成型。

经济增长。乳业产业快速发展。牧业小镇规划面积1万亩，核心区3000亩，2016年实现投资2000万元，完成环镇道路、供水供电等基础设施建设和家庭农场示范场及一批休闲旅游设施；院士工作站已正式挂牌，全省第一家国家级农业星创天地、南方牧草资源开发与利用湖南省工程研究中心、湖南省乳业产业技术创新战略联盟相继落户；新建一座3000平方米高标准奶牛牛舍；完成草业公司筹备工作；第二个1000头规模奶牛养殖场已选址落户永安村；德人牧香乳制品连锁门店新发展40多家；上优食品加工厂建成全省领先乳制品加工生产线。车霸汽车内饰品生产线已投产运营，拓展产品经销门店3000余家；房车已完成样车试制；特种车辆制造已完成前期准备。全年接待乡村休闲旅游外地游客5万人次。

民本民生。总投资760万元最后一所农村薄弱学校下窖小学建设项目和总投资750万元西湖一中运动场改造工程已完工，春季开学即可投入使用；开展医疗卫生体制改革，顺利建立常德市第一中医院与区人民医院医疗联盟；开展计生新政策宣传引导，确保平稳过渡；推进脱贫攻坚工作，圆满完成2016年脱贫攻坚任务，全区3724人脱贫，田园、鼎兴两个村退出贫困村序列，全面启动异地扶贫搬迁和金融扶贫小额信贷工作，顺利完成异地扶贫搬迁171人、危改50户和小额信贷710万目标任务；社保覆盖率保持100%，城乡居民医疗保险政策全面整合，劳动就业率稳步提升；城乡低保基本实现应保尽保，社会救助及时有效，残疾帮扶精准到位。

作风建设。开展“两学一做”；开展基层党组织建设大整治；严格落实“两个责任”和“一岗双责”。全年共查处办结违纪案件10件，其中，开除党籍4人、党内严重警告3人、党内警告5人、行政记过1人、行政警告1人、诫勉谈话16人、通报批评18人，追缴违纪金额41万元。（孙黎妮　陈　鑫）

【德人牧业成立草畜产业院士工作站】 湖南德人牧业有限公司与中国工程院印遇龙院士在德人牧业西湖基地正式签署院士工作站合作协议。德人牧业是西湖管理区引进具有较强自主研发能力、较强实体运作经验和实力的现代化农业龙头企业。湖南德人牧业有限公司与中国农业科学院亚热带生态研究所印遇龙院士及其团队进行合作，共建“湖南德人牧业有限公司草畜产业院士工作站”。
（孙黎妮　陈　鑫）

【湖南省首家“星创天地”在常德西湖诞生】 2016年6月3日下午，湖南省首家“星创天地”院企对接洽谈会暨签约揭牌仪式在常德市西湖管理区举行。“星创天地”是科技部重点推动建设新型农业创新创业一站式开放性综合服务平台。（孙黎妮　陈　鑫）

【德人牧业湖南省级院士专家工作站暨全省首家奶牛科普馆正式揭牌】 2016年8月10日上午，湖南德人牧业科技有限公司“院士专家工作站”暨“奶牛科普馆”揭牌。“奶牛科普馆”将奶牛科普知识和牧场实景观光相结合，展现中国现代化奶业先进水平。（孙黎妮　陈　鑫）

德人牧业湖南省级院士专家工作站揭牌仪式

【车霸汽车用品有限公司开业】 2016年10月15日上午，常德市车霸汽车用品有限公司开业。全省首家“房车”博士后流动站及大学生创业孵化基地正式成立。由广州市卡秀汽车实业投资控股常德市车霸汽车用品有限公司坐落在西湖管理区工业园区，一期工程占地3.87万平方米，二期工程规划占地10万平方米，累计投入达1亿元。（孙黎妮　陈　鑫）

【常德市第一中医医院西湖医院揭牌】 2016年11月9日上午9时，常德市第一中医医院西湖医院揭牌暨专家门诊开诊仪式举行。西湖区人民医院实行异地新建，建设成为集医疗救治、健康养老和公共卫生服务于一体的“医养结合”现代化二级甲等综合医院。（孙黎妮　陈　鑫）

【2016中国中部（湖南）农业博览会上4个农产品获金奖】 2016年12月4日，长沙国际会展中心举行2016中国中部（湖南）农业博览会农博风采巡礼表彰大会。西湖管理区由湖南丰润农业发展有限责任公司展示湘垦西湖牌富硒米、农三宝、腊三宝、腐乳4个农产品获得本届博览会金奖。西湖管理区湖南德人牧业科技有限公司（德人牧业小镇农业庄园）被湖南省星级休闲农业庄园评审委员会评为湖南省第六批星级休闲农业庄园。（孙黎妮　陈　鑫）

柳叶湖旅游度假区

区党工委书记　刘涤尘
区党工委副书记、管委会主任　方志炜
区党工委副书记、管委会副主任　汪泽云
区党工委委员、管委会副主任　雷志新　吴正清　陈红文
区党工委委员、工会主任　游澜波
区党工委委员、管委会副主任　陈　虎
区党工委委员、纪工委书记　罗　炎

【概况】 2016年，柳叶湖旅游度假区辖白鹤镇、七里桥街道和柳叶湖街道，总面积175平方千米，其中水域面积21.8平方千米，总人口59391人，其中农业人口53653人、非农业人口5738人。全年完成地区生产总值19.5亿元，增长9%；完成固定资产投资43.5亿元，增长22%；完成一般公共预算收入5.1亿元，同比增长54.1%；接待游客168.8万人次，实现旅游综合收入10.98亿元，同比增长20%。城乡居民收入分别达到29700元、20100元。

项目建设。常德河街开盘，德国风情街开街，穿紫河水上观光旅游开航，锦江酒店开业，市一中柳叶湖学校开学，常德卡乐世界开工，湘雅常德医院即将开张；柳叶风帆、汽车营地、泰顺房车营地、武陵文化创意产业园、太阳大道、月亮大道、金牛路、银牛路等项目有序推进；保利中央公园、市民之家、财鑫广场、北部新城实验学校、省水上运动管理中心、福寿颐康园等项目启动建设；大唐司马旅游综合体、禾田居度假酒店、国际垂钓中心等项目前期工作进展顺利；柳叶湖现代服务业园区、旅游商品基地、商业中心等项目正在策划。项目保障更加有力，启动征拆项目51个，倒房616户，拆除房屋面积12.6万平方米，腾地135.33万平方米，保利一期、市民之家、万寿路、东山路等25个项目清零交地；渔民二期、东万等3个安置小区竣工交付，安置小区物业服务继续保持全市领先水平；处置违法建设97宗，拆除1.2万平方米，始终保持对违法建设高压态势；加强对重点工作督导落实，妥善调处建设中各类问题36起，依法处置17人次。

旅游产业。出台《柳叶湖中心景区综合管理规则》，启动旅游企业星级服务暗访机制，成立柳叶湖旅游协会，通过质量与环境管理体系重新认证，太阳山森林公园成功创建国家AAA级景区。景区提质步伐加快，环湖景观带绿化改造12万平方米，新增垃圾箱120个，新建三星级旅游公厕18处。营销活动亮点纷呈，成功举办柳叶湖国际马拉松赛、首届捕鱼节暨国际路亚垂钓邀请赛、常德

国际旅游节、“环行洞庭”直播专访等主题活动，中央电视台、湖南卫视等媒体集中报道，在国内外产生广泛影响。品牌建设继续突破，组建柳叶湖旅游投资集团，河洲甲鱼晋升省级农业龙头企业，太阳谷被评为“中国最美休闲乡村”，柳叶诗韵被评为“中国规模最大多媒体唐诗文化墙”，为柳叶湖旅游度假区赢得第四个上海大世界基尼斯纪录。

社会建设。改革创新释放活力，省委部署43项、市委部署8项改革不断深化，基层治理体制改革受到市委、市政府高度肯定，财政国库集中支付改革顺利完成，国地两税办税窗口入驻政务服务大厅；商事制度改革成效显著，新增市场主体495家，助企融资5300万元。脱贫攻坚精准高效，全区4862名贫困人口、1个省级贫困村脱贫退出。新型城镇化健康发展，美丽乡村建设全市领先，“三三制”、“3+X”基层治理模式不断完善，“美丽庭院”建设不断深化，成功引进绿色小镇、中南百竹熊猫生态园；完美社区建设基本完成，25个村（居）活动场所全面建成，“三年任务、两年完成”目标圆满实现；改造农村危房129套、完成棚改739户。城市管理更加规范，“数字城管”高效运转，立案问题解决率达99.28%，22个项目在“四区”考评中排名第一。农村环境持续改善，垃圾无害化处理率达到100%，东江片区畜禽退养工作基本完成。安全管理严谨规范，抽检食品药品281批（次），排查整改火灾等安全隐患1200余处，白鹤山超限检测站被评为省“十佳超限检测站”、市“最美超限检测站”。社会大局和谐稳定，推进“三联四大”民调活动，办结和执行民事案件573件，处警2951起，刑事案件同比下降27.8%，平安达标率95%以上；强力推行依法逐级走访，处置突发性事件25起，维稳特护期保持“零上访”，90%以上矛盾控制在基层，化解在基层。

自身建设。机关运转高效规范，制定出台管委会内部控制9项管理制度，公务用车改革到位，承办市级重要会议60余场。“两学一做”富有成效，组织开展各类学习培训50多期，党员学习教育实现100%覆盖。基层党建不断深化，依法选举产生白鹤镇第一届党委领导班子和纪委班子；依规依程序发展党员34名，排查流动党员63人；对群众反映强烈2个软弱涣散村实施专项整顿，选派机关干部到村担任“第一书记”和帮扶工作队员，驻村指导，联点帮扶；开展专项整治，受理信访件37（件）次，严肃查处5起干部违纪案，基层作风持续好转。（张小琴）

【湖南省第三届群众性龙舟赛总决赛在柳叶湖举行】 2016年6月4—5日，2016“我们节日·端午·屈原杯”湖南省第三届群众性龙舟赛总决赛在柳叶湖举行。全省14个市（州）与部分高等院校共16支龙舟代表队同场竞技，常德市有柳叶湖德成龙舟队和湖南文理学院代表队两支队伍参赛。省委宣传部副部长、省文明办主任刘进能，省体育局局长李舜，常德市委书记王群，市委副书记、市长周德睿等省市领导出席开幕式。柳叶湖德成龙舟队获500米直道竞速亚军、团体总分第三名；柳叶湖德成龙舟队和湖南文理学院代表队获道德风尚奖。（张小琴）

【中国常德唐诗墙“柳叶诗韵”获大世界基尼斯之最】 2016年9月14日，中国常德唐诗墙“柳叶诗韵”大世界基尼斯之最颁证仪式在柳叶湖司马楼举行。该文化墙被上海大世界基尼斯总部认证为“中国规模最大多媒体唐诗文化墙”，并现场颁发证书。常德市委书记王群，市委副书记、市长周德睿共同为“柳叶诗韵”文化墙揭幕，柳叶湖旅游度假区党工委书记刘涤尘致辞，常德市委常委、市委秘书长黄清宇，市委常委、宣传部部长唐贵平，市政府副市长胡丘陵、陈华，市政府秘书长、市政府办主任周代惠等领导参加颁证仪式。（张小琴）

【柳叶湖首届捕鱼节暨国际路亚垂钓邀请赛在柳叶湖湖仙岛开幕】 2016年10月19日，柳叶湖首届捕鱼节暨国际路亚垂钓邀请赛在柳叶湖湖仙岛开幕。游钓中国组委会常务副主任纪经建，柳叶湖度假区党工委书记刘涤尘，柳叶湖度假区党工委副书记、管委会副主任汪泽云，常德市旅游外事侨务局党组副书记、副局长白鸿谋出席此次开幕。参加“柳叶湖”杯国际路亚垂钓邀请赛钓手们两人为一队，分为20支队伍，其中6队为来自美国、意大利、加拿大、法国、俄罗斯、乌克兰国际选手，其他为港澳台和国内选手。（张小琴）

【2016常德柳叶湖国际马拉松赛在柳叶湖举行】 2016年11月19日，2016常德柳叶湖国际马拉松赛在柳叶湖举行，从白马湖公园北门出发，设全程马拉松（42.195千米）、半程马拉松（21.0975千米）及迷你马拉松（约5千米）三个比赛项目，全程马拉松及迷你马拉松终点设在柳叶湖游客集散中心，半程马拉松终点设在白鹤镇。比赛共有来自国内外万名参赛选手参加，市内选手占到总人数43%，市外国内选手占57%，赛事还邀请来自10多个国家30名外籍选手参赛。国内外近40家主流媒体进行实时跟踪报道。（张小琴）

柳叶湖首届捕鱼节开幕式

2016年度感动常德十大人物

【陈红喜】 陈红喜是湖南省安乡县特殊教育学校的一名普通教师，双耳戴着助听器的他本身就是个听力残疾人，他对于特教事业、对于残疾孩子有着发自内心的爱。每天，他总是尽自己最大努力，照顾孩子们的生活起居。除了教学生绘画、电脑，陈老师最重要的是教会学生做人。他以自己的亲身经历告诉他们：身残不能志残，一定要自尊、自强、自信、自立！他与公益机构积极互动，希望用他绵薄的努力，为残疾孩子、残疾人创造一个和谐的社会环境，让大众懂得如何平等的和特殊人群沟通、交流、相处。他呼唤爱心，先后募捐图书、蚊帐、被子、吊扇、还有豆浆机、餐桌椅、康复教具及部分资金，极大的改善了办学条件和孩子们的生活状况。他最大的愿望就是让孩子们走入社会后，能够自食其力、开心快乐，做一个对社会有用的人。教学中，他鼓励孩子们发挥自己的优势，善于去挖掘学生们身上的闪光点，残疾孩子们在他的辛勤培育下，美术、电脑能力得到极大提高。历年来，他们的美术作品在国家级、省级、市级比赛中屡屡获奖，在全国大大小小四、五十家报刊杂志上刊登发表。他利用业余时间写文章、画漫画，为残疾人朋友们的权益鼓与呼，积极和本地的残疾人交朋友。甚至自掏腰包，组织各种残疾人活动，残疾人朋友有了困难，他也努力给予经济和物质上力所能及的帮助。2012年8月，他入选中央电视台“最美乡村教师”，先后获得“央视2012最受关注教师奖”“第六届运达乡村教师奖”“感动安乡人物奖”以及“市优秀宣讲员”荣誉称号，被常德市教育局发文推荐为全市教师学习的榜样，并利用业余时间做了超过一百次的巡回报告演讲。

【陈义祥】 男，家住桃源县陬市镇畲田村，桃源三中高三294班的学生。

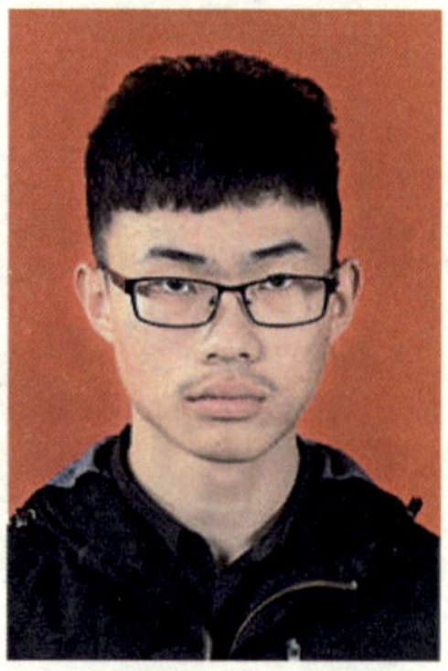

从小学一年级开始，他就主动承担起照顾和背送双腿残疾同学易瑞东上下学的责任，风雨无阻十几年。易瑞东遗传了父亲的先天性肌无力症，从六、七岁起，双腿便开始萎缩，日渐失去了行走能力。母亲一人独自赚钱养家，还要照顾生病的父亲，实在抽不出时间来接送他。从小学一年级开始，邻居兼同班同学的陈义祥便主动提出背着他上下学。每天早上6点多，陈义祥便来到易瑞东家里，用自己瘦弱的肩膀背着易瑞东一起乘车去上学。为了能够很好地照顾易瑞东，陈义祥请求班主任将自己的座位安排到易瑞东的后面。这样，下课了，他可以很方便地陪易瑞东聊聊天，能够即时地了解到易瑞东的各种需求，比如说上厕所等等。最困难的就是下雨天，有一次，由于路面湿滑，陈义祥踉跄不稳，直接摔了下去，倒地的刹那，陈义祥用手撑住了地面，自己的手上擦破了皮，却硬是没让背上的易瑞东受一点点伤。初中毕业后，陈义祥决定继续背着易瑞东上高中，他们来到桃源三中。高一第二学期文理分科时，本不擅长理科的陈义祥也跟着易瑞东来到理科班。由于高中学业繁重，他们选择寄宿在学校。虽然不用每天大清早赶路乘车，但四楼的教室，几百米远的食堂却足以令人望而生畏。每天天还未亮，陈义祥背着易瑞东，艰难地爬到教学楼四楼参加早自习。下自习后，又背着易瑞东下楼去食堂吃饭，一天的课程结束后，再背着他回寝室，这样的行程，陈义祥每天至少得重复五六次。冬天天气寒冷，洗热水澡成了易瑞东的一大难题，陈义祥又一声不吭地揽下这个苦活，不管学习生活再忙，打热水的路程再远，

他每天总会将热水送到易瑞东面前。每天的学习是紧张的，有心的陈义祥总会利用上晚自习前的一点时间，推着易瑞东来到操场，散散心，缓解学习压力。在陈义祥精神的感召下，294班的同学开始陆续加入到这场爱心接力赛中，默默地帮助着易瑞东同学。课间，总有热心的同学询问易瑞东要不要上厕所，有善解人意的同学陪着他聊天解闷。食堂里，总有同学将热气腾腾的饭菜端到易瑞东面前。寝室里，总有同学默默地帮易瑞东打热水、晒被子、洗衣服。陈义祥的义举感动了无数身边人，人们口口相传，慢慢地，陈义祥的故事走出了陬市镇、常德市，越来越多的人知道了这个十几年来坚守如一背同学上学的少年。2014年陈义祥被评为“常德市大新闻人物”“常德市美德少年”，2016年他又被评为“全国美德少年”。

【胡国辉】 男，53岁，湖南省汉寿县罐头嘴镇双庆村人，在广州鑫河建筑安装工程有限公司工作，负责机场基础设施维修、维护。

【彭孝良】 男，34岁，湖南省汉寿县罐头嘴镇双庆村人，在广州鑫河建筑安装工程有限公司工作，负责机场基础设施维修、维护。

2016年4月8日下午将近5点，胡国辉和彭孝良跟往常一样，结束在白云机场航站楼基础设施维修的工作，准备乘坐通勤车下班回宿舍，机场航站楼9号出入口，既是国际出发大厅，也是平时通勤车停靠的位置。正在此时，9号出入口门外的一个白色纸质手提袋引起了正在候车的胡国辉和彭孝良的注意。“纸袋拎在手上沉甸甸的，里面是一个个胶带扎紧的小包，我们只以为是旅客遗失的普通行李，也没打开看，就提着站在门口等失主。”彭孝良说。半个小时过去了，失主仍然没有出现。就在通勤车即将发车时，胡国辉和彭孝良决定到手提袋里翻找失主的线索，但是当他们撕开其中一个黑色包装袋，露出一个角时，惊呆了，“钱！里面装的是钱。”他们没敢马虎，立即提着手提袋就往航站楼的警务室赶，并且第一时间通知了他们的项目经理。在航站楼警务室，机场派出所的民警将纸袋里的物品全部打开，发现是一捆捆扎紧的现金，而且还是美元。经过清点，纸袋里总共装有现金356246美元，约合人民币230万元。后经核实，这些现金为3名埃塞俄比亚旅客在匆忙中遗失，失主捧起失而复得的35.6万巨额美金，激动地跪倒在地，向白云机场两位拾金不昧的施工人员表达感谢：“谢谢，太谢谢你们了！白云机场Very Good！”。他们面对改变自己命运的“飞来横财”，丝毫没有动摇，彰显了中国农民工善良、淳朴的优秀品质。

【黄士元】 男，1943年出生于常德县（现鼎城区）一个偏远乡村。12岁高小毕业，成为农业合作社俱乐部年纪最小的文艺宣传队员，14岁就在《常德县报》上发表文艺作品。现为国家一级剧作家，享受国务院特殊津贴专家。历任中国戏剧家协会会员、中国曲艺家协会会员、中国戏剧文学学会会员、湖南省曲协副主席、常德市剧协与曲协副主席。出版有《黄士元戏剧选》《黄士元小戏选》《黄士元曲艺选》《黄士元文论选》等，代表作有戏剧《嘻队长》《旋转的钞票》，常德丝弦《待挂的金匾》《枕头风》等。他的作品49次获全国文艺奖项，诸如：“群星奖”“牡丹奖”“飞天奖”“田汉戏剧奖”“曹禺戏剧奖”“五个一工程奖”等等。他先后被选为省党代会代表，省人大代表，全国戏剧家、全国曲艺家代表大会代表。被评为全国有突出贡献的曲艺家、省市优秀共产党员、湖南省十佳知识型职工、常德市有突出贡献专家、常德市十佳文艺工作者、常德市十大新闻人物、常德市十佳政协委员，10余次立大功、二等功、三等功。他的事迹受到新华社、《人民日报》、中央电视台、《光明日报》《中国日报》《中国文化报》等全国30余家媒体的报道。他在农村当了17年农民，接触到农村的各种人和事，统统都装入他生活仓库里。住农村时，为了捕捉生活中的戏点，他在自家禾场上搭建一个凉棚，供村民纳凉闲谈。进了城仍把老家当作生活点、生活的储备库，让生活成为他取之不尽，用之不竭的创作源泉。他写戏源于农民兄弟，把戏回馈给父老乡亲。乡亲们爱看他写的戏，有的家里办喜事点名要演他的戏，不少的人还能道出戏里的台词、唱腔。有人竟用戏中的唱词巧妙地化解家庭、邻里之间的矛盾纠纷，戏剧的教化作用和黄士元戏剧的魅力可见一斑。从14岁发表作品算起，他创作了戏剧曲艺1000多件，出版9本专著。专著中发表他创作和演出的大戏8部，小戏25个，曲艺264件；另有电视剧3部，电影1部，杂文31篇，理论文章20余篇。

【黄兴】 男，1986年出生于临澧县佘市桥镇殷家村一个普通农家。9岁那年的一场意外让他失去了左手。一段时间过后，黄兴明白命运开的这个玩笑，只能以豁达的心态接受，他开始加倍努力读书。2003年11月，他被县

残联推荐为残疾人运动员苗子后，克服困难，努力训练，面对身体不适应、训练基地临时解散、家中突发变故等重重困难和考验，坚定信心，瞄准目标，不断地挑战自己，挖掘自己的运动天分和潜力，提升竞技水平，逐渐成长为全国残疾人射击项目领域的“新秀”。2011年9月，他在杭州举行的全国第八届残疾人运动会上获得10米气手枪比赛金牌，同时25米慢加速团体金牌，同年获评湖南省劳动模范。2015年4月，他在德国汉诺威举行的残疾人射击世界杯比赛中，获得25米慢加速个人金牌，同时获得10米、25米、50米团体金牌;5月，在全国第九届残疾人运动会上，获得25米慢加速金牌和50米自选手枪团体金牌；7月，在克罗地亚举行的残疾人射击世界杯比赛中获得25米个人金牌，同时获得10米、25米、50米团体金牌。2016年5月，他再次在德国汉诺威举办的残疾人射击世界杯比赛中获得10米气手枪和25米慢加速个人金牌，同时获得10米、25米团体金牌；9月，在巴西里约热内卢举办的残奥会比赛中，获得25米慢加速项目金牌。

【王祺胤】 女，汉族，1916年出生，现年100岁，原常德市外运公司课长，

2001年12月离休。2011年9月8日，95岁高龄的王琪胤终于正式加入中国共产党，成为全国年纪最大的新党员。在她100岁生日当天，不请宾客，不摆酒席，向党组织交纳2000元“特殊党费”，以表达对党的感谢和对党的深情。她的事迹先后被《光明日报》《常德日报》等多家媒体宣传报道。她被评为2011年度常德市十大新闻人物。她从1954年向党组织提出入党申请，直到2011年95岁才加入中国共产党。新中国成立前夕，受胞弟中共地下党员王祥胤的影响，她勇敢加入地下党组织的活动，将自己工作的学校作为地下党员学习、交流的秘密场所，自己还在门外为他们放哨。等到中华人民共和国成立后，有人告诉她，因为出身不好她没有被发展入党。她偷偷写了多封入党申请书，却不敢交给组织。1954年，她再一次鼓起勇气，正式上交入党申请。正接受组织考验，却工作调动，前往河南洛阳的黄河冶炼厂。到了洛阳，她多次向党组织靠拢，却被告知：“现在发展党员以工人为主，你们干部要努力等待机会。”1963年，她又调回常德，王祺胤继续写入党申请书。1966年，丈夫被打成反革命。1978年，丈夫被平反。62岁的王祺胤颤抖地拿起笔，再一次写下入党申请书。70岁了，还在写入党申请书。80岁了，继续写。…………她一共写了多少封入党申请书，连自己也数不清了。她95岁时成为全国年纪最大的新党员。她对女儿们说得最多的字就是“党”，教的最多的就是“感谢党”，不仅不让女儿们给组织添麻烦，更是强烈表态，自己去世后，一不开追悼会，二不搞遗体告别仪式，三不留骨灰，要将骨灰撒入沅江之中。她一直言传身教，为女儿、身边的人、同事朋友们树立起一个好模范，王祺胤95岁正式加入中国共产党后，还动员身边的人积极加入中国共产党。79岁的老干部陈长生、82岁的抗美援朝老兵邓振球也在她的影响下向党组织递交入党申请书。

【王新法】 男，出生于1953年7月，1969年参军，1971年7月入党，在祖

国的西北戈壁当过工程兵、侦察兵。1982年4月转业到石家庄市公安局，2013年1月退休。因为机缘巧合，他千里迢迢来到石门县南北镇薛家村义务扶贫，2013年12月，薛家村村民代表大会授予王新法“名誉村长”称号。2017年2月23日下午，他突发心肌梗塞不幸离世。几年来，他采取了一系列措施进行义务扶贫，倡导文明新风,引人向善。薛家村共有309户980人，五保低保困难户87家，30岁以上未结婚男女41人，1/3的村民在外打工，村里留守老人、小孩占了一大半，没有支撑的致富产业。王新法自掏腰包，为两位搬下大山居住的低保老人田美年、付珠衣拉通生活用电；购置100盏节能灯泡、30多台烤炉，免费分发给困难家庭。要想富先修路，王新法自掏腰包100多万元，买回挖掘机，发动当地老百姓组建工程队，开山修路。王新法认为，要从根本上改善民生，首先要有一套先进的社会管理机制。基于“一切为了村民自主发展”这一理念，王新法提出“四自教育”，即把主动权还给村民，充分挖掘村民自身的“源动力”，调动村民自我教育的积极性、主动性，引导村民“自我管理”“自我教育”“自我发展”“自我监督”，从而培养村民的自主意识和习惯，使村民形成“行为自律、思想自省、生活自强、管理自治”的优良品质。2015年3月，王新法团结一批老战友、退伍军人在薛家村组建了一个“与民共富”军人团队。有感于王新法的真诚和实践，陆陆续续有20多名老兵战友参加这个团队。他们捐助1辆长城越野车，方便王新法跑上跑下;捐赠50台摄像机，分发给村里“我看是非我看美”活动小组，拍摄家乡的美丽风景，曝光村民的恶习陋行，引导村民崇尚真善美；请苏州欧陆分析技术服务公司测析当地茶叶微量元素，注册“名誉村长”商标，准备把茶叶统一包装推向市场。王新法用他的一言一行感染着每一位村民，他的事迹常常让村民们既感动又羞愧，在他的带领下，村民们能出一份力是一份力，修桥铺路处处都有自觉参加义务劳动的村民身影。六塔界曾有68名红军战士壮烈跳崖牺牲的故事感动了王新法，他在六塔界建起“山河圆”，并用当地青石镌刻了“祖国不会忘记”6个红色大字。

同时，捐资2万多元，赶制68口小棺材，并购买了3.5万株优质油茶苗和紫薇树，植绿树葬英灵。他将六塔界划为三个区域：烈士墓、军人墓、村民公墓。王新法倡导村民把葬在田间地头的先人，也移葬六塔界，不需交付任何费用，不放鞭炮烧纸钱，不办酒席收礼金，村民积极响应。王新法虽退伍多年，身上仍保持着军人本色。修路修桥，他身先士卒，与村民同吃同劳动，连女儿生孩子都没赶回去。王新法去世后，根据他生前意愿，遗体火化后安葬在薛家村公墓。出殡那天，沿途经过的地方，站满了自发送别的群众。

【吴光清】 男，1971年5月出生，汉族，肢体残疾人，现为常德市武陵区

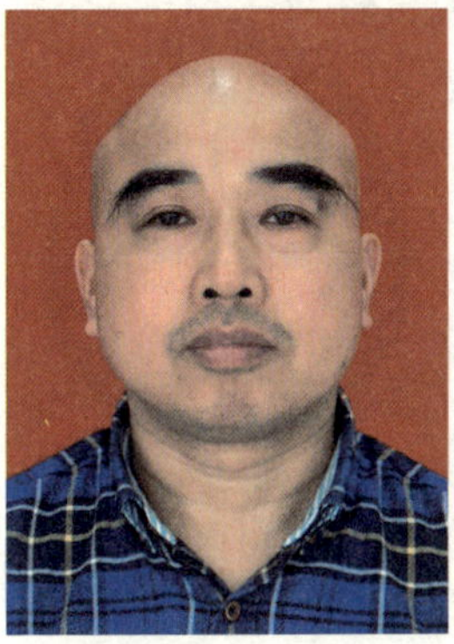

嘉乐园寿星公寓董事长，先后荣获全国劳动模范、全国孝亲敬老之星、全国优秀敬老院院长、湖南省劳动模范、湖南省“最美民政人”。1989年，吴光清在长沙九三电子学校家电维修专业学成后，先后经营过家电维修部、柑橘贸易、商品批发、品牌服装等，有了较好的经济基础。2007年6月，在政府和民政部门的大力支持下，吴光清出资60万元建立南坪岗乡敬老院，招收南坪岗乡境内及周边孤寡老人、残疾人，并雇请专职工作人员，采取集中供养的方式，为他们提供热情周到的起居生活服务。保障供养人员每日三餐，荤素合理搭配，品种多样，适合老人口味。按月为每位老人发放40元零用钱，每位老人过生日都进行特殊照顾，大小节日都组织老人聚餐，每年春节还为每位老人发放120元压岁钱。组织开展院内老人“每月一日游”活动，几位八十岁以上的老人坐着轮椅、拄着拐棍欣赏当地梦幻桃花岛的花海美景的新闻在全国走红。组织开展“每月一祝寿”活动，全院集体为当月生日的老人共唱一首生日祝福歌，送上一个生日蛋糕、一碗长寿面、一个爱心菜，让老人们真正有居家的感觉、享受天伦之乐。由于供养对象均为老人和残疾人，身体状况较差，极易生病，因此，敬老院设立了专门的医疗卫生室，并为供养人员聘请专职保健医生，定期为供养对象做身体检查和疾病治疗。五保人员杨华林，59岁，金家坪村人，患帕金森综合征，生活不能自理，需要进口药美国“多巴丝井”才能维持生命，吴光清一直亲自到处给他求医问药，直到老人去世为止。三无人员罗桂枝，南坪社区人，89岁，入院7年，卧床5年，每天靠吃流质食品维持，吴院长特意买来麦片、黑芝麻糊，还多次亲自给老人一口一口喂牛奶，用的尿不湿、穿的衣服也是勤换勤洗，老人住医院时也一直安排专人陪护。为了补贴养老院开支，2010年，在办好敬老院的同时，吴光清筹资200万元，创办常德市福源电子有限公司。2011年该公司被评为常德市“十一五”按比例安排残疾人就业先进单位。并用公司创造的利润补贴敬老院开支。2012年，他总筹资2600多万元，在竹根潭安置小区旁按公寓式标准开始新建敬老院，2014年8月建成并投入使用。2013年，常德市残联第五届肢残人协会作为全省实行社团登记试点单位，他被推选为社团登记后首届协会主席，他的身上被赋予了更多的责任、义务和奉献。

【谢元恒】 地处武陵山尾端的湖南省桃源县境内有一条220千伏的输电线

路，是凤滩电厂电能的重要输送通道。谢元恒一家三代接力守护这条线路，36年来未发生一起人为责任跳闸事故，即使在最严重的冰灾中也未倒一杆一线。1981年，谢元恒的父亲谢运堂开始义务护线，高压线路穿行在崇山峻岭之间，巡线护线难度非常大，谢元恒看着父亲巡线护线太累，就尽可能的挤时间和父亲一起跋山涉水义务护线。2003年，谢运堂中风瘫痪，谢元恒接过父亲手中的“接力棒”，独自走上了义务护线之路。2006年，谢元恒的妻子患上尿毒症，在深圳打拼的儿子谢志勇毅然放弃城市生活，回到他熟悉的大山，和父亲一起守护这山中的电能“血脉”。2008年，湖南发生特大冰灾，父子两每天都要顶着冰雪前往离家3千米的最高点，查看电线结冰的厚度，山上满是冰雪，他们只能用手拉着竹子和树木攀爬，不知滑倒了多少次，身上就像散了架，有一次谢志勇手滑没抓住，连着滑了十多米，最后还是被几根竹子拦住才得以安全。即便冒着生命危险，父子两却不曾退缩和停歇，第二天，父子俩又早早地出门查线了……数十年如一日，父子俩克服家人常年重病的重重困难，始终坚持着他们的护线事业不放弃。谢家祖孙三代住的那个叫农管冲的大山坳里，过去周边还住了七八户人家，如今全部都搬出了大山，只有他一家，为了这13千米高压电线的安全，至今还坚守在大山深处。

【徐春秀】 女，1972年4月出生，汉族，湖南常德人，武陵区高坪头“老

小家土鸡店”服务员。在餐馆里，面对歹徒对他人突如其来的暴力行凶，她作为弱女子，不假思索，毫不畏惧，挺身而出，奋不顾身的与歹徒对抗，虽身受伤害，却强忍剧痛，顽强与歹徒斗争到底，尽最大所能地保护了他人的生命安全。2015年12月4日上午11时许，徐春秀和店主以及其他服务员在店子里面烤火，准备迎接生意。当时店主正在火炉旁边打瞌睡，一名40

岁左右不明身份男子进入店内后，走到店主身后突然拿刀刺向店主颈部，毫无防备的店主痛苦倒地，鲜血直流，一旁的服务员吓得直往外躲，只有徐春秀立马站起身来，一把拉起店主，并挡在歹徒前面，大声喊道：老板快跑！歹徒推开徐春秀后继续用刀刺向店主，徐春秀挺身上前，一边挡在老板前面，一边用手死死地拖住歹徒的手，不让歹徒的刀刺向店主。但由于力量悬殊，反被歹徒刺伤右手，手指筋骨暴露，此时的徐春秀仍死死扭住歹徒，直到屋内店主的弟弟听到响声后赶过来，用椅子击打歹徒，歹徒才放弃行凶逃跑，血染衣衫的徐春秀一路追赶，最终由于受伤严重，体力不支倒在地上，她仍然强忍剧痛，拨打了“110”和“120”，遗憾的是，几分钟后“120”车到达时店主已经死亡。经鉴定，徐春秀右手手筋被刺断三根，评定为九级伤残。2015 年 12 月，经武陵区公安分局刑侦大队推荐，武陵区社会管理综合治理委员会审议通过，报请武陵区政府批准，将徐春秀的英勇行为定为见义勇为，并于 2016 年 2 月授予其“武陵区见义勇为先进个人”荣誉称号。

感动常德环卫工人

【黄生发】 33 岁那年，黄生发从部队转业回家后开始走上环卫岗位，现任鼎城区环境卫生管理处副主任。该环卫处不仅担负城区 250 余万平方米路面和 20 座公厕的保洁工作，还要负责全区每日 150 吨的垃圾清运。为使环卫处有限的人力、物发挥出最佳效益，黄生发一天到晚都在琢磨关于垃圾的事。20 年来，他养成了每天早晨 6 点多出门，先到各中转站进行巡查，再到县城区的大街小巷巡查环境卫生情况的习惯。一旦发现脏乱现象，黄生发就立即拿出手机拍照，发到工作群或者用本子记录情况并及时处理。一次，他在善卷大道查看店铺门前卫生“三包”情况时，见一家餐馆店员将垃圾直接泼倒在路面上，忙前去劝阻。对方不仅口出恶语，还动手打人。受伤后的黄生发仍然坚持天天上门劝说，他凭借“愿以一人脏，换来万家洁”的真诚和执着感动餐馆负责人，该负责人表示不再乱泼乱倒垃圾。为了鼎城区街道能全日保洁，黄生发力推将过去环卫工人一天两次“大呼隆”扫地，改为全天 24 小时、定地段、定岗位保洁。如此一来，区环卫处人还是那些人，工作也还是那些工作，但县城各街道路面却更整洁了。为了充分激发环卫处干部职工的积极性，黄生发根据实际情况推出“连带式考核办法”：一条街道数名保洁员为一组，设立一名负责组长；几条道路设立一个管理人员。哪条街道环卫工作出色，考核中层层加分；何处出现卫生死角，考核中上下各负责任……如此一来，就出现了环卫工作上上下下“心往一处想，劲往一处使”的好氛围。谈到家人，黄生发表示很惭愧。2013 年，当时国家文明城市复检到了关键时刻，77 岁的父亲患病卧床，他没有请一天假陪伴照顾父亲，只有到了晚上开车回老家看父亲。8 月 25 日，国家检查组成员抵达常德做最后一项检查，黄生发见父亲气色还好，告诉父亲自己要赶回去加班。谁知，这一去竟成了永别。如果说，当初干这项工作是为了生存，那么经过这许多年，放在心上更多的是责任，是使命。“把公家的事当自家的事做，就没有做不好的事。”黄生发是这样说的，也是这样做的。他 20 年如一日，在平凡的岗位上干着平凡的工作，用实际行动兑现着“无怨无悔，默默奉献”的承诺。

【刘四化】 今年 52 岁的刘四化是汉寿县环境卫生管理处清运大队撮盆组组长。他做事一是一、二是二，自认为和入伍当兵的经历不无关系，4 年的部队生涯造就了他极强的纪律性。从 26 岁调入汉寿县环卫所至今，从来只有早到迟退。一辆老式自行车，一把扫帚一把铁锹，是他常年的造型。而他负责的一公里路面，垃圾日生日清，四周干净整洁。在他看来，在这个不起眼的岗位上，自己要做的只有尽善尽美。“扫大街没有前途，早点改行！”这些话，不少战友从年轻时候起就劝他。他笑笑，也不说话。如今，有的战友当了领导，有的在商界干得火热，一聚会，又绕不开这个话题。他说，不是图个面子硬撑，而是打从心里觉得干一行就得爱一行。“我的父母都在城郊务农，我 20 多岁进这个单位，就是拿了‘铁饭碗’，很珍惜。累是累点，脏也脏点，可心里踏实。”在清运大队担任撮盆组长的这些年，由于临聘人员工资较低、人员难请，很大一部分人不是年龄大，就是智力较为低下。在这样的情况下，他从未放弃，而是拿出真心去对待每个人。组里有个 40 多岁的同事，脾气比较倔，说他两句，丢下扫帚就跑。刘四化的家离他家不远，下班就跑去串门子，和他父母一起不厌其烦地给他做思想工作，时常鼓励。这几年，这位同事被评为所里、局里的先进，刘四化比谁都开心。2016 年 4 月，组里另一名同事因手臂受伤，暂时无法工作，人员又不便调整，刘四化主动为其代班，让同事在家休息并多次上门探望。2015 年 4 月，刘四化的儿子工作时不慎从电线杆上摔下来，受伤很严重。在儿子住院 1 个月、在家卧床 3 个月的情况下，他从没有向所里请过一天假，都是天天按时上下班，担负起组里的工作任务。

【沈燕】 1993 年，18 岁的沈燕刚刚从中专毕业，就成为一名环卫清扫保洁员。当时，她也有过纠结，甚至偷偷哭过。有些人认为扫街丢脸，脸皮薄的她感觉穿上制服就不舒服，别人的眼光像针刺在身上。当时，在很多大龄环卫工中，

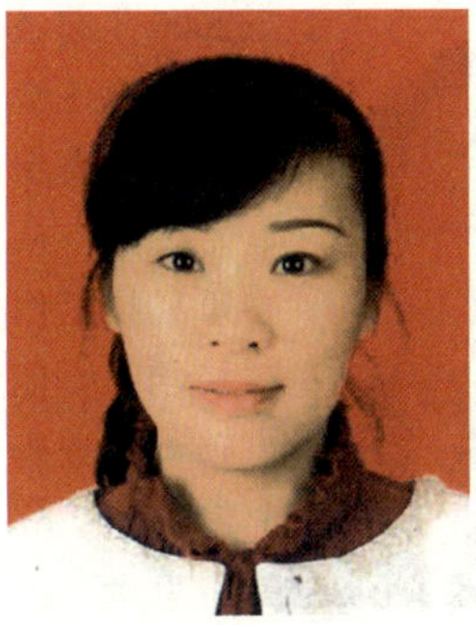

她是学历最高的，却和大家一样在扫大街，心里也有一些委屈。但是，她却丝毫没有放松工作上的要求。在一次哭过之后，她在日记本上写下："天将降大任于斯人也，必先苦其心志，劳其筋骨……"工作上的认真负责，同事和领导们也看在眼里。有一次大年三十的晚上，津市的主干道上满地都是燃放鞭炮后的垃圾，那一夜她咬着牙默默扫到天亮。3 年后，因表现突出，她被调到津市市环卫处清扫保洁办的管理岗位。在工作中，她对组员严格考核，不讲情面；在生活、思想上，给予他们关爱，经常教育同事上班一定要穿标志服，作业时一定要注意人身安全。2000 年，她被任命为津市市环卫处办公室主任。她熟悉环卫各方面工作，业务知识精湛，多次参与环卫处大型中心工作，比如项目申报、清扫保洁市场化等。2012 年，她被任命为津市市环卫处副主任。她严格要求自己，坚持原则，秉公办事。对于分管的考评办，她率先垂范、作风务实，经常亲自带着考评人员顶着炎炎烈日，汗流浃背走街串巷对全市卫生情况进行巡查督导，到了晚上还要加班加点拟定任务，安排后续进度。一晃 23 年过去了，沈燕早已成为对环卫行业各个领域都精通的行家里手。她最高兴的就是自己花大量心血参与申报的国家级项目，比如垃圾中转站修建、城乡垃圾收运一体化工程都成功了。23 年来，她屡获表彰，2013 年被津市市政府授予三等功。

【谈珍君】 女，53 岁，武陵区环卫处城南所清扫班班长，入行 15 年。她现负责的区域为市城区步行城。武陵阁到春申阁之间的人民路和大兴街，看似面积不大，但却是常德市最繁华地段之一。谈珍君带领 100 多名环卫工人奋战在一线，任务一点也不轻松。在步行城，各种上级部门的检查考察，各种会议、旅

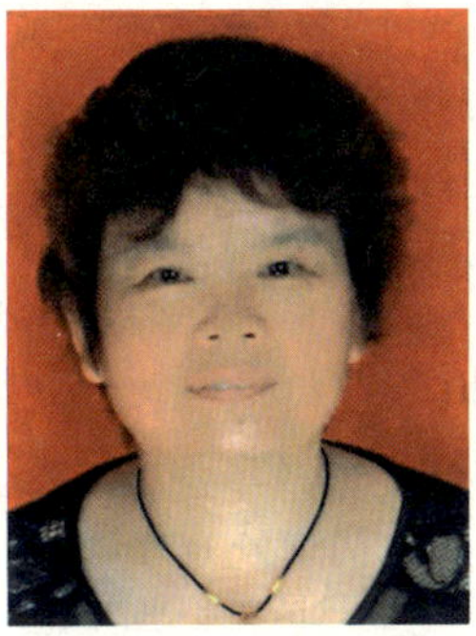

游、文化、外事交流等活动很多。步行城接待的外地客人也非常多。那些见多识广的外地客人都喜欢来步行城参观。当他们对步行城欧式风格的美丽竖起大拇指时，谈珍君不希望地上出现一个烟头或者一口浓痰。有一次，领导通知谈珍君，第二天会有上级领导来步行城参观，但后来却提前了。当时，步行城还没有彻底"焕然一新"，谈珍君当日中午饭都吃不下，一直在哭，觉得自己给常德抹了黑。从此她下定决心，不管任何活动，都要在客人来之前的一个小时前彻底做好保洁，并且平时也要严格做好各种保洁卫生，以应对很多没有提前通知的临时活动。谈珍君对待手下的 100 多名环卫工人从不批评，更不摆架子，而是亲力亲为带着她们做。有时候，谈珍君还会帮手下"出头"。有一次一个环卫工人哭着来找她，说武陵阁有个摩的司机一边吃瓜子一边往地上扔，刚扫干净又是一大堆，并且态度恶劣。看到同事受欺负，谈珍君气愤地找到摩的司机说："你看上去也是一个爱干净的年轻人，怎么会做这么低级的事情，您难道认为步行城环卫工人就应该为你一个人来服务吗？你以为做环卫工人是很轻松的事情吗？"谈珍君连珠炮似的质问，强大的气场让乱扔的摩的司机认了错。遇到各种乱扔的游客，谈珍君也从不怕事，都会主动上前劝导。谈珍君工作认真，但是却难以兼顾家庭，她的外孙都 7 岁了，但从来没有带过一天，都是亲家带的。有一次爷爷奶奶去了上海，女儿在医院加班，其他人也都有事，女儿打电话给谈珍君要她去接孩子放学，她嘴里答应得好好的，转眼就打电话找别人帮忙。另外一件事更是让她终生愧疚。她母亲去世之前想看自己最后一眼，全家人都陪着，但自己当时正在迎检开会发言的节骨眼，接到家人打来的电话，想也没想就挂断了。后来忙完之后，母亲已不在了。电话打过去时，哥哥劈头盖脸痛骂："你的官当得大得很，忙得很，你娘死了你知不知道？"谈珍君心如刀绞，任由眼泪簌簌地往下落。她说环卫工人的工作虽然平凡，却不简单，做好了就是常德人的骄傲，因此也希望大家能多一分理解，共同维护好步行城的环境。

【杨家敏】 "鸭舌帽是为了固定长头发，口罩是为了防尘、防臭、防尾气，手套是防止扫把刺伤手掌……"在常德市环卫工技能大比武现场，杨家敏如数家珍地介绍自己平日里的全副武装。这位曾当过棉纺厂骨干的中年妇女，一旦选择了扫马路的活，便越干越好。

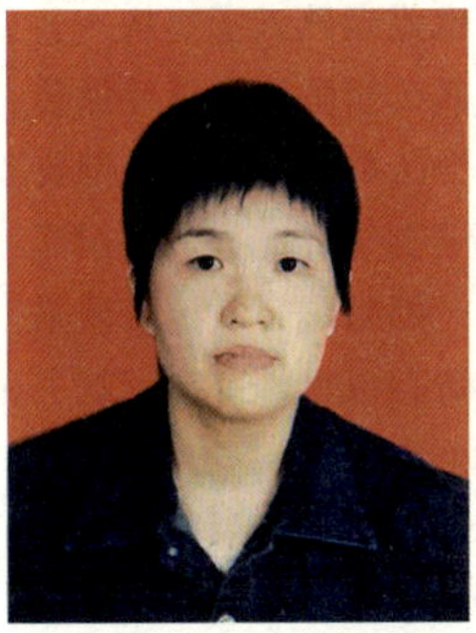

如今 44 岁的她是常德经济技术开发区环境卫生管理处一名清扫班长。从事环卫工作前，杨家敏一直在东信棉纺厂上班。作为厂里的老师傅，她的收入颇丰。"为什么要当环卫工？"与大部分环卫工人的说法不一样，心直口快的杨家敏很简单地说："因为老公是环卫工，加上我们这边环卫工是两班倒，可以照顾家人，觉得这个工作还不错。"2006 年，风华正茂的杨家敏从东信棉纺厂辞职，毅然选择了工资微薄、辛苦的环卫工作。刚开始当环卫工人时，因担心遇见熟人，她总把工作帽檐压得很低，低着头默默地作业。"那时候才三十多岁，很多人见我这么年轻就做保洁员，十分不解，搞得自己也觉得面子上挂不住。"杨家敏说，还好有单位领导、同事及时关心、帮助以及丈夫的支持，我坚定了自己的想法，觉得环卫工作是城市中必不可少的，任何工作都需要有人去干，只是分工不同。经过一段时间的磨炼，杨家敏在工作上不但慢慢上手，还凭着自己对工作的热情、认真负责的态度和一股不服输的倔劲成为同事们公认的"清扫能手"，单位也把她从一线工人提拔为清扫班长。作为清扫班长，杨家敏管着辖区内三四十名保

洁员。她每天的工作职责是检查每一名保洁员的上岗履职情况，对部分卫生差的沿街门店及时进行督促打扫。一来二去，沿街门面老板商家天天和杨家敏见面，大伙在她的督促下，把打扫好自家门店也当成了分内事。就连在她管辖片区干过活的其他单位的工作人员，对杨班长也有印象。例如电信部门搭设网络线路，掉下一些泥土、树叶，她带着保洁员不但清扫了工程垃圾，还天天来到工地，柔声细语地叮咛电信人员架完线一定要及时清理，不要影响环境卫生。一来二去，他们也成老熟人了。从一名清扫工人到班长，杨家敏没有离开保洁一线，相反，整个队负责的路段她都要一一“过目”，还要经常帮工人们一起清扫。在工友眼里，她是热心人，苦活累活都冲在前面，清扫班里谁有事，就主动帮助顶岗。在她的带领下，班组团结，气氛和谐，大家心往一处想，劲往一处使，环卫保洁工作得到当地群众认可。杨家敏说：“虽然我做的工作不起眼，但能用自己的双手扮靓城市，我很满足。”

【钟铁芝】 安乡县环卫处清扫班班长钟铁芝清楚地记得，自己第一次拿着扫把站在大街上的情景：“帽子压得很低，差不多遮住了大半张脸，看到熟人了赶紧把头扭到一边，生怕被发现……”。那一年，她27岁。从一个家庭妇女变成一名社会地位并不高的环卫工人，感觉怪难为情的。“第一天扫了整整8个小时，手跟脚都肿了，这工作好苦好累……”除开脸皮薄，身体也告诉了她最切实的感受。可以说，从一开始，她的内心就是纠结的，只是不曾想，这一纠结就是19年。19年间，无数次想过放弃，又无数次说服自己坚持。第一次受委屈，是她工作还不到一个月。她正在街上扫着地，路过的人随手乱丢垃圾，她怯怯地提醒了一句，对方反而高声嚷嚷：“你是搞么的的？我不丢你会下岗！”当时，她心里很难受，“觉得这份工作很下作，不想干了。”再后来，扫地时不小心溅到人或车，被人骂声“马路狗，不长眼睛啊”，也独自气了很久。她整整花了一年多时间调整，才让内心变得强大起来，“我就想着，行行出状元，没有我们，哪来干净整洁的环境。”虽然心里纠结，但她做事任劳任怨，年复一年，早出晚归，一条大街扫得干干净净。从2004年起，她先后获得县里的“城市美容师”“先进个人”等荣誉。尽管工作上取得了荣誉，但亲友们还是隔三岔五地劝她别干了，说这工作一没钱、二没假，又脏又累，到底图个啥？其实，干这一行门槛不高，靠自己的劳力干活，能照顾到家里，补贴点家用，钟铁芝想得很简单。儿子小时候很贴心，劝别人不丢垃圾，理由是：“我妈妈难得扫。”后来儿子长大了，也劝她别干了，不是因为面子，而是心疼妈妈整天又脏又累。2012年7月26日凌晨4点，她在昏黄的路灯下扫大街，一辆三轮车因躲避疾驰而过的小车直接将她撞倒在地。那一次意外，让她在病床上足足躺了100多天。休养期间，她的纠结达到顶峰，这份工作除了脏和累，还有潜在风险，到底要不要再干下去？“想到年纪越大了，再找个工作也不容易，趁还干得起，帮儿子减轻点负担，最后还是坚持了下来。”钟铁芝的真实让人动容。她不会讲什么大道理，19年间，一边纠结着，一边卖力地苦干着。这次“感动常德环卫人”投票，她管段一带的商户在微信上看到后，自发地为她转发和拉票，“这种感觉很温暖，很值！”钟铁芝说，“这些年，周围人的素质确实提升了，卫生环境也更好了，我想，我会继续干下去。”

受国家各部委表彰的先进个人

【陈建中】 男，汉族，1964年3月出生，中共党员，中科院硕士，现任常德市科技局党组副书记、副局长。他自2000年起经公选担任常德市科委副主任起，从事科技工作16年。他善于调查研究、勤于分析思考，先后分管过科学普及、科技成果、科技奖励、高新技术、规划计划等多项科技管理工作，先后撰写10多篇相关调查报告、论文，撰写的《常德市高新技术产业发展的现状与思考》《常德市产学研合作现状与对策》等多篇科技论文引起社会关注。2002年到2012年，他当选市政协委员并担任科技组组长，提出的关于加强科普宣传工作的一系列对策建议被市委、市政府作为工作意见采纳。主持编写的《常德市农村实用技术选编》等多本科普读物，深受广大农民朋友欢迎，多次重印，累计印量达10万册。他曾荣获国家火炬计划实施管理先进个人，被省政府记二等功1次，被市政府记二等功2次，连续6年获市政府嘉奖，连续两届被评为市优秀政协委员，主持完成的两项科研课题均获得常德市科技进步二等奖。他分管的科普宣传工作、领导开展的科普活动多次受到省科技厅表彰、市委、市政府肯定。2016年被评为全国科普工作先进个人。

【袁承波】 男，汉族，1980年9月出生，中共党员，大专学历，1999年参军，2009年1月由军转士官安置到市殡葬服务中心工作，2012年通过竞聘上岗担任常德市殡葬服务中心万金公墓主任职务。几年来，他致力于创新管理模式，创新服务理念，带领公墓职工不懈努力，把万金公墓建设成了市民称赞的人生后花园，业务收入

连年呈两位数的增长，经济效益年年创新高。由于成绩突出，他领导的万金公墓多次被民政部评为“清明服务工作突出群众祭扫观察点”，受到民政部通报表彰，他本人多次被单位评为先进工作者、优岗，被市民政局评为清明工作先进个人。2016年被评为全国殡葬工作先进个人。自担任公墓主任以来，他以身作则，牺牲大量休息时间，与职工一起大力推行节地生态安葬项目，设计制作新颖别致的花葬、草坪葬、树葬等，即节省用地，又节省资金，深受群众喜爱。特别是近几年清明、春节来万金公墓祭祖群众多达16万之众，为确保群众安全，全方位服务群众，营造文明、和谐的祭祀环境，他开动脑筋，创新服务，从外地引进大量鲜花，零利润地提供给祭祀市民，鲜花祭扫蔚然成风，文明祭祀已成常态，达到了祭扫秩序井然、无刻错字、立错碑、贴错像、葬错穴，无一例投诉的工作标准，得到市民一致称赞。每年春节，他牺牲与家人团聚的时间，在公墓为送火祭祖的群众服务，从不叫苦叫累，为职工作表率。

中国好人

【钱超金】 男，1971年出生，1994年7月毕业于西安医科大学法医系，分

配至常德市公安局从事公安法医工作。他23年执着坚守在法医岗位，先后被评为常德市首位全国公安刑事科学技术青年人才、全省破案能手、常德市优秀人民警察、常德市优秀专家、常德市道德模范、公安部首批优秀技术人才奖励获得者、全省十佳优秀技术民警、爱岗敬业类湖南好人及中国好人。23年来，他共检验各类尸体1800多具，临床法医学鉴定6000多例，法医物证检验鉴定1300多起，出具各类检验报告、鉴定书8000余份，未出现一例差错。参与大要案件侦破900余起，在常德市“2015.03.03常德市步行街金店抢劫案”“2016.08.09武陵区穿紫河杀人碎尸案”等一大批有重大影响的案件中，为案件的成功侦破与顺利诉讼做出了突出贡献。23年来，他一直在公安法医岗位上辛勤耕耘，作为常德市刑事侦查战线的“拼命三郎”，曾经两次因为过度劳累晕倒在工作岗位。从警以来共9次获政府嘉奖，5次被评为优秀党员，2次获公安嘉奖，5次荣立公安三等功，3次荣立政府三等功、1次荣立公安二等功，2011年及2016年作为优秀技术人才代表先后参加常德市市直机关及常德市党代会。2014—2015年，他多次被邀请参加“常德故事百姓讲”“最美常德人”宣讲活动，文章“离鲜血最近 离鲜花最远”“做一名内心强大的法医”等被《常德日报》《常德晚报》《湖南日报》刊载，并被多个媒体转载；2016年4月21日，由湖南卫视、湖南经视、湖南教育频道、《湖南日报》《潇湘晨报》、红网等多家省直媒体组成的采访团对他进行了集中采访和持续深度报道。

中共常德市委办公室常德市人民政府办公室关于加快构建现代公共文化服务体系的实施意见

常办发〔2016〕14号

为加快推进现代公共文化服务体系建设，满足人民群体日益增长的精神文化需求，根据《中共中央办公厅国务院办公厅印发〈关于加快构建现代公共文化服务体系的意见〉的通知》（中办发〔2015〕2号）和《中共湖南省委办公厅湖南省人民政府办公厅关于加快构建现代公共文化服务体系的实施意见》（湘办发〔2015〕39号）精神，结合我市实际，经市委、市政府同意，现提出如下实施意见。

一、总体要求

（一）基本原则

坚持正确导向。以社会主义核心价值观为引领，发展先进文化，创新传统文化，扶持通俗文化，引导流行文化，改造落后文化，抵制有害文化，巩固基层文化阵地，促进在全社会形成积极向上的精神追求和健康文明的生活方式。

坚持政府主导。立足实际，因地制宜，科学规划，分类指导，加快构建满足人民群众基本文化需求的公共文化服务体系，切实保障人民群众基本文化权益，促进实现社会公平。

坚持社会参与。简政放权，减少行政审批项目，引入市场机制，激发各类社会主体参与公共文化服务的积极性，提供多样化的文化产品和服务，增强发展活力，积极培育和引导群众文化消费需求。

坚持共建共享。加强统筹管理，建立协同机制，明确责任，优化配置各方资源，做到物尽其用、人尽其才，发挥整体优势，提升综合效益。

坚持改革创新。加快转变政府职能，完善管理体制机制，创新公共文化服务内容和形式，促进文化与科技深度融合，推动文化事业和文化产业协调发展。

（二）目标任务。根据湘办发〔2015〕39号文件提出的总体目标和省委、省政府关于分类指导加快推进全面建成小康社会的战略部署，从现在起到2017年，全市要以县为单位达到《常德市基本公共文化服务实施标准（2016—2020年）》要求。到2020年，实现市、区县（市）、乡镇（街道）、村（社区）四级公共文化服务设施标准化，城乡公共文化服务均等化，文化服务机构编制规范化，基本建成与全面小康社会相适应的现代公共文化服务体系。

二、统筹推进公共文化服务均衡发展

（三）加强城乡公共文化基础设施建设。把城乡公共文化基础设施建设纳入国民经济和社会发展总体规划及城乡规划。根据国民经济和社会发展水平、人口结构、环境条件及公共文化事业发展需要，全面加强农村基层文化基础设施建设。整合利用各类闲置资源和村级组织活动中心等现有农村公共设施，建设集宣传思想教育、文化知识传播、文体娱乐活动、民俗文化传承创新、法治科教普及等功能于一体的村级综合文化服务中心和村级文体广场，组建村级民间自办文化社团。完善乡镇综合文化站建设，新建或改扩建乡镇综合文化站，确保全面达标。统筹推进城市街道综合文化站、社区综合文化服务中心基础设施建设，实施城市社区10~15分钟“文化娱乐圈”“体育健身圈”工程，消除城镇社区特别是城乡接合部公共文化服务“盲区”。统筹规划建设高新区、开发区等务工人员集中区域的公共文化设施。加强文化馆、图书馆、博物馆、体育馆、剧场（影剧院）等群众性文体场所建设，按有关规定支持县级以上工人文化宫、青少年宫（活动中心）、妇女儿童活动中心、残疾人康复托养中心、科技馆、体育健身中心等场所建设、改造和升级。

（四）促进城乡基本公共文化服务均等化。把促进城乡基本公共文化服务均等化纳入国民经济和社会发展总体规划及城乡规划，均衡配置公共文化资源，把公共文化服务体系建设与美丽乡村、完美社区建设有机结合起来，实行城乡同治。拓展重大文化惠民项目服务“三农”内容，推进“三农”出版物出版发行、广播电视涉农节目制作和农村题材文艺作品创作，完善农家书屋出版物补充更新机制。依托公共图书馆、文化馆、博物馆等公共文化机构，积极开展咨询、讲座、培训、展览等活动，在农村和偏远地区开展图书、文博、科技等公共文化流动服务和数字服务。推进公共数字文化服务“进村入户”，打通公共文化服务“最后一公里”。建立广播电视“村村通”“户户通”长效运维机制，统筹推进农村广播电视用户接收设备配备工作，鼓励建设农村广播电视维修服务网点。加大对农村民间文化艺术的扶持力度，让民间文化和乡土文化焕发生机。推进城乡“结对子、种文化”，加强城市对农村文化建设的帮扶，形成常态化工作机制。

（五）加大对贫困地区、少数民族聚居区的扶持力度。加强贫困地区、少数民族聚居区的公共文化服务体系建设，在公共文化建设项目和资金安排上进行倾斜。以广播影视服务网络、数字文化服务、乡土人才培养、流动文化服务、农村留守妇女儿童文化帮扶等为重点，集中实施一批文化扶贫项目。支持石门县、桃源县等地挖掘、开发、利用民间文化资源，充实公共文化服务内容。力争在较短时间内使贫困地区、少数民族聚居区的公共文化服务能力和水平明显提高。

（六）保障特殊群体基本文化权益。积极开展面向老年人、未成年人、农村留守妇女儿童、残疾人等特殊群体的公益性文化艺术培训、展演和科普等服务。鼓励组建票友协会、开办老年艺术大学。开展学龄前儿童基础阅读促进工作和向中小学生推荐优秀出版物、影视剧、舞台剧目、戏曲等工作。鼓励各类文艺院团、文化企业、互联网网站、文艺工作者等创作开发有利于未成年人身心健康的优秀作品。将中小学生定期参观博物馆、美术馆、纪念馆、科技馆等纳入教学活动计划。加强乡村学校少年宫建设。实施青少年体育活动促进计划。加大对残疾人文化艺术的扶持力度，鼓励和支持残疾人参加艺术创作，培育残疾人文化艺术品牌。县级以上公共图书馆要为残疾人提供无障碍设施，设立盲人阅览室，配备盲文图书、有声读物和阅听设备。鼓励和支持有条件的电视台增加手语节目或加配字幕。将农民工文化建设纳入常住地公共文化服务体系，满足农民工群体尤其是新生代农民工的基本文化需求。加强农民文化协会建设和农村科普示范基地建设，广泛开展农村广场文化和科普教育培训活动，丰富留守人群文化生活。通过政府购买服务方式，对生活困难群众减免收看有线电视、观看电影等费用。

（七）建立基本公共文化服务标准。以人民群众基本文化需求为导向，围绕看电视、听广播、读书看报、参加公共文化活动等群众基本文化权益，根据经济社会发展水平和供给能力，制定基本公共文化服务实施标准，设立基本服务项目、硬件设施、人员配备等指标，明确政府保障底线，做到保障基本、统一规范。建立基本公共文化服务实施标准动态调整机制，根据经济社会发展适时进行调整完善。各区县（市）要根据实施标准制定实施方案，明确落实措施、工作步骤和时间安排，并以县为基本单位推进落实。

（八）提升公共文化服务效能。完善公共文化设施免费开放保障机制。深入推进公共图书馆、博物馆、文化馆、纪念馆、美术馆等免费开放工作，大型体育场馆（体育场、体育馆、游泳馆）免费或低收费向社会开放，各级体育彩票公益金建设的室外健身场地和健身路径，一律免费使用。按照国家统一部署，逐步将民办博物馆、行业博物馆纳入免费开放范围。推动科技馆、工人文化宫、妇女儿童活动中心以及青少年校外活动场所免费提供基本公共文化服务项目。建立以县级图书馆、文化馆为总馆，乡镇（街道）综合文化站、机关企事业单位图书室为分馆，村（社区）综合文化服务中心为服务点的总分馆制，加强对农家书屋、职工书屋的统筹管理使用。推进学校体育场馆课余时间向学生开放和有条件的学校体育场馆向社会开放。鼓励党政机关、国有企事业单位和学校的各类文体科普设施在特定时段向社会免费或优惠开放。建立群众文化需求反馈机制，及时准确了解和掌握群众文化需求，制定公共文化服务提供目录，开展“菜单式”“订单式”服务。建立公共文化服务机构年度服务目录公示制度，进一步明确服务内容、服务项目、服务标准及服务流程。加强公共文化服务品牌建设，推动形成具有鲜明特色和社会影响力的服务项目。加大对跨部门、跨行业、跨地域公共文化资源的整合力度。以行业联盟等形式开展馆际合作，推进公共文化机构互联互通，开展文化服务“一卡通”、公共文化巡展巡讲巡演等服务，实现区域文化共建共享。加强基层广播电视播出机构服务能力建设。充分利用广播、电视、网络双向互动功能，为各级政府部门便民服务提供窗口和平台。

三、增强公共文化产品供给能力

（九）创作生产优秀公共文化产品。鼓励本土文化艺术工作者从现实生活中采集素材，创作地方特色浓郁、人民群众喜闻乐见的文化产品。加强“常德丝弦”“常德鼓书”等优秀文化艺术的普及推广工作。制定常德文化艺术创作规划（2016—2020年），大力开展“中国梦”主题创作和展示活动，认真做好“深入生活、扎根人民”主题实践活动，精心组织精神文明建设“五个一工程”，抓好重点图书、广播、电影、电视和剧目的创作、生产与演出。广泛开展戏剧、曲艺等优秀传统文化和高雅艺术进社区、进校园、进军营、进厂矿等公益性展演，推进送戏、送书、送电影下乡等项目和优秀出版物推荐活动。继续支持广电、印刷出版、传媒、演艺、动漫等文化产业做大做强，为公共文化服务提供坚实的产业支撑。提高网络文化产品和服务供给能力，促进优秀传统文化瑰宝和当代文化精品网络传播。加强知识产权审核和版权保护，依法打击侵权和盗版行为，防止侵权或盗版产品进入公共文化服务供给体系。大力发展社会主义核心价值观教育、法制教育、国防教育等主题内容公益广告，有效推广全民终身学习和公益慈善理念。

（十）广泛开展群众文体活动。深入开展“书香常德·全民阅读”和科学普及活动，推动全民阅读进机关、进校园、进企业、进农村、进社区、进家庭、进军营。积极开展全民艺术普及、全民健身、全民科普和群众性法治文化、廉政文化活动。组织开展“百团大赛”“鼓书赛”“广场舞”等群众文化活动和高雅艺术普及活动，打造“文化常德”公共文化服务平台。实施基层特色文化品牌项目建设，力争每个区县（市）开展一项品牌文化活动，每个乡镇（街道）开展一项特色文化活动，吸引更多群众参与。引导广场文化活动健康、规范、有序开展。以“我们的节日”为主题，组织开展群众性节日民俗文化活动。鼓励群众自办文化，支持成立各类群众文化团队，为民间文化队伍提供展示交流的平台。推进红色文化、社区文化、乡土文化、校园文化、企业文化、军旅文化、科普文化、家庭文化、乡贤文化建设，培育积极健康、多姿多彩的社会文化形态。加强群众性文化活动的国际交流，形成多层次的对外文化交流格局。实现公共文化体育机构免费指导群众文体活动常态化。

（十一）推进文化传承与发展。挖掘地方特色文化精华，建立传统文化传承和发展体系。加强文化遗产保护工作，实施全国重点文物保护单位和省级文物保护单位整体保护利用工程，开展澧阳平原史前遗址群申报世界文化遗产前期工作。实施“常德鼓书”文化生态保护区建设。推进“民间文化艺术之乡”建设。弘扬廉政文化，发展地方文化和特色文化，扶持民族民间文化艺术。传承和发展民族民间传统体育，广泛开展形式多样的群众性体育活动。办好民族节会文化活动。推动“常德丝弦”“常德花鼓戏”“常德高腔”“荆河戏”“鼓盆歌”等非物质文化遗产进学校、进市场、进文艺演出，逐步建立市级以上各类非遗项目传承基地，推进非遗展示馆（中心）、重点项目传习所和非物质文化遗产生产性保护示范基地建设。加强古籍整理出版和数字化工作。推进对文化经典的研究和传播。

四、提高公共文化服务水平

（十二）培育和促进文化消费。积极举办文化艺术展会，繁荣文化艺术品市场，提高群众文化欣赏水平。鼓励有条件的公共文化机构挖掘特色资源，加强文化创意产品研发，创新文化产品和服务内容。完善公益性演出补贴制度，通过票价补贴、剧场运营补贴等方式，支持艺术表演团体提供公益性演出。鼓励在商业演出和电影放映中安排低价场次或门票，鼓励网络文化运营商开发更多低收费业务，推动经营性文化设施、非物质文化遗产传习场所和传统民俗文化活动场所等向公众提供优惠或免费的公益性文化服务。积极发展与公共文化服务相关联的教育培训、体育健身、演艺会展、旅游休闲等产业，引导和支持各类文化企业开发公共文化产品和服务。

（十三）鼓励和引导社会力量参与。建立健全政府向社会力量购买公共文化服务机制，将政府购买公共文化服务资金纳入财政预算。促进公共文化服务提供主体和提供方式多元化，采取政府购买、项目补贴、定向资助、贷款贴息等政策措施，支持包括文化企业在内的社会各类文化机构参与提供公共文化服务。鼓励和支持社会力量通过投资或捐助设施设备、兴办实体、资助项目、赞助活动、提供产品和服务等方式参与公共文化服务体系建设。探索在互联网上网服务营业场所、演出院线等经营性文化场所提供公共文化服务。推动建立健全公开透明的社会捐赠管理制度。纳税人捐助公益文化体育事业，符合国家税法有关规定的，可向税务部门申报，相应扣除企业所得税或个人所得税的应纳税所得额。捐赠人单独捐赠或主要由捐赠人出资兴建的公共文化体育设施，捐赠人要求留名纪念的，可根据《中华人民共和国公益事业捐赠法》等有关规定，由捐赠人提出设施名称，报县级以上人民政府批准。创新管理模式，稳步推进公共文化设施社会化运营，采取委托或招投标等方式吸引有实力的社会组织和企业，参与公共文化设施的运营。

（十四）培育和规范文化类社会组织。加强对文化类行业协会、基金会、民办非企业单位等社会组织的引导、扶持和管理，促进规范有序发展。规范和完善文化艺术类基金会管理制度，建立健全资金筹措机制，提高社会公信度和项目申报透明度。鼓励各类公共文化服务机构发起成立行业协会，发挥其在行业自律、行业管理、行业交流等方面的重要作用。鼓励创办民办非企业公共文化服务机构。鼓励符合登记条件的乡镇（街道）、村（社区）文化服务队伍按照城乡社区服务类社会组织进行登记并开展活动。加快推进文化行业协会与行政机关脱钩，将适合由社会组织提供的公共文化服务事项交由社会组织承担。支持公益性文化事业单位为文化类社会组织提供专业指导等服务。加强政府管理和社会监督，严格执行社会组织年检制度和信息公开制度，开展社会组织等级评估，实现依法管理、依法运营。

（十五）大力推进文化志愿服务。大力弘扬志愿服务精神，构建参与广泛、内容丰富、形式多样、机制健全的文化志愿服务体系。巩固专业文化志愿服务队伍，扩大社会各界文化志愿服务队伍，优先发展基层社区文化志愿服务队伍，探索具有常德特色的文化志愿服务模式。县级公共图书馆、文化馆、公共博物馆每馆至少成立1支登记注册、管理规范的文化志愿者队伍。积极开展“春雨工程”——文化志愿者边疆行和“大地情深”——专业艺术院团志愿服务走基层等文化志愿服务示范品牌活动。充分发挥科普志愿者特别是“科普传播大师”的作用，大力开展科普志愿服务活动。完善文化志愿者注册招募、服务记录、管理评价和激励保障机制。动员组织专家学者、艺术家、优秀运动员等社会知名人士参加志愿服务，提高社会影响力。推动专业艺术院团、体育运动队和艺术体育院校等到基层教、学、帮、带，建立志愿服务下基层制度。加强对文化志愿队伍的培训，提升文化志愿者的服务意识、服务能力和服务水平。

五、推动公共文化服务与科技融合发展

（十六）加大文化科技融合创新力度。围绕公共文化服务体系建设的重大科技需求，发挥文化和科技相互促进的作用，将公共文化科技融合创新纳入科技发展专项规划，深入实施文化科技创新工程。鼓励高校和科研院所开展重要文化科技融合课题研究及专用装备、软件、系统的关键技术研发应用，推进公共文化服务创新手段、提高效能。利用“智慧常德”建设成果和现有网络技术，促进公共文化与互联网+的融合发展。加强科技成果转化应用，支持公共文化机构、科研院所、高科技企业合作开展各类关键技术研究，建立一批文化科技融合示范基地，实施一批公共文化服务科技创新应用示范项目，加速科技成果转化，推进文化科技产业发展。

（十七）加快推进公共文化服务数字化建设。开展示范性数字文化馆建设，统筹实施全市文化信息资源共享、数字图书馆、数字博物馆和科技馆、直播卫星广播电视公共服务、农村数字电影放映、数字农家书屋、城乡电子阅报屏等项目建设，构建标准统一、互联互通的公共数字文化服务网络，在基层实现共建共管共享。以市图书馆、市文化馆、市博物馆、市科技馆为中心，逐步建成全市各图书馆、文化馆、博物馆、美术馆、科技馆等分工合作的数字资源协作加工平台和数字资源服务平台。加快推进数字文化资源在智能社区中的应用，实现“一站式”服务。支持数字版权公共服务平台建设，实现公共数字文化资源有效保护。加强公共文化大数据采集、存储和分析处理，推动县级以上公共文化机构网站建设，鼓励在公共文化设施内免费提供无线上网服务。

（十八）提升公共文化服务现代传播能力。灵活运用宽带互联网、移动互联网、广播电视网、卫星网络等手段，拓宽公共文化资源传输渠道。发展基于手机终端软件（APP）、微信、微博等新媒体的公共文化服务形式。大力推进“三网融合”，促进高清电视、互动电视、交互式网络电视（IPTV）、手机电视等新业务发展，推广数字智能终端、移动终端等新型载体。推进数字出版，构建数字出版物传播平台。加强广播电视台、发射台（站）、监测台（站）建设，继续实施广播电视高山无线发射台（站）建设工程。积极推进有线电视网络建设和数字化双向化改造，加快推进直播卫星和地面数字电视覆盖建设。实施国家和地方应急广播工程，完善应急广播覆盖网络，打造基层政务信息发布、政策宣讲和灾害预警应急指挥平台。

六、创新公共文化管理体制和运行机制

（十九）建立公共文化服务体系建设协调机制。完善党委领导、政府管理、部门协同、权责明确、统筹推进的公共文化服务体系建设管理制度，明确政府在构建现代公共文化服务体系中的主导作用。建立市公共文化服务体系建设协调机制，由市文体广新局牵头，充分发挥各部门职能作用和资源优势，统筹推进重点工作。各区县（市）要结合实际,建立相应的协调机制。发挥基层党委和政府作用，建立统一的基层公共文化服务平台，加强各类重大文化项目的统筹实施，探索整合基层公共文化服务资源的方式和途径，提升综合效益。

（二十）加大公益性文化事业单位改革力度。探索管办分离的有效形式，理顺政府和公益性文化事业单位之间的关系，进一步落实公益性文化事业单位法人自主权，强化公共服务功能，增强发展活力。全面推进文化事业单位人事制度、收入分配制度、社会保障、经费保障制度改革。创新运行机制，积极探索建立事业单位法人治理结构，推动公共图书馆、博物馆、文化馆、科技馆等组建理事会。完善年度报告和信息披露、公众监督等基本制度。加强和改进公益性文化事业单位党组织建设，充分发挥基层党组织的战斗堡垒作用和共产党员的先锋模范作用。

（二十一）创新基层公共文化管理机制。发挥城乡基层群众性自治组织的作用，推动开展公共文化服务参与式管理，推广居民、村民评议等行之有效的做法，健全民意表达和监督机制，引导城市社区居民和村民参与公共文化服务项目规划、建设、管理和监督，维护群众的文化选择权、参与权和自主权。调动驻村（社区）单位、企业和社会组织等多方面力量，统筹资源，共同参与基层文化的管理和服务，形成多元联动格局。推进将公共文化服务纳入基层社区服务网格进行管理，培育城乡社区互助文化，营造社区和谐环境。

（二十二）严格考核评价。制定政府公共文化服务考核指标，作为考核评价领导班子和领导干部政绩的重要内容，纳入科学发展考核体系。建立公共文化机构绩效考评制度，考评结果作为确

定预算、收入分配与负责人奖惩的重要依据。加强对重大文化项目资金使用、实施效果、服务效能等方面的监督和评估。完善服务质量监测体系，研究制定公众满意度指标，建立群众评价和反馈机制。探索建立公共文化服务第三方评价机制，增强公共文化服务评价的客观性和科学性。

七、加大公共文化服务的保障力度

（二十三）加强组织领导。各级党委、政府要将构建现代公共文化服务体系纳入本地区国民经济和社会发展总体规划，纳入重要议事日程，并结合实际制定实施方案、规划或专项行动计划，明确责任和时间表、路线图，集中力量推进工作落实。做好宣传和舆论引导工作，形成全社会支持和参与现代公共文化服务体系建设的良好氛围。

（二十四）加大财税支持力度。合理划分各级政府基本公共文化服务支出责任，建立健全公共文化服务财政保障机制，将“三馆一站”（公共图书馆、文化馆、公共博物馆、文化站）、送戏下乡、送电影下乡、公益性文艺演出、文化志愿服务、农家书屋（免费休闲读书吧）、公益培训、公共文化资源数字化、“村村响”运行与维护等基本公共文化服务项目所必需的资金视财力逐步纳入财政预算，保障公共文化服务体系建设和运行。进一步拓展资金来源渠道，加大政府性基金与一般公共预算的统筹力度。鼓励社会资金建立乡镇（街道）、村（社区）文化活动基金。落实国家对文化事业和文化产业的税收优惠政策。加强对公共文化服务资金管理使用情况的监督和审计，开展绩效评价。

（二十五）加强基层文化队伍建设。按照控制总量、盘活存量、优化结构、有减有增的要求以及国家出台的公共文化机构人员编制标准，结合我市实际和财力，制定相关实施意见，并根据业务发展状况，就公共文化机构人员编制进行动态调整。对实行免费开放后工作量大量增加、现有机构编制难以满足工作需要的公益性文化事业单位，要结合实际和财力，合理增加机构编制。理顺乡镇综合文化站（中心）与县文化主管部门的关系。加强对农村文化队伍的管理和使用，在现有编制总量内，落实每个乡镇综合文化站（中心）编制配备不少于2名的要求，规模较大的乡镇适当增加。在村（社区）设立城乡基层公共文化服务岗位，采取政府购买公益服务等方式，为每个村（社区）至少配备1名群众文化组织（辅导）员。将公共文化服务专业人才培养纳入国民教育体系。建立公共文化机构从业人员培训上岗制度，全面提高从业人员素质。加强市级文体人才培训基地建设。完善基层公共文化服务人才激励和保障机制。加强基层乡土文化人才建设，多渠道发掘乡土文化人才。发展壮大社会体育指导员队伍。完善贫困地区和少数民族聚居区文化人才支持工作机制。

中共常德市委常德市人民政府转发《市委宣传部、市司法局关于在全市公民中深入开展法治宣传教育的第七个五年规划（2016—2020年）》的通知

常办发〔2016〕10号

各区县（市）委和人民政府，常德经济技术开发区、柳叶湖旅游度假区和西湖、西洞庭管理区，市直和中央、省驻常各单位：

《市委宣传部、市司法局关于在全市公民中深入开展法治宣传教育的第七个五年规划（2016—2020年）》已经市委、市政府同意，现转发给你们，请结合实际认真组织实施。

中共常德市委

常德市人民政府

2016年12月21日

市委宣传部、市司法局关于在全市公民中深入开展法治宣传教育的第七个五年规划（2016—2020年）

为深入贯彻落实《中共中央国务院转发〈中央宣传部、司法部关于在公民中开展法治宣传教育的第七个五年规划（2016—2020年）〉的通知》（中发〔2016〕11号）和《中共湖南省委湖南省人民政府转发〈省委宣传部、省司法厅关于在全省公民中深入开展法治宣传教育的第七个五年规划（2016—2020年）〉的通知》（湘发〔2016〕21号）精神，结合我市实际，制定本规划。

一、指导思想、主要目标和基本原则

（一）指导思想

全面贯彻落实党的十八大和十八届三中、四中、五中、六中全会精神，深入学习贯彻习近平总书记系列重要讲话精神，坚持“四个全面”战略布局，紧紧围绕我市“十三五”经济社会发展总体目标和市第七次党代会精神，深入开展法治宣传教育，大力发展社会主义法治文化，坚持创新法治宣传教育与推动法治实践相结合、弘扬社会主义法治理念与加强精神文明建设相结合、深入开展法治创建与全面推进依法治理相结合，进一步健全普法教育机制，树立全民法治信仰，完善依法治理体系，为深入推进新常德新创业营造良好的法治环境。

（二）主要目标

法治宣传教育机制进一步完善，普法责任制全面落实；法治宣传教育实效进一步增强，全民宪法意识、法治观念和全体党员党章党规党纪意识明显提高；社会主义法治文化建设更加繁荣；多层次多领域依法治理进一步深化，全社会厉行法治的积极性和主动性显著提高，形成守法光荣、违法可耻的社会氛围。

（三）基本原则

1. 围绕中心，服务大局。根据我市“十三五”经济社会发展总体目标，深入开展法治宣传教育和依法治理，服务经济社会发展，维护社会和谐稳定。

2. 面向社会，服务群众。以满足群众不断增长的法治需求为出发点，以群众喜闻乐见、易于接受的方式开展法治宣传教育，充分回应群众关切的有关法律问题，切实维护群众合法权益。

3. 学用结合，深化实践。把法治宣传教育融入立法、执法、司法、法律服务和党内法规建设活动中，引导党员群众在法治

实践中自觉学习、运用法律和党内法规，提升法治素养。

4. 分类指导，注重实效。根据不同地域、不同行业、不同部门及不同对象的特点和法治需求，分类实施法治宣传教育。

5. 创新举措，与时俱进。立足新形势，进一步加强和改进法治宣传教育工作，推动理念、机制、载体和方式创新，不断提高法治宣传教育的针对性和实效性。

二、主要任务

（一）深入学习宣传习近平总书记关于全面依法治国的重要论述。深入贯彻落实习近平总书记关于全面依法治国的重要论述，增强走中国特色社会主义道路的自觉性和坚定性。深入贯彻落实党中央关于全面依法治国的重要部署，宣传科学立法、严格执法、公正司法、全民守法和党内法规建设的生动实践，使全社会了解和掌握全面依法治国的重大意义和总体要求，更好地发挥法治的引领和规范作用。

（二）深入学习宣传宪法和社会主义法治理念。坚持把学习宣传宪法摆在首要位置，深入宣传依宪治国、依宪执政理念，宣传党的领导是宪法实施最根本保证，宣传宪法确立的国家根本制度、根本任务和我国的国体、政体，宣传公民的基本权利和义务等宪法基本内容，认真组织好“12·4”国家宪法日集中宣传活动，推动宪法家喻户晓、深入人心。深入宣传社会主义法治理念，在向公民传播法律法规知识的同时，更加注重弘扬法治精神、培育法治理念，大力宣传宪法法律至上、法律面前人人平等、权由法定、权依法使等法治理念，引导全市公民自觉守法、遇事找法、解决问题靠法。

（三）深入学习宣传中国特色社会主义法律体系和党内法规。坚持把宣传以宪法为核心的中国特色社会主义法律体系作为法治宣传教育的基本任务，深入学习宣传中国特色社会主义法律体系的历史渊源、重要意义及其时代特征，大力宣传宪法相关法、行政法、民法、商法、经济法、社会法、刑法、诉讼与非诉讼程序法等方面的法律法规。深入学习宣传有关地方性法规规章，充分发挥地方性法规规章在经济社会发展中的积极作用。适应全面从严治党、依规治党新形势新要求，把党内法规学习宣传融入法治宣传教育工作，教育和引导广大党员严守政治纪律和政治规矩，切实增强党章党规党纪意识。突出宣传党章，坚决维护党章权威。大力宣传《中国共产党廉洁自律准则》《关于新形势下党内政治生活的若干准则》《中国共产党纪律处分条例》《中国共产党问责条例》等党内法规，注重党内法规宣传与国家法律宣传的衔接和协调，教育引导广大党员做党章党规党纪和国家法律的自觉尊崇者、模范遵守者、坚定捍卫者。

（四）深入学习宣传促进经济社会发展的相关法律法规。围绕深入推进新常德新创业，大力宣传教育、就业、收入分配、社会保障、医疗卫生、食品安全、消防安全、扶贫、慈善、社会救助、劳动者权益保护、消费者权益保护和妇女儿童、老年人、残疾人合法权益保护等方面的法律法规，促进保障和改善民生，构建和谐的社会关系。大力宣传反不正当竞争、产品质量、知识产权、金融税收等市场经济领域的法律法规，推动全社会树立保护产权、平等交换、公平竞争、诚实信用等意识，促进大众创业、万众创新，保障经济在新常态下平稳健康运行。大力宣传环境保护、资源能源节约利用、城建规划等方面的法律法规，推动海绵城市建设。大力宣传互联网领域的法律法规，教育引导网民依法规范网络行为，促进形成网络空间良好秩序。大力宣传国家安全、国防安全和公共安全领域的法律法规，提高全民安全意识、风险意识和预防能力。大力宣传党的民族、宗教政策和相关法律法规，促进民族关系、宗教关系和谐。

（五）深入学习宣传促进法治政府、法治社会建设的相关法律法规。大力宣传依法行政领域的法律法规，推动各级行政机关树立“法定职责必须为、法无授权不可为”的意识，促进法治政府建设。大力宣传保障公民基本权利的法律法规，推动全社会树立尊重和保障人权意识，促进公民权利保障法治化。大力宣传诉讼、行政复议、仲裁、调解、信访等方面的法律法规，引导群众依法理性表达诉求、维护权利，促进社会和谐稳定。大力宣传诚信建设的法律法规，建立健全公民和组织守法信用记录，完善守法诚信褒奖机制和违法失信行为惩戒机制。

（六）加强社会主义法治文化建设。把法治文化建设纳入现代公共文化服务体系，积极推动法治文化与机关文化、社区文化、乡村文化、企业文化、校园文化、民俗文化融合发展。把法治文化建设纳入城乡建设基本投入范围，纳入政府为民办实事项目和文明城市创建内容。加强基层法治文化公共设施建设，因地制宜建设一批高品质的法治文化主题公园、广场、长廊等法治文化公共设施，有条件的地方进一步建设法治教育基地。积极拓展法治文化阵地，在政府机关、社会服务机构的服务大厅和窗口增加法治宣传教育设施，全市各级各单位门户网站要设立法治文化版块，县级以上电视台、电台、党报党刊要设立法治栏目，各类博物馆、图书馆、文化馆要设置法治文化展台，城市社区文化活动中心、乡镇文化站、农家书屋等场所要配备一定数量的法治读物。加强法治文化产品开发，鼓励各类文化团体、组织和个人开展法治文艺创作，加强法治影视剧、法治动漫、法治公益广告、法治书画等法治文化产品的创作和推广。把法治文化作品纳入文化作品评奖内容，定期组织开展优秀法治文艺作品征集评选活动，打造一批体现常德文化特色的法治文艺精品。开展群众性法治文化活动，利用重大纪念日、民族传统节日等契机，采取法治文艺巡演、法治书画展、户外法治微电影展映等群众喜闻乐见的文艺表现形式，深入开展法治文艺进“五场”（屋场、墟场、操场、广场、剧场）活动，满足人民群众日益增长的法治文化需求。加强法治文化宣传，适应“互联网+”新形势，把握移动互联网时代阅读观赏需求，充分运用微信、微博、APP、二维码、H5等新技术，丰富表达内容，扩大法治文化影响力。

（七）全面推进区域依法治理。深入贯彻落实《法治湖南建设纲要》和《湖南省贯彻落实〈中共中央关于全面推进依法治国若干重大问题的决定〉的实施方案》，进一步健全党委领导依法治市的制度机制，加强对全市法治建设的组织领导和统筹协调，促进全市治理体系和治理能力现代化。进一步完善工作机制和考评体系，深入开展“法治区县（市）”“法治乡镇（街道）”创建活动。全面开展边界联防联调，切实提高区域法治化水平。结合全市实际情况，探索建立法治建设考评办法和指标体系，引导和促进各地法治化建设工作落到实处。

（八）全面推进基层依法治理。贯彻落实《村民委员会组织法》《城市居民委员会组织法》等法律法规，进一步完善村（居）民自治制度。深入开展“民主法治示范村（社区）”创建活动，建立健全“一村（社区）一法律顾问”等工作机制，大力推广农村“法律明白人”等经验做法，教育和引导基层群众自我管理、依法自治。发挥传统风俗、乡规民约在基层社会治理中的积极作用，提高基层社会治理水平。

（九）全面推进部门行业依法治理。全面推进政府部门、司法机关和社会各行业开展依法治理，建立健全依法行政、公正司法和依法办事的长效机制。进一步落实党务公开、政务公开、司法公开和各领域办事公开，提高运用信息化技术推动公开的能力和水平。支持行业协会、商会、民间社团等社会组织发挥行业自律和专业服务功能，有效引导、规范各种行业行为，依法维护行业权益。深入开展“法治单位”“依法办事示范窗口单位”“依法治校示范校”等创建活动，提高部门行业的法治化管理水平。

三、对象和要求

全市法治宣传教育的对象是一切具有接受教育能力的公民，重点是领导干部、国家工作人员、青少年、企业经营管理人员和城乡群众。

（一）加强领导干部学法用法。坚持把领导干部带头学法、模范守法作为树立法治意识的关键。完善领导干部法治教育培训制度，把法治教育纳入领导干部教育培训总体规划，把宪法法律和党内法规列入党委（党组）中心组学习内容，列入党校（行政学院）必修课程，切实提高领导干部运用法治思维和法治方式深化改革、推动发展、化解矛盾、维护稳定的能力。健全领导干部任前法律知识考试制度。落实领导干部年度述法制度，把领导干部依法执政、依法行政、依法办事的能力和水平及学习、遵守法律的情况作为年度述职和考核的重要内容。把法治建设成效作为衡量各级领导班子和领导干部工作实绩的重要内容，纳入政绩考核指标体系。健全完善重大决策合法性审查机制，积极推行党政机关法律顾问、公职律师制度，各级党政机关和人民团体普遍设立公职律师，参与决策论证，预防法律风险，提高决策质量。

（二）加强国家工作人员学法用法。建立健全国家工作人员法治培训、日常学法、分类学法、年度考法等学法用法制度，促进国家工作人员学法用法规范化、制度化。把法治教育纳入国家工作人员初任培训、晋职培训的必训内容，在其他各类培训课程中融入法治教育内容，保证法治培训课时数量和培训质量。改进国家工作人员学法考法方式，依托“如法网”组建“宪法＋基本法＋部门法”的学法考法体系，促进国家工作人员学习掌握与其履行岗位职责相关的法律法规。建立健全国家工作人员学法积分、学法档案、学法情况通报制度，把国家工作人员学法用法情况列入年度考核的重要内容。

（三）加强青少年法治宣传教育。进一步健全学校法治教育的内容与体系，把加强青少年法治教育、培养青少年法治观念放在教育工作的重要位置。明确中小学法治教育的目标、任务、内容和要求，在小学普及宪法和基本法律常识，在中学增加法治知识考试内容，使青少年从小树立宪法意识和国家意识。加强对高等院校、职业学校学生的法治教育，增强其法治观念和参与法治实践的能力。加强法治课教师队伍建设，开展优质法治课件评选，定期组织法治课教师、法治副校长、法治辅导员培训。将学校法治教育纳入教育督导范围，建立健全学校法治教育考核评价体系。深入开展青少年法治宣传教育周活动，积极举办法治征文、法律知识竞赛、法治演讲赛、法治辩论赛、模拟法庭和开展法治电影、法治文艺进校园等活动，激发青少年的学法用法兴趣。充分利用“第二课堂”和社会实践活动开展青少年法治教育，在开学第一课、毕业仪式、成人仪式中有机融入法治教育内容。完善学校、家庭、社会“三位一体”的青少年法治教育格局，整合和动员多方力量协同开展青少年法治教育。依托基层法庭、公安派出所、司法所等基层单位和组织，加强对有不良行为青少年、家庭离异青少年、农村留守青少年等特殊青少年群体的法治宣传教育。

（四）加强企业经营管理人员法治宣传教育。把法治教育纳入企业经营管理人员培训的重要内容，大力宣传有关社会主义市场经济和企业经营管理的法律法规，提高企业经营管理人员诚信经营、依法经营、依法管理的意识和能力。大力加强国有企业经营管理人员学法用法工作，把诚信经营、依法经营、依法管理情况纳入业绩考核内容。完善企业法律顾问制度，切实提高企业防范和化解法律风险的能力。推进企业信用体系建设，大力开展“诚信守法企业”创建活动，教育引导企业树立诚信意识和履行诚信责任。积极开展具有地方特色、行业特色的企业法治文化活动，因地制宜建立企业法律角、法律图书室等，为职工搭建学法平台，不断加强对企业职工的法治教育，引导其遵纪守法、依法生产、依法维权。

（五）加强基层基础和薄弱环节法治宣传教育。将法治宣传教育纳入村（社区）公共服务的重要内容，建设和维护好法治宣传橱窗、法治宣传栏等。充分利用党员干部现代远程教育网络平台，突出加强对村（社区）干部、党员的法治培训，提高运用法治方式管理基层事务、预防和化解社会矛盾的能力。大力推进农村“法律明白人”工程，定期面向基层群众开展法治宣讲、释法咨询、送法进田间等活动。结合美丽乡村、完美社区建设，积极发挥村（社区）法律顾问、人民调解员、网格员的作用，加强对本地居民的法治宣传教育。加强对流动人口、外来务工人员、下岗失业人员以及刑满释放人员、解除社区矫正人员、邪教已转化人员等特殊群体的法治宣传教育，有条件的地方可与有关部门合作建立定点法治宣传教育站或流动法治宣传教育站，开展有针对性的法治宣传教育。

四、工作步骤和安排

全市第七个法治宣传教育五年规划从2016年开始实施，到2020年结束，共分为三个阶段：

（一）宣传发动阶段（2016年）。召开全市法治宣传教育工作会议，全面部署“七五”普法工作。各区县（市）和各部门、各行业根据本规划研究制定本地本部门本行业的五年规划，做好宣传发动工作。

（二）组织实施阶段（2017—2020年）。依据本规划确定的目标、任务和要求，结合地方、部门和行业实际，制定年度工作计划，突出工作重点，做到部署及时、措施有效、指导有力、督促到位，确保规划的全面贯彻落实。2018年开展中期检查督导。

（三）检查验收阶段（2020年）。在各级党委和政府统一领导下，各级普法依法治理主管机关具体组织对本规划实施情况进行总结验收。

五、组织领导和保障

（一）强化组织领导。进一步健全党委领导、人大监督、政府实施的法治宣传教育工作领导体制。各级党委、政府要坚持把法治宣传教育纳入当地国民经济和社会发展规划，纳入政府公共法律服务体系。各级人大要加强对法治宣传教育工作的日常监督和专项检查。各级普法依法治理领导机构要加强领导，健全普法统筹协调机制。各级普法依法治理领导小组办公室和党委宣传部门、政府司法行政部门要认真履行指导、协调和检查考核本地区法治宣传教育工作职能。各级各部门各行业要按照本地区法治宣传教育规划，明确工作机构和人员，结合实际开展经常性法治宣传教育活动。

（二）完善工作机制。健全普法考核评估机制，把法治宣传教育纳入精神文明创建内容，将公民尊法学法守法用法情况作为精神文明创建的重要考核指标。在社会治安综合治理和绩效考核中，加大法治宣传教育工作的考核测评权重，强化考核结果运用。建立媒体公益普法制度，各级党委宣传部门、政府广电新闻出版部门要发挥职能作用，推动广播电视、报纸期刊、互联网和手机媒体等大众传媒自觉履行公益普法责任，在重要频道、版面、时段开展公益法治宣传活动。切实做好宪法实施，健全落实宪法宣誓制度。建立“谁执法谁普法”责任制，全面落实《中共湖南省委办公厅湖南省人民政府办公厅关于在全省各级国家机关中实行“谁执法谁普法”责任制的意见》（湘办发〔2015〕51号），制定责任清单，分解工作任务，加强督导考核，推动责任落实。

（三）强化经费保障。把法治宣传教育经费纳入本级财政预算，要在“六五”法治宣传教育经费保障基础上（人均不低于0.2元），根据财力状况和工作需要，建立动态调整机制。各部门各单位要统筹安排相关经费，保障法治宣传教育工作的正常开展。积极利用社会资金开展法治宣传教育，鼓励企业、社会团体和其他组织投入资金从事公益性法治宣传活动。

（四）强化队伍建设。配齐配强各级法治宣传教育队伍，切实解决人员配备、基本待遇、工作条件等方面的实际问题。定期组织法治骨干培训班，不断提高法治宣传教育工作者的法律素质和业务能力。加强各级普法讲师团和依法治理督导团的建设，调整充实力量，积极开展法治讲座、经验座谈、课题调研等活动。鼓励引导法律服务人员、司法和行政执法人员、法律专业师生、大学生村干部加入普法志愿者队伍，培育一批优秀普法志愿者团队。

（五）创新普法载体。依托各级公共法律服务平台建设固定的法治宣传教育场所，整合法律服务与法治宣传功能。大力推进“互联网+法治宣传”模式，实现“线上”法治宣传与“线下”法治实践相互融合。采取庭审直播、流动法庭、群众旁听庭审、典型案件宣讲等形式，广泛开展以案释法和法治警示教育活动。建立法官、检察官、行政执法人员、律师等以案释法制度，把以案释法作为其应尽的职责。深入开展法律进机关、进乡村、进社区、进学校、进企业、进单位“法律六进”主题活动，开展典型司法执法案例编纂、法治微小说和微电影征集等活动，引导社会法治风尚，宣传社会主义法治正能量。

常德市人民政府关于进一步推进城镇棚户区改造工作的通知

常办〔2016〕14号

各区县市人民政府，常德经济技术开发区、柳叶湖旅游度假区、西湖管理区、西洞庭管理区管委会，市直有关单位：

为进一步推进我市城镇棚户区改造工作，实现城市提质和民生改善，根据《湖南省人民政府关于进一步做好城镇棚户区和城乡危房改造及配套基础设施建设有关工作的实施意见》（湘政发〔2016〕2号）精神，结合我市实际，现就有关事项通知如下：

一、进一步明确工作目标

总体目标是通过棚户区改造，在“十三五”期间全面完成我市城镇危旧房的改造任务，基本完成成片棚户区改造和“城中村”改造任务，共计26.67万户。具体安排如下：

2016年，全市完成城镇棚户区改造5.1万户，其中市城区完成城镇棚户区改造1.36万户；

2017年，全市完成城镇棚户区改造8.57万户，其中市城区完成城镇棚户区改造2.6万户；

2018—2020年，全市完成城镇棚户区改造13万户，其中市城区完成城镇棚户区改造5万户。

二、进一步强化工作措施

（一）推进改造形式的多样化。

1. 对国有土地上或“城中村”中房屋结构简易、建筑密度较大、房屋建成年限较长、使用功能不全、基础设施简陋、安全隐患突出，需要整体拆除重建的集中成片棚户区要整拆整建，并大力推进片区开发，实施成片连线棚户区改造。在改造过程中，要尽可能避免简单地拆旧建新，为便于整体规划和土地利用，对部分达不到棚户区改造征拆标准但需整合征拆的建筑物，可按照棚户区改造政策对待。

2. 对建筑物整体情况尚好，无重大消防安全隐患，但建筑物外观破旧，功能不完善，居民生活环境差的棚户区，要通过维修完善的方式实行综合整治。

3. 对企业和单位有申请、居民有意愿，且符合城市发展规划和土地供应政策的城区破旧厂区和宿舍，以及有改造意愿的小片破旧居民住宅区，可采取自筹共建的方式实施改造。自筹共建项目由申请方承担房屋搬迁拆除、改造建设的工作责任。在房屋搬迁过程中，可以由房地产开发企业协议收购，也可以由政府组织征收。

（二）构建多元化的改造主体。在继续坚持政府主导、市场运作的棚户区改造运行机制的同时，积极鼓励、引进社会资本参与棚户区改造，尤其要注重引进外地知名的中央及地方国有企业、民营企业等战略投资者。由市财政局牵头，市棚改办、市国土资源局等单位配合，根据项目开发收益情况制定针对市城区引进战略投资者的支持政策，其他区县市也要制定相应优惠政策。要对参与棚户区改造的企业建立信用档案，实现优胜劣汰。

（三）加快征拆工作进度。各区县市要认真学习外地棚户区改造征拆工作经验，不断开拓工作思路，积极探索改进征拆模式，加快工作进度。要结合商品房去库存工作，通过制定合理的货币化安置奖励标准、采取商品房团购等方式，引导被征拆人利用货币补偿款通过市场购买商品住房，确保货币化安置率达到60%以上。要广泛宣传征拆政策，积极引导社会舆论，树立正面征拆典型，引导棚户区居民参与改造，为推进棚户区改造征拆工作营造良好社会氛围。

（四）提高规划设计水平和项目品质。要在立足于片区开发的基础上，用“五个有利于”来规划棚户区改造项目，即：有利于城市总体规划实现，有利于居民居住条件改善，有利于区域产业结构调整，有利于城市可持续发展，有利于城市功能完善、城市环境和街景的美化，注重挖掘城市历史文化内涵，拓展城市发展空间。参与棚户区改造的企业要进一步增强精品意识、创作意识，提高项目策划、设计水平，确保项目设计水平优异、工程质量优秀，打造城市建设亮点。各级规划和住建部门对棚户区改造片区、项目的规划设计方案和施工图纸要积极指导，严格把关。

（五）完善配套基础设施。要高度重视与棚户区改造项目相关的道路、管线、给排水、公共绿地、停车位等配套基础设施建设，加大建设力度，做到配套设施与棚户区改造安置住房同步规划、同步报批、同步建设、同步交付使用。要按照《国务院办公厅关于推进海绵城市建设的指导意见》（国办发〔2015〕75 号）和《国务院办公厅关于推进城市地下综合管廊建设的指导意见》（国办发〔2015〕61 号）等文件要求，创新建设理念，积极推进海绵城市和地下综合管廊建设，在棚户区改造配套基础设施建设方面坚持高起点规划、高标准建设、高水平运营，建设绿色、生态、低碳的城市基础设施。

（六）做好争资融资工作。各区县市要最大限度地争取有关棚户区改造的各类上级补助资金和专项资金，更多地争取政策性银行贷款支持，创造条件发行企业债券。由市棚改办牵头，市财政局、市发改委、市住建局、市房管局、市城建投、市经建投等单位共同组成棚户区改造融（争）资工作班子，制定市本级年度融（争）资计划和工作方案，全力争取中央和省棚户区改造专项补助资金、棚户区改造基础设施配套资金等财政性资金，积极申请国开行、农发行的政策性贷款，并认真做好企业债券发行相关工作。市本级的年度融（争）资计划任务要下达到相关部门，并将计划完成情况纳入相关部门的绩效考核，与相关工作经费安排、拨付挂钩。

（七）做好资金监管工作。各区县市人民政府（管委会）和财政、发改、住建等部门要高度重视棚户区改造资金监管工作，切实执行有关政策制度，确保资金使用安全合规，坚决禁止套取、挪用上级棚户区改造补助资金。对市本级的中央和省棚户区改造专项补助资金、棚户区改造基础设施配套资金等财政性资金，市财政局根据资金专款专用的原则，按照区域和项目实际工作量和工作进度拨付，其他区县市也要采取相应办法提高资金使用效率，加快棚户区改造项目进度。企业债券按照“谁发债谁管理谁偿债”原则由发行地政府（管委会）实施管理。政策性融资按照市政府相关文件管理、使用。

三、进一步加强组织领导

（一）加强组织领导，落实属地责任。市住保办负责统筹全市棚改攻坚工作，市棚改办具体负责市城区棚改攻坚工作。各区县市人民政府（管委会）应切实担负起棚户区改造的属地主体责任，要进一步加深认识，从完成政治任务和抢抓政策机遇的角度认识和推进棚户区改造工作；要进一步加强领导，由主要负责人亲自研究，对属地范围内的棚户区改造工作做认真分析、系统研究，科学制定工作方案；要进一步整合力量，着力攻克棚户区改造征拆等重点、难点工作，全力快速推进棚户区改造。

（二）形成部门合力，开辟“绿色通道”。市发改委、市财政局、市国土资源局、市住建局、市环保局、市规划局、市房管局要从推动棚改工作、完成棚改任务的角度，抓好项目审批和监管，开辟行政审批“绿色通道”，简化程序，提高效率，对符合相关规定的项目，限期完成立项、规划许可、土地使用、施工许可等审批手续，确保棚户区改造项目计划申报、征地报批，融资、建设各环节快速有序推进。各区县市也要统一认识，加快建立并落实行政审批“绿色通道”。

（三）加强督导检查，严格考核奖惩。进一步强化对各区县市棚户区改造工作的绩效考核，在此基础上，对市城区棚户区征拆工作实施单列考核，考核结果作为干部年度考核和选拔任用的重要依据。对政策不到位、措施不得力、工作弄虚作假、项目进度滞后、质量安全问题突出的区县市人民政府（管委会）负责人进行约谈问责。由市财政局会同市棚改办制定市城区棚户区改造征拆工作奖惩制度，进一步推进市城区棚户区改造征拆工作。

常德市人民政府

2016 年 9 月 13 日

常德市人民政府关于全面建立困难残疾人生活补贴和重度残疾人护理补贴制度的实施意见

常办〔2016〕10号

各区县市人民政府，常德经济技术开发区、柳叶湖旅游度假区、西湖管理区、西洞庭管理区管委会，市直和中央、省驻常有关单位：

为解决残疾人特殊生活困难和长期照护困难，改善其生活质量，保障其生存发展权益，根据《湖南省人民政府关于全面建立困难残疾人生活补贴和重度残疾人护理补贴制度的实施意见》（湘政发〔2015〕54号）精神，结合我市实际，现提出以下实施意见：

一、补贴对象

（一）困难残疾人生活补贴对象：具有常德市户籍、持有第二代“中华人民共和国残疾人证”（以下简称残疾人证）、家庭或者本人为最低生活保障对象的残疾人。有条件的区县市可扩大到低收入残疾人及其他困难残疾人。低收入残疾人及其他困难残疾人的认定标准由县级以上人民政府参照相关规定、结合实际情况确定。

（二）重度残疾人护理补贴对象：具有常德市户籍、持有第二代残疾人证且残疾等级为一、二级的残疾人，有条件的区县市可扩大到非重度智力、精神残疾人或其他残疾人。

（三）同时符合以上两个条件的残疾人，可以同时申请困难残疾人生活补贴和重度残疾人护理补贴（以下简称两项补贴）。

二、补贴标准

困难残疾人生活补贴最低标准为每人每月50元，重度残疾人护理补贴最低标准为每人每月50元。根据全市经济社会发展、财政状况和物价变动等因素，原则上补贴标准每两年调整一次，有条件的区县市可以提高补助标准。

三、申办程序

（一）自愿申请。残疾人向户籍所在地街道办事处或乡镇人民政府受理窗口填写提交《残疾人两项补贴申请审批表》，（以下简称《审批表》）和相关证明材料。残疾人的法定监护人，法定赡养、抚养、扶养义务人，所在村民（居民）委员会或其他委托人可以代为办理申请事宜。

（二）逐级审核

1. 街道办事处或乡镇人民政府依托社会救助、社会服务“一门受理、协同办理”机制，受理残疾人两项补贴申请并进行初审，初审时限不得超过5个工作日。初审符合条件的，将相关信息录入残疾人两项补贴工作网络信息平台，并将初审资料报送区县市残联进行相关审核；初审不符合条件的，应当一次性提出意见并于5个工作日内书面通知申请人，退回申请材料。

2. 区县市残联收到街道办事处或乡镇人民政府报送的材料后，应当在5个工作日内审核完毕。审核符合条件的，将审核合格材料转送同级民政部门审定；审核不符合条件的，应当提出书面意见，并通知申请人所在街道办事处或乡镇人民政府退回申请材料。

3. 区县市民政部门收到同级残联审核合格的材料后，应当在5个工作日内予以审定，并对残疾人家庭经济状况依托居民家庭经济状况核对机制进行审核。材料审定合格的，由区县市民政部门报同级财政部门申请拨付资金；审定不符合条件的，应当提出书面意见并于5个工作日内书面通知申请人所在街道办事处或乡镇人民政府退回申请材料。

4. 经民政部门、残联认定不符合条件退回街道办事处或乡镇人民政府的申请材料，街道办事处或乡镇人民政府应当在5个工作日内书面通知申请人，退回申请材料。

（三）补贴发放。补贴资格审定合格的残疾人自递交申请当月计发补贴。残疾人两项补贴按月发放，发放时间为每月10日前；特殊情况下，可以按季度发放，发放时间为每季度第一个月的10日前。残疾人两项补贴采取社会化形式发放，由财政部门根据民政部门提供的名单，通过金融机构拨入残疾人账户。特殊情况下需要直接发放现金的，要制定专门的监管办法，防止和杜绝冒领、重复领取、克扣现象。

（四）定期复核。采取残疾人主动申报和民政、残联定期抽查相结合的方式，建立残疾人两项补贴定期复核制度，实行残疾人两项补贴应补尽补、应退则退的动态管理。定期复核内容包括申请人资格条件是否发生变化、补贴是否及时足额发放到位等。

四、政策衔接

（一）既符合残疾人两项补贴条件，又符合老年、因公致残、离休等福利性生活补贴（津贴）、护理补贴（津贴）条件的残疾人，可择高申领其中一类生活补贴（津贴）、护理补贴（津贴）。享受孤儿基本生活保障政策的残疾儿童不享受困难残疾人生活补贴，可享受重度残疾人护理补贴。残疾人两项补贴不计入城乡最低生活保障家庭的收入。领取工伤保险生活护理费、纳入特困人员供养保障的残疾人不享受残疾人两项补贴。

（二）已经实施残疾人两项补贴制度的区县市，补贴对象范围小于本实施意见要求和补贴标准低于全市最低标准的，要严格按本实施意见规定执行，并做好相关工作衔接。

五、资金管理

（一）补贴资金分级负担，中央和省财政按全省最低标准平均补助50%，具体补贴标准由省财政根据各地经济发展情况确定。对市财政直管区（武陵区、鼎城区、常德经开区、柳叶湖旅游度假区、西湖管理区、西洞庭管理区、桃花源旅游管理区），由市财政补齐全省最低标准平均补助50%的差额部分，其余的50%部分由各区自行负担。对省财政直管县市，中央和省财政补助后，其余资金由各县市自行负担。

（二）两项补贴资金纳入财政预算，专款专用。

（三）补贴资金采取“预拨＋结算”的方式下达。

六、保障措施

（一）加强责任落实。各级各有关部门要充分认识全面建立残疾人两项补贴制度的重要性，将其作为保障和改善民生的重要任务，完善政府领导、民政牵头、残联配合、部门协作、社会参与的工作机制。民政部门要履行主管部门职责，做好两项补贴资格审定、补贴发放、监督管理等工作，推进残疾人两项补贴制度与相关社会福利、社会救助、社会保险制度有机衔接，加强与残联、财政的联系，做好两项补贴复核、统计、汇总和资金预算结算，残疾人低保资格比对等工作。财政部门要加强资金保障，及时足额安排补贴资金及工作经费，做好资金预算安排、拨付、发放等工作，确保残疾人两项补贴制度顺利实施。残联组织要发挥“代表、服务、管理”职能作用，及时掌握残疾人需求，严格残疾人证发放管理及残疾人资格和残疾人证的鉴别，做好两项补贴调查摸底、审核、统计、汇总等工作。

（二）抓好制度落实。各区县市及各有关部门要及时出台政策规定，做好人员、补贴资金、工作经费制度准备，及时实施残疾人两项补贴制度。要通过政府购买服务、引导市场服务、鼓励慈善志愿服务等方式，健全补贴与服务相结合的残疾人社会福利体系，促进残疾人服务业发展。

（三）加强信息化建设。各级民政部门要会同同级残联做好残疾人两项补贴工作网络信息平台管理工作，明确专人负责，加强对基本信息、基础数据的录入监管、实时监测、对比、归纳分析和动态管理，及时与信息网络平台做好互联互通工作，不断提高工作效率。

（四）强化监督管理。各区县市要将残疾人两项补贴工作纳入年度考核内容，重点督查落实情况。各级民政部门要会同残联组织定期开展残疾人两项补贴工作绩效评估，及时处理残疾人及其他群众的投诉建议，完善相关政策措施，切实维护残疾人合法权益。要按规定范围和程序，对申请人的条件认真审查、审核，对实际残疾程度和残疾人证等明显不符的，要及时纠正。区县市民政部门应当在享受残疾人两项补贴申请人户籍所在地或长期居住地公示补贴对象姓名、补贴类型、补贴金额等基本信息，公示内容要保护残疾人隐私，不得公开与残疾人补贴无关的信息。

对违规为不符合条件的申请人办理残疾人证或办理享受残疾人两项补贴手续、无故拒不审批或不按行政审批时效办理的以及扣押、拖欠补贴资金等行为，视情节给予批评教育或行政处分；对贪污、挪用补贴资金等行为，依法依规严肃处理，构成犯罪的，依法追究其刑事责任。对采取虚报、伪造证明材料等不正当手段骗取残疾人两项补贴的村（居）民，情节较轻的由区县市民政部门予以批评教育，并追回其冒领的补贴资金；

情节严重构成犯罪的，移交司法机关处理。

（五）加强政策宣传。各区县市要及时组织学习培训，全面掌握残疾人两项补贴制度精神和内容，正确组织实施残疾人两项补贴工作。要充分利用多种媒介宣传残疾人两项补贴制度，营造良好舆论氛围，引导全社会更加关心、关爱残疾人。要充分考虑残疾人获取信息的特殊要求和实际困难，采用灵活多样形式进行宣传解读，确保残疾人及其家属知晓残疾人两项补贴制度内容，了解基本申领程序和要求。要及时做好残疾人两项补贴政策解释工作，协助残疾人便捷办理相关手续。

残疾人两项补贴制度自 2016 年 1 月 1 日起全面实施。《常德市人民政府办公室关于印发〈常德市重度残疾人护理补贴制度实施方案〉的通知》（常政办函〔2014〕76 号）同时废止。各区县市要结合当地实际，制定实施细则或操作规程，推进落实相关工作，市人民政府将适时组织专项督查。

常德市人民政府

2016 年 6 月 3 日

常德市人民政府关于实施不动产统一登记的通告

常办〔2016〕12号

根据《不动产登记暂行条例》(国务院令第656号)和省委省政府《关于印发〈湖南省不动产统一登记工作实施方案〉的通知》(湘办发〔2015〕43号)精神，市人民政府研究决定，自2016年8月10日起，在我市武陵区、柳叶湖旅游度假区范围内实施不动产统一登记，现将有关事项通告如下：

一、确定常德市国土资源局为常德市人民政府不动产登记机构，负责不动产登记工作；常德市国土资源局所属常德市不动产登记中心负责办理不动产登记事务。

二、我市武陵区、柳叶湖旅游度假区范围内的下列不动产权利的首次登记、变更登记、转移登记、注销登记等以及更正、异议、预告、查封等其他登记，由常德市人民政府不动产登记机构统一办理：

(一)集体土地所有权：

(二)房屋等建筑物、构筑物所有权；

(三)森林、林木所有权；

(四)耕地、林地、草地等土地承包经营权；

(五)建设用地使用权：

(六)宅基地使用权；

(七)地役权；

(八)抵押权；

(九)法律规定需要登记的其他不动产权利。

按照国家、省有关规定，农村土地承包经营权登记暂仍由原发证机关办理，今后逐步过渡纳入不动产统一登记。

三、不动产统一登记实施后，原由多个部门和单位分散办理的各类不动产登记停止办理。不动产统一登记实施前，已依法制作并记载内容的各类不动产登记簿册继续有效；已经依法发放的各类不动产登记证书、证明继续有效。市不动产登记机构在依法办理变更登记、转移登记等时，逐步更换为新的不动产权登记簿证。

四、不动产统一登记办理地点设常德市政务中心三楼，地址：常德市人民中路607号；咨询电话：0736-7257759、0736-7703503。

五、2016年8月1日至8月9日，武陵区、柳叶湖旅游度假区范围内停止办理各类不动产登记业务，进行不动产登记系统对接调试、登记流程测试等工作。

特此公告。

常德市人民政府

2016年7月28日

常德市人民政府关于印发《2016年常德市人民政府工作要点》的通知

常政办函〔2016〕1号

各区县市人民政府，常德经济技术开发区、柳叶湖旅游度假区、西湖管理区、西洞庭管理区管委会，市直有关单位：

现将《2016年常德市人民政府工作要点》印发给你们，请认真遵照执行。

常德市人民政府
2016年1月20日

2016年常德市人民政府工作要点

根据市六届人大五次会议通过的《政府工作报告》，制定本工作要点。

2016年政府工作的总体要求是：全面贯彻落实党的十八大、十八届三中、四中、五中全会和中央、省委、市委经济工作会议精神，按照“五位一体”总体布局和“四个全面”战略布局的要求，牢固树立创新、协调、绿色、开放、共享发展新理念，主动适应经济发展新常态，坚持稳中求进总基调，坚持新常德新创业，继续打好“三大战役”，强力推进“五个常德”建设，努力实现“十三五”经济社会发展的良好开局。

2016年全市经济社会发展的主要预期目标是：地区生产总值增长9%左右，规模工业增加值增长8.5%左右，固定资产投资增长20%左右，一般公共预算收入增长10%以上，城镇新增就业6.7万人以上，城乡居民人均可支配收入分别增长9%以上，完成省里下达的节能减排目标任务。

2016年政府工作的主要任务是：

一、着力推进新型工业化

1. 全年规模工业增加值增长8.5%左右。（责任单位：市经信委）

2. 继续打好园区攻坚战役，加强园区基础建设，推行工业城市综合体建设模式，完成基础设施投入50亿元以上，建设标准化厂房150万平方米以上，做大做实一批创新创业园区。（责任单位：市园区攻坚指挥部、市经信委、市发改委、各区县市政府、常德经济技术开发区管委会、西洞庭管理区管委会）

3. 推动园区扩规提质，培育园区特色，做大园区总量，力争全市产值过200亿元园区达到3个以上、常德经开区技工贸总收入突破700亿元，力争国家级高新区创建成功。（责任单位：市园区攻坚指挥部、市经信委、市发改委、市科技局、常德经济技术开发区管委会）

4. 完善园区体制机制，巩固“一权两制一司”改革成果，增强园区发展活力。（责任单位：市园区攻坚指挥部、市经信委、各区县市政府、常德经济技术开发区管委会、西洞庭管理区管委会）

5. 抢抓“中国制造2025”和湖南省“制造强省五年行动计划”的机遇，深入推进“1115”工程，全年新增百亿产业1个、亿元企业20家以上。（责任单位：市经信委）

6. 积极支持传统优势产业转型提质，加快芙蓉王现代新城、鼎城中联起重、桃源辣妹子食品二期、临澧锦湖气门、澧县新鹏陶瓷二期、安乡晋煤金牛、津市新中意食品等项目建设，完成技改投入440亿元以上。（责任单位：市经信委、市烟改办、鼎城区政府、桃源县政府、临澧县政府、澧县政府、安乡县政府、津市市政府）

7. 大力发展战略性新兴产业，加快汉能光伏、华兰德光纤、力元新材、汉寿昊晖光伏、石门广电云数据中心等项目建设进度，加大中国中车、中国兵装集团、中国恒天集团等重大投资项目的引进力度,年内新兴产业产值增长13%以上。(责任单位:市经信委、市发改委、市国资委、市商务局、市科技局、汉寿县政府、石门县政府、常德经济技术开发区管委会)

8.推进中小企业成长工程,力争年内新增规模工业企业100家以上。(责任单位:市经信委)

9.构建科技创新公共服务体系,支持企业加快工程技术研究中心、院士工作站等创新平台建设。加大产学研结合力度,实施一批重大科技专项。(责任单位:市科技局)

10.强化品牌和质量兴市战略,保护知识产权,支持企业参与国家标准制定、争创名品名牌。年内新增高新技术企业10家以上,专利申请量2100件以上,高新技术产业产值达到750亿元以上。(责任单位:市科技局、市经信委、市质监局、市工商局)

11.大力开展降低实体经济企业成本行动,坚决落实国家、省关于涉企税费取消、停征、降标政策和降低企业社保、财务、电力、物流等成本的政策,坚决规范和降低中介服务收费,坚决杜绝向企业收取赞助费,最大程度减轻企业负担。(责任单位:市经信委、市财政局、市发改委、市国税局、市地税局、市人社局、国网常德供电公司、市政府办、市监察局)

12.深化“千名干部联系服务千家企业”活动,认真落实帮扶措施,积极开展政银企对接,完善信用担保制度,做实信贷过桥资金。(责任单位:市经信委、市政府办、市发改委、人民银行常德中心支行、常德银监分局、市工业投公司)

13.政府采购优先使用本地产品,重点保障工业企业用地,市政府将尽快研究出台减轻企业负担的具体政策措施,尽最大努力帮助广大企业和企业家渡过发展难关。(责任单位:市经信委、市财政局、市国土资源局)

二、着力推进农业现代化

14.做大做优主导产业,加快粮食、生猪、水产、蔬菜、林业“双百亿产业”发展,巩固提升大宗农产品在全省全国的地位。(责任单位:市农委、市畜牧兽医水产局、市林业局、市粮食局、市商务局、市供销社)

15.大力发展特色农业,促进柑橘、甲鱼、茶叶、油料等产业发展提质增效。(责任单位:市农委、市畜牧兽医水产局、市供销社)

16.优化农业产业区域布局,调整棉花产业结构。扩大烟叶生产规模,力争产量达到17万担以上。(责任单位:市农委)

17.推进农业综合开发,建设高标准农田15万亩。(责任单位:市财政局、市农开办、市农委、市国土资源局)

18.推进农业标准化建设,按照操作有规程、过程有记录、产品有标识、市场有监管、质量可追溯的“四有一可”要求,建立从田间到餐桌的农业标准化体系。(责任单位:市农委、市质监局、市工商局、市食药监管局)

19.加强农产品质量监管,建立健全农产品质量安全监管、检测和认证体系。(责任单位:市农委、市质监局、市工商局、市食药监管局、市粮食局)

20.提升农产品品牌,采取企业主体、政府扶持、社会支持的方式,加大品牌创建、营销和推介力度,进一步提升市场竞争力和影响力。(责任单位:市农委、市工商局、市质监局)

21.发展适度规模经营,全面完成农村土地确权登记颁证工作,依法推进土地经营权有序流转,加快培育专业大户、家庭农场、农民合作社、龙头企业等新型农业经营主体,积极培养新型职业农民。(责任单位:市农委、市农村经营服务站)

22.实施农产品加工业振兴工程,重点打造金健米业等龙头企业,力争全市农产品加工产值突破千亿。(责任单位:市农委、市粮食局)

23.抓好西湖西洞庭和桃源国家现代农业示范区、常德国家农业科技园区建设,支持各区县市重点建设1个现代农业示范区。(责任单位:市农委、市科技局、各区县市政府、西湖管理区管委会、西洞庭管理区管委会、市现代农业投资公司)

24.健全农业科技创新推广体系,加大优质种苗和先进实用技术推广力度。(责任单位:市农委、市科技局)

25.推进政府购买农业公益性服务,加强农机、植保、农资、农技等社会化专业服务。(责任单位:市农委、市财政局、市农机化局、市供销社)

26.创新农村金融服务,健全政策性农业保险制度(责任单位:市农委、市政府办、市财政局、人民银行常德中心支行)

27.强化基层动植物疫病防控体系建设。(责任单位:市农委、市畜牧兽医水产局)

28.深化“农商对接”、“农超对接”,拓宽农产品销售渠道。(责任单位:市农委、市商务局、市粮食局、市供销社)

29.落实强农惠农富农政策,加强农民负担监管。(责任单位:市农委、市农村经营服务站)

三、着力推进服务业提质

30.打造旅游精品,年内完成德国小镇、桃花源古镇等重点项目建设,实现锦江酒店“五一”开业、柳叶湖至穿紫河水上观光“十一”启航;加大柳叶湖环湖十大景观工程、桃花源核心景区改造、壶瓶山生态旅游等项目建设力度,启动城头山世界遗产申报工作。【责任单位:市旅游外侨局、市文体广新局、市经建投集团、石门县政府、澧县政府、柳叶湖旅游度假区管委会、桃花源旅游管理区(筹)】

31.引进旅游品牌,加强与华侨城、山水盛典、同元集团、锦绣中华等品牌团队的合作,提升开发运营层次。【责任单位:市旅游外侨局、市文体广新局、澧县政府、柳叶湖旅游度假区管委会、桃花源旅游管理区(筹)】

32.深化旅游协作,推进湖南旅游“金三角”建设,加快旅游资源整合和市场拓展。(责任单位:市旅游外侨局)

33.全年接待游客增长20%以上、旅游综合收入增长25%以上。(责任单位:市旅游外侨局)

34.加快建设文化创意产业十大精品工程,促进文化创意与旅游产业融合发展。(责任单位:市文体广新局、市旅游外侨局)

35.积极发展和引进各类金融机构,完成常德农商行和4家县级农商行组建工作。(责任单位:市政府办、人民银行常德中心支行、常德银监分局、省农村信用联社常德办事处)

36.积极拓宽融资渠道,做实做强市县投融资公司,推行

PPP融资模式，扩大债券发行规模，支持有条件的企业上市融资，全年新增银行贷款170亿元以上、表外融资150亿元以上。（责任单位：市国资委、市财政局、市发改委、市政府办、人民银行常德中心支行、常德银监分局、各区县市政府、常德经济技术开发区管委会）

37. 积极创新金融产品和服务，更好地服务实体经济。促进保险业发展。（责任单位：市政府办、人民银行常德中心支行、常德银监分局、常德市保险行业协会）

38. 优化金融生态环境，完善企业和个人征信系统，严厉打击各类非法金融活动。（责任单位：市政府办、市发改委、市公安局、市工商局、人民银行常德中心支行、常德银监分局）

39. 建成万达广场、友阿国际广场、和瑞欢乐城等城市综合体，完成武陵阁步行城二期、桥南商圈提质改造，在市城区新形成近百万平方米大型商业面积，初步构建泛湘西北区域商业中心。（责任单位：市商务局、武陵区政府、鼎城区政府）

40. 加强城乡物流网络建设，建设改造一批现代化大型专业市场、批发市场和物流园区，支持本土商贸物流企业做大做强。（责任单位：市商务局）

41. 大力发展电子商务，促进线上线下融合发展，支持武陵移动互联网产业园争创省级示范基地。（责任单位：市商务局、武陵区政府）

42. 稳定房地产业发展，建立购租并举的住房制度，加大棚改货币化安置力度，积极化解房地产库存。（责任单位：市住建局、市财政局、市房管局、市发改委）

43. 支持养老服务业加快发展，鼓励社会力量举办规模化、连锁化的医养护综合型养老机构，完善居家养老服务网络。（责任单位：市民政局）

44. 发展研发设计、服务外包、节能环保、商务咨询等生产服务业。提速发展家政服务、信息通讯、娱乐休闲、体育健身等生活服务业。改造提升批发零售、住宿餐饮等传统服务业。（责任单位：市科技局、市经信委、市商务局、市电子政务办、市文体广新局）

45. 大力发展总部经济，支持国内外知名企业在常德建立总部或区域性总部。（责任单位：市商务局、市发改委）

46. 全年社会消费品零售总额突破1000亿元。（责任单位：市商务局）

四、着力推进新型城镇化

47. 坚持规划引领，注重产城融合，推进"多规合一"，抓好城市设计和专项规划编制，优化城市空间布局、功能布局和产业布局。（责任单位：市规划局、市发改委、市国土资源局）

48. 坚持新区带动，建成柳叶大道西延线，开工建设过江隧道和常德大道西延线，推进沅水四桥、太阳大道、阳山大道、丹溪路等项目建设，加快实施市民之家、金融街区、阳明湖板块、丹洲生态城等带动性建设项目。（责任单位：市住建局、市规划局、市国土资源局、武陵区政府、鼎城区政府、柳叶湖旅游度假区管委会、市城建投集团、市经建投集团）

49. 坚持品质为重，把创造优质人居环境作为中心目标，深入推进"三改四化"，创建国家生态园林城市，建成江南风光带、老西门城市文化旅游商业街等项目，启动东部城区提质改造，抓好护城河西段改造、穿紫河综合治理、花山湿地改造等海绵城市建设项目。（责任单位：市城市提质指挥部、市住建局、市规划局、市园林局、市城建投集团、武陵区政府、鼎城区政府）

50. 深化城市管理"一改四化"，进一步完善体制机制，将管理网格化落实到问题处置上，提高作业精细化标准，逐步推进清扫保洁、市政维护、园林绿化等运营市场化。（责任单位：市城管执法局、市住建局、市环卫处、市公用事业局、市园林局）

51. 大力发展公共交通，优化公交网络，规范出租车经营管理，推动公共自行车系统升级改造，加强立体式停车场和地下停车场建设。（责任单位：市交通运输局、市城管执法局、市运管处、市城建投集团、市经建投集团、市公交公司）

52. 集中开展户外广告、渣土管理、农贸市场、夜市摊点、交通秩序、物业管理六大整治行动，还城市以整洁，给市民以方便。（责任单位：市城管执法局、市商务局、市住建局、市交警支队、市房管局）

53. 加强市民文明素质教育，巩固提升文明城市建设成果。（责任单位：市文明办）

54. 把县（市）城区作为新型城镇化的重要支点，实施县城提质扩容工程，推进"改镇设办"，增强县城集聚能力。以乡镇合并为契机，支持重点镇、卫星镇、特色镇、口子镇发展，继续推进13个美丽城镇建设试点。（责任单位：市住建局、市民政局、市发改委、市政府办、市规划局、各区县市政府）

五、着力推进基础设施建设

55. 深入开展"项目推进年"活动，实施重点项目500个，完成投资1200亿元。全年固定资产投资增长20%左右。（责任单位：市发改委）

56. 加快黔张常高铁建设，力争长益常高铁开工建设，抓紧宜石常、常岳九、襄澧常和常桂南高铁项目前期工作。（责任单位：市发改委）

57. 确保常安高速建成通车、安慈高速开工建设，做好益常高速复线、宜石张高速项目前期工作。（责任单位：市交通运输局、市发改委）

58. 加快沅水常德至桃源航道、澧水澧县至茅草街航道整治，完成德山港区千吨级码头等工程，启动和加快桃源陬市、安乡长岭洲、津市窑坡渡、鼎城蒿子港、汉寿岩汪湖等码头建设。（责任单位：市交通运输局、市发改委、相关区县市政府、常德经济技术开发区管委会）

59. 加快沅澧快速干线一号、二号、六号大道建设，启动河洑至桃源段等项目建设。（责任单位：市交通运输局、市发改委、相关区县市政府、常德经济技术开发区管委会）

60. 新建改建国省干线公路80公里，推进319、207国道市城区改线等公路和石龟山大桥、安乡长岭大桥、津市澧水二桥等桥梁建设。改造农村公路危桥140座。（责任单位：市交通运输局、市公路局、市发改委、相关区县市政府）

61. 加大道路运输整治力度，始终保持公路治超的高压态势，实现公路治超常态化治理，提升公路管理和养护水平。（责任单位：市交通运输局、市公路局、市公安局、市住建局、市城管执法局、市交警支队）

62. 全年投入资金32亿元以上，完成沅澧两水140处一线大堤整治，实施江河湖库水系综合整治工程，推进蓄洪垸堤防加固、大中型灌区更新改造、大型泵站更新改造等项目建设。加强小型农田水利建设，完成115处“五小”水利建设项目，加快实施堰塘清淤、机埠整修、渠道疏浚等项目。（责任单位：市水利局）

63. 建立饮水安全长效化常态化管理机制，争取黄石水库水资源综合利用工程开工建设。（责任单位：市城乡居民饮水安全推进小组、市水利局、市住建局、市公用事业局）

64. 加快酒泉至湖南特高压直流线路、常德北500千伏输变电项目建设，继续实施城市配电网和农村电网改造。（责任单位：市发改委、国网常德供电公司）

65. 抓住“气化湖南”实施机遇，启动岳阳至安乡、石门至张家界天然气管网建设。（责任单位：市发改委、市住建局、市公用事业局）

66. 开展国家新能源建设示范城市创建，加大风力发电、光伏发电等项目建设力度，抓好页岩气开发与综合利用。（责任单位：市发改委）

67. 做好国家智慧城市试点工作，依托大数据、物联网、云计算中心，加快构建信息资源共享交换平台，加速治安防控、综合治税、信用信息、智慧旅游等应用系统建设运行。（责任单位：市智慧办、市电子政务办、市公安局、市国税局、市地税局、市发改委、人民银行常德中心支行、市旅游外侨局）

68. 促进“三网”融合，加快光纤网络、4G基站建设，提升宽带速率和网络覆盖。（责任单位：市经信委、中国电信常德分公司、中国移动常德分公司、中国联通常德分公司、湖南有线常德公司）

69. 深化信息化与工业化“两化”融合，推进“互联网+”行动计划，培育一批示范企业，加强数字园区和数字企业创建。（责任单位：市经信委、市商务局、市电子政务办）

六、着力推进县域经济发展

70. 做好石门县省直管县下放经济社会管理权限试点，推进津澧国家新型城镇化试点和国家中小城市综合改革试点，抓好安乡国家循环经济试点，以农垦改革为契机支持西湖西洞庭加快发展。（责任单位：市发改委、市编办、市住建局、相关区县市政府、西湖管理区管委会、西洞庭管理区管委会）

71. 进一步完善县域经济发展考评体系，形成各具特色的县域经济板块，力争在全省县域经济发展中争先进位。（责任单位：市发改委、市人社局、市农委）

72. 加强县域城乡规划、产业布局、基础建设等方面的指导，促进企业向园区集中，人口、资金、技术向县城集中。（责任单位：市发改委、市经信委、市规划局、市住建局）

73. 加大市对县经济发展支持力度，重点支持沅澧快速干线、标准化厂房、美丽乡村、农田水利等基础设施和特色园区建设。（责任单位：市农委、市财政局、市发改委、市交通运输局、市经信委、市水利局）

74. 支持在常金融机构网点向县域下沉，引导和鼓励银行机构加大对区县市发展的信贷投入。（责任单位：市政府办、人民银行常德中心支行、常德银监分局）

75. 集中力量推进精准识贫、精准扶贫、精准脱贫，将扶贫精准到户、到项目、到资金、到产业，实施脱贫攻坚“六件实事”。构建专项扶贫、行业扶贫、社会扶贫工作格局，对贫困村实行驻村帮扶和干部结对帮扶全覆盖，鼓励支持各类企业、社会组织和个人参与扶贫。确保全年脱贫12万人以上。（责任单位：市扶贫办）

76. 深入推进完美社区建设，全面完成硬件建设扫尾，全面推行“3+N”治理模式，全面提升社区服务能力。（责任单位：市完美社区建设指挥部、市民政局）

77. 完成新一轮并村工作，抓好村（居）委会换届选举，扩大美丽乡村“3+X”治理模式试点。（责任单位：市民政局、市农委）

78. 完善乡村运转保障稳定增长机制，进一步改善基层工作生活条件。推行县以下机关公务员职务与职级并行制度，落实乡镇工作补贴，提高基层工作人员待遇。【责任单位：市财政局、市人社局、各区县市政府、常德经济技术开发区管委会、柳叶湖旅游度假区管委会、西湖管理区管委会、西洞庭管理区管委会、桃花源旅游管理区（筹）】

七、着力推进全面改革开放

79. 按照中央和省里的统一部署，认真落实好国企、财税、价格、金融、养老保险等领域的改革举措。（责任单位：市委改革办、市国资委、市财政局、市国税局、市地税局、市发改委、市政府办、市人社局）

80. 进一步深化行政管理体制改革、事业单位分类改革、商事制度改革，加快公共资源交易管理体制等改革。（责任单位：市编办、市政府办、市发改委、市工商局、市公共资源交易中心）

81. 着力抓好市里自主推进的政府投资项目管理体制、城市建设体制、乡镇政府职能转变等改革。（责任单位：市发改委、市财政局、市住建局、市编办）

82. 加强区域合作，主动对接国家“一带一路”、长江经济带和洞庭湖生态经济区战略，努力将常德打造成泛湘西北对外开放高地。（责任单位：市发改委）

83. 搭建开放平台，提升盐关口岸运行效益，积极申报进口粮食指定口岸和桃花源机场一类航空口岸，申报建设保税物流中心。（责任单位：市商务局、市交通运输局、市粮食局、市海事局、常德桃花源机场分公司、市工业投公司）

84. 发展对外经贸，建设外贸综合服务平台，培育外贸龙头企业，鼓励“德字号”企业走出去，支持境外承揽工程，扩大劳务输出规模。（责任单位：市商务局）

85. 强化招商引资，做好专业化、产业链、精准招商和网络招商，突出引进战略投资者，点对点抓好央企、省企和大企业大集团的对接，突出引老乡、回故乡、建家乡。力争引进内外

资总额680亿元，实际利用外资6.8亿美元。（责任单位：市商务局、市国资委、市经信委、市农委）

86. 大力推动大众创业、万众创新。实施全民创业计划，加强创业孵化基地、创业园区和众创空间建设，激发全社会创新创业热情。（责任单位：市发改委、市经信委、市科技局、市人社局）

87. 积极构建有利于“双创”并进的制度和政策环境，广泛吸引科研人员、高端人才、大学生来常创业。（责任单位：市人社局、市人才办）

88. 全面落实促进非公有制经济发展的政策，进一步消除民营资本进入的隐性壁垒，鼓励民间资本依法进入更多领域，激发非公有制经济的活力和创造力。（责任单位：市经信委、市工商联）

八、着力推进民生事业建设

89. 全面完成省重点民生实事任务。（责任单位：市实事考核办、相关实事项目责任单位）

90. 实施更加积极的就业政策，进一步加强就业培训和就业援助，突出抓好高校毕业生和就业困难人员就业。全年城镇新增就业6.7万人以上。（责任单位：市人社局、市教育局）

91. 实施全民参保登记计划，加快推进社会保险全覆盖。实施城乡养老保险参保缴费激励，完成机关事业单位养老保险制度改革。（责任单位：市人社局）

92. 推进医保城乡统筹，深化医保付费制度改革，完善工伤预防和康复机制。（责任单位：市人社局、市卫计委）

93. 推动社会救助精准化，稳步提高最低生活保障标准。（责任单位：市民政局、市财政局）

94. 加快推进“两房两棚”建设，全年建设保障性住房和改造棚户区8.6万户以上。（责任单位：市住建局、市房管局）

95. 全面完成教育三年攻坚任务。（责任单位：市教育卫生三年攻坚指挥部、市教育局）

96. 办好学前教育，扩大普惠性学前教育资源，建设一批社区公办幼儿园和普惠性民办幼儿园。（责任单位：市教育局）

97. 提升基础教育水平，抓好市一中提质改造、荷花中学新建等项目，做好北大附属学校、常德雅礼实验学校项目前期工作。（责任单位：市教育局、市经建投集团、市城建投集团、武陵区政府）

98. 支持高等教育发展，推进湖南文理学院向应用技术型大学深度转型，提升湖南幼师高专办学质量，确保常德技师学院搬进新校区办学，积极申办常德财经职院。（责任单位：市教育局、市财政局、市人社局、市城建投集团）

99. 发展现代职业教育，抓好民办教育、特殊教育、继续教育和老年教育。实施名校长、名教师、名学校工程，加强学校文化和师德师风建设，做好第二届翦伯赞教育突出贡献奖的评选和表彰工作。加大贫困家庭学生资助力度，推进留守儿童少年关爱行动计划。（责任单位：市教育局）

100. 全面完成卫生三年攻坚任务。（责任单位：市教育卫生三年攻坚指挥部、市卫计委）

101. 建成湘雅常德医院，启动市第一中医院易地扩建。（责任单位：市卫计委、市经建投集团）

102. 推进公立医院改革，完善投入补偿和运营监管机制。加强传染病等重大疾病和公共卫生监测预警与防控。抓好重性精神障碍患者救治工作，开展国家精神卫生综合管理试点。（责任单位：市卫计委）

103. 做好中医药工作。健全药品供应保障机制。扶持和规范社会办医，形成多元化办医格局。（责任单位：市卫计委）

104. 坚持计划生育基本国策，夯实基层基础，落实“全面两孩”生育政策，优化人口结构，提高人口素质。（责任单位：市卫计委）

105. 加强精神文明建设，健全城乡公共文化服务体系，支持文艺精品创作，严格文化市场监管。（责任单位：市文体广新局）

106. 加强体育设施建设管理，促进全民健身运动，引进和举办国际马拉松赛等重大赛事。（责任单位：市文体广新局）

107. 落实住房公积金缴存、提取、贷款政策，更好发挥住房保障作用。（责任单位：市住房公积金管理中心）

108. 加快革命老区、边远地区、少数民族地区经济发展。发展老龄事业。（责任单位：市民政局、市扶贫办）

109. 加强社会治安综合治理，构建立体化防控体系，保持打击各类违法犯罪活动的高压态势。（责任单位：市综治办、市公安局）

110. 完善人民调解、行政调解、司法调解联动工作体系，做好社区矫正、法律服务、法律援助工作，启动“七五”普法。（责任单位：市司法局）

111. 加快建设市县网上信访信息系统，继续推进领导下访包案和部门联合接访，依法及时就地解决群众合法合理诉求。（责任单位：市信访局）

112. 实施最严格的安全生产责任制度，加强安全监管能力建设，抓好安全生产隐患排查治理，坚决防止重特大事故发生。【责任单位：市安监局、市安委成员单位、各区县市政府、常德经济技术开发区管委会、柳叶湖旅游度假区管委会、西湖管理区管委会、西洞庭管理区管委会、桃花源旅游管理区（筹）】

113. 健全食品药品安全监管机制，推进全程综合监管，严厉惩处违法行为，保障食品药品安全。【责任单位：市食药监管局、市卫计委、市农委、市畜牧兽医水产局、市公安局、市粮食局、市质监局、市工商局、常德出入境检验检疫局、常德邮政分公司、各区县市政府、常德经济技术开发区管委会、柳叶湖旅游度假区管委会、西湖管理区管委会、西洞庭管理区管委会、桃花源旅游管理区（筹）】

114. 完善突发公共事件应急管理机制，加强城市公共安全设施建设，提升防灾减灾和应急能力。（责任单位：市政府办、市公安局）

115. 创新网络社会管理，依法规范网络行为。（责任单位：市公安局、市网宣办）

116. 坚持军民融合深度发展，加强国防动员、国防教育、人民防空、民兵预备役和兵役工作，深入开展“双带双促”和

“双拥”共建活动，巩固双拥模范城建设成果，维护保障部队和军人军属合法权益，促进军政军民团结。（责任单位：市国动委、市人防办、市民政局、市人社局）

九、着力推进生态文明建设

117. 加强大气污染防治，持续实施煤改气、煤改电工程，加大扬尘、油烟整治和黄标车、老旧机动车淘汰力度，提升空气质量优良率。（责任单位：市环保局、市住建局、市经信委、市城管执法局、市交通运输局、市商务局、市交警支队）

118. 加强饮用水源地保护和水环境综合治理，推进城市黑臭水体专项整治，加大畜禽养殖污染治理和禁止投肥养殖力度，争取黄石水库、毛里湖、珊珀湖等纳入国家良好湖泊保护规划，完成 10 个污水处理厂建设任务。（责任单位：市环保局、市水利局、市住建局、市畜牧兽医水产局、相关区县市政府）

119. 严格耕地保护，实施土壤重金属污染源头治理，抓好土壤污染修复示范工程、石门雄黄矿土壤污染综合防治等项目。（责任单位：市国土资源局、市环保局、市农委、石门县政府）

120. 推进市城区生态建设“八大工程”，广泛开展城乡造林绿化行动，成功创建国家森林城市。（责任单位：市创森指挥部、市林业局）

121. 启动整市推进美丽乡村建设五年行动。（责任单位：市美丽乡村建设指挥部、市农委）

122. 加大生态文明示范区创建力度，打造一批国家生态文明建设示范村镇，开展低碳社区试点工作。开展生态文明宣传活动，增强全民生态文明意识。（责任单位：市环保局、市发改委、市农委）

123. 严格落实节能减排目标责任制，继续下大力整治工业企业污染物排放，实施重点污染行业清洁化改造，确保污染物排放持续下降。（责任单位：市环保局、市经信委）

124. 继续下大力淘汰落后产能，抓好工业、交通、公共机构等领域节能降耗工作，推动绿色低碳循环发展。抓好绿色建筑示范工程，促进住宅产业化。（责任单位：市经信委、市发改委、市环保局、市交通运输局、市住建局、市房管局）

十、着力推进政府自身建设

125. 进一步优化政府机构设置和工作流程，继续做好行政审批事项的承接落实和取消下放工作，进一步向基层放权、向社会放权、向市场放权，加强《政策清单》的学习和运用，进一步发挥政策威力。（责任单位：市编办、市发改委、市政府办、市法制办）

126. 进一步优化经济发展环境，严厉整治中介服务环境，向各种形式的绑定服务、垄断收费、串标围标开刀；严厉整治工程建设环境，向各种形式的强行阻工、强揽工程、强买强卖开刀；严厉整治办事服务环境，向各种形式的索拿卡要、设租寻租、不作为缓作为乱作为开刀。对扰乱环境的人和事，发现一起、查处一起、曝光一起。（责任单位：市政府办、市监察局）

127. 扎实开展“一进二访”活动，探索推行一线工作法，完善县乡村三级便民服务网络，将政务服务不断向基层延伸，把为群众办实事、办好事变成自觉行为和工作常态。（责任单位：市政务中心、市人社局）

128. 牢固树立宪法法律至上的理念，加快建设法治政府，严格落实重大决策程序规定，深化行政执法体制改革，抓好政府立法工作，推行法律顾问制度，建立依法行政考核评价机制。（责任单位：市法制办、市编办）

129. 要把抓推行落实作为一切工作的生命线，对市委市政府制定的政策、部署的任务，必须一抓到底，做到事有专管之人、时有限定之期。（责任单位：市政府办）

130. 强化内部监察和审计监督。（责任单位：市监察局、市审计局）

131. 推进重大决策部署、重要民生事项、重大投资项目和公共资源交易等领域的信息公开，提高工作透明度，打造阳光政府。（责任单位：市政府办、市政务中心、市发改委、市财政局、市公共资源交易中心）

132. 认真落实党风廉政建设主体责任，努力建设廉洁政府。坚持干净用权，对权力集中的部门和岗位，实行分事行权、分岗设权、分级授权、定期轮岗，把权力关进制度的笼子里。（责任单位：市监察局）

133. 把纪律和规矩挺在前面，筑牢廉政防线，严格执行公务接待、办公用房等管理标准，改革公务用车制度，确保“三公”经费只减不增。（责任单位：市财政局、市发改委、市审计局、市监察局）

上述工作责任分解中，凡市委、市政府成立了专门领导机构的，该领导机构为牵头责任单位；由几家单位共同完成的事项，排第一的单位为牵头责任单位，分管该单位的市级领导为第一责任人；所有综合性、共同性工作，各区县市政府及常德经济技术开发区、柳叶湖旅游度假区、西湖管理区、西洞庭管理区管委会，桃花源旅游管理区（筹）均为责任单位。

各责任单位都要根据工作要点制定贯彻落实方案，将相关工作细化、具体化，明确全年目标任务、工作要求和工作措施。牵头单位要履行好牵头抓总的职责，分解好相关工作任务。各单位制定的实施方案报分管的市级领导审核后，于 2 月 5 日前报送市政府督查室，作为全年工作要点督查考核的依据。

常德市人民政府关于印发《常德市帮扶工业企业十条》的通知

各区县市人民政府，常德经济技术开发区、柳叶湖旅游度假区、西湖管理区、西洞庭管理区管委会，市直和中央、省驻常有关单位：《常德市帮扶工业企业十条》已经市人民政府同意，现印发给你们，请认真贯彻执行。

常德市人民政府

2016年2月24日

常德市帮扶工业企业十条

为有效应对当前经济下行压力，帮扶工业企业减负增效，促进我市工业经济稳步增长，在全面落实中央、省惠企政策同时，特制定以下措施：

一、加大财政资金扶持力度。市财政部门每年安排4亿元工业企业帮扶解困专项资金，主要用于融资奖补、技改补助、兼并重组奖励等。

二、落实企业减负政策。企业缴纳的城镇土地使用税，亏损企业按地税部门相关政策享受减免；不符合减免条件，但企业发展前景较好、经营确有困难的，经企业申报，财政、经信部门审核认定，由受益财政给予困难补贴。

免收工业企业厂房建设缴纳的城市基础设施配套费、人防易地建设费、白蚁防治费。企业产品质量监督检验费按现行标准减半征收。

三、降低涉企中介收费。对与工业项目行政审批相关的规划核面、环境影响评价、节能评估、安全风险评估、消防设施检测等经营服务性收费，引导、鼓励、促进执收单位按最低收费标准减半执行。

建立企业资产评估报告互认机制，具有同等资质的机构出具的评估报告全市通用。在工业企业融资续贷时，企业抵押资产价值无重大变化的，相关机构和部门不得要求企业重复评估。

四、降低企业用工成本。企业工伤保险费率一类风险企业费率不变，二、三类风险企业在原费率基础上向下浮动至80%；缴纳的生育保险费率由0.7%降至0.5%；缴纳的失业保险费率单位缴纳部分由2%降至1.3%，对不裁员或少裁员且不欠缴失业保险费的用人单位，按照用人单位上年度实际缴纳失业保险费总额的40%给予稳岗补贴。

进城到企业工作的农民工在自愿的前提下，可继续参加新农保、新农合（暂定一年）。

合理确定企业最低工资标准调整幅度，从2016年起，最低工资标准调整幅度不超过5%。

支持和帮助企业、园区、创业基地实行养老保险费费率过渡试点。对达到过渡费率试点条件的企业（园区可打捆），从批准之日起，根据用工规模，分别按12%或14%的费率缴纳养老保险费，以后每年提高1个百分点，逐步过渡到规定的统一缴费费率。

五、加大金融扶持力度。各银行业金融机构要稳定和扩大工业企业贷款存量，符合条件的企业可办理展期、续贷手续。如发生非正常抽贷、缩贷、断贷的，取消或减少财政性资金存款额度等对相关银行业金融机构的奖励优惠政策。

鼓励企业采用融资租赁方式购置生产设备，由受益财政给予租赁利息10%的补贴。

各银行业市级金融机构对工业企业放贷余额年度新增25%以上、中长期贷款新增35%以上，且执行央行基准利率的，由市财政给予最高不超过100万元的奖励。

市现代工业投资公司注册资本金三年内增加至5亿元（含资产注入、股权投入等）。

逐步做大市中小微工业企业过桥资金规模，县（市）注入资本金的，每年可按1:5的放大倍数提供属地企业过桥资金。过桥资金利率不超过央行同期一年期基准利率，按《常德市中小微工业企业过桥资金运营管理暂行办法》（常财发〔2015〕4号）规定利率执行的差额部分，经财政、经信部门核定后，由受益财政给予补贴。

市财鑫担保公司和善德融资担保公司为工业企业提供融资担保，其担保费率控制在1.5%以内。受益财政对其担保优惠费率给予50%的补贴。

六、推动企业兼并重组。加大企业破产改制、兼并重组力度，对重组成功且实现正常生产经营的，经经信、财政部门审核，由受益财政按被兼并企业的资产总额给予奖励：被兼并企业的资产总额在5000万元以上、1亿元以下的，奖励100万元；被兼并企业的资产总额在1亿元以上的，每增加1亿元，奖励100万元，最高不超过300万元。

七、鼓励企业转型升级。对工业企业进行技术改造，新增设备投资额达到300万元以上的，由受益财政按新增设备投资额的2%给予企业一次性奖励，最高不超过100万元。对工业企业新认定为高新技术企业的，由市财政一次性奖励10万元。对新获批国家级、省级研发平台的，由市财政分别奖励100万元、20万元。

八、加大政府采购倾斜力度。财政性资金和国有企业资金支出项目，同等条件下鼓励优先采购使用本地产品。对本地企业、行业协会、社会团体采购和消费本地产品数额较大的，由市财政给予一定的奖励。

九、加大服务企业力度。深入推进“千名领导干部服务千家企业”活动，一个部门主要负责人结对服务一家工业企业，特殊困难企业由当地政府派驻工作组实行精准帮扶解困。建设市级工业企业公共服务平台，提供融资、管理、信息、培训等多项便捷服务；设立“工业企业110”热线，受理企业咨询、投诉。

十、加强监督检查。市政府办牵头，会同监察、经信、财政、审计、优化办等部门，每季度对本措施落实情况进行监督检查，及时查处不作为、慢作为、乱作为等行为。本措施自发布之日起施行。如国家和省有更优惠政策的，按其政策执行。具体实施细则由市经信、财政部门制定。

常德市人民政府办公室

2016年2月24日印发

常德市人民政府关于印发《常德市城乡居民基本医疗保险实施办法》的通知

常政发〔2016〕17号

各区县市人民政府，常德经济技术开发区、柳叶湖旅游度假区、西湖管理区、西洞庭管理区管委会，市直和中央、省驻常有关单位：

《常德市城乡居民基本医疗保险实施办法》已经市人民政府同意，现印发给你们，请认真贯彻执行。

常德市人民政府

2016年12月20日

常德市城乡居民基本医疗保险实施办法

第一章　总则

第一条　根据《国务院关于整合城乡居民基本医疗保险制度的意见》（国发〔2016〕3号）、《湖南省人民政府关于整合城乡居民基本医疗保险制度的实施意见》（湘政发〔2016〕14号）和《湖南省人民政府关于印发〈湖南省城乡居民基本医疗保险实施办法〉的通知》（湘政发〔2016〕29号）等文件精神，为建立全市统一的城乡居民基本医疗保险（以下简称城乡居民医保）制度，结合我市实际，制定本办法。

第二条　建立城乡居民医保制度遵循以下基本原则：

（一）坚持全覆盖、保基本、多层次、可持续；

（二）坚持筹资水平、保障标准与经济社会发展水平相适应；

（三）坚持互助共济，城乡居民个人缴费和政府补助相结合；

（四）坚持权利和义务相统一，城乡居民公平享有基本医疗保险待遇；

（五）坚持以收定支、收支平衡、略有结余。

第三条　本市行政区域内的城乡居民参加城乡居民医保适用本办法。

第四条　城乡居民医保制度覆盖除职工基本医疗保险应参保人员以外的其他所有城乡居民，具体包括农村居民、城镇非从业居民、在校大中专学生，以及国家、省、市规定的其他人员。

第五条　城乡居民医保制度实行“七统一分”，即统一覆盖范围、统一筹资政策、统一保障待遇、统一医保目录、统一协议管理、统一基金管理、统一信息系统和业务分级经办。

第二章　组织机构与职责

第六条　各区县市人民政府（管委会）是城乡居民医保工作的责任主体，负责辖区内城乡居民医保组织参保和基金筹集工作。乡镇人民政府、街道办事处具体负责组织辖区内城乡居民医保的参保登记、缴费续保、政策宣传等工作。有条件的区县市可以采取政府购买服务的方式，建立城乡居民医保村级（社区）协管员制度。

第七条　市人力资源社会保障部门是全市城乡居民医保工作的主管部门，负责城乡居民医保的发展规划、实施办法和相关政策的制定，负责对全市城乡居民医保经办机构、协议医疗机构进行监督管理。

各区县市人力资源社会保障部门负责本行政区域内城乡居民医保的行政管理工作，指导经办机构做好业务经办工作。

第八条　市城乡居民医保经办机构负责对全市城乡居民医保经办工作进行管理和指导；负责全市城乡居民医保政策的落实；负责规范城乡居民医保经办程序；负责中央、省、市补助资金分配数据的核实；负责城乡居民医保工作的业务培训。

各区县市城乡居民医保经办机构负责辖区内城乡居民医保的业务管理和经办服务，执行城乡居民医保相关政策；负责确认辖区内协议医药机构，并按协议实施管理；负责城乡居民参保信息管理、医疗证（卡）发放和相关信息统计上报；参与城乡居民医保网络系统管理。

第九条　财政部门负责补助资金的筹集，对城乡居民医保基金进行监督管理，参与城乡居民医保政策的制定、调整；配合人力资源社会保障部门建立全市城乡居民医保风险调剂机制；负责将城乡居民医保经办机构的人员经费、工作经费和网络信息系统建设费用、运行资金等列入同级政府财政预算。

第十条　编制管理、发展改革、教育、公安、民政、卫生计生、审计等相关部门按照各自职能，协助做好城乡居民医保相关工作。

第三章　参保与筹资

第十一条　城乡居民医保坚持多渠道筹资，实行个人缴费和政府补助相结合为主的筹资方式，鼓励有条件的乡镇、街道、集体、单位或其他社会经济组织给予扶持和资助。

第十二条　城乡居民医保实行年度缴费制，城乡居民每年按国家规定标准缴纳个人缴费部分。每年的 8 月 1 日至 12 月 31 日为下一年度参保缴费期，除本办法第十三条第（三）、（四）、（五）项规定人员外，未在规定时间内办理参保或续保手续的，不予补办。

第十三条　城乡居民医保个人参保缴费方式如下：

（一）本市户籍城乡居民以家庭为单位，凭《居民身份证》、《户口簿》到户籍所在地居（村）委会办理缴费手续；非本市户籍常住人口（在校大中专学生除外）另须提供《居住证》和原户籍所在地城乡居民医保经办机构出具的未参保证明，到常居地的居（村）委会办理缴费手续；在校大中专学生以学校为单位，到所在地医保经办机构办理参保缴费手续。

（二）特困供养人员（农村“五保户”、城市“三无”人员）、城乡低保户中丧失劳动能力的重残人员、需长期维持院外治疗的重病人员、百岁老人和计划生育特殊家庭扶助对象的个人缴费部分由区县市城乡医疗救助资金和计划生育特殊家庭扶助专项资金全额资助。其他城乡最低生活保障对象、残疾人员和已建档立卡未脱贫的贫困人口个人缴费部分的补贴标准，由区县市人民政府（管委会）根据实际情况确定。

（三）新生儿在取得本市户籍后，到户籍所在地医保经办机构办理参保手续，按当年度城乡居民医保个人缴费标准一次性缴纳参保费用。鼓励城乡居民家庭为即将出生的婴儿提前参保缴费。

（四）因户籍变动等客观因素未能在规定时间内办理参保缴费手续的，可在办理户籍变更手续后 60 天内到户籍所在地城乡居民医保经办机构参保，按当年度筹资标准一次性足额缴纳参保费用。60 天内未办理的不再办理参保缴费手续。

（五）当年退役军人应及时到户籍所在地的医保经办机构办理缴费手续。

第十四条　城乡居民医保政府补助资金纳入同级财政年度预算安排，应按规定及时、足额拨付到位。

第十五条　参保与筹资所需工作经费由同级人民政府（管委会）给予保障。

第四章　基金管理

第十六条　城乡居民医保基金由以下四部分组成：

（一）城乡居民个人缴纳的基本医疗保险费；

（二）政府补助资金；

（三）基金利息收入；

（四）其他渠道筹集资金。

第十七条　城乡居民医保执行国家统一的基金财务制度、会计制度和基金预决算管理制度。城乡居民医保基金纳入财政专户，实行“收支两条线”管理，独立核算、专款专用，任何单位和个人不得挤占挪用。城乡居民医保基金及其利息依法免征税、费。基金存储依法享受优惠利率。

第十八条　城乡居民医保基金财政专户、收入户和支出户只能在各区县市财政和人力资源社会保障部门共同认定的商业银行各开设一个账户。财政专户由财政部门管理，收入户和支出户由经办机构管理。

第十九条　城乡居民医保基金用于支付医保待遇、提取风险调剂金、筹集大病保险基金。各县级统筹区按当年筹资总额的 5% 的比例上缴市级风险调剂金，风险调剂金管理办法另行确定。大病保险基金按当年筹资总额的 5% 左右的比例提取。

第二十条　城乡居民医保基金出现收不抵支时，区县市人民政府（管委会）应当进行兜底。符合申请风险调剂金条件的，可按照风险调剂金管理办法有关规定申请调剂金。

第五章　基本医疗保险待遇

第二十一条　城乡居民参保缴费后，从次年 1 月 1 日起享受医保待遇。提前参保和出生 28 天以内参保的新生儿，自出生之日起享受医保待遇；出生 28 天以后参保的新生儿，从缴费的下月起享受医保待遇。因户籍变动等客观因素导致未能及时参保的，从缴费的下月起享受医保待遇。当年退役军人从参保之日起享受医保待遇。

第二十二条　城乡居民医保基金为参保人员支付下列费用：

（一）政策范围内的住院医疗费用；

（二）政策范围内的门诊医疗费用；

（三）购买城乡居民大病保险、意外伤害等商业保险的费用；

（四）生育医疗费用补助；

（五）符合国家政策和省、市人民政府规定的其他情形。

第二十三条　参保人员在本市基本医疗保险协议医疗机构发生的政策范围内住院医疗费用，按以下规定支付：

（一）住院起付线标准：乡镇卫生院、街道卫生服务中心为

200 元；二级医院为 500 元；三级医院为 1000 元。参保人员在一个结算年度内每次住院均需支付起付标准。

建立住院起付线标准动态调整机制，由市人力资源社会保障部门根据社会经济发展水平、医保基金运行状况确定。

（二）住院医疗费用报销比例和最高支付限额标准：乡镇卫生院、街道卫生服务中心报销 90%；二级医院报销 70%；三级医院报销 60%。一个结算年度内，城乡居民基本医疗保险（不含城乡居民大病保险）累计最高可将 20 万元医疗费用纳入报销范围。

区县市三级医院按二、三类标准收费的，起付线和报销比例参照二级医院标准执行。

（三）因突发疾病急诊抢救转为住院治疗的，急诊抢救医疗费与住院医疗费用合并计算；急诊抢救死亡的，对政策范围内的医疗费用，视同住院医疗费用按规定报销。

（四）参保居民跨年度住院的，以入院时间为准，享受当年医疗保险待遇。

第二十四条　住院医疗费用支付其他情形：

（一）参保人员在本省省级协议医疗机构发生的符合规定的住院医疗费用，按上级相关规定报销。

（二）因外出务工、长期在外地居住、转省外医疗机构治疗等特殊情形在异地就医时发生的政策范围内住院医疗费用，报参保地城乡居民医保经办机构同意备案后，比照本市同级别协议医疗机构相关标准予以报销。

（三）未按照分级诊疗制度有关规定办理转诊手续的（危急重症患者除外），住院医疗费用报销比例相应降低 15 个百分点。

（四）除急诊抢救情形外，在非协议医疗机构发生的医疗费用不予支付。因危急重症抢救未及时办理转诊手续或在非协议医疗机构入院治疗的，应当在入院治疗 3 个工作日内报城乡居民医保经办机构同意备案，其发生的政策范围内住院医疗费用，比照本市同级别协议医疗机构的相关标准予以报销。

第二十五条　完善城乡居民医保门诊医疗保障政策，兼顾普通门诊和特殊门诊医疗需求，按照城乡居民医保基金总额的 15% 左右的比例，建立门诊医疗统筹基金。具体实施办法由市人力资源社会保障部门会同有关部门另行制定。

第二十六条　完善城乡居民大病保险制度，提高参保患者重大疾病保障水平，具体按照《常德市城乡居民大病保险实施方案》（常政办发〔2016〕8 号）执行，市人力资源社会保障部门可根据社会经济发展状况适时调整。

第二十七条　将无责任方的意外伤害纳入基本医疗和大病保险保障范围，具体办法另行确定。

第二十八条　城乡居民医保基金对参保人员符合计划生育政策规定的生育医疗费用给予补助，平产最高补助标准为 1300 元，剖宫产最高补助标准为 1600 元，按单病种包干管理，与协议医疗机构即时结算。孕产妇因高危重症救治发生的政策范围内住院医疗费用参照疾病住院相关标准支付。

第二十九条　城乡居民医保执行全省统一的基本医疗保险药品目录、诊疗项目、医疗服务设施范围及支付标准。

第三十条　参保人员发生的下列医疗费不属于城乡居民医保基金支付范围：

（一）应当从工伤保险基金中支付的；

（二）依照有关法律规定应当由第三人负担的；

（三）应当由公共卫生负担的；

（四）在境外（含港、澳、台地区）就医的；

（五）国家和省规定不予支付的其他情形。

第三十一条　强化城乡居民医保与城乡医疗救助政策联动。对于经城乡居民基本医疗保险、大病保险和其他补充医疗保险补偿后自负费用仍有困难且符合医疗救助条件的患者，由相关部门及时落实救助政策。

第六章　医疗服务管理

第三十二条　制定城乡居民医保协议医药机构管理办法，强化服务协议管理，建立健全考核评价机制和动态的准入退出机制。

第三十三条　执行分级诊疗制度，形成基层首诊、双向转诊、急慢分治、上下联动的分级诊疗模式。引导参保居民养成“小病不出乡（社区）、大病不出县（二级）、疑难杂症在三级医院”的就医习惯。

第三十四条　全面推行以总额控制为基础的医保付费方式改革，积极推进按病种付费为主，按疾病诊断相关分组（DRGs）付费、按人头付费、按床日付费、总额预付为补充的复合式支付方式。建立健全医保经办机构与医疗机构及药品供应商的谈判协商机制和风险分担机制，推动形成合理的医保支付标准，引导协议医疗机构规范服务行为，控制医疗费用不合理增长。

第七章　经办能力建设

第三十五条　各区县市人民政府（管委会）要加强城乡居民医保经办能力建设，加强乡镇、街道社会保障服务平台建设，落实办公场所，保障医疗服务监管用车，合理配备与城乡居民医保管理服务相适应的人员编制，足额安排工作经费，确保城乡居民医保经办服务工作的顺利开展。加大政府购买服务的力度，探索委托具有资质的商业保险机构参与城乡居民医保经办服务。

第三十六　条市、县两级城乡居民医保经办机构要完善管理运行机制，逐步实现精细化管理，规范优化经办服务流程，不断提高管理效率和服务水平。

第三十七条　按照标准统一、资源共享、数据集中、服务延伸的原则，建立健全覆盖全市城乡的医疗保险信息网络。建立统一的参保人员、医疗信息、医药机构数据库，并健全运行规范。

通过业务专网实现信息系统与所有经办机构、协议医药机构对接，统筹推进各级社会保障平台信息网络建设。推广“互联网 + 医保”益民服务。推动社会保障卡在城乡居民参保缴费、即时结算等工作中的广泛应用，做好与城乡居民健康卡之间数据和功能的互补共享。

第八章　监督管理

第三十八条　人力资源社会保障部门应当加强对城乡居民医保制度实施、经办机构职责履行情况的监督管理，加强对基金收支、管理工作的监督检查。建立城乡居民医保定期公示制度，督促城乡居民医保经办机构定期向社会公布基金筹集、使用和结余情况，保证参保人员的参与权、知情权和监督权。

第三十九条　市人民政府和各区县市人民政府（管委会）成立由相关部门、人大代表、政协委员、医疗机构、参保人员、专家学者等参加的城乡居民医保监督委员会，对基金的筹集、运行、使用和管理实施社会监督。设立城乡居民医保咨询专家委员会，实行医疗保险重大问题专家咨询、评估制度。

第四十条　切实加强城乡居民医保基金监督管理，对违反《中华人民共和国社会保险法》和基本医疗保险制度政策有关规定的行为，依法依规严厉查处。

第九章　附则

第四十一条　因重大疫情、灾情及重大事故所发生的城乡居民医疗费用，由区县市人民政府（管委会）综合协调解决。

第四十二条　城乡居民医保筹资标准和待遇标准随着社会经济发展和城乡居民医保基金运行状况适时调整。调整方案由市人力资源社会保障部门会同有关部门根据上级政策规定研究制定。

第四十三条　本办法由市人力资源和社会保障局负责解释。

第四十四条　本办法自2017年1月1日起施行，《常德市人民政府关于印发〈常德市城镇居民基本医疗保险暂行办法〉的通知》（常政发〔2007〕18号）、《常德市人民政府关于加强新型农村合作医疗管理工作的意见》（常政发〔2007〕20号）同时废止。原城镇居民基本医疗保险制度和新型农村合作医疗制度执行至2016年12月31日止。

常德市人民政府关于印发《常德市机关事业单位工作人员养老保险制度改革实施方案》的通知

各区县市人民政府，常德经济技术开发区、柳叶湖旅游度假区、西湖管理区、西洞庭管理区管委会，市直有关单位：

《常德市机关事业单位工作人员养老保险制度改革实施方案》已经市人民政府同意，现印发给你们，请认真贯彻执行。

常德市人民政府

2016 年 4 月 6 日

常德市机关事业单位工作人员养老保险制度改革实施方案

为进一步统筹全市城乡社会保障体系建设，建立更加公平、可持续的养老保险制度，根据《湖南省人民政府关于机关事业单位工作人员养老保险制度改革的实施意见》（湘政发〔2015〕38 号）精神，结合我市实际，现就全市机关事业单位工作人员养老保险制度改革制定如下实施方案。

一、工作目标

自 2014 年 10 月 1 日起，改革现行机关事业单位工作人员退休保障制度，逐步建立独立于机关事业单位之外、资金来源多渠道、保障方式多层次、管理服务社会化的养老保险体系。

二、任务措施

（一）明确改革范围。本次改革的范围是按照公务员法管理的单位、参照公务员法管理的机关（单位）、事业单位及其编制内的工作人员。具体范围指：

1. 单位范围。指全市各级按照公务员法管理的单位、参照公务员法管理的机关（单位）、事业单位。事业单位，是指根据国家和省、市有关规定进行分类改革后的公益一类、二类事业单位。对于目前划为生产经营类，但尚未转企改制到位的事业单位，已参加企业职工基本养老保险的仍继续参加；尚未参加的，暂参加机关事业单位基本养老保险，待其转企改制到位后，按有关规定纳入企业职工基本养老保险的范围。

2. 人员范围。指上述单位按照机关事业单位编制管理规定确定的编制内工作人员。编制外人员应依法参加企业职工基本养老保险。对于编制管理不规范的单位，先按照有关规定清理规范，待明确工作人员身份后再纳入相应的养老保险制度。

（二）筹集基本养老保险基金。机关事业单位基本养老保险费由单位和个人共同负担。

1. 单位缴纳基本养老保险费。单位应按本单位参加机关事业单位养老保险工作人员的个人缴费工资基数之和 20% 的比例缴纳基本养老保险费。

2. 个人缴纳基本养老保险费。个人应按本人缴费工资基数 8% 的比例缴纳基本养老保险费。机关单位（含参公管理的单位）工作人员的个人缴费工资基数包括：本人上年度工资收入中的基本工资、国家统一的津贴补贴（艰苦边远地区津贴、警衔津贴、海关津贴等国家统一规定纳入原退休费计发基数的项目）、规范后的津贴补贴（地区附加津贴）、年终一次性奖金；事业单位工作人员的个人缴费工资基数包括：本人上年度工资收入中的基本工资、国家统一的津贴补贴（艰苦边远地区津贴等国家统一规定纳入原退休费计发基数的项目）、绩效工资。其余项目暂不纳入个人缴费工资基数。个人工资超过全省上年度在岗职工平均工资300%以上的部分，不计入个人缴费工资基数；低于全省上年度在岗职工平均工资60%的，按全省在岗职工平均工资的60%计算个人缴费工资基数。

（三）建立基本养老保险个人账户。按照本人缴费工资基数8%的数额建立基本养老保险个人账户，全部由个人缴费形成。个人账户储存额只用于工作人员养老，不得提前支取，每年按照国家统一公布的记账利率计算利息，免征利息税。个人账户余额按规定可以依法继承。

（四）改革基本养老金计发办法。实行新的基本养老金计发办法，建立待遇与缴费挂钩机制，提高机关事业单位及其工作人员参保缴费的积极性。

1. 2014年10月1日后参加工作且个人缴费年限累计满15年的人员，退休后按月发给基本养老金。基本养老金由基础养老金和个人账户养老金组成。退休时的基础养老金月标准以全省上年度在岗职工月平均工资和本人指数化月平均缴费工资的平均值为基数，缴费每满1年发给1%。个人账户养老金月标准为个人账户储存额除以计发月数，计发月数按国家统一规定执行。

2. 2014年10月1日前参加工作、2014年10月1日后退休且个人缴费年限（含视同缴费年限，下同）累计满15年的人员，在发给基础养老金和个人账户养老金的基础上，再依据视同缴费年限长短发给过渡性养老金。

3. 2014年10月1日后达到退休年龄但个人缴费年限累计不满15年的人员，其基本养老保险关系处理和基本养老金计发比照《实施〈中华人民共和国社会保险法〉若干规定》（人力资源社会保障部令第13号）执行。

4. 2014年10月1日前已经退休、原工作单位及其工作人员参加了此次改革的人员，继续按照国家和省规定的原待遇标准发放退休待遇，统筹项目内部分纳入养老保险基金支付，同时执行基本养老金调整办法。统筹项目为国家和经国家批准由省级政府规定的待遇项目（标准），其他自行增加的项目和提高的标准，仍从原渠道列支。

5. 机关事业单位离休人员不纳入此次改革范围，仍按照国家统一规定发给离休费，并调整相关待遇。

（五）建立基本养老金调整机制。按照国家统一部署，根据职工工资增长和物价变动等情况，统筹安排机关事业单位和企业退休人员的基本养老金调整，逐步建立兼顾各类人员的养老保险待遇正常调整机制，分享经济社会发展成果，保障退休人员基本生活。

（六）严格视同缴费年限认定。对于2014年10月1日前曾参加企业职工基本养老保险、2014年10月1日后参加机关事业单位基本养老保险的工作人员，其参加企业职工基本养老保险的实际缴费年限应予确认，不认定为视同缴费年限，并与参加机关事业单位基本养老保险的实际缴费年限合并计算。其他情形视同缴费年限的认定，按照国家有关规定执行。在本人退休时，根据其实际缴费年限、视同缴费年限及对应的视同缴费指数等因素计发基本养老金。

（七）调整部分工作人员退休时加发退休费政策。2014年10月1日后获得省部级以上劳模、有重大贡献的高级专家等荣誉称号的工作人员，在职时给予一次性奖励，退休时不再提高基本退休费计发比例，奖励所需资金不得从养老保险基金中列支。对于2014年10月1日前已获得此类荣誉称号的工作人员，本人退休时给予一次性退休补贴并支付给本人，资金从原渠道列支。符合原有加发退休费情况的其他人员，按照上述办法处理。

（八）加强基本养老保险基金监督管理。基本养老保险基金由省、市、县分级管理。根据国家和省要求，认真落实省级基金调剂制度，并积极创造条件，逐步实现向省级统筹过渡。依法加强基金监管，确保基金安全。机关事业单位基本养老保险基金单独建账，与企业职工基本养老保险基金分别管理使用。基金实行严格的预算管理，纳入社会保障基金财政专户，实行收支两条线管理，专款专用，不得用于平衡其他政府预算等用途。

（九）做好养老保险关系转移接续。参保人员在同一统筹范围内的机关事业单位之间流动，只转移养老保险关系，不转移基金。参保人员跨统筹范围流动或在机关事业单位与企业之间流动，在转移养老保险关系的同时，基本养老保险个人账户储存额随同转移，并以本人2014年10月1日后各年度实际缴费工资为基数，按12%的总和转移基金，参保缴费不足1年的，按实际缴费月数计算转移基金。转移后基本养老保险缴费年限（含视同缴费年限）、个人账户储存额累计计算。

（十）建立职业年金制度。机关事业单位在参加基本养老保险的基础上，应当为其工作人员建立职业年金。单位按本单位参加机关事业单位养老保险工作人员的个人缴费工资基数之和的8%缴费，个人按本人缴费工资基数的4%缴费。职业年金的基金管理方式、个人账户管理、转移接续、工作人员退休后待遇领取以及经办管理和监督检查等，按照《国务院办公厅关于印发机关事业单位职业年金办法的通知》（国办发〔2015〕18号）规定执行。职业年金基金的投资管理按照国家有关规定执行。

（十一）做好养老保险政策衔接。妥善处理本市原有机关事业单位养老保险试点政策与本实施方案的衔接问题。2014年10月1日后，对于符合纳入机关事业单位基本养老保险条件的人员，其改革前在机关事业单位的工作年限作为视同缴费年限，退休时按照有关规定计发待遇。在试点期间的个人缴费本息，划转至2014年10月1日后的本人职业年金个人账户，本人退休时，由同级财政拨付资金记实，该部分个人缴费本息不计入新老办法标准对比范围，一次性支付给本人。各地开展试点期间的养老保险结余基金待试点制度处理完结后，并入机关事业单位基本养老保险基金统一使用，严禁挤占挪用，防止基金资产流失。不能纳入机关事业单位工作人员养老保险制度改革的原试点参保单位和个人如何参加企业职工养老保险、试点期间已退休人员的个人缴费本息如何处理等与试点有关的政策衔接办法，按照省人力资源和社会保障厅和相关部门制定的政策实施。

（十二）做好社会化管理服务。提高机关事业单位社会保险社会化管理服务水平，为参保人员发放全国统一的社会保障卡，实行基本养老金社会化发放。加强街道、社区人力资源社会保障工作平台建设，加快老年服务设施和服务网络建设，为退休人员提供方便快捷的服务。

三、工作步骤

（一）实施准备（2016年5月底前）。召开全市机关事业单位工作人员养老保险制度改革动员部署大会，布置改革启动相关工作，组织各经办机构工作人员参与上级业务部门开展的业务培训、模拟测算、信息系统调试应用等工作。做好全市机关事业单位及其工作人员的参保数据采集和参保登记工作。

（二）启动运行（2016年6月起）。从2016年6月1日起，全面启动机关事业单位工作人员养老保险制度改革工作。对符合改革范围的机关事业单位及其工作人员做好基本养老保险和职业年金的缴费申报、基金征缴、关系转移、个人账户管理、内控与稽核、待遇核定和支付等工作。逐步解决制度改革中的遗留问题，实现全覆盖。

四、组织保障

（一）加强组织领导。各区县市人民政府要成立专门的工作班子，建立工作机制，明确工作计划和责任分工，抓好督促落实。要加强社保经办机构能力建设，严格科学设置经办机构内部工作岗位和适当充实工作人员，提供必要的经费和服务设施。市人社、财政部门要加强对全市改革工作的指导，抓紧搞好政策和业务培训；市机构编制管理部门要指导各级机构编制管理部门按照相关规定，界定好事业单位类别和在编在岗人员；其他相关部门要加强协调配合，形成工作合力，为推进改革奠定基础。

（二）确保资金到位。改革后全市机关事业单位养老保险基金仍按属地原则分级管理。人社部门及经办机构要抓好基金征缴工作，做到应收尽收；财政部门要切实调整支出结构，积极筹措资金，加大社会保障资金投入力度，做好相关资金保障工作。基金当期出现收支缺口时，由同级财政给予补助，确保参保退休人员基本养老金按时足额发放。

（三）严格执行政策。各级各部门必须严格按照政策规定落实，不得自行其是，要坚决维护政策严肃性。社会保险经办机构应做好机关事业单位养老保险参保登记、基本养老保险和职业年金的缴费申报、基金征缴、关系转移、个人账户管理、待遇核定和支付等工作，严格执行国家和省统一制定的业务经办规程、经办管理办法、基金财务、内控和稽核制度。

（四）维护社会稳定。坚持正面宣传，正确解读政策，防止误读误解和炒作，让广大干部群众充分理解、积极支持改革，营造出有利于改革的良好氛围。改革后，各级各部门在认真做好本级本单位养老保险工作的同时，要继续承担起管理和服务离退休人员的相关职责，积极维护好改革前后的稳定大局。

常德市人民政府关于印发《常德市农村饮水安全工程管理办法（试行）》的通知

常政发〔2016〕13号

各区县市人民政府，常德经济技术开发区、柳叶湖旅游度假区、西湖管理区、西洞庭管理区管委会，市直和中央、省驻常有关单位：

《常德市农村饮水安全工程管理办法（试行）》已经市人民政府同意，现印发给你们，请认真贯彻执行。

常德市人民政府

2016年8月29日

常德市农村饮水安全工程管理办法（试行）

第一章　总则

第一条　为进一步加强我市农村饮水安全工程管理，保障农村饮水安全，根据《中华人民共和国水法》、国家发改委等五部委联合印发的《农村饮水安全工程建设管理办法》（发改农经〔2013〕2673号）和《湖南省人民政府办公厅关于进一步做好农村饮水安全工作的意见》（湘政办发〔2013〕64号）等规定，结合我市实际，制定本办法。

第二条　在本市行政区域内从事与农村饮水安全工程管理有关的活动，应当遵守本办法。

第三条　农村饮水安全工程是保障农村饮水安全的基础设施。本办法所称农村饮水安全工程，是指以解决农村居民生活饮用水安全为主要目标的供水工程，包括城乡一体化工程、农村集中供水工程和分散供水工程。

第四条　各区县市人民政府（管委会）要切实加强农村饮用水水源保护工作，建立水源保护协调机制，加强水资源调配，优先满足农村饮水安全工程用水。

第五条　农村饮水安全工程是重大民生工程，属于公益性工程，各级政府应在资金、用地、用电、工程运行管理等方面给予扶持。对在农村饮水安全工程管理方面有显著成绩的单位和个人，由市和区县市人民政府（管委会）给予奖励。

第六条　农村饮水安全工程管理应实行政府负责、水利牵头、部门配合、水厂为主、社会监督的运行机制，按照城乡一体化、建设规模化、管理标准化的发展方向，全面构建城乡供水运营体系和服务网络，实现水厂运行水质达标、水量充足、水压稳定、制度健全、运转正常、环境优美的目标。

第二章　管理机构和职责

第七条　各区县市人民政府（管委会）对本地农村饮水安全工程管理负主体责任，并根据本地实际制定实施细则。乡镇人民政府（街道办事处）负责所属范围内农村饮水安全工程管理日常工作，配合相关部门和供水单位做好水源保护、水厂运行、管网维护等工作。将农村饮水安全工作纳入各级人民政府绩效考核。

第八条　水利部门负责农村饮水安全集中供水工程和分散供水工程的建设、管理等工作；住建部门负责城乡一体化供水工程的建设、管理等工作。

卫生计生、环保、水文部门按照各自职责做好农村饮水安全工程管理的具体工作。

发改、财政、国土资源、电力、交通运输、工商、国税、地税、公安等相关单位按照职责分工配合做好相关工作。

第九条　各区县市人民政府（管委会）应设立农村饮水安全工程管理机构并配备与之相适应的编制和人员。农村饮水安全工程管理机构具体负责农村饮水安全工程规划、建设、管理、考核等工作。乡镇人民政府应依托乡镇水管站，明确专职人员，对辖区内农村饮水安全工程进行管理。村级应明确供水监督员，负责本村供水的日常监管。

第十条　各区县市可设立区域化农村供水管理公司，实行专业化、集约化经营管理。

第十一条　供水单位实行企业化管理、有偿供水、计量收费、自主经营、独立核算、自负盈亏，并履行下列义务：

（一）办理卫生计生部门核发的卫生许可证；

（二）对从事直接供水工作的人员，建立健康档案，定期进行健康检查；组织相关技术人员定期参加技术培训，取得从事农村供水工作的技术资格；

（三）制定保证安全、稳定供水的规章制度；

（四）提供符合国家卫生标准的饮用水，保障安全正常供水；

（五）依照发改（物价）部门批准的水价标准计量收费；

（六）定期检查、维护供水设施，及时抢修供水设施，设立供水事故抢修电话热线，并向社会公布；

（七）做好水源巡查、水质检测、供水设施检修和养护等工作，确保设施正常、安全运行，真实记录运行日志；

（八）建立财务报表、工程运行、工程技术、水质检验等相关档案，明确专人管理；

（九）按照供水工程应急预案制定相应应急方案，并报县级水利部门备案。

第三章　维修养护和经费保障

第十二条　区县市人民政府（管委会）应设立农村饮水安全工程维修养护专项资金，并建立农村饮水安全工程管理服务机构，全面加强农村饮水安全工程运行管理。

第十三条　水利部门要根据辖区工程类型、运行情况、折旧年限等测算农村饮水安全工程年均维修养护专项资金额度，并报财政部门审核。农村饮水安全工程维修养护专项资金来源主要是县级财政预算补助资金、水费提留等。

第十四条　维修养护专项资金只能用于辖区内农村饮水安全工程较大设施维修、设备更新，以及因自然灾害造成的工程抢修费用。财政部门负责维修养护专项资金筹集、使用和监督，水利部门负责组织实施。

第十五条　市级财政应将本级水质检测机构的水质巡检、抽检经费纳入本级预算。区县市人民政府（管委会）应将县级水质检测机构检测费和管理经费纳入本级财政预算。检测费按照区域农村供水受益人口每年人均不低于 0.5 元的标准确定。农村饮水安全工程维修养护专项资金财政补助部分按农村供水受益人口每年人均不低于 1.5 元的标准确定，水费提留部分按农村供水受益人口每年人均不低于 1.5 元的标准确定。根据工作实际需要，检测费、农村饮水安全工程维修养护专项资金逐步提高。

第四章　水质检测和监测

第十六条　各区县市应成立水质检测机构，承担本辖区农村饮水安全工程水质检测工作，并建立规模农村饮水安全工程日自检、水质检测机构月巡检、卫生计生部门季抽检的三级水质检验制度。市级水质检测机构承担武陵区、常德经济技术开发区、柳叶湖旅游度假区、西湖管理区、西洞庭管理区、桃花源旅游管理区及贺家山原种场农村饮水安全工程水质巡检；指导县级水质检测机构水质检验工作；对县级水质检测机构月巡检工作进行抽查。

第十七条　各区县市应根据检测和监测标准建立具备相应检测和监测能力的检测室。规模农村饮水安全工程日自检检测能力不少于 9 项，水质检测机构检测能力不少于 42 项，卫生计生部门监测机构检测能力不少于 106 项。

第十八条　各水质检验单位应按照下列标准进行水质检验。

（一）规模农村饮水安全工程日自检：对水源水、出厂水和管网末梢水进行检测，检测指标及频次应符合《水利部关于进一步强化农村饮水工程水质净化消毒和检测工作的通知》（水农〔2015〕116 号）要求。

（二）县级水质检测机构月巡检：按照国家发改委、水利部、卫计委、环保部下发的《关于加强农村饮水安全工程水质检测能力建设的指导意见》（发改农经〔2013〕2259 号）要求，结合《村镇供水工程运行管理规程》（SL689–2013）进行水质检验。对供水规模为 20 立方米 / 天及以上的集中供水工程每月巡检 1 次，对供水规模为 20 立方米 / 天以下的集中供水工程和分散供水工程每季至少巡检 1 次，特殊情况相应增加检验频次和检验指标。

（三）卫生计生部门季抽检：卫生计生部门按照《生活饮用水卫生标准》（GB5749–2006），对供水规模为 20 立方米 / 天及以上的集中供水工程出厂水和管网末梢水每季监测 1 次；对供水规模为 20 立方米 / 天以下的集中供水工程和分散供水工程，根据水源类型、水质及水处理情况进行分类，各类工程选择不少于 2 个代表性工程，每年至少进行 2 次常规指标和存在风险的非常规指标分析。

第十九条　建立信息公开与报送制度，水质检测结果应及时通报相关部门和供水单位，适时向社会公示。对于监测不达标的，要督促限期整改到位。

第五章 安全监管

第二十条 各区县市人民政府（管委会）应组织制定本地农村饮水安全保障应急预案，建立技术、物资和人员保障系统，落实重大事件的值班、报告、处理制度，形成有效的预警和应急救援机制。

第二十一条 饮用水水源地发生污染、供水水质出现重大变化或供水水量严重不足时，供水单位应立即采取相应措施，适时启动应急方案并报请县级水利部门和当地人民政府，相关部门应按权限及时启动应急预案。

第二十二条 农村饮水安全工程供水管线两侧 2 米内为管理范围，在管理范围内禁止下列行为：

（一）取土开挖；

（二）堆放垃圾及有毒有害物品；

（三）修建永久性建筑物；

（四）其他可能损坏供水管网及其设施的行为。

第二十三条 区县市人民政府（管委会）应结合实际情况划定供水管线保护范围。在供水工程管线保护范围内从事工程建设，对供水工程有不利影响的，建设单位应当采取相应的补救措施；造成损失的，依法给予补偿。

第二十四条 建立重大事故和重大隐患报告制度。供水单位要切实加强安全生产自查工作，发现重大隐患或发生重大事故时，要及时上报水利部门和当地人民政府。

第六章 法律责任

第二十五条 各有关职能部门有下列情形之一的，由有关行政机关按照管理权限，对负有责任的主管人员和其他直接责任人员给予行政处分：

（一）未依法对农村饮用水水源定期进行监测的；

（二）未依法对农村饮水安全工程的取水、制水、供水定期进行卫生监测的；

（三）未依法履行监督管理职责，致使农村饮水安全工程不能正常运行，造成严重后果的；

（四）有其他玩忽职守、滥用职权、徇私舞弊行为的。

第二十六条 违反本办法规定的，由有关行政机关依照法律、法规和规章规定处理；构成犯罪的，依法追究刑事责任。

第七章 附则

第二十七条 本办法自公布之日起施行。

常德市财政局 常德市科学技术局关于印发《常德市专利资助专项资金管理办法》的通知

各区县市财政局、科技局，常德经济技术开发区、柳叶湖旅游度假区、西湖管理区、西洞庭管理区、桃花源旅游管理区财政局、科技局，市直有关单位：

现将《常德市专利资助专项资金管理办法》印发给你们，请遵照执行。

常德市财政局　常德市科学技术局
2016 年 10 月 12 日

常德市专利资助专项资金管理办法

第一章 总 则

第一条　为加强专利资助专项资金（以下简称专项资金）管理，充分发挥财政资金的扶持、引导和激励作用，提高专项资金使用效益，根据《中华人民共和国预算法》、《湖南省专利条例》等法律法规的规定，结合我市实际，制定本办法。

第二条　专项资金由市财政年度预算安排，由市财政局、市科技局共同管理，专项用于支持本市专利申请和扶持专利技术实施，推进专利技术产业化，促进我市技术创新和经济社会发展。

第三条　专项资金的管理和使用遵循“总量控制、突出重点、分类支持、注重绩效”的原则。

第二章　支持对象、范围和条件

第四条　专项资金支持的专利必须权属关系清楚，无法律纠纷。

第五条　专项资金支持的对象：常德市辖区内的政府机关、企事业单位、高等院校、科研机构、中介服务机构和及个人。

第六条　专项资金使用范围：

（一）专利授权资助（不含实用新型和外观设计专利）；

（二）知识产权中小企业试点资助。

第七条　专利授权资助条件：

（一）申领专利授权资助应自专利授权公告之日起 12 个月内提出。

（二）向国外申请的发明专利，应已获受理国（或地区）专利授权。

第八条　知识产权中小企业试点资助条件：

（一）具有独立法人资格，具有良好的科研信用、会计信用等，无不良记录；

（二）拥有一定数量的自主知识产权，是专利权所有者或专利合法实施者；

（三）科技含量高、创新性强、具有广阔的市场前景，有利于我市经济社会发展；

（四）具有实施专利技术项目的研发人员、场地、设备和一定的自筹资金。

（五）具有健全的财务管理机构和完善的财务管理制度。

第三章 资助标准

第九条 专利授权资助标准

（一）获得国内授权发明专利按3000元/件的标准给予资助。

（二）通过专利合作条约（PCT）途径和巴黎公约途径提出的国外专利申请，在国外完成国家（地区）公布或正式获得授权的，每件一次性资助1万元。

第十条 知识产权中小企业试点资助标准

获得市知识产权试点的企业，单个项目一次性给予5万元资助。

第四章 资金申请与拨付

第十一条 专利授权资助申报程序

（一）符合条件的资助对象向当地科技部门提交申请，并报送下列材料：

1. 常德市专利授权资助申报表；

2. 专利证书复印件；

3. 企事业单位申请需提供营业执照或组织机构代码证复印件；

4. 个人申请须提供身份证复印件；

5. 向国外申请的发明专利，提供受理国（或地区）相应的材料；

6. 其他有关材料。

（二）当地科技部门对申报材料的真实性进行审核，并签署意见盖章后报市科技局。

（三）市科技局负责汇总全市资助申报情况，并会同市财政局对所申报资助项目进行审核，按资助标准拿出资助方案。

第十二条 知识产权中小企业试点资助申报程序

（一）专利权人向市科技局提出申请，并提交下列材料：

1. 常德市中小企业知识产权试点申报表；

2. 专利证书复印件；

3. 营业执照或机构代码证复印件及授权合同；

4. 其他有关材料。

（二）市科技局、市财政局组织专家对所申报的知识产权中小企业试点项目进行现场调查、检索和评估，提出意见，确定扶持项目及资助金额，共同负责项目组织实施、跟踪管理、验收等。

第十三条 市财政局会同市科技局对审核无异议的资助项目，按照预算管理及市本级专项资金管理的有关规定，每年6月30日及12月30日前由两家联合行文将资金下达到区县市财政局及有关单位。

第十四条 区县市财政局在收到专项资金文件后，应当在30日内将资金及时下达相关单位，并提出明确的资金管理和使用要求，督促相关单位按照要求组织实施。

第五章 监督管理

第十五条 市县财政部门要会同科技部门切实加强对专利资助专项资金的监督，确保专款专用。

第十六条 申请专项资金的单位、个人应主动接受财政、审计部门的监督与审计。对弄虚作假骗取专项资金，截留、挪用、挤占专项资金或者其他等违反财经纪律的行为，将按照《中华人民共和国预算法》、《财政违法行为处罚处分条例》等有关法律法规处理；涉嫌犯罪的，移送司法机关处理。

第六章 附 则

第十七条 本办法由市财政局和市科技局负责解释。

第十八条 本办法自2016年1月1日起施行

常德市发展和改革委员会关于调整全市农村用电价格的通知

常发改价商〔2016〕31号

各区县市发改（物价）局，贺家山原种场物价办，国网常德供电公司：

根据湖南省发展和改革委员会《关于降低省电网燃煤发电上网电价和工商业用电价格的通知》（湘发改价商〔2016〕1号）精神，结合本地实际情况，现就全市农村用电价格调整有关事项通知如下：

一、农村居民生活用电价格不作调整。全市农村居民生活用电价格仍执行每千瓦时0.588元（第一档电量价格），并执行居民阶梯电价政策。农村中小学校教学用电（含学校食堂、澡堂用电）统一执行居民合表用户生活用电价格。

二、农村农业生产用电价格不作调整。全市农村农业生产用电价格仍执行每千瓦时0.668元。我市贫困地区农业排灌用电价格为每千瓦时0.5元。

三、农村一般工商业及其他用电价格作适当调整。全市农村一般工商业及其他用电价格由每千瓦时1.0225元调整为1.0117元。对乡镇非营利性医院和政府机关以及社会福利事业单位的用电按省电网一般工商业及其他用电价格（目录电价）执行。省电网电力部门对直供用户的电力销售价格按省电网目录电价执行。

四、执行时间

以上电价调整自2016年1月1日起执行。

五、有关要求

这次电价调整是国家和省价格主管部门为适当疏导电价矛盾、保障电力供应、支持可再生能源发展、促进节能减排采取的一项主要措施，各地要严格执行国家电价政策，不得擅自提高或降低国家规定的电价水平，切实维护国家电价政策的权威性和严肃性。各地价格、电业部门要认真做好本次电价政策调整宣传工作，确保本通知规定的各项措施及时得到贯彻落实。《常德市发展和改革委员会关于调整全市农村用电价格的通知》（常价价〔2015〕25号）文件同时废止。

常德市发展和改革委员会

2016年1月13日

常德市公安局关于进一步推进户籍制度改革的实施意见

为贯彻落实《常德市人民政府关于进一步推进户籍制度改革的实施意见》（常政发〔2015〕10号）精神，市局特制定如下实施意见。

一、实施城乡统一的户口登记制度。

自2016年1月1日起，全市取消农业、非农业性质户口以及由此派生的自理口粮户口、蓝印户口等各种类型户口，统一登记为居民户口，不再标注户口性质，不再受理“农转非”、“非转农”等户口性质变更申请业务，不再依据户口性质统计农业人口与非农业人口，改为根据户口登记地的城乡地域属性划分统计城镇户籍人口和农村户籍人口。自2016年1月1日起，在户口资料打印件（如户口簿、常口登记表等）和人口管理信息系统取消农业户口和非农业户口性质区分，均打印为居民户口。按照自愿原则，居民可以自行前往户口所在地派出所免费换领新版居民户口簿。

二、进一步调整放宽户口迁移政策。

为有序推进农业转移人口及其他常住人口市民化，加快常德建成百万人口大城市，全市公安机关将进一步调整放宽城镇户口迁移政策，规范农村地区的户口迁移政策，市局将根据《湖南省常住户口登记管理办法》出台新的全市户口登记管理规定。

1. 全面放开建制镇和小城市落户限制。在县级市市区、县人民政府驻地镇和其他建制镇有合法稳定住所（含租赁）的人员，本人及其共同居住生活的配偶、子女、父母等，可以在当地申请登记常住户口。

2. 有序放开市中心城区落户限制。在武陵区、柳叶湖旅游度假区、常德经开区、鼎城区玉霞街道、红云街道、郭家铺街道的城区合法稳定就业并有合法稳定住所（含租赁），同时按照国家规定参加社会保险的人员，本人及其共同居住生活的配偶、子女、父母等，可以在当地申请登记常住户口。原户口空挂在上述地区或挂靠亲友、集体户的，在市城区已取得合法住所的，原则上须在合法住所地登记户口，没有合法住所的，可以挂靠亲友家庭户、工作单位集体户、社区集体户和人力资源服务机构集体户，但须进行“三实”信息采集，派出所不得强制注销或迁移。

3. 规范城镇地区居民到农村地区落户限制。对城镇地区居民违反规定在农村地区购置宅基地的，一律不准落户。对实际居住生活在农村地区，在城区无房无业，申请夫妻投靠、大中专学生毕业回原籍、军人退伍回原籍、军人配偶投靠军人父母、离婚回原籍、拥有宅基地使用权和土地承包经营权，并且以农林牧渔业为主要生活来源的户口空挂城镇地区人员申请回农村地区落户的，武陵区、鼎城区、常德经济开发区、柳叶湖旅游度假区呈报市局审批，其他区、县（市）由县级公安机关审批，其办理期限为规定时间内办结。

三、加强人口管理和服务。

（一）妥善解决户口登记中的重点、难点问题。

2016年1月14日，国务院办公厅印发《关于解决无户口人员登记户口问题的意见》（以下简称《意见》），是解决无户口人员登记户口的重要举措，是保障民生、促进社会公平正义的应有之义，体现了党和政府对户籍管理工作的高度重视，全市公安机关应将思想和行动统一到国办《意见》上来，扎实做好无户口人员户口登记工作。

1. 出生登记禁止设立不符合户口登记规定的任何前置条件。超计划生育、非婚生育的婴儿申报户口的，应当依法及时为其办理出生登记，再按有关规定通报当地卫生计生部门。

2. 简化非婚生子女户口申报材料。对非婚生子女申报户口的，由当事人提供非婚生育书面说明，对子女的出生情况、抚养情况作出说明，不得要求群众对书面说明再进行公证，或是要求其他单位证明，增加群众的负担。

3. 全市推行出生登记“三级上户”、“异地上户”举措。以群众申报之日起一周为限，对拒不执行出生登记规定引起群众上访的，市局将全市通报，并作为警务调查工作中的户口业务办理“不满意样本”予以考评扣分，以切实保障公民登记户口的合法权益。

（二）继续大力实施居住证制度。

公民离开常住户口所在地到城区居住半年以上的，在居住地申领居住证。符合条件的居住证持有人，可以在居住地申请登记常住户口。以居住证为载体，建立健全与居住年限等条件相挂钩的基本公共服务提供机制。居住证持有人享有与当地户籍人口同等的劳动就业、基本公共教育、基本医疗卫生服务、计划生育服务、公共文化服务、证照办理服务等权利，按照权责对等的原则，居住证持有人应当履行服兵役和参加民兵组织等国家和地方规定的公民义务。

（三）健全人口信息管理制度。要继续加强户籍管理队伍正规化、专业化建设。继续开展户口清理整顿，做好死亡人员户口注销工作，全面排查应销未销户口人员信息，依法依规予以注销，坚决纠正错、重、假户口，确保身份证号码的唯一性、准确性、权威性。全面开展“三实”信息采集工作，加强和完善人口统计调查，全面、准确掌握人口规模、人员结构、地区分布等情况。建设和完善全市统一的以公民身份号码为唯一标识、以人口基础信息为基准的人口基础信息库，确保人口信息数据准确和安全。

四、加强全市公安机关户籍制度改革的组织领导。

全市各级公安机关要把进一步推进户籍制度改革工作作为当前和今后一个时期深化公安改革的重要内容，切实加强组织领导、健全工作机制，要形成主要领导亲自抓、分管领导具体抓、职能部门分头抓，经费保障有力、配套措施到位，定期会商研究、工作运转有序，督促检查有力、责任层层落实，问题及时解决的工作格局。

人口与出入境管理部门是户籍制度改革的主要责任部门，要深刻领会户籍制度改革精神，全面吃透各项政策，认真做好户口审批、业务指导、操作培训、监督检查等各项工作，及时发现和协调解决工作中遇到的问题。基层派出所是户籍制度改革的前沿阵地，要合理把握政策尺度，积极响应群众诉求，按规范办理各类户口业务。政工宣传部门要做好户籍制度改革的宣传发动和舆情引导工作，宣传表彰工作中涌现出的先进个人和典型事迹。警保部门要为推进户籍制度改革和一元化户口登记工作做好财力保障，组织专门经费解决换发户口簿以及人口信息系统改造涉及的专项经费问题。科信部门要会同人口与出入境管理部门，协调开展人口信息系统的升级改造和信息转换工作。网技部门要对互联网上关于户籍制度改革的舆情动态进行监控。信访、纪检监察和督察部门要收集掌握群众反映突出的问题，及时反馈人口与出入境管理等相关部门处理，对户籍制度改革户口登记中出现的民警不作为或违法违规办理户口等问题进行严肃处理。

常德市公安局
2016 年 3 月 23 日

附录

2016年度省以上主要媒体对常德市报道重点篇目表

媒体	标题	作者	字数（时长）	日期	版面	体裁	县市
人民日报（海外版）	武陵微小说节倡导“德孝廉”	郑红深 徐虹雨 毛　凯	1050字	1月1日	15版	通讯	武陵
人民日报	特色教育成就学生幸福童年	刘　勇 王本英	1358字	1月7日	18版	通讯	鼎城
人民日报	湖南发放首批不动产权证书	侯琳良		1月8日	10版	消息	澧县
人民日报（海外版）	《泉涸之鱼》再现中韩友谊	徐虹雨 李　鹏		1月29日	10版	消息	
人民日报	祖孙三代守护“光明”35年	侯琳良	740字	2月11日	1版	通讯	桃源
人民日报海外版	湖南万元悬赏破译古印度金币铭文	谭　畅	100字	2月17日	4版	消息	津市
人民日报	找寻“吃得饱”的农险			3月27日	5版		
人民日报	花田醉美春天里	陈亚楠	1409字	4月3日	4版要闻	通讯	
人民日报	常德柳叶湖诗墙的启示	梁　衡	1000字	4月13日	5版	评论	
人民日报	观洞庭山水色（美丽中国·夏之湿地） ——洞庭湖 谁写青翠入画来	刘　磊 颜　珂	2109字	5月13日	头版		
人民日报	洞庭湖区试点畜禽水产养殖污染治理（津市是试点）	冯　华		5月20日	3版要闻	消息	
人民日报	城市之美应由内而外	王　群	1157字	6月1日	5版	署名文章	
人民日报	担当起推进供给侧结构性改革的责任	周德睿	1485字	8月11日	7版	署名文章	
人民日报海外版	湖南味道碰撞时尚巴黎——“感知中国”湖南文化走进法国	刘显全 周　翔	2020字	9月12日	7版		

续上表

媒体	标题	作者	字数（时长）	日期	版面	体裁	县市
人民日报	湖南常德：农业综合开发 助推转型升级	姚 瑛 吴继业	800 字	9 月 24 日	6 版		
人民日报	抗日英雄 魂归故里	陈 斌	216 字	9 月 27 日	11 版	图配文	
人民日报（海外版）	以水为媒 中德结缘	刘显全	1707 字	11 月 2 日	6 版头条	文配图	
人民日报（内参）	湖南省常德市探索管控雨水新路径	周立耘		11 月 26 日			
人民日报	常德“海绵”留住天上水	周立耘	554 字	12 月 20 日	头版		
人民日报	咕噜咕噜，城市会喝水	周立耘	2219 字	12 月 20 日	10 版		
人民日报（海外版）	文学架起国际友谊桥	徐虹雨 龙 静	1000 字	12 月 24 日	11 版		
新华每日电讯	常德探索建立党的报告员制度	谭 畅	1229 字	7 月 1 日	2 版头条	消息	
新华每日电讯	津市：“绿色存折”助力村容村貌治理	谭 畅	1099 字	6 月 12 日	3 版	消息	
光明日报	九十二岁抗战老兵常留光明在人间	唐湘岳 徐虹雨 蒋文辉	1000 字	1 月 3 日	3 版	消息	武陵
光明日报	小蜜蜂的歌	唐湘岳 徐虹雨 李 欣	2412 字	1 月 7 日	5 版	通讯	鼎城
光明日报	常德发掘湖南最大规模明代王室家族古墓群	唐湘岳 徐虹雨 龙朝彬	1769 字	1 月 23 日	4 版	通讯	
光明日报	救人与育人	唐湘岳 徐虹雨 龙 静	2137 字	1 月 27 日	5 版	通讯	
光明日报	一个 80 后的农业创新路	徐 畅	418 字	2 月 8 日	2 版		
光明日报	城市图文唤起温暖记忆	徐 畅	459 字	2 月 12 日	2 版		
光明日报	开学第一课 学习左爷爷	唐湘岳 徐虹雨 江一舟	1513 字	2 月 26 日	6 版	通讯	
光明日报	读左亭 写左亭 学左亭	唐湘岳 徐虹雨 李欣	1000 字	3 月 4 日	10 版要闻	通讯	
光明日报	百岁老人的信仰	唐湘岳 徐虹雨 姜美蓉 李 欣	1411 字	5 月 10 日	4 版	通讯	
光明日报	踢球的孩子们	唐湘岳 徐虹雨 龙 静	1180 字	6 月 23 日	10 版	通讯	
光明日报	超越亲情	唐湘岳	1930 字	7 月 4 日	6 版头条	通讯	
光明日报	津市德雅中学国防教育	程学琼	200 字	10 月 21	教科新闻（12 版）	图片新闻	
光明日报	丝弦情韵育小荷	唐湘岳 徐虹雨 李 欣	1354 字	10 月 10 日	4 版头条	通讯	
光明日报	“四队”成为社区管理有力抓	龙 军 徐虹雨	1000 字	11 月 6 日	3 版要闻	消息	
经济日报	书香浓郁 文化惠民	刘 麟 徐虹雨 李 欣	1176 字	1 月 12 日	10 版		
经济日报	三十八年护电情	刘 麟	2870 字	2 月 11 日	头版头条		

续上表

媒体	标题	作者	字数（时长）	日期	版面	体裁	县市
经济日报	山区农民成协会股东	李华林	676 字	2 月 14 日	3 版		
经济日报	栽树照片	柏依朴		3 月 21 日	15 版		
经济日报	为了三湘大地山更绿水更清			4 月 18 日	1 版		
经济日报	常德：建设山清水秀的海绵城市	刘麟等	1471 字	4 月 18 日	4 版		
经济日报	化解养殖污染的烦恼	乔金亮	2371 字	5 月 30 日	11 版	通讯	
经济日报	建设花园城市 开启花样生活	刘 麟	1899 字	7 月 4 日	头版头条	通讯	
经济日报	城头山稻田彩绘节（图片新闻）			9 月 14 日	12 版		
经济日报	湖南石门：柑橘红俏客如潮	刘 麟	1059 字	10 月 23 日	3 版		
农民日报	生猪生态循环养殖的“津市模式”	郑海燕	3400 字	4 月 20 日	7 版养殖技术	通讯	
农民日报	土流测亩仪为汉寿县精准量地	龚远志 杨 娟	689 字	5 月 3 日	7 版土地确权	消息	
农民日报	农民创客“两证”申请获贷款	张振中	620 字	7 月 5 日	7 版农地规模经营	消息	
农民日报	汉寿农民水中抢收稻谷	杨 娟	460 字	7 月 9 日	头版要闻	消息	
农民日报	湖南：粮价走低 粮农盼早售粮	杨 娟	1391 字	8 月 16 日	2 版综合新闻	消息	
农民日报	土地经营权“变现”难在哪儿 – 以汉寿县为例对湖南农村土地经营权抵押贷款的调查	张振中	3212 字	8 月 17 日	7 版农地规模经营	调查报告	
新华社	湖南发现一例 H7N9 流感阳性标本	帅 才		1 月 29 日	健康		
新华社	湖南津市悬赏万元破译古印度金币铭文 共 6 枚	谭 畅	600 字	2 月 17 日			
新华社（湖南领导参考）	“鱼米之乡”光环褪尽变身“富饶的贫困”	张春保 谭剑等		1 月 11 日 总第 278 期			
新华社（湖南领导参考）	“鱼米之乡”走出“坍陷”困局靠什么	张春保 谭剑等		1 月 11 日 总第 278 期			
新华社（湖南领导参考）	石门县生态文明建设的实践与思考	郭碧勋		1 月 25 日 总第 280 期			
新华社	湖南津市万元悬赏成功破译古印度金币铭文	谭 畅	530 字	3 月 30 日			
新华社	农业部开展洞庭湖区畜禽水产养殖污染治理试点	林 晖	523 字	5 月 17 日		消息	
新华社	岳阳、津市、望城区和凤凰县被确定为省级海绵城市建设试点城市	邵一婵	523 字	6 月 3 日	国内新闻	消息	
新华社	湖南津市：农民有本“绿色存折”	谭 畅	1099 字	6 月 8 日	国内新闻	消息	
新华网	拾 230 万现金交派出所 农民工拾金不昧背后有啥故事		2367 字	4 月 11 日	湖南频道		
新华社	湖南常德：基层群众在哪里，党的声音就要传播到哪里	谭畅等		6 月 30 日			
新华社（湖南领导参考）	桃源县翻新服务模式创新农业保证保险贷款			6 月 6 日 总第 298 期			
新华社（湖南领导参考）	津市“绿色银行”促农村垃圾分类处置			6 月 13 日 总第 299 期			
新华社（湖南领导参考）	常德市建立党的报告员制度	王 群		6 月 27 日 总第 301 期			

续上表

媒体	标题	作者	字数（时长）	日期	版面	体裁	县市
新华社	污染源变成了“致富宝”——洞庭湖区养殖业转型见闻	周 勉	1100 字	9 月 30 日	国内新闻	消息	
人民网	中国农民工捡 230 万现金归还 埃塞俄比亚旅客感谢		907 字	4 月 12 日	国际频道		
中央电视台	湖南常德：藏身农村制毒 17 嫌疑人落网	鼎城台 姚军等	2 分	1 月 16 日	新闻直播间		
中央电视台	夜半枪声		35 分	1 月 18 日	社会与法		
中央电视台	湖南：应对严寒天气 多地学校提前放假			1 月 20 日	新闻直播间		
中央电视台	湖南桃源：大雪致局地停电 电力部门紧急排除故障	央视台	35 分	1 月 23 日	新闻直播间		
中央电视台	激情汉寿 九岭泥地越野争霸赛	央视台	10 分 22 秒	1 月 6 日	体育		
中央电视台	石门的味道				农业频道 乡土栏目		
中央电视台	孕妇列车上休克 合力救援转危为安	中央台 广铁台	1 分 19 秒	2 月 14 日	新闻直播间		
中央电视台	团圆故事：小韬韬的新年愿望	吉喆	1 分 20 秒	2 月 22 日	要闻		
中央电视台	“春分”沐春风 欣欣向荣好景色	央视台 鼎城台	35 秒	3 月 20 日	新闻联播		鼎城
中央电视台	湖南常德：花海湿地促乡村旅游	央视台 鼎城台	33 秒	3 月 27 日	经济信息联播		鼎城
中央电视台	[我和总书记议国是]抓改革 补短板 保底线（王群书记谈粮食生产）	中央台		3 月 8 日	新闻联播		
中央电视台	[春季美丽经济]绿色发展 带来山青花似海（桃源茶叶产业）	中央台 桃源台	总共 1 分 19 秒其中桃源 20 秒	4 月 5 日	新闻联播		桃源
中央电视台	【湖南常德】农民工受伤生命垂危 警车开道送医			4 月 8 日	共同关注		
中央电视台 4 频道	湖南常德：花海湿地促乡村旅游	央视台 鼎城台	33 秒	3 月 28 日			鼎城
中央电视台	湖南第二大淡水湖再现清澈	央视台	1 分 12 秒	3 月 31 日	新闻直播间		
	激情汉寿 九岭泥地越野争霸赛	央视记者	10 分 22 秒	1 月 6 日	体育频道赛车时代		
	交警子女陪父母街上执勤			2 月			
	中央 14 套						
	雨雪来袭 山区油菜楠竹“不好受”	桃源台		3 月 11 日	新闻直播间		桃源
	油菜花“做媒”八方游客聚“花海”	中央台 桃源台		3 月 21 日	朝闻天下		
	冷空气来袭 三月飘雪	常德台 杨华红		3 月 10 日	朝闻天下		
	瑞雪美景 装扮三月春	常德台 石门台		3 月 10 日	共同关注		
	准载 5 人实载 8 人 男孩竟藏后备箱	中央台 常德台		3 月 18 日	新闻直播间		
	湖南常德：险！高速公路上危化品槽罐车泄露	常德台		3 月 26 日	东方时空		
	湖南桃源：中华秋沙鸭越冬调查 湖南数量最多	常德台 桃源台		3 月 31 日	新闻直播间		
	湖南第二大淡水湖再现清澈	常德台 津市台		3 月 31 日	新闻直播间		

续上表

媒体	标题	作者	字数（时长）	日期	版面	体裁	县市
中央电视台	【湖南常德】女子抗议客车超员 反被司机威胁	武陵区（常畅赵锐）		4 月 10 日	新闻直播间 13:00 新闻		
	【湖南常德】女子抗议客车超员 反被司机威胁	武陵区（常畅赵锐）		4 月 10 日	新闻直播间 15:00 新闻		
中央电视台	来自春耕一线的报道 互联网加土地流转 汉寿模式破农业贷款难题	孙超 高文鹏	3 分 03 秒	4 月 22 日	财经频道经济信息联播		
	来自春耕一线的报道 唤醒农村沉睡资本 养殖大户的新账本	孙超 高文鹏	3 分 53 秒	4 月 23 日	财经频道第一时间		
	公交车上女孩生病，司机改道送医	常畅	70 秒	4 月 28 日	13 套新闻直播间		
	【湖南常德】公交车上女孩生病 司机改道送医	武陵区（常畅赵锐）		4 月 29 日	新闻直播间 13:00 新闻		
	[中巴两国 跨越空间的清明同祭]你还在我身旁（原中巴公路建设者之一安乡人谭罗生）	新闻联播		5 月 4 日			
	南方遭遇雨水“车轮战” 湖南澧县：水管界面开裂 一度无法正常供水		94 秒	5 月 8 日	新闻直播间		
	湖南：4000 多座水库面临洪水考验			5 月 20 日	朝闻天下		
	湖南：未雨绸缪 水库提前泄水降库容			5 月 20 日	朝闻天下		
中央电视台	民族脊梁：中国妇女运动的先驱——向警予			6 月 16 日	新闻联播		
	【湖南桃源】暴雨引发山洪 多处民房被淹	中央台 桃源台		6 月 30 日	朝闻天下		
	【湖南绿色中国·览夏篇】2 万汉寿甲鱼放流西洞庭湖	中央台 常德台 汉寿台		6 月 17 日	17:00 新闻		
	【湖南绿色中国·览夏篇】何权：用影像记录湿地变化	中央台 常德台 汉寿广电		6 月 17 日	17:00 新闻		
	【湖南绿色中国·览夏篇】西洞庭湖：鹭飞鹤舞 鸟儿天堂	中央台 常德台 汉寿广电		6 月 17 日	17:00 新闻		
	【湖南常德】4 岁男童被忘在校车内不幸身亡	中央台		6 月 17 日	晚间新闻		
	湖南临澧：多管齐下为台商创优质投资环境			6 月 22 日			
	常德垃圾处理新实践	刘煜成 樊建恩	30 秒	7 月 4 日	经济半小时		津市
	湖南常德：降雨致一所中学积水，学生紧急转移	姚鹏 焦健 姚军	5 秒	7 月 2 日	新闻直播间		
中央电视台	湖南澧县：暴雨致河水迅猛上涨 13 乡镇内涝		81 秒	7 月 2 日	《新闻直播间》	视频	澧县
	湖南澧县：暴雨致河水迅猛上涨 13 乡镇内涝		81 秒	7 月 2 日	《东方时空》	视频	澧县
	湖南澧县：暴雨致河水迅猛上涨 13 乡镇内涝		77 秒	7 月 2 日	《24 小时》	视频	澧县
	常德一中学内涨，3000 学生转移	姚军	4 分	7 月 2 日	新闻直播间		
	湖南澧县：暴雨致河水迅猛上涨 13 乡镇内涝		79 秒	7 月 3 日	《新闻直播间》	视频	澧县
	【湖南桃源 强降雨来袭】防洪大堤出现滑坡险情已被控制			7 月 18 日			
	【湖南临澧】暴雨致河水倒灌 农田被淹学校进水			7 月 4 日			
	抗洪的日子——安乡何能保平安	央视台	30 分	7 月 20 日	经济半小时		

续上表

媒体	标题	作者	字数（时长）	日期	版面	体裁	县市
中央电视台	【湖南桃源　防汛抗洪第一线】古稀老人从洪水中背出 34 名老人			7 月 22 日			
	（专题）湖南常德垃圾处理新实践			7 月 12 日			
	【湖南桃源　强降雨来袭】十余乡镇受灾　农田民房被淹			7 月 19 日			
中央电视台	湖南桃源：防洪大堤出现滑坡 险情已被控制			7 月 19 日			
	【湖南常德　关注强降雨】降雨致一所中学积水学生紧急转移			7 月 18 日			
	【湖南澧县】暴雨致河水迅猛上涨 13 个乡镇内涝			7 月 18 日			
	湖南桃源：大片农田被淹 提前转移群众			7 月 21 日	中国新闻		
	湖南桃源：古稀老人从洪水中转移 34 名老人			7 月 22 日	新闻直播间		
	满目青山演绎财富故事			7 月 24 日	央视 7 套		
	文明起源——澧县城头山		2 分 32 秒	8 月 3 日	中国通史		
	湖南桃源：强降雨致使集镇进水 农田被淹			8 月 3 日	第一财经		
	湖南桃源：强降雨袭击 村庄成汪洋			8 月 7 日	新闻直播间		
	湖南常德 强降雨引发山洪 道路农田受损	姚　军 吉　喆	1 分 31 秒	8 月 10 日	新闻直播间		
	湖南常德 洪水来袭群众被困 消防紧急救援	刘　杰	50 秒	8 月 10 日	共同关注		
	湖南汉寿 暴雨突袭 6 乡镇受灾	刘　杰	1 分 10 秒	8 月 11 日	朝闻天下		
	湖南澧县：暴雨致县城积水 水库溢洪		72 秒	8 月 11 日	共同关注	新闻	澧县
	湖南澧县：暴雨致县城积水 水库溢洪		71 秒	8 月 12 日	第一时间	新闻	澧县
	湖南好人：让道德之光引领社会新风尚		6 秒	8 月 14 日	新闻联播		桃源县 沙坪镇
中央电视台	湖南津市 受龙卷风袭击 电力设施房屋受损	孟　杰	57 秒	8 月 15 日	新闻直播间	消息	
	湖南津市 受龙卷风袭击 电力设施房屋受损	孟　杰	59 秒	8 月 15 日	东方时空		
	【湖南澧县】暴雨致县城积水 水库溢洪	中央台 澧县广电		8 月 11 日	共同关注		
	【湖南津市】受龙卷风袭击 电力设施房屋受损	中央台 津市台		8 月 15 日	东方时空		
	【湖南常德“海绵城市”建设】建设储水设施“接住雨水”	中央台		8 月 14 日	14：00 新闻		
	【湖南汉寿】暴雨突袭 6 乡镇受灾	中央台		8 月 11 日	朝闻天下		
	【湖南桃源】强降雨袭击 村庄成汪洋	中央台 桃源台		8 月 7 日	朝闻天下		
	【湖南常德】老人主动脉出血 交警开辟生命通道	武陵区（常畅　赵锐）		8 月 23 日	新闻直播间 09:00 新闻		

续上表

媒体	标题	作者	字数（时长）	日期	版面	体裁	县市
中央电视台	【湖南常德】老人主动脉出血 交警开辟生命通道	中央台武陵区台常畅		8月26日	9：00新闻		
	【湖南常德】强降雨引发山洪 道路农田受损	中央台鼎城台		8月10日	17：00新闻		
	【新闻现场·湖南常德】洪水来袭群众被困 消防紧急救援	湖南台湖南消防		8月10日	东方时空		
	影像追踪	翟树杰	2分58秒	10月18日	说不完的长征——纪念长征胜利80周年		澧县
	湖南安乡：稻田里的“合租客” 农民增收新路子	姚 红 韩 勇		10月16日	新闻直播间		
	国际新能源汽车拉力赛开赛			10月16日			
	【湖南安乡 秋天来了】稻田里的“合租客”农民增收新路子	韩 勇		10月16日	14:00新闻		
	【湖南常德】建网站售“特码”诈骗团伙被捣毁	赵 喜 韩 勇 何宏伟 朱玉瀚		10月11日	17:00新闻		
	【秋天来了】湖南桃源：柚香四溢喜丰收 荒山变身小康村	方 皓		10月20日	新闻直播间		
	说不完的长征：影像寻踪：湖南澧县		24分钟	10月18日			
	“神药”的诱惑		18分钟	10月21日	社会与法		鼎城
	寻味西洞庭		25分06秒	11月6日	农广天地	专题片	西洞庭管理区
中央电视台	湖南：今年首批“中华秋沙鸭”飞抵沅水湿地			11月7日	朝闻天下		
	【湖南常德】骗钱的“燃气检测员”：假扮燃气公司检测员 专骗空巢老人	武陵区（常畅赵锐）		12月1日	新闻直播间 15：00新闻		
	【湖南常德】骗钱的“燃气检测员”：7人全部落网 涉案金额36万元	武陵区（常畅赵锐）		12月1日	新闻直播间 15：00新闻		
	【湖南常德】骗钱的“燃气检测员”：假扮燃气公司检测员 专骗空巢老人	武陵区（常畅赵锐）		12月1日	东方时空 21：00新闻		
	【湖南常德】骗钱的“燃气检测员”：7人全部落网 涉案金额36万元	武陵区（常畅赵锐）		12月1日	东方时空 21：00新闻		
	湖南桃源：锁定一束灯光 破获百万盗金案			12月4日	第一时间		
	【湖南常德】骗钱的“燃气检测员”：假扮燃气公司检测员 专骗空巢老人	武陵区（常畅赵锐）		12月2日	朝闻天下 08：00新闻		
	【湖南常德】骗钱的“燃气检测员”：7人全部落网 涉案金额36万元	武陵区（常畅赵锐）		12月2日	朝闻天下 08：00新闻		

续上表

媒体	标题	作者	字数（时长）	日期	版面	体裁	县市
中央电视台	【湖南常德】骗钱的“燃气检测员”：假扮燃气公司检测员 专骗空巢老人	武陵区（常畅 赵锐）		12月2日	第一时间 11：00新闻		
	【湖南常德】骗钱的“燃气检测员”：7人全部落网 涉案金额36万元	武陵区（常畅 赵锐）		12月2日	第一时间 11：00新闻		
中央人民广播电台	致我们正在消失的文化印记 归来兮鲁班（桃源工）			1月28日	中国之声		
	致我们正在消逝的文化印记——遥望洞庭山水色	徐菁 尧遥	1463字	3月31日	中国之声		
	致我们正在消逝的文化印记——遥望洞庭山水色	徐菁 尧遥	1463字	3月31日	中国之声新闻纵横		
	农经漫谈：互联网遇上土地金融会擦出怎样的火花		1141字	5月5日			
	专家详析湖南省汉寿县“互联网+”土地金融模式		1126字	5月6日			
	涿州送烈士回故乡			10月28日	国防时空		
中国城市报	津市：小城里的“大幸福”	陈敏	5000字	8月1日	23	通讯	
中国城市报	“城乡一体化”圆“全域津市”梦	陈敏	3500字	8月1日	24	通讯	
中国城市报	湖南常德：深挖特色文化 助力旅游发展	尧遥	834字	4月20日	中国之声		
解放军报	当我们缅怀就有了向往			9月29日			
湖南日报	常德财政收入首破200亿元			1月1日	4版要闻		
	汉寿乡镇区划调整不留“后遗症”			1月4日	1版		
	临澧“文化+”发展强劲			1月6日	头版头条		
	临澧党员冬训拼实效			1月6日	6版		
	头脑“充电” 能力看涨			1月7日	市州版		
	孤女遇上好医生			1月7日	6版		
	好记者进常德讲好故事			1月8日	4版		
	梅雄烈士魂归故里			1月8日	2版要闻		
	澧县：强化引导 主动担责			1月10日	1版		
	“洗衣粉加工房”里制毒品			1月14日	8版		
	常德“文化惠民”一年演出千余场			1月16日	5版		
湖南日报	努力实现以整改促发展			1月18日	市州版头条		
湖南日报	1月20日起提速不加价			1月19日	8版		
湖南日报	爱跳舞的女孩盼望重新站起来			1月19日	9版		
湖南日报	特殊的“团年饭”			1月19日	9版		
湖南日报	真情服务暖民心			1月22日	9版		
湖南日报	1500米高山上，来了“电骡子”服务队			1月23日	5版要闻		
湖南日报	一位88岁老党员的心愿			1月26日	13版		

续上表

媒体	标题	作者	字数（时长）	日期	版面	体裁	县市
湖南日报	流金淌银“一百天”			1月27日	12版		
湖南日报	桃源发现战国古城采菱城墓群			1月27日	22版		
湖南日报	常德渣土车北斗定位			1月28日	13版		
湖南日报	桃源关闭35家黏土砖厂			1月29日	13版		
湖南日报	孝可感天，舍身割皮救父			1月30日	12版		
湖南日报	汉寿：乡镇“瘦身”更“健美”			2月3日	3版要闻		
湖南日报	汉寿3年收治精神病患者近400人			2月5日	市州版		
湖南日报	引来清水“甜”万家	周勇军	720字	2月7日	头版头条		
湖南日报	台上台上讲得来劲 台下听得过瘾	周勇军 魏仙耘 武大为	746字	2月9日	头版头条		
湖南日报	桃源：合乡合账更合心			2月8日	3版要闻		
湖南日报	水上发电 水下养殖			2月17日	市州版头条		
湖南日报	桃花源景区“闭门修关”			2月24日	5版		
湖南日报	常德加快500公里沅澧干线建设			2月25日	市州版		
湖南日报	鼎城区着力打造开放式街区样板			3月1日	2版要闻		
湖南日报	汉寿西套大市场完成整体搬迁			3月2日	8版		
湖南日报	乐山乐水处处皆景			3月2日	9版		
湖南日报	两个集体、两名个人入选全国学雷锋示范点和标兵			3月3日	1版		
湖南日报	“老乡要小康，重点在产权”			3月7日	2版		
湖南日报	常德五大家开展植树活动			3月14日	1版		
湖南日报	坚守食品药品安全底线			3月15日	5版		
湖南日报	常德银企洽谈会签约523亿元			3月19日	6版		
湖南日报	此地曰“桃花源”斯人谓“桃花痴”			3月20日	6版		
湖南日报	一年义务植树千余万株			3月20日	6版		
湖南日报	用镜头聚焦桃源美景			3月22日	2版要闻		
湖南日报	常德十美堂花海迷宫秀健康			3月25日	15版		
湖南日报	临澧成立林伯渠研究会			3月26日	4版		
湖南日报	湖南省郑洞国教育基金会成立			3月30日	头版		
湖南日报	常德万金公墓祭扫人数超5万			4月6日	2版要闻		
湖南日报	“环行洞庭——聚焦洞庭湖生态文化旅游”大型主题采访活动启动			4月7日	1版		
湖南日报	津市澧县融城总体规划确定			4月8日	市州版		
湖南日报	温良恭俭，至诚好男人	戴　鹏		4月12日	1版		

续上表

媒体	标题	作者	字数（时长）	日期	版面	体裁	县市
湖南日报	用双手创造美好未来			4月12日	1版		
湖南日报	进一家门 办两家事			4月12日	市州版		
湖南日报	我的绿色生态种植梦			4月12日	市州版		
湖南日报	“万民书管”何去何从	李寒露等		4月20日	市州版		
湖南日报	洞庭那么美 值得去看看	周月桂等		4月21日	1版		
湖南日报	蓝色洞庭，邀您畅游	曹 娴		4月21日	5版专版		
湖南日报	常德公布6起“雁过拔毛”式腐败案			4月21日	11版		
湖南日报	农耕之源，寻根之旅			4月25日	11版专版		
湖南日报	八百里风光美如画			4月28日	4版专版		
湖南日报	常德“书香社区”香飘万家	周勇军 李寒露 李 璞	697字	4月28日	头版头条		
湖南日报	人文洞庭八千年文化任你品	邓 红 李寒露	4292字	4月29日	4版专版		
湖南日报	快乐洞庭八百种玩法任逍遥	张 迪 杨 军	3364字	4月30日	4版专版		
湖南日报	五指相“并”握成拳			5月2日	1版		
湖南日报	户户喝上甘甜水	李寒露等		5月4日	市州版头条		
湖南日报	石门县真金白银惠企业			5月4日	7版		
湖南日报	津市市深入企业帮扶解困			5月4日	7版		
湖南日报	求真求实 善待市民	周勇军 姚 瑶	742字	5月12日	头版头条		
湖南日报	防汛演练	周献坤		5月16日	头版	图片新闻	
湖南日报	晒晒市州组织工作“成绩单”	孙敏坚		5月17日	4版		
湖南日报	常德携手国药打造产业“航母”	李寒露等		5月18日	13版		
湖南日报	石门县“以茶兴旅”好戏连台	李寒露 尹超等		5月19日	市州版头条		
湖南日报	湖光山色满眼春	周勇军等		5月20日	4版专版		
湖南日报	常德建设投融资服务综合体	李寒露等		5月20日	12版		
湖南日报	鼎城区“十大工程”催生城市蝶变	周勇军 李寒露等		5月22日	头版头条		
湖南日报	风正好扬帆	周勇军 唐志君等		5月23日	4版专版		
湖南日报	桃源3万多人“摘帽脱贫”	周勇军等		5月25日	头版头条		
湖南日报	常德怀化两名处级干部调查	张 斌		5月25日	4版		
湖南日报	龙舟为媒 经贸唱戏			5月27日	13版		
湖南日报	“常德文化系列丛书”编辑工作启动	李寒露等		5月26日	9版		

续上表

媒体	标题	作者	字数（时长）	日期	版面	体裁	县市
湖南日报	爱心温暖留守儿童	陈慧芳等		6月1日	1版		
湖南日报	津市生物产业成为新增长极	周勇军 伍 振	650字	6月3日	头版头条	消息	
湖南日报	瞧，世界最早稻田、中国最早城市			6月8日	1版		
湖南日报	今生无声胜有声	陈红喜		6月8日	市州版		
湖南日报	城头山：中国最早的城“醒来”	李国斌		6月8日	5版		
湖南日报	城头山：千年史诗面纱“揭开”	柏润等		6月9日	6版专版		
湖南日报	全省优秀共产党员公示			6月12日	3版要闻		
湖南日报	党员带头挖穷根			6月15日	3版要闻		
湖南日报	坚持共享发展 让人民群众过上好日子			6月16日	2版要闻		
湖南日报	常德精心焙制红茶“武陵红”			6月16日	市州版头条		
湖南日报	我省首个“星创天地”项目在常德揭牌			6月16日	市州版		
湖南日报	小病不出村 未病早预防			6月17日	市州版		
湖南日报	风清气正事业兴 文明芬芳沁税苑			6月18日	6版		
湖南日报	心田播撒幸福花			6月20日	6版		
湖南日报	“一米阳光”仍灿烂			6月21日	8版		
湖南日报	翅膀断了，爱心仍在高高飞翔			6月21日	3版		
湖南日报	帮农民进城 实现“安居梦”			6月22日	市州版		
湖南日报	百岁抗战老兵申请入党			6月22日	市州版		
湖南日报	翦伯赞呕心沥血主编《中国史刚要》			6月22日			
湖南日报	打开沅澧绿莽莽 龙阳果蔬香万家			6月24日	7版专版		
湖南日报	翦伯赞桃花源里的史学巨擘			6月24日	20版		
湖南日报	常德紧急行动应付城市内涝			7月3日	2版要闻		
湖南日报	灾情就是命令			7月4日	市州版		
湖南日报	防汛应急回应提升级别			7月5日	1版		
湖南日报	常德所有干部取消休假			7月5日	4版		
湖南日报	山体滑了坡 人心比山稳			7月5日	4版		
湖南日报	李元成：“司令”村官立奇功			7月7日	14版专版		
湖南日报	我自岿然不动			7月8日	1版		桃源
湖南日报	常德农产品搭上“网络快车”	周勇军	785字	7月12日	头版头条		
湖南日报	切实加强重点防范 严格落实防汛责任	唐 婷	1836字	7月20日	头版头条		
湖南日报	抢通道路（图片）			7月20日	3版		

续上表

媒体	标题	作者	字数（时长）	日期	版面	体裁	县市
湖南日报	探索大湖经济发展新模式打造环洞庭湖经济带亮丽明珠	唐　婷	2606 字	7 月 21 日	头版头条		
湖南日报	借助电商平台义卖“汉寿菜”	李寒露 王先辉	1488 字	7 月 19 日	9 版市州要闻	消息	
湖南日报	五大改革促发展	李寒露		7 月 25 日	头版头条	经开区	
湖南日报	儿子长期离家不归 婆婆鼓励儿媳起诉离婚	刘瑶俊 曾见国	1352 字	7 月 25 日	7 版体育·政治	消息	
湖南日报	汉寿地税创新文明服务举措	孙旭东	240 字	7 月 26 日	7 版经济	消息	
湖南日报	常德大力引进战略投资者			7 月 27 日	3 版要闻		
湖南日报	广东儿媳妇侍候重症公公“赛亲女”			7 月 28 日	市州版		
湖南日报	薛家村来了外地“军人”			7 月 29 日	2 版要闻		
湖南日报	用脚步“丈量”社情民意			7 月 29 日	13 版		
湖南日报	常德 7 天发现 19 条中华鲟			7 月 30 日	5 版		
湖南日报	暖心服务送到家门口	周勇军等	820 字	8 月 3 日	头版头条		武陵区
湖南日报	以不战则已战则必胜的决心，确保“一湖四水”永续利用	贺　佳	1000 字	8 月 4 日	头版		
湖南日报	推进供给侧结构性改革的六个“抓起”	周德睿	2347 字	8 月 4 日	5 版		
湖南日报	湖南新增 7 家省级高新区	胡宇芬 任彬彬	400 字	8 月 4 日	头版		
湖南日报	赵远帆救父不成退善款			8 月 5 日	5 版		
湖南日报	山上采茶忙 河湖鱼虾欢	尹超等	731 字	8 月 6 日	头版头条	消息	澧县
湖南日报	“湘戏晋京”展演在国家大剧院开幕			8 月 9 日	1 版		
湖南日报	省检察院依法对卢武福决定逮捕			8 月 9 日	2 版要闻		
湖南日报	常德排演舞台剧《孟姜女传奇》			8 月 9 日	6 版		
湖南日报	石门银峰：“峰”味十足闯神州			8 月 15 日	8 版		
湖南日报	马杰：用一片叶子造福一方百姓			8 月 15 日	8 版		
湖南日报	“孟姜女”进京演绎爱情绝唱			8 月 16 日	2 版要闻		
湖南日报	让民众对未来充满信心			8 月 16 日	市州版		
湖南日报	湖南出了个“武陵红”			8 月 22 日	4 版		
湖南日报	桃源“一号文件”关爱贫困学子			8 月 23 日	市州版头条		
湖南日报	少鸿两部小说同时出版			8 月 23 日	市州版		
湖南日报	我的偶像是个“倔老头”			8 月 23 日	市州版		
湖南日报	桃源大叶茶，千年古树开新花			8 月 23 日	8 版		
湖南日报	梦醒“泰囧”			8 月 24 日	3 版要闻		
湖南日报	常德丝弦：一弦一柱思华年			8 月 24 日	12 版		
湖南日报	常德一工地惊现大量宋代古钱币			8 月 25 日	7 版		

续上表

媒体	标题	作者	字数（时长）	日期	版面	体裁	县市
湖南日报	汉寿县精神康复医院尽心医治精神病患者	方平定	990 字	8 月 30 日	13 版	消息	
湖南日报	建设“美丽乡村” 让生活更美好	陈顺勇	1354 字	8 月 31 日	9 版	日记	
湖南日报	唐林遗址考古发掘取得重要收获，将西洞庭地区文明史推进至 4000 年前	李国斌	528 字	9 月 1 日	第 01 版：头版	消息	西洞庭管理区
湖南日报	“青山”不老 精神不朽			9 月 3 日	1 版		
湖南日报	第八届“茶博会”开幕			头版	9 月 3 日		
湖南日报	常德“鼓书大王”擂台赛精彩纷呈	李寒露等		9 月 13 日	7 版		
湖南日报	有能力，更要有业绩			9 月 13 日	9 版		
湖南日报	站在群众的立场解决问题			9 月 14 日	9 版		
湖南日报	唐诗墙 . 柳叶湖诗韵获基尼斯之最			9 月 15 日	5 版		
湖南日报	工会主席拒“回扣”	周勇军等		9 月 15 日	5 版		
湖南日报	八旬老人的人间大爱	王建辉		9 月 15 日	5 版		
湖南日报	津市毛里湖跻身“国家湿地公园”			9 月 19 日	1 版		
湖南日报	“零容忍”实现“零违纪”	周勇军 王碧琼 李 白		9 月 20 日	9 版		
湖南日报	错过“长马”，还有“德马”			9 月 20 日	12 版		
湖南日报	人生路上没有过不去的坎			9 月 22 日	9 版		
湖南日报	榜样：覃正彦			9 月 23 日	3 版要闻		
湖南日报	澧县月嫂服务大江南北			9 月 23 日	13 版		
湖南日报	退伍军人朱德文的公益情怀			9 月 24 日	5 版		
湖南日报	临澧地税为中小企业雪中送炭			9 月 26 日	4 版		
湖南日报	楚天揽皓月 沅澧竞风流			9 月 26 日	11 版专版		
湖南日报	一名大学教师的精神守望			9 月 27 日	13 版		
湖南日报	帮拆迁户买房子			9 月 28 日	13 版		
湖南日报	常德：打造现代化区域中心城市			9 月 28 日	3 版		
湖南日报	从主播到名师			9 月 29 日	4 版要闻		
湖南日报	用双手创造美好未来			9 月 29 日	13 版		
湖南日报	常德一座“真善美”的幸福之城			9 月 29 日	16、17 版		
湖南日报	我能够做的，远不止这些			9 月 30 日	17 版		
湖南日报	临澧县“三新建设”持续发力	尹超 龚文君等		10 月 6 日	头版头条		
湖南日报	法治疾风劲 帆悬正远航	曾 勇		10 月 9 日	11 版		
湖南日报	普法平台多 创新出实效			10 月 9 日	11 版		

续上表

媒体	标题	作者	字数（时长）	日期	版面	体裁	县市
湖南日报	演绎生动美 唱响法律情			10月9日	11版		
湖南日报	法治引领小康路			10月9日	11版		
湖南日报	澧县145名干部宣誓廉洁从政			10月9日	6版		
湖南日报	汉剧电影《孟姜女》在常德开机			10月10日	7版		
湖南日报	汉寿金融创新为农业经营“解渴”			10月11日	市州版头条		
湖南日报	留守的少年阳光的心			10月11日	9版		
湖南日报	东仓铺扶贫记			10月17日	9版		
湖南日报	常德沅江过江隧道建设开工			10月17日	9版		
湖南日报	武陵地税税收逆势上扬			10月18日	5版		
湖南日报	临澧审计局严把关			10月18日	5版		
湖南日报	水资源管理涌现两个“优等生”			10月18日	3版要闻		
湖南日报	护安行，扶民生			10月18日	9版		
湖南日报	2016常德旅游节盛大启幕			10月19日	2版要闻		
湖南日报	观洞庭潮涌 望梦里水乡			10月19日	6版专版		
湖南日报	誓与贫困群众共进退			10月19日	3版要闻		
湖南日报	桃源实施“1515”发展战略			10月19日	9版		
湖南日报	常德德国风情街开街			10月19日	9版		
湖南日报	安乡：“孤岛”突围 后发赶超			10月20日	9版		
湖南日报	山下小镇：丹霞 屋脊 岩溶			10月20日	16版专版		
湖南日报	气顺心齐劲更足			10月22日	9版		
湖南日报	常德实现农村商业银行全覆盖			10月21日	9版		
湖南日报	桃源两个民族乡庆贺建乡30周年			10月21日	9版		
湖南日报	《钟相草坪大起义研究》首发			10月23日	3版要闻		
湖南日报	“还乡书记”赤子情			10月26日	9版		
湖南日报	常德市集中执法权简政高效			10月27日	9版		
湖南日报	图书馆，我梦想升起的地方			10月27日	9版		
湖南日报	“笑满三湘”公益演出			10月18日	10版		
湖南日报	津市市：坚持领导接待日制度30余年			10月29日	7版		
湖南日报	治国必先治党 治党务必从严（联合报道）		3000字	10月29日	头版	通讯	
湖南日报	百亩花海 美丽画卷			10月30日	1版		
湖南日报	为民服务贵在“实”			11月2日	9版		

续上表

媒体	标题	作者	字数（时长）	日期	版面	体裁	县市
湖南日报	蓄势腾飞正当时	洪华君 罗锡华等		11月3日	8版专版		
湖南日报	常德：将党报党刊发行抓紧抓实			11月4日	6版要闻		
湖南日报	石门柑橘：走红“一带一路”			11月4日	6版要闻		
湖南日报	“曾功夫”与“真功夫”			11月4日	9版		
湖南日报	努力建设现代化区域中心城市			11月5日	3版要闻		
湖南日报	常德大笔写水赋	杨又华 周勇军 曾 燚		11月6日	头版头条		
湖南日报	初雪飘落东山峰			11月9日	1版		
湖南日报	常德市：民政系统全力整治“雁过拔毛”式腐败			11月9日	9版		
湖南日报	临澧县：借“创国卫”之力扮靓“城中村”			11月9日	9版		
湖南日报	覃道周：“湖南屋脊”的光明守护者			11月13日	1版		
湖南日报	桃源“六大会战”惠泽民生			11月13日	5版		
湖南日报	牵牛牵鼻子 基层抓班子			11月20日	9版		
湖南日报	一分一厘都要用在“刀刃”上			11月21日	9版		
湖南日报	“跑马”看常德 又见桃花源			11月21日	11版		
湖南日报	树君子风范 做合格党员	王兴钊		11月22日	理论版		
湖南日报	开车嗑瓜子，被罚50元			11月23日	4版		
湖南日报	临澧五百“草根廉政专员”紧盯村级财务			11月24日	9版		
湖南日报	“拈花惹草”的桃源人			11月25日	13版		
湖南日报	这“穷亲戚”走得值			11月25日	17版		
湖南日报	常德加强企业事中事后监管			11月26日	市州版		
湖南日报	常德西湖管理区纪委查办连环案			11月26日	市州版		
湖南日报	临澧编“顺口溜”促省党代会精神落实落细			11月26日	2版要闻		
湖南日报	新华夏医院医疗垃圾随意排放			11月23日	8版		
湖南日报	汉寿项目攻坚硕果累累			11月28日	9版		
湖南日报	淡淡烛光也照人			11月28日	9版		
湖南日报	把六中全会精神化为推进工作的强大动力			11月29日	4版要闻		
湖南日报	湖南6人登上11月“中国好人榜”			12月2日	11版		
湖南日报	不辜负群众信任			12月2日	13版		
湖南日报	真情温暖留守老人			12月6日	9版		
湖南日报	一位文史学者的跨界之梦			12月5日	9版		

续上表

媒体	标题	作者	字数（时长）	日期	版面	体裁	县市
湖南日报	常德：四级“大起底”凸显整治成效			12 月 5 日	6 版		
湖南日报	首届中国潇湘法治微小说颁奖			12 月 12 日	2 版要闻		
湖南日报	一辈子做“德商”			12 月 12 日	5 版		
湖南日报	摆脱贫困不能等靠要			12 月 12 日	11 版		
湖南日报	桃源着力打造水利“廉洁工程”			12 月 12 日	14 版		
湖南日报	澧县供电公司强作风、解民难			12 月 12 日	14 版		
湖南日报	我们一起传递爱心			12 月 14 日	9 版		
湖南日报	多措并举 扎实推进“两项专项整治”			12 月 14 日	11 版		
湖南日报	汉寿招商高招迭出收获满满			12 月 16 日	头版头条		
湖南日报	“大爱微行”为公益			12 月 17 日	5 版		
湖南日报	常德与“中国中药”签订合作协议			12 月 19 日	13 版		
湖南日报	让更多寒门学子圆梦			12 月 19 日	13 版		
湖南日报	桃源县农业局“三严一创”优化干部作风			12 月 19 日	13 版		
湖南日报	让群众安心在家门口就医			12 月 20 日	1 版	桃源	
湖南日报	常德制定发布政务公开负面清单			12 月 21 日	市州版		
湖南日报	大山里的温暖支教			12 月 21 日	市州版		
湖南日报	体彩助力全民健身			12 月 21 日	12 版		
湖南日报	小妹和她的女儿			12 月 22 日	市州版		
湖南日报	“田保姆”托管土地 60 余万亩			12 月 23 日	市州版		
湖南日报	一样的冬至别样的情			12 月 23 日	市州版		
湖南日报	常德人社局：“八大行动”润泽民生幸福			12 月 24 日	6 版要闻		
湖南日报	常德民生资金精准惠民	周勇军 李寒露等		12 月 26 日	头版头条		
湖南日报	以高度的自觉做好基层宣传思想文化工作	胡丘陵		12 月 27 日	6 版		
湖南日报	常德彩民喜中 712 万元 一家老小齐领奖			12 月 27 日	13 版		

2016年常德市落实省重点民生实事任务汇总表

序号	考核项目	工作目标	完成数	占年任务之比	备注	主要责任单位
1	实现贫困人口精准脱贫（人）	71120	88338	124.2%		市扶贫办
2	农村公路提质改造（千米）	1053	1074.28	102%		市交通运输局
3	农村公路安保设施建设（千米）	670	1084.75	161.9%		
4	农村自来水普及率	79.3%	85%	107.2%		市水利局
5	新增城镇就业（人）	66000	67410	102.1%		市人社局
6	义务教育合格学校建设（所）	23	23	100%	完成投资4457万元	市教育局
7	农村公办幼儿园建设（所）	19	19	100%	完成投资3304万元	
8	农村危房改造（户）	9100	已开工17841	196.1%		市住建局
9	城市棚户区改造（套）	42661	已开工51292	120.2%		
10	新增管输天然气用户（户）	32500	49823	153.3%		
11	10个县城镇市政管网水水质达标	10	10	100%		
12	帮助残疾儿童实施抢救性康复（名）	445	494	111%		市残联
13	救治救助贫困重性精神疾病患者（人）	920	930	101.1%		市卫计委
14	改扩建精神卫生服务机构（家）	2	2	100%	完成投资967万元	
15	农村适龄妇女“两癌”免费检查（人）	107420	121288	112.9%		市妇联 市卫计委
16	新增社会治安视频监控摄像头（个）	1000	1000	100%		市公安局
17	建设社区矫正中心（个）	6	6	100%		市司法局
18	新增养老服务床位（张）	1420	1717	120.9%		市民政局
19	直播卫星户户通（户）	84450	84450	100%		市文体广新局
20	行政村配电网改造（个）	150	150	100%		国网常德供电公司

续上表

序号	考核项目	工作目标	完成数	占年任务之比	备注	主要责任单位
21	美丽乡村示范村建设（个）	16	16	100%		市农委
22	基层综合文化服务中心建设（个）	11	11	100%		市委宣传部

数据汇总：常德市实事考核办　　数据认定：常德市统计局　　制表日期：2017 年 1 月 3 日

常德市国家地理标志保护产品统计表

序号	产品名称	所在地政府	公告保护时间
1	桃源野茶王	桃源县	2005 年 12 月 31 日
2	汉寿甲鱼	汉寿县	2011 年 2 月 21 日
3	澧县葡萄	澧 县	2011 年 2 月 21 日
4	石门马头山羊	石门县	2012 年 12 月 20 日
5	汉寿玉臂藕	汉寿县	2012 年 12 月 20 日
6	常德酱板鸭	授权武陵区	2013 年 7 月 12 日
7	石门土鸡	石门县	2014 年 4 月 9 日
8	珊珀湖草鱼	安乡县	2014 年 4 月 9 日
9	珊珀湖花鲢	安乡县	2014 年 4 月 9 日
10	珊珀湖黑鲫	安乡县	2014 年 4 月 9 日
11	临澧黄花鱼	临澧县	2014 年 4 月 9 日
12	桃源黑猪	桃源县	2014 年 12 月 24 日
13	临澧杂柑	临澧县	2015 年 9 月 16 日
14	桃源红茶	桃源县	2016 年 4 月
15	鼎城茶油	鼎城区	2016 年 12 月

常德市国家级、省级、市级非物质文化遗产项目汇总表

常德市国家级非物质文化遗产项目（7 项）统计表

批次	项目名称	项目类别	保护单位	公布时间
第一批	澧水船工号子	民间音乐	澧县文化馆	2006 年 5 月 20 日
	常德高腔	传统戏剧	常德市汉剧高腔保护中心	
	荆河戏		澧县荆河剧院演艺有限公司	
	常德丝弦	曲　艺	常德市文化馆	
第二批	孟姜女传说（扩展项目）	民间文学	津市市文化馆	2008 年 6 月 7 日
	花鼓戏	传统戏剧	鼎城区花鼓戏保护中心	2008 年 6 月 7 日
第四批	鼓盆歌（扩展项目）	曲　艺	澧县非保中心	2014 年 12 月 3 日

常德市省级非物质文化遗产项目（20 项）统计表

批次	项目名称	项目类别	保护单位	公布时间
第一批	刘海砍樵传说	民间文学	武陵区文化馆	2006 年 6 月 7 日
	孟姜女的传说（已升为国家级）		津市市文化馆	
	桃花源传说		桃源县文化馆	
	澧州夯歌	民间音乐	澧县文化馆	
	安乡硪歌		安乡县文化馆	
	常德花鼓戏（已升为国家级）	传统戏剧	鼎城区花鼓戏保护中心	
	土家族跳丧舞	民间舞蹈	石门县文化馆	
	瑜伽焰口手势		桃源县文化馆	
	九澧渔鼓	曲　艺	临澧县文化馆	
第二批	桩巴龙传说	民间文学	石门县文化馆	2009 年 2 月 26 日
	宋玉传说		临澧县文化馆	
	杨幺的民间故事		汉寿县文化馆	
	擂茶习俗	民　俗	桃源县文化馆	

续上表

批次	项目名称	项目类别	保护单位	公布时间
第三批	善卷传说	民间文学	鼎城区非保中心	2012年5月5日
	车胤囊萤照读的故事		津市市文化馆	
	石门土家山歌	民间音乐	石门县文化馆	
	鼓盆歌（已升为国家级）	曲　艺	澧县非保中心	
第四批	尧天坪龙灯	传统体育、游艺与杂技	鼎城区尧天坪龙灯协会	2016年10月18日
	米粉制作技艺（常德米粉制作技艺）	传统技艺	武陵区文化馆	
	皮影戏（澧州皮影戏）	传统戏剧	澧县非保中心	
	木雕（桃源木雕）	传统美术	桃源县文化馆	
	鼓盆歌	曲　艺	临澧县文化馆	
	茶俗（夹山禅茶习俗）	民　俗	湖南省石门县夹山国有林场（湖南省石门夹山国家森林公园管理处）	

常德市市级非物质文化遗产项目（39项）统计表

批次	项目名称	项目类别	保护单位	公布时间
第一批	宋玉传说（已升为省级）	民间文学	临澧县文化馆	2007年6月6日
	桩巴龙传说（已升为省级）		石门县文化馆	
	杨幺的民间故事（已升为省级）		汉寿县文化馆	
	桃源虾灯舞	民间舞蹈	桃源县文化馆	
	安乡蚌舞		安乡县文化馆	
	澧州皮影戏（已升为省级）	传统戏剧	澧县非保中心	
	鼓盆歌（已升为省级）	曲 艺	澧县非保中心	
	临澧民间纸扎	手工技艺	临澧县文化馆	
	擂茶习俗（已升为省级）	民 俗	桃源县文化馆	
	鼎城龙灯（已升为省级）	传统体育和竞技	鼎城区文化馆	
第二批	丁兰刻木的故事	民间文学	临澧县文化馆	2010年1月5日
	车胤囊萤的故事（已升为省级）		津市市文化馆	
	鼎城地花鼓	民间舞蹈	鼎城区文化馆	
	桃源板龙灯		桃源县文化馆	
	石门土家山歌（已升为省级）	民间音乐	石门县文化馆	
	南路吹打乐			
	澧州花鼓戏	传统戏剧	澧县文化馆	
	常德渔鼓	曲 艺	武陵区文化馆	
	澧州渔鼓		澧县文化馆	
	安乡跳三鼓		安乡县文化馆	
	泰和合宜红茶制作工艺	手工技艺	石门县文化馆	
	龙舟的打造工艺		汉寿县文化馆	
	三系杂交稻育种及原种繁殖技术工艺		贺家山原种场	
	善卷的传说（已升为省级）	民间文学	鼎城区文化馆	2010年8月25日

续上表

批次	项目名称	项目类别	保护单位	公布时间
第三批	夹山李自成的传说	民间文学	石门县文化馆	2012 年 12 月 31 日
	九子鞭	民间舞蹈	石门县文化馆 桃源县文化馆	
	巫 舞		鼎城区非保中心	
	皮影戏	传统戏剧	汉寿县蒋家嘴镇张家冲村	
	花鼓戏		安乡县文化馆	
	武陵戏		汉剧高腔保护中心	
	湘北三棒鼓	曲 艺	安乡县文化馆	
	湘北大鼓（已升为省级）		临澧县文化馆	
	桃源木雕（已升为省级）	民间美术	桃源县文化馆	
	德山酒古法酿造技艺	传统手工技艺	德山酒业有限公司	
	太青野茶制作技艺		澧县非保中心	
	桃源野茶王		桃源县文化馆	
	“双上绿芽”茶手工技艺		澧县非保中心	
	常德米粉制作技艺（已升为省级）		武陵区文化馆	
	夹山禅茶一味（已升为省级）	民俗	石门县夹山管理处	
	桃源古尔邦节		桃源县文化馆	
	武陵酒传统生产技艺	传统手工技艺	湖南武陵酒有限公司	2013 年 12 月
第四批	花岩溪榨笋	传统技艺	鼎城区花岩溪长哥特产商行	2016 年 2 月 21 日
	汉寿烙画		汉寿常德卧山夫烙画有限公司	
	石雕技艺		桃源县文化馆	
	桃源刺绣		桃源县文化馆	
	千张制作技艺		临澧县文化馆	
	传统木榨油技艺		石门县文化馆	
	陈二郎的故事	民间文学	临澧陈二乡综合文化站、武陵区文化馆	
	说鼓	曲艺	澧县非保中心	
	桃源捉龟舞	传统舞蹈	桃源县文化馆	
	竹马灯		澧县文化馆安乡文化馆	
	澧水地方小调	传统音乐	澧县文化馆	
	薅草锣鼓		石门县文化馆	

常德市湿地公园基本情况表

单位名称	地理位置	批准成立时间	面积总计（公顷）	保护单位公布时间			植物资源		
				总计	其中：国家一级保护动物	其中：国家二级保护动物	总计	其中：国家一级保护植物	其中：国家二级保护植物
湖南毛里湖国家湿地公园	位于湖南省津市市东南部的毛里湖（含西毛里湖，下同）湿地，地跨保河堤、白衣、李家铺、棠华和渡口等5个乡（镇）	2011年3月国家林业局林湿发〔2011〕61号文件批准试点。2016年8月林湿发〔2016〕107号正式批准成立	6250	湿地脊椎动物共有260种，隶属于5纲32目81科。鱼类8目16科77种，两栖动物2目6科13种，爬行动物3目8科25种，鸟类15目43科127种，哺乳动物4目8科18种		虎纹蛙	维管束植物164科、492属、735种(含种下等级，下同)，其中：蕨类植物17科21属31种；裸子植物6科10属12种；被子植物141科461属692种	银杏（栽培）和水杉2种	金荞麦、野大豆、野菱、绶草（兰科植物）、粗梗水蕨、水蕨，花榈木、喜树、樟树、闽楠(栽培)10种
湖南桃源沅水国家湿地公园	位于桃源县城东南方向，距离县城约15公里，地理坐标为：111°25'19"E~111°28'51"E，28°47'35"N~28°51'24"N	2011年11月国家林业局林湿发〔2011〕273号文件批准试点	751.79	软体动物6科30种；鱼类9目15科99种；鸟类11目29科54种	中华秋沙鸭	鸳鸯、黑耳鸢、雀鹰、普通鵟斑和斑头鸺鹠5种	维管植物有63科130属154种。其中，蕨类植物11种，分属于9属7科；裸子植物3种，分属于3属2科；被子植物140种，分属于118属54科	无	樟树
湖南书院洲国家湿地公园	地处湖南省安乡县境内，主要包括安乡县境内的松滋河、虎渡河及其周边一定范围的区域	2011年11月国家林业局林湿发〔2011〕273号文件批准试点	4225.2	发现野生脊椎动物共计202种，隶属于30目74科151属。其中鱼类有5目13科42属50种；两栖动物有2目5科7属11种；爬行动物有3目8科15属19种；鸟类有15目41科78属111种；哺乳动物有5目7科9属11种	东方白鹳	白额雁、鸳鸯、鸢、赤腹鹰、雀鹰、日本松雀鹰、苍鹰、普通鵟、白尾鹞、燕隼、红隼、灰鹤、领角鸮、红角鸮、领鸺鹠、斑头鸺鹠、短耳鸮17种	共有种子植物520种，隶属于344属、119科；其中裸子植物5科、10属、11种，被子植物114科、334属、509种	无	樟树、野大豆、金荞麦、中华结缕草4种
湖南澧州涔槐国家湿地公园	地处湖南省澧县境内，主要包括境内西北部的王家厂水库、山门水库，涔水南北支部分河道及洲滩，连接山门水库与涔水北支的河道及周边部分山地	2013年12月国家林业局林湿发〔2013〕243号文件批准试点	2778	发现野生脊椎动物共计30目77科234种。其中鱼类有6目13科68种，两栖动物有1目6科15种，爬行动物有3目7科18种，鸟类有16目43科119种，哺乳动物为4目10科14种	无	虎纹蛙、斑嘴鸭、黑耳鸢、鹗、雀鹰、日本松雀鹰、白尾鹞、燕隼、阿穆尔隼、大杜鹃、东方角鸮11种	区内有种子植物151科、479属、743种（包括变种、变型，下同），其中裸子植物6科、8属、10种，被子植物145科、471属、733种	银杏、水杉、南方红豆杉3种	凹叶厚朴、樟树、莲、野大豆、金荞麦、花榈木、喜树、中华结缕草8种

续上表

单位名称	地理位置	批准成立时间	保护单位公布时间				植物资源		
			面积总计（公顷）	总计	其中：国家一级保护动物	其中：国家二级保护动物	总计	其中：国家一级保护植物	其中：国家二级保护植物
湖南鼎城鸟儿洲国家湿地公园	地处湖南省常德市鼎城区东北部，范围包括澧水古洪道沙潮河、牛耳湖、水产养殖场、稻田和周边河堤	2014年12月国家林业局林湿发〔2014〕205号文件批准试点	1641	发现野生脊椎动物共计28目70科179种。其中鱼类有5目10科33种；两栖动物有1目4科10种；爬行动物有3目7科16种；鸟类有15目41科109种；哺乳动物为4目8科11种	无	日本松雀鹰、普通鵟、白尾鹞、燕隼、红隼、领角鸮、领鸺鹠、斑头鸺鹠8种	区内种子植物111科、324属、455种（包括变种、变型，下同）。其中裸子植物3科、5属、5种，被子植物108科、319属、450种；被子植物中的双子叶植物87科、231属、314种，单子叶植物21科、88属、136种。	无	樟树、金荞麦、野大豆、中华结缕草4种
湖南石门仙阳湖国家湿地公园	地处石门县中部，自西北向东南跨雁池乡、磨市镇、维新镇、白云乡、皂市镇、三圣乡和白云山林场，主要包括仙阳湖、澧水及周边一定范围内的水源涵养林	2014年12月国家林业局林湿发〔2014〕205号文件批准试点	7946.6	"有野生脊椎动物共有5纲26目71科194种。其中，鱼纲4目10科34种；两栖纲1目4科10种；爬行纲3目7科22种；鸟纲14目42科115种；哺乳纲4目8科13种"	无	"虎纹蛙、鸳鸯、普通鵟、白尾鹞、红隼、褐翅鸦鹃、蛇雕、东方角鸮和斑头鸺鹠8种"	"有维管束植物共128科，404属，782种，其中蕨类植物12科，23属，32种；种子植物116科，381属，750种，其中裸子植物4科6属9种；"	无	樟树、野大豆和金荞麦3种
湖南汉寿县息风湖国家湿地公园	湿地公园隶属于沧港镇、株木山街道、龙阳街道、毛家滩回族维吾尔族乡、太子庙镇、崔家桥镇、岩汪湖镇、洋淘湖镇和龙潭桥镇等9个乡镇、街道	2016年12月国家林业局林湿发〔2016〕193号文件批准试点	1836.53	动物共5纲32目83科245种，其中鱼类、鸟类等数量繁多，保护价值较高，鱼类有岔尾黄颡鱼（易危级别）、大鳞泥鳅、银飘鱼等18个中国特有种，“三有”国家保护物种156种	无	国家Ⅱ级重点保护鸟类小天鹅、东方角鸮、普通鵟等12种，两栖类虎纹蛙1种	维管植物113科291属436种，其中湿地植物群落丰富，共有66科132属196种	无	有野大豆、野菱、香樟3种
湖南临澧道水河国家湿地公园	佘市桥镇、安福镇、烽火乡3个乡（镇）	2016年12月国家林业局林湿发〔2016〕193号文件批准试点	918.9	脊椎动物共有5纲31目104科235种		虎纹蛙、小天鹅、凤头鹃隼、雀鹰、东方角鸮	湿地公园范围及周边区域共有维管束植物153科433属657种		樟树、喜树、金荞麦、野大豆、中华结缕草

常德市城市桥梁基础信息一览表

截至 2017 年 2 月

编号	桥梁名称	桥梁结构	类别等级	完好状态	建造年份	长（米）	宽（米）	面积（平方米）	所处位置	管养状态
1	武陵大桥	连续箱梁	Ⅰ类Ⅰ等	A	1986	2200	19	41800	武陵区紫缘路	在管
2	德山大桥	连续箱梁	Ⅰ类Ⅰ等		2000	3643	20	72860	武陵区常德大道	在管
3	桃花源大桥	斜拉桥	Ⅰ类Ⅰ等	A	2014	2800	32	89600	武陵区桃花源路	在管
4	丹阳天桥	钢箱梁	Ⅰ类Ⅰ等	A	1996	410	4	1640	武陵区朗州路	在管
5	新河桥	连续箱梁	Ⅰ类Ⅰ等	B	2012	110	54	5940	武陵区常德大道	在管
6	姻缘桥	吊杆拱桥	Ⅰ类Ⅰ等	B	2012	175	45	7875	武陵区常德大道	在管
7	建设桥	石拱桥	Ⅲ类Ⅰ等	A	1960	33	22	726	武陵区建设路	在管
8	三闾桥	空心板桥	Ⅲ类Ⅰ等	A	1986	92	26	2392	武陵区青年路	在管
9	竹山桥	T型梁桥	Ⅲ类Ⅰ等	A	1986	80	19	1520	武陵区紫缘路	在管
10	常沅桥	双曲拱桥	Ⅲ类Ⅰ等	B	1986	33	19	627	武陵区紫缘路	在管
11	白马湖桥	斜腿刚构	Ⅲ类Ⅰ等	A	2006	92	30	2760	武陵区皂果路	在管
12	新河渠桥	空心板桥	Ⅲ类Ⅰ等	A	2005	28	52	1456	武陵区柳叶大道	在管
13	紫缘桥	V型墩刚构	Ⅲ类Ⅰ等	A	2010	397	38	15086	武陵区紫缘路	在管
14	长胜桥	简支箱梁	Ⅲ类Ⅰ等	A	2010	140	25	3500	武陵区朝阳路	在管
15	杨河桥	空心板桥	Ⅲ类Ⅰ等	B	2012	70	48	3360	武陵区桃花源路	在管
16	龙港桥	连续箱梁	Ⅲ类Ⅰ等	B	2007	81	34	2754	武陵区龙港路	在管
17	竹根谭桥	连续箱梁	Ⅲ类Ⅰ等	A	2013	130	34	4420	武陵区龙港北路	在管
18	兴隆桥	石拱桥	Ⅲ类Ⅰ等	C	1960	18	12	216	武陵区人民西路	在管
19	遇仙桥	钢筋砼拱桥	Ⅲ类Ⅰ等	B	2014	199.9	46	9195.4	武陵区武陵大道	在管
20	临湖桥	空心板桥	Ⅲ类Ⅰ等	B	1998	11	24	264	柳叶湖区环湖路	在管
21	柳泉桥	简支箱梁	Ⅲ类Ⅰ等	B	2013	50	29	1450	柳叶湖区柳泉路	在管

续上表

编号	桥梁名称	桥梁结构	类别等级	完好状态	建造年份	长（米）	宽（米）	面积（平方米）	所处位置	管养状态
22	观荷桥	连续箱梁	Ⅲ类Ⅰ等	A	2013	120	29	3480	柳叶湖区柳泉路	在管
23	金霞大桥	空心板桥	Ⅲ类Ⅰ等	B	2014	164.8	46	7580.8	鼎城区金霞大道	在管
24	东江立交桥	连续箱梁	Ⅰ类Ⅰ等	A	2014	3171	16.5	52321.5	武陵区洞庭大道	在管
25	柏园桥	连续箱梁	Ⅲ类Ⅰ等	B	2014	104	46	4784	武陵区洞庭大道	在管
26	穿紫桥	钢筋砼拱桥	Ⅲ类Ⅰ等	B	2014	268	30	8040	武陵区朗州路	在管
27	滨西桥	大型特殊结构	Ⅲ类Ⅰ等	B	2014	140	24	3360	武陵区滨湖西路	在管
28	洞西桥	吊杆拱桥	Ⅰ类Ⅰ等	B	2014	140	40	5600	武陵区洞庭西路	在管
29	竹叶桥	连续箱梁	Ⅲ类Ⅰ等	B	2014	132	30	3960	武陵区朝阳路	在管
30	罗湾桥	砼拱桥	Ⅲ类Ⅰ等	D	2010	320	21	6720	柳叶湖区朗州路	在管
31	渔夫桥	砼拱桥	Ⅲ类Ⅰ等	D	2010	210	21	4410	柳叶湖区朗州路	在管
32	七里桥	砼拱桥	Ⅲ类Ⅰ等	B	2014	120	30	3600	武陵区丹阳路	在管
33	彩虹桥	钢箱梁	Ⅲ类Ⅰ等	A	2013	94	4	376	武陵区朗州路	在管
34	紫缘立交桥	钢箱梁	Ⅲ类Ⅰ等	A	2015	305	40	12200	紫缘北路	在管
35	沾天湖栈桥	连续箱梁	Ⅰ类Ⅰ等	B	2014	2100	30	63000	柳叶湖区环湖路	在管
36	环湖路 23#桥	砼拱桥	Ⅲ类Ⅰ等	A	2015	80	25	2000	环湖路	在管
37	环湖路 24#桥	悬索桥	Ⅰ类Ⅰ等	A	2015	168	26	4368	环湖路	在管
38	杨家港桥	空心板桥	Ⅲ类Ⅰ等	A	2014	32	46	1472	鼎城区善卷大道	在管
39	枉水德山大桥	钢筋砼拱桥	Ⅲ类Ⅰ等	B	1960	100	10	1000	德山区莲池西路	在管（保护）
40	何家坪桥	钢筋砼拱桥	Ⅲ类Ⅰ等			13	40	520	德山区常德大道	在管（重建）
41	樟木桥	钢筋砼拱桥	Ⅲ类Ⅰ等	B		13	40	520	德山区常德大道	在管（重建）
42	马家吉大桥	连续箱梁	Ⅲ类Ⅰ等	A	2014	1796	28	50288	武陵区洞庭大道	在管（20161227）
43-57	机场快速路15座框架桥	箱涵	Ⅰ类Ⅰ等	A		90	34	3060	机场快速路	在管（20170120）

续上表

编号	桥梁名称	桥梁结构	类别等级	完好状态	建造年份	长（米）	宽（米）	面积（平方米）	所处位置	管养状态
58	机场快速路匝道桥	连续梁桥	Ⅰ类Ⅰ等	B	2015	45	45	2025	机场快速路	在管（20170120）
59	红星排河桥	连续箱梁	Ⅱ类Ⅰ等		2015	170	34	5780	机场快速路	在管（20170224）
60	小马河桥	连续箱梁	Ⅱ类Ⅰ等		2015	200	34	6800	机场快速路	在管（20170224）
61	清和桥（长港桥）	简支箱梁	Ⅲ类Ⅰ等	B	2013	150	38	5700	武陵区紫菱路	交接中
62	沙港桥（万达桥）	空心板桥	Ⅲ类Ⅰ等		2014	160	38	6080	武陵区沙港路	交接中
63	柳叶湖大桥匝道桥	连续箱梁	Ⅱ类Ⅰ等		2015				柳叶湖区环湖路	金柳未移交
	柳叶湖大桥	连续箱梁	Ⅱ类Ⅰ等		2010	2180	34	74120	柳叶湖区紫缘路	产权不清
64	环湖路 25 #桥	吊杆拱桥	Ⅰ类Ⅰ等	D	2015	120	25	3000	环湖路	交接中
65	仙源桥	连续箱梁	Ⅲ类Ⅰ等	B	2013	240	38	9120	武陵区芙蓉路	交接中
66	樟树湾桥	简支箱梁	Ⅲ类Ⅰ等	B	2013	54	38	2052	武陵区芙蓉路	交接中
67	泉水 1 #桥	吊杆拱桥	Ⅰ类Ⅰ等		1998	197.5	20	3950	柳叶湖区紫缘路	交接中
68	泉水 2 #桥	吊杆拱桥	Ⅰ类Ⅰ等		2012	197.5	20	3950	柳叶湖区紫缘路	产权不清
69	枉水桥	钢筋砼拱桥	Ⅲ类Ⅰ等	D	1998	130	26	3380	德山区善卷大道	经开区
70	东风桥	箱型梁桥	Ⅲ类Ⅰ等	B	2009	60	35	2100	德山区桃林路	经开区
71	石门桥	钢筋砼拱桥	Ⅲ类Ⅰ等	D		45	40	1800	德山区常德大道	经开区
72	茅湾大桥	双曲拱桥	Ⅲ类Ⅰ等		2014	87	30	2610	德山区有得路	经开区
73	和尚桥	空心板桥	Ⅲ类Ⅰ等	B	2006	70	17	1190	德山区苏家渡	经开区
74	长安路东风河桥	简支梁桥	Ⅳ类Ⅱ等	A	2016	47.04	31.04	1460.1216	经开区	经开区
75	1 号桥	连续梁桥	Ⅲ类Ⅰ等		2016	100	65.9	6590	柳叶湖区	未移交
76	3 号桥	连续梁桥	Ⅲ类Ⅰ等		2016	100	64	6400	柳叶湖区	未移交
77	滨西延线跨南湖港	连续梁桥	Ⅲ类Ⅰ等		2016	120	40	4800	农业产业园	未移交
78	白马桥	空腹式拱	Ⅲ类Ⅰ等		2016	49.8	45	2241	柳叶路	未移交

续上表

编号	桥梁名称	桥梁结构	类别等级	完好状态	建造年份	长（米）	宽（米）	面积（平方米）	所处位置	管养状态
79	杨家港二标小桥	简支梁桥	Ⅲ类Ⅰ等		2016			0	鼎城杨家港路	鼎城城投未移交
80	"柳叶闸枢纽（4号桥）"	简支梁桥	Ⅲ类Ⅰ等		2017	81.5	61.5	5012.25	太阳大道	金柳未移交
81	筑基一桥	下承式拱桥（97.2*30）	Ⅰ类Ⅰ等		2016			0	筑基路跨新河渠	龙马
82	筑基二桥	简支梁	Ⅰ类Ⅰ等		2016	16	30	480	筑基路上	龙马
83	奔河桥大桥	斜拉索	Ⅰ类Ⅰ等		2017	200	40	8000	紫菱西路跨新河	西城
84	杨桥河大桥	吊杆拱桥	Ⅰ类Ⅰ等		2016	120	28	3360	长庚路跨新河	西城
85	张家港大桥	斜拉索	Ⅰ类Ⅰ等		2016	20	40	800	长庚路跨新河	西城
86	合兴立交桥	连续梁桥	Ⅱ类Ⅰ等		2016	150	25	3750	柳西路	西城
87	株岗路立交桥	连续梁桥	Ⅱ类Ⅰ等		2016	150	25	3750	柳西路	西城
88	金丹路立交桥	连续梁桥	Ⅱ类Ⅰ等		2016	150	25	3750	柳西路	西城
89	丹溪路立交桥	连续梁桥	Ⅱ类Ⅰ等		2016	150	25	3750	柳西路	西城
90	规划7路立交桥	连续梁桥	Ⅱ类Ⅰ等		2016	150	25	3750	柳西路	西城
91	规划7路立交辅1桥	连续梁桥	Ⅱ类Ⅰ等		2016	150	25	3750	柳西路	西城
92	规划7路立交辅2桥	连续梁桥	Ⅱ类Ⅰ等		2016	150	25	3750	柳西路	西城
93	规划9路立交桥	连续梁桥	Ⅱ类Ⅰ等		2016	150	25	3750	柳西路	西城
94	党校立交桥	连续梁桥	Ⅱ类Ⅰ等		2016	150	25	3750	柳西路	西城
95	内河桥	连续梁桥	Ⅱ类Ⅰ等		2016	150	25	3750	柳西路	西城
96	陬市小桥	连续梁桥	Ⅱ类Ⅰ等		2016	150	25	3750	柳西路	西城
97	渐河桥	连续梁	Ⅱ类Ⅰ等		2016	360	45	16200	柳叶西路	西城
98	金丹路跨新河渠桥	空腹式拱	Ⅲ类Ⅰ等		2016	55.7	50	2785	金丹路	智慧谷
99	刘家港桥	实腹式拱	Ⅲ类Ⅰ等		2017	97.8	50	4890	阳明路	阳明湖公司
100	晓岛桥	简支梁	Ⅴ类Ⅰ等		2016	80	3	240	跨穿紫河人行桥	穿紫河

续上表

编号	桥梁名称	桥梁结构	类别等级	完好状态	建造年份	长（米）	宽（米）	面积（平方米）	所处位置	管养状态
101	白鹤桥	连续箱梁	V类Ⅰ等		2014	207	13	2691	柳叶湖区环湖路	公园桥
102	桃源大桥	连续箱梁	V类Ⅰ等		2014	114	15	1710	柳叶湖区环湖路	
103	渔歌桥	连续箱梁	V类Ⅰ等		2014	182	13	2366	柳叶湖区环湖路	
104	踏波桥	钢结构拱桥	V类Ⅲ等		2013	30	7.5	225	柳叶湖区	
105	绿柳桥	钢筋砼拱桥	V类Ⅰ等		2013	20	3	60	紫菱路	
106	清香桥	钢筋砼拱桥	V类Ⅰ等		2011	33	5	165	紫菱路	
107	船码头 1 #桥	现浇板桥	V类Ⅰ等		2012	31	3	93	康桥路	
108	船码头 2 #桥	现浇板桥	V类Ⅰ等		2012	24	4.5	108	康桥路	
109	船码头 3 #桥	现浇板桥	V类Ⅰ等		2012	60	7	420	康桥路	
110	柳鑫桥	现浇板桥	V类Ⅰ等		2003	25	8	200	武陵区沙港路	
111	拾级桥	钢筋砼拱桥	V类Ⅰ等		2014	32	14	448	丁玲公园	
112	风雨桥	连续梁桥	V类Ⅰ等		2014	43	5.5	237	丁玲公园	
113	沁香桥	钢结构桁架拱式桥	V类Ⅰ等		2014	34	4	136	丁玲公园	
114	虹涧桥	钢结构桁架拱式桥	V类Ⅰ等		2014	34	4.4	150	丁玲公园	
115	玉带桥	简支箱梁	V类Ⅰ等		2014	14	9	126	丁玲公园	
116	逢源桥	连续箱梁	V类Ⅰ等		2014	32	9	288	丁玲公园	
117	飞鸿桥	斜腿刚构	V类Ⅰ等		2014	25	9	255	丁玲公园	
118	锦簇桥	连续箱梁	V类Ⅰ等		2014	48	9	432	丁玲公园	公园桥

续上表

编号	桥梁名称	桥梁结构	类别等级	完好状态	建造年份	长（米）	宽（米）	面积（平方米）	所处位置	管养状态
119	虹桥	曲线钢箱梁连续梁桥	V类Ⅰ等		2013	120	5.5	660	白马湖公园	公园桥
120	芙蓉桥	斜腿刚构桥	V类Ⅰ等		2013	60	12	720	白马湖公园	
121	梦得桥	钢筋砼拱桥	V类Ⅰ等		2013	80	5	400	白马湖公园	
122	风荷桥	钢桁架连续梁桥	V类Ⅰ等		2013	115	4	460	白马湖公园	
123	采菱桥	简支板梁	V类Ⅰ等		2013	17	6	102	白马湖公园	
124	乌龙桥	简支板梁	V类Ⅰ等		2013	35	6	210	白马湖公园	
125	滨湖桥	简支板梁	V类Ⅰ等		1979	22	5	110	滨湖公园	
126	玉龙桥	钢筋砼拱桥	V类Ⅰ等		1991	50	10	500	屈原公园	
127	锁心桥	钢吊索桥	V类Ⅰ等		1998	30	2	60	诗墙公园	
128	紫菱桥	钢筋砼拱桥	V类Ⅰ等		2008	26	6	156	文理学院	
129	踏歌桥	钢筋砼拱桥	V类Ⅰ等		2008	26	6	156	文理学院	
130	吟诗桥	空心板桥	V类Ⅰ等		2008	6	5	30	文理学院	
131	前进桥	石拱桥	V类Ⅰ等		1970	30	4	120	武陵区竹根谭村	公路局管理
132	花山桥	钢筋砼拱桥	Ⅲ类Ⅰ等			50	12	600	柳叶湖区	
133	白鹿寺桥	钢梁桥	V类Ⅰ等		2003	50	4	200	柳叶湖区	
134	水泥厂桥	连续梁桥	V类Ⅰ等			66	8	528	柳叶湖区	
135	河洑大桥	连续梁桥	V类Ⅰ等			56	7	392	柳叶湖区	

常德市公交线路表

线路	起止站台	首班	末班	经过主要路段	沿途停靠站台
1	农资大市场—常德职院	5:40	21:40	人民路、沅安路、常慈路	农资大市场、御泽园、甘露寺、东郊乡卫生院、市农业局、一医院、水巷口、城门口、政务中心·新德华眼镜、人民路·下南门、步行街、老西门（返回站叫七医院）、四医院、常德幼专附属小学、自来水公司、三岔路、霞山房产、银线宾馆、皮肤病医院、兴隆装饰城、常德职院（原线返回）
2	水星楼商业广场—金丹派出所	6:50	21:00	沅安路、朗州路、洞庭大道、常澧路、金丹路	水星楼商业广场、排云阁、朗州路·下南门、市一中·新德华眼镜、滨湖公园、丹阳天桥、市妇幼保健院、中国银行、五医院、德景园（南）、馨香庭院、湖南文理学院、烟厂联合工房、西城水恋、市康复医院、金丹派出所
2	金丹派出所—水星楼商业广场	6:50	21:00	沅安路、朗州路、洞庭大道、常澧路、金丹路、青年路、人民路	金丹派出所、市康复医院、烟厂联合工房、湖南文理学院、德景园（南）、五医院、市商务局、市人大、丹阳天桥、滨湖公园、市一中·新德华眼镜、朗州路·下南门、人民路·下南门、水星楼商业广场
3	武陵阁——陬市	6:30	17:00	人民路、常慈路	武陵阁、老西门（返回站叫七医院）、四医院、常德幼专附属小学、自来水公司、三岔路、霞山房产、银线宾馆、皮肤病医院、兴隆装饰城、常德职院、农科所、八一、朱湖、河洑镇、高湾、桃源三中、陬市（原线返回）
5	农资大市场—公交总站	6:30	19:00	人民路、建设路、朝阳路	农资大市场、公交四分公司、甘露寺、东郊乡卫生院、市委、建设桥、文化宫、市信访接待中心、市政府、黄金台、小西门、四医院、百纺农贸市场、二中医院、朝阳D五区、朝阳路口、西园小区、常德变压器厂、长胜桥、市安全生产监督管理局、常德仁爱医院、常德市国土资源管理局、锦绣花园、汇元小区、常德汽车总站、公交总站（返回经三星路口站与市农业局站）
6	丁玲公园—七一机械厂	6:10	21:30	紫菱路、育才路、皂果路、朝阳路、人民路、沅安路、朗州路、建设路、青年路、洞庭大道、善卷路、莲池路、德山大道	丁玲公园、市中级人民法院、万达广场、武陵区委区政府、市交通局、白马湖公园、德景园（东）、皂果小区、阳光孤儿院、百纺农贸市场、东晟文化公馆、四医院·屈原公园、七医院、步行街、朗州路·下南门、市信访接待中心、交警二大队、新一村、北引桥、久光国际、向群巷、八建、信用联社、财富广场、商贸城、湖南应用技术学院、鼎城车管所、鼎城公交站、金大地·新三湘、力正骨康医院、三滴水村、晒谷岭、二医院、十字路口、演舞堆社区、洞庭北路、德山消防支队、老码头、乾明寺、七一机械厂
6	七一机械厂—丁玲公园	6:10	19:30	紫菱路、皂果路、育才路、朝阳路、人民路、沅安路、朗州路、建设路、青年路、洞庭大道、善卷路、莲池路、德山大道	七一机械厂、乾明寺、老码头、德山消防支队、洞庭北路、演舞堆社区、十字路口、二医院、晒谷岭、三滴水村、力正骨康医院、金大地·新三湘、鼎城公交站、鼎城车管所、湖南应用技术学院、商贸城、财富广场、信用联社、八建、向群巷、久光国际、北引桥、新一村、交警二大队、文化宫、政务中心·新德华眼镜、人民路·下南门、步行街、老西门、百纺农贸市场、阳光孤儿院、皂果小区、德景园（东）、白马湖公园（东）、市交通局、武陵区委区政府、万达广场、市中级人民法院、丁玲公园
7	常德汽车北站—鼎城教师进修学校	6:20	20:40	长庚路、竹叶路、人民路、沅安路、朗州路、洞庭大道、善卷路、临沅路	常德汽车北站、兴隆装饰城、皮肤病医院、银线宾馆、霞山房产、三岔路、自来水公司、常德幼专附属小学、四医院·屈原公园、七医院、步行街、朗州路·下南门、市一中·新德华眼镜、滨湖公园、丹阳天桥、丹阳路口（洞庭大道）、政府三办公楼、柏园桥、聚和苑、北引桥、桥南市场（南）、桥南副食城、武陵镇小学、鼎城电影院、鼎城劳动局、鼎城区政府、市财校、鼎城教师进修学校
7	鼎城教师进修学校—常德汽车北站	6:00	20:40	人民路、沅安路、朗州路、龙港路、洞庭大道、长庚路、竹叶路、临沅路	鼎城教师进修学校、市财校、鼎城区政府、鼎城劳动局、鼎城电影院、武陵镇小学、桥南副食城、桥南市场（东）、北引桥、聚和苑、柏园桥、丹阳路口（洞庭大道）、丹阳天桥、滨湖公园、市一中·新德华眼镜、朗州路·下南门、步行街、老西门、四医院、常德幼专附属小学、自来水公司、烟厂二区、馨香庭院、湖南文理学院、烟厂联合工房、公交二分公司（长庚路）、烟厂三区、天源星城（北）、芙蓉社区、常德汽车北站

续上表

线路	起止站台	首班	末班	经过主要路段	沿途停靠站台
8	农资大市场—枫丹丽舍	6:00	18:00	人民路、引桥路、建设路、青年路、洞庭大道、鼎城路	农资大市场、御泽园、甘露寺、东郊乡卫生院、市农业局、一医院、水巷口、城门口、建设桥、文化宫、交警二大队、新一村、北引桥、桥南市场（南门）、小园盘、鼎城一中、枫丹丽舍（原线返回）
9	公交总站—省柴	6:00	20:30	市场中路、三星路、武陵大道、洞庭大道、紫缘路、善卷路、永安路、莲池路、德山大道、有德路、崇德路	公交总站、北金城、三星路口、国贸大夏、市物价局·力源体检中心、市交警支队、遇仙桥、市体育中心、市教育局、市人大、丹阳路口（洞庭大道）、政府三办公楼、柏园桥、聚和苑、北引桥、久光国际、向群巷、八建、永安东路、捌海·常德公馆、名郡国际、薪城外滩、商贸城、湖南应用技术学院、鼎城车管所、鼎城公交站、金大地·新三湘、力正骨康医院、三滴水村、晒谷岭、二医院、十字路口、工商银行、交警三大队、恒安纸业、经开区管委会、经开区公安分局、金帛化纤、永丰安置小区、纺机、崇德中学、广积米业、金天钛业、红都华庭、金健药业、金健米业、省柴
9	省柴—公交总站	6:00	20:30	市场中路、三星路、武陵大道、洞庭大道、紫缘路、永安路、善卷路、莲池路、德山大道、有德路、崇德路	省柴、金健米业、金健药业、红都华庭、金天钛业、广积米业、崇德中学、纺机、永丰安置小区、金帛化纤、经开区公安分局、经开区管委会、恒安纸业、交警三大队、工商银行、十字路口、二医院、晒谷岭、三滴水村、力正骨康医院、金大地·新三湘、鼎城公交站、鼎城车管所、湖南应用技术学院、商贸城、薪城外滩、名郡国际、捌海·常德公馆、永安东路、八建、向群巷、久光国际、北引桥、聚和苑、柏园桥、丹阳路口（洞庭大道）、市妇幼保健院、市住建局、常德电信公司、遇仙桥、市交警支队、力源体检中心、国贸大厦、欢乐城购物中心、火车站·美居建材广场、常德汽车总站、公交总站
10A	善卷中学—善卷中学	6:30	20:30	金霞大道、永安东路、善卷路、临沅路、大湖路、隆阳路、善池路、花溪路、桃花源路	善卷中学、富华领秀公馆、鼎城人民医院、湖南应用技术学院、常南汽车总站、薪城外滩、名郡国际、捌海公馆、永安东路、八建、向群巷、久光国际、桥南市场（东门）、桥南副食城、武陵镇小学、鼎城电影院、大湖路、鼎城交警大队、鼎城区委党校、仙门巷、淮阳中学、江南小学、鼎城地税局、善卷中学
10B	善卷中学—善卷中学	6:30	20:30	金霞大道、永安东路、善卷路、临沅路、大湖路、隆阳路、善池路、花溪路、桃花源路	善卷中学、德江南、江南小学、淮阳中学、仙门巷、鼎城区委党校、鼎城交警大队、大湖路、鼎城电影院、武陵镇小学、桥南副食城、桥南市场（东门）、久光国际、向群巷、八建、永安东路、捌海公馆、名郡国际、薪城外滩、常南汽车总站、湖南应用技术学院、鼎城人民医院、富华领秀公馆、善卷中学
11	大学城—柳叶湖车站	6:30	17:35	芙蓉路、竹叶路、人民路、皂果路、滨湖路、朗洲路	大学城、高泗居委会、桃花源大桥管理处、常德汽车北站、芙蓉社区、天源星城（北）、翠竹园小区、烟厂四区、烟厂三区、霞山房产、三岔路、自来水公司、常师附小、皂果小区、德景园（东）、公园世家、市残联、市城管局、移动公司、一中医院、农业发展银行、芷兰学校、电信新村、芷兰小区、华达幸福湾、新河路农贸市场、金色世纪、恒大华府、柳叶湖车站（原线返回）
12	文化宫—德山街	6:20	17:00	人民路	文化宫、政务中心·新德华眼镜、城门口、水巷口、一医院、市农业局、东郊乡卫生院、甘露寺、御泽园、农资大市场、旧货市场、新坡桥、德山街（原线返回）
13A线	水星楼商业广场—东山村（殡仪馆）	6:30	17:00	青年路、光荣路、洞庭大道、丹阳路、紫缘路	水星楼商业广场、文化宫、马木桥、滨湖公园后门、市三中、鸿宇山庄、柏园桥、丹阳路口（丹阳路）、紫桥二区、七里桥、电力新村、柳叶湖车站、七里桥堡、五岔、金泉世纪、泉水桥、渔民小区、白鹤山车管所、老堰岗、东山村八组、万金公墓、东山村（殡仪馆）
13A线	东山村（殡仪馆）—水星楼商业广场	6:30	17:30	青年路、光荣路、洞庭大道、丹阳路、紫缘路	东山村（殡仪馆）、万金公墓、东山村八组、老堰岗、白鹤山车管所、泉水桥、五岔、七里桥堡、柳叶湖车站、电力新村、七里桥、紫桥二区、丹阳路口（丹阳路）、政府三办公楼、鸿宇山庄、市三中、滨湖公园后门、交警二大队、文化宫、水星楼商业广场

续上表

线路	起止站台	首班	末班	经过主要路段	沿途停靠站台
13B线	水星楼商业广场—猴子巷	6:30	17:30	青年路、光荣路、洞庭大道、丹阳路、紫缘路、松峰路	水星楼商业广场、文化宫、马木桥、滨湖公园后门、市三中、鸿宇山庄、柏园桥、丹阳路口（丹阳路）、紫桥二区、七里桥、电力新村、柳叶湖车站、七里桥堡、五岔、金泉世纪、泉水桥、白鹤山车管所、白鹤山中学、白鹤镇、新潮街、武陵监狱、硒头、白鹤山村部、陈家桥、清合桥、流溪湖、猴子巷
14	水星楼商业广场—东星家居广场·东星熙城	6:30	21:00	朗州路、人民路、新河路、武陵大道、常德大道	水星楼商业广场、排云阁、朗州路·下南门、市一中·新德华眼镜、滨湖公园、丹阳天桥、市十一中学、农业发展银行、芷兰学校（朗州路）、电信新村、芷兰小区、紫苑花园、国贸大厦、欢乐城购物中心、火车站、常德汽车总站、公交总站、水果大市场、新世纪汽车城（常德大道）、东星家居广场·东星熙城（返回经人民路·下南门）
15	农资大市场—柳叶湖车站	6:30	17:30	人民路、建设路、洞庭大道、丹阳路、滨湖路、朗洲路、新河路、紫菱路	农资大市场、御泽园、甘露寺、东郊乡卫生院、市委、建设桥、文化宫、交警二大队、新一村、北引桥、聚和苑、柏园桥、丹阳路口（丹阳路）、紫桥小区、市环卫处、农业发展银行、芷兰学校（朗州路）、电信新村、芷兰小区、华达幸福湾、新河路农贸市场、金色世纪、恒大华府、柳叶湖车站（原线返回经市农业局站）
16	柳叶湖车站—枫丹丽舍	6:30	17:50	紫缘路、丹阳路、洞庭大道、临沅路	柳叶湖车站、电力新村、七里桥、紫桥二区、丹阳路口（丹阳路）、政府三办公楼、柏园桥、聚和苑、北引桥、桥南市场（南）、小圆盘、鼎城一中、枫丹丽舍
16	枫丹丽舍—柳叶湖车站	6:30	17:50	紫缘路、丹阳路、洞庭大道、临沅路	枫丹丽舍、鼎城一中、小圆盘、鼎城劳动局、鼎城电影院、武陵镇小学、桥南副食城、桥南市场（东）、北引桥、聚和苑、柏园桥、丹阳路口（丹阳路）、紫桥二区、七里桥、电力新村、柳叶湖车站
17	枉山森林公园—德山公交站	7:00	18:30	德山大道、桃林路、乾明路、常德大道	枉山森林公园、德山酒业、通威饲料、恒安纸业、交警三大队、工商银行、德山生活湾、五一村安置小区、桃花山、澄冬一汽大众4S店、五一村、欣晨大酒店·桃林路口、樟木桥、檀树坪、德山公交站（返回经绿地世纪城、尊德天城）
18	水果大市场—罗湾	6:15	18:30	皂果路、人民路、沅安路、青年路	水果大市场、汇美家居广场、丁玲公园、万达广场、武陵区委区政府、市交通局、白马湖公园、德景园（东）、皂果小区、常师附小、常德幼专附属小学、四医院·屈原公园、七医院（对应站叫老西门）、常德军分区、金钻广场、武陵区消防大队、市三医院、市信访接待中心、交警二大队、新一村、新四村、武陵区药监局、武警支队、常武医院、新安、东江乡政府、罗湾
19	常德汽车北站—公交总站	6:30	20:30	长庚路、竹叶路、人民路、武陵大道、洞庭大道、龙港路、三星路	常德汽车北站、兴隆装饰城、皮肤病医院、公交二分公司（长庚路）、公交二分公司（洞庭大道）、烟厂联合工房、湖南文理学院、烟厂二区、自来水公司、常德幼专附属小学、四医院·屈原公园、七医院、常德军分区、小西门、市博物馆、市住建局、常德电信公司、遇仙桥、市交警支队、国贸大厦、力源体检中心、欢乐城购物中心、火车站、常德汽车总站、公交总站
19	公交总站—常德汽车北站	6:30	20:30	长庚路、竹叶路、人民路、武陵大道、龙港路、洞庭大道、三星路	公交总站、三星路口、国贸大厦、市物价局·力源体检中心、市交警支队、遇仙桥、市体育中心、市教育局、市政协、小西门、常德军分区、老西门、四医院、公交总公司·新德华眼镜、自来水公司、烟厂二区、馨香庭院、湖南文理学院、烟厂联合工房、公交二分公司、烟厂三区、天源星城（北）、芙蓉社区、常德汽车北站
21	鼎城教师进修学校—鼎城公交站	5:25	18:25	临沅路、阳明路、隆阳路、鼎城路、玉霞路	鼎城教师进修学校、市财校、鼎城区政府、鼎城劳动局、小圆盘、桥南市场（南门）、久光国际、向群巷、八建、信用联社、财富广场、商贸城、湖南应用技术学院、鼎城车管所、鼎城公交站（原线返回）
22	文理学院艺术楼—白石村	7:30	17:30	朝阳路、滨湖路、皂果路、常德大道	文理学院艺术楼、文理学院体育馆、白马湖公园、白马湖公园（西）、鼎沣财富广场、常德外国语学校、丁玲公园（西）、市中级人民法院、汇美广场、火车站电器城、火车站农贸市场、汇元小区、常德汽车总站、东风村、岩子堰、花山村、白石村

续上表

线路	起止站台	首班	末班	经过主要路段	沿途停靠站台
22	白石村—文理学院艺术楼	7:30	17:30	朝阳路、滨湖路、皂果路、常德大道	白石村、花山村、岩子堰、东风村、常德汽车总站、汇元小区、火车站农贸市场、火车站电器城、市中级人民法院、丁玲公园（西）、常德外国语学校、鼎沣财富广场、白马湖公园、白马湖公园（西）、文理学院体育馆、文理学院艺术楼
23	公交总站—太阳村	6:30	16:30	常德大道、朗州北路、沿山路	公交总站、北金城、火车站、火车站、腰路铺、高丰村、市民之家、湘雅医院、万寿村、万寿村安置小区、螺湾观鸟、百家缘莊园、汽车营地、月亮村、渔樵村、太阳村（原线返回）
24	文理学院逸夫楼—锦江宾馆	6:30	18:00	皂果路、柳叶大道、朗州北路	文理学院逸夫楼、白马湖公园、三馆三中心、武陵区委区政府、万达广场、丁玲公园、汇美家居广场、东风保障房小区、公交总公司、常德汽车总站、火车站、腰路铺、高丰村、市民之家、湘雅医院、万寿村、北大附中、锦江宾馆
27	苏家渡・常德市鸿志学校—茅湾大桥	7:00	18:30	德山大道、常德大道、有德路、樟桥路	苏家渡・常德市鸿志学校、洞庭制药、东信棉业、桃花山、五一村安置小区、绿地世纪城、尊德天城、德山生活湾、工商银行、交警三大队、恒安纸业、经开区管委会、金健药业、德山中路、省妇幼保健院、中联液压、德海制药、三金药业、大汉汽车、电子信息产业园、金天钛业、晟晖玻纤、金帛化纤、永丰安置小区、茅湾大桥（返回不进绿地世纪城、尊德天城）
28	公交总站—农资大市场	6:00	19:10	人民路、建设路、郎州路、滨湖路、武陵大道、新河路、常德大道	公交总站、北金城、三星路口、国贸大夏、市物价局・力源体检中心、市交警支队、遇仙桥、市体育中心、移动公司、一中医院、市十一中学、丹阳天桥、滨湖公园、市一中・新德华眼镜、市信访接待中心、文化宫、建设桥、市委、市农业局、东郊乡卫生院、甘露寺、御泽园、农资大市场
28	农资大市场—公交总站	6:00	19:10	人民路、建设路、郎州路、滨湖路、武陵大道、新河路、常德大道	农资大市场、公交四分公司、甘露寺、东郊乡卫生院、市委、建设桥、文化宫、市信访接待中心、市一中・新德华眼镜、滨湖公园、丹阳天桥、市十一中学、一中医院、移动公司、常德电信公司、遇仙桥、市交警支队、力源体检中心、国贸大夏、新华书店、武陵区公安局、市公路局（技监局）、火车站、常德汽车总站、公交总站
29	桑场—常德汽车总站	6:00	18:25	人民路、龙港路、洞庭大道、滨湖路、常德大道	桑场、长湖、坪湖、垢湖、明月、荷花、夹街、高泗、落路口、金属仓库、三岔路、自来水公司、烟厂二区、馨香庭院、湖南文理学院、烟厂联合工房、常德电大、文理学院艺术楼、文理学院体育馆，白马湖公园、白马湖公园（西）、鼎沣财富广场、常德外国语学校、丁玲公园（西）、新世纪汽车城（龙港路）、新世纪汽车城（常德大道）、水果大市场、北金城、常德汽车总站（原线返回）
30	武陵阁—汽车营地	6:30	18:00	武陵大道、洞庭大道、朗州路、沿山路	武陵阁、常德军分区、小西门、市博物馆、市人大、市十一中学、农业发展银行、芷兰学校（朗州路）、电信新村、芷兰小区、华达幸福湾、市公路局（技监局）、腰路铺、高丰村、市民之家、湘雅医院、万寿村、万寿村安置小区、螺湾观鸟、百家缘莊园、汽车营地（原线返回经市政协）
31	常德外国语学校—三闾小区	6:05	19:05	三闾路、青年路、沅安路、人民路、龙港路	常德外国语学校、鼎沣财富广场、白马湖公园（西）、白马湖公园、湖南文理学院、烟厂二区、自来水公司、常德幼专附属小学、四医院・屈原公园、七医院、武陵阁、步行街、人民路・下南门、文化宫、交警二大队、新一村、新四村、武陵区药监局、新六村、三闾安置小区、东经名邸、三闾小区
31	三闾小区—常德外国语学校	6:45	20:20	三闾路、青年路、沅安路、人民路、龙巷路	三闾小区、三闾村、时光印象、明信佳园、三闾安置小区、新六村、武陵区药监局、新四村、新一村、交警二大队、文化宫、政务中心・新德华眼镜、人民路・下南门、步行街、老西门、四医院、常德幼专附属小学、自来水公司、烟厂二区、德景园（西）、白马湖公园、白马湖公园（西）、鼎沣财富广场、常德外国语学校
32	阳光花城—交警直属一大队	6:45	20:40	人民路、朗州路、滨湖路、武陵大道	阳光花城、建设桥、城门口、政务中心・新德华眼镜、人民路・下南门、朗州路・下南门、市一中・新德华眼镜、滨湖公园、丹阳天桥、市妇幼保健院、市住建局、市教育局、常德工业学校、西园小区、市残联、公园世家、德景园（北）、文理学院体育馆，文理学院艺术楼、交警直属一大队

续上表

线路	起止站台	首班	末班	经过主要路段	沿途停靠站台
32	交警直属一大队—阳光花城	6:45	20:40	人民路、朗州路、滨湖路、武陵大道	交警直属一大队、文理学院艺术楼、文理学院体育馆，德景园（北）、公园世家、市残联、西园小区、常德工业学校、市人大、丹阳天桥、滨湖公园、市一中·新德华眼镜、朗州路·下南门、人民路·下南门、政务中心·新德华眼镜、城门口、建设桥、阳光花城
33	文理学院艺术楼—文理学院东院	6:40	20:20	洞庭大道、朝阳路、育才路、朗州路、建设路、青年路	文理学院艺术楼、常德电大、烟厂联合工房、湖南文理学院、德景园（南）、五医院、朝阳D五区、二中医院、爱尔眼科、市工商局、市巡警支队、滨湖公园、市一中·新德华眼镜、市信访接待中心、交警二大队、新一村、新四村、武陵区药监局、楠竹山农贸市场、楠沙小区、文理学院东院（原线返回时经馨香庭院站）
38	东方嘉园—柳叶湖	6:00	18:00	双拥路、沅安路、武陵大道、柳叶大道	东方嘉园、双拥中路、盛唐四月天、市水利局、市六中、芷园宾馆、一医院、水巷口、城门口、排云阁、步行街、常德军分区、小西门、市博物馆、市住建局、常德电信公司、遇仙桥、经投集团、芷兰学校（柳叶大道）、新世纪花园、市人才中心、电力新村、常德日报社、天主教堂、柳叶湖（原线返回）
39	水星楼商业广场—常德外国语学校	6:20	17:30	青年路、人民路、三闾路、柳叶大道、紫菱路	水星楼商业广场、市政务中心、城门口、水巷口、一医院、市农业局、东郊乡卫生院、东门佳园、楠沙小区、楠竹山农贸市场、新六村、三闾安置小区、东经名邸、翡翠湾、紫缘桥·翡翠湾、七里桥安置小区、电力新村、柳叶湖车站、恒大华府、首创名苑、紫苑花园、市国土资源管理局、沙港安置小区、芙蓉盛世、市中级人民法院、丁玲公园（西）、常德外国语学校（原线返回时不经过政务中心站亭）
42	常德汽车总站—华南厂	6:40	17:30	常德大道、三星路、武陵大道、洞庭大道、朝阳路、人民路、竹叶路	常德汽车总站、新邦壹品、国贸大夏、市物价局·力源体检中心、市交警支队、遇仙桥、市体育中心、市教育局、中国银行、朝阳D五区、二中医院、百纺农贸市场、东晟文化公馆、四医院、常德幼专附属小学、自来水公司、三岔路、霞山房产、烟厂三区、天源星城（北）、芙蓉社区、常德汽车北站、常德职院、农科所、八一、朱湖、河洑镇、德亘电子厂、河洑森林公园、市委党校、华南厂（返回经欢乐城购物中心、火车站）
46	芦荻山乡政府—柳叶湖车站	6:40	17:25	青年路、洞庭大道、丹阳路、紫缘路	芦荻山乡政府、兴安、常武医院、武警支队、武陵区药监局、新四村、北引桥、聚和苑、柏园桥、丹阳路口（丹阳路）、紫桥二区、七里桥、电力新村、柳叶湖车站
46	柳叶湖车站—芦荻山乡政府	6:40	17:25	青年路、洞庭大道、丹阳路、紫缘路	柳叶湖车站、电力新村、七里桥、紫桥二区、丹阳路口（丹阳路）、政府三办公楼、柏园桥、聚和苑、新四村、武陵区药监局、武警支队、常武医院、兴安、芦荻山乡政府
47	公交总站—常南汽车总站	6:20	19:00	临沅路、阳明路、鼎城路、洞庭大道、朗州路、滨湖路、武陵大道、三星路	公交总站、北金城、三星路口、国贸大夏、市物价局·力源体检中心、市交警支队、遇仙桥、市体育中心、移动公司、一中医院、市十一中学、丹阳路口（洞庭大道）、政府三办公楼、柏园桥、聚和苑、北引桥、桥南市场（南）、小圆盘、鼎城体育馆、仙女湖步行街、莱茵小镇、常南汽车总站（返回经欢乐城购物中心、火车站、常德汽车总站）
48	东星家居广场·东星熙城 -- 柳叶湖车站	6:20	17:55	常德大道、皂果路、洞庭大道、朝阳路、建设路、武陵大道、滨湖路、丹阳路、紫缘路	东星家居广场·东星熙城、新世纪汽车城（常德大道）、水果大市场、汇美广场、丁玲公园（东）、万达广场、武陵区委区政府、市交通局、白马湖公园（东）、德景园（东）、五医院、朝阳D五区、二中医院、百纺农贸市场、四医院、小西门、市博物馆、市住建局、移动公司、市一中医院、市环卫处、紫桥小区、紫桥二区、七里桥、电力新村、柳叶湖车站（原线返回）
51	柳叶湖游客集散中心—欢乐水世界	7:00	19:00	柳叶大道、紫缘路、白鹤路、松鹤路	柳叶湖游客集散中心、天主教堂、常德日报社、电力新村、柳叶湖车站、七里桥堡、五岔、金泉世纪、泉水桥、渔民小区、跨湖大桥、欢乐水世界

续上表

线路	起止站台	首班	末班	经过主要路段	沿途停靠站台
53	湘雅医院—龙潭庵	6:30	18:30	月亮大道、朗州路、滨湖路、长庚路、金霞大道、善卷路、莲池路、德山大道	湘雅医院、高丰村、腰路铺、公路局（技监局）、华达幸福湾、芷兰小区、电信新村、经投集团、遇仙桥、市体育中心、市城管局、市残联、公园世家、德景园（北）、文理学院体育馆、文理学院艺术楼、畜牧水产局、十三中、公交二分公司（长庚路）、烟厂三区、天源星城（北）、芙蓉社区、常德汽车北站、江南小学、淮阳中学、鼎城体育馆、仙女湖步行街、莱茵小镇、常南汽车总站、商贸城、湖南应用技术学院、鼎城车管所、鼎城公交、金大地·新三湘、力正骨康医院、三滴水村、晒谷岭、二医院、十字路口、工商银行、交警三大队、恒安纸业、经开区管委会、金健药业、德山中路、省妇幼保健院、青山小区、电子信息产业园、大汉汽车、德力集团、三一重工、龙潭庵（原线返回）
58	大小河街—湘雅医院	7:00	19:00	柳河路、柳叶大道、朗州路、武陵大道、沿安路、朝阳路、滨湖路、龙港路、常德大道、月亮大道	大小河街、河街码头、婚庆产业园、德国小镇、新世纪花园、芷兰学校（柳叶大道）、芷兰学校（朗州路）、农业发展银行、市十一中、丹阳天桥、滨湖公园、市一中、朗州路·下南门、步行街、老西门、东晟文化公馆、百纺农贸市场、市二中医院、朝阳D五区、朝阳路口、西园小区、市残联（长胜桥游船码头）、公园世家、德景园（北）、白马湖公园、白马湖公园（西）、鼎沣财富广场、常德外国语学校、丁玲公园（西）、新世纪汽车城（龙港路）、新世纪汽车城（常德大道）、水果大市场、北金城、常德汽车总站、火车站、腰路铺、高丰村、市民之家、湘雅医院；
58	湘雅医院—大小河街	7:00	19:00	柳河路、柳叶大道、朗州路、武陵大道、沿安路、朝阳路、滨湖路、龙港路、常德大道、月亮大道	湘雅医院、高丰村、腰路铺、火车站、常德汽车总站、水果大市场、新世纪汽车城（常德大道）、新世纪汽车城（龙港路）、丁玲公园（西）、常德外国语学校、鼎沣财富广场、白马湖公园（西）白马湖公园、德景园（北）、公园世家、市残联（长胜桥游船码头）、西园小区、朝阳路口、朝阳D五区、百纺农贸市场、东晟文化公馆、四医院·屈原公园、七医院、步行街、朗州路·下南门、市一中、滨湖公园、丹阳天桥、市十一中、农业发展银行、芷兰学校（朗州路）、芷兰学校（柳叶大道）、新世纪花园、德国小镇、婚庆产业园、河街码头、大小河街；
102	桥南市场（东）—桥南市场（东）	6:30	17:30	善卷路、金霞大道、大湖路、临沅路	桥南市场（东）、向群巷、八建、信用联社、财富广场、常南汽车总站、严家岗、鼎城地税局、大湖路口、鼎城电影院、武陵镇小学、桥南副食城、桥南市场（东）、
H1	公交总站—德山公交站	6:00	22:00	常德大道	公交总站、火车站、朗州路、五岔、柳叶湖车站、柳叶大道、姻缘桥、洞庭大道、高坪头、武陵工业园、建设东路、人民路、赵家碏、双拥路、皇木关、尊德天城、五一村安置小区、桃花山、德山澄冬一汽大众4S店、五一村、欣晟大酒店·桃林路口、樟木桥、檀树坪、德山公交站（原线返回）
H2	公交总站—德山公交站	6:00	21:00	常德大道、桃花源路、金霞大道、善卷路、桃林路、樟桥路	公交总站、皂果路、竹根潭、新河桥、长庚路、东星家居广场、青林路、紫菱路、费家嘴、滨湖路、付桥、竹叶路、桃花源大桥（南）、永安路、金霞路、鼎城区人民医院、阳明路、常南汽车总站、商贸城、鼎城公交站、沅南水厂、三滴水、枉水桥、德山公园、德山酒业、恒安集团、欣晟大酒店·桃林路口、樟木桥、檀树坪、德山公交站（原线返回）
H11	隆腾物流园—柳叶湖中学	6:30	18:00	金霞路、善卷路、洞庭大道、青年北路、三闾路、常德大道、龙膺路、柳泉路、柳叶大道	隆腾物流园、善卷中学、鼎城人民医院、莱茵小镇、常南汽车总站、财富广场、信用联社、八建、向群巷、久光国际、北引桥、新四村、武陵区药监局、新六村、金和嘉苑、万建紫庭、姻缘桥、金凤川紫、柳叶大道路口、天主教堂、柳叶湖管委会、宝利集团、七里桥七组、泉水桥社区、柳叶湖中学（原线返回）
H13	德山公交站—公交二分公司	6:30	21:00	崇德路、德山大道、桃林路、常德大道人民路、沅安路、武陵大道、建设路、长庚路	德山公交站、檀树坪、省柴、金健米业、金健药业、经开区管委会、恒安纸业、交警三大队、工商银行、德山生活湾、尊德天城、皇木关、双拥路、赵家碏、农资大市场、御泽园、甘露寺、东郊乡卫生院、市农业局、一医院、城门口、排云阁、步行街、常德军分区、小西门、四医院、常德幼专附属小学、自来水公司、三岔路、霞山房产、银线宾馆、公交二分公司（原线返回）

续上表

线路	起止站台	首班	末班	经过主要路段	沿途停靠站台
H15	文化宫（前）—火车站	6:00	21:00	建设路、人民路、常德大道、柳叶大道、新河路、朝阳路	文化宫（前）、文化宫（后）、建设桥、城门口、水巷口、一医院、市农业局、东郊乡卫生院、甘露寺、御泽园、人民路、建设东路、武陵工业园、高坪头、洞庭大道、姻缘桥、金凤川紫、常德日报社、电力新村、市人才中心、新世纪花园、芷兰学校（柳叶大道）、经投集团、邮政新村、市检察院、武陵区委区政府、万达广场、丁玲公园（东）、荷塘月色、南坪中学、汇元小区、火车站
H15	火车站—文化宫（前）	6:00	20:00	建设路、人民路、常德大道、柳叶大道、新河路、朝阳路	火车站、汇元小区、南坪中学、荷塘月色、丁玲公园（东）、万达广场、武陵区委区政府、市检察院、邮政新村、经投集团、芷兰学校、新世纪花园、市人才中心、电力新村、常德日报社、金凤川紫、姻缘桥、洞庭大道、高坪头、武陵工业园、建设东路、农资大市场、御泽园、甘露寺、东郊乡卫生院、市农业局、一医院、水巷口、城门口、文化宫（前）
H16	高职院—柳叶湖	6:24	17:48	人民路、桃花源路、常德大道、柳叶大道	高职院、付桥、滨湖路、费家咀、紫菱路、青林路、东星家居广场、长庚路、新河桥、竹根潭、皂果路、火车站、朗州路、五岔、柳叶湖车站、柳叶大道、天主教堂、柳叶湖（原线返回）
L11	环湖路	6:30	18:00	环湖路、常德大道	司马楼、渔民安置小区、泉水桥安置小区、五岔、柳叶湖车站、柳叶大道
L12	晒谷岭—德山公交站	6:30	18:00	海德路、桃林路、莲池路	晒谷岭、二医院、十字路口、德山生活湾、五一村安置小区、桃花山、澄冬一汽大众4S店、五一村、山水铭洲、惠生国际、枫树岗安置小区、海利化工、力元新村、电镀产业园、千吨级码头、湖南华电、茶叶岗村、德山物流中心、德山公交站
L13	芦山村—皇木关	6:50	17:10	德山大桥、常德大道	芦山村、皇木关
L18	武陵阁—富贵村	6:00	18:20	人民路、常澧路、金丹路	武陵阁、常德军分区、小西门、四医院、常德幼专附属小学、自来水公司、三岔路、霞山房产、常德电大、畜牧水产局、市康复医院、烟机厂、烟草配送中心、新河渠桥、岩桥一队、河洑镇政府、岩桥村部、河洑镇中学、三星村、紫色光集团、汤家坪村、汤家坪村二组、开发区自来水厂、鼎城经济开发区、富贵村（原线返回）

常德市公共自行车停放站点分布表

站点号	道路名称	站 名	桩数
1	青年路	老体育馆	30
2	青年路	百胜超市	40
3	青年路	武警医院	40
4	紫缘路	三闾西北	40
5	紫缘路	市电业局	30
6	光荣路	滨湖公园南门	32
7	朗州路	北正街小学	30
8	朗州路	市十一中	32
9	洞庭大道	大润发	34
10	洞庭大道	芙蓉大酒店	26
11	洞庭大道	文理（洞庭）	20
12	滨湖路	中德时代	40
13	滨湖路	紫桥中路	30
14	人民路	市五中	20
15	人民路	水星楼	20
16	人民路	梅尼广场	24
17	武陵大道	建设局	30
18	武陵大道	武陵阁	18
19	武陵大道	市政协	28
20	新河路	南坪中学	36
21	皂果路	区法院	48
22	皂果路	丁玲公园	34
23	紫菱路	中级法院	32
24	长庚路	白马湖公园管理处	38
25	常德大道	蓬莱有约	24
26	常德大道	火车站	24
27	常德大道	托斯卡纳	30

续上表

站点号	道路名称	站 名	桩数
28	育才路	常怡中学	28
29	育才路	市房管局	30
30	柳叶路	金色晓岛	24
31	建设路	市委	34
32	善卷路	武陵镇镇政府	24
33	善卷路	鼎城车检所	24
34	善卷路	三滴水	24
35	临沅路	常德财校	20
36	金霞路路口	交通国际	30
37	大湖路	常南汽车总站	20
38	莲池路	棉纺厂	18
39	德山大道	德山街道办	20
40	德山大道	经开区管委会	22
41	德山大道	金健药业	18
42	德山大道	二医院	24
43	德山大道	电机厂	24
44	德山大道	四海酒店	24
45	德山大道	崇德社区	24
46	莲池路	桃花山	30
47	德山大道	桥梁管理处	24
48	乾明路	常纺机	30
49	桃林路	恒安	22
50	阳明路	鼎城体育馆	30
51	善卷路	鼎城城管局	20
52	临沅路	鼎城区委	24
53	鼎城路	鼎城电业局	20
54	花溪路	鼎欣嘉豪	20
55	德山大道	尊德天城	24

续上表

站点号	道路名称	站 名	桩数
56	崇德路	崇德中学	22
57	紫菱路	人人乐	30
58	紫菱路	国茂大厦	18
59	和平街	阳光鑫都	30
60	洞庭大道	市妇幼医院	26
61	洞庭大道	市商务局	34
62	芙蓉路	烟厂三区	38
63	人民路	城门口	26
64	人民路	下南门	16
65	人民路	希腊神话	16
66	人民路	甘露寺	30
67	人民路	一医院	28
68	人民路	市七中	32
69	滨湖路	白马湖公园南门	36
70	滨湖路	中医院	28
71	滨湖路	文理（滨湖）	30
72	建设路	不夜城	32
73	青年路	新二村	34
74	三闾路	东方星城	28
75	高泗路	烟机一区	20
76	朗州路	市政府	18
77	朗州路	春申阁	22
78	紫缘路	柳叶车站	28
79	沙港路	芷兰农贸	22
80	长庚路	白马湖中学	40
81	朝阳路	四医院	32
82	柳叶路	市交通局	18
83	柳叶路	市地税局	32

续上表

站点号	道路名称	站 名	桩数
84	武陵大道	利民花园	36
85	皂果路	恒鑫公寓	26
86	常德大道	泽云广场	24
87	德安路路口	鼎城国税局	30
88	双潭路	鼎城捌海花园	18
89	鼎城路路口	鼎城小圆盘	20
90	乾明路	丰德纺织	20
91	善卷路	鼎城同德学院	26
92	金霞路	鼎城同德新校	24
93	机场路	鼎城领秀公馆	36
94	紫缘路	人保武陵支公司	26
95	芙蓉路	电大	36
96	柳叶路	鼎沣广场	34
97	大圆盘	鼎城金旺地	30
98	体育路	市老年大学	40
99	四眼井街	消防武陵中队	48
100	武陵大道	常德步行街	28
101	柳叶路	恒大华府	40
102	青年路	市药监局	50
103	常德大道	金健米业	40
104	沅安路	一桥下（沅安路）	34
105	建设路	一桥下（建设路）	24
106	青年路	文化宫	30
107	建设路	文化宫	20
108	朝阳路	紫河湾	32
109	丹阳路	七里桥	40
110	洞庭大道东	市环保局	36
111	滨湖路	康复医院	30

续上表

站点号	道路名称	站 名	桩数
112	长庚路	公交二公司	28
113	洞庭大道东	六村口	30
114	芙蓉路	屈原公园	36
115	朗州路	康乐园	40
116	朗州路	芷兰小区	38
117	柳叶路	常德日报社	30
118	龙港路	德景园育英小学	28
119	青年路	嘉业紫和园	24
120	人民路	市农业局	40
121	人民路	农资市场公交站	36
122	武陵大道	新体育馆	40
123	武陵大道	市人社局	40
124	新河路	武陵公安分局	38
125	紫缘路	翡翠湾北	40
126	武陵大道	鸿鑫城市花园	30
127	柳叶路	市规划局	30
128	沅安路	水利局	40
129	柳叶路	新世纪花园	10
130	柳泉路	柳叶湖一中分校	36
131	柳泉路	龙吟水榭	30
132	柳叶路	共和酒店	40
133	柳叶路	柳叶湖管委会	30
134	穿紫河带	河街东	40
135	穿紫河带	河街中	40
136	穿紫河带	河街西	30
137	光荣路	宏宇山庄	36
138	皂果路	康桥南湾	32
139	建设路	老西门	24

续上表

站点号	道路名称	站 名	桩数
140	皂果路	万达广场	30
141	朝阳路	月畔湾	40
142	人民路	化机宿舍	30
143	三闾路	育才小学	30
144	洞庭路	德景园南	30
145	武陵大道	武陵桥北	30
146	皂果路	德景园	30
147	皂果路	公园世家	30
148	皂果路	滨印小区	30
149	武陵大道	浙商广场	30
150	德山大道	三金药业	30
151	朗州路	市政府（内）	32
152	武陵大道	政务中心	30
153	朗州路	首尔街	30
154	武陵大道	德晖宾馆	30
155	丹阳路	柏子园社区	24
156	柳叶路	政德驾校	26

2016年常德市最新居民生活物价表

编号	商品名称	规格等级	计量单位	2016年1月	2016年2月	2016年3月	2016年4月	2016年5月	2016年6月	2016年7月	2016年8月	2016年9月	2016年10月	2016年11月	2016年12月	备　注
1	早籼米	标一	元/500克	2.10	2.20	2.20	2.20	2.20	2.20	2.20	2.20	2.20	2.20	2.20	2.20	
2	晚籼米	标一	元/500克	2.30	2.30	2.30	2.30	2.30	2.30	2.30	2.20	2.20	2.20	2.30	2.30	
3	面粉	特一粉	元/500克	2.30	2.30	2.30	2.30	2.30	2.30	2.30	2.30	2.30	2.30	2.30	2.30	
4	面粉	标准粉	元/500克	1.80	1.80	1.80	1.80	1.80	1.80	1.80	1.80	1.80	1.80	1.90	1.90	
5	菜籽油	一级散装	元/500克	6.30	6.30	6.30	6.30	6.30	6.30	6.30	6.30	6.30	6.30	6.30	6.30	
6	早稻	标准品	元/百斤	135.00	135.00	135.00	135.00	135.00	135.00	135.00	135.00	135.00	135.00	135.00	135.00	收购价
7	晚稻	标准品	元/百斤	138.00	138.00	138.00	138.00	138.00	138.00	138.00	138.00	138.00	138.00	138.00	138.00	收购价
8	鲜猪肉	精瘦肉	元/500克	14.00	15.50	15.00	16.00	16.00	16.00	16.00	15.00	15.00	14.50	14.00	14.00	
9	鲜牛肉	新鲜带骨	元/500克	30.33	31.00	31.00	32.00	32.30	33.00	33.67	34.00	35.00	35.00	35.00	35.00	
10	鸡肉	白条鸡	元/500克	8.00	8.00	7.00	7.00	7.00	7.00	7.00	7.00	7.00	7.00	7.00	7.00	
11	鸡蛋	新鲜完整	元/500克	5.50	5.70	5.40	5.13	5.00	5.00	5.00	5.00	5.50	6.00	6.00	6.00	
12	草鱼	活750克左右一条	元/500克	6.00	6.00	6.00	6.00	6.00	6.33	6.50	6.30	5.67	5.50	5.50	5.50	
13	大白菜	新鲜一级	元/500克	0.87	1.90	2.17	1.83	1.23	1.00	1.00	1.40	1.87	1.50	1.50	1.40	
14	黄瓜	新鲜一级	元/500克	3.17	4.50	3.50	2.57	1.60	1.40	1.60	1.60	2.50	2.10	2.16	2.00	
15	白萝卜	新鲜一级	元/500克	0.87	0.90	0.73	1.13	1.10	1.00	1.00	1.00	1.23	1.25	1.50	1.13	
16	茄子	新鲜一级	元/500克	2.33	4.25	3.33	3.50	2.67	2.40	2.77	2.30	2.50	2.25	3.00	2.83	
17	土豆	新鲜一级	元/500克	1.67	2.00	2.00	2.40	2.40	2.10	1.53	1.50	1.50	1.50	1.86	1.70	
18	青椒	新鲜一级	元/500克	2.00	2.50	3.57	3.83	2.77	2.20	1.50	1.93	2.17	2.00	2.33	2.50	
19	豆角	新鲜一级	元/500克	3.70	8.25	7.00	5.00	3.30	2.47	2.17	2.76	2.50	3.25	3.90	4.17	
20	冬瓜	新鲜一级	元/500克	1.50	2.00	2.00	3.83	3.00	2.00	1.50	1.00	1.50	1.50	1.83	1.83	
21	莲藕	新鲜一级	元/500克	2.50	2.75	2.50	2.50	2.60	3.16	3.67	3.50	2.83	2.50	2.50	2.50	
22	红椒	新鲜一级	元/500克	3.00	3.25	4.83	7.00	5.00	2.50	2.50	2.50	2.67	5.25	5.50	3.83	
23	居民生活用水	含水资源费，不含污水处理费	元/吨	1.81	1.81	1.81	1.81	1.81	1.81	1.81	1.81	1.81	1.81	1.81	1.81	第一档
				2.72	2.72	2.72	2.72	2.72	2.72	2.72	2.72	2.72	2.72	2.72	2.72	第二档
				5.43	5.43	5.43	5.43	5.43	5.43	5.43	5.43	5.43	5.43	5.43	5.43	第三档

续上表

编号	商品名称	规格等级	计量单位	2016年1月	2016年2月	2016年3月	2016年4月	2016年5月	2016年6月	2016年7月	2016年8月	2016年9月	2016年10月	2016年11月	2016年12月	备 注
24	居民生活用电	220V	元/千瓦时	0.588	0.588	0.588	0.588	0.588	0.588	0.588	0.588	0.588	0.588	0.588	0.588	第一档
				0.638	0.638	0.638	0.638	0.638	0.638	0.638	0.638	0.638	0.638	0.638	0.638	第二档
				0.888	0.888	0.888	0.888	0.888	0.888	0.888	0.888	0.888	0.888	0.888	0.888	第三档
25	管输天然气	民用	元/立方米	2.80	2.80	2.80	2.80	2.77	2.77	2.77	2.77	2.77	2.77	2.77	2.77	第一档
				3.36	3.36	3.36	3.36	3.33	3.33	3.33	3.33	3.33	3.33	3.33	3.33	第二档
				4.20	4.20	4.20	4.20	4.17	4.17	4.17	4.17	4.17	4.17	4.17	4.17	第三档
26	液化石油气	民用12公斤	元/罐	86.00	86.00	86.00	82.00	82.00	82.00	82.00	82.00	82.00	82.00	82.00	82.00	门店价格
27	柴油	0#（公交等行业用油）	元/吨	5535	5490	5490	5490	5973	6075	6025	5767	6030	6100	5915	6365	
28	汽油	97#无铅	元/吨	7651	7599	7599	7599	7873	8277	8219	7922	8224	8308	8098	8619	
29	汽油	93#无铅	元/吨	7242	7192	7192	7192	7452	7833	7778	7497	7784	7863	7664	8156	
30	螺纹钢	12#	元/吨	2290	2230	2510	2883	2813	2493	2710	2833	2810	3025	3440	3767	
31	线材	普线6.5	元/吨	2073	2055	2317	2657	2627	2320	2533	2640	2617	2825	3216	3583	
32	矿渣硅酸盐水泥	32.5强度	元/吨	340	330	320	320	320	320	313	293	327	380	373	360	

说明：表中价格为监测点平均价

供稿单位：常德市发改委价格监测中心

精品城市旅游线路

一、经典主题游线

1. 休闲两日游（慢常德—慢生活）：河洑国家森林公园—沅江风光带—屈原公园—中国常德诗墙景区—高山街—常德河街—德国风情街—柳叶湖—欢乐水世界—太阳谷—太阳山

特色：喋血基地—情景式体验游戏—游轮—屈子文化—诗词石刻—美食—传统文化——水上主题乐园—美丽乡村—祈福许愿

2. 美食一日游（常德百姓市井生活）：中国常德诗墙景区—沅江风光带—高山街—老西门—常德河街—德国风情街

特色：钵子菜—手工擂茶—常德米粉—芙蓉王—常德丝弦—常德高腔—黑啤酒—黑面包—黑咖啡—巴伐利亚舞蹈

二、文化常德游线

1. 历史常德一日游（访古寻游—遇见老常德）：中国常德诗墙景区—常德会战阵亡将士纪念公墓—高山街—老西门—常德古井群—常德市博物馆—德国风情街—常德河街

特色：世界最长的诗书画刻艺术墙—红色教育—美食—常德传统戏曲——古井—德国风情—河街文化

2. 现代常德一日游（日新月异的常德城）：智慧谷—白马湖文化公园—常德规划馆—万达广场—丁玲公园—穿紫河—德国风情街—老西门

特色：海绵城市—规划馆—美食—丁玲纪念馆—德国风情街—窨子屋—现代艺术

三、四季主题游线

1. 宠爱柳城春天：白马湖桃花林—常德规划馆—万达广场—丁玲公园—滨湖公园—高山街—四眼井—老西门

2. 到武陵乐夏：欢乐水世界—白鹤山小镇—柳湖沙月—白马湖文化公园—万达广场—爱情岛—德国风情街—常德河街

3. 秋高气爽过节去：线路 1：武陵阁步行城—沅安路—白马湖文化公园—德国风情街—常德河街—武陵大道（狂欢购物节）；线路 2：环湖路—柳叶湖—白鹤山小镇—螺湾湿地公园—柳湖沙月（音乐美食节）

4. 冬暖常德幸福游：线路 1：白马湖文化公园—丁玲公园—高山街—中国常德诗墙景区—武陵阁步行街（最有味道的新年）；线路 2：爱情岛—德国风情街—老西门—武陵阁步行城（洋里洋气洋新年）

四、交通体验游线

1. 柳叶湖巴士游线：柳湖沙月—欢乐水世界—共和酒店—大湘西旅游集散中心—司马楼—螺湾观鸟—体育生态园—太阳山森林公园—太阳谷

2. 环城巴士游线：常德火车站—丁玲公园—白马湖文化公园—河洑国家森林公园—智慧谷屈原公园—中国常德诗墙景区—老西门—常德博物馆——德国风情街—常德河街—柳叶湖汽车站

3. 穿紫河水上巴士游线：丁玲公园—万达广场—白马湖文化公园—德国风情街—爱情岛—常德河街—姻缘河—柳叶湖—沾天湖—柳湖沙月—螺湾观鸟

（宋淑娥）